Erich Oberpichler

Deutsche Geschichte

Deutsche Geschichte in zwölf Bänden

herausgegeben vom
Zentralinstitut für Geschichte
der Akademie der Wissenschaften der DDR

Herausgeberkollegium:

Horst Bartel † (Leiter), Lothar Berthold, Helmut Bock
Ernst Diehl, Dieter Fricke, Heinz Heitzer,
Joachim Herrmann, Dieter Lange (Sekretär),
Walter Schmidt, Joachim Streisand †

Deutsche Geschichte

Band 2

*Die entfaltete Feudalgesellschaft
von der Mitte des 11. bis zu den siebziger Jahren
des 15. Jahrhunderts*

Autorenkollektiv:

Evamaria Engel und Bernhard Töpfer (Leiter),
Konrad Fritze, Siegfried Hoyer,
Johannes Schildhauer, Ernst Werner

VEB Deutscher Verlag der Wissenschaften · Berlin 1986

ISBN 3-326-00119-3

Redaktionsschluß: 12.3.1981

2. Auflage
Verlagslektoren: Gisela Donath, Erika Rosenfeld
Kartenredakteur: Ingrid Hesse
Bildredakteur: Sonja Hamacher
Typographie: Gisela Deutsch
Schutzumschlag: Gerhard Kruschel
© 1983 VEB Deutscher Verlag der Wissenschaften,
DDR 1080 Berlin, Postfach 1216
Lizenz-Nr. 206 · 435/26/86
P 12/4/84
Printed in the German Democratic Republic
Gesamtherstellung: INTERDRUCK Graphischer
Großbetrieb Leipzig, Betrieb der ausgezeichneten
Qualitätsarbeit, III/18/97
LSV 0265
Bestellnummer: 571 108 4
0 48 00

Vorwort zur Gesamtausgabe

Vorliegender Band ist Teil einer zwölfbändigen Gesamtdarstellung der deutschen Geschichte von ihren Anfängen bis zur Gestaltung der entwickelten sozialistischen Gesellschaft in der Deutschen Demokratischen Republik. Das Werk entstand in sozialistischer Gemeinschaftsarbeit von Historikern der Akademie der Wissenschaften der Deutschen Demokratischen Republik, des Instituts für Marxismus-Leninismus beim Zentralkomitee der Sozialistischen Einheitspartei Deutschlands, der Akademie für Gesellschaftswissenschaften beim Zentralkomitee der Sozialistischen Einheitspartei Deutschlands und der Universitäten der DDR sowie in Zusammenarbeit mit anderen Gesellschaftswissenschaftlern.

Herausgeberkollegium und Autoren haben sich zum Ziel gestellt, alle Entwicklungsetappen und wesentliche Lehren und Erfahrungen der deutschen Geschichte von ihren Anfängen bis zur Geschichte der Deutschen Demokratischen Republik darzustellen. Ihr Anliegen ist, den historischen Prozeß in seinem tatsächlichen Verlauf zu schildern, seine Probleme und Widersprüche sowie die ihm zugrunde liegenden Triebkräfte aufzudecken und so die geschichtlichen Voraussetzungen unserer Gegenwart verständlich zu machen.

Die Darstellung zeigt, daß der sozialistische deutsche Staat tief in der deutschen Geschichte verwurzelt ist, sie verdeutlicht, welche Gesetzmäßigkeiten seiner Entstehung und Entwicklung als unlöslicher Teil des sozialistischen Weltsystems zugrunde liegen. Sie weist die Deutsche Demokratische Republik als legitimen Erben aller revolutionären, sozialistischen und humanistischen Traditionen und kulturellen Leistungen in der deutschen Geschichte aus, die mit der Gestaltung der entwickelten sozialistischen Gesellschaft bewahrt und auf höherer Entwicklungsstufe fortgeführt werden. Dies bedeutet zugleich, daß die DDR den radikalen, endgültigen Bruch mit dem deutschen Imperialismus und Militarismus, mit allem Reaktionären, Fortschrittsfeindlichen verkörpert.

Der Darstellung liegt die marxistisch-leninistische Auffassung von der gesetzmäßigen Aufeinanderfolge einander ablösender ökonomischer Gesellschaftsformationen zugrunde, die von der Urgesellschaft über mehrere Formationen der Klassengesellschaft zum Sozialismus und Kommunismus führt. Den Prinzipien des historischen Materialismus entsprechend, wird die geschichtliche Entwicklung als ein objektiv bedingter, durch soziale Interessen – in der antagonistischen Klassengesellschaft durch Klassenkampf – bestimmter Prozeß verstanden. Nachgewiesen wird die entscheidende Rolle der Volksmassen in der Geschichte, die in ihrer Produktionstätigkeit, ihrem geistig-kulturellen Schaffen, vor allem aber in ihrem revolutionären Handeln begründet ist.

Die Verfasser der Darstellung sind weiter bestrebt, stets der Komplexität des objektiven Geschichtsprozesses, den dialektischen Wechselbeziehungen zwischen Ökonomie, Politik, Ideologie und Kultur Rechnung zu tragen. Die deutsche Geschichte wird als untrennbarer Bestandteil der Weltgeschichte behandelt, ihre Spezifik in die jeweiligen weltgeschichtlichen Zusammenhänge eingeordnet. Dabei wird den fortschrittlichen, historisch bestimmenden Tendenzen und Ereignissen der jeweiligen Epoche besonderes Gewicht beigemessen.

Die „Deutsche Geschichte" in zwölf Bänden beruht auf langjährigen, umfassenden und detaillierten Forschungen. Sie stützt sich auf das feste Fundament der Werke von Karl Marx, Friedrich Engels und W. I. Lenin, auf Erkenntnisse und Schlußfolgerungen, wie sie in den Dokumenten der Sozialistischen Einheitspartei Deutschlands, vor allem im Parteiprogramm, dargelegt sind. Sie berücksichtigt in den letzten Jahrzehnten gewonnene Erkenntnisse und Forschungsergebnisse der marxistisch-leninistischen Historiographie zur deutschen Geschichte von ihren Anfängen bis zur Geschichte der Deutschen Demokratischen Republik und führt sie kontinuierlich weiter. Sie fußt auf vorliegenden Gesamtdarstellungen der Geschichte des deutschen Volkes, der Geschichte der Sozialistischen Einheitspartei Deutschlands und der Geschichte der Deutschen Demokratischen Republik. Als konzeptionelle Grundlage des Werkes liegt der „Grundriß der deutschen Geschichte. Von den Anfängen der Geschichte des deutschen Volkes bis zur Gestaltung der entwickelten sozialistischen Gesellschaft in der Deutschen Demokratischen Republik" vor.

Bei der Ausarbeitung der einzelnen Bände der „Deutschen Geschichte" wurden neue Tatsachen und Zusammenhänge aufgedeckt, zahlreiche konzeptionelle Probleme überprüft und vertieft erfaßt sowie historische Einschätzungen präzisiert. Von den weltanschaulichen Positionen der Arbeiterklasse aus, gestützt auf ein solides Fundament historischer Tatsachen und Erkenntnisse, wird die Auseinandersetzung mit den verschiedenartigsten Konzeptionen und Strömungen der bürgerlich-imperialistischen und opportunistischen Historiographie, mit deren Verfälschungen und Entstellungen historischer Ereignisse und Prozesse geführt.

Das Werk widerspiegelt den derzeitigen Stand empirischer Forschung und theoretisch-methodologischer Erkenntnisse. Herausgeberkollegium und Autoren liegt es fern, angesichts in der Forschung noch vorhandener Lücken und ungeklärter Probleme, Anspruch auf Vollständigkeit und Endgültigkeit der gegebenen Einschätzungen zu allen Fragen und Perioden der deutschen Geschichte zu erheben. In der Hoffnung zu weiterführenden Untersuchungen über offene und strittige Fragen anzuregen, stellen sie sich mit diesem Werk der wissenschaftlichen Diskussion.

Dem Herausgeberkollegium obliegt die Verantwortung für konzeptionelle und wissenschaftliche Einheitlichkeit, für Diktion und Form des Gesamtwerkes, während die Autorenkollektive der einzelnen Bände für die jeweilige Umsetzung der gemeinsamen Konzeption, die wissenschaftliche und sachliche Richtigkeit der Darstellung verantwortlich zeichnen.

Vorwort zum vorliegenden Band

Der zweite Band „Deutsche Geschichte" umfaßt mit seinen Eckpunkten – der Mitte des 11. Jh. und dem ausgehenden 15. Jh. – die Epoche des entfalteten Feudalismus oder das hohe und das späte Mittelalter. Das war die Zeit, in der sich in West- und Mitteleuropa die feudalen Produktions- und Ausbeutungsverhältnisse voll durchgesetzt hatten und trotz krisenhafter Erschütterungen während der spätmittelalterlichen Jahrhunderte und unterschiedlich stark entwickelter Ansätze kapitalistischer Produktionsverhältnisse in den fortgeschrittensten europäischen Gebieten Wirtschaft und Gesellschaft, Politik und Klassenkampf, Kultur und Ideologie bestimmend prägten.

Diskussionen über die Periodisierung führten zu der Verständigung, die Wende vom 13. zum 14. Jh. als einen wesentlichen Einschnitt innerhalb dieser Epoche zu charakterisieren. Die erste Periode war auf deutschem Gebiet wie in den meisten Staaten Europas durch einen wirtschaftlichen Aufschwung gekennzeichnet, der noch stark auf expansivem und extensivem Wege erreicht wurde. An ihm hatten die Volksmassen in Stadt und Land durch ihre produktive Arbeit und die Ergebnisse des Klassenkampfes ebenso Anteil wie die herrschende Feudalklasse mit ihren Impulsen für die Produktion und hervorragenden kulturellen Leistungen.

Das Wachstum der Produktivkräfte in der Landwirtschaft, dem vorherrschenden Produktionszweig, ermöglichte in dieser Periode eine ständig zunehmende Absonderung der Handwerker von den Bauern. Zusammen mit der Ausweitung der Handelsbeziehungen führte dieser Prozeß zur Entstehung von Städten als Zentren von Handwerk und Handel und zur Vertiefung der gesellschaftlichen Arbeitsteilung. Neben den beiden Grundklassen der Gesellschaft – Bauern und Adel – formierte sich als ein neues soziales Element das Städtebürgertum. Von ihm gingen bedeutende ökonomische, soziale, politische und kulturelle Impulse aus.

Der herrschenden Klasse gelang es, diesen anhaltenden ökonomischen Aufschwung mit Hilfe staatlicher und ideologischer Machtmittel für die Festigung ihrer Positionen auszunutzen. Dies ermöglichte ihr zugleich in einer Reihe europäischer Staaten, eine weitausgreifende Expansivität zu entfalten. Beispiele dafür waren die deutsche Ostexpansion ebenso wie die Kreuzzüge nach dem Vorderen Orient und die spanische Reconquista. Aber während die Festigung der staatlichen Machtmittel in Westeuropa über die anfängliche Zentralisation im regionalen Rahmen hinaus zur Entwicklung nationaler Monarchien tendierte, verharrte auf deutschem Gebiet der staatliche Konzentrationsprozeß auf der Ebene der fürstlichen Territorien.

Die römisch-katholische Kirche gelangte im 12. und 13. Jh. auf den Höhepunkt ihres ideologischen Einflusses und ihrer politischen Macht. Mit der Gründung neuer Orden reagierte sie auf die ökonomischen und sozialen Wandlungen in Stadt und Land und bediente sich der Ware-Geld-Beziehungen zur Konsolidierung ihrer Vorherrschaft. Gegen diese reiche und mächtige Kirche opponierten, unter Berufung auf die apostolische Armut, Ketzer unterschiedlicher sozialer Herkunft. Mit ihrem Massenanhang, besonders in Südfrankreich, Italien und im Rheinland, wurden diese ketzerischen Strömungen zu einer Gefahr für die Papstkirche und für die weltlichen Machthaber.

Die Möglichkeiten einer weiteren extensiven Wirtschaftsentwicklung hatten sich seit Beginn des 14. Jh. weitgehend erschöpft. Die bis zum ausgehenden 15. Jh. während zweite Periode innerhalb der Epoche des entfalteten Feudalismus war daher durch einen intensiven Ausbau des vorhandenen ökonomischen Potentials und durch eine Steigerung der Ausbeutungsrate gekennzeichnet. Die herrschende Klasse hatte – unterschiedlich in den verschiedenen Ländern – Schwierigkeiten, sich den dichter gewordenen Ware-Geld-Beziehungen anzupassen, die gesellschaftlichen Beziehungen und das Kräfteverhältnis der Klassen und Schichten wurden komplizierter. Zwischen dem Entwicklungsstand der gewerblichen Produktivkräfte sowie der Kapitalakkumulation und den nach wie vor herrschenden feudalen Produktionsverhältnissen begann sich ein Widerspruch herauszubilden. In Flandern und Gebieten Italiens, dann auch in einzelnen deutschen Territorien, entstanden die Anfänge der kapitalistischen Produktionsweise. Auf dem Hintergrund dieser differenzierteren ökonomischen Verhältnisse verschärften sich die politischen Auseinandersetzungen innerhalb der herrschenden Klasse und der Klassenkampf der Volksmassen in Stadt und Land.

Die wachsende ökonomische Überlegenheit der Städte verstärkte den Gegensatz zwischen Stadt und Land, in dessen Bewegung sich „die ganze ökonomische Geschichte der Gesellschaft ... resümiert"[1]. Krisenerscheinungen in der Landwirtschaft, gesteigerte Ausbeutung der Bauern durch Feudaladel und grundbesitzende Bürger, Verschlechterung der bäuerlichen Lage sowie ein härterer Kampf innerhalb der herrschenden Klasse um finanzielle Ressourcen waren die Folge. In vielen europäischen Ländern reagierten die Bauern mit Aufständen nationalen Ausmaßes, und auch in deutschen Territorien kam es zu regionalen und überregionalen Bauernerhebungen.

Zugleich wuchs in allen Kreisen der feudalen Gesellschaft die Opposition gegen die habgierige und korrupte Papstkirche, die in besonders großem Maße finanzielle Einnahmequellen für sich zu erschließen verstand. Über kirchliche Reformbestrebungen und konziliare Bewegung, über Mystik und Ketzertum mündete sie schließlich ein in das Wirken früher Reformatoren wie John Wyclif und Jan Hus. Da sich auch Monarchen und andere Vertreter der herrschenden Klasse den übersteigerten Machtansprüchen der Päpste widersetzten, geriet das gesamte Kirchensystem im 14. Jh. in eine tiefe Krise.

In der revolutionären Hussitenbewegung in Böhmen verband sich der Kampf der Volksmassen gegen Ausbeutung und Unterdrückung mit dem ideologischen Angriff auf die Papstkirche. Die hussitischen Ideen und Aktionen beflügelten auch in den deutschen Territorien das Aufbegehren der Unterdrückten in Stadt und Land. In der Aufnahme von Gedankengut der italienischen Renaissance und des Humanismus kündigte sich zur gleichen Zeit das Streben des Städtebürgertums nach Überwindung des mittelalterlichen Weltbildes an. Das alles waren Vorzeichen einer Krise, die am Ende des 15. Jh. auf Grund der fortgeschritteneren ökonomischen Entwicklung und der besonders tiefgreifenden sozialen, politischen und ideologischen Gegensätze in Deutschland früher als in anderen europäischen Ländern heranreifte.

Ein Hauptanliegen der an diesem Band beteiligten Autoren war es, einerseits die großen sozialökonomischen Fortschritte im agrarischen und städtischen Bereich während der hier behandelten mittelalterlichen Jahrhunderte zu verdeutlichen, andererseits die widersprüchlichen Ergebnisse der staatlichen Entwicklung dieser Epoche in ihren Ursachen zu erfassen. So lassen sich die entscheidenden Resultate des historischen Prozesses in der Weise charakterisieren, daß deutsche Gebiete im 15. Jh. zu den wirtschaftlich führenden Europas gehörten, während gleichzeitig der Triumph der fürstlichen Territorialgewalten gegenüber der königlichen Zentralgewalt entschieden war.

Bei dem Bestreben, ein möglichst komplexes Bild der deutschen Geschichte zu zeichnen, konnten sich die Autoren auf die Ergebnisse jahrzehntelanger mediävistischer Forschung stützen. Ihr besonderes Anliegen war es, die von der marxistisch-leninistischen Geschichtswissenschaft erarbeiteten Problemstellungen aufzugreifen und weiterzuführen. Gleichzeitig muß aber betont werden, daß zahlreiche Fragen der deutschen Geschichte dieser Zeit ungelöst, noch ungenügend erforscht oder kontrovers sind.

So war die Vorbereitung und Ausarbeitung des Textes von Diskussionen zu geschichtlichen Grundproblemen des behandelten Zeitraums begleitet. Diese betrafen auf dem Gebiet der politischen Geschichte zum Beispiel die Entwicklungsstadien des fürstlichen Feudalstaates, Ausmaß und Grenzen der fortschrittsfördernden Leistungen der herrschenden Feudalklasse, die Einschätzung der Italienpolitik deutscher Könige und Kaiser sowie die Bedeutung der nationalstaatlichen Entwicklung bis zum Ausgang des Mittelalters. Auf sozialökonomischem Gebiet standen im Zentrum der Diskussion die Stadtentwicklung in ihrer Beziehung zur feudalen Produktionsweise, das Verhältnis von kommunaler Bewegung und innerstädtischen Auseinandersetzungen in ihrer Bedeutung für die Entwicklung von Stadt und Städtebürgertum im Mittelalter, das Ausmaß von „Krisenerscheinungen" in der spätmittelalterlichen Wirtschaft und Gesellschaft sowie die Wirksamkeit des alltäglichen bäuerlichen Klassenkampfes.

Auf zahlreichen Gebieten klaffen weiterhin Forschungslücken, die durch zukünftige Untersuchungen allmählich zu schließen sind. Das betrifft in dem behandelten Zeitraum etwa die Agrargeschichte des Hochmittelalters, Einzelheiten der Lebensweise insbesondere der Volksmassen, das Wechselspiel von politischen Ereignissen, wirtschaftlich-sozialen Prozessen und kulturell-ideologischen Erscheinungen, Probleme der wirtschaftlichen und gesellschaftlichen Entwicklung im Spätmittelalter.

Die Autoren konnten während der Arbeit an den einzelnen Kapiteln aus Diskussionen mit Historikern und anderen Gesellschaftswissenschaftlern der DDR zahlreiche Anregungen schöpfen. Besonderer Dank für fachlichen Rat gilt Alexander Kolesnyk, Friedrich Möbius und Ernst Ullmann, für die Erarbeitung des Registers Regina Matthias und Eberhard Holtz, für Mitarbeit an den Illustrationen Erika Herzfeld, für technische Arbeiten Ulrike Haessner. Besonders hervorgehoben sei die wertvolle Mitwirkung der Mitarbeiter des Verlages.

Die volle Entfaltung der feudalen Gesellschaftsordnung. Der Eintritt der Städtebürger in den Klassenkampf

(Hauptperiode von der Mitte des 11. Jahrhunderts bis zum Beginn des 14. Jahrhunderts)

Die Anfänge der kommunalen Bewegung und der Investiturstreit (1056 bis 1122)

1

Landes- und Herrschaftsausbau, bäuerlicher Klassenkampf und kommunale Bewegung bis zum Beginn des Investiturstreits 1075

Die Agrarproduktion und das Herrschaftsgefüge auf dem Lande

Als Kaiser Heinrich III. 1056 starb, war sein Sohn Heinrich IV. sechs Jahre alt. Dessen Mutter Agnes und ein Kreis von Beratern aus dem geistlichen Adel übernahmen die Regierung.[2] Gleich zu Beginn der Regentschaft brachen in Köln bei der Einsetzung des Goslarer Domkanonikers Anno als Erzbischof Tumulte aus. Der stadtsässige Adel empörte sich über die Herkunft des Prälaten aus „mittlerem Stande", da er einen fürstlichen Sprößling an der Spitze der Erzdiözese sehen wollte. Anno gehörte zu einer neuen Adelsgruppierung, die, die Gunst der Stunde nutzend, ihre Machtbereiche auf- und ausbaute und sich Schritt für Schritt fürstliche Stellungen eroberte.

Die Situation hierfür war nicht nur politisch, sondern auch ökonomisch günstig, da um die Mitte des 11. Jh. eine Reihe von Veränderungen in der feudalen Basis einsetzte, die einen sozialen Strukturwandel der herrschenden und der beherrschten Klasse bewirkten. Ihren Ausgang nahm diese Entwicklung im Agrarsektor. Quantitativ gesehen war sie nur gering, bedeutete jedoch bei dem niedrigen technischen Niveau der feudalen Produktionsweise einen Fortschritt. Betrugen die Ernteerträge im 8. und 9. Jh. kaum das Zweifache der Aussaat, so erhöhten sie sich in Gebieten wie der Lombardei während der zweiten Hälfte des 9. Jh. bereits auf das Zwei- bis Dreifache.[3] In Deutschland stieg im 11. Jh. der Ernteertrag nur langsam auf das Doppelte bis Dreifache an, vor allem bei Hafer und Hirse, Getreidesorten, aus denen sich die Bauern Grütze und Fladenbrot bereiteten, während Roggen und Weizen den Herren vorbehalten blieben.[4] Bedenkt man weiter, daß bei einem dreifachen Ernteertrag für den Verbrauch nur zwei Drittel des Getreides übrigblieben, da ein Drittel für die Aussaat zurückbehalten werden mußte, so war dies ein sehr mageres Ergebnis, das bei schlechter Witterung oder Verwüstungen infolge von Feudalfehden zwangsläufig noch niedriger ausfiel und zu Hungersnöten führte.

Zu dieser prekären Situation trugen auch die geringe Zahl und die Primitivität der Produktionsinstrumente bei. So besaßen im 10. Jh. beispielsweise 62 Klosterhörige in der Poebene zusammen nur acht Sicheln, eine Hacke, zwei Beile und ein Rebmesser.[5] Eine derartige Ausstattung war sowohl in Italien oder Frankreich als auch in Deutschland keineswegs die Ausnahme, sondern die Regel. Wenn im Verlaufe des 11. Jh. eine Zunahme landwirtschaftlicher Geräte zu beobachten ist, so kann man daraus auf eine Produktionssteigerung schließen. Hinzu kamen Verbesserungen der Arbeitsinstrumente. Neben den nach wie vor dominierenden hölzernen Hakenpflug trat zunehmend der Räderpflug mit senkrechtem Messer, Streichbrett und Metallbeschlägen, der die Bearbeitung schwerer und harter Böden gestattete.

Parallel zu dieser Entwicklung kamen neue Anschirrmethoden für Zugtiere auf, und die Verwendung des Hufeisens förderte den Einsatz des Pferdes in der Landwirtschaft. Anstelle des Anschirrens an der Brust ging man beim Pferd zum Kummet über. Damit erhöhten sich dessen Leistungsfähigkeit und Leistungsdauer, die nicht nur neue Formen des Pflügens, sondern auch größere Transporte ermöglichten. Wieweit das Pferd das Rind verdrängte, geht aus den Quellen nicht hervor. Zwar erlaubte der Haferanbau die Pferdehaltung, aber im wesentlichen diente es der herrschenden Klasse als Reittier, während der Bauer auf das Rind angewiesen blieb, das ihm außerdem Fleisch lieferte.[6] Soweit das Pferd als Arbeitstier zum Einsatz kam, spannte man es vor Egge und Pflug.

Wichtig für die Produktionssteigerung war das Eggen, da es nicht nur die Felder klar machte, sondern auch die Pflugschollen zertrümmerte, die Hohlräume in den Furchen verdichtete und die Unkräuter nach oben warf. Regelmäßiges Eggen verhinderte die Verrasung der Äcker. Auf diese Weise konnten die Bauern zu

Getreideschnitt mit der Sichel. Miniatur aus dem Speculum Virginum (Mittelrheingebiet, Ende 12. Jh.)

Ochsen mit Jochgeschirr und Räderpflug. Herrad von Landsberg, Hortus Deliciarum (2. Hälfte 12. Jh.)

Verbesserungen in den Anbaumethoden übergehen. Vor allem bei den Getreidekulturen kam es durch die schärfere Abtrennung des Ackers von Wiese und Wald zu einer beachtlichen Ertragssteigerung.

In Deutschland, Norditalien und Nordfrankreich überwog der Roggenanbau gegenüber der Weizen- und Gerstenkultur, die in den Mittelmeerländern dominierte. Daneben säte man aber nach wie vor Hirse, Buchweizen und Hafer aus, um bei schlechten Witterungsverhältnissen nicht die ganze Ernte einzubüßen, da jede Getreidesorte andere klimatische Bedingungen verlangte — man vermied Monokulturen. In Deutschland löste im 11. Jh. die Dreifelderwirtschaft mehr und mehr die Zweifelderwirtschaft ab, wodurch eine effektivere Kultivierung der Felder begünstigt wurde. Das erlaubte eine bessere Ernährung des Menschen. Die Herbstaussaat lieferte Kohlehydrate, die Frühjahrssaat, da neben Hafer auch Hülsenfrüchte angebaut wurden, Gemüseproteine. Gegen Ende des 11. Jh. war das Gemüse für die Ernährung bereits so wichtig wie das Getreide.[7]

Seit der Mitte des Jahrhunderts nahm der Ausbau der bäuerlichen Allmende zu. Die Markgenossen legten Gärten, Weinberge, Obstkulturen und Äcker an und verwandelten Teile des Gemeineigentums in umfriedetes bäuerliches Privateigentum.[8] Die Bevölkerung wuchs zahlenmäßig. Diese Tendenz war eine gesamteuropäische Erscheinung. Für Nordfrankreich konnten folgende Zahlen errechnet werden: Um 1100 hatten 15 Prozent der bäuerlichen Familien mehr als drei Söhne, 1175 bereits 30 Prozent und zwischen 1176 und 1250 schon 42 Prozent. Hinzu kam eine sinkende Sterblichkeit.[9]

Die Wohnverhältnisse in Weilern und Dörfern blieben nach wie vor sehr einfach. Allerdings machten seit dem 11. Jh. die noch halb in die Erde eingetieften Bauten zwei Grundformen von ebenerdigen Gehöften Platz: Im norddeutschen Gebiet vereinigte man Wohn- und Wirtschaftsräume unter einem Dach, im Süden bevorzugte man getrennte Wohn- und Wirtschaftsgebäude. Als Baumaterial dominierte Holz, in Norddeutschland Fachwerk mit Lehmfüllung. Die Dächer deckte man mit Stroh, Schilf oder Schindeln, die Türen hing man an Lederriemen oder Weidenruten. Fenster gab es nicht. Das Licht fiel durch kleine Öffnungen in den Wänden ein, die mit Holzgittern verschlossen werden konnten. Der Fußboden bestand zumeist aus festgestampftem Lehm. Rohes Balkenwerk bildete die Wände. Im Innern des Hauses stand ein offener Herd oder ein viereckiger Lehmofen. Der Rauch zog durch Türen und Wandöffnungen ab. Als Beleuchtung dienten Kienspäne oder Talglichter. Wandbänke oder der Fußboden mußten oft als Schlafstelle genügen. So einfach wie die Behausung war auch die bäuerliche Kleidung. Die Männer trugen einen kurzen Kittel und eine Hose, die in lange Wollstrümpfe gesteckt wurde, sowie Bundschuhe und eine Kappe. Die Frauen Oberkleid, Rock und Kopftuch. Die Stoffe blieben zumeist ungefärbt.

Das Wachstum der Produktivkräfte in der Agrarsphäre begünstigte die gesellschaftliche Arbeitsteilung zwischen landwirtschaftlicher und handwerklicher Produktion und die stärkere Loslösung eines ländlichen

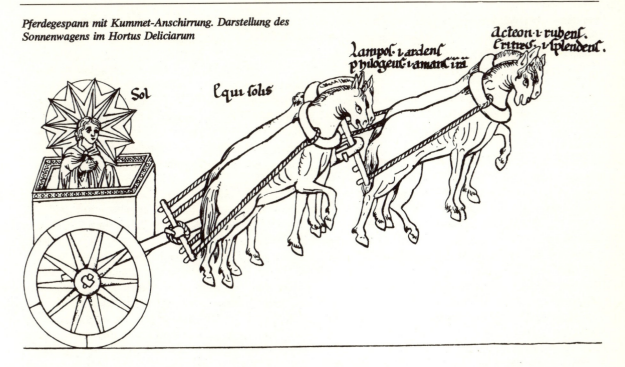

Pferdegespann mit Kummet-Anschirrung. Darstellung des Sonnenwagens im Hortus Deliciarum

Handwerks von der Landwirtschaft. Auch auf dem Lande sonderten sich Berufsgruppen heraus, wie Müller, Brauer usw. Zugleich stiegen verstärkt Unfreie bzw. Leibeigene zu Verwaltern der Villikationen, zu Meiern, auf. Sie zogen Abgaben ein, überwachten Fronen und schlichteten Streitigkeiten. Als Gegenleistung für seine Dienste erhielt der Meier ein Stück Land und Deputate, blieb jedoch persönlich unfrei und leibeigen. Ihm zur Seite standen Helfer, wie Untermeier, Müller, Öfner, Boten und Förster. Sie bezogen gleichfalls ein Deputat und blieben von bestimmten Abgaben befreit. Vor allem die Boten und Förster ragten aus den Bediensteten des Herrenhofes heraus. Sie erhielten eine Hufe übertragen; die Boten waren außerdem beritten. Die Förster der Abtei Mauersmünster im Elsaß besaßen 1120 sogar zwei Hufen. Ihre Dienste bestanden in der Anweisung des Bau- und Brennholzes an die Grundhörigen, in der Aufsicht über die Waldmast, der Einnahme des Holz- und Mastzinses und dem Schutz des Waldes vor Frevel.[10] Mit Hilfe dieses Personals begannen die Grundherren, ihre Rechte über die Feudalbauern intensiver zur Geltung zu bringen, um auf diese Weise das wachsende Mehrprodukt abzuschöpfen.

In den fortgeschrittensten deutschen Gebieten setzte sich mehr und mehr die sogenannte Bannherrschaft durch. Der Bann symbolisierte ursprünglich die königliche Gerichtsgewalt. Der König konnte ihn an seine Vasallen verleihen. Der Inhaber einer Banngewalt hatte das Recht zu gebieten und zu verbieten, zu zwingen, zu bestrafen und Monopole einzuführen, wie etwa den Mühlenbann und den Bannwein. Er belegte Backöfen, Mühlen und Brauhäuser mit seinem Bann, er zwang also alle abhängigen Bauern zur Benutzung dieser Einrichtungen gegen fixierte Abgaben.

Die Bannherrschaft als oberste richterliche Gewalt konnte sich auf eine zerstreute Großgrundherrschaft, aber auch auf geschlossene Komplexe, die mit einer oder mehreren Dorfgemarkungen zusammenfielen, erstrecken. Dort unterstanden dem Bannherrn, unabhängig von den Besitzverhältnissen, alle Bewohner. Er vermochte auf diese Weise einen Teil des Mehrprodukts von Bauern, die anderen Grundherren unterstanden, für sich nutzbar zu machen, indem er Sonderabgaben für seine Schutzherrschaft einzog.[11]

In Frankreich und Italien lassen sich ähnliche Erscheinungen nachweisen. Im Herzogtum Burgund entwickelte sich die Seigneurie banale im 11. Jh. Kirchliche und klösterliche Grundherren paßten sich diesen Strukturwandlungen im Herrschaftsgefüge an, indem sie die Immunität dazu benutzten, die bäuerlichen Produzenten, ganz gleich welchen Status sie besaßen, ihrer Gerichtsherrschaft zu unterwerfen, sie in ihren „Bann" zu nehmen.

Die Bannherrschaft stellte einen ersten Versuch des Feudaladels dar, zu einer effektiveren staatlichen Struktur zu gelangen, die die Bauern in einem geschlossenen Gebiet fester in das Ausbeutungssystem integrierte. Zugleich forcierte sie den Kampf um Macht und Herrschaft innerhalb der Feudalklasse. Dieser Strukturwandel war von einer Eigentumskonzentration in den Händen des hohen und mittleren Adels, der

Fürsten- und Dynastengeschlechter, begleitet, die auf Kosten der kleinen Adligen, der freien Bauern und des bäuerlichen Kollektiveigentums, der Allmende, ging.

Der Aufstieg der Ministerialität und der Burgenbau des Adels

Derartigen Bestrebungen diente der weitere Ausbau des herrschaftlichen Machtapparates. Der Meier und seine Helfer reichten für die allseitige Durchorganisierung der Herrschaftsgebiete nicht aus. Daher zogen die Feudalherren aus der Schicht der Leibeigenen weitere „Diener", Ministerialen, heran, die sie für Kriegsdienste und die Ausübung der niederen Gerichtsbarkeit einsetzten. Sie erhielten zwei bis drei Hufen als Dienstgut, das nur bedingt erblich war und nicht weitergegeben werden durfte. Obwohl juristisch Vasallen und Ministerialen streng unterschieden wurden, gehörten sie ökonomisch zur Ausbeuterklasse, da beide vom Mehrprodukt der Bauern lebten. Es konnte deshalb nur eine Frage der Zeit sein, bis sich die rechtlichen Unterschiede verwischten und sich die Ministerialen dem Adel anglichen.[12] Kein Wunder, daß sich Knechte der Grundherren, die schon eine gewisse Vorzugsstellung genossen, nach dem Ministerialenstatus drängten, wie ein schwäbischer Mönch ungehalten vermerkte: „Diese möchten nun gerne mit der gleichen auszeichnenden Würde geehrt werden, auch den gleichen Namen und das gleiche Recht erhalten, wie jene Leute, die man clientes oder ministeriales nennt."[13]

Im Bistum Naumburg schlossen sich die Ministerialen des Bischofs bereits um 1100 zu einem Verband zusammen, dessen Zustimmung der Bischhof bei gewissen Rechtsgeschäften einholen mußte. Dennoch brachen die Ministerialen in dieser Zeit noch keineswegs aus dem ihnen vom Adel gezogenen Kreis aus, sondern dienten dem Aufbau von kleinen, geschlossenen Herrschaftskomplexen. Ihre Dienstgüter entbehrten in der Regel gesonderter Privilegierungen, etwa hinsichtlich eigener Gerichtsbarkeit, so daß der Grundherr keine Aufsplitterung seiner Rechte befürchten mußte.

Nicht weniger bedeutsam als die Schaffung einer Schar ergebener Dienstleute war für den hohen, später auch für den niederen Adel der zunehmende Bau von Burgen als Stützpunkte seiner Herrschaften. Seit dem 11. Jh. wurde die Adelsburg das typische Herrschaftszentrum. Ursprünglich stand das Burgenbaurecht allein dem König zu. Nach dem Tode Kaiser Heinrichs III. und während der schwachen Regentschaft unter Kaiserin Agnes bemächtigte sich der Adel dieses Rechts oder ließ es sich übertragen. Die Adelsburgen bestanden damals oft nur in einem mit Pallisaden bestückten Erdwall und Holzbauten auf einem für die Verteidigung günstig gelegenen Platz. Nur die reichen Feudalherren ließen sich Steinbefestigungen mit Mauern und Türmen erbauen. Diese Burgen dienten der Verteidigung gegen äußere Feinde wie auch als Stützpunkte zur Ausübung des außerökonomischen Zwanges gegenüber der bäuerlichen Klasse. Gleich ob Fürsten, Grafen oder adelsfreie Familien, die Burgen wurden seit der zweiten Hälfte des 11. Jh. zu wichtigen Attributen der Herrschaft, und nicht zufällig nannten sich jetzt die meisten Adelsgeschlechter nach ihrer Burg.

Für die Burgnamen gewannen die aufkommende adlige Heraldik, die Wappentiere und Wappenfarben Bedeutung. Davon zeugen Benennungen wie Bärenstein, Falkenstein, Greifenstein. Auch Schutz- und Trutznamen kamen vor, zum Beispiel Friedland, Landsberg, Landshut, Landkron, Neidberg, Neideck, Wartburg. Nicht nur in den Personennamen, sondern ebenso in den Burgnamen kamen die sozialen Ambitionen der herrschenden Klasse voll zum Ausdruck.

Für städtische Neusiedlungen war auf Grund dieser Entwicklung der alte Begriffsinhalt des Wortes -burg, das befestigter Platz bedeutete, nicht mehr geeignet. Deshalb benutzte man das alte Ortsnamenwort -stat, das zunächst nur „Stelle, Ort" bezeichnete, im Laufe des 12. Jh. jedoch die Bedeutung Stadt, Bürgersiedlung, annahm, während aber die ältere Bezeichnung für den Stadtbewohner als Bürger (burgaere) bestehen blieb.[14]

Bäuerliche Klassenkämpfe

Der Aufbau von Bannherrschaften, in denen Freie und Unfreie gleichgestellt wurden, führte zu einer Annäherung der verschiedenen Gruppierungen der bäuerlichen Klasse. Wenn auch die freien Bauern ihren juristisch besseren Status gegenüber Leibeigenen und Hörigen bewahrten, so wirkte sich ihre gerichtliche Unterstellung unter den Bannherrn doch nivellierend aus. Dabei verringerte sich keineswegs der Ausbeutungsgrad gegenüber dem alten Villikationssystem. Hand- und Spanndienste auf Burgen, Herbergspflichten und Naturalabgaben drückten härter, weil sie regelmäßiger und kontrollierter geleistet werden mußten. Dessenungeachtet profitierten die Bauern auch von der Herrschaftskonzentration.

Die Friedenswahrung durch den Bannherrn schützte die Ernte und sicherte die Wege. Herrschte in den alten Grundherrschaften des 9. und 10. Jh. eine Vielfalt von Belastungen und Diensten, so bildeten sich jetzt Gewohnheiten (consuetudines) heraus, die für alle galten. Die Bauern solidarisierten sich daher leichter gegen die Ausbeutung, vereinigten sich in Dorfgemeinden und boten feudaler Willkür die Stirn.

Die Formen des Klassenkampfes waren vielfältig. Am drückendsten empfanden die Bauern die Herbergs-

Getreidemühle mit unterschlächtigem Wasserrad. Den Mühlstein muß man sich flach liegend vorstellen. Hortus Deliciarum

Die Wiprechtsburg bei Groitzsch (nach den Ausgrabungen 1959–1967). Im Vordergrund Reste der Burgkapelle (rekonstruiert), im Hintergrund des Wohnturms (2. Hälfte 11. Jh.)

pflicht, die Burgfronen und die Dienste für die Vögte. Oft wurden diese Leistungen gewaltsam erzwungen, Scheunen geplündert, Rinder und Pferde beschlagnahmt und Getreide geraubt.

Im Ardenner Wald zwang 1081 ein Klostervogt einen Bauern, dem die Kuh eingegangen war, den ganzen Tag über den Pflug selbst zu ziehen.[15] Der Ritter eines schwäbischen Grafen, „... in seiner Grausamkeit schlechter als die Schlechtesten ...", wurde von den Dorfgenossen „... ebenso wild wie er, seiner Augen beraubt...".[16] Der Ministeriale eines Grafen im Gebiet von Limburg fiel 1114 mit bewaffneter Schar in ein Dorf ein, raubte und mordete. Da sammelten sich die Überfallenen und vertrieben die Eindringlinge, die in überstürzter Flucht zur Lahn eilten. Ein Teil von ihnen suchte in einer Kapelle Schutz, wurde aber von den ergrimmten Bauern niedergemacht.[17] 1094 hieben Bauern auf der Insel Reichenau den verhaßten Vogt Hermann beim Kirchgang „hinterlistig und grausam in Stücke".[18] Ähnliche Schicksale bereiteten sie Ministerialen, die mutwillig durch die Saaten ritten.

Diese und ähnliche Formen offenen Klassenkampfes zogen sich durch die gesamte Periode. Die chronikalische Überlieferung aus der Feder von Repräsentanten der herrschenden Klasse ist lückenhaft und berichtet nur sporadisch von dem bewaffneten Widerstand der

Feudalbauern. Dennoch spiegelt sie das erbitterte Ringen um das bäuerliche Mehrprodukt wider und beweist, daß der permanente Klassenkampf ein integrierender Bestandteil der gesamten mittelalterlichen Geschichte war.

Hierbei spielte der passive Widerstand eine wichtige Rolle, da er viel schwerer zu überwinden war als lokales, zersplittertes und schlecht organisiertes Aufbegehren mit der Waffe in der Hand. Um die Mitte des 12. Jh. klagten die Mönche von Muri im Breisgau: „Sorgfalt und Achtsamkeit beim Anbau fehlen. Die Bauern behandeln alles nachlässig, leisten mit Lug und Trug Widerstand, und was sie auch dem Brauch gemäß abgeben, das verschlingen sie wieder selbst mit ihren Markvogtei. Ein vom Grundherrn eingesetzter Vogt sollte nach und nach das feudale Obereigentum über die gesamte Allmende fixieren und durchsetzen.

Die Bauern wehrten sich erbittert gegen diese Enteignung. So beschweren sie sich 1088 bei dem Abt des Schwarzwaldklosters St. Georgen, daß er in fremde Rechte einbreche und bäuerlichen Boden in Besitz nehme. Es gezieme sich nicht, sich Mönch zu nennen, wenn man vom Raub lebe und Land enteigne, das sie, die Bauern, einst gemeinsam gehabt hätten. Da sie mit ihrer Beschwerde auf taube Ohren stießen, drohten sie mit der Zerstörung des Klosters. Mit Speeren, Lanzen und zugespitzten Stangen stürmten sie heran, wurden jedoch von Herzog Berthold von Schwaben entwaffnet

Bauer kämpft gegen Ritter. Relief am Portal des Doms zu Modena (1. Hälfte 12. Jh.)

Frauen und Kindern."[19] Der Propst des St. Georgenstiftes zu Limburg wandte sich hilfeflehend an Erzbischof Adalbert I. von Mainz und klagte über seine Hörigen: „Diese sind in solch hartnäckige Aufsässigkeit verfallen, daß sie alles, was sie dem Propst und seinen Kanonikern schulden, zu schmälern suchen und sich aller Pflichten entledigen wollen."[20] Weinbauern, die hohe Naturalzinsen zu zahlen hatten, ernteten die Trauben frühzeitig, um keine Verluste durch Fäulnis zu erleiden, und lieferten ihren Herren sauren Wein ab.

Empfindlich reagierten die Dorfgenossen, wenn Grundherren in die Mark eindrangen und Kollektiveigentum in herrschaftliches Allod verwandelten. Die Grundherren errichteten Zäune und Hecken, Gräben und Wälle, mit denen sie ihre Beunden sowohl von der Allmende wie dem bäuerlichen Besitz abgrenzten. Zugleich verlangten sie aber von den Markgenossen, daß sie die grundherrlichen Beunden in Kollektivfronen bestellten. Die Bannherren entwickelten daraus die und bestraft.[21] Auf ähnliche Opposition stieß der Bischof von Osnabrück, als er einen Wehrturm im Markenwald anlegen wollte.

Der Feudaladel war nicht in der Lage, in einem Anlauf das bäuerliche Gemeineigentum zu usurpieren, weshalb er nur Teilstücke und Teilrechte an sich zu reißen versuchte. Die Enteignung der Allmenden zog sich über Jahrhunderte hin. Häufig machten auch die Bauern selbst Stücke daraus urbar und verwandelten sie in Ackerland.

Bäuerliche und herrschaftliche Rodung

Die Erweiterung landwirtschaftlicher Nutzflächen durch Rodung stand in jenen Jahrhunderten vor jeder Generation. Namenkunde und Siedlungsgeographie wiesen die Kontinuität dieses Prozesses bis ins 13. Jh. nach. Die Rodung erfaßte vor allem feudalherrliche

Wälder und Allmenden. Die Initiative dazu ging häufig von den Bauern, teilweise auch von den Herren aus. Ohne Genehmigung brachen die Bauern oft in die großen herrschaftlichen Forste ein, brannten den Wald auf begrenzten Parzellen nieder und säten in den durch Asche gedüngten Boden Hafer und Roggen. Da die Bauern mit ihren primitiven Arbeitsgeräten nicht das gesamte Wurzelwerk beseitigen konnten, bestand längere Zeit ein qualitativer Unterschied zur Agrikultur des Altsiedellandes. Nach etwa vier Jahren war der so gewonnene Boden erschöpft, er wurde aufgelassen und als Weide benutzt. Mit der Zeit stellte sich wieder Buschwald ein, der jedoch nicht hoch kam, da er nach 10 bis 20 Jahren erneut abgehauen und gerodet wurde. Die Urbarmachung weiten Ödlandes im Mittelgebirge, in Tälern und Flußniederungen und in den Marschen an der Nordseeküste stellt eine der großartigsten Leistungen der Bauern im Mittelalter dar.

An die Stelle der lockeren Mischung von Buschwald und Kulturland trat eine schärfere Trennung zwischen Wald und Feld, die das Landschaftsbild bis in die Neuzeit bestimmte. Als Siedlungsformen dominierten Weiler und Kleindörfer mit drei bis zwölf Höfen, deren Stabilität gering war. Daraus erklärt sich zum Teil die beachtliche Mobilität der bäuerlichen Bevölkerung im 11. und 12. Jh.

Der Feudaladel erkannte rasch den Nutzen der Rodung für den Ausbau seiner Bannherrschaft, die sich zu regional relativ geschlossenen Komplexen entwickelten. Die bäuerlichen Initiativen eröffneten dem adligen Landesausbau ganz neue Perspektiven. Daher bemühten sich große und kleine Feudalherren, die bäuerliche Rodung in ihre Regie zu nehmen. So schloß um 1100 Bischof Udo von Hildesheim mit Rodungsbauern einen Vertrag. Nach diesem blieb das Rodeland sechs Jahre zehnt- und zinsfrei. Jeder Bauer durfte das gerodete Landstück gegen Entrichtung einer Gebühr verkaufen, wenn der Käufer den Vertrag akzeptierte. Die Rodungsgemeinschaft besaß einen eigenen Vogt, dem sie eine Abgabe zu zahlen hatte. In die bischöflichen Waldungen durfte sie nur halb soviele Schweine treiben wie die Grundhörigen, genoß dafür aber das Recht der freien Jagd und Fischerei.[22] Im Schwarzwald lenkten die Zähringer Rodungssiedler auf ihre Besitzungen, um diese auszubauen und zu arrondieren.

Diese Rodungen im Harz und im Schwarzwald demonstrieren sinnfällig das Wechselspiel von Ökonomie und staatlicher Gestaltung. Von da aus war es nur noch ein kleiner Schritt zur allseitig gelenkten und gezielten Urbarmachung im Interesse der werdenden Regionalgewalten mit vorher fixierten Rechten der Neusiedler. So erweist sich die Rodung im 11. und 12. Jh. als ein gesamtgesellschaftlicher Vorgang, der Staatsaufbau und Politik der herrschenden Klasse beeinflußte. Indirekt stimulierte er den Kampf der Zentralgewalt und des hohen Adels um den Herrschaftsanteil im Reich.

Innerhalb der bäuerlichen Klasse führte die Neulandgewinnung zu einer Differenzierung; es kristallisierte sich eine Schicht von Rodungsbauern heraus, die eine Anzahl von Vorrechten und Besserstellungen gegenüber den feudalabhängigen Bauern im Altsiedelland genoß. Rodung und Neusiedlung erforderten Gemeinschaftsarbeit. Daher schlossen sich die Rodungsbauern, zumeist nichterbende, jüngere Bauernsöhne, zu Genossenschaften zusammen. Nach der Urbarmachung regelten diese Genossenschaften die Nutzung des Gemeineigentums sowie die Feldbestellung. Die Genossenschaften führten aber auch die Streitigkeiten mit dem Grundherrn, der nun nicht mehr einem einzelnen, sondern einem Kollektiv gegenüberstand. So bildeten sich auch im Neusiedelland Markgenossenschaften, die dort, wo der Adel die Rodung organisierte, ebenfalls ein Mitspracherecht bei der Flurordnung und der Allmendenutzung errangen.

Bürgerliche Forscher ziehen daraus den falschen Schluß, daß überhaupt erst mit dem Landesausbau im Hochmittelalter Markgenossenschaften entstanden, die zunächst nur kleine Dorfgenossenschaften gewesen seien; für die frühere Zeit könne man überhaupt nicht von Markgenossenschaften sprechen.[23] Sie übersehen dabei jedoch, daß die jungen Markgenossenschaften die viel älteren genossenschaftlichen Zusammenschlüsse auf der Grundlage von Gemeineigentum an Land in keiner Weise ausschließen.

Rodung und die aus ihr hervorgehenden „Freiheiten" differenzierten die bäuerliche Klasse im Alt- und Neusiedelland, ein Vorgang, der sich in der bäuerlichen Landnahme im Zuge der Ostexpansion fortsetzte.

Fürsten und Regentschaft zwischen 1056 und 1065

Die Zeit der Minderjährigkeit König Heinrichs IV., von 1056 bis 1065, war von einem unaufhaltsamen Vordringen fürstlicher Gewalten auf Kosten des Königtums gekennzeichnet. Dabei ging es nicht nur um die Vermehrung des Allodial- und Lehnsbesitzes, sondern um Arrondierungen und Konzentration solcher Rechte wie Immunitäten, Gerichtshoheit und Bann. Bis zur Mitte des 11. Jh. gab es noch keine regionale Geschlossenheit von Besitztümern und Rechten, sondern nur Zonen von Berechtigungen verschiedenster Art, die ihrerseits wieder Rechtsansprüche fremder Grundherren berücksichtigen mußten. Der hohe Adel drängte schon in den letzten Regierungsjahren Kaiser Heinrichs III. auf eine Zusammenfassung und Abrundung seiner Machtbereiche. Seit 1056 setzte er diese Politik gezielt und rücksichtslos fort, da die Situation hierfür außerordentlich günstig war.

Kaiserin Agnes als Regentin und ihre Ratgeber machten einflußreichen Fürsten Zugeständnisse, um sie dem salischen Königtum zu verpflichten. 1057 erhielt Rudolf von Rheinfelden das Herzogtum Schwaben, 1061 Otto von Northeim das Herzogtum Bayern und im gleichen Jahr der schwäbische Graf Berthold von Zähringen die Kärntner Herzogswürde. 1057 vergab die Kaiserin dem Bistum Bamberg den Markt in Hersbruck mit Bann, Münze und Zoll, 1059 verlieh sie einem Grafen das Münzrecht bei Heilbronn, und 1060 erhielt die Bamberger Kirche einen weiteren Markt in Villach mit allem Zubehör.[24] Zwar bemühte sie sich gleichzeitig, die Macht des Hochadels einzudämmen, indem sie Ministerialen Land und Rechte zuwies, aber diese sporadischen Versuche mündeten nicht in eine konsequente Politik der Zentralgewalt ein, die in der Lage gewesen wäre, gegen den fürstlichen Expansionsdrang ein wirkungsvolles Gleichgewicht zu schaffen.

Zunächst machten sich die Reichsbischöfe die schwache Position der Kaiserin zunutze. Bischof Heinrich II. von Augsburg, ein Ratgeber der Regentin, erschlich sich 1059 die Forsthoheit für sein Bistum, um durch organisierte Rodung seine Herrschaft zu erweitern und zu konsolidieren. Selbstherrlich griff er in die Angelegenheiten der Klöster seiner Diözese ein und verwandte deren Einkünfte für seine Güterpolitik. Besonders weit ging Erzbischof Anno von Köln, der sich an die Spitze der mit der Regentschaft unzufriedenen Adelsopposition stellte und 1062 in Kaiserswerth den zwölfjährigen Heinrich sowie die Reichsinsignien, Kreuz und Lanze, entführte. Mit dem Raub der Reichssymbole bewies Anno, daß es ihm nicht nur um die Person des Königs, sondern um Herrschaft ging. Er wollte sich zum legitimen Verwalter der Regierungsgeschäfte machen. Er trieb unbekümmert Vetternpolitik und setzte seine Verwandten in Bistümer ein, ohne Rücksicht auf ihre Eignung. Weiter trachtete er nach den Einkünften der Krone, von denen er sich den neunten Teil übertragen ließ. Vier Reichsabteien wurden im Namen des Königs verschenkt. Zwei Herzöge, drei Erzbischöfe und fünf Bischöfe teilten die Beute. Als Anno seinen Gesinnungsfreunden zu mächtig wurde, verdrängte ihn Erzbischof Adalbert von Bremen vom Hofe und setzte sich an seine Stelle. Eine Änderung der Innenpolitik trat dadurch nicht ein. Adalbert bemächtigte sich der großen Reichsabteien Lorsch und Corvey und übernahm Grafschaften in Engern und im Emsgau.

Der weltliche Adel stand dem geistlichen im Gütererwerb nicht nach. Dynastengeschlechter wie die Zähringer bauten auf Königsland Burgen, neue Grafen setzten sich in kleinräumigen Gebieten fest, die als Reichsland galten. In dieser Entwicklung spielte das Streben nach Vogteien eine bedeutsame Rolle. Die Vogtei erfaßte Kirchen- und Klostergrundherrschaften, die des Schutzes weltlicher Mächte bedurften. Sie hatte eine zweifache Funktion: Ausübung der Gerichtsbarkeit und Gewährung von Schutz. Vogteiinhaber erlangten weitgehende Verfügungsgewalt über Kirchen und Klöster und deren Bauern. Der Vogt übte beispielsweise die Kontrolle über alle Käufe und Verkäufe, über Tausch und Schenkungen aus.

Der Erwerb von Vogteien war somit ein wichtiges Instrument für den Ausbau geschlossener Herrschaftskomplexe. Für die Bischöfe und Äbte wurde die Auseinandersetzung mit den Vögten, deren Umklammerung sie sich entziehen wollten, um ihrerseits kompaktere Regionen herrschaftlich zu erfassen, ein Hauptanliegen. Unter der Vorherrschaft der Erzbischöfe Anno und Adalbert im Reich kam der Adel mit seiner

Siegel König Heinrichs IV. aus den Jahren 1060 bis 1066. Der König ist als Jüngling dargestellt

Vogteipolitik nicht zum Zuge. Im Gegenteil. Anno gelang es 1060, sich der Eigengüter der rheinischen Pfalzgrafen zu bemächtigen und nach und nach alle Machtkonkurrenten in seiner Erzdiözese auszuschalten. Adalbert ging ähnlich vor. Das steigerte die Mißgunst der weltlichen Fürsten, die 1066 Adalbert stürzten. Den Fürsten schlossen sich auch die königlichen Ministerialen an, denn sie sahen im Vorgehen der Prälaten eine Gefahr für ihre Stellung.

Versuche zum Aufbau eines Königsterritoriums

Heinrich IV. war Ostern 1065 für mündig erklärt worden. Nach der Entlassung Adalberts nahm er die Regierung selbst in die Hand. So wie der Adel in seinen Bannherrschaften ging auch er systematisch beim Ausbau des Königsgutes zu Werke. Zunächst suchte er verschleudertes Königsland und Reichsgut zurückzugewinnen, so die Abteien Corvey und Lorsch. Bald zeichneten sich bei Heinrichs Aktionen die Konturen

eines Programms ab, dessen Hauptpunkte in folgendem bestanden:
1. Systematische Nutzung und Erweiterung des Königsgutes,
2. Umfassender Einsatz von Ministerialen für Verwaltungs- und Militärdienste,
3. Aufbau eines zusammenhängenden Machtbereiches nach dem Muster fürstlicher Regionalbildungen,
4. Konzentrierung staatlicher Institutionen, wie hohe Gerichtsbarkeit und Bannleihe, in der Hand des Königs.

Zentren deutscher Königsherrschaft lagen am unteren Main, am Mittelrhein, in Ostsachsen und Thüringen. Vor allem in den zuletzt genannten Gebieten boten sich günstige Ausdehnungsmöglichkeiten und gute territo-

Siegel Heinrichs IV. aus den Jahren 1071 bis 1081. Umschrift: HEINRICVS D[E]I GRA[TIA] REX (Heinrich von Gottes Gnaden König)

riale Ausgangsbasen. Von der Werra zog sich ein breiter Streifen zerstreut liegender Besitzungen durch das nördliche Thüringen und den Harz bis an die Elbe; Grona, Eschwege, Mühlhausen und Pöhlde am Südharz mit Herzberg und Scharzfeld bildeten die wichtigsten Stützpunkte im Westen. Fast der ganze Harz gehörte der Krone, und in den Landschaften, die im Norden, Osten und Süden dem Gebirge vorgelagert waren, befanden sich zahlreiche Königsgüter.

Im Norden gruppierte sich ein Kranz von Besitzungen um die Pfalzen Goslar, Werla und Bodfeld, im Südosten um Nordhausen, Sangerhausen und den Kyffhäuser. Weiter östlich erstreckten sich die Königsgüter über Mansfeld und die Landschaften an der unteren Unstrut und der mittleren Saale. Die Besitzungen reichten über Leipzig, Zeitz, Altenburg bis an die Mulde und darüber hinaus bis an die Elbe.[25]

In diesem Raum bestand seit der Karolingerzeit die stärkste Konzentration von Burgbezirken. Hier konnte der König darangehen, einen geschlossenen Herrschaftsbereich zu schaffen. Zunächst ließ er die be-

stehenden Burgen ausbauen und neue errichten. 1073 verfügte er in Sachsen über die Harzburg, Hasenburg, Heimburg, Lauenburg, Lüneburg, Mosburg, den Sachsenstein, Spatenberg, über Volkenroda und den Wigantstein. Die Harzburg bei Goslar war die stärkste und größte. Die Heimburg am Nordrand des Harzes sicherte das ostfälische Krongut vom Süden her. Die nördlichste Befestigung südlich des Harzes war der Sachsenstein, südwestlich davon lag die Hasenburg, und südöstlich in der Hainleite deckte Volkenroda die Königslandschaft gegen mögliche Angriffe aus Hessen.

Die neuen Befestigungsanlagen dienten nicht nur militärischen Zwecken, sondern in gleichem Maße der Verwaltung. Von ihnen aus überwachten die königlichen Burgmannen die Nutzung von Wäldern und Weiden, trieben Abgaben ein und forderten Fronen. Anfangs verlief der Burgenbau ungestört. Aber bald regte sich der Widerstand der Bauern, die unter den vermehrten Diensten und Leistungen litten. Hinzu kam eine verstärkte Nutzung der Tafelgüter, welche die Bauern gleichfalls hart traf. Die Pfalzen Allstedt, Tilleda und Wallhausen mußten je 20 sogenannte Servitien leisten, die jeweils bei Anwesenheit des Königs fällig waren. Ein Servitium umfaßte in Sachsen nach einem wohl später aufgezeichneten Tafelgüterverzeichnis 30 große Schweine, fünf Ferkel, drei Kühe, eine Anzahl Gänse und Eier sowie weitere Leistungen. Die Höhe der Servitien beweist, daß die Produkte nicht allein aus eigenem Aufkommen der Pfalzen erbracht werden konnten, sondern daß diese auch Sammelpunkte bäuerlicher Abgaben waren.

Burgen und Pfalzen besetzte Heinrich mit ihm treu ergebenen Ministerialen aus allen deutschen Herzogtümern, vor allem jedoch aus Schwaben. Vielleicht hatten bereits die Schwaben Erzbischof Werner von Magdeburg, ein Bruder Annos II. von Köln, und Bischof Burchard von Halberstadt viele ihrer Stammesgenossen nach Sachsen mitgebracht. Heinrich bediente sich dieser unfreien Männer und stattete sie mit Dienstlehen aus, die sie eng an seine Person banden. Die Bevorzugung der Ministerialen spiegelt sich auch in den Schenkungen wider. 1067 erhielt der „serviens" Mazelin drei Königshufen. 1068 vermehrte sie Heinrich um das Dorf Hohenleuben im Pleißengau mit allem Zubehör und befreite seine Bewohner vom Burgwerk. Im gleichen Jahr erhielt der „miles noster" Moricho eine große Schenkung von 24 Königshufen in Gebstedt in Thüringen. Vielleicht entstammte Moricho einer Mischehe zwischen einem Adligen und einer Unfreien oder umgekehrt zwischen einer Edelbürtigen und einem Unfreien.

Der König förderte die Verehelichung seiner Ministerialen mit freien sächsischen Frauen und übertrug ihnen Herrschaftsrechte, die sie juristisch über den sächsischen Adel hinaushoben. Der Chronist Bruno

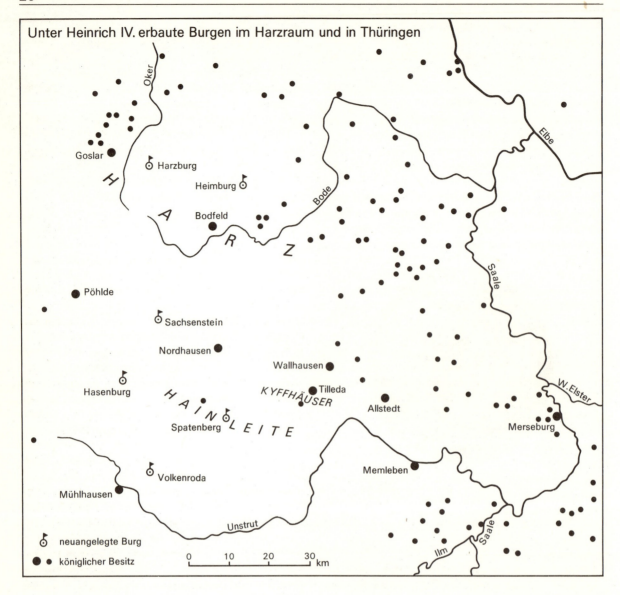

Unter Heinrich IV. erbaute Burgen im Harzraum und in Thüringen

○ neuangelegte Burg
● königlicher Besitz

beklagte sich darüber ausdrücklich: „Wenn eine Frau vor ihm über irgendein Unrecht Klage führte und von seiner königlichen Gewalt ihr Recht forderte, erhielt sie statt des verlangten Rechts vielfaches Unrecht, wenn ihm in seiner Tollheit ihre Jugend und Gestalt gefielen. Denn wenn er selbst, solange er Gefallen daran fand, an ihr seine Lust befriedigt hatte, gab er sie einem seiner Knechte gleichsam zur Frau. Nachdem er die edlen Frauen dieses Landes zunächst selbst schmählich mißbraucht hatte, entehrte er sie noch ärger durch die Vermählung mit seinen Dienstmannen."[26]

Heinrich erhob sogar Dienstmannen zu Erzbischöfen von Bremen und Köln. Bischof Benno von Osnabrück, ein Ministeriale, war zeitlebens ein treuer Helfer Heinrichs IV. Als Vorsteher der Pfalz Goslar hatte er bereits dessen Vater, Kaiser Heinrich III., gedient. Er leitete die Organisation und Verwaltung des Königsgutes im Harz und unterstützte den König bei der Reorganisation seiner Besitzungen. Als Baufachmann entwarf er die Pläne für die Burgenkette in Sachsen. Auch trieb er eine zielstrebige Güterpolitik auf Kosten der Klöster seiner Diözese, denen er die Zehnten zu beschneiden suchte.

Heinrich steckte mit dem Burgenbau zugleich die Grenzen seiner Landesplanung ab. Ihm ging es nicht um Expansion nach dem Osten, sondern um die Erfassung und Durchdringung von Sachsen und Thüringen, wo umfangreiches Königsgut eine günstige Ausgangsposition bot. Die fortschreitende ökonomische Erschließung und gesicherte Lage dieser Gebiete versprachen einen raschen Erfolg seiner Krongutpolitik.

Die Wirtschafts- und Sozialstruktur des dortigen

Königsgutes war gekennzeichnet durch große Höfe mit abhängigen Bauern und freien Siedlern. Die Herkunft letzterer ist umstritten. Bürgerliche Forscher sahen in ihnen Nachkommen altfreier Wehrbauern aus der Zeit König Heinrichs I. oder aber Rodungssiedler aus benachbarten Grundherrschaften.[27] Die marxistische Mediävistik neigt entweder der Rodungsthese zu[28] oder gibt zu erwägen, ob nicht überhaupt von einer beachtlichen Schicht freier Bauern ausgegangen werden müsse, die auf Eigengut oder Siedelland saß, das dem königlichen Bodenregal unterlag. Sie hätte eine wesentliche Grundlage für die königliche Burgenpolitik gebildet, da sie die notwendigen Bau- und Versorgungsleistungen erbrachte. Neben dieser Schicht müsse aber die Existenz von Militärkolonisten, die als freie Siedler auf Königsland lebten, angenommen werden.[29] In jedem Falle wird man innerhalb der bäuerlichen Klasse dem Element der Freien größere Aufmerksamkeit schenken müssen als bisher.

Besonderer Anziehungspunkt der Siedler war der Harz wegen seines Kupfer- und Silbererzbergbaus. Goslars Aufstieg zu einem Bergbauort um 1100 legt davon beredtes Zeugnis ab. Viele Siedlungen im Harzwald dürften ursprünglich mehr der Suche nach Erz denn der Urbarmachung von Wald gegolten haben. Dennoch profitierte auch die Agrikultur von diesem Kolonistenstrom. Um 1070 ließen sich 600 bäuerliche Familien aus Nordalbingen im Harz nieder. Der Zulauf von Produzenten erhöhte natürlich den Wirtschaftswert der Königsgüter beträchtlich. Heinrich weilte mit seinem zahlreichen Gefolge immer häufiger in den Harzpfalzen, was als Beweis für die gestiegenen Versorgungsmöglichkeiten gelten kann. Im Prinzip stand er vor den gleichen Aufgaben wie seine fürstlichen Gegner: Ausbau und Regionalisierung der Herrschaften. Die Gebiete der sächsischen Adligen durchlöcherte er, wo er konnte; ihr Mitbestimmungsrecht in der Leitung des Herzogtums annullierte er, und den Ausbau ihrer Grundbesitzungen hinderte er, wo immer sich dazu eine Möglichkeit ergab.

Die Reichsvogtei Goslar sollte die Aufgabe eines Verwaltungsmittelpunktes übernehmen. Zu ihr gehörten neben der Stadt Goslar Teile des Harzwaldes, die Forsthufenländereien auf der Sudberger Flur, königliche und ministeriale Grundbesitzungen. Als Reichsvogt wurde Bischof Benno II. von Osnabrück eingesetzt. Wenn auch die Organisation dieses wichtigen Gebietes noch recht locker war und nicht mit landesherrlichen Institutionen des 14. und 15. Jh. vergleichbar ist, so erhielt es doch im Interesse der Zentralgewalt eine besondere Gerichtsverfassung, die alle Immunitäten aufhob und der alle unterworfen waren. Auf eine straffere Verwaltung deuten die gefundenen Rechenpfennige aus Messing hin, die wahrscheinlich im Bergbau an die Stelle des Kerbholzes traten und die Ab-

Königliche Münzen (Denare bzw. Pfennige) aus der Zeit Heinrichs IV., o.: aus Duisburg, auf der Rückseite ummauerter Palast, u.: aus Goslar, Rückseite mit dortiger Stiftskirche

rechnung des geförderten Erzes erleichtern sollten, ja möglicherweise überhaupt zur Kontrolle von Abgaben dienten.

Auch das französische Königtum betrieb wenig später, unter Ludwig VI., der seit 1100 die Politik bestimmte, mit großer Energie und Zielstrebigkeit den Ausbau der Zentralmacht. Ludwig unterwarf innerhalb seiner Krondomäne zwischen Paris und Orléans die kleinen Feudalgewalten, um sich ein geschlossenes Gebiet zu schaffen. Wie Heinrich in Deutschland, so mußte auch Ludwig in Frankreich versuchen, mit der Festigung der staatlichen Gewalt in einzelnen Lehnsfürstentümern, wie in Flandern und der Normandie, Schritt zu halten, wollte er sich nicht der Gefahr aussetzen, von ihnen überrundet zu werden.

Die Entwicklung der Städte und die Zusammensetzung ihrer Bevölkerung

Bei seiner Krongutpolitik im Harz kam Heinrich auch die städtische Entwicklung entgegen, die im Laufe des 11. Jh. durch die Ausweitung von Handel und Verkehr sowie die Intensivierung der Landwirtschaft neuen Auftrieb erhielt.

Eines der wesentlichsten Momente in der qualitativ neuen Phase der Stadtentwicklung zeigte sich darin, daß die Stadt zunehmend einen sozialökonomischen Faktor innerhalb der Feudalgesellschaft darstellte. Die in Handel und Gewerbe tätige Bevölkerungsschicht erstarkte dadurch in solchem Maße, daß sie in der zweiten Hälfte des 11. Jh. in einigen größeren Städten erstmals politisch aktiv hervortreten konnte.

Die alte, aus spätrömischer und frühmittelalterlicher Zeit überkommene „civitas", die lange Zeit ein administrativ-militärisches Zentrum des Feudaladels, besonders des geistlichen, gewesen war, verschmolz mit der Kaufleute- und Handwerkersiedlung, die sich häufig vor den Mauern der „civitas" gebildet hatte. Beide Siedlungszentren erhielten eine gemeinsame Ummauerung. Ähnliche Vorgänge vollzogen sich auch in den Siedlungen um Burgen, Königspfalzen oder Klöster, in denen sich Kaufleute, hofgebundene und freie Handwerker niedergelassen hatten.

In der zweiten Hälfte des 11. Jh. war es im Reich im wesentlichen zur Herausbildung von drei Gruppen von Handelszentren gekommen:

1. „Civitates", die zumeist Bischofssitze waren und als Knotenpunkte eines ausgedehnten Fernhandels und einer entwickelten handwerklichen Produktion fungierten,
2. Wochenmärkte, die so viele Besucher anzogen, daß Händler und Handwerker ständig ihren Lebensunterhalt verdienen konnten. Sie stiegen im 12. und 13. Jh. zu Mittelstädten auf,
3. Marktorte, die ein- bis zweimal im Jahr auf Jahrmärkten Austausch und Verkauf von Gütern der Umgebung wie von Fernhandelswaren ermöglichten, in der übrigen Zeit aber in dörfliche Lebensweise zurückfielen, da weder Kaufleute noch Handwerker in nennenswerter Zahl ansässig wurden.

Die „civitates" hatten sich bereits im 11. Jh. zu Städten entwickelt, in welchen die gewerbliche Produktion zunehmend an Gewicht gewann. Die qualitativen Veränderungen sind also nicht in erster Linie dem Handel, sondern der Produktion zu verdanken. Dabei gab es zweifellos regionale Unterschiede, aber die Blüte der meisten europäischen Städte ging auf das Handwerk zurück, wie sich das für Flandern bereits im 11. Jh. zeigte. Auch in Köln, Mainz und Worms sind früh Ansätze einer Textilproduktion erkennbar. Im Bodenseegebiet liefen die Anfänge der Leinwandproduktion mit der Städteentstehung parallel.

Andererseits förderte der Handel wieder das Handwerk, er erleichterte dem Produzenten die Rohstoffbeschaffung und den Verkauf seiner Waren. Schließlich führte die Konzentrierung einer größeren Zahl von Handwerkern an einem Ort zum gegenseitigen Erfahrungsaustausch und damit zur Verbesserung der Fertigkeiten.[30]

Der Anteil der handwerklichen Produktion an der städtischen Entwicklung läßt sich am besten in neu entstehenden Städten nachweisen. So war der Aufstieg Huys zwischen Lüttich und Namur zu einer bedeutenden Stadt eng mit der frühen Blüte des Metallgewerbes im Maasraum verknüpft. Kupfer, das mit Galmei zu Messing verarbeitet wurde, bezog man von den Kölner Märkten oder direkt aus Sachsen. Die Produktion orientierte sich auf Luxusartikel, nicht auf billige Gebrauchswaren. Die Handwerker übten mehrere Berufe aus: Goldschmied, Münzer, Kupferschläger, je nach den Aufträgen ihrer Kundschaft aus dem Adel und der Händlerschicht. Gleichzeitig stellten Weber Tuche her, die für den Export bestimmt waren.

Die Belebung von Handel und Verkehr konnte sich auf technische Fortschritte, wie neue Anspannmethoden und die bessere Ausnutzung der Zugkraft des Pferdes stützen. Die Zahl der Handelsplätze stieg im 11. Jh. beträchtlich. Gab es zur Karolingerzeit 60 bis 70, so waren es nunmehr schon 200 bis 300 im Gebiet zwischen Elbe, Saale und Rhein. Das Wegenetz verdichtete sich. Von den alten Fernhandelsstraßen, die zumeist entlang der großen Ströme Rhein, Elbe und Donau verliefen, folgten Abzweigungen den Nebenflüssen Ems, Fulda, Iller, Isar, Lech, Main, Neckar, Ruhr, Saale, Salzach, Werra und Weser und bildeten Handelswege, an denen Umschlagplätze wie Augsburg, Bamberg, Bremen, Essen, Frankfurt/Main, Freising, Halle, Merseburg, Minden, Naumburg, Salzburg und Würzburg lagen. In Sachsen und Thüringen stiegen Handelsplätze wie Braunschweig, Erfurt, Gandersheim, Goslar, Halberstadt, Lüneburg, Mühlhausen, Münster, Nordhausen, Osnabrück, Quedlinburg, Stade und Verden auf.

Die Palette der gehandelten Güter war recht bunt. Sie reichte von Rohstoffen aller Art, besonders Metallen und Wolle, über Lebensmittel bis hin zu handwerklichen Produkten des täglichen Bedarfs und zu Luxuswaren aller Art.

Nahrungsmittel, vor allem Getreide, fanden im Nahmarktbereich Absatz. Aber auch der Fernhandel vertrieb es. 1065 holten Bamberger Kaufleute einige Schiffsladungen Getreide aus dem Rheinland. Nach Köln gelangten Fleischwaren aus Westfalen. Goslar bezog Heringe aus Bardowick. Größere Bedeutung gewann der Weinhandel. Marktorte und Städte des Rhein-Mosel-Gebietes betrieben ihn nicht nur im Reich, sondern auch im Ausland. Köln lieferte Weine nach England. Deutsche Kaufleute gelangten aber auch nach Polen, in die Burg- und Marktorte Szczecin und Gdańsk, wie aus Funden von Münzen, die in Basel, Konstanz und Zürich im 11. und 12. Jh. geprägt worden waren, hervorgeht. Die Händler benutzten die großen Fernverkehrsverbindungen, die von Halle und Magdeburg aus durch Polen bis ins Baltikum verliefen.[31]

Handelsbeziehungen gab es ebenso zum Kiewer Reich. Große Bedeutung gewann die Straße von Kiew und Galitsch über Kraków nach Prag und Regensburg. Bei Ausgrabungen in Moskau fand man Bleiplomben, die offenbar an Warenballen angebracht worden waren. Sie weisen bischöfliche Wappen, Stab und Handschuh, auf, wie sie im 11. und 12. Jh. in Chur, Eichstätt, Köln und Mainz benutzt wurden.

Im 11. Jh. entwickelten sich feste Handelsbeziehungen zwischen Kiew und Regensburg. 1089 transportierte der russische Mönch Maurikios im Auftrag seines Fürsten Vsevolod für 100 Pfund Silber Pelze nach Regensburg, um nach dem Verkauf der begehrten Rauchwaren mit dem Erlös die Kirche des St. Jakobsklosters fertigbauen zu lassen. Russische Händler importierten unter anderem Schwerter, die wahrscheinlich

Kaufmann mit Geldwaage. Hortus Deliciarum

vom Niederrhein, aus Flandern und Passau stammten.³²
Auch mit Böhmen gab es Handelsverbindungen von Bayern, Halle und Meißen aus, die vor allem dem Export des begehrten Salzes dienten.

Charakteristisch für die zunehmende Bedeutung der Ware-Geld-Beziehungen war die Vermehrung der Münzstätten im 11. Jh. Nach Goslar und Köln folgten Deventer, Dortmund, Lüttich, Mainz, Regensburg, Speyer, Straßburg, Worms und Würzburg. Auch kleinere Orte wie Sinsheim (Baden), Sinzig am Rhein, Siegburg und Weinheim wurden in der Zeit zwischen 1065 und 1069 vom König mit dem Münzrecht ausgestattet.³³ Das trug zur Auflockerung der naturalwirtschaftlichen Struktur des Landes bei. Vor allem im Umkreis der Münzstätten, die stets mit Märkten gekoppelt waren, spielte das Geld als Zirkulationsmittel und Wertmaßstab eine Rolle.

Die Bevölkerung der Städte zeigte damals eine bunte Zusammensetzung. Neben freien und unfreien Handwerkern, Kaufleuten und hörigen Leuten des Stadtherrn lebten hier auch sozial entwurzelte Menschen. Über alle geboten der meist geistliche Stadtherr oder seine Beauftragten. Für die Ausgestaltung der Rechte und Gewohnheiten der Stadtbevölkerung aber wurde der stadtsässige freie Kaufmann maßgebend. Er stand häufig unter Königsschutz und genoß eine Reihe von Privilegien, so etwa Zollfreiheit an königlichen Märkten und Zollstätten, wie sie König Heinrich IV. in einer Urkunde aus dem Jahre 1068 für die Halberstädter Kaufleute bestätigte.³⁴

Die unfreien Stadtbewohner entstammten bäuerlichen Schichten, die zu ungemessenem Dienst bei weltlichen oder geistlichen Feudalherren verpflichtet waren. Sie zogen in die Marktorte, wo sich ihre feudalen Fesseln allmählich lockerten. Aus ihnen rekrutierten sich unfreie Handwerker und Lokalhändler.

Die einzelnen Gruppen wuchsen nur sehr langsam zu einem differenzierten Bürgerverband mit eigenem Recht zusammen. Wichtig war, daß alle Stadtsässigen dem Stadtherrn nicht als Einzelpersonen gegenüberstanden, sondern sich in Genossenschaften vereinigten, die Kaufleute durch freien Zusammenschluß in Gilden, die Hörigen im herrschaftlichen Verband der „familia", der genossenschaftliche Züge aufwies, viele Stadtbewohner in nachbarschaftlichen Organisationen, fast alle in einer Gerichtsgemeinde. In den Städten an Maas, Mosel und Rhein spielte dabei das Richterkollegium, die Schöffen, dem überwiegend Kaufleute angehört haben dürften, als Rechts- und Verwaltungsgremium eine Rolle. Das ältere Markt- und Kaufleuterecht der wichtigsten Handelsorte am Rhein und in Sachsen diente für die Ansätze städtischer Rechtsordnungen als Grundlage. Karl Marx betonte ausdrücklich: „Bei der Vereinigung in der Stadt besitzt die Gemeinde als solche eine ökonomische Existenz."³⁵

Auch die Ministerialität nahm am Gemeindeleben aktiv teil. Sie kam aus der „familia" geistlicher und weltlicher Stadtherren, in deren Auftrag sie, wie in Augsburg und Regensburg, Verwaltungs- und Militärfunktionen ausübte. Oft nahmen Ministerialenfamilien auch am Fernhandel teil. In Mainz erhielt die Ministerialität Zugang zu Geldhandel und Wucher, in Worms beteiligte sie sich am Monopol des Silberhandels, in Speyer an der Münze. Münzer und Zöllner übertrafen damals an Reichtum und Einfluß alle anderen Städter. In dieser Hinsicht spielten die Ministerialen in Köln eine geringere Rolle, da sich hier die Kaufleute schon im 11. Jh. einen beherrschenden Einfluß gesichert hatten. In Trier zeichnete sich demgegenüber ein rascher ökonomischer und sozialer Aufstieg der Ministerialen ab; sie traten in enge Verbindungen mit den Kaufleuten und betrieben Wein- und Getreidehandel, allerdings über ihr Dienstpersonal.

Auch in Italien und in der Provence drängten die untersten Schichten der herrschenden Klasse, die Valvassoren und „milites", in den städtischen Selbstverwaltungsbestrebungen nach vorn. In Oberitalien führten sie zeitweilig diese Strömungen an, gaben gleichsam das Signal zur Kommunebildung. Daraus jedoch, wie ein namhafter bürgerlicher Historiker, den Schluß zu ziehen, daß die Stadtgemeinde und die spätere Kommune ihren Ursprung allein in Familien-

und Parteikämpfen adliger Geschlechter habe,[36] ist absurd, da erst das Wachstum von Gewerbe und Handel die Voraussetzungen für derartige Aktivitäten des Kleinadels in der Stadt schuf. Die ökonomischen Stimuli zogen ihn an und brachten ihn mit einem neuen sozialen Milieu in Berührung. Kaufleute und Handwerker allein fühlten sich noch nicht stark genug, um gegen die Bischöfe und den hohen Adel, die „capitani", opponieren zu können; deshalb verbündeten sie sich mit den Valvassoren und überließen ihnen die militärische Führung. Nach dem Sieg der Bürger wurden auch sie fest in die Kommunen integriert.

Zusammenfassend läßt sich feststellen, daß der Anteil der Ministerialen an der Stadtgemeinde nach Zeit und Ort recht unterschiedlich zu bemessen ist. Ein Konnex zwischen der ökonomischen Struktur der Städte, vor allem dem Vorhandensein bzw. Fehlen von Exportgewerben, und der Zusammensetzung der Oberschicht bestand auf jeden Fall. In ihrem Kampf um ständische Emanzipation geriet die aufstrebende Schicht der Ministerialität zum Teil in den Sog der parallel verlaufenden Befreiung der Stadtbevölkerung. Ähnlich wie in Italien zeigte sich auch in Deutschland, daß Erfolge in dieser Richtung nur möglich waren, wenn die städtische Ministerialität der städtischen Gemeinde entgegenkam und sich mit ihren Interessen solidarisierte. Entscheidend war die ökonomische Annäherung. Als Alternative blieb die ministeriale Beherrschung der Städte, was zur Verkümmerung und Versteinerung der Wirtschaft und Sozialstruktur führte, wie in den Reichslandstädten der späteren Stauferzeit.

Für die weitere Entwicklung der Städte gewann die Frage Gewicht, wie sich die Zentralgewalt zur aufkeimenden Opposition der Stadtgemeinden gegen ihre Stadtherren verhalten würde. Versuche des Königs, seinen Einfluß auf die Gemeinden zu sichern, mußten ihn zwangsläufig mit den Stadtherren in Konflikte bringen. Des weiteren traten ökonomische Überlegungen hinzu, denn Heinrich IV. sah sich mehr und mehr mit der Notwendigkeit konfrontiert, finanzielle Mittel für den Aufbau der Königslandschaften einzusetzen, vor allem auf militärischem Gebiet. Die Städte boten Heinrich aber auch die wirtschaftlichen Voraussetzungen zu einer koordinierten Reichspolitik, da sie die ökonomische Zersplitterung zu überwinden begannen und die alten Stammesgrenzen durchlöcherten. In dieser Richtung wirkten beispielsweise zwei Gruppen von Städten, nämlich Bamberg, Donauwörth und Nürnberg, die für eine neue Verbindung zwischen Donau und Main sorgten, und die Gruppe, zu der Ulm, Eßlingen und Speyer gehörten, welche das obere Donautal mit dem mittleren Rheinland verband. Sie dienten beide der schrittweisen Überwindung geographischer Hindernisse, des Schwäbischen und Fränkischen Jura. Indirekt förderten sie den Abbau des Stammesbewußtseins zugunsten eines Volksbewußtseins.[37]

Es sollte sich bald zeigen, ob es Heinrich IV. verstand, die Stadtgemeinden als Aktivposten in seine Innenpolitik einzugliedern und ihre Lebensinteressen so weit zu berücksichtigen, daß sie zu gemeinsamen Aktionen gewonnen werden konnten.

Mit dem stärkeren Wirksamwerden der Stadt als Mittelpunkt der Warenproduktion und des Handels endete das Frühmittelalter. Es begann die Epoche des entfalteten Feudalismus, denn vollausgebildeter Feudalismus ohne Stadt ist nicht denkbar. Erst durch die progressive Zunahme der gesellschaftlichen Arbeitsteilung schritt das Wachstum der Produktivkräfte so weit voran, daß sich das feudale Produktionsverhältnis voll entfalten konnte. Der feudale Produktionsprozeß erreichte allmählich eine höhere Stufe, weil die Produzenten leistungsfähigere Werkzeuge schufen und zu besseren Produktionsmethoden gelangten, die ihrerseits wieder höhere Fertigkeiten und Kenntnisse erforderten.

Das Stadium der einfachen Reproduktion der Gesellschaft wurde überwunden. Das zeigte sich in der zahlenmäßigen Zunahme der Produzenten und in dem niedrigeren Arbeitsaufwand für die Erzeugung der gleichen Menge von Nahrungsmitteln. Für die verbesserte Produktion nichtagrarischer Güter wurde laufend mehr gesellschaftliche Arbeitskraft frei. Die Anzahl der Menschen, die sich auf die Herstellung gewerblicher Erzeugnisse konzentrieren konnte, wuchs, und die feudale Wirtschaft verlor allmählich ihren rein agrarischen Charakter.[38]

Das feudale Geburtsprinzip wurde mehr und mehr von einer Art Leistungsprinzip durchlöchert. Nicht mehr der Mächtige und der Abhängige bestimmten die ständische Ordnung, wie auf dem feudal geprägten Lande, sondern der Reiche und der Arme. In der Stadt wurden soziale und wirtschaftliche Unterschiede maßgebend, und juristische Schranken traten in den Hintergrund. Der Arme hatte de jure die Chance, zum Reichen zu werden.

Der Sachsenaufstand von 1073 bis 1075

Die königliche Güterpolitik und die systematische Ausschaltung des geistlichen und weltlichen Hochadels aus der Führung der Reichsgeschäfte zugunsten unfreier Ministerialen riefen die Gegner einer erstarkten Zentralgewalt auf den Plan.

Zuerst stieß Heinrich IV. mit Otto von Northeim zusammen, dessen sächsische Eigengüter in unmittelbarer Nachbarschaft zum königlichen Krongutbezirk lagen. Bei der zielstrebigen Rückgewinnung entfremdeter Rechtsansprüche in Ostsachsen war ihm Otto im

Wege, der im Raum westlich und südwestlich des Harzes eine dominierende Stellung einnahm und – seit 1061 Herzog von Bayern – zudem als einflußreichster Fürst im Reiche galt. Leicht fand sich ein Kläger, der diesen unbequemen Mann des Hochverrats bezichtigte. Da er sich dem gerichtlichen Zweikampf nicht stellte, setzte ihn der König trotz erbitterter Gegenwehr ab und entzog ihm 1070 das Herzogtum Bayern, das er Welf IV. verlieh. Zwar erhielt Otto 1072 durch einen Gnadenakt einen großen Teil seiner Eigengüter zurück, aber für die königlichen Arrondierungsbestrebungen bildeten diese kein Hindernis mehr.

Das Vorgehen des Königs weckte das Mißtrauen der sächsischen Fürsten. Als 1072 der sächsische Herzog starb und Heinrich zögerte, dessen Sohn Magnus, der sich wegen Parteinahme für Otto von Northeim in Haft befand, aus der Gefangenschaft zu entlassen und als Nachfolger im Herzogtum einzusetzen, schlugen sie im Sommer 1073 los. Zuvor hatten sie Fühlung mit den süddeutschen Fürsten aufgenommen, die gleichermaßen über den königlichen Kurs verstimmt waren, da sie sich in ihrer Stellung und ihren Einflußmöglichkeiten bedroht sahen.

Heinrich wurde in seiner Pfalz Goslar von dem Aufstand völlig überrascht. Fluchtartig entkam er in die Harzburg, wo ihn das Heer der Empörer einschloß. Um seine Manövrierfähigkeit wieder zu erlangen, übertrug er die Verteidigung seinen Ministerialen und entwich verkleidet nach Franken, wo er auf Hilfe hoffte.

Führer des Aufstandes waren Otto von Northeim, Erzbischof Werner von Magdeburg, Bischof Burchard von Halberstadt, Dedi, Markgraf der Niederlausitz, und der sächsische Pfalzgraf Friedrich. Diese Adelsgruppe sah im König ihren Hauptfeind, denn seine Güterpolitik durchkreuzte ihren eigenen Herrschaftsausbau, da sich bereits für die nahe Zukunft Maßnahmen zu einem Übergreifen der Reichsvogteien auf ihre Ländereien abzeichneten.

Die Adligen nutzten geschickt die Gegensätze zwischen den königlichen Vögten und Burgbesatzungen auf der einen und den Bauern auf der anderen Seite aus. Erstere hatten freie Bauern, soweit sie unter das königliche Bodenregal fielen, zum Burgwerk herangezogen, sie also zum Bau und zur Instandhaltung der Befestigungsanlagen verpflichtet. Aber auch grundhörige Bauern des sächsischen Adels mußten mit Zugvieh erscheinen und fronen.[39] Letzteres erbitterte vor allem den Adel, da er auf seinen Domänen ebenfalls Burgen errichten ließ, die für die Umwohner die gleichen Belastungen im Gefolge hatten wie der Burgenbau des Königs.

Darüber hinaus erhoben die Burgbesatzungen von Sachsen und Thüringern hohe Abgaben und Steuern, darunter auch für die bisher freie Nutzung der Allmenden. Sie hinderten die Markgenossen daran, gemeinsam Wälder und Weiden zu nutzen, pfändeten ihnen ihre zur Fütterung ausgetriebenen Herden und führten sie weg.[40] Der prokönigliche Verfasser des „Liedes vom Sachsenkrieg" legt den sächsischen Unterhändlern, die Heinrich in Goslar ein Ultimatum stellten, folgende Worte in den Mund: „Jeder Habenichts und jeder Dahergelaufene hindert die Eingesessenen, den gemeinsamen Waldbesitz zu nutzen. Sie reißen das Weideland an sich und treiben Zugvieh und Herden weg, sie übergehen die Erben und nehmen mit Gewalt deren Eigen; auf jede Weise tun sie uns Unrecht."[41]

Wenn sich die Herren plötzlich zu Sprechern ihrer Feudalbauern machten und vorgaben, deren Rechte schützen zu wollen, so stand dahinter das Bemühen, das vom König beanspruchte Mehrprodukt für sich zu behalten. Die Beschneidung der Mark- und Allmenderechte war im 11. Jh. gang und gäbe, und die Lebensbeschreibung Bischof Bennos II. von Osnabrück monierte ausdrücklich die abgabenfreie Schweinemast der Klosterbauern in den Markwäldern.[42]

Die geistlichen Herren nahmen gegenüber der Königspolitik die gleiche Abwehrstellung ein wie gegenüber ihren weltlichen Vögten. So lagen zum Beispiel die königlichen Festen Schiltberg und Lauenburg im Gandersheimer bzw. Quedlinburger Stiftsforst, der ehemals dem Reich gehörte. Die königlichen Ministerialen suchten die Stiftsbauern für den Fiskus auszubeuten. Der Erzbischof von Mainz führte Klage, daß der König seine Bauern ausplündere und in seinem Erzbistum Burgen anlege. Das zeigt, worum es der herrschenden Klasse ging: um das ungeschmälerte Mehrprodukt ihrer Bauern. Diese wehrten sich, wo immer und wie immer sie konnten, gegen ungemessene Ausbeutung, ganz gleich, ob sie von Feudalherren oder vom König ausging.

Das hatte Heinrich schon 1065 zu spüren bekommen, als ein Graf mit seinen Leuten bei der Pfalz Ingelheim die Bauern zu Lebensmittellieferungen zwingen wollte. Ein Leibeigener des Klosters Hersfeld erschlug den Grafen mit einer Keule, und die königliche Mannschaft zog sich eilig in die Pfalz zurück. In der Fehde mit Otto von Northeim 1070 litten die Bauern schwer unter Brandschatzungen der königlichen Truppen. Der Herzog nutzte das geschickt aus und bot den Flüchtlingen in seinen Burgen Unterschlupf, versorgte sie mit Nahrung und Kleidung und gewann bald ihre Sympathien.[43]

Die zunehmende Herrschaftsintensivierung von seiten der Zentralgewalt beunruhigte die sächsischen und thüringischen Bauern. Der sächsische Geschichtsschreiber Bruno erzählt in seinem „Buch vom Sachsenkrieg", daß die Fürsten in Hoetensleben die Versammelten als Freie (liberi), Krieger (milites) und Edle (ingenui) angesprochen und sie aufgefordert hätten, ihre bedrohte Freiheit, ihr Erbe und ihr Eigentum zu verteidigen.⁴⁴ Daraus geht die starke soziale Differenzierung des „populus" (Volk) deutlich hervor. Neben dem Adel waren breitere Schichten waffenfähig und zum Heeresdienst verpflichtet. Sie führten den Kampf zu Fuß und strömten aus den Dörfern herbei, um sich den Fürsten zur Verfügung zu stellen. Die wehrfähigen und wehrpflichtigen Bauern konzentrierten unter Leitung des Adels ihre Angriffe gegen die königlichen Burgen, die sie belagerten und zerstörten, wie die Hasenburg, Heimburg und Lüneburg.

Andererseits gab es jedoch 1073 keine geschlossene antikönigliche Front der Aufständischen. Bruno berichtet ausdrücklich, daß die Harzburg von den Belagerern nicht ausgehungert werden konnte, weil die Verteidiger heimlich „von befreundeten Sachsen" Lebensmittel erhielten.⁴⁵

Heinrich IV. stand dem Geschehen zunächst machtlos gegenüber, denn die erhoffte Hilfe aus Franken blieb aus, da der dortige Adel nicht daran dachte, den König in seiner Königsgutpolitik zu unterstützen. Allein mit den Geldern von Wormser Bürgern gelang es ihm im Winter 1073/74, ein kleines Heer aus Ministerialen und Söldnern zusammenzustellen. Mit ihm rückte er an die hessisch-thüringische Grenze vor. Seine Streitmacht konnte sich aber nicht mit den Aufgeboten der sächsisch-thüringischen Fürsten messen. Daher verlegte er sich aufs Verhandeln. Er lockte Otto von Northeim mit dem Angebot, ihm das bayerische Herzogtum zurückzugeben und die Forderungen seiner Standesgenossen zu erfüllen. Sie lauteten: „Er müsse seine Burgen zerstören und dürfe sie nie wieder herstellen; er dürfe ihr Land nicht mehr plündern und müsse in Sachsen alle Anordnungen nach dem Rat der Sachsen treffen; er dürfe keinen Mann aus fremdem Stamm als Berater bei ihren Angelegenheiten hinzuziehen und sich niemals an einem von ihnen wegen seiner Vertreibung rächen."⁴⁶ Als Heinrich alles akzeptierte, sah der Adel seine Wünsche erfüllt, und im Februar 1074 schlossen beide Parteien den Vertrag von Gerstungen.

Den aufständischen Bauern lag in erster Linie an einem Abbruch der königlichen Burgen. Das wollte der König mit allen Mitteln verhindern. Er suchte Vorwände, „um seine Burgen nicht sogleich, wie er versprochen hatte, zerstören zu müssen. Als einige unserer Fürsten sahen, daß er die Sache hinauszuschieben trachtete, rieten sie ihm zu Gefallen, die Hauptburg, die er erhalten wollte, einem sächsischen Fürsten scheinbar zu übergeben, bis die damals lodernde Volkswut sich ein wenig gelegt habe; dann könne die Burg seinem Wunsch gemäß unversehrt erhalten bleiben. Das Volk bestand nämlich nachdrücklich auf ihrer Zerstörung und betonte, es werde sich sofort von neuem erheben, wenn das nicht geschehe."⁴⁷

Die Bauern drangen darauf gegen den Willen des Adels in die Pfalz Goslar ein und verlangten drohend die Niederreißung der Harzburg. Offensichtlich hatten sich während des Aufstandes die Gegensätze zwischen ihnen und den königlichen Anhängern zugespitzt. Unter dem Druck der erregten Menge versicherte Heinrich, er werde die Befestigungen abbrechen, vorausgesetzt, daß die Sachsen und Thüringer ihre neu errichteten Burgen gleichfalls schleifen. Er wußte natürlich, daß der Feudaladel nicht bereit war, seine befestigten Stützpunkte abzubrechen. Die Bauern gaben sich mit dieser Hinhaltetaktik nicht zufrieden. Sie verlangten die Zerstörung der Harzburg. Bruno erzählt, daß Heinrich IV. befohlen hätte, nur den Mauerrand abzutragen, die Bauern seien jedoch eigenwillig weitergegangen, hätten die Burg bis auf den Grund zerstört und Kirche und Königsgräber verbrannt.⁴⁸

Diese Tat schreckte die herrschende Klasse auf. Sie fürchtete eine geschlossene und bewaffnete bäuerliche Opposition, auch wenn dafür zu jener Zeit alle ökonomischen und politischen Voraussetzungen noch fehlten. Auf jeden Fall schlossen sich die oberdeutschen Fürsten wieder dem König an. Auch einige sächsische Adlige liefen in sein Lager über. Das Gros sammelte sich aber mit den Bauern zu einem neuen Waffengang, da es die Rache des Königs wegen des Frevels auf der Harzburg fürchtete und er den Frieden für gebrochen erklärt hatte.

Das „Lied vom Sachsenkrieg" schildert eindrucksvoll, in Anlehnung an literarische Werke der Antike, den Aufbruch des Landvolkes: „Alle Bauern zerbrachen ihr Ackergerät und machten Waffen daraus; an schwere Hacken schmiedeten sie zweischneidige Schwerter aus gebogenen Sicheln, und auf Stangen setzten sie Spitzen. Ein Teil hängte leichte Schilde an die Linke, die einen machten aus Eisen eine Art Reiterhelm, die anderen aus dreifachem Filz; eichene Knüppel für den Kampf bereiteten sie zu Tausenden und beschwerten sie mit Blei und Eisen. Auf tausenderlei Art bewaffneten sich die Bauernhaufen zum Krieg."⁴⁹ So gerüstet versammelten sie sich im Frühsommer 1075 in einem Lager bei Eisenach. Am 9. Juni kam es bei Homburg an der Unstrut zur Schlacht. Das sächsische Heer führte Otto von Northeim, den nach Lampert von Hersfeld alles Volk (Plebs universa) aufgefordert habe, die königliche Gewalt über sie anzunehmen.⁵⁰ Herzog Magnus von Sachsen, Erzbischof Werner von Magdeburg und Bischof Burchard von Halberstadt beteiligten sich ebenfalls am Kampf. Das an Zahl und Reiterei überlegene königliche Heer warf die Aufständischen trotz tapferer Gegenwehr nieder. Die mangelhaft bewaffneten Bauern wurden erbarmungslos zusammengeschlagen und in die Unstrut gejagt, während die meisten sächsischen Adligen zu Pferde flüchten konnten. Plündernd und mordend zogen die Sieger bis nach Halberstadt und machten erst an den Grenzen der Magdeburger Diözese halt.

Ungeklärt bleibt, wie sich die im nordöstlichen Thüringen, zwischen Saale und Kyffhäuser sowie am Südrand des Harzes siedelnden Slawen verhielten. Sie lebten als Bauern auf den Königshöfen in Allstedt, Memleben, Nordhausen, Tilleda und Wallhausen, aber auch auf klösterlichen Grundherrschaften. Grabungen beweisen, daß es im Kontaktgebiet westlich der Saale ein friedliches Zusammenleben zwischen thüringischen und slawischen Bauern gab. Die ethnischen Gegensätze hatten damals noch keinen Einfluß auf den sozialen Status der slawischen Bevölkerung. Nach den Funden spielte sie gegenüber den deutschen Bauern keine politisch oder ökonomisch untergeordnete Rolle. Der Anteil der Slawen an der Entwicklung Thüringens dürfte bedeutender gewesen sein, als die ältere bürgerliche Forschung annahm.[51]

Lampert von Hersfeld berichtet, die „plebs" hätte nach der Niederlage von Homburg den Frieden gewollt und die Fürsten in Furcht versetzt, gefangengenommen und an den König ausgeliefert zu werden.[52] Der Chronist, dessen ganze Sympathie den Fürsten galt, führt diesen Stimmungsumschlag auf den Wankelmut des Volkes zurück, das einmal zum Kriege drängt und dann wieder feige um Vergebung fleht, um seine Haut zu retten. In Wirklichkeit wäre zum damaligen Zeitpunkt, nach der schweren Niederlage in der Schlacht an der Unstrut, weiterer Widerstand für die Bauern zwecklos gewesen und hätte nur zu noch größeren Verlusten an Menschenleben und Einbußen an materiellen Gütern geführt. Daß ihr Mut und ihre Kraft trotz der verlorenen Schlacht keineswegs gebrochen waren, beweist ihr Aufbegehren im Frühjahr 1076, als die königliche Gewalt ins Wanken geriet und sich die Fürstenopposition neu formierte. Jetzt war das Bauernvolk „... nicht wie früher ... durch schlaue Brandreden der Fürsten aufgeputscht, zu den Waffen geeilt, sondern alle Landesbewohner (provinciales) zugleich hatten sich nicht unter Führung und Leitung der Fürsten, sondern aus eigenem Antrieb, mit eigenen Mitteln den Krieg zu führen entschlossen; für sich selbst wollten sie kämpfen, für sich selbst, wenn Gott es zuließ, siegen, keinen anderen Lohn für ihre Kriegsdienste von irgend jemandem erwartend als die Rettung ihrer Weiber und Kinder sowie die Abschüttlung des Jochs der drückendsten Knechtschaft von ihrem Nacken. Den Fürsten aber drohten sie, wenn sie etwa versuchten, ihnen in den Weg zu treten oder auch nur aufzumucken, alle ihre Habe zu verstreuen oder zu verbrennen und sie aus der angestammten Heimat zu verjagen, kurz, sie hatten sich zu dem Unternehmen entschlossen in der festen Absicht, unbedingt zu siegen oder zu fallen."[53] Die freien Bauern blieben so ein politischer Faktor, mit dem die herrschende Klasse rechnen mußte.

Heinrich IV. ging es 1075 zunächst um eine vollständige Kapitulation der sächsischen Fürsten. Aber dazu fanden sich diese nicht bereit. Der König sammelte

Kaiserpfalz zu Goslar, links die Kapelle St. Ulrich (überwiegend 12. Jh.)

deshalb im Herbst ein neues Heer, das jedoch weit kleiner war als im Sommer, da ihm die Herzöge Rudolf von Schwaben und Berthold von Kärnten die Gefolgschaft verweigerten, um ihre sächsischen Standesgenossen nicht weiter zu schwächen.

Das sächsische Aufgebot traf bei Sondershausen im Oktober mit den königlichen Truppen zusammen. Es willigte ohne Kampf in die Übergabe ein, allerdings dürfte ihnen Heinrich versprochen haben, daß die festgenommenen Großen nach kurzer Haft wieder in ihre Heimat entlassen würden. Zunächst übergab sie der König an weltliche und geistliche Fürsten zur Bewachung. Auf dem Reichstag zu Goslar begnadigte er Otto von Northeim, erkannte ihm die Lehnsfähigkeit erneut zu und übertrug ihm alle Reichslehen, derer er 1070 verlustig gegangen war. Zugleich machte er ihm Hoffnung auf Neuerwerbungen aus dem Fonds der konfiszierten Lehen sächsischer Adliger. Er ernannte ihn zum Statthalter in Sachsen und übertrug ihm die Leitung der Krongutpolitik, die er auf Kosten der sächsischen Fürsten wieder aufnahm.

Die Umwandlung Sachsens in eine Statthalterschaft bewies, daß Heinrich nicht mehr die Absicht hatte, dem Lande seinen früheren Status als Herzogtum zurückzugeben. Sein Ziel war es wohl, das sächsische Herzogtum zu beseitigen und nunmehr das ganze Gebiet durch königliche Beauftragte verwalten zu lassen, um es – mit Goslar als Mittelpunkt – zum Eckpfeiler eines gefestigten regionalen königlichen Machtbereichs zu machen. Otto band vor allem die noch immer gehegte Hoffnung auf den Wiedererwerb Bayerns an den König. Das brachte ihn unweigerlich in Gegensatz zu den süddeutschen Fürsten, wodurch er 1076 als Kandidat für ein antisalisches Königtum ausschied.

Heinrich aber sonnte sich in seinem Erfolg. Den deutschen Fürsten rang er die Zusage zur Königswahl seines einjährigen Sohnes Konrad ab, Romzug und Kaiserkrönung wurden ins Auge gefaßt. Wenn er allerdings glaubte, die Adelsfronde im deutschen Reichsgebiet mit seinem Sieg an der Unstrut und ihrer Unterwerfung in Sondershausen ausgeschaltet zu haben und nun ungestört eine Königslandschaft aufbauen zu können, dann irrte er sich. Schon die Zurückhaltung der oberdeutschen Herzöge im Herbst 1075 mahnte zur Vorsicht. Die sächsischen Fürsten waren zwar gedemütigt, aber nicht besiegt. Sie warteten nur auf eine Gelegenheit, um sich ihre alten Stellungen zurückzuerobern.

Als bedeutsam und für die Zukunft entscheidend hatte sich in den verflossenen Jahren die Parteinahme der Städter für den König und gegen ihre bischöflichen Stadtherren erwiesen. Die Stadtgemeinden traten damit erstmalig als politische Faktoren auf.

Die Anfänge der kommunalen Bewegung

Als 1073 Heinrich IV. fluchtartig Sachsen verlassen mußte, bot ihm die Stadt Worms Asyl. Hier hatten die Bürger die bischöflichen Ministerialen, die dem König den Einzug in die Stadt verwehren wollten, mitsamt ihrem Bischof Adalbert verjagt und waren dem König bewaffnet entgegengezogen. Sie boten ihm Hilfe und Unterstützung an und versicherten ihm, daß sie, so lange sie lebten, für seine Ehre Waffen tragen wollten. Diese politische Parteinahme einer reichen Stadt für die Sache des Königs verbesserte nicht nur die Lage des Monarchen im Kampf gegen die aufständischen Sachsen und eröffnete ihm ganz neue finanzielle Möglichkeiten, sondern sie spiegelte auch die Anfänge einer bürgerlichen Emanzipationsbewegung wider, die zur Kommunebildung hinführte. Karl Marx charakterisierte die Kommunebewegung in einem Brief an Friedrich Engels als konspiratorisch und revolutionär.[54] Revolutionär war die Bewegung insofern, als sich in ihr eine neue gesellschaftliche Kraft formierte, welche die Macht des feudalen Stadtherrn zurückdrängte und durch ihren Kampf eine Veränderung der politischen Machtausübung in der Stadt herbeiführte. Eine hohe Form des organisierten Kampfes der Stadtbewohner stellte ihr Zusammenschluß in Schwurgemeinschaften oder Eidgenossenschaften (coniurationes) dar.

Der Schwurverband umfaßte alle Bürger, die innerhalb der Stadtgrenze wohnten. Durch Eid verpflichteten sie sich, einander Beistand zu leisten, den Frieden in der Stadt zu wahren und ihn auch gegen den Stadtherrn zu verteidigen. Zu diesem Zweck beanspruchten sie die Wehrhoheit sowie gerichtliche Befugnisse und organisierten sich militärisch. Dieser Akt der Selbstbefreiung von feudaler Stadtherrschaft war auch dann revolutionär, wenn er ohne Gewalt, durch Geldablösungen und friedliches Übereinkommen mit dem Stadtherrn erfolgte, denn so entstand die Kommune, also die freie Stadtgemeinde mit Selbstverwaltungsrechten, welche allerdings nur von einer Minderheit der Bürger wahrgenommen wurden. Die Schaffung eines Stadtbezirkes als eines befreiten und befriedeten Raumes vereinheitlichte die Rechtsstellung der Bewohner und konsolidierte die Gemeinde. Während die neue Stadtgemeinde nach außen geschlossen als Gesamtvertretung aller Bürger auftrat, war sie im Innern ökonomisch und sozial differenziert.

Über die soziale Einordnung des befreiten Städtebürgertums in die Feudalgesellschaft als Nebenklasse, Schicht oder Stand gibt es unter den Historikern der DDR unterschiedliche Auffassungen. Eine Klärung erfordert weitere Diskussionen und Untersuchungen, wobei vor allem eine tiefere theoretische Erfassung des Klassen- und Schichtbegriffes sowie systematische empirische Untersuchungen notwendig sind.[55]

In Worms konstituierte sich 1073 noch keine Kommune, aber die Vorgänge wiesen bereits in diese Richtung. Sie beschränkten sich aber nicht auf Worms. 1066 gab es schon in Trier Ansätze zu kommunalen Aktivitäten. Der Anlaß war die Besetzung des vakant gewordenen Bischofsstuhls. Adliger Klerus und „Volk" hatten sich auf einen Domherrn geeinigt, der aber Erzbischof Anno II. von Köln nicht genehm war. Er nominierte vielmehr einen seiner Neffen, um sich Einfluß auf Trier zu sichern. Diese Entscheidung löste in der Stadt Enttäuschung, Wut und Empörung aus. Als sich der erzbischöfliche Kandidat mit seinem Gefolge der Stadt näherte, ritt ihm der Vogt der Trierer Kirche mit Kriegern und Städtern entgegen, nahm ihn gefangen und ließ ihn töten.

Ging es hier auch vordergründig um den Machtkampf zweier Adelsgruppierungen, so traten doch deutlich städtische Elemente hervor, die ihr wachsendes ökonomisches Gewicht in die Waagschale warfen und bei politischen Entscheidungen ein Wort mitredeten, wobei in Trier zweifellos die Ministerialität tonangebend blieb.

Ein Beispiel für bewaffnete Aktionen von Städtern, allerdings mit antiköniglicher Stoßrichtung, lieferte 1073 Goslar, wo Schuster, Schmiede, Bäcker und Fleischer den königlichen Burgmannen entgegentraten, aber von diesen rasch zerstreut wurden. Heinrichs Reichsgutpolitik im Nordharz hatte Goslar belastet, weshalb es zur Adelsfront abschwenkte. Ganz anders verhielt es sich in Worms. Die wohlhabenden und selbstbewußten Kaufleute und Handwerker schlugen sich auf die Seite des Königs, da sie sich von ihm wirtschaftliche Vorteile versprachen. Offensichtlich existierte bereits eine Gemeindeorganisation, welche Steueraufbringung und Miliz regelte. Heinrich IV. revanchierte sich 1074 für die ihm geleistete Unterstützung durch die Gewährung eines Zollprivilegs. Es erstreckte sich auf „... alle Bewohner der Stadt (civitas) Worms", die einen Bürgerverband gebildet haben dürften. Weiter heißt es: „Wir haben sie als würdig nicht der kleinsten, sondern der größten und besonderen Wiedervergeltung, ja würdiger, denn alle Bürger irgend einer Stadt, beurteilt, da wir sie kennen gelernt haben, wie sie bei der größten Bewegung im Reiche uns mit sehr großer und besonderer Treue die Anhänglichkeit bewiesen haben. Dabei haben wir weder durch mündlichen noch schriftlichen Appell, weder durch uns selbst, noch durch Boten oder durch irgendeine Stimme zu dieser ausgezeichneten Treue Anlaß gegeben. Diese Treue nannten wir aber deshalb eine so ausgezeichnete, weil sie allein todesmutig, gegen alle uns anhängen, während alle Fürsten des Reiches unter Vernachlässigung ihrer heiligen Treueverpflichtung gegen uns wüten ... Sie mögen also die ersten in der Belohnung ihres Dienstes sein, sie die nicht als die letzten in der Dienstleistung erschienen sind ... Es mögen die Einwohner aller Städte durch die Hoffnung auf königliche Freigebigkeit, wie solche die Wormser nunmehr erlangt haben, erfreut werden. Sie mögen alle lernen, in ihrer Nachahmung dem König die Treue zu bewahren ..."[56] Mit diesem Aufruf wollte Heinrich IV. auch andere Städte zur offenen Parteinahme bewegen, wofür er ihnen die gleichen Vergünstigungen wie Worms in Aussicht stellte. Sie beinhalteten im wesentlichen Zollbefreiungen in den Orten Boppard, Dortmund, Enger, Frankfurt/Main, Goslar und Hammerstein. Sie deckten sich mit dem Zollerlaß für Halberstädter Kaufleute, wie er 1068 in einer Urkunde fixiert worden war.[57] Demnach handelte es sich 1074 für Worms allein um ökonomische Vergünstigungen. Von politischen Rechten verlautete nichts. Wenn Heinrich auch dem bischöflichen Stadtherrn feindlich gegenüberstand und einen Gegenbischof einsetzte, so beschnitt er doch dessen stadtherrliche Rechte nicht.

Was er in dieser Hinsicht bezweckte, war eine Gewichtsverlagerung zu seinen Gunsten. Das erreichte er durch die Einsetzung eines königlichen Grafen zum Vogt der Stadt. Vielleicht besaßen die Wormser 1074 auch noch kein eigenes politisches Programm, über das sie sich mit Heinrich hätten verständigen können. Die Bedeutung der Auseinandersetzungen zwischen Zentralgewalt und Fürsten in den Jahren nach 1073 lag für die Stadtgemeinden in einem wachsenden Selbstbewußtsein und Vertrauen in die eigene Kraft.

Der Kölner Aufstand von 1074

Der Funke von Worms sprang, nicht zuletzt durch den königlichen Appell in dem Zollprivileg, rasch auf die Rheinmetropole Köln über. Lampert von Hersfeld, der die Ereignisse ausführlich schildert, betont, daß es das „üble Beispiel der Wormser" gewesen sei, das die Kölner veranlaßt habe, dem König auch einen Gefallen zu tun. „Und da sie diesen (den Wormsern) an Volkszahl überlegen und mit Geld und Waffen noch besser ausgestattet waren, hielten sie es für ehrenkränkend, wenn man sie für weniger mutig erachtete, und wenn sie den Erzbischof in weibischer Geduld so lange mit tyrannischem Hochmut über sie schalten ließen ... Er, der so oft Widerrechtliches anordne, so oft Unschuldigen das Ihre wegnehme, so oft die ehrenwertesten Bürger mit den unverschämtesten Worten anfalle."[58]

Als im Frühjahr 1074 Anno das zu einer Handelsfahrt gerüstete Schiff eines reichen Kölner Kaufmanns beschlagnahmte, um es für eigene Zwecke zu benutzen, entlud sich der aufgespeicherte Zorn der Städter. Es kam zu einem bewaffneten Aufruhr, der rasch um sich griff. Die Kölner stürmten den erzbischöflichen Sitz, plünderten ihn und erschlugen einige Diener. Mit Mühe rettete sich Anno in eine Kirche, und als die Aufständischen auch hier gewaltsam einbrechen wollten, floh er, im Schutze der Nacht, verkleidet aus der Stadt. Sobald das ruchbar wurde, setzten die Kölner die Mauern in Verteidigungsbereitschaft und verteilten Bewaffnete auf den Schanzen. Gleichzeitig schickten sie Boten zum König, der sich auf einem Feldzug gegen Ungarn befand, um ihn zur Inbesitznahme der Stadt zu veranlassen: „... für das Wohl der Stadt und seinen eignen wohlverstandenen Vorteil sei es entscheidend, daß er versuche, dem Erzbischof zuvorzukommen, der große Dinge im Schilde führe, um seine Schmach zu rächen."[59]

Die Ursachen für den Konflikt lagen weit zurück. 1056 hatte sich schon einmal der städtische Adel gegen Anno gewandt, da dieser ihm standesmäßig nicht ebenbürtig war. In den folgenden Jahren überwarf sich der Erzbischof durch seine Klosterpolitik, die auf eine Neubesetzung der Abteien mit italienischen Reformmönchen hinauslief, erneut mit dem Stadtadel, der um seine Pfründen fürchtete, da seine Söhne kaum noch als Mönche unterkamen. Gegen den Adel seiner Erzdiözese ging der streitbare Prälat mit Waffengewalt vor, um seinen Machtbereich zu arrondieren und zu konsolidieren.

Diese Maßnahmen brauchten nicht unbedingt mit kaufmännischen Interessen zu kollidieren, aber sie konnten neue Konfliktherde schaffen. Die Konzentration von Herrenrechten in einer Hand kam der Friedenswahrung entgegen, ihre konsequente Durchsetzung gefährdete jedoch die Emanzipation der Stadtgemeinde. Die Beschlagnahme des Kaufmannsschiffes weist in diese Richtung. Juristisch hatte Anno wohl Handhaben dazu, weil die Stadtbewohner in Kriegszeiten zu Sonderleistungen für den Stadtherrn verpflichtet waren. Der Vorfall demonstriert aber, wie die Stadtherren im Zuge der Herrschaftsintensivierung Sonderleistungen zu ständigen Verpflichtungen erhoben und ihre Requirierungsrechte von Transportmitteln für Heerfahrten einfach auf die Beschlagnahme für beliebige Beförderungszwecke ausdehnten. Gegen diese Praxis protestierten die Kaufleute, die darin einen groben Verstoß gegen geheiligte Gewohnheiten sahen.

Auch die Zerstörung der bischöflichen Weinkeller durch die Aufständischen hing damit zusammen. Die Städter rebellierten wahrscheinlich auf diese Weise gegen den Bannwein, durch den herrschaftlicher Wein vorzugsweise verkauft wurde, während für anderen auf Kölner Plätzen gehandelten Wein eine zusätzliche Markt- und Verkaufsabgabe zu zahlen war. Diese Verfügung bedrohte in erster Linie die „primores", die reichen Kaufleute, die des Königsschutzes teilhaftig waren. Die Initiative zur Erhebung ging von Angehörigen dieser Gruppe aus. Ihren Kern bildeten die leitenden Männer der Kaufmannsgilde von St. Martin. Sie spielten in den Gemeindeversammlungen von Anfang an eine ausschlaggebende Rolle. St. Martin war ein Vorstadtbezirk, der mit St. Brigiden außerhalb der römischen Ummauerung lag. Dieses Suburbium war im 10. Jh. durch Verlängerung der nördlichen und südlichen Römermauer bis hin zum Rhein an die Altstadt angeschlossen worden. Hier hatte sich eine Sondergemeinde, in der Kaufleute dominierten, herauskristallisiert.[60]

Während die Standesgenossen des durch die Beschlagnahme seines Schiffes betroffenen Kaufmannes noch berieten, stürmte die Menge den Bischofspalast. Dadurch entglitten den „primores" die Fäden. Mitgerissen wurden wohl alle bürgerlichen Kreise.

Die Ministerialität spielte in den Auseinandersetzungen keine Rolle. Die Gefolgsleute Annos waren Vasallen, also Lehnsleute. Die Ministerialen, welche der Erzbischof vor allem mit Verwaltungsfunktionen betraut hatte, stellten sich nicht bedingungslos auf seine Seite. Kurz nach dem Aufstand hätten ihn zwei fast ermordet, und ein dritter übergab dem König einen vertraulichen Brief des Kirchenfürsten an den Bischof von Halberstadt. 1075 entzog sich ein Dienstmann, der eine Burg verwaltete, einfach dem Dienst und gebärdete sich so, als sei er frei. Ein anderer, der die besondere Gunst Annos genoß, warf das Joch der Unfreiheit ab und begab sich in die Freiheit eines städtischen Bürgers. Daraus dürfte der Schluß zu ziehen sein, daß sich 1074 Städter und Ministerialität in Köln nicht feindlich gegenüberstanden. Aber auf der anderen Seite beteiligten sich die Dienstmannen auch nicht an der Empörung. Vielleicht suchten sie erst Wege zu ihrer eigenen Emanzipation, bevor sie sich dem städtischen Freiheitskampf näherten.

Einen Fingerzeig für das Verhalten des alten Kölner Stadtadels 1074 gibt das Vorgehen des „populus" gegen die Reformmönche von St. Pantaleon. Lampert behauptet: „Sie hätten auch, wenn Gott nicht, seinen Knechten helfend, die Tage ihres Wahnsinns verkürzt hätte, ihr Vorhaben ausgeführt, die Mönche von St. Pantaleon allesamt zu erschlagen, weil diese dort nach Vertreibung der früheren Mönche durch den Erzbischof eine neue, ungewohnte Art des Mönchslebens eingeführt hatten."[61] Die verjagten Mönche fanden beim Adel und bei den Städtern Unterstützung. Sie lenkten die Volkswut auf die Reformer, die ihnen und damit indirekt dem Adel die Pfründen streitig gemacht hatten.[62] So bezog auch der Stadtadel Front gegen Anno, wie schon 1056, nur daß damals adlige Kräfte die Szene bestimmten, während die Situation 1074 genau umgekehrt war.

Die rasche Niederwerfung des Aufstandes gelang dem Erzbischof nur, weil er das umliegende Land für seine Sache mobilisieren konnte und Heinrich IV. keine Kräfte frei hatte, um einzugreifen. Im Umkreis von 4 bis 5 Meilen seien Tausende Menschen zu den Waffen geeilt und hätten Anno zur Rückeroberung der Stadt, die sie als gottgefälliges Werk betrachteten, gedrängt. Die Aufständischen unterwarfen sich kampflos, weshalb Anno das Landvolk nach Hause schickte, da er fürchtete, „... daß nach Übergabe der Stadt die wutentflammten Männer kaum von Gewalttaten abgehalten werden könnten und teils aus Erbitterung über das begangene Unrecht, teils aus Beutegier allzu schlimm gegen das Volk wüten würden".[63] Lampert bezeichnete das Landvolk als „provinciales", womit er Bauern meinte. Man darf vermuten, daß sie sich gegen die Kaufleute wandten, weil sie sich von ihnen beim Verkauf ihrer Lebensmittel in der Stadt übervorteilt fühlten. Sie sahen in den Städtern Leute, die es sich nach dem Verkauf ihrer Waren bei Wein und Essen wohl ließen, den Banden der Tradition entsagten und auch vor Kirchenschändungen nicht zurückschreckten.

In dieser Haltung zeigt sich der Gegensatz von Stadt und Land, den der Chronist Lampert hier vielleicht aufbauscht, der aber das gesamte Mittelalter hindurch vorhanden war und sich in unterschiedlicher Intensität und in den verschiedensten Formen äußerte. Karl Marx bezeichnete die Scheidung von Stadt und Land als die Grundlage aller entwickelten, durch Warenaustausch vermittelten Teilung der Arbeit und wies darauf hin, daß sich der dem Stadt-Land-Verhältnis zugrunde liegende Antagonismus ökonomisch, sozial und politisch entfaltet und vertieft. 1074 war er lediglich in den ersten Umrissen sichtbar, und die Quellenlage macht konkretere Aussagen nicht möglich. Immerhin dürften ökonomische Ursachen dazu beigetragen haben, den Unwillen der Bauern gegen die Kaufleute zu wecken.

Die Strafen, die Anno über die Rädelsführer verhängte, waren hart und entehrend: Blendung, Scheren und Prügel. Sie fanden sonst nur gegen Unfreie Anwendung. Hinzu kamen Exkommunikation und hohe Geldbußen für alle Beteiligten. Nach der Niederwerfung der Erhebung flohen mehr als 60 wohlhabende Kaufleute zum König, um sein Einschreiten gegen das Wüten Annos zu erflehen. Sie meinten wohl, daß sie sich nicht nur im eigenen, sondern auch im Interesse des Reiches gegen ihren Stadtherrn erhoben hatten, weshalb es Pflicht des Königs sei, ihnen Schutz zu gewähren. Heinrich reagierte aber anders als im Falle von Worms. Einmal wollte er sich in der innenpolitisch angespannten Lage nicht ohne zwingenden Grund mit einem Mann wie Anno anlegen, zum anderen erschienen die Kölner als Bedrängte, die nicht Hilfe brachten, sondern erbaten. Zwar hielt er auf seiner Fahrt nach Norden in Köln Gericht und stellte strenge Verhöre über die Vorgänge an, aber letztlich einigte er sich mit Anno, ohne den Städtern einen Beweis seiner Gunst und Parteinahme zu geben.

Der Aufstand in Köln war spontan ausgebrochen und hatte sich nicht zu einer „coniuratio", zu einem Schwurverband, entwickelt. Er wandte sich gegen die Person des Stadtherrn, nicht aber gegen die Stadtherrschaft als solche. Es kam daher zu keiner Kommunebildung, aber es zeichneten sich erste Ansätze einer kommunalen Bewegung ab. Sie trug, genauso wie in Worms, zum Wachsen bürgerlichen Selbstbewußtseins bei. Ein Jahr später, 1075, mußte Anno unter dem Druck der Städter die Exkommunikation und die Verbannung von Kaufleuten aufheben. So wie der durch Plünderung und Enteignung gegen Handel und Handwerk geführte Schlag bald überwunden wurde, so auch die politischen Folgen; denn die Rücknahme der Strafen bedeutete das Eingeständnis des Stadtherrn, daß es ohne die städtischen Kaufleute und Handwerker nicht mehr weiterging. Schließlich lernten sie aus den negativen Erfahrungen und schlossen sich künftig organisatorisch besser zusammen, so daß sie 32 Jahre später, 1106, ganz anders auftreten konnten und für Kaiser Heinrich IV. zu echten Helfern wurden.

König, Fürsten und Papstkirche im Ringen um die Herrschaft im Reich während des Investiturstreits. Die wachsende Aktivität werktätiger Schichten (1076 bis 1122)

Der Aufstieg des Reformpapsttums

Die ältere bürgerliche Forschung sah im Papsttum des 10. und der ersten Hälfte des 11. Jh. einen Spielball in den Händen stadtrömischer Adelsgeschlechter, die ihre Favoriten auf den Stuhl Petri lancierten, um sich mit ihrer Hilfe Renten und Pfründen zu verschaffen. Auf diese Weise sei es den deutschen Herrschern ein leichtes gewesen, in den römischen Parteihader einzugreifen und Päpste ein- und abzusetzen. Man errechnete, daß zwischen 955 und 1057 von 25 Päpsten deutsche Könige fünf ab- und zwölf einsetzten bzw. unter ihrem Einfluß wählen ließen, und brandmarkte die Würdelosigkeit und Verkommenheit der einzelnen Repräsentanten dieses Adelspapsttums, das zu einer Pornokratie ausgeartet sei.[64] Dagegen wandten neuere Kirchenhistoriker ein, daß das Papsttum als Institution auch in dem „dunklen" Jahrhundert intakt geblieben sei und den „Stellvertretern Petri" Handlungsspielraum ermöglicht habe, wie in der Fortführung der Mission in Skandinavien oder den elbslawischen Gebieten sowie in der Unterstellung vieler Klöster unter den römischen Stuhl. Der funktionsfähig gebliebene Apparat hätte im 11. Jh. eigentlich nur einer Doktrin bedurft, um wirksamer zu werden.[65]

Das wirft aber die Frage auf, wodurch die Verwaltung arbeitsfähig blieb, wer sie organisierte und leitete. Neue Untersuchungen über die Struktur des Patrimonium Petri, des päpstlichen Landbesitzes um Rom in Latium und der Sabina, zeigen, daß die römischen Adelssippen schon im 10. Jh. ein relativ geschlossenes Territorium aufbauten. Besonders das seit 1012 zur Macht gelangte Geschlecht der Tusculaner errichtete seinen Familienpäpsten eine Verwaltungsorganisation, die durch Zentralisierung der Rechtsprechung, Unterordnung des kleinen Landadels und ein gut kontrolliertes Abgabensystem ein funktionierendes Regierungsinstrument schuf. Damit hatte die Anpassung des Papsttums an die ökonomischen und sozialen Veränderungen in Mittelitalien bereits während der ersten Hälfte des 11. Jh. begonnen, und die Reformer in der zweiten Hälfte des Jahrhunderts brauchten daran nur anzuknüpfen und dieses Erbe weiter auszubauen. In der Tat läßt sich in dieser Beziehung eine Kontinuität nachweisen, etwa wenn die Nachfolger der Adelspäpste seit Leo IX. der stadtrömischen Aristokratie weitere Ländereien, die zum Patrimonium Petri gehörten, entwendeten und um 1087 durch Kardinal Deusdedit ein Verzeichnis aller Güter und Einkünfte aufstellen ließen, um einen genauen Überblick über ihren weltlichen Besitz (temporalia) zu bekommen. Urban II. bediente sich cluniazensischer Mönche als Finanzverwalter, da sie in ihrer burgundischen Mutterabtei Cluny große Erfahrungen auf diesem Gebiet gesammelt hatten, vor allem im Amt des Kämmerers, das dazu diente, von weit entfernten klösterlichen Grundherrschaften Natural- und Geldrenten einzutreiben.

Die Cluniazenser verdrängten die noch verbliebenen stadtrömischen Adligen aus der Finanzverwaltung, die jetzt auch alle italienischen Bistümer und Klöster erfassen sollte. Freiwillige Taxen, wie sie seit Leo IX. von Patriarchen, Erzbischöfen, Bischöfen und Äbten entrichtet wurden, stiegen seit etwa 1060 nicht nur gewaltig an, sondern wurden auch legalisiert, so daß zum Beispiel die Weihe eines Bischofs die Hälfte seines Jahreseinkommens ausgemacht haben dürfte. Auf diese Weise gelangten die Päpste in den Besitz von Geldmitteln, die sie politisch manövrierfähig und weltlichen Herrschern, die zumeist nur auf Naturaleinkünfte aus ihren Domänen angewiesen blieben, überlegen machten.

Hildebrand, der spätere Papst Gregor VII., begann seine Laufbahn an der Kurie als „oeconomos" der römischen Kirche. Seine auf wirtschaftlichem Gebiet erworbenen Fähigkeiten dienten ihm als Papst für politische Zwecke. Schon bald erweckten diese Aktivitäten unter den Zeitgenossen Verwunderung, Kritik und Abscheu. Das Dekret der Brixner Synode von 1080 warf Gregor vor, daß er bereits vor seinem Aufstieg zum Ökonomen der römischen Kirche durch Geldgeschäfte aller Art die Mittel erworben habe, um sich Ämter zu kaufen.[66] Gregor hatte Verbindungen zu dem reichen jüdischen Geschlecht der Pierleoni, das ihm hilfreich mit ansehnlichen Summen unter die Arme griff, und wenn es sein mußte, wie 1082, auch mit Waffengewalt für ihn intervenierte. Der Ravennater Jurist Petrus Crassus schrieb 1084, daß die Römer „nach ihrer Gewohnheit dem heiligen Gesetz des Geldes" folgten und deshalb Gregor wie einen Gott verehrten. Der Papst habe sich so geradezu des Götzendienstes schuldig gemacht.[67] 1095 klagte ein namenloser normannischer Priester: „Vom Euter der römischen Frömmigkeit hat noch niemand getrunken, der seinen Geldbeutel verschloß. Das ist der größte Schmerz: daß der allmächtige Mammon in Rom mehr gilt als die Richtschnur des heiligen Rechts."[68]

Wenige Jahre später, 1099, entstand in Spanien ein satirischer Traktat, in welchem die Geldgier Urbans II. gegeißelt wurde. Der unbekannte Autor spottet, daß man am päpstlichen Hofe für Geld alles erhalten könnte. Die neuen Heiligen, Rufinus und Albinus (Gold und Silber), vollbrächten wahre Wunder. Die Kardinäle hätten ausgerufen: „Bringt alles, was ihr habt, und behaltet nichts für euch, denn diesen Reliquien verdankt Urbanus alle seine politischen Erfolge. Besser ist es, ihnen zu vertrauen, als den Menschen; denn sie vermögen die großartigsten und wunderbarsten Dinge zu vollführen, sie, denen das Reich und die Herrlichkeit gehören in aller Ewigkeit."[69] Auch der für die Kirchenreform eintretende Mönch Berthold von Zwiefalten sah sich in seiner um die Mitte des 12. Jh. verfaßten Chronik zu dem Eingeständnis gezwungen: „Albinus und Rufinus sind zwei wundertätige Heilige. Ihren Gebeinen erschließt jegliche Tür sich in Rom."[70]

Gemäßigte Kirchenreformer, wie der Einsiedler und Kardinal Petrus Damiani, denen es mehr um die moralische Reinigung der Kirche ging und weniger um Herrschaftsansprüche über die Welt, klagten, daß fromme Männer am päpstlichen Hof nicht weilen könnten, da sich Mönchsleben und Dienst in Rom miteinander nicht vertrügen. Sie seien erschreckt zu sehen, wie die Welt immer ärmer und Kirchen und Klöster immer reicher würden.[71] Ein Reformer wie Hildebrand erschien Petrus geradezu als „heiliger Satan".[72]

Päpste und Bischöfe prägten Kirchenschätze in klingende Münze um, die sie nicht allein zur Gewinnung verlorenen oder neuen Grundbesitzes anlegten, sondern mit der sie auch recht einträgliche Leihgeschäfte betrieben. Mit diesen Methoden sog die Kirche in der Lombardei das ländliche kleine Grundeigentum auf und machte deren Besitzer feudalabhängig. Zugleich wirkte der vermehrte Geldumlauf stimulierend auf die Warenzirkulation. Gegen Ende des 11. Jh. liehen sich angesehene städtische Familien große Geldsummen, um sich damit in der kirchlichen Hierarchie Schlüsselpositionen zu erkaufen.

Unter diesem wirtschaftlichen Aspekt erklärt sich auch das nachdrückliche Eintreten der Reformpartei für den Zölibat, das heißt die Ehelosigkeit der Priester, denn dadurch hoffte sie, die Gefahr der Zersplitterung und Entfremdung der Kirchengüter bannen zu können. Verheiratete Geistliche suchten stets ihren Kindern ein Erbe zu hinterlassen und den Söhnen die Amtsnachfolge zu sichern. Die Folge war, daß der Hierarchie die Verfügungsgewalt über die Pfründen entglitt. Auf einer Synode in Pavia nannte 1022 Papst Benedikt VIII. die Freilassung von Hörigen und die Mißachtung des Zölibats der Kleriker als Ursachen für die Verarmung der Kirche, verstünden diese es doch, sich auf unrechte Weise Kirchenbesitz anzueignen. Daraus resultierte auch die seit der Mitte des 11. Jh. laut werdende Forderung nach gemeinsamem Leben der Weltgeistlichkeit in sogenannten Kanonikergemeinschaften, um Ehelosigkeit und kollektive Güterverwaltung im Interesse des Papsttums zu verwirklichen.

In Fortführung der Wirtschafts- und Verwaltungspolitik der Tusculaner Adelspäpste gelang es dem Reformpapsttum relativ rasch, den Aufschwung der feudalen Produktion und die sozialökonomischen Veränderungen innerhalb der Feudalgesellschaft für seine Zwecke nutzbar zu machen. Darin vor allem spiegelte sich der Feudalisierungsprozeß des Papsttums und der römischen Kirche wider, nicht aber in der Übernahme vasallitischer Lehnsformen durch Gregor und seine Nachfolger, wie bürgerliche Historiker behaupten.[73] In der Gleichsetzung von Vasallität und Feudalismus durch eine ganze Reihe bürgerlicher Historiker zeigt sich, daß sie das Wesen der feudalen Gesellschaftsformation verkennen und die Organisationsform der herrschenden Klasse gegenüber den grundlegenden Klassenverhältnissen der feudalen Produktionsweise verabsolutieren.

Die zielstrebige Anpassung an den sich entfaltenden Feudalismus sicherte dem Papsttum in der zweiten Hälfte des 11. Jh. gegenüber der deutschen Zentralgewalt handfeste Vorteile, deren Konsequenzen nicht lange auf sich warten ließen. Erst auf diesem Hintergrund werden die politischen und religiösen Forderungen und Aktionen des Reformpapsttums sowie seine steigende Autorität verständlich.

Die Initiatoren des päpstlichen Reformprogramms waren nicht die Cluniazenser, wie die ältere bürgerliche Forschung vielfach annahm.[74] Neuere Arbeiten zeigen, daß der burgundische Klosterverband keinen direkten Kampf gegen den Einfluß weltlicher Gewalten in der Kirche führte und, wo immer es ging, einer Konfrontation mit dem Feudaladel in der Frage des Kirchenbesitzes auswich. Dabei hatte sich die 910 gegründete Abtei in 150 Jahren zu einer Kongregation entwickelt, die ganz West-, Süd- und Mitteleuropa mit ihren Tochterklöstern, kleineren Häusern und Prioraten umspannte und die den Anspruch erhob, eine eigenständige Mönchskirche unter Leitung des Großabtes von Cluny darzustellen.

Abt Hugo von Cluny regierte über 2 000 Klöster und rund 50 000 Mönche wie ein Monarch. Er war der Pate König Heinrichs IV. und Berater der Päpste Leo IX., Viktor II. und Nikolaus II.[75] Dennoch gingen Cluny und Rom verschiedene Wege. Die Cluniazenser wandten sich wohl gegen die Auswüchse des Eigenkirchenwesens, nicht aber gegen das System als solches. Sie ließen sich Kirchen, die in der Verfügungsgewalt weltlicher Feudalherren standen (Eigenkirchen), durch Schenkungen übertragen. Sie gingen mit der Durchsetzung des Zölibats bei ihren Dorfpriestern sehr vorsichtig zu Werke und verlangten nicht sofortige Aufkündigung von Ehe und Konkubinat. Sie unterstützten

Erhaltener Glockenturm der Klosterkirche von Cluny (1. Hälfte 12. Jh.)

die Gottesfriedensbewegung und setzten sich, wo sie konnten, für die Wahrung des Friedens, der durch die feudale Zersplitterung in Frankreich ständig gefährdet war, ein.[76]

Urheber des vordergründig gegen jeden Laieneinfluß in der Kirche gerichteten Programms der Reformer waren nicht die Cluniazenser, sondern lothringische und italienische Adlige im Priesterrock oder in der Mönchskutte: Leo IX., Humbert von Silva Candida, Guido von Pomposa, Petrus Damiani, Anselm von Lucca.

Der Lothringer Mönch Humbert von Silva Candida kam mit Leo IX. nach Rom, wurde 1050 zum Bischof von Silva Candida geweiht und zugleich in das Kardinalskollegium aufgenommen. 1058 verfaßte er einen Traktat „Wider die Simonisten" (Adversus simoniacos), das heißt gegen Geistliche, die ihre Weihen und ihr Amt käuflich erworben hatten. Solche Priester nannte er Ketzer, denen man das Amt sofort entziehen müsse, wenn nötig, auch mit Gewalt. Sie seien nicht in der Lage, wirksame Sakramente zu spenden, und deshalb eine Gefahr für alle Gläubigen. Seinen Hauptstoß richtete er jedoch nicht gegen den Ämterkauf als solchen, sondern gegen die Bestellung Geistlicher durch weltliche Personen, durch Laien. Damit stellte sich für ihn überhaupt die Frage, welche Rechte Fürsten und Königen in der Kirche zuständen. Er beantwortete sie mit einer Anklage gegen den Adel wegen seines Schachers mit Kirchengütern und der Vernachlässigung seiner Herrscherpflichten. Den Herrschern gehe es allein um Kirchengüter, die sie raubten. Letztlich möchten sie ihre Gewalt über die gesamte Kirche ausdehnen. Begonnen habe die Knechtschaft der Kirche mit den Ottonen. Die Wiedererrichtung des römischen Kaisertums durch Otto I. sei zur Wurzel allen Übels geworden. Es sei eine verdammenswerte Anmaßung, wenn sich der deutsche König als Priester betrachte. Kirche und Staat verhielten sich zueinander wie Seele und Leib, wie Haupt und Glieder, wie Sonne und Mond. Der byzantinische und römische Kaiser symbolisierte für ihn je einen Arm des Papstes. Sache der Könige sei es, stets den Anordnungen der Geistlichen zu folgen, so wie das Volk den Königen gehorchen müsse. Das Schwert erhielten die Herrscher von den Priestern. Daher dürften sie es nur in ihrem Auftrage ziehen. Versagten sie sich dieser Ordnung, dann müßte das Volk von den Päpsten zu Hilfe gerufen werden, um die Herrscher zur Einsicht zu bringen. Kein Laie habe das Recht oder die Macht, einen Geistlichen mit Ring und Stab auszustatten und ihn so in ein kirchliches Amt einzusetzen, zu investieren. Laieninvestitur sei in jedem Falle, auch wenn kein Geld gezahlt wurde, Simonie. So wenig ein Simonist als echter Bischof gelten könne, so wenig dürfe ein vom König ernannter Kleriker als Bischof angesehen werden. Vielmehr sei er genauso Ketzer, Feind des Glaubens, wie jener.[77]

Einen Frontalangriff gegen den deutschen König wagten die päpstlichen Reformer im Humbertschen Sinne zunächst allerdings nicht. Sie widmeten sich vielmehr der Reorganisation der römischen Kurie, wobei der Neuregelung der Papstwahl eine vorrangige Rolle zukam. Auf der Ostersynode 1059 erließ der aus Florenz stammende Nikolaus II. ein Papstwahldekret, in welchem die Kardinäle unter den kanonischen Wählern eine Vorzugsstellung erhielten. Damit wurde zum ersten Mal in einer kirchlichen Rechtssatzung die Papstwahl einem kleinen handlungsfähigen Wahlgremium zugewiesen und der Einfluß stadtrömischer Adelsgeschlechter ausgeschaltet, um jedem Adelspapsttum einen Riegel vorzuschieben. Klerus und Volk, also die Bevölkerung Roms einschließlich des dort ansässigen Adels, sollten in Zukunft nur noch das Recht der Zustimmung oder Ablehnung haben. Das kaiserliche Gewohnheitsrecht schaltete man nicht aus, aber man formulierte es äußerst vage und interpretierte es in ein von Papst Nikolaus II. freiwillig gewährtes Privileg zugunsten Heinrichs IV. um, das von seinen Nachfolgern jeweils für ihre Person neu erlangt werden mußte. In dem Dekret von 1059 ging es jedoch nicht nur um die Zurückdrängung des königlichen Einflusses, sondern überhaupt um die Reduzierung einer Mitwirkung von Laien. Gleichzeitig fixierte es die wachsende Bedeutung der Kardinalbischöfe für die Kirchenleitung und trug wesentlich zum Werden eines Kardinalskollegiums bei. Insgesamt stellte es einen wichtigen Schritt auf dem Wege zur Befreiung des Papsttums aus weltlicher Bevormundung dar. Der päpstliche Primatanspruch avancierte für die Reformer zu einem Dogma, einer Glaubenswahrheit. Wer sich ihm nicht unterwarf, glitt in Ketzerei ab.

Theorie und Praxis des Reformpapsttums unter Gregor VII.

Mit der Wahl des Archidiakons Hildebrand 1073 zum Nachfolger auf dem Stuhl Petri erfolgte nicht nur die theoretische Weiterentwicklung dieses Prinzips, sondern zugleich der Versuch seiner praktischen Verwirklichung. Auf eine kurze Formel gebracht, erstrebte Gregor VII. die „libertas ecclesiae", die Freiheit der Kirche, die er in aggressiver Form forderte. Was meinte er damit?

Hauptanliegen war ihm die Befreiung der römischen Kirche von allen inner- und außerkirchlichen Fesseln und jedem Hindernis, das ihre Tätigkeit einengte oder beschnitt. Er begründete seinen Autoritätsanspruch damit, daß der Nachfolger des Apostels Petrus von Gott erfüllt und deshalb mit der wahren Freiheit ausgestattet sei. Höchste Freiheit auf Erden hieß römische Freiheit, die nur durch blinden, bedingungslosen Gehorsam gegenüber dem Papst erworben werden könne. Aus dem gleichen Geiste erläuterte er den oft benutzten Begriff der „iustitia", der Gerechtigkeit. Er symbolisierte ihm das Gesetz der Kirche und die bedingungslose Unterwerfung aller Christen unter Rom.[78]

In einem Brief an Herzog Welf IV. von Bayern führte der Papst aus, daß Gott „dich und alle deine Mitstreiter, die ihr die Gerechtigkeit und den Stuhl des seligen Petrus liebt, von allen Sünden freisprechen und zum ewigen Leben führen möge".[79] Wahrscheinlich 1075 faßte er seine Grundprinzipien in einem knappen Diktat von 27 Thesen, dem Dictatus Papae, zusammen. Er ist überliefert in einem auf Gregors Wunsch angefertigten Sonderregister, das von dem offiziellen päpstlichen Kanzleiregister unterschieden war und die wichtigsten Schriftstücke über den Investiturstreit zusammenfaßte. Die entscheidenden Sätze lauteten: Der Papst ist nicht nur unumschränkter und unfehlbarer Herr der Universalkirche, sondern ebenso oberster Herr der Welt. Ihm allein steht es zu, Kaiser abzusetzen. Diese haben dem Papst zu gehorchen und dürfen ihre Gewalt nur so lange ausüben, wie sie nicht gegen die Gebote des Papstes verstoßen. Nur er dürfe kaiserliche Insignien tragen, ihm gebühre der Fußkuß durch alle Fürsten. Wer mit der römischen Kirche nicht übereinstimmt, ist kein Rechtgläubiger, kein Katholik. Der Papst darf alle richten, aber er kann von niemandem gerichtet werden. Ihm steht das Recht zu, Bischöfe ohne Synoden ab- und wieder einzusetzen.[80]

Gregor baute die päpstlichen Machtansprüche auf den Vorstellungen seiner Vorgänger seit Leo IX. auf und führte deren Ziele weiter. Dabei spielte auch die im 8. Jh. entstandene Konstantinische Fälschung eine Rolle. Die Reformer legten auf zwei darin enthaltene Vorrechte Gewicht: auf die Übertragung der kaiserlichen Herrschaftszeichen auf den Papst und auf die Besitztitel. Innerhalb der kirchenrechtlichen Tradition wurde nunmehr das „Constitutum Constantini" zur eigentlichen Konstantinischen „Schenkung" und zu einem Dokument der Übertragung des Reiches vom Kaiser auf den Papst sowie „... zum Erstprivileg für die Begründung des Kirchenstaates".[81] Folgerichtig führte Gregor Krönungsfeiern ein und betrieb eine zielstrebige Nachahmung des Kaisertums. Der byzantinische Kaiserhof, das kaiserliche Palatium zu Pavia und die bewegliche Hofhaltung der deutschen Könige (curia) lieferten willkommene Vorbilder. Zugleich spielte der römische Erneuerungsgedanke in diese „imitatio imperii" hinein, so etwa die Übertragung der Idee des altrömischen Senats auf das Kardinalskollegium als neuen Senat der Kirche.

Die Architektur im Kirchenstaat entwickelte sich zu einer päpstlichen Machtkunst, die sich klar von dem

Der Dictatus Papae aus dem Register Gregors VII.

byzantinischen Einfluß emanzipierte und abgrenzte. Diese geistige Selbstbesinnung lag auf einer Linie mit der Kirchentrennung des Jahres 1054, die den Schlußstrich unter die seit langem sich vollziehende Auseinanderentwicklung der östlichen und westlichen Reichskirchen zog. Sie war der ideologische Reflex der unterschiedlich verlaufenden Feudalentwicklung in Byzanz und in den europäischen Staaten. Für das byzantinische Reich bedeutete das Schisma die Abwehr des päpstlichen Primatanspruchs und der sich dahinter verbergenden Expansionsabsichten des europäischen Händler- und Rittertums, während das römische Reformpapsttum auf der Unterwerfung und Unterordnung des griechischen Patriarchen und seiner Amtsbrüder bestand.[82]

Für die gregorianische Reformpartei zeichnete sich als Endziel eine päpstliche Priesterherrschaft über die christliche Welt ab. Darin spiegelte sich die reaktionäre Seite der Kirchenreform wider, die Zentralismus und Fiskalismus für die Verwirklichung der Idee einer verschwommenen Universalherrschaft einsetzte, die die staatliche Konsolidierung der europäischen Monarchien hindern mußte. Dieser Universalismus war der

Gegenpol zu dem Extrem der feudalen Zersplitterung, wie es von dem französischen Adel seit dem 10. Jh. praktiziert und verherrlicht wurde.

Das Gesellschaftsideal des Reformpapsttums bestand in einer streng hierarchisch gegliederten Christenheit, die sich widerspruchslos Rom unterordnete. „Römische Freiheit" bedeutete keine Freiheit für weltliche Herrscher, schon gar nicht für das Volk, sondern allein für die römische Kirche.

Die Reformer entkleideten zugleich das deutsche Königtum seines priesterlichen Charakters und seines Gottesgnadentums, betonten seine rein weltlichen Grundlagen und zwangen es, sich seiner ureigensten Machtbasen zu besinnen. In dem Brief an Bischof Hermann von Metz schrieb Papst Gregor VII. in bewußter Überspitzung, daß Könige und Fürsten durch ihr widergöttliches Gebaren deutlich machten, daß ihre Herrschaft auf den Teufel zurückzuführen sei. Und 1080 rief er auf der römischen Fastensynode aus: „Erfahren sollen jetzt die Könige und alle Fürsten der Welt, wie hoch ihr (Bischöfe, Geistliche) steht, was ihr vermögt, und sich fürchten, den Befehl eurer Kirche gering zu achten."[83]

Gregor versuchte, Heinrich IV. in seiner Herrschaft auf das deutsche Königreich zu beschränken, weshalb er ihn nur als „rex Teutonicorum" titulierte, ihn also nicht als Herrscher über das gesamte Reich, über Deutschland, Italien und Burgund, anerkannte. Deshalb stellte er ihn in seinen Briefen und Erlassen auf eine Stufe mit den Königen von Frankreich, Böhmen oder Ungarn. Er behandelte das „regnum Teutonicum", das deutsche Reich, als Staat neben anderen europäischen Staaten, über das er ebenfalls eine Oberaufsicht anstrebte. Dieser von Gregor geprägte Reichs- und Königsbegriff gewann staatspolitische Bedeutung, denn er schied die deutsche Königsherrschaft von der Italiens und Burgunds. Er grenzte sie von den imperialen Ansprüchen des ottonisch-salischen Kaisertums der Vergangenheit ab und orientierte sie auf ihren unmittelbaren Machtbereich. In dieser realistischen Betrachtungsweise lag ein positives Moment für die Ausgestaltung eines säkularen deutschen Staatsbegriffes und seine Scheidung von der imperialen Tradition der Vergangenheit.[84]

Die päpstliche Reformpartei stieß hier in doktrinäres Neuland vor. Sie konzipierte einen institutionellen Staatsbegriff und betrieb im Interesse der kirchlichen Vormachtstellung eine Säkularisierung der Staatsauffassung, der die Anhänger des deutschen Königtums, die immer noch auf frühmittelalterliche Reichsvorstellungen zurückgriffen und die Einheit von Staat und Kirche beschworen, wenig entgegenzusetzen hatten.[85]

Welche Maßnahmen leitete nun das Reformpapsttum zur Verwirklichung seiner programmatischen Forderungen ein?

Mit der Reorganisierung der Finanzverwaltung liefen die Bestrebungen zur Vereinheitlichung der Kirchendisziplin, vor allem auf dem Gebiet des Kultes, der Liturgie und des Kirchenrechts parallel. Sowohl in Spanien, in einigen west- und südfranzösischen Diözesen, aber auch in Mailand und Ungarn gab es Sonderformen im kultischen Leben der Kirche, die Gregor mit Hilfe cluniazensischer Mönche und mit Sondervollmachten ausgestatteter Legaten (Gesandte) beseitigte, um alle Kirchenprovinzen auf die in Rom übliche Liturgie festzulegen. Gegen Reste der altslawischen Liturgie in Böhmen, Mähren, Polen und Ungarn ging Gregor mit besonderem Eifer vor.

Desgleichen sollte das römische Kirchenrecht allgemeine Geltung erhalten. Vorarbeiten dazu hatte schon Kardinal Humbert von Silva Candida mit seinen Sentenzen geleistet, die das in Rom praktizierte, allgemeine Gültigkeit beanspruchende Recht der Vielfalt privater, von Volksrechten beeinflußter Sammlungen gegenüberstellten. Umfassendere Aufzeichnungen eines allgemeinen Kirchenrechts lieferten 1087 Kardinal Deusdedit und Bischof Anselm von Lucca mit ihren Kanones-Sammlungen. Die Quellen für ihre Sammlungen suchten sie nicht in der alten Kirche, sondern in päpstlichen Erlassen, die das monarchische Prinzip in den Vordergrund stellten. Die geläuterte und befreite Kirche sollte ein eigenes, originäres Recht erhalten, das nicht mehr mit Reichs- und Laienrecht vermischt war wie in karolingisch-ottonisch-salischer Zeit. Damit war der Grundstein für das kanonische Recht gelegt, auf dem das 1150 veröffentlichte „Decretum Gratiani" aufbaute, das sich in den folgenden zwei Jahrhunderten zum „Corpus iuris canonici" ausweitete. Ein weiteres wichtiges Instrument zur Konsolidierung der päpstlichen Macht waren die Fastensynoden. Sie wurden immer mehr zu Versammlungen, die für die gesamte Kirche bindende Beschlüsse faßten, wobei der Papst die entscheidende Stimme und das alleinige Recht zu ihrer Einberufung beanspruchte.

Am Ende der Reform stand die Kirche auch juristisch als unabhängige Gemeinschaft da, die durch Legislative und Exekutive des Papstes gelenkt wurde. Parallel mit liturgischer Vereinheitlichung und Rechtskodifikation lief im Rahmen der Zentralisierung die Einrichtung des Legateninstituts. Es bildete ein reines Kampfinstrument zur Durchsetzung der vollen päpstlichen Autorität gegenüber dem romfeindlich eingestellten hohen Klerus und weltlichen Herrschern. Gregor VII. setzte sich über die verbrieften Rechte von Bischöfen, Erzbischöfen und Patriarchen hinweg und griff über seine Gesandten unmittelbar in Diözesanangelegenheiten ein. Am unbekümmertsten schalteten und walteten die Legaten in dem politisch zersplitterten Frankreich und seit 1076 in dem von Parteiungen zerrissenen Deutschland, während sie in zentralisierten

Feudalstaaten wie der Normandie oder Süditalien nur eine recht bescheidene Rolle spielten.

Systematisch baute Gregor die erzbischöflichen Primate, wie in Reims und Bremen, und überhaupt die Befugnisse von Zwischeninstanzen zwischen Papst und Bischöfen ab. Die Erzbischöfe wurden verpflichtet, persönlich zum Empfang des Palliums innerhalb von drei Monaten nach erfolgter Wahl in Rom zu erscheinen. Zahlreiche Klöster entzog er bischöflicher Rechtsprechung und unterstellte sie Rom. In diesen antibischöflichen Maßnahmen kam das Zusammenwirken zwischen Gregor und den Cluniazensern am deutlichsten zum Ausdruck, denn Cluny strebte von Anfang an nach einer Befreiung (Exemtion) von bischöflicher Rechtsprechung. Jedoch führte hier Gregor nur eine Linie weiter, die bis auf Papst Leo IX. zurückging.

Ebenso verhielt es sich mit dem Einsatz bewaffneter Kräfte und der päpstlichen Kriegführung. Schon Leo IX. kämpfte 1053 bei Civitate sieglos gegen die Normannen. Erzbischof Romuald II. von Salerno hatte ihn deswegen gerügt, da es dem Papst nicht erlaubt sei, Kriege zu führen und das weltliche Schwert wie Fürsten zu ziehen, um damit Glieder des Gottesvolkes zu töten. Vielmehr müsse er durch die Gewalt seines Wortes und frommen Lebenswandel den Gläubigen ein Beispiel geben und sie belehren.[86]

Gregor stützte sich von Anfang an in Rom auf eine eigene Söldnertruppe, die er nicht nur organisierte, sondern auch finanzierte. Dieser Garde des hl. Petrus verlieh er den Nimbus von Glaubensstreitern, wie er später allen Gefolgsleuten, die mit der Waffe in der Hand für ihn eintraten, eine Petrusfahne übersandte und sie zu Kriegern des Apostelfürsten erklärte. Den hohen und niederen Adel versuchte Gregor zu Kriegsdiensten für Rom zu verpflichten, indem er ihm zusicherte, daß dann der Weg zur Erlösung geebnet sei. Anselm von Lucca rechtfertigte ausdrücklich die Handhabung des weltlichen Schwertes durch die Kirche. In seiner „Collectio canonum" vertrat er den Standpunkt, daß die Kirche nicht auf den weltlichen Arm angewiesen sei, sondern vielmehr das materielle Schwert selbst ziehen dürfe. In einer Predigt „Über die Liebe" (De charitate) zitierte er das Moseswort: „Auge um Auge, Zahn um Zahn" gegen die „Feinde der Wahrheit", das heißt die Widersacher des Papstes. Gregor VII. berief sich mit Vorliebe auf den alttestamentlichen Spruch: „Verflucht sei, wer seinem Schwerte das Blut mißgönnt", wenn weltliche Herrscher „Gerechtigkeit und Rat" des Papstes nicht achten wollten.[87]

All das genügte aber noch nicht, um den widerspenstigen Bischöfen oder dem deutschen König Paroli bieten zu können. Daher nahm Hildebrand bereits 1057 Fühlung mit dem Normannenfürsten Richard von Capua auf, dessen angemaßte Stellung er im Namen des Papstes anerkannte, wofür er dessen Treueschwur und ein Hilfeversprechen gegen den römischen Adel einhandelte. Damit begann ein folgenreicher Wechsel in der päpstlichen Normannenpolitik.

Zunächst hatten die Päpste versucht, mit Unterstützung der Kaiser die normannischen Staatsbildungen in Süditalien zu unterbinden. Nach der Niederlage Leos IX. und dem Tode Heinrichs III. bemühten sie sich um ein Bündnis mit den Normannen. 1059 belehnte Nikolaus II. Robert Guiscard (Schlaukopf) mit dem Herzogtum Apulien und Calabrien sowie mit Sizilien, das sich noch in der Hand der Sarazenen befand. Robert und Richard leisteten dem Papst in aller Form den Vasalleneid und zahlten ihm für die übertragenen Lehen einen Jahreszins. Hildebrand, dem eifrigen Befürworter dieser Politik, schwebte dabei eine Aufteilung des Landes in kleine Fürstentümer vor, die sich gegenseitig die Waage hielten. Ihm ging es um ein Gleichgewicht der Kräfte zwischen dem Herzogtum Apulien, dem Fürstentum Capua und den kleineren normannischen Dynastien sowie den Städten Campaniens, um auf diese Weise den rivalisierenden Mächten seinen Willen aufzwingen zu können. Diese Illusionen zerstoben rasch vor der rauhen Wirklichkeit, denn die Normannenfürsten hatten nicht die Absicht, sich zu Werkzeugen der Kurie degradieren zu lassen. Sie benötigten von Rom lediglich die Legitimierung für ihre eroberten Ländereien und boten dafür als Gegenleistung militärischen Schutz. Hildebrand fand jedoch dessenungeachtet die politische und soziale Basis, die das Reformpapsttum trug: lokale Feudalmächte und Ritter, die ein Ziel und eine Richtung für ihren Expansionsdrang sowie kirchliche Billigung für ihren sozialen Aufstieg suchten.

Nach dem Modell der Lehnsbeziehungen zwischen Rom und den normannischen Fürsten gedachte Gregor VII., auch die Verhältnisse zu anderen Ländern zu gestalten. So beanspruchte er 1074 die Lehnshoheit über Ungarn, 1077 über Spanien mit der Behauptung, daß sich beide Staaten im Besitz der römischen Kirche befänden. 1075 empfing er den Lehnseid König Zvonimirs von Kroatien und Dalmatien, dem er zuvor die Herrscherinsignien übersandt hatte.

Im gleichen Jahr schien sich ihm eine günstige Gelegenheit zu bieten, das Großfürstentum Kiew an Rom zu binden. Fürst Izjaslav war 1067 und 1073 abermals aus Kiew vertrieben worden. Er floh zu seinem Neffen Boleslaw II. von Polen, der ihm aber nicht half, sondern ihm seine Schätze abnahm. Deshalb wandte er sich an Heinrich IV. mit der Bitte um Unterstützung, die dieser wegen eigener Schwierigkeiten nicht gewähren konnte. Darauf sandte er seinen Sohn Jaropolk zum Papst, um von ihm die Rus als Lehen zu erhalten. Gregor verlieh Izjaslav die Königskrone und nahm ihn in den Schutz der römischen Kirche. Obwohl Izjaslav die Rückkehr nach Kiew gelang, hatte die Lehnsübertragung für das Großfürstentum keine praktischen Auswirkungen.[88]

Am wertvollsten war Gregor das Bündnis mit der Markgräfin Mathilde von Tuscien aus dem Hause Canossa, die eine bedeutende Machtstellung in Mittel- und Norditalien einnahm und die nach 1076 ihre Güter der römischen Kirche schenkte. Sie bot dem Papst zu allen Zeiten seines wechselvollen Pontifikats materielle und militärische Rückendeckung.

Als vorteilhaft erwies sich auch die zeitweilige Verbindung der Reformpäpste mit den norditalienischen Kommunen, die gegen ihre bischöflichen Stadtherren, welche in der Regel vom deutschen König eingesetzt worden waren, opponierten. Vor allem in der lombardischen Metropole Mailand war das bewaffnete Vorgehen der Bürger, die sich in dem Kampfbund der Pataria zusammenschlossen und gegen den simonistischen Erzbischof und seinen Klerus auftraten, für Rom von Nutzen, da nicht allein die Position des königstreuen Erzbischofs untergraben, sondern ebenso die kirchliche Sonderstellung Mailands abgebaut wurde.

Der Zusammenstoß zwischen Gregor VII. und Heinrich IV.

So gerüstet konnte Gregor seine Offensive gegen unbotmäßige Bischöfe und Herrscher beginnen. Die Eingriffe Heinrichs IV. in die Besetzung der italienischen Bistümer rief Gregor 1075 auf die Bühne. Bereits Papst Alexander II. hatte aus ähnlichen Gründen 1073 die königlichen Räte gebannt und damit Heinrich eine unmißverständliche Warnung erteilt. Noch griff der Papst den König nicht an, weil er hoffte, er würde sich zu den päpstlichen Prinzipien bekehren lassen. Heinrich waren damals die Hände durch den beginnenden Sachsenaufstand gebunden, was ihn zu einem devoten Schreiben mit vielen Versprechungen an den Papst veranlaßte. Er schien bereit, den Mailänder Erzstuhl Rom ausliefern zu wollen, um damit ein gefährliches Streitobjekt zwischen sich und dem Papst aus dem Wege zu räumen.

In Wirklichkeit dachte aber der König nicht daran, sich die Investitur über Bistümer und Abteien streitig machen zu lassen. In Deutschland bemühte er sich im Gegenteil seit seinem Regierungsantritt, die Reichskirche wieder fest in die Hand zu bekommen, um sie als Instrument für seine Zentralisierungsmaßnahmen einsetzen zu können.

Die deutschen Bischöfe waren unter den Saliern zu Reichsfürsten aufgestiegen, die sich mehr und mehr dem Zugriff der Zentralgewalt zu entziehen suchten. Durch gezielte Ernennungen, unter Umgehen des Wahlverfahrens, brachte der König Männer seines Vertrauens in die freigewordenen Bistümer und Abteien. Diese hatten im 11. Jh. ständig weitere Rechte, darunter Immunitäten über Bezirke erhalten, die über ihre Grundherrschaften hinausreichten. Auf diese Weise sollte ihre Leistungsfähigkeit zugunsten der Zentralgewalt gesteigert werden. Demgegenüber bestand ein Hauptanliegen der Kirchenreformer darin, die Bistümer der römischen Autorität unterzuordnen. Fügte sich Heinrich den päpstlichen Forderungen, dann mußte er seine Kirchenpolitik revidieren und an seinem Regierungsprogramm wesentliche Abstriche machen.

Eine gewisse Kompromißbereitschaft gab es 1073 noch, da Gregor für die Preisgabe Italiens einem Ausgleich in Deutschland sicher zugestimmt hätte, zumindest für eine gewisse Zeit. Eine solche Atempause benötigte der König dringend für die innere Festigung seines Reiches. Aber die Hinneigung des norditalienischen Episkopats zum deutschen Königtum, von dem er Unterstützung im Kampf gegen den päpstlichen Zentralismus erwartete, und das Streben Heinrichs nach der Kaiserkrone, verbunden mit der Wiederaufnahme der Italienpolitik seines Vaters, verhinderten eine solche Lösung. In der Vorstellungswelt des Saliers harmonierten noch „regnum" und „sacerdotium", Reich und Kirche, Weltliches und Geistliches. Im Papst sah er den obersten Reichsbischof, der die Reichskirche im Sinne des Königs leitete, der Gottesdienst und Reichsdienst vereinigte. So blieb ihm der tiefgehende Wandel, der sich seit Leo IX. in Struktur und Ideologie des Papsttums vollzogen hatte, verborgen. Verständnislos stand er der veränderten Situation innerhalb der Kirche, dem Primats- und Universalitätsanspruch der Päpste, gegenüber. Sein konservatives Kirchendenken provozierte einen Zusammenprall mit den römischen Reformern. Es verschärfte dadurch aber auch die innere Staatskrise, da die deutschen Bistümer zur Regionalisierung tendierten.

Zunächst allerdings fand der König im deutschen Episkopat Helfer. Die römische Politik bedrohte die Stellung der deutschen Bischöfe nicht minder als die Heinrichs. Die Maßregelung des angesehenen Mailänder Erzbischofs Guido zeigte ihnen drastisch, was sie von Rom bei Ungehorsam zu erwarten hatten. Während der Minderjährigkeit Heinrichs verhinderte lediglich die Schwäche der Regentschaft eine geschlossene antirömische Front. Das Legateninstitut brachte die deutschen Prälaten vollends in Harnisch. Gregor wollte nämlich eine Reichssynode zur Durchsetzung des Verbots der Priesterehe und des Konkubinats einberufen, die von seinen Legaten geleitet werden sollte. Der Reichsepiskopat protestierte, da es das Vorrecht des Erzbischofs von Mainz war, derartigen Synoden zu präsidieren. Erzbischof Liemar von Bremen wandte sich 1075 in heftigen Worten gegen die Zentralisierungspolitik Gregors. Er nannte ihn einen gefährlichen

Menschen, der den Bischöfen befehlen wolle, als wären sie seine Gutsverwalter.

Noch anstößiger fanden er und seine adligen Standesgenossen die Mobilisierung des „Volkes", also der Laien, für die Durchsetzung der Reform, wie das in Mailand, aber auch in anderen lombardischen Städten an der Tagesordnung war, wo simonistische und beweibte (nikolaitische) Geistliche mit Gewalt vertrieben, verprügelt und von ihren Frauen getrennt wurden. Das Eheverbot erregte in Deutschland unter dem Klerus eine derartige Empörung, daß 1074 der Bischof von Passau, der es verteidigte, von den Priestern umgebracht worden wäre, hätten ihn Bewaffnete nicht geschützt. Sein Biograph schildert die Szene recht plastisch: „Vor dem gesamten Klerus und allem Volk bestieg Bischof Altmann die Kanzel, verlas laut das päpstliche Schreiben und verbot den Domherren und den anderen Geistlichen unter Androhung schwerer Strafen sowie mit Berufung auf die kirchlichen Bestimmungen und die päpstlichen Dekrete die Ehe. Da gerieten alle Kleriker in eine solche Wut, daß sie den Diener Gottes auf der Stelle, im Hause Gottes also, mit den Händen zerrissen hätten, wenn ihn nicht der Himmel geschützt und die anwesenden weltlichen Großen den toll gewordenen Geistlichen entgegengetreten wären."[89]

So war die Mehrzahl der deutschen Geistlichkeit gegen die päpstlichen Reformbestrebungen. In ihr vermeinte Heinrich IV. eine sichere und zuverlässige Stütze in seinem Streit mit Gregor VII. zu besitzen. Der offene Kampf wurde 1075 durch die Besetzung italienischer Bistümer ausgelöst. Der König hatte nach seinem Sieg über die Sachsen in Fermo, Spoleto und Mailand – gegen den Willen des Papstes und seinem Versprechen von 1073 zuwider – eigene Kandidaten investiert. Gregor verfügte auf einer römischen Synode gegen geladene, aber nicht erschienene deutsche Bischöfe Amtsenthebung; fünf königlichen Räten verbot er das Betreten von Kirchen, und Heinrich untersagte er jede Investitur. Im Dezember 1075 schrieb er ihm einen drohenden Brief, welchen die Überbringer dahingehend interpretierten, daß der König mit dem Ausschluß aus der kirchlichen Gemeinschaft und seiner Absetzung rechnen müsse, falls er nicht Buße tue und auf seinem verwerflichen Wege des Ungehorsams schleunigst umkehre. Papstgehorsam setzte Gregor jetzt mit Gottesgehorsam gleich und drohte, daß Ungehorsam als Götzendienst bestraft werden müsse.

Heinrich nahm den Fehdehandschuh im Glauben an sein göttliches Recht und seine Macht auf, und es begann das dramatische Ringen zwischen Reformpapsttum und deutscher Zentralgewalt, das mit ungemeiner Heftigkeit drei Jahrzehnte die Kontrahenten in Atem hielt, im Reich die schon unter Kaiser Heinrich III. sichtbar gewordene Krise des salischen Königtums verschärfte und seine Grundlagen zutiefst erschütterte.

Der Weg nach Canossa

Im Januar 1076 berief Heinrich eine Reichsversammlung nach Worms, an welcher neben den weltlichen Fürsten die meisten Bischöfe teilnahmen, die auf einer gleichzeitig tagenden Synode, unter Vorsitz des Erzbischofs von Mainz, ein Absagesschreiben an „Bruder Hildebrand" sandten. Darin kündigten sie ihm den Gehorsam auf, da er den Bischöfen jegliche Gewalt genommen und die Verwaltung kirchlicher Angelegenheiten „der Gier des niederen Volkes" überwiesen habe.[90] Ähnlich argumentierte auch der König, wenn er in einem für die Öffentlichkeit bestimmten Brief „... an Hildebrand, nicht mehr den Papst, sondern den falschen Mönch ..." schrieb, er habe Erzbischöfe, Bischöfe und Priester wie Knechte behandelt und sie dem Pöbel preisgegeben, der sie nun ab- und einsetzte. Den König habe er, obwohl er ein Gesalbter des Herrn sei, ebenso behandelt. Pathetisch schloß er: „So steige du denn, der du ... verdammt bist, herab, verlasse den apostolischen Stuhl, den du dir angemaßt hast ... Ich, Heinrich, durch Gottes Gnade König, sage dir zusammen mit allen meinen Bischöfen: Steige herab, steige herab!"[91] Dieser Brief Heinrichs bewies, daß der König hoffte, die Tage von Sutri wiederholen und kraft seiner Funktion als Patrizius von Rom Päpste ab- und wieder einsetzen zu können. Er glaubte den Berichten des römischen Präfekten Cencius, der ihm ein einseitiges Bild von der Lage in Rom vermittelte, nach dem Gregor rings von Feinden umgeben sei, und er sich auf schwankendem Boden befände. Schließlich meinte er, daß mit seinem Sieg über die aufständischen Sachsen die innenpolitische Situation in Deutschland so stabilisiert wäre, daß er sich mit dem verhaßten Papst anlegen könne.

Der Gegenschlag Gregors ließ nicht lange auf sich warten. Auf der römischen Fastensynode im Februar des gleichen Jahres untersagte er dem König die Regierungsführung in Deutschland und Italien, schloß ihn aus der Gemeinschaft der Kirche aus und entband alle Untertanen von dem Treueid, den sie ihm geleistet hatten. Die Verurteilung und Bannung kleidete Gregor in die Form eines Gebetes an den Apostelfürsten Petrus: „Um Deinetwillen ist mir von Gott die Macht gegeben, zu binden und zu lösen im Himmel und auf Erden. Im Vertrauen hierauf untersage ich im Namen Gottes des Vaters, des Sohnes und des Heiligen Geistes kraft Deiner Vollmacht zu Ehren und Schutz Deiner Kirche König Heinrich, dem Sohne Kaiser Heinrichs, der sich gegen Deine Kirche in unerhörtem Hochmut erhoben hat, die Regierung des ganzen Königreichs der Deutschen und Italiens, befreie alle Christen von der Fessel des Eides, den sie ihm geleistet haben oder leisten werden, und verbiete jedermann, ihm als König zu dienen. Und weil er als Christ es verschmäht hat zu gehorchen, nicht zu Gott zurückgekehrt ist, den er durch Verkehr mit Ausgeschlossenen verlassen hatte, meine Mahnungen verachtet, sich von Deiner Kirche getrennt und sie zu spalten versucht hat, so binde ich ihn an Deiner statt mit der Fessel des Fluches, auf daß die Völker wissen und erfahren, daß Du bist Petrus, und daß auf Deinen Fels der Sohn des lebendigen Gottes seine Kirche gebaut hat."[92] Zugleich stufte er die Strafen gegen jene deutschen Bischöfe, die ihn in Worms zur Abdankung zwingen wollten, geschickt ab; damit hoffte er, ihre einheitliche Front aufzubrechen und zumindest einige zur Umkehr bewegen zu können.

Mit dieser Taktik hatte er Erfolg. Viele Prälaten benutzten die goldenen Brücken und unterwarfen sich bußfertig Gregor. Aber nicht ihr Rückzug brachte die Entscheidung, sondern die Parteinahme der Fürsten, die ihre Stunde gekommen sahen, den verhaßten König, der sich ihren Machtansprüchen in den Weg stellte, zu stürzen. Die Herzöge Rudolf von Schwaben, Welf von Bayern und Berthold von Kärnten machten den Anfang. Ihnen schlossen sich zahlreiche sächsische Bischöfe und Große an, die sich mit den freigelassenen Gefangenen vereinten. Sie alle suchten Anschluß an Rom und erboten sich, den Urteilsspruch des Papstes zu vollstrecken und einen neuen König zu wählen. Im Oktober 1076 beriefen sie unter Leitung Ottos von Northeim, der erneut von Heinrich abfiel, einen Fürstentag nach Tribur, um über den König zu Gericht zu sitzen und die „Sache des Reiches" zu beraten, das heißt ihre Vorstellungen über die Machtverteilung zu diskutieren.

In Anwesenheit päpstlicher Legaten begann die Versammlung ohne Hinzuziehung des Königs, der mit geringem Truppenaufgebot am linken Rheinufer bei Oppenheim lagerte. Heinrich setzte sich mit den Legaten in Verbindung, um die Fürstenopposition, die mit einer Neuwahl drohte, auszumanövrieren. Er ging auf die päpstlichen Forderungen – Preisgabe der gebannten Räte und der gegen ihren Bischof opponierenden Wormser Bürger, Enthaltung von allen Regierungsgeschäften, Entschuldigungsschreiben an Gregor – ein, in der Hoffnung, dadurch die Absolution zu erhalten.

Die Fürsten stellten dem König ein Ultimatum, sich binnen Jahresfrist vom Banne zu lösen, andernfalls ginge er der Krone verlustig. Für diese Zeit planten sie die Einberufung eines Reichstages nach Augsburg, unter Vorsitz des Papstes, auf welchem Gregor durch seinen Urteilsspruch den Streit zwischen ihnen und Heinrich schlichten sollte. Gregor, der zunächst keineswegs an eine Neuwahl, sondern an die Unterwerfung Heinrichs unter seine Prinzipien dachte, akzeptierte die Einladung von Tribur. Er schien an das Ziel seiner Wünsche gelangt zu sein: Man übertrug ihm das Richteramt über den mächtigsten Herrscher der lateinischen Christenheit und überließ ihm die Entscheidung über die Thronvergabe in Deutschland.

Heinrich erkannte zu spät, daß er das Kräfteverhält-

Heinrich IV. bittet in Canossa Mathilde von Tuscien und Hugo von Cluny um Vermittlung. Miniatur aus der Vita Mathildis des Donizo (frühes 12. Jh.)

nis falsch eingeschätzt hatte, als er in Worms daranging, einen Mann wie Gregor mit einem Federstrich hinwegzufegen. Er mußte in Tribur einsehen, daß er damit nur seine gefährlichsten Feinde, die Fürsten, wieder auf den Plan gerufen hatte, die jetzt zum Angriff übergingen. Um ihnen zuvorzukommen, entschloß er sich zu einem von allen unerwarteten Schritt: Er zog im Januar 1077 mit seiner Familie in einer abenteuerlichen Fahrt über die verschneiten burgundischen Alpen dem Papst entgegen, der bereits nach Norden aufgebrochen war, um dem Reichstag zu Augsburg rechtzeitig präsidieren zu können.

Als der Papst vom Eintreffen des Königs in Italien erfuhr, wich er erschreckt in die Burg Canossa aus, da er fürchtete, Heinrich wolle ihn gefangennehmen. Dieser erschien aber in der Absicht, sich vom Bann lösen zu lassen und seine politische Handlungsfähigkeit zurückzugewinnen. Gregor kam der Schachzug außerordentlich ungelegen, weshalb er sich zunächst bei Verhandlungen mit den königlichen Räten sträubte, Heinrich vorzulassen und vom Bann zu lösen. Nach den propäpstlichen Berichterstattern hätte sich darauf Heinrich als Büßer, ohne königliche Insignien, in wollenem Gewand und ohne Schuhe drei Tage lang, vom 25. bis zum 28. Januar, vor dem Burgtor von Canossa als demütiger Büßer eingefunden. In Wirklichkeit dürfte der König außerhalb der Burg in seiner Behausung in Fasten und Beten verharrt sein, währenddessen das diplomatische Tauziehen mit Gregor weiterging. Erst am 28. Januar erschien er in Büßertracht vor Canossa, nachdem sich die Markgräfin Mathilde, Abt Hugo von Cluny, Adelheid von Turin, seine Schwiegermutter, und Markgraf Azzo von Este für ihn beim Papst verwandt hatten. Nunmehr ließ ihn dieser ein, umarmte und segnete ihn und reichte ihm in der Burgkapelle das Abendmahl. Zuvor hatte sich Heinrich eidlich verpflichtet, die Reise Gregors nach Deutschland zu sichern und ihn als Vermittler im Konflikt mit den Reichsfürsten anzuerkennen.[93]

Obwohl den Zeitgenossen der Bußgang als solcher nicht als unerhört erscheinen mochte, empfand man ihn doch im Zusammenhang mit der Bannung als krasse Demütigung. Der Gregorianer Bonizo von Sutri schrieb, als die Bannung „... zu den Ohren des Volkes gelangte, da erzitterte unser ganzer römischer Erdkreis".[94] Der Enkel Heinrichs, der Philosoph und Geschichtsschreiber Otto von Freising, bemerkte rückblickend: „Ich lese und lese über die Taten der römischen Könige und Kaiser und finde nirgendwo vor diesem (Heinrich IV.) einen von ihnen von einem römischen Papst exkommuniziert oder seiner Herrschaft beraubt..."[95]

Die deutsche Fürstenpartei sah im Canossagang Schimpf und Schande, wobei sie ihrem Unmut über das Nachgeben Gregors Ausdruck gab. In jedem Falle symbolisierte Canossa den krassen Wandel, der sich im Verhältnis zwischen der deutschen Zentralgewalt und dem römischen Papsttum seit Sutri vollzogen hatte. Die lombardischen Bischöfe, die an eine militärische Niederwerfung des verhaßten „Hildebrand" gedacht hatten, spielten in ihrer ersten Enttäuschung mit dem Gedanken eines Bruchs mit Heinrich und der Inthronisierung seines zweijährigen Sohnes Konrad. Aber diese Stimmung hielt nicht lange vor. Sie merkten bald, daß Gregor mit der Lösung vom Bann Heinrich politisch wieder aktionsfähig gemacht hatte.

Angesichts der Empörung der deutschen Fürsten über das Nachgeben des Papstes sah sich dieser bemüßigt, ihnen ein Rechtfertigungsschreiben zu übermitteln, in welchem er sich seiner Härte rühmte und die Milde nur auf das Drängen seiner Gönner zurückführte. Die Szene von Canossa schilderte er mit folgenden Worten: „Dort verharrte er während dreier Tage hindurch vor dem Tore der Burg nach Ablegung allen königlichen Schmuckes in erbärmlichem Aufzug, unbeschuht und in Wolle gekleidet, und hörte nicht eher auf, unter vielen Tränen die Hilfe und Tröstung unseres apostolischen Erbarmens anzuflehen, als bis er alle zu solcher Güte und erbarmendem Mitleid rührte, daß sie mit vielen Bitten und Tränen für ihn eintraten und alle sich über die ungewohnte Härte unseres Sinnes wunderten, einige sogar ausriefen, in uns walte nicht der würdevolle Ernst apostolischer Strenge, sondern fast schon die Grausamkeit tyrannischer Wildheit."[96] Doch solche Erklärungen beruhigten die Fürstenopposition kaum.

Heinrich IV. und die Fürstenopposition im Reich

Ohne Wissen Gregors, aber mit Zustimmung seiner Legaten wählten die deutschen Fürsten im März 1077 in Forchheim Herzog Rudolf von Schwaben zu ihrem König. Die Wahl widersprach einmal der seit 919 geübten Praxis, welche stets die Erblichkeit der Dynastie berücksichtigt hatte, zum anderen war hier zum ersten Mal ein deutscher König abgesetzt worden. Die Wahl selbst verlief als rein weltlicher Akt. Auch die anwesenden Bischöfe fungierten in Forchheim als Reichsfürsten, und erst elf Tage später in Mainz traten sie bei der Salbung und Krönung Rudolfs als Geistliche auf.

Rudolf bot sich seinen Parteigängern vor allem deshalb als Souverän an, weil er feierlich auf die Erblichkeit seiner Würde verzichtete und sein Königtum nur als ein ihm von den Fürsten anvertrautes Amt betrachtete. Otto von Northeim, der 1075 zu rasch einen Vergleich mit Heinrich IV. gefunden hatte, übergingen die Fürsten bei der Wahl.

Trotz ihrer Ergebenheitserklärungen war sich Gregor bewußt, daß die Fürstenopposition das Heft in der Hand hielt und er ihr nur als Helfer im Ringen um die Macht im Staate dienen sollte. Im November des gleichen Jahres verkündeten die Wähler offen, daß nicht mehr der Papst, sondern ein allgemeiner Fürstentag den Streit zwischen Heinrich und Rudolf entscheiden werde. In einer Reihe von Briefen, welche die Erzbischöfe Gebhard von Salzburg und Hartwig von Magdeburg sowie Bischof Werner von Merseburg als Sprecher des sächsischen Adels in den Jahren 1078 und 1079 an den Papst sandten, klagte man Gregor an, daß er den „gottverhaßten Heinrich" ebenso wie Rudolf als König tituliere. Durch das Ausbleiben einer klaren Entscheidung rufe er eine Teilung des Volkes und des Reiches hervor, ja sogar eine Spaltung der Kirche und werde damit indirekt zum Urheber des großen Elends, das über die Sachsen gekommen sei.[97] 1083 erklärte Gregor, daß Rudolf nicht nach seinem Willen zum König gewählt worden sei und nur ihm die Entscheidung über einen Kandidaten zustehe.

Die Wahlhandlung in Forchheim demonstrierte das wahre Kräfteverhältnis. Der Papst vermochte wohl gegen einen König vorzugehen, der mit dem Hochadel in Fehde lag, aber ihm war es unmöglich, die herrschende Klasse vor seinen Wagen zu spannen. Die deutschen Fürsten verfügten in ihren Machtbereichen, ähnlich wie die Normannenfürsten in Süditalien oder die französischen Seigneurs, über Mittel, päpstlichen Forderungen und Drohungen zu trotzen. Sie konnten im

Gegenteil versuchen, den Papst als Aushängeschild für ihre Politik zu benutzen. Erbittert mußte Gregor nach Forchheim die Grenzen seiner Macht erkennen, die er vergeblich zu überschreiten suchte. Grundsätzlich war die politische Entwicklung in Deutschland den päpstlichen Bestrebungen entgegengekommen, denn die Fürsten vertraten nicht das imperiale, sondern das regionale Prinzip. Sie stellten nicht die Frage nach der Beziehung von „regnum" und „sacerdotium", von deutschem Königtum und römischem Papsttum, sondern nach dem Verhältnis von Zentralgewalt und Regionalgewalt im deutschen Reichsgebiet. Sie repräsentierten das „regnum Teutonicorum", auf das allein der Papst Heinrich beschränken wollte.[98]

Alle Aktionen der Adelsopposition verliefen auf dieser Ebene. Kein Wunder, daß sie sich den gregorianischen Reichsbegriff zueigen machte, ohne an eine Unterordnung unter Rom zu denken. Nur ein Stück Weges legten die beiden Opponenten gemeinsam zurück, da ihre Zielsetzungen grundverschieden waren. Als Gewinner aus dem Ringen zwischen Papsttum und universalem Kaisertum gingen in jedem Falle die Fürsten hervor. Das zeichnete sich schon in den siebziger Jahren ab.

Die Gegner Heinrichs restaurierten oder erweiterten durch Usurpation des Königsgutes ihre Grundherrschaften und Allode. Gedeckt und sanktioniert wurde dieser Landraub durch ihren König, Rudolf von Schwaben. Aber auch der Salier mußte seinen Anhang durch materielle und juristische Zugeständnisse auf seiner Seite halten. Der sächsische Chronist Bruno klagte, daß der Zwiespalt zu einer solchen Verschleuderung des Reichsgutes führe, „... daß in Zukunft die Könige unseres Landes sich eher vom Raub als vom Reichsgut werden unterhalten müssen".[99]

Rudolf bekannte sich offen zur Kirchen- und Klosterreform, um mit Hilfe einer Befreiung von Adelsklöstern nach cluniazensischem Vorbild das salische Reichskirchensystem im Interesse des Adels zu durchbrechen. Teile des niederen Klerus lehnten den Gegenkönig ab, da er die Durchsetzung des päpstlichen Eheverbotes für Kleriker verlangte. Aber auch die Städte standen ihm feindlich gegenüber, da sie fürchteten, er werde sie den Fürsten ausliefern. Traten der Erzbischof von Mainz und die Bischöfe von Worms und Würzburg zu Rudolf über, so hielten die Städter fest zu Heinrich. In Mainz entstand nach der Salbung und Krönung Rudolfs durch Erzbischof Siegfried I. ein Volksauflauf. Viele Menschen wurden von seinen Soldaten niedergemacht, so daß die Menge gegen sie im Zorn entbrannte, viele erschlug und die übrigen in den Hof des Palatium zurücktrieb, ja sogar die königlichen Bauten

Bronzegrabplatte Rudolfs von Rheinfelden im Dom zu Merseburg

anzünden wollte, wenn sich Siegfried nicht als Bürge für den raschen Abzug Rudolfs zur Verfügung gestellt hätte.[100] Worms wagte Rudolf erst gar nicht zu betreten, und Würzburg widerstand seiner Belagerung. Die Kirchenfürsten von Mainz, Worms und Würzburg waren nicht zuletzt wegen ihrer antibürgerlichen Einstellung zu Rudolf übergewechselt, da Heinrich den aufsässigen Stadtbewohnern Rückhalt versprach. Der Aufstand der Wormser und Kölner war noch in guter Erinnerung. Das Auftreten der Mainzer erweckt den Eindruck, daß ein städtisches Machtorgan vorhanden war. Den Komplott organisierte wahrscheinlich eine städtische Oberschicht, die „maiores", die offenbar eine ähnliche Stellung innerhalb der Gemeinde einnahmen wie die Kölner „primores" des Jahres 1074.

Die Wormser bildeten im März 1077 eine „coniuratio", die eine reine Kampfgemeinschaft gegen Rudolf und ihren Bischof dargestellt haben dürfte, ohne daß daraus eine Kommune hervorging. Sie förderte jedoch das Selbstbewußtsein der Bürger und setzte die 1074 begonnene Linie fort. Der Kampf zwischen dem salischen König und seinen Gegnern aktivierte die Stadtbewohner, die sich zur Parteinahme veranlaßt sahen. So traten seit dem offenen Ausbruch des Investiturstreites wiederholt bürgerliche Kräfte für Heinrich IV. ein. Das konnte zu einer Abschwächung spezifisch städtischer Zielsetzungen führen, denn die Einordnung in ein größeres Bündnis mußte Sonderanliegen in den Hintergrund treten lassen.

Heinrich ging es in erster Linie um die Ausnutzung finanzieller und militärischer Reserven der Städte, denn Gegenleistungen in Form von Privilegien sind nicht bezeugt. Vermutlich sah er die Städte noch keineswegs als selbständige Faktoren der Innenpolitik an, da sie ökonomisch weit weniger zu bieten in der Lage waren als die italienischen Kommunen, die er mit Gunstbezeugungen aller Art bedachte. Unter den schweren Belastungen, die der Parteienkampf der herrschenden Klasse vor allem im Westen und Süden Deutschlands mit sich brachte, litt hauptsächlich die bäuerliche Bevölkerung. Während die schwäbischen Bauern dem Einfluß der für die Kirchenreform eintretenden Hirsauer Mönche unterlagen, bekannten sich die Bauern in Franken zu Heinrich. Aus ihren Reihen ließ er 12 000 Mann ausheben und bewaffnen, die 1078 den Zusammenschluß der schwäbisch-bayerischen und sächsischen Streitkräfte Rudolfs verhinderten. Sie griffen dabei den Magdeburger Erzbischof Werner auf und töteten ihn.[101]

Im Jahre 1080 versuchte Heinrich, nach Sachsen, in die Hochburg seiner Feinde, einzudringen und erlitt in Thüringen eine Niederlage, die ihn zur Umkehr zwang. Beide rivalisierenden Könige setzten in ihren Machtbereichen Bischöfe und Äbte ein und ab. Sie kümmerten sich wenig oder gar nicht um das Investiturverbot. Fast jede Diözese, jedes Kloster, hatte einen Gegenkandidaten, der mit seinen Dienstmannen danach strebte, in den vollen Besitz seiner Pfründe zu gelangen. Heinrich bemühte sich verbissen zu retten, was zu retten war. Vor allem konzentrierte er sich auf die Restaurierung der Reichskirche. Er bedachte Bischöfe, die sich ihm nach Canossa wieder näherten, mit Verleihungen von Grafschaftsrechten. So übertrug er 1077 dem Bistum Utrecht und dem Bistum Straßburg Grafschaften, die er zuvor dem Markgrafen Ekbert von Meißen und dem Herzog Berthold von Zähringen aberkannt hatte. 1080 verlieh er der Bischofskirche Basel eine Grafschaft.[102] Die Reichsklöster beutete er finanziell aus, wie etwa 1079 Niederaltaich, von dem er eine Gold- und Silberanleihe aufnahm.[103] Selbstredend stieg dadurch der materielle Wert des Investiturrechtes, das Heinrich weniger denn je bereit war aufzugeben.

Die wachsende Sympathie der deutschen Städte für ihn machte sich gleichfalls bezahlt. Sie unterstützten ihn nicht allein durch Vertreibung antiköniglicher Stadtherren, sondern ebenso durch Geldzuwendungen, die es Heinrich ermöglichten, mit Söldnerkontingenten zu operieren. Nach 1078 rekrutierten sich seine Truppen zunehmend aus Ministerialen und Söldnern, was ihn von adligen Vasallen unabhängiger machte. In der gleichen Richtung lagen seine Rückgriffe auf die Wehrkraft freier Bauern. Finanzielle Mittel verschaffte er sich ebenso durch Vertreibung gegnerischer Bischöfe, deren Einkünfte er für sich einzog. Auch begnügte er sich bald nicht mehr mit freiwilligen Zuwendungen der Städte, sondern belegte sie mit hohen Steuern, was vereinzelt Unzufriedenheit hervorrief. 1092 nahmen die Konstanzer Bürger die Verteidigung ihrer Stadt gegen einen von Heinrich investierten Bischof selbständig in die Hände. Nicht mehr nur die Fernkaufleute, die „mercatores", sondern die „cives", also alle Stadtbewohner, ergriffen für ihren propäpstlichen Bischof Partei und verhinderten seine Vertreibung. Dieses Beispiel zeigt, daß dort, wo die Interessen der jungen Stadtgemeinden es erforderten, auch eine antikönigliche Haltung zu beobachten ist. Die Aktivierung der Städte im Investiturstreit führte sie zu ersten Ansätzen einer selbständigen Politik.

Gregor VII. hatte in den Jahren nach Canossa gehofft, daß er seine Schiedsrichterrolle über die rivalisierenden Könige wahrnehmen könnte. Heinrich IV. verstand es mit großem Geschick, ihn immer wieder durch leere Versprechungen und Eide hinzuhalten. König Rudolf seinerseits tat alles, um den Papst endlich zu einer öffentlichen Erklärung für seine Sache zu gewinnen. Gregor wäre jedoch nach wie vor eine Unterwerfung Heinrichs lieber gewesen, da dessen Position in Deutschland an Festigkeit zunahm. 1080 traf er seine endgültige Entscheidung.

Auf einer römischen Synode schleuderte er gegen

Heinrich IV. zum zweiten Mal den Bannstrahl. Wieder geschah die Verfluchung, wie 1076, in Form einer Anrufung der Apostel Petrus und Paulus. In ihr artikulierte sich der Weltherrschaftsanspruch des Papstes: „Auf nun, ihr heiligsten Väter und Fürsten, lasset alle Welt einsehen und erkennen, daß, wenn ihr im Himmel lösen und binden könnt, ihr die Macht habt auf Erden, Kaisertümer, Königreiche, Fürstentümer, Herzogtümer, Marken, Grafschaften und aller Menschen Besitzungen einem jeden nach Verdienst zu nehmen und zu geben. Oft habt ihr Patriarchate, Primate, Erzbistümer und Bistümer den Schlechten und Unwürdigen genommen und frommen Männern gegeben. Wenn ihr nun über geistliche Dinge richtet, welche Macht muß man euch im Weltlichen zuschreiben? ... Vollstreckt an Heinrich euer Urteil so schnell, daß alle wissen, er sei nicht durch Zufall, sondern durch eure Macht gestürzt und vernichtet ..."[104]

Mit diesem Schritt hatte Gregor aber den Bogen überspannt. Ganz im Gegensatz zu 1076 jubelte jetzt nur die zusammengeschmolzene Schar der Anhänger Rudolfs. Viele Bischöfe ergriffen für Heinrich Partei und setzten in Mainz Gregor ab. Im Juni wiederholte eine Synode von 30 deutschen und italienischen Bischöfen in Brixen in Anwesenheit des Königs das Urteil und wählte den Erzbischof von Ravenna, Wibert, als Clemens III. zum Gegenpapst. Dieser sprach sich entschieden gegen die Kriegspolitik Gregors aus und betonte, daß der Christ nicht Krieg bringen dürfe und lieber Unrecht leiden solle als es rächen. Nicht einmal für die gerechte Sache dürfe der Christ zum Schwerte greifen. Ebenso verwarf er das gewaltsame Vorgehen gegen simonistische und verheiratete Priester. Die Waffen des Papstes zur Durchsetzung der Kirchendisziplin müßten Synoden sein.[105]

Im gleichen Jahr erlag Rudolf seinen Verletzungen aus einer Schlacht gegen Heinrich. Nach längerem Zögern erhoben 1081 die sächsischen Fürsten den ganz unbedeutenden Grafen Hermann von Salm zum König, den der Volksmund „König Knoblauch" nannte und der völlig von der Gnade Ottos von Northeim abhing.

Romzug und Kaiserkrönung Heinrichs IV.

Die Bekämpfung des neuen Gegenkönigs überließ Heinrich seinem Schwiegersohn, Friedrich von Staufen, dem neuen Herzog von Schwaben, während er selbst wohlgerüstet 1081 die Alpen überstieg, um den verhaßten Feind in Rom zu vernichten. Jubelnd schlossen sich ihm die oberitalienischen Bischöfe an. Nur Mathilde von Tuscien verharrte im Widerstand. Um Verbündete gegen sie zu gewinnen, erteilte Heinrich den mathildischen Städten Lucca, Pisa und Mantua weitergehende Privilegien als Worms. Er sicherte ihnen

Kaiser Heinrich IV. Zeichnung aus der Cambridger Handschrift der sog. Kaiserchronik (1112/13)

Schutz gegen markgräfliche Willkür, strenge Beobachtung ordentlicher Gerichtsverfahren, ungestörten Handel und Verkehr sowie das Recht auf Ausbildung einer Gemeindeverfassung zu. Weiterhin legte er fest, daß niemand ihre Mauern und Häuser brechen noch Burgen in einem Umkreis von sechs Meilen errichten dürfe. In Zukunft sollte auch kein königlicher Palast mehr in Lucca gebaut werden. Mantua erhielt 1091 die Befreiung von Ufergeldern und Zöllen in Argenta, Ferrara, Ravenna und Samolaco.[106]

Diese Politik erwarb ihm nicht nur die Gunst der ausgezeichneten Kommunen, sondern auch anderer Städte, die sich von Gregor VII. trennten, so daß der König ungehindert Rom berennen konnte. Von 1081 bis 1084 griff er viermal die Mauern der heiligen Stadt an, ohne sie zu überwinden. 1084 riefen ihn schließlich die kriegsmüden Römer in die Stadt, wo ihn der Gegenpapst Clemens III. zum Kaiser krönte.

Der in der Engelsburg belagerte Gregor VII. rief den Normannenherzog Robert Guiscard zu Hilfe, dem der Kaiser kampflos Rom überließ. Die Plünderungen und Brandschatzungen waren so gründlich, daß Gregor es nicht wagte, länger zu bleiben, mußte er doch fürchten, von den erbitterten Römern erschlagen zu werden. In selbstgewählter Verbannung starb er am 25. Mai 1085 in Salerno, ungebrochen und von dem Bewußtsein erfüllt, Papsttum und römische Kirche aus den Laienfesseln befreit und ihnen den Weg zur Weltherrschaft geebnet zu haben.

Romanische Kunst und Architektur

Aber auch das Machtgefühl Heinrichs IV. war in den Jahren nach Canossa wieder erwacht. Seine diplomatischen Erfolge ließen ihn hoffen, nicht nur Verlorenes zurückzugewinnen, sondern Neues hinzuzuerwerben und in seiner Innenpolitik dort fortzufahren, wo er notgedrungen 1076 hatte aufhören müssen. Wohl nicht zufällig ließ er 1080 den Dom zu Speyer in einer Weise umgestalten, die einem Neubau gleichkam und ihn zu einer der schönsten romanischen Kirchen Deutschlands machte.

Unter romanischem Stil versteht man die Kunst der europäischen Feudalgesellschaft in der Zeit vom 11. bis zum Ende des 12. Jh. Die romanischen Sakralbauten wie die Dome von Mainz, Speyer und Worms sind massive Steingebäude in der Form eines länglichen Kreuzes. Sie haben schmale, kleine Fenster in den dicken Mauern, kompakte Säulen im Innern und massive Türme. Der ganze Reichtum bildhauerischer Verzierung konzentriert sich auf die Hauptfassade und den Altar, der sich auf einer Empore befindet, um die höhere Stellung des Klerus gegenüber den Laien zu betonen. So wurde die Kunst immer mehr zu einem Mittel der visuellen Beeinflussung der Massen, zu ihrer festen Einfügung in die feudale Klassenstruktur. Diese Funktion hatte auch der Dom zu Speyer, der die Macht des salischen Königtums gegenüber Papst, Fürsten und Volk monumental repräsentieren sollte.

Heinrich ließ aus Italien Steinmetzen kommen, die mit architektonischen Traditionen und Techniken besser vertraut waren als die deutschen Meister. Sie schufen Bauornamente, welche die Fenster umrahmten und die Kapitelle belebten. Auch das von der romanischen Plastik gestaltete Menschenbild gab sich rein aristokratisch. Man schuf keine Figuren bewegter Körper, sondern führte sie auf große Flächeneinheiten und graphische Gestalten zurück. Auf solche Weise erweckten die Künstler den Eindruck des Monumentalen. Die Kunstwerke wirkten übermenschlich und verlangten demütige Verehrung. In den reliefverzierten Feldern über kirchlichen Portalen thronten Christus und die Heiligen starr und ernst in der Mitte, in streng hierarchischer Distanz wie Könige und Fürsten.

Dem aristokratischen Geist dieser Kunst erschienen göttliche Hoheit und körperliches Leiden unvereinbar. Daher hing der Gekreuzigte auf den romanischen Passionsbildern zumeist gar nicht am Marterholz, sondern er stand und wurde mit offenen Augen, nicht selten mit einer Krone und oft bekleidet dargestellt. Der heroisierte König Christus erschien noch am Kreuze als Sieger über die Welt. Ihm zur Seite saß die Madonna nicht als Schmerzensmutter, sondern als Himmelskönigin, erhaben über alles Menschliche.

Architektur, Plastik und Malerei fügten sich so organisch in die feudale Klassenstruktur ein. In dieser Hinsicht unterschieden sich weder weltliche noch kirchliche Bauten. Insgesamt reflektierte aber die romanische Plastik sehr eindringlich die wachsende Autorität und Macht der römischen Kirche. Das zeigten in erster Linie die Weltgerichtsszenen über den Kirchenportalen. Christus hielt über die Menschheit am Jüngsten Tag Gericht. Je nach Anklage oder Fürsprache der „ecclesia", der Kirche, fiel Verurteilung oder Freispruch aus. Die Kunst konnte wohl kein wirkungsvolleres Mittel zur Einschüchterung der Gläubigen ersinnen als dieses Bild des endlosen Schreckens und der ewigen Seligkeit, über welche die Kirche ihre Hand hielt.[107]

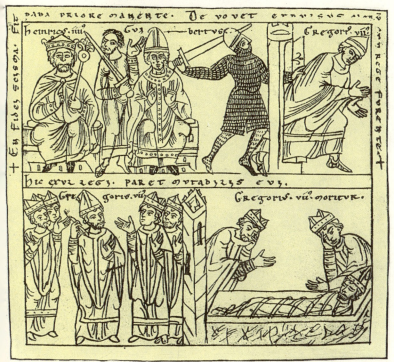

Bilder aus der Jenaer Handschrift der Weltchronik Ottos von Freising (Mitte 12. Jh.). L. o.: Heinrich IV. mit dem Gegenpapst Wibert; r. o.: Gregor VII. wird aus Rom vertrieben; l. u.: Sein Wirken außerhalb Roms; r. u.: Tod Gregors VII.

Ostchor des Doms zu Speyer

Dom in Mainz (von Osten); Neubau nach Brand im Jahre 1081

Die Streitschriftenliteratur

Die dramatischen Auseinandersetzungen zwischen Papst und König, zwischen „sacerdotium" und „regnum", erregten die Zeitgenossen zutiefst. Das spiegelt sich vor allem in der Streitschriftenliteratur wider. Ihre Verfasser, sowohl die Anhänger des Papstes als auch die des Königs, entstammten alle dem Klerus, der das kirchliche Bildungsmonopol wahrte. Zwischen 1073 und 1112 sind 100 Traktate und Pamphlete von 58 Verfassern überliefert. Bei einigen von ihnen lassen sich bereits in Ansätzen dialektische Methoden nachweisen.

Unter Dialektik verstanden die Zeitgenossen eine Disziplin, welche das Wahre vom Falschen durch Wort- und Satzanalysen zu unterscheiden vermochte. Diese Dialektik beruhte hauptsächlich auf der Verwendung der überkommenen logischen Schriften des Aristoteles, von denen man aber nur die von Boethius überlieferten Übersetzungen und Kommentare kannte. Den literarischen Niederschlag bildeten in dem Schulbetrieb die Glossen zu diesen Schriften, in welchen sich die Verschiedenheit der Auffassungen und der lebhafte Meinungsstreit der Scholastiker, der „Schulmänner", niederschlugen.

Die Ausgangspunkte dieses Schulbetriebes lagen in Nordfrankreich und der Normandie, Sitz der Lehrer und Scholaren waren Klöster und Kathedralen in Städten. Besonderer Berühmtheit erfreute sich das Kloster Bec, wo der Italiener Lanfranc und nach ihm sein gefeierter Schüler Anselm von Aosta, der spätere Erzbischof von Canterbury, lehrten. Zwar studierten auch deutsche Kleriker, wie etwa Manegold von Lautenbach, in Bec und Laon, aber in Deutschland selbst entwickelten sich im 11. und in der ersten Hälfte des 12. Jh. noch keine Schulen, in denen die Dialektik eine Heimstatt gefunden hätte. Die deutschen Bischöfe standen der neuen Methode kritisch gegenüber, die Klöster fürchteten eine Zersetzung des Dogmas durch eine logische Durchleuchtung der Offenbarung, und die Städte waren noch zu schwach, als daß sie der jungen Scholastik ein Asyl hätten bieten können. So finden wir im deutschen Reichsgebiet nur vereinzelt Persönlichkeiten, die die Vernunft zur Richterin über Wahres und Falsches erklärten und sich bemühten, durch logische Denkoperationen auch Klarheit über das Verhältnis von Staat und Kirche, Kaisertum und Papsttum zu gewinnen. Wolfhelm von Köln, Abt des Klosters Brauweiler, meinte, daß kaum ein Zwiespalt zwischen den Lehren der alten Philosophen und den kirchlichen Dogmen bestände.

Wenrich von Trier verfocht in einem 1081 im Auftrage Bischof Dietrichs von Verdun an den Papst gerichteten Brief die Auffassung, daß der Staat durch die Ordnung Gottes gesetzt sei und jede Auflehnung gegen ihn folglich eine Auflehnung gegen Gott darstelle. Daher müsse man vom Primat des Staates gegenüber der Kirche, des Kaisers gegenüber dem Papst ausgehen. In dem 1109 in Lüttich entstandenen Traktat „Über die Investitur" eines unbekannten Autors wurde der Papst scharf wegen seines Zentralismus angegriffen und das Legatensystem verurteilt. Beißenden Spott goß der Verfasser über den Nachfolger Petri, der allein glaube, fromm zu sein und über Bischöfe urteilen zu können. „Der Papst soll sich hüten, daß nicht, wenn er auf Erden bindet, Gott in den Himmeln löst, oder wenn er auf Erden löst, Gott in den Himmeln binde!" Im übrigen sei das Seelenheil durch die Laieninvestitur weit weniger gefährdet als durch die Neuerungen der Päpste, die unter der Christenheit nur Verwirrung anstifteten.[108]

Eine wichtige Rolle in der Polemik spielte die Lehre von den beiden Schwertern, dem geistlichen und dem weltlichen. Die Verteidiger des Königtums hielten der Kirche, die in den Krieg zog und sich auf Truppen stützte, die Evangelienworte entgegen, verwiesen auf Jesu Befehl, das Schwert wegzustecken, und forderten den Papst auf, sich mit dem geistlichen Schwert zu begnügen. Gottschalk, ein Mitglied der königlichen Kanzlei, rief aus: „Christus hat mit seinen Worten bei Lukas zwei Schwerter für ausreichend und angemessen erklärt, aber der Papst sucht das regnum seines Ranges zu entkleiden und ein einziges Schwert an die Stelle der beiden zu setzen."[109]

Die reifste publizistische Leistung der Anhänger Heinrichs IV. stellt das zwischen 1090 und 1093 entstandene „Buch über die Bewahrung der Einheit der Kirche" (Liber de unitate ecclesiae conservanda) eines Hersfelder Mönches dar. Leitmotiv der Schrift war die Einheit der Kirche in enger Verbindung mit dem Reich (imperium), welche durch die Übergriffe Gregors VII. gestört und zerstört sei. Die beiden Gewalten, „regnum" und „sacerdotium", sah er getrennt, gleichgeordnet und aufeinander angewiesen. Der Autor betonte die Priorität des von Gott eingesetzten Römischen Reiches, von dem sich Kirche und christlicher Staat herleiteten. Als Nachfolger Konstantins hätten die deutschen Kaiser eine Gewalt inne, die ihrem Ursprung nach niemals unter der Kirche stand. Im Gegensatz zur gregorianischen These vom sündhaften Ursprung des Staates hob der Mönch hervor, daß die weltliche Macht von Gott stamme und gut sei. Der Herrscher stelle ein Bild Gottes dar. Daraus folgt eine Tendenz zum Obrigkeitsstaat einerseits und zum passiven Untertanengehorsam andererseits, welche in dieser Schärfe zuvor weder von der königlichen Kanzlei noch von der Publizistik vertreten worden war.[110]

In dieser Hinsicht zeigt sich eine gewisse Verwandtschaft zu den Texten des sogenannten Normannischen Anonymus aus der Gegend von Rouen „Über die Weihe der Päpste und der Könige" (De consecratione pontificum et regum) und „Über den römischen Papst" (De romano pontifice). Sein Hauptstoß richtete sich gegen die gregorianische Kirchenauffassung, die er eine satanische Universalisierung nannte. Er protestierte gegen die Idee einer päpstlichen Monarchie, gegen ein Universalreich mit päpstlicher Spitze. Dem stellte er das Bild eines Gott-Königs entgegen. Die Salbung habe den König vergöttlicht. Er verkörpere unter den Menschen Gott-Vater. Deshalb wirke er nicht als Mensch, sondern als Gott. Der Priester symbolisiere nur die menschliche Natur Christi, stehe deshalb unter dem König, der über ihn gebieten dürfe.[111]

Nach neuen Forschungen verfolgten die einzelnen Texte unterschiedliche Zwecke. Einige müssen wahrscheinlich als Denkschriften gewertet werden, in welchen sich der damalige Erzbischof von Rouen mit Argumenten für seinen tagespolitischen Kampf ausrüsten wollte. Andere wieder könnten als Erprobung der dialektischen Methode an theologischen und kanonistischen Problemen gedient haben. Eine Breitenwirkung wäre nicht beabsichtigt gewesen, und die absurd und rigoristisch klingenden Formulierungen hätte man als Modeerscheinung in der Frühscholastik zu werten.[112]

Unbestritten ist die fehlende Breitenwirkung, die auch für den Hersfelder „Liber" zutrifft. Aber das mindert nicht die Bedeutung der Schriften. Der Anonymus reflektierte die neue normannische Staatsform in England, der Normandie und Süditalien, die eine straffe Konzentrierung aller Gewalt in der Hand des Königs oder Herzogs, die Intensivierung der Verwaltung und den festen Einbau der Kirche in den Staat charakterisierte. Die Thesen des Anonymus fanden keine Nachfolger, da ihre Argumente von der Sicht der Heilstypik des sakralen Königtums lebten, also einer frühmittelalterlichen Tradition verhaftet blieben, so sehr sie gleichzeitig einer neuen Staatsauffassung das Wort redeten.

Als Antipode der genannten Theorien kann Manegold, der Propst des elsässischen Stiftes Lautenbach, gelten. Bevor er in das Augustiner Chorherrenstift eintrat, hatte er in Frankreich Dialektik studiert und sich selbst als gefeierter Wanderlehrer in Deutschland betätigt. Nach seinem Eintritt in den Orden bekämpfte er jedoch die weltlichen Wissenschaften. In einem Buch gegen Wolfhelm von Brauweiler nannte er das weltliche Studium nicht nur überflüssig, sondern gefährlich. Weder Philosophen noch Dichter führten ihre Schüler zu Gott, sondern nur zum Götzendienst. Er verdammte die heidnischen Philosophen, deren Wissen der Schule des Satans entstamme. Er fürchtete den „Rückfall" in eine Profankultur, die sich nur auf die Autorität der Vernunft verließ, sich an der heidnischen Physik des platonischen Dialogs „Timaios" begeisterte und einer rein rationalen Erklärung des Ursprungs der Welt und des Menschen nachging.

Wer die Naturgeheimnisse ergründen und alles auf menschlich erkennbare Gesetze zurückführen wollte, war in seinen Augen ein Ketzer, denn er entferne sich damit immer mehr von der Betrachtung des höchsten Gutes, nämlich Gottes. Im Gegensatz zu Wolfhelm behauptete er, daß es keine Wissenschaft von der Natur gebe, da ihr die Autonomie fehle.

In einer Streitschrift gegen Wenrich von Trier, dem „Buch an Gebhard" (Liber ad Gebehardum), nämlich an Erzbischof Gebhard von Salzburg, den Vorkämpfer der päpstlichen Sache in Deutschland, entwickelte

Manegold von Lautenbach eine Lehre, die als Gipfel der Herrscherkritik im Mittelalter betrachtet werden darf. Er postulierte, daß das Volk seinen Herrn wie einen unfähigen Sauhirten verjagen könne, wenn er die Interessen seiner Untertanen nicht mehr wahrnehme.[113] Volk und König hätten einen Vertrag geschlossen, nach dem sich der Herrscher verpflichtete, das Recht des Volkes zu wahren und in seinem Sinne zu regieren. Entwickle sich der König zum Tyrannen, dann habe er den Vertrag gebrochen und das Volk sei nicht mehr an den Pakt gebunden. Ein Gebannter, gleich ob Bauer oder König, sei vogelfrei und könne nicht mehr als Mensch gelten. Feinde der Kirche und des Papstes müsse man töten wie räudige Hunde. Eine solche Tat sei kein Mord, sondern Gottesdienst. Diese Theorie, welche die bürgerliche Forschung in der Regel als Lehre von der Volkssouveränität interpretiert,[114] vertrat einen Volksbegriff, der sich nicht auf Bauern und Bürger, sondern vor allem auf die Fürsten bezog. Er diente damit der Fürstenopposition. Demnach geht keineswegs „ein auffällig demokratischer Zug durch die Gedanken Manegolds", sondern bei aller Kritik blieb das aristokratisch-monarchische Prinzip gewahrt.

Insgesamt reflektierte die Streitschriftenliteratur die allmähliche Ablösung alter Denkkategorien, die Staat und Kirche, Weltliches und Geistliches, Natur und Übernatur in magisch-symbolischer Weise verschmolzen. Das Bemühen wurde sichtbar, Religiöses und Profanes – „spiritualia" und „saecularia" – zu scheiden. Extreme Standpunkte, wie sie die radikalen Gregorianer oder der Normannische Anonymus vertraten, alle Macht und alle Weihe einem Pol zuzuordnen, scheiterten an den Realitäten. Der König büßte seine sakrale Würde, sein Herrscher-Priestertum, ein und wurde auf die Sphäre irdischer Wirksamkeit verwiesen. Diese Gedankengänge ermöglichten in einer ferneren Zukunft die Konzipierung eines rein weltlichen Staatsbegriffes aus naturrechtlicher Wurzel. Der Emanzipation des Papsttums aus der staatlichen lief gewissermaßen eine Befreiung des Staates aus der kirchlichen Bevormundung parallel. Dessen ungeachtet verzichtete aber das Königtum keineswegs auf sakrale Würde, gab sein Gottesgnadentum nicht auf, sondern legte sich nach dem Investiturstreit einen neuen religiösen Nimbus zu, wie etwa die französischen Monarchen.

Insgesamt diente diese Entwicklung der herrschenden Klasse zum Ausbau ihrer ideologischen, politischen und militärischen Vormachtstellung in der Gesellschaft, der ideologischen Anpassung an die sich differenzierenden Klassenverhältnisse. Das ideologische Ringen innerhalb der Herrschenden um Machtanteile und Machtverteilung blieb jedoch nicht auf ihre Fraktionen beschränkt, sondern es drang auch in das Volk, obwohl die Streitschriften lateinisch abgefaßt waren.

Kleriker und schriftkundige Laien machten Kaufleute, Handwerker, Bauern und Frauen mit ihrem Inhalt vertraut, so daß ihre Breitenwirkung derjenigen von Predigten in der Volkssprache nicht nachstand. Manegold von Lautenbach empörte sich, daß die Schrift Wenrichs von Trier als Flugblatt von Hand zu Hand wanderte, auf Straßen und in Häusern gelesen und diskutiert und wie ein Stück der Bibel verehrt wurde.

Besonders empfindlich reagierte die Geistlichkeit auf öffentliche Dispute über die Wirksamkeit von Sakramenten, die simonistische und verheiratete Priester spendeten. Die kirchliche Autorität geriet dadurch ins Wanken, und die Priesterfeindschaft unter dem Volke nahm zu. Sigebert von Gembloux, ein entschiedener Gegner Gregors VII., warnte die Kirche vor den gefährlichen Folgen des Appells an die Massen. In seinem Traktat „Verteidigung gegen jene, welche zu Unrecht die Messen verheirateter Priester schmähen" erzählt er, wie das Volk froh sei, „... nun endlich die Gelegenheit zu erhalten, an den Priestern sein Mütchen zu kühlen...", und seine Grausamkeiten noch mit der „Pflicht des Gehorsams" decke. „Die Priester sind der Verhöhnung auf offener Straße ausgesetzt; wo sie sich zeigen, empfängt sie wüstes Geschrei, man zeigt mit Fingern auf sie, man greift sie tätlich an. Manche sind um Hab und Gut gekommen und haben, weil sie dort nicht als Bettler bleiben wollten, wo sie bisher die Honoratioren gewesen, der bisherigen Heimat den Rücken gekehrt. Andere sind verstümmelt worden und alle Welt weiß, wie ihre superklugen Lehrmeister sie wegen ihres Fehltritts zurechtgewiesen haben. Wieder andere hat man in langen Martern hingeschlachtet..."[115]

Im Jahre 1075 verbrannten Bauern auf ihren Feldern den Kirchenzehnt, um ihn nicht in die Hände der Priester gelangen zu lassen. Die von den Reformern als Simonisten gebrandmarkten Geistlichen mußten sich die Verhöhnung der heiligen Handlungen gefallen lassen. Hostien, welche verheiratete Pfarrer geweiht hatten, traten die Gläubigen mit Füßen. Sie verschütteten absichtlich den Abendmahlswein, verschmähten die Beichte, wiesen die letzte Ölung und kirchliche Begräbnisse zurück.[116] Manche meinten, die Sakramente selbst verwalten zu können. Sie tauften deshalb ihre Kinder. In Kirchensprengeln, in denen sich kaiserliche und päpstliche Bischöfe bekriegten oder in welchen es zu Zehntstreitigkeiten zwischen Bischöfen und Klöstern kam, wie in Osnabrück, hörte oft das religiöse Leben auf, es gab keine Taufen mehr, keine Sakramentsspendung, keine Messen. Noch schien es, als befolgten die Laien nur die Aufrufe des Papstes, aber sehr bald überschritten sie mit ihren Handlungen den vorgezeichneten Rahmen der Kirchenreform und beunruhigten die herrschende Klasse durch ihre unkontrollierbaren Aktivitäten.

Die Geschichtsschreibung

Wie die Streitschriftenliteratur stand auch die Geschichtsschreibung, die den Fraktionen der herrschenden Klasse diente, im Banne der großen Auseinandersetzungen zwischen König und Fürsten, zwischen Reichsgewalt und römischer Kirche.

Chronisten, Annalisten und Verfasser von Heiligenleben ergriffen in dem Kampf Partei. Sie verschärften den Ton ihrer Argumentation, der sich gelegentlich in der Diffamierung der Gegenseite zu wahren Haßtiraden steigern konnte. Neu war, daß sie psychologisierende Methoden anwandten, um Verhaltensweisen bei Freund und Feind zu erklären, wie zum Beispiel der Sachse Bruno von Magdeburg in seinem „Buch vom Sachsenkrieg".

Für ihn befand sich der König von vornherein im Unrecht. Seine Kirchenpolitik und die Förderung der Ministerialen galten ihm als Beweis für seine moralische Minderwertigkeit. Da er alle religiösen und juristischen Normen mißachtete, scheiterte er folgerichtig mit seinen ausgeklügelten Plänen. Demgegenüber erschienen die sächsischen Fürsten und ihre Verbündeten immer als gerecht, treu und großmütig — solange sie gegen Heinrich kämpften! Diesem Schema gliederte Bruno auch die Gestalt Gregors VII. ein. Solange er die Fürstenpartei förderte, galt er ihm als „Haupt der Christenheit", als er aber den Gegenkönig Rudolf nicht sofort akzeptierte, verletzte er seine Amtswürde. Brunos Horizont reichte eben nicht über den Schauplatz des Kampfes der Sachsen mit Heinrich IV. hinaus. Jedes Reichsbewußtsein war ihm fremd. Sprach er vom deutschen Reich, dann nur im Sinne Gregors VII.

Kaum anders verfuhr der anonyme Verfasser des „Liedes über den Sachsenkrieg" (Carmen de bello saxonico), der für den König eintrat. Ihm galten die Sachsen als untreue Aufrührer, die sich eidbrüchig gegen ihren Herrn erhoben. Die Konflikte seines Helden mit der Kurie überging er und erhöhte seine Person in einer Weise, wie sie sonst nur in den Lebensbeschreibungen von Heiligen üblich war.

In diese Linie reihte sich auch der schwäbische Mönch Berthold von Reichenau mit seinen bis 1080 reichenden „Annalen" ein, in welchen er eine Charakterisierung Heinrichs und Gregors unternahm. Er brachte es jedoch nur zu einer Schwarz-Weiß-Malerei zugunsten des Papstes.

Noch einseitiger als Berthold berichtete sein Landsmann Bernold von St. Blasien, der in seiner bis 1100 reichenden „Chronik" Schwaben, das Papsttum und die Kirchenreform glorifizierte. Immerhin sah er sich zu dem Eingeständnis gezwungen, daß die Wirkung der päpstlichen Maßnahmen nach 1080 verebbte und viele Anhänger der Reformer das Lager wechselten. Deutlich trat bei ihm, wie bei den meisten seiner schreibenden Zeitgenossen, ein wachsendes Selbstbewußtsein hervor. Ungerechte Kritiker griff er an, gegenüber der eigenen Leistung besaß er entwaffnende Selbstsicherheit und absolutes Vertrauen. Vereinzelt verherrlichte er weltliche Große, deren Taten ähnlich denen kirchlicher Heiliger allen Laien zur Nachahmung empfohlen wurden.

Die reifste historiographische Leistung war das „Leben Kaiser Heinrichs IV." (Vita Heinrici IV. imperatoris) eines unbekannten Autors, der seinem Gönner damit kurz nach dessen Tod ein liebevolles Denkmal setzte. Trotz seines Strebens, den gebannten Kaiser zu preisen, bemühte er sich doch auch um das Verstehen seiner Feinde. Wo er konnte, suchte er nach Motiven und Entschuldigungen für ihre Handlungen. In der Beurteilung Gregors VII. verbarg er seine Kritik und Abneigung hinter glättenden Formulierungen. Bei der Erwähnung des Wormser Reichstages 1076 enthielt er sich einer Stellungnahme, ja er streute sogar Warnungen ein und wies auf die Gefahren hin, die Vergeltung zum Verbrechen werden ließen, führte aber andererseits recht breit alle persönlichen Vorwürfe gegen den Papst an. Stand er Charakter und Politik Heinrichs nicht unkritisch gegenüber, so sprach doch aus jeder Kritik zugleich Zuneigung und Verständnis. Er schilderte seinen Lesern den Herrscher als tragische Größe, an der sie sich aufrichten sollten, um wie er unbeugsam und ungebrochen durch Schicksalsschläge für eine gerechte Sache bis zum bitteren Ende zu kämpfen.

Die inhaltsreichste Darstellung der Regierungszeit Heinrichs IV. bot Lampert von Hersfeld mit seinen „Annalen". Er war ein typischer Vertreter des alten Reichsmönchtums. Seinen Vorstellungen von der Ordnung des Reiches entsprach die Innenpolitik des Königs nicht, da er in den Fürsten die eigentlichen Reichsträger sah. Zugleich verwarf er die klösterlichen Neuerungen, welche die Cluniazenser in Deutschland einführen wollten. Er fürchtete die Auflösung der alten Bande und lehnte konsequent alles Neue ab, ganz gleich von welcher Seite es kam.

Seine „Annalen" dienten dem Zweck, die Anfänge der unheilvollen Entwicklung bloßzulegen, damit Priester und Laien, Mönche und Fürsten vom verhängnisvollen Wege umkehrten. Zugleich faßte er den Begriff des „regnum Teutonicorum", des Reiches der Deutschen, in seinem politischen Gehalt, in dem Bewußtsein, zum Volke der Deutschen zu gehören, eines Volkes, das über den Stämmen stand und eine Einheit bildete. Objektiv unterstützte er die Fürstenopposition, die sich 1076 als Sachwalter eines Reiches der Deutschen repräsentierte, das dem königlichen Imperium, der übergreifenden Reichsvorstellung Heinrichs, entgegengesetzt war.

Männer wie der Kleriker Adam von Bremen, der eine

Geschichte der Hamburger Kirche schrieb, die er seinem Gönner Erzbischof Adalbert widmete, benutzten nicht nur kritisch zahlreiche Annalen, Chroniken und Legenden ihrer Vorgänger, sondern interessierten sich auch für die Geographie fremder Länder. So hinterließ Adam als erster deutscher Autor eine Beschreibung Skandinaviens, die eine seltsame Mischung realer, zuverlässiger Berichte und Fabeln antiker Geographen sowie mittelalterlicher Schiffermärchen darstellt. Charakteristisch für ihn und andere Historiographen war der Zug zur Territorialgeschichte unter bewußter Vernachlässigung der Reichsgeschichte, die an die Peripherie der Darstellungen rückte. Darin spiegeln sich der Aufstieg adliger Lokalgewalten und die schrittweise Zurückdrängung des Königtums recht einprägsam wider.

Die Hirsauer Laienbewegung von 1080 bis 1096

Im Unterschied zu Italien konzentrierten sich volkstümliche Laienbewegungen im Gefolge der Kirchenreform in Süd- und Südwestdeutschland nicht in Städten, sondern auf dem Lande und suchten Anschluß an die von Cluny geprägten Klöster. Die wichtigste Rolle fiel dabei dem Schwarzwaldkloster Hirsau und den von ihm ausgehenden Reformklöstern zu. Es war kein Zufall, daß die Cluniazenser gerade im letzten Viertel des 11. Jh. in Südwestdeutschland Fuß faßten und eine beachtliche Breitenwirkung erzielten. Die politische Lage wies durchaus Ähnlichkeiten mit der feudalen Anarchie im französischen Herzogtum Burgund zu Anfang des 10. Jh. auf. Hier hatte es kein weltliches Machtorgan gegeben, das Schutz und Friedenswahrung garantierte. Für die Klöster wurde es auch in Deutschland zu einer Lebensfrage, ihre Beziehungen zu den örtlichen Feudalherren möglichst bis in alle Einzelheiten zu regeln und sich gleichzeitig des päpstlichen Schutzes zu versichern. Lehnten sich die von Gorze aus erfaßten und reformierten Klöster an den König und die Bischöfe an, die sie vor Übergriffen ihrer Vögte sicherten, so suchten und fanden die Hirsauer Klöster Rückhalt beim einheimischen Adel.

Graf Adalbert von Calw stellte 1059 die verfallene Abtei Hirsau wieder her, um sie zusammen mit seiner Stammburg für Verwaltungsaufgaben seiner Bann-

Erhalten gebliebener Turm der Klosterkirche von Hirsau (Ende 11. Jh.)

Abt Wilhelm von Hirsau. Miniatur im Traditionskodex des Klosters Reichenbach (Mitte 12. Jh.)

herrschaft zu benutzen. Er betrachtete Hirsau als Eigenkloster. Da die restaurierte Stiftung nicht recht gedieh, berief der Graf 1069 aus dem Regensburger Kloster St. Emmeram Wilhelm als Abt nach Hirsau.

Wilhelm war ein konsequenter Verfechter der monastischen Libertas-Forderungen, die auf eine weitgehende Unabhängigkeit der Klöster von weltlichen und bischöflichen Gewalten abzielten. Zugleich hielt er sich an die strengen cluniazensischen Gewohnheiten, die er nach seiner Abtwahl 1071 einführte und 1081 nach Konsultierung des päpstlichen Legaten Bernhard von St. Viktor in Marseille schriftlich niederlegte. 1075 erlangte er durch Intervention Heinrichs IV. die Freigabe des Klosters durch Adalbert. Fortan sollte Hirsau nur noch dem Abt unterstehen, der von den Mönchen frei gewählt werden durfte, genau so wie der Vogt, der vom König den Bann einholen mußte. Gleichzeitig erwarb die Abtei die „römische Freiheit" (libertas Romana), das heißt, sie unterstellte sich direkt dem Papst.[117]

Aus welchen Gründen stimmte der süddeutsche Dynastenadel einer so weitgehenden Befreiung seiner ehemaligen Eigenklöster zu? Auf der einen Seite vermochte er im Zuge der Kirchenreform die Eigenklosterrechte nicht mehr zu behaupten, auf der anderen Seite lag ihm nichts an einer Stabilisierung der Reichskirche. Deshalb akzeptierte er die „libertas Romana", die ihn seiner vogteilichen Ansprüche nicht beraubte, denn trotz aller Freiheitsprivilegien waren die Klöster gezwungen, sich ihre Stifter zu Vögten zu bestellen, wollten sie nicht in den Wirren der feudalen Machtkämpfe untergehen. Letztlich profitierten die süddeutschen großen Adelsgeschlechter, die Dynasten, von dem Reformwerk der Hirsauer. Der Personenkreis, von dem Konvente wie Alpirsbach, Blaubeuren, Hirsau, Schaffhausen, St. Blasien, St. Georgen oder Weingarten materiell und personell abhängig waren, setzte sich zu einem Großteil aus den vielen kleinen Adligen zusammen, die nur an wenigen Orten Allode und Lehen besaßen. Oft standen sie in Verwandtschaftsbeziehungen zur Gründerfamilie. Ihre Schenkungen machten etwa ein Drittel des klösterlichen Grundbesitzes aus. In der Regel übergaben sie bei ihrem Eintritt als Mönche ihr Land den Klöstern. Um sie gruppierten sich als Wohltäter der Abtei ihre Verwandten. Auf diese Weise bildeten sich regelrechte Schenkerfamilien des lokalen Adels heraus. Nicht selten standen die kleinen Feudalherren unter dem Druck begüterterer Klassengenossen, die sich ihre Allode einzuverleiben trachteten. Unter solchen Umständen vermachten sie ihre Anteile lieber einer geistlichen Korporation, in dem Bewußtsein, für ihr Seelenheil ein gutes Werk zu vollbringen und sich einen materiell gesicherten Lebensunterhalt zu verschaffen.[118]

Im übrigen erwiesen sich für den kleinen Adel auch bald die militärischen Ausrüstungen als zu teuer, so daß sie mit der Waffenentwicklung kaum Schritt halten konnten. In Mittelfrankreich mußte man im 11. Jh. für ein Reitpferd 25 bis 50 Sous aufwenden, während man einen Ochsen für 10 Sous erhielt. Ein Panzer kostete im Durchschnitt 100 Sous, was dem Wert eines mittleren Bauernhofes entsprach. Ein Feudalherr benötigte mindestens 150 ha Land, um den Bedürfnissen eines Ritters genügen zu können.[119]

Dem schwäbischen Hochadel dienten die Reformklöster aber auch als Instrument seiner antiköniglichen Politik, wie das Rudolf von Rheinfelden vor seiner Königszeit praktizierte. Seiner „politischen Religiosität" kam auch das von Hirsau geschaffene Institut der Laienbrüder entgegen. Es handelte sich bei ihnen nicht um Mönche, die ein volles Gelübde ablegten, sondern um eine fest an das Kloster gebundene Arbeitsschar, die besitzlos einer strengen Disziplin unterworfen war. Der schwäbische Chronist Bernold von St. Blasien, ein kompromißloser Anhänger Gregors VII., berichtet übertreibend: „In diesen Klöstern werden daher nicht einmal die äußeren Dienste durch Weltliche, sondern durch fromme Brüder ausgeführt, und je edler sie in der Welt waren, um so mehr verlangen sie mit verächtlichen Diensten beschäftigt zu werden, so daß sie, die einst Grafen und Markgrafen in der Welt waren, jetzt in der Küche oder der Backstube den Brüdern dienen, oder auf der Weide ihre Schweine hüten..."[120] Einige katholische Kirchenhistoriker nehmen die Erzählung für bare Münze und wollen damit beweisen, daß das Motiv der freiwilligen Sklavenarbeit im Dienste Christi den stolzen Adel zu Küchengehilfen und Sauhirten machte.[121]

Abgesehen davon, daß Bernold nicht einen einzigen Grafen oder gar Markgrafen mit Namen nennt, muß das Bemühen der Gregorianer in Betracht gezogen werden, die weltliche Demut großer Herren zu preisen, die sie im Dienste der Reformer beweisen wollten. In Wahrheit reihten sich in die Schar der „Bartbrüder" kleine, verarmte Adlige ein, deren Lebensstandard in der „Welt" sich nicht wesentlich von dem eines Hufenbauern unterschied. Innerhalb solcher Familien von Edelfreien bestand Gütergemeinschaft. Das geringe ökonomische Substrat erlaubte in der Regel nur ein oder zwei Söhnen die Heirat. Die anderen Mitglieder mußten entweder ins Kloster eintreten, sich neue Lehen suchen oder auf „Abenteuer" gehen, das heißt im Gefolge von Fürsten Kriegsdienste leisten. Gerade von dieser Seite her boten die Hirsauer Konvente den nichterbenden Rittersöhnen Auskommen und bald auch standesgemäße Beschäftigung.[122]

Ein anderer schwäbischer Chronist, Berthold von Zwiefalten, bemerkt, daß sich freie Bauern den Laienbrüdern zugesellten.[123] Abt Wilhelm wies niemanden, der sich seiner Gemeinschaft anschließen wollte, wegen

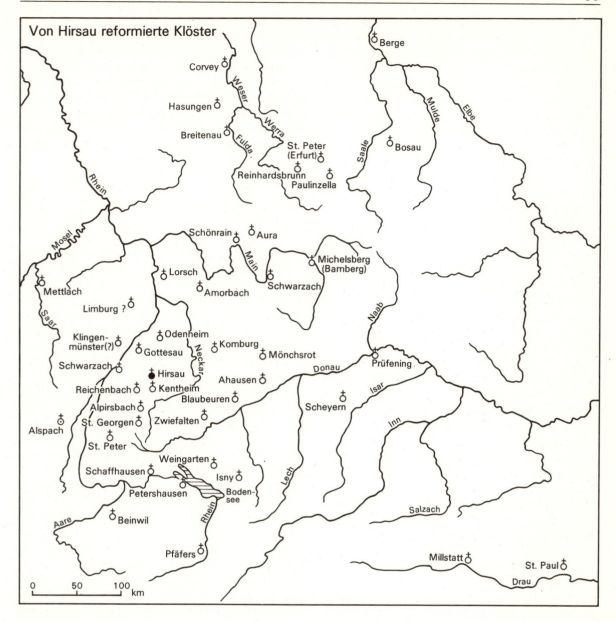

seiner Armut oder seines niederen Standes zurück. Er lehnte das Adelskloster ab, und Udalrich von Cluny, der Hirsau die cluniazensischen Gewohnheiten übermittelte, betont ausdrücklich, daß nach dem Willen Wilhelms die Abtei nicht zu einer Versorgungsanstalt für die „lahmen, verstümmelten, schwerhörigen, blinden, buckeligen, aussätzigen oder sonst mit einem Übel behafteten Adelssprößlinge" werden sollte. „Jetzt müssen sich die vornehmen Leute ein anderes Nest für ihre Mißgeburten und Enterbten suchen..." frohlockte Udalrich.[124]

Was allerdings die Stifterfamilien angeht, so standen ihnen ihre Klöster weit offen. Nach der Hirsauer Überlieferung verbrachten ihre Angehörigen in ihnen ihren Lebensabend, wurden Mönche oder Äbte. Für ihre Auffassung vom Klosterleben kann eine Äußerung burgundischer Brüder aus Molesme gegenüber ihrem Abt Robert um das Jahr 1090 als repräsentativ gelten: „Durch fürstliche Verfügung und lange Gewohnheit hat sich in Gallien (Frankreich) die Ordnung eingebürgert, daß die Bauern, wie es sich gehört, ihre ländliche Arbeit und die unfreien Knechte den niederen Knechtdienst verrichten. Die Mönche aber sollen die Geheimnisse des göttlichen Gesetzes erforschen, schweigen, meditieren und bei Tag und Nacht das Gottlob singen... Ferne sei, daß die Bauern vor Müßiggang erschlaffen und aus lauter Sattheit sich frech gebärden, sich rohem Gelächter und losem Spiel hingeben, da doch ihr natürliches Los unablässige Arbeit ist."[125]

Was die Aufgabe der Laienbrüder in den Hirsauer

Zellen betrifft, so bestand sie keineswegs allein in der Verrichtung aller anfallenden Arbeiten, um die Vollmönche für Gebete und päpstliche Propaganda freizustellen, sondern vor allem in der Ablösung der Ministerialen, um auf diese Weise den negativen Auswirkungen des Lehnswesens zu entgehen. Der Chronist Berthold schrieb dazu: „... die ritterlichen Dienstmannen tragen die Hauptschuld am Niedergang der Klöster und an der Störung des Friedens der Mönche. Die Hauptursache von Mangel und Armut sind diese Dienstmannen ... Obendrein teilen sie Güter des Klosters unter sich, andere zerstören sie in Händeln und Kämpfen mit Feuer und Schwert."[126]

Die Reformklöster emanzipierten sich von Ministerialen, die bisher die Meierämter ihrer Grundherrschaften innehatten und die Fronhöfe verwalteten. An ihre Stelle traten Laienbrüder adliger Herkunft. Sie sollten die Einkünfte aus den Zinsländereien verlustlos der klösterlichen Kasse zuführen, denn die gegen Geld abgesetzten Produkte des Getreidebaus und der Viehwirtschaft vermochten den Klöstern weit mehr Sicherheit zu bieten als der frömmste Vogt. „Durch Gold und Silber", bekannte Berthold, „haben wir uns bisher mit Gottes Hilfe immer am erfolgreichsten gegen unsere Feinde geschützt. Denn unser Vogt hat sich nur, wenn es sein eigener Vorteil war, unseren Bedrängern entgegengestellt. Alle suchen sie nur ihren Nutzen. Das Geld ist immer unser bester Vogt gewesen, unser König und Herr, durch das wir uns dem Zugriff der Rasenden haben entziehen, den Feinden Widerstand leisten und die Ungestümen fesseln können."[127]

Diese Ablehnung oder zumindest Beschränkung der Vogtei lag ganz im Sinne der Bauern. Die Reformklöster bewahrten sie vor den negativen Auswirkungen der Kämpfe um Vogteien und allen Streitigkeiten mit unbotmäßigen Ministerialen und Meiern. Mit der neuen Vogteipolitik schützten die Reformklöster die Bauern vor dem Zugriff des kleinen Adels und der hohen Herren, die eifrig auf die Erweiterung ihrer Macht und ihrer Rechte bedacht blieben und die Klosterhörigen für ihre Zwecke heranzuziehen suchten.

Die Höhe der Abgaben und das Ausmaß von Fronen dürfte kaum geringer geworden sein, aber die Meier und ihre Helfer eigneten sich jetzt keinen Sonderanteil aus der Grundrente mehr an, hatten keine Familie und konnten ihre Ämter nicht vererben. Die Laienbrüder als klösterliche Funktionäre strebten nicht nach Vermehrung und Erweiterung von Rechten. Zweifellos stand dem neuen Verwaltungssystem der Hirsauer Klöster die cluniazensische Prioratsverfassung Pate, die gleichfalls der Ausschaltung weltlicher Meier diente.

Auch ergriffen die Klöster aus wohlverstandenem Eigeninteresse für die Bauern gegen die Vögte Partei, um sie vor deren Ausbeutung zu schützen. Das trug ihnen die Sympathie der ländlichen Produzenten ein. Hinzu kam, daß die Hirsauer als Verfechter gregorianischer Maximen entschiedene Gegner der Simonie und der Priesterehe waren. Der simonistische Priester fühlte sich in jedem Falle seiner Herrschaft, der er die Pfründe verdankte, verpflichtet. Besaß er Familie, dann bemühte er sich um Erhöhung seiner Einkünfte und die Vererbung seines Amtes. Beides ging zu Lasten der Bauern. Sie folgten deshalb nur zu gern den Aufrufen zur Meidung derartiger Seelenhirten.

Im Unterschied zu den Cluniazensern sandten die Hirsauer Äbte ihre Mönche als Prediger aufs Land. Das war für viele Zeitgenossen, vor allem die aristokratischen Mönche in den alten Reichsabteien, eine skandalöse Neuerung, denn die „stabilitas loci", die Ortsbeständigkeit, gehörte seit der Regel des lateinischen Mönchsvaters Benedikt von Nursia zur Pflicht der Brüder. Die Hirsauer setzten sich darüber hinweg und predigten in Dörfern und Weilern gegen ehrvergessene, ungehorsame Priester und riefen die Gläubigen auf, ihre Messen nicht zu besuchen, da sie ihrer Priesterweihe nicht mehr würdig seien, und forderten ihre Zuhörer zur Umkehr, zu einem Leben nach der Bibel in Demut und Askese auf.

Dem Chronisten Bernold zufolge erzielten sie damit gewaltige Erfolge: „In diesen Zeiten blühte im Reich der Deutschen in vielen Orten das gemeinsame Leben, nicht nur daß Kleriker und Mönche in tiefster Frömmigkeit beisammen blieben, sondern auch Laien, die sich und das Ihre zu dem gleichen gemeinsamen Leben demütig anboten, und obwohl sie durch ihre Kleidung weder als Kleriker noch als Mönche schienen, ihnen trotzdem ... an Verdiensten nicht ungleich waren ... Denn sie entsagten der Welt, sie brachten sich und das Ihre demütig zu der Vereinigung der Kleriker und Mönche, die regeltreu lebten, um unter ihrem Gehorsam gemeinsam zu leben ... Aber nicht nur eine unzählbare Menge Männer, sondern auch Frauen vereinigten sich in diesen Zeiten, auf diese Art zu leben, indem sie unter geistlichem oder mönchischem Gehorsam gemeinsam lebten ... In jenen Dörfern strebten auch unzählbare Bauerntöchter sich der Ehe und der Welt zu enthalten und in Gehorsam einem Priester zu unterwerfen. Und selbst die Verheirateten ließen nicht weniger davon ab, geistlich zu leben und mit höchster Demut den Religiosen zu gehorchen. Ein solcher Eifer blühte aber am mächtigsten überall in Schwaben, wo auch viele Dörfer sich freiwillig dem geistlichen Leben ergaben ..."[128]

In dieser Ende 1079 einsetzenden Bewegung spielte das Ideal der Urkirche, des „wahren Jerusalems", eine Rolle. Die Prediger glaubten, durch Sittenstrenge, gegenseitige Liebe, asketische Lebensführung und Besitzgleichheit unter ihrer Leitung die „Welt" zu reformieren. Dahinter verbargen sich konkrete soziale und ökonomische Motive. Die wilden Feudalfehden im

Ruine des nach Hirsauer Vorbild eingerichteten Klosters Paulinzella

Süpplein aus Getreide bereiten konnten oder ihnen jemand aus Mitleid ein paar Hülsenfrüchte gab, dann erachteten sie das für einen besonderen Leckerbissen!"[130]

Auch so große Abteien wie Siegburg bei Köln verfügten für ihre Insassen nur über begrenzte Lebensmittelmengen, da immer mehr Menschen die Kutte nahmen. 120 Brüder mußten 1121 mit etwa 1750 Scheffel Getreide jährlich auskommen, davon noch den Armen Almosen geben, Handwerker und Diener verköstigen. So blieb ihnen selbst nur eine schmale, eintönige Kost mit wenig Fleisch und Dünnbier übrig, und Besucher aus Frankreich erwähnten ausdrücklich das bleiche und abgehärmte Aussehen der deutschen Mitbrüder.

Weit elender erging es unter solchen Umständen den wirklich Armen. Halbverhungerte Bettler, die kaum noch ein paar Lumpen auf dem Leibe trugen, warteten nächtelang vor den Klosterpforten bis zum Morgen auf die Verteilung kärglicher Brosamen. Erstarrt von der Kälte der Nacht, streckten sie ihre abgezehrten Arme dem Kellerer flehentlich entgegen. Hunger, Krieg und Gewalt hatten viele Bauern ruiniert und zu Almosenempfängern degradiert. Oft übergaben von Hunger und Armut bedrohte Menschen ihre Allode Klöstern oder Kirchen gegen eine bescheidene Leibrente, wie etwa in der Diözese Paderborn. Je nach dem Bodenwert waren die Lebensmittelrationen abgestuft. Die Mahlzeiten bestanden zumeist nur aus Brot und Käse sowie wöchentlich einem Stück Schweinefleisch. Knechte und Mägde auf Fronhöfen galten in Notzeiten als beneidenswerte Menschen, da sie von ihren Herren ernährt wurden.

In Schwaben suchten die vom Elend bedrohten Bauern als Ausweg Niederlassungen um Klöster, wo sie genossenschaftlich unter deren Schutz den Boden bestellen konnten. Sie profitierten dann von den Privilegien der Hirsauer und hofften auf die gnadenreiche Wirkung ihrer Gebete, die ihnen ihr Seelenheil sichern sollten. Der Zustrom von Frauen, besonders unverheirateter Bauerntöchter, war Folge ihrer Armut, da sie ohne Mitgift keine Aussicht auf eine Ehe hatten. Wieweit eine relative Überbevölkerung den weiblichen Zustrom mit verursachte, läßt sich aus den Quellen nicht erschließen.

In Hirsau bildeten die Bauerntöchter unter Leitung eines Klostergeistlichen selbständige Frauengemeinschaften, die sich dem Keuschheitsideal verpflichteten. Dagegen blieben die Ehegatten ungetrennt, wie sich überhaupt am Lebensrhythmus der Laien kaum etwas geändert haben dürfte.[131] Unter klösterlicher Aufsicht arbeiteten sie in Genossenschaften mit gemeinsamen Produktionsmitteln, konfrontierten jedoch ihre Gleichheitsvorstellungen nach dem Vorbild der Urkirche nicht mit der reichen Kirche ihrer Zeit, sondern meinten in

Gefolge des Investiturstreites, verbunden mit Mord, Raub, Brand und Hunger, hatten vor allem Schwaben schwer in Mitleidenschaft gezogen. Bald fehlte es nicht nur an Saatgut, sondern auch an Zugvieh. Berthold beobachtete, daß sich „... beim Fehlen von Zugvieh acht bis zehn Männer wie Ochsen vor die Pflüge spannten, um den Boden zu ackern, den Samen auszusäen und sich so den nötigen Lebensunterhalt für die Zukunft zu verschaffen".[129] Selbst die Mönche litten oft bitteren Mangel. In Zwiefalten mußten sie sich manchmal mehr als 40 Tage lang von vertrocknetem Gersten- oder Haferbrot ernähren. „Wenn sie sich gar ein fades

der von den Mönchen propagierten Reformkirche ihre Vorstellungen verwirklicht zu sehen. In diesem, und nur in diesem Sinne waren sie papsttreu und königsfeindlich, denn in der Reichskirche sahen sie die vom rechten Weg abgeirrte Institution, die mit ihren unwirksamen Sakramenten eine Gefahr für das Seelenheil der Gläubigen darstellte.

Daher approbierte 1091 Papst Urban II. mit gutem Gewissen diese Laiengenossenschaften und gab ihnen seinen Segen. Das Vertrauen in die Hirsauer stieg so, daß sie „... einen unbewaffnet durch dichtgedrängte Feinde gleichsam in wunderbarer Weise gewappnet geleiten konnten".[132]

Weder die Mönche noch die Laiengemeinschaften beteiligten sich direkt am Kampf gegen die salische Partei, aber mit ihren Predigten und ihren Lebensnormen erhöhten sie in Schwaben das Prestige Roms und schürten den Haß gegen den königstreuen Klerus. „Solche Verachtung erweisen sie den Leitern der Kirche (den Königstreuen), daß sie sich weigern, von ihnen den Segen anzunehmen, und was diese tun, anordnen und lehren, das mißachten sie. Und so bläht sich bei ihnen die Geringschätzung gegen die Weltgeistlichkeit, daß sie nicht ihre Messen hören wollen, keine geistliche Verrichtung von ihnen fordern und behaupten, daß sie des Heiligtums unwürdig seien."[133]

Unbewußt arbeiteten sie damit der gregorianischen Herrschafts- und Machtkirche in die Hände und ließen sich von deren Agitatoren in das Schlepptau nehmen. Dennoch demonstrierten sie mit ihren Zusammenschlüssen die wachsende Aktivität bäuerlicher Kreise während des Machtkampfes der herrschenden Klasse. Ihre „Weltflucht" hatte nichts mit einer Flucht aus dem sozialen Alltag, aus der Sphäre der Arbeit, der Familie und der Dorfgemeinde zu tun, sondern sie war ein Ausweichen aus Produktionsverhältnissen, die ihre Produktionstätigkeit hinderten und zu lähmen drohten. Ihr Unternehmungsgeist, geboren aus spontaner Opposition gegen die räuberischen und kriegerischen Eingriffe des Adels in die bäuerliche Lebensordnung, aber auch aus der Intensivierung der Agrikultur und zunehmenden sozialen Mobilität, versiegte selbst dann nicht, als nach 1091 die Bischöfe die Hirsauer Reformwelle in die ruhigen Bahnen ihrer Klosterpolitik lenkten. Diese Aktivität der Bauern setzte sich in der Binnenkolonisation des Schwarzwaldes sowie im Bauernkreuzzug fort.

Die Rodungsgemeinschaften nahmen andere Formen an als die sich auflösenden Hirsauer Büßergemeinden, aber sie unterschieden sich ihrem sozialen Wesen nach nicht grundsätzlich von ihnen. Die von den Reformklöstern organisierte Urbarmachung des Schwarzwaldes kam fast ausschließlich den Stifterfamilien zugute, die die Vogtei über den Klosterbesitz erhielten. Die Vogteien erwiesen sich, entgegen der ursprünglichen Absicht der Hirsauer, als ökonomisch außerordentlich günstige Faktoren für den Ausbau der Machtstellung ihrer Inhaber, zum Beispiel der Zähringer.

In den Rodungsgemeinschaften selbst wirkte ein reges Gemeindeleben fort, das sich in Gründungen beziehungsweise Ausstattungen von Pfarrkirchen durch bäuerliche Initiative zeigte. Blieb den Bauern auch eine Mitwirkung an der Auswahl der Seelsorger verwehrt, so durchbrachen sie doch die Schranken herrschaftlichen Gewohnheitsrechtes, das sich Kirchengründungen vorbehielt. So entstanden Kirchensprengel, die mit Dorfgemarkungen zusammenfielen. Gegen Ende des 11. Jh. erhielten die Pfarrgemeinden feste topographische Grenzen, die sich in der Folgezeit kaum noch verschoben. Sie bildeten damit territoriale Einheiten, die entsprechend der geographischen Struktur – je nachdem, ob sie Wälder oder Kulturland umfaßten – unterschiedlich groß waren. Im allgemeinen setzten sie sich aus mehreren Dörfern zusammen, die um die Pfarrkirche gruppiert eine religiöse Gemeinschaft bildeten.

Ihre Mitglieder waren angehalten, allein diese Kirche, welche Bischöfen, Klöstern oder Kanonikergemeinschaften gehören konnte, zu besuchen und hier ihr Scherflein für liturgische Handlungen zu entrichten. Die Bauern einer Pfarre vereinigten sich ihrerseits in Bruderschaften, die der materiellen Unterstützung und Hilfe ihrer Mitglieder dienten. Kirche und Friedhof gaben den Verfolgten Asyl und Schutz. Zugleich boten die Parochialverbände, wie man die Pfarrgemeinden nannte, gegenüber feudaler Willkür besseren Schutz als die isolierten Dorfgemeinden.

Der päpstliche Aufruf zum ersten Kreuzzug 1095

Bereits 1074 spielte Papst Gregor VII. mit dem Gedanken, in einem kriegerischen Unternehmen gegen die „Heiden" die Ostchristen zu „befreien", das heißt Armenien, Syrien und Palästina der päpstlichen Kurie zu unterwerfen und damit zugleich die byzantinische Kirche und ihren Patriarchen von Konstantinopel dem päpstlichen Stuhl zu unterstellen. Gregor entwarf einen „Aufruf an alle Getreuen", in welchem er ihnen kundtat, daß er an der Spitze eines Heeres „... mit gewappneter Hand gegen die Feinde Gottes aufbrechen wolle ...", um mit ihm zum Grab des Herrn, nach Jerusalem, zu ziehen.[134]

Die Christenheit sollte gewissermaßen als militanter Verband im Dienste der Kirche gegen den Islam mobilisiert werden. 1071 hatten die türkischen Seldschuken in Ostarmenien bei Mantzikert das Heer des byzantinischen Kaisers vernichtend geschlagen und waren in weite Gebiete Kleinasiens eingebrochen. 1077 fielen Jerusalem und ganz Syrien in die Hände der

Seldschuken, die ein großes Reich im Vorderen und Mittleren Orient gründeten, das von Zentralasien bis an die Ufer des Mittelmeeres reichte. Mit feudalen Verwaltungspraktiken konnte ein derart riesiger Komplex ökonomisch und sozial unterschiedlicher Gebiete nicht zentral regiert werden, so daß bereits in den achtziger Jahren des 11. Jh. eine Zersplitterung einsetzte, welche die militärische Schlagkraft der Seldschuken herabminderte.

Auch in Ägypten, wo sich die nichttürkische Dynastie der Fatimiden hielt, herrschten Anarchie und Hunger. 1073 übernahmen hier Wesire (Minister) faktisch die Macht; sie intrigierten gegen die Fatimiden-Kalifen und setzten sie ein und ab. Diese verworrene Lage im islamischen Osten gedachte der byzantinische Kaiser Alexios I. zu einer Gegenoffensive auszunutzen, um seine wichtigste Provinz, Kleinasien, zurückzuerobern. Seine Truppen wollte er durch kampferprobte lateinische Ritter, die er als Söldner zu entlohnen gedachte, auffrischen und mit diesen schwer gepanzerten Reitern die leichtbewaffnete seldschukische Kavallerie über den Haufen rennen.

Als Papst Urban II. 1095 in Piacenza ein Konzil abhielt, das der Weiterführung der Kirchenreform gewidmet sein sollte, baten Gesandte des byzantinischen Kaisers den Papst um Vermittlung bei der Anwerbung von Söldnern. Sie malten die außenpolitische Situation des byzantinischen Reiches in den düstersten Farben, so daß die Zuhörer meinten, die Kirche im Osten bedürfe sofortiger und entschlossener Hilfe. Geschickt lenkten die Byzantiner den Gedanken der Hilfe auf die Befreiung Jerusalems, weil sie sich davon eine große Resonanz in Europa versprachen, obgleich sie ganz andere Ziele verfolgten, nämlich die Rückeroberung Kleinasiens. Einen Kreuzzug hatten sie dabei nicht im Auge, sondern nur kleine kontrollier- und lenkbare Söldnerkontingente.[135]

Urban II. aber bewegten andere Pläne und Vorstellungen. Er wollte die Herrschaft der Christen über die islamischen Völker im Vorderen Orient durchsetzen, träumte von einer Wiederherstellung und Ausbreitung der Macht der römischen Christenheit und erstrebte die Freiheit der christlichen Religion durch die Taten christlicher Gottesstreiter. 40 Jahre später behauptete Bischof Wilhelm von Tyrus, daß seit der Katastrophe von Mantzikert eine „Weltenwende" eingetreten sei. Byzanz habe seine führende Stellung im Vorderen Orient für immer eingebüßt, und die verhängnisvolle Schlacht rechtfertige das Eingreifen der Lateiner.

Hinter diesen Äußerungen verbarg sich der Führungsanspruch des Papstes in den zukünftigen Expeditionen gegen die islamische Staatenwelt und bald auch gegen Byzanz. Am 18. November 1095 eröffnete Papst Urban II. in Clermont in Frankreich ein Konzil, an dem hauptsächlich französische Bischöfe teilnahmen. Gegen Ende der Versammlung hielt Urban auf freiem Felde vor einer großen Menschenmenge von Geistlichen, Rittern, Bauern und Bürgern eine flammende Rede, in welcher er in düstern Farben die angebliche Bedrückung der Christen im Osten durch die „Heiden" ausmalte. Zu ihrer Befreiung und zum Schutz des „heiligen Grabes" in Jerusalem rief er die Ritter auf. Es sollte ein „heiliger Krieg" werden, der den Feinden des Glaubens den Tod, den Brüdern in der Heimat aber Frieden bringen würde.

Der authentische Text dieser Predigt ist nicht überliefert. Ein Augenzeuge, Fulcher von Chartres, gibt ihren Inhalt mit folgenden Worten wieder: „Es ist unabweislich, unseren Brüdern im Orient eiligst die so oft versprochene und so dringend notwendige Hilfe zu bringen. Die Türken und die Araber haben sie angegriffen und sind in das Gebiet von Romanien (Kleinasien) vorgestoßen ... und indem sie immer tiefer eindrangen in das Land dieser Christen, haben sie diese siebenmal in der Schlacht besiegt, haben eine große Anzahl von ihnen getötet und gefangengenommen, haben die Kirchen zerstört und das Land verwüstet ... Deshalb bitte und ermahne ich euch, und nicht ich, sondern der Herr bittet und ermahnt euch als Herolde Christi, die Armen wie die Reichen, daß ihr euch beeilt, dieses gemeine Gezücht aus den von unseren Brüdern bewohnten Gebieten zu verjagen ... Wenn diejenigen, die dort hinziehen, ihr Leben verlieren, auf der Fahrt, zu Lande oder zu Wasser oder in der Schlacht gegen die Heiden, so werden ihnen in jener Stunde ihre Sünden vergeben werden, das gewähre ich nach der

Ritter auf dem Marsch. Miniatur aus einer Handschrift des Klosters Monte Cassino

Macht Gottes, die mir verliehen wurde ... Mögen diejenigen, die vorher gewöhnt waren, in privater Fehde verbrecherisch gegen Gläubige zu kämpfen, sich mit den Ungläubigen schlagen und zu einem siegreichen Ende den Krieg führen, der schon längst hätte begonnen sein sollen, mögen diejenigen, die bis jetzt Räuber waren, Soldaten Christi werden..."[136]

Der Erfolg dieses Aufrufes soll außerordentlich gewesen sein. Die Menge habe geschrien „Deus le volt!" (Gott will es). Als erster nahm Bischof Adhémar von Le Puy, der ausersehene Führer des Unternehmens, das Kreuz, und viele folgten seinem Beispiel, indem sie sich Stoffkreuze auf die Schultern hefteten und gelobten, ins „Heilige Land" zu ziehen.

Urban II. lag in erster Linie an einer Beteiligung von Fürsten und Rittern. Ihnen galt sein Ruf, mit ihnen hoffte er den christlichen Orient unter die Fittiche Roms nehmen und die byzantinische Kirche dem päpstlichen Primat unterordnen zu können. Der von bürgerlichen Historikern stark betonte Lohngedanke, das heißt die Aussicht auf Ablaß aller Sünden und den Eingang in den Himmel nach dem Tode, der in der Rede von Clermont mitschwang und für die Kreuzzugsteilnehmer einen Anreiz bot, darf nicht überbewertet werden, denn den Adel lockte vordergründig Landgewinn. Vor allem der kleine französische Feudaladel, dessen Söhne kein Auskommen hatten und nicht ins Kloster gehen wollten, versuchte sich auf diese Weise eine standesgemäße Existenz im Orient aufzubauen. Deshalb waren 1095 viele französische Ritter bereit, dem Aufruf Urbans II. zu folgen, eine bewaffnete „Pilgerfahrt" zu wagen, die ihnen nicht nur materielle, sondern auch geistliche Gewinne, Sündenerlaß und ewiges Leben, verhieß.

Der Bauernkreuzzug von 1096

Zunächst aber ergriff der Kreuzzugseifer breite bäuerliche Schichten in Nordfrankreich, in Lothringen, im Rheinland und in Schwaben. Volksprediger riefen sie zur Fahrt nach Jerusalem auf. Ein sächsischer Annalist berichtet recht anschaulich über den Erfolg der Werbung: „Da werden Königreiche von Regenten, Städte von Bischöfen, Dörfer von Einwohnern verlassen, und nicht nur Männer und Knaben, sondern auch sehr viele Frauen machten sich zu dieser Fahrt auf."[137]

Der Schwabe Bernold entrüstete sich über die Beteiligung von Frauen und ausgestoßenen Priestern: „Aber sie scheuen sich auch nicht, unzählige Frauen mit sich zu führen, die ihre natürlichen Gewänder frevelhaft mit der Kleidung von Männern vertauschten, mit denen sie unerlaubten Umgang pflegen ... Aber sie führten in ihrem Gefolge auch viele abtrünnige Priester und Mönche mit sich, die ihr religiöses Äußeres abgeworfen hatten, um sich mit ihnen zum Kriegsdienst aufzustellen."[138] Der Papst bemühte sich vergeblich, diese Flut einzudämmen, da er zu Recht fürchtete, daß ihm die Kontrolle des Kreuzzuges durch seine Legaten verlorengehen würde, denn bewaffnete, undisziplinierte Bauernhaufen konnten zu einer Gefahr für das gesamte Unternehmen, ja überhaupt für die herrschende Ordnung werden.

War das Motiv der französischen und normannischen Ritter zum Zug nach Jerusalem Landhunger, Beutegier und Sündenerlaß, so trieb die französischen Bauern die Not von der Scholle. Der durch die Hirsauer Reform beeinflußte Abt Ekkehard von Aura schrieb in seiner „Weltchronik": „Die Westfranken konnten leicht überredet werden, ihre Scholle zu verlassen, denn Gallien wurde einige Jahre hindurch bald durch Zwietracht des Volkes, bald durch Hunger, bald durch großes Sterben heimgesucht ... andere wurden wiederum durch allerlei Widerwärtigkeiten zur Ablegung solcher Gelübde gezwungen ..."[139]

1096 wurden Nordfrankreich, die Niederlande und Lothringen von Überschwemmungen, Hungersnöten und Epidemien heimgesucht. Der dadurch hervorgerufene Mangel am Nötigsten raubte den Familien jede Sicherheit der Lebenshaltung und drohte die bestehende Ordnung aufzulösen. Oft verließen die Bauern in kopfloser Flucht ihre Höfe, ganze Dörfer wanderten ab, und große Scharen verzweifelter Menschen durchstreiften das Land. Aber auch die Intensivierung der Ausbeutung durch feudale Zentralisierung in den Bannherrschaften konnte die Mobilität der Bauern mit verursachen.

Die französischen und lothringischen Bauern bewegte die Idee einer festen Niederlassung in Syrien. Bauerntrupps mit Frauen und Kindern trafen ihre Vorkehrungen. Der französische Mönch Guibert von Nogent bemerkte in seinem Bericht über den ersten Kreuzzug: „Arme Leute beschlugen die Hufe ihrer Ochsen nach Art der Pferde mit Eisen, spannten sie vor zweirädrige Karren, luden darauf ihre winzigen Vorräte und ihre kleinen Kinder und zogen sie hinter sich her; und sobald die kleinen Kinder ein Schloß oder eine Stadt erblickten, fragten sie eifrig, ob das jenes Jerusalem sei, zu dem sie auf dem Weg waren."[140] Die Menschen lauschten begierig den Predigten eines Einsiedlers aus der Picardie, Peters des Eremiten, der im Berry, Orléanais, in der Champagne und in Lothringen die Bauern für die große Fahrt begeisterte. Er galt dem Volke als Friedensapostel, ja als Heiliger.

Guibert von Nogent überlieferte von ihm folgendes Bild: „Von dem, was ihm geschenkt wurde, spendete er mit Freigebigkeit großzügig den Armen. Dirnen schickte er nicht ohne eine Beisteuer einem künftigen Gatten zu, in allen Fehden und Streitigkeiten stellte er mit merkwürdiger Autorität überall Frieden oder vertragliche Lösungen her. Alles, was er tat oder sagte, erschien geradezu als heilig, ja seinem Esel rissen sie die Haare aus und verwahrten sie als Reliquien."[141] Er gab sich selbst als von Gott berufen aus und versprach seinen Zuhörern in unbestimmten Wendungen das Paradies, das in Jerusalem zu finden sei.

Ähnliche Prediger traten im Rheinland auf, so der Priester Gottschalk und ein gewisser Volkmar, über den nichts Näheres bekannt ist. Diesen Agitatoren schlossen sich auch verarmte Adlige an, welche den Bauernzug anführen wollten, so etwa der Ritter Walter Senzavohir (Habenichts), Lambert le Pauvre (der Arme) von Clermont, der nur noch ein Pferd besaß. Zulauf hatten sie auch von schwäbischen Adligen, die wegen der geschilderten Eigentumsveränderungen neues Auskommen suchten. Daneben organisierten kleine Adlige auch auf eigene Faust Bauernhaufen, um sich mit ihnen im Orient eine Existenz aufzubauen. Sie mißachteten das kirchliche Predigtverbot für Laien und gaben vor, berufene Führer im „heiligen Kriege" zu sein, wie Walter von Pacy in Nordfrankreich oder der heruntergekommene Hochadlige Vicomte Wilhelm von Melun, der das flache Land rücksichtslos plünderte, um sich mit Geld und Lebensmitteln für sein Orientabenteuer zu versehen. In Deutschland war es der übel beleumundete Graf Emicho von Flonheim, der seine zügellose Raubgier mit dem Mäntelchen des gottgefälligen Heidenkampfes verdeckte. Er behauptete, wie ein zweiter Saul durch göttliche Offenbarung erweckt worden zu sein und von Petrus ein Kreuz in sein Fleisch eingebrannt bekommen zu haben, als Zeichen, daß er für die Herrschaft über Süditalien auserwählt worden sei. Aber nicht nur Emicho brüstete sich mit solchen Wundergeschichten, auch andere Kreuzfahrer verkündeten, durch göttliche Eingebung das Kreuzzeichen an der Stirn, den Kleidern oder verschiedenen Körperteilen eingeprägt erhalten zu haben und in die göttlichen Heerscharen aufgenommen worden zu sein.

Die Bauern sahen im Kreuzzug den Anbruch messianischer Zeiten. Sie glorifizierten den Stand der Armut, der ihnen das Königreich öffnen sollte. Dabei schwang bei ihnen wohl im Unterbewußtsein der Gedanke vom Anbruch der Endzeit mit, die es ihnen zur Pflicht machte, den Endstreit gegen die Widersacher des Gottesreiches, gegen die Völker Gog und Magog, gegen den Antichrist, mitzukämpfen. Eine Übertragung der Leitbilder vom Antichrist und Babel auf die römische Kirche lag unter solchen Umständen nahe.

Schon Sigebert von Gembloux hatte in der mangelnden Unterscheidung zwischen Rom und Kirche den Grund dafür gesehen, daß die römische Kirche ebenso wie das alte Rom mit Babylon verglichen wurde und so in der Gesamtkirche babylonische, das heißt sittenlose Zustände eingerissen seien. Er rief aus, daß er bisher der Meinung gewesen sei, Petrus habe in seinem ersten Brief nur das alte Rom in seinem verbrecherischen Heidentum gegeißelt. Der Apostel habe jedoch, wie er jetzt merke, in prophetischer Schau auch das neue Rom so charakterisiert. Die Kirche sei demnach in Babylon, dem Sitz des Lasters, versammelt als Gemeinschaft, die sich mit den Sünden ihrer Umwelt identifiziere. Schuld an allem seien die Päpste.

Das von Urban II. in Predigten und Kreuzzugsbriefen angesteuerte Ziel Jerusalem wurde für die „Armen" zum magischen Schlüsselwort, das Endzeitvorstellungen weckte. Man dachte dabei einerseits an die historischen Stätten des Leidensweges Jesu und andererseits an das himmlische Jerusalem, wie es die Apokalypse beschrieb, als endzeitlichen Ort, Stadt des Paradieses und der Gerechten. Das Volk erinnerte sich des „heiligen Grabes" und der vorgeblich Schuldigen am Tode des Heilands, an die „Christusmörder", die Juden. Kreuzfahrerscharen fragten sich schon im April 1096 in Rouen, warum man einen so weiten und beschwerlichen Weg nach dem Orient unternehmen müsse, um die Feinde Gottes zu vernichten, wo man doch die Juden als verhaßtes Volk vor der Tür habe. Als ihnen die Judengemeinde Hilfsgelder verweigerte, drangen sie in die Synagoge ein und richteten unter den hierher geflüchteten Juden aller Altersklassen ein Blutbad an.[142]

Die Scharen Peters von Amiens und Walter Senzavohirs pilgerten über Lothringen weiter zum Rhein, wo sie vor Trier haltmachten. Die hier lebende jüdische Gemeinde gewährte ihnen bereitwillig finanzielle Hilfe. In Deutschland gab es größere Judenkolonien in Köln, Mainz, Regensburg, Speyer und Worms. Sie hielten mit ihren Glaubensgenossen in Byzanz und dem arabischen Kalifat Verbindung. Sie betätigten sich als Fernhändler und Geldleiher, da sie nicht dem christlichen Zinsverbot unterlagen. Sie genossen den Schutz des Königs, der ihnen Privilegien gewährte, wie Handels- und Zollfreiheit, eigene Gerichtsbarkeit, Religionsfreiheit und Eigentumsschutz. Als Gegenleistung schöpften das Königtum und die bischöflichen Stadtherren ihre Finanzkraft ab. Zu den christlichen Kaufleuten bestanden enge ökonomische, soziale und persönliche Beziehungen. Wahrscheinlich beteiligten sich jüdische „mercatores" an der kommunalen Bewegung. Sie dürften Zugang zu den städtischen Führungsschichten gehabt haben. Ihre ökonomische Bedeutung als Fernhändler und Geldleiher war für die Städte beachtlich. So förderte 1084 der Bischof von Speyer die Ansiedlung von Mainzer Juden, um die städtische Wirtschaft zu stimulieren. Der Judenschutz galt den aufstrebenden städtischen Schichten als Teil des Stadtfriedens. Die Wahrung des Judenschutzes lag so auf einer Ebene mit der erstrebten kommunalen Freiheit.[143]

Im Unterschied zu den Kaufleuten blickten arme Handwerker und Bauern voller Mißgunst auf die Juden, von denen sie Geld gegen Zinsen liehen und an die sie nicht selten völlig verschuldet waren. Sowohl in Nordfrankreich wie in Lothringen und im Rheinland häuften sich 1095 Brandstiftungen und Diebstähle, mit denen verschuldete Bauern an den Wucherern Rache nahmen. Fanatische Prediger trugen den Judenhaß unter das Volk bzw. schürten ihn und hetzten es zu Pogromen auf.

Die Kirchenreformer ihrerseits bestritten das Judenrecht, das Teil des Königsrechts war. Traten die kaisertreuen Bischöfe für den Judenschutz ein, so versuchte ihn die päpstliche Partei auszuhöhlen und mittelbar Heinrich IV. zu treffen. Auf diese Weise wurden die Juden in den Kampf zwischen Königtum und Papsttum verwickelt.

Während Peter und Walter über Köln ostwärts zogen, drangen weitere Scharen unter Führung Volkmars und Gottschalks, denen Bauern aus Lothringen und dem Rheinland folgten, in die Rheingebiete ein. Wohl kam es auch in Bamberg und Regensburg zu Ausschreitungen, größere Massaker blieben jedoch aus. Die Trupps folgten den Spuren Peters und schlugen sich nach Ungarn durch. Emicho von Flonheim, der angeblich 12000 Kreuzfahrer um sich gesammelt hatte, darunter in der Mehrzahl Deutsche, sowie ein weiterer Haufen aus Nordfrankreich mordeten dagegen zügellos die Juden, die sich nicht taufen ließen, in Worms, Köln, Mainz, Metz, Regensburg und Prag. Viele der Verfolgten gaben sich selbst den Tod, um dem Wüten der entmenschten Banden zu entgehen.

Die Bischöfe und die reichen Kaufleute der betroffenen Städte bemühten sich vergeblich, das Blutbad zu verhindern. Aber nicht allein arme Stadtbewohner beteiligten sich an dem Gemetzel, sondern auch Bauern der umliegenden Dörfer, die zum Gottesdienst in die Stadt geströmt waren. Emicho machte mit einem frommen Prälaten, Erzbischof Ruthard II. von Mainz, gemeinsame Sache; der Prälat ließ sich zunächst alle Schätze der Juden übergeben und lieferte die Betrogenen dann den Kreuzfahrern aus. Die Beute teilten sich die beiden „Ehrenmänner".

Die drei Monate währenden Verfolgungen dezimierten oder vernichteten die bis dahin ökonomisch und auch kulturell blühenden deutschen Judengemeinden. Viele der Überlebenden wanderten aus und suchten in Polen oder Byzanz bei Glaubensgenossen Zuflucht. Heinrich IV. untersuchte zwar 1098 die Vorfälle und verbannte den Mainzer Erzbischof, der sein Gegner war, vom Hofe, ohne ihn jedoch abzusetzen; an den Tatsachen vermochte er nichts mehr zu ändern. Die Dezimierung der jüdischen Niederlassungen bedeutete auch einen Schlag gegen die Zentralgewalt, denn sie hatte sich nicht in der Lage gesehen, ihr Schutzversprechen einzuhalten.

Die Bauern unter Peter und Walter strebten auf dem Landwege nach Konstantinopel. Da ihnen auf dem langen Marsch Geld und Lebensmittel ausgingen, nahmen sie sich mit Gewalt das Nötige, wo sie es fanden. Vor allem in Ungarn kam es zu schweren Ausschreitungen. „Jeder lebte, wie er konnte, von Mord und Plünderungen, und alle brüsteten sich mit unbegreiflicher Frechheit, sie würden bei den Türken ebenso hausen."[144] Mit Waffengewalt verjagten die Ungarn die ungebetenen Gäste, die nach unsäglichen Mühen im August 1096 Konstantinopel erreichten.

Kaiser Alexios I. schob sie rasch auf das kleinasiatische Ufer ab. Hier erlitten sie im Oktober nach einigen mißglückten Vorstößen gegen die seldschukische Reiterei eine vernichtende Niederlage. Nur wenige Überlebende kehrten mit Peter nach Konstantinopel zurück und warteten auf das Eintreffen der lateinischen Ritter. Die Horden Emichos und des Vicomte von Melun kamen gar nicht erst bis zum Bosporus. Wie ihre Vorgänger ernährten sie sich in Ungarn von Raub und Diebstahl; sie wurden von magyarischen Truppen völlig aufgerieben. Emicho konnte sich retten und kehrte in seine rhein-hessische Heimat zurück.

So endeten die bäuerlichen Züge nach dem Orient mit einem völligen Mißerfolg. Ohne geographische Kenntnisse und erprobte militärische Führung, ohne ausreichende Bewaffnung und Verpflegung ließen sich die Bauern zu einem Abenteuer hinreißen, das ihre Kräfte und ihre Möglichkeiten weit überstieg. Für eine Landnahme waren die Entfernungen zu groß, das Klima und die Agrikultur im Vorderen Orient viel zu ungünstig, als daß Kolonistendörfer hätten entstehen können, wie während der spanischen Reconquista oder der deutschen Ostexpansion.

Dennoch zeigt der spontane Aufbruch bäuerlicher Massen ihre Aktivität, ihr wachsendes Selbstbewußtsein und erste Ansätze zu einer eigenen Ideologie, die mit der offiziellen Kirchenlehre im Widerspruch stand oder zumindest mit ihr nicht mehr konform lief. Damit reiht sich der Bauernkreuzzug in die volkstümliche Opposition gegen die Feudalkirche ein. Als sozial-religiöse Volksbewegung ist er vergleichbar mit den Laienkonventen um Hirsau, auch wenn er sich sowohl quantitativ als auch qualitativ von ihnen abhob. Es handelte sich aber in beiden Fällen um Emanzipationsbestrebungen bäuerlicher Schichten aus sozialer Not und überholter kirchlicher Bevormundung.

Zugleich wurden sich die Bauern ihrer Stärke bewußt und schreckten nicht vor bewaffnetem Widerstand gegen ihre Herren zurück. 1101 töteten friesische Bauern den Markgrafen Heinrich den Fetten, Sohn Ottos von Northeim, mit einer Lanze, und zwei Jahre später traf den Bruder Heinrichs das gleiche Schicksal. Ekkehard von Aura kommentierte diesen Vorfall mit den Worten, die Vornehmen des Reiches hätten von nun an in Unsicherheit und Argwohn gelebt, da sie dem niederen Volk allgemein ein solches Vorgehen gegen die höchsten und edelsten Herren zutrauten.[145]

*Volkssprachliche Dichtung
im Dienste der herrschenden Klasse*

Den Laien, herrschenden wie beherrschten Klassen und Schichten, genügte nicht mehr die formale Teilnahme an kirchlichen Handlungen, eine rein visuelle Teilhabe am Gottesdienst. Sie verlangten jetzt Belehrung und Predigt in der Volkssprache. Diesem Anliegen kam die seit etwa 1060 einsetzende und bis in die zweite Hälfte des 12. Jh. reichende frühmittelhochdeutsche Dichtung entgegen. Innerhalb der deutschen Literaturgeschichte bildete sie eine Übergangsphase zur mittelhochdeutschen Blütezeit. Sie wird durch freiere dichterische Formen, Dialektgebundenheit und eine ganze Reihe sprachlicher Besonderheiten charakterisiert. Soziologisch betrachtet handelte es sich bei der frühmittelhochdeutschen Dichtung im Unterschied zur althochdeutschen nicht mehr ausschließlich um Mönchs-, sondern teilweise um Geistlichendichtung. Im Zuge der Kirchenreform waren die Angehörigen der Weltgeistlichkeit, die außerhalb der Klöster an den Pfarrkirchen wirkten, verstärkt für seelsorgerische Belange herangezogen worden. Mit ihrer Dichtung in deutscher Sprache verfolgten sie das Ziel, die Gläubigen fester an die Papstkirche zu binden und sie von allen Zweifeln an der Richtigkeit der kirchlichen Lehren zu befreien. Gebetsliteratur, Buß- und Sittenpredigten, biblische Dichtungen standen neben historischen Stoffen. Seit dem Beginn des 12. Jh. traten auch vereinzelt Laien oder Spielleute hervor.

Neue Landschaften gewannen an Bedeutung. Nicht mehr Schwaben und Bayern prägten das geistige Schaffen, sondern die Gebiete des unteren Rhein mit Köln als Zentrum, der hessisch-thüringische Raum und Österreich.

Obwohl sich die Werke überwiegend an die Vertreter der herrschenden Klasse wandten, dominierte nicht mehr allein das adlige Milieu, sondern man streute Szenen aus dem bürgerlichen Alltag ein und übte Kritik an den bestehenden gesellschaftlichen Zuständen, wobei man auch die eigenen Standesgenossen, etwa unwürdige Priester, nicht verschonte.

In diesem Geiste verfaßte 1070 der schwäbische Reformmönch Noker das „Memento mori" (Gedenke des Todes). Er beschwor die ursprüngliche Gleichheit aller Menschen, polemisierte gegen den Reichtum und die Mißachtung des Rechts durch die Mächtigen. Deshalb forderte er:

Ube ir alle einis rehtin lebitint,
sô wurdint ir alle geladet în
ze der êwigun mendîn [Freude],
dâ ir iemer soltint sîn.[146]

Recht bedeutet hier nicht allein Recht für arm und reich, sondern vielmehr die Anprangerung von Unrecht und Ungleichheit. Deshalb attackierte der Dichter auch die Bestechlichkeit der Richter, da sich durch sie der Arme benachteiligt sah:

Tes rehten bedarf ter armo man,
tes mag er leidor niewit hân,
er ne chouf [kaufe] iz alsô tiuro,
tes varn se al ze hello.[147]

Dem Dichter ging es um den Nachweis, daß alle Menschen nach einem Recht leben sollten, da sie doch von einem Manne, Adam, abstammten. Durch Schlauheit und Betrug hätten sich die Reichen ein eigenes Recht ergattert, das die Armen benachteilige. Als Aufgabe schwebte ihm die Restaurierung des einen „Rechtes" vor, das Arme wie Reiche erfaßte und auf diese Weise ihre Trennung rückgängig machen sollte. Die moralischen Maßstäbe, mit denen er operierte, stellten die Gesellschaftsordnung keineswegs grundsätzlich in Frage, sondern versuchten, Adlige und Priester aufzurütteln, sie mit Hilfe der Gleichheitsforderung zu bedrohen, zu ermahnen und zur Umkehr aufzufordern.[148]

In die gleiche Kategorie gehört auch die kurz nach 1060 verfaßte anonyme „Wiener Genesis", eine freie Übertragung des ersten Buches Mosis. Im Predigtstil wandte sich der Autor an einen adligen Zuhörerkreis, den er anhand des biblischen Stoffes belehren und ermahnen wollte. Breit ausgemalt sind Gelage und Ritterspiele. Die Kaufleute galten dem Dichter als Betrüger, nur die Bauern fanden Gnade vor seinen Augen. Er lobte ihre harte Arbeit und rühmte den alttestamentlichen Joseph, der nie Landleute mit ungerechten Abgaben bedrängt habe. Dennoch sah er die Perspektive der Bauern düster. Sie müßten ewig für ihre Herren schuften, weil es Gott so festgelegt hätte. Ihre Unfreiheit gehe auf einen biblischen Fluch zurück. Habe doch schon der Brudermörder Kain wegen seiner Sünden den Ackerbau als Plage betreiben müssen. Dasselbe gelte für alle Bauern, denen Gott wegen ihrer Sünden Armut und Schinderei auferlegt habe. Die Ideen des Investiturstreites hatten den Dichter noch nicht berührt. Ohne Parteinahme ließ er den König seinen Bischöfen den Ring als Zeichen ihrer geistlichen Würde überreichen.

Ganz anders verhält es sich in dieser Hinsicht mit dem von einem Geistlichen am Rhein zwischen 1080 und 1100 gedichteten „Annolied". Sein Autor stellte den Stoff bewußt in die politischen Strömungen seiner Zeit und ergriff Partei. Das Werk diente der Verherrlichung des Kölner Erzbischofs Anno II. Weitausgreifend bis zum „Weltbeginn" bietet es in etwa 900 Versen erstmalig Geschichte in deutscher Sprache. Anno, für dessen Heiligsprechung der Autor warb, erfuhr gleichsam eine welthistorische Glorifizierung, indem er den Abschluß der großen geschichtlichen Persönlichkeiten vom Altertum bis zu seiner Zeit bildete. Zusammen mit den Reichsfürsten erschien er als eigentlicher Repräsentant des Reiches. Die Bischöfe ragten noch über die weltlichen Fürsten hinaus, sie galten dem Dichter als kaisergleich. Anno war ihm, als Reichsverweser, legitimierter Verfechter kirchlichen Herrschaftsanspruches in der Welt. Demgegenüber erwähnt er die päpstlichen Ansprüche und Forderungen, wie sie im „Dictatus Papae" oder den Briefen an Heinrich IV. formuliert waren, genausowenig wie Canossa. Er beklagt allein in bewegten Worten die Wirren im Reiche unter dem Salier:

Dâr nâch vîng sich ane der ubile strît,
des manig man virlôs den lîp,
duo demi vierden Heinrîche
virworrin wart diz rîche.
mort, roub unti brant
zivûrtin [zerstörten] kirichin unti lant
von Tenemarc unz in Apuliam,
van Kerlingin [Frankreich] unz an Ungerin.
den nîman ni mohte widir stên,
obi si woltin mit trûwin un samit gên,
diz stiftin heriverte grôze
wider nevin unti hûsgenoze.
diz rîche alliz bikêrte sîn gewêfine [Waffen]
in sîn eigin inâdere [Eingeweide].
mit siginuftlicher zeswe [rechte Hand]
ubirwant iz sich selbe,
daz dî gidouftin lîchamin
umbigravin zi worfin lâgin,
zi âse den bellindin,
den grâwin walthundin [den heulenden grauen
Wölfen zum Fraße].[149]

Unverhohlen trat in dem Lied der Stolz auf die edle Abkunft der Stämme des Reiches hervor. Als ihre Ahnen nannte der Dichter Griechen, Trojaner und Armenier. Den Begriff „deutsch" gebrauchte er in politischer Bedeutung, wenn er den „diutsche man" und das „diutschiu lant" anführte. Bewußt stellte er nicht einen weltlichen Recken, sondern einen geistlichen Heroen in den Mittelpunkt.

Dieses Weiterwirken der Spielmannstradition zeigte sich noch in einer rheinisch-fränkischen Ballade aus dem ersten Drittel des 12. Jh., der sogenannten „älteren Judith". Als Muster dürfte ihr ein episches Volkslied gedient haben, das ein Kleriker auf den alttestamentlichen Stoff übertrug. So entstand ein geistliches Spielmannslied, das Freude am Stofflichen, Sinn für das Bunte und Grelle, Humor, Sorglosigkeit im Aufbau und geringe Ansprüche an Stil und Form verrät. Der Dichter ergötzte mit Streitgesprächen, Trinkgelagen, Liebeswerben und Frauenlist. Vom Opfergang einer Frau zur Rettung ihres Volkes, den die biblische Vorlage ins Zentrum stellte, blieben nur noch die Namen der Personen und das Handlungsgerüst übrig. Alles andere war auf die feudale Umwelt, die ritterliche Lebensweise abgestimmt.

Da sprach Holofernes,
die Stadt hätt' ich gar gerne:
Ich erblicke dort ein anmutiges Weib,
das mir entgegenkommt.
Wenn mir dies schöne Weib nicht bald gehört,
dann muß ich sterben.
Nun wohlan, mein Kämmerer,
sorge mir eiligst dafür,
daß ich mich gar bald ergötze
mit dem schönen Weibe.[150]

Zu den wenigen nicht geistlichen Poeten gehörte die österreichische Dichterin Frau Ava, die sich in ihren Versen als liebende Mutter zeigt und in ihr Schlußgebet ihren früh verstorbenen Sohn einschließt. In schlichter Sprache interpretierte sie das „Leben Jesu", die Schrecken des „Antichrist" und das „Jüngste Gericht". Sie besang den Lebens- und Leidensweg des irdischen Jesus und ließ den himmlischen Christus zurücktreten.

Die Gestalt des armen Jesus, die nunmehr in die volkssprachliche Poesie schüchternen Einzug hielt, benutzten in Frankreich Ende des 11. Jh. Wanderprediger, um ihr Ideal der bedürfnislosen Urkirche in der Nachfolge Jesu zu demonstrieren und Anhänger zu werben. Sie glaubten sich als arme Einsiedler ohne Priester berufen, das Volk zur Urkirche zurückzuführen, in der Gleichheit und Liebe herrschten. Anders als Noker strebten sie nach einer Umwandlung der Gesellschaft in den apostolischen Urzustand durch Buße und Frieden. Sie trugen deshalb das menschliche Bild des Heilands unter ihre Zuhörer, das im krassen Gegensatz zu den thronenden Christusdarstellungen an den Domen und Kirchen stand. Die katholische Orthodoxie setzte dem eine Christusmystik entgegen, die zwar von der menschlichen Gestalt Jesu ausging, aber hinführte zu einer visionären Schau der Gottheit in Christo. Anklänge an eine mystische Deutung finden sich schon bei Frau Ava, die schreibt: „Wer sie (die Weisheit) geschmeckt hat, die Süßigkeit ist unaussprechlich!"[151]

Auch der Kreuzzugsgedanke und das Kreuzzugserleben fanden in einigen deutschen Dichtungen Widerhall. Mitten hinein in die Kreuzzugsstimmung führte der sogenannte „Wien-Millstätter Exodus" aus dem Jahre 1120. Der unbekannte Reimschmied benutzte die alttestamentliche Vorlage, den Auszug der Juden aus Ägypten, zur Darstellung des Heidenkampfes. Die Ägypter ähneln den Sarazenen und Arabern, die, wie alle „Heiden", ins Verderben stürzen und von den Kreuzrittern, den Gottesstreitern, erbarmungslos niedergemetzelt werden. Gleichzeitig wetteiferte der geistliche Autor mit dem weltlichen Spielmann. Er begann sein Versepos mit einer Predigt, ging aber rasch zur

Erzählform über und flocht viele kriegerische Szenen ein, etwa, wenn er den biblischen Moses zum „herrlichen Degen" oder die ägyptischen Plagen zu kampfbegierigen Rittern umstilisierte. In dieser Hinsicht war der „Exodus" mit dem „Annolied" und der „älteren Judith" verwandt. Die Verherrlichung der Taten der Kreuzfahrer, ihrer Grausamkeit gegenüber den muslimischen Feinden, entsprach der offiziellen kirchlichen Doktrin, welche die islamische Religion als christliche Ketzerei diffamierte und im Propheten Mohammed ein Werkzeug der Dämonen, ja schlechthin den Antichrist, sah. Mit diesem verzerrten Bild konstruierte die Kirche eine Religion des Bösen, die es galt, mit allen Kräften zu bekämpfen. Es entstand ein Klischee, das sämtliche Lebensbereiche der Muslime disqualifizierte und sie als den Christen prinzipiell unterlegen erscheinen ließ.

Die Päpste Gregor VII. und Urban II. hatten die „milites", die Ritter, aufgefordert, gegen die Muslime zum Angriff überzugehen. Den Reformpäpsten galt die gesamte Christenheit als militante Gemeinschaft im Dienste Roms. Alle ihre Feinde, seien es Nichtchristen außerhalb oder Ketzer innerhalb der Grenzen der christlichen Welt, sollten unterworfen oder vernichtet werden. Die Parole „Bekehrung oder Tod", welche kirchliche Kreise ausgaben, spiegelt sich auch in dem „Wien-Millstätter Exodus" wider.

Insgesamt reflektierten die meisten Schöpfungen der frühmittelhochdeutschen Dichtung die Mentalität einzelner Schichten der herrschenden Klasse. Sie sind daher nicht allein kulturelle, sondern ebenso historische Zeugnisse der behandelten Periode.

Kaiserliche Bemühungen um den Landfrieden

Heinrich IV. wandte sich nach seiner Kaiserkrönung wieder innenpolitischen Problemen zu. An erster Stelle rangierte die Friedenswahrung, die seit 1076 im argen lag. Der Kaiser griff die von Frankreich und Burgund vordringende Idee des Gottesfriedens auf. In den feudalen Wirren und bei der Machtlosigkeit des Königtums hatten sich dort bereits im 10. Jh. Klerus und hoher Adel zusammengetan, um ein Mindestmaß an Ordnung aufrechtzuerhalten, damit die landwirtschaftliche Produktion nicht zugrunde ging. In der Gottesfriedensbewegung fand aber auch der wachsende Widerstand des Ausgebeuteten gegen die Feudalanarchie ihren Ausdruck. Ohne die Teilnahme des Volkes wäre die kirchliche Friedensidee niemals zu einer realen Kraft im politischen Leben geworden.[152]

Bestimmte Tage der Woche und des Jahres nahm man von Fehden aus; Verletzungen standen unter Kirchenstrafe. 1082 rief der Bischof von Lüttich als erster im deutschen Reichsgebiet für seine Diözese den Gottesfrieden aus. Ihm folgte 1083 der Erzbischof von Köln. Die geistlichen Fürsten versuchten, mit dem Gottesfrieden zugleich die aufsässigen Stadtbürger ihren Interessen dienstbar zu machen. 1085 stellte sich der Kaiser an die Spitze der Bewegung, erklärte den Gottesfrieden für das ganze Reich und münzte ihn zu einem Reichsfrieden um. Unter dem Schutze der Zentralgewalt sollte das ganze Volk einem Strafrecht unterstellt werden, das darauf hinauslief, Freie und Unfreie bei Friedensbruch und schweren Verbrechen einer einheitlichen Rechtsprechung nach Königsrecht zu unterwerfen. Heinrich wollte damit die Eigengerichtsbarkeit des hohen Adels treffen und sich den Rückgriff auf Bauern, Ministeriale und Städter offenhalten. Welch positive Wirkung ein von der staatlichen Gewalt geführter Gottesfrieden haben konnte, zeigt sich in der Normandie, wo der Herzog durch ihn seine Macht über Kirche und Adel festigte, indem er alle Kriminalfälle, die mit Friedensbruch zusammenhingen, vor seinen Hof zog.

Heinrich IV. war es nicht möglich, auf den eingeschlagenen Bahnen weiterzuschreiten und seine Herrschaft im Reich zu stabilisieren. Wieder schaltete sich das Reformpapsttum ein.

Autorität und Einfluß der Päpste hatten im katholischen Europa seit den Tagen von Canossa zugenommen. Es bedurfte nur eines zielbewußten und energischen Mannes, der die Fäden, die Gregor 1085 entglitten waren, wieder aufnahm. Diesen Mann fand das Kardinalskollegium in dem Cluniazensermönch und Kardinalbischof von Ostia, Urban II. In der Zielstellung mit Gregor VII. völlig einig, wich er in der Taktik erheblich von ihm ab. Wie sein Gegenspieler Clemens III. zeigte er sich gegenüber simonistischen und schismatischen Klerikern konziliant und erkannte die meisten ihrer Weihen in Deutschland und Italien an. Die rigorose Durchführung der Reformgesetzgebung stellte er aus politischen Gründen stillschweigend zurück.

Am folgenreichsten wirkte sich seine neue Hinwendung zu den Bischöfen aus. Hatte Gregor beabsichtigt, sie völlig Rom zu unterstellen und sie durch Legaten und Klosterreformer überwachen und kontrollieren zu lassen, so machte sie Urban zu Mitträgern der Reformkirche. Es mußte die Kurie nachdenklich stimmen, wenn sächsische Bischöfe 1085 auf der Synode in Quedlinburg den päpstlichen Legaten zurechtwiesen, als er von ihnen die Rückerstattung geraubten Kloster- und Kirchengutes verlangte. Die Rüge des Abtes Wilhelm von Hirsau wegen sittlicher Gebrechen sächsischer Geistlicher verbaten sich die Prälaten energisch und rieten dem Eiferer, er möge „... den Finger auf den Mund legen ..."[153] Urban kam den Bischöfen weit entgegen. Er erstattete ihnen alle Rechte in ihren Diözesen zurück. Das bedeutete, daß auch die Klöster wieder bischöflicher Rechtsprechung untergeordnet wurden und nur noch in Ausnahmefällen Exemtionen

Kaiser Heinrich IV. mit seinen Söhnen Heinrich und Konrad. Miniatur in einem Regensburger Evangeliar (um 1100)

und Unterstellungen unter den römischen Stuhl vorkamen. Den Anspruch der Cluniazenser auf Seelsorge in ihren Domänen lehnte Urban ab und förderte in den Diözesen Priestervereinigungen unter Leitung von Bischöfen.

Urban und seine Nachfolger bevorzugten eine Stellung der Bischofskirchen, die den rigorosen päpstlichen Zentralismus korrigierte und damit den toten Punkt der Kirchenreform überwand. Allerdings ging es dabei stets um eine auf den Papst und die römische Kirche ausgerichtete Struktur der Kirche, niemals um einen autonomen Episkopalismus auf landeskirchlicher Grundlage. In gewissem Sinne opferte Urban im Interesse der Weiterführung der Kirchenreform das Reformmönchtum cluniazensischer Observanz.

So gerüstet knüpfte er Verbindungen zur deutschen Opposition in Bayern und Sachsen, um zunächst den salischen Einfluß in Italien zurückzudrängen. Zu diesem Zweck vermittelte er 1089 eine Heirat zwischen der 43jährigen Mathilde von Tuscien und dem 17jährigen Sohn Welfs IV. von Bayern. Damit sollte Heinrich von Oberitalien und Süddeutschland abgeschnitten werden. Um das Netz, das seine Feinde gesponnen hatten, zu zerreißen, brach der Kaiser 1090 nach Italien auf und erzielte rasch eine Reihe militärischer Erfolge. Da traf ihn ein unerwarteter Schlag: Unter dem Einfluß des Papstes und der Markgräfin sagte sich sein ältester Sohn, Konrad, 1093 von ihm los und ließ sich in Mailand zum König der Lombarden krönen. Rasch lichteten sich die Reihen Heinrichs, der in Verona in der Falle saß und nicht einmal nach Deutschland heimkehren konnte, da ihm die Welfen die Alpenpässe sperrten. Bei einer persönlichen Zusammenkunft mit dem Papst 1095 in Cremona verzichtete Konrad gegenüber Urban feierlich auf das Investiturrecht, leistete ihm einen Sicherheitseid und erwies dem Papst den Stratordienst, das heißt, er führte die Zügel seines Pferdes wie ein Knecht und erkannte damit symbolisch die Überordnung des Papstes über das Königtum an.

Der Unterwerfungsakt von Cremona stand deutlich unter dem Einfluß der Konstantinischen Schenkung. Der Stratordienst war Teil der „imitatio imperii", der Nachahmung des Kaisertums. Was Gregor VII. in jahrzehntelangem Kampf nicht gelungen war, fiel Urban jetzt wie eine reife Frucht in den Schoß. Aber auch er verdankte seinen Triumph den deutschen Fürsten und der unermüdlichen Markgräfin von Tuscien. Solange die Interessen des deutschen Hochadels mit denen des Papstes konform gingen, durfte dieser auf ihre Unterstützung rechnen.

Zunächst kümmerte sich niemand um den einsamen, verzweifelten Mann in Verona. Die Kreuzzugsvorbereitungen beschäftigten Kirche, Adel, Bauern und italienische Städte. In Deutschland tobten die Kämpfe zwischen der salischen Partei und ihren Gegnern in Schwaben, Bayern und im Elsaß mit neuer Heftigkeit. Die Augsburger Annalen zeichneten ein grausiges Bild von der Lage: „Jeder war ungestraft böse ... Einer tötete den anderen des Raubes oder der Feindschaft wegen. Alles ist vermischt, Blut, Mord, Diebstahl und Betrug, Bestechung, Unruhen, keine Erkenntlichkeit für die Gaben Gottes, Befleckung der Seelen, Unbeständigkeit der Ehen, Ehebruch, Unverschämtheit."154

Der süddeutsche Hochadel bemühte sich, die schlimmsten Auswüchse der Anarchie durch Fehdeverbote und Friedensordnungen, so 1093 und 1094, zu beschneiden. Als sich die Welfen in ihren Erbschaftshoffnungen auf die mathildischen Güter getäuscht sahen, lösten sie die unnatürliche Ehe mit Mathilde, und der junge Welf kehrte durch die Lombardei laut lärmend und schimpfend nach Bayern zurück. Sein Vater söhnte sich 1096 mit dem Kaiser, gegen Anerkennung seiner Herzogswürde, aus. Dadurch konnte Heinrich 1097 über die Ostalpen nach Deutschland zurückkehren. Auch die Erwerbungen der Zähringer im Schwarzwald und am Oberrhein bestätigte Heinrich. Das waren schwere Einbußen für seine Zentralisierungspolitik. Dennoch gab er seine Bemühungen um eine Stärkung des Königtums nicht auf.

Im Jahre 1098 gelang ihm, ohne nennenswerten Widerstand der Fürsten, die Königswahl und Krönung seines zweiten Sohnes, Heinrich, den er durch einen Sicherheitseid an seine Person band, um eine Wiederholung des Abfalls von Konrad, der 1101 macht- und ehrlos starb, zu verhindern. Weiterhin förderte er das Bestreben der Bischöfe, sich aus der Umklammerung durch die Adelsvogteien zu befreien. Die Bischöfe bedienten sich zu diesem Zweck ihrer Ministerialen. In Köln war bereits 1083 ein Ministeriale als Vogt bestallt worden. Auch die Untervögte rekrutierten sich aus den Dienstmannen, die an die Person des Bischofs gebunden waren und kleine, nicht vererbbare Dienstlehen besaßen. Auf diese Weise verhinderten die geistlichen Fürsten die Entstehung großer weltlicher Territorien und legten selbst den Grundstein für die Bildung geistlicher Fürstentümer.

Heinrich IV. förderte aber ebenso die Unterwerfung der Dynastenklöster unter die Bistümer, um sie dem Adel zu entwinden. Er zog diese Reformzentren auf dem Umweg über die Reichskirche an das Königtum und drang in die Rechtssphäre des Adels mittels der Vogteiverleihungen ein. Auf der gleichen Linie lag der Versuch des Kaisers, 1099 den adligen Inhabern von Vogteien die Einsetzung von Untervögten zu verbieten und damit die Zahl ihrer Vasallen und Ministerialen zu vermindern und ihre militärische Macht zu schwächen. Die geschlossene Opposition des Hochadels verhinderte die Realisierung des Planes.

1103 verkündete Heinrich IV., im Zusammenhang mit einer geplanten Kreuzfahrt, auf dem Reichstag zu Mainz einen allgemeinen Reichsfrieden, der sich nicht mehr nur mit bestimmten Zeiten eines Fehdeverbotes begnügte, sondern vier Jahre Geltung hatte und mit Hilfe der fürstlichen Regionalgewalten gesichert werden sollte.

Jedem Friedensbrecher, gleich welchen Standes, drohten Körperstrafen. Das Vorrecht der Freien und des Adels, leibliche Strafen mit Geldbußen ablösen zu können, fiel. Der anonyme Biograph des Kaisers bemerkte dazu: „Dieses Friedensgesetz hat, wie es den Unglücklichen und Guten zum Nutzen gereichte, ebenso sehr den Schelmen und Gewalthabern geschadet."155

Fürstenopposition und Abfall Heinrichs V.

Die gemeinsamen Klasseninteressen trieben viele geistliche Fürsten in das antikaiserliche Lager. Papst Urban II. und sein Nachfolger Paschalis II. schürten die Unzufriedenheit des Adels, sie lehnten alle Kompromißvorschläge Heinrichs zur Beendigung des Investiturstreites ab. Auf diese Weise erreichte die gegnerische Front um die Jahrhundertwende eine Geschlossenheit und Stärke wie 1076. Der Autor des „Lebens Kaiser Heinrichs IV." charakterisierte die Situation treffend; nachdem „... die Herren und ihre Helfershelfer ein paar Jahre im Zaume gehalten wurden, erhoben sie, mißvergnügt über die Beschränkung ihrer schlimmen Freiheit, neues Geflüster wider den Kaiser und sprengten neuerdings arge Gerüchte über seine Handlungen aus ... An Raub gewöhnt, trachteten sie daher nach einem Anlaß, diese Tätigkeit wieder aufzunehmen, sannen auf erneuten Aufruhr und suchten dem Kaiser wieder einen neuen Nebenbuhler zu

Kampf zwischen Heinrich IV. und seinem Sohn Heinrich am Regen (Herbst 1105). Zeichnung in der Weltchronik Ottos von Freising

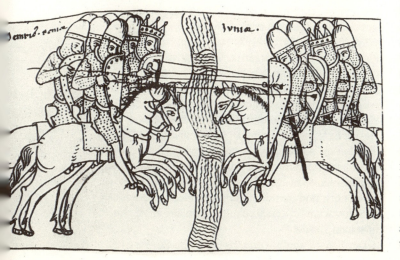

erwecken. Am brauchbarsten hierzu erschien ihnen sein Sohn."[156]

Ein äußerer Anlaß war rasch gefunden. 1104 kam es in Regensburg gegen den Grafen Sigihard von Burghausen zu einem Auflauf von Ministerialen, weil er die eingefahrene Rechtspraxis, wohl die Erblichkeit der Dienstlehen, seinen Ministerialen abstritt und zu nehmen versuchte. An der Verschwörung beteiligten sich nicht nur die betroffenen gräflichen Dienstleute, sondern auch städtische und Reichsministerialen. Sie erbrachen die Türen der gräflichen Herberge und enthaupteten Sigihard, ohne daß der Kaiser einschritt. Die Fürsten empörten sich über diesen Vorfall, in dem sie einen Affront gegen den hohen Adel sahen. Sowohl in Bayern als auch in Sachsen machten sich Anzeichen einer offenen Fürstenrevolte bemerkbar.

Als Heinrich IV. den Aufruhr im Keime ersticken wollte, fiel sein Sohn von ihm ab und wechselte zur Fürstenopposition über, da er um seinen Thron fürchtete und hoffte, seinen Verrat vom Papst mit der Zubilligung des Investiturrechtes belohnt zu bekommen.

In dieser Haltung bestärkte ihn vor allem sein Vertrauter, Erzbischof Ruthard von Mainz. Bayern, Schwaben und Sachsen fielen zu ihm ab, und sein Vater sah sich bald auf das Rheinland zurückgeworfen. Sein Ritterheer lief 1105 am Regen bei einer Konfrontation mit dem jungen Heinrich auseinander.

Die Parteinahme der rheinischen Städte für den Kaiser

Nur auf die Hilfe von Städten wie Köln, Mainz, Nürnberg, Regensburg und Würzburg durfte der Kaiser noch rechnen. Die Mainzer Bürger und Ministerialen sandten ihm einen Brief, in dem es unter anderem hieß: „Da wir bisher dem Ansehen deines Reiches ganz ergeben und auch zumindest ein Geringes dazu tun konnten, liegt es in Gottes Erbarmen und in deiner Huld, ob wir auch weiterhin zur Erhöhung deiner Majestät und zum Nutzen des eigenen Lebens etwas unternehmen können. Uns ist nämlich sicher bekannt geworden, daß deine und unsere Feinde von beiden Seiten einen Feldzug gegen unsere Stadt angekündigt haben... Diese alle haben sich, wie uns sicher berichtet worden ist, miteinander verabredet, daß sie am nächsten Michaelstag (29.9.1106) und falls sie können schon eher, mit einer großen Menge unsere Stadt überfallen und gegen deinen Willen den Bischof Ruthard auf den Bischofsstuhl zurückführen wollen... All unser Landvolk zu beiden Seiten des Rheins hat geschworen mit uns auszuharren. Als es sich vor kurzem nahe bei der Stadt mit uns versammelte, wurden 20000 Mann, Reiter und Fußvolk, gezählt. Wenn uns also Gott den Sieg verleiht, dann wird jeder von uns sicher sein – du auf deinem Thron und wir an unserem Platz."[157] In diesem Hilfs- und Bündnisangebot fand die königstreue Haltung der rheinischen Städte, der Gedanke der gegenseitigen Abhängigkeit von Königtum und Bürgertum, seinen klaren Ausdruck.

Heinrich V. konnte jedoch seinen Vater, der sich nach dem Zusammenstoß am Regen nach Köln zurückgezogen hatte, im Dezember 1105 hinterhältig gefangennehmen und ihn zur Auslieferung der Reichsinsignien zwingen. Dem Kaiser gelang noch einmal die Flucht aus Ingelheim nach Köln. Den Kölner Bürgern erteilte er jetzt den Befehl, die Stadt mit einem erweiterten Wall und Graben sowie Torbogen zu sichern und für ihn zu verteidigen. Das war ein wichtiger Schritt auf dem Wege zur Wehrhoheit der Kommune. Heinrich IV. gewährte so am Ende seines Lebens auch den deutschen Städten politische Freiheiten, nicht nur wirtschaftliche Vorteile, wie in den siebziger Jahren.

In der sogenannten „Kölner Königschronik" wird zum Jahre 1112 vermeldet: „Köln schloß für die Freiheit einen Schwurverband (coniuratio)."[158] Möglicherweise schlossen die Kölner Bürger diesen Schwurverband bereits 1106 und bekräftigten durch Eid, daß sie ihre Stadt für den Kaiser schützen wollten. Coniuratio, Kommunebildung und Stadtfreiheit fielen mit dem Mauerbau zusammen und trugen entscheidend zur Konstituierung eines freien Bürgertums als neue soziale Schicht und eigener Stand bei. Die sich abzeichnende Bildung bürgerlicher Stadtgemeinden mit ausgeprägter Selbstverwaltung resultierte weniger aus einem europäischen „Freiheitsprinzip" als vielmehr aus der lockeren staatlichen Struktur der Feudalherrschaften. Das Fehlen einer straffen Verwaltung ermöglichte nicht nur dem Adel ein hohes Maß an Selbständigkeit, sondern bot auch anderen gesellschaftlichen Gruppierungen Raum, um ihre Interessen in genossenschaftlichen Vereinigungen durchzusetzen. Diese Situation ermöglichte es letztlich den Stadtbewohnern, eine ökonomisch, juristisch und politisch autonome Stellung zu erkämpfen.[159]

Im Unterschied zu 1074 schlossen sich 1106 die Bauern den Kölner Bürgern an und ergriffen zusammen mit ihnen Partei für den Kaiser. Dieser hatte sich inzwischen nach Lüttich begeben, wo er Unterstützung bei dem Bischof, dem Herzog von Niederlothringen und einigen anderen Fürsten fand. Das anrückende Heer Heinrichs V. wurde im März 1106 von den Anhängern des Kaisers zurückgeschlagen. Bereits vorher hatten im Elsaß die Bewohner der kleinen Stadt Ruffach den Kaisersohn beim Durchzug angegriffen, in die Flucht geschlagen und ihm die Reichsinsignien abgenommen. Nur durch große Versprechungen brachte er sie wieder in seinen Besitz.

Der Kaiser sandte von Lüttich aus in alle Welt, unter

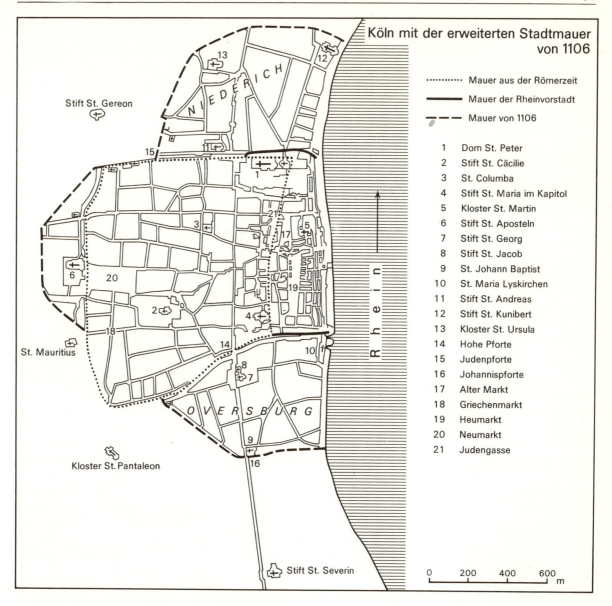

anderem an den französischen König, Rechtfertigungsschreiben, in denen er den Machtmißbrauch der Kurie und die Treulosigkeit seines Sohnes anprangerte. Inmitten der Vorbereitungen für eine neue kriegerische Auseinandersetzung mit seinen Gegnern starb Heinrich IV. plötzlich am 7. August 1106. An seiner Bahre drängten sich die Armen, Witwen und Waisen. Sein Biograph schilderte gerührt die Szene: „Zu seiner Bestattung strömten Witwen und Waisen und alle Armen des ganzen Landes herbei; sie weinen, weil sie den Vater verloren, ihre Tränen fließen über seinen Leichnam, sie küssen seine freigebigen Hände. Man konnte sie kaum davon abbringen, den entseelten Leib zu umarmen, ja man konnte ihn kaum bestatten. Sie wichen auch nicht von seinem Grabe, sie harrten bei ihm in Nachtwachen, Tränen und Gebeten aus, und klagend erzählten sie und im Erzählen klagten sie, welche Werke der Barmherzigkeit er an ihnen getan."[160]

In diesem Zustrom Armer und Schwacher kamen weit verbreitete Volksvorstellungen vom guten, gerechten und milden König zum Durchbruch, wie sie während des ganzen Mittelalters lebendig blieben. Der Zulauf war aber auch ein Ausdruck der Furcht vor dem raubgierigen Adel, der nun freie Bahn zu haben schien, seinen Beutehunger zu stillen. In Heinrich IV. verehrte das Volk den Friedenskaiser, der mit strengen Gesetzen und mit seinem Schwert den Adel in die Schranken gewiesen hatte. Was konnte es aber von seinem Sohn erwarten, der sich zum Erfüllungsgehilfen der Fürsten erniedrigt hatte?

Grabbeigaben Heinrichs IV.: Grabkrone und Brustkreuz

Öffnung der Gräber der salischen Kaiser im Dom zu Speyer im Jahre 1900. V. l. n. r.: Särge Bertas, der Frau Heinrichs IV. (geöffnet), und Giselas, der Frau Konrads II., Särge Konrads II. und Heinrichs III. (geöffnet), am Rande in leicht erhöhter Position der Sarg Heinrichs IV.

Heinrich V. und die Städte

Nach dem Tode Heinrichs IV. huldigten auch die letzten adligen Anhänger des Kaisers seinem Sohn. Die Fürstenopposition hatte gegenüber der Zentralgewalt einen entscheidenden Sieg errungen. Als ihr Sprecher warnte der Mainzer Erzbischof bei der Übergabe der Reichsinsignien vor dem versammelten Hochadel den neuen König: Wenn er das Reich nicht gerecht regiere und sich nicht als Verteidiger der Kirche Gottes erweise, dann würde es ihm wie seinem Vater ergehen.[161] Es war erklärter Wille der Fürsten, Heinrich V. wie einst Rudolf von Rheinfelden nur als einen unter Gleichen anzuerkennen.

Heinrich V. war aber nicht gewillt, sich mit dieser Rolle abzufinden. Er verfolgte innen- und außenpolitisch die gleichen Ziele wie sein Vater. Wenn er 1104 von diesem abgefallen war, dann nur, um aus der Isolierung, in welcher sich das salische Geschlecht im Hinblick auf den Hochadel befand, herauszukommen und einen annehmbaren Vergleich mit der Kurie zu suchen.

An einem Ausgleich mit dem Papsttum lag nach 1106 auch den deutschen Fürsten, die ihren Herrschaftsanspruch im Reich gesichert glaubten und an einer päpstlichen Vormachtstellung gegenüber dem König und Einspruchsrechten in Wahlhandlungen kein Interesse zeigten. Aber alle Vermittlungsversuche mit der Kurie scheiterten. Um dem königlichen und fürstlichen Verlangen nach einem Ausgleich in der Investiturfrage, die den Adel ebenso berührte und bewegte wie Heinrich, mehr Nachdruck zu verleihen, zog der König 1110 mit einem starken Heer über die Alpen und verhandelte mit Papst Paschalis II. über die Aufgabe seines Investituranspruchs in Deutschland. Dafür versprach ihm der Papst, die Bischöfe und Äbte zu veranlassen, dem König alle Regalien und allen Grundbesitz zurückzuerstatten, soweit es sich um ehemaliges Reichsgut handelte.

Als am 12. Februar 1111 Paschalis vor der Kaiserkrönung in der Peterskirche die Abmachung den versammelten Fürsten verlas, kam es zum Tumult, denn nicht nur die geistlichen Würdenträger sahen sich mit einem Schlag ihrer Macht beraubt, auch die weltlichen Lehnsträger der Kirche fürchteten schwere Einbußen. Heinrich hatte die Reaktion vorausgesehen und forderte die bedingungslose Bestätigung des Investiturrechtes und die versprochene Kaiserkrönung. Da ihm Paschalis beides wegen der hinfällig gewordenen Vereinbarungen verweigerte, nahm Heinrich ihn zusammen mit den anwesenden Kardinälen gefangen und setzte ihn unter Druck, bis der Papst nachgab und ihn zum Kaiser krönte. Heinrich meinte, durch diesen Schachzug endgültig die Liierung der Kurie mit den Reichsfürsten zunichte gemacht und in Deutschland freie Hand für den Wiederaufbau eines starken Königtums bekommen zu haben.

Zu diesem Zwecke näherte er sich den Städten, die nach 1104 scharf gegen ihn opponiert hatten. Nach seiner Machtübernahme hatte er sich zunächst reserviert, ja feindlich gegen kommunale Bewegungen verhalten. So zwang er 1107 die Bürger von Cambrai, ihre 1101 beschworene Kommune aufzulösen und abzuschwören. Er erklärte, daß er die neuen Gesetze und eidlichen Verordnungen der Stadtgemeinde weder anerkennen noch billigen werde. Allerdings legte sich Heinrich damit für seine zukünftige Städtepolitik nicht fest. Im Falle Cambrais mochten Opportunitätsgründe hinsichtlich des von den Bürgern abgelehnten Stadtherrn eine Rolle spielen, und aus einer Reserve Heinrichs gegenüber Schwurverbänden brauchte noch keine antistädtische Haltung zu resultieren. Auch der französische König widersetzte sich in jener Zeit kommunalen Zusammenschlüssen in seiner Domäne, ohne daß er den Städten seine Förderung versagte.

Die Aufgabe der Zentralgewalt bestand darin, wichtige Städte in ihren Machtbereich einzugliedern und sie durch Begünstigungen aller Art aus fürstlichen Herrschaftskomplexen herauszulösen. Die Bürger ihrerseits erstrebten die Befreiung von feudalen Bevormundungen jeglicher Art, wobei ihnen der König helfen sollte. Wo aber ihre ökonomischen Interessen mit den königlichen Auffassungen kollidierten, traten sie ebenso gegen die Zentralgewalt wie gegen ihre Stadtherren auf.

Hinter den unterschiedlichen Verhaltensweisen gegenüber dem König und den Stadtherren standen soziale Veränderungen innerhalb der genossenschaftlich organisierten Gemeinden, die zwar erst seit der Mitte des 12. Jh. zur vollen Wirkung gelangten, aber doch schon mit dem Beginn des Jahrhunderts sichtbar wurden. In Orten wie Bamberg und Goslar organisierte sich eine jüngere, kommerziell-gewerblich tätige Gruppe von Neubürgern. Sie stammte aus grundherrschaftlichen Verbänden der näheren und weiteren Umgebung. Herausgelöst aus den alten Dorfgemeinschaften, suchte sie in der Stadt nach neuen Bindungen. Während sich die Kaufleute in Gilden zusammenfanden, bildeten die Neuzuwanderer Gruppierungen, die von den verschiedenen Gewerbezweigen ausgehend sich nach und nach in Einungen, Innungen und Zünften organisierten. Das erste erhaltene Privileg für eine solche Vereinigung bezog sich 1106/07 auf die Wormser Fischhändler. Die Zünfte wurden aber erst seit der Mitte des 12. Jh. zur dominierenden Organisationsform des Handwerks in den Städten.

Vielfach zahlten die Neuzuwanderer noch Kopfzins, wie in Bremen, Münster, Osnabrück und Paderborn. Aus ihnen gingen Kaufleute und Handwerker hervor, die sich nun allmählich juristisch von ihrem unfreien

Stand emanzipierten und in dieser Hinsicht mit den städtischen Ministerialen eine parallele Entwicklung durchliefen. Blieb das Fernhändlertum wie bisher auf den König orientiert, so lehnten sich die neuen Elemente an die geistlichen Stadtherren an. Allerdings behielten die „mercatores" ihre Führungsrolle; aber während der Feudalfehden im Investiturstreit gewann der Schutz des Stadtherrn an Bedeutung. Nur die großen Kommunen, wie Köln, Mainz und Worms, suchten mehr und mehr eine selbständigere Rolle im Kampf zwischen den Parteien der herrschenden Feudalklasse zu spielen, wie der Versuch der Wormser im Jahre 1111 beweist, sich der Reichsinsignien zu bemächtigen, als der Kaiser krank darniederlag. Offensichtlich wollten sie mit Hilfe dieses Faustpfandes bei einer eventuellen Neuwahl ein Wort mitreden.

Dort, wo es opportun schien, neigten sie ihre Gunst geistlichen Stadtherren, wie Erzbischof Adalbert I. von Mainz, zu, der den Bürgern um 1120 für militärische Hilfe gegen Heinrich V. das Recht auf Selbstbesteuerung und alleinige Zuständigkeit des Stadtgerichts für alle „cives" beurkundete.

Kaiser Heinrich V. schlug auch in der Städtepolitik die Bahnen seines Vaters ein und zeigte sich zu Entgegenkommen bereit. In Italien privilegierte er 1114 Cremona in ökonomischer Hinsicht und erteilte 1116 Bologna und Mantua die Erlaubnis, die kaiserlichen Pfalzen niederzureißen. Das bedeutete für die Kommunen die Befreiung von der Beherbergungspflicht sowie die Erhöhung ihrer Autonomie.

In Deutschland hatte der Kaiser 1112 Worms die Privilegien von 1074 bestätigt und die jährlichen Abgaben für den Wachtdienst erlassen. Ein Jahr zuvor, 1111, gelangte Speyer durch Heinrich V. in den Genuß von Vorrechten, die 1114 auch Worms zugestanden erhielt. Darin gewährte er den nach Speyer oder Worms ziehenden oder dort ansässigen Personen das Recht auf Eheschließung, ohne daß der bischöfliche Stadtvogt Einspruchsmöglichkeiten hatte. Diese aus der Grundherrschaft herrührenden Bindungen fielen für die Bürger jetzt weg. Klar erwies sich die Stadt als eigener Rechtsbezirk gegenüber der ländlich-feudalen Rechtssphäre. Desgleichen legte Heinrich die Erbfolge der Ehegatten und ihrer Kinder fest und hob alle Ansprüche, so etwa Todfallabgaben, von seiten der Fronherren auf. Verblieben die Einwohner von Speyer und Worms bis 1111 bzw. 1114 noch in den angestammten Rechtskreisen und belasteten sie noch grundherrliche Verpflichtungen, so bewirkte die königliche Privilegierung eine juristische Vereinheitlichung innerhalb der Stadtgemeinden.

Auch dort, wo man dem Kaiser feindselig begegnete, wie in Köln, bemühte er sich um Ansatzpunkte zu einer Interessengemeinschaft, etwa durch die Unterstützung der bürgerlichen Bestrebungen, dem Erzbischof das

Heinrich V. empfängt von Papst Paschalis II. die kaiserlichen Insignien. Miniatur in der sog. Kaiserchronik

Amt des Untervogtes zu entwinden und es der bürgerlichen Gerichtsbarkeit einzugliedern. Als jedoch 1114 am Niederrhein ein allgemeiner Abfall von dem Salier begann, verschlossen ihm die Kölner ihre Tore und bereiteten dem königlichen Belagerungsheer durch den Einsatz von Bogenschützen eine Niederlage.

Nach dem Tode Kaiser Heinrichs IV. schlossen sich die deutschen Städte nicht mehr bedingungslos einer Partei an. Sie vertrauten mehr und mehr auf die eigenen Kräfte als auf das Königtum, das sich wohl ihrer finanziellen und militärischen Potenzen bediente, ohne mit ihnen ein festes Bündnis einzugehen. Die wieder aufflammenden Adelsfehden zwangen die Städter, Position zu beziehen und sich politisch auf eigene Füße zu stellen. Die Feudalgewalten ihrerseits verhielten sich recht unterschiedlich zu dieser Entwicklung. Sie versuchten sie aufzufangen, zu neutralisieren oder zu integrieren, wie etwa die Zähringer in Südwestdeutschland. Andererseits übernahmen die Bürger Attribute und Instrumente der Feudalherrschaft.

Parallel zum Burgenbau des Adels lief die Befestigung der Kommunen, die vom Westen nach dem Osten fortschritt. Behielt auch der Stadtherr, von Ausnahmen wie Köln abgesehen, bis zum Ende des Jahrhunderts das Befestigungsrecht in seiner Regie, so schloß sich doch die Stadt mit Mauern, Gräben und Türmen mehr und mehr vom flachen Lande ab. Basel, Köln, Regensburg, Speyer, Worms und Würzburg trugen schon im 10./11. Jh. einen Mauergürtel, der allerdings noch recht bescheiden ausfiel und nicht immer die ganze Stadt umschloß. Er bestand aus hölzernen Toren und wenigen Türmen aus Fachwerk oder Holz. Diese Befestigungen bildeten den äußeren Rahmen für die juristische und soziale Abgrenzung der Bürger von den Bauern und Grundherren.

Der Kompromiß von Worms 1122

Heinrich V. bemühte sich unmittelbar nach seiner Machtübernahme, die Reichskirche wieder fest in den Griff zu bekommen. Er ernannte wie in alten Zeiten Bischöfe und Äbte, ohne sich um die Proteste der Reformer zu kümmern. Die Vergabe von Reichsgut an Kirchen und Klöster verringerte sich spürbar. Vor allem die sächsischen Bistümer und Klöster bedachte Heinrich V. nicht mehr, mit Ausnahme Hildesheims, Meißens und des Klosters Bibra. Dagegen wandte er seine Gunst einigen rheinischen, ostfränkischen und bayerischen Stiften zu, so Basel, Maastricht, Mainz, Siegburg, Utrecht und dem Kloster Einsiedeln.

Nachdem der König seine Position gefestigt hatte, machte er sich an die Zurückdrängung des hohen Adels im Reich. 1111 gelangen ihm nach der Gefangennahme des jüngeren Wiprecht von Groitzsch im Gebiet der Markgrafschaft Meißen und Thüringens Landerwerbungen, nämlich die Gaue Bautzen und Nisani sowie die Burgen Leisnig und Morungen. 1113 mußte ihm der ältere Wiprecht Groitzsch ausliefern.

Heinrich richtete sein Augenmerk besonders auf erbenlose Lehen und Allode. So gelangte er 1112 durch den Tod des Grafen Udalrich von Weimar in den Besitz von Reichslehen. Der sächsische Pfalzgraf Siegfried erhob jedoch Anspruch auf diese Lehen und trat daher dem Kaiser zusammen mit Herzog Lothar von Supplinburg, Markgraf Rudolf von der Nordmark, Wiprecht von Groitzsch dem Jüngeren und Ludwig von Thüringen in den Weg. Da sie einer Ladung nach Erfurt nicht Folge leisteten, brandschatzte Heinrich ihre Güter und belagerte und eroberte ihre Burgen. Graf Hoyer von Mansfeld überrumpelte die Verschwörer und kerkerte einige ein. Da Siegfried bei dem Aufstand sein Leben eingebüßt hatte, konnte der König dessen Lehen und wohl auch die Allode einziehen. Graf Ludwig von Thüringen unterwarf sich und mußte Heinrich die Wartburg übergeben.

Die neu aufflammenden Kämpfe in Sachsen zeigten die gestiegene Bedeutung der Burgen. Sie dienten den Fürsten als Operationsbasen. Wo immer der König dazu in der Lage war, zwang er den Adel zur Herausgabe seiner Festungen. Seinerseits erbaute er überall dort, wo es möglich war, Burgen zur Sicherung der Königsgüter und besetzte sie wie sein Vater mit Ministerialen.

Die Burgen konzentrierten sich im wesentlichen auf drei Gebiete: auf die im Osten gelegenen Ländereien um Groitzsch, in Ostsachsen und in Thüringen mit der Wartburg und dem Kyffhäuser; dort wurden die Heimburg restauriert und die Pfalz Wallhausen befestigt. In Westfalen erhoben sich Bentheim und Lüdenscheit, in der Nordeifel Kerpen. Die dritte Burgengruppe lag am Ober- und Mittelrhein, so Oppenheim, Rappoltstein, Stromberg westlich von Bingen und Trifels. 1119 vergab er an 20 Goslarer Bürger und Ministerialen den Al-Wald im Harz zur Rodung. Wahrscheinlich betrieb er damit wie sein Vater den organisierten Landesausbau des Königsterritoriums. Um die Verbindungswege zwischen dem salischen Kernraum am Mittelrhein und im Harz zu sichern, begünstigte er in der Wetterau und in Hessen die dort lebenden Dynastengeschlechter gegen die Fürsten. Er übertrug ihnen Reichsrechte und Kirchenvogteien. Sie dienten ihm neben den Ministerialen in der Innenpolitik als Stütze.

Nach dem Vorbild seines Schwiegervaters, des englischen Königs Heinrich I., plante er die Einführung einer allgemeinen Reichssteuer. Sie sollte ihm finanzielle Quellen erschließen, die ihn von fürstlichen Aufgeboten unabhängiger machten. Auch die Städte gedachte er in diesem Sinne für sich auszunutzen. Ein derartiger Fiskalismus mußte jedoch die Bürger irritieren, da ihn keine ausgewogenen Gegenleistungen kompensierten.

Unbekümmert griff er auch in Erbstreitigkeiten sächsischer Fürsten ein. Außerdem ernannte er den stammesfremden Gottfried von Calw zum rheinischen Pfalzgrafen, ohne Rat und Zustimmung der Fürsten einzuholen. Das war der Adelsfronde zu viel. Sie sah sich in ihren Hoffnungen, die sie 1104 hegte, schwer getäuscht. Ihre Machtstellung, die sie seit den Jahren der Regentschaft der Kaiserin-Witwe Agnes auf- und ausgebaut hatte, glaubte sie bedroht.

Die Tendenz zur Regionalisierung bestimmte zunehmend auch die Politik der Bischöfe und Reichsäbte. Sie operierten mit dem Ruf nach Freiheit der Kirche, um sich jeglicher Eingriffe durch den König zu entziehen, und fühlten sich mit den Reichsfürsten durch gemeinsame Interessen verbunden. Typisch für die Bestrebungen des geistlichen Hochadels war die Politik Erzbischofs Adalbert I. von Mainz. Sowohl in Hessen/Thüringen als auch am Rhein bemühte er sich um die Schaffung eines möglichst geschlossenen Herrschaftsgebietes. Zunächst unterwarf er sich die von Dynasten gegründeten Reformklöster in seiner Erzdiözese, die er im Zeichen der Freiheitsidee als Eigenklöster der Mainzer Kirche einverleibte. Seinen Verwandten aus dem Saarbrücker Hause schanzte er Vogteien und Kirchenlehen zu. Der Ministerialität bediente er sich in gleicher Weise wie der König. Sie bot ihm nicht allein eine schlagkräftige Truppe, sondern auch einen Stab erfahrener Verwalter und Untervögte.

Ähnlich operierte Erzbischof Friedrich I. von Köln. Auch er bemächtigte sich der Klöster und band kleine Grafengeschlechter über Belehnungen mit Vogteien an das Erzbistum. Diese Lehensvergaben erfolgten nicht zugunsten der Klöster, sondern im Hinblick auf die Gewinnung von Vasallen. Damit legte er den Grundstein zu einem fürstlichen Territorium.

Ähnlicher Methoden bedienten sich die weltlichen Großen, wie zum Beispiel die Babenberger in Bayern, die eine kirchenfreundliche Vogteipolitik auf Kosten kleiner Dynasten betrieben und so auf lange Sicht Rechte über ausgedehnte Besitzungen der Bistümer Bamberg, Freising, Passau, Regensburg und Würzburg erlangten.[162] Geistlicher und weltlicher Adel verhinderten damit zugleich die Schaffung zentralistisch strukturierter Klosterverbände wie in Frankreich, wo die Cluniazenser ein ganzes Netz von Prioraten der Mutterabtei unterordneten.

Dieser Hochadel verschwor sich erneut gegen das Königtum. Die Interessengemeinschaft zwischen geistlichen und weltlichen Fürsten festigte sich noch durch die gleiche soziale Herkunft. Während sich in Nordfrankreich im 11. und 12. Jh. rund 50 Prozent der Bischöfe aus dem niederen Adel rekrutierten, in Südfrankreich in der Diözese Aix zwischen 1101 und 1311 von 14 Bischöfen nur einer einem hochadligen Geschlecht entstammte und auch in England von 45 Prälaten im 13. Jh. nur einer aus dieser Schicht hervorging, gehörten im Reich fast ausnahmslos alle Bischöfe der Hocharistokratie an.[163]

1112 kam es zum Bruch zwischen Heinrich V. und Adalbert I., der nach 1104 zu seinen eifrigsten Parteigängern gehört hatte. Adalbert strebte mit allen Mitteln danach, die Position seines Erzstiftes am Ober- und Mittelrhein durch Neuerwerbungen, Konzentration von Herrenrechten und Burgenbau zu festigen und zu erweitern. Der Streit mit dem Kaiser entzündete sich an der Feste Trifels, welche die Straße durch den Pfälzer Wald nach dem Oberrhein südlich von Speyer kontrollierte. In den schweren Kämpfen litt das Reichsgut am Oberrhein erheblich. Auch als der Kaiser schließlich den Erzbischof gefangennahm, endete die Fehde nicht. Unter dem Druck der erzbischöflichen Ministerialen und der Mainzer Bürger mußte Adalbert nach dreijähriger Haft wieder entlassen werden.

Entscheidend hierfür war jedoch das Bündnis Adalberts mit Herzog Lothar von Supplinburg, der die Erbschaft Ottos von Northeim und der Billunger innehatte, die ihm eine überragende Machtstellung im Norden garantierte. Als Heinrich V. daranging, die königlichen Eingriffsrechte zu praktizieren, und auf Restituierung des Reichsgutes drängte, empörte sich Lothar. In der Schlacht am Welfesholz 1115 erlitt der Kaiser eine schwere Niederlage, die ihn jedes Einflusses in Sachsen beraubte. Der Ausgang dieser Schlacht stärkte die Position der Fürsten und der Kurie, die wegen ihrer Demütigung von 1111 auf Rache sann.

Die Reformer zwangen Paschalis II., das Heinrich V. zugestandene Privileg der Laieninvestitur, das sie verächtlich als „Pravileg" (lat. pravus = unrecht) bezeichneten, zu widerrufen. Über den Kaiser sprach der Anführer der radikalen Kirchenmänner, Erzbischof Guido von Vienne, den Fluch aus und forderte vom Papst die Bestätigung. Im Herbst 1115 predigte bereits ein päpstlicher Legat in Sachsen die Verdammung Heinrichs, auch wenn Paschalis den Bann nicht gegen ihn schleuderte.

Der Kaiser sah sich 1115 vor eine ähnliche Situation gestellt wie sein Vater 1076. Um eine feste Koalition der Fürsten mit den römischen Reformern zu verhindern, lenkte er ein und verlegte sich auf Verhandlungen. Ihm lag vor allem an einer Atempause, weil im gleichen Jahr die Markgräfin Mathilde von Tuscien gestorben war. Sie hatte den Kaiser im Jahre 1111 als Erben ihrer Besitzungen anerkannt. Daher brach dieser 1116 sofort nach Italien auf, um die toskanische Erbschaft anzutreten. Paschalis II. floh nach Süditalien unter den Schutz der Normannen, die Römer riefen den Kaiser in die Stadt, wo er 1117 seine junge Gemahlin Mathilde, Tochter König Heinrichs I. von England, mit dem kaiserlichen Diadem schmücken ließ. Als die Gregorianer nach dem Tode Paschalis' II. im Jahre 1118 Gelasius II. mit der Tiara krönten und dieser den Bann gegen Heinrich verkündete, ließ der Kaiser den spanischen Erzbischof von Braga als Gregor VIII. zum Gegenpapst wählen. 1119 gelangte schließlich der Führer der radikalen Kirchenreformer, Erzbischof Guido von Vienne, als Calixt II. auf den Stuhl Petri. Für den Kaiser rückte damit die Aussicht auf einen Kompromiß in weite Ferne.

Daher suchte er erneut eine Übereinkunft mit der Fürstenopposition. In langwierigen Verhandlungen kam 1121 in Würzburg ein Vergleich zustande. Darin verbriefte Heinrich den Fürsten feierlich das Widerstandsrecht und legalisierte so ihre Opposition, wogegen sie ihm ihre Vermittlung in seinem Streit mit dem Papst zusagten. Das bedeutete das Eingeständnis des Kaisers, daß seine politischen Initiativen gescheitert waren und er seine Widersacher im Reich als Wortführer in seinem Streit mit dem Papst anerkennen mußte. Die deutschen Fürsten hatten mit dem Ausgleich von Würzburg erreicht, was sie wollten: Sie besaßen das legalisierte Mitspracherecht in allen Reichsangelegenheiten und hatten damit ihre Beteiligung an der Herrschaft in Deutschland verankert. Daher lag ihnen auch nichts an einem neuen Waffengang mit dem Papst. Sie lehnten entschieden das konsequente Verbot der Laieninvestitur ab, weshalb sie Calixt II. zwangen, einem Kompromiß zuzustimmen.

Die theoretischen Voraussetzungen hierfür hatte bereits der französische Bischof Ivo von Chartres geschaffen. In einem Brief an Erzbischof Hugo von Lyon führte er aus, daß ein Bischof sowohl das geistliche Amt ausübe als auch über weltliche Rechte verfüge. Deshalb dürfe der König dem Bischof weltliche Befugnisse übertragen. Ebenso müßte man dem Herrscher als „Haupt des Volkes" einen Einfluß auf Bischofswahlen zugestehen. Wichtig sei eine klare Trennung zwischen geistlichen und weltlichen Befugnissen des Bischofs, zwischen den „spiritualia" und den „temporalia". In der Sphäre der „spiritualia" hatten weltliche Machthaber nichts zu suchen, über die „temporalia" stand ihnen dagegen ein Aufsichtsrecht zu. Ivo galt die Investitur als rein weltlicher Akt ohne sakramentale Bedeutung, keineswegs als Ausdruck sakraler Befugnisse. Die Übertragung materieller Güter, sofern sie nicht mehr mit den umstrittenen Symbolen Ring und Stab erfolgte, durfte der König vornehmen. Das bischöfliche Amt mußte der Kandidat durch priesterliche Weihe erhalten, der König konnte ihm nur das weltliche „Zubehör" verleihen.[164]

Bei Verhandlungen 1119 in Mouzon in der Nähe von Reims hatte der päpstliche Legat Wilhelm von Champeaux dem Kaiser gegenüber bereits auf die Interpretation Ivos zurückgegriffen. Er erklärte ihm, daß er bei formeller Aufgabe des Investiturrechtes nicht zu befürchten brauche, daß die Reichskirche völlig seiner Autorität entglitte. Die Bischöfe würden ihm nach wie vor für ihre Lehen und Jurisdiktionen die schuldigen Verpflichtungen leisten.[165] Wilhelm konnte sich auf die Praktiken in Frankreich berufen, wo der König den Bischöfen die „regalia" verlieh. Aber die Prälaten brauchten ihm dafür keinen Vasalleneid zu leisten, sondern sie schworen ihm nur Loyalität. Wilhelm versuchte diese Praxis auch auf Deutschland zu übertragen.

Die radikalen Gregorianer verhinderten damals einen Ausgleich zwischen Kaiser und Papst, obgleich die Lösung der Investiturfrage im Sinne Ivos nicht nur in Frankreich, sondern auch in England erfolgt war. Hier kam 1107 in Westminster ein Kompromiß zustande. Der König verzichtete auf die Einsetzung der Bischöfe mit Ring und Stab und sicherte die kanonische Wahl der Kandidaten. Allerdings mußte die Wahl am Königshofe erfolgen, um den königlichen Einfluß zu wahren. Dann überreichte der König dem Bischof eine Konfirmationsurkunde, für die ihm dieser als Vasall huldigte. Erst darauf erhielt er die Weihe.

Nach diesen Vorbildern handelten die deutschen Fürsten 1122 das Konkordat von Worms aus. Calixt II. konnte jetzt nicht mehr auf die Eiferer in seinem Lager Rücksicht nehmen, denn als Gesprächspartner stand ihm nicht mehr ein gebannter und isolierter König gegenüber, sondern die geschlossene Adelsfronde.

Grundlage des Übereinkommens bildete die Trennung der „temporalia" von den „spiritualia". Heinrich V. gestattete die kanonische Wahl der Bischöfe und Äbte, die in Deutschland in seiner Gegenwart erfolgen sollte. Die Investitur mit Ring und Stab fiel weg, wogegen ihm Calixt II. die Investitur mit dem rein weltlichen Symbol des Szepters einräumte. In Deutschland durfte die Investitur mit den Regalien der kirchlichen Weihe vorangehen, in Italien und Burgund mußte sie ihr nachfolgen. Mit dieser Konzession erreichte der König, daß in Deutschland nach wie vor kein Bischof gegen seinen Willen ein Amt ausüben konnte. Damit blieben die Bischöfe de jure vom König abhängig. Dagegen verlor er seinen Einfluß auf den italienischen und burgundischen Episkopat.

Die Laieninvestitur in ihren traditionellen Formen war beseitigt, aber dennoch blieb der Zentralgewalt die Verfügungsgewalt über die Kirchengüter. Weder das Reformpapsttum noch das Königtum gingen in Worms als Gewinner hervor. Sieger des Investiturstreites blieb vielmehr die dritte Kraft, der deutsche Hochadel. Ihm brachte das Konkordat die meisten Vorteile. Die Wahl der Bischöfe und Äbte erfolgte durch die Domkapitel oder Klosterkonvente, in denen die jüngeren Söhne der Fürstenhäuser saßen. Mit ihren Einsprüchen und ihrer Vetternpolitik mußte der König vor allem rechnen, da sie das Wahlrecht für dynastische Ziele benutzten. Sie, nicht der Papst, entschieden, wer die reichsten Pfründen erhalten sollte. Das Reichskirchensystem verlor seine einstige Bedeutung als Hauptstütze der deutschen Zentralgewalt. Zwar besaß das Königtum nach 1122 immer noch Potenzen, um seine Stellung zu behaupten und auszubauen. Aber die Pläne der Salier, einen geschlossenen Herrschaftsbereich zu schaffen, eine Königslandschaft zu errichten, waren gescheitert. Am Ende der Regierungszeit Heinrichs V. lag das Reichsgut zersplittert und durch gierige Nachbarn gefährdet darnieder, während viele geistliche und weltliche Fürsten bereits über relativ geschlossene Herrschaftskomplexe verfügten. Mit ihrem Netz von Burgen, ihrer strafferen Organisation und Verwaltung sicherten sie ihre Regionen nach innen und außen und paßten sie den neuen Formen des Klassenkampfes an. Sie berücksichtigten die aufblühenden Städte in ihren Gebieten und grenzten sie juristisch gegenüber der Zentralgewalt ab.

Der hohe Adel im Reich hatte so am Ende des Investiturstreites im Wettlauf mit der Zentralgewalt einen beachtlichen Vorsprung, den sie nur schwer aufholen konnte. Die Stärkung der Fürstenmacht unter den letzten beiden Saliern war unvermeidlich. Seit Kaiser Heinrich III. ging es im Reich um eine Neuverteilung der Macht zwischen König und Adel. Die Verquickung mit den italienischen Bistümern und der daraus resultierende Zusammenprall mit den Reformpäpsten schufen zusätzliche Belastungen für eine materielle Stabilisierung des Königtums in Deutschland, ermöglichten es den Fürsten, den Aufbau eines kompakten Machtzentrums in Thüringen und Sachsen zu stören und schließlich zu verhindern.

Die im Wormser Konkordat zum Ausdruck kommende Stärkung der Fürsten bestimmte maßgeblich die weitere staatliche Entwicklung in Deutschland. Die Möglichkeit des Königtums, Rivalitätskämpfe zwischen weltlichen und geistlichen Fürsten auszunutzen, blieben begrenzt, da beide Gruppen relativ geschlossen für ihre Belange eintraten. Das Wormser Konkordat, das in zwei Urkunden, einer päpstlichen und einer kaiserlichen, überliefert ist, differenzierte auch zwischen Königtum und Kaisertum, zwischen „regnum" und „imperium", und stellte betont das deutsche Königreich als gesonderten Staatsverband heraus. Darin wurde das Erbe Gregors VII. deutlich. Von Deutschland setzte man grundsätzlich Italien und Burgund ab. Der Begriff „deutsches Reich" (regnum Teutonicum) wurde jetzt im Sinne Gregors und Lamperts von Hersfeld gefaßt und das Reich der Deutschen als politische Institution staatsrechtlich fixiert.

In dieser Seite des Konkordats manifestierte sich am Ende des Investiturstreites ein für die deutsche Geschichte positives Ergebnis, das der Herausbildung eines künftigen deutschen Nationalstaates förderlich sein konnte. „In der national-deutschen Fassung des deutschen Reichsbegriffes, in der die politische Orientierung auf das ... feudale Staatsgebilde, seine Beziehung auf die sprachlich-völkische Gemeinsamkeit, die Nationalität der Deutschen, deutsches Volksbewußtsein und Nationalgefühl, die Vorstellung des deutschen Reiches als Institution und als politisch-moralische Wertgröße verbunden waren, war die Idee von einem nationalen deutschen Reich konzipiert."[166]

2 Die verstärkte feudale Eroberungspolitik und die Schwächung der Zentralgewalt. Erfolge der kommunalen Bewegung und deren Auswirkungen auf die Lage der Bauern (1122 bis 1250)

Der verschärfte Machtkampf zwischen Zentralgewalt und Fürsten und der Beginn der zweiten Etappe der Ostexpansion (1122 bis 1152)

Die politische Situation nach dem Wormser Konkordat

Durch das Wormser Konkordat war die unmittelbare Verfügungsgewalt der Könige über die Bistümer und Reichsabteien wesentlich abgeschwächt worden. Die Bischöfe und Reichsäbte gerieten in die Position von Lehnsfürsten, deren Bindung an den Herrscher unvergleichlich lockerer war als vor dem Ausbruch des Investiturstreites. Gleichzeitig sicherten die direkte Lehnsbindung an das Oberhaupt des Reiches und die Verfügungsgewalt über umfangreiche Besitzungen und Herrschaftsrechte den Bischöfen und bis zu einem gewissen Grade auch den Reichsäbten eine starke Stellung innerhalb des Reichsverbandes. Das führte dazu, daß zumindest die mächtigeren geistlichen Fürsten in dem während des Investiturstreites einsetzenden Prozeß des staatlichen Ausbaues im regionalen Rahmen mit den größeren weltlichen Fürsten Schritt halten konnten.

In der Folgezeit war dadurch neben den weltlichen Fürsten auch eine sehr große Zahl von geistlichen Fürsten in der Lage, eigene Landesherrschaften aufzubauen. Der Prozeß der Festigung regionaler staatlicher Gewalten führte daher im deutschen Reichsgebiet zu einer besonders ausgeprägten politischen Zersplitterung. In dieser Beziehung unterschied sich die staatliche Struktur des deutschen Feudalstaates im 12./13. Jh. beträchtlich von der anderer europäischer Staaten. Beispielsweise war in Frankreich die Verfügungsgewalt über die Bistümer im 10./11. Jh. niemals ein für das Königtum entscheidender Machtfaktor gewesen. Deshalb hatten die französischen Könige den Bistümern und Abteien nicht in dem Umfange wie die Ottonen und Salier Besitz und staatliche Rechte übertragen. So konnte in Frankreich die Einordnung der Bistümer und Abteien in die königliche Domäne oder andere größere Lehnsfürstentümer ohne erhebliche Schwierigkeiten durchgesetzt werden. Die Entstehung eigener geistlicher Fürstentümer war nahezu ausgeschlossen. Daher stand dem königlichen Machtbereich in Frankreich im 12./13. Jh. nur eine begrenzte Zahl größerer Lehnsfürstentümer gegenüber.

Den Bestrebungen der deutschen Bischöfe und Reichsäbte, eigene Fürstentümer zu errichten, standen zunächst aber auch hemmende Faktoren entgegen. Vor allem wirkte sich die Tatsache aus, daß auf den Besitzungen der geistlichen Fürsten Vögte die Gerichtsbarkeit ausübten. Inhaber der Vogteigewalt waren in der Regel mächtige benachbarte Feudalherren, die ihre aus der Vogtei resultierenden gerichtsherrlichen Rechte dazu auszunutzen suchten, den kirchlichen Grundbesitz in ihren eigenen Herrschaftsbereich einzugliedern. Vor allem seit dem Einsetzen der staatlichen Zentralisation im regionalen Rahmen wurde die Vogtei von den größeren weltlichen Feudalgewalten in verstärktem Maße dazu ausgenutzt, die häufig recht verstreut liegenden Grundbesitzungen von Bistümern und Reichsabteien ihren allmählich entstehenden Landesherrschaften einzuordnen.

Das ganze 12. Jh. war erfüllt von oft heftigen Auseinandersetzungen zwischen geistlichen und weltlichen Fürsten um die Abgrenzung der Vogteirechte. Insbesondere die Reichsabteien waren den benachbarten größeren weltlichen Machthabern oder auch Bischöfen oft nicht gewachsen; umfangreicher Klosterbesitz geriet, auch wenn das ursprüngliche Grundeigentumsverhältnis gewahrt blieb, unter die Gerichtsherrschaft und damit letztlich unter die Landesherrschaft weltlicher Feudalgewalten oder mächtiger Bischöfe. Meist vermochten die Reichsäbte nur in einem räumlich sehr begrenzten Kerngebiet im Laufe des 12./13. Jh. die Vogteirechte größerer weltlicher Fürsten auszuschalten. Die selbständigen Herrschaftsbereiche zahlreicher Reichsabteien blieben daher sehr klein. Nur wenige Klöster, so etwa Fulda, Kempten und St. Gallen konnten größere Gebiete unter ihrer Herrschaft behaupten.

Dagegen waren die meisten Bischöfe stark genug,

sich gegenüber den weltlichen Fürsten durchzusetzen und deren Vogteirechte im Verlaufe der Zeit in größeren Gebieten auszuschalten, so daß viele Bischöfe bereits im 13. Jh. über relativ umfangreiche Landesherrschaften verfügten. Nur dort, wo besonders starke weltliche Fürsten ihre Herrschaft über größere Gebiete ausdehnen konnten, wurden die bischöflichen Territorien stark eingeengt, so etwa im Bereich des bayerischen Herzogs, wo die Bischöfe von Freising, Passau und Regensburg nur kleine Herrschaftsbereiche zu behaupten vermochten.

Aus diesen Gründen war die reale Machtstellung der geistlichen Fürsten in den ersten Jahrzehnten nach dem Wormser Konkordat zwar wesentlich gestärkt, aber keineswegs voll stabilisiert. Bis zur Ausbildung der geistlichen Territorien galt es noch harte Auseinandersetzungen durchzufechten, wobei den geistlichen Fürsten unter Umständen eine Unterstützung durch die Zentralgewalt von Nutzen sein konnte.

Königtum und Fürsten in den letzten Regierungsjahren Heinrichs V. und unter Lothar III.

Zunächst waren es die großen weltlichen Fürsten, die dem König am wirksamsten entgegentraten, sobald er ihre Interessensphäre berührte. Als mächtigster Fürst in den letzten Regierungsjahren Kaiser Heinrichs V. trat Herzog Lothar von Sachsen aus dem Hause Supplinburg hervor. Nach seinem Sieg über Heinrich V. in der Schlacht am Welfesholz bei Mansfeld 1115 hatte er seine anfangs relativ schwache Stellung in Sachsen wesentlich ausbauen können, so daß der niedersächsische Raum seitdem der Einwirkung der Zentralgewalt weitgehend entzogen war.

Ein folgenschwerer Interessenkonflikt zwischen Kaiser und Herzog ergab sich 1123, als der Markgraf von Meißen und der Lausitz starb. Heinrich V. vergab die erledigten Lehen an Wiprecht von Groitzsch; aber Lothar griff sofort ein und bestimmte den Askanier Albrecht von Ballenstedt zum Markgrafen der Lausitz sowie Konrad von Wettin zum Markgrafen von Meißen. Mit Waffengewalt setzte der Supplinburger seine Absichten durch, obwohl der Herzog von Böhmen und der Erzbischof von Magdeburg, der eine weitere Machtsteigerung des benachbarten sächsischen Herzogs verhindern wollte, auf seiten des Kaisers eingriffen.

Erfolglos für den Kaiser verlief auch ein von den Fürsten kaum unterstützter Feldzug gegen den König Ludwig VI. von Frankreich im Jahre 1124, da der bis dahin militärisch schwache französische Herrscher erstmals Hilfe von zahlreichen Lehnsfürsten erhielt und in kurzer Zeit ein großes Heer aufstellen konnte. Während dieses Feldzuges erhob sich die Stadt Worms im Bunde mit dem bischöflichen Stadtherrn gegen den Kaiser. Die Wormser zerstörten eine nahegelegene befestigte Anlage, die Heinrich V. mit der Absicht errichtet hatte, Worms unter Kontrolle zu halten. Offensichtlich wurde von den Bewohnern dieser inmitten des Kerngebietes salischen Besitzes gelegenen Stadt die Macht des Kaisers für bedrohlicher angesehen als die des Bischofs. Heinrich V. zwang die Wormser nach längerer Belagerung zur Übergabe und forderte eine hohe Geldsumme als Strafe.

Als Kaiser Heinrich V. im Mai 1125 starb, wurden in kirchlichen Kreisen trotz der Beendigung des Investiturstreites kritische Wertungen seiner Regierungszeit laut. Der bedeutendste Chronist jener Zeit, Ekkehard von Aura, der für die kirchliche Reformbewegung eintrat und anfangs Heinrich V. als Bringer des goldenen Zeitalters begrüßt hatte, warf ihm am Schluß seiner Chronik vor, er habe „seine Sitten geändert" und „dem apostolischen Stuhl zahlreiches Unrecht zugefügt".[1] So war zu erwarten, daß einflußreiche geistliche Fürsten auf die Wahl eines Nachfolgers dringen würden, der gegenüber den kirchlichen Reformforderungen, die sich als geeignetes Mittel zur Stärkung der Selbständigkeit der deutschen Kirchenfürsten erwiesen hatten, eine positivere Haltung einnahm als die beiden letzten Vertreter der salischen Dynastie.

Ende August fanden sich zahlreiche Fürsten zur Königswahl in Mainz ein. Kaiser Heinrich V., selbst ohne Nachkommen, hatte seinen Neffen Herzog Friedrich II. von Schwaben, dessen Hauptburg auf dem Hohenstaufen lag, als Nachfolger vorgesehen. Wäre bei dieser Wahl nach den seit 919 üblichen, nur durch die Gegenkönigswahlen während des Investiturstreites durchbrochenen Prinzipien verfahren worden, dann war der schwäbische Herzog zweifellos der an erster Stelle in Frage kommende Kandidat. Gegen dessen Wahl opponierte vor allem Erzbischof Adalbert von Mainz, der als Wahlleiter fungierte. Denn der Staufer verfügte als Erbe des teilweise unmittelbar an die schwäbischen Gebiete angrenzenden Hausgutes der Salier, das im Rheingebiet südlich von Mainz um Worms und Speyer konzentriert war, über Machtpositionen, die für den Mainzer Erzbischof bedrohlich werden konnten.

Dank seines großen Einflusses und unterstützt von einem päpstlichen Legaten gelang es Adalbert, die Wahl auf den mächtigsten Gegenspieler des salischen Hauses, auf Herzog Lothar von Sachsen zu lenken. Damit setzten die Fürsten nach den Wahlen von 1077 und 1081 erneut entgegen allen dynastischen Erbansprüchen das Prinzip der uneingeschränkten Königswahl durch.

Der neue König verfügte als Herzog von Sachsen über eine sehr solide Basis. Die fürstlichen Gruppierungen, die sich für Lothar entschieden, gingen offenbar davon aus, daß sich nur ein ausreichend starker

Herrscher gegen die Staufer durchsetzen konnte. Außerdem wurde Lothar von vielen geistlichen Fürsten als geeignet angesehen, weil er eine gewisse Bereitschaft zeigte, den Forderungen der kirchlichen Reformer entgegenzukommen. So begnügte er sich als neugewählter König damit, daß ihm die Bischöfe und Reichsäbte nur den Treueid leisteten, nicht das sonst bei Lehnsbindungen übliche, aber von den Reformern heftig abgelehnte „hominium", bei dem der Vasall niederknien und seine Hände in die des Herrn legen mußte.[2]

Ende 1125 begab sich König Lothar III. nach Bayern, um seine Position gegenüber den Staufern im süddeutschen Raum zu festigen. Den Welfenherzog Heinrich von Bayern (den Schwarzen) konnte er dabei als Verbündeten betrachten. Offenbar hatte Lothar bereits bei seiner Wahl die Heirat seiner einzigen Tochter und Erbin mit Herzog Heinrichs gleichnamigem Sohn zugesagt, der so den Erbanspruch auf das Herzogtum Sachsen gewann und einen entscheidenden Machtzuwachs erwarten konnte. Auf einem Hoftag in Regensburg erreichte der König einen Fürstenspruch, in dem die Unterscheidung zwischen dem Hausgut des Königs und dem Reichsgut präzisiert wurde. Damit war klargestellt, daß die Staufer als Privaterben der Salier nur deren Hausgut, nicht aber das sonstige Reichsgut für sich selbst beanspruchen konnten.[3] Die präzise Unterscheidung zwischen diesen beiden Kategorien des königlichen Besitzes hatte man zur Zeit der Salier bei faktischer Erblichkeit des Königtums weniger beachtet. Jetzt war der Konflikt mit den Staufern, die auch Reichsgut okkupiert hatten, unvermeidlich.

Die Auseinandersetzung mit den Staufern, mit Herzog Friedrich von Schwaben und dessen jüngeren Bruder Konrad, der vor allem in Ostfranken Besitz hatte, begann 1127. Der Versuch des Königs, die Burg und Stadt Nürnberg zu nehmen, scheiterte jedoch. In dieser ihm günstig erscheinenden Situation ließ sich der Staufer Konrad im Dezember 1127 von schwäbischen und fränkischen Großen zum Gegenkönig erheben. Bereits im Frühjahr 1128 brach er nach Italien auf, offenbar in der trügerischen Hoffnung, durch den Gewinn der italienischen Königskrone seine Position zu festigen. Dieses Unternehmen erwies sich jedoch bald

Blick von der staufischen Ministerialenburg Hohenrechberg auf den Hohenstaufen

Siegel König Lothars III. Umschrift: LOTHARIVS DEI GRATIA TERTIUS ROMANORVM REX. Erstmals erscheint auf einem Königssiegel der Titel: König der Römer

als ein Fehlschlag, so daß Konrad im Laufe des Jahres 1130 Italien wieder verlassen mußte.

Gleichzeitig trafen die Staufer auch im deutschen Gebiet schwere Rückschläge. König Lothar eroberte Ende 1129 die Stadt Speyer, die der welfenfreundliche Verfasser der Kaiserchronik später als „Hauptstadt" (houbetstat) der Staufer bezeichnete[4], und entriß den Staufern im folgenden Jahr auch Nürnberg. Seitdem stellten diese keine Gefahr mehr für Lothar dar.

Das päpstliche Schisma und die Italienzüge Lothars III.

Inzwischen hatte sich für den König ein neues Problem ergeben. In Rom war es nach dem Tode des Papstes Honorius II. im Februar 1130 infolge innerer Spannungen im Kardinalskolleg und der Rivalitäten römischer Adelsgeschlechter zu einer Doppelwahl gekommen. Die Erfolgsaussichten der beiden Päpste, Anaklet II. und Innocenz II., hingen in dieser Situation von der Stellungnahme der bedeutenderen weltlichen Herrscher in Europa ab. Innocenz II. gewann einen wesentlichen Vorteil, weil sich der französische und bald auch der englische König für ihn entschieden. Anaklet II., der sich in Rom behauptete, wurde von dem Normannenherrscher Roger II. von Sizilien anerkannt. Roger II. hatte den größten Teil Süditaliens unter seiner Herrschaft vereinigt und stellte einen militärisch starken Machtfaktor dar. Das normannische Staatswesen wurde von Anaklet II. sogleich zum Königreich erhoben, wobei Roger II. Lehnsmann des Papstes wurde. König Lothar und die deutschen Bischöfe entschieden sich für Innocenz II., dem der König bald darauf militärische Unterstützung gegen Anaklet II. zusagte. Der Papst sicherte Lothar dafür die Kaiserkrönung zu.

Während des im Spätsommer 1132 begonnenen Italienzuges konnte Lothar nur einen Teil der Stadt Rom erobern, so daß die Kaiserkrönung im Juni 1133 nicht — wie üblich — in der Peterskirche, sondern im Lateran vorgenommen wurde. In Verhandlungen mit Innocenz II. brachte Lothar das Wormser Konkordat zur Sprache und erreichte vom Papst ein Privileg, in dem eingeschärft wurde, daß die in das Amt eines Bischofs oder Abtes Berufenen im deutschen Königreich die Regalien erst nach ausdrücklicher Verleihung von seiten des Kaisers in Anspruch nehmen durften. Es sollte also künftig entsprechend den in letzter Zeit nicht immer beachteten Grundsätzen des Wormser Konkordats verfahren werden. Dieser begrenzte diplomatische

König Lothar III. Wandmalerei im Chor der Klosterkirche zu Prüfening (um 1130)

Erfolg des Kaisers wurde dadurch gemindert, daß Innocenz II. in der gleichen Urkunde die Formulierung gebrauchte, er habe Lothar die „Fülle der kaiserlichen Würde" gewährt.[5] Damit wurde klar ausgesprochen, daß die vom Papst vorzunehmende Kaiserkrönung keineswegs ein formaler Akt sei, sondern die Übertragung wirklicher Vollmachten beinhalte.

Zwiespältig für Lothar war auch das Ergebnis der gleichzeitigen Verhandlungen über die mathildischen Besitzungen in Tuscien. Die Kurie beanspruchte das Eigentum an den umfangreichen Gütern der 1115 verstorbenen Markgräfin Mathilde von Tuscien. Lothar erkannte dies an, erreichte aber, daß ihm diese für die Beherrschung weiter Gebiete Mittelitaliens wichtigen Ländereien gegen eine jährliche Zinszahlung an die Kurie überlassen wurden. Lothar III. gab seinerseits diesen Besitz an seinen Schwiegersohn, Herzog Heinrich den Stolzen von Bayern, weiter, der dafür dem Papst den Lehnseid leisten sollte. Auf diese Weise wollte der Kaiser vermeiden, daß er selbst in der Rolle eines päpstlichen Lehnsmannes erschien. Daß man auf seiten der Kurie bewußt darauf abzielte, den Kaiser in eine untergeordnete Rolle zu versetzen, zeigte die Überschrift zu einer unter Innocenz II. angefertigten Gemäldefolge im Lateran, die Lothar unter anderem bei der Entgegennahme der Kaiserkrone zeigt. Die in Versen gehaltene Bildüberschrift lautete: „Der König kommt vor die Tore, beschwört zunächst die Rechte der Stadt (Rom), wird dann Mann (homo = Lehnsmann) des Papstes, aus dessen Hand er die Krone empfängt."[6]

Die Kurie verfolgte also auch in der schwierigen Situation des Schismas gegenüber dem Kaiser mit bemerkenswerter Konsequenz die unter Papst Gregor VII. abgesteckten Ziele weiter. Da die deutschen Könige am Anspruch auf das Kaisertum und die universale Vorrangstellung unter den christlich-katholischen Staaten sowie an den Positionen in Italien festhielten, verschärfte sich unvermeidlich die Rivalität mit dem ebenfalls eine universale Stellung beanspruchenden Papsttum. Nachdem dieses durch die kirchliche Reformbewegung wesentlich erstarkt war, während die deutsche Zentralgewalt durch den Aufstieg der Fürsten in ihrer Aktionsfähigkeit in steigendem Maße behindert wurde, stand die kaiserliche Gewalt den Forderungen der Kurie letztlich in einer wenig aussichtsreichen Abwehrstellung gegenüber.

Das konkrete Ziel, dessen Verwirklichung Papst Innocenz II. vom Romzug Lothars III. erwartete, wurde nicht erreicht. Denn bald nachdem der Kaiser von Rom abgezogen war, mußte auch Innocenz II. die Stadt unter dem Druck seiner Gegner verlassen, so daß sich Anaklet II. weiter in Rom behaupten konnte.

Nach seiner Rückkehr nahm Lothar III. im Jahre 1134 im Bunde mit Herzog Heinrich von Bayern erneut den Kampf gegen die Staufer auf. Nach kurzer Belagerung eroberte man das befestigte Ulm. Die staufischen Gebiete in Schwaben wurden verwüstet, so daß sich Herzog Friedrich II. unterwerfen mußte. Bald darauf gab auch der Staufer Konrad seinen Widerstand und sein Gegenkönigtum auf.

Da der weiterhin aus Rom vertriebene Papst Innocenz II. wiederholt auf Unterstützung durch den Kaiser drängte, entschloß sich Lothar III. zu einem zweiten Italienzug, der sich vor allem gegen den wichtigsten Verbündeten Anaklets II., den Normannenherrscher Roger II., richten sollte. Wenn der Kaiser damit auch einem weitverbreiteten Wunsch kirchlicher Kreise entsprach und im Erfolgsfalle einen Prestigeerfolg verbuchen würde, so stand doch von vornherein fest, daß dieses Unternehmen für die Zentralgewalt keinen realen Nutzen versprach.

Im August 1136 brach das Heer nach dem Süden auf. Nach Teilerfolgen in Oberitalien drangen die Truppen im Januar 1137 weiter nach Süden vor und eroberten einige süditalienische Städte und Burgen. Bald wuchs jedoch, gefördert durch die sommerliche Hitze, der Unwille der kaiserlichen Krieger, denen überdies immer deutlicher wurde, daß sie in erster Linie für die Interessen des Papstes kämpften. So war an eine Weiterführung des Kampfes bis zur völligen Niederwerfung Rogers II., der auf der Insel Sizilien nach wie vor einen sicheren Rückhalt hatte, nicht zu denken. Daher beschlossen der Kaiser und der Papst, das Herzogtum Apulien einem mit Roger II. verfeindeten süditalienischen Großen, Rainulf von Alife, zu übertragen; sie hofften, daß Rainulf aus eigenen Kräften in der Lage sein würde, einer erneuten Ausweitung der Machtsphäre des Normannenherrschers einen Riegel vorzuschieben.

Bereits während des Abzuges der kaiserlichen Truppen kehrte Roger II. von Sizilien auf das Festland zurück und bemächtigte sich in kurzer Zeit wieder eines beträchtlichen Teiles der ihm entrissenen Gebiete. Rainulf von Alife behauptete sich bis zu seinem Tode im April 1139 nur mühsam. In Rom residierte nach wie vor der Gegenpapst Anaklet II., der allerdings im Januar 1138 starb, so daß Innocenz II. danach in Rom einziehen konnte. Insgesamt erwies sich der zweite Italienzug als ein Fehlschlag. Kaiser Lothar III. starb auf dem Rückmarsch, unmittelbar nach Überquerung der Alpen, am 4. Dezember 1137.

Seine Regierungszeit wurde von zahlreichen zeitgenössischen geistlichen Annalisten und Chronisten positiv bewertet. Auch der etwa zwei Jahrzehnte später schreibende, den Welfen nahestehende, unbekannte Verfasser der mittelhochdeutsch geschriebenen Kaiserchronik, dessen Ideal ein harmonisches, gleichberechtigtes Zusammenwirken von Papst und Kaiser war, pries Lothar III. als vorbildlichen Herrscher. Insgesamt hat dieser Kaiser, gestützt auf eine starke Position in

Grabmal des Wiprecht von Groitzsch in der Laurentiuskirche zu Pegau, in der rechten Hand Lanze mit Fahne (Anfang 13. Jh.)

Sachsen, die Stellung der Zentralgewalt im Rahmen der damals gegebenen Möglichkeiten gefestigt und durch sein Entgegenkommen gegenüber der kirchlichen Reformpartei unnötige Spannungen vermieden.

Die Anfänge der zweiten Etappe der Ostexpansion

Während sich der Konflikt mit den Staufern seinem Ende näherte, hatte Kaiser Lothar III. eine Entscheidung getroffen, die die Positionen der deutschen Feudalherren im östlichen Grenzgebiet des Herzogtums Sachsen gegenüber den westslawischen Gebieten am rechten Elbufer festigte. Im Frühjahr 1134 übertrug er dem Askanier Albrecht von Ballenstedt die sächsische Nordmark. Mit dieser Maßnahme bekundete Lothar sein Interesse, im slawischen Grenzgebiet starke, aber unter seiner Kontrolle stehende Feudalgewalten zu etablieren. Im Jahre 1136 überließ der Kaiser dem Wettiner Konrad von Meißen die Mark Lausitz. Sie verblieb bis 1304 in der Hand der Wettiner, die somit im Ergebnis der von Lothar III. getroffenen Maßnahmen neben den Askaniern den stärksten Machtfaktor im Elbgebiet darstellten. In den an die Askanier und Wettiner übertragenen Gebieten setzte damals ein verstärkter Landesausbau ein. Der damit verbundene wirtschaftliche Aufschwung bot Möglichkeiten, den eigenen Herrschaftsbereich durch die Eroberung angrenzender westslawischer Gebiete zu erweitern. Ein derartiger Weg eröffnete sich allerdings vor allem den Askaniern, weniger den Wettinern, denn die Marken Lausitz und Meißen grenzten im Osten unmittelbar an das Königreich Polen bzw. an die Oberlausitz, die seit 1158 dem König von Böhmen gehörte. Damit waren einer aggressiven Ausdehnungspolitik der Wettiner durch konsolidierte slawische Feudalstaaten Grenzen gesetzt.

Die wettinischen Markgrafen sowie andere Feudalgewalten im Raum zwischen Saale und Elbe nutzten seit dem frühen 12. Jh. in verstärktem Umfange Möglichkeiten, ihr wirtschaftliches Potential durch systematisch vorangetriebene Rodungen zu erhöhen und so ihr politisches Gewicht zu verstärken. In den einsetzenden regen Landesausbau wurden neben den ansässigen slawischen Bauern zunehmend deutsche Bauern einbezogen. Schon zu Beginn des 12. Jh. siedelte Graf Wiprecht von Groitzsch im Gebiet zwischen Pleiße und Mulde Bauern an, die in Franken angeworben worden waren. Um sie zu gewinnen, wurde ihnen das Erbrecht an ihren Gütern zugesichert. 1118 veranlaßte der Naumburger Bischof die Gründung des Klosters Bosau bei Zeitz, dessen Aufgabe offensichtlich in der Christianisierung der sorbischen Bevölkerung sowie in der Förderung der Besiedlung in den östlich des Klosters gelegenen Gebieten bestand. Von der noch immer starken

Widerstandskraft des Heidentums in diesen Gegenden zeugt die Tatsache, daß 1140 das etwas weiter im Osten gelegene Kloster Schmölln „wegen der Nachbarschaft der Barbaren und der Verfolgung durch schlechte Menschen" in sicherere Gebiete, nach Pforta bei Naumburg, zurückverlegt werden mußte.[7]

Neben weltlichen Fürsten und geistlichen Feudalgewalten schaltete sich auch Kaiser Lothar III. in die Besiedlung und wirtschaftliche Entwicklung dieser Gebiete ein. Reichsbesitz war hier etwa die Burg Altenburg, wo sich Lothar wiederholt aufhielt. Dort entstand in seiner Zeit eine neue Kaufmannssiedlung mit Marktverkehr. In den dreißiger Jahren förderte Lothar III. die Gründung des Benediktinerklosters Chemnitz, das in der zweiten Hälfte des 12. Jh. Kristallisationskern einer königlichen Stadt wurde.[8]

Andere Voraussetzungen bestanden im Gebiet nördlich der Saalemündung, wo die slawischen Stämme östlich der Elbe durch die große Erhebung von 983 ihre Unabhängigkeit zurückgewonnen hatten. Die mächtigsten deutschen Feudalgewalten in diesem Raum waren neben dem im Hintergrund stehenden Herzog von Sachsen die Erzbischöfe von Magdeburg und seit 1134 der Askanier Albrecht als Markgraf der Nordmark. Ihnen stand seit dem Ausgang der zwanziger Jahre der Hevellerfürst Pribislaw von Brandenburg gegenüber, der zum Christentum übergetreten war und als Christ den Namen Heinrich trug. Pribislaw konnte nach dem 1127 eingetretenen Tode des Obodritenherrschers Heinrich von Lübeck,[9] der auch die Heveller einer lockeren Abhängigkeit unterworfen hatte, im Gebiet um Brandenburg ein unabhängiges slawisches Staatswesen aufbauen. Allerdings war dieses frühfeudale Züge aufweisende Staatsgebilde zu schwach, um sich gegenüber den benachbarten deutschen Feudalgewalten zu behaupten, zumal die heidnische Priesterschaft und der slawische Adel einer festeren staatlichen Ordnung widerstrebten. Seinen Königstitel verdankte Pribislaw offenbar einer Verleihung durch König Lothar III., mit dessen Hilfe er seine Position im eigenen Lande zu sichern hoffte. Seiner Politik der Anlehnung an deutsche Feudalgewalten entsprach es, daß er bereits zwischen 1127 und 1130 dem Sohne Albrechts des Bären die Zauche als Patengeschenk überließ; bald nach 1134 setzte er für den Fall seines Todes Albrecht als Erben seines gesamten Besitzes ein. So übte Albrecht schon in der ersten Phase seines Wirkens als Markgraf der Nordmark einen starken Einfluß im slawischen Grenzbereich aus. Als nach dem Tode des dem Christentum zuneigenden slawischen Fürsten Wirikind von Havelberg dort eine heidnische Gegenbewegung triumphierte, fiel Albrecht 1136 und im Winter 1137/38 verwüstend in dieses Gebiet ein, ohne es jedoch bereits fest unterwerfen zu können.

Auch die Erzbischöfe von Magdeburg vermochten

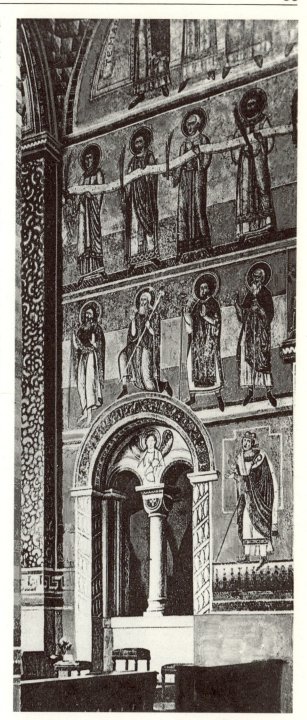

Wandmalerei im Hochchor des von Otto von Bamberg gegründeten Klosters Prüfening, r. u. Bischof Otto (um 1130)

vor dem Wendenkreuzzug von 1147 ihren Herrschaftsbereich nicht nennenswert auf das Gebiet jenseits der Elbe auszudehnen. Erzbischof Norbert von Xanten zeigte aber sein verstärktes Interesse an den slawischen Gebieten, indem er sich bei Papst Innocenz II. um die Anerkennung der Magdeburger Kirchenhoheit über alle ostelbischen Gebiete bis hin nach Polen bemühte, wodurch praktisch auch die Selbständigkeit des Erzbistums Gniezno in Polen in Frage gestellt worden wäre. Obwohl der Papst 1133 auf die Wünsche Norberts

Pfennig des Pribislaw-Heinrich von Brandenburg. Nach dem Obodritenfürsten Heinrich ließ er als erster elbslawischer Fürst Münzen prägen

einging, waren derartig weitgesteckte Ziele natürlich nicht zu realisieren. Die konkreten Absichten des Magdeburger Erzbischofs richteten sich wohl auch in erster Linie darauf, das damals zwischen dem Reich und Polen umstrittene Herzogtum Pommern in kirchlicher Hinsicht Magdeburg zu unterstellen und dort den Einfluß von Gniezno auszuschalten.

Um 1120 hatte Herzog Boleslaw III. von Polen den Pommernherzog Wartislaw unterworfen. Der polnische Herrscher forderte zur Festigung seiner Oberhoheit den Übertritt der bisher heidnischen Pommern zum Christentum, wobei er sicher an eine Einbeziehung Pommerns in die polnische Kirchenorganisation dachte. Aber es gelang dem polnischen Herzog nicht, die Leitung der Missionstätigkeit in Pommern einem polnischen Geistlichen zu übertragen. Schließlich fiel die Wahl Boleslaws III. im Jahre 1123 auf den deutschen Bischof Otto von Bamberg, der früher einmal am polnischen Hof gelebt hatte. Da er als Bamberger Bischof außerhalb der direkten Einflußsphäre des Magdeburger Erzbischofs stand, glaubte man am polnischen Herzogshofe offenbar, diesen Missionar unter Kontrolle halten zu können.

Auf dem Wege über Gniezno traf Otto von Bamberg 1124 mit einer Anzahl deutscher Geistlicher in Pommern ein. Herzog Wartislaw, der bereits zum Christentum übergetreten war, übernahm den Schutz des Bischofs. Nachdem sich anfangs zahlreiche Pommern ohne größere Schwierigkeiten hatten taufen lassen, stieß Otto in den beiden großen Handelsstädten Wolin (Wollin) und Szczecin (Stettin) auf Widerstand. Die reiche, von Handel und Seeraub lebende aristokratische Oberschicht dieser Städte behauptete gegenüber dem Herzog eine weitgehende Unabhängigkeit und befürchtete, daß der Übertritt zum Christentum zu einer strafferen Unterordnung unter die herzogliche Gewalt führen könne. Großen Einfluß hatte vor allem ein gewisser Domuzlaus, „ohne dessen Rat und Zustimmung der Herzog Wartislaw nichts zu unternehmen wagte".[10] Erst nachdem der Bischof diesen Domuzlaus für das Christentum gewonnen hatte, ließ sich die Mehrzahl der Einwohner von Szczecin taufen.

Da die Kirche in Pommern ungefestigt blieb und das Heidentum bald wieder vordrang, brach Otto von Bamberg 1128 nach entsprechender Verständigung mit König Lothar erneut nach Pommern auf. Ein kurz vorher vom König unternommener Einfall in das Gebiet der Lutizen gab dem Auftreten des Bischofs einen zusätzlichen Rückhalt. Auf einer Versammlung der Großen auf Usedom erreichte Otto, vom Pommernherzog nachdrücklich unterstützt, gegen den Widerstand der heidnischen Priester die Anerkennung des Christentums. Sein Anliegen, die Errichtung eines eigenen pommerschen Bistums in Wolin, konnte Otto wiederum nicht realisieren, weil die Ansprüche der miteinander rivalisierenden Erzbischöfe von Magdeburg und Gniezno nicht auszugleichen waren. Erst 1140 fiel eine Entscheidung: Papst Innocenz II. setzte einen Bischof in Wolin ein, unterstellte den neueingerichteten Bischofssitz dem unmittelbaren Schutz der römischen Kirche und umging damit die Frage, ob das Bistum dem Erzbistum Gniezno oder Magdeburg unterzuordnen sei. Als Wolin von den Dänen zerstört wurde, verlegte man in den siebziger Jahren des 12. Jh. diesen der Kurie direkt unterstehenden Bischofssitz nach Kamień (Kammin). Damit konnte das westliche Pommern in politischer wie in kirchlicher Hinsicht zunächst seine Unabhängigkeit zwischen Polen und dem Reich weitgehend behaupten, obwohl der deutsche Einfluß infolge der Missionstätigkeit Ottos von Bamberg zugenommen hatte.

Relativ früh setzte die neue Welle der Expansionspolitik deutscher Feudalgewalten gegenüber den Westslawen im nordalbingischen Raum ein. Hier bildete vor allem die vom sächsischen Herzogtum abhängige Grafschaft Holstein, die Herzog Lothar um 1110 an Adolf von Schauenburg übergeben hatte, den Ausgangspunkt für das weitere Vordringen. Solange allerdings der in Alt-Lübeck residierende mächtige Obodritenfürst Heinrich, der zum Christentum übergetreten war und mit Herzog Lothar zusammenarbeitete, die Macht in den Händen hielt, war eine Expansion der Holsteiner Grafen nicht möglich. Der vom Bremer Erzbischof beauftragte Prediger Vicelin wurde 1126 vom Obodritenfürsten aufgenommen und bei seiner Missionstätigkeit unter der slawischen Bevölkerung unterstützt. Aber 1127 starb Fürst Heinrich. Infolge der noch ungefestigten Struktur des obodritischen Staatswesens führten Bruderkämpfe zwischen den Söhnen Heinrichs und deren früher Tod schnell zum Zerfall des Obodritenreiches, so daß sich auch die Wirkungsmöglichkeiten Vicelins wesentlich verschlechterten. Rückhalt fand Vicelin schließlich 1134 bei Kaiser Lothar III., der damals den Bau der Burg Segeberg an der Trave veranlaßte und dort auch eine Stiftskirche errichten ließ, von der aus Vicelin seine Missionstätigkeit weiterführen sollte.

Als unmittelbar nach dem Tode Lothars III. in Sachsen heftige Auseinandersetzungen zwischen den Welfen und Markgraf Albrecht begannen, vertrieb der letztere den auf seiten der Welfen stehenden Grafen Adolf II. von Holstein. Die Kämpfe im Herzogtum Sachsen nutzte ein Neffe des Obodritenfürsten Heinrich, der Slawenfürst Pribislaw, der Wagrien und Polabien mit Alt-Lübeck als Residenz an sich gebracht hatte, zu einem Gegenangriff und zerstörte Segeberg. Bereits im folgenden Winter 1138/39 brach jedoch ein Heer der Holsten in die Gebiete Pribislaws ein. „Das Land der Slawen wurde zur Einöde gemacht", berichtete der Chronist Helmold von Bosau in seiner in den sechziger Jahren verfaßten Slawenchronik,[11] die ein sehr anschauliches Bild von den heftigen Auseinandersetzungen zwischen deutschen, dänischen und slawischen Fürsten in den an die Ostsee grenzenden Gebieten und von der zerstörerischen Wirkung der Angriffe der deutschen Feudalherren auf die Siedlungsgebiete der Slawen vermittelt.

Als im Laufe des Jahres 1139 die Welfen in Sachsen wieder die Oberhand gewannen, konnte Adolf II. von Schauenburg die Grafschaft Holstein erneut an sich bringen. Darauf trat auf seiten der deutschen Feudalgewalten im Grenzgebiet eine weitgehende Stabilisierung ein. Die Grafschaft Holstein wurde jetzt Ausgangspunkt einer systematisch auf die Einbeziehung bisher slawischer Gebiete gerichteten Expansionspolitik. Der Graf veranlaßte den Wiederaufbau der Burg Segeberg, die zum entscheidenden Stützpunkt für die Beherrschung der umliegenden Gebiete wurde. „Da das Land verlassen war, schickte er Boten in alle Lande, nämlich nach Flandern und Holland, Utrecht, Westfalen und Friesland, daß jeder, der zu wenig Land hätte, mit seiner Familie kommen sollte, um bestes, geräumiges und fruchtbares Land, reich an Fischen und Fleisch, nebst günstigen Weidegründen zu erhalten."[12] Damit begann vor allem im Gebiet bis zum Plöner See eine bewußt geförderte Ansiedlung deutscher Bauern. Zugleich begünstigte der Graf von Holstein die Gründung einer Stadt an der Trave in unmittelbarer Nähe der ursprünglichen Residenz des Obodritenfürsten Heinrich.

Mit diesen Vorgängen im deutsch-slawischen Grenzgebiet an Saale und Elbe zeichneten sich die für die zweite Etappe der Ostexpansion typischen Erscheinungen ab. Während in der ersten Etappe der Ostexpansion die deutschen Könige in der Regel nur eine lockere Unterwerfung der slawischen Völker und die Eintreibung von Tributen anstrebten, wurden seit dem 12. Jh. neue Methoden und Ziele in der gegen die elbslawischen Gebiete gerichteten Eroberungspolitik deutscher Feudalgewalten wirksam. Diese neue Etappe der Ostexpansion wurde nicht mehr von einem frühfeudalen Staat, sondern von einer vollentwickelten Feudalgesellschaft getragen und fand unter den Bedingungen des einsetzenden staatlichen Konzentrationsprozesses im regionalen Rahmen statt. Daher waren die im Grenzgebiet an der Saale und Elbe verwurzelten und auf die Festigung ihrer selbständigen Position bedachten Fürsten — etwa die askanischen Markgrafen, der Erzbischof von Magdeburg und der Graf von Holstein — bestrebt, ihre Macht auf geschlossene Gebiete im Siedlungsbereich der westslawischen Stämme auszudehnen. Das Ziel war nicht mehr eine lockere Tributherrschaft, sondern der Aufbau stabiler Landesherrschaften, aus denen man regelmäßig und in steigendem Umfange Einnahmen erzielen konnte.

Neben der neuen Phase der staatlichen und gesellschaftlichen Entwicklung im deutschen Gebiet beeinflußte auch die gegenüber den Verhältnissen im 10. Jh. wesentlich veränderte sozialökonomische und staatliche Struktur in den benachbarten slawischen Gebieten tiefgreifend den Charakter der zweiten Etappe der deutschen Ostexpansion. Während im 10. Jh. bei den elbslawischen Stämmen der Prozeß der sozialen Differenzierung noch nicht zu einer klaren Klassenspaltung geführt hatte und dementsprechend die adlige Oberschicht sowie die bäuerliche Bevölkerung den deutschen Angreifern relativ geschlossenen Widerstand geleistet hatten, trat seit der Ausbildung des Obodritenreiches um die Mitte des 11. Jh. der Prozeß der Staatsbildung und der Klassenspaltung in das entscheidende Stadium ein. Damit war die Möglichkeit gegeben, daß slawische Fürsten zur Festigung ihrer häufig noch labilen Machtstellung die Übernahme des christlichen Glaubens förderten und mit deutschen Feudalgewalten zusammenarbeiteten, wie das insbesondere im Verhalten Pribislaws von Brandenburg gegenüber dem Askanier Albrecht zu erkennen ist. Die Unterstützung der Christianisierung der Pommern durch Herzog Wartislaw erklärt sich aus ähnlichen Gründen. So wurde infolge der veränderten Voraussetzungen auf slawischer Seite die Expansionspolitik deutscher Feudalgewalten erleichtert.

Charakteristisch waren außerdem die seit 1143 vom Grafen von Holstein ergriffenen Maßnahmen zur dichteren Besiedlung der eroberten Gebiete. Neben den ansässigen slawischen Bauern siedelte man dort bewußt eine größere Anzahl deutscher Bauern an. Eine derartige Siedlungspolitik in den östlichen Gebieten war erst seit dem 12. Jh. auf Grund des fortgeschrittenen Landesausbaues, der Bevölkerungsvermehrung und der veränderten Situation im Klassenkampf zwischen Feudalherren und Bauern im deutschen Reichsgebiet westlich der Saale und Elbe möglich. So erklärt es sich auch, daß eine Ansiedlung deutscher Bauern in den schon seit dem 10. Jh. unterworfenen Gebieten der Mark Meißen ebenfalls erst um 1100 einsetzte. Diese wachsende Einbeziehung deutscher Bauern, denen, wie die Gründung Lübecks zeigt, bald auch Kaufleute und Handwerker aus deutschen Städten folgten, führte zu der für die zweite Etappe der Ostexpansion typischen Verbindung von Expansion und Siedlung. Nur deshalb war es möglich, die slawischen Gebiete nicht nur zu unterwerfen, sondern fest in die von deutschen Fürsten beherrschten Territorien einzubeziehen.

Konrad III. und der staufisch-welfische Konflikt

Kaiser Lothar III. hatte seinen Schwiegersohn Herzog Heinrich den Stolzen von Bayern als Nachfolger vorgesehen. Da Heinrich nun auch das Herzogtum Sachsen erbte und außerdem nach der Belehnung mit den mathildischen Gütern in Mittelitalien 1137 zum Markgrafen von Tuscien ernannt worden war, verfügte er sowohl im deutschen als auch im italienischen Reichsgebiet über eine hervorragende Machtstellung. Seine Position in Tuscien, einem an den Kirchenstaat grenzenden Gebiet, trug jedoch dazu bei, daß Papst Innocenz II. alles unternahm, um Heinrichs Erhebung zum König zu verhindern. Schon während des Abzuges Lothars III. aus Italien hatte der Papst den Trierer Erzbischof Adalbero, der damals wegen der Vakanz des Mainzer und des Kölner Erzbistums entscheidenden Einfluß besaß und in guten Beziehungen zum Staufer Konrad stand, zum päpstlichen Legaten für die deutschen Gebiete ernannt. Dieser berief eiligst eine Fürstenversammlung in das in seinem Machtbereich gelegene Koblenz und ließ dort im März 1138 in Anwesenheit eines ebenfalls nach Deutschland gesandten Kardinallegaten durch die wenigen erschienenen Fürsten den Staufer Konrad zum König wählen. Ein Lütticher Annalist kommentierte diesen Vorgang lakonisch mit den Worten: „Es folgte Konrad gemäß dem Willen und dem Befehl des Papstes Innocenz."[13]

Wiederum hatte – wie schon bei der Wahl von 1125 – das Prinzip der uneingeschränkten Königswahl durch die Fürsten triumphiert. Eine derartige Entwicklung entsprach einerseits den Wünschen zahlreicher Fürsten, die in der Königswahl ein geeignetes Mittel sahen, die Thronbesteigung unbequemer Herrscher zu verhindern. Vor allem aber zeigte sich bei der Wahl von 1138 ebenso wie bei den Gegenkönigswahlen im Investiturstreit unverhüllt das Interesse des Papsttums, das während des 11. Jh. im Vordringen begriffene, aber nicht voll durchgesetzte Erbprinzip durch den Grundsatz der fürstlichen Königswahl zu verdrängen. Wenn das Papsttum alle seine Einflußmöglichkeiten einsetzte, um im Reich einen Triumph des Erbprinzips zu verhindern, so hing das unverkennbar mit den Ansprüchen der deutschen Könige auf Italien und die Kaiserkrone zusammen. Während die Päpste die Erblichkeit des Königtums in anderen Staaten Europas ohne Einwände hinnahmen, suchten sie eine solche der Festigung der Zentralgewalt förderliche Entwicklung im Reich mit allen Mitteln zu verhindern. Der Aufstieg der fürstlichen Gewalten und die zunehmenden Einflußmöglichkeiten auf die geistlichen Fürsten seit dem Investiturstreit begünstigten diese Bestrebungen des Papsttums.

Konrad III. wurde vor allem im Westen des deutschen Reichsgebietes von zahlreichen Fürsten sofort anerkannt. Aber angesichts der Stärke Heinrichs des Stolzen war die Position des Königs labil, zumal er nur über begrenzte Besitzungen im Mittelrheingebiet und im fränkischen Raum mit Rothenburg als Mittelpunkt verfügte. In dieser Situation mußte Konrad III. mit allen Mitteln zu verhindern suchen, daß Heinrich der Stolze neben Bayern das Herzogtum Sachsen fest in seine Hand bekam. Da der Welfe die Lehnshuldigung verweigert hatte, sprach der König bereits im Sommer 1138 die Acht über ihn aus. Der askanische Markgraf Albrecht, der von Anfang an einer Königswahl Heinrichs des Stolzen entgegengewirkt hatte, erhielt das Herzogtum Sachsen. Gegen Ende des Jahres wurde dem Welfen auch Bayern aberkannt. Aber Heinrich der Stolze setzte sich entschlossen zur Wehr. Er überließ die Verteidigung Bayerns seinem Bruder Welf VI. und eilte Anfang 1139 überraschend nach Sachsen, wo er eine größere Anzahl von Feudalherren auf seine Seite zog. König Konrad III. ernannte daraufhin den Babenberger Markgrafen Leopold von Österreich zum Herzog von Bayern, dem es zunächst gelang, beträchtliche Teile Bayerns seiner Herrschaft zu unterwerfen.

Ende Mai 1139 hielt der König einen Hoftag in Straßburg ab, wo er die zahlreich anwesenden Fürsten zu einer Heerfahrt gegen den Welfenherzog in Sachsen verpflichtete. Der Trierer Erzbischof Adalbero ließ sich bei dieser Gelegenheit sein Eintreten für Konrad III. teuer bezahlen. Mit gefälschten Privilegien erreichte er, daß ihm der König die begüterte Trierer Reichsabtei St. Maximin übertrug. Die Mönche setzten sich im Bunde mit dem Klostervogt, dem Grafen von Namur, hartnäckig gegen die Unterordnung unter den Erzbischof zur Wehr, so daß eine jahrelange Fehde folgte, unter der vor allem die bäuerliche Bevölkerung litt. Erst 1143 gelang es dem Erzbischof, eine in der Nähe von Trier gelegene Burg des Grafen zu erobern, wobei ein Kontingent der Bewohner der Stadt Trier mitkämpfte,

Erzbischof Adalbero von Trier. Stifterbild am Neutor in Trier, Teil der unter Adalbero begonnenen Stadtbefestigung.

In der Mitte: Christus, l.: Petrus (dem die Trierer Domkirche geweiht war), r.: der Erzbischof mit Modell der Stadtmauer

das nach der Einnahme im Interesse der eigenen Sicherheit die völlige Zerstörung der Burg erzwang. Damit hatte sich Adalbero in dieser Auseinandersetzung weitgehend durchgesetzt. Durch den Erwerb von St. Maximin erfuhr der Herrschaftsbereich des Trierer Erzbischofs, der eine sehr energische Territorialpolitik betrieb, eine wesentliche Abrundung. Zugleich verdeutlicht dieser Fall, wie schwierig es für die politisch relativ schwachen Reichsabteien war, ihre reichsunmittelbare, fürstliche Stellung zu erhalten.

Wie vereinbart versammelten sich im Juli 1139 bei Hersfeld die Truppen zahlreicher Fürsten zum Feldzug gegen Heinrich den Stolzen, der jedoch seine Stellung behauptete. Auch der bald darauf eintretende Tod des Herzogs führte zu keiner Wendung zugunsten des Königs, da in Sachsen der größte Teil des Adels zu dem erst zehnjährigen Sohn des verstorbenen Herzogs, Heinrich dem Löwen, hielt.

Im Herbst 1141 ergaben sich für den König durch den Tod des Babenbergers Leopold, dem das Herzogtum Bayern zugesprochen worden war, neue Probleme. Konrad III. kam auf dem Hoftag zu Frankfurt im Frühjahr 1142 den Welfen teilweise entgegen, indem er Heinrich dem Löwen das Herzogtum Sachsen überließ. Der König hoffte, durch dieses Zugeständnis das Herzogtum Bayern endgültig den Welfen entreißen zu können, und übertrug es Leopolds Bruder Heinrich. Aber Welf VI. war nicht gewillt, Bayern aufzugeben, und drang plündernd in Besitzungen von Anhängern der Staufer ein. Schließlich errang der Babenberger doch einige Erfolge und gewann so in Bayern ein gewisses Übergewicht. Mit der Überlassung Sachsens an Heinrich den Löwen und den Erfolgen des Babenbergers in Bayern war 1143 der Höhepunkt der ersten Phase des staufisch-welfischen Konfliktes überschritten. Allerdings bedeutete das Zurücktreten des Kampfes zwischen den zwei mächtigsten Hochadelsfamilien im deutschen Reichsgebiet keineswegs, daß der König seine Autorität nunmehr voll zur Geltung bringen konnte. Nach wie vor wurden verschiedene Gebiete von heftigen Fehden rivalisierender Feudalgewalten, die ihre regionalen Herrschaftsbereiche auszubauen such-

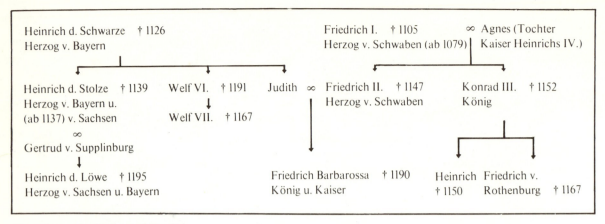

Stammbaum der Welfen und Staufer

ten, schwer betroffen. Erneut flackerten Kämpfe zwischen Erzbischof Adalbero von Trier und dem Grafen von Namur auf. Der Sohn des staufischen Schwabenherzogs, Friedrich III., der spätere Kaiser, ging gegen den Herzog von Zähringen vor und entriß ihm vorübergehend Zürich. Zu den Nöten, die infolge dieser zahlreichen Fehden über die bäuerliche Bevölkerung hereinbrachen, kam eine durch Mißernten verursachte Hungersnot, die sich über die Jahre 1144 bis 1147 erstreckte und 1146 ihren Höhepunkt erreichte. Die Annalen des bei Köln gelegenen Klosters Brauweiler berichteten: „In diesem Jahr herrschte in aller Welt eine solche Hungersnot, daß ein Brot, das man mit der Hand umfassen konnte, einen Denar Kölner Münze kostete. Viele benutzten, von dieser Not gepeinigt, Wurzeln von Kräutern als Speise, und diejenigen, die nicht einmal eine derartige Nahrung fanden, starben eines grausamen Todes."[14]

Die instabile Position Konrads III. resultierte in erster Linie daraus, daß seine eigenen Besitzungen sehr be-

Blick auf das Kloster Lorch a. d. Rems, Hauskloster der Staufer (um 1100 gegr.)

grenzt waren. Herzog Friedrich II. von Schwaben war sicher ein starker Verbündeter seines königlichen Bruders, aber das änderte nichts an der Tatsache, daß der König nicht unmittelbar über dieses Herzogtum verfügte. So mußte sich Konrad III. bemühen, das von ihm kontrollierte Königsgut und seinen eigenen Besitz, dessen Zentren in Franken und am Mittelrhein lagen, zu festigen und zu erweitern. Er erzielte dabei einige Erfolge, etwa mit der Einnahme der schwäbischen Burg Weinsberg. Außerdem erwarb er 1147 vom Kloster Lorsch drei größere Höfe, und etwa gleichzeitig brachte er das Egerland in seinen Besitz.

Bemerkenswert sind die häufigen Aufenthalte Konrads III. in der fränkischen Reichsburg Nürnberg, die unter ihm eine zentrale Rolle spielte. In ihrer weiteren Umgebung waren zahlreiche Reichsministerialen angesetzt, so daß der König dort über eine relativ feste Machtposition verfügte. Das wachsende Gewicht der Reichsministerialität zeigt sich auch darin, daß unter den in den Königsurkunden genannten Zeugen neben Fürsten nunmehr in größerer Zahl Reichsministerialen auftauchten. Außerdem suchte Konrad III. durch Privilegien die wirtschaftliche Position einiger königlicher Städte zu festigen. Den Kaufleuten von Kaiserswerth am Niederrhein gewährte er 1145 Zollvergünstigungen, die Bürger von Dortmund erhielten gleichzeitig ein Gerichtsprivileg, und den Bewohnern von Duisburg gestattete er den Bau von Häusern in der Nähe der dortigen Pfalz.[15] Doch da diese Städte weit entfernt von den Kerngebieten staufischer Macht lagen, war der politische Effekt dieser Privilegien für den König begrenzt.

Zugleich trug das Wirken Herzog Friedrichs von Schwaben dazu bei, die Position der Staufer zu festigen. Friedrich hatte bereits unter Heinrich V. mit kaiserlicher Rückendeckung seine Macht ausgebaut. Otto von Freising hebt die Aktivität des Herzogs beim Bau von Burgen, die damals das wichtigste Mittel zur Beherrschung regionaler Gebietskomplexe darstellten, hervor; man habe geradezu sprichwörtlich gesagt: „Herzog Friedrich schleppt am Schwanz seines Pferdes stets eine Burg hinter sich her."[16] Es ist jedoch nicht zu übersehen, daß die Erfolge Konrads III. bei der Erweiterung seines Eigenbesitzes zu begrenzt blieben, als daß dadurch die Stellung des Königtums entscheidend gefestigt worden wäre.[17]

Die Beziehungen zu Italien und Byzanz

Die Unfähigkeit, mit inneren Problemen fertig zu werden, schränkte die außenpolitische Aktivität Konrads III. ein. Er war nicht in der Lage, einen Italienzug zu unternehmen, um die Kaiserkrönung zu erreichen, obwohl es nicht an Anlässen für ein Eingreifen in Italien fehlte. Dort hatte sich die von Kaiser Lothar III. bei seinem zweiten Italienzug angestrebte Zurückdrängung Rogers II. von Sizilien als unmöglich erwiesen. Nach dem Tode des als Herzog von Apulien eingesetzten Rainulf im Frühjahr 1139 eroberte der Normannenherrscher weitere Gebiete Süditaliens zurück. Papst Innocenz II. entschloß sich darauf, selbst ein Heer gegen Roger II. aufzubieten, wurde aber im Juli 1139 bei Mignano völlig geschlagen. Der Papst geriet selbst in Gefangenschaft und mußte die bereits von Anaklet II. zugestandene Königswürde Rogers II. anerkennen. Dieser vereinte in den folgenden Jahren die süditalienischen Gebiete und Sizilien in einem einheitlichen, straff regierten Staatswesen.

Um die Jahreswende 1142/43 wurde die Lage des Papstes noch schwieriger. Die Römer erhoben sich gegen den päpstlichen Stadtherrn und setzten, anknüpfend an antike, republikanische Traditionen, einen Senat ein, der die Regierung der Stadt übernahm. Der Anfang 1145 gewählte Papst Eugen III. entzog sich dem Druck der Aufständischen durch die Flucht aus der Stadt. Er war vorher Abt eines Zisterzienserklosters gewesen und wurde von dem einflußreichen Repräsentanten des Zisterzienserordens, dem Abt Bernhard von Clairvaux, nachdrücklich unterstützt. Dieser forderte Konrad III. in einem dringlichen Schreiben auf, dem Papst gegen jenes „verfluchte und aufrührerische Volk" der Römer zu Hilfe zu kommen.[18] Doch der König verhielt sich angesichts der Begrenztheit seiner Machtmittel abwartend.

Allerdings traten eben damals die Verhältnisse in Italien aus einem anderen Grunde stärker in das Blickfeld des Königs. Nachdem der byzantinische Kaiser und Konrad III. bereits zwischen 1140 und 1142 Gesandtschaften ausgetauscht hatten, um ein gemeinsames Vorgehen gegen Roger II. von Sizilien einzuleiten, erschienen im Frühjahr 1145 abermals byzantinische Gesandte. Auffallend ist, daß Konrad III. bei den Verhandlungen mit Byzanz in Briefen an den Kaiser den Titel eines „Kaisers der Römer" führte, obwohl ihn der Papst noch nicht zum Kaiser gekrönt hatte. Dagegen wurde der byzantinische Kaiser abwertend als „Kaiser von Konstantinopel" oder „König der Griechen" angeredet. Infolge der Rivalität zwischen dem byzantinischen und dem römisch-deutschen Herrscher, die sich beide für den wahren Erben des Römischen Reiches und daher für den einzig legalen „Kaiser der Römer" hielten, war Konrad III. bestrebt, gegenüber dem östlichen Kaiser grundsätzlich als „imperator Romanorum" aufzutreten und seinen Partner eine Stufe tiefer zu stellen. In letzter Konsequenz wertete Konrad III. damit auch die vom Papst vorzunehmende Kaiserkrönung ab. Insofern war es bezeichnend, daß Konrad III. gleichzeitig in Briefen an Papst Eugen III. seinem Königstitel „rex Romanorum" (König der

Römer) zwar nicht den eigentlichen Kaisertitel (imperator), wohl aber die als Bestandteil des Kaisertitels geltenden Worte „semper augustus" hinzufügte. Auf diese Weise wurde angedeutet, daß der von den deutschen Fürsten gewählte König unabhängig von der päpstlichen Kaiserkrönung eine kaiserliche Stellung beanspruchte.[19]

Damit vertrat die Kanzlei Konrads III. in verschärfter Form eine politische Auffassung, die sich im Ansatz bereits in der Spätphase des Investiturstreites abzeichnete, als Heinrich V. vor der Kaiserkrönung häufiger den bisher nur vereinzelt gebrauchten Titel „Rex Romanorum" anwandte. Mit diesem Titel meldeten die deutschen Könige den Anspruch an, sogleich vom Zeitpunkt der Königserhebung an die Herrschaft über das ganze „Römische" Reich, also über Deutschland, Burgund und Italien einschließlich der „Schutzfunktion" gegenüber dem Papsttum, auszuüben. So stellten sie sich in bewußten Gegensatz zur Auffassung der Reformpäpste seit Gregor VII., die den deutschen König vor der Kaiserkrönung auf das deutsche Königreich (regnum Teutonicum) beschränken wollten. Die

In Mühlhausen geprägter königlicher Brakteat (Hohlpfennig, aus dünnem Silberblech, daher nur einseitige Prägung). Konrad III. mit Krone, Schwert und Lanze

Die königliche Burg zu Nürnberg. Im Vordergrund der Heidenturm mit anschließender Burgkapelle (Baubeginn unter Konrad III.)

für die deutsche Zentralgewalt sehr verlockende, Prestige verleihende Verknüpfung mit dem Kaisertum hatte zur Folge, daß auch in der Titelführung der Anspruch auf das Imperium in den Vordergrund trat. Obwohl gerade seit der Zeit des Investiturstreites der Begriff „regnum Teutonicum" häufiger angewandt wurde,[20] führte das Festhalten an der Reichsidee und dem damit verbundenen Anspruch auf Italien dazu, daß der deutsche Herrscher größten Wert darauf legte, vor der Kaiserkrönung als „König der Römer" und nicht etwa nur als „König der Deutschen" zu gelten. Auch in der auf den ersten Blick so formal erscheinenden Titelführung offenbart sich also die enge Verstrickung der deutschen Zentralgewalt mit dem universalen Kaisertum.

Die Verhandlungen zwischen dem byzantinischen Kaiser und Konrad III. im Jahre 1145 endeten zwar trotz Verstimmung wegen der Titelfrage mit Absprachen, aber zu einem gemeinsamen Vorgehen der beiden Herrscher gegen König Roger II. von Sizilien kam es nicht. Ein Grund hierfür war der Beginn des zweiten Kreuzzuges.

Der zweite Kreuzzug

Die Eroberung Edessas, der Hauptstadt eines der Kreuzfahrerstaaten, durch den Emir Imadeddin-Zengi von Mosul im Jahre 1144 löste diesen Kreuzzug aus. Papst Eugen III. hatte daraufhin eine Kreuzzugsbulle an den französischen König und den Adel gesandt, dessen Vertreter seit dem ersten Kreuzzug die entscheidenden Positionen in den Kreuzfahrerstaaten innehatten. Die Erklärung des französischen Königs Ludwig VII., daß er am Zuge teilnehmen wolle, und die Kreuzzugspredigten des Abtes Bernhard von Clairvaux trugen dazu bei, daß in kurzer Zeit zahlreiche französische Adlige für dieses Unternehmen gewonnen wurden. Ende 1146 erschien Abt Bernhard auch im Rheinland.

Dort warb bereits der Zisterziensermönch Radulf, insbesondere in den Städten Köln, Mainz, Worms, Speyer und Straßburg, in leidenschaftlichen Predigten unter breiteren Bevölkerungsschichten für den Kreuzzug. Dabei forderte er, ähnlich wie die Prediger bei Beginn des ersten Kreuzzuges, daß nicht nur die Muslime im Vorderen Orient, sondern auch die im eigenen Lande wohnenden „Feinde Christi", das heißt die Juden, zu vernichten seien, wenn sie sich nicht taufen ließen.[21] Größere Teile der Bevölkerung der genannten Rheinstädte wurden zu Gewaltaktionen gegen die zahlreichen dort lebenden Juden hingerissen. Ähnliche Judenverfolgungen brachen in einigen Gebieten Nordfrankreichs und im folgenden Frühjahr in Würzburg aus. Die Ursachen für dieses Auftreten breiter Schichten lagen teils in dem durch die Kreuzzugsatmosphäre gesteigerten religiösen Fanatismus, teils aber auch in einer ökonomisch begründeten Mißgunst gegenüber begüterten jüdischen Kaufleuten. Trotz der schweren finanziellen Verluste, die die Juden bei den Verfolgungen zu Beginn des ersten Kreuzzuges erlitten hatten, behaupteten sie in der ersten Hälfte des 12. Jh. in den rheinischen Bischofsstädten, in Regensburg und Würzburg starke wirtschaftliche Positionen. Sie waren in beträchtlichem Umfange am gewinnbringenden Fernhandel beteiligt. So berichtet ein Kölner Jude, der 1128/29 zum Christentum übertrat, in einer von ihm verfaßten Schrift über seine Bekehrung, daß er damals mit Handelswaren Mainz aufsuchte, und fügt hinzu: „Denn alle Juden treiben Handel."[22] Außerdem zog eine Anzahl von Juden Gewinn aus Kreditgeschäften, wobei meist Angehörige der feudalen Oberschicht die Empfänger der manchmal beträchtlichen Darlehen waren.

Wegen der engen wirtschaftlichen Beziehungen zu den Juden und der beachtlichen Abgaben, die die Stadtherren von ihnen einzogen, bemühten sich die Bischöfe in den rheinischen Städten und in Würzburg, die Ausschreitungen gegen die Juden einzudämmen. Der Mainzer Erzbischof bediente sich dabei der Hilfe Bernhards von Clairvaux, der im November 1146 in Mainz gegen den Mönch Radulf predigte, sich aber nur mühsam durchzusetzen vermochte, da die Mehrzahl der Stadtbevölkerung auf seiten Radulfs stand. Trotz des Auftretens von Prälaten gegen die Judenpogrome ist jedoch nicht zu übersehen, daß die kirchliche Ideologie insgesamt entscheidend zur Stimulierung von Haßgefühlen gegen die Juden beitrug.

Bernhard von Clairvaux bemühte sich während seines Aufenthaltes im Rheingebiet, auch König Konrad III. für den Kreuzzug zu gewinnen, obgleich dieser angesichts der vielen ungelösten Probleme im deutschen Reichsgebiet wenig Neigung zeigte. Aber während des Hoftages in Speyer um die Jahreswende 1146/47 gelang es Bernhard durch seine leidenschaftliche Beredsamkeit und infolge seiner Vermittlertätigkeit im südwestdeutschen Raum, den König umzustimmen. Auf dem Frankfurter Hoftag im März 1147, der der Vorbereitung des Kreuzzuges diente, setzte Konrad III. die Wahl seines erst zehnjährigen Sohnes Heinrich zum König durch und erließ zur Absicherung des Kreuzzuges einen Landfrieden — den einzigen, der aus seiner von inneren Auseinandersetzungen erfüllten Zeit bekannt ist. Schließlich wurde wohl bei dieser Gelegenheit entsprechend den Wünschen sächsischer Großer entschieden, daß die sächsischen Feudalherren sich nicht am Kreuzzug nach Jerusalem beteiligen, sondern gegen ihre noch heidnischen slawischen Nachbarn ziehen sollten.

Das deutsche Kreuzfahrerheer brach im Mai 1147 von Regensburg noch vor den französischen Kreuzfahrern über Ungarn nach Konstantinopel auf. Neben Fürsten und Hochadligen beteiligten sich, begünstigt durch die zahlenmäßige Zunahme und den Aufstieg der Ministerialität zum niederen Adel, auch zahlreiche kleine Feudalherren. Dazu kamen Scharen von Bauern und Städtern, die, ähnlich wie beim ersten Kreuzzug, durch Verheißungen der Kreuzzugsprediger mitgerissen wurden. Die damals herrschende Hungersnot sowie die Verwüstungen infolge der häufigen Fehden förderten unter den ärmeren Volksschichten die Bereitschaft zur Abwanderung. „Denn manche waren gierig nach Neuem und zogen mit, um neues Land zu sehen; andere zwang die Armut bzw. ihre dürftige Existenz zu Hause; sie waren bereit, nicht nur gegen die Feinde des Kreuzes Christi zu kämpfen, sondern auch gegen die Freunde des Christentums, wenn sie nur dadurch ihrer Armut abzuhelfen vermochten. Andere wiederum wurden durch Schulden gedrängt oder sie gedachten den Diensten, die sie ihren Herren schuldeten, zu entfliehen."[23]

Im September 1147 traf das deutsche Kreuzfahrerheer vor Konstantinopel ein. Der Versuch, statt auf der längeren, sicheren Küstenstraße geradewegs

Prämonstratenserkloster Jerichow von Osten (bis auf die Westtürme vor 1200 vollendet)

durch von Türken beherrschtes Gebiet in Kleinasien vorzudringen, scheiterte infolge hartnäckiger türkischer Gegenwehr völlig. Auf dem Rückmarsch ging ein sehr großer Teil der Kreuzfahrer zugrunde, wobei die Verluste unter den ärmeren, schlecht ausgerüsteten Teilnehmern besonders hoch waren. König Konrad III. reiste schließlich mit begrenztem Gefolge zu Schiff von Konstantinopel nach Akkon, um so auf einem weniger risikovollen Weg an das Ziel zu gelangen. In Palästina vereinbarte man im Sommer 1148 mit dem König von Jerusalem und dem französischen König, dessen Kreuzfahrerheer in Kleinasien ebenfalls große Verluste erlitten hatte, ein Vorgehen gegen Damaskus, das aber nicht erobert werden konnte.

Erfolglos und krank verließ König Konrad III. im September 1148 das „heilige Land", um erneut mit dem byzantinischen Kaiser Manuel zusammenzutreffen. Die beiden Herrscher schlossen in Thessalonike einen Vertrag, der ein gemeinsames Vorgehen gegen König Roger II. von Sizilien vorsah und dem byzantinischen Kaiser infolge der schwachen Position Konrads III. beträchtliche Vorteile in Aussicht stellte; so wurde

Westquerriegel des Doms zu Havelberg (1150–1170)

ihm für den Fall eines Sieges über den gemeinsamen Gegner die Herrschaft über große Teile Süditaliens zugesichert.

Als Konrad III. im Mai 1149 in Aquileja eintraf, um sogleich von Oberitalien aus einen Kriegszug gegen Roger II. vorzubereiten, erreichte ihn die Nachricht von einer erneuten Erhebung Welfs VI. Das veranlaßte den König, seine Pläne für einen Zug nach Süditalien aufzugeben und schleunigst in das deutsche Reichsgebiet zurückzukehren.

Der Wendenkreuzzug

Auch die Ergebnisse des 1147 auf Betreiben sächsischer Fürsten beschlossenen Wendenkreuzzuges waren nicht geeignet, den Fehlschlag des Zuges nach Palästina auszugleichen.

Der Wunsch sächsischer Feudalherren, den Kreuzzug gegen die benachbarten Slawen zu führen, war vom Papst in einer Bulle ausdrücklich gebilligt worden. Bernhard von Clairvaux verfaßte einen Aufruf mit der Forderung, jene heidnischen Völker „entweder völlig zu zerschmettern oder sicher zu bekehren".[24] Noch ehe sich die Kreuzfahrer zum Einfall in die slawischen Gebiete versammelten, versuchte Fürst Niklot, der nach dem Tode des Obodritenherrschers Heinrich im mecklenburgischen Gebiet die Macht an sich gebracht hatte, der ihm drohenden Gefahr zuvorzukommen. Im Juni 1147 überfiel er Lübeck und die vom Grafen von Holstein eroberten Gebiete. Im Hafen von Lübeck wurden zahlreiche Kaufmannsschiffe verbrannt, viele erst kürzlich von flämischen, friesischen und westfälischen Bauern besiedelte Dörfer verwüstet.

Anfang August drangen dann zwei Kreuzfahrerheere über die Elbe vor. Eine Abteilung unter Führung Herzog Heinrichs des Löwen und des Bremer Erzbischofs rückte im Norden nahe der Ostseeküste vor und wurde bald durch die Belagerung der von den Obodriten hartnäckig verteidigten Burg Dobin in der Nähe des Schweriner Sees aufgehalten. Obwohl ein starkes Aufgebot von Dänen, die schon seit langem in Auseinandersetzungen mit den Slawen an der Ostsee verwickelt waren, die deutschen Kreuzfahrer unterstützte, konnte die Burganlage nicht erobert werden.

Gleichzeitig hatte weiter südlich das vom Markgrafen Albrecht von Brandenburg und vom Magdeburger Erzbischof geführte Hauptheer die Elbe überschritten. Es drang trotz des erbitterten Widerstandes der slawischen Bevölkerung weit in Richtung auf das Fürstentum Pommern vor. Ein Teil der Kreuzfahrer belagerte vergeblich die Burg Demmin, während andere vor die reiche Handelsstadt Szczecin zogen, obwohl zumindest den Führern des Kreuzheeres bekannt sein mußte, daß die Bevölkerung dieser Stadt bereits zu Zeiten Ottos von Bamberg zum Christentum übergetreten war. Ein böhmischer Chronist schrieb, daß „die Sachsen diesen großen Kriegszug mehr deswegen unternahmen, um ihnen (den Slawen) das Land wegzunehmen als um den christlichen Glauben zu festigen".[25] Allerdings gelang es dem Pommernfürsten Ratibor, die Kreuzfahrer zum Abzug von Szczecin zu bewegen.

Im Zusammenhang mit der erfolglosen Belagerung der Burganlagen von Dobin und Demmin sollen Vasallen des sächsischen Herzogs Heinrich und des Markgrafen Albrecht unmutig die Frage gestellt haben: „Ist es nicht unser Land, das wir verheeren, und unser

Volk, das wir bekämpfen? Warum benehmen wir uns wie unsere eigenen Feinde und vernichten unsere eigenen Einkünfte?"[26] Der von Predigern geschürte Kreuzfahrergeist widersprach offenbar den sehr realen Interessen einer Anzahl von Großen im Gefolge des Herzogs und des Markgrafen; sie verfügten teilweise bereits über Besitzungen im Grenzgebiet oder hatten jetzt die Aussicht, in slawischen Gebieten eigene Herrschaften zu begründen. Ihnen kam es darauf an, Land zu erobern und dort von einer möglichst zahlreichen Bevölkerung Abgaben zu erpressen.

Diese Gegensätze trugen dazu bei, daß der Wendenkreuzzug bereits nach kurzer Zeit, im Herbst 1147, abgebrochen wurde. Die Ergebnisse des sogenannten Wendenkreuzzuges waren begrenzt. Nur Teile der Prignitz und des Havellandes, die nicht weit von der Ausgangsbasis entfernt lagen, gerieten unter die Herrschaft deutscher Feudalherren. Der schon 1129 zum Bischof von Havelberg erhobene Anselm konnte endlich seinen Bischofssitz beziehen, nachdem vorher in diesem Gebiete nur das 1144 gegründete Prämonstratenserstift Jerichow als kirchlicher Stützpunkt gedient hatte. 1150 gewährte König Konrad III. dem Bischof ein Privileg, in dem er ihm beträchtliche Einnahmen und Rechte übertrug sowie die Erlaubnis erteilte, in den stark verwüsteten Gebieten Bauern beliebiger Herkunft anzusiedeln. Der mächtige, festungsartige Westriegel der Havelberger Domkirche, mit deren Bau damals begonnen wurde, zeigt deutlich, daß diese Kirche zugleich die Funktion einer die Herrschaft sichernden Burganlage erfüllen sollte.[27] Ebenso war östlich der unteren Elbe die deutsche Vormachtstellung nunmehr so gesichert, daß 1149 die Bistümer Mecklenburg, Oldenburg und Ratzeburg neu eingerichtet werden konnten, wobei Vicelin als Bischof von Oldenburg eingesetzt wurde.

Die Ausläufer kirchlicher Reformbestrebungen

Die starke Beteiligung des Adels sowie von Bauern und Städtern am zweiten wie am ersten Kreuzzug erklärt sich weitgehend aus sozialen Gründen. Die Feudalherren erwarteten Beute oder gar die Errichtung eigener Herrschaftsbereiche im „heiligen Land", zumindest wollten sie durch ihre Teilnahme ihr Prestige erhöhen. Die mitziehenden Massen hofften den sie bedrängenden Nöten zu entgehen. Andererseits war aber die starke Teilnahme am Kreuzzug auch Ausdruck der beherrschenden Stellung der Kirche und der nachhaltigen Beeinflussung des Adels und der Volksmassen durch kirchlich-religiöse Anschauungen.

Der intensive Einfluß kirchlicher Vorstellungen auf die damalige Gesellschaft erklärt sich in hohem Maße aus den weiterwirkenden Impulsen der Zeit der Kir-

Norbert – im erzbischöflichen Ornat – empfängt von Augustinus die Ordensregel. Miniatur in einem Exemplar der Vita Sancti Norberti

chenreform und des Investiturstreites. In die erste Hälfte des 12. Jh. fallen anhaltende Bemühungen, die Reform des Klerus weiterzuführen. Diesem Ziel diente die Gründung einer größeren Zahl sogenannter regulierter Kanonikerstifte, in denen Geistliche gemeinsam nach der Regel des Augustinus zusammenlebten. Sie mußten wie Mönche auf jedes persönliche Eigentum verzichten, doch wurden diese Stiftskirchen ausreichend mit feudalem Grundbesitz ausgestattet. Besonders der bis 1147 amtierende Erzbischof Konrad I. von Salzburg veranlaßte in den Jahren nach 1120 die Einrichtung zahlreicher mit Augustiner-Chorherren besetzter Stifte.[28] Weiteren Auftrieb erhielt die Klerikerreform durch Norbert von Xanten, der 1120 mit der Gründung des Klosters Prémontré bei Laon einen neuen Orden für regulierte, also entsprechend den Normen des Mönchtums lebende Geistliche ins Leben rief. Nachdem Norbert 1126 Erzbischof von Magdeburg geworden war, förderte er die Ausbreitung seines Ordens im östlichen Grenzgebiet; er besetzte das Magdeburger Liebfrauenstift sowie das Stift Pöhlde mit Prämonstratensern.[29] Nach seinem Tod entstanden im Gebiet östlich der Elbe die Prämonstratenserstifte Leitzkau und Jerichow.

Gleichzeitig mit diesen Reformbemühungen innerhalb des Klerus erfuhr das Mönchtum in der ersten Hälfte des 12. Jh. durch die Entwicklung des Zisterzienserordens neuen Auftrieb. Die Keimzelle dieses Ordens war das 1098 im französischen Burgund gegründete Kloster Cîteaux. Vor allem der erste Abt des 1115 von Citeaux aus ins Leben gerufenen Klosters Clairvaux, Bernhard, trug wesentlich zur Aktivierung des neuen Ordens bei. Das Ansehen dieses Mönchsordens, der sich eine konsequentere Befolgung der alten Benediktinerregel zum Ziel setzte, erklärt sich in hohem Maße daraus, daß er in einer für die Kirche ungefährlichen Form das apostolische Armutsideal aufgriff, das damals vor allem von den sich ausbreitenden ketzerischen Strömungen vertreten wurde und in breiteren Volksschichten zunehmend Anklang fand. Während die Ketzer von dieser Position aus die damalige feudalisierte Kirche grundsätzlich in Frage stellten, war diese bestrebt, zumindest in Teilbereichen die Normen der „vita apostolica" (apostolisches Leben) in kontrollierter Form zu übernehmen und für die Festigung ihres Einflusses auszunutzen.

Die Zisterzienser waren vorübergehend in der Lage, eine solche Funktion im kirchlichen Leben auszuüben. Sie verzichteten in den ersten Jahrzehnten ihres Bestehens auf den Besitz großer Grundherrschaften mit abhängigen Bauern. Vielmehr sollten diese Mönche durch den unmittelbaren Betrieb von Klosterwirtschaften von ihrer eigenen Hände Arbeit leben. Allerdings wurden schon sehr früh die notwendigen landwirtschaftlichen Arbeiten größtenteils nicht von den vorwiegend aus dem Adel stammenden Mönchen erledigt, sondern von Laienbrüdern (Konversen), die meist aus nichtprivilegierten Bevölkerungsschichten stammten.[30] Sie schlossen sich den Klöstern an und lebten praktisch wie Mönche, ohne in den Genuß der Vorrechte der regulären Mönche zu gelangen. Indem der Zisterzienserorden den religiösen Idealismus, den er durch die strengere Befolgung der Benediktinerregel und des Armutsideals weckte, ausnutzte und den oft aus bedrängten sozialen Verhältnissen kommenden Laienbrüdern einen sicheren Lebensunterhalt bot, vermochte er den Klöstern ein ständig verfügbares Arbeitskräftereservoir zu sichern. Dadurch konnten die Zisterzienser größere Eigenwirtschaften, die sogenannten Grangien, aufbauen, durch die sie bald große Gewinne erwirtschafteten. Das geschah zu einer Zeit, in der — infolge des wachsenden bäuerlichen Widerstandes gegen Frondienste — andere Grundherren ihr Salland an Bauern auszugeben begannen. Die Klöster waren so bald in der Lage, weiteren Landbesitz durch Kauf zu erwerben; dann wurden zur Anlage weiterer Grangien häufig die ansässigen Bauern vertrieben.

Diese wirtschaftliche Aktivität trug den Zisterziensern nach wenigen Jahrzehnten eine zunehmende Ablehnung ein. Bezeichnend ist ein Bericht des Caesarius von Heisterbach über die Niederlassung von Zisterziensern im Siebengebirge im Jahre 1189: „Es entstand eine solche Aufregung in der ganzen Gegend, nicht bloß unter Rittern und Bauern, sondern auch auf Seiten des Grafen, daß sich die Brüder genötigt sahen, diesem zu versprechen, niemals ohne seine Genehmigung Güter, welche seiner Vogtei unterstanden, käuflich zu erwerben."[31] Zugleich entwickelte sich der Orden in einer Weise, die zu den ursprünglich vertretenen Idealen in schroffem Widerspruch stand. In Anpassung an die feudalen Verhältnisse erwarben die Zisterzienserklöster zunehmend Hufen abhängiger Bauern, von denen sie die entsprechenden Abgaben einzogen. Aber da sich derartige Entwicklungen nur allmählich deutlicher abzeichneten, vermochten Repräsentanten dieses Ordens zunächst einen beachtlichen ideologischen Einfluß auf die damalige Gesellschaft auszuüben.

Auf deutschem Gebiet hatte der neue Orden zuerst im Westen Fuß gefaßt. Wichtig für die weitere Ausbreitung wurde das 1123 vom Kölner Erzbischof gegründete Kloster Altenkamp im Niederrheingebiet. Von dort aus trugen Mönche in den zwanziger und dreißiger Jahren zur Entstehung der Klöster Walkenried im südlichen Harz sowie von Volkenroda und Amelunxborn bei. Zu den frühen Gründungen gehörten außerdem das 1127 entstandene Kloster Ebrach südlich des Mains und das vom Grafen von Altena gegründete Altenberg. Bereits zur Zeit des zweiten Kreuzzuges gab es im deutschen Reichsgebiet rund 50 Zisterzienserklöster.

Der Einfluß des durch den Zisterzienserorden erneut erstarkten Mönchtums spiegelt sich sehr deutlich in der zwischen 1143 und 1146 entstandenen Weltchronik des Bischofs Otto von Freising wider. Otto, Sohn eines babenbergischen Markgrafen und der Tochter Kaiser Heinrichs IV., hatte in Frankreich studiert, war dann Mönch und schließlich Abt des französischen Zisterzienserklosters Morimond geworden. Kennzeichnend für die zur Zeit Konrads III. in den herrschenden Kreisen verbreitete Stimmung ist Ottos pessimistische Bewertung der Gesamtsituation des Reiches, wobei er die Auseinandersetzungen zwischen Kaisertum und Papsttum im Investiturstreit als Ausgangspunkt der unheilvollen Entwicklung wertet. „Bei uns erscheint die Wirrnis so abscheulich, daß man nicht nur im größten Teil des Jahres durch Plünderung und Brandschatzung alles in Unordnung bringt." Es sei daher anzunehmen, daß „wegen der Menge unserer Sünden und wegen der stinkenden Sündhaftigkeit dieser höchst unheilvollen Zeit ... die Welt nicht mehr lange Bestand haben kann, würde sie nicht durch die Verdienste der Mönche, der

wahren Bürger des Gottesstaates, erhalten, deren mannigfaltige und wohlgeordnete Brüderschaften in der ganzen Welt in großer Zahl in Blüte stehen".[32] Hier wird das Mönchtum geradezu als die Kraft aufgefaßt, die angesichts des Verfalls der Reichsordnung den drohenden Weltuntergang noch hinauszuzögern vermag.

Ottos Werk gehört zum Genre der in jenen Jahrzehnten in verschiedenen kirchlichen Einrichtungen entstandenen Weltchroniken. Offensichtlich trugen die seit der Zeit des Investiturstreites in allen Bereichen der Gesellschaft verschärften Spannungen, die unverkennbaren Neuentwicklungen und die allmähliche Steigerung des Bildungsniveaus dazu bei, daß in kirchlichen Kreisen das Bedürfnis nach einem erklärenden Einblick in die gesamte historische Entwicklung wuchs. Das Bestreben, mit Hilfe eines Überblicks über die Geschichte die Stellung der eigenen Zeit im historischen Ablauf zu erfassen, ist in der Weltchronik Ottos von Freising besonders deutlich faßbar. Er glaubte den von Gott vorherbestimmten Ablauf des Geschehens erkennen zu können und skizzierte im letzten Buch seiner Chronik, anknüpfend an prophetische Vorhersagen in der Bibel, über die Gegenwart hinaus den weiteren Gang der Geschichte bis zum angeblich nicht mehr fernen Ende dieser Welt mit dem Jüngsten Gericht.

Neben der Weltchronik Ottos ist eine um 1150 entstandene Schrift des Bischofs Anselm von Havelberg aufschlußreich für gewisse Grundtendenzen der ideologischen Entwicklung jener Zeit. Anselm war Angehöriger des Prämonstratenserordens und hatte 1135/36 als Gesandter Kaiser Lothars in Konstantinopel geweilt. Deshalb hatte ihn der Papst 1149 aufgefordert, seine Erfahrungen aus Diskussionen mit byzantinischen Theologen niederzuschreiben. In seiner daraufhin abgefaßten Schrift behandelte er das ihn offensichtlich bedrängende Problem, weshalb in der einen Kirche mit ihrem seit alters unveränderten Glauben so viele Neuerungen, insbesondere neue Orden hervorgetreten seien. Bemerkenswert ist, daß Anselm diese neuen Tendenzen, die natürlich die bestehende kirchliche Ordnung nicht grundsätzlich verändern dürfen, ausdrücklich bejaht. Gerade durch eine stetige Weiterentwicklung vermöge sich die Kirche veränderten Bedingungen anzupassen und sich so ständig zu erneuern. Damit zeigt sich bei Anselm, wenn auch in sehr gemäßigter Weise, aus dem Selbstbewußtsein des Angehörigen eines neuen Ordens heraus eine im Vergleich zur herrschenden konservativen Einstellung etwas positivere Bewertung der historischen Entwicklung. Unverkennbar waren die im 11. Jh einsetzende Beschleunigung der gesellschaftlichen Entwicklung und die daraus resultierenden Veränderungen in allen

Zisterziensermönch beim Roden. Miniatur in einer Anfang des 12. Jh. in Cîteaux entstandenen Handschrift.

Bereichen der reale Hintergrund derartiger Anschauungen.[33]

Für das geistige Leben jener Zeit charakteristisch war auch das Werk Gerhochs von Reichersberg, der 1132 Propst des vom Salzburger Erzbischof gegründeten Augustinerchorherrenstiftes Reichersberg wurde. In seiner ersten Schrift, dem in den dreißiger Jahren entstandenen Werk „Vom Gebäude Gottes", forderte er den Klerus auf, sich zu einer am Vorbild der Apostel orientierten Lebensform zu bekehren; die hohe Geistlichkeit solle sich vom Königshof und Königsdienst zurückziehen und sich allein göttlichen, nicht aber königlichen Gesetzen verpflichtet fühlen. Alle Kleriker hätten sich in regulierten Gemeinschaften zusammenzuschließen, um so die Reform der Kirche zu verwirklichen.[34] Dieses Werk und die anderen Schriften Gerhochs zeigen, daß er die nach dem Investiturstreit noch vertiefte Kluft zwischen den Reformidealen und den realen, vom Feudalismus geprägten kirchlichen Verhältnissen durchschaute und zu überwinden suchte.

Das Weiterwirken der mit der Realität nicht in Einklang zu bringenden Vorstellungswelt der Reformzeit spiegelt sich auch in den Dichtungen der Jahrhundertmitte wider, die weiterhin nahezu durchweg von Geistlichen und Mönchen verfaßt wurden. Das gilt etwa von der kurz vor 1150 entstandenen „Rede vom Glauben". Der Verfasser, der sich als „armer Hartmann" bezeichnete, war vermutlich ein Adliger, der sich als Laienbruder einer klösterlichen Gemeinschaft anschloß. Als weltverneinender Bußprediger forderte er die Menschen auf zu bedenken, was sie wirklich seien, nämlich „bose stuppe [Staub] und mist".[35] Nur radikale Abkehr von den Verlockungen dieser Welt ermögliche die Seeligkeit. Eine ähnliche Grundhaltung verrät das bald nach 1150 von einem adligen Dichter namens Heinrich verfaßte Gedicht „Von des todes gehugede" (Erinnerung an den Tod). Dieser Autor, der sich offenbar ebenfalls zum Klosterleben bekehrt hatte, malt in eindringlicher Weise die Gefahren von Reichtum und Macht für das Seelenheil aus. So ruft ein zur Hölle verdammter Vater seinem das Grab besuchenden adligen Sohn zu:

Waz hilfet aller mîn rîchtûm
unt manic unsaeliger gewin?
Ich wolde allen mînen sin
ie dar an erzaigen,
daz ich choufte lêhen unt aigen,
burge, meirhof unt huobe [Hufen]
unt ander hêrschaft genuoge.
Dar umbe ist nû mîn sêl gevailet [verloren].[36]

Diese von mönchischem Geist erfüllten, allein auf die Erlangung der jenseitigen Seligkeit ausgerichteten Dichtungen verraten eine beträchtliche Distanz gegenüber der Welt des Feudaladels. Da man aber der bestehenden Gesellschaftsordnung keine reale Alternative gegenüberstellte und mit der Abwertung alles Irdischen zugleich die von der Kirche gepredigten Normen um so höher wertete, konnte eine solche Kritik die feudalständische Ordnung nicht grundsätzlich gefährden.

Die Wirksamkeit der kirchlichen Weltauffassung verrät auch das erste deutsche Versepos, das nach einer französischen Vorlage einen weltlich-heroischen Stoff aus der antiken Geschichte aufgriff, das wohl noch vor der Mitte des 12. Jh. entstandene Alexanderlied des im Rheinland beheimateten Pfaffen Lamprecht. Im Prolog stellt dieser das mit einem frühen Tod endende Leben des griechischen Welteroberers unter das Motto der vanitas – der Eitelkeit irdischer Größe.

Daz ist allez îtelcheit,
daz die sunne umbegeit.[37]

Allerdings bricht dann in der Darstellung im Gegensatz zum Anliegen des Prologs die Lust an der Schilderung kriegerischer Taten und damit am feudalen Lebensstil recht unverhüllt durch.

Neben jener geistigen Grundströmung, die die Verderbtheit der Welt und die Sündhaftigkeit der Menschen sehr krass hervorhob, zeigen sich jedoch im religiösen Schrifttum um 1150 auch Anzeichen einer neuen, individuelleren Religiosität, für die nicht mehr die Macht des Teufels über den Menschen, sondern ein engeres Verhältnis des Menschen zu Gott charakteristisch war. Besonders eindrucksvoll treten derartige Anschauungen in einer von einem süddeutschen Geistlichen für Nonnen verfaßten Auslegung des im Alten Testament enthaltenen Hohen Liedes hervor. Dieses nach dem Fundort der Handschrift als St. Trudperter Hohes Lied bezeichnete Literaturdenkmal bezieht den alttestamentarischen Liebesgesang von Braut und Bräutigam nicht mehr in der bis dahin üblichen Manier auf die Kirche als Braut und Gott als Bräutigam, sondern hier ist es die einzelne Seele, die als Braut nach einer Vereinigung mit Gott bzw. Christus strebt.[38] Als Vorbild für eine solche Vereinigung wird Maria, die „Mutter Gottes" gepriesen, deren Verehrung in der Kirche, insbesondere auch im Zistersienserorden, damals mehr und mehr in den Vordergrund trat. Damit gewannen im St. Trudperter Hohen Lied ähnlich wie gleichzeitig in den Schriften Bernhards von Clairvaux die Grundvorstellungen sowie die bildhafte, gefühlsbetonte Ausdrucksweise der Mystik Gestalt. Es entstand eine fortgeschritteneren gesellschaftlichen Verhältnissen angepaßte individuellere Religiosität, die nicht mehr durch die Überzeugung von der Verworfenheit des Menschen, sondern vom Glauben an die Fähigkeit der menschlichen Seele zu einer unmittelbaren Verbindung mit Gott geprägt war. Das kam einer positiveren Wertung des Menschen gleich und beinhaltete eine weniger strenge

Auffassung von Gott, dessen Barmherzigkeit und Liebe zu den Menschen jetzt stärker in den Vordergrund gestellt wurde.

Mit der unverkennbaren Steigerung des Einflusses der kirchlichen Ideologie und der Ausbreitung neuer Kleriker- und Mönchsorden verband sich ein durch das Schisma von 1130 nur wenig beeinträchtigter Ausbau der kirchlichen Zentralisation durch das Papsttum. Als förderliches Moment erwies sich dabei die Systematisierung des kanonischen Rechts durch den in Bologna, dem damaligen Zentrum der Rechtswissenschaft, wirkenden Mönch Gratian, der um 1140 mit dem „Decretum Gratiani" den Grundstock des für Jahrhunderte gültigen Kirchenrechts schuf.

Das Wirksamwerden von Ketzerbewegungen

Andererseits förderten gerade der gesteigerte Machtanspruch der Kirche in einer von verschärften sozialen Spannungen erfüllten Gesellschaft und der Widerspruch zwischen den Reformidealen und der realen Kirche das Hervortreten kritischer oder gar kirchenfeindlicher Gegenströmungen. Insbesondere unter der Stadtbevölkerung, die häufig in Auseinandersetzungen mit geistlichen Stadtherren verwickelt war, fanden ketzerische Bewegungen einen günstigen Nährboden. Von Frankreich aus griff die sich jetzt formierende Sekte der Katharer seit den dreißiger Jahren des 12. Jh. auf deutsches Gebiet über. 1135 wurden in Lüttich und 1143 in Köln Ketzer entdeckt.[39] Im Jahre 1145 meldete der Klerus von Lüttich das Auftreten weiterer Ketzer, deren Lehrer aus der bereits damals im Zentrum weitreichender Handelsverbindungen stehenden Champagne stammten.[40] Die aufgespürten Häretiker lehnten das Priestertum als Heilsvermittler, die kirchlichen Sakramente sowie die Ehe ab. Zugleich bekannten sie sich zum Ideal der „vita apostolica", sie wollten arm wie die Apostel leben.

Obwohl damals in Lüttich, Köln und Bonn mehrere Ketzer verbrannt wurden, existierte die Sekte, vor allem in Köln, weiter. Hier faßte und verbrannte man 1163 weitere Häretiker, die diesmal ausdrücklich als Katharer bezeichnet wurden. 1164 warnte die durch ihre visionären und medizinischen Schriften bekannt gewordene Hildegard von Bingen in einer Predigt vor diesen Gegnern der Kirche und erklärte auf die Frage, wo sie zu finden seien: in Kellerräumen, wo Weber und Pelzwerker arbeiteten.[41] Das deutet darauf hin, daß die Katharer vor allem unter den städtischen Handwerkern Anhänger fanden.[42]

Die Unter- und Mittelschichten in den sich entwickelnden Städten boten einen günstigen Nährboden für eine schnelle Ausbreitung der Katharer-Sekte. Die intensivierten Handelsbeziehungen und die sich ver-

Kopf des gekreuzigten Christus, Lettnerdurchgang im Naumburger Dom (1250–1260). Diese Plastik des sog. Naumburger Meisters verdeutlicht jene Auffassung, die Christus nicht als Weltenrichter, sondern leidend darstellt

stärkende Fluktuation der Bevölkerung erleichterten ihre Verbreitung. Daher trat insbesondere die Champagne, wo im 12. Jh. die in mehreren Städten abgehaltenen Messen zum Knotenpunkt des Handels zwischen Italien und den flandrischen Gewerbezentren wurden, als Ausstrahlungsherd dieser Häresie hervor.

Charakteristisch für die Anschauungen der Katharer war die von der auf dem Balkan verbreiteten Sekte der Bogomilen übernommene dualistische Weltauffassung, derzufolge die irdische Welt und auch der menschliche Körper als Schöpfung des Satans galten, während der wahre Gott den Himmel und die von dort stammende menschliche Seele schuf. Für die in den menschlichen Körper eingekerkerte Seele komme es darauf an, sich aus den Fesseln dieser irdischen, teuflischen Welt zu lösen. Den Weg hierzu glaubten diese Ketzer, die sich selbst die „Reinen" (griech.: katharos = rein) nannten, mit ihrer Lehre gefunden zu haben. Da sie mit der Verneinung der Welt und ihrer materiellen Güter das aus den Evangelien abgeleitete Armutsideal verknüpften, beinhaltete ihre Lehre nicht nur eine Ablehnung der an bestimmte materielle Dinge – wie Brot, Wein, Wasser – gebundenen kirchlichen Sakramente, sondern eine Verneinung der auf Besitz, Reichtum und Herrschaft bedachten Kirche überhaupt. Daraus erklärt sich die Anziehungskraft dieser Häresie für die städtischen Unterschichten, deren reale soziale Lage das Armutsideal gewissermaßen zur vorbildlichen Norm erhob, während die machthungrige Kirche negiert wurde. Insofern war die Ausbreitung des Ketzertums im 12. Jh. Ausdruck eines erwachenden allgemeinen Protestes breiter Volksschichten gegen die herrschende Kirche und in Ansätzen auch gegen die durch die Kirche sanktionierte Feudalordnung überhaupt. Eine derartige Einbettung der Ketzerbewegung in die Klassenwidersprüche der entwickelten Feudalgesellschaft wird von der bürgerlichen Geschichtsschreibung nahezu durchgängig verneint. Sie betont statt dessen — von einem isoliert geistesgeschichtlichen Standpunkt aus — den rein religiösen Charakter der Häresien und verbaut sich damit den Weg zu einer wirklichen Erklärung für das Aufkommen dieser Bewegungen.

Größere Wirksamkeit erlangten häretische Auffassungen, wenn sie sich mit offenen Erhebungen verbanden. Das geschah allerdings nur in Ausnahmefällen. So trat seit 1146 Arnold von Brescia, der in Paris mit dem französischen Scholastiker Abaelard zusammengetroffen war, in Rom als Prediger hervor. Er war, ohne in direkter Beziehung zu den Katharern zu stehen, zu einer ablehnenden Einstellung gegenüber der kirchlichen Hierarchie gelangt und verbündete sich jetzt mit der 1142/43 ausgebrochenen Aufstandsbewegung der Römer gegen den Papst. In Predigten bestritt er unter Berufung auf die besitzlose Urkirche den Vertretern der Kirche einschließlich des Papstes jeden Anspruch auf Besitz und Herrschaftsrechte. Da ein Eingreifen König Konrads III. zugunsten des Papstes unterblieb, konnte sich die Oppositionsbewegung längere Zeit behaupten.

Das Ende des staufisch-welfischen Konfliktes durch die Wahl Friedrichs I.

Der Aufstand Welfs VI. zwang Konrad III., nach seiner Rückkehr vom Kreuzzug auf ein Eingreifen in die verwirrten Verhältnisse Italiens zu verzichten und noch im Mai 1149 von Norditalien in den deutschen Reichsteil zurückzukehren. Es zeigte sich allerdings bald, daß der Welfe trotz der finanziellen Unterstützung durch den König von Sizilien keinen nennenswerten Anhang fand. Obwohl Konrad einen Sieg über ein Aufgebot Welfs VI. errang, konnte der König seinen Plan, den Welfen daraufhin in einem größeren Kriegszug niederzuwerfen, infolge des Widerspruchs einiger Fürsten nicht verwirklichen. Die Tatsache, daß der König für die Durchführung eines solchen Unternehmens auf andere Fürsten angewiesen war, offenbart zugleich die Schwäche seiner eigenen militärischen Kräfte.

Der an sich vom König gewünschte Italienzug, um die Kaiserkrönung zu erreichen und Roger II. zurückzudrängen, war unter diesen Umständen vorerst nicht möglich. Erst auf Hoftagen im Sommer und Herbst 1151 wurde unter Zustimmung zahlreicher Fürsten beschlossen, im Herbst 1152 den Zug über die Alpen anzutreten. Aber dieser Plan konnte nicht verwirklicht werden, denn Konrad III. starb Mitte Februar 1152. In der Kölner Chronik wurde das Resümee seiner Regierung mit den Worten gezogen: „Die Zeiten dieses Königs waren überaus betrüblich."[43]

Tatsächlich hatten die Machtkämpfe der immer selbständiger hervortretenden Fürsten unter diesem König einen Höhepunkt erreicht, und das veränderte Kräfteverhältnis zwischen Zentralgewalt und Fürsten zeigte sich in aller Deutlichkeit. Die stärksten Exponenten in diesen Auseinandersetzungen waren auf Grund ihrer umfassenden Machtmittel nach wie vor die Inhaber von Herzogtümern, nämlich die Herzöge von Bayern, Sachsen und Schwaben. Es zeichnete sich aber bereits deutlich ab, daß neben diesen mächtigsten Feudalgewalten eine zunehmende Zahl weiterer Fürsten an Gewicht gewann und immer wirksamer in die

Hildegard von Bingen, vom Geist erleuchtet, und der Mönch Gottfried, der ihre Visionen niederschreibt. Miniatur aus ihrem Liber Scivias (um 1180)

Rivalitätskämpfe der Großen eingriff. Die Askanier als Markgrafen der sächsischen Nordmark und von Brandenburg hatten sich um die Jahrhundertmitte gegenüber dem Herzog von Sachsen völlig verselbständigt und suchten diesem sogar das Herzogtum streitig zu machen. Weiter südlich trat neben den Wettinern seit etwa 1130 in Thüringen ein Grafengeschlecht hervor, dessen Repräsentanten sich als Landgrafen bezeichneten. Im Bereich des Herzogtums Schwaben entzogen sich vor allem die Zähringer der herzoglichen Kontrolle. Im Südosten lösten sich die Markgrafen der Steiermark aus der Machtsphäre der Herzöge von Kärnten und Bayern.

Das Fehlen einer Herzogsgewalt im fränkischen Gebiet und der Verfall der herzoglichen Macht im besonders stark feudalisierten Lothringen hatten dazu beigetragen, daß dort früher als in anderen Gebieten Grafen, Erzbischöfe, Bischöfe und teilweise auch Reichsäbte unbeeinträchtigt durch eine übergeordnete Gewalt ihre Herrschaftsbereiche festigten. In Oberlothringen führten die Grafen des Elsaß den Herzogstitel, ohne auch nur annähernd das Gebiet zu beherrschen. In Niederlothringen war der Herzogstitel strittig zwischen den Grafen von Limburg und den Grafen von Löwen, die sich seit dem Ende des 12. Jh. Herzöge von Brabant nannten. Neben den beiden herzoglichen Dynastien verfügten in diesem Raum die Grafen von Holland, von Namur und des Hennegau sowie die Bischöfe von Utrecht und Lüttich über eigenständige Machtbereiche.

Der im 11. Jh. im regionalen Rahmen einsetzende staatliche Konzentrationsprozeß engte also nicht nur die Wirkungsmöglichkeiten der Zentralgewalt ein, sondern löste auch die noch bestehenden großen Herzogtümer zunehmend auf. Die straffere, auf Burgen und Ministerialen gestützte staatliche Herrschaftsorganisation konnten die Herzöge ebensowenig im ganzen Gebiet des Herzogtums durchsetzen wie die Könige im ganzen Reich. So trat die staatliche Entwicklung in ein Stadium sich zuspitzender Machtkämpfe ein. Von einer Konsolidierung oder räumlichen Abrundung der einzelnen Herrschaftsbereiche war man meistens noch sehr weit entfernt. Unter diesen Umständen wünschten viele Feudalherren, insbesondere die geistlichen Fürsten, durchaus die Existenz einer einigermaßen funktionsfähigen Zentralgewalt, die die Position der Fürsten respektierte und zugleich als ausgleichender, schlichtender Faktor auftreten konnte. So erklärt es sich, daß die Regierungszeit des schwachen Konrad III. von den herrschenden Kräften weitgehend negativ beurteilt wurde.

Konrad III., dessen 1147 zum Nachfolger gewählter Sohn Heinrich bereits 1150 gestorben war, hatte unmittelbar vor seinem Tode die Reichsinsignien seinem Neffen, dem Herzog Friedrich III. von Schwaben, überlassen und damit kundgetan, daß er diesen Vertreter der staufischen Dynastie als Nachfolger wünschte. Dieser ging sofort daran, sich in Verhandlungen mit geistlichen und weltlichen Fürsten eine ausreichende Anhängerschaft für die bevorstehende Königswahl zu sichern. Insbesondere gab er, der selbst Sohn einer Welfin war, den Vertretern des Welfenhauses Zusicherungen. Heinrich dem Löwen versprach er vermutlich bereits vor der Wahl eine Berücksichtigung der Ansprüche auf das Herzogtum Bayern; Welf VI. sicherte er die Markgrafschaft Tuscien sowie das Herzogtum Spoleto zu und leitete so eine Beilegung des staufisch-welfischen Konfliktes ein. Auf Grund dieser Zusagen sprachen sich bei der Wahl am 4. März 1152 in Frankfurt nur wenige Fürsten gegen den Schwabenherzog aus,[44] der damit als Friedrich I. den Königsthron bestieg.

Der Ausbau der Stadtgemeinde, die Entfaltung der städtischen Wirtschaft und die Auswirkungen auf den bäuerlichen Klassenkampf

Die kommunale Bewegung in Bischofsstädten

Privilegien, die Lothar III. 1129 für Straßburg und 1134 für Quedlinburg ausstellte, die hartnäckigen Kämpfe zwischen diesem Herrscher und den Staufern um Speyer sowie die erwähnten Urkunden Konrads III. für Dortmund, Duisburg und Kaiserswerth vom Jahre 1145 sind Zeugnisse der wachsenden Wirtschaftskraft und eines allmählich wirksam werdenden politischen Gewichts der Städte. Mit der Ausweitung der Ware-Geld-Beziehungen und der städtischen Entwicklung boten sich sowohl für das Königtum wie auch für andere größere Feudalgewalten neue Möglichkeiten, die Ertragsfähigkeit ihrer Herrschaftsbereiche zu erhöhen und damit die eigene Machtposition zu stärken. Neben der Ausdehnung und dem Entwicklungsstand der agrarischen Produktion des jeweiligen Herrschaftskomplexes wurden jetzt zunehmend die Zahl und Wirtschaftskraft der dort gelegenen Städte sowie das Ausmaß des Warenverkehrs mit den sich daraus ergebenden Möglichkeiten für finanzielle Einnahmen ein Faktor, von dem die Macht der Feudalgewalten abhing. Daß Könige und Fürsten erkannten, welche Bedeutung die städtische Entwicklung für die Stärkung ihrer Position gewann, beweist die um die Mitte des 12. Jh. einsetzende und bis etwa 1300 anhaltende Welle von Stadtgründungen, bei denen die bewußte Förderung und Privilegierung durch feudale Machthaber eine wesentliche Rolle spielte.

Neben den jetzt neuentstehenden Städten besaßen die älteren Städte, die überwiegend Bischofsstädte waren, weiterhin die größte wirtschaftliche Bedeutung. Die Herrschaft über Bischofsstädte steigerte daher zunächst die Machtmittel der geistlichen Fürsten. Allerdings trug gerade in diesen schnell erstarkenden Städten die schon um 1070 einsetzende, bis weit ins 13. Jh. fortdauernde kommunale Bewegung allmählich dazu bei, die Herrschaftsbefugnisse der Bischöfe und damit deren Möglichkeit zur Eintreibung von Abgaben zu beschränken.

Der erfolgreiche Fortgang der kommunalen Bewegung war nur möglich, weil die bürgerlichen Kräfte der Bischofsstädte wirtschaftlich erstarkt waren; aber andererseits trug diese Bewegung wesentlich dazu bei, daß die weitere Entfaltung von Gewerbe und Handel beschleunigt vorangetrieben werden konnte.[45] Der schnelle wirtschaftliche Aufschwung des 12./13. Jh. auf deutschem Gebiet ebenso wie etwa in Frankreich oder Italien war also nicht nur das unabänderliche Ergebnis einer einmal in Gang gesetzten, gewissermaßen automatischen ökonomischen Entwicklung, sondern er war in hohem Maße begründet in der gleichzeitigen erfolgreichen Klassenauseinandersetzung der aufstrebenden Stadtbevölkerung mit feudalen Kräften.

In den Bischofsstädten bestanden besonders große Interessengegensätze und Reibungsflächen zwischen der wirtschaftlich erstarkenden Stadtbevölkerung und dem Stadtherrn, denn die Bischöfe, die seit dem 10. Jh. meist die vollen Herrschaftsrechte über die werdenden Städte innehatten, residierten unmittelbar in der Stadt; beträchtliche Teile der ursprünglichen Bevölkerung waren Hörige des Bischofs oder anderer kirchlicher Institutionen in den Städten. Außerdem bemühten sich die Bischöfe in der Frühphase der städtischen Entwicklung, auf Grund ihrer Gerichtsherrschaft über die Stadt die gesamte Bevölkerung bis zu einem gewissen Grade in den Status von Abhängigen zu versetzen und auf dieser Grundlage die Ausbeutung zu erhöhen. So wollte noch der 1178 gewählte Bischof Ulrich von Speyer das 1111 gewährte kaiserliche Privileg umgehen und alle Einwohner zu einer als Hauptrecht bezeichneten Nachlaßabgabe zwingen, um seinen finanziellen Nöten abzuhelfen. Die Bürger erreichten jedoch in diesem Falle 1182 von Kaiser Friedrich I. eine Bestätigung ihrer alten Privilegien, wobei die Forderung des Hauptrechts ausdrücklich als unrechtmäßig bezeichnet wurde.

Sehr deutlich spiegelt das wahrscheinlich um 1130 entstandene erste Straßburger Stadtrecht die sehr umfangreichen Rechte des Bischofs in einer wirtschaftlich bereits relativ weit entwickelten Stadt wider. Demnach mußten alle Bürger dem Bischof jährlich fünf Tage Frondienst leisten; ausgenommen von dieser Verpflichtung war eine bestimmte Zahl bevorzugter Handwerker, unter denen Kürschner, Schuhmacher, Handschuhmacher, Sattler und Schmiede genannt werden, die als Ersatz für den Frondienst gewerbliche Produkte abliefern mußten.[46] Außerdem wird ausdrücklich betont, daß alle städtischen Ämter vom Bischof oder seinen Beauftragten ausschließlich mit Abhängigen der bischöflichen Kirchen zu besetzen seien.

Diesem Entwicklungsstand entspricht es, daß in vielen Bischofsstädten während des 12. Jh. neben der jetzt meist als „burgenses" bezeichneten Schicht der Kaufleute und Handwerker noch zahlreiche Ministerialen und sonstige Hörige des Bischofs oder anderer kirchlicher Institutionen ansässig waren. Es gab also in diesen älteren Städten damals keineswegs einen alle Bewohner umfassenden, rechtlich einheitlichen Bürgerstand.

Dennoch beanspruchten bereits im 12. Jh. ungeachtet der starken Position des bischöflichen Stadtherrn die kaufmännischen und gewerblichen Schichten in steigendem Maße ein Mitspracherecht. In dem bereits erwähnten Straßburger Stadtrecht, das unverkennbar auf eine Festigung der Rechte des Stadtherrn abzielte, wurde anerkannt, daß bei der Bestellung des Stadtvogtes und bei der Anlage von Mühlen die Zustimmung der Bürger einzuholen sei. Außerdem hatte bereits 1129 König Lothar den Straßburgern zugesichert, daß sie – von Ausnahmefällen abgesehen – vor kein auswärtiges Gericht geladen werden dürften und Streitsachen, in die sie verwickelt waren, ausschließlich vor dem städtischen Gericht zu verhandeln seien. Derartigen Privilegien, in denen Stadtbewohnern die ausschließliche Zuständigkeit vor dem Stadtgericht zugestanden wurde, begegnen wir im 12. Jh. häufig. So erhielt Speyer bereits 1111 ein solches Privileg, Mainz 1119, Dortmund 1145 und Osnabrück 1171. Diese Festlegung, die für den Stadtherrn keine Machteinbuße beinhaltete, hatte für die Stadtbevölkerung dennoch große Bedeutung. Denn ein ausschließlich städtisches Gericht bot, auch wenn es unter stadtherrlicher Kontrolle stand, eine Gewähr dafür, daß die spezifischen Interessen von Kaufleuten und Handwerkern berücksichtigt wurden.

Trotz mancher Zugeständnisse an die bürgerlichen Kräfte behauptete also der Stadtherr in den Bischofsstädten im 12. Jh. meist noch eine so starke Machtstellung, daß Spannungen und häufig sogar offene Auseinandersetzungen unvermeidlich waren. Besonders die Bischofsstädte im Westen des deutschen Reichsgebietes wurden wiederholt von Unruhen erschüttert. In Cambrai, wo bereits 1101 eine von den Bürgern gebildete Schwurvereinigung (communio) vorübergehend anerkannt worden war, brach 1136/37 ein Aufstand gegen den Stadtherrn aus, weil er dem mit ihm verwandten Burggrafen ein nahe der Stadt gelegenes Kastell überlassen hatte, was die Bürger als Bedrohung empfanden. Erst im Frühjahr 1139 konnte König Konrad III. den Streit schlichten. Aber die

Spannungen dauerten fort; 1167 zerstörten die Bürger während einer Vakanz des bischöflichen Stuhls ein neuangelegtes Kastell in der Nähe der Stadt, weshalb sie der nachfolgende Bischof vorübergehend mit dem Bann belegte. In dem 1198 ausbrechenden staufisch-welfischen Thronstreit bewiesen sie ihre Handlungsfähigkeit, indem sie sich im Gegensatz zum Bischof, der sich dem Welfen Otto IV. anschloß, auf die staufische Seite stellten und den Bischof für mehrere Jahre aus der Stadt verdrängten.[47]

Auch in Trier bildete sich um 1132 eine gegen Erzbischof Adalbero gerichtete Schwurvereinigung, in der neben den Bürgern die in der Stadt ansässigen Ministerialen eine führende Rolle spielten. In den vierziger Jahren nutzte der Stadtherr die „coniuratio" offensichtlich bei seinen Auseinandersetzungen mit benachbarten Feudalgewalten.[48] Aber der nachfolgende Erzbischof forderte und erreichte beim Kaiser 1157 die Auflösung der Vereinigung. Die Bürger und Ministerialen erneuerten dennoch kurz darauf die „coniuratio", so daß Kaiser Friedrich I. 1161 auf Verlangen des Erzbischofs abermals einschreiten mußte. Dieser Rückschlag hemmte zwar die Gemeindebildung in dieser wirtschaftlich nicht so bedeutenden Bischofsstadt, aber 1172 sind ein aus Ministerialen und Bürgern bestehendes Schöffenkolleg und ein eigenes Stadtsiegel bezeugt. Die Handlungsfähigkeit der städtischen Gemeinde war also gewährleistet.

In den Jahren von 1157 bis 1160 erschütterten Mainz blutige Auseinandersetzungen. Als Erzbischof Arnold die Stadtbewohner zur Deckung der Kosten für die geplante Heerfahrt nach Italien besteuern wollte, lehnten dies zunächst einige Ministerialen ab, die sogleich Unterstützung bei den Bürgern fanden. Es folgten wechselvoll verlaufende Auseinandersetzungen, bei denen schließlich im Sommer 1160 der inzwischen aus Italien zurückgekehrte Erzbischof getötet wurde.[49]

Besondere Beachtung verdient die Entwicklung in Köln, der damals wirtschaftlich bedeutendsten Stadt auf deutschem Gebiet, von der Otto von Freising sagt: „Diese ... Stadt übertrifft bekanntlich seit dem Niedergang Triers alle Städte Frankreichs und Deutschlands an Reichtum und Bauwerken, an Größe und Pracht."[50] In den Jahren 1138/39 brachen offene Kämpfe zwischen den Bürgern und dem Erzbischof aus, der die Stadt vorübergehend belagerte. Um 1180 gingen die Kölner gegen den Willen des Erzbischofs daran, über den bereits 1106 erweiterten Mauerring hinausgreifend eine neue Befestigung zu errichten, die die Vorstädte einbezog. Der Stadtherr mußte schließlich nachgeben und gegen eine Geldzahlung das eigenmächtige Vorgehen der Bürger genehmigen. Während des staufisch-welfischen Thronstreites demonstrierte die Kölner Bürgerschaft erneut ihre Stärke, indem sie mit großer Konsequenz den Welfen unterstützte.

Erstes Siegel der Stadt Trier (12./13. Jh.). Mitte: Christus, l.: S. Petrus, r.: S. Eucharius, Schutzheiliger eines alten, vor der Stadt gelegenen Klosters

Neben der großen Bevölkerungszahl und der Wirtschaftskraft Kölns wirkte sich dabei die Tatsache aus, daß sich hier schon früh eine funktionsfähige Gemeindeorganisation mit eigenen Verwaltungsorganen entwickelt hatte. Einen wichtigen Ansatzpunkt hierfür bot in Köln wie in anderen Städten die Gerichtsorganisation. Schon im 10. Jh. war Köln mit seiner unmittelbaren Umgebung ähnlich anderen Bischofsstädten ein eigener Hochgerichtsbezirk unter der Herrschaft des Erzbischofs geworden. Da im germanisch-deutschen Bereich in der Gerichtsverfassung neben dem Gerichtsherrn stets der Gerichtsgemeinde, die seit der Karolingerzeit oft durch Schöffen repräsentiert wurde, ein ausgeprägtes Mitspracherecht zukam, erlangten auch in Köln die Schöffen mit dem Erstarken der Stadtbevölkerung eine wachsende Bedeutung. Bereits im 12. Jh. gehörten die Schöffen, deren Zahl meist zwischen 20 und 30 lag, überwiegend der bürgerlichen Oberschicht, das heißt der reichen Kaufmannschaft, an. Bald setzte sich der Brauch durch, daß die Schöffen im Falle des Ausscheidens — meist durch Tod — eines Mitgliedes ihres Kollegiums selbst den Nachfolger wählten, so daß die Einflußnahme des Erzbischofs auf die Auswahl mehr und mehr zurückgedrängt wurde. Damit entwickelte sich in Köln wie bald auch in vielen anderen deutschen Städten das Schöffenkolleg zum mehr oder weniger eigenständigen Gerichts- und Verwaltungsorgan der Stadtgemeinde. Die herausragende Stellung der Kölner Schöffen zeigt sich unter anderem darin, daß sie sich seit der Mitte des 12. Jh. wiederholt als „senatores" bezeichneten. 1149 wirkten sie bei der Gründung einer Zunft mit, und 1171 bestätigten die „senatores" völlig selbständig ein Zollprivileg für die Kaufleute von Dinant.

Darüber hinaus wurde in Köln die gemeindliche Organisation der Bürgerschaft dadurch gestärkt, daß neben der Gesamtgemeinde der Stadt in Anlehnung an die einzelnen Pfarrbezirke die sogenannten Parochial-

Kölner Stadtsiegel einer Urkunde von 1159. Das Siegel ist bereits (in beschädigtem Zustand) an der Urkunde für die Bettziechenweber 1149 überliefert und gehört zu den ältesten deutschen Stadtsiegeln. Es zeigt eine sitzende Petrus-Figur mit der Umschrift: SANCTA COLONIA DEI GRATIA ROMANAE ECCLESIAE FIDELIS FILIA

Ausschnitt aus der oberen Hälfte der 1. Schreinskarte der Parochie St. Martin in Köln (ca. 1130–1140)

oder Sondergemeinden existierten, in denen im kleineren Rahmen ebenfalls bereits in der ersten Hälfte des 12. Jh. eine von den Bürgern getragene Organisation deutlich erkennbar ist. An der Spitze der Sondergemeinden standen mehrere, von der Bürgerschaft gewählte Meister (magistri), die über kleinere Streitfälle richteten und die immer häufiger werdenden Grundstücksverträge beurkundeten.

Parallel zur Übernahme von Verwaltungs- und Gerichtsfunktionen durch bürgerliche Kräfte trat in Köln schon früh eine Verfestigung der führenden Position der städtischen Oberschicht ein. Die regelmäßigen Versammlungen der Gesamtbürgerschaft vermochten diesen Prozeß nicht zu verhindern. Um 1180 ist erstmals die sogenannte Richerzeche belegt, ein gildeartiger Verband reicher Kaufleute. Die Angehörigen der Richerzeche gewannen in der folgenden Zeit einen entscheidenden Einfluß auf das städtische Leben. Sie

wählten jährlich die zwei Bürgermeister und entschieden über die Zulassung von Zünften, die weitgehend ihrer Kontrolle unterstanden.

Vereinzelt brachen im 12. Jh. auch in den weiter östlich gelegenen Bischofsstädten offene Konflikte zwischen der Stadtbevölkerung und dem Stadtherrn aus. Im Jahre 1129 erhoben sich die Magdeburger gegen Erzbischof Norbert, der sich vorübergehend nach Halle zurückziehen mußte.[51] Die Bürger von Halberstadt zettelten 1153 eine Verschwörung gegen den Bischof an.

Die Erfolge der kommunalen Bewegung nutzte vor allem die städtische Oberschicht, indem sie die sich entwickelnden Selbstverwaltungsorgane besetzte. Im Unterschied zu Köln, wo die reiche Kaufmannschaft dominierte, spielten in den anderen Städten häufig auch in der Stadt ansässige bischöfliche Ministerialen eine wesentliche Rolle. Das gemeinsame Handeln aller städtischen Schichten in der kommunalen Bewegung war zwar von großer Bedeutung für die Zurückdrängung der Befugnisse des Stadtherrn, ebenso wie die regelmäßigen Versammlungen der gesamten Bürgerschaft einen wirksamen Faktor für die Entwicklung eines Gemeinschaftsbewußtseins der Bürgerschaft darstellten. Trotzdem zeigte sich im Prozeß der Herausbildung der bürgerlichen Stadtgemeinde von Anfang an eine Differenzierung zwischen der einflußreichen Oberschicht, den „meliores", und der Mehrheit der Bevölkerung. Es ist bezeichnend für die damalige Situation, wenn der Erzbischof Wichmann von Magdeburg in einer 1188 erlassenen Urkunde, in der er den Bürgern gewisse Vorteile im Gerichtsverfahren zusicherte, zugleich festlegte, daß es auf den Bürgerschaftsversammlungen „keinem Törichten erlaubt sei, durch ungeordnete Worte zu stören und in irgendeiner Weise dem Willen der meliores entgegenzutreten"; wer dagegen verstoße, solle „von den Bürgern mit solcher Strenge bestraft werden, daß kein anderer etwas derartiges mehr wage".[52]

Natürlich waren die Grenzen dieser aus reichen Kaufleuten und Ministerialen bestehenden Oberschicht im 12. Jh. fließend. Dennoch bereitete sich auf diese Weise die Ausbildung eines mehr oder weniger abgeschlossenen Patriziats, wie es im 13. Jh. in vielen Städten hervortrat, bereits damals vor. Das Verhältnis zwischen dem Stadtherrn und den „meliores" war dabei oft recht zwiespältig. Ohne Mitwirkung dieser wirtschaftlich starken Gruppe ließ sich die bürgerliche Autonomie gegenüber den Feudalgewalten nicht durchsetzen und erst recht nicht dauerhaft behaupten; dementsprechend spielte diese Schicht in der kommunalen Bewegung eine führende Rolle. Andererseits war es, wie die Magdeburger Urkunde von 1188 zeigt, durchaus möglich, daß der Stadtherr und die bürgerliche Oberschicht zusammenwirkten, um Ansprüche der Mittel- und Unterschichten zurückzudrängen.

Die Ausbildung der Ratsverfassung

Diese hervorragende Stellung der „meliores" trat auch zutage, als um 1200 der Prozeß der Ausbildung der Stadtgemeinde mit dem Aufkommen des städtischen Rates in ein neues, entscheidendes Stadium eintrat. Zwischen 1190 und 1210 tauchte in vielen größeren Städten ein eigenes Verwaltungsorgan auf, das in den Quellen meist als „consilium" (Rat) bezeichnet wurde und dessen Mitglieder „consiliarii" (Berater) oder „consules" genannt wurden, wobei die letztere Bezeichnung den Begriff „consiliarii" bald verdrängte.[53] Bereits in einer kurz vor 1190 ausgestellten Urkunde des Bischofs von Basel wird ein offenbar noch in hohem Maße vom Stadtherrn abhängiger Rat erwähnt. In Straßburg tauchen im letzten Jahrzehnt des 12. Jh. „consiliarii" auf. Eine Wormser Urkunde aus dem Jahre 1198 nennt 40 „iudices" (Richter), die zu Beginn des 13. Jh. als „consiliarii" und „consules" bezeichnet werden. In Utrecht erscheinen neben den schon seit längerer Zeit existierenden Schöffen im Jahre 1196 erstmals 12 „consules", und auch in Lübeck gibt es bereits 1201 derartige „consules".[54]

Während die in vielen Städten bereits im 12. Jh. hervortretenden Schöffenkollegien, deren Mitglieder meist unter direkter Mitwirkung des Stadtherrn auf Lebenszeit bestellt wurden, eine eigentümliche Stellung zwischen dem Stadtherrn und der Stadtgemeinde einnahmen, entwickelte sich der Rat, dessen Mitglieder in der Regel jährlich wechselten, schnell zum eigentlichen Organ der Stadtgemeinde. Er übernahm die umfangreicher werdenden Verwaltungsaufgaben, so unter anderem die Marktaufsicht, wachte über die Sicherheit und Verteidigung der Stadt und übte eine zunächst begrenzte eigene Gerichtsbarkeit aus, deren Kompetenzen im Laufe des 13. Jh. meist beträchtlich erweitert wurden.

Die in den lateinischen Quellen verwandte Bezeichnung „consules" für die Mitglieder des städtischen Rates übernahm man wahrscheinlich aus Oberitalien oder Burgund, wo in vielen größeren Städten „consules" bereits früher die Leitung der städtischen Kommunen übernommen hatten. Es wäre aber falsch, für die deutschen Städte einfach eine Übernahme dieser Institution aus anderen Gebieten anzunehmen, denn die Voraussetzungen für die Ausbildung eines eigenen städtischen Verwaltungs- und Rechtsprechungsorgans waren auf deutschem Boden damals in vollem Umfange herangereift. Vor allem in Städten, in denen es kein Schöffenkollegium gab oder dieses in hohem Maße vom Stadtherrn abhängig war, bestand um 1200 die Notwendigkeit, für die bürgerliche Mitwirkung einen festen, institutionellen Rahmen zu schaffen.

Schon seit Beginn des 12. Jh. hatten bürgerliche Kräfte eine Reihe von Aufgaben übernommen. Der-

Bauarbeiten, dargestellt am Turmbau zu Babel im Hortus Deliciarum

artige Regelungen konnten durchaus im Einvernehmen mit dem Stadtherrn erfolgen, der sich davon eine Erleichterung in der städtischen Verwaltung versprach. So übten in Halberstadt schon 1105 bürgerliche Vertreter eine begrenzte Marktgerichtsbarkeit aus. Ähnliches ist für Quedlinburg 1134 bezeugt. Aus einer 1182 erlassenen Urkunde Kaiser Friedrichs I. geht hervor, daß die Bürger von Worms im Auftrage des Herrschers selbständig Steuern in der Stadt eintrieben.

Die Bildung von Stadträten seit dem ausgehenden 12. Jh. war also das Resultat einer sich seit langem anbahnenden Entwicklung. Die Mitglieder des Rates entstammten durchweg der städtischen Oberschicht. In zahlreichen Bischofsstädten, so in Basel, Mainz, Straßburg und Worms, gehörten neben reichen Kaufleuten auch städtische Ministerialen dem Rat an. Wenn auch solche der Ministerialität entstammenden Ratsmitglieder unter Umständen bereit waren, die Interessen des Stadtherrn zu berücksichtigen, so ist doch nicht zu übersehen, daß sich die Ministerialität damals allgemein von ihren Dienstherren emanzipierte. Deshalb konnten die in den Städten ansässigen Ministerialen durchaus eine aktive Rolle in der kommunalen Bewegung spielen.

In den ersten Jahrzehnten nach der Ausbildung von Ratsgremien brachen in zahlreichen Städten scharfe Auseinandersetzungen zwischen der vom Rat geführten Stadtgemeinde und dem Bischof aus. Die instabilen politischen Verhältnisse in den ersten Jahrzehnten des 13. Jh. trugen zur Zuspitzung der Spannungen bei. In Metz, wo 1207 neben dem seit längerem bestehenden Schöffenkolleg ein neues, 13 Mitglieder umfassendes Gremium von „iurati" (Geschworenen) hervortrat, kam es bald darauf zum offenen Konflikt zwischen der von den „iurati" geführten Bürgerschaft einerseits und dem Bischof sowie der Geistlichkeit andererseits. Anlaß war die Besteuerung auch der Geistlichen durch die „iurati", um Mittel zum Ausbau der Stadtbefestigungen zu erhalten. Als die Geistlichkeit die Steuerzahlung verweigerte, griffen Bürger die Besitzungen der Kirche an.[55] Sogar Papst Innocenz III. schaltete sich im Frühjahr 1209 ein und ließ das Interdikt über die Stadt verhängen.

Besonders aufschlußreich sind die Vorgänge in Worms in den Jahren um 1230. Nach Aussage einer chronikalischen Aufzeichnung regierten damals 40 „consules" ohne Befragen des Bischofs eigenmächtig die Stadt. Im Falle des Todes eines Ratsmitgliedes benannten sie selbst den Nachfolger, so daß weder der Bischof noch die Mehrheit der Stadtbevölkerung Einfluß auf die Zusammensetzung des Rates hatten. Ende der zwanziger Jahre kaufte der Rat ein steinernes Haus, das er als „Rathaus" in einer Weise ausbauen ließ, daß es — wie der Wormser Chronist berichtet — als das

„schönste Haus der Welt" galt.⁵⁶ Als der Bischof 1231 den Hoftag zu Ravenna aufsuchen wollte und zur Deckung der damit verbundenen Kosten von den Bürgern eine Steuer forderte, lehnten diese unter Führung des Rates ab. Der Bischof erreichte darauf beim Kaiser ein Verbot des Rates und den Erlaß eines Mandats, wonach das neue Rathaus dem Stadtherrn zu überlassen sei. Empört brannten die Bürger das Rathaus ab, um es nicht in die Hände ihres Gegners fallen zu lassen. Erst im Februar 1233 wurde in der sogenannten Wormser Rachtung ein Kompromiß zwischen dem Bischof und der Stadtgemeinde ausgehandelt, der die Besetzung der Ratsstellen neu regelte. Demnach durfte der Bischof neun Bürger für den Rat auswählen, die dann ihrerseits sechs städtische Ministerialen oder Ritter hinzuwählten. Alle 15 Ratsmitglieder mußten dem Bischof einen Eid leisten. Zwei Bürgermeister führten den Vorsitz im Ratskollegium und sorgten für die ordnungsgemäße Erledigung aller anfallenden Aufgaben. Das Amt des Bürgermeisters fand damals im Zusammenhang mit der weiteren Ausgestaltung und Festigung der Ratsverfassung in vielen Städten Eingang.

Dieses Beispiel zeigt, wie hart in den ersten Jahrzehnten des 13. Jh. um die Position des Rates in den Städten gerungen wurde. Trotz mancher Rückschläge tendierte die Entwicklung in der Regel unausweichlich dahin, daß der Rat seine Kompetenzen erweiterte und größere Selbständigkeit gegenüber dem Stadtherrn gewann. Er vertrat zwar in erster Linie die Interessen der städtischen Oberschicht, aber da die weitere Zurückdrängung der Befugnisse der feudalen Stadtherren im Interesse der gesamten Bürgerschaft lag, vermochte der Rat die kommunale Bewegung weiter voranzutreiben.

Besonderheiten im Prozeß der Ratsbildung zeigen sich wiederum in Köln. Hier hatten das Schöffenkolleg und die von der Richerzeche bestimmten zwei Bürgermeister Ende des 12. Jh. eine so starke Stellung gewonnen, daß ein Teil der städtischen Oberschicht seine Interessen als weitgehend gesichert ansah. Daher wurde ein erster Anlauf zur Ratsbildung hier relativ spät unternommen. Auch die Umstände, unter denen es zu diesem Versuch kam, unterschieden sich von denen in anderen Bischofsstädten. Infolge des besonders schnellen wirtschaftlichen Aufschwungs hatte in Köln eine Mittelschicht von Kaufleuten und Gewerbetreibenden eine beträchtliche Stärke gewonnen, ohne in den bevorzugten Kreis der Richerzeche und der Schöffenfamilien Eingang zu finden. Dementsprechend erhoben sich hier bereits 1216 zur Zeit des Regierungsantritts des Erzbischofs Engelbert die „fraternitates", das heißt die in Zünften organisierten Mittelschichten, offen gegen die von den Schöffen repräsentierte Oberschicht.⁵⁷ Der Erzbischof stellte sich auf die Seite der Schöffen, und so gelang es, diese Erhebung, die eine neue Etappe der sozialen und politischen Auseinandersetzungen in den deutschen Städten einleitete, niederzuschlagen. Auffallend ist, daß gerade in einer aus dem Jahre 1216 stammenden Urkunde erstmals neben den Schöffen in Köln auch „consules" genannt werden. Mit der Niederschlagung der Erhebung der „fraternitates" konnte der Erzbischof aber diesen Rat wieder beseitigen. Es spricht somit vieles dafür, daß die hinter diesem gescheiterten Versuch zur Ratsbildung stehenden Kräfte beabsichtigten, nicht nur den Einfluß des Stadtherrn weiter zurückzudrängen, sondern zugleich auch den sehr engen Kreis der regierenden städtischen Oberschicht zu sprengen und einer etwas breiteren Gruppierung Anteil an der städtischen Verwaltung zu verschaffen.

Die vom Stadtherrn und der alten Oberschicht gemeinsam erreichte Niederschlagung der Erhebung verzögerte in Köln die Ratsbildung; erst in einer Urkunde des Jahres 1242 ist wieder ein Rat bezeugt. Erzbischof Engelbert unterdrückte alle bürgerlichen Freiheitsbestrebungen mit großer Härte, so daß nach seiner Ermordung im November 1225 in der Stadt Unruhen ausbrachen, in deren Verlauf die Bürger erzbischöfliche Urkunden, die ihren Forderungen entgegenstanden, verbrannten.

Von den anhaltenden Spannungen zwischen den erstarkenden städtischen Gemeinden und den bischöflichen Stadtherren zeugen außerdem Aufstandsbewegungen in Regensburg und Passau um 1216, in Paderborn 1222, in Hildesheim 1231, in Metz zwischen 1231 und 1233, in Verdun 1245 und in Konstanz zwischen 1246 und 1248.

Infolge der wiederholten Auseinandersetzungen mit den Stadtherren und des wachsenden wirtschaftlichen Gewichts der Bürgerschaften war somit um die Mitte des 13. Jh. der Zustand erreicht, daß trotz der fortdauernden, mehr oder weniger ausgeprägten Oberherrschaft des Stadtherrn in den meisten größeren Städten Ratsherren- oder Schöffenkollegien als Repräsentanten der Bürgerschaft die städtische Verwaltung, Gerichtsrechte, die Kontrolle über die Verteidigung der Stadt, den Bau sowie die Instandhaltung der Stadtmauer und nicht zuletzt das Recht auf Steuererhebung in ihre Hand gebracht hatten.

Der Erfolg dieser langdauernden Klassenauseinandersetzungen bestand nicht nur darin, daß die Bürgerschaft eine ganze Reihe konkreter Befugnisse selbst übernahm; das entscheidende und für die weitere Entwicklung der Feudalgesellschaft wesentliche Ergebnis war vielmehr, daß mit der Konstituierung der freien Stadtgemeinde ein gegenüber der feudalen Umwelt abgegrenzter Raum geschaffen wurde, in dem die für die Feudalordnung typischen, auf Grundeigentum und außerökonomischem Zwang beruhenden Ausbeutungsverhältnisse aufgehoben waren. Im Gegensatz zu in der neueren bürgerlichen Mediävistik vertretenen Auffassungen, denen zufolge die Herausbildung der Stadtgemeinde ein rein evolutionärer Prozeß gewesen sein soll,[58] kommt der kommunalen Bewegung deshalb nach Inhalt und Ergebnissen eine revolutionäre Bedeutung zu.

Trotz des Fortbestehens einer gewissen Oberherrschaft des geistlichen Stadtherrn galten die Bürger nunmehr als Freie. Es war nur folgerichtig, wenn die Städte danach strebten, auch abhängigen Zuwanderern gegenüber den bisherigen Herren die gleiche Freiheit zuzusichern. So wurde bereits 1186 in einer Urkunde des Kaisers für Bremen festgelegt, daß jeder, der Jahr und Tag in der Stadt ansässig war, gegenüber einem Herrn, der ihn als Hörigen beanspruchte, seine Freiheit behaupten konnte; ausgenommen von dieser Regelung blieben bezeichnenderweise die Hörigen des Bremer Erzbischofs und der ihm unterstehenden kirchlichen Institutionen. Auch das 1221 aufgezeichnete Stadtrecht von Münster und das der Stadt Hildesheim von etwa 1249 enthielt den Grundsatz der Freiheit für Zuwanderer nach Jahr und Tag.

Der freie Rechtsstatus der Bürger, die auf Bürgerschaftsversammlungen regelmäßig zusammenkamen, von eigenen bürgerlichen Verwaltungsorganen regiert wurden und nach einem von der ländlichen Umgebung deutlich abgehobenen Stadtrecht lebten, vereinigte die Mehrheit der Stadtbewohner zu einem eigenen, mit einem besonderen Rechtsstatus ausgestatteten Stand der Feudalgesellschaft. Aus den unterschiedlichen, teils freien, teils hörigen Gruppierungen der Stadtbewohner erwuchs auf diese Weise das mittelalterliche Städtebürgertum. Trotz der von Anfang an vorhandenen wirtschaftlichen Differenzierung und der entsprechend abgestuften Einflußmöglichkeiten auf die städtischen Belange bildeten die Bürger der einzelnen Städte eine relativ geschlossene Gemeinschaft, eine wirkliche Stadtgemeinde. Der seit dem ausgehenden 12. Jh. zunehmend verwendete Begriff „universitas civium" (Gesamtheit der Bürger),[59] die im eigenen Namen mit eigenem städtischen Siegel Urkunden ausstellte oder als Adressat in Privilegien feudaler Gewalten erscheint, bringt diese Tatsache klar zum Ausdruck.

Die Entstehung und Gründung neuer Städte

Die volle Bedeutung der städtischen Entwicklung für das gesamte wirtschaftliche und gesellschaftliche Leben des 12./13. Jh. wird erst deutlich, wenn man sich neben dem Aufschwung der älteren Städte das rapide Wachsen der Zahl der Städte in diesen beiden Jahrhunderten vor Augen hält. Zu Beginn des 12. Jh. waren Städte im Sinne von Zentren des Handels und Gewerbes im wesentlichen Bischofsstädte; daneben gab es eine Reihe weiterer städtischer Siedlungen bei größeren Klöstern und Stiften, so etwa Quedlinburg, wo schon im 9. und 10. Jh. Marktsiedlungen existierten, sowie bei königlichen Pfalzen, wie zum Beispiel Aachen, Dortmund, Frankfurt/Main, Goslar und das seit dem 11. Jh. als Marktsiedlung faßbare Nürnberg. Hinzu kamen noch einige weitere ältere Städte wie Erfurt, Halle und Soest. Insgesamt dürfte die Zahl derartiger Städte auf deutschem Gebiet zu Beginn des 12. Jh. etwa 50 betragen haben.

Dieser begrenzte Kreis älterer, allmählich „gewachsener" Städte wurde jetzt entscheidend erweitert durch die Entstehung neuer Städte. Sie entwickelten sich teils allmählich aus bereits bestehenden Siedlungen, die häufig schon im 11. Jh. Marktfunktionen erfüllten, teils als bewußte Neugründungen. Versuche von Feudalgewalten, an ihnen unterstehenden kleinen Orten Märkte einzurichten, lassen sich bis ins 10. Jh. zurückverfolgen. Doch wurden derartige Marktorte vor dem 12. Jh. selten zu wirklichen Städten, da dafür zunächst die ökonomischen Voraussetzungen fehlten.

Neuangelegte Städte hatten nur dann echte Entwicklungschancen, wenn sich genügend Kaufleute und Handwerker ansiedelten. Voraussetzungen hierfür war ein der Arbeitsteilung zwischen gewerblicher und agrarischer Produktion förderliches ökonomisches Entwicklungsniveau in dem betreffenden Gebiet. Die Gewährung von Vergünstigungen und Rechten durch einen Feudalherrn konnte die Entwicklung stimulieren und einen zusätzlichen Anreiz auf Zuwanderer ausüben. Doch waren derartige Stadtgründungen insgesamt niemals nur eine Angelegenheit des Stadtherrn, sondern stets auch der aktiv mitwirkenden bürgerlichen Kräfte, die angelockt und gewonnen werden mußten.

Die Welle der Stadtgründungen durch Fürsten und durch den König setzte um die Mitte des 12. Jh. in vollem Umfange ein. Herzog Heinrich der Löwe gründete in seinem bayerischen Herzogtum kurz vor 1158 München, im Herzogtum Sachsen 1159 Lübeck und eine weitere städtische Siedlung bei dem schon längere Zeit existierenden Marktort Braunschweig, den sogenannten Hagen. Markgraf Otto von Meißen veranlaßte zwischen 1156 und 1170 die Gründung von Leipzig, wobei das Stadtrecht von Magdeburg und Halle übernommen wurde.

Die Herzöge von Zähringen, die wahrscheinlich 1120 in der Nähe ihrer Hauptburg den sich schnell zur Stadt entwickelnden Marktort Freiburg (im Breisgau) gegründet hatten, förderten zwischen 1170 und 1180 die Entwicklung der Stadt Freiburg im Üchtland, der sie das inzwischen ausgestaltete Recht ihrer ersten Gründung verliehen. Der Graf von Holstein ließ 1189 neben der bereits bestehenden Stadt Hamburg eine Neustadt anlegen.

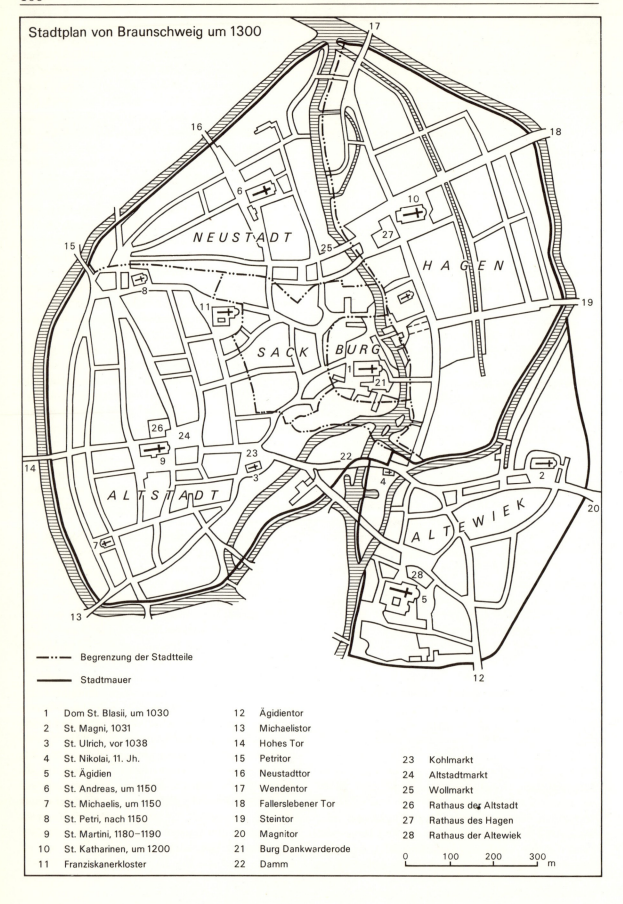

Stadtplan von Braunschweig um 1300

–··–··– Begrenzung der Stadtteile
———— Stadtmauer

1. Dom St. Blasii, um 1030
2. St. Magni, 1031
3. St. Ulrich, vor 1038
4. St. Nikolai, 11. Jh.
5. St. Ägidien
6. St. Andreas, um 1150
7. St. Michaelis, um 1150
8. St. Petri, nach 1150
9. St. Martini, 1180–1190
10. St. Katharinen, um 1200
11. Franziskanerkloster
12. Ägidientor
13. Michaelistor
14. Hohes Tor
15. Petritor
16. Neustadttor
17. Wendentor
18. Fallerslebener Tor
19. Steintor
20. Magnitor
21. Burg Dankwarderode
22. Damm
23. Kohlmarkt
24. Altstadtmarkt
25. Wollmarkt
26. Rathaus der Altstadt
27. Rathaus des Hagen
28. Rathaus der Altewiek

Gründungsurkunde des Markgrafen Otto von Meißen für Leipzig. Das Reitersiegel des Markgrafen ist verkehrt angebracht

Die Feudalgewalten verfolgten mit diesen Markt- und Stadtgründungen in erster Linie das Ziel, die Einnahmen aus ihren Herrschaftsbereichen zu erhöhen und ihre werdenden Landesherrschaften wirtschaftlich zu stärken. So erzwang Heinrich der Löwe bei der Gründung Münchens die Verlegung der von Reichenhall bzw. Salzburg nach Augsburg führenden Salzstraße vom Isarübergang bei Föhring, das dem Bischof von Freising gehörte, nach seiner Neugründung, um sich die Zolleinnahmen zu sichern. Sehr deutlich trat das finanzielle Interesse bei der Entstehung Lübecks zutage. Diese Stadt war zunächst um 1143 vom Grafen von Holstein gegründet worden, was aber den Protest Heinrichs des Löwen hervorrief, da seine Stadt Bardowick durch den Aufschwung Lübecks an Bedeutung als Handelszentrum verlor. Zunächst versuchte der Herzog durch eine eigene Gründung, die als Löwenstadt bezeichnet wurde, Lübeck auszuschalten, aber dieser Plan scheiterte infolge der ungünstigen Seeverbindung der Löwenstadt. Daher bedrängte Heinrich der Löwe weiterhin den Grafen und erreichte schließlich nach einer Feuersbrunst in Lübeck die Abtretung des betreffenden Gebietes, wo nun 1159 die entscheidende Neugründung erfolgte, die den dauerhaften Aufschwung dieser Stadt einleitete.[60]

Im 13. Jh. setzte sich die Welle der Stadtgründungen in verstärktem Maße fort. Der König, die weltlichen und die geistlichen Fürsten wetteiferten miteinander, durch eine Vermehrung der Zahl der Städte die Wirtschaftskraft ihrer Herrschaftsbereiche zu stärken. Natürlich war dieses Vorgehen der Feudalgewalten nur möglich, weil die ständige Ausweitung der Ware-Geld-Beziehungen und die Hebung der wirtschaftlichen Lage breiter Bevölkerungsschichten eine solide Existenzgrundlage für eine Vielzahl von mittelgroßen und kleinen Städten boten.

Auf seiten der Fürsten wurde bei der Förderung der Stadtentwicklung noch ein weiteres Motiv zunehmend wirksam. Die Städte erhielten seit dem ausgehenden 12. Jh. nahezu durchgängig einen Mauerring, so daß die Stadtmauer jetzt geradezu als ein Merkmal der Stadt galt. Deshalb waren die Städte als sich selbst verteidigende, befestigte Stützpunkte in steigendem Maße zur Sicherung von Herrschaftsbereichen des Königs oder der Fürsten geeignet. Typisch ist die 1220 erlassene Urkunde König Friedrichs II. für das nördlich des Bodensees im staufischen Machtbereich gelegene Pfullendorf, dem Stadtrecht und zugleich sechs Jahre Steuerfreiheit zwecks Aufbringung der Kosten für die Anlage einer Stadtmauer gewährt wurden. Die Stadtherren drängten jetzt auch gegenüber bereits bestehenden kleineren Städten verstärkt auf den Bau einer Stadtmauer. So gestand Friedrich II. 1226 der Stadt Oppenheim zu diesem Zweck für zehn Jahre Steuerfreiheit zu. Der Erzbischof von Köln veranlaßte 1228 die Befestigung von Xanten und Rees. Die Feudalgewalten konnten diese Städte als befestigte Stützpunkte für die Konsolidierung ihrer Landesherrschaften nutzen, weil die neuen Städte trotz aller Vorrechte, die den Bürgern zugestanden wurden, zunächst unter voller Kontrolle der Feudalherren standen und längst nicht jenes Maß an politischer Unabhängigkeit besaßen, das sich die größeren Bischofsstädte und einige andere wirtschaftlich starke Städte zu Beginn des 13. Jh. erkämpft hatten. Während der Mauerbau in den älteren Städten in hohem Maße durch die Bürger selbst vorangetrieben wurde und vorwiegend der Absicherung der Bürgerschaft gegen die feudale Umwelt diente, war die Befestigung der Gründungsstädte also zunächst auch von den Interessen der Landesherren diktiert.

Wenn auch die Feudalgewalten auf die Wahrung ihrer Herrschaftsrechte gegenüber den von ihnen geförderten Städten bedacht waren, gewährten sie ihnen doch häufig bereits beim Gründungsakt Vergünstigungen und Rechtsnormen, die die Bürgerschaften der älteren Städte erst in zähem Ringen allmählich durchsetzten, so vor allem die persönliche Freiheit der Bürger; für Zuziehende galt auch hier vielfach der Grundsatz der Freiheit nach Jahr und Tag. Dazu traten uneingeschränktes Erbrecht, die Verfügungsfreiheit über den eigenen Besitz, die dem Stadtfrieden dienende strenge Bestrafung von Gewalttaten und die schon im älteren Kaufmannsrecht übliche Befreiung vom Zweikampf als gerichtlichem Beweismittel. Durch solche Zugeständnisse sollten die Zuwanderung gefördert und die Entwicklung dieser Städte gesichert werden. So entfielen hier von vornherein manche feudal geprägten Strukturen, die in den älteren Bischofsstädten erst mühsam überwunden werden mußten.

Auf diese Weise gewann das in Städten gültige Recht einige besondere Merkmale, die es zunehmend von den im ländlichen Bereich gültigen Rechtsnormen unterschieden. Das 1214 aufgezeichnete zweite Straßburger Stadtrecht stellte die städtischen Statuten (statuta civitatis) ausdrücklich dem „Landrecht" gegenüber.[61] Die in einzelnen älteren Städten entwickelten Rechtsnormen wurden häufig auf andere Städte übertragen. So übernahmen in Nordwestdeutschland viele Städte bis hin nach Lübeck das Soester Stadtrecht.

Die zahlreichen Städte, die zwischen 1150 und 1300 entstanden, hatten eine große wirtschaftliche Bedeutung, auch wenn vor allem die erst nach 1250 neuentstandenen Städte meist Kleinstädte mit etwa 1 000 oder noch weniger Einwohnern blieben und für sich genommen unbedeutend waren. Aber erst diese Vielzahl mittlerer und kleinerer Städte überzog das ganze Land mit einem dichten Netz von Städten[62] und schuf dadurch die Möglichkeit, die ländliche Bevölkerung enger mit den Ware-Geld-Beziehungen zu verbinden. Eine begrenzte Zahl großer Städte mit weitreichenden Fernhandelsbeziehungen hätte diese für das gesamte sozialökonomische Gefüge höchst bedeutsame Aufgabe niemals erfüllen können. Die volle Wirksamkeit des mittelalterlichen Städtewesens innerhalb der Feudalgesellschaft ergab sich erst aus jenem abgestuften System von Städten, das von großen Exportgewerbestädten wie Köln und Fernhandelszentren wie Lübeck über Regionalmärkte bis zu den kleinen Lo-

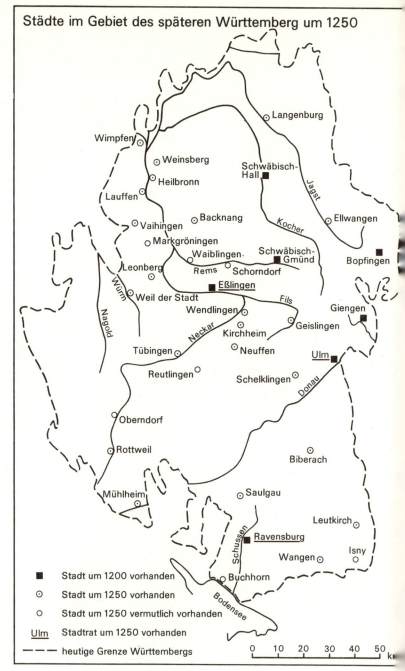

kalmärkten reichte. Ohne jene zahlreichen Lokalmarktorte, die die Produkte des städtischen Gewerbes über das ganze Land verteilten, war der rapide Aufschwung der großen Fernhandels- und Exportzentren nicht möglich.

Die umfassende Entwicklung des Städtewesens im 12./13. Jh. und die Herausbildung eines von feudaler Hörigkeit befreiten Städtebürgertums hatten nicht nur tiefgreifende wirtschaftliche Folgen, sondern auch entscheidende Auswirkungen auf das gesamte gesellschaftliche Gefüge. Das neben die Hauptklassen der

Feudalgesellschaft tretende Städtebürgertum verlieh den weiteren Klassenkämpfen in der Feudalepoche eine größere Dynamik, der freie Status der Stadtbewohner übte einen starken Anreiz auf die ländliche Bevölkerung aus und lockte viele zur Abwanderung in die wachsenden Städte. Das hatte aber wiederum zur Folge, daß die Feudalherren zu Zugeständnissen an die ländliche Bevölkerung gezwungen wurden. Die in oft heftigen Klassenauseinandersetzungen erkämpfte Rechtsstellung der Stadtbevölkerung begünstigte also den bäuerlichen Klassenkampf und trug indirekt zu einer Verbesserung der Lage der feudalabhängigen Bauern bei.

Städtisches Gewerbe und Entstehung der Zünfte

Im 12./13. Jh. erlebte die gewerbliche Produktion in den Städten einen schnellen Aufschwung. Allerdings haben sich damals große städtische Exportgewerbezentren, etwa in der Art der flandrischen Tuchgewerbestädte, im deutschen Gebiet nur begrenzt entwickelt. Köln hatte als Zentrum des Textilgewerbes und der Metallverarbeitung eine überregionale Bedeutung, wobei die damals weithin exportierten „Kölner Schwerter" allerdings nur zu einem Teil von in Köln ansässigen Schwertfegern hergestellt wurden;[63] ein großer Teil stammte aus kleineren Orten im benachbarten bergisch-westfälischen Gebiet und gelangte lediglich durch Kölner Kaufleute in den Handel. Im niederlothringischen Raum hatte vor allem das Metallgewerbe von Dinant, wo unter Verwendung von Kupfer aus dem Gebiet von Goslar hauptsächlich Kessel und Becken aus Messing hergestellt wurden, einen sehr weiten Exportradius.

Kennzeichnend für den Stand des städtischen Gewerbes im deutschen Raum war nicht so sehr die Existenz derartiger weit ausstrahlender Exportzentren, sondern das Hervortreten mehrerer größerer Städte mit einzelnen so weitentwickelten Gewerbezweigen, daß deren Produkte nicht nur in der näheren Umgebung, sondern teilweise auch in einem weiteren Umkreis Absatz fanden. Neben den für die Versorgung der städtischen Bevölkerung wichtigen Gewerbezweigen wie Bäckerei und Fleischerei waren vor allem die Wolltuchproduktion sowie die Erzeugung von Schuhen und anderen Lederwaren durchweg in den größeren und mittelgroßen Städten beheimatet.

Ein deutliches Zeichen für die Fortschritte in der städtischen gewerblichen Produktion war die im 12. Jh. einsetzende Ausbildung von Handwerkerzünften. Diese Vereinigungen von Handwerkern eines bestimmten Gewerbezweiges unterlagen in der ersten Phase ihrer Entwicklung vielfach noch weitgehenden Aufsichtsrechten des Stadtherrn und seiner Beamten. Sehr deutlich beweisen das die Bestimmungen des ersten Straßburger Stadtrechts, das um 1130 aufgezeichnet wurde. Demnach waren einige Kürschner, Sattler, Schmiede, Schuhmacher, Handschuhmacher und Schwertfeger in sogenannten Ämtern zusammengeschlossen, die unter der Aufsicht des bischöflichen Burggrafen standen, der auch den jedem Amt vorstehenden Meister einsetzte. Diese Ämter waren zu beträchtlichen Lieferungen für den Bischof verpflichtet. Ähnliche Verhältnisse sind zu Beginn des 13. Jh. bei den Kürschnern, Schmieden und Schuhmachern in Trier bezeugt. In solchen Fällen diente die Organisation der Handwerker zunächst in erster Linie den Interessen und der Versorgung des Stadtherrn, für den zugleich die Kontrolle der Handwerker erleichtert wurde. Aber infolge der zahlenmäßigen Zunahme und der wirtschaftlichen Verselbständigung der für den Markt produzierenden Handwerker lag es nahe, daß sich aus den Zusammenschlüssen der Handwerker mehr und mehr Interessenvertretungen der Produzenten und damit genossenschaftliche Organisationen im echten Sinne des Wortes entwickelten.

Schon das früheste Zeugnis über die Existenz einer Handwerkerzunft, eine Urkunde des Bischofs von Würzburg für die Schuhmacher der Stadt aus dem Jahre 1128, weist auf eine begrenzte Eigenverantwortlichkeit der Handwerker hin. Dort findet sich neben der Festlegung der Abgaben an den Bischof und bischöfliche Beamte die Bestimmung, daß jeder, der Mitglied des „consortium" der Schuhmacher werden wollte, eine Eintrittsgebühr von 30 Schilling zahlen mußte, von denen 7 an bischöfliche Beamte abzuführen waren; die restliche Summe aber verblieb der Zunft.

Die folgenden Zeugnisse über die Existenz von Zünften stammen aus Köln. Dort wurde 1149 die „Bruderschaft" (fraternitas) der Bettziechenweber zugelassen, wobei gleichzeitig auch Hersteller leinener Kopftücher erwähnt werden. In dieser Urkunde erscheint erstmals auf deutschem Gebiet das Prinzip des Zunftzwanges, das heißt, alle in diesem Gewerbezweig Tätigen mußten dieser Bruderschaft beitreten. Relativ früh sind auch in Magdeburg Zünfte faßbar. Hier ließ der Erzbischof noch vor dem Ende des 12. Jh. die „Innungen" der Schuhmacher und Schildmacher zu. Auch in diesen beiden Fällen galt das Prinzip des Zunftzwanges; zugleich wurde den Handwerkern erlaubt, selbst den Zunftmeister bzw. -vorsteher zu wählen. Diese Bestimmung erweist deutlich den genossenschaftlichen Charakter dieser beiden Zünfte.

Das allmähliche Zurücktreten der herrschaftlichen Kontrolle und das stärkere Wirksamwerden genossenschaftlicher Eigenverantwortlichkeit der Handwerker ergab sich einerseits aus dem immer stärker akzentuierten freiheitlichen Rechtsstatus der Stadtbewohner überhaupt, andererseits aus der Tatsache, daß die Handwerker in den mittelalterlichen Städten

Teppichwirkerei, Weberei (mit vertikalem Webstuhl), Gerberei und Schuhmacherhandwerk im Musterbuch des Zisterzienserklosters Reun/Steiermark (Anfang 13. Jh.); l. o.: Frau mit Weberschiffchen und Garnwickler, r. o.: Schuster mit Raspel und Ahle

jetzt in vollem Sinne des Wortes freie einfache Warenproduzenten wurden; sie waren Eigentümer der Produktionsinstrumente und Rohstoffe und produzierten hauptsächlich für den freien Verkauf auf dem Markt, nicht für herrschaftliche Auftraggeber.

In der ersten Hälfte des 13. Jh. gab es in vielen Städten bereits mehrere Zünfte. Die Nachrichten über die Verbreitung der Zünfte spiegeln jetzt auch deutlicher die dominierende Stellung des Tuchgewerbes in der städtischen Wirtschaft jener Zeit wider. In Mainz existierte schon 1175 eine Organisation der Tuchmacher. Aus einer 1230 vom Kölner Erzbischof erlassenen Ordnung für die Weber in Deutz geht hervor, daß es damals auch in Köln eine Weberzunft gab, deren Vorsteher Aufsichtsrechte über die Deutzer Weber ausüben sollte. Auch in Stadtteilen von Braunschweig waren Weber vor der Mitte des 13. Jh. in Innungen organisiert, und 1233 erließ der Rat der Stadt Stendal eine Ordnung für die dortige Weberzunft mit sehr präziser Festlegung des Zunftzwanges. In Erfurt ist 1248/49 neben Schuhmachern und Schmieden eine Zunft der Weber bezeugt.[64] Außerdem existierte damals in Regensburg und Straßburg ein entwickeltes Tuchgewerbe.

Ende des 12. Jh. ist erstmals der horizontale Trittwebstuhl bezeugt. Dieser ermöglichte eine Steigerung der Produktivität beim Weben, da der Weber jetzt die Füße in den Arbeitsvorgang einbeziehen und die Hände ausschließlich für das Werfen und Anschlagen der Schußfäden einsetzen konnte. Die seit Beginn des 13. Jh. auf deutschem Gebiet auftauchenden, mit Wasserkraft betriebenen Walkmühlen erleichterten und förderten ebenfalls die Tuchproduktion.

Da das Tuchgewerbe in einer zunehmenden Zahl von Städten Verbreitung fand, konnte von dort aus ein beträchtlicher Teil des lokalen bzw. regionalen Bedarfs an Tuchen gedeckt werden. Die qualitativ besonders hochwertigen, vom Fernhandel über weite Gebiete verteilten Tuche aus den flandrischen Städten fanden ihre Käufer zunächst in erster Linie in Kreisen des Adels und der bürgerlichen Oberschicht. Es war unverkennbar ein Charakteristikum der Stadtwirtschaft des 12. bis 14. Jh., daß die einigermaßen bedeutenden Städte danach strebten, ein möglichst breites Sortiment an gewerblichen Produkten für die nähere und weitere Umgebung selbst zu erzeugen. Der stetig anwachsende Fernhandel erfaßte zunächst vorwiegend gewerbliche Produkte von hoher Qualität oder Waren, die auf Grund

Weber am Webstuhl, eine der frühesten korrekten Darstellungen des horizontalen Trittwebstuhls im Hausbuch der Mendelschen Zwölfbrüderstiftung in Nürnberg (um 1425)

besonderer Voraussetzungen nicht überall erzeugt werden konnten, wie Wein, Salz und Metalle.

Neben den Handwerkszweigen, die gewerbliche Produkte für die Bevölkerung der Stadt und der weiteren ländlichen Umgebung oder sogar für den Fernhandel erzeugten, gab es in jeder Stadt natürlich jene Gewerbe, die der unmittelbaren Lebensmittelversorgung der Stadtbewohner dienten, vor allem Bäcker und Fleischer. Auch sie wurden im 13. Jh. in steigendem Maße in Zünften organisiert, die zur Sicherung einer preiswerten und qualitätsgerechten Versorgung der Bevölkerung jedoch einer besonders strengen Kontrolle durch stadtherrliche Beamte oder durch den Rat unterlagen. Die Lage der Verkaufsstände dieser Gewerbe wie überhaupt der meisten Zünfte auf dem Marktplatz[65] erleichterte deren Überwachung.

So erklärt es sich, daß mit der Entwicklung eines vielfältigen städtischen Gewerbes der Marktplatz eine immer bedeutsamere Funktion erhielt und mehr als bisher zum Zentrum des gesamten städtischen Wirtschaftslebens wie auch der bürgerlichen Verwaltung wurde. Die für die frühen städtischen Siedlungen typischen langgezogenen Straßenmärkte, auf denen vor allem zur Zeit der Jahrmärkte reges Leben herrschte und die in hohem Maße mit dem Fernhandel in Verbindung standen, konnten den neuen Ansprüchen des städtischen Marktverkehrs nicht mehr genügen. Nachdem schon im 11. Jh. größere, unregelmäßig geformte Marktplätze üblich geworden waren, trat seit der Mitte des 12. Jh. der große, rechteckige Marktplatz hervor, auf dem zahlreiche Marktbuden standen und an dem ein größeres Kaufhaus errichtet wurde, das im 13. Jh. oft auch als Rathaus diente. Der großräumige Marktplatz von Lübeck ist ein bezeichnendes Beispiel für diese neue Entwicklung.

Der Aufschwung der gewerblichen Produktion, die Zunahme der in einem Handwerk tätigen Bevölkerungsschicht und die langsam fortschreitende Zusammenfassung verschiedener Handwerkszweige zu Zünften wirkten sich auf die gesellschaftliche Struktur der Städte aus. Allmählich wuchs das Gewicht der Mittelschichten gegenüber der die städtische Verwaltung zunächst beherrschenden Oberschicht. Aus diesen Veränderungen erklärt es sich, daß in dem wirtschaftlich besonders entwickelten Köln bereits 1216 erstmals offene Auseinandersetzungen zwischen den Zünften und der durch die Schöffen repräsentierten Führungsschicht ausbrachen. Der zwischen dem Bischof und den aufständischen Bürgern von Worms ausgehandelte Kompromiß von 1233, die sogenannte Wormser Rachtung, verbot alle Zünfte oder Bruderschaften bis auf die der vornehmen Münzer-Hausgenossen und der Kürschner. Das spricht dafür, daß die Zünfte während der vorausgegangenen Auseinandersetzungen aktiv hervorgetreten waren.

Insgesamt hat die Zunftorganisation die Entwicklung des städtischen Gewerbes im 12./13. Jh. entschieden gefördert. Die Zünfte gewährleisteten den Handwerkern eine gewisse Chancengleichheit und damit eine weitgehende Sicherung ihrer selbständigen Existenz, ein Faktor, der angesichts der labilen wirtschaftlichen Situation der einfachen Warenproduzenten während jener frühen Entwicklungsphase von größter Bedeutung war. Der Zusammenschluß der Handwerker eines Gewerbezweiges in einer Stadt und das durch den Zunftzwang zum Ausdruck kommende Bestreben, eine unkontrollierte Gewerbetätigkeit durch Zunftfremde in der Stadt und deren näherer Umgebung zu verhindern, waren wichtige Hebel zur vollen Durchsetzung der Arbeitsteilung zwischen gewerblicher und agrarischer Produktion. Die Zunft sicherte dem Handwerker den Absatz seiner Erzeugnisse und ermöglichte es ihm, sich voll auf seine gewerbliche Tätigkeit zu konzentrieren und seine Fertigkeiten auf diesem Gebiet weiterzuentwickeln. Zugleich trugen die Zünfte dazu bei, eine geordnete Ausbildung von Lehrlingen zu gewährleisten und auf diese Weise die Fähigkeiten und Erfahrungen in den sich stetig weiter spezialisierenden Gewerbezweigen weiterzugeben. Mit ihren Qualitätskontrollen, die alle Handwerker gleichen Bedingungen unterwarfen, begünstigten sie eine zunehmende Qualifizierung der handwerklichen Produktion.

Schließlich gewannen die Zünfte auch die erforderliche Stärke, um den ökonomischen und politischen Interessen der Gewerbetreibenden gegenüber der von reichen Kaufleuten beherrschten städtischen Verwaltung Nachdruck zu verleihen. Daher war es so wichtig, daß die Zünfte, von einer frühen Entwicklungsphase abgesehen, nicht in erster Linie als erzwungene Zusammenschlüsse zur Erleichterung der Kontrolle durch den Stadtherrn oder den Rat fungierten, sondern in steigendem Maße wahrhaft genossenschaftliche Verbindungen wurden, die vorwiegend die Interessen der Produzenten vertraten. Die notwendigen Kontrollen wurden im 13. Jh. zunehmend von Vertretern der Zünfte selbst durchgeführt und dienten durchaus der Weiterentwicklung des betreffenden Gewerbezweiges. Da sich in jener Zeit die Arbeitsteilung zwischen Handwerk und agrarischer Produktion erst voll durchsetzen mußte und die Verhältnisse für den einfachen Warenproduzenten noch viele Unsicherheitsfaktoren mit sich brachten, erwies sich der genossenschaftliche Zusammenschluß als unerläßlich für die Weiterentwicklung, Spezialisierung und Qualifizierung der gewerblichen Produktion.

Die Entwicklung des Bergbaus

Neben den großen Fortschritten in den für die städtische Produktion typischen Gewerbezweigen wie der Tuchweberei und der Lederverarbeitung ist im 12./13. Jh. auch eine durchgreifende Weiterentwicklung in nichtagrarischen Produktionszweigen erkennbar, die auf Grund natürlicher Voraussetzungen nicht so eng an die Städte gebunden waren, deren Aufschwung aber indirekt in mannigfaltiger Weise mit der Stadtentwicklung zusammenhing, nämlich der Bergbau und das Hüttenwesen. Sie erlangten damals im Wirtschaftsleben der deutschen Gebiete eine große Bedeutung. Die allgemeine Zunahme der Ware-Geld-Beziehungen erhöhte unter anderem den Bedarf an Münzmetall, also an Silber, und wirkte damit stimulierend auf den Sil-

Bei Ausgrabungen in Magdeburg 1950 entdeckte Kaufhalle (vermutl. „Lederhof" der Gerber) in der Buttergasse (1. Hälfte 13. Jh.)

berberbau. So wurde im 12./13. Jh. der Silberbergbau im südlichen Schwarzwald, wo vor allem das Kloster St. Trudpert über reichen Besitz verfügte, in höhere Lagen vorangetrieben. Auch in Südtirol um Trient und im Kärntner Bergbaugebiet bei Friesach intensivierte man den Silberbergbau; so ist bezeugt, daß der Abt von Admont zwischen 1180 und 1190 Vorkehrungen traf, um den Silberabbau in einer ertrunkenen Grube wieder aufzunehmen.[66] Trotz einiger Störungen dauerte auch die Gewinnung von Silber, Kupfer und Blei am Rammelsberg bei Goslar an.

Als entscheidend für den weiteren Aufschwung der Silberproduktion erwies sich die mit der Rodungsbewegung in dem betreffenden Gebiet zusammenhängende Entdeckung der Silbervorkommen im Erzgebirge im Herrschaftsbereich der Markgrafen von Meißen im Jahre 1168. Der Zustrom von Bergleuten lockte auch Kaufleute und Handwerker dorthin, so daß um 1190 die Altstadt Freiberg entstand, die bereits im zweiten Jahrzehnt des 13. Jh. beträchtlich erweitert wurde.[67] Der Abbau konnte nach kurzer Zeit so gesteigert werden, daß Freiberg während des 13. Jh. in der Belieferung großer Teile Europas mit Silber eine führende Position gewann.

In der ersten Hälfte des 13. Jh. trug der Zuzug deutscher Bergleute auch zur Förderung des Edelmetallabbaus in Schlesien und Böhmen bei. 1211 gewährte der Herzog von Schlesien den überwiegend aus Bergleuten bestehenden Zuwanderern in Goldberg das Magdeburger Stadtrecht. Auch in Iglau (Jihlava) und Kuttenberg (Kutná Hora) beteiligten sich bereits damals deutsche Bergleute an der Silbergewinnung. Das 1249 erlassene Privileg König Wenzels I. von Böhmen für Iglau enthielt neben stadtrechtlichen Vergünstigungen eine Reihe besonderer Festlegungen über das Bergbaurecht. Es stellt damit eine der ältesten bergrechtlichen Aufzeichnungen aus dem mitteleuropäischen Raum dar.

Der seit der zweiten Hälfte des 12. Jh. sich abzeichnende Aufschwung des Bergbaus war verbunden mit bemerkenswerten Veränderungen der Produktionsverhältnisse. Bis zu dieser Zeit war, abgesehen von unbedeutenden Kleinbetrieben, wie sie wohl nur bei der Eisengewinnung vorkamen, die Arbeitsorganisation in den größeren Zentren des Silberbergbaus weitgehend herrschaftlich, das heißt die Arbeitskräfte standen unter straffer Aufsicht von Beauftragten des Königs oder sonstiger privilegierter Feudalgewalten. Aber schon die wachsenden technischen Erfahrungen begünstigten den allmählichen Aufstieg der Bergarbeiter. Hinzu kam die deutlichere Ausgestaltung des Bergregals während des 12. Jh., wodurch der Edelmetallbergbau als staatliches Recht galt und die Ansprüche feudaler Grundeigentümer durch die größeren Feudalgewalten zurückgedrängt wurden. Unter diesen Umständen konnte sich vor allem in Rodungsgebieten, so etwa in Freiberg, das

In Leipzig geprägter Brakteat des Markgrafen Otto „des Reichen" von Meißen. Umschrift: OTTO MARCHIO DE LIPPZINA

Prinzip der Bergbaufreiheit durchsetzen, das die Schürffreiheit ohne Rücksicht auf Rechte von Grundeigentümern garantierte und zugleich eine freiere Rechtsstellung der Bergbautreibenden begünstigte.[68] Wenn bei Entdeckung neuer Erzvorkommen Bergleute angelockt werden sollten, mußte man ihnen, wie Siedlern in Rodungsgebieten, entsprechend günstige Bedingungen bieten.

Aus diesen Gründen gewann im ausgehenden 12. und im beginnenden 13. Jh. die genossenschaftliche Organisation der im Bergbau Tätigen festere Gestalt. Die Bergleute organisierten sich als Gewerken in Genossenschaften freier Kleinunternehmer, die selbst arbeiteten; sie übernahmen relativ selbständig den Betrieb der Erzgruben, die in Anteile – sogenannte Kuxen – aufgeteilt, den Mitgliedern zum Abbau überlassen wurden. Ein Teil der Ausbeute – der Zehnt – mußte dem Bergherrn überlassen werden, an den die Gewerken in der Regel auch das übrige gewonnene Silber gegen einen festen Kaufpreis abgaben. Allerdings besaßen neben den Bergleuten von vornherein auch Klöster, unter denen sich die des Zisterzienserordens als besonders aktiv erwiesen, sowie Feudalherren und bald auch Bürger Anteile an den Gruben; derartige Kuxeninhaber arbeiteten natürlich nicht selbst, sondern sie warben Lohnarbeiter oder sogenannte Lehnhäuer an, wobei die letzteren Anspruch auf einen begrenzten Teil der Ausbeute hatten.

Diese vor allem im Edelmetallbergbau hervortretenden Produktionsverhältnisse, bei denen die Ansprüche staatlicher Gewalten als Inhaber des Bergregals, die Rechte der Grundherren des betreffenden Gebietes und die Ansprüche der Bergleute aufeinandertrafen, bedurften genauerer juristischer Fixierungen. Dementsprechend entwickelten sich im Edelmetallbergbau um 1200 bestimmte Normen des Bergrechts, die zuerst in Verträgen aus dem Südtiroler Gebiet um Trient[69] und etwas später – 1249 – in Iglau faßbar wurden. Die 1233

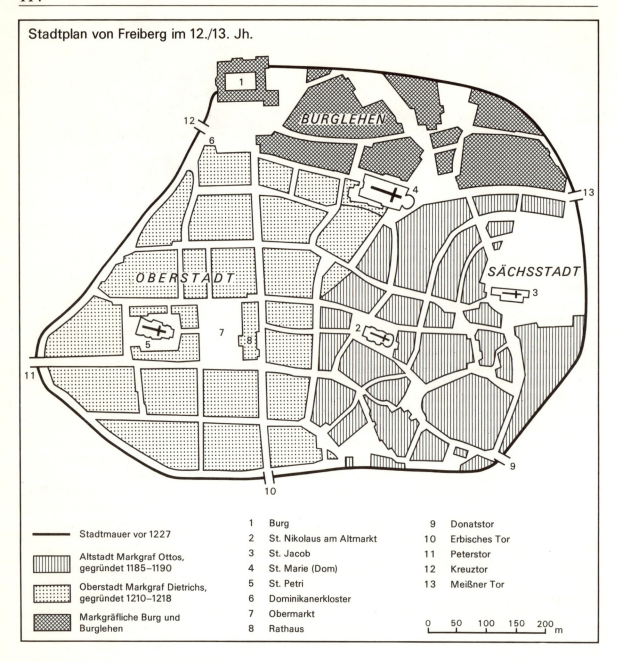

Stadtplan von Freiberg im 12./13. Jh.

— Stadtmauer vor 1227

Altstadt Markgraf Ottos, gegründet 1185–1190

Oberstadt Markgraf Dietrichs, gegründet 1210–1218

Markgräfliche Burg und Burglehen

1 Burg
2 St. Nikolaus am Altmarkt
3 St. Jacob
4 St. Marie (Dom)
5 St. Petri
6 Dominikanerkloster
7 Obermarkt
8 Rathaus
9 Donatstor
10 Erbisches Tor
11 Peterstor
12 Kreuztor
13 Meißner Tor

entstandene sogenannte Culmer Handfeste erwähnt bereits das nicht genauer umschriebene Freiberger Bergrecht.

Ähnlich wie im Silber- und Buntmetallbergbau trat zu jener Zeit auch im Abbau von Eisenerz eine beträchtliche Steigerung ein, die sich aus dem wachsenden Bedarf an Handwerksinstrumenten, an landwirtschaftlichen Geräten und an Waffen sowie Ritterrüstungen erklärt. Da die staatlichen Gewalten an einer genauen Überwachung der Eisengewinnung nicht so interessiert waren wie an der Kontrolle des für die Münzprägung wichtigen Silberbergbaus, unterrichten die Quellen über diesen Produktionszweig nicht so ausführlich. Trotzdem ist deutlich zu erkennen, daß Deutschland damals in der Eisengewinnung eine führende Stellung einnahm. Wichtige Produktionszentren waren vor allem die Steiermark mit dem berühmten Erzberg bei Leoben, die Oberpfalz mit Amberg, Sulzbach und Auerbach sowie das westfälisch-bergische Gebiet.[70] Dort bezog das Kloster Corvey um 1150 aus Niedermarsberg (Horhusen) jährlich 50 Bündel Messer, Rasiermesser und Zangen als Abgabe.[71]

Zugleich mit der Produktionssteigerung im Edelmetall- und Eisenbergbau traten Verbesserungen der Pro-

Goldene Pforte am Dom zu Freiberg (spätromanisch, um 1230), ursprüngl. Westportal, bei Umbau Ende 15. Jh. an Südseite versetzt; sie zeugt vom Reichtum der Pfarrgemeinde

duktionstechnik beim Erzabbau und bei der Erzverhüttung ein. Deutlich faßbar sind die Fortschritte in der Verhüttung. Um 1200 begann man verstärkt die Wasserkraft auszunutzen, indem man Pochhämmer zum Zerkleinern des Erzes und Blasebälge an den Stücköfen mit Wassermühlen betrieb.[72] Stücköfen, die bis zu 2 m hoch waren, verdrängten mehr und mehr die offenen Rennfeuer; in ihnen konnte mit Hilfe der durch Wasserkraft betriebenen Blasebälge eine solche Hitze erzeugt werden, daß im Laufe des 13. Jh. die Voraussetzungen für die Gewinnung von Gußeisen geschaffen wurden.

Die Ausweitung und Intensivierung des Handels

Mit der Weiterentwicklung der Produktivkräfte und der Warenproduktion verband sich eine wesentliche Erweiterung und Intensivierung der Handelsbeziehungen. Die wichtigste Schlagader eines weitreichenden Handels im deutschen Gebiet war der Rhein, von wo aus bereits seit längerer Zeit Handelsverbindungen zum Nordseeraum, besonders nach London, und in süd-

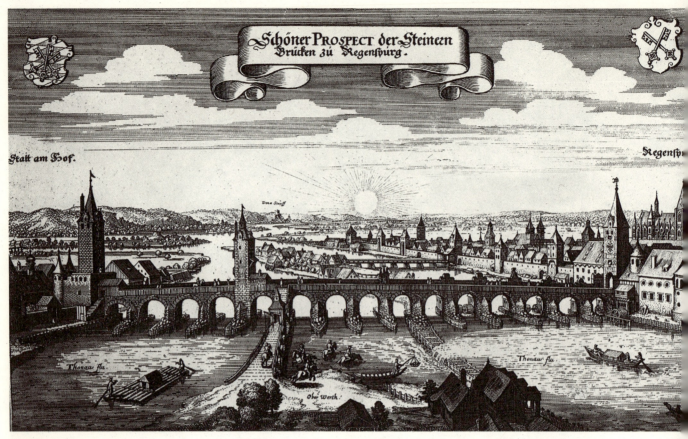

Donaubrücke in Regensburg (Kupferstich von M. Merian, Mitte 17. Jh.)

licher Richtung über Alpenpässe nach Italien bestanden. Eine zentrale Stellung als Handelsplatz im Rheingebiet nahm Köln ein, das Mainz zunehmend zurückdrängte. Das Anwachsen des Handels mit England während des 12. Jh. bezeugen die sich seit 1157 häufenden Privilegien der englischen Könige für die Kölner Kaufleute; zugleich wird auch erstmals ein eigenes Haus der Kölner in London erwähnt, das später als Gildehalle bezeichnet wurde. Zu den nach England verkauften Waren gehörte vor allem Wein aus dem Oberrhein- und Moselgebiet. Auch für die anderen am Rhein oder an dessen Nebenflüssen gelegenen Städte war Köln das dominierende Handelszentrum. Die Kürschner von Straßburg, Trier und Augsburg beschafften sich im 12. Jh. aus dem Osten importierte Pelze hauptsächlich auf dem Kölner Markt, daneben auch in Mainz und Duisburg.

Für den Handel vom Oberrheingebiet nach Italien dienten vor allem die Alpenpässe des Großen St. Bernhard und des Septimer, über die die Waren nach Mailand und Genua gelangten. Seit dem ausgehenden 12. Jh. gewannen die Messen der Champagne eine wachsende Bedeutung für den Warenaustausch zwischen den west- und südwestdeutschen Gebieten und dem Mittelmeerraum, wobei die Waren den Weg über Südfrankreich bzw. Burgund nahmen.

Zugleich wurden auch die Handelsbeziehungen zwischen dem östlichen Oberdeutschland und den oberitalienischen Städten, insbesondere zwischen Regensburg und Venedig, verstärkt. Zwischen 1130 und 1150 entstand in Regensburg eine große steinerne Brücke über die Donau,[73] die damals allgemeine Bewunderung erregte und die Handelsverbindungen dieser Stadt begünstigte. Es wurden vor allem in Süddeutschland hergestellte Leinwand, Metallwaren und Schwerter sowie nordisches Pelzwerk nach Italien exportiert. Umgekehrt importierte man von dort orientalische Luxusartikel. Als Vermittler im Handel mit aus Venedig importierten Seidenstoffen, die aus dem Orient oder Konstantinopel stammten, gewann Regensburg eine bedeutsame Stellung. Bereits eine in der ersten Hälfte des 12. Jh. erlassene Regelung der Handelstätigkeit deutscher und lothringischer Kaufleute in England erwähnt Seidenstoffe „aus Konstantinopel oder aus Regensburg",[74] und französische Dichtungen des 12. Jh. bezeichnen derartige Stoffe nach dieser Stadt teilweise als „raineborc".

Wesentlich für die Handelsbeziehungen zwischen

Deutschland und Italien im 12./13. Jh. war nicht nur eine Intensivierung des Verkehrs, sondern auch die Tatsache, daß sich verstärkt deutsche Kaufleute daran beteiligten. Ein Beweis hierfür ist der 1228 erstmals erwähnte „Fondaco dei Tedeschi" in Venedig. Es hatte sich also die Notwendigkeit ergeben, für die wachsende Zahl deutscher Kaufleute in Venedig eine feste Niederlassung einzurichten. Augenscheinlich stimulierten die mit den Kreuzzügen eingetretene Erweiterung des Handels und der damit zusammenhängende wirtschaftliche Aufschwung der oberitalienischen Städte auch den Handelsaustausch mit dem deutschen Gebiet.

Das im Handel mit Italien hervortretende Regensburg war während des 11./12. Jh. auch Ausgangspunkt weit nach dem Osten reichender Handelsbeziehungen. 1179 machte ein in Kiew weilender Regensburger dem in seiner Heimatstadt gelegenen Kloster St. Emmeram eine Schenkung,[75] und 1192 werden in einer Urkunde des österreichischen Herzogs, die die Rechte der Regensburger Kaufleute in Österreich regelte, „Ruzarii" erwähnt, die mit beladenen Wagen nach Rußland zogen.[76] Als „Ruzarii" bezeichnete man eine Gilde von Regensburger Kaufleuten, die den Handel mit Rußland, insbesondere mit Kiew betrieb. Sie erwarben dort vor allem Pelzwerk, während nach Rußland Qualitätstuche exportiert wurden, die die Regensburger ihrerseits größtenteils aus Köln bezogen. Es ist anzunehmen, daß es sich dabei nicht nur um in Köln selbst hergestellte Tuche, sondern auch um Stoffe aus flandrischen Städten handelte. Die Einfälle der Polowzer und danach der Mongolen in die südrussischen Gebiete unterbrachen seit dem frühen 13. Jh. diesen Handelsweg weitgehend.

Während der nach dem Osten gerichtete Handel Regensburgs im 13. Jh. an Bedeutung verlor, wurden von Norddeutschland her die wirtschaftlichen Beziehungen nach dem Osten durchgreifend erweitert. Beteiligt waren zunächst vor allem Bürger aus Städten Westfalens, wo der über Dortmund und Soest führende Hellweg eine Verbindung in östlicher Richtung eröffnete. Bereits 1165 gab es in der relativ kleinen, südöstlich von Soest gelegenen Stadt Medebach Kaufleute, die in Dänemark und Rußland Handel trieben. Entscheidend für das Vordringen deutscher Kaufleute im Ostseeraum wurde die 1159 erfolgte Neugründung Lübecks, in der Nähe des slawischen Alt-Lübeck. Die günstige geographische Lage prädestinierte Lübeck von vornherein zum Ausgangshafen der norddeutschen Kaufleute im Ostseehandel. Außerdem unternahm Heinrich der Löwe alles, um die Stadt durch Erteilung entsprechender Privilegien zu einem anziehenden Handelsknotenpunkt zu machen. 1161 vermittelte er bei Streitigkeiten zwischen deutschen bzw. Lübecker Kaufleuten und den auf der Insel Gotland ansässigen Händlern, die damals neben anderen skandinavischen

Ältestes Siegel der Stadt Elbing – Kogge mit Heckruder

Siegel der Hanse der deutschen Kaufleute, die Gotland besuchen (von 1291). Umschrift: SIGILL THEVTHONICO GVTLADIA FREQVENTANTIVM

und slawischen Kaufleuten eine große Rolle im Ostseehandel spielten. Er erneuerte den Gotländern Privilegien, die bereits Kaiser Lothar III. erteilt hatte, indem er ihnen in seinem Herrschaftsbereich Zollfreiheit und Sicherheit zugestand; andererseits wurde für die deutschen Kaufleute eine gleiche Behandlung auf Gotland gefordert. Die gesamte Vereinbarung sollte, wie der Herzog abschließend ausdrücklich betonte, dazu dienen, daß die gotländischen Kaufleute „unser Land künftig um so mehr lieben und unseren Hafen Lübeck stetig besuchen".[77]

Auch im Privileg, das Kaiser Friedrich I. 1188 Lübeck gewährte, spiegelt sich das Bestreben wider, möglichst viele fremde Kaufleute anzulocken, denn darin wurde russischen, gotländischen, skandinavischen sowie anderen östlichen Kaufleuten abermals ausdrücklich Zollfreiheit zugesichert. Doch bald zeichnete sich die Tendenz ab, fremde Kaufleute immer mehr aus dem Handel mit Lübeck und dem Ostseeraum zu verdrängen, während die Handelstätigkeit der deutschen Kaufleute in diesem Gebiet ständig zunahm.

Das Vordringen der deutschen Kaufleute im Ost-

Schiff mit Ruder in alter Form. Hortus Deliciarum

seehandel, in dem sie während des 13. Jh. nahezu eine Monopolstellung gewannen, wurde nicht zuletzt dadurch gefördert, daß vermutlich Niederländer in der zweiten Hälfte des 12. Jh. einen neuen Schiffstyp entwickelten, die Kogge bzw. den Koggen. Es handelt sich dabei um ein sehr breit gebautes, mit schützendem Deck versehenes einmastiges Segelschiff, das wesentlich größere Lasten tragen konnte als die von Skandinaviern und Slawen verwendeten Schiffe, deren Bootskörper relativ schmal war. Das etwa gleichzeitig aufkommende großflächige Heckruder,[78] das zu den bedeutenden schiffahrtstechnischen Neuentwicklungen des hansischen Raumes gehört und erstmals 1242 auf dem Siegel der Stadt Elbing abgebildet ist, trug zusammen mit einer verbesserten Takelage dazu bei, die Kogge manövrierfähiger zu machen, so daß sie sich beispielsweise auch bei ungünstiger Windrichtung auf dem vorgesehenen Kurs halten ließ.

Infolgedessen wuchs die schon 1161 vorhandene Niederlassung deutscher Kaufleute auf Gotland schnell an, so daß sich dort schließlich eine größere Stadt, Visby, entwickelte, deren Bewohner teils Deutsche, teils Gotländer waren. Von dort aus drangen deutsche Kaufleute zu den wichtigsten Handelsknotenpunkten im nordrussischen Gebiet vor, unter denen Nowgorod die größte Bedeutung hatte. Schon zum Jahr 1188 berichtet die Nowgoroder Chronik über Spannungen zwischen den einheimischen Bewohnern dieser Stadt und deutschen Kaufleuten, die von Gotland kamen. Erst 1201 gelang es offenbar, den Frieden wieder herzustellen, wobei ein bereits vorher aufgezeichneter Vertrag in Kraft gesetzt wurde, der die Rechtsstellung der Nowgoroder Kaufleute auf Gotland und im „deutschen Land" und die der Deutschen und Gotländer in Nowgorod regelte.

Ein weiterer Handelsweg in das russische Gebiet war die Düna, an deren Mündung im Gefolge der von deutschen kirchlichen Institutionen betriebenen Christianisierungspolitik seit 1201 Riga als Bischofssitz entstand. Bereits 1211 gewährte der Bischof von Riga den von Gotland kommenden Händlern weitgehende Vergünstigungen, so daß sich dort bald in steigender Zahl deutsche Kaufleute niederließen. Von der Reichweite des deutschen Handels im Düna-Gebiet zeugt der 1229 abgeschlossene und 1250 erneuerte Vertrag des Fürsten von Smolensk mit den Kaufleuten von Riga und von Gotland.[79] Darin wurden ebenfalls die Rechte der deutschen Kaufleute in Smolensk und die der russischen Kaufleute in Riga und auf Gotland entsprechend dem Prinzip der Gegenseitigkeit geregelt; auch von der Fahrt russischer Kaufleute „in die Trave", also nach Lübeck, ist im Vertrag von 1229 noch die Rede.[80]

Die im Ostseehandel tätigen deutschen Kaufleute aus Lübeck und aus westfälischen Städten wie Soest, Dortmund und Münster waren weitgehend auf sich selbst angewiesen, wenn es darum ging, ihre Interessen in einer fremden und oft feindlichen Umwelt durchzusetzen. Deshalb schlossen sie sich zu einem Verband, einer „Hanse", zusammen, deren Mitglieder einander Schutz und Hilfe leisten mußten. Von der Existenz dieser Kaufleute-Genossenschaft, in der die Lübecker eine führende Stellung gewannen, zeugt unter anderem das eigene Siegel der „Kaufleute des Römischen Reichs" am Vertrag mit dem Fürsten von Smolensk von 1229. Etwas später wurde die Bezeichnung „Gemeinschaft der Deutschen, die Gotland aufsuchen" (universitas Theutonicorum Gotlandiam frequentantium) üblich. Diese Kaufleutehanse, die ein Personenverband von Fernhändlern aus verschiedenen Städten war, diente den deutschen Kaufleuten als wirksames Instrument zur Durchsetzung ihrer dominierenden Stellung im Ostseehandel; sie bildete zugleich die Keimzelle für den späteren Zusammenschluß der beteiligten Städte im Bund der Hansestädte.[81]

Das wirtschaftliche Gewicht der Lübecker Kaufleute wuchs weiter an, als sie während der ersten Hälfte des 13. Jh. auf dem Wege über Hamburg verstärkt in den Nordseehandel eindrangen. Aus dem Privileg Kaiser Friedrichs II. für Lübeck von 1226 geht hervor, daß damals Bewohner dieser Stadt bereits in England Handel trieben und dort auf die Konkurrenz der Kölner Kaufleute stießen. 1237 und 1238 gewährte der englische König Heinrich III. den Kaufleuten von Gotland und Lübeck eine Reihe von Vergünstigungen, und 1243 versprach der Graf von Holland den Lübecker und Hamburger Kaufleuten sicheres Geleit. Eine Bestimmung dieses Privilegs beweist, daß sich die Lübecker erfolgreich in den Handel mit flandrischen Tuchen eingeschaltet hatten, der dann entscheidend zur Festigung der wirtschaftlichen Position der Hanse beitrug. Flandern seinerseits benötigte wegen der schnell wachsenden Bevölkerungszahl die Zufuhr von Getreide, das zunächst hauptsächlich von Hamburg aus beschafft wurde; ein Hamburger Zolltarif des Jahres 1236 erwähnt Getreide, das aus der Altmark über Hamburg nach Flandern gelangte.

Noch in der ersten Hälfte des 13. Jh. knüpften Lübecker Kaufleute auch Handelsverbindungen mit Norwegen an, wo infolge der ungünstigen Naturbedingungen für Ackerbau ebenfalls Bedarf an Getreideimporten bestand. Als 1247 ein gestrandetes Lübecker Schiff bei Tønsberg ausgeraubt wurde, reagierte Lübeck mit einer Sperre der Getreide- und Mehlausfuhr und erzwang damit Zusicherungen des norwegischen Königs. In jener Zeit wagten die Koggen der Kaufleute aus dem Ostseegebiet auch erstmals die Fahrt durch das Kattegat und den stürmischen Skagerrak und erschlossen so – unter Umgehung des umständlichen Landtransportes von Lübeck nach Hamburg – die direkte Seeverbindung zwischen Ostsee und Nordsee.[82]

Neben dem Handel mit Pelzen und Wachs aus Rußland und dem baltischen Raum, mit Getreide aus dem von der deutschen Ostexpansion erfaßten südlichen Ostseeküstengebiet, mit Salz aus den Lüneburger Salinen sowie mit Tuch aus Flandern erschlossen sich die im Ostseeraum tätigen Kaufleute, insbesondere die Lübecker, ein weiteres bedeutsames Betätigungsfeld: die Organisation des Fangs und des Handels mit Heringen. Bereits für die sechziger Jahre des 12. Jh. berichtet Helmold von Bosau, daß sich jährlich im November zahlreiche Händler mit Schiffen vor Rügen zum Heringsfang einfanden. Als weiteres Fanggebiet traten die Küstengebiete Schonens hervor. Salzheringe, die vor allem während der Fastenzeit ein begehrter Massenbedarfsartikel waren, wurden bis in weit entfernte Gegenden Deutschlands gehandelt.

Die angeführten Beispiele verdeutlichen die sich rapide ausweitenden Handelsbeziehungen deutscher Kaufleute und zugleich eine beträchtliche Zunahme des Warenvolumens. Wenn auch deutsche Städte keine den flandrischen Exportzentren vergleichbare Stellung gewannen, so wuchs der Anteil deutscher gewerblicher Erzeugnisse im Fernhandel des 12./13. Jh., wie etwa der zunehmende Verkauf von Metallwaren, Leinwand und Tuch im Mittelmeergebiet zeigt. Zugleich erlangte in jener Zeit der Handel mit Artikeln des Massenbedarfs langsam ein größeres Gewicht, wie zum Beispiel Handel mit Getreide, Leinwand und Salzheringen; auch der Tuchhandel erfaßte ständig breitere Käuferschichten. Die Verteilung der Handelsgüter über das gesamte deutsche Gebiet gewährleisteten neben dem regelmäßigen Marktverkehr der zahlreicher gewordenen Städte die Jahrmärkte, die in vielen weiteren Städten eingerichtet wurden. In größeren Städten fanden jährlich oft mehrere Jahrmärkte statt, und fast alle mittelgroßen und häufig auch kleineren Städte hatten nunmehr einen eigenen Jahrmarkt, so daß die Dichte der Handelsbeziehungen während des 13. Jh. außerordentlich zunahm.

Die tieferen Ursachen für die Erweiterung des Handels waren das Wachstum der Produktivität, die Zunahme der städtischen Bevölkerung, die Besserung der Lage der Bauern und die zahlenmäßige Verstärkung der herrschenden Klasse. Wenn auch die Grundlage der städtischen Entwicklung in der Loslösung der gewerblichen von der agrarischen Produktion zu suchen ist, so trug die Intensivierung des Handels doch beträchtlich zum Aufblühen des Städtewesens im 12./13. Jh. bei; insbesondere die Bildung großer Städte mit weitem Exportradius, die der selbständigen bürgerlichen Stadtgemeinde letztlich zum Durchbruch verhalfen, wäre ohne die Schaffung entsprechender Handelsverbindungen durch die Kaufleute nicht denkbar gewesen.

Die gewaltigen Fortschritte in der gewerblichen Produktion sowie im Warenaustausch und die Weiterentwicklung des Städtewesens überhaupt beruhten hauptsächlich auf den Leistungen und Erfahrungen der Handwerker und Kaufleute. Zugleich hatte die herrschende Klasse einen beachtlichen organisatorischen Anteil an dieser Entwicklung. Die Rivalität der Fürsten und ihr Bestreben, sich zusätzliche Einnahmen zu sichern, förderten die Entwicklung neuer Städte.

Die Entwicklung des Städtewesens und des Städtebürgertums sowie der gleichzeitige Aufschwung der gewerblichen Produktion und des Handels im 12./13. Jh. waren verknüpft mit einer wachsenden Aktivierung breiterer Volksschichten, die jetzt wirksamer in das gesellschaftliche und politische Geschehen einzugreifen vermochten. Diese für den gesamten weiteren gesellschaftlichen Fortschritt bedeutsame Kräfteverschiebung äußerte sich besonders deutlich in der umfassenden Entfaltung und Festigung städtischer genossenschaftlicher Einrichtungen. Die bürgerliche Gemeinde bzw. Kommune insgesamt, die Zünfte und Kaufmannsgilden bezeugen, daß die Stadtbevölkerung ihr gesellschaftliches Leben und ihre wirtschaftliche Tätigkeit zunehmend selbst organisierte und damit zugleich einen festeren Rückhalt im Klassenkampf gewann. Die Existenz der Stadtgemeinde sowie deren Auswirkungen auf die Situation der Bauern stimulierten das Interesse der Produzenten in Stadt und Land und ermöglichten einen anhaltenden, relativ schnellen Aufschwung der Warenproduktion und der Produktivkräfte.

Der Kampf um das bäuerliche Mehrprodukt und Fortschritte im Landesausbau

Die Entwicklung von Städten und Marktorten seit dem 10./11. Jh. war nur möglich auf der Grundlage der bereits im frühen Mittelalter erzielten Fortschritte in der landwirtschaftlichen Produktion. Auch das weitere Wachstum der Städte und die Entstehung zahlreicher neuer Städte während des 12./13. Jh. setzte voraus, daß die bäuerliche Bevölkerung zunehmend in die Ware-Geld-Beziehungen einbezogen wurde und sich allmählich eine arbeitsteilige Wechselwirkung zwischen Stadt und Land ergab. Dies wäre undenkbar gewesen, wenn die Bauern nur soviel ländliche Produkte in der Stadt abgesetzt hätten, um die Geldabgaben an ihren Herrn zahlen zu können; sie mußten vielmehr in einem solchen Umfange Erzeugnisse auf den städtischen Markt bringen, daß sie selbst von dem Erlös eine begrenzte Menge städtischer Produkte kaufen konnten. Unerläßliche Voraussetzung hierfür war, daß die Produktivität der bäuerlichen Wirtschaft weiter wuchs und sich zumindest Teile der ländlichen Bevölkerung in einer einigermaßen günstigen wirtschaftlichen Situation befanden.

Das Wirksamwerden des städtischen Marktes weckte bei den Bauern ein zunehmendes Interesse, möglichst viele agrarische Produkte abzusetzen, um in den Besitz von Geld zu kommen. Aber noch stärker wuchs gleichzeitig bei Adel und Geistlichkeit das Verlangen nach Geld. Daher förderte die Entwicklung der Ware-Geld-Beziehungen auf der einen Seite das Interesse der Bauern an einer möglichst ungestörten selbständigen Wirtschaftsführung und an der Behauptung eines größeren Teiles des Mehrproduktes für sich selbst, während sie auf der anderen Seite das Streben der Feudalherren nach einer Steigerung der Ausbeutung der abhängigen Bauern stimulierte. So trug die städtische Entwicklung insgesamt dazu bei, daß die agrarische Produktion erhöht wurde und sich das Ringen um das bäuerliche Mehrprodukt zwischen der herrschenden Klasse und den feudalabhängigen Bauern verschärfte. Der Ausgang dieses Ringens um das bäuerliche Mehrprodukt wurde dadurch beeinflußt, daß die damalige Stadt nicht nur ein Zentrum der Warenproduktion und des Warenverkehrs war, sondern sich als freie Stadtgemeinde konstituierte, die auf die hörige Landbevölkerung eine große Anziehungskraft ausübte und letztlich deren Position im Klassenkampf stärkte. Zugleich festigte aber auch die herrschende Klasse zu jener Zeit durch den Ausbau der staatlichen Organisation im regionalen Rahmen ihre Stellung.

Das wirksamste Mittel zur staatlichen Konsolidierung, die Gerichtsherrschaft, war besonders geeignet, die Ausbeutung der Bauern zu steigern. Die Gerichtsherren begannen seit dem ausgehenden 11. Jh. unter Hinweis auf den von ihnen gewährten „Schutz und Schirm" von den Bewohnern ihres Herrschaftsbereiches Abgaben zu erheben, die bald den Charakter von Steuern annahmen. Sehr deutlich sind derartige Tendenzen im Bereich geistlicher Grundherrschaften zu fassen, wo die mit der Ausübung der Gerichtsbarkeit beauftragten adligen Vögte versuchten, von den auf kirchlichem Grundbesitz ansässigen Bauern zusätzliche Abgaben zu erheben und auf diese Weise kirchliche Ländereien schließlich ihrem Herrschaftsbereich einzugliedern. Während des ganzen 12. Jh. bemühten sich Bischöfe und Äbte mit Hilfe königlicher Privilegien und zahlreicher Urkundenfälschungen, derartige Eingriffe der Vögte auf kirchlichem Grundbesitz einzuschränken. Häufig wurden Klagen laut, daß infolge der Bedrückung durch Vögte die Höfe kirchlicher Institutionen heruntergekommen und die dort sitzenden Hörigen verarmt oder gar geflohen seien. In Urkunden, die das Stift Xanten am Niederrhein betreffen, wurde 1176 und 1226 darüber geklagt, daß wegen unfruchtbarer Jahre, Überschwemmungen und „besonders wegen der Ausplünderung durch Vögte" die Hörigen des Stiftes geflohen seien und die Äcker unbestellt zurückgelassen hätten.[83] Um 1230 stellte ein päpstlicher Visitator im Bistum Minden fest, daß der dortige Bischof den Vögten nicht entschlossen genug entgegentrete und „daher die Güter der Kirchen und geistlichen Personen gleichsam völlig verödet seien".[84]

Während mächtigere Gerichtsherren, die eigene Landesherrschaften aufzubauen begannen, den Bauern neue Lasten aufbürden konnten, waren mit Hilfe rein grundherrlicher Befugnisse die Verpflichtungen der Bauern kaum zu steigern. Mit um so größerem Eifer suchten deshalb die Feudalherren ihre Einnahmen dadurch zu erhöhen, daß sie die ihnen unterstehenden landwirtschaftlichen Nutzflächen erweiterten. Daher war neben dem im 12./13. Jh. besonders starken natürlichen Bevölkerungszuwachs und dem Verlangen der Bauern nach mehr Land das Interesse der Feudalherren an höheren Einnahmen ein wesentlicher Grund für den bis weit ins 13. Jh. fortdauernden Landesausbau.

Da die Rodung auf deutschem Gebiet bereits im 11. Jh. beträchtlich intensiviert worden war, erfaßte der Landesausbau in den Gebieten westlich von Elbe, Saale und Böhmerwald während des 12./13. Jh. vorwiegend die mit schwer rodbaren Laubwäldern bewachsenen mittleren Lagen der Mittelgebirge. Dort erforderte die Rodungsarbeit erhöhte Kraftanstrengung, zumal man bei Laubwäldern die Brandrodung nicht anwenden konnte und hier nur mit entwickelten Eisenwerkzeugen – Äxten und Sägen – voranzukommen war. Auch im Alpenraum wurde zu jener Zeit die landwirtschaftliche Nutzung in höhere Lagen vorangetrieben. Seit dem 12. Jh. tauchen die relativ hoch gelegenen Schwaighöfe auf, die sich auf die Haltung von Milchkühen spezialisierten und den Grundherren hauptsächlich größere Mengen von Käse abzuliefern hatten.[85] Damals wurden auch die sumpfigen Gebiete nahe der Nordsee und in den norddeutschen Flußniederungen urbar gemacht. So förderte der Erzbischof von Bremen die Erschließung der Wesermarschen mit Hilfe holländischer Siedler, die die erforderlichen Erfahrungen für diese schwierige Aufgabe, insbesondere für die Errichtung von Deichanlagen, besaßen.

Auch die nach 1100 neugegründeten Klöster, die angesichts des wachsenden Geldbedarfs des Feudaladels nicht mehr in dem Maße wie ältere Klöster mit Schenkungen von bereits nutzbarem Ackerland rechnen konnten, waren darauf angewiesen, durch Rodung von Waldland ihre Einnahmen zu erhöhen. Daher entwickelten viele Zisterzienserklöster bei der Organisation von Rodungen eine beachtliche Aktivität, so etwa das Kloster Walkenried im Harzgebiet, Waldsassen im Fichtelgebirge, Ebrach im oberfränkischen Steigerwald, Zwettl im niederösterreichischen Waldviertel sowie viele Klöster im Ostexpansionsgebiet.

Die Rodungsbewegung des 12./13. Jh. war also angesichts der sich ausbreitenden Ware-Geld-Beziehungen für die Feudalherren ein wichtiges Mittel, ihre wirtschaftliche Basis zu stärken. Aber wenn auch von den Feudalgewalten bedeutsame Impulse für die Aktivierung des Landesausbaus ausgingen, so wurde doch die praktische Rodungsarbeit von den Bauern geleistet, die ihrerseits an der Erweiterung ihres Ackerlandes interessiert waren. Wiederholt nahmen Bauern ohne herrschaftliche Erlaubnis Rodungsarbeiten in Angriff. Von einer derartigen Aktivität zeugt ein um die Mitte des 12. Jh. erlassenes Gebot des Landgrafen von Thüringen, die Rodung in den Waldgebieten seines

Anlage eines Dorfes „von wilder Wurzel" auf Grund urkundlicher Vereinbarungen zwischen Grundherrn und Bauermeister nach der Heidelberger Bilderhandschrift des Sachsenspiegel (1. Viertel 14. Jh.); unten hält der Bauermeister vor der Kirche Gericht

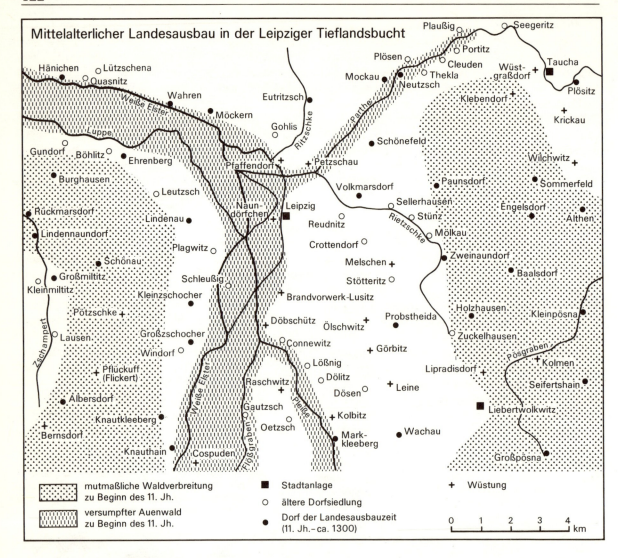

Machtbereiches einzustellen. 1254 führte der Bischof von Bamberg eine gerichtliche Entscheidung herbei, welche die ohne Genehmigung des Herrn vorgenommenen Rodungen für unstatthaft erklärte.

Während dieser Phase des mittelalterlichen Landesausbaus schufen zahllose Bauern in mühseliger Arbeit mit einfachen Produktionsinstrumenten den bis zur Zeit der Industrialisierung vorherrschenden Typ der Kulturlandschaft. In einem Land, in dem ursprünglich Urwälder und Sümpfe weite Flächen bedeckten, wurde weitgehend die bis zum 19. Jh. nachwirkende Verteilung von landwirtschaftlicher Nutzfläche und Waldgebieten realisiert. Beeindruckend resümiert Caesarius von Prüm um 1220 bei der Überarbeitung eines Ende des 9. Jh. angefertigten Urbars des in der Eifel gelegenen Klosters die inzwischen erzielten Erfolge des Landesausbaus; er verweist darauf, daß seit der Aufzeichnung des Urbars 329 Jahre vergangen seien, „und es steht fest, daß in dieser so langen Zeit viele Wälder gerodet, Dörfer erbaut und die Zehnteinnahmen vermehrt wurden; viele Mühlen wurden in dieser Zeit errichtet, viele Weinberge angelegt und unendliche Ländereien urbar gemacht".[86]

Der bäuerliche Widerstand gegen feudale Ausbeutung

Der von den Feudalgewalten zur Erhöhung ihrer Einnahmen und zur Stärkung ihrer Macht geförderte Landesausbau begünstigte zugleich die Position der Bauern gegenüber der herrschenden Klasse. Die Feudalherren und kirchlichen Institutionen benötigten für die Erschließung von Neuland zahlreiche bäuerliche Siedler, die sie durch Vergünstigungen anlocken mußten. Deshalb wurden den Bauern in den neuentstehenden Rodungssiedlungen in der Regel wirtschaftliche und rechtliche Vorteile gewährt. Das gilt etwa für die zu dieser Zeit in großer Zahl angelegten Hägersiedlungen, die an den auf -hagen endenden Ortsnamen erkennbar sind. Im Sachsenspiegel hebt Eike von Repgow hervor, daß Bauern, die ein Dorf „von wilder Wurzel" besiedeln, die Güter vom Herrn nach Erbzinsrecht erhalten sollen, obgleich sie „to deme gude nicht geboren" sind, also nicht einer erblichen Bindung unterliegen.[87] Diese Besserung der Lage der Bauern in den Rodungssiedlungen hatte Rückwirkungen auf die Situation der Bauern in den Altsiedelgebieten, da Leibeigene und Hörige abzuwandern drohten.

Noch effektiver als die Abwanderung höriger Bauern in Rodungsgebiete, zu denen auch der von der Ostexpansion erfaßte Raum zu rechnen ist, war im 12./13. Jh. die Fluchtmöglichkeit in die aufblühenden Städte. Zahlreiche Landbewohner befreiten sich von feudaler Ausbeutung, indem sie in die Städte abzogen und dort — zumindest nach Jahr und Tag — den Status eines freien Bürgers erlangten. Dadurch gewannen die Selbständigkeit der städtischen Gemeinden und deren wachsende Fähigkeit, sich gegen feudale Eingriffe abzusichern, größte Bedeutung für den bäuerlichen Klassenkampf. Der Aufschwung des Städtewesens und der neue Höhepunkt im Landesausbau bewirkten, daß damals die Flucht zu dem wirksamsten Mittel des bäuerlichen Klassenkampfes wurde.

Für den Kölner Raum gibt es seit etwa 1140 Urkunden, in denen Feudalgewalten ihren Leibeigenen und Hörigen unter Hinweis auf bereits verlassene Hufen Erleichterungen zusicherten. In einer 1141 vom Abt des Kölner Klosters St. Pantaleon ausgestellten Urkunde wird auf Beschwerden der Hörigen zweier Fronhöfe hingewiesen; sie seien so bedrückt worden, „daß einige die Parzellen, die sie innehatten, verließen und beschlossen, aus ihren väterlichen Wohnsitzen abzuwandern".[88] 1158 bestätigte der Erzbischof von Köln die Herabsetzung der Verpflichtungen der Leibeigenen und Hörigen des Kölner Stifts St. Maria im Capitol; von dessen Besitzungen flüchteten zunächst die zu besonders hohen Leistungen verpflichteten Leibeigenen; darauf seien, um die festgelegten Lieferungen der einzelnen Fronhöfe für das Kloster zu sichern, die hörigen Hufner stärker belastet worden — mit dem Ergebnis, daß nun auch Angehörige dieser Gruppe flüchteten.[89]

Während des 13. Jh., als die Zahl der Städte durch Neugründungen schnell wuchs, wurde das Problem der Flucht abhängiger Bauern in die Städte, speziell auch in königliche Städte, so akut, daß auf Forderungen der Fürsten hin die königliche Gesetzgebung diese Frage aufgriff. In dem Privileg König Friedrichs II. für die geistlichen Fürsten von 1220 sowie in den Fassungen des Statuts zugunsten der Fürsten von 1231/32 wurde zugesichert, daß Hörige der Fürsten in königlichen Städten nicht mehr aufgenommen werden sollten.

Die zunehmende Flucht von Bauern in Städte zeigt deutlich, daß der bürgerliche und der bäuerliche Klassenkampf gegen feudale Gewalten damals eng miteinander verbunden waren und daß die Durchsetzung der Selbständigkeit der Stadtgemeinden einen bedeutsamen Erfolg im Ringen aller antifeudalen Klassenkräfte darstellte.

Seit den dreißiger Jahren des 13. Jh. sind darüber hinaus im nordwestdeutschen Raum direkte Quellenhinweise auf die Flucht der Bauern in die Gebiete östlich der Elbe faßbar. In einer Urkunde des Bischofs von Hildesheim aus dem Jahre 1236 wird von „Ungehöften", also von Landbewohnern ohne Hufenbesitz gesprochen, die aus dem niedersächsischen Gebiet entflohen waren und sich jenseits der Elbe niedergelassen hatten.[90] Nach einer aus dem Jahre 1238 stammenden Aufzeichnung hatten zwei Hörige des Klosters Iborg in Westfalen unbefugt einen Pachthof an einen Ministerialen verkauft, um dann über die Elbe zu flüchten.

Neben der Flucht nutzten die Bauern weiterhin auch andere Formen des Widerstandes gegen die feudale Ausbeutung. Wiederholt wurden Klagen der Grundherren über nachlässige Erfüllung der Frondienstverpflichtungen und die Verweigerung von Abgaben laut.

Darüber hinaus förderten die fortschreitende Vereinheitlichung der rechtlichen Stellung der den einzelnen Grundherrschaften zugehörigen Bauern und die zahlenmäßige Vermehrung der Bewohner der einzelnen Dörfer die Stärke und Handlungsfähigkeit der Dorfgenossenschaft bzw. der um einen Fronhof gruppierten „familia" der Hörigen — der Hofgenossenschaft. Ein bezeichnendes Licht auf die Haltung der Hofgenossenschaft gegenüber den grundherrlichen Beauftragten wirft eine Bemerkung des Caesarius in der schon erwähnten Bearbeitung des Urbars der Abtei Prüm. Er mahnt diejenigen zur Vorsicht, die im Auftrage des Abtes vor der „familia" der einzelnen Fronhofsbezirke in bestimmten Abständen die allgemeinen Dingversammlungen abhalten; sie sollten dort nicht einfach die im Urbar verzeichneten Verpflichtungen der Bauern verlesen, da es durchaus möglich sei, daß darin manche tatsächlich geleisteten Dienste nicht erwähnt seien. Vielmehr sollten die Bauern sorgfältig befragt werden; wenn diese dabei Lasten, die das Urbar enthält, verschweigen, solle man ihnen dies vorhalten, um ihnen Furcht einzujagen und so letztlich zu einer lückenlosen Kenntnis aller bäuerlichen Leistungen zu gelangen.[91]

Von dem nachdrücklicheren Auftreten der bäuerlichen Gemeinden zeugen vor allem die sich häufenden Streitigkeiten mit feudalen Grundeigentümern um Marknutzungsrechte. Im Jahre 1152 mußte der Erzbischof von Köln in Auseinandersetzungen zwischen der Abtei Siegburg und Bauern eingreifen. Die Bauern beanspruchten althergebrachte, gemeinsame Nutzungsrechte an einem Wald; als ihnen diese vom

Kloster streitig gemacht wurden, fällten sie alle Bäume.[92] Besonders nach 1200 häufen sich die Nachrichten über derartige Streitigkeiten, was dafür spricht, daß die Feudalgewalten angesichts ihres wachsenden Geldbedarfs und des Schrumpfens der Allmendeländereien durch den fortschreitenden Landesausbau die Marknutzungsrechte rigoroser als bisher für sich beanspruchten oder zumindest erhöhte Abgaben für bäuerliche Nutzungsrechte forderten. In Freidanks Lehrgedicht „Bescheidenheit", das um 1230 entstand, wurde dieses Vorgehen der Feudalherren scharf angeprangert:

> Die fürsten twingent mit gewalt
> velt, stein, wazzer unde walt,
> dar zuo beidiu wilt unde zam;
> si taeten lufte gerne alsam;
> der muoz uns doch gemeine sîn.
> Möhtens uns der sunnen schîn
> verbieten, wint ouch unde regen.[93]

Besonders häufig stießen Zisterzienserklöster, die sehr aktiv alle Gewinnmöglichkeiten auszuschöpfen suchten, auf heftigen Widerstand bäuerlicher Gemeinden. Eine jahrelange Auseinandersetzung um Waldnutzungsrechte zwischen dem in der Nähe des Bodensees gelegenen Kloster Salem und den Bauern des Dorfes Oberzell konnte schließlich im Jahre 1210 geschlichtet werden; im Verlauf der Streitigkeiten hatten die Bewohner dieses Dorfes und benachbarter Dörfer um 1198 eine Grangie des Klosters verwüstet, worauf sogar der Papst angerufen wurde, der die Verhängung von Kirchenstrafen gegen die Bauern anordnete.[94] Wiederholt war das Zisterzienserkloster Himmerod in der Eifel in Auseinandersetzungen mit bäuerlichen Gemeinden um Weide- und Waldnutzungen verwickelt. Besonders heftige Formen nahm der Streit zwischen den Bauern von Dudeldorf, Gindorf sowie Ließem und dem Kloster um die Nutzung eines Waldgebietes an. Die Bauern überfielen eine klösterliche Grangie, trieben Vieh weg und bewarfen Konversen des Klosters mit Steinen. Schließlich mußte 1228 der Erzbischof von Trier einschreiten, der sich genötigt sah, die Forderungen der Bauern „zwar nicht auf Grund des Rechts, aber aus Gnade" teilweise anzuerkennen.[95] Aus den Jahren 1209, 1221, 1228, 1247 und 1253 sind Streitigkeiten zwischen dem im Rheingau gelegenen Kloster Eberbach und Bauern verschiedener Dörfer um Allmenderechte bezeugt.

Die abhängigen Bauern waren also damals durchaus in der Lage, Forderungen der Grundherren wirksam entgegenzutreten und diese zu Zugeständnissen zu zwingen. Insbesondere geistliche Grundherren mußten öfter die Hilfe ihrer Vögte in Anspruch nehmen, um die Widersätzlichkeit der Bauern zu unterdrücken. Beispielsweise wurde in dem Mitte des 13. Jh. aufgezeichneten Recht des Hofes Boersch, der zum Grundbesitz des Straßburger Domkapitels gehörte, allgemein festgelegt, daß der Schultheiß bei Ungehorsam eines Bauern den Vogt zu Hilfe rufen sollte.[96]

Damit offenbart sich die trotz der manchmal heftigen Spannungen zwischen kirchlichen Grundeigentümern und Vögten bestehende grundsätzliche Interessengleichheit der Herrschenden gegenüber der ausgebeuteten bäuerlichen Bevölkerung. Andererseits hatte aber das Nebeneinander von Grundherren und Inhabern gerichtsherrlicher bzw. landesherrlicher Rechte für die Bauern nicht nur die negative Folge, daß neben die grundherrlichen Abgaben die Forderungen des Gerichtsherrn traten. Vielmehr hatten etwa geistliche Grundherren, weil sie die ihnen zustehenden Abgaben der bäuerlichen Hufner ungeschmälert erhalten wollten, ein Interesse daran, daß die Vögte ihre Forderungen nicht allzusehr steigerten. Das Interesse der kleineren und mittleren Grundherren, die Besteuerung ihrer Bauern durch die Landesherren in gewissen Grenzen zu halten, war nicht zuletzt deshalb bedeutsam für die bäuerliche Bevölkerung, weil diese gegenüber jenen mächtigen Feudalgewalten im Klassenkampf nur geringe Erfolgschancen hatte.

Bäuerliche Erhebungen und der Stedinger-Aufstand

Während sich die Bauern gegen Steigerungen der grundherrlichen Abgaben durch die Flucht und andere Formen des Widerstandes teilweise erfolgreich zur Wehr setzten, waren sie in der Auseinandersetzung mit den größeren feudalen Machthabern der entstehenden Landesherrschaften in einer wesentlich schwierigeren Situation, die sich mit fortschreitendem Ausbau der staatlichen Organisation weiter verschlechterte. Verschiedentlich führten die aus dieser Entwicklung resultierenden Spannungen zu offenen Aktionen von Bauern gegen Burgen, deren Anlage in der Regel eine übermäßige Arbeitsbelastung für die Bevölkerung der Umgebung mit sich brachte. So wurde 1124 eine Burg des Grafen von Arnsberg, „durch dessen Bedrückung fast die ganze Provinz Westfalen in Knechtschaft gebracht wurde", von den Bauern, die sie unter Zwang selbst hatten errichten müssen, zerstört.[97] Im Jahre 1138 brannten Bauern die im Osten des Harzes gelegene Bernburg „wegen der Tyrannei" der dortigen Gräfin nieder.[98] In Freidanks „Bescheidenheit" wurde einer weitverbreiteten Stimmung Ausdruck verliehen, wenn es heißt:

> Dar umbe hât man bürge
> daz man die armen würge.[99]

Von einem weiteren Fall gewaltsamen Vorgehens von Bauern gegen Burgen berichtet der vor 1250

Schlacht bei Altenesch. Miniatur aus der Bremer Handschrift der Sächsischen Weltchronik (Ende 13. Jh.)

dichtende Stricker in einer seiner Mären, die den Titel „Gäuhühner" trägt. Demnach zerstörten österreichische Bauern die Burg Kierling bei Klosterneuburg und andere derartige Anlagen des Adels, was in diesem Falle durchaus den Interessen des Landesherrn entsprach, dessen Stellung jetzt durch den zunehmenden Bau von Adelsburgen gefährdet wurde.[100]

Zu größeren offenen Zusammenstößen mit landesherrlichen Gewalten kam es im 12./13. Jh vor allem in Gebieten, in denen die Bauern auf Grund besonderer Voraussetzungen einen freieren Status und eine eigene großräumige genossenschaftliche Organisation behauptet hatten. Das traf besonders für die Friesen und Dithmarscher an der Nordseeküste zu. Auch dort verstärkten Feudalgewalten gerade in der Zeit des Aufbaus landesherrlicher Machtbereiche ihre Anstrengungen, derartige bisher kaum von der Feudalisierung erfaßte Randzonen ihrer Herrschaft unterzuordnen. Im Jahre 1144 wurde der Graf Rudolf von Stade von Dithmarscher Bauern erschlagen, „weil diese seine Bedrückungen nicht länger ertragen wollten".[101]

Eine Sonderstellung nahmen die Friesen ein, die nur locker in den Reichsverband einbezogen waren und ihre eigene genossenschaftliche Organisation behauptet hatten. Die wiederholten Versuche benachbarter Feudalgewalten, so zum Beispiel der Grafen von Holland, sich Teile des friesischen Gebiets zu unterwerfen, führten immer wieder zu kriegerischen Auseinandersetzungen. Als sich ein rivalisierender Bruder des Grafen Dietrich VI. von Holland mit den Friesen verband und 1132 in Holland einfiel, erhoben sich auch holländische Bauern in der „Hoffnung auf Freiheit".[102] 1153 kamen der Graf von Oldenburg und zahlreiche sächsische Adlige im Kampf gegen die Friesen um; bei einem weiteren Angriff im Jahre 1227 fanden der Bischof von Utrecht und etwa 200 Ritter den Tod.

Seit Beginn des 13. Jh. wurden die Stedinger Bauern an der Wesermündung nördlich von Bremen Objekt feudaler Unterwerfungsabsichten. In diesem versumpften und von Meeresfluten bedrohten Gebiet hatten die Erzbischöfe von Bremen seit Beginn des 12. Jh. die Ansiedlung holländischer Siedler gefördert, die reiche Erfahrung in der Entwässerungstechnik und im Deichbau besaßen. Um die erforderlichen Kräfte für diese mit großem Arbeitsaufwand verbundene Aufgabe zu gewinnen, hatte der Erzbischof den Siedlern zugesichert, daß sie unter seiner Oberhoheit ihre Angelegenheiten weitgehend selbst verwalten sollten und nur geringe Abgaben zu zahlen brauchten. Seit der Wende vom 12. zum 13. Jh. verschärften sich die Spannungen, da einerseits der Erzbischof von Bremen und die Grafen von Oldenburg versuchten, das Gebiet der Stedinger fester ihrer Herrschaft zu unterwerfen, während auf der anderen Seite die Stedinger ihre eigene genossenschaftliche Organisation weiter ausbauten. Sie bezeichneten sich als „universitas Stedingorum" und begannen als Zeichen ihrer Selbständigkeit ein eigenes Siegel zu führen. Zugleich befestigten sie ihre Dörfer und sicherten ihr Gebiet durch den Bau einer Wall- und Grabenanlage. In einer chronikalischen Aufzeichnung heißt es, daß das „Volk aus anderen Gegenden um seiner Freiheit willen" dort Zuflucht suchte.[103] Bereits 1207 fiel der Erzbischof von Bremen erstmals mit Truppen in das Gebiet der Stedinger ein, um Abgaben zu erpressen. Bald darauf, im Jahre 1212, zerstörten die Stedinger zwei Burgen. Im Winter 1229/30 drang erneut ein Heer des Erzbischofs ein, ohne nachhaltigen Erfolg zu erzielen. 1232 wurde die kurze Zeit zuvor auf Befehl des Erzbischofs angelegte Burg Schlutter von den Bauern zerstört.

Inzwischen hatte der Bremer Erzbischof auf einer Synode 1231 die Stedinger zu Ketzern erklärt, um eine größere Zahl von Feudalherren gegen sie zu mobilisieren. Gregor IX. erließ im Oktober 1232 und im Juni 1233 Kreuzzugsbullen, in denen er die norddeutschen Bischöfe aufforderte, „die Gläubigen in den Diözesen Paderborn, Hildesheim, Verden, Münster, Osnabrück, Minden und Bremen zu veranlassen, jenen verworfenen Stamm eifrig und wirksam auszumerzen".[104] Etwa gleichzeitig gewährte der Erzbischof den Bürgern seiner Stadt Bremen ein umfassendes Privileg, um sie zu militärischer Hilfeleistung zu bewegen. Aber ein erstes größeres Kreuzfahrerheer wurde am 6. Juli 1233 von den Stedingern bei Hemmelskamp geschlagen.

Diese Vorgänge alarmierten die Feudalgewalten im nordwestdeutschen Gebiet. Der Annalist des Klosters Stade berichtet, daß die Stedinger „sich Gott in allem entgegenstellend, durch ihre Überredungen und schlechten Beispiele das christliche Volk schwer vergifteten, so daß eine unermeßliche Menge von Bauern sowohl in entfernten als auch in benachbarten Gegenden diese mit Worten verteidigte und, wenn sich die Gelegenheit geboten hätte, bereitwillig ihrer Widersätzlichkeit Hilfe gewährt hätte".[105]

Im Sommer 1234 sammelte sich erneut ein großes Kreuzfahrerheer, zu dem neben dem Erzbischof von Bremen und dem Grafen von Oldenburg unter anderen der Herzog von Brabant sowie die Grafen von Holland und von Kleve mit eigenen Aufgeboten stießen. Auf dem Felde Altenesch stellten sich die Stedinger zum Kampf. Ein erster Angriff der Kreuzfahrer konnte blutig abgewehrt werden, doch ein Flankenangriff des Grafen von Kleve führte zur Niederlage des Bauernheeres. Die weitgehende Unabhängigkeit der „universitas Stedingorum" war damit beseitigt; ihr Gebiet kam unter die volle Herrschaft der Bremer Erzbischöfe sowie der Oldenburger Grafen, und die Abgaben der Bauern wurden beträchtlich erhöht.

Gewaltsamer Ursprung der Leibeigenschaft nach der Dresdener Bilderhandschrift des Sachsenspiegel (Mitte 14. Jh.)

Strukturwandel der Grundherrschaft und Verselbständigung der bäuerlichen Wirtschaft

Die Niederlage der Stedinger zeigt, daß der bäuerliche Widerstand den Prozeß der feudalstaatlichen Konsolidierung nicht aufzuhalten vermochte. Dagegen traten in der Organisation der Grundherrschaft im 12./13. Jh. Veränderungen ein, die insgesamt die Lage der abhängigen Bauern begünstigten. Die Ursachen dieses Wandels waren vielschichtig, es spricht jedoch alles dafür, daß die erwähnten vielfältigen Formen bäuerlichen Widerstandes, vor allem die Flucht, aber auch die nachlässige, widerwillige Ableistung der verhaßten Frondienste, ein wesentlicher Faktor in dieser Entwicklung waren. Bezeichnend ist die bereits erwähnte Urkunde des Abtes von St. Pantaleon von 1141, in der er die Verpflichtungen der Eigenleute zweier Klosterhöfe erleichterte, wobei als Grund für diese Zugeständnisse ausdrücklich die Abwanderung der Bauern angegeben wird. In einer 1158 für das Stift St. Maria im Capitol ausgestellten Urkunde erhob der Kölner Erzbischof aus dem gleichen Grunde Leibeigene in den Stand höriger Zensualen und verringerte ihre Abgaben. Die Äbtissin von Neuß überführte 1188 wegen zunehmender Abwanderung eine Anzahl von Unfreien in den Status von Zensualen, wobei deren Vermögensrechte wesentlich verbessert wurden. Während bisher das Eigentum unverheirateter Eigenleute im Todesfall gänzlich eingezogen wurde und von verheirateten Frauen ein Drittel, von verheirateten Männern zwei Drittel der Erbschaft an den Herrn fielen, sollte künftig beim Tode einer Frau das Bestkleid, beim Tode eines Mannes nur das wertvollste Stück seiner beweglichen Habe abgegeben werden.[106]

In all diesen Fällen ging es darum, die Leibeigenschaft durch mildere Formen der Hörigkeit zu ersetzen. Daraus ergaben sich für die Bauern festere Eigentumsrechte an der beweglichen Habe, wodurch vor allem die bisher erhebliche Belastung der bäuerlichen Wirtschaft beim Erbfall wesentlich zurückging. Zugleich wurden auch die sonstigen Abgaben gemildert und durch feste Regelungen für den Bauern überschaubarer gemacht. Vor allem erfolgte in der Regel eine Herabsetzung der Frondienstverpflichtungen, die die Bauern als belastende Störung ihrer eigenen Wirtschaftsführung empfanden und daher besonders verabscheuten. An die Stelle der häufig noch immer mit der Leibeigenschaft verbundenen ungemessenen Dienste traten zumindest festgelegte Frondienstverpflichtungen.

Dementsprechend ist im 12./13. Jh. ein weitgehendes Zurücktreten der Leibeigenschaft zu beobachten. Dieser Entwicklungstendenz entspricht es, wenn Eike von Repgow in seinem kurz nach 1220 verfaßten Sachsenspiegel die Leibeigenschaft grundsätzlich ablehnt; er betont, „daß der Mensch, Gottes Ebenbild, Gottes sein soll, und wer ihn jemand anderem zuspricht als Gott, der handelt wider Gott. Nach rechter Wahrheit hat Leibeigenschaft ihren Beginn von Zwang und Gefangenschaft und von unrechter Gewalt, die man seit alters in unrechte Gewohnheit gezogen hat und nun für Recht halten will".[107]

Im Grunde ging es den feudalabhängigen Bauern darum, ein möglichst hohes Maß an Selbständigkeit für ihre landwirtschaftliche Produktion zu gewinnen. Angesichts der sich entwickelnden Ware-Geld-Beziehungen waren sie mehr als bisher daran interessiert, ihre Arbeitskraft uneingeschränkt für die eigene bäuerliche Wirtschaft zur Verfügung zu haben, um mit Hilfe höherer Erträge wenigstens ein Minimum von Erzeugnissen auf dem städtischen Markt erwerben zu können. Ausdruck des Strebens nach unabhängiger Wirtschaftsführung war auch das Ringen um eine Verbesserung der Besitzrechte an ihren Gütern, soweit sie diese nicht zu Erbrecht besaßen. Ein festes Erbrecht bedeutete nicht nur Sicherheit des Besitzes, sondern auch eine dauerhafte Festlegung der Verpflichtungen gegenüber dem Grundherrn. Dagegen waren die Grundherren gerade in einer Zeit sich ausweitender Ware-Geld-Beziehungen daran interessiert, möglichst viele Ländereien zu Zeitpacht an Bauern auszugeben, weil dann bei Ablauf der Pachtfrist die Abgaben erhöht werden konnten. In Anbetracht der für die Bauern günstigen Umstände im 12./13. Jh. vermochten sie sich auch in der Frage des Besitzrechtes vielfach durchzusetzen. So vergab 1166 der Erzbischof von Köln zunächst nur zu befristeter Pacht überlassenes Salland eines in Westfalen gelegenen Hofes zu dauerndem Besitz an die Bauern, weil „auf unsicherem Besitz selten ein eifriger Bauer zu finden ist".[108] Bezeichnend für die Härte des Ringens um Besitzrechte ist es, daß 1180 ein Prozeß zwischen der Äbtissin von Kitzingen und fränkischen Weinbauern, die das Erbrecht an ihren Gütern durchzusetzen suchten, vor dem Kaiser zugunsten des Klosters entschieden wurde.[109]

Trotz des Widerstrebens der Grundherren breitete sich im 12./13. Jh. bäuerlicher Besitz zu freier Erbleihe, die den Bauern sogar ein Recht zum Verkauf ihrer Güter garantierte, zunehmend aus. Das hing nicht zuletzt mit der intensiven Weiterführung des Landesausbaus zusammen, denn in den Rodungssiedlungen mußten den Bauern durchweg günstigere Besitzrechte zugestanden werden.

Dagegen gelang es besonders im bayerisch-österreichischen Gebiet den Grundherren, zeitlich befristete Pachtformen in beträchtlichem Umfange durchzusetzen. Besonders bei der im 13. Jh. sich häufenden Vergabe von ehemaligem Salland an Bauern wurde hier vielfach das sogenannte Freistiftrecht angewandt, bei dem der Grundherr den Pächter faktisch jährlich abstiften konnte. Natürlich hatte der Feudaladel kein Interesse daran, jährlich den Pächter zu wechseln, und in der Praxis dürften auch Freistiftgüter oft lange Zeit in denselben Händen geblieben sein. Aber die Möglichkeit jährlicher Kündigung war für den Grundherrn doch ein wirksames Mittel, die Bauern gefügiger zu machen und eine Steigerung der Abgaben durchzusetzen.[110]

Eine in mancher Beziehung vergleichbare Entwicklung zeichnete sich im niedersächsischen Raum ab. Dort gingen die Großgrundbesitzer seit dem 12. Jh. dazu über, die Fronhöfe an die Verwalter der einzelnen Villikationen, das heißt an die Meier (villici), befristet zu verpachten. Um Besitzentfremdungen durch diese Pächter einzudämmen, wurden mehr und mehr die den einzelnen Fronhöfen angegliederten Hufen der Hörigen – die Latenhufen – aus dem Fronhofsverband gelöst und der zentralen grundherrlichen Verwaltung unterstellt. Seit dem 13. Jh. erklärten die Grundherren dabei die Hörigen (Laten, litones) häufig für frei, wobei diese zugleich den Besitzanspruch auf die Hufe verloren. Dann konnten deren Hufen vom Herrn ebenfalls befristet verpachtet werden. Damit gerieten die bäuerlichen Pächter dieser Hufen im Grunde in dieselbe Rechtsstellung wie die Meier, die die ehemaligen Fronhöfe gepachtet hatten, so daß das „Meierrecht", das relativ hohe Abgaben und eine freie Rechtsstellung des Pächters miteinander verband, eine für die niedersächsischen Agrarverhältnisse typische Erscheinung wurde.

Trotz der im ganzen vorherrschenden Tendenz zur Festigung des Erbrechts der abhängigen Bauern waren also zumindest im Nordwesten und im Südosten die feudalen Grundbesitzer mit ihren gegenläufigen Bestrebungen, zeitlich begrenzte Pachtformen durchzusetzen, teilweise erfolgreich. Es spricht manches dafür, daß die geringere Ausbreitung bzw. Wirksamkeit des Städtewesens in diesen Gebieten die Einschränkung bäuerlicher Erbrechte erleichterte. Da das befristete bäuerliche Besitzrecht dem Grundherrn jederzeit ein wirksames Druckmittel in die Hand gab, konnte in diesen Fällen auf zusätzliche persönliche Bindungen der Bauern in Gestalt von Hörigkeit oder Leibeigenschaft verzichtet werden, so daß die Pächter formal als Freie galten.

Das überwiegend erfolgreiche Streben der abhängigen Bauern nach möglichst selbständiger Wirtschaftsführung, nach Abschüttelung strenger Formen der Leibeigenschaft und nach Verminderung oder gar Beseitigung der Frondienste trug dazu bei, daß die Feudalherren die bisherige Form der grundherrschaftlichen Organisation umgestalten mußten. Das zu den Fronhöfen gehörige umfangreiche Salland, dessen Bewirtschaftung nur bei fester Bindung der zu häufigen Frondiensten verpflichteten Leibeigenen und Hörigen an die Herrschaft gesichert war, konnte angesichts des Strebens der Bauern nach größerer Unabhängigkeit nicht mehr aufrechterhalten werden. Dies war einer der Gründe dafür, daß die Grundherren das bisher übliche Fronhofsystem bzw. – soweit es sich um große Grundherrschaften handelte – die Villikationsverfassung weitgehend aufgeben mußten. Das Salland wurde beträchtlich verringert und an Bauern vergeben. Die verbliebenen, verkleinerten herrschaftlichen Eigenwirtschaften betrieb man verstärkt mit eigenem, festem Gesinde und zum Teil sogar mit Hilfe von Lohnarbeit, so daß die Frondienste der abhängigen Bauern nicht mehr so erforderlich waren. Daraus folgte, daß die strengen Formen der Leibeigenschaft für die Feudalherren an Bedeutung verloren und für die Grundherren „das Kommando über die Leistungen der Bauern weit wichtiger wurde als das über ihre Person. Die Leibeigenschaft des früheren Mittelalters, die noch viel von der alten Sklaverei an sich hatte, gab den Herren Rechte, die mehr und mehr ihren Wert verloren; sie schlief allmählich ein, die Stellung der Leibeigenen näherte sich der der bloßen Hörigen".[111]

Neben dem durch die städtische Entwicklung und die Rodungsbewegung begünstigten Widerstand der Bauern förderten noch andere Faktoren die Auflockerung der Villikationsverfassung. Für die größeren Grundherrschaften ergaben sich beträchtliche Schwierigkeiten daraus, daß die die einzelnen Villikationen verwaltenden Meier häufig der selbstbewußter auftretenden Ministerialität angehörten oder zumindest den Aufstieg in diese Schicht anstrebten; sie betrachteten die ihnen übertragenen Höfe als in ihrem Besitz befindliche Lehen und waren in der Regel mehr auf ihren eigenen Vorteil als auf den des obersten Grundherrn bedacht. In einer Corveyer Aufzeichnung von 1176 heißt es, daß es schädlich sei, wenn Höfe von Rittern verwaltet würden, „denn diese Sorte von Menschen ist selten mit dem Ihren zufrieden und pflegt ständig mehr von dem ihnen Anvertrauten zu usurpieren".[112]

Um die Mitte des 12. Jh. faßte ein Fuldaer Abt einen Bericht über seine Bemühungen zur Wiederherstellung des Klosterbesitzes ab; darin erklärt er: „Alles entwendete Klostergut konnte ich nämlich kaum zurückgewinnen, da alle Ministerialen der Kirche sich gegenseitig unterstützten ... Dennoch erhielt ich in den einzelnen Villikationen manches zurück, in einigen mehr, in anderen weniger." Er befolgte im übrigen folgenden Grundsatz: „Meine Villikationen sperrte ich für Laien und besetzte sie mit meinen Mönchen und abhängigen Bauern." Das stieß allerdings auf heftigen Widerstand von seiten der bisher Begünstigten, so daß die neueingesetzten Leute überfallen, geblendet oder gar ermordet wurden.[113] Die Zwischenschaltung der Meier in der Verwaltung der großen Grundherrschaften erwies sich also insbesondere in der Zeit des Aufstiegs der Ministerialität zunehmend als unzweckmäßig.

Aus dem Aufstieg der Ministerialität zum niederen Adel und der dadurch bedingten beachtlichen zahlenmäßigen Zunahme der herrschenden Klasse ergab sich eine entsprechende Vermehrung der Zahl der Grundherrschaften. Deshalb dominierten jetzt statt der früheren, aus zahlreichen Villikationen bestehenden Großgrundherrschaften die kleineren ritterlichen Grundherrschaften, die teilweise nur 6 bis 10 Hufen umfaßten.[114]

Mit diesen Veränderungen der Struktur der Grundherrschaft wandelten sich die Formen der von den abhängigen Bauern zu leistenden Feudalrente. Die Frondienste wurden wesentlich reduziert und vielfach durch Natural- oder Geldabgaben ersetzt. Unter den noch zu leistenden bäuerlichen Diensten gewannen

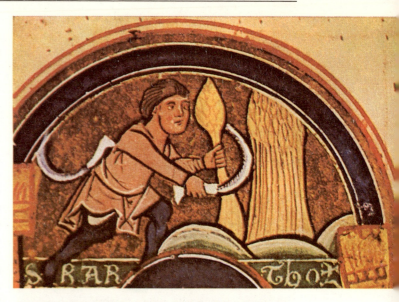

Getreideschnitt mit Sichel. Monatsbild im Kalender des Psalters des Landgrafen Hermann von Thüringen (entstanden im Kloster Reinhardsbrunn 1211–1213)

neben Ackerfronden und Erntearbeiten Transportleistungen, etwa Getreidefuhren in nahegelegene Städte, an Bedeutung. Insgesamt überwogen seit der Mitte des 12. Jh. innerhalb der Feudalrente eindeutig die Naturalabgaben, neben die besonders in den westdeutschen Gebieten und in stadtnahen Gegenden in steigendem Maße Geldabgaben traten, deren Anteil im 13. Jh. weiter wuchs.[115] Bei den Naturalabgaben machte sich gleichzeitig eine gewisse Vereinheitlichung bemerkbar. Die vor dem 12. Jh. noch übliche Ablieferung gewerblicher Produkte, etwa von Tuch und Leinwand, durch Bauern trat zurück, da die Grundherren derartige Erzeugnisse jetzt in besserer Qualität auf dem städtischen Markt kaufen konnten. Die Grundherrschaft verlor angesichts zunehmender Ware-Geld-Beziehungen weitgehend ihre frühere Aufgabe, als Selbstversorgungsinstitut für den Herrn zu dienen. Dominierend unter den bäuerlichen Naturalleistungen wurde jetzt mehr als bisher Getreide, das nicht so leicht verdarb wie andere landwirtschaftliche Produkte und von den Feudalherren in zunehmendem Maße auf dem städtischen Markt verkauft werden konnte.

Diese neue Form der Grundherrschaft, in der herrschaftliche Eigenwirtschaften und bäuerliche Frondienste nur noch eine begrenzte Rolle spielten, hatte durchaus auch für den Grundherrn Vorteile. Die grundherrschaftliche Organisation vereinfachte sich; der Feudalherr und seine schwer kontrollierbaren Meier brauchten sich nicht mehr im bisherigen Umfange um den Betrieb großer Eigenwirtschaften zu kümmern. Die Produktion war jetzt vorwiegend Sache der Bauern, und der Feudalherr und seine Beauftragten hatten im wesentlichen nur noch für den Eingang der Abgaben und für den Absatz der überschüssigen Naturalprodukte auf dem städtischen Markt zu sorgen. Wenn die Bauern Geldabgaben leisten mußten, dann entfiel für den Herrn auch noch die Sorge um den Verkauf der Produkte. Allerdings war ein voller Übergang zur Geldrente im 12./13. Jh. bei dem damaligen Stand der Ware-Geld-Beziehungen nicht möglich. Außerdem erschien es angesichts der zunehmenden Geldverschlechterungen und des allgemeinen Preisanstiegs in jener Zeit den Feudalherren nicht zweckmäßig, die Ausbeutung der Bauern einseitig auf Geldabgaben abzustellen, da sie die einmal festgelegte Geldsumme wegen des bäuerlichen Widerstandes schwer erhöhen konnten und der reale Wert dieser Summe kontinuierlich sank.

Die neue Form der Grundherrschaft, die sich aus weitgehend verselbständigten, Natural- und Geldabgaben leistenden Bauernwirtschaften zusammensetzte, ermöglichte somit eine weniger aufwendige Organisation. In größeren Grundherrschaften trat seit dem 13. Jh. an die Stelle der Villikationsverfassung häufig die Ämterverfassung, mit der zugleich der Zersetzung des Großgrundbesitzes durch das Lehnswesen Einhalt geboten werden konnte. Der Grundbesitz wurde in Ämter (officia), die oft mehrere frühere Villikationen umfaßten, aufgeteilt; ein absetzbarer Amtmann war verantwortlich für die Eintreibung und die Ablieferung bzw. den Absatz der in seinem Amt anfallenden Natural- und Geldabgaben.[116]

Diese Form der grundherrschaftlichen Organisation störte die bäuerliche Wirtschaftsführung kaum noch durch direkte Eingriffe bzw. durch die gerade während der Bestellungs- und Erntezeit besonders hinderlichen Frondienste. Zugleich wurden durch das Zurücktreten der Leibeigenschaft die Ansprüche des Herrn auf die bewegliche Habe der Bauern eingeschränkt und damit die Sicherheit des bäuerlichen Eigentums gestärkt. Dies und die wachsenden Absatzmöglichkeiten auf dem städtischen Markt förderten das Interesse und die wirtschaftliche Initiative der Bauern. Damit war gesichert, daß der selbständiger gewordene bäuerliche Betrieb die landwirtschaftliche Produktion vorantrieb. Diesen in der bäuerlichen Wirtschaft wirksam werdenden Antrieben für eine Produktionssteigerung kam nicht zuletzt solche Bedeutung zu, weil – infolge der Veränderungen der grundherrschaftlichen Struktur – die feudalen Eigenwirtschaften nunmehr ihre im Frühfeudalismus durchaus vorhandene stimulierende Wirkung auf die agrarische Entwicklung weitgehend verloren.

Eine unvermeidliche Folge der Verselbständigung des bäuerlichen Betriebes in einer Zeit, in der die Ware-Geld-Beziehungen auch den ländlichen Bereich zunehmend erfaßten, war eine wachsende wirtschaftliche Differenzierung der bäuerlichen Bevölkerung, während deren Rechtsstatus sich durch die Auflockerung der Fronhofsverfassung gleichzeitig einheitlicher gestaltete. Die Unterschiede zwischen wohlhabenden Bauern, die größere Wirtschaften besaßen, und Kleinbauern, die nur über begrenzte Parzellen verfügten, wuchsen beträchtlich.[117] In nordwestdeutschen Gebieten, wo die Erbfolge eines Sohnes üblich war, wie zum Beispiel bei dem westfälischen Anerbenrecht, führte diese Entwicklung dazu, daß einer relativ begrenzten Zahl gut situierter Bauern eine wachsende Zahl landloser oder nur über kleine Gartengrundstücke verfügender Dorfbewohner (Kötter) gegenüberstand. Im süddeutschen, insbesondere im südwestdeutschen Gebiet, wo der bäuerliche Besitz unter alle männlichen Erben aufgeteilt wurde, trat eine weitgehende Aufsplitterung der Hufen und damit eine Zunahme bäuerlichen Kleinbesitzes ein. In Schwaben und auch in Teilen Bayerns war die Viertelhufe bereits im 13. Jh. eine weitverbreitete Wirtschaftseinheit.

Fortschritte in der Landwirtschaft

In Gebieten mit intensiver städtischer Entwicklung entsprach eine derartige Verkleinerung der Bauernwirtschaften durchaus den allgemeinen ökonomischen Bedingungen. Denn günstige Absatzmöglichkeiten förderten eine Intensivierung des Wirtschaftsbetriebes bzw. eine stärkere Pflege arbeitsaufwendiger Spezialkulturen wie die Anlage von Weinbergen, Gemüse- und Obstgärten sowie den Anbau von Hülsenfrüchten. Deutlich faßbar ist die Ausbreitung des Weinbaus. Er griff einerseits auf weiter nördlich gelegene Gebiete über, die für den Weinbau wenig geeignet waren; vor allem aber wurden jetzt infolge der fortschreitenden Rodungsbewegung zunehmend die für die Erzeugung von Qualitätsweinen günstigen Hanglagen erschlossen. Der dafür erforderliche Terrassenbau dürfte erst im 12. Jh. in größerem Maße aufgekommen sein.[118]

In westdeutschen Gebieten ging man im 13. Jh. dazu über, im Rahmen des Zyklus der Dreifelderwirtschaft die Brache zum Anbau von Hülsenfrüchten und Rüben zu nutzen. Zugleich legten die Bauern größeren Wert auf die Düngung; sie düngten nicht mehr nur wie früher die Felder, auf denen Wintergetreide angebaut wurde, sondern häufig auch die für den Anbau von Sommergetreide vorgesehenen Ackerflächen.[119] Ein Lütticher Chronist erwähnt Anfang des 13. Jh. ausdrücklich, daß neben Blei und Kohle an vielen Stellen Mergel, der für die Düngung des Bodens sehr nützlich sei, gefunden wurde.[120] Auf diese Weise konnten die Erträge erhöht werden, und dementsprechend erwiesen sich in derartigen Gebieten mit intensiv betriebenem Ackerbau und Spezialkulturen auch kleinere bäuerliche Betriebe als lebensfähig.

Die beachtlichen Fortschritte in der Produktivität der Landwirtschaft im 12./13. Jh. wurden überwiegend durch eine derartige Intensivierung des Ackerbaus und mit Hilfe einer breiteren Verwendung bereits entwickelter Produktionsinstrumente, nicht mittels augenfälliger technischer Neuerungen und Erfindungen erzielt. Als direkte Neuentwicklung, die der Verarbeitung und dem Absatz landwirtschaftlicher Produkte förderlich war, kam zu jener Zeit die für das Mahlen von Getreide wichtige Windmühle auf, die im ausgehenden 12. Jh. erstmals in England belegt ist und die bald vor allem im norddeutschen Raum Verbreitung fand. Zugleich wurde die Wirkungskraft der Wassermühlen dadurch erhöht, daß neben den unterschlächtigen Mühlen teilweise bereits das oberschlächtige Wasserrad, dessen Betrieb aufwendige Stauungen der Wasserläufe erforderte, Verwendung fand.

Ein wichtiger Faktor, der nach wie vor in hohem Maße zur Steigerung der landwirtschaftlichen Produktion beitrug, war die weitere Ausdehnung der Ackerflächen. Da die fortschreitende Rodung im örtlichen Rahmen die Futterbasis für Vieh schmälerte, setzte sich in den meisten deutschen Gebieten das schon im Frühmittelalter beginnende Vordringen des Ackerbaus, speziell des Getreideanbaus, gegenüber der Viehzucht fort. Unter den damaligen Voraussetzungen bedeutete dies jedoch unbestreitbar eine Intensivierung der landwirtschaftlichen Produktion.

Die Erweiterung der Ackerfläche und das gleichzeitige Anwachsen der Zahl der Bewohner bzw. der Bauernwirtschaften in den Dörfern trugen dazu bei, daß die Verteilung der zu den einzelnen bäuerlichen Betrieben gehörigen Ackerstreifen auf der Dorfflur stetig vielfältiger und unübersichtlicher wurde. Da es damals nur wenige Feldwege gab und bei der Bestellung und der Ernte das Überfahren benachbarter Ackerstreifen üblich war, ergaben sich angesichts der jetzt mit Ausnahme Nordwestdeutschlands[121] allgemein vorherrschenden Dreifelderwirtschaft Schwierigkeiten für eine regelmäßige, dem dreijährigen Turnus entsprechende Bestellung der zahlreichen, verstreut liegenden Ackerstreifen. Manchmal griffen die Dorfgemeinden oder der Grundherr ein, um durch Tausch, Kauf und Verkauf von Ackerstücken eine übersichtlichere Verteilung der den einzelnen Bauern gehörenden Streifen auf der Dorfflur herbeizuführen.

Beispielsweise erfolgte 1247 in dem bayerischen Dorf Isarhofen eine bewußte Neuaufteilung der Ackerflur; hier war das Ackerland infolge von Adelsfehden völlig verwildert, so daß sich die alten Feldgrenzen nicht mehr feststellen ließen. Daher konnte die Flur völlig neu in drei Flächen aufgeteilt und darin jedem Hufner jeweils ein Ackerstreifen zugewiesen werden.[122] Natürlich bestand in vielen Dörfern nicht die Möglichkeit einer derartigen systematischen Neuverteilung, aber im Zuge allmählicher Besitzveränderungen dürfte man teilweise doch zu einer gewissen Vereinfachung der Flureinteilung gelangt sein. Auf diese Weise wurde im 12./13. Jh. in den Gebieten mit überwiegendem Getreideanbau die sogenannte Gewannverfassung weiter ausgestaltet, die damals auch im Ostexpansionsgebiet in systematisierter Form Eingang fand.

Die Gewannverfassung, bei der die einzelnen Hufner jeweils einen Ackerstreifen in den drei, sechs, neun oder noch zahlreicheren Gewannen hatten, erforderte eine gewisse Regelung der Bestellungs- und Erntearbeiten, da alle Bauern ihre Streifen in den einzelnen Gewannen in demselben, aus der Dreifelderwirtschaft resultierenden Turnus bebauen mußten. Die Bauern waren genötigt, sich darüber zu einigen, welche Gewanne sie mit Winter- oder Sommergetreide bestellen wollten und welche Gewanne brachliegen und damit zeitweise als Gemeindeweide dienen sollten. Auch die Erntearbeiten mußten entsprechend einer bestimmten Abfolge einsetzen, um nicht durch das Überfahren anderer Streifen unnötigen Schaden anzurichten. Auf diese Weise wurde mit der Gewannverfassung das System des Flurzwanges voll ausgestaltet.

Die Festigung der dörflichen Genossenschaft

Die weitere Ausgestaltung des Flurzwanges und das gleichzeitige Wachsen der Dörfer begünstigten die Festigung der genossenschaftlichen Organisation in den einzelnen Dörfern. Zugleich förderten das Zurücktreten der Leibeigenschaft und die damit zusammenhängende Annäherung der Rechtsstellung aller feudalabhängigen Bauern auf der Stufe einer mehr oder weniger ausgeprägten Hörigkeit ein geschlossenes Auftreten der Bewohner eines Dorfes. Insbesondere in den Rodungsdörfern, in denen die Bauern eine freiere Rechtsstellung innehatten, bestanden günstige Voraussetzungen für eine Stärkung der dörflichen Genossenschaft.

In Südwestdeutschland beanspruchten damals die Dorfbewohner ein festes Mitspracherecht bei der Bestellung von Bannwarten, die Weingärten und Felder zu überwachen hatten. Das wurde 1188 für das elsässische Dorf Obermorschweier und 1232 für Rosheim[123] ausdrücklich festgelegt. Außerdem besaßen Dorfgenossenschaften in jener Zeit bereits anerkannte Besitzrechte an bestimmten Teilen der Allmende. Im Jahre 1235 beurkundete König Heinrich (VII.) den Verkauf eines Waldes an einige Ministerialen und die elsässische Dorfgemeinde (universitas) Geidertheim.[124] Über feste Rechte an Weideland verfügten 1161 auch die Bauern des bei Diedenhofen gelegenen Dorfes Machern. Eine Verkaufsurkunde bestimmte, daß die Abtei Villers dieses Land nur solange als Weide nutzen durfte, wie die Bauern des Dorfes es zugestanden.[125]

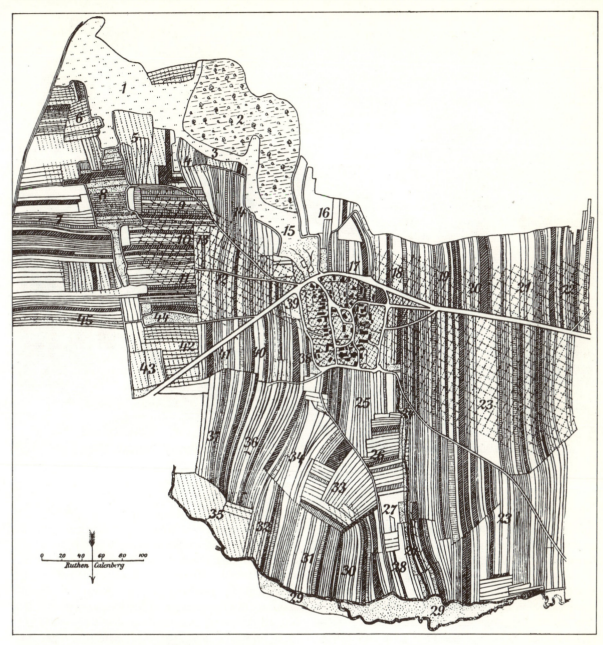

Flurkarte des Dorfes Einem b. Hildesheim von 1845, mit gewachsener, vielgliedriger Gewannflur (nach A. Meitzen)

Darüber hinaus wurde die dörfliche Genossenschaft dadurch gefestigt, daß sich mit dem Anwachsen der Dorfbevölkerung die einzelnen Dörfer seit dem 12./13. Jh. mehr und mehr zu eigenen Niedergerichtsbezirken innerhalb größerer feudaler Herrschaftsbereiche entwickelten. Die alten Hofgerichtsbezirke, die den zu einem Fronhof gehörigen und über mehrere Siedlungen verstreuten Besitz umfaßten, verloren an Bedeutung oder paßten sich der neuen Gerichtsorganisation an, die nicht mehr primär auf feudalem Grundbesitz beruhte, sondern zunehmend in die sich festigenden gerichtsherrlichen Machtbereiche bzw. Landesherrschaften eingegliedert war. In den einzelnen Dörfern übte ein Dorfvogt, Schultheiß oder Ammann die niedere Gerichtsbarkeit aus. Da neben dem Richter bei der Urteilsfindung stets auch die Gerichtsgemeinde bzw. deren Repräsentanten mitwirkten, trug auch die Ausbildung von Dorfgerichten zur Festigung des Zusammenhalts unter den Dorfbewohnern und zu deren Aktivierung bei. Die Bauern gewannen damit ein über die Regelung des dörflichen Wirtschaftsbetriebes hinausgehendes Mitspracherecht.

Dorfkirche in Röblingen a. See (Kreis Eisleben) aus dem 12. Jh.

Im sächsischen Raum wird außerdem im 12. Jh. ein eindeutig genossenschaftlich organisiertes Dorfgericht faßbar, dem ein gewählter Bauermeister vorstand, der über alle kleineren Streitfälle richtete.[126] Der Verfasser des Sachsenspiegels veranschaulicht das enge Zusammenwirken von Bauermeister und Dorfbewohnern mit dem Hinweis, daß das, was der Bauermeister mit Zustimmung der Mehrheit der Bauern zu des Dorfes Nutzen festlegte, von der Minderheit nicht in Zweifel gezogen werden dürfte.[127]

Auf Grund der fortschreitenden Konstituierung des Dorfes als Gerichtsbezirk trat neben der älteren Dorf- oder Markgenossenschaft die eigentliche Dorfgemeinde in Erscheinung. Das Dorf wurde jetzt gewissermaßen die kleinste politische Einheit innerhalb der staatlich-gerichtlichen Organisation. Die Bauern eines Dorfes regelten nicht nur wirtschaftliche Belange selbständig, sondern wirkten auch im Gericht und bei der Ordnung sonstiger „öffentlicher" Belange aktiv mit, wobei das Vorbild der sich festigenden Stadtgemeinde einen gewissen Einfluß hatte. Im Ergebnis dieser Entwicklung stellte die Zeit vom 12. bis 15. Jh. einen Höhepunkt in der Entwicklung des genossenschaftlich-gemeindlichen Lebens im Dorf dar.

Das selbständigere Auftreten der abhängigen Bauern in den Dörfern und Hofverbänden sowie die zunehmenden Reibungen zwischen geistlichen Grundbesitzern und den die Gerichtsbarkeit ausübenden Vögten führten außerdem dazu, daß etwa seit der Mitte des 12. Jh. in wachsender Zahl sogenannte Hofrechte aufgezeichnet wurden, die die Pflichten und Rechte der Bauern sowie die Befugnisse des Grundherrn und des Vogtes festhielten. Insbesondere geistliche Grundbesitzer suchten auf diese Weise ihre Rechte innerhalb der sich lockernden Fronhofsbezirke gegen die Bauern und die Vögte abzusichern. Als sich im Laufe der Zeit das Mitspracherecht der bäuerlichen Gemeinde festigte und Aussagen von Repräsentanten der Bauern über die verschiedenen Kompetenzen im Bereich des Dorfes verstärkt berücksichtigt wurden, gewannen derartige Aufzeichnungen seit der Mitte des 13. Jh. allmählich den Charakter von Weistümern, in denen die Kräftigung des genossenschaftlichen Faktors auch für das ländliche Rechtsleben eindrucksvoll faßbar wird.

Der Höhepunkt der Italienpolitik und der Kompromiß der Zentralgewalt mit den Fürsten (1152 bis 1197)

Landfriedensgesetze unter Friedrich I.

Die Entwicklung der Städte, die beginnende Herausbildung des Bürgertums, die dadurch mitbedingte Stärkung der Position der Bauern im Klassenkampf und die Strukturveränderungen innerhalb der herrschenden Klasse machten eine Festigung der Herrschaftsmittel der Feudalgewalten notwendig, so daß der staatliche Konzentrationsprozeß weiter vorangetrieben wurde. Die kompliziertere Sozialstruktur erforderte einen weiteren Ausbau regionaler Machtkomplexe, die größer und geschlossener als die alten Grundherrschaften, aber nicht so weitmaschig gefügt waren wie ein frühfeudales Königreich oder Herzogtum.

Die größeren Feudalherren, die neben ausreichendem Grundbesitz über volle gerichtsherrliche Rechte verfügten, suchten ebenso wie der König die unmittelbar unter ihrer Herrschaft stehenden Gebiete abzurunden, durch Rodungen zu erweitern und durch die Errichtung von Burgen sowie durch den Einsatz von Ministerialen zu sichern. Die hohe Gerichtsbarkeit, in deren Kompetenz die Aburteilung schwerer Verbrechen wie Totschlag, Raub, Diebstahl und Notzucht lag, erwies sich als ein wirksames Mittel, Besitzungen kleinerer Feudalherren und kirchlicher Institutionen in den eigenen Herrschaftsbereich einzugliedern. So gewann neben dem Grundbesitz, der nach wie vor die wesentliche wirtschaftliche Grundlage für alle Feudalherren darstellte, die Ausübung gerichtsherrlicher Rechte mit den entsprechenden Zwangsmitteln entscheidende Bedeutung für den Ausbau geschlossener Herrschaftsbereiche. Nur ein größerer Feudalherr, der die Hochgerichtsbarkeit für die Durchsetzung seiner Macht einsetzen konnte, war in der Lage, in dem von ihm beherrschten Gebiet Städte unter Kontrolle zu halten und so über die Erträge aus seinen Grundherrschaften hinaus auch aus der städtischen Wirtschaft finanziellen Nutzen zu ziehen.

Die Wirksamkeit der Hochgerichtsbarkeit für den staatlichen Ausbau verdeutlichen die Landfriedensgesetze, die seit dem Ende des 11. Jh. sowohl von Fürsten als auch von Königen erlassen wurden. Auch Friedrich I. verkündete bald nach seiner Wahl – vermutlich im Juli/August 1152 in Ulm – einen Reichslandfrieden.[128] Abgesehen von den knappen Angaben über den 1103 von Kaiser Heinrich IV. erlassenen Reichslandfrieden ist dies der erste königliche Friedenserlaß, der im Wortlaut überliefert ist.

Typisch für die Landfriedensgesetzgebung war die Tendenz, anstelle des älteren Bußstrafen-Systems, bei dem nahezu jedes Verbrechen durch entsprechende Zahlungen gesühnt werden konnte, für schwerere Vergehen körperliche Strafen einschließlich der Todesstrafe anzudrohen. Dadurch entwickelte sich die Hochgerichtsbarkeit im Laufe des 12. Jh. zur Blutgerichtsbarkeit. Jene Feudalgewalten, die körperliche Strafen, insbesondere die Todesstrafe, verhängen konnten, verfügten damit über verschärfte Zwangsmittel mit größerem Abschreckungseffekt. Auch das Friedensgesetz Friedrichs I. setzte fest, daß derjenige, der einen Menschen tötete, mit dem Tode bestraft werden sollte; wer einen anderen verwundete, dem sollte die Hand abgehauen werden. Auf Raubüberfall und schweren Diebstahl stand ebenfalls die Todesstrafe. Während das ältere Bußstrafen-System in erster Linie den Betroffenen bzw. dessen Verwandte als Geschädigte betrachtete, denen mit der Buße ein gewisser Ausgleich gewährt werden sollte, stand hinter den in den Landfriedensgesetzen angedrohten körperlichen Strafen eine neue Auffassung von der Funktion der staatlichen Gewalt. Schwere Verbrechen galten jetzt als Verstoß gegen die öffentliche Ordnung und unterlagen daher einer öffentlichen Strafe, neben der der Schadensersatz für die Betroffenen nur mehr eine zweitrangige Rolle spielte.[129]

Ein wesentliches Ziel der Landfriedensgesetze war die Einschränkung der sich häufenden Fehden zwischen Angehörigen der herrschenden Klasse. Der sich damals abzeichnende Aufstieg der zahlreichen Ministerialen zum niederen Adel trug dazu bei, daß auch die Angehörigen dieser Schicht ihre Streitigkeiten häufig auf dem Wege der Fehde auszutragen begannen, so daß wirksame Gegenmaßnahmen zur Eindämmung derartiger Auseinandersetzungen erforderlich wurden. Der Reichslandfriede von 1152 legte denn auch fest, in welcher Weise bei Streitigkeiten zwischen Ministerialen eines Herrn der zuständige Graf vorzugehen hatte. Die Landfriedensgesetzgebung erleichterte es also den größeren Feudalgewalten, den niederen Adel unter Kontrolle zu halten und die staatliche Machtausübung im regionalen Rahmen zu festigen.

Die scharfen Strafandrohungen der Landfrieden für schwere Verbrechen wie Mord, Raub, Diebstahl und Notzucht richteten sich gegen Angehörige aller Klassen. Während diese Festlegungen von den Feudalgewalten relativ schnell realisiert wurden, konnte ein Zurückdrängen der Adelsfehde durch die Landfrieden bis zum Ende des 15. Jh. nur in sehr beschränktem Maße erreicht werden. Auch Friedrich I. gab den im Friedensgesetz von 1152 unternommenen Versuch, das feudale Fehdewesen gänzlich zu überwinden, wieder auf. Der vom Kaiser 1179 für die rheinfränkischen Gebiete erlassene Landfriede gestattete im Prinzip die Fehde, suchte sie aber einzuschränken, indem er, ähnlich den älteren, von der Kirche erlassenen Gottesfrieden, nur die Zeit von Montag früh bis Mittwoch abend für die Fehdeführung freigab. Zugleich sollten, wie schon in älteren Landfrieden, Bauern und Kaufleute, Frauen und Geistliche vor den Auswirkungen der Adelsfehden geschützt werden, indem man sie einem durchgängigen Sonderfrieden unterstellte.

Angesichts der Unmöglichkeit, einen vollen Frieden durchzusetzen, wurde 1179 auch das 1152 ausgesprochene Verbot für Bauern, Schwert oder Lanze, das heißt spezifisch ritterliche Waffen, zu tragen, wieder gelockert; zum persönlichen Schutz durften die Bauern jetzt außerhalb des Dorfes wieder ein Schwert tragen. Außerdem wurde 1179 ausdrücklich befohlen, daß jeder Bauer in seinem Haus Waffen bereithalten sollte, um unter Führung des Grafen oder eines anderen Gerichtsherrn für die Verfolgung von Friedensbrechern zur Verfügung zu stehen. Hier offenbart sich deutlich eine zwiespältige Tendenz in der Landfriedensgesetzgebung des 12. Jh.: Einerseits suchte sich die herrschende Klasse, einschließlich der aufsteigenden Ministerialität, deutlicher gegen die übrige Bevölkerung, speziell gegenüber der Bauernschaft, abzugrenzen. Andererseits waren die staatlichen Gewalten daran interessiert, gegen Friedensbrecher auch die nichtritterliche Bevölkerung aufbieten zu können und so die Effektivität ihres Vorgehens zu erhöhen.

Der rheinfränkische Landfriede von 1179 verdeutlicht noch eine weitere typische Entwicklungstendenz. Er zeigt, daß bereits damals ein umfassender Reichslandfriede höchstens eine Art Rahmengesetz sein konnte, das nur regional, im Zusammenwirken von Zentralgewalt und lokalen Feudalgewalten, durchzusetzen war. So trat auch in der für den weiteren staatlichen Konzentrationsprozeß so wichtigen Landfriedensgesetzgebung das wachsende Gewicht der regionalen Feudalgewalten deutlich hervor, die teilweise bereits ohne jede Mitwirkung der Zentralgewalt für ihren eigenen Machtbereich Landfriedensgesetze verkündeten.

Friedrich I. und die Fürsten

Die Zentralgewalt konnte im 12. Jh. den überall einsetzenden staatlichen Konzentrationsprozeß im regionalen Rahmen und damit das Erstarken fürstlicher Gewalten nicht verhindern. Sie mußte sich vielmehr konsequent in diese Entwicklung einschalten und versuchen, die unmittelbare königliche Herrschaft in einem abgegrenzten Gebiet in möglichst günstiger Lage auszubauen, um auf diese Weise im deutschen Reichsgebiet gegenüber den mächtigsten Fürsten allmählich einen Vorsprung zu erlangen.

Daher war es für die weitere staatliche Entwicklung so bedeutsam, welche Politik Friedrich I. gegenüber den Fürsten einschlug. Symptomatisch waren seine auf eine Beendigung des staufisch-welfischen Konflikts abzielenden, weitgehenden Zugeständnisse an Herzog Heinrich den Löwen. Er überließ dem mächtigen Welfen, vermutlich bereits 1152, die Vogtei über Goslar, das als Bergbauzentrum hohe Einnahmen erbrachte. Im Juni 1154 wurde auf einem Hoftag in Goslar, trotz des anhaltenden Widerstandes des Babenbergers, das Herzogtum Bayern Heinrich dem Löwen zugesprochen. Darüber hinaus erhielt er das Recht, den Bischöfen der im slawischen Gebiet neugegründeten Bistümer Oldenburg, Mecklenburg und Ratzeburg die Regalien zu übertragen. Mit dieser Maßnahme ging Friedrich I. erstmals von dem unter Kaiser Otto I. durchgesetzten Prinzip ab, daß alle Bistümer im Reich unmittelbar der königlichen Gewalt unterstehen sollten.

Schließlich gelang es dem Staufer, den Streit zwischen dem Babenberger Heinrich, dem König Konrad III. einst Bayern zugesprochen hatte, und Herzog Heinrich dem Löwen zu beenden. Der Babenberger verzichtete zugunsten des Welfen auf das Herzogtum Bayern, behielt aber die seit 976 in babenbergischer Hand befindliche bayerische Ostmark, die auf dem Hoftag in Regensburg im September 1156 völlig aus dem Herzogtum Bayern herausgelöst und selbst zum Herzogtum erhoben wurde. In einem bei dieser Gelegenheit ausgestellten kaiserlichen Privileg, das zur Unterscheidung von einer im 14. Jh. angefertigten Fälschung, dem „Privilegium maius" (größeres Privileg), als „Privilegium minus" (kleineres Privileg) bezeichnet wird, wurden dem neuernannten Herzog von Österreich wesentliche Zugeständnisse gemacht, so das Erbrecht in männlicher und weiblicher Deszendenz. Weiterhin sollte niemand im Herzogtum ohne Zustimmung des Herzogs irgendwelche Gerichtsbarkeit ausüben. Damit erhielt dieser gegenüber den anderen Feudalgewalten im Herzogtum eine Oberhoheit zugesprochen, wie sie die Herzöge der älteren Herzogtümer damals nicht mehr besaßen. Schließlich wurde dem Babenberger zugestanden, daß er nur die im benachbarten Bayern stattfindenden königlichen Hoftage zu besuchen und sich nur an Kriegszügen gegen die an Österreich angrenzenden Länder zu beteiligen brauchte.[130] Diese Beschränkung der Vasallenpflichten gegenüber dem König war natürlich ein Anreiz für die anderen Fürsten, ähnliche Vergünstigungen für sich in Anspruch zu nehmen.

Das „Privilegium minus" von 1156 kennzeichnet die nunmehr in das Endstadium eintretende Auflösung der alten „Stammesherzogtümer" und die Herausbildung regionaler Herrschaftsbereiche, deren Umfang den einzelner Grafschaften wesentlich übertraf. Mit der Regelung von 1156 hatte Friedrich I. nach dem Ausgleich mit den Welfen auch die Interessen der Babenberger berücksichtigt. Dem in Schwaben reich be-

Bronzegrabplatte des Erzbischofs Wichmann im Magdeburger Dom, hergest. in der Magdeburger Gießhütte

güterten Zähringer Berthold IV. hatte Friedrich I. bereits kurz nach seinem Regierungsantritt die Stellvertretung des Königs in Burgund übertragen und damit auch diese im Südwesten mit den Staufern rivalisierende Adelsfamilie für sein Königtum gewonnen.

Das Bestreben des Königs, mit den mächtigeren Fürsten zusammenzuarbeiten, zeigt sich auch bei der Planung politischer Aktionen. Sogleich bei seiner Krönung 1152 gab er auf Wunsch weltlicher Fürsten gegen den Widerspruch zahlreicher anwesender geistlicher Fürsten den Plan auf, möglichst schnell einen Italienzug zu unternehmen. Die größeren weltlichen Feudalherren zeigten sich zu einem solchen Unternehmen offensichtlich erst bereit, nachdem strittige Fragen in einer ihren Interessen entgegenkommenden Weise geregelt waren und sie nicht befürchten mußten, daß ihr Aufenthalt in Italien von Rivalen ausgenutzt wurde. Doch gelang es Friedrich I. bereits im Oktober 1152, auf einem Hoftag in Würzburg die Entscheidung herbeizuführen, daß der Italienzug 1154 angetreten werden sollte. Dieser Vorgang zeigt, daß nach außen gerichtete kriegerische Unternehmungen einen weitgehenden Friedenszustand zwischen den Feudalgewalten im Innern voraussetzten. Insofern hatten seine Bemühungen um den Landfrieden durchaus auch eine außenpolitische Funktion.

Die Kompromißpolitik Friedrichs I. in den ersten Jahren seiner Regierung offenbart, daß die größeren weltlichen Fürsten damals einen stärkeren Machtfaktor darstellten als die geistlichen Fürsten. Dennoch war deren Einfluß auf Grund ihrer großen Zahl keineswegs unbedeutend, und der König konzentrierte seine Politik gegenüber der hohen Geistlichkeit vor allem darauf, die ihm nach dem Wormser Konkordat verbliebenen Rechte voll auszunutzen und so die deutschen Bischöfe wieder abhängiger von sich zu machen. Bereits 1152 entschied er eine zwiespältige Bischofswahl in Magdeburg in seinem Sinne, indem er über die Regelungen des Wormser Konkordats hinausgehend keinen der beiden vom Domkapitel benannten Kandidaten akzeptierte, sondern die Erhebung des Bischofs Wichmann von Naumburg zum Erzbischof erzwang. 1153 erreichte Friedrich I., daß Erzbischof Heinrich von Mainz, der sich gegen seine Königswahl ausgesprochen hatte, durch päpstliche Legaten abgesetzt wurde. Die Nachfolge trat – ganz im Stile des salischen Reichskirchensystems – der königliche Kanzler Arnold an, der aus einem Mainzer Ministerialengeschlecht, also nicht aus dem Hochadel, stammte und daher um so mehr auf die Gunst des Königs angewiesen war.

Zugleich begann Friedrich I., Bistümer und Reichsabteien wieder stärker zu Leistungen für das Reich heranzuziehen. In Anknüpfung an ältere königliche Rechte, von denen Lothar III. und Konrad III. nur lax Gebrauch gemacht hatten, zog Friedrich I. regelmäßig den oft beträchtlichen persönlichen Nachlaß verstorbener Bischöfe und Reichsäbte ein und nutzte während der Vakanzen deren Einkünfte aus dem Kirchenbesitz. Diese Ansprüche – das Spolien- und Regalienrecht – erschlossen der Zentralgewalt eine beachtliche Einnahmequelle. Außerdem nutzte der König die verschärfte Kontrolle über die Reichskirche dazu aus, die Bischöfe konsequent zu militärischen Leistungen für seine kriegerischen Unternehmungen, vor allem für die Italienpolitik, heranzuziehen. Daraus ergaben sich für die geistlichen Fürsten manche nur ungern übernommene Belastungen, aber auf der anderen Seite war die engere Verbindung zwischen Zentralgewalt und Reichskirche auch eine Gewähr dafür, daß das Königtum den Besitzstand der Bistümer gegenüber mächtigen weltlichen Fürsten sicherte oder gar erweiterte, wie Privilegien für die Erzbischöfe von Köln und Bremen aus den Jahren 1152/53 und 1158 zeigen.

Mit seiner den Fürsten entgegenkommenden Ausgleichspolitik gelang es Friedrich I. in kurzer Zeit, das Königtum aus offenen Auseinandersetzungen mit größeren Feudalgewalten herauszulösen und die für die Regierungszeit Lothars III. und Konrads III. kennzeichnende Phase der inneren Auseinandersetzungen vorerst zu beenden. Dadurch verfügte der Staufer, sobald sich sein Regierungsstil auszuwirken begann, über ein beachtliches Kräftepotential.[131]

Der erste Italienzug und der Hoftag von Besançon

Eine weitere Stärkung seiner Autorität suchte Friedrich I. durch die Kaiserkrönung zu erreichen. Als die Fürsten im Oktober 1152 einem Italienzug für das Jahr 1154 zugestimmt hatten, nahmen Vertreter des Königs Verhandlungen mit Papst Eugen III. auf, deren Ergebnis der Konstanzer Vertrag von 1153 war.[132] Darin sicherte der Papst dem König die Kaiserkrönung zu, weiter wollte er den Herrscher in dem Bemühen, den „honor imperii", das heißt, die Ehre und die Rechte des Reiches, wiederherzustellen, unterstützen, wobei man auf deutscher Seite offensichtlich in erster Linie an eine Erneuerung der Herrschaft über Italien dachte. Auf der anderen Seite versprach Friedrich I., dem Papst bei der vollen Unterwerfung der rebellierenden Römer Hilfe zu leisten, keinen Frieden mit König Roger II. von Sizilien ohne Abstimmung mit der Kurie zu schließen und Versuche des byzantinischen Kaisers, in Italien Fuß zu fassen, zu bekämpfen. Friedrich I. gab damit den Wünschen der Kurie entsprechend die von Konrad III. verfolgte Politik auf, die Normannen in Süditalien im Zusammenwirken mit dem byzantinischen Kaiser zurückzudrängen. Problematisch war, daß der Staufer seinerseits auf eine Verständigung mit den Normannen ohne Zustimmung der Kurie verzichtete, während der Papst nicht ausdrücklich verpflichtet wurde, seine Politik gegenüber dem König von Sizilien mit dem staufischen Hof abzustimmen.

Der auf diese Weise diplomatisch vorbereitete Italienzug wurde im Oktober 1154 mit einem relativ kleinen Heer von etwa 1 800 Rittern angetreten. In den folgenden Monaten suchte Friedrich I. vor allem die Machtstellung Mailands, der wirtschaftlich dominierenden Stadt in Oberitalien, zurückzudrängen. Seine Truppen nahmen einige Burganlagen und kleinere, mit Mailand verbündete Städte ein, aber an ein direktes Vorgehen gegen die mächtige Kommune, die bereits ein großes Gebiet unter ihre Herrschaft gebracht hatte, war angesichts der Schwäche des deutschen Aufgebots nicht zu denken.

Nach der Eroberung der kleinen Stadt Tortona im April 1155 marschierte das deutsche Ritterheer in Richtung auf Rom, wo Ende 1154 Hadrian IV. Papst geworden war. Ihm gelang die Vertreibung Arnolds von Brescia aus Rom, aber die Situation in der Stadt blieb weiter gespannt. Als Anfang Juni eine Gesandtschaft des Papstes erste Kontakte mit dem König aufnahm, forderte sie vor allem die Auslieferung Arnolds, der eben damals in die Gewalt des deutschen Herrschers fiel. Der Papst wollte damit ein Zusammengehen Friedrichs mit der stadtrömischen Bewegung verhindern. Allerdings waren derartige Befürchtungen Hadrians angesichts der konservativ-aristokratischen Grundhaltung sowie der negativen Einstellung Friedrichs I. gegenüber den städtischen Unabhängigkeitsbestrebungen in Italien unbegründet. Der König übergab den päpstlichen Gesandten den Häretiker, der darauf in Rom hingerichtet wurde.

Das erste Zusammentreffen Hadrians IV. und des Königs am 9. Juni 1155 bei Sutri führte zu einem Eklat, da sich Barbarossa im Unterschied zu König Lothar weigerte, dem höchsten Repräsentanten der Kirche die Steigbügel zu halten. Erst nach nochmaligen Verhandlungen, bei denen wohl von päpstlicher Seite zugesichert wurde, die in dem Gemälde im Lateran enthaltenen Hinweise auf eine Lehnshuldigung Lothars III. zu beseitigen,[133] ging Friedrich I. auf die päpstliche Forderung ein. Auf Grund der nach wie vor spannungsgeladenen Atmosphäre in Rom brach unmittelbar nach der Kaiserkrönung am 18. Juni 1155 ein Aufstand der Römer gegen die deutschen Truppen aus. Als der Kaiser anschließend, den Wünschen des Papstes entsprechend, den Normannenstaat in Süditalien angreifen wollte, widersetzten sich zahlreiche Fürsten, so daß sich Barbarossa gezwungen sah, über die Alpen zurückzukehren.

Der einzige greifbare Erfolg dieses Italienzuges war somit die Kaiserkrone, durch deren Erwerb Friedrich I. sein Prestige zweifellos festigte. Andererseits konnten weder die Stellung des Papstes gegenüber der Oppositionsbewegung in Rom völlig gesichert, noch der normannische Druck auf den Kirchenstaat beseitigt werden. Vor allem die Tatsache, daß Friedrich I. dem Papst keine wirksame Hilfe gegen den König von Sizilien zu leisten vermochte, hatte schwerwiegende Folgen.

Goldbulle Kaiser Friedrichs I. vom November 1155. Die Vorderseite zeigt den Kaiser hinter den Mauern Roms thronend; auf der Rückseite ein Idealbild Roms und die seit der 1. Hälfte des 11. Jh. übliche Umschrift: ROMA CAPVT MVNDI REGIT ORBIS FRENA ROTVNDI

Hadrian IV. suchte jetzt von sich aus eine Verständigung und einigte sich im Juni 1156 im Vertrag von Benevent mit dem Normannenherrscher, der dabei dem Papst den Lehnseid leistete. Mit dieser Wendung in seiner Politik sicherte der Papst den Kirchenstaat nach dem Süden hin ab und erlangte dem Kaiser gegenüber einen größeren Handlungsspielraum.

Kaiser Friedrich I. ging nach seiner Rückkehr aus Italien daran, im deutschen Reichsteil neu aufgebrochene oder noch nicht behobene Streitigkeiten zwischen den Fürsten zu schlichten. Sein Bemühen, den Frieden im „regnum Teutonicum" zu sichern, war vor allem in der Absicht begründet, möglichst bald mit größeren Kräften einen zweiten Italienzug gegen die widerspenstigen lombardischen Städte anzutreten.

Schon im Sommer 1156 hatte der Kaiser auf einem Hoftag in Würzburg viele Fürsten den Italienzug beschwören lassen. Dem böhmischen Herzog wurde damals die Königskrone versprochen, um ihn zu veranlassen, Truppen zur Verfügung zu stellen. Die tatsächliche Erhebung Vladislavs zum König folgte im Januar 1158,[134] nachdem sich dieser im August 1157 an einem Kriegszug des Kaisers gegen Polen beteiligt hatte. Dieses militärische Unternehmen Friedrichs I. führte zwar dazu, daß Herzog Boleslaw IV. von Polen den Treueid leistete; aber die geringe Wirkung des Feldzuges wurde offenbar, als der polnische Herzog trotz seines Versprechens weder zu einem um die Jahreswende 1157/58 angesetzten Hoftag erschien noch Truppen für den Italienzug stellte.

Kurze Zeit nach dem Angriff gegen Polen begab sich der Kaiser nach Burgund, wo er seine Position durch die Ehe mit Beatrix, der Erbin des Grafen von Burgund, zum Nachteil der Zähringer beträchtlich gefestigt hatte. Auf dem hier im Oktober 1157 abgehaltenen Hoftag zu Besançon erschienen Gesandte Papst Hadrians IV., darunter der einflußreiche päpstliche Kanzler Roland, der eine auf weitgehende Unabhängigkeit der Kurie vom Kaisertum gerichtete Politik verfocht. Sie überbrachten ein Schreiben des Papstes, in dem dieser gegen die Gefangensetzung des dänischen Erzbischofs von Lund durch burgundische Große und gegen die Untätigkeit des Kaisers in dieser Angelegenheit protestierte. Dabei spielte der Papst auch auf die Übertragung der Kaiserkrone an Friedrich I. an, die er als ein „beneficium", das dieser aus päpstlicher Hand empfangen habe, bezeichnete. Friedrichs I. Kanzler Rainald von Dassel, der im Frühjahr 1156 die Leitung der Kanzlei übernommen hatte und schnell großen Einfluß erlangte, übersetzte vor den anwesenden Fürsten das im Brief enthaltene Wort „beneficium" dem vorherrschenden deutschen Sprachgebrauch entsprechend als „Lehen", so daß das Kaisertum als ein vom Papst dem Kaiser übertragenes Lehen erschien. Die Folge war ein Sturm der Entrüstung, die sich noch steigerte, als Roland rief: „Von wem hat er (Friedrich I.) denn das Kaisertum, wenn er es nicht vom Herrn Papst hat?"[135] Die päpstlichen Gesandten mußten überstürzt abreisen.

Friedrich I. trat mit einem offenen Brief, in dem er die Gottunmittelbarkeit des Kaisertums betonte, den Ansprüchen des Papstes scharf entgegen. Da die deutschen Bischöfe unmißverständlich den Standpunkt des Kaisers vertraten, gab Hadrian IV. nach und erklärte im Juni 1158, das in dem umstrittenen Brief gebrauchte Wort „beneficium" bedeute nicht „Lehen", sondern „Wohltat", wobei er sich auf den in Italien üblichen Sprachgebrauch berufen konnte. Damit war klargestellt, daß der Papst aus der Vergabe der Kaiserkrone keinen Oberherrschaftsanspruch gegenüber dem Kaiser ableitete. Es spricht jedoch manches – nicht zuletzt die Überschrift des zur Zeit Lothars III. angefertigten Gemäldes im Lateran – dafür, daß an der Kurie derartige Ansprüche vertreten wurden und der Papst bewußt einen zweideutigen Begriff verwandte, um gegebenenfalls daraus weitergehende Folgerungen zu ziehen.[136]

*Staufische Reichsideologie
und Elemente eines aufkeimenden Nationalgefühls*

Angesichts wachsender Spannungen zwischen Kaisertum und Papsttum wurde damals in Kreisen, die dem Hof nahestanden, die staufische Reichsideologie, die die Stellung und die Ansprüche des Kaisertums unterbauen sollte, weiter ausgeformt. Im März 1157 erschien erstmals in einem aus der staufischen Kanzlei stammenden Schriftstück der Begriff „sacrum imperium" (Heiliges Reich),[137] der in der folgenden Zeit häufig in Urkunden auftauchte. Im Ergebnis dieser Entwicklung setzte sich im Laufe des 13. Jh. „Sacrum Imperium Romanum" (Heiliges Römisches Reich) als offizielle Reichsbezeichnung durch. Die Betonung der Heiligkeit des Reiches war gegen die seit dem Investiturstreit erhobenen Ansprüche des Papsttums auf Überordnung über das Kaisertum gerichtet. Indem man das Reich ausdrücklich als „heilig" bezeichnete, sollte herausgestellt werden, daß das Kaisertum genau so wie das Papsttum eine auf unmittelbare göttliche Verfügung zurückgehende Institution sei und allein von Gott, nicht aber vom Papsttum abhänge.

Ähnliche Auffassungen wurden damals in verschiedenen Schriftstücken von staufischen Kanzleibeamten und von dem Hof nahestehenden Verfassern formuliert. In dem unmittelbar nach dem Zusammenstoß mit dem päpstlichen Legaten in Besançon zu propagandistischen Zwecken verfaßten Rundschreiben heißt es: „Da wir Königtum und Kaisertum durch die Wahl der Fürsten allein von Gott empfangen haben ..."[138] Die unmittelbare Herleitung der kaiserlichen Gewalt von Gott sollte die Bedeutung der päpstlichen Kaiserkrönung herabmindern und Vorrangansprüche des Papsttums entkräften. Gleichzeitig erscheint die Wahl durch die Fürsten als der „irdische Faktor", durch dessen Vermittlung die von Gott stammende Herrschergewalt auf eine bestimmte Person übertragen wurde. Daß sich Friedrich zwecks wirksamer Abwehr der päpstlichen Ansprüche ausdrücklich auf seine Wahl durch die Fürsten berief, kennzeichnet die Veränderungen der staatlichen Struktur seit dem Investiturstreit. Noch Heinrich IV. hatte gegen Papst Gregor VII. sein Erbrecht ins Feld geführt.[139] Demgegenüber erkannte Friedrich I. das Königswahlrecht der Fürsten an und suchte bei diesen einen zusätzlichen Rückhalt gegen den Papst.

Außerdem geht aus den zitierten Äußerungen Barbarossas hervor, daß er unabhängig von der Kaiserkrönung bereits vom Zeitpunkt seiner Wahl an die volle kaiserliche Gewalt im ganzen Imperium, einschließlich Italiens und Burgunds, beanspruchte, nicht etwa nur die königliche Gewalt im „regnum Teutonicum". Dieser sofortige Herrschaftsanspruch des gewählten deutschen Königs auf das gesamte Imperium war neben der Betonung des sakralen bzw. gottunmittelbaren Charakters der Herrschergewalt unverkennbar das zweite Hauptanliegen der staufischen Reichsideologie. Während in Wirklichkeit das deutsche, das italienische und das burgundische Königreich seit dem Investiturstreit deutlicher als besondere Einheiten hervortraten und vor allem in Italien und im „regnum Teutonicum" Elemente eines Nationalgefühls wirksam wurden, tendierte die staufische Reichsideologie dahin, diese Unterschiede durch den umfassenden Reichsbegriff zu verwischen.

Derartige Anschauungen zeichneten sich bereits in der Weltchronik Ottos von Freising ab. Er führt dort an, daß verschiedentlich die Meinung vertreten werde, im Jahre 919 sei mit der Wahl König Heinrichs I. an die Stelle des Reiches der Franken das „regnum Teutonicorum" – das Reich der Deutschen – getreten.[140] Otto lehnt diese Auffassung jedoch nachdrücklich ab mit der Begründung, daß dieses sogenannte Reich der Deutschen ein Teil des Frankenreiches sei; demnach sei 919 kein wirklicher Wechsel eingetreten, sondern das Reich der Franken dauere in veränderter Gestalt bis in die Gegenwart fort. Infolge dieses Festhaltens herrschender Kreise an der Reichsidee konnten sich die im 12. Jh. durchaus gebräuchlichen Begriffe „rex Teutonicorum" bzw. „regnum Teutonicum" nicht als offizielle Herrscher- bzw. Staatsbezeichnung durchsetzen. Es kam also zu keiner Identifizierung der Zentralgewalt mit einer der nationalstaatlichen Entwicklung förderlichen Staatsbezeichnung. Statt dessen wurde das Stauferreich überwiegend als direkte Fortsetzung des umfassenderen Frankenreiches aufgefaßt, um den Anspruch der deutschen Könige auf das Kaisertum und auf die Herrschaft über das Gesamtreich, besonders über Italien, zu unterbauen.

Der von Otto von Freising und anderen erhobene Anspruch auf die Bezeichnung „regnum Francorum" setzte sich im offiziellen Sprachgebrauch allerdings nicht durch, da dieser Name in der Praxis bereits zu eng mit dem französischen Königtum verbunden war. Außerdem entsprachen die inzwischen üblich gewordene Titelführung des deutschen Königs, der sich vom Zeitpunkt der Wahl an „rex Romanorum" nannte, und die Bezeichnung des Reiches als „Imperium Romanum" vollauf dieser politischen Ideologie.

Die staufische Reichsideologie war kaum geeignet, die Stellung des Kaisers gegenüber den Fürsten und damit die Position der Zentralgewalt innerhalb des „regnum Teutonicum" zu stützen. Vielmehr wurden die Fürsten als Wähler des „römischen" Königs ausdrücklich als Mitträger des Imperiums anerkannt. Dementsprechend diente diese Ideologie in erster Linie der Abwehr päpstlicher Machtansprüche, der Sicherung der kaiserlichen Herrschaft über Italien und der Betonung des Vorrangs des Reiches gegenüber anderen Staaten einschließlich des byzantinischen Reiches.

Ein aufschlußreiches Zeugnis für die Einstellung maßgeblicher Kreise in der Frühzeit Friedrichs I. ist die von Otto von Freising verfaßte chronikalische Schilderung der „Taten Friedrichs", die auf einen 1157 geäußerten Wunsch des Kaisers hin entstand. Dieses wichtige Geschichtswerk, das deutlich eine optimistischere Sicht des Zeitgeschehens zeigt als die etwa ein Jahrzehnt früher geschriebene Weltchronik desselben Verfassers, wurde nach dem Tode des Freisinger Bischofs (1158) von dessen Vertrauten Rahewin bis 1160 fortgesetzt. Die am staufischen Hof herrschenden Anschauungen treten hier unmißverständlich hervor, so etwa in der von Otto von Freising stilisierten Rede, mit der Friedrich I. auf die Vorschläge einer Gesandtschaft der stadtrömischen Opposition im Juni 1155 geantwortet haben soll. Die Forderung der Römer, Friedrich solle Kaiserkrone und Reich von ihnen, nicht vom Papst empfangen, weist der König höhnisch mit der Erklärung zurück, daß seine Vorgänger Karl der Große und Otto I. einst durch ihre Tapferkeit Rom eroberten; allein dadurch und nicht „durch irgendjemandes Verleihung" hätten Franken bzw. Deutsche das Kaisertum erlangt; bei diesen und nicht mehr bei den kraftlosen Römern seien jetzt die Tugenden der alten Römer und damit die Verfügungsgewalt über das Reich.[141] Die Quintessenz dieser Ausführungen ist: Das Kaisertum der fränkischen bzw. deutschen Herrscher ist keineswegs auf eine Vergabe durch Römer oder Papst zurückzuführen, sondern es beruht auf der Eroberung Roms durch Franken und Deutsche, ist Folge von deren Macht und militärischer Tüchtigkeit.

Mit dieser Reichsideologie, deren Wirksamkeit sich beispielsweise in der nahezu einhelligen Abweisung der päpstlichen Forderungen auf dem Reichstag von Besançon offenbarte, verbanden sich zugleich erste Elemente eines Nationalgefühls. Daß man am Stauferhof mit derartigen nationalen Regungen innerhalb der herrschenden Klasse rechnete, zeigt ein 1158 zu propagandistischen Zwecken angefertigter und in Umlauf gesetzter fingierter Brief Papst Hadrians IV. an den Trierer Erzbischof. Darin wurden dem Papst folgende Aussagen unterstellt: „Der Kaiser spielt sich als uns Gleichgestellter auf, als ob unsere Heiligkeit allein in seinem Winkel, nämlich im deutschen Königreich, und nicht in allen Königreichen gefürchtet, anerkannt und geliebt würde, da doch jenes deutsche Reich, nachdem es das geringste aller Königreiche war, durch den apostolischen Stuhl und die apostolische Autorität gewürdigt wurde, daß es den Namen ‚Römisches Reich' erhielt und das Haupt aller Königreiche wurde."[142] Diese angeblich vom Papst ausgesprochene bewußte Herabsetzung des „regnum Teutonicum" sollte „deutsche Gefühle" verletzen und dadurch den Widerstand gegen die Kurie mobilisieren.

Besonders deutlich zeigen sich nationale Regungen in dem wohl um 1160 entstandenen „Ludus de Antichristo" (Spiel vom Antichrist). In diesem Schauspiel werden traditionellen Auffassungen entsprechend die letzten Ereignisse vor dem Weltende dargestellt — zunächst der Triumph des Kaisers und der Christenheit über alle Völker, dann das Hervortreten des sich zum Herrn der Welt aufschwingenden Antichrist und schließlich der Anbruch des Jüngsten Gerichts. Anfangs unterwerfen sich alle christlichen Völker, auch der zunächst widerspenstige französische König und der bewußt nur als König bezeichnete Herrscher des byzantinischen Reiches, dem Kaiser. Als dieser darauf, einem überlieferten Schema entsprechend, das Reich Gott überträgt und sich auf sein „regnum Teutonicum" beschränkt, bricht das Unheil herein. Der Antichrist triumphiert mühelos über Byzantiner und Franzosen. Schwieriger ist dagegen die Unterwerfung der Deutschen. Der sonst so mächtige Antichrist bekennt:

> Es ragt der Deutschen Kraft hervor durch
>   Waffentaten,
> Wie die bezeugen, die im Kampf auf sie
>   geraten ...
> Es ist sehr unbedacht, mit Deutschen Streit
>   zu haben.
> Sie sind die Pest für die, die je mit ihnen
>   fechten.[143]

Das unter der Führung des Antichrist vereinte Heer aller ehemals christlichen Könige wird von den Deutschen besiegt. Erst durch Wundertaten gelingt es dem Antichrist, den deutschen König auf seine Seite zu ziehen. Mit Hilfe der deutschen Ritter vermag der Antichrist dann auch den mächtigen heidnischen König von Babylon zu besiegen und so vor Anbruch des Jüngsten Gerichts zum Herrn der Welt zu werden. Erst der Verzicht des deutschen Königs auf Kaisertum und Reich ebnet also dem Antichrist den Weg. Unverhüllt wird die kriegerische Tüchtigkeit der Deutschen gepriesen. Die in dieser Dichtung klar hervortretende Verquickung eines aufkeimenden Nationalstolzes mit dem Anspruch auf das Universalreich ist durchaus charakteristisch für die politische Ideologie weiter Kreise des Adels in jener Zeit.

Elemente eines aufkeimenden Nationalgefühls innerhalb der herrschenden Klasse sind im 12. Jh. auch in anderen europäischen Staaten deutlich zu beobachten, insbesondere in Frankreich, Italien, Böhmen und Polen, so daß derartige Erscheinungen im „regnum Teutonicum" einer allgemeinen Entwicklungstendenz entsprechen.[144] Die tieferen Ursachen hierfür lagen in der zunehmenden Überwindung lokaler Beschränktheit durch die Entfaltung des Städtewesens und der Ware-Geld-Beziehungen, woraus engere Verbindungen zwischen den einzelnen Gebieten der Königreiche resultierten. Dadurch intensivierten sich auch die Kon-

Angriff von Rittern (mit Kettenpanzer und Helm mit Nasenschiene) auf eine Stadt. Darstellung des Angriffs der Leute Abrahams auf die Stadt Dan im Hortus Deliciarum

takte zwischen den deutschen Feudalherren, während gleichzeitig die Beziehungen mit Angehörigen des Adels anderer Staaten dichter wurden. Auch die Kreuzzüge begünstigten diese Kontakte, förderten aber ebenso die Rivalität und Abgrenzung gegenüber den Angehörigen anderer Völker.

Eine neue Etappe der Italienpolitik

Als der ideologische Konflikt mit dem Papsttum im Sommer 1158 durch den gemäßigten Brief Hadrians IV. beigelegt wurde, sammelte sich das deutsche Ritterheer bereits bei Augsburg zum Aufbruch nach Italien. Die Teilnahme weltlicher und geistlicher Fürsten an diesem Italienzug war auf Grund der geschickten Politik Barbarossas sehr hoch. Heinrich der Löwe beteiligte sich allerdings zunächst nicht, weshalb sich Friedrich I. genötigt sah, auch den mit jenem verfeindeten und um seinen Besitz besorgten Erzbischof von Bremen vom Aufgebot zu befreien. Den Teilnehmern erwuchsen aus dem Italienzug beträchtliche Kosten. So verpfändete der Erzbischof von Mainz 1158 Klosterbesitz, „weil der Dienst für den Herrn Kaiser, nämlich der Kriegszug zur Bezähmung der Rebellion der Mailänder in jener Zeit auf uns lastete".[145] Außerdem wollte er der Bevölkerung der Stadt Mainz eine außerordentliche Steuer auferlegen, was eine Erhebung der Ministerialen und Bürger auslöste. Dieses und ähnliche Zeugnisse aus anderen Bistümern sprechen dafür, daß Friedrich I. die wieder in festere Abhängigkeit gebrachten Reichsbischöfe in großem Maße zu Kriegsdiensten verpflichtete.

Die Tatsache, daß Friedrich I. damals ein Heer von vermutlich annähernd 10 000 Rittern zusammenbrachte,[146] zeugt deutlich von seiner gestärkten Autorität, war doch von vornherein abzusehen, daß dieser vor allem gegen Mailand gerichtete Zug allein die Machtposition des Kaisers in diesem Gebiet festigen sollte. Die Fürsten konnten, abgesehen von Beute, keinen weiteren Nutzen erwarten. Dagegen hatten Reichsministerialen und kleinere, im Dienst des Kaisers stehende Vasallen Aussicht, in Italien mit gewinnbringenden Funktionen und eigenen Besitzungen bedacht zu werden. Es war daher vor allem der aufkommende niedere Adel, der der Italienpolitik in dieser Phase neue Durchschlagskraft verlieh.

Die Anfang Juli in Oberitalien eingetroffenen kaiserlichen Truppen nahmen bald die Belagerung Mailands auf, wobei Aufgebote aus anderen, mit dem übermächtigen Mailand rivalisierenden Städten, vor allem aus Pavia und Cremona, Hilfe leisteten. Am 7. September 1158 ergab sich die belagerte Stadt auf der Basis eines Unterwerfungsvertrages, der für die Kommune zwar eine entscheidende Machteinbuße brachte, ihr aber im Innern einen gewissen Handlungsspielraum beließ. So durften die Mailänder weiterhin ihre Konsuln wählen, die allerdings künftig vom Kaiser zu bestätigen waren. Aber alle Regalien, also alle staatlichen Rechte, wie Münzprägung, Zollerhebung, Herrschaft über weite umliegende Gebiete, mußte die Stadt aufgeben.

Nach diesem Erfolg hielt Barbarossa im November auf den nordwestlich von Piacenza in der Po-Ebene gelegenen Ronkalischen Feldern, einem von den deutschen Heeren häufig benutzten Sammelplatz, einen Hoftag ab, auf dem die für den Ausbau der Reichsherrschaft in Italien erforderlichen Maßnahmen und Gesetze beschlossen werden sollten. Der Kaiser verkündete einen allgemeinen Landfrieden und ein Lehnsgesetz, das die im geldwirtschaftlich hochentwickelten Italien häufigen Veräußerungen von Lehen durch Vasallen eindämmen sollte, weil dadurch oft die auf den Lehen lastenden Verpflichtungen in Vergessenheit gerieten. Der wichtigste Beschluß dieses Hoftages sprach alle Regalien[147] allein dem Kaiser zu. Weltliche und geistliche Feudalherren ebenso wie die städtischen Kommunen sollten derartige Befugnisse nur ausüben dürfen, wenn sie entsprechende kaiserliche Privilegien vorweisen konnten. Vier im römischen Recht bewanderte Juristen der bereits zu hohem Ansehen gelangten Universität Bologna und 28 Vertreter aus verschiedenen italienischen Städten hatten ein Verzeichnis der Regalien auszuarbeiten, zu denen man Zoll- und Münzrechte, das Recht auf Steuererhebung, die Hoheit über Verkehrswege, die Befugnis, Konsuln einzusetzen, und nicht zuletzt Gerichtsrechte aller Art zählte. Rahewin behauptet, daß der Staatskasse aus den entfremdeten und nun zurückgewonnenen Regalien jährlich 30 000 Talente zuflossen. Selbst wenn ein derartiger Zuwachs der Einnahmen in der Praxis nicht realisiert werden konnte, so erschloß die konsequente Regalienpolitik Barbarossas zweifellos beträchtliche Geldsummen.

Die Gesetzgebung von Roncaglia leitete eine neue Etappe der kaiserlichen Italienpolitik ein und zeigt deutlich, daß Friedrich I. weitergesteckte Ziele verfolgte und effektivere Methoden anwandte als die früheren deutschen Herrscher. Während sich die Salier und Lothar III. mit einer lockeren Oberherrschaft begnügt hatten, strebte der Staufer eine intensivere Beherrschung Oberitaliens und die ständige Eintreibung hoher Geldeinnahmen an. Er nutzte dafür die neuen Methoden strafferer staatlicher Machtausübung, wofür gerade im wirtschaftlich hochentwickelten Italien günstige Voraussetzungen zu bestehen schienen. Nicht zuletzt zeugt der präzisierte Regalienbegriff, durch den staatliche Hoheitsrechte klar von privaten Eigentumsrechten abgegrenzt wurden, zumindest für den italienischen Raum von einer höher entwickelten Staatsvorstellung.[148] Offensichtlich verfolgte der Kaiser die Absicht, die infolge des Aufstiegs der Fürsten eingetretene Machteinbuße der Zentralgewalt im deutschen Gebiet durch eine intensivere Herrschaft über Italien auszugleichen. Seine Zurückhaltung beim Ausbau der königlichen Macht innerhalb des „regnum Teutonicum" sollte durch eine über die bisherigen Ziel-setzungen hinausgehende Italienpolitik kompensiert werden.

Der neuartige Charakter der Italienpolitik Barbarossas resultierte nicht nur aus der veränderten Zielstellung, sondern auch aus der gegenüber dem 11. Jh. tiefgreifend veränderten sozialökonomischen und politischen Struktur Oberitaliens. Die Bischöfe, die früher als Hauptstützen der Kaiser fungiert hatten, waren dort während des Investiturstreits in weit höherem Maße der kaiserlichen Kontrolle entglitten als in Deutschland. Sie stellten außerdem infolge des Aufstiegs der städtischen Kommunen keinen entscheidenden Machtfaktor mehr dar. Die reicheren Kommunen, die meist von Konsuln aus der städtischen Oberschicht regiert wurden, hatten bis zur Mitte des 12. Jh. bereits große umliegende Landgebiete sowie zahlreiche Adlige in Abhängigkeit gebracht und so die Ausbildung von Stadtstaaten eingeleitet. Wer Oberitalien beherrschen wollte, mußte daher vor allem die Städte unter Kontrolle bringen und deren Herrschaft über ländliche Gebiete einschränken. Die auf dem Reichstag von Roncaglia geforderte Rückgabe aller Regalien, deren rechtmäßiger Besitz nicht nachgewiesen werden konnte, traf dementsprechend in erster Linie die Städte, die ihre Macht in den letzten Jahrzehnten ohne kaiserliche Privilegien auf Kosten weltlicher und geistlicher Feudalgewalten wesentlich erweitert hatten.

Der Kampf gegen die oberitalienischen Städte und das Papsttum

Im Januar 1159 schickte Barbarossa zur Ausführung der Ronkalischen Beschlüsse Beauftragte in die Städte, um dort entweder Podestàs, das heißt kaiserliche Amtsträger als oberste Verwaltungsbehörde einzusetzen oder Neuwahlen von Konsuln unter strenger Kontrolle herbeizuführen. Die Mailänder, die sich auf die im Unterwerfungsvertrag vom September 1158 ausgehandelten Bestimmungen beriefen, widersetzten sich und vertrieben die Gesandten des Kaisers. Barbarossa leitete darauf Kriegsvorbereitungen ein und rief erneut deutsche Fürsten, unter ihnen diesmal auch Heinrich den Löwen, zur Unterstützung nach Italien. Kaiserliche Truppen verwüsteten die ganze Umgebung der Stadt, um die Lebensmittelversorgung zu erschweren. Dann belagerten sie das kleine, mit Mailand verbündete Crema, das erst nach monatelangen grausamen Kämpfen, in deren Verlauf jeweils in Sichtweite des Gegners Gefangene gefoltert und ermordet wurden, im Januar 1160 kapitulierte.

Weitere Komplikationen für die Position des Kaisers in Italien ergaben sich daraus, daß im Verhältnis zur Kurie neue Gegensätze aufbrachen. Schon im Frühjahr 1159 hatten Beauftragte Hadrians IV. gegen Maßnahmen Barbarossas protestiert, der seine Regalienpolitik auch in Mittelitalien sowie im Bereich päpstlicher Besitzungen durchzusetzen trachtete. Die von Rahewin dem Kaiser zugeschriebene Antwort zeigt deutlich, daß dieser auch die Oberhoheit über Rom und den Kirchenstaat beanspruchte: „Denn da ich nach göttlicher Ordnung Kaiser heiße und bin, so stelle ich nur einen Scheinherrscher dar und trage einen durchaus leeren Namen, wenn unserer Hand die Herrschaft über die Stadt Rom entrissen würde."[149] Dieser kaiserliche Anspruch, der unvermeidlich den erbitterten Widerstand des Papstes wecken mußte, war die logische Konsequenz der auf die „Erneuerung des römischen Reiches" ausgerichteten Politik.

Der Druck des Staufers auf den Kirchenstaat trug dazu bei, daß nach dem Tode Hadrians IV. am

Im Frühsommer 1161, nach erneutem Zuzug deutscher Fürsten, von denen viele vergeblich um Erlaß der Reichsheerfahrt gebeten hatten, begann das kaiserliche Heer den Endkampf gegen Mailand, das nach tapferem Widerstand im März 1162 kapitulierte. Die gesamte Stadt wurde schonungslos zerstört, die Bewohner in der Umgebung angesiedelt und in den folgenden Jahren durch ständige Steuerforderungen bedrückt. Nunmehr ging Friedrich I. systematisch daran, die seit dem Reichstag von Roncaglia angestrebte Ordnung zu verwirklichen. In zahlreichen Städten setzte er Podestàs ein; viele von ihnen waren deutsche Adlige oder Ministerialen, die wenig Verständnis für die wirtschaftlichen Belange der Stadtbevölkerung aufbrachten und in erster Linie hohe Einnahmen erzielen wollten. Nur wenige besonders begünstigte Städte behielten das Recht auf

Armreliquiar Karls des Großen, gestiftet von Friedrich I. aus Anlaß der Heiligsprechung Karls des Großen, wahrscheinlich eine Arbeit Gottfrieds von Huy.
Vorderseite, l.: Friedrich I., r.: seine Frau Beatrix, in der Mitte: Maria.
Rückseite: l.: König Konrad III., r.: Herzog Friedrich II. von Schwaben

1. September 1159 die Mehrheit der Kardinäle den ausgebildeten Juristen und Exponenten einer konsequent antikaiserlichen Politik, den Kanzler Roland, zum Nachfolger wählte, der als Papst den Namen Alexander III. annahm. Die kaiserfreundliche Minderheit erhob dagegen den Kardinal Octavian, der sich Viktor IV. nannte. Der Versuch Friedrichs I., dem letzteren zu allgemeiner Anerkennung zu verhelfen und so das Schisma zu beenden, scheiterte. Im Laufe des Jahres 1160 erklärten sich die meisten Herrscher Europas, vor allem der englische und der französische König, für Alexander III., der bereits im März den Kirchenbann über den Kaiser verhängte. Das Papsttum hatte durch die Reformbewegung des 11. Jh. seine einseitige Abhängigkeit vom Kaisertum überwunden und eine europäische Stellung gewonnen, so daß einseitige Maßnahmen des Kaisers ohne durchschlagende Wirkung blieben.

die Wahl eigener Konsuln, so etwa die traditionell kaisertreuen Städte Cremona, Pavia und Pisa.[150]

Den Plan, noch 1162 auch das Königreich Sizilien anzugreifen, gab Friedrich I. auf, als sich eine Chance zeigte, den französischen König von Papst Alexander III. zu trennen. Aber das für Ende August 1162 auf der Saône-Brücke bei St.-Jean-de-Losne in Burgund vorgesehene persönliche Treffen Barbarossas mit dem französischen König kam nicht zustande. Nach diesem Fehlschlag betonte die kaiserliche Seite auf einer Anfang September abgehaltenen Synode mit besonderer Schärfe ihre universalen Ansprüche. Rainald von Dassel, der 1159 Erzbischof von Köln geworden war und die Politik Barbarossas maßgeblich beeinflußte, formulierte den kaiserlichen Standpunkt, wonach die „reges provinciales" (Provinzkönige) es sicher für ein schweres Unrecht halten würden, wenn sich der Kaiser in die Besetzung eines Bischofsstuhls in ihren Staaten einmischen würde; ebenso sei aber auch ein Eingriff dieser Könige in die Wahl des Papstes unstatthaft. Damit brachte der kaiserliche Hof in dem Bestreben, die anderen Staaten zur Anerkennung Viktors IV. zu nötigen, seine universale Vorrangstellung in aller Schärfe zum Ausdruck. Der Begriff „Provinzkönige" sollte ebenso wie der damals in staufischen Quellen auftauchende Begriff „regulus" (Kleinkönig) die im Vergleich zu dem über Rom herrschenden Kaiser zweitrangige Stellung der anderen europäischen Könige kennzeichnen.[151] In jener Zeit dichtete der im Dienste Rainalds von Dassel stehende Vagantendichter, der als „Archipoeta" (Erzpoet) bekannt ist, den in lateinischen Versen gehaltenen Kaiserhymnus, in dem er Friedrich I. als „dominus mundi" (Herr der Welt) begrüßte und mit Augustus und Karl dem Großen verglich.

Die Bemühungen des Staufers, das Papsttum unter seine Kontrolle zu bringen und die anderen Herrscher zur Anerkennung des kaiserlichen Papstes zu veranlassen, führten besonders in Frankreich dazu, daß das „deutsche" Kaisertum und seine universalen Ansprüche um so heftiger abgelehnt wurden. Johannes von Salisbury, einer der bedeutendsten Repräsentanten des englisch-französischen Geisteslebens jener Zeit, schrieb bereits 1160 in einem Brief: „Wer hat die Deutschen zu Richtern über die Nationen gesetzt? Wer hat diesen rohen und unbeherrschten Menschen die Autorität verliehen, daß sie nach ihrem Willen den Herrscher über die Söhne der Menschen bestellen? ... Ich weiß, was jener Deutsche (gemeint ist Friedrich I.) plant. Er hat sich vorgenommen, das Weltreich wiederherzustellen und die ganze Erde zu unterwerfen."[152] Unverkennbar geriet infolge der allmählichen Konsolidierung der europäischen Staaten und des aufkeimenden Nationalgefühls die universale Reichsidee in einen wachsenden Widerspruch zur tatsächlichen politischen Entwicklung.

Während des folgenden Aufenthaltes im deutschen Reichsgebiet vollstreckte Friedrich I. das Strafgericht über die Mainzer Ministerialen und Bürger, die im Verlauf der 1158 ausgebrochenen Erhebung 1160 den Erzbischof getötet hatten. Danach – im August 1163 – erreichte der Kaiser eine vertragliche Regelung mit dem polnischen Herzog Boleslaw IV., derzufolge Schlesien den von deutscher Seite begünstigten Neffen des Herzogs überlassen wurde. Dieser Eingriff trug dazu bei, daß Schlesien seitdem innerhalb des polnischen Staatswesens eine Sonderentwicklung einschlug und zunehmend unter deutschen Einfluß geriet.

Im September 1163 begann der dritte Italienzug. Da sich nur sehr wenige Fürsten beteiligten, bestand das kleine kaiserliche Heer überwiegend aus Reichsministerialen. Als im April 1164 der kaiserliche Gegenpapst Viktor IV. starb, setzte Erzbischof Rainald sofort die Erhebung eines neuen Gegenpapstes, Paschalis' III., durch, so daß das Schisma fortdauerte. Zugleich wuchs in den oberitalienischen Städten der Unwille über das harte Regiment der vom Kaiser eingesetzten Podestàs und sonstigen Amtsträger, die ständig höhere Abgaben erpreßten.[153] In dieser Situation schloß Venedig, das

nach dem Fall Mailands seine Unabhängigkeit bedroht sah, im Frühjahr 1164 einen Bund mit Verona, Padua und Vicenza. Die intensivierte Italienpolitik Friedrichs I. hatte damit eine erste konzentrierte Gegenaktion lombardischer Städte ausgelöst. Nach einem erfolglosen Angriff gegen Verona zog der Kaiser im Oktober 1164 aus Italien ab.

Auf deutschem Gebiet konzentrierte Friedrich I. seine Bemühungen zunächst darauf, den teilweise schwankend gewordenen Episkopat von einem Übertritt auf die Seite Papst Alexanders III. abzuhalten. Im Zusammenwirken mit Rainald von Dassel stellte der Kaiser auf dem Hoftag zu Würzburg im Mai 1165 demonstrativ seine Kompromißlosigkeit zur Schau. Er leistete öffentlich einen Schwur, niemals Alexander III. als Papst anzuerkennen, und zwang die weltlichen und geistlichen Fürsten zur Ablegung eines ähnlichen Eides. Der Mainzer Erzbischof Konrad, der auf die Seite Alexanders III. übergetreten war, wurde einige Monate später abgesetzt und durch den bisherigen Kanzler des Kaisers, Christian von Buch, ersetzt. Ende 1165 begab sich Friedrich I. nach Aachen, wo er Karl den Großen, dessen Grab sich im dortigen Münster befand, heilig sprechen ließ; ihn bezeichnete er in einem damals für die Stadt Aachen ausgestellten Privileg ausdrücklich als sein Vorbild.[154] Die Heiligkeit des Begründers des mittelalterlichen Kaisertums sollte den sakralen Charakter des Reiches und damit auch die Befugnis des Kaisers, in die Belange der Kirche einzugreifen, unterstreichen.

Inzwischen liefen die Vorbereitungen für einen vierten Italienzug an. Neben der Bildung des Veroneser Bundes war vor allem die Rückkehr Papst Alexanders III. nach Rom Ende 1165 ein Alarmzeichen für Barbarossa. Die Stärke des im Oktober 1166 nach Italien aufbrechenden Ritterheeres entsprach allerdings nicht den Erwartungen. Heinrich der Löwe und fast alle sächsischen Fürsten beteiligten sich nicht, denn der Welfe hatte mit seiner rücksichtslosen Machtpolitik eine gegen ihn gerichtete Verschwörung der benachbarten Fürsten ausgelöst. Um die Zahl der Krieger aufzufüllen, nahm Friedrich I. 1 500 Söldner in seinen Dienst, die auf Grund ihrer Herkunft aus den dicht besiedelten niederländischen Gebieten als Brabanzonen (nach Brabant) bezeichnet wurden. Es ist dies einer der ersten Belege dafür, daß ein deutscher Herrscher in größerer Zahl Söldner einsetzte.[155] Ermöglicht wurde dies durch die reichen Geldmittel, die die kaiserlichen Amtsträger damals in Oberitalien einnahmen.

Das Heer Friedrichs I. traf Ende Juli 1167 vor Rom ein und eroberte die Leo-Stadt mit der Peterskirche, wo Papst Paschalis III. feierlich inthronisiert wurde. Kurz nach diesem Triumph führte ein Wolkenbruch mit folgender Hitzewelle zu einer verheerenden Malaria-Epidemie. Das deutsche Heer mußte überstürzt die Stadt verlassen und zog sich über Pisa nach Pavia zurück. Zu den zahlreichen Opfern der Seuche gehörten Erzbischof Rainald von Dassel, mehrere Bischöfe, der einzige Sohn Welfs VI. sowie Herzog Friedrich von Schwaben, der Sohn König Konrads III.

In der Lombardei hatte sich die Situation inzwischen grundlegend geändert. Während der Kaiser gegen Rom vordrang, einigten sich im März 1167 unter dem immer unerträglicher werdenden Druck des kaiserlichen Regimes die Städte Cremona, Bergamo, Brescia und Mantua zu einem Bund, dem sich zugleich die vertriebenen Mailänder anschlossen. Am 27. April begann unter dem Schutz der Truppen der verbündeten Städte der Wiederaufbau Mailands. In den folgenden Monaten schlossen sich weitere Städte an, und am 1. Dezember 1167 vereinigten sich die verbündeten lombardischen Städte mit dem bereits 1164 geschlossenen Veroneser Bund; zugleich traten Ferrara, Modena und Bologna bei.[156] Der Kaiser mußte Ende 1167 Pavia verlassen und schließlich im März 1168 nachts, als Knecht verkleidet, aus Susa flüchten, um über den Mont Cenis und Burgund nach Deutschland zurückzukehren.

Im April 1168 begannen die Städte des Lombardenbundes an einem strategisch wichtigen Platz eine befestigte Stadt anzulegen, die zu Ehren des vom Kaiser bekämpften Papstes den Namen Alessandria erhielt. Das Zusammenwirken der oberitalienischen Städte mit dem Papst, das sich schon während des Investiturstreites abzeichnete, war infolge der aggressiven Politik des Staufers erneut aktualisiert worden und hatte dessen Pläne vorerst völlig zunichte gemacht. Der lombardische Bund beherrschte weitgehend Oberitalien.

Angesichts der wirtschaftlichen Stärke der oberitalienischen Städte erwiesen sich die militärischen Kräfte des Staufers für die Durchsetzung des auf dem Reichstag von Roncaglia konzipierten Herrschaftssystems als unzureichend, zumal die deutschen Fürsten diese allein der Machtsteigerung des Kaisers dienende Politik immer weniger unterstützten. Im Grunde war die Zielsetzung dieser Politik Barbarossas verfehlt, da allein eine durchgreifende Festigung der Position der Zentralgewalt innerhalb des „regnum Teutonicum" dauerhafte Erfolge versprochen hätte. Der von Friedrich I. offenbar ins Auge gefaßte Umweg, über eine Stärkung der kaiserlichen Gewalt in Italien letztlich auch im deutschen Gebiet die Vormacht zu gewinnen, lag angesichts der Macht der deutschen Fürsten und des wirtschaftlichen Reichtums der italienischen Städte sicherlich sehr nahe. Aber die Stärke der oberitalienischen Kommunen erforderte für den von Barbarossa eingeschlagenen Weg einen Kräfteeinsatz, zu dem das Kaisertum in der damaligen Situation, trotz der gewachsenen Schlagkraft der Reichsministerialität, nicht in der Lage war.[157]

Die Stärkung der Fürstenmacht durch die Ostexpansion

Während der Kaiser seine Kräfte auf die Unterwerfung Italiens und des Papsttums konzentrierte, bauten im deutschen Reichsgebiet viele Fürsten ihre Positionen weiter aus, wobei vor allem die in den östlichen Grenzgebieten ansässigen Feudalgewalten durch die Weiterführung der Ostexpansion einen größeren Machtzuwachs erzielten.

Dem askanischen Markgrafen Albrecht fiel nach dem Tode des Heveller-Fürsten Pribislaw-Heinrich 1150 dessen Gebiet entsprechend der in den dreißiger Jahren getroffenen Erbvereinbarung zu. Allerdings gelang es dem mit Pribislaw verwandten und vom polnischen Herzog unterstützten Fürsten Jaxa von Köpenick im Jahre 1153, Brandenburg einzunehmen und große Teile des Gebietes der Heveller unter seine Herrschaft zu bringen.[158] Erst 1157 vermochte Markgraf Albrecht, im Bunde mit dem Erzbischof von Magdeburg, Brandenburg zurückzuerobern und damit umfangreiche Gebiete östlich der Elbe dauerhaft seiner Herrschaft zu unter-

Brakteaten des Fürsten Jaxa von Köpenick (um 1157). Umschrift: JACZA (bzw. JAKZO) DE COPNIC

Tangermünder Torturm in Stendal. Der untere Teil mit rundbogiger Durchfahrt (1. Hälfte 13. Jh.) gehört zur ersten Stadtbefestigung

werfen. Der Askanier förderte anschließend die Besiedlung sowohl der bisher nur dünnbevölkerten Gegend am westlichen Elbufer, wo er in Stendal einen Marktort anlegen ließ, als auch der neugewonnenen ostelbischen Gebiete. „Er schickte, als die Slawen allmählich abnahmen, nach Utrecht und den Rheingegenden, ferner zu denen, die am Ozean wohnen und unter der Gewalt des Meeres zu leiden hatten, den Holländern, Seeländern und Flamen, zog von dort viel Volk herbei und ließ sie in den Burgen und Siedlungen der Slawen wohnen. Durch die eintreffenden Zuwanderer wurden auch die Bistümer Brandenburg und Havelberg sehr gekräftigt, denn die Kirchen mehrten sich, und der Zehnt wuchs ungeheuer an."[159]

Ähnlich suchte Erzbischof Wichmann von Magdeburg in den von ihm okkupierten Gebieten seine Einkünfte durch eine systematische Siedlungstätigkeit zu steigern. Aus den Jahren 1158 bis 1164 sind Siedlungsurkunden des Erzbischofs für drei östlich der Elbe gelegene Dörfer sowie für Wusterwitz überliefert. Auch hier waren die Siedler überwiegend Holländer bzw. Flamen, denen für die ersten Jahre Erleichterungen der genau fixierten Geld- und Naturalabgaben zugesichert wurden. Für die Ansiedlung bediente sich der Erzbischof sogenannter Lokatoren, die meist bäuerlicher Herkunft waren; sie hatten die Siedler anzuwerben sowie die Hufen an sie zu verteilen; für ihre Aufwendungen erhielten sie meist zwei oder mehrere Hufen und das erbliche Recht auf Ausübung der niederen Gerichtsbarkeit im Dorf. Schließlich veranlaßte der Erzbischof in seinen Besitzungen östlich der Elbe auch die Entwicklung einer Stadt, indem er 1174 den Bewohnern der Siedlung Jüterbog das Magdeburger Stadtrecht sowie Zollvergünstigungen verlieh. Nach Aussage der Urkunde wollte der Erzbischof mit dem Aufbau dieses vorgeschobenen städtischen Zentrums „sowohl den Schutz wie auch den Nutzen all derer, die in dieses Gebiet eingewandert sind oder noch einwandern wollen, mit gleichem Eifer wie den Gewinn zu seinem eigenen Nutzen fördern".[160]

In den grenznahen Gebieten war die slawische Bevölkerung infolge der kriegerischen Auseinandersetzungen stark dezimiert und teilweise vertrieben worden. Auch die drückenden Tributforderungen deutscher Feudalherren und das Eindringen deutscher Siedler zwangen vielfach die noch verbliebenen Slawen zur Abwanderung. Kennzeichnend ist wiederum ein Bericht Helmolds über das Schicksal der slawischen Bevölkerung in den östlichen Teilen Wagriens nahe der Ostseeküste. Dort hatte sich nach dem Vordringen des Grafen von Holstein in den vierziger Jahren unter Fürst Pribislaw auf engem Raum ein abhängiges slawisches Fürstentum behauptet. Dem zuständigen deutschen Bischof von Oldenburg erklärte Pribislaw die mangelnde Bereitschaft der Slawen, zum Christentum überzutreten, mit dem unerbittlichen Vorgehen der deutschen Fürsten, „so daß uns vor Steuern und härtester Knechtschaft der Tod besser als das Leben erscheint. Siehe, in diesem Jahr haben wir Bewohner dieses kleinen Winkels dem Herzog (Heinrich dem Löwen) volle 1000 Mark gezahlt, dem Grafen (von Holstein) 100 Mark gleicher Münze und noch immer kommen wir nicht davon, sondern werden täglich gepreßt und bedrängt bis aufs äußerste. Wie sollen wir uns denn diesem neuen Glauben öffnen, daß wir Kirchen bauen und die Taufe empfangen, wenn uns täglich Vertreibung droht." Der Graf von Holstein weitete indessen seinen Machtbereich weiter aus und ließ bei Plön eine neue Burg sowie eine Stadt anlegen. „Die Slawen, die in den umliegenden Ortschaften saßen, zogen sich zurück, und Sachsen kamen, dort zu wohnen; allmählich verschwanden die Slawen aus dem Lande."[161]

Im Jahre 1160 leitete Heinrich der Löwe im Bunde mit dem dänischen König einen großangelegten Angriff gegen die Obodriten unter Fürst Niklot ein, der sich in der Burg Werle verschanzte. Nachdem der Obodritenfürst bei einem Überfall auf das deutsche Heer gefallen war, geriet ein großer Teil seines Gebietes unter die Herrschaft des Sachsenherzogs, der in Burgen Ministerialen zur Sicherung und Verwaltung des eroberten Landes einsetzte. Die Söhne Niklots, Pribislaw und Wertislaw, behielten nur das weiter im Osten gelegene Gebiet um Werle. In die durch häufige Kriege stark entvölkerten Gebiete wurden auch hier Siedler aus dem niederländischen Raum gerufen. 1163 folgte ein weiterer Angriff des Herzogs, doch bereits im folgenden Jahr erhoben sich die Slawen unter Führung Pribislaws. Durch diese große, vor allem von der bäuerlichen Bevölkerung getragene Aufstandsbewegung wurden die Mecklenburg und einige andere Burgen zurückerobert; zahlreiche deutsche Einwanderer mußten fliehen. Aber ein Gegenangriff Heinrichs des Löwen führte trotz erbitterter Gegenwehr weit in das Gebiet der Herzöge von Pommern, die Pribislaw unterstützten.

Damit war das gesamte Gebiet der Obodriten in den Herrschaftsbereich Heinrichs des Löwen einbezogen. „Soweit noch letzte Reste der Slawen sich erhalten hatten, wurden sie durch den Mangel an Getreide und die Verwüstung der Äcker so von Hungersnot heimgesucht, daß sie scharenweise zu den Pommern und Dänen flüchten mußten."[162] Allerdings darf aus derartigen Aussagen Helmolds nicht eine völlige Verdrängung der Slawen gefolgert werden. Besonders im Süden Mecklenburgs existierten in den folgenden Jahrhunderten noch zahlreiche slawische Dörfer.[163]

Mit diesen Erfolgen stand Heinrich der Löwe 1164 auf dem Höhepunkt seiner Macht. Kurz darauf ließ er in Braunschweig vor seiner Burg Dankwarderode, die seine am häufigsten aufgesuchte Residenz war, den Löwen, eine der frühesten romanischen Freiplastiken,

In Braunschweig geprägter Brakteat Heinrichs des Löwen mit dem Löwendenkmal

als Gerichtszeichen und Monument seiner Macht aufstellen. Aber eben damals, im Jahre 1166, löste seine rücksichtslose, auf Stärkung der herzoglichen Gewalt gerichtete Politik eine Verschwörung zahlreicher Fürsten in Sachsen und den angrenzenden Gebieten aus. Der Herzog leitete sofort Gegenmaßnahmen ein. Anfang 1167 belehnte er den knapp drei Jahre zuvor besiegten Pribislaw mit dem größten Teil des eroberten Obodritenlandes, um neuen Erhebungen der Slawen entgegenzuwirken. Auf Pribislaw geht das bis 1918 in Mecklenburg regierende Herzogshaus zurück, das also slawischer Herkunft war. Außerdem drängte Heinrich der Löwe in jener kritischen Situation auf die Befestigung zahlreicher ihm unterstehender Städte, so von Braunschweig, Stade und Schwerin.[164]

Diese Maßnahme zeigt, wie konsequent gerade dieser Fürst das sich entwickelnde Städtewesen für seine Territorialpolitik nutzbar machte. Er hatte bereits um 1158 im Herzogtum Bayern die Initiative zur Gründung Münchens ergriffen. Der Schwerpunkt seiner Städtepolitik wie seiner gesamten Wirksamkeit lag jedoch im Herzogtum Sachsen. Hier setzte er durch, daß Lübeck unter seiner Oberhoheit 1159 neu gegründet wurde. In Braunschweig veranlaßte er um 1160 die Entstehung des sogenannten Hagen und ließ dort vor allem Flandrer ansiedeln, die zur Entwicklung des Tuchgewerbes in dieser Stadt beitrugen. Als 1160 das obodritische Schwerin erobert wurde, förderte der Herzog auch dort die städtische Entwicklung.

Stadtrechtsprivilegien Heinrichs des Löwen sind nicht überliefert, so daß unsicher ist, welche Rechte er im einzelnen den Bürgern seiner Städte gewährte. Doch wird in späteren Privilegien für Lübeck, Braunschweig und Stade klar gesagt, daß Herzog Heinrich diesen Städten Vergünstigungen gewährte. Dazu dürften unter anderem der Grundsatz der Freiheit für Zuzügler nach Jahr und Tag, Vorteile im Erbrecht und die Befreiung von jedem Arealzins für die Hausgrundstücke gehört haben. Die so geförderten Städte brachten dem Herzog nicht nur steigende Einnahmen; darüber hinaus waren die in den meisten Städten gelegenen Burgen auch Verwaltungsmittelpunkte, von denen aus herzogliche Ministerialen das umliegende Land kontrollierten.

Dank seiner mit diesen Mitteln gestärkten Position vermochte sich der Herzog 1166/67 gegen seine fürstlichen Widersacher zu behaupten. Im Sommer 1168 erzwang der aus Italien zurückgekehrte Kaiser eine Beendigung dieser Auseinandersetzungen. Die Stellung Heinrichs des Löwen blieb im wesentlichen ungeschmälert. Nur die dem Welfen überlassene Reichsvogtei Goslar fiel offenbar damals an den Kaiser zurück, der nach dem Scheitern seiner Italienpolitik den Reichsbesitz im deutschen Gebiet konsequenter auszubauen begann. Nachteilig für die Position Heinrichs des Löwen wirkte sich auch die Tatsache aus, daß der dänische König Waldemar I. die Zeit der Fürstenverschwörung ausnutzte, um auf eigene Faust 1168 Rügen zu erobern. Damit sicherte sich der dänische König für längere Zeit neben deutschen Feudalgewalten einen bedeutsamen Einfluß an der südlichen Ostseeküste.

Neben Heinrich dem Löwen und dem Markgrafen Albrecht von Brandenburg nutzten auch die Feudalgewalten im südlich angrenzenden Gebiet den Landesausbau zur Stärkung ihrer Macht. Markgraf Otto von Meißen veranlaßte die Gründung der Stadt Leipzig entsprechend dem Recht der Städte Magdeburg und Halle. Zusätzliche Einnahmen flossen ihm durch den um 1170 einsetzenden Silberbergbau im Gebiet der sich entwickelnden Stadt Freiberg zu.

Auch andere Feudalgewalten in diesem Raum, so die Bischöfe von Naumburg und Meißen, förderten nach der Jahrhundertmitte weiterhin den Zuzug bäuerlicher Siedler, deren Rechtsstellung in Urkunden fixiert wurde. Aufschlußreich sind insbesondere eine 1152 vom Naumburger Bischof für das Dorf Flemmingen und eine 1154 vom Meißner Bischof für die flandrischen Siedler des Dorfes Kühren (bei Wurzen) ausgestellte Urkunde. Die Bauern galten als persönlich frei und erhielten die Hufen zu vollem Erbrecht; die auf den Hufen lastenden Abgaben, die teilweise in Geld zu entrichten waren, wurden genau festgelegt; Frondienste entfielen gänzlich. Ein Dorfschulze übte die niedere Gerichtsbarkeit aus; das Dorf bildete somit einen eigenen Gerichtsbezirk, so daß die bäuerliche Gemeinde die Rechtsprechung beeinflussen konnte.

Die Ansiedlung zahlreicher Holländer und Flamen in den Flußniederungen der Elbe und Mulde erklärt sich teilweise daraus, daß man Wert auf Siedler legte, die über Erfahrungen in Entwässerungsarbeiten verfügten. Auch gab es damals in den niederländischen Küstengebieten viele Auswanderungswillige, die ihre durch schwere Sturmfluten gefährdeten Wohnsitze aufgaben. Beachtliche Vergünstigungen für die Neusiedler, das sichere, dem Eigentum nahekommende

Besitzrecht an den Hufen, die persönliche Freiheit und der Wegfall der Frondienste, trugen dazu bei, daß weitere Bauern durch Abwanderung nach dem Osten eine allzu drückende Ausbeutung abzuschütteln hofften. So zeigt sich beim Ausbau fürstlicher Herrschaftsbereiche im Ostexpansionsgebiet besonders eindrucksvoll, in welchem Maße die Machtentfaltung der Feudalgewalten abhängig war von den Leistungen der Städter und Bauern, die durch ihre produktive Arbeit und mit Hilfe ihrer Erfahrungen die Ertragsfähigkeit dieser Gebiete steigerten.

Königsterritorium und Städtepolitik unter Friedrich I.

Nach dem Fehlschlag seiner Italienpolitik im Katastrophenjahr 1167 verfolgte Friedrich I. mit größerer Energie als bisher den Ausbau des staufischen Besitzes sowie des Reichsgutes im „regnum Teutonicum".[165] Dabei nutzte er unter anderem die Tatsache, daß zu den Opfern des letzten Italienzuges auch sein Vetter Friedrich gehörte, der 1152 die staufischen Besitzungen in Franken sowie das Egerland geerbt und außerdem von Friedrich I. das Herzogtum Schwaben erhalten hatte. Jetzt überließ der Kaiser das Herzogtum Schwaben seinem erst dreijährigen Sohn Friedrich, während er das fränkische Gebiet und das Egerland, wo er die Kaiserpfalz Eger erbauen ließ, unmittelbar seiner eigenen Herrschaft unterstellte. Im Jahre 1167 beerbte der Kaiser außerdem im schwäbischen Gebiet die Herren von Schwabegg, denen auch die Vogtei über das Bistum Augsburg gehört hatte. Da der Kaiser damals noch das Erbe weiterer Dynastengeschlechter in Schwaben antrat, wurde die staufische Herrschaft in diesem Gebiet wesentlich erweitert und so der schwäbische Herzogstitel mehr als bisher mit Inhalt erfüllt.

Daneben baute Friedrich I. seine Besitzungen im Elsaß aus, wo die neu angelegte Kaiserpfalz Hagenau zentrale Bedeutung gewann, ebenso im Mittelrhein-Main-Gebiet, wo er unter anderem vom Mainzer Erzbischof Rechte an der Burg Gelnhausen erwarb. Dort wurde ebenfalls mit dem Bau einer Pfalz begonnen, nachdem die westlich von Mainz gelegene alte karolingische Pfalz Ingelheim bereits vor 1160 restauriert worden war. Der verstärkte Ausbau von Pfalzen hing offenbar damit zusammen, daß die Bischofssitze nicht mehr in dem Umfange wie im 11. Jh. für den Aufenthalt und Unterhalt des königlichen Hofes herangezogen werden konnten.

Weiter östlich wurde die Verbindung zwischen dem um Nürnberg gelegenen Reichsbesitz und dem Egerland 1174 durch einen Vertrag des Kaisers mit dem Bischof von Bamberg gefestigt, wonach die in der Hand des Grafen von Sulzbach befindlichen Bamberger Kirchenlehen bei dessen Tod an den Staufer fallen sollten. Sehr intensiv betrieb Barbarossa den Ausbau des Reichsbesitzes im Gebiet um die alte Reichsburg Altenburg im Pleißenland. Durch die südlich des Pleißenlandes gelegenen Reichsbesitzungen in dem später als „Vogtland" bezeichneten Gebiet, das seinen Namen von den dort eingesetzten Reichsvögten von Weida erhielt, war eine Verbindung zum Besitz um Eger und Nürnberg hergestellt.

So erstreckte sich um 1180 ein durch zahlreiche Burgen gesicherter Komplex kaiserlicher bzw. staufischer Besitzungen und Herrschaftsrechte vom Elsaß und dem Bodenseegebiet über den mittelrheinisch-fränkischen Raum bis nach Eger und Thüringen. Dieser Komplex wies noch viele Lücken auf, doch bot er bei konsequenter Weiterführung der gegebenen Ansätze künftigen Herrschern eine Ausgangsbasis für den Aufbau eines geschlossenen Königsterritoriums.

Im Zusammenhang mit dem Ausbau des staufischen Besitzes sowie des Königsgutes wandte Friedrich I. auch der städtischen Entwicklung in diesen Gebieten verstärkte Aufmerksamkeit zu. Vor der zu einer Pfalz ausgebauten staufischen Burg Hagenau existierte bereits seit dem frühen 12. Jh. ein kleiner Marktort, dem der Kaiser 1164 ein größeres Privileg gewährte. Es sicherte den Marktfrieden und enthielt günstige erbrechtliche Bestimmungen. Doch sollten Hörigkeitsbindungen von Einwanderern an ihre bisherigen Herren erhalten bleiben, das heißt, der Satz „Stadtluft macht frei" galt noch nicht. Eigene Verwaltungsbefugnisse wurden den Bürgern ebenfalls nur in begrenztem Maße zugestanden, indem „Geschworene der Stadt" (coniurati civitatis) Aufsichtsrechte über das Lebensmittelgewerbe erhielten.[166] Auch bei der Burg Gelnhausen förderte Friedrich I. die städtische Entwicklung, indem er den sich dort ansiedelnden Kaufleuten und Handwerkern 1170 Zollvorteile und erbrechtliche Vergünstigungen gewährte. Ein 1180 ausgestelltes Privileg für die Bewohner der städtischen Siedlung Wetzlar verbesserte deren Besitzrechte an den Hausgrundstücken und erleichterte den Handelsverkehr.[167] In den weiter östlich gelegenen Reichsbesitzungen machte die Entwicklung von Chemnitz, Altenburg, Zwickau und Pegau unter Friedrich I. wesentliche Fortschritte.[168]

Neben den bisher genannten Städten gab es noch eine Reihe weiterer königlicher Städte, die abseits von den staufischen Kerngebieten lagen. Auch für diese Städte sind Privilegien Friedrichs I. überliefert. Beispielsweise setzte er 1155 gegenüber dem Erzbischof von Mainz und 1165 gegenüber dem Bischof von Utrecht Zollerleichterungen für die Kaufleute der königlichen Stadt Duisburg durch. 1173 vereinbarte der Kaiser mit dem

Bergfried der oberen Burg Kyffhausen, errichtet während der Regierungszeit Friedrichs I.

Rekonstruktion der Burg Kyffhausen (von H. Wäscher)

Grafen von Flandern, daß in Duisburg und Aachen je zwei Jahrmärkte einzurichten seien, die vor allem den Kaufleuten aus Flandern offenstehen sollten.

Friedrich I. hat also die Bedeutung der Städte für den Ausbau seines Machtbereiches durchaus erkannt und durch Privilegien wie auch durch andere Maßnahmen zu ihrer wirtschaftlichen Entwicklung beigetragen. Allerdings war er in der Gewährung von Selbstverwaltungsbefugnissen an die Bürger zurückhaltender als etwa Heinrich der Löwe oder die Zähringer. Keine der staufischen Gründungen erlebte dementsprechend eine so rasche Entwicklung wie etwa Lübeck, München oder Freiburg. Mit dieser Einschränkung kann jedoch die Haltung Barbarossas zur Entwicklung der unter seiner Herrschaft stehenden Städte insgesamt positiv bewertet werden.

Anders verhielt er sich gegenüber den aufstrebenden Bürgerschaften der älteren, großen Städte, die unter bischöflicher Herrschaft standen und im Unterschied zu den neu entstehenden Städten damals bereits zu selbständigem politischen Handeln fähig waren. Es hätte durchaus im Interesse des Königtums gelegen, diese erstarkenden Stadtgemeinden in den Auseinandersetzungen mit ihren bischöflichen Stadtherren zu unterstützen und so enger an sich zu binden. Insbesondere jene Bischofsstädte, die in der Nachbarschaft staufischer Herrschaftskomplexe lagen, hätten durch eine solche Politik in eine feste Beziehung zur Zentralgewalt gebracht werden können. Doch Friedrich I. verzichtete zunächst auf solche Möglichkeiten und gab dem Zusammenwirken mit den geistlichen Fürsten, deren Hilfe er für seine Italienpolitik benötigte, den Vorzug.

Das 1156 vom Kaiser bestätigte Augsburger Stadtrecht betonte die Rechte des Bischofs und enthielt keine Hinweise auf weitergehende Freiheiten der Bürger. 1157 und 1161 hob Friedrich I. die Schwurgemeinschaft der Trierer Ministerialen und Bürger auf und sicherte damit die Stadtherrschaft des Erzbischofs. 1163 ging er mit Härte gegen die Mainzer vor, die bei ihrem Aufstand den Erzbischof getötet hatten; sie wurden gezwungen, große Teile der Stadtmauer zu schleifen.[169] Schließlich kassierte der Kaiser 1182 auf Betreiben des Bischofs von Cambrai die seit Beginn des Jahrhunderts bestehende Kommune in dieser Stadt; allerdings revidierte er in diesem Fall zwei Jahre später sein Vorgehen und bestätigte einen von den Bürgern dem Bischof aufgenötigten Kompromiß, der der Stadtgemeinde beachtliche Rechte zugestand. Auch in der Bestätigung des Privilegs Heinrichs V. für Speyer im Jahre 1182 kam der Staufer den Interessen der Bürger entgegen, indem er den Versuch des Bischofs, erneut eine Sterbefallabgabe von den Stadtbewohnern zu erheben, abwies. Aber keine Bestimmung dieser Urkunde beinhaltet eine grundsätzliche Einschränkung der stadtherrlichen Rechte des Bischofs zugunsten der Bürger. Das gleiche gilt für das Privileg zugunsten der Wormser Bürger von 1184, das sich auf eine Wiederholung der Urkunde Heinrichs V. von 1114 beschränkte. Die eben genannten Privilegien und darüber hinaus Urkunden für die Städte Bremen[170] und Lübeck von 1186 und 1188 beweisen aber immerhin, daß Friedrich I. in der Spätphase seiner Regierung, als er den Aufbau eines Königsterritoriums energischer vorantrieb, auch den Bürgerschaften der Bischofsstädte größeres Entgegenkommen zeigte, ohne jedoch seine grundsätzliche Haltung zu ändern.[171]

Zugleich nutzte er die neuen Möglichkeiten, die sich aus der Entwicklung der Ware-Geld-Beziehungen für die Steigerung der Einnahmen und damit für die Festigung seiner Macht ergaben. In königlichen Städten, so etwa in Altenburg, Eger, Gelnhausen, Hagenau, Kaiserslautern, Nordhausen und Schwäbisch-Hall, wurden Münzstätten eingerichtet.[172] Insgesamt war jedoch Friedrichs I. widersprüchliche Städtepolitik kaum geeignet, ein engeres Verhältnis zwischen der Zentralgewalt und dem aufstrebenden Bürgertum herbeizuführen. In dieser Beziehung verfolgten die französischen Könige trotz mancher Schwankungen eine progressivere, für die weitere Festigung der Zentralgewalt günstigere Politik. Vor allem König Philipp II. nutzte in den letzten Jahrzehnten des 12. Jh. die kommunale Bewegung in vielen Bischofsstädten aus, um die bischöflichen Rechte zurückzudrängen und den königlichen Einflußbereich zu erweitern. Dies wurde in Frankreich allerdings dadurch erleichtert, daß dort die Bischöfe nicht über so umfangreiche Herrschaftsrechte verfügten wie die deutschen geistlichen Fürsten und eine städtefreundliche Politik dementsprechend weniger risikovoll war.

Trotz der Erfolge, die der Kaiser nach 1167 beim Ausbau seiner Machtbasis erzielte, waren gegen Ende seiner Regierungszeit ein kontinuierlicher Aufstieg der Zentralgewalt und eine allmähliche Zurückdrängung der Fürsten keineswegs gesichert. Hinzu kam, daß das Königtum kaum von den Möglichkeiten der Machterweiterung, die die Ostexpansion bot, profitierte. Nur im waldreichen Egerland und Pleißenland vermochte der Staufer den verstärkten Landesausbau auszunut-

In Frankfurt/Main geprägter Pfennig Friedrichs I. (Rückseite mit Stadtbild)

In Schwäbisch-Hall geprägte Münze Friedrichs I. Der im Vergleich zu anderen Pfennigen leichtere Heller gewann im 13. Jh. überregionale Bedeutung

Brakteat Friedrichs I. aus Altenburg

zen, um seine Herrschaft über größere, geschlossene Gebiete durchzusetzen. Somit konnte Friedrich I. trotz beachtlicher Fortschritte beim Aufbau eines Königsterritoriums mit der gleichzeitigen Festigung der Fürstenmacht nicht Schritt halten.

Der Abschluß der Kämpfe um Oberitalien

Die Entschlossenheit, mit der der Kaiser nach dem Fehlschlag in Italien 1167 den Ausbau seines unmittelbaren Herrschaftskomplexes im deutschen Reichsgebiet in Angriff nahm, trug dazu bei, daß hier seine Stellung in jener kritischen Situation nicht erschüttert wurde. Schon im Sommer 1169 erreichte er von den Fürsten die Wahl seines damals erst vierjährigen Sohnes Heinrich zum König, so daß die Nachfolge gesichert war. Im Frühjahr 1172 fühlte sich der Kaiser wieder stark genug, um für das Jahr 1174 einen neuen – den fünften – Italienzug anzukündigen. Die Fürsten zeigten wiederum nur eine geringe Bereitschaft, sich an diesem Unternehmen zu beteiligen, so daß Friedrich I.

nach seinem Eintreffen in der Lombardei im Herbst 1174 in beträchtlichem Maße die Hilfe italienischer Verbündeter in Anspruch nehmen mußte.

Die kaiserlichen Truppen waren zu schwach, um das noch provisorisch befestigte und als „Strohstadt" verspottete Alessandria einzunehmen. Im April 1175 mußte die Belagerung der Stadt aufgegeben werden, da ein Entsatzheer des Lombardenbundes anrückte. Darauf erklärte sich der Kaiser im Vorfrieden von Montebello zu einem schiedsgerichtlichen Verfahren mit dem Lombardenbund bereit. Aber die folgenden Verhandlungen scheiterten, weshalb Friedrich I. um die Jahreswende 1175/76 genötigt war, die deutschen Fürsten dringend um die Entsendung von Truppen zu bitten. Sein Versuch, Heinrich den Löwen bei einem Zusammentreffen in Chiavenna zur Hilfeleistung zu bewegen, blieb ergebnislos, während andere Fürsten den Bitten des Kaisers entsprachen. Das auf diese Weise zusammengekommene kaiserliche Heer stieß am 29. Mai 1176 bei Legnano in der Nähe von Mailand mit dem Heer des Lombardenbundes zusammen. Es gelang den deutschen Rittern zwar, das berittene Aufgebot der Gegenseite zu schlagen, aber vor dem um den Mailänder Fahnenwagen, den Carroccio, gescharten Fußvolk scheiterten alle Angriffe, so daß das kaiserliche Heer schließlich panikartig die Flucht ergriff. Erstmals wurde damit ein Ritterheer von einem diszipliniert zu Fuß kämpfenden städtischen Aufgebot besiegt.

Nunmehr mußte Friedrich I. endgültig auf Verhandlungen eingehen. Dabei war seine Ausgangssituation nicht so ungünstig, wie nach der Niederlage von Legnano zu erwarten gewesen wäre. Da dieser Triumph der Lombarden vor allem die Stellung Mailands gefestigt hatte, zeigten sich bald Risse im Bund der Städte. Außerdem steuerte der Staufer diesmal zuerst eine Beilegung des Konflikts mit Papst Alexander III. an, um so die lombardischen Städte zu isolieren. Im Oktober 1176 handelten kaiserliche Bevollmächtigte am päpstlichen Hof in Anagni einen Friedensentwurf aus, demzufolge der Kaiser Alexander III. als rechtmäßigen Papst anerkannte und den Gegenpapst fallenließ. Weiter gestand er die Rückgabe entfremdeten päpstlichen Besitzes und den Verzicht auf die Reichshoheit über Rom zu. Allerdings forderte der Papst, mit Rücksicht auf seine bisherigen Bundesgenossen, daß dieser Friede erst nach einer Einigung des Kaisers mit dem Lombardenbund und dem König von Sizilien in Kraft treten sollte. Dafür erklärte er sich bereit, als Friedensvermittler zu fungieren.

Bei den im März 1177 in Venedig aufgenommenen Verhandlungen zeigte sich bald, daß die Gegensätze zwischen dem Kaiser und den oberitalienischen Städten nicht kurzfristig zu überbrücken waren. Daher machte der Papst den Vermittlungsvorschlag, vorerst nur einen sechsjährigen Waffenstillstand zwischen Friedrich I.

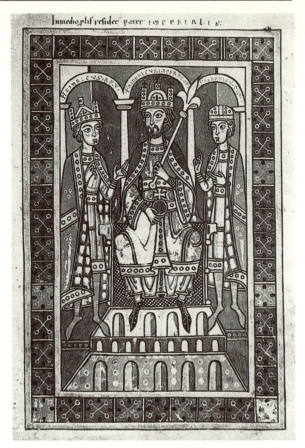

Kaiser Friedrich I. mit seinen Söhnen Heinrich (VI.) und Friedrich. Fuldaer Handschrift der Welfenchronik (um 1180)

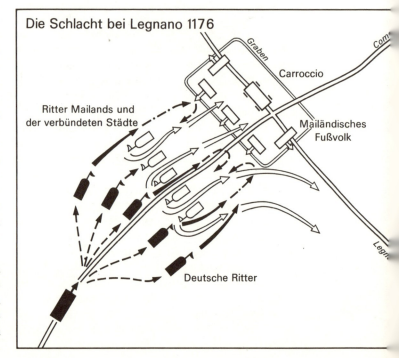

und den Städten des Bundes herbeizuführen. Nach Annahme dieses Vorschlages löste Alexander III. den Kaiser vom Bann, und am 1. August 1177 wurden in Venedig der Friede des Staufers mit der Kirche, der sechsjährige Waffenstillstand mit dem Lombardenbund und ein fünfzehnjähriger Friede mit Sizilien beschworen. Das päpstliche Schisma war damit beendet; das Papsttum hatte seine im Investiturstreit erkämpfte Unabhängigkeit gegenüber dem Kaisertum behauptet.

Friedrich I. suchte nach dem Frieden von Venedig die ihm unterstehenden mittelitalienischen Gebiete auf, in denen er nach wie vor über eine feste Position verfügte, da hier die Städte nicht so stark wie in Oberitalien waren. Der schwäbische Adlige Konrad von Urslingen wurde als Herzog von Spoleto eingesetzt, der vermutlich der Reichsministerialität angehörende Konrad von Lützelhard als Markgraf von Ancona.

Als um die Jahreswende 1182/83 die Verhandlungen für den Abschluß eines endgültigen Friedens zwischen dem Lombardenbund und Barbarossa begannen, hatte sich die Ausgangsposition des Kaisers weiter gebessert. Er hatte nicht nur die staufische Herrschaft in Mittelitalien ausgebaut, sondern es war ihm inzwischen auch gelungen, seinen Rivalen Heinrich den Löwen zu entmachten. So mußten die lombardischen Kommunen bei den entscheidenden Abschlußverhandlungen in Piacenza im April 1183 auf Wünsche Barbarossas eingehen, die sie früher entschieden abgelehnt hatten. Während die Städte ursprünglich dem deutschen Herrscher nur bei Romzügen zur Kaiserkrönung eine Steuer, das „fodrum", zahlen wollten, wurde jetzt festgelegt, daß diese Zahlung dem König bzw. Kaiser bei jedem Aufenthalt in Italien zu leisten sei. Von den Städten in Anspruch genommene Regalien, deren Besitzrecht nicht einwandfrei nachgewiesen werden konnte, beließ der Kaiser diesen zwar, doch verlangte er dafür einen jährlichen Pauschalzins von 2000 Mark. Darüber hinaus war für die Regaliennutzung eine einmalige Abfindung von 15000 Mark zu zahlen.[173] Weiter wurde den Städten zwar die Wahl von Konsuln zugestanden, aber dem Kaiser bzw. einem von ihm Beauftragten verblieb die Befugnis, die gewählten Konsuln zu investieren. Dafür erkannte der Staufer die Existenz des Lombardenbundes ausdrücklich an. Der in Piacenza ausgehandelte Frieden wurde am 20. Juni 1183 auf dem Hoftag zu Konstanz von beiden Seiten feierlich beschworen.

Der Frieden von Konstanz sicherte dem Kaiser mehr als eine nur nominelle Oberhoheit über Oberitalien, aber das 1158 auf dem Hoftag von Roncaglia entwickelte Konzept war endgültig gescheitert. Denn wenn auch nach 1183 beachtliche Einnahmen aus Oberitalien in die kaiserliche Kasse flossen, so hatten die Kommunen doch verhindert, daß dieses wirtschaftlich hochentwickelte Gebiet unmittelbares Machtzentrum der staufischen Herrschaft wurde. Die Städte konnten auf Grund ihrer wirtschaftlichen und militärischen Stärke ihre Eigenständigkeit behaupten.

Der Prozeß gegen Heinrich den Löwen und die Ausbildung des Reichsfürstenstandes

Als Friedrich I. nach dem fünften Italienzug im Herbst 1178 in das deutsche Reichsgebiet zurückkehrte, waren erneut Konflikte zwischen einigen Fürsten und Heinrich dem Löwen ausgebrochen. Beide Parteien erhoben im November 1178 auf dem Hoftag zu Speyer vor dem eben zurückgekehrten Kaiser Klage. Dieser eröffnete ein Gerichtsverfahren und lud die verfeindeten Fürsten für Mitte Januar nach Worms. Heinrich der Löwe erkannte, daß der Staufer nicht mehr wie in früheren Jahren für ihn einzutreten bereit war, und erschien weder hier noch zum nächsten angesetzten Termin im Juni 1179 in Magdeburg. Darauf verfiel er gemäß einem fürstlichen Rechtsspruch der Reichsacht. Nunmehr trat der Kaiser, der in dem bisherigen landrechtlichen Gerichtsverfahren gewissermaßen als formal unparteiischer Richter in einem Streit zwischen Fürsten und dem Welfenherzog fungiert hatte, selbst als Ankläger auf den Plan. Unter Hinweis darauf, daß sich der Herzog durch seine Weigerung, den gerichtlichen Ladungen zu folgen, der Mißachtung der kaiserlichen Majestät schuldig gemacht habe, eröffnete er im August 1179 als Lehnsherr ein lehnrechtliches Verfahren gegen seinen mächtigen Vasallen. Zugleich ließ er zu, daß die Fürsten einen Kriegszug gegen den bereits geächteten Welfen beschlossen.

Auf dem folgenden Hoftag zu Würzburg im Januar 1180, zu dem Heinrich der Löwe wiederum nicht erschien, fand das lehnrechtliche Verfahren seinen Abschluß. Auf Grund eines Spruchs der Reichsfürsten, seiner Standesgenossen in der Lehnshierarchie, wurden ihm jetzt alle Reichslehen und somit seine beiden Herzogtümer Sachsen und Bayern aberkannt. Auf dem Tage zu Gelnhausen zog der Kaiser die ersten Konsequenzen. Das sächsische Herzogtum wurde aufgeteilt; die westlichen Gebiete erhielt Erzbischof Philipp von Köln als Herzogtum Westfalen, den östlichen Teil Graf Bernhard von Anhalt, ein Sohn des Askaniers Albrecht des Bären.

Die Gelnhäuser Beschlüsse waren natürlich nur durch militärisches Vorgehen des Kaisers und der auf seiner Seite stehenden Fürsten zu verwirklichen. Dementsprechend wurde zu Gelnhausen eine gemeinsame Reichsheerfahrt gegen den Welfen beschlossen. Die Vergabe Sachsens an interessierte Fürsten sollte offensichtlich die aktive Beteiligung einer großen Zahl mächtiger Feudalherren sichern. Heinrich der Löwe eröffnete die Auseinandersetzung, indem er Anfang Mai 1180 das dem Kaiser gehörende Goslar angriff. Die Stadt vermochte er zwar nicht zu nehmen, doch ließ er die in der Umgebung dieses bedeutenden Bergbauzentrums liegenden Hüttenanlagen zerstören.[174] Das im Juli anrückende Heer des Kaisers und der verbündeten Fürsten konnte jedoch mehrere welfische Burgen im Harzgebiet ohne größere Kämpfe einnehmen, da viele Vasallen Heinrichs des Löwen auf die Seite des Staufers traten. Der Kaiser begnügte sich mit diesen Anfangserfolgen und war Mitte September wieder in Altenburg, wo er den bayerischen Pfalzgrafen Otto von Wittelsbach mit dem Herzogtum Bayern belehnte; gleichzeitig erhob er die Steiermark zum Herzogtum und löste sie damit ähnlich wie 1156 Österreich aus jeder Unterordnung unter die Herzöge von Bayern bzw. Kärnten.

Der entscheidende Angriff kaiserlicher und fürstlicher Truppen gegen den Welfen erfolgte im Sommer 1181. Während dieser in das befestigte Stade floh, drangen die Angreifer schnell bis Lübeck vor, das ähnlich wie Braunschweig und Lüneburg, im Gegensatz zu zahlreichen Vasallen, Heinrich dem Löwen die Treue hielt und zunächst der Belagerung trotzte. Die den Interessen der Stadtbevölkerung entgegenkommende Politik des Welfen zeitigte also ihre Wirkungen. Die Lübecker öffneten dem Kaiser ihre Tore erst, nachdem Heinrich der Löwe angesichts seiner hoffnungslosen Situation einer städtischen Gesandtschaft die Übergabe nahegelegt und Friedrich I. den Bürgern versprochen hatte, „daß sie die Freiheit der Stadt, die sie vordem vom Herzog erhalten hatten, behalten dürften, und die Rechtsordnung, die ihnen in Privilegien entsprechend dem Recht von Soest verbrieft worden war, sowie die Gebiete, die sie an Weideland, Wald und Gewässern innehatten, auf Grund der Autorität und Freigebigkeit des Kaisers weiter besitzen dürften".[175] Im November 1181 entschieden Kaiser und Fürsten in Erfurt endgültig über das Schicksal des geschlagenen Welfen. Er durfte nur seine Familiengüter um Braunschweig und Lüneburg behalten und mußte für drei Jahre das Reich verlassen.

Es stellt sich die Frage, weshalb der Staufer, der seine Politik im Prinzip auf ein Zusammenwirken mit den Fürsten aufbaute, sich 1178/79 zu einem Vorgehen gegen Heinrich den Löwen entschloß, nachdem er diesen früher wiederholt gegen alle Widersacher unterstützt hatte. Die veränderte Haltung des Kaisers dürfte in hohem Maße darauf zurückzuführen sein, daß der Welfe seit längerer Zeit die Unternehmungen des Kaisers, besonders dessen Italienpolitik, nicht mehr unterstützte; vor allem hatte er dem Kaiser Anfang 1176 in dessen schwieriger Lage in Chiavenna die Hilfe verweigert. Darüber hinaus mußten wegen der Bemühungen um den Aufbau eines Königsterritoriums

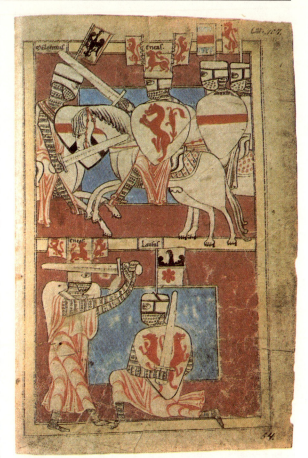

Kämpfende Ritter. Miniatur in der Berliner Handschrift der Eneide des Heinrich von Veldeke (Anfang 13. Jh.). Eneas führt im Schild einen Löwen als Wappentier

innerhalb des deutschen Reichsgebietes nach dem vierten Italienzug die Reibungsflächen zwischen dem Staufer und dem Herrn zweier Herzogtümer wachsen. Beispielsweise hatte der erbenlose Welf VI., dem das umfangreiche welfische Hausgut in Schwaben um Ravensburg gehörte, zunächst seinem Neffen Heinrich den Erbanspruch auf diese Besitzungen zugesichert; aber wegen seiner Geldnöte verwarf er, als ihm Barbarossa eine größere Summe bot, 1178 diese Regelung und versprach seine Güter, die den staufischen Besitz in Schwaben vorzüglich abrundeten, dem Kaiser.

Die Absetzung Heinrichs des Löwen als Herzog von Sachsen hatte weitreichende Folgen für die politische Kräftekonstellation an der Nordostgrenze des Reiches. Der neuernannte Herzog Bernhard, der sich mit der Lauenburg am rechten Ufer der unteren Elbe sein Herrschaftszentrum schuf, verfügte nur über ein geringes Kräftepotential. Neben den westlichen Teilen des Herzogtums Sachsen, die der Kölner Erzbischof erhielt, gingen weitere Besitzungen und Rechte, die der Welfe an sich gerissen hatte, an ihre früheren Besitzer verloren. So fielen Stade und andere Ländereien, die

Heinrich der Löwe vom Bremer Erzbischof als Kirchenlehen übernommen hatte, an den letzteren zurück. Der Graf von Holstein, der seinen Herrschaftsbereich auf Kosten slawischer Gebiete erweitert hatte, entzog sich weitgehend der Oberhoheit des neuen Herzogs. Die Stadt Lübeck wurde von Friedrich I. selbst beansprucht und 1188 durch ein kaiserliches Privileg gegen Eingriffe benachbarter Feudalgewalten abgesichert.[176]

Angesichts dieser Schwächung des sächsischen Herzogs kam das Gewicht des dänischen Königs in den slawischen Gebieten an der südlichen Ostseeküste um so stärker zur Geltung. Der dänische König Knud unterwarf bis zum Jahre 1185 den Herzog von Pommern[177] sowie die beiden mecklenburgischen Fürsten Borwin und Niklot seiner Lehnshoheit. Die umfangreichen Eroberungen Heinrichs des Löwen in diesem

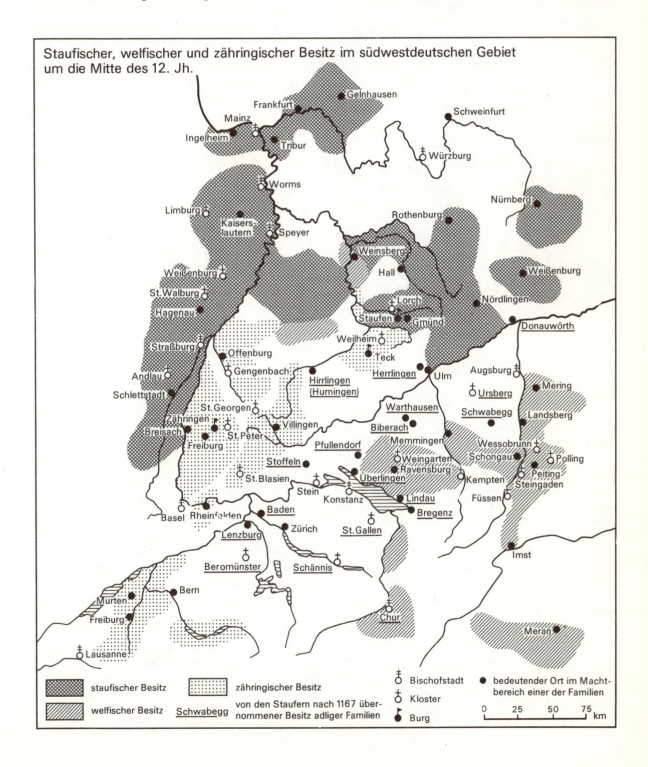

Grabmal Heinrichs des Löwen und seiner Frau Mathilde im Dom zu Braunschweig (um 1226)

Gebiet waren damit zu einem großen Teil zunichte gemacht.

Der Prozeß gegen Heinrich den Löwen und dessen Sturz waren darüber hinaus folgenreich für die Verfassungsentwicklung im „regnum Teutonicum". Symptomatisch war bereits die Taktik des Kaisers, der zunächst den Prozeß auf Grund der Anklagen von Fürsten einleitete und erst in einem fortgeschrittenen Stadium selbst den Lehnsprozeß gegen den Welfen eröffnete, wobei er das Urteil von „Reichsfürsten" sprechen ließ.[178] Auch das militärische Vorgehen erfolgte in engem Zusammenwirken mit den Fürsten, denen die dem Herzog abgesprochenen Rechte bis auf geringe Ausnahmen überlassen wurden. Die eigentlichen Gewinner dieses Prozesses waren daher die Fürsten, während der unmittelbare Gebietszuwachs für die Zentralgewalt minimal blieb.

Vorteilhaft für Barbarossa war allerdings, daß er künftig im deutschen Reichsgebiet nicht mehr mit einem Vasallen zu rechnen brauchte, der faktisch über mehr Macht verfügte als er selbst. Mit der Teilung Sachsens wurden die Möglichkeiten zur Bildung übergroßer fürstlicher Herrschaftskomplexe weiter eingeschränkt. Der teilweise schon im ausgehenden 10. Jh. einsetzende und im 12. Jh. durch den regionalen staatlichen Konzentrationsprozeß beschleunigte Prozeß der Aufteilung der alten, großen Stammesherzogtümer gelangte mit der Absetzung Heinrichs des Löwen zum Abschluß. Im Rahmen dieser Entwicklung hatte sich an Stelle der Stammesherzöge eine zahlenmäßig größere, aber doch begrenzte Gruppe mächtiger Fürsten herausgebildet, die sich deutlich über die zahlreichen Grafen und sonstigen Dynasten erhob und sich von diesen durch den Titel eines Herzogs, Markgrafen, Landgrafen oder Pfalzgrafen unterschied. Ihre Fürstentümer waren sogenannte Fahnenlehen, die mit einer Fahne als Symbol unmittelbar vom Kaiser verliehen wurden. Neben diese bevorzugte Gruppe weltlicher Fürsten traten als Inhaber der ebenfalls direkt vom Kaiser übertragenen Szepterlehen gleichberechtigt die zahlreichen geistlichen Fürsten, deren Stellung sich im Verlauf des Investiturstreites und durch das Wormser Konkordat gefestigt hatte.

Diese geistlichen Fürsten, deren Zahl Ende des 12. Jh. etwa 90 betrug, und jene kleine, zunächst 16 Mitglieder umfassende Gruppe weltlicher, direkt vom Kaiser belehnter Fürsten grenzten sich nunmehr als „jüngerer Reichsfürstenstand" deutlich von allen anderen Feudalgewalten ab. Während bis in die zweite Hälfte des 12. Jh. der Begriff „Fürsten" (principes) ohne klare Abgrenzung für alle größeren Feudalherren einschließlich der Grafen verwendet wurde, war der jetzt hervortretende Stand der Reichsfürsten (principes imperii) scharf umrissen. In den Jahren 1184 bzw. 1188 erhob Friedrich I. erstmals einen Grafen, den des Hennegau, dem zugleich die neugebildete Markgrafschaft Namur übertragen wurde, formal in den Reichsfürstenstand. Vor diesem Termin muß also die Abgrenzung des Reichsfürstenstandes erfolgt sein. Es spricht vieles dafür, daß die Zerschlagung der Herzogtümer Sachsen und Bayern während des Prozesses gegen Heinrich den Löwen diese Abgrenzung endgültig verfestigte.[179]

Treibende Kraft in dieser Entwicklung war vor allem jene herausragende Gruppe mächtiger Fürsten, die den fortschreitenden staatlichen Konzentrationsprozeß für sich ausnutzen und sich die kleineren Feudalgewalten unterordnen wollte. Neben den Fürsten hatte aber auch die Zentralgewalt ein Interesse an der Absonderung des Reichsfürstenstandes. Friedrichs I. Politik war offenbar darauf gerichtet, jene begrenzte Schicht bevorrechtigter, durch direkte Belehnung an ihn gebundener Fürsten in einer Interessengemeinschaft mit der Reichsgewalt zu verknüpfen. Diese Erwartung mochte bis zu einem gewissen Grade berechtigt sein, solange die Fürsten ihre territoriale Machtbasis noch nicht voll ausgebaut hatten. Auf längere Sicht zeigte sich aber, daß die Bildung des Reichsfürstenstandes die Verbindung der Zentralgewalt mit den Aftervasallen unterband und somit vorwiegend der Stellung der Fürsten zugute kam.

Die Sonderstellung der Reichsfürstentümer trug dazu bei, daß es der Zentralgewalt künftig erschwert wurde, derartige Herrschaftsgebilde aufzuheben und dem unmittelbaren königlichen Machtbereich einzugliedern. Der von der Forschung lange Zeit angenommene „Leihezwang", wonach der König wegen Aussterbens der Dynastie heimgefallene Reichsfürstentümer binnen Jahr und Tag grundsätzlich neu verleihen mußte, existierte damals nicht als verbindliche Rechtsnorm. Aber die Neuvergabe Sachsens und Bayerns nach der Absetzung Heinrichs des Löwen trug dazu bei, daß auch künftig heimgefallene Reichsfürstentümer normalerweise nicht vom König konfisziert, sondern erneut zu Lehen gegeben wurden.[180] Zugleich bedeutete die Bildung des jüngeren Reichsfürstenstandes ein verstärktes Wirksamwerden des Lehnrechts in der Reichsverfassung. Denn wesentliches Charakteristikum dieses Standes war die direkte Lehnsbindung an den Kaiser. Da das Lehnrecht jener Zeit die Ansprüche des Vasallen gegenüber dem Herrn stark betonte, wurde damit letztlich ebenfalls die Position der Reichsfürsten gegenüber der Zentralgewalt gefestigt.

Zur Zeit der Ausbildung des Reichsfürstenstandes gewann die für das Lehnswesen charakteristische hierarchische Gliederung der herrschenden Klasse in Form der sogenannten Heerschildordnung feste Gestalt. Als „Heerschild" wurde zunächst einfach die Möglichkeit bzw. Befugnis eines Feudalherrn bezeichnet, Vasallen aufzubieten. Die systematisierte Heerschildordnung, die erstmals im Sachsenspiegel formuliert wurde,[181] beinhaltet eine präzise Abstufung aller Lehnsträger, die Vasallen aufbieten konnten oder als Vasallen aufgeboten wurden. Der erste Heerschild kam demnach dem König, der zweite den geistlichen Fürsten und der dritte den weltlichen Reichsfürsten zu. Daß die weltlichen den geistlichen Reichsfürsten nachgeordnet wurden, bedeutete keine Rangminderung derselben. Diese Einstufung erklärt sich daraus, daß die weltlichen Fürsten damals häufig Lehen, sogenannte Kirchenlehen, von geistlichen Fürsten annahmen, um auf diese Weise ihren Herrschaftsbereich zu erweitern und abzurunden. Den vierten Platz in der Heerschildordnung nahmen die adligen Vasallen, Grafen und Edelfreien ein. Danach folgten die kleineren Vasallen und die Ministerialen.[182] Die Einbeziehung der Ministerialität in die Heerschildordnung spiegelt einen bedeutsamen Entwicklungsprozeß wider, die volle Einbeziehung der „unfreien" Ministerialität in die herrschende Klasse.

Der Kaiser vergibt Szepter- und Fahnenlehen (Dresdener Bilderhandschrift des Sachsenspiegel)

*Die Entwicklung der Ministerialität
zum niederen Adel*

Die Dienstleute bzw. Ministerialen der mächtigeren Feudalherren und des Königs hatten mit dem Einsetzen des staatlichen Zentralisationsprozesses im regionalen Rahmen seit der Mitte des 11. Jh. stetig an Bedeutung gewonnen und zahlenmäßig stark zugenommen. Infolge der begrenzten Zahl und der wachsenden Verselbständigung der freien Vasallen waren die größeren weltlichen und geistlichen Feudalherren darauf angewiesen, die für den Ausbau ihrer Herrschaftsbereiche erforderliche militärische Streitmacht aus dem Kreis ihrer abhängigen Leute zu ergänzen; zugleich trug der beginnende Aufbau einer primitiven staatlichen Verwaltung dazu bei, daß Ministerialen in steigendem Maße als Untervögte oder Amtsträger benötigt wurden.

Entscheidend für den Aufstieg der zunächst unfreien Schicht der Ministerialen war die Tatsache, daß sie ihrem Herrn als Panzerreiter – als „Ritter" – zu dienen hatten und somit im militärischen Bereich ähnliche Aufgaben wie die freien Vasallen erfüllten. Dabei mußten sie für ihre Ausrüstung und ihren Unterhalt weitgehend selbst sorgen. Die für die volle Ausrüstung eines Ritters erforderlichen Mittel wuchsen jedoch im 11./12. Jh. auf Grund der Vervollkommnung der Bewaffnung weiter an. Seit dem 11. Jh. setzte sich an Stelle des alten Schuppenpanzers der vom Kopf bis zu den Schenkeln reichende Ringpanzer (halsberge) mehr und mehr durch. In der zweiten Hälfte des 12. Jh. begann man, auch die Streitrosse zu panzern. Der Chronist Giselbert von Mons berichtet zum Jahre 1187, daß die Ritter seines Herrn, des Grafen von Hennegau, nahezu ausnahmslos ihre Pferde in dieser Weise geschützt hätten.[183] Zudem kamen damals geschlossene Helmformen auf.[184] Das Gewicht der Rüstung zwang dazu, daß das Streitroß während längerer Märsche geschont wurde und der Ritter währenddessen auf einem zweiten Pferd saß. Zugleich benötigte man ein Tragtier – häufig ein Maultier – zum Transport von Harnisch und Schild. Außerdem erforderte der Kampf zu Pferde ständige Übung. Neben der Jagd auf Hochwild waren es vor allem die im 12. Jh. in Brauch kommenden Turniere,[185] die den Rittern die Möglichkeit boten, ihre Fähigkeiten zu erproben und weiterzuentwickeln.

Die kostspielige Ausrüstung sowie der Zeitaufwand für Übung, Wachdienst auf den Burgen des Herrn und Kriegszüge setzten voraus, daß jeder Ritter über ausreichenden Grundbesitz mit abhängigen Bauern verfügte. Der Umfang der Dienstlehen nahm daher immer mehr zu. Die schon im 11. Jh. bezeugte Erblichkeit der Dienstlehen in männlicher Linie wurde im 12. Jh. weiter ausgebaut und auf Frauen ausgedehnt, so daß im 13. Jh. die Dienstlehen kaum noch von den Lehen der freien Vasallen zu unterscheiden waren. Besonders angese-

Topfhelm des 13. Jh. mit Sehspalt und Luftlöchern (gefunden in der Burg Madeln bei Basel)

hene, einflußreiche Reichsministerialen gelangten darüber hinaus bald in den Besitz echter Lehen. Ein hervorragendes Beispiel ist der mächtige Reichsministeriale Werner von Bolanden, über dessen Besitz ein vom Ende des 12. bis zur Mitte des 13. Jh. angelegtes Lehensbuch Aufschluß gibt. Er hatte von zahlreichen Fürsten Lehen erhalten und verfügte selbst über weit mehr als 100 Dienstleute bzw. Vasallen.

Parallel zur Festigung ihrer Besitzrechte an den Dienstlehen und zum Erwerb sonstiger Grundbesitzungen setzten die Dienstleute, insbesondere die Reichsministerialen und die häufig zum Reichsdienst herangezogenen Ministerialen der geistlichen Fürsten, eine Verbesserung ihrer Rechtsstellung durch,[186] so daß ihre ursprüngliche Unfreiheit mehr und mehr verblaßte. Ein Kennzeichen des sozialen und des rechtlichen Aufstiegs war die sich häufende Abfassung von Dienstrechten, in denen die Rechte und Pflichten der Ministerialen, aber auch die Verpflichtungen des Herrn ihnen gegenüber festgelegt wurden. Nachdem schon im 11. Jh. erste derartige Aufzeichnungen entstanden waren, folgten im 12. Jh. zahlreiche weitere, teilweise recht detaillierte Dienstrechte. Besonders aufschlußreich ist das bald nach 1150 entstandene Dienstrecht der

Zwei Ritter im Turnier vor zuschauenden Damen (Manessische Liederhandschrift, Anfang 14. Jh.)

Ministerialen des Kölner Erzbischofs. Neben den üblichen Bestimmungen über das Besitz- und Erbrecht der Ministerialen an den Dienstlehen[187] enthält es Festlegungen über die Beteiligung an den Italienzügen des Kaisers; demnach mußte der Erzbischof den Dienstleuten, die zu derartigen Unternehmungen aufgeboten wurden, eine bestimmte Geldsumme, ein 40 Ellen langes Stück Tuch und vier Hufeisen mit Nägeln geben; außerdem sollten je zwei Ministerialen ein Maultier erhalten.

Die Aufzeichnung derartiger Dienstrechte erklärt sich daraus, daß die Stellung der Ministerialen in stetiger Entwicklung begriffen war. Die Ministerialen drängten darauf, errungene Rechte zu sichern, während die Herren daran interessiert waren, den tatsächlichen Zustand zu fixieren, um weitere, für sie ungünstige Veränderungen zu bremsen. Das gestiegene Ansehen der Ministerialität verdeutlicht eine Mitte des 12. Jh. im elsässischen Kloster Ebersheim entstandene chronikalische Aufzeichnung, welche die einem Herrn unterstehende „familia" – das heißt die Gesamtheit der abhängigen Leute – in drei Gruppen gliedert: Auf der untersten Stufe stehen die im vollen Sinne Unfreien, auf der zweiten Stufe die sogenannten Zensualen, während die Ministerialen den höchsten Platz einnehmen. Sie werden zwar nach wie vor zur „familia" eines Herrn gezählt, doch wird zugleich nachdrücklich betont, daß diese Schicht „so edel (nobilis) und kriegstüchtig ist, daß sie in der Tat dem Freien-Stand an die Seite gestellt werden kann".[188]

Eine Folge des Aufstiegs der Ministerialität war, daß im Laufe des 12. Jh. Freie in die Dienstmannschaft weltlicher oder geistlicher Fürsten einzutreten begannen. In einer Urkunde König Konrads III. für das Kloster Corvey von 1147 findet sich neben der Festlegung, daß der Abt abhängige Liten und Zinspflichtige zu Ministerialen erheben dürfe, zugleich die bezeichnende Bestimmung, daß Freie ihre Güter dem Kloster übergeben und in den Stand der Ministerialen eintreten dürfen.[189]

Parallel zur Stärkung der Position der Ministerialen wuchs deren Selbstbewußtsein gegenüber ihren Herren, gegen die sie sich immer häufiger offen auflehnten. Im Jahre 1160 wurde der Erzbischof von Mainz das Opfer eines Überfalls seiner von Bürgern unterstützten Ministerialen. 1192 setzten Ministerialen den Straßburger Bischof, 1198 den Salzburger Erzbischof vorübergehend gefangen, und 1202 töteten Würzburger Ministerialen ihren Bischof. Zahlreich sind außerdem die Klagen aus Klöstern über die ihnen unterstehenden Ministerialen, die sich unbefugt Klostergut aneigneten. Ebenso begannen diese – den Gewohnheiten des Adels entsprechend – auf eigene Faust Fehden zu führen, so daß beispielsweise der Herzog von Schwaben nach seiner Rückkehr vom zweiten Kreuzzug Ministerialen wegen Landfriedensbruch aufhängen ließ.

Die Ministerialität, deren Angehörige gleich den adligen Vasallen als Panzerreiter Kriegsdienst leisteten und als Lehnsinhaber von der Arbeit abhängiger Bauern lebten, hob sich immer deutlicher als bevorrechtigter Stand von der Mehrzahl der Bevölkerung ab. Diesen allmählichen Abgrenzungsprozeß spiegelt eine Bestimmung des 1152 erlassenen Landfriedens Friedrichs I. wider. Darin wurde das Recht auf gerichtlichen Zweikampf nur jenen „Rittern" zugestanden, deren Vorfahren bereits Ritter waren. Ein weiteres Landfriedensgesetz von 1186 legte fest, daß Söhne von Geistlichen und Bauern nicht mit dem Schwert umgürtet und somit durch diese symbolische Handlung nicht zum Ritter erhoben werden dürften. Eine völlige Abschließung gegen die Aufnahme neuer Kräfte aus unteren Schichten bewirkte dieses Gesetz allerdings noch nicht. Erst im Laufe des 13. Jh. faßte man den Ritterstand prinzipiell als Geburtsstand auf, wobei aber auch danach die Erhebung zum Ritter durch einen ausdrücklichen gesetzlichen Akt möglich war.[190]

Damit wurde die Ministerialität zum niederen Adel, der sich zwar ständerechtlich weiterhin deutlich vom altfreien Adel unterschied, aber seit dieser Zeit doch gemeinsam mit diesem die herrschende Klasse bildete, die eben damals auch bewußter gemeinsame Standesideale zu entwickeln begann. So wurden verstärkt Tendenzen wirksam, die Bauern eindeutig als untergeordneten, minderberechtigten Stand abzuwerten. Daraus erklärt sich das in dem Reichslandfrieden von 1152 enthaltene Verbot für Bauern, Schwert und Lanze, die typischen Ritterwaffen, zu tragen. Ausdruck dieser Tendenz ist auch die Karl dem Großen zugesprochene Kleiderordnung für Bauern in der Kaiserchronik. Demnach soll der Bauer nur Kleider aus grobem Tuch tragen; das Schwert wird ihm auch hier ausdrücklich untersagt; gegen Überfälle soll er sich mit der Gabel wehren.[191] Derartige Vorschriften entsprachen zwar keineswegs voll den wirklichen Verhältnissen, sie zeigen aber, daß in jener Entwicklungsphase der Feudalgesellschaft das Prinzip der Standesgliederung, das in erster Linie die Vorrangstellung der herrschenden Klasse absichern half, stärker betont wurde.

Zugleich führte der Aufstieg der Ministerialität zum niederen Adel zu einer durchgreifenden zahlenmäßigen Erweiterung und damit zu einer Stärkung des Feudaladels im gesamten Gesellschaftsgefüge. Das trug neben dem Ausbau der staatlichen Organisation wesentlich dazu bei, daß die herrschende Klasse in einer Zeit, in der sich Städte entwickelten und die Widerstandskraft der bäuerlichen Bevölkerung wuchs, ihre Stellung behaupten konnte.

Die Erwartungen der größeren Feudalgewalten, die Ministerialität dauerhaft als gefügiges Instrument beim Ausbau regionaler Machtkomplexe nutzen zu können, erfüllten sich infolge des Aufstiegs dieser Schicht nur in begrenztem Umfange. Denn als im Laufe des 13. Jh. die letzten Relikte des Unfreien-Verhältnisses, das ursprünglich die Beziehung zwischen Dienstleuten und Herren bestimmte, überwunden wurden, trat praktisch eine weitgehende Gleichstellung der Ministerialen mit den kleineren adligen Vasallen ein. Damit lockerte sich die Verfügungsgewalt des Herrn über die Ministerialen. Nur mit größter Anstrengung konnten die werdenden Landesherren meist verhindern, daß neben den einstigen Dienstlehen nicht auch die von Ministerialen übertragenen staatlichen Ämter, etwa Vogteien und Landgerichte, in den erblichen Besitz derartiger Adelsfamilien übergingen. Damit wurde im Laufe des 13. Jh. offenbar, daß diese neue Adelsschicht nur bedingt geeignet war, die Amtsträger für den Ausbau eines straff organisierten Staatswesens zu stellen.

Die höfisch-ritterliche Kultur und Dichtung

Die Integrierung der breiten Schicht der Ministerialen in die herrschende Klasse und die infolge der regionalen staatlichen Zentralisation wachsende Bedeutung zahlreicher Fürstenhöfe waren die Grundlage für tiefgreifende Veränderungen im geistig-kulturellen Leben des Adels. Die Intensivierung der staatlichen Tätigkeit und der politischen Beziehungen zwischen den feudalen Machtzentren trug zugleich dazu bei, daß sich an den Höfen des Kaisers bzw. der Könige wie auch an denen der Fürsten neben Angehörigen der Geistlichkeit eine ständig zunehmende Zahl von Vertretern des Adels aufhielt. An diesen Zentren feudaler Herrschaftsausübung erwuchs ein gesteigertes Bedürfnis nach Repräsentation und nach neuen Formen der Geselligkeit.

Augenscheinlicher Ausdruck dieser neuen Bedürfnisse waren die repräsentativen Palas-Bauten der Kaiserpfalzen und größeren Adelsburgen. Der Palas umfaßte neben Wohnräumen stets einen großen Repräsentationsraum.[192] Künstlerisch gestaltete Arkaden an der Hofseite unterstrichen die Bedeutung dieses zentralen Teils der Burg. Der im letzten Jahrzehnt der Regierung Barbarossas entstandene, relativ gut erhaltene, reichlich 27 m lange Palas der Kaiserpfalz Gelnhausen enthielt im Obergeschoß einen Thronsaal, der

Berliner Handschrift der Eneide Heinrichs von Veldeke. O.: Turnus, der den Reichsadler auf dem Schilde führt, zieht in den Kampf. U.: Kamille ersticht Tarcon

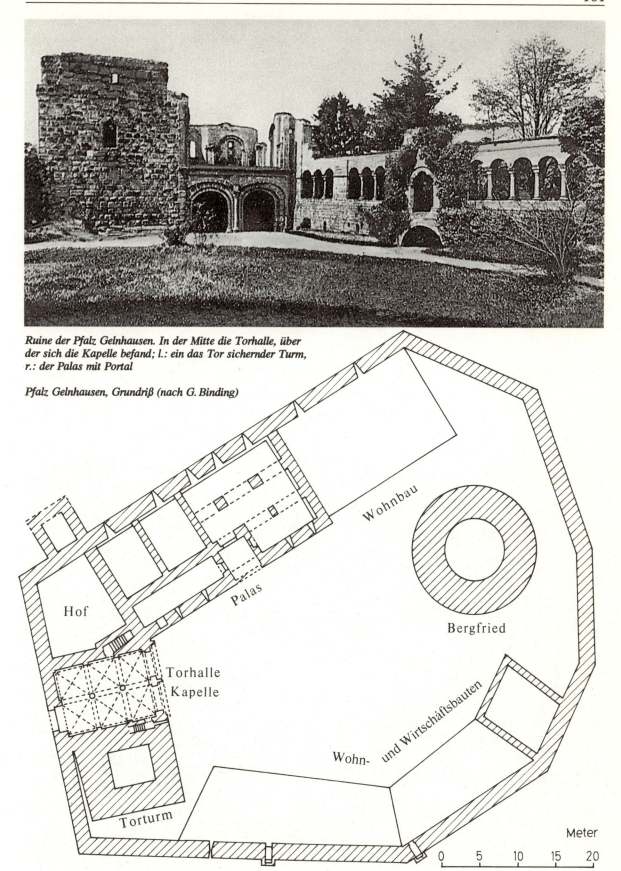

Ruine der Pfalz Gelnhausen. In der Mitte die Torhalle, über der sich die Kapelle befand; l.: ein das Tor sichernder Turm, r.: der Palas mit Portal

Pfalz Gelnhausen, Grundriß (nach G. Binding)

Palas der Pfalz Gelnhausen, Rekonstruktion (nach G. Binding)

Palas der Wartburg

etwa die Hälfte der Fläche des Palas einnahm und über eine Freitreppe direkt vom Hof aus zugänglich war.¹⁹³ Ähnlich beeindruckend ist der in den letzten Jahrzehnten des 12. Jh. erbaute zweistöckige, nach 1220 um ein drittes Stockwerk mit einem großen Saal erhöhte Palas der Wartburg, der damaligen Hauptresidenz der Landgrafen von Thüringen.

Die Räumlichkeiten des Palas boten den Rahmen für politische, festliche und gesellige Zusammenkünfte der Vertreter der herrschenden Klasse. Ein Beispiel für das Streben der Herrscher und Fürsten, vor einer imponierenden Kulisse ihre Macht zur Schau zu stellen, ist der 1184 zu Pfingsten bei Mainz veranstaltete Hoftag Barbarossas. Dieses mit großem Prunk begangene Ereignis fand wegen der Zahl der Teilnehmer auf freiem Felde statt, wo eine provisorische hölzerne „Pfalz" errichtet wurde. Der Höhepunkt war die feierliche Schwertleite der beiden ältesten Söhne des Kaisers, darunter des bereits 1169 zum König gewählten Heinrich. Anschließend fand ein großes Turnier statt. Auch Dichter waren gekommen, so der Franzose Guiot von Provins und der aus dem Limburger Gebiet stammende Heinrich von Veldeke, bekannt geworden durch Lieder und seinen Eneas-Roman. Dieses, die Zeitgenossen stark beeindruckende Hoffest beweist, daß die zuerst in Frankreich entwickelten Formen und Inhalte der höfisch-ritterlichen Kultur am kaiserlichen Hof Eingang gefunden hatten.¹⁹⁴

Das Interesse des staufischen Hofes an der Rezeption und Verarbeitung der französisch-provenzalischen Ritterdichtung beweisen die Minnelieder des Friedrich von Hausen, der als Reichsministeriale wiederholt im Gefolge Barbarossas und Heinrichs VI. erscheint.¹⁹⁵ Mit seinen Liedern führte er die Minnelyrik streng provenzalischen Gepräges in die deutsche Dichtung ein, während Heinrich von Veldeke mehr von nordfranzösischen Vorbildern beeinflußt war. Die literarisch gebildete, aus Burgund stammende Kaiserin Beatrix, der der französische Dichter Gautier von Arras einen Versroman widmete, dürfte dazu beigetragen haben, daß der staufische Hof bei der Übernahme der provenzalisch-französischen höfischen Dichtung eine solche Rolle spielte. Kaiser Heinrich VI. selbst dichtete in jüngeren Jahren einige Minnelieder.

Allerdings trat der kaiserliche Hof während der Blütezeit der höfischen Dichtung, nach 1190, gegenüber einer Reihe fürstlicher Höfe in den Hintergrund. An der Residenz der Babenberger in Wien, wo seit etwa 1180 der Minnesänger Reinmar der Alte wirkte, entstanden die frühen Dichtungen Walthers von der Vogelweide, bis er 1198 nach einem Streit mit Reinmar Wien verließ. Während der folgenden Wanderzeit erhielt Walther 1203 eine Geldspende des Bischofs Wolfger von Passau, der auch den Dichter des Nibelungenliedes förderte. Heinrich von Veldeke hatte bereits Anfang der sieb-

Friedrich von Hausen. Miniatur in der Manessischen Liederhandschrift

ziger Jahre in der Gräfin Margarete von Kleve eine Gönnerin. Seine „Eneit", mit der er einen antiken Stoff aufgriff, vollendete er am Hofe des Landgrafen Hermann von Thüringen. Im Auftrage dieses Fürsten schuf Herbort von Fritzlar nach einer französischen Vorlage den stofflich der „Eneit" nahestehenden Trojaroman; auch die Übersetzung von Ovids Metamorphosen durch Albert von Halberstadt geht auf eine Anregung des Landgrafen zurück — ein deutlicher Beweis für das Interesse, das man am thüringischen Hof antiken Sagenstoffen entgegenbrachte. Schließlich dichtete Wolfram von Eschenbach seinen „Willehalm" nach einer französischen Vorlage, die er ebenfalls vom Landgrafen Hermann erhalten hatte.¹⁹⁶

Wesentlich für die Gestaltung eines neuen Menschenbildes in der Minnelyrik und der höfischen Epik war, daß Angehörige des niederen und des hohen Adels selbst als Dichter hervortraten. Damit verloren die Geistlichen ihre bisherige Führungsrolle im literarischen Bereich. Die dem Adel angehörenden Dichter vermochten der Vorstellungswelt und den Idealbildern der herrschenden Klasse überzeugender Gestalt zu verleihen, als dies in früheren Dichtungen der Fall war. Sie übernahmen aus Frankreich das Ideal der höfischen

Liebe, in der das sinnliche Moment gebändigt und im Minnedienst für die unerreichbare Herrin sublimiert wird. Die „hohe Minne", die zugleich als Mittel zur sittlichen Veredelung des Liebenden verstanden wurde, wird hoch über die auf Befriedigung sinnlicher Lust und die Zeugung von Nachkommen gerichtete Liebe der Angehörigen des Volkes gestellt und dokumentiert somit im ethischen Bereich die ständische Abgrenzung der herrschenden Klasse. Nur wenige der bedeutendsten Vertreter der Minnelyrik, so etwa Walther von der Vogelweide, vermochten diese Schranke zu durchbrechen.

Als um 1180 Hartmann von Aue mit seinem „Erec" nach dem Vorbild des Chrétien de Troyes den Artus-Stoff in die deutsche höfische Epik übernahm,[197] trat ein Stoffkomplex in den Vordergrund, der sich als besonders geeignet erwies, eine von den Realitäten der feudalen Verhältnisse weit entfernte, idealisierte und harmonisierte Adelswelt zu gestalten. Die Artusepik ist dementsprechend wesentlich realitätsferner als etwa die in jenen Jahrzehnten entstandenen und durchaus dem höfischen Geschmack angepaßten Spielmannsdichtungen, dafür spiegelt sie die Idealvorstellungen der herrschenden Klasse um so unmittelbarer wider. Auch anderes dichterisches Traditionsgut wurde damals von höfischen Dichtern der ritterlichen Vorstellungswelt entsprechend umgestaltet; das gilt besonders für das um 1200 von einem unbekannten Dichter geschaffene Nibelungenlied, das seine größere Wirklichkeitsnähe und aufrüttelnde Tragik nicht zuletzt der Übernahme des Ethos der germanischen Heldendichtung und der Verbindung desselben mit den Werten der ritterlich-höfischen Vorstellungswelt verdankt.[198]

Unvergleichlich krasser und satirisch zugespitzt wird die tiefe Kluft zwischen der idealisierten Scheinwelt der höfischen Dichtung und den Realitäten des Lebens der herrschenden Klasse sichtbar gemacht in der ersten mittelhochdeutschen Dichtung vom „Fuchs Reinhart", die ein elsässischer, vermutlich durchaus dem Adel angehörender Dichter, Heinrich der Glichesaere (der Gleißner) Ende des 12. Jh. verfaßte. Die Beziehungen zwischen den Vertretern des Adels erscheinen hier als durchgängig von Egoismus, Machtgier, List und Gewalttätigkeit beherrscht, und auch der König macht keine Ausnahme: Der von ihm einberufene Hoftag, mit dem das Recht wiederhergestellt werden soll, wird zur Farce und endet nicht etwa mit der Verurteilung des hinterlistigen Fuchses, sondern mit neuen Unrechtstaten.[199]

Charakteristisch für die ständische Eigenwertung der verschiedenen Gruppierungen des Adels ist es, daß in der höfischen Dichtung seit etwa 1180 – vor allem seit dem Erec Hartmanns von Aue – für alle Vertreter der herrschenden Klasse bis hinauf zum König der Begriff „ritter" verwandt wird.[200] Während in der tatsächlichen ständischen Gliederung trotz des Aufstiegs der Ministerialität die Grenze zwischen dem neuen niederen Adel und dem altfreien Hochadel erhalten blieb, wurde in der Dichtung diese Standesgrenze innerhalb der herrschenden Klasse nicht mehr beachtet und die Bezeichnung „ritter" als Zentralbegriff der für alle Adligen als Norm gedachten Herrenethik aufgefaßt.[201] Unverkennbar haben Vertreter des ministerialischen neuen Ritteradels – etwa Heinrich von Veldeke, Hartmann von Aue und Wolfram von Eschenbach – in größerer Zahl als Repräsentanten des Hochadels und mit beeindruckender Überzeugungskraft zur dichterischen Gestaltung der höfisch-ritterlichen Ideale beigetragen. So liegt die Vermutung nahe, daß gerade diese neu aufgestiegene Adelsschicht besonderes Interesse an der Formulierung einer eigenen Adelsideologie hatte, mit der sich die herrschende Klasse von Bauern und Bürgern abhob.[202] Doch ist auf der anderen Seite nicht zu übersehen, daß die ritterlichen Ideale – der Dienst für die Herrin, die Forderung nach „zuht" und „mâze" – von den Repräsentanten des Hochadels, besonders von Fürsten und Herrschern, auch als ihren Interessen entsprechende Mittel zur Disziplinierung des niederen Adels gewertet werden konnten. Eine ausschließliche Herleitung der höfisch-ritterlichen Ideale aus der Interessenlage des niederen Adels ist deshalb nicht möglich.[203]

Die große Leistung der höfisch-ritterlichen Dichtung besteht darin, daß die asketische, auf Sicherung des Seelenheils orientierte Grundhaltung der Geistlichendichtung und der frühmittelalterlichen Ideologie überhaupt überwunden wurde durch ein Menschenbild, in dem die Bewährung im Diesseits und die Vervollkommnung der Persönlichkeit in den Vordergrund trat und insgesamt eine positivere Wertung des Menschen und der Welt wirksam wurde. Die Folge war eine teilweise Säkularisierung in der Wertung des menschlichen Lebens bei gleichzeitigem Ringen um allgemeingültige ethische Normen. Von dem Ernst dieses Ringens zeugen vor allem die Dichtungen Wolframs von Eschenbach, der in seinem durchaus von der Kreuzzugsidee erfüllten „Willehalm" zur Barmherzigkeit gegenüber den Heiden auffordert, die auch „gotes hantgetat" (Gottes Schöpfung) seien.[204] Dem Vertrauen in die eigenen Adelstugenden entspricht es, wenn in dem im zweiten Jahrzehnt des 13. Jh. entstandenen ritterlichen Lehrgedicht des „Winsbecke" der Grundsatz ausgesprochen wird, daß an dem, welchem die Tugend mangelt, die hohe Geburt verloren sei; „der tugende hat, derst wol geborn".[205] Derartige Auffassungen, die Tugend und Adel untrennbar miteinander verbinden, wollen keineswegs adlige Standesprivilegien in Frage stellen, sondern sollen die sittliche Legitimierung des Adels unterbauen.

Auffallend ist, daß ein der Blütezeit der höfischen

Wolfram von Eschenbach, dem sein Knappe das gesattelte Streitroß zuführt. Manessische Liederhandschrift

Dichtung zugehörendes Werk über das übliche Bemühen, die Adelstugenden mit sittlichem Inhalt zu füllen, hinausgeht und durch eine bewußte Verabsolutierung der Minne zu einer weitgehenden Relativierung der höfischen Standesideale gelangt. Es ist dies das Epos von Tristan und Isolde, das der hochgebildete, nicht dem Adel angehörende, sondern vom städtischen Milieu geprägte Gottfried von Straßburg im ersten Jahrzehnt des 13. Jh. nach einer französischen Vorlage schuf. Hier sprengt die Minne in ihrer Unbedingtheit alle gegebenen Schranken; sie ist gerade deshalb unausweichlich mit tiefem Leid verbunden, und nur Menschen mit „edlem Herzen" sind einer derartigen Liebe fähig. Solche Menschen können sich zwar nur in jener höfisch-idealen Welt entwickeln, aber sie erheben sich zugleich weit über sie und geraten so in Konflikt mit dem höfisch-adligen Ehrenkodex. Bei Gottfried spielen die ritterlichen Kampfestugenden keine wesentliche Rolle mehr, statt dessen sind Intellekt, Gefühl und eine individualisierte Sittlichkeit bestimmend.[206]

Die Endphase der Italienpolitik Barbarossas und der dritte Kreuzzug

Nach dem 1183 erreichten Friedensschluß mit den oberitalienischen Kommunen setzte Friedrich I. in veränderten Formen seine Bemühungen fort, Italien und damit auch das Papsttum unter Kontrolle zu bringen. Günstig für die Absichten des Kaisers wirkte sich eine damals eintretende Veränderung in der politischen Konstellation in diesem Raum aus. König Wilhelm II. von Sizilien, der einen Angriff auf das durch innere Wirren geschwächte byzantinische Reich plante, gewann Interesse an einem Ausgleich mit dem Staufer, der seinerseits großen Wert darauf legte, den während seines langen Streits mit Papst Alexander III. sehr wirksamen Bund des süditalienischen Normannenstaates mit der Kurie aufzulösen. Diplomatische Kontakte führten dazu, daß im Oktober 1184 zur Bekräftigung eines engeren politischen Zusammengehens die Eheschließung des zum deutschen König gewählten Kaisersohnes Heinrich mit Konstanze, einer Angehörigen des normannischen Herrscherhauses, vereinbart wurde.

Kurz vorher, im September 1184, hatte Barbarossa mit sehr begrenzter Streitmacht seinen sechsten Zug nach Italien angetreten. Dort konzentrierte er sich während eines fast zweijährigen Aufenthaltes darauf, die im Grenzbereich zwischen der Lombardei und Mittelitalien gelegenen Mathildischen Güter sowie Tuscien und die Mark Ancona wirksamer als bisher seiner Herrschaft zu unterwerfen. Als erneut Spannungen zwischen dem Kaiser und der Kurie aufbrachen, besetzte Heinrich VI. im Auftrag des Kaisers kurzerhand den Kirchenstaat. Das Ergebnis dieser Phase der staufischen Italienpolitik war eine entschiedene Festigung der Position in Mittelitalien. Da hier die städtischen Kommunen bei weitem nicht so stark waren wie in der Lombardei, gelang den Staufern der Ausbau eines relativ zusammenhängenden Reichsterritoriums, in dem Ministerialen weite Gebiete direkt kontrollierten und regelmäßig Steuern sowie Zölle erhoben.

Bald darauf wurde die Nachricht von der Eroberung Jerusalems durch den ägyptischen Sultan Saladin bekannt. Im März 1188 verpflichtete sich Friedrich I. zur Teilnahme am Kreuzzug. Zugleich erließ er ein Gesetz, demzufolge neben Dienern und Handwerkern nur berittene Krieger, die genügend Geld für den Ankauf von Lebensmitteln besaßen, teilnehmen durften. Damit suchte man den für den ersten und zweiten Kreuzzug charakteristischen Andrang breiter Volksschichten, die sich für die militärische Schlagkraft der Kreuzfahrerheere als hinderlich erwiesen hatten, einzudämmen. Der Entschluß zum Kreuzzug erklärt sich offenbar aus dem Verlangen des Kaisers, durch einen Erfolg in Palästina seine kaiserliche Vorrangstellung eindrucksvoll zur Geltung zu bringen.

Die Zeit bis zu dem für Ende April 1189 angesetzten Aufbruch nutzte der Kaiser, um die inneren Verhältnisse im deutschen Reichsgebiet soweit als möglich zu stabilisieren. Heinrich der Löwe, der 1185 auf seine sächsischen Eigenbesitzungen zurückgekehrt war, mußte das Reich erneut für drei Jahre verlassen. Auch mit der Kurie erzielte Friedrich I. einen Ausgleich, so daß dem Papst im April 1189 der Kirchenstaat zurückgegeben wurde. Nachdem er seinen Nachfolger Heinrich VI. mit der Regierung des Reiches beauftragt hatte, brach Barbarossa im Mai 1189 mit dem Kreuzfahrerheer von Regensburg auf. Auf dem Marsch durch Kleinasien fand er beim Baden im Flusse Saleph am 10. Juni 1190 den Tod.

Kaiser Friedrich I. war sicher eine befähigte, die Zeitgenossen beeindruckende Herrscherpersönlichkeit. Es ist jedoch nicht zu übersehen, daß er mit der 1158 eingeleiteten Konzentration auf die Unterwerfung Oberitaliens seine Kräfte überwiegend für Ziele band, die die konsequente Festigung der Machtgrundlagen der Zentralgewalt gegenüber den Fürsten behinderten. Er vermochte zwar, besonders nach dem einschneidenden Rückschlag in der Italienpolitik von 1167, im Ausbau des Hausbesitzes und des Reichsgutes beeindruckende Erfolge zu erzielen, aber diese Besitzungen erstreckten sich über einen weiten Raum vom Südwesten bis nach Thüringen; beim Tode des Kaisers war durchaus noch keineswegs ein geschlossenes Königsterritorium erwachsen, das der Zentralgewalt einen festen Rückhalt garantiert hätte. Hinzu kam, daß die Wiederaufnahme der Italienpolitik um 1174 in Verbindung mit dem diplomatischen Erfolg der sizilischen Heirat des Thronerben die staufische Politik abermals verstärkt auf den Süden orientierte. So erweist sich die seit der Romantik weitgehend üblich gewordene Idealisierung Barbarossas als fragwürdig. Die mit recht „modernen" Methoden betriebene Intensivierung der Italienpolitik und das durch die Rücksichtnahme auf die geistlichen Fürsten diktierte Auftreten gegen die kommunale Bewegung in den großen Städten verleihen seiner gesamten Politik einen traditionsgebundenen, konservativen Grundzug,[207] der den anstehenden Aufgaben der Zentralgewalt im „regnum Teutonicum" widersprach.

Nach dem Tode Friedrichs I. führte sein Sohn, Herzog Friedrich von Schwaben, das zusammenschmelzende Heer weiter bis vor Akkon, das erst im Juli 1191, nach dem Eintreffen der Heere des französischen und des englischen Königs, eingenommen werden konnte. An eine Rückeroberung Jerusalems war angesichts wachsender Unstimmigkeiten unter den Kreuzfahrern nicht zu denken, so daß der mit starken Kräften eingeleitete dritte Kreuzzug mit geringem Erfolg endete.

Friedrich I. segnet vor dem Aufbruch zum Kreuzzug seine Söhne Heinrich VI. und Philipp. Die Kreuzfahrer bahnen sich den Weg durch Ungarn. Miniatur im Liber ad Honorem Augusti des Petrus de Ebulo (1195/96)

Die Schwerpunktverlagerung in den Mittelmeerraum unter Kaiser Heinrich VI.

Während des Kreuzzuges bahnten sich im Reich neue Verwicklungen an. Heinrich der Löwe, der sich dem Befehl Barbarossas entsprechend abermals in das Herrschaftsgebiet des englischen Königs begeben hatte, kehrte bereits im Herbst 1189 zurück, um in Abwesenheit des Kaisers seine alte Machtstellung in Sachsen zurückzugewinnen. Ein sofort mitten im Winter unternommener Angriff Heinrichs VI. gegen den Welfen blieb ohne nennenswerten Erfolg.[208]

Inzwischen trat ein Ereignis ein, das die Politik Heinrichs VI. auf ein anderes Ziel richtete. Im November 1189 starb König Wilhelm II. von Sizilien, ohne einen direkten Erben zu hinterlassen. Dadurch traten die weitreichenden politischen Folgen der 1186 geschlossenen Ehe Heinrichs VI. mit Konstanze von Sizilien voll zutage. Diese erbte jetzt das Königreich, und der mit ihr vermählte Staufer war entschlossen, die sich bietende Möglichkeit für einen Ausbau der staufischen Position in Italien wahrzunehmen. Allerdings traten im Normannenstaat sofort starke Kräfte gegen eine Machtübernahme des Staufers auf; sie erhoben im Januar 1190 einen illegitimen Sproß der sizilianischen Königsfamilie, Tancred von Lecce, zum König. Heinrich VI., der möglichst schnell die Hände für einen Zug nach Italien freibekommen wollte, erzielte im Juli 1190 einen unsicheren Kompromißfrieden mit dem Welfen und brach um die Jahreswende 1190/91 nach Süden auf. Im April erreichte er in Rom die Kaiserkrönung. Aber die folgende Belagerung Neapels scheiterte, so daß sich Heinrich VI. im August 1191 erfolglos zurückziehen mußte.

In Deutschland war die Anwesenheit des Kaisers bereits wieder dringlich erforderlich geworden, da sich Heinrich der Löwe nicht an die Friedensbedingungen hielt, so daß Anfang 1191 in Sachsen erneut Auseinandersetzungen entbrannten. Heinrich VI. konnte hier nicht wirksam eingreifen, weil er inzwischen durch sein willkürliches Agieren einen neuen Oppositionsherd entfacht hatte. Bei der Neubesetzung des Bistums Lüttich setzte er sich über die Interessen der benachbarten Fürsten, insbesondere des einflußreichen Herzogs von Brabant, hinweg und bestimmte einen Kandidaten seiner Wahl. Die Folge war, daß sich die Herzöge von Brabant und von Limburg gegen den Staufer erhoben. Die nunmehr drohende Verbindung der rheinischen mit der sächsischen Fürstenopposition wurde jedoch dadurch abgewendet, daß ein unerwarteter Glücksfall dem Kaiser durchschlagende Druckmittel in die Hand gab.

Am 21. Dezember 1192 war bei Wien der englische König Richard Löwenherz, der stärkste Verbündete des Welfen, auf seiner Rückreise vom dritten Kreuzzug durch den Herzog von Österreich gefangengesetzt worden. Der Herzog von Österreich stand damals, weil der Kaiser seinen Erbanspruch auf das Herzogtum Steiermark anerkannt hatte, in guten Beziehungen zum Staufer und lieferte diesem den englischen König im März 1193 aus. Der Kaiser erzwang von seinem Gefangenen die Zusage eines sehr hohen Lösegeldes und die Leistung des Lehnseides. Erst nachdem Heinrich VI. der des englischen Rückhalts beraubten Fürstenopposition weitgehend Herr geworden war, ließ er König Richard im Februar 1194 frei. Im folgenden Monat erreichte der Kaiser auch mit Heinrich dem Löwen eine endgültige Aussöhnung.

Friedrich I. als Kreuzfahrer. Miniatur aus einer Handschrift des Klosters Schäftlarn (um 1190)

Obergeschoß in der Doppelkapelle der königlichen Burg Nürnberg (um 1180); es war durch einen Zugang mit den kaiserlichen Gemächern im anschließenden Palas verbunden

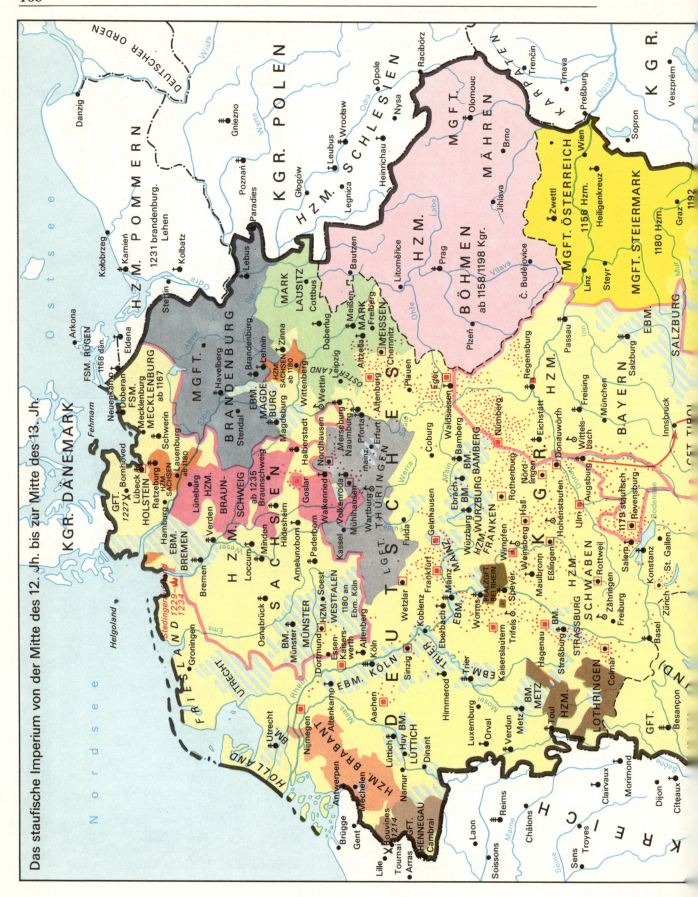

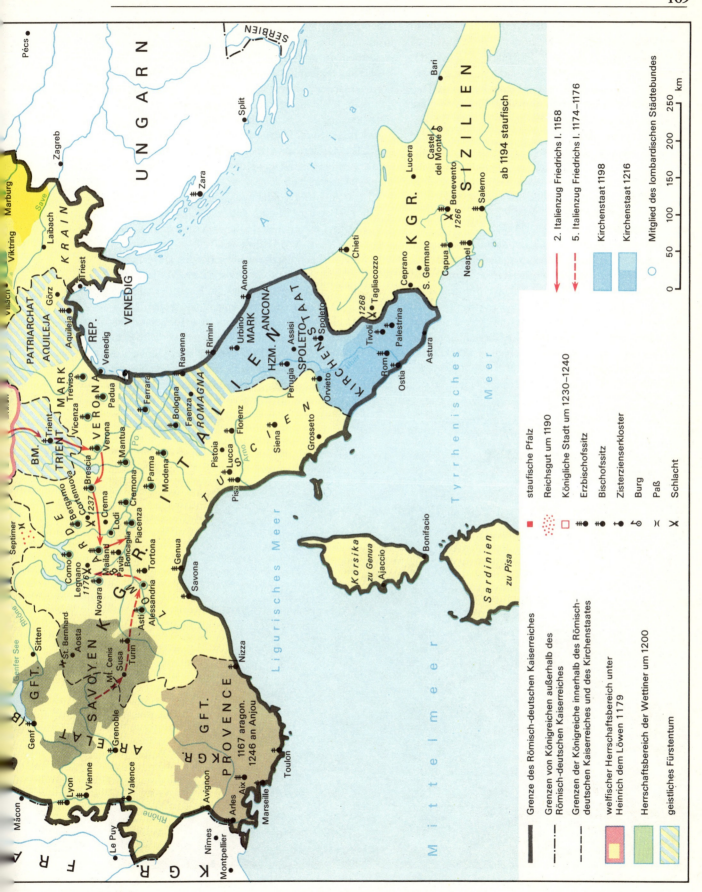

Nach der Stabilisierung der Verhältnisse im deutschen Reichsgebiet leitete Heinrich VI., gestärkt durch die reichen finanziellen Mittel aus dem Lösegeld des englischen Königs, im Mai 1194 eiligst einen zweiten Kriegszug zur Eroberung Siziliens ein. Da König Tancred inzwischen gestorben war und für dessen unmündigen Sohn eine schwache Regentschaft das Königreich regierte, hatte der von Flotten Genuas und Pisas unterstützte Angriff des Kaisers diesmal Erfolg. Am 20. November 1194 zogen seine Truppen in Palermo, der Hauptstadt des normannischen Königreiches, ein. Der reiche sizilianische Staatsschatz wurde auf 150 Saumtieren auf die westlich von Speyer gelegene königliche Burg Trifels gebracht.[209]

Mit diesem Erfolg stand das staufische Kaisertum nach außen hin auf dem Höhepunkt seiner Macht. Den päpstlichen Kirchenstaat umgab jetzt im Norden und im Süden staufischer Besitz, und auch die Unabhängigkeit der oberitalienischen Kommunen war ernsthaft bedroht. Der theoretische Anspruch des Kaisertums auf Herrschaft über die Welt bzw. auf Oberhoheit gegenüber allen anderen Herrschern schien Wirklichkeit zu werden. Bereits zu Beginn des Eroberungszuges gegen Sizilien hatte der König von Kleinarmenien, dessen Machtbereich im Südosten der kleinasiatischen Halbinsel lag, die Lehnshoheit des Kaisers anerkannt. Außerdem forderte der Staufer unmittelbar nach der Eroberung Siziliens, in Anknüpfung an die von früheren normannischen Herrschern betriebene Expansionspolitik im Mittelmeerraum, vom byzantinischen Kaiser die Abtretung der griechischen Halbinsel einschließlich der wichtigen Stadt Thessalonike. Auch auf die nordafrikanischen Gebiete um Tripolis und Tunis, die Mitte des 12. Jh. vorübergehend von König Roger II. unterworfen worden waren, erhob der Kaiser jetzt Ansprüche. Ende 1195 erschienen Gesandte aus Cypern, das die Kreuzfahrer 1191 unter Führung des englischen Königs Richard erobert hatten, und der König von Cypern wurde ebenfalls Lehnsmann Heinrichs VI.[210]

Der Verwirklichung der weitreichenden kaiserlichen Herrschaftsansprüche sollte der seit dem Frühjahr 1195 verfolgte Kreuzzugsplan dienen. Im Herbst veranlaßte Heinrich VI., unterstützt von einem päpstlichen Legaten, zahlreiche deutsche Fürsten, die Teilnahme am Kreuzzug zu beschwören. Unverkennbar verlegte er in direkter Weiterführung der Pläne der süditalienischen Normannenherrscher den Schwerpunkt seiner Politik auf die Erlangung der Vormachtstellung im Mittel-

Burg Trifels (Rheinpfalz), die unter den Staufern zeitweise auch Aufbewahrungsort der Reichsinsignien war

Die Kaiserkrönung Heinrichs VI. durch Papst Coelestin III. Die detaillierte Darstellung im Liber ad Honorem Augusti des Petrus de Ebulo zeigt u. a. die Salbung der Hände und Arme des zu Krönenden, die Übergabe der kaiserlichen Insignien (Schwert, Szepter, Ring) und die Krönung

meerraum. Das Endstadium der von Barbarossa eingeleiteten Intensivierung der Italienpolitik war damit erreicht. Die Eroberung des relativ zentralisierten, über reiche Finanzquellen verfügenden Königreiches Sizilien eröffnete völlig neue, verlockende Perspektiven, die den Kaiser immer weiter von einer Bewältigung der staatlichen Probleme im deutschen Reichsgebiet weg-

führen mußten, obwohl gerade Heinrich VI. diese Probleme durchaus erkannt hatte.

Das beweist der Erbreichsplan, mit dem der Kaiser während seines Aufenthalts im deutschen Reichsgebiet auf dem Hoftag in Mainz Anfang 1196 hervortrat. Dort legte er den anwesenden Fürsten die Forderung vor, das deutsche Königtum durch ein Reichsgesetz für erblich zu erklären. Die Fürsten sollten also auf ihr Wahlrecht verzichten. Der Vorschlag des Kaisers entsprach an sich durchaus der damaligen staatlichen Entwicklung in großen Teilen Europas, wie die etwa gleichzeitige Stabilisierung der Erblichkeit des Königtums in Frankreich zeigt. Eine Verwirklichung des kaiserlichen Plans hätte, angesichts der bereits bestehenden Erblichkeit des sizilischen Königtums, zugleich dessen nahezu unlösbare Verbindung mit dem Kaisertum zur Folge gehabt. Heinrich VI. erklärte sich seinerseits bereit, den Fürsten die volle Erblichkeit ihrer Fürstentümer zuzugestehen; auch Töchter und Seitenverwandte sollten erbberechtigt sein, so wie es Friedrich I. etwa dem Herzog von Österreich im „Privilegium minus" von 1156 zugestanden hatte. Die Bedeutung eines derartigen Zugeständnisses an alle Fürsten unterstrich Heinrich VI. kurz vorher dadurch, daß er die Markgrafschaft Meißen, also ein Reichsfürstentum, nach dem Tod des kinderlosen Markgrafen Albrecht im Sommer 1195 nicht an dessen Bruder Dietrich ausgab, sondern einzog. Damit konnte der Reichsbesitz im Anschluß an das Pleißener Land wesentlich erweitert werden. Immerhin zeigt die Bereitschaft des Kaisers, den Fürsten die volle Erblichkeit ihrer Lehen zuzusichern, auch, daß der Erbreichsplan nicht so sehr auf eine direkte Schwächung der Position der Fürsten, sondern hauptsächlich auf die Festigung einer einheitlichen, dauerhaften Herrschaft über das gesamte Imperium einschließlich des Königreichs Sizilien abzielte.

Heinrich VI. konnte im April auf dem Hoftag von Würzburg zwar eine größere Zahl von Fürsten unter Druck zur Zustimmung zu seinem Plan bewegen, aber die niederrheinischen Fürsten, insbesondere der Erzbischof von Köln, hielten sich fern. Ohne die Verhandlungen zu einem erfolgreichen Abschluß geführt zu haben, eilte der Kaiser bereits im Sommer 1196 wieder nach Italien, wo er im Herbst vom Papst durch finanzielle Zugeständnisse vergeblich die Zustimmung zum Erbreichsplan zu erlangen suchte. Inzwischen hatten auch die Fürsten auf einer Tagung in Erfurt im Oktober den Plan Heinrichs VI. endgültig abgelehnt; offenbar erkannten sie, welche Möglichkeiten ihnen das Königswahlrecht bot. Immerhin kamen sie dem Kaiser so weit entgegen, daß sie im Dezember 1196 dessen etwa zweijährigen Sohn Friedrich Roger zum König wählten.

Nach seinem Eintreffen in Sizilien schlug der Staufer im Mai 1197 einen Aufstand des sizilischen Adels, der gegen das harte kaiserliche Regiment rebellierte, mit äußerster Grausamkeit nieder. Während sich die deutschen Kreuzfahrer in den süditalienischen Häfen sowie in Messina sammelten und erste Gruppen bereits nach Palästina aufbrachen, erkrankte der Kaiser an Malaria und starb bald darauf, am 28. September 1197, im 32. Lebensjahr. Der byzantinische Chronist Niketas Choniates kommentiert den Tod des ehrgeizigen Staufers erleichtert mit den Worten: „Nicht bloß den Rhomäern (Byzantinern) war sein Ableben sehr erwünscht, auch alle jene westlichen Völker begrüßten es freudig, die er mehr durch Gewalt als auf gütliche Weise an sich gezogen hatte, sowie jene, die zu bekämpfen er sich anschickte. Denn er gönnte sich keine Ruhe und grübelte unablässig darüber nach, wie er sich zum einzigen Herrscher aufschwingen und alle Reiche ringsum unterwerfen könnte ... Man könnte beinahe sagen, er wollte wie Alexander (der Große) sprechen können: ‚Hierhin und dorthin ist mir alles untertan.'"[211]

Das durch rücksichtslose Machtpolitik zusammengehaltene Stauferreich geriet nach dem plötzlichen Tod des Kaisers in eine schwere Krise. Der mit der Eroberung des Königreiches Sizilien gewonnene Zuwachs an Macht und finanziellen Mitteln konnte über das Fehlen einer soliden Basis für den Zusammenhalt des Reiches nicht hinwegtäuschen. Heinrich VI. erkannte offenbar kurz vor seinem Tode die heraufziehenden Gefahren. Er erteilte dem ehemaligen Reichsministerialen Markward von Annweiler, den er 1195 zum Markgrafen von Ancona erhoben hatte, die Anweisung, für das Königreich Sizilien die Lehnshoheit des Papstes anzuerkennen. Die Mathildischen Güter sollten der Kurie überlassen werden, und auch Markward sollte für die Markgrafschaft Ancona dem Papst den Lehnseid leisten. Heinrich VI. mochte hoffen, mit diesen Zugeständnissen an den Papst seinem etwa zweieinhalb Jahre alten Erben Friedrich Roger die Krone sowohl in Sizilien als auch im Reich zu sichern. Es sollte sich schnell zeigen, daß die Widerstände zu stark waren. So ließ der Tod des Kaisers die innere Widersprüchlichkeit und Überspanntheit der staufischen Kaiserpolitik schlagartig hervortreten. Das Kaisertum und damit auch die Zentralgewalt im „regnum Teutonicum" gerieten in eine der schwersten und folgenreichsten Krisen.

Der staufisch-welfische Thronstreit, die Entwicklung der fürstlichen Landesherrschaft und der Endkampf zwischen staufischem Kaisertum und Papsttum (1198 bis 1250)

Der Ausbruch des Thronstreites

Die Nachricht vom Tode Kaiser Heinrichs VI. löste in Italien, insbesondere in den während der letzten beiden Jahrzehnte völlig unter staufische Herrschaft geratenen mittelitalienischen Gebieten, eine Welle der Opposition aus. Die Kurie nutzte die Gelegenheit, um den stark reduzierten Kirchenstaat auszuweiten und straffer zu organisieren. Der im Januar 1198 auf den päpstlichen Thron gelangte Innocenz III. ging energisch daran, umfangreiche Gebiete Mittelitaliens der päpstlichen Herrschaft zu unterwerfen. Er gliederte 1198 das südliche Tuscien und das Herzogtum Spoleto dem Kirchenstaat ein. Außerdem wurde Markward von Annweiler aus der Markgrafschaft Ancona verdrängt. Damit stellte der Kirchenstaat nunmehr einen geschlossenen, von Küste zu Küste sich erstreckenden Querriegel im mittelitalienischen Gebiet dar.

Gleichzeitig wurde der deutsche Einfluß im Königreich Sizilien, wo Konstanze, die Witwe Heinrichs VI., die Regentschaft für ihren etwa dreijährigen Sohn Friedrich Roger übernahm, zurückgedrängt und die Lehnshoheit des Papstes über das Königreich erneut durchgesetzt. Als Konstanze Ende 1198 starb, übernahm Innocenz III. die Vormundschaft über den unmündigen Friedrich Roger und sicherte sich damit für Jahre entscheidenden Einfluß. So war die kaiserliche Position in Italien zutiefst erschüttert, zumal sich auch in Oberitalien Städte und Feudalgewalten Reichsgut und Reichsburgen aneigneten.

Noch schwerwiegendere Folgen hatte der plötzliche Ausfall einer wirksamen Zentralgewalt im deutschen Reichsgebiet. Der stärkste Repräsentant des staufischen Hauses war damals der Bruder Heinrichs VI., Philipp, der 1196 Herzog von Schwaben geworden war. Er konnte sich auf die in den letzten Jahrzehnten beträchtlich angewachsene Reichsministerialität stützen und verfügte damit über ein beachtliches Kräftepotential. Eine erste faßbare politische Aktion Philipps zur Absicherung seiner Position in den Kerngebieten staufischer Macht war ein im Januar 1198 abgeschlossenes Bündnis mit der Stadt Speyer. In dem Vertrag versprachen die Bürger dem Herzog militärische und sonstige Unterstützung, während dieser zusicherte, in Speyer nur mit Zustimmung der Bürger Steuern zu fordern. Zugleich bestätigte er den Bürgern das schon von Heinrich VI. gewährte Recht, aus ihren Reihen zwölf Vertreter zu wählen, die die Verwaltung der städtischen Belange übernehmen sollten – eine Bestimmung, die für die damals in mehreren Städten einsetzende Ausbildung der Ratsverfassung kennzeichnend ist.

Eine einflußreiche Fürstengruppe um den Erzbischof Adolf von Köln betrieb jedoch die Erhebung eines anderen, nichtstaufischen Königs. Finanziellen Rückhalt fand der Kölner Erzbischof bei dem englischen König Richard, den er bereits um die Jahreswende 1197/98, unter Berufung auf den Heinrich VI. geleisteten Lehnseid, als Glied des Reiches nach Köln zu Verhandlungen über eine neue Königswahl einlud. Nach den Worten eines Chronisten wählten die antistaufischen Kräfte diesen Tagungsort „im Vertrauen auf den Reichtum und die Macht der Kölner".[212] Als Kandidaten faßte der Kölner im Zusammenwirken mit dem Trierer Erzbischof zunächst Herzog Berthold V. von Zähringen ins Auge, von dem man dafür eine beträchtliche Geldsumme forderte. Der Zisterziensermönch Caesarius von Heisterbach bemerkt sarkastisch, der Erzbischof von Köln habe „nach dem Tode des Kaisers Heinrich das Reich gewissermaßen feilgeboten und sich mit dem Gift der Habsucht angesteckt".[213]

Angesichts der Aktivität der stauferfeindlichen Fürstengruppierung entschloß sich Herzog Philipp von Schwaben, den Thronanspruch seines 1196 gewählten unmündigen Neffen Friedrich Roger fallenzulassen und sich selbst zur Wahl zu stellen. Anfang März 1198 wurde Philipp im thüringischen Mühlhausen durch eine größere Zahl von Fürsten zum König gewählt. Ein Chronist berichtet, daß der Staufer zur Erlangung der Königswürde „einen sehr großen Teil der Schätze des Reiches ... an seine Anhänger verschenkte; sie belehnte er auch mit Reichsbesitzungen, wobei der nur wenige für sich behielt".[214] Diese Bemerkung ist zwar übertrieben, es ist aber sicher, daß die nach dem Tode Heinrichs VI. aufbrechende Rivalität zweier Fürstengruppierungen den Staufer zwang, durch Vergabe von Reichsgut seine Anhänger an sich zu fesseln bzw. neue Anhänger zu gewinnen. So zog er bald nach der Wahl den Kandidaten der Gegenpartei, den Herzog von Zähringen, auf seine Seite, indem er ihm die Vogtei Schaffhausen überließ.

Die antistaufische Fürstengruppierung um den Kölner Erzbischof geriet durch den Übertritt des Zähringers in noch größere Abhängigkeit vom englischen Herrscher, der die Wahl eines Angehörigen des ihm verbundenen Welfenhauses wünschte. Die von König Richard geförderte welfische Kandidatur fand die Zustimmung der Mehrheit der Kölner Bürger, da die Kaufleute dieser Stadt wegen ihrer intensiven Handelsbeziehungen nach England auf das Wohlwollen des englischen Königs, von dem sie wichtige Privilegien erhalten hatten, angewiesen waren. Das Eintreten der Kölner Bürgerschaft für eine welfische Kandidatur wurde ein wirkungsvoller Faktor im ausbrechenden Thronstreit.[215]

Als Kandidaten faßte man Otto, einen Sohn Heinrichs des Löwen, ins Auge, der bisher meist am englischen Hof gelebt hatte. Vom englischen König mit reichen Geldmitteln versehen, um die Habgier der fürstlichen Wähler befriedigen zu können, erschien Otto in Köln, wo ihn am 9. Juni 1198 der Kölner Erzbischof sowie einige andere geistliche und weltliche Fürsten zum König wählten. Etwa einen Monat später folgte in Aachen, also am üblichen Krönungsort, die Krönung. König Philipp mußte sich, da er Aachen nicht erobern konnte, Anfang September mit einer Krönung in Mainz begnügen, was seine Gegner als Argument gegen die Rechtmäßigkeit seines Königtums ausnutzten.

König Otto IV. erkaufte seine Wahl mit beträchtlichen Zugeständnissen. Er verzichtete mehreren Bischöfen gegenüber auf das Spolienrecht. Erzbischof Adolf von Köln erhielt ein großzügiges Privileg, das neben dem Verzicht auf das Spolienrecht auch Zollvergünstigungen für die Bürger Kölns und Soests enthielt. Ferner versicherten die Angehörigen des Welfenhauses, daß sie den 1180 an Köln verlorenen Besitz nicht zurückfordern würden. Seiner labilen Stellung wegen mußte Otto IV. auch den Papst zu gewinnen suchen, dem er im Mai 1200 durch eine Gesandtschaft zusicherte, die Besitzungen der römischen Kirche zu bewahren.

In der folgenden Auseinandersetzung zwischen den beiden Königen erwies sich bald Philipp von Schwaben als der Stärkere, zumal die Reichsministerialität nahezu geschlossen zu ihm hielt. Die Stimmung dieser Adelsschicht spiegelt sich in den damals entstandenen politischen Sprüchen Walthers von der Vogelweide wider, der angesichts der jetzt ausbrechenden politischen Krise als erster Dichter der Blütezeit der höfischen Dichtung den Übergang zu politischen Spruchdichtungen fand. In den 1198 entstandenen Gedichten „Ich saz ûf eime steine" und „Ich hôrte ein wazzer diezen" beklagt er die Frieden und Recht zerstörenden inneren Auseinandersetzungen;[216] er fordert Philipp auf, sich krönen zu lassen und den Einmischungsversuchen der „armen Könige" – gemeint sind mit dieser der staufischen Reichsideologie nahestehenden Bezeichnung offenbar der englische und der französische König – entgegenzutreten. Denn auch König Philipp von Schwaben suchte Rückhalt bei einem dieser Herrscher, indem er sich Ende Juni 1198 mit dem französischen König verbündete. So wirkte der Gegensatz zwischen dem englischen und dem französischen Herrscher, bedingt durch den umfangreichen Besitz des englischen Königs in Frankreich, von Anfang an in den deutschen Thronstreit hinein.

Im Spätsommer und Herbst 1198 fiel der Staufer in die Besitzungen des Bischofs von Straßburg und des

Erzbischofs von Köln ein. Starke Verbündete gewann er in dem Wettiner Dietrich, der die von Heinrich VI. beschlagnahmte Markgrafschaft Meißen zurückgewann, sowie in Ottokar Přemysl von Böhmen, dem er die Königswürde übertrug. Der Landgraf von Thüringen, der sich nach Empfang einer größeren Geldsumme zunächst auf die Seite des Welfen gestellt hatte, wechselte 1199 die Partei, wofür ihm der Staufer die königlichen Städte Nordhausen und Mühlhausen überließ. So führte der Thronstreit zu weiteren Krongutverlusten, und das unter Friedrich I. ansatzweise aufgebaute Königsterritorium verlor an Ausdehnung und Geschlossenheit.

Da im April 1199 König Richard von England, der stärkste Förderer Ottos IV., gestorben war und sein Nachfolger König Johann Ohneland zunächst wenig Interesse an den deutschen Streitigkeiten zeigte, verschlechterte sich die Situation des Welfen rapide. Der Papst vermied damals noch eine eindeutige Stellungnahme, nutzte jedoch Ende 1199 das Eintreffen von Gesandten König Philipps, um seine politischen Vorstellungen grundsätzlich darzulegen. Er betonte den Vorrang des Priestertums vor dem Königtum. „Die ... einzelnen Könige haben einzelne Reiche. Petrus aber überragt alle wie an Fülle so an Ausbreitung der Macht, weil er Stellvertreter dessen (Christi) ist, dem die Erde und ihre Reichhaltigkeit gehört, der Erdkreis und alle, die darauf wohnen. Und wie das Priestertum an Würde eine überragende Stellung einnimmt, so hat es auch in bezug auf das Alter den Vorrang. Denn beide, Königtum wie Priestertum, sind zwar bei dem Volke Gottes (den Juden) eingesetzt worden, aber das Priestertum auf göttliche Anordnung, das Königtum jedoch durch menschliche Gewalttat." Nach dieser prinzipiellen Abwertung der weltlichen Gewalt warf der Papst den deutschen Fürsten vor, daß sie in der Frage der strittigen Königswahl nicht den Rat des apostolischen Stuhls eingeholt hätten, „dem diese Angelegenheit nach Ursprung und Vollendung zusteht – im Ursprung, weil er das Kaisertum vom Morgenland auf den Occident übertrug; in der Vollendung, weil er die Kaiserkrone verleiht".[217] Damit beanspruchte Innocenz III., unter dem das mittelalterliche Papsttum den Höhepunkt seiner Macht erreichte, unmißverständlich eine Schiedsrichterrolle im Streit um die deutsche Königskrone; er begründete dies mit der Verbindung des deutschen Königtums mit dem Kaisertum, das einst – im Jahre 800 – der Papst von den Griechen auf die Franken übertragen habe. Damit wurde von seiten der Kurie erstmals offiziell die päpstliche Translationstheorie formuliert, deren Kernstück die angebliche „Übertragung" (translatio) des Reichs durch den Papst auf Karl den Großen war, wobei völlig unhistorisch der Papst als der damals allein aktive Teil hingestellt wurde.[218]

Verhältnis von Kaisertum und Papsttum nach der Dresdener Bilderhandschrift des Sachsenspiegel. Sowohl der Papst als auch der Kaiser erhalten ihr Schwert direkt von Gott. Darunter der Marschalldienst des Kaisers

Vorderseite des Schreins der hl. Drei Könige im Kölner Dom (kurz nach 1200). Otto IV., l. hinter den drei Königen, stiftete die Kronen für die Könige und Gold für die Vorderseite

Das Eingreifen des Papstes in den Thronstreit

Die Entscheidung des Papstes in der Frage des Thronstreites fiel erst im Sommer des Jahres 1200, nachdem Otto IV. den päpstlichen Forderungen entsprechend schriftlich die Erweiterung des Kirchenstaates durch die „Rekuperationen" Innocenz' III. anerkannt hatte. In einer geheimen Sitzung mit den Kardinälen legte dieser die Gründe dar, die für die Ablehnung sowohl des noch zu Lebzeiten Heinrichs VI. gewählten Friedrich Roger als auch des von den Fürsten erhobenen Philipp von Schwaben und für eine Anerkennung des Welfen sprachen. Friedrich Roger wird vor allem deshalb als ungeeignet bezeichnet, weil durch ihn „das Königreich Sizilien mit dem Kaisertum vereinigt und die Kirche durch diese Vereinigung in Verwirrung gestürzt würde". Gegen Philipp wird ins Feld geführt, daß er als Staufer dem „Geschlecht der Verfolger" der Kirche angehöre und die Übernahme des Königtums durch ihn „den Anschein erwecken würde, daß ihm das Reich nicht durch Wahl übertragen würde, sondern kraft Erbfolge zustehe".[219] Hier wird abermals deutlich, in welchem Maße die Interessen der Kurie und der Fürsten in der Befürwortung des Wahlprinzips bei der Vergabe der deutschen Königskrone übereinstimmten. Darauf entsandte Innocenz III. einen Legaten, der zugunsten Ottos IV. auf die deutschen Fürsten einwirken sollte. Vor allem die von den Staufern her-

beigeführte Verbindung des Königreichs Sizilien mit dem Kaisertum mußte der Kurie aus begreiflichen Gründen bedrohlich erscheinen. Letztlich provozierte also die intensivierte Italienpolitik Friedrichs I. und Heinrichs VI. geradezu die für die Position des deutschen Königtums so verhängnisvolle Stellungnahme des Papstes im staufisch-welfischen Thronstreit.

Im Sommer 1201 erschien Kardinalbischof Guido von Praeneste als päpstlicher Legat in Deutschland und verkündete am 3. Juli im Kölner Dom öffentlich die päpstliche Anerkennung Ottos IV. als König. Allen, die sich dem Welfen widersetzten, wurde der kirchliche Bann angedroht. Damals protestierte Walther von der Vogelweide gegen die offene Einmischung der Kurie:

> Ze Rôme hôrte ich liegen [lügen]
> und zwêne künege triegen [betrügen]..
> dâ von huop sich der meiste strît,
> der ê was oder iemer sît,
> dô sich begunden zweien
> die pfaffen unde leien ...
> die pfaffen striten sêre,
> doch wart der leien mêre.
> diu swert diu leiten si dernider,
> und griffen zuo der stôle wider [Stola,
>   Sinnbild geistlicher Gewalt];
> si bienen [bannten] die si wolten,
> und niht den si solten.[220]

Als die weiter zu König Philipp haltenden Fürsten im Januar 1202 in Halle dem päpstlichen Legaten vorwarfen, daß er sich „gegen alle Rechtsordnung in die Wahl des Königs der Römer eingemischt habe"[221], beteuerte Innocenz III., daß er das Wahlrecht der Fürsten durchaus anerkenne. Zugleich formulierte er aber erstmals in aller Deutlichkeit den in der Folgezeit wiederholt angemeldeten Anspruch, daß dem apostolischen Stuhl das Recht zustehe, die Person des von den Fürsten gewählten Königs zu prüfen. Zur Begründung dieses Prüfungsrechts führte der Papst auch in diesem Falle die Tatsache ins Feld, daß von ihm die Kaiserkrönung des von den Fürsten gewählten Königs erwartet werde. Wiederum wird sichtbar, welche Ansatzpunkte die Verbindung von deutschem Königtum und Kaisertum zum Eingreifen des Papsttums bot.

Das Eintreten des päpstlichen Legaten für König Otto IV. bewährte sich, als im Frühjahr 1202 Spannungen zwischen dem Welfen und seinem bisher wichtigsten Verbündeten, dem Erzbischof von Köln, aufbrachen. Unterstützt von den Vertretern der Kölner Geistlichkeit und der Bürgerschaft, die fest zu Otto IV. hielt, konnte der Legat im September einen Ausgleich herbeiführen, von dem nicht zuletzt die Bürger profitierten, denn der König verzichtete zu ihren Gunsten auf die Zollerhebung in den königlichen Städten Duisburg und Kaiserswerth. Dafür verpflichteten sich die Kölner Geistlichen, Adligen und Bürger, darüber zu wachen, daß der Erzbischof dem Welfen die Treue hielt; außerdem schwuren Vertreter der Bürgerschaft, die Stadt Köln im Dienste Ottos zu verteidigen. Erneut wird die überragende Bedeutung des Eintretens der Kölner Bürgerschaft für Otto IV. faßbar.

Eben damals zeigte auch der englische König wieder größeres Interesse an der vom Papst dringend gewünschten Unterstützung Ottos IV. Johann Ohneland benötigte den Welfen als Verbündeten gegen den Kapetinger, der damals den Angriff gegen die englischen Besitzungen in Frankreich eröffnete. Auch von dieser neuen Konstellation profitierten die Kölner Kaufleute, denen der englische König im April 1203 aus Dank für die Unterstützung, die sie seinem Neffen Otto IV. erwiesen, ein Schutzprivileg für ihre Handelstätigkeit in England gewährte. Einen Höhepunkt erreichte die Machtstellung Ottos IV., als im Frühjahr 1203 der Landgraf von Thüringen sowie König Ottokar I. von Böhmen von König Philipp abfielen. Zu dem Parteiwechsel des Böhmenkönigs hatte die Kurie wesentlich beigetragen. So war es durchaus zutreffend, wenn Otto IV. Ende 1203 in einem Brief an den Papst erklärte: „Unsere Sache wäre zu Schutt und Asche geworden, wenn sich nicht Euere Hand oder der Machtspruch des hl. Petrus für unsere Seite entschieden hätte."[222]

Doch bereits 1204 traten wieder einschneidende Rückschläge für Otto IV. ein. Während eines Vorstoßes Philipps zum Entsatz des staufertreuen Goslar trat der mächtige Bruder Ottos IV., der Pfalzgraf Heinrich, auf die Seite des Staufers über, um die Pfalzgrafschaft für sich zu retten. Bald darauf unterwarf König Philipp den Landgrafen von Thüringen, und im Herbst trat auch der für die politischen Gewichtsverhältnisse in Deutschland immer bedeutsamer werdende König von Böhmen wieder auf die staufische Seite. Als im November auch noch der Herzog von Brabant und der Erzbischof von Köln zu Philipp übergingen, war der Thronstreit im Grunde entschieden. Wenn sich Otto IV. noch einige Zeit behauptete, verdankte er dies in erster Linie der Bürgerschaft Kölns, die weiter treu zu ihm hielt und dafür im Dezember 1204 von König Johann einen weiteren Schutzbrief für die in England handeltreibenden Kaufleute erhielt, „solange sie in Treue und Ergebenheit zu König Otto halten".[223]

Insgesamt offenbaren sich bei der Doppelwahl von 1198 und den folgenden Auseinandersetzungen augenfällig die Labilität der Zentralgewalt im „regnum Teutonicum" und der gewachsene Einfluß der Fürsten, die in Übereinstimmung mit den Interessen der Kurie das Prinzip der uneingeschränkten Königswahl weiter ausbauten. Das Wahlprinzip zeitigte bereits damals in aller Kraßheit jene negativen Erscheinungen, die charakteristisch für die späteren Königswahlen wurden. Die wählenden Fürsten erpreßten von dem Kandidaten

Das Hahnentor im westl. Teil der Kölner Stadtbefestigung (Anfang 13. Jh.)

große Geldzahlungen, weitreichende Privilegien und Besitzübertragungen, die das Reichsgut dezimierten. Außerdem wirkte sich bei dieser Königswahl und dem folgenden Streit erstmals ein unmittelbarer Einfluß fremder Herrscher, speziell des englischen und des französischen Königs, aus. Die Schwächung der Reichsgewalt, das Vordringen des Prinzips der Königswahl und die Eigensucht der deutschen Fürsten mußten angesichts der Konsolidierung der westeuropäischen Monarchien fremden Einmischungsversuchen Tor und Tür öffnen.

Schließlich ist es bemerkenswert, daß im Thronstreit erstmals größere Städte als eigenständiger politischer Faktor hervortraten. Die Haltung Kölns war für das Schicksal Ottos IV. geradezu entscheidend. Auch Philipp von Schwaben nutzte diese Möglichkeiten, indem er 1198 mit der Bürgerschaft von Speyer und im Oktober 1202 mit den Ministerialen und Bürgern von Trier Bündnisse schloß. Die in jene Jahre fallende Ausbildung der Ratsverfassung in mehreren Bischofsstädten trug dazu bei, die Bürgerschaften handlungsfähiger zu machen; andererseits mag auch die allgemeine Unsicherheit während des Thronstreits die Konstituierung städtischer Selbstverwaltungsorgane vorangetrieben haben.[224]

Dank seiner Erfolge konnte König Philipp Anfang 1205 in Aachen einziehen, um sich dort, am „rechten Ort", durch den zuständigen Erzbischof von Köln erneut krönen zu lassen. Noch im Jahre 1205 nahmen die auf seiten des Erzbischofs stehenden rheinischen Grafen und Adligen zusammen mit König Philipp den Kampf gegen die weiterhin zu Otto haltende Stadt Köln auf. Die Schiffahrt auf dem Rhein wurde oberhalb und unterhalb Kölns gesperrt. Ein königliches Heer verwüstete die weitere Umgebung der Stadt, um deren Lebensmittelversorgung zu erschweren. Aber erst im Herbst des folgenden Jahres kapitulierten die Bürger, denen der Staufer klugerweise günstige Bedingungen gewährte. Nachdem Otto IV. aus seinem bisher sichersten Stützpunkt nach Braunschweig abgezogen war, erschien Philipp im April 1207 in Köln. Er bestätigte der Bürgerschaft in einem Privileg die alten Rechte und gewährte Zollerleichterungen. Besonders wichtig dürfte für die Bürger das Zugeständnis gewesen sein, „daß sie uneingeschränkt die Möglichkeit haben sollten, an ihren Stadtmauern aus eigenen Mitteln nach ihrem Willen weitere Befestigungsanlagen zu errichten".[225]

Nunmehr sah sich auch Innocenz III. genötigt, mit Philipp Kontakt aufzunehmen. Nachdem der Staufer im

August 1207 vom Bann gelöst worden war, führten im Frühjahr 1208 Verhandlungen einer königlichen Gesandtschaft in Rom zur Einigung. Kurz darauf, am 21. Juni 1208, wurde König Philipp jedoch von dem bayerischen Pfalzgrafen in Bamberg ermordet. Angesichts der plötzlich veränderten Situation einigten sich die deutschen Fürsten schnell auf eine allgemeine Anerkennung Ottos IV. Ausschlaggebend für den mühelosen Erfolg Ottos IV. war nicht zuletzt die Tatsache, daß der damals führende Repräsentant der staufischen Reichsministerialität – der unter Heinrich VI. und Philipp von Schwaben mit dem Amt des Reichsmarschalls betraute Heinrich von Kalden – den Welfen im Frühherbst 1208 in Braunschweig aufsuchte und ihm „die Reichsinsignien, die Städte, befestigten Plätze und Burgen übergab".[226] Otto IV. bemühte sich in den nächsten Monaten sehr energisch, durch Landfriedensgesetze das infolge des Thronstreits wuchernde Fehdewesen und Raubrittertum einzudämmen. Die traditionell den Staufern nahestehenden Städte Worms und Speyer gewann der König durch Privilegien; dabei legten die Wormser Bürger eine Fälschung zur Bestätigung vor, um eine Erweiterung der Kompetenzen des Stadtrates durchzusetzen.[227]

Der Konflikt Ottos IV. mit Papst Innocenz III.

Bald darauf nahm die Kurie Verhandlungen mit Otto IV. zur Vorbereitung seiner Kaiserkrönung auf, wobei sie eine Bestätigung und Erweiterung früher gegebener Zusicherungen anstrebte. In der am 22. März 1209 zu Speyer ausgestellten Urkunde kam der König den sehr massiv vorgetragenen Wünschen des Papstes nach. Erneut bekräftigte er die nach dem Tode Heinrichs VI. wesentlich erweiterten Grenzen des Kirchenstaates und den Verzicht auf das Spolienrecht. Hinzu kam eine teilweise Aufgabe des sogenannten Regalienrechts gegenüber den geistlichen Fürstentümern, indem er versprach, künftig bei Vakanzen nicht mehr die Einnahmen der betreffenden Bistümer und Abteien zu beanspruchen. Noch bedeutsamer war der Verzicht auf die dem König im Wormser Konkordat zugestandenen Eingriffsrechte bei Bischofswahlen, das heißt auf seine Anwesenheit bei Wahlen und die Entscheidungsbefugnis bei strittigen Wahlen. Diese Festlegungen bedeuteten die endgültige Beseitigung der auch nach 1122 noch wirksamen Relikte des ottonisch-salischen Reichskirchensystems. Die Wahlen der Erzbischöfe, Bischöfe und Reichsäbte entglitten damit völlig der königlichen Kontrolle und gerieten dadurch noch mehr unter den Einfluß regionaler Feudalgewalten.

Mit diesen Zugeständnissen war der Weg für den Romzug geebnet, und der Welfe wurde am 4. Oktober 1209 zum Kaiser gekrönt. Schon in jener Zeit nahm Otto IV., der sich jetzt weitgehend von ehemals staufischen Reichsministerialen beraten ließ, gegenüber den päpstlichen Forderungen eine härtere Haltung ein. Nach der Kaiserkrönung ging er systematisch daran, in Mittelitalien den früheren Besitzstand des Reiches auf Kosten des erweiterten Kirchenstaates wiederherzustellen. Im Frühjahr 1210 begab er sich nach Oberitalien, um dort die Auseinandersetzungen zwischen den lombardischen Städten einzudämmen und seinen eigenen Einfluß zu festigen. In jener Zeit äußerte er offen die Absicht, das durch innere feudale Machtkämpfe zerrüttete Königreich Sizilien zu erobern.

Anfang November 1210 fiel Otto IV. mit einem aus deutschen Ministerialen und italienischen Truppen bestehenden Heer in das süditalienische Königreich ein. Deutsche Reichsfürsten, die keinerlei Interesse an diesem abenteuerlichen Eroberungszug hatten, befanden sich nicht im kaiserlichen Heer. Papst Innocenz III., der eine Union des Königreichs Sizilien mit dem Reich unter Otto IV. natürlich ebenso grundsätzlich ablehnte wie eine solche unter einem Staufer, verkündete am 18. November 1210 öffentlich die bereits im Februar wegen der Eingriffe im Kirchenstaat verhängte Exkommunikation des von ihm einst mit allen Mitteln geförderten Welfen. Die deutschen Fürsten forderte er offen zum Abfall auf.

Tatsächlich kristallisierte sich damals eine oppositionelle Fürstengruppe heraus, die aus dem Erzbischof von Mainz, dem König von Böhmen und dem ständig die Partei wechselnden Landgrafen von Thüringen bestand. Nachdem auch die Herzöge von Bayern und Österreich gewonnen worden waren, einigten sich diese Fürsten Anfang September 1211 in Nürnberg auf die Wahl des Staufers Friedrich Roger, des Königs von Sizilien. Als Otto IV., der inzwischen den größten Teil Süditaliens erobert hatte und bereits die Landung auf Sizilien vorbereitete, die Nachricht von dieser Fürstenverschwörung erhielt, brach er seinen Feldzug sofort ab und traf Ende Februar 1212 wieder im deutschen Reichsgebiet ein. Es gelang ihm, einige der abgefallenen Fürsten zurückzugewinnen; nur der Erzbischof von Mainz, der böhmische König und der Landgraf von Thüringen verharrten im Widerstand.

Der Staufer war im April 1212 in Rom eingetroffen und hatte sich dort mit Innocenz III. geeinigt. Nach abenteuerlicher Reise durch das ihm feindliche Oberitalien erschien er mit kleinstem Gefolge im September vor Konstanz. Der dortige Bischof zögerte, den neuen Thronkandidaten einzulassen, da auf der anderen Seite des Bodensees bereits Otto IV. lagerte; aber der im Gefolge des Staufers reisende päpstliche Legat bewog ihn zum Nachgeben. Mit dem Einzug in Konstanz hatte Friedrich Roger im deutschen Reichsgebiet Fuß gefaßt. Eine neue kriegerische Auseinandersetzung um die deutsche Königskrone stand bevor.

Innocenz III. Mosaik aus Rom (um 1200)

Walther von der Vogelweide, der zunächst weiter für Otto IV. eintrat, klagte den Papst erbittert wegen dessen Einmischung in die Reichsangelegenheiten an:

Ahî wie kristenlîche nû der bâbest lachet,
swenne er sînen Walhen [Welschen] seit: ‚ich hânz alsô gemachet!' ...
er giht [sagt]: ich hân zwên Allamân under eine krône brâht,
daz siez rîche sulen stoeren unde wasten [verwüsten],
ie dar under füllen wir die kasten ...
ir tiuschez silber vert in mînen welschen schrîn.
ir pfaffen, ezzet hüener und trinket wîn,
unde lât die tiutschen leien magern unde vasten.[228]

Ketzer und Bettelorden

Die unverhüllt auf Stärkung der politischen Macht und Erhöhung der finanziellen Einkünfte gerichtete Politik der Kurie stieß in jener Zeit nicht nur bei Walther von der Vogelweide, der 1213 in sieben Sprüchen gegen kirchliche Mißstände Stellung nahm, auf heftige Ablehnung. Während der zwanziger Jahre nahm auch der unter dem Pseudonym „Freidank" publizierende Dichter in sein Lehrgedicht „Bescheidenheit" einen Abschnitt über Rom auf, in dem er, übereinstimmend mit weitverbreiteten Stimmungen, die Zustände an der Kurie scharf kritisierte. Im Gegensatz zum Apostel Petrus, der sein Netz zum Fangen von Fischen auswarf, werde jetzt das römische Netz nach Gold, Silber, Burgen und Land ausgeworfen. Gott befahl den Aposteln, die Schafe zu weiden, nicht sie zu scheren; doch „nû wil man scherens niht enbern". In Rom triumphiere das Unrecht, und nichts sei dem päpstlichen Hof lieber, als „daz diu werlt mit werren [Wirren] stê", weil er dann um so leichter den eigenen Nutzen glaubte verfolgen zu können.[229]

Um die gleiche Zeit schrieb der stauferfreundliche Chronist Burchard von Ursberg in seiner Darstellung des Thronstreites anklagend: „Freue dich Rom, die du unsere Mutter bist, weil sich die Ströme der Schätze der Welt öffnen, damit zu dir zusammenfließen die Flüsse und Haufen des Geldes in großer Menge. Freue dich über die Ungerechtigkeit der Söhne der Menschen, weil dir als Gutmachung für so viele Übeltaten Geld gezahlt wird. Frohlocke über deine Helferin, die Zwietracht..., damit sich bei dir große Geldschätze häufen. Du hast, wonach du stets gedürstet hast..., weil du mit Hilfe der Bosheit der Menschen, nicht etwa durch deine Frömmigkeit die Welt besiegt hast."[230]

Auch die kirchlichen Verhältnisse im deutschen Reichsgebiet boten vielfältigen Anlaß zu Kritik. Die Existenz mächtiger geistlicher Fürstentümer, die es in dieser Form nur in Deutschland gab, hatte zur Folge, daß Bischöfe und Reichsäbte vorwiegend als Feudalherren auftraten und den kirchlichen Aufgaben wenig Aufmerksamkeit widmeten. Caesarius von Heisterbach weiß von einem Kleriker in Paris zu berichten, der gesagt habe, er wolle „alles glauben, nur nicht, daß je ein deutscher Bischof das Seelenheil finden könne..., weil nämlich fast alle deutschen Bischöfe beide Schwerter, das geistliche und das weltliche, handhaben, Blutgerichtsurteile fällen und Kriege führen; ... sie müssen sich daher mehr um die Besoldung ihrer Ritter kümmern als um das Heil der ihnen anvertrauten Seelen".[231] Auch die Habsucht der niederen Geistlichkeit stellt Caesarius in vielen, oft anekdotenhaften Geschichten bloß; beispielsweise habe ein Priester in Soest eine Geldbuße von einem Mann gefordert, der bei der Beichte gestand, während der Fastenzeit nicht geschlechtliche Enthaltsamkeit geübt zu haben; als ein anderer seine Enthaltsamkeit während der genannten Zeit hervorhob, warf ihm der gleiche Priester vor, er habe die Möglichkeit versäumt, Nachwuchs zu zeugen, und verurteilte ihn zur gleichen Geldbuße.[232]

Solche Mißstände, die durch das Vordringen der Ware-Geld-Beziehungen gefördert wurden, und die in verschiedenen Gesellschaftsschichten laut werdende Kritik an der Kirche boten einen günstigen Nährboden für eine weitere Ausbreitung ketzerischer Bewegungen. Die Katharer ließen sich nicht unterdrücken, obwohl diese Sekte durch den von Innocenz III. ausgerufenen Albigenserkreuzzug, durch eine gewisse Verkirchlichung und eine teilweise Anpassung an die Interessen begüterter Schichten im 13. Jh. an Bedeutung und Anziehungskraft verlor. An ihrer Stelle gewann jetzt die neue Sekte der Waldenser schnell einen breiten Anhang. Initiator dieser Ketzerbewegung war der Lyoner Kaufmann Waldes, der seit den siebziger Jahren des 12. Jh. hervortrat. Aus dem burgundisch-französischen Raum breiteten sich die Waldenser bald nach Italien und in das lothringische Gebiet aus. Bereits 1192 wurden auf einer Diözesan-Synode in Toul Kleriker und Laien aufgefordert, die Waldenser aufzuspüren und an den Bischof auszuliefern. Deutlich faßbar sind die Waldenser im Jahre 1199 in Metz. Sie besaßen französische Übersetzungen der Evangelien, der Paulus-Briefe sowie von Teilen des Alten Testaments und legten diese Schriften ihrer Predigt bei geheimen Zusammenkünften zugrunde.[233]

Dieser Hinweis ist kennzeichnend für das Hauptanliegen der Waldenser. Volkssprachige Übersetzungen der Bibel, insbesondere des den ursprünglichen Zustand der Kirche widerspiegelnden Neuen Testaments, benötigten sie, weil die Bibel für sie die Norm ihres Verhaltens war. Vor allem die in den Evangelien wiederholt auftretenden Aussagen, in denen völlige Armut als Voraussetzung christlicher Vollkommenheit gepriesen wird, galten ihnen als verbindliche Richtschnur und Grundlage ihres Anspruchs auf Predigt unter der Laienbevölkerung. Ihre besitzlosen Prediger sollten gemäß dem in der Apostelgeschichte enthaltenen Grundsatz, daß alles gemeinsam sein solle, von den Anhängern unterhalten werden oder aber – wie der italienische Zweig der Waldenser empfahl – von ihrer eigenen Hände Arbeit leben. Ähnlich den früheren Ketzern, insbesondere den Katharern, lehnten die Waldenser sehr bald auch jede Eidesleistung sowie jedes Töten von Menschen und damit die Ausübung der Blutgerichtsbarkeit durch weltliche Machthaber ab. Diese Grundsätze stellten nicht nur die kirchliche Hierarchie in Frage, sondern rührten, wenn auch in unklarer und indirekter Weise, an die Grundlagen der staatlichen Ordnung.

Bald schritten die Bischöfe scharf gegen die neue Sekte ein. Der Bischof von Straßburg ließ, als dort 1211/12 Ketzer festgestellt wurden, viele von ihnen verbrennen. Es ist bemerkenswert, daß hier wie in anderen Städten teilweise reiche Bürger die Ketzer deckten. Um 1230 wurde in Straßburg Heinrich Guldin, „einer der reicheren und mächtigeren Bürger", als Ketzer verbrannt.[234] Das deutet darauf hin, daß die Spannungen zwischen der Bürgerschaft und dem geistlichen Stadtherrn teilweise auch Angehörige der städtischen Oberschicht zu Förderern dieser antikirchlichen Strömung werden ließen. Die Mehrzahl der Anhänger der Waldenser gehörte allerdings den städtischen Mittel- und Unterschichten an. Bald faßte diese Sekte auch unter der bäuerlichen Bevölkerung Fuß. Kurz nach 1250 behauptete der Franziskanerprediger Berthold von Regensburg sogar, daß die Ketzer jetzt die „frommen Städte" meiden, weil man sie dort zu schnell erkenne; „sie gehen lieber in die Weiler und Dörfer".[235] Ein zwischen 1260 und 1266 in Passau entstandener Traktat über Ketzer nennt 42 Ortschaften, meist Dörfer beiderseits der Donau in Österreich, in denen es damals Waldenser gab. Als die Inquisition gegen sie einschritt, töteten sie den Pfarrpriester von Kematen.[236]

Der ständig wachsende Anhang, den die Waldenser und andere Sekten seit dem ausgehenden 12. Jh. insbesondere in Frankreich, Italien und Deutschland fanden, veranlaßte die Kirche zu schärferen Gegenmaßnahmen. Bereits 1184 hatte Papst Lucius III. ein umfassendes Statut gegen die Ketzer erlassen und den Bischöfen eine regelmäßige Nachforschung nach Ketzern zur Pflicht gemacht; überführte Ketzer sollten den zuständigen weltlichen Machthabern zur Bestrafung übergeben werden.[237] Papst Innocenz III. verschärfte und verfeinerte das Vorgehen gegen die Häretiker und bestätigte auf dem stark besuchten Laterankonzil von 1215 die Ketzergesetze von 1184; zugleich wurde ein ausführliches Glaubensbekenntnis formuliert, das eine klarere Unterscheidung zwischen Rechtgläubigkeit und Häresie erleichtern sollte.[238]

Zusätzliche Impulse erhielt die weitere Bekämpfung der Ketzerbewegungen durch die in der Zeit Innocenz' III. aufkommenden sogenannten Bettelorden. 1210 billigte der Papst die Existenz einer kleinen, mönchisch lebenden Genossenschaft, die der Kaufmannssohn Franz von Assisi in Mittelitalien um sich geschart hatte. Franz von Assisi verband das apostolische Armutsideal mit unbedingtem Gehorsam gegenüber der Kirche. Unter Berufung auf die Lebensweise der Apostel lehnten die Franziskaner im Gegensatz zu den älteren Mönchsorden nicht nur den Privatbesitz des einzelnen Mönches ab, vielmehr sollte der ganze Orden in Armut leben. Daher verzichteten sie auf den Erwerb von feudalem Grundbesitz, der die materielle Basis der bisherigen Mönchsorden darstellte, und lebten – als Bettelmönche – vorwiegend von Spenden der Bevöl-

Vermutl. ältestes Portrait des Franz von Assisi (1228). Fresko in der Kapelle des hl. Gregor in Subiaco

kerung, insbesondere der Bewohner der Städte, wo sie auch ihre Niederlassungen errichteten. Im Unterschied zu den zurückgezogen lebenden Benediktinern und Zisterziensern traten die Franziskaner in aller Öffentlichkeit als Sitten- und Bußprediger auf und waren daher besonders geeignet, der geheimen Predigttätigkeit der Waldenser und anderer Ketzer entgegenzutreten.

Zu ähnlichen Ergebnissen führte das Wirken des spanischen Kanonikers Dominicus in den südfranzösischen Ketzerzentren. Die von ihm gegründete Predigergemeinschaft, der er von vornherein bewußt die öffentliche Predigt gegen die Ketzer als Hauptaufgabe stellte, erkannte Papst Honorius III. Ende 1216 an. Nach dem Vorbild der Franziskaner verzichtete auch dieser Orden bald auf Grundbesitz und den Bezug fester Renten, so daß die Dominikaner ebenfalls ein Bettelorden wurden. Sie stellten das apostolische Armutsideal, mit dem die Ketzer insbesondere bei den unteren Volksschichten Anklang fanden, bewußt in den Dienst der Ketzerbekämpfung. Um sie für diese Aufgabe besser zu rüsten, verlangte Dominicus, im Gegensatz zu Franz von Assisi, von seinen Mönchen theologische Schulung, damit sie jederzeit fähig waren, Argumente der Ketzer zu widerlegen.

In der Struktur der beiden Bettelorden spiegeln sich deutlich die tiefgreifenden Veränderungen der wirtschaftlichen Verhältnisse wider. Anstelle des feudalen Grundbesitzes wurden von ihnen die in den Städten konzentrierten Ware-Geld-Beziehungen als wirtschaftliche Basis ausgenutzt. Es zeigte sich bald, daß durch Bettel bzw. Spenden beträchtliche Einnahmen zu erzielen waren, so daß die tatsächliche Lebenslage der Bettelmönche sich mehr und mehr von dem postulierten Armutsideal entfernte und die nachdrücklich herausgestellte vollkommene Besitzlosigkeit zur Fiktion wurde.

Sowohl die Franziskaner als auch die Dominikaner fanden sehr bald in deutschen Städten Eingang. 1221 faßte eine von Italien ausgesandte Schar von Franziskanern in rheinischen Städten und in Regensburg Fuß. Bereits 1224 entstanden auch in Erfurt und Magdeburg Niederlassungen, und um die Mitte des Jahrhunderts befand sich fast in jeder größeren Stadt ein Franziskanerkonvent. Seit 1220/21 wurden auch erste Klöster der Dominikaner in westdeutschen Gebieten angelegt.

Dank der zur Schau getragenen Armut und der öffentlichen Predigttätigkeit vermochten die Franziskaner und Dominikaner im 13. Jh. die kirchliche Beeinflussung, insbesondere der städtischen Bevölkerung, zu intensivieren und so den Ketzern bis zu einem gewissen Grade entgegenzuwirken. Ein besonders massenwirksamer Prediger war um 1250 der Franziskaner Berthold von Regensburg; seine häufig drastische, gegen alle Stände gerichtete Kritik stellte die bestehende Ordnung nicht in Frage, übte aber eine große Anziehungskraft auf breite Bevölkerungsschichten aus und trug dazu bei, Stimmungen der Unzufriedenheit aufzufangen.[239]

Aber die Mönche der beiden Bettelorden bekämpften die Sektenbewegungen nicht nur durch ihre Predigt. Vor allem der Dominikanerorden entwickelte sich bald zu einem unentbehrlichen Instrument der direkten Ketzerverfolgung, der Inquisition. Den Anstoß zu dieser

Entwicklung gab Papst Gregor IX., als er Anfang 1231 eine umfassende Ketzerverfolgung einleitete. Er forderte damals nicht nur die Erzbischöfe von Trier, Salzburg und Mainz zu einem unnachsichtigen Vorgehen gegen die Ketzer auf, sondern beauftragte darüber hinaus Angehörige des Dominikanerordens und auch anderer Mönchsorden, in direktem Auftrag des Papstes die Häretiker aufzuspüren und zu verurteilen. Ein solcher unmittelbar im päpstlichen Auftrag handelnder und besonders berüchtigter Inquisitor war Konrad von Marburg. Auf Grund dieser Maßnahmen Gregors IX. traten neben die bisher mit der Ketzerverfolgung beauftragten Bischöfe direkt dem Papst unterstehende Inquisitoren, die überwiegend dem Dominikanerorden angehörten. Auf diese Weise wollte man erreichen, daß die Ketzerverfolgung überall nach einheitlichen Prinzipien und effektiver durchgeführt wurde. So gewann die Inquisition mit ihren verhängnisvollen Begleiterscheinungen feste Gestalt. Die Zulassung geheimer Zeugen und die 1252 von Papst Innocenz IV. ausdrücklich genehmigte Anwendung der Folter[240] beim Verhör öffneten zusätzlichen Mißbräuchen Tor und Tür.

Da die von den Inquisitoren entdeckten und verurteilten Ketzer zum Vollzug der Strafe an weltliche Machthaber ausgeliefert wurden, hing vieles davon ab, welche gesetzlichen Regelungen die Herrscher in dieser Frage festlegten. Kaiser Friedrich II., der bereits 1224 in einem für Italien erlassenen Gesetz die Todesstrafe durch Verbrennen als verbindliche Strafe für hartnäckige Ketzer verfügt und damit einen schon häufig geübten Brauch sanktioniert hatte, erließ im Frühjahr 1232 ein Mandat, in dem er ein gleiches Vorgehen gegen die Ketzer im deutschen Reichsgebiet anordnete. Damit drohte auch hier allen überführten und nicht zum Widerruf bereiten Ketzern der Feuertod. Hinzu kam die Beschlagnahme ihres Eigentums einschließlich der Enterbung der Söhne, so daß stets die gesamte Familie betroffen wurde.[241] Somit besaß bei der Ketzerbekämpfung die von der weltlichen Gewalt unterstützte Kirche in der Inquisition ein Instrument des Terrors gegen alle Feinde und Kritiker der kirchlichen Ordnung und Lehre.

Während der verstärkten Verfolgungen in den Jahren von 1231 bis 1233 wurden zahllose Ketzer verbrannt, so in Erfurt und Straßburg. In Trier hielt der Erzbischof 1231 eine Synode ab, die über die bedrohliche Entwicklung der Sektenbewegungen beriet. Die Kölner Königschronik berichtet zusammenfassend über die Ketzerverfolgungen jener Zeit: „Denn sowohl wegen wirklicher als auch wegen angeblicher Häresie wurden zahlreiche Adlige und Nichtadlige, Kleriker, Mönche ..., Bürger und Bauern von einem gewissen Bruder Konrad in verschiedenen Orten Deutschlands — wenn es zu sagen erlaubt ist — allzu überstürzt zur Todesstrafe durch Verbrennen verurteilt. Denn am selben Tage, an

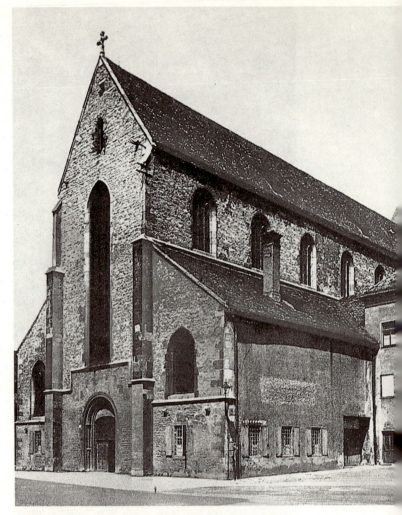

Minoritenkirche in Regensburg (beg. um 1270). Typisch für Bettelordenskirchen — Verzicht auf den Turm an der Westfront und auf das Querschiff

dem jemand angeklagt wurde, gleich ob rechtens oder ungerechterweise, wurde er, ohne die Möglichkeit zur Appellation oder Verteidigung nutzen zu können, verurteilt und den grausamen Flammen preisgegeben. Aus diesem Grunde wurde Bruder Konrad, der Vollstrecker dieser Häretikerverfolgung, von einigen Adligen bei Marburg erschlagen."[242]

Die Welle grausamer Verfolgungen zu Beginn der dreißiger Jahre hatte keineswegs eine Beseitigung der Waldenser und Katharer zur Folge. Auch danach blieben die Ketzer eine Bedrohung für die Kirche, ohne jedoch deren Position damals insgesamt gefährden zu können. Dementsprechend blieb für die häretischen Bewegungen der Sektencharakter kennzeichnend. Sie vermochten kaum offen hervorzutreten und lehnten Gewaltanwendung nicht nur infolge der Bindung an urchristliche Ideale ab, sondern auch deshalb, weil sie nicht stark genug waren, gewaltsam gegen die bestehende Ordnung vorzugehen. Die Bedeutung der Sekten lag in jener Zeit hauptsächlich darin, daß sie antiklerikalen Stimmungen breiter Volksschichten Ausdruck verliehen. Insofern zeugt ihre Verbreitung auch von dem wachsenden Gewicht und Selbstbewußtsein der unteren Gesellschaftsschichten.

Die trotz der Ausbreitung der Ketzer ungebrochene materielle und ideologische Machtstellung der Kirche wird in beeindruckender Weise sichtbar in einigen großräumigen, repräsentativen Neubauten von Bischofskirchen, die in der ersten Hälfte des 13. Jh. begonnen wurden. Nach einem Brand der auf die Ottonenzeit zurückgehenden Kirche wurde 1209 in Magdeburg der Grundstein für den neuen Dom gelegt. In den Jahren 1210 bzw. 1215 setzte der Bau der noch heute bestehenden Dome von Naumburg und Bamberg ein; um 1225 folgten die Bischofskirchen von Münster und Paderborn. Etwa 1240 begann die Arbeit an einem neuen Dom zu Halberstadt. Bei diesen Bauten, die in ihren älteren Teilen noch spätromanische Züge aufweisen, setzte sich allmählich der gotische Baustil durch. Vor allem der seit etwa 1240 in Naumburg tätige Meister gestaltete in den Stifterfiguren des Westchors sowie in der Darstellung des Abendmahls und der Passion Christi am Westlettner das neue, individuellere Menschenbild der Gotik in vollendeter Weise, wobei besonders die volkstümlichen Gestalten des Lettners die üblichen Normen durchbrechen.[243]

Der Triumph Friedrichs II. im Thronstreit

Nachdem Friedrich II. im September 1212 in Konstanz Fuß gefaßt hatte, konnte er seinen Anhang rasch vergrößern und zog nach Basel, wo ihm Bischof und Bürgerschaft die Tore öffneten. Offenbar förderte die Gegnerschaft zwischen Papst und Kaiser Otto IV. den Übertritt der in hohem Maße von der Kurie abhängigen deutschen Bischöfe. In Basel stellte Friedrich II. am 26. September 1212 eine wichtige Urkunde aus, durch die er einem seiner stärksten Verbündeten, dem König Ottokar I. von Böhmen, und dessen Nachfolgern die Königswürde sowie das Recht auf Investitur der böhmischen Bischöfe bestätigte. Die Schwäche der deutschen Zentralgewalt während des Thronstreites und der wachsende Einfluß des böhmischen Herrschers auf die Reichsangelegenheiten trugen dazu bei, daß dieser einen zunehmend bedeutsameren Platz unter den Reichsfürsten einnahm und in den folgenden Jahrzehnten einer der sieben Kurfürsten wurde. Die Auflockerung des Reichsgefüges durch das Erstarken der Fürsten erleichterte somit die weitere Einbeziehung des Přemyslidenstaates in das Reich.

Während die meisten Fürsten im Südwesten des Reiches auf die Seite des Staufers traten, zog sich Kaiser Otto IV. im November 1212 in sein altes Machtzentrum Köln zurück. Im folgenden Monat hielt Friedrich II. in Frankfurt einen Hoftag ab, auf dem zahlreiche weltliche und geistliche Fürsten erschienen, die ihn nunmehr formell zum König wählten. Der Welfe konnte sich nur noch im Norden behaupten.

Während eines Aufenthaltes in Eger erstattete der Staufer am 12. Juli 1213 dem Papst, der ihm den Griff nach der deutschen Königskrone ermöglicht hatte, in einer mit Goldbulle besiegelten Urkunde den Dank für dessen Hilfe; er erneuerte die Zugeständnisse, die Otto IV. im März 1209 ohne Zustimmung der Fürsten gemacht hatte, und ließ sie ausdrücklich von den Fürsten bezeugen. Damit wurden die Erweiterung des Kirchenstaates durch die Rekuperationen Innocenz' III., der Verzicht auf das Spolienrecht und teilweise das Regalienrecht sowie die Aufgabe des königlichen Einflusses auf die Bischofswahlen verbindlich bestätigt.

Die Zugeständnisse Friedrichs II. an den Papst und sein Entgegenkommen gegenüber den Fürsten weisen auf die Machtfaktoren hin, denen er seinen Aufstieg zum deutschen König verdankte. Die Ereignisse des Jahres 1214 machten darüber hinaus deutlich, wie sehr das Geschick des Staufers in der Frühphase seines Königtums gleichzeitig von seinem wichtigsten auswärtigen Verbündeten, dem französischen König, abhing. König Johann Ohneland bereitete damals einen Gegenschlag gegen den französischen König Philipp II. vor, um die von diesem seit 1202 besetzten englischen Gebiete in Frankreich zurückzuerobern. Neben Kaiser Otto IV. und dem Grafen von Flandern gewann der englische König eine größere Anzahl lothringischer und niederrheinischer Fürsten als Bundesgenossen, so die Herzöge von Brabant und Limburg sowie den Grafen von Holland; der zuletzt Genannte verpflichtete sich 1213 gegen ein aus regelmäßigen Geldzahlungen bestehendes „Lehen" des englischen Königs zur Stellung eines Ritterkontingents. Dieser Fall beweist ebenso wie die Vergabe eines Geldlehens von seiten des französischen Königs an den Herzog von Brabant im Jahre 1205,[244] daß das Geld auch im Lehnswesen wirksam wurde und die erstarkenden Könige von Frankreich und England diese Möglichkeit ausnutzten, um ihren Einfluß auf die deutschen Fürsten der westlichen Grenzgebiete zu vergrößern.

Der nach diesen Vorbereitungen im Jahre 1214 von zwei Seiten geführte Angriff des englischen Königs, Kaiser Ottos IV. und der verbündeten Fürsten scheiterte in der Schlacht bei Bouvines in der Nähe von Lille am 27. Juli 1214. Dem französischen König, der auch die Aufgebote städtischer Kommunen ins Feld führte, gelang es, das Heer des Welfen und der Fürsten völlig zu schlagen. Die kaiserliche Standarte fiel in französische Hände und wurde von Philipp II. dem

Staufer übersandt. Nach dieser Niederlage hatte Otto IV. kaum noch Aussichten, den Staufer auszuschalten. So beleuchtet die Schlacht von Bouvines mit ihren nachhaltigen Folgen für das Reich augenfällig das wachsende Gewicht des französischen Königtums und den Niedergang der kaiserlichen Gewalt im politischen Kräftespiel Mittel- und Westeuropas. Resigniert schrieb ein deutscher Chronist: „Seit dieser Zeit sank der Ruf der Deutschen bei den Welschen."[245]

Nachdem Friedrich II. im Herbst 1214 mehrere bis dahin noch zu Otto IV. haltende Fürsten im lothringisch-niederrheinischen Raum unterworfen hatte, gewann er im Juli 1215 auch Aachen, wo er sich zur Festigung seiner Legitimität nochmals krönen ließ. Zugleich verpflichtete er sich mit mehreren Fürsten zu einem Kreuzzug, zu dem Innocenz III. bereits 1213 aufgerufen hatte. Kurz darauf gewann der Staufer auch die Stadt Köln, und Otto IV. mußte nach Braunschweig flüchten. Der Welfe war damit auf seine sächsischen Besitzungen beschränkt und stellte nur noch einen lokalen Machtfaktor dar. Nach der Katastrophe von Bouvines entschied der Verlust Kölns endgültig die Niederlage Ottos IV. im Thronstreit.[246]

Eine erneute Wende zu seinen Gunsten war für ihn jetzt höchstens in dem Fall denkbar, daß Friedrich II. eine größere Zahl von Fürsten gegen sich aufgebracht hätte. Der Staufer wußte dies jedoch durch eine den Fürsten entgegenkommende Haltung zu vermeiden. Das zeigte sich nicht zuletzt in seiner Stellungnahme zur kommunalen Bewegung in den Bischofsstädten. Bereits

Das Abendmahl am Westlettner im Dom zu Naumburg, um 1250 von der Bauhütte des sog. Naumburger Meisters geschaffen

Chor des Doms zu Magdeburg. Der Chorumgang mit Kapellenkranz um 1230 vollendet; am darüberliegenden Bischofsumgang (ab 1232) wirkten zisterziensische Baufachleute mit

im März 1214 schlichtete er Streitigkeiten zwischen der Stadtgemeinde und dem Bischof von Straßburg, wobei festgesetzt wurde, daß die Bürger gegen den Willen des Bischofs keinen städtischen Rat einsetzen durften. Im Juli 1215 ordnete der König entsprechend einem Urteilsspruch der Fürsten an, daß die Bürger von Verdun keine Schwurvereinigung bilden und zum Ausbau der Stadtbefestigung nicht von sich aus „ohne Zustimmung des Bischofs, bei dem die Lenkung der gesamten Stadt liegt", Steuern erheben sollten.[247] Etwa einen Monat später teilte der König den Bürgern von Metz in einem Mandat mit, daß die Kirche und die Geistlichkeit der Stadt unter königlichem Schutz stünden und die Bürger die Rechte und Freiheiten des Klerus nicht durch Besteuerung desselben einschränken sollten.

Typisch war das Verhalten Friedrichs II. gegenüber der Bürgerschaft von Cambrai. Im Juli 1214 hatte er den Bürgern ihre Freiheiten bestätigt, da der Bischof von Cambrai damals noch zu Kaiser Otto IV. hielt. Als jener aber auf die Seite des Staufers übertrat, widerrief der König Ende Juli 1215 das den Bürgern gewährte Privileg. Doch da diese das große Privileg Kaiser Friedrichs I. von 1184 und eine entsprechende Urkunde Heinrichs VI. vorlegen konnten, vollzog Friedrich II. Ende September 1215 nochmals eine Wendung und bestätigte ihnen die alten Rechte. Aber im April des folgenden Jahres wurde auf Grund einer Klage des Bischofs, einem Urteilsspruch der Fürsten gemäß, das den Bürgern gewährte Privileg vom König erneut kassiert.[248]

Das Privileg für die geistlichen Fürsten

Größeren Bewegungsspielraum gewann Friedrich II., nachdem Otto IV. am 19. Mai 1218 auf der Harzburg gestorben war. Kurz zuvor hatte der Staufer außerdem nach dem Aussterben der Zähringer im Februar 1218 seine Stellung im südwestdeutschen Kerngebiet staufischer Macht festigen können, da er einen Teil der Lehen und Besitzungen dieser mächtigen Herzogsfamilie, so vor allem die Städte Zürich und Bern, an sich brachte. Ausdruck der gestärkten Position des Staufers waren die in den Jahren 1219/20 zahlreicher werdenden Privilegien für königliche Städte.

Goslar, Nürnberg und Dortmund erhielten Bestätigungen ihrer Rechte. Nicht minder bedeutsam waren die Urkunden für kleinere Städte im staufischen Machtbereich. Im September 1219 gewährte er dem unterhalb der wichtigen Reichsburg Trifels gelegenen Ort Annweiler das Recht der Stadt Speyer; die Bewohner wurden von der für Hörige üblichen Todfallabgabe befreit; zuziehende Hörige sollten nach Jahr und Tag frei sein. Ein ähnliches Privileg erhielt im Februar 1220 das im Elsaß gelegene Molsheim, und im Juni wurde das schwäbische Pfullendorf zur Stadt erhoben. Die Bürger brauchten nach den Bestimmungen der königlichen Urkunde sechs Jahre lang keine Steuern an den König abzuführen und konnten dafür mit eigenen Mitteln die Stadt ummauern. Die Stadtmauer sollte in solchen kleineren königlichen Städten nicht nur dem Schutz der Bürger dienen, sondern zugleich die königliche Herrschaft über das umliegende Land sichern. Derartige Städte, in denen nicht die noch schwache bürgerliche Gemeinde, sondern der vom König eingesetzte Schultheiß die wesentlichen Gerichts- und Verwaltungsbefugnisse ausübte, übernahmen also zum Teil die Funktion einer feudalherrlichen Burg.

Diese Förderung königlicher bzw. staufischer Städte war begleitet von Bemühungen, die Verwaltung des während des Thronstreites abgebröckelten staufischen Machtbereichs mit Hilfe von Reichsministerialen neu zu organisieren und zu festigen. Bald nach 1215 wurde in Hagenau, wo Friedrich II. häufig in der Pfalz residierte, ein Mann namens Wölflin, der nicht adliger Herkunft war, als Reichsschultheiß eingesetzt.[249] Er hat jahrelang die Reichsländereien im Elsaß verwaltet und ließ zahlreiche Städte und Burgen ausbauen.

Auf diese Weise wurden vor allem im fränkisch-schwäbisch-elsässischen Raum beträchtliche Teile des staufischen bzw. königlichen Territoriums, wie es gegen Ende der Regierung Friedrichs I. und unter Heinrich VI. bestanden hatte, wieder unter festere Kontrolle gebracht. Größere Handlungsfreiheit gewann Friedrich II. dadurch aber nur in begrenztem Maße, da er gleichzeitig weitergesteckte Pläne verfolgte, zu deren Verwirklichung er die Unterstützung der Fürsten dringend benötigte. Er war angesichts der Stärke der Fürsten im deutschen Reichsgebiet offenbar zu dem folgenschweren Entschluß gelangt, den Schwerpunkt seiner Herrschaft nach Italien zu verlegen und zunächst das Königreich Sizilien zum Kerngebiet seiner Macht auszubauen. Andererseits hatte Friedrich II. dem Papst zugesichert, vom Zeitpunkt der zu erwartenden Kaiserkrönung an das Königreich Sizilien ganz seinem Sohn Heinrich zu überlassen. Auf diese Weise sollte die für die Unabhängigkeit des Papsttums so wichtige Trennung des süditalienischen Königreiches vom Imperium sichergestellt und die Umklammerung des Kirchenstaates gelockert werden. Doch unmittelbar nach diesem Versprechen an den Papst ging Friedrich II. mit beachtlichem diplomatischen Geschick daran, seinen Sohn auch im deutschen Reichsgebiet fester zu verwurzeln. Ende 1216 berief er diesen dorthin und ernannte ihn zum Herzog von Schwaben. Sodann verfolgte Friedrich II. das Ziel, vor seinem Aufbruch nach Italien seinen Sohn zum König wählen zu lassen. Das mußte sein Versprechen von 1216, zugunsten Heinrichs auf Sizilien zu verzichten, gegenstandslos machen, weil dann die von der Kurie bekämpfte Union

Privileg Friedrichs II. für die geistlichen Fürsten vom April 1220. Exemplar für den Bischof von Eichstätt

von Imperium und Königreich Sizilien in seinem Sohn weiterbestand. Offenbar zögerten vor allem die vom Wohlwollen des Papstes abhängigen geistlichen Fürsten, denen natürlich bewußt war, daß die Kurie eine solche Königswahl als Affront ansehen würde.

Dennoch gelang es Friedrich II. auf dem in der zweiten Aprilhälfte des Jahres 1220 zu Frankfurt abgehaltenen Hoftage, neben den weltlichen auch die geistlichen Fürsten für die Wahl des noch unmündigen Heinrich zu gewinnen. Der Preis für diesen diplomatischen Erfolg waren beträchtliche Zugeständnisse, die den landesherrlichen Bestrebungen der geistlichen Fürsten Vorschub leisteten und die Möglichkeiten für eine Erweiterung des Königsterritoriums einengten. In der am 26. April 1220 ausgestellten „Confoederatio (Bündnis) mit den geistlichen Fürsten"[250] gestand Friedrich II. unter anderem zu, daß dem Kirchenbann bereits nach sechs Wochen die Reichsacht folgen sollte, wobei zu beachten ist, daß die geistlichen Fürsten damals den Kirchenbann durchaus auch zur Durchsetzung ihrer Besitz- und Herrschaftsansprüche benutzten. Daneben verzichtete der König nochmals auf das Spolienrecht und versprach, daß er künftig die Regalien in den Bischofsstädten, also die Einnahmen aus der an sich den Bischöfen zustehenden Gerichtsbarkeit, aus Zoll und Münze, nicht mehr bei jedem beliebigen Aufenthalt in diesen Städten für sich beanspruchen werde, sondern nur noch während einer begrenzten Zeit bei offiziell angesagten Hoftagen in bischöflichen Städten. Damit hörte die für das ottonisch-salische Reichskirchensystem typische und in der frühen Stauferzeit weiter geübte Ausnutzung der

Bistümer für den Unterhalt des Hofes weitgehend auf.

Am aufschlußreichsten sind im Fürstenprivileg von 1220 Bestimmungen, nach denen der König keine neuen Münzstätten und Zölle im Gebiet der geistlichen Fürsten einrichten, keine Hörigen derselben in seinen Städten aufnehmen und nicht die Vergabe von Kirchenlehen für sich erzwingen sollte. Außerdem durfte niemand, weder der König noch ein weltlicher Fürst, Vogteirechte zur Schädigung der kirchlichen Institutionen, insbesondere nicht zum Bau von Burgen und Städten auf deren Besitzungen ausnutzen.

Mit diesen Zugeständnissen wurden den geistlichen Fürsten kaum neue staatliche Rechte übertragen; sie hatten bereits seit einiger Zeit von sich aus Burgen bauen lassen, Städte gegründet und Zollstellen eingerichtet. Entscheidend ist vielmehr, daß der König sowie die weltlichen Fürsten darauf verzichten sollten, Vogteirechte und Kirchenlehen zur Ausweitung ihrer Herrschaftsrechte auf Kosten der geistlichen Fürsten auszunutzen. Dadurch trug das von den geistlichen Fürsten ertrotzte Privileg dazu bei, den Bestand der geistlichen Fürstentümer gegen mächtige Nachbarn abzusichern. Vor allem aber beschnitt dieses Privileg, wenn es von der Zentralgewalt beachtet wurde, die Möglichkeiten zu einer Erweiterung des königlichen Herrschaftsbereiches auf Kosten benachbarter Kirchenfürsten. Da aber der Aufbau eines Königsterritoriums in jener Zeit das entscheidende Mittel für eine Festigung der Position der Zentralgewalt überhaupt war, konnten diese Zugeständnisse das Kräfteverhältnis zwischen Königtum und Fürsten negativ beeinflussen.

Im folgenden August brach Friedrich II. mit einem relativ kleinen Heer, in dem sich nur wenige größere deutsche Reichsfürsten befanden, nach Italien auf. Vor Rom kam es zu Verhandlungen mit Beauftragten des Papstes, bei denen der Staufer auf päpstliche Beschwerden über die Königswahl Heinrichs zusicherte, daß er trotz der bestehenden Personalunion niemals eine volle Eingliederung des Königreichs Sizilien in das Reich vollziehen werde. Darauf wurde Friedrich II. am 22. November 1220 zum Kaiser gekrönt. Seine Bereitwilligkeit, den Wünschen des Papstes weitgehend entgegenzukommen, demonstrierte der neue Kaiser noch am Krönungstage durch den Erlaß eines Gesetzes, in dem er alle städtischen Statuten, die die Rechte und Freiheiten des Klerus einschränkten, für ungültig erklärte und verschärfte Strafen gegen Ketzer androhte.

Bald nach der Kaiserkrönung regelte Friedrich II. für die Zeit seiner Abwesenheit die Regierungsführung im deutschen Reichsgebiet, indem er für den unmündigen Heinrich (VII.) Erzbischof Engelbert von Köln als Vormund und Reichsregenten bestellte. Dann wandte sich der Kaiser seinem Königreich Sizilien zu, wo die königliche Gewalt durch Rivalitäten von Adelscliquen bedenklich geschwächt war.

Fürstliche Vormundschaft im „regnum Teutonicum"

Während Friedrich II. im Königreich Sizilien mit großem Nachdruck und Erfolg die staatliche Ordnung festigte, konnten im deutschen Reichsgebiet die Fürsten weitgehend unbeeinträchtigt den Ausbau ihrer Landesherrschaften fortsetzen. Der Vormundschaftsregierung gelang es immerhin, Auseinandersetzungen zwischen den Feudalgewalten bis zu einem gewissen Grade einzudämmen. So wurde 1221 für das sächsische Gebiet ein Landfriede erneuert.[251] Der vermutlich 1223 in Würzburg erlassene Landfriede stellte unter anderem

Kirche, Pflug und Mühle unter dem Schutz des Landfriedens stehend. Heidelberger Bilderhandschrift des Sachsenspiegel

Kaufleute, Juden und Bauern sowie Mühlen und Dörfer innerhalb der Umzäunung unter dauernden Frieden. Offenbar hatten die Vertreter des geistlichen Fürstenstandes nach wie vor ein Interesse an einem gewissen Funktionieren einer übergeordneten Gewalt, da ihre Besitzungen häufig dem Druck benachbarter weltlicher Fürsten ausgesetzt waren.

Eine schwere Erschütterung der labilen Verhältnisse brachte im November 1225 die Ermordung des Erzbischofs Engelbert von Köln durch den Grafen Friedrich von Isenburg. Dieser gehörte einer Seitenlinie des Grafenhauses von Berg an, dessen letzter Repräsentant Engelbert selbst war. Die Spannungen zwischen dem Erzbischof und seinem Verwandten resultierten aus dessen Stellung als Vogt des Reichsstiftes Essen. Caesarius von Heisterbach schreibt über das Wirken des Isenburgers als Vogt: „Während sein Vater ... durch die Vogtei die genannte Kirche völlig wider Gebühr gequält hatte, fraß sie Friedrich ... bis auf die Knochen auf. Die Untervögte und Schulzen schickte er gegen den Willen der Äbtissin ... fort und setzte willkürlich neue ein. Die Leute, die auf Grund irgendeines Rechts zum Stift gehörten, zwang er unter solchen Quälereien zum Frondienst und beutelte sie mit derartigen Abgaben, daß jene Kirche nicht mehr lange bestehen bzw. die Unverschämtheit ihres Bedrückers aushalten konnte."[252] Der Graf nutzte also gleich zahlreichen anderen Feudalherren die Vogteirechte aus, um seine Einnahmen zu erhöhen und den kirchlichen Besitz weitgehend seinem Herrschaftsbereich einzugliedern. Der Kölner Erzbischof, der das Vorgehen seines Verwandten zunächst toleriert hatte, mußte schließlich einschreiten. Darauf entschloß sich der Graf – offenbar im Vertrauen darauf, daß viele Feudalherren in jenem Gebiet über die ehrgeizige Territorialpolitik des Kölners aufgebracht waren – zu jener Mordtat.

Im Sommer 1226 ernannte Friedrich II. anstelle des ermordeten Erzbischofs Herzog Ludwig I. von Bayern zum Reichsregenten für den noch immer unmündigen Heinrich (VII.). Ende November fand in Würzburg der erste größere Hoftag unter der neuen Regentschaft statt. Es erschienen die drei rheinischen Erzbischöfe, zahlreiche Bischöfe und nur wenige weltliche Fürsten; die dort gefaßten Beschlüsse waren dementsprechend von den Interessen des geistlichen Fürstenstandes diktiert. Entsprechend einem im Juni 1226 dem Bischof von Cambrai gewährten kaiserlichen Privileg erklärte der König nunmehr durch eine Urkunde abermals alle früher den Bürgern von Cambrai gewährten Privilegien für ungültig; die Kommune wurde aufgehoben und zugleich angeordnet, daß der städtische Glockenturm und die Glocke, auf deren Geläut hin sich die Bürgerschaft zu versammeln pflegte, zu zerstören seien.

Weitere Beschlüsse des Würzburger Hoftages kamen auf Beschwerden des Erzbischofs von Mainz zustande. Anlaß war die königliche Stadt Oppenheim, der Kaiser Friedrich II. im Juni 1226 von Italien aus für den Bau einer Stadtmauer eine befristete Steuerbefreiung gewährt hatte. Diese Begünstigung der Stadt mag dazu beigetragen haben, daß eine größere Zahl von Leuten des Erzbischofs, darunter auch Ministerialen und Bürger, nach Oppenheim übersiedelten. Jetzt beschlossen die Fürsten, daß die Geflüchteten an den Erzbischof zurückzugeben seien und künftig keine weiteren Leute desselben aufgenommen werden sollten. Gleichzeitig wurde ein Bund der Städte Mainz, Worms, Speyer, Bingen, Frankfurt, Gelnhausen und Friedberg, der kürzlich „zum Schaden der Mainzer Kirche" vereinbart worden war, für aufgehoben erklärt.[253]

Dieser von den Fürsten veranlaßte königliche Aufhebungsbefehl ist das erste Zeugnis für einen Städtebund in der deutschen Geschichte. Es hatten sich Städte geistlicher Fürsten sowie die königlichen Städte Frankfurt, Gelnhausen und Friedberg vereinigt, um angesichts der Schwäche der königlichen Regierung und des wachsenden Druckes von seiten des Mainzer Erzbischofs ihre Selbständigkeit zu verteidigen. Die Schwäche der Zentralgewalt, die Territorialpolitik zahlreicher Feudalgewalten sowie die relative Stärke und Selbständigkeit der Städte – alle diese genannten Faktoren begünstigten die Bildung von Städtebünden. So haben sich im deutschen Reichsgebiet auch in den folgenden Jahrhunderten Städte immer wieder in Bünden zusammengeschlossen. Auf Grund der zunehmenden politischen Zersplitterung des „regnum Teutonicum" war eine derartige Form der Selbsthilfe für die Sicherung der Interessen der bürgerlichen Kräfte gegenüber dem Feudaladel eine Notwendigkeit.

Der Konflikt Heinrichs (VII.) mit Fürsten und Kaiser

Trotz des Übergewichts der geistlichen Fürsten, wie es auf dem Würzburger Hoftag hervortrat, zeigte sich bald, daß während der Regentschaft des bayerischen Herzogs auch andersgerichtete Interessen am königlichen Hof Spielraum gewannen. Ende März 1227 erhielten die Bürger von Verdun ein königliches Privileg, in dem ihnen die Wahl von sieben Geschworenen und 14 Schöffen sowie die Erhebung einer Steuer zum Ausbau der Stadtbefestigung zugestanden wurde. Auf den energischen Einspruch des Bischofs von Verdun und nach einem entsprechenden Urteilsspruch der Fürsten mußte dieses Privileg allerdings bereits im folgenden Monat widerrufen werden. Doch die Bürger leisteten diesem Gebot keine Folge, so daß der Bischof die Stadt zu belagern begann. In dieser angespannten Situation erneuerte der König am 20. Juni sein widerrufenes Privileg für die Bürger; der Bischof wurde sowohl von Heinrich (VII.) als auch vom Herzog von Bayern zur Beachtung der bürgerlichen Rechte aufgefordert.

Zugleich setzten verstärkte Bemühungen um den Aufbau eines Königsterritoriums im Südwesten des Reiches ein. Im Mai 1227 kaufte der König die im Elsaß gelegene Burg Kaisersberg, nachdem kurz zuvor das dem Bischof von Worms gehörige Wimpfen als staufisches Lehen zurückerworben worden war. Umfangreiche kirchliche Besitzungen gingen durch den Erwerb von Vogteirechten in den königlichen Herrschaftsbereich über.

Unter der Regentschaft des Herzogs von Bayern, der selbst seine Macht auf Kosten der bayerischen Bischöfe zu erweitern suchte, wurden also nicht mehr so vorbehaltlos wie unter Engelbert von Köln die Interessen der geistlichen Fürsten berücksichtigt. Zugleich gewannen die im königlichen Rat wirkenden Reichsministerialen, die Schenken Konrad und Eberhard von

Winterstetten sowie der Truchseß Eberhard von Waldburg, größeren Einfluß auf die Regierungsgeschäfte. Innerhalb des nach wie vor nicht fest abgegrenzten königlichen Rates trat damit, ähnlich wie in anderen europäischen Staaten, eine kleinere Gruppe ständiger Mitglieder hervor, die die laufenden Geschäfte erledigte und meist aus dem Kreis der Reichsministerialen stammte. Ihre Anschauungen und Zielsetzungen deckten sich keineswegs mit denen der Fürsten. Sie verdankten ihren Aufstieg dem Königtum und waren an einer weiteren Stärkung der Zentralgewalt interessiert. Neue Komplikationen traten Ende 1228 ein, als es zwischen dem nunmehr annähernd achtzehnjährigen Heinrich (VII.) und dem Herzog von Bayern zum Bruch kam und der König selbständig zu regieren begann.

Dies geschah in einer für die Staufer gefährlichen Situation, da inzwischen ein schwerer Konflikt zwischen Friedrich II. und dem Papsttum ausgebrochen war. Anlaß hierfür boten die straffe Unterordnung der sizilischen Bistümer und Abteien unter die staatliche Gewalt sowie die wiederholte Verzögerung des vom Staufer bereits 1215 versprochenen Kreuzzuges. Der Kaiser hatte im August 1227 in Brindisi ein vorwiegend aus deutschen Rittern bestehendes Kreuzfahrerheer versammelt, doch brach in der sommerlichen Hitze eine Seuche aus, und nur ein Teil der Kreuzfahrer stach nach Palästina in See; auch Friedrich II. erkrankte und verzichtete zunächst auf eine Teilnahme. Dies nahm Papst Gregor IX., der die machtpolitischen Interessen der Kurie konsequenter als sein Vorgänger Honorius III. verfolgte, zum Anlaß, im September den Bann über den Kaiser zu verhängen. Dennoch trat der Gebannte im Sommer 1228 den Kreuzzug an. Er erreichte ohne nennenswerte kriegerische Auseinandersetzungen in Verhandlungen mit dem ägyptischen Sultan die Abtretung eines Küstenstreifens sowie der Städte Jerusalem, Bethlehem und Nazareth. Der durch Saladins Erfolge auf wenige Küstenstädte zusammengeschmolzene Kreuzfahrerstaat war damit in reduziertem Umfange wiederhergestellt, und im März 1229 konnte Friedrich II. in Jerusalem einziehen. Nachdem er sich in der dortigen Grabeskirche ohne kirchliche Zeremonie die Krone auf das Haupt gesetzt hatte, nahm er zusätzlich den Titel eines Königs von Jerusalem an. Inzwischen fiel ein Heer des Papstes Anfang 1229 in das Königreich Sizilien ein und erzielte beträchtliche Erfolge, da Barone und Städte aus Unzufriedenheit über die konsequente Zentralisierungspolitik des Staufers in den Aufstand traten.

Zugleich wurde ein päpstlicher Legat nach Deutschland gesandt, um dort die Fürsten gegen die staufische Herrschaft aufzuwiegeln. Der Bruch zwischen Heinrich (VII.) und dem mächtigen Herzog von Bayern konnte unter diesen Umständen gefährliche Wirkungen haben. Aber im Juni 1229 kehrte der Kaiser nach Süd-

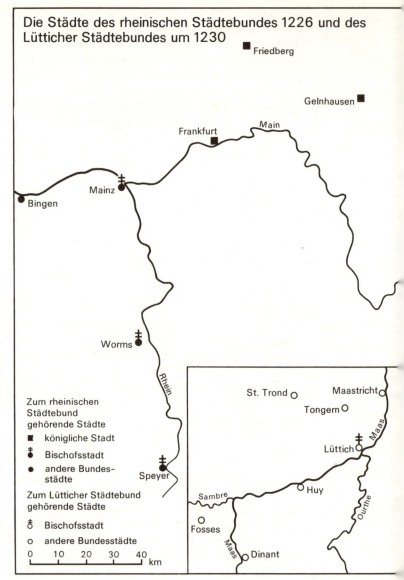

italien zurück, und es gelang ihm in wenigen Wochen, das päpstliche Heer aus seinem Königreich zu vertreiben. Währenddessen unterwarf Heinrich (VII.) den Herzog von Bayern. Der Anfang 1230 vom Lütticher Bischof aufgenommene päpstliche Legat wurde von der Bürgerschaft zugleich mit dem Bischof aus der Stadt verdrängt. Darauf bestätigte Heinrich (VII.) im April der Stadt Lüttich ihre Privilegien, und am 30. Juni 1230 erkannte er sogar ein Bündnis der Städte Lüttich, Huy, Dinant, St. Trond, Fosses, Tongern und Maastricht an, die durchweg der Landesherrschaft des Lütticher Bischofs unterstanden.[254]

Diese immer deutlicher hervortretende fürstenfeindliche, auf ein Zusammengehen mit den Städten ausgerichtete Politik des Königs weckte das Mißtrauen der Fürsten, besonders der geistlichen Fürsten. Während des Wormser Hoftages 1231, auf dem neben wenigen weltlichen Reichsfürsten die drei einflußreichen rheinischen Erzbischöfe sowie mehrere Bischöfe erschienen, kam die Gegnerschaft der Fürsten gegen die neue königliche Politik in aller Schärfe zum Ausdruck. Auf Wunsch des Bischofs von Lüttich wurde am 20. Januar durch Fürstenspruch entschieden, daß es den Städten grundsätzlich untersagt sei, Bündnisse zu schließen, Kommunen zu bilden und von sich aus Gesetze für die Bürgerschaft zu erlassen.[255]

Schon Ende April 1231 wurde in Worms – offenbar auf Drängen der Fürsten – ein weiterer Hoftag eröffnet, auf dem ungewöhnlich viele Erzbischöfe und Bischöfe erschienen. Das wichtigste Ergebnis dieser Versammlung war das sogenannte „Statutum in favorem principum" (Statut zugunsten der Fürsten) vom 1. Mai 1231, dessen Bestimmungen teilweise mit denen des Privilegs für die geistlichen Fürsten von 1220 übereinstimmten. Das neue Gesetz sollte im Prinzip allen Fürsten, nicht nur den geistlichen Fürsten, zugute kommen. Aber die entscheidenden Anstöße und inhaltlichen Festlegungen gingen auch diesmal von geistlichen Fürsten aus, insbesondere von den Bischöfen von Straßburg und Würzburg. Der in der Einleitung des Statutum enthaltene Hinweis, daß die folgenden Bestimmungen „von unseren Städten unverletzlich gewahrt" werden sollen,[256] zeigt deutlich, wen die Fürsten neben dem König für die Eingriffe in ihre Interessen verantwortlich machten. Der König mußte – ähnlich wie Friedrich II. 1220 – versprechen, keine neuen Städte, Burgen oder Münzstätten zum Schaden der Fürsten anzulegen. Weiter wurde bestimmt, daß Eigenleute der Fürsten, kirchlicher Institutionen und sonstiger Feudalherren nicht in den königlichen Städten Aufnahme finden oder als Pfahlbürger Bürgerrechte erhalten sollten. Derartige Pfahlbürger behielten den Hauptwohnsitz auf dem Lande, besaßen aber das Bürgerrecht einer Stadt. Auf diese Weise konnten Landbewohner ihren Rechtsstatus zum Nachteil ihrer bisherigen Herren verbessern, während die königlichen Städte damit ihren Einfluß auf die ländliche Umgebung ausweiteten. Eine ähnliche Bedeutung hatte die Bestimmung, daß in königlichen Städten die Bannmeile abgeschafft werden sollte, denn mit dieser Einrichtung wurden der städtische Gerichtsbezirk und damit die richterlichen Befugnisse des königlichen Schultheißen auf umliegende Landgebiete ausgedehnt. Außerdem sollten Landbewohner nicht widerrechtlich zu Bauarbeiten in Städten, vor allem zum Mauerbau, herangezogen werden. Auf Beschwerden des Würzburger Bischofs gehen vor allem jene Bestimmungen zurück, durch die den „domini terrae" (Landesherren) der ungestörte Besitz bisher geübter Gerichtsrechte zugesichert wurde.

Mit diesem Privileg erhielten die Fürsten keine wirklich neuen Rechte; vielmehr sollten deren Herrschaftsbereiche gegen Eingriffe des Königs und seiner Beamten in den königlichen Städten abgeschirmt und der in letzter Zeit aktivierte Aufbau eines Königsterritoriums auf Kosten benachbarter fürstlicher Herrschaftsbereiche gebremst werden.[257] Aus diesem Grunde zeigten vor allem jene geistlichen Fürsten, deren Gebiete an staufische Besitzkomplexe grenzten, etwa die Bischöfe von Straßburg und Würzburg, ein besonderes Interesse an der Formulierung des Statuts. Erneut vermochten die geistlichen Fürsten auf Grund ihres geschlossenen Auftretens und ihrer stetigen Mitwirkung auf königlichen Hoftagen bedeutsame Zugeständnisse zu erzwingen.

Das „Statutum in favorem principum" hat also keineswegs die fürstlichen Landesherrschaften geschaffen. Aber es kennzeichnet die ungünstige Position des Königtums in einer entscheidenden Phase der staatlichen Entwicklung und minderte dessen Aussichten, den notwendigen Aufbau eines Königsterritoriums schneller voranzutreiben als die Fürsten die Festigung ihrer Landesherrschaften. Der damalige Konflikt des Königs mit den Fürsten war insofern historisch bedeutsam, als er zeigt, daß der auf das „regnum Teutonicum" beschränkte Heinrich (VII.) einen grundsätzlich anderen politischen Kurs verfolgte als der auf die Kaiserpolitik orientierte Friedrich II. Durch seine Zusammenarbeit mit Reichsministerialen und seine städtefreundliche Politik schlug er trotz aller Unbedachtheit den für eine konsequente Festigung der Zentralgewalt notwendigen Kurs ein.

Friedrich II. hatte im Juli 1230 durch den Friedensvertrag von Ceprano eine Einigung mit dem Papst erzielt, indem er sich zu einigen Zugeständnissen kirchenrechtlicher Art für das Königreich Sizilien bereit fand. Anschließend setzte er nachdrücklich seine Bemühungen um eine Festigung der staatlichen Organisation und eine Steigerung der fiskalischen Einnahmen in seinem Königreich fort. Das Ergebnis waren die im Spätsommer 1231 erlassenen Konstitutionen von Melfi, die als erste staatsrechtliche Kodifikation des mittelalterlichen Europa zu werten sind.[258]

Nach Abschluß des inneren Ausbaus seines süditalienisch-sizilischen Staatswesens berief Friedrich II. für Anfang November 1231 einen Hoftag nach Ravenna, zu dem er sowohl Vertreter der oberitalienischen Städte als auch die deutschen Fürsten und Heinrich (VII.) lud. Ursprünglich wollte der Kaiser auf diesem Hoftag in erster Linie eine straffere Unterordnung der oberitalienischen Kommunen einleiten, aber angesichts der Nachrichten über zunehmende Spannungen zwischen den deutschen Fürsten und seinem Sohn wurde dieses Problem zum wichtigsten Beratungsgegenstand. Da die verbündeten lombardischen Städte den Reichstag boykottierten und die Alpenpässe sperrten, waren zunächst nur wenige deutsche Fürsten erschienen. Heinrich (VII.) benutzte die Anreiseschwierigkeiten als Vorwand, dem Hoftag fernzubleiben.

Der um Weihnachten 1231 eröffnete Hoftag beschloß zunächst ein Gesetz, das in teilweiser Übereinstimmung mit dem Wormser Beschluß vom Januar 1231 allen deutschen Städten untersagte, Kommunen zu bilden und Stadträte oder Bürgermeister einzusetzen; auch die Errichtung von Zünften wurde verboten. Dieses und das vorhergehende Wormser Gesetz bezeugen eindrucksvoll, daß die städtische Entwicklung damals zu einem der dringendsten Probleme der Politik der deutschen Feudalgewalten geworden war.

Als Initiator des städtefeindlichen Edikts von Ravenna trat der Bischof von Worms hervor, der damals in heftige Auseinandersetzungen mit seinen Bürgern verwickelt war.[259] Auch hier ergriff Heinrich (VII.) Partei für die Bürger und bestätigte ihnen am 17. März 1232, in eindeutigem Widerspruch zum Edikt von Ravenna, ihre Privilegien, speziell den gewählten Stadtrat. Friedrich II. hatte den König inzwischen nochmals dringend eingeladen, nach Italien zu kommen. Außerdem verlegte er den Reichstag im März 1232 von Ravenna in das von deutschem Gebiet aus gefahrloser zugängliche Aquileja und im April in das nahegelegene Cividale. Diesmal erschien der widerspenstige Kaisersohn. Er mußte „entsprechend dem Rat der Fürsten" eidlich versichern, daß er künftig „die kaiserlichen Befehle und Beschlüsse uneingeschränkt befolgen und vor allem die Fürsten mit besonderer Huld lieben und behandeln werde".[260] Außerdem bestätigte der Kaiser Anfang Mai in Cividale mit geringfügigen Veränderungen das ein Jahr zuvor von den Fürsten erzwungene „Statutum in favorem principum". Über Worms verhängte er kurz darauf die Reichsacht.

König Heinrich (VII.) befand sich jetzt in einer sehr komplizierten Situation. Einerseits waren er sowie seine der Reichsministerialität und dem schwäbischen Adel entstammenden Räte weiterhin bestrebt, den Ausbau des königlichen Machtbereiches auf Kosten benachbarter Fürsten fortzusetzen, andererseits mußten sie auf die vom Kaiser unterstützten Fürsten Rücksicht nehmen. So bestätigte der König den Wormser Bürgern am 3. August 1232 zwar nochmals ihre alten Privilegien, aber bereits am folgenden Tage mußte er ein Mandat erlassen, das den städtischen Rat und die Zünfte verbot. Im Sommer 1233 wagte der Stauferkönig einen Angriff gegen den Herzog von Bayern und zwang ihn, zur Gewährleistung künftiger Treue den Sohn als Geisel zu stellen. Ein im Februar 1234 in Frankfurt abgehaltener, von zahlreichen Fürsten besuchter Hoftag beschloß zur Eindämmung der wieder überhandnehmenden Fehden einen Landfrieden. Einige Artikel des hier verabschiedeten Landfriedensgesetzes entsprachen unverkennbar den Interessen der Fürsten. So wurde festgelegt, daß die gerichtsherrlichen Rechte der Erzbischöfe und Bischöfe in ihren Städten nicht angetastet werden dürften. König Heinrich (VII.) nutzte jedoch die gegen das Fehdewesen gerichteten Bestimmungen des Landfriedens aus, um gegen die Grafen von Hohenlohe vorzugehen, deren im nördlichen Schwaben gelegene Besitzungen an den staufischen Machtbereich grenzten.

Aber bald trafen „sehr harte und ungewöhnliche Befehle"[261] des Kaisers ein, denen zufolge die zerstörten Burgen der Hohenlohe auf Kosten der königlichen Kasse repariert werden sollten und der als Geisel festgehaltene Sohn des Herzogs von Bayern freigelassen werden mußte. So stellte sich Friedrich II. abermals gegen seinen Sohn schützend vor die Fürsten. Außerdem kündigte er an, daß er im nächsten Sommer selbst nach Deutschland kommen werde.

In der sich zuspitzenden Situation trat Heinrich (VII.) in Fehleinschätzung seiner Machtmittel die Flucht nach vorn an und entschloß sich im September 1234 zur offenen Rebellion gegen den Kaiser. Damals forderte er die Städte Lüttich, Maastricht, St. Trond, Huy, Tondern und Dinant, deren Bund er einst anerkannt und dann Anfang 1231 unter fürstlichem Druck aufgelöst hatte, erneut zum Widerstand gegen ihren Bischof auf. Einen Schritt weiter ging Heinrich (VII.) im November, indem er Gesandte nach Mailand schickte, um einen Vertrag mit dem Lombardenbund, dem hartnäckigsten Widersacher des Kaisers, zu vereinbaren. In dem Bündnisvertrag[262] verpflichteten sich die Städte, dem König die Treue zu halten. Der rebellierende Kaisersohn mochte hoffen, daß Friedrich II. dadurch der Möglichkeit beraubt würde, mit einem Heer über die Alpen zu kommen.

Aber der Kaiser kam ohne Heer. Zunächst sandte er am 29. Januar 1235 von Süditalien aus ein Manifest an die deutschen Fürsten, „die Glieder unseres Reiches, aus deren Zusammenhang sich der erlauchte Körper unseres Reiches ergibt". Es folgten schwere Vorwürfe gegen die Politik seines Sohnes, der sich „nach mancherlei Verachtung unserer Befehle ... unüberlegt gegen die uns ergebensten Fürsten, die Leuchten und Spitzen unseres Reiches, wandte" und begonnen habe, „die Fürsten und andere Ergebene durch Einbehaltung von Geiseln sowie mancherlei andere Belästigungen anzugreifen und zu quälen. Da uns dies bekannt wurde, konnten wir, weil er unsere Augäpfel, nämlich unsere Fürsten angriff, ... es nicht geduldig ertragen."[263] Diese Formulierungen waren unverkennbar auf die Mentalität der Fürsten abgestimmt, die der Kaiser für sich gewinnen wollte. Bereits bei seiner Ankunft im Gebiet von Friaul im Mai 1235 fanden sich mehrere deutsche Fürsten ein, deren Zahl in den folgenden Wochen schnell wuchs. Friedrich II. brauchte also keine Truppen aus Italien mitzuführen. „Er fuhr, wie es der kaiserlichen Majestät geziemt, in großer Pracht und Herrlichkeit

Kaiserpfalz Wimpfen, Nordwand des Palas. Baubeginn um 1170

einher, mit vielen Wagen, beladen mit Gold und Silber, Batist, Purpur, Edelsteinen und kostbaren Geräten, mit vielen Kamelen und Dromedaren. Viele Sarazenen und Äthiopier, die verschiedener Künste kundig waren, mit Affen und Leoparden, bewachten sein Geld und seine Schätze."[264] Am 2. Juli 1235 unterwarf sich Heinrich (VII.) im Pfalzort Wimpfen dem Kaiser; er wurde in Süditalien eingekerkert, wo er 1242 seinem Leben selbst ein Ende setzte.

Heinrich (VII.) kann schwerlich als bedeutender Herrscher gewertet werden. Dennoch sind die Jahre seiner selbständigen Regierung mehr als eine Episode, denn sein Handeln beleuchtet augenfällig, welche Politik damals ein Herrscher, dessen Wirksamkeit auf das „regnum Teutonicum" begrenzt war, einschlagen mußte. Die größeren Städte waren jetzt so weit erstarkt und mit der Ausbildung der Ratsverfassung gegenüber ihren geistlichen Stadtherren politisch so aktionsfähig, daß Möglichkeiten für eine mehr auf die Städte und gegen die Fürsten orientierte Politik bestanden. Trotzdem mußte eine derartige Politik fast unvermeidlich scheitern – nicht nur wegen der Unbedachtheiten und Fehleinschätzungen des Königs, sondern vor allem wegen des Rückhalts, den die Fürsten beim Kaiser fanden, und infolge der nachhaltigen Schwächung der staufischen Machtbasis im Reichsgebiet seit dem Thronstreit.

Nach seinem mühelosen Triumph über Heinrich (VII.) hielt der Kaiser im Beisein einer großen Zahl von Fürsten Mitte August 1235 in Mainz einen Hoftag ab. Hier erfolgte eine endgültige Klärung der Stellung des Welfenhauses. Der Besitz Ottos von Lüneburg-Braunschweig, eines Neffen Kaiser Ottos IV., wurde zum Herzogtum erhoben und damit Ottos Zugehörigkeit zum Reichsfürstenstand gesichert. Die Ordnung im deutschen Königreich sollte ein zeitlich unbegrenzter Reichslandfrieden gewährleisten.[265] Der Mainzer Reichslandfrieden richtete sich nicht nur gegen die häufigen Fehden zwischen den verschiedenen Feudalgewalten und sonstige Willkürakte des Adels, sondern er enthielt auch eine Reihe von Festlegungen, die ansatzweise auf eine Stabilisierung der Zentralgewalt abzielten. Die königlichen Hoheitsrechte, etwa das Aufsichtsrecht über Zoll und Münzprägung, wurden betont und die Beseitigung von Zoll- und Münzstätten, die seit 1198 ohne königliche Genehmigung errichtet worden waren, angeordnet. Außerdem führte der Kaiser nach sizilischem Vorbild das Amt eines Reichshofrichters ein, das aber wegen der Schwäche der Zentralgewalt kaum wirksam wurde. Die städtefeindliche Tendenz des „Statutum in favorem principum" bekräftigte der Reichslandfrieden in Gestalt des Pfahlbürgerverbots, und den Interessen der geistlichen Reichsfürsten kam die aus dem Frankfurter Friedensgesetz von 1234 übernommene Festlegung über deren Gerichtsrechte in ihren Städten und sonstigen Siedlungen entgegen. Trotz einer gewissen Betonung der Vorrechte der Zentralgewalt kann somit von einer antifürstlichen Tendenz dieses nach 1273 mehrfach erneuerten Gesetzes keine Rede sein.

Von dem lateinischen Text des Mainzer Reichslandfriedens wurde zugleich eine mittelhochdeutsche Übersetzung angefertigt, offenbar um die allgemeine Kenntnisnahme der Bestimmungen zu erleichtern. Neben dem etwa ein Jahrzehnt früher entstandenen Sachsenspiegel des Eike von Repgow zeugt die volkssprachige Übersetzung des Landfriedens von dem Vordringen der

deutschen Sprache im rechtlichen Schrifttum jener Zeit.

Ein weiterer auf dem Mainzer Reichstag gefaßter Beschluß verdeutlicht, von welchen tieferen Motiven sich Friedrich II. bei seinen Bemühungen um eine Stabilisierung der Verhältnisse im deutschen Reichsgebiet leiten ließ. Die Fürsten beschworen seinem Wunsch entsprechend für das kommende Frühjahr die Teilnahme an einem Zug gegen die lombardischen Städte.

Die Landesherrschaften in der ersten Hälfte des 13. Jahrhunderts

Die von Friedrich II. und Heinrich (VII.) ausgestellten Fürstenprivilegien führten zwar zu keiner grundsätzlichen Erweiterung der Befugnisse der Fürsten; sie beleuchten aber augenfällig die gestärkte Position der Fürsten im Reich und deren Bestreben, ihre regionalen Herrschaftsbereiche gegen Eingriffe des Königs abzusichern.

Sichtbare Fortschritte im Ausbau seiner Machtposition erzielte in der ersten Hälfte des 13. Jh. der Herzog von Bayern. Der erste bayerische Herzog aus dem Geschlecht der Wittelsbacher, der 1180 das Erbe Heinrichs des Löwen angetreten hatte, verfügte nur über begrenzte Eigenbesitzungen und Herrschaftsrechte; zahlreiche Grafschaften im bayerischen Gebiet entglitten praktisch seiner Kontrolle. Aber bereits unter dem zweiten Wittelsbacher, dem mehrere Jahrzehnte regierenden Herzog Ludwig I., trat ein durchgreifender Wandel ein. Er konnte das Aussterben mehrerer Grafenfamilien ausnutzen und deren Grafschaften einziehen, so daß der herzogliche Machtbereich wesentlich erweitert wurde. Es entstanden die Städte Landshut und Straubing, die der Herzog befestigen ließ, um sie als Stützpunkte zu nutzen.

Die Bemühungen des Herzogs, die Kontrolle über den eigenen Besitz und die sonstigen Einnahmequellen zu verbessern, führten um 1230 zur Aufzeichnung eines umfangreichen landesherrlichen Urbars. Darin wurde der herzogliche Grundbesitz mit den entsprechenden Geld- und Naturalabgaben bereits nach 35 sogenannten Ämtern aufgegliedert.[266] Es war also eine den Herrschaftsbereich des Herzogs erfassende Verwaltungsorganisation aufgebaut worden. Die Ämter dienten nicht nur der Verwaltung des herzoglichen Grundbesitzes und der Einnahmen, sondern sie gaben auch den Rahmen für die Rechtsprechung ab, denn sie waren zugleich Landgerichtsbezirke. Der vom Herzog

Burg Falkenstein (bei Ballenstedt). Der Bergfried und die die Burg abschirmende Schildmauer (4m stark, 17m hoch) entstanden im 12. Jh.

eingesetzte, meist aus der Ministerialität bzw. dem niederen Adel stammende Pfleger oder Landrichter übte in seinem Bezirk im herzoglichen Auftrag die Hochgerichtsbarkeit auch über jene Bauern aus, die anderen weltlichen oder geistlichen Grundherrschaften zugehörten, so daß die oberste Gerichtsbarkeit des Herzogs im gesamten Herzogtum gesichert war.

Das schnelle Erstarken der Herzogsgewalt in den ersten Jahrzehnten des 13. Jh. führte dazu, daß die Besitzungen zahlreicher Klöster mit Hilfe der Vogtei in den Machtbereich der Wittelsbacher einbezogen wurden; auch die bayerischen Bischöfe hatten Mühe, ihre reichsunmittelbare Stellung zu behaupten. Unter Herzog Otto II. brachen 1234/35 offene Kämpfe zwischen dem Herzog einerseits und dem Erzbischof von Salzburg sowie den Bischöfen von Regensburg, Augsburg und Freising andererseits aus. Dabei konnten sich die Bischöfe zwar behaupten, aber auf längere Sicht vermochte nur der Erzbischof von Salzburg eine umfangreiche Landesherrschaft aufzubauen.

Erfolgreich beim Ausbau der Landesherrschaft waren in jener Zeit auch die benachbarten Babenberger als Herzöge von Österreich. Zunächst hatten sie durch den Erwerb des Herzogtums Steiermark im Jahre 1192 ihre Machtbasis räumlich wesentlich erweitert. Vor allem unter Herzog Leopold VI. machte die innere Festigung der babenbergischen Herrschaft Fortschritte, wobei auch er die städtische Entwicklung bewußt zur Stärkung der fürstlichen Macht ausnutzte. 1212 erhielt Enns Stadtrecht, und 1221 wurde für Wien ein umfangreiches Stadtrechtsprivileg ausgestellt. Bedeutsam für das wirtschaftliche Gedeihen der Stadt war die Bestimmung, daß Kaufleute aus Regensburg, Passau und Schwaben, wohl vor allem aus Ulm, nicht über Wien hinaus in ungarischen Gebieten Handel treiben durften, das heißt, der Weitervertrieb von Waren aus den westlich gelegenen Gebieten sollte ausschließlich in den Händen der Wiener Kaufleute liegen.[267]

Außerdem veranlaßte der Herzog zwischen 1220 und 1230 die Anlage detaillierter Verzeichnisse seiner Einnahmen aus den Besitzungen in Niederösterreich und der Steiermark. Derartige landesherrliche Urbare, zu denen auch das bayerische von etwa 1230 zu rechnen ist, erfaßten wesentlich größere Räume als die früheren grundherrlichen Urbare. Sie sind kennzeichnend für die Bemühungen der Landesherren, ihren Herrschaftsbereich straffer zu organisieren. Die österreichisch-steiermärkischen Urbare zeigen, daß der herzogliche Besitz ebenfalls in Ämter eingeteilt war, an deren Spitze absetzbare Amtsleute standen. Daneben existierte eine eigene Einteilung in Gerichtsbezirke, in denen vom Herzog eingesetzte, meist aus der Ministerialität stammende Landrichter die Gerichtsbarkeit ausübten. Auf diese Weise wurde in der staatlichen Organisation des babenbergischen Herrschaftsbereiches ebenso wie im Herzogtum Bayern das Lehnswesen durch das Amtsprinzip mit absetzbaren Amtsträgern wenigstens teilweise überwunden.

Die Herzöge von Bayern und Österreich bemühten sich also in den ersten Jahrzehnten des 13. Jh. energisch, den eigenen Herrschaftsbereich auszuweiten, abzurunden und straffer zu organisieren, die städtische Entwicklung zur Stärkung der eigenen Macht auszunutzen sowie ihre finanziellen Einnahmen zu erhöhen. Da auch anderweitig vergleichbare Prozesse zu beobachten sind, darf gefolgert werden, daß der staatliche Ausbau im regionalen Rahmen damals in vielen Gebieten eine neue Stufe erreichte. Die sich konsolidierenden größeren Herrschaftsbereiche können jetzt als „Landesherrschaften" bezeichnet werden. In lateinischer Form taucht der Begriff „Landesherr" (dominus terrae) erstmals in Urkunden von 1217 und 1224 auf,[268] in deutschsprachiger Form – als „landes herre" – ist er bereits um 1180 im Erec (Vers 3479) Hartmanns von Aue und im ersten Jahrzehnt des 13. Jh. im Parzival (419, 18 und 825, 16) Wolframs von Eschenbach bezeugt. Am Ausbau derartiger räumlich einigermaßen geschlossener Landesherrschaften nahmen nicht nur die meisten der etwa 100 Reichsfürsten teil, sondern auch zahlreiche, nicht zum Reichsfürstenstand gehörige Grafen.

Die Durchsetzung der landesherrlichen Gewalt vollzog sich nicht ohne innere Widersprüche. Die fürstlichen Ministerialen suchten als feudale Grundbesitzer ihren Besitz gegen Eingriffe und die beginnenden Steuerforderungen des Herrn abzuschirmen, so daß sich zwischen den Landesherren und dem erstarkenden niederen Adel wiederholt Spannungen ergaben. Ende 1230 nutzten österreichische Ministerialen die vorübergehende Schwäche der Herzogsgewalt nach dem Tode Leopolds VI. zu einem großen Aufstand, den dessen Nachfolger allerdings nach wenigen Monaten niederwarf. 1215 erhoben sich wettinische Ministerialen gegen den Markgrafen Dietrich von Meißen, weil ihre Bauern durch landesherrliche Steuerforderungen zu sehr belastet wurden. Der Markgraf schlug die von Leipziger Bürgern unterstützte Erhebung nieder und nutzte die Gelegenheit, um in Leipzig drei feste Häuser zu errichten.[269]

Die Interessenkonflikte zwischen Landesherren und niederem Adel resultierten aus den Widersprüchen zwischen der landesherrlichen Zentralisierungspolitik und der wachsenden ökonomischen Stärke des niederen Adels. Natürlich mußte der herrschenden Klasse daran gelegen sein, eine Zuspitzung derartiger Konflikte zu vermeiden. Das war nur möglich, wenn die Landesherren die Wünsche und Interessen des Landadels berücksichtigten und dem „Rat" dieser für den Ausbau ihrer eigenen Position notwendigen Kräfte Gehör schenkten. Von derartigen Ausgleichsbestrebungen zeugt ein Beschluß des unter König Heinrich (VII.) Anfang Mai 1231 in Worms abgehaltenen Hoftages; demnach sollten die „domini terrae" neue Gesetze und Forderungen, also etwa auch neue Steuern, nur mit Zustimmung der Großen des Landes verfügen. Damit kündigte sich die allerdings erst Ende des 13. Jh. hervortretende Ausbildung des Feudalstaates mit Ständevertretung an.

Ein solcher Interessenausgleich zwischen staatlicher Gewalt und Ständen sicherte die feudale Klassenherrschaft angesichts der Entwicklung freier Stadtgemeinden und erstarkender Dorfgemeinden. Die kleineren feudalen Grundherren, auch die zahlreichen Klöster, mochten das Wirken der Landesherren oft als eine Beeinträchtigung ihrer Rechte empfinden, aber letztlich blieben sie, etwa bei Markstreitigkeiten mit bäuerlichen Gemeinden, mehr denn je auf den Rückhalt eines stärkeren feudalen Machthabers angewiesen. Daher war die wachsende Widerstandskraft der rechtlich und wirtschaftlich bessergestellten bäuerlichen Bevölkerung im 12./13. Jh. eine der tieferen Ursachen für den Ausbau der landesherrlichen Gewalt, die über die zersplitterten, politisch an Wirksamkeit verlierenden Grundherrschaften hinweg ein größeres geschlossenes Gebiet kontrollierte.

Das Aufkommen der Landesherrschaften im 13. Jh. erwies sich für die sozialökonomische Entwicklung zunächst durchaus als förderlich. So konnte der Landfriede innerhalb der größeren landesherrlichen Bereiche erfolgreicher durchgesetzt werden. Das Interesse der Landesherren, ihre Einnahmen zu steigern, war ein nicht zu unterschätzender Anreiz für die städtische Entwicklung.

Charakteristisch hierfür ist das Vorgehen der Kölner Erzbischöfe. Während die Stadt Köln mehr und mehr ihrer Kontrolle entglitt, trieben die Nachfolger Erzbischof Engelberts die Entwicklung anderer, weniger großer Städte zielstrebig voran. Erzbischof Heinrich gewährte den Bürgern von Xanten und Rees 1228 das Neußer Stadtrecht und gestattete ihnen, ihre Städte zu befestigen, 1230 erlaubte er die Befestigung von Deutz, 1232 gründete er Rheinberg, und 1235 erhielten die Bürger von Recklinghausen Steuervergünstigungen sowie die Zusicherung, daß nicht reklamierte Zuziehende nach Jahr und Tag in den Vollbesitz der städtischen Freiheiten gelangen sollten. Der folgende Erzbischof, Konrad von Hochstaden, erweiterte 1241 die Privilegien für die Stadt Rees, der er die Abhaltung von drei Jahrmärkten gestattete. Im Jahre 1248 bestätigte er den Bürgern von Ahrweiler ihre Privilegien und gewährte Steuervergünstigungen, offenbar um den Bau einer Stadtbefestigung zu beschleunigen. Der Graf von Kleve reagierte 1241/42 auf diese zielbewußte Förderung der kurkölnischen Städte mit der Privilegierung Wesels und Kleves, wobei er die Bürger von jeder Zollzahlung in seiner Grafschaft befreite.[270]

Viele dieser Privilegien enthalten die Aufforderung

an die Bürger, ihre Stadt zu befestigen, was beweist, daß neben den Burgen kleinere und mittelgroße Städte erhöhte Bedeutung als Zentren der entstehenden Landesherrschaften gewannen. Sie standen trotz der Gewährung gewisser Freiheits- und Selbstverwaltungsrechte unter der Aufsicht landesherrlicher Amtsträger und dienten oft als Mittelpunkt der sich entwickelnden Ämterorganisation. Eine begrenzte Privilegierung von seiten des Landesherrn konnte nur die Initiative und den Behauptungswillen der Bürger bei feindlichen Angriffen stärken und bedeutete keineswegs, daß derartige Städte der landesherrlichen Kontrolle entglitten. Die vielen damals entstehenden Städte, die sich meist

Kölner Pfennig, damals von überregionaler Bedeutung, aus der Zeit Erzbischof Engelberts (vergrößert). Vorderseite: Erzbischof mit Krummstab und Buch, Rückseite: Stadtmauer mit Turm und Umschrift: SANCTA COLONIA

Brakteaten Erzbischof Wichmanns von Magdeburg (1152 bis 1192).
l.: Der Erzbischof zwischen zwei Türmen
r.: Der hl. Mauritius, der Schutzheilige des Erzstifts, und der Erzbischof mit Krummstab und Buch

mit einer Stadtmauer umgaben, waren also als Einnahmequelle, Festung und Verwaltungsmittelpunkt eine unerläßliche Stütze für den Ausbau der Landesherrschaften.

Zugleich mit der Entstehung neuer Städte wurden zwischen 1150 und 1250 nicht nur vom Königtum, sondern auch von vielen Fürsten zahlreiche Münzstätten eingerichtet. Die Zahl der Münzstätten auf deutschem Reichsgebiet dürfte in jenem Jahrhundert von knapp 150 auf rund 500 angestiegen sein.[271] Die Entstehung dieser neuen Münzstätten war verbunden mit einer festeren Eingliederung des Münzwesens in die einzelnen feudalen Herrrschaftsbereiche. Die an einer Münzstätte geprägten Silberdenare (Pfennige) hatten jetzt im wesentlichen nur an dem betreffenden Ort und in dessen näherer Umgebung Gültigkeit, so daß die Zeit des 12./13 Jh. als Periode des regionalen Pfennigs charakterisiert wird.[272] Die Münzherren nutzten ihre Kontrollrechte aus, um sich durch häufige Münzverrufungen, bei denen die alte Münze außer Kurs gesetzt und für die alten Denare eine geringere Zahl neuer ausgegeben wurde, zusätzlich zu bereichern. Die eigensüchtigen Motive der Feudalgewalten sind damit eindeutig faßbar, aber auch in diesem Fall ist nicht zu übersehen, daß deren Interesse an eigenen Münzstätten letztlich die Ausweitung der Ware-Geld-Beziehungen vorantreiben half.

Die feudalstaatliche Struktur im deutschen Reichsgebiet während der ersten Hälfte des 13. Jh. wirkte also damals noch keineswegs hemmend auf die sozialökonomische Entwicklung. Eine Konsolidierung regionaler Herrschaftsbereiche trat im 12./13. Jh. auch in Frankreich ein. Die staatliche Entwicklung Deutschlands wich also von der Frankreichs nicht dadurch ab, daß sich Landesherrschaften ausbildeten, sondern dadurch, daß die königliche Zentralgewalt im Aufbau des Königsterritoriums zurückfiel und gegenüber den Fürsten an Gewicht verlor. Demgegenüber wurde in Frankreich seit den Erfolgen König Philipps II. zu Beginn des 13. Jh. die königliche Domäne entscheidend erweitert und gefestigt. Allerdings war in weiten Teilen des deutschen Reichsgebietes der Umfang der einzelnen Landesherrschaften meist geringer als der der französischen Lehnsfürstentümer. Vor allem die Existenz zahlreicher geistlicher Fürstentümer trug dazu bei, daß die politische Zersplitterung im „regnum Teutonicum" wesentlich ausgeprägter war. Etwas anders gestalteten sich die Verhältnisse in den von der Ostexpansion erfaßten Gebieten, wo damals größere fürstliche Herrschaftsbereiche Gestalt gewannen.

Die Weiterführung der Ostexpansion

In den nordöstlichen Grenzgebieten des Reiches waren nach dem Sturz Heinrichs des Löwen (1180) infolge der einschneidenden Schwächung des Herzogtums Sachsen zunächst beträchtliche Rückschläge in der Eroberungspolitik deutscher Feudalgewalten eingetreten. Der dänische König Knut VI. unterwarf unter Ausnutzung der veränderten Machtkonstellation bis 1185 die Fürsten von Mecklenburg und Pommern seiner Lehnshoheit; 1201 brachte er außerdem die Grafen von Ratzeburg und Holstein mitsamt der Stadt Lübeck in Abhängigkeit. Sein Nachfolger Waldemar II. trieb die dänische Expansion im Ostseeraum weiter voran und unterwarf um 1220 Teile Estlands.

Die Vormachtstellung der Dänen im Ostseegebiet gefährdete auch einen inzwischen an der livländischen Küste entstandenen deutschen Stützpunkt. Nach einigen vergeblichen Missionsversuchen waren deutsche Geistliche und Ritter in den letzten Jahren des 12. Jh. gegenüber den dort siedelnden Liven zur „Schwertmission" übergegangen. Im Jahre 1200 faßte der vom Bremer Erzbischof zum Bischof von Livland ernannte Albert mit einer Schar von Kreuzfahrern im Gebiet der Düna-Mündung Fuß. Hier wurde zwei Jahre später nach dem Vorbild des in Palästina entstandenen Templerordens der Schwertbrüderorden gegründet,[273] der ein ständiges Potential von Kriegern zur Verteidigung und Erweiterung des eroberten Gebietes in Livland stellte. Gestützt auf die durch deutsche Kaufleute gesicherten Seeverbindungen betrieb der Schwertbrüderorden mit seinen zunächst einer strengen Disziplin unterworfenen Rittern eine intensive Eroberungspolitik.

Im Jahre 1221 mußte sich Bischof Albert dem dänischen König unterwerfen, dessen Machtstellung im Ostseeraum aber bald darauf ins Wanken geriet, da der Graf Heinrich von Schwerin im Mai 1223 König Waldemar II. gefangensetzte. Erst nachdem der König auf Holstein und die eroberten slawischen Gebiete an der Ostseeküste verzichtet hatte, wurde er Ende 1225 freigelassen. Er widerrief kurz darauf die von ihm erpreßten Zugeständnisse und fiel im Herbst 1226 in Holstein ein. Aber am 22. Juli 1227 bereiteten deutsche Fürsten sowie das Aufgebot der Lübecker und Hamburger in der Schlacht bei Bornhöved den Eroberungsplänen Waldemars II. ein Ende. Kaiser Friedrich II. und die königliche Regierung in Deutschland waren an dieser wichtigen Entscheidung nicht beteiligt. Allerdings hatte Friedrich II. den Widerstandswillen der Lübecker gestärkt, indem er die Stadt im Juni 1226 durch ein Privileg zur Reichsstadt erhob und ihr unter anderem das Münzrecht zugestand.

Bereits während der ersten Jahrzehnte des 13. Jh. hatten sich der Fürst Borwin I. von Mecklenburg und der Graf von Schwerin bemüht, ihre in ständigen Kriegen schwer betroffenen Gebiete verstärkt mit deutschen Bauern zu besiedeln. In einer Urkunde von 1210 heißt es, daß der Fürst von Mecklenburg auf der bisher von Slawen bewohnten Insel Poel „wegen der Armut und der geringen Zahl der Leute jenes Volkes, die sie nicht voll bebauen konnten", deutsche Bauern ansiedelte.[274] Daß auch slawische Bauern in den Landesausbau einbezogen wurden, bezeugt die Gewährung des Rechts der deutschen Siedler an die slawischen Dorfbewohner von Brüsewitz durch den Grafen von Schwerin im Jahre 1220. Von den Verwüstungen dieser Gebiete und dem noch immer nicht gebrochenen Widerstandswillen der obodritischen Bauern zeugt die 1236 ausgestellte Urkunde des Bischofs von Schwerin für das Zisterzienser-Nonnenkloster Sonnenkamp. Hier wird die Schenkung des Dorfes Böbelin mit dem Hinweis verknüpft, daß dieses Dorf bisher „wegen der Überfälle der einst von dort vertriebenen Slawen" nicht besiedelt werden konnte.[275]

Nachdem die Vorherrschaft Waldemars II. gebrochen war, schritt die deutsche Einwanderung in das gesamte mecklenburgische Gebiet schnell voran. Das spiegelt sich vor allem in der Beschleunigung der städtischen Entwicklung wider. Schon 1218 hatte Fürst Borwin I. der städtischen Siedlung Rostock das Lübecker Stadtrecht verliehen. Dort gab es bereits im 12. Jh. eine slawische Burg, unter deren Schutz sich ein 1189 bezeugter Marktort entwickelte, in dem sich sowohl slawische als auch deutsche Kaufleute und Handwerker angesiedelt hatten.[276] Seit 1225 häuften sich die Privilegierungen von Städten durch mecklenburgische Fürsten. Damals erhielt Gadebusch das Lübecker Stadtrecht, kurz darauf Parchim. Zur gleichen Zeit dürfte Güstrow das Schweriner Stadtrecht erhalten haben. Die Nachfolger des 1227 verstorbenen Fürsten Borwin I.

Ältestes Siegel der Stadt Lübeck (1226) mit Steuerruder in alter Form. Umschrift: SIGILLVM BVRGENSIVM DE LUBEKE

Kloster Lehnin, 1180 als erstes Zisterzienserkloster in der Mark Brandenburg von Markgraf Otto I. gestiftet; Hauskloster der Askanier, denen es öfter als Begräbnisstätte diente (1872–1877 restauriert)

erteilten 1229 eine Urkunde an die Bürger von Wismar und 1235/36 Stadtrechtsprivilegien an Malchow, Plau und Malchin.

Der in den ersten Jahrzehnten des 13. Jh. bewußt geförderte Zuzug deutscher Bauern, Bürger und Ritter sicherte die einst von Heinrich dem Löwen durchgesetzte Eroberung des Obodritenlandes dauerhaft. Das dort weiterhin regierende slawische Herrscherhaus wurde assimiliert. Die politische Macht der mecklenburgischen Fürsten war allerdings nach dem Tode Borwins I. begrenzt, da dessen vier Söhne das Fürstentum unter sich aufteilten.

Dafür gewannen in jener Zeit die askanischen Markgrafen von Brandenburg an Bedeutung. Die seit 1220 gemeinsam regierenden Brüder Johann I. und Otto III. trieben energischer als andere ostelbische Fürsten die Expansion gegen die slawischen Nachbargebiete voran. Sie brachten die Landschaften Teltow und Barnim völlig unter ihre Herrschaft. Im Dezember 1231 erlangten sie von Kaiser Friedrich II. die Anerkennung der Lehnshoheit über das Herzogtum Pommern. Darauf trat der Herzog von Pommern-Demmin 1236 das Land Stargard und andere Gebiete an die Askanier ab, und 1250 mußte Herzog Barnim I. auch die nördliche Uckermark aufgeben. Außerdem entrissen die Markgrafen dem piastischen Herzog von Schlesien damals einen großen Teil des Landes Lebus, womit sie ihren Machtbereich über die Oder hinweg ausweiteten.[277]

Die umfangreichen Gebietserwerbungen der brandenburgischen Markgrafen wurden durch bäuerliche Siedlung und die systematische Anlage deutschrechtlicher Städte abgesichert. Um 1230 erhielt vermutlich das im Barnim gelegene Berlin, wo bereits eine Kaufleuteniederlassung bestand, städtische Rechte, kurz darauf das sich auf der gegenüberliegenden Spreeinsel entwickelnde Cölln. In dem 1236 erworbenen Lande Stargard bekam 1244 Friedland Stendaler Stadtrecht, und 1248 übertrug Markgraf Johann I. an Neubrandenburg das Recht der Stadt Brandenburg. Unmittelbar nach dem Gewinn großer Teile des Landes Lebus wurde 1253 an einem Oderübergang Frankfurt als Stadt gegründet, nachdem sich dort bereits eine Niederlassung deutscher Kaufleute entwickelt hatte.[278] Die östlich der Oder gewonnenen Gebiete sicherten die Askanier durch die Gründung der Stadt Landsberg an der Warthe. Angesichts der exponierten Lage dieser Siedlung verpflichtete sich der Markgraf, in kurzer Zeit für eine provisorische Befestigung der Stadt Sorge zu tragen. Die deutschrechtlichen Stadtprivilegierungen sollten also den betreffenden Fürsten nicht nur Einnahmen bringen, sondern auch der militärischen Sicherung dienen.

Mit der Besiedlung der Städte beauftragten die Markgrafen ähnlich wie bei der Anlage von Dörfern in der Regel einen oder mehrere Lokatoren, die häufig dem Ministerialenadel angehörten. Sie hatten die Aufgabe, auf eigene Kosten Siedler zu werben und deren Ansetzung (locatio) zu organisieren. Dafür erhielten die Lokatoren eine Reihe wichtiger Vergünstigungen. Einer von ihnen wurde Schultheiß, das heißt Richter in der neuen Stadt; ihm wurde ein Drittel des Hufen- bzw. Grundstückszinses sowie der Gerichtsgefälle zugestanden; dazu kamen oft einträgliche Mühlen- oder Braurechte, so daß er als städtischer Amtsträger des Landesherrn über beträchtliche Einkünfte verfügte.

Da die Markgrafen bei der gleichzeitig vorangetriebenen Ansiedlung deutscher Bauern neben Lokatoren bäuerlicher oder bürgerlicher Herkunft auch Ritter heranzogen und ihnen ganze Dorfmarken zur Besiedlung übertrugen, erreichten sie, daß neben deutschen Bürgern und Bauern auch eine wachsende Zahl von Adligen in den eroberten Gebieten der Mark Brandenburg festen Fuß faßte. Die aufstrebende Ministerialität, die das entscheidende militärische Kräftereservoir für die staufische Italienpolitik war, spielte damit auch bei der militärischen Eroberung und Sicherung im Ostexpansionsgebiet eine ausschlaggebende Rolle.

Während in den Gebieten Ostholsteins, Mecklenburgs und der Mark Brandenburg die Niederlassung deutscher Bauern und Bürger sowie die Errichtung von Klöstern mit deutschen Mönchen untrennbar mit der aggressiven Expansionspolitik deutscher Feudalgewalten verbunden war, verlief die Ostexpansion in den weiter östlich gelegenen Gebieten, in den Fürstentümern Rügen und Pommern, in den polnischen Gebieten und in Ungarn sowie in dem eng mit dem Reich verbundenen Böhmen überwiegend in anderen Formen. Hier bestanden seit langem eigenständige Staatswesen, die auch dann, wenn sie vom Reich lehnsabhängig waren oder – wie im Falle Böhmens – gar in das Reich einbezogen wurden, ihre Eigenständigkeit behaupteten. Wenn in diesen Staaten nach 1200 deutsche Bauern, Bürger und teilweise Ritter angesiedelt wurden, so war das nicht ein Ergebnis von Eroberungszügen deutscher Feudalgewalten, sondern in erster Linie eine Folge des Verlangens der einheimischen Herrscher, den mit eigenen Kräften eingeleiteten Landesausbau zu beschleunigen und auf diese Weise möglichst schnell die eigenen Machtmittel zu steigern.

In dem vom dänischen König lehnsabhängigen Fürstentum Rügen, zu dem auch ein größeres Gebiet um die sich entwickelnde Stadt Stralsund gehörte, ist die Ansiedlung deutscher Bauern bezeugt durch einen 1221 geschlossenen Vertrag des Fürsten Wizlaw I. von Rügen mit dem Bischof von Schwerin über den Kirchenzehnt der Neusiedler, von dem der Fürst gleich anderen Feudalherren im Ostexpansionsgebiet zwei Drittel für sich beanspruchte. Außerdem gewährte der Fürst von Rügen 1234 der Stadt Stralsund das Rostocker Stadtrecht, was dafür spricht, daß sich an diesem günstigen Handelsplatz deutsche Kaufleute niederließen.[279]

Auch die Fürsten von Pommern siedelten deutsche Bürger und Bauern an. Der Herzog von Pommern–Demmin gewährte im Zusammenhang mit dem Vordringen deutscher Kaufleute an der Südküste der Ostsee im Jahre 1250 der Stadt Greifswald das Lübecker Stadtrecht. Fürst Barnim I. von Pommern-Stettin gestand 1235 Prenzlau, das er 1250 an die Askanier abtreten mußte, das Magdeburger Stadtrecht zu. Im Laufe der nächsten drei Jahrzehnte bekamen Gartz, Stargard, Pyritz und Greifenhagen das gleiche Stadtrecht. Auch das schon seit langem bestehende slawische Handelszentrum Stettin[280] erhielt von Herzog Barnim I. Privilegien, die Ausdruck des Vordringens des deutschen Elements in dieser großen Stadt waren und zugleich diesen Prozeß weiter beschleunigten. 1237 übertrug der Herzog die Rechtsprechung in der Stadt von den Slawen auf die Deutschen, und 1243 wurde der Bürgerschaft das Magdeburger Stadtrecht gewährt.[281] Seit etwa 1237 muß sich also ein vorwiegend aus deutschen Kaufleuten bestehendes Gremium abgesondert haben, das wichtige gerichtliche Funktionen übernahm und die Bildung eines städtischen Rates einleitete. Von der schnellen Stärkung des bürgerlichen Gemeinwesens zeugt ein weiteres Privileg aus dem Jahre 1249, in dem der Herzog den Bürgern den Burgplatz überließ, nachdem er seine Burg in der Stadt hatte abreißen müssen. Die sich festigende Bürgergemeinde erzwang die Beseitigung des feudalen Herrschaftszentrums im städtischen Bereich.

Die mit dem Zustrom deutscher Kaufleute und Handwerker verbundene Übertragung des Stadtrechts an Wismar, Rostock, Stralsund, Greifswald und Stettin während der ersten Hälfte des 13. Jh. erklärt sich keineswegs allein aus dem Bestreben der dort herrschenden Fürsten, die ökonomische Entwicklung in ihren Herrschaftsbereichen voranzutreiben und ihre Einkünfte zu erhöhen; ein wesentlicher Faktor war zugleich der Wunsch deutscher Kaufleute, den Handel im Ostseeraum unter ihre Kontrolle zu bringen und dadurch ihre Gewinnmöglichkeiten weiter zu steigern. Diesem Ziel diente auch die Ansiedlung deutscher Kaufleute in Visby, Riga, Dorpat und Reval, das 1248 vom dänischen König Lübecker Recht erhielt. Die Skandinavier und Slawen wurden dadurch mehr und mehr aus dem Ostseehandel verdrängt.

Zu Beginn des 13. Jh. siedelten sich deutsche Bürger, Bauern und in begrenzter Zahl Angehörige des Adels auch im polnisch-schlesischen Gebiet an. Besonders die schlesischen Herzöge, die seit 1163 eine recht selbständige Stellung innerhalb des polnischen Staates einnahmen, förderten den Zuzug deutscher Siedler. Bereits zwischen 1163 und 1175 gründete Herzog Boleslaw von Niederschlesien das Zisterzienserkloster Leubus, das mit Mönchen aus dem thüringischen Kloster Pforta besetzt wurde. 1202 werden deutsche Bauern auf den Besitzungen des Klosters erwähnt.[282] Die Einwanderung deutscher Bürger, Bauern und Bergleute nahm vor allem unter Herzog Heinrich I. von Niederschlesien zu. 1211 und 1217 wurden die Bergbaustädte Goldberg und Löwenberg mit Magdeburger Recht ausgestattet. Außerdem veranlaßte der Herzog die Gründung des westlich von Wrocław (Breslau) gelegenen Marktortes Neumarkt, in dem ebenfalls das Recht von Magdeburg bzw. das von diesem abgeleitete Recht der Stadt Halle gültig wurde. 1223 schuf der Bischof von Breslau durch ein entsprechendes Privileg die Grundlagen für die Entstehung des im oberschlesischen Gebiet gelegenen Marktortes Ujest und umliegender deutschrechtlicher Dörfer.

Die bei dieser Gelegenheit ausgestellte Urkunde[283] ist von besonderer Bedeutung, da sie einen der frühesten überlieferten Lokationsverträge enthält und zugleich den ersten Beleg für die hier häufiger vorkommende gleichzeitige Anlage eines Marktortes und zugehöriger deutschrechtlicher Dörfer bietet. Der Bischof von Breslau beauftragte demnach den Vogt Walther von Neiße, in Ujest nach dem Vorbild von Neumarkt einen Marktort und in der Umgebung Dörfer zu besiedeln. Der Vogt Walther wurde damit zum Lokator für diesen Komplex ernannt; ihm fiel die Aufgabe zu, Siedler anzuwerben, die Gebiete für die einzelnen Orte abzugrenzen und die Grundstücke bzw. Hufen zuzuteilen. Als Entschädigung für seine Aufwendungen wurden ihm vier Freihufen als Eigentum und die Abgaben jeder sechsten ausgetanen Hufe zugesichert; außerdem erhielt er die Gerichtsbarkeit in Ujest und den Dörfern mit einem Anteil an den gerichtlichen Gefällen. Die gleichzeitige Anlage eines Marktortes und von Dörfern beweist, daß die im alten deutschen Siedlungsgebiet entwickelten Stadt-Land-Beziehungen systematisch in das Ostexpansionsgebiet übertragen wurden. Damit erhielt der Marktort das notwendige agrarische Hinterland, während die Bauern die Möglichkeit hatten, agrarische Produkte zu verkaufen sowie gewerbliche Erzeugnisse zu erwerben. Zugleich wurde auf diese Weise sichergestellt, daß die Grundherren den angesiedelten Bauern neben Naturalabgaben auch Geldabgaben auferlegen konnten.

Da für das schlesische Gebiet im Unterschied zu Mecklenburg und Brandenburg schon aus der ersten Hälfte des 13. Jh. ausführliche Lokationsverträge überliefert sind, ist hier ein genaueres Bild des Siedlungsvorganges, der Rolle des Lokators sowie der rechtlichen und wirtschaftlichen Stellung der angesiedelten Bauern zu gewinnen. Die privilegierte Stellung dieser Bauern wurde in Schlesien 1221 erstmals mit dem Begriff „ius teutonicum" (deutsches Recht) umschrieben.[284] Es beinhaltete die Befreiung von zahlreichen Verpflichtungen, denen die polnischen Bauern unterlagen, so vor allem von Transportverpflichtungen mit Pferd und Wagen im Kriegsfalle. Ihre umfangreichen Hufen erhielten die Bauern zu fester Erbleihe; sie konnten ihre Grundstücke verkaufen und durften abziehen. Dementsprechend galten sie als persönlich frei. Sie waren nur zu Geld- und Naturalabgaben, nicht zu Frondiensten, die sich auf den bäuerlichen Wirtschaftsbetrieb besonders störend auswirkten, verpflichtet. Für die ersten Jahre nach der Ansiedlung wurden sie von allen Abgaben befreit; die Zahl dieser Freijahre betrug in bisher völlig unbebauten Gebieten 10 bis 16 Jahre, sonst meist vier oder fünf Jahre.

Diese Vergünstigungen entsprachen weitgehend der Stellung, die den Bauern in Rodungsdörfern seit der Mitte des 12. Jh. westlich von Elbe und Saale zugestanden wurde. Gegenüber der Lage der Masse der hörigen Bauern in den alten deutschen Siedlungsgebieten bedeuteten jedoch die Gewährung persönlicher Freiheit und fester erblicher Besitzrechte an großen Hufen sowie der Wegfall der verhaßten Frondienste eine wesentliche Verbesserung. Denn trotz der Besserstellung der abhängigen Bauern im Altsiedelland während des 12./13. Jh. blieben dort gemilderte Formen der Hörigkeit, Besitzwechselabgaben und begrenzte Frondienste weiter bestehen; zugleich nahm die Hufenzersplitterung ständig zu. Daher fanden die Lokatoren genügend Bauern, die durch Abwanderung nach dem Osten dem Druck der Grund- und Gerichtsherren zu entgehen suchten.

Die teils dem Adel, teils dem Bürgertum und auch der Bauernschaft zugehörenden Lokatoren waren die Organisatoren der bäuerlichen und städtischen Siedlung in den Ostexpansionsgebieten. Da die meist recht umfangreichen deutschrechtlichen Dörfer einen eigenen Niedergerichtsbezirk bildeten, erhielten die Lokatoren neben anderen Vergünstigungen den erblichen Anspruch auf das Schultheißenamt. Im Dorfgericht hatten die Bauern zwar ein Mitspracherecht, wodurch der Zusammenhalt der Dorfgemeinde gefestigt wurde, aber der Schultheiß vertrat doch in erster Linie die Interessen des Landesherrn, der kirchlichen Institution oder eines größeren Feudalherrn, auf deren Grundbesitz das Dorf angelegt worden war. Er sorgte für die Eintreibung der Abgaben und schritt mit gerichtlichen Mitteln ein, wenn die Leistungen nicht pünktlich erfolgten. Insofern blieb die für die Feudalordnung typische Verbindung von feudalem Grundeigentum und außerökonomischem Zwang trotz der weitgehenden persönlichen Freiheit der Bauern in abgemilderter Form weiterhin wirksam.

Da das Quellenmaterial in Schlesien besonders aussagekräftig ist, läßt sich hier deutlich erkennen, daß der mit Hilfe deutscher Bauern betriebene Landesausbau mit gleichzeitiger Rodungstätigkeit slawischer Bauern verbunden war. Der in Schlesien verschiedentlich auftauchende Ortsname „Ujest" geht zurück auf das polnische Wort „ujazd", das den Grenzumritt bezeichnete, durch den ein bestimmtes Gebiet, das einer Siedlergruppe überlassen werden sollte, abgegrenzt wurde. Der vor allem östlich der Oder häufig vorkommende Ortsname „Ellguth" beruht auf dem polnischen „ligota", womit gefreite Grundbesitzungen bezeichnet wurden, die seit dem ausgehenden 12. Jh. polnische Adlige oder Bauern zur Besiedlung erhielten.[285] Außerdem erfolgte in vielen Fällen eine Umsetzung von Dörfern mit slawischen Bewohnern zu deutschem Recht. So gewährte der Herzog dem Breslauer Augustiner-Kloster 1247 das Recht, in einem nahe dem Zobten gelegenen Dorf Polen zu deutschem Recht anzusetzen. Die Anlage von Dörfern wie übrigens auch von Städten zu deutschem Recht war also keineswegs gleichbedeutend mit deutscher Besiedlung. Der durchgreifende Aufschwung der landwirtschaftlichen Produktion in Schlesien wie auch in anderen slawischen Gebieten war eine Leistung, die deutsche und slawische Bauern gemeinsam vollbrachten.

Gleichzeitig zogen auch die Könige von Böhmen im 13. Jh. deutsche Bauern, Bürger, Bergleute und Ritter in das Land. In Ungarn wurden seit dem ausgehenden 12. Jh. vor allem in Siebenbürgen deutsche Bauern angesiedelt. Anfang des 13. Jh. entstand im slowakischen Erzgebirge die deutsche Bergbau-Siedlung Schemnitz. In Polen waren neben dem stärker von deutscher Einwanderung erfaßten Schlesien auch weitere Gebiete in begrenztem Umfange das Ziel zuwandernder deutscher Bürger und Bauern. Zugleich wurde durch Umsetzung polnischer Dörfer zu deutschem Recht der Landesausbau mit eigenen Kräften weiter vorangetrieben. Auch viele polnische Städte erhielten deutsches Stadtrecht.[286]

Die Anfänge des Ordensstaates

Schwerwiegende Folgen für die weitere Entwicklung des polnischen Staates ergaben sich daraus, daß der Herzog Konrad von Masowien im Jahre 1225 den Deutschen Ritterorden um Hilfe bei der Unterwerfung der noch heidnischen Pruzzen ersuchte.[287] Der Deutsche Ritterorden war 1198 in Palästina entstanden. Die während der Kreuzzüge aufkommenden Ritterorden waren Vereinigungen von Rittern, die die Hauptgebote der Mönchsregel — geschlechtliche Enthaltsamkeit, persönliche Besitzlosigkeit und Gehorsam gegenüber den Vorgesetzten — übernommen hatten. Ihre Aufgabe bestand im bewaffneten Schutz der Kreuzfahrerstaaten. Auf Grund der strengen Disziplin, der die gemeinsam auf Burgen lebenden, von Familienbindungen weitgehend gelösten Ordensritter unterlagen, stellten sie zunächst ein sehr wirksames militärisches Potential dar.

Als sich für den Deutschen Ritterorden die Möglichkeit eines Einsatzes gegen die Pruzzen eröffnete, gelang es dem damaligen Hochmeister des Ordens, Hermann von Salza, auf Grund seiner guten Beziehungen zum Papst und zu Kaiser Friedrich II., den Ordensrittern eine sehr günstige staatsrechtliche Ausgangsposition zu verschaffen. Mit der im März 1226 in Rimini ausgestellten Goldbulle bestätigte Friedrich II. dem Orden landesherrliche Hoheitsrechte sowohl für jene Gebiete, die der Herzog von Masowien den Ordensrittern als Ausgangsbasis zugestehen würde, als auch für die zu erobernden pruzzischen Gebiete. Zugleich wurde eine Oberhoheit des Kaisers für diesen Herrschaftsbereich in Anspruch genommen, der Orden aber von allen Verpflichtungen gegenüber dem Reich befreit,[288] so daß er für sein Vorhaben eine außergewöhnliche Sonderstellung erlangte. Die formale, zu nichts verpflichtende Zugehörigkeit zum Reich sowie die 1234 vollzogene Unterstellung unter päpstlichen Schutz gewährleisteten die Unabhängigkeit gegenüber dem polnischen Herzog, der den Orden ursprünglich zur Ausweitung seines eigenen Herrschaftsbereiches benutzen wollte. 1229/30 trafen die ersten Ordensritter im Kulmerland ein, das der polnische Herzog dem Orden überließ. Bis 1232 sicherten sich die Ritter mit der Anlage der Burgen Thorn und Kulm die ersten Stützpunkte auf dem östlichen Weichselufer.

Die Ordensritter erkannten von Anfang an, daß sie allein niemals die Herrschaft über ein größeres Gebiet durchsetzen und behaupten konnten. Deshalb nutzten sie alle Möglichkeiten, die im Rahmen der deutschen Ostexpansion gegeben waren, und zogen deutsche Bürger und Bauern zur Stabilisierung ihrer Eroberungen und zur Steigerung der Ertragsfähigkeit der gewonnenen Gebiete heran. Bei den Burgen Thorn und Kulm wurden Städte gegründet, denen der Hochmeister Ende 1233 in der sogenannten Kulmer Handfeste das Magdeburger Recht und weitere Vergünstigungen zugestand, um den Zuzug deutscher Einwanderer zu fördern. Im Jahre 1237 erreichten die erobernden Ritter das Frische Haff, wo im Zusammenwirken mit Lübecker Kaufleuten neben einer Burg die Stadt Elbing gegründet wurde. Allerdings blieb diese Neugründung in wirtschaftlicher Hinsicht stets im Schatten des alten slawischen Handelsplatzes Gdańsk (Danzig), der bald nach 1235 vom Herzog von Pommerellen ebenfalls Lübecker Stadtrecht erhielt.

Im Jahre 1237 konnten die Ordensritter ihre Machtposition dadurch erweitern, daß sich der Schwertbrüderorden, der 1236 von den Litauern schwer geschlagen worden war, mit dem Deutschen Orden vereinigte. Der livländische Ordenszweig konzentrierte seine Kräfte daraufhin auf die Eroberung des russischen Fürstentums Nowgorod, das wegen seiner weitreichenden Handelsverbindungen ein lockendes Ziel war. Damit wurden, nachdem soeben die südlichen Fürstentümer der Rus von den Tataro-Mongolen unterworfen worden waren, auch deren nördliche Gebiete bedroht. Doch im April 1242 gelang es dem Nowgoroder Fürsten Alexander Newski, der zwei Jahre vorher bereits ein schwedisches Erobererheer an der Newa geschlagen hatte, den Ordensrittern auf dem zugefrorenen Peipus-See eine entscheidende Niederlage zuzufügen.[289]

Dieser Mißerfolg des Ordens sowie Streitigkeiten mit dem Herzog von Pommerellen lösten bei den mit äußerster Härte niedergeworfenen Pruzzen eine umfassende Erhebung aus. Die gesellschaftliche Struktur der Pruzzen wies zwar bereits eine deutliche Differenzierung zwischen der Masse des Volkes und dem Adel auf, doch hatte dieser Differenzierungsprozeß noch nicht zu einer völligen Klassenspaltung bzw. zur Ausbildung einer staatlichen Ordnung geführt. Daraus erklärt sich die Geschlossenheit ihres Widerstands; es dauerte etwa sieben Jahre, bis die Ordensritter mit Unterstützung deutscher Adliger, die als Kreuzfahrer geworben worden waren, der Erhebung einigermaßen Herr wurden. Die Kämpfe endeten mit dem Frieden von Christburg im Februar 1249, einem durch die Kurie vermittelten Kompromiß,[290] der die Pruzzen zur Übernahme des Christentums und zur Anerkennung der Herrschaft des Ordens verpflichtete, ihnen jedoch zugleich die persönliche Freiheit und die Verfügungsgewalt über ihren Besitz zusicherte. Der rücksichtslosen Unterdrückung der einheimischen Bevölkerung waren damit vorübergehend Grenzen gesetzt.

Nach der Niederwerfung des Aufstandes sicherte der Orden seinen sich ständig weiter ausdehnenden Besitz durch die Anlage zahlreicher Burgen und die Gründung neuer Städte, so der Städte Memel 1253 und Königsberg 1255. Letztere erhielt ihren Namen zu Ehren König Ottokars II. von Böhmen, der die Ordensritter mit einem Kreuzfahreraufgebot bei der Eroberung des Samlandes unterstützte. Versuche, die sehr schmale Verbindung zwischen dem preußischen Gebiet und den Besitzungen aus dem Erbe der Schwertbrüder zu erweitern, wehrten die Litauer erfolgreich ab. Eine Niederlage, die das Ordensheer bei diesen Auseinandersetzungen 1260 erlitt, löste erneut eine große Aufstandsbewegung der Pruzzen und der ostbaltischen Stämme aus. Bis 1283 dauerten die Kämpfe zur endgültigen Unterwerfung der Pruzzen. Sie verloren jetzt die ihnen im Jahre 1249 zugestandenen Vergünstigungen. Damit war – nicht zuletzt infolge ständiger „Preußenreisen" beutegieriger deutscher Ritter – am Ende des 13. Jh. der Bestand des Ordensstaates vorerst gesichert.

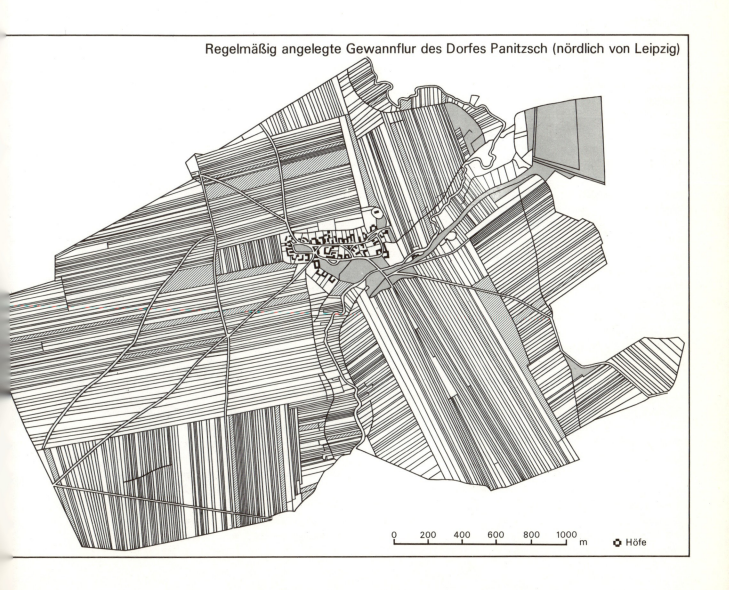

Regelmäßig angelegte Gewannflur des Dorfes Panitzsch (nördlich von Leipzig)

Ergebnisse und Folgen der deutschen Ostexpansion

Die zweite Etappe der deutschen Ostexpansion, die in der ersten Hälfte des 12. Jh. eingesetzt hatte und bis zum Ende des 13. Jh. währte, hatte im Ergebnis schwerwiegende sozialökonomische, ethnische und politische Folgen. Die Eroberungspolitik deutscher Feudalgewalten verschob die Reichsgrenze im Osten weit in westslawische Gebiete hinein. Neben der schon im 10. Jh. dauerhaft in den deutschen Staat einbezogenen Mark Meißen und großen Teilen der Lausitz wurden nunmehr das obodritisch-mecklenburgische Gebiet und die gesamte Mark Brandenburg erobert; ebenso begann die volle Einbeziehung Pommerns in das Reich. Da im Unterschied zur ersten Etappe der Ostexpansion die Eroberung mit der Ansiedlung zahlreicher deutscher Bauern, Bürger und Ritter verbunden war, wurde die dauerhafte Zugehörigkeit der neugewonnenen Gebiete zum Reich gewährleistet. Diese Siedlungsbewegung war möglich, weil die alten deutschen Gebiete infolge des Übergangs zum vollentfalteten Feudalismus und des damit verbundenen Bevölkerungszuwachses über die entsprechenden ökonomischen Potenzen verfügten. Insofern ist die zweite Etappe der deutschen Ostexpansion vergleichbar mit ähnlichen, von anderen europäischen Staaten ausgehenden Expansionsbewegungen in der Epoche des vollentfalteten Feudalismus. Erinnert sei an die mit einer Siedlungsbewegung verbundene Reconquista in Spanien sowie an die starke Beteiligung französischer Ritter und Bauern an den Kreuzzügen. Allerdings begünstigten die Nachbarschaft von ethnisch und im sozialökonomischen Entwicklungsniveau recht unterschiedlichen Völkern sowie die geringe Festigkeit der staatlichen Gebilde bei einem Teil der Westslawen die Eroberungsmöglichkeiten für deutsche Feudalgewalten in besonderem Maße, so daß die deutsche Expansions- und Siedlungsbewegung eine ungewöhnliche Aggressivität und Intensität aufweist.

Die von deutschen Feudalgewalten vorangetriebene Ostexpansion führte in dieser Etappe dazu, daß im Raum zwischen Elbe/Saale und Oder die eigenständige ethnische, soziale und politische Entwicklung der dort siedelnden slawischen Stämme abgebrochen wurde; das gleiche gilt für die Pruzzen im Gebiet des Deutschen Ordens. Die einheimische bäuerliche Bevölkerung wurde nicht zuletzt wegen ihres hartnäckigen Widerstandes gegen die deutschen Eroberer in einigen Gebieten erheblich dezimiert, so besonders in Holstein und in Mecklenburg. In weiteren Gebieten siedelten seitdem Slawen und Deutsche nebeneinander, wobei slawische Bevölkerungsteile häufig in weniger fruchtbare Gegenden abgedrängt wurden. Der größere Teil der dort ansässigen Westslawen wurde in einem langwierigen Prozeß von der deutschen Bevölkerung assimiliert. Nur die Lausitzer Sorben vermochten ihr ethnisches Eigenleben weitgehend zu bewahren.[291]

In Böhmen, Ungarn und Polen, wo einheimische Herrscher selbst die Ansiedlung deutscher Bauern, Bürger, Bergleute und teilweise auch deutscher Ritter begünstigten, haben die Einwanderer den ökonomischen Fortschritt gefördert. Doch ist auf der anderen Seite nicht zu übersehen, daß dadurch die nationalstaatliche Entwicklung Polens, Böhmens und Ungarns auf längere Sicht zusätzlichen inneren Widersprüchen ausgesetzt wurde. Vielfach hatten im Patriziat der dortigen Städte deutsche Kaufleute führende Positionen eingenommen; das verschärfte in der folgenden Zeit die innerstädtischen Auseinandersetzungen und erschwerte die Aufstiegsmöglichkeiten einheimischer gewerblicher Mittelschichten. Daß negative Auswirkungen für die nationale Entwicklung der slawischen Völker und für deren Beziehungen zu den Deutschen keineswegs erst in der Zeit des vollentwickelten bürgerlichen Nationalismus im 19. Jh. zutage traten, beweisen antideutsche Stimmungen in Polen und Böhmen um 1300 sowie die starke nationale Komponente in der hussitischen revolutionären Bewegung während der ersten Hälfte des 15. Jh.

Historiker in der BRD haben zwar einige unhaltbare Positionen der älteren bürgerlichen Geschichtsschreibung aufgegeben, indem sie im wesentlichen ein sachgerechtes Bild von dem in Polen und Böhmen erreichten sozialökonomischen Entwicklungsstand am Vorabend der deutschen Siedlungsbewegung zeichnen, doch verfälschen sie den Charakter der deutschen Ostexpansion vor allem dadurch, daß sie ihr einseitig einen friedlichen Charakter zuschreiben, harmonisierend von einer Symbiose des deutschen und des slawischen Elements sprechen und die wirtschaftlichen und kulturellen Leistungen der deutschen Bauern, Bürger und kirchlichen Institutionen überbetonen.[292] Damit wird die Tatsache verdeckt, daß die deutsche Siedlung in den Hauptgebieten der Ostexpansion zwischen Elbe und Oder sowie im preußisch-baltischen Raum untrennbar mit einer aggressiven Eroberungspolitik deutscher Feudalherren verbunden war und dadurch die eigenständige Entwicklung der dort siedelnden Stämme gewaltsam abgebrochen wurde.

Eine kritische Wertung der deutschen Ostexpansion als Gesamterscheinung bedeutet keineswegs eine Negierung der wirtschaftlichen Leistungen der deutschen Bürger und Bauern im Ostexpansionsgebiet. Es ist davon auszugehen, daß die deutschen Gebiete im 12. Jh. bereits in die Epoche des vollentfalteten Feudalismus eingetreten waren, während in Polen und Ungarn sowie letztlich auch in dem bereits weiterentwickelten Böhmen noch frühfeudale Verhältnisse die sozialökonomische Struktur kennzeichneten. Bei den westslawischen Stämmen zwischen Elbe und Oder war die

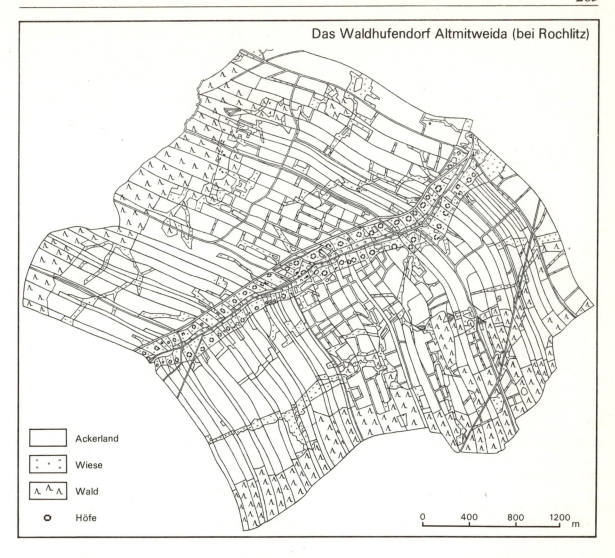

Das Waldhufendorf Altmitweida (bei Rochlitz)

Durchsetzung frühfeudaler Verhältnisse sogar eben erst erfolgt oder noch im Gange. Die Entwicklung der Städte und die Produktivität der bäuerlichen Wirtschaft waren im deutschen Altsiedelland weiter fortgeschritten, so daß die sich in den östlichen Gebieten niederlassenden Bauern, Handwerker und Bergleute der wirtschaftlichen Entwicklung zusätzliche Impulse zu geben vermochten.

Die einwandernden deutschen Bauern übertrugen die ausgeprägte Dreifelderwirtschaft mit der Gewannverfassung in weite Teile des Ostexpansionsgebietes. Besonders die im 13. Jh. angelegten großen Dörfer zeigen regelmäßige Gewannfluren. Die entsprechenden Siedlungsformen waren das Straßendorf oder das Straßenangerdorf, in denen sich die Höfe beiderseits einer Straße oder einer Straße mit Dorfplatz eng aneinanderreihten. Diese planmäßig angelegten Dörfer unterschieden sich deutlich sowohl von den allmählich gewachsenen, unregelmäßigen Haufendörfern mit vielgliedriger Gewannflur im Altsiedelland als auch von kleineren Dorfanlagen des 12. Jh. in den westlichen Zonen des Ostexpansionsgebietes.[293] Dörfer, die während des 13. Jh. in bisher kaum von Slawen besiedelten großen Waldgebieten, etwa im Vorland der Mittelgebirge, gegründet wurden, weisen allerdings meist keine Gewannfluren auf; hier entstanden vielmehr sogenannte Waldhufendörfer, die eine weitgehende Ähnlichkeit mit den Marschhufendörfern an der Nordseeküste hatten. In ihnen lagen die einzelnen Bauernwirtschaften in beträchtlichen Abständen an einer durchgehenden Straße, und der zugehörige Acker schloß sich jeweils in Gestalt eines langen Flurstreifens direkt an den Hof an. Der für die Gewannfluren typische Flurzwang entfiel deshalb.

In Mecklenburg und Pommern fehlt die ausgeprägte Dreifelderwirtschaft, da hier vorwiegend Bauern aus Westfalen und Niedersachsen einwanderten. Sie führten die in Nordwestdeutschland übliche, auf Lang-

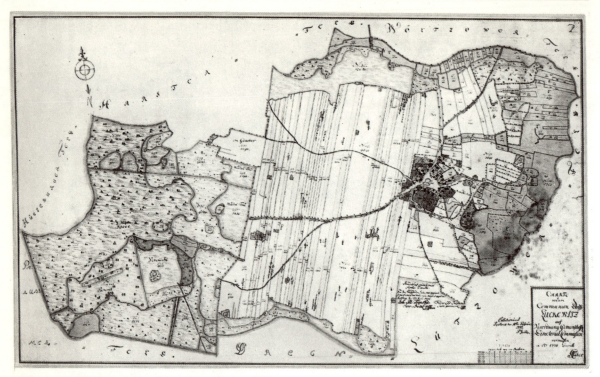

Flurkarte von Luckwitz (südwestl. v. Schwerin) von 1770. Langstreifenflur

streifen betriebene Einfelderwirtschaft mit dauerndem Anbau ohne Brache ein, und erst im Laufe der Zeit ergab sich hier durch die Rodung zusätzlicher Gewanne meist kleineren Umfangs eine gewisse Ähnlichkeit mit einer Gewannflur. Dementsprechend waren die Dörfer im Norden auch kleiner und unregelmäßiger in der Anlage; Siedlungen mit über 20 Hufen bildeten eine Ausnahme.[294] Im mecklenburgisch-pommerschen Gebiet wurde von den Siedlern auch das nordwestdeutsche Hallenhaus, das Stall, Scheune und Wohnung unter einem Dach vereinigte, übernommen,[295] während in den weiter südlich gelegenen Gebieten, wo Siedler flämisch-fränkischer Herkunft überwogen, das sogenannte fränkische Gehöft üblich wurde, das variationsfähiger und einem stärkeren Getreideanbau besser angepaßt war. Hier umgrenzten von drei Seiten Wohnteil, Stallgebäude, Schuppen und Scheune einen Hofraum.

Die Steigerung der landwirtschaftlichen Produktivität in den von deutschen Bauern besiedelten östlichen Gebieten war verknüpft mit einer Erweiterung des Anteils an Ackerland, speziell der Anbaufläche für Getreide. Die mit dem Hakenpflug bestellten Ackerflächen in den slawischen Siedlungen waren entsprechend den auch in Deutschland im frühen Mittelalter üblichen Verhältnissen relativ begrenzt. Inzwischen hatten im deutschen Gebiet die zunehmende Verwendung des Bodenwendepfluges und – vor allem in den nördlichen Gebieten – der verstärkte Einsatz des Pferdes für Feldarbeiten[296] eine wesentliche Ausweitung des Ackerlandes ermöglicht. Das spiegelt sich wider in der Größe der Hufen, die den deutschen Bauern beispielsweise in Schlesien im 13. Jh. zugeteilt wurden. Dort umfaßten die sogenannten flämischen Hufen in den Gewannflurdörfern etwa 65 Morgen, während die „fränkischen" Hufen in den Waldhufendörfern um 100 Morgen groß waren.[297]

Auch die städtische Entwicklung wurde durch die einwandernden Kaufleute und Handwerker in den östlichen Gebieten vorangetrieben. Es gab bereits vorher bei den westslawischen Völkern zahlreiche, teilweise bedeutende Städte, in denen Kaufleute und Handwerker in größerer Zahl siedelten, so etwa in Szczecin (Stettin), Poznań (Posen), Wrocław (Breslau), Kraków (Krakau) und Gdańsk (Danzig). Aber erst die Übertragung des Lübecker oder Magdeburger Stadtrechts auf diese älteren slawischen Städte und die Gründung zahlreicher neuer Städte nach den gleichen Rechtsnormen machten die im deutschen Gebiet ausgebildete Stadtgemeinde mit freien Bürgern und eigenen Rats- und Schöffenkollegien in diesen Gebieten heimisch. Damit wurden auch hier die direkten Herrschaftsbefugnisse feudaler Gewalten zurückgedrängt und Formen feudaler Abhängigkeit in den Städten beseitigt, wodurch die bürgerlichen Kräfte einen größeren Spielraum für die Entfaltung ihrer wirtschaftlichen Aktivität erhielten. Zugleich verdichtete sich durch Neugründungen das Städtenetz wesentlich, so daß im Ostexpansionsgebiet jetzt die Voraussetzungen für eine stärkere Einbeziehung großer Teile der bäuerlichen Bevölkerung in die Ware-Geld-Beziehungen bestanden.

Die verstärkte Niederlassung deutscher Kaufleute in den Städten an der südlichen Ostseeküste, in den baltischen Gebieten sowie im schlesisch-polnischen Gebiet, wo Breslau und Krakau die wichtigsten Handelsknotenpunkte waren, festigte deren Position im Handel mit den osteuropäischen Gebieten, so daß sie hier im 13. Jh. geradezu eine Monopolstellung erlangten.

Ähnlich den Dörfern zeigen auch die nach deutschem Recht umgesetzten oder neugegründeten Städte eine Planmäßigkeit der Anlage, wie sie im älteren deutschen Siedlungsgebiet nicht auftritt. Ein rechteckiger, weiträumiger Marktplatz mit Rathaus, Verkaufsständen sowie der städtischen Pfarrkirche im Zentrum und eine regelmäßige, fast schachbrettartige Anlage der Straßen geben hier vielen Städten das Gepräge. Besonders Greifswald, Neubrandenburg, Frankfurt/Oder und Kulm weisen eine auffällige Planmäßigkeit der Anlage auf.

Stadtplan des mittelalterlichen Neubrandenburg

1 Rathaus auf dem Marktplatz
2 Marienkirche
3 Franziskanerkloster
4 Treptower Tor
5 Stargarder Tor
6 Friedländer Tor
7 Neues Tor

⊔⊔⊔⊔ Wall
▬▬▬ Stadtmauer

Die zweite Etappe der Ostexpansion hat also die weitere nationale Entwicklung unserer östlichen Nachbarvölker und deren Verhältnis zu den Deutschen negativ beeinflußt. Andererseits wurden durch die deutschen Einwanderer der Landesausbau und die städtische Entwicklung beschleunigt, so daß in weiten westslawischen Gebieten jene Zeit gleichbedeutend mit dem Übergang zum vollentfalteten Feudalismus war.[298] Überdies hatte das Vorschieben der Reichsgrenze in östliche Richtung eine Stärkung der Fürstenmacht im Reich zur Folge. Vor allem die Markgrafen von Brandenburg und Meißen bauten starke Landesherrschaften auf; außerdem wurden die Fürsten von Mecklenburg und zunehmend auch die von Pommern in das Reichsgebiet einbezogen. Da andererseits die deutsche Zentralgewalt keinerlei Vorteil aus der Ostexpansion zu ziehen vermochte, veränderte sich das Kräfteverhältnis zwischen ihr und den Fürsten weiter zugunsten der Fürsten. Die Machteinbuße der Zentralgewalt im Gefolge der gescheiterten staufischen Italienpolitik wurde dadurch zusätzlich vertieft.

Der Zusammenbruch der staufischen Reichspolitik

Kaiser Friedrich II. leitete nach dem mühelosen Triumph über seinen rebellierenden Sohn und der Konsolidierung des Reichsgutes im südwestdeutschen Raum im Sommer 1236 den entscheidenden Angriff gegen die oberitalienischen Kommunen ein. Das nach dem Süden aufbrechende kaiserliche Heer bestand vorwiegend aus schwäbischen und elsässischen Reichsministerialen, da sich die deutschen Fürsten kaum beteiligten. Immerhin gelang es dem Staufer damals, den König von Böhmen, den Herzog von Bayern und einige Bischöfe für einen Kriegszug gegen Herzog Friedrich den Streitbaren von Österreich und Steiermark zu mobilisieren, der seit 1235 gegen den Kaiser rebellierte und der Reichsacht verfallen war.[299] Als sich zeigte, daß die angreifenden Fürsten trotz einiger Erfolge den Babenberger nicht ausschalten konnten, unterbrach Friedrich II. Ende 1236 den Feldzug in Oberitalien und besetzte mit seinen Truppen Wien. Die Herzogtümer Österreich und Steiermark unterstellte er direkt der Reichsverwaltung.[300] Er handelte damit grundsätzlich anders als einst Kaiser Friedrich I., der bei der Absetzung Heinrichs des Löwen dessen Herzogtümer als Lehen an Fürsten vergeben hatte. Die Absetzung des Babenbergers sollte genutzt werden, um die Position der Zentralgewalt im deutschen Reichsgebiet durch den Erwerb eines geschlossenen Territoriums entscheidend zu stärken. Zugleich erreichte der Kaiser, daß im Februar 1237 einige Fürsten seinen Sohn Konrad IV. zum König wählten, so daß die Nachfolge gesichert schien.

Doch unterblieb ein konsequenter Ausbau dieser Erfolge in Deutschland, da der Kaiser schon im Herbst wieder nach Italien aufbrach. Bereits im Frühjahr 1238 verbündeten sich der König von Böhmen und der Herzog von Bayern, die 1236 zum Sieg über den Babenberger beigetragen hatten, mit ihrem einstigen Gegner, da der Kaiser durch die Einziehung der beiden Herzogtümer ihre Hoffnungen auf Gebietsgewinne enttäuscht hatte. Darauf konnte Friedrich der Streitbare Österreich und Steiermark wieder unter seine Kontrolle bringen, und der Kaiser war infolge der zunehmenden Verstrickung in die Kämpfe um Oberitalien genötigt, sich Anfang 1240 mit dem Babenberger auszusöhnen.

In Italien hatte Friedrich II. zunächst am 27. November 1237 in der Schlacht bei Cortenuova einen Sieg über das Heer der Mailänder und der verbündeten Städte errungen. Mailand war zu Friedensverhandlungen bereit, die aber scheiterten, da der Kaiser die völlige Unterwerfung forderte. Für den Sommer 1238 plante der Staufer den entscheidenden Schlag gegen die oberitalienischen Städte, von denen nur noch eine begrenzte Zahl unter Führung Mailands Widerstand leistete. An die Solidarität der Monarchen appellierend, forderte er verschiedene Herrscher auf, Truppen gegen die aufsässigen Kommunen zu entsenden. In einem Anfang Mai 1238 an den König von Ungarn gesandten Schreiben heißt es: „Der überragende Ruhm der Könige und der Vorrang weltlicher Machthaber werden durch gegenseitige Hilfe gefördert und erhöht; wo zwischen ihnen ... die Gleichheit des Willens gewahrt wird, herrschen die Mächtigen über die Völker und werden jene von den Untertanen um so mehr gefürchtet ... Wenn also der kaiserliche Arm durch die Macht der Könige gestützt wird ... und die Fürsten gleichen Willens zusammenwirken, hören bei den Untertanen aller Mut zum Aufstand und alle Verschwörungen der Völker auf."[301] Tatsächlich entsandten neben einigen deutschen Fürsten die Könige von England, Kastilien und Ungarn sowie der Graf von Toulouse Kontingente. Aber die mit diesem großen Aufgebot durchgeführte Belagerung des relativ kleinen, mit Mailand verbündeten Brescia blieb erfolglos und mußte im Oktober 1238 abgebrochen werden.

Der Mißerfolg des Kaisers ermutigte Papst Gregor IX., entschiedener zugunsten der lombardischen Städte aufzutreten. Am 20. März 1239 verhängte er den Kirchenbann über den Kaiser und entband dessen Untertanen vom Treueid. Dieser Schritt löste eine heftige publizistische Auseinandersetzung zwischen beiden Seiten aus. Im April rechtfertigte der Staufer in einem Rundschreiben an Fürsten und Bischöfe ausführlich sein Verhalten und warf dem Papst unter anderem den Schutz der Stadt Mailand vor, die „nach dem Zeugnis ... vieler Glaubwürdiger größtenteils von Ketzern bewohnt wird"[302] – eine Anspielung auf die

Seite aus dem von Friedrich II. verfaßten Buch „Über die Kunst, mit Falken zu jagen" in der um 1260 für König Manfred angefertigten Handschrift, die das verlorene Original von 1244 getreu widergibt, mit zwei Abbildungen des Kaisers, unten zwei Falkner

tatsächlich bezeugte Aktivität der Ketzer in dieser Stadt. Zugleich forderte der Kaiser die Kardinäle auf, ein allgemeines Konzil einzuberufen, auf dem er die Unrechtmäßigkeit des päpstlichen Vorgehens darlegen wollte. Es ist dies eines der frühesten Beispiele für die im 14. Jh. voll durchbrechende Tendenz, das allgemeine Konzil als Repräsentanz der Gesamtkirche gegen den Papst auszuspielen.[303] Gregor IX. antwortete mit einem offenen Schreiben, in dem er den Kaiser als Vorläufer des Antichrist brandmarkte und diesem die Äußerung zuschrieb „die ganze Welt sei von drei Betrügern, nämlich von Jesus Christus, Moses und Mohammed getäuscht worden"; außerdem habe er alle als Narren bezeichnet, „die glaubten, daß Gott von einer Jungfrau geboren werden könne", denn „niemand könne geboren werden, dessen Empfängnis nicht die Vereinigung von Mann und Frau vorausgegangen sei"; auch „dürfe der Mensch nichts anderes glauben, als was er durch die Kraft und Vernunft der Natur beweisen könne".[304] Der Kaiser wies in einem weiteren Schriftstück, in dem er den Papst seinerseits als Antichrist bezeichnete, diese Vorwürfe als unwahr zurück. Es ist aber nicht ganz ausgeschlossen, daß in Gesprächen am kaiserlichen Hof derartige Äußerungen fielen. Denn Friedrich II. war hochgebildet und an wissenschaftlichen Fragen überaus interessiert, wobei er teilweise an arabische Überlieferungen anknüpfte, die in Sizilien weiterwirkten und der Ausprägung rationalistischer Züge in seinem Denken förderlich waren.

Zunächst bestanden für den Papst nur geringe Chancen, den Kaiser mit Hilfe des Bannspruches in ernsthafte Bedrängnis zu bringen. Es gelang Friedrich II. in den Jahren um 1240, den Kirchenstaat ähnlich wie zur Zeit Barbarossas durch die Besetzung weiter Gebiete zu reduzieren. Zugleich begann er in Reichsitalien nach sizilischem Vorbild eine straffe Beamtenverwaltung aufzubauen. Die einzelnen Landschaften wurden absetzbaren, meist aus dem Königreich Sizilien stammenden Generalkapitänen unterstellt.

Auch im deutschen Reichsgebiet waren seit dem Aufenthalt Friedrichs II. 1235/36 erneut die Bemühungen intensiviert worden, den Reichsbesitz im Südwesten und im Mittelrheingebiet effektiver zu verwalten und höhere Einnahmen zu erzielen. Größere, zusammenhängende Reichsgutkomplexe, etwa in der Wetterau, am Mittelrhein, im Elsaß, in Schwaben und in Franken, unterstellte man Prokuratoren, die als Vorgänger der unter Rudolf von Habsburg hervortretenden Landvögte zu werten sind. In der Regel wurden Reichsministerialen mit diesem Amt betraut. Auch die Zentralgewalt suchte also ihre unmittelbaren Besitzungen und Rechte unter Überwindung des Lehnswesens mit Hilfe absetzbarer Amtsträger straffer zu organisieren. Die Tatsache, daß das im Aufbau befindliche Königsterritorium seit den Rückschlägen des Thronstreits an innerer Festigkeit und an Umfang durch größere Landesherrschaften überholt worden war, ließ sich dadurch allerdings nicht rückgängig machen.

Immerhin zeigt eine aus dem Jahre 1241 stammende Steuerliste, daß damals aus Reichsbesitzungen und sonstigen Rechtstiteln beträchtliche Geldeinnahmen in die königliche Kasse flossen. Der größte Teil der in dieser Liste aufgeführten Einnahmen stammte aus königlichen Städten, von denen Frankfurt/Main mit

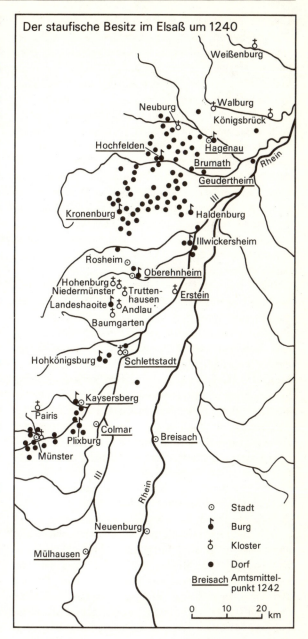

Der staufische Besitz im Elsaß um 1240

250 Mark jährlich die größte Summe zu zahlen hatte; es folgten Gelnhausen und Hagenau mit je 200 Mark. Beträchtliche Summen erbrachte auch die dem König in vielen Städten, darunter in manchen Bischofsstädten, zustehende Judensteuer, die als Entgelt für den königlichen Judenschutz gezahlt wurde. Die Juden der Bischofsstadt Straßburg hatten allein 200 Mark zu zahlen. Neben den knapp 6 250 Mark, die königliche Städte und Dörfer leisten mußten, betrug die jährliche Gesamtsumme der Judensteuer aus verschiedenen Städten etwa 850 Mark.[305] Bemerkenswert ist schließlich, daß eine Reihe von Städten, so unter anderem Friedberg, Heilbronn, Offenburg, Rottweil, Weil und Wiesbaden

1241 von der Steuer befreit war oder nur einen Teil der üblichen Summe abzuführen brauchte, weil die Bürger auf eigene Kosten die Stadtbefestigung auszubauen hatten. Ungeachtet der Fürstenprivilegien von 1220 und 1231/32 wurde also der Ausbau der königlichen Städte weiter vorangetrieben.

Das im Steuerverzeichnis von 1241 deutlich erkennbare Übergewicht von Geldabgaben in der Reichsgutverwaltung wird bestätigt durch die erhaltene Jahresabrechnung des Amtmanns Gerhard von Sinzig für einen Güterkomplex im Rheingebiet aus dem Jahre 1242. Die wenigen Naturalabgaben an Weizen, Hafer und Wein wurden nicht etwa für einen eventuellen Aufenthalt des königlichen Hofes aufbewahrt, sondern verkauft. Der finanzielle Erlös aus diesen Verkäufen machte aber nur etwa 4 Prozent der Gesamteinnahmen dieses Amtsbezirkes aus.[306]

Somit war die Position der Staufer im deutschen Reichsgebiet während des Beginns der Auseinandersetzungen mit den oberitalienischen Städten und dem Papsttum nicht ungünstig, zumal Versuche des Papstes, eine antistaufische Fürstengruppe zu mobilisieren, zunächst wenig Erfolg hatten. Auch das Vordringen der Mongolen, das angesichts der Verstrickung des Kaisers in die Kämpfe um Italien hätte gefährlich werden können, führte zu keiner ernsthaften Bedrohung des Reiches, da sie nach einem Sieg über ein Heer des Herzogs von Schlesien im April 1241 wieder abzogen. Eine Entlastung für den Kaiser bedeutete es auch, daß im August 1241 Gregor IX. und im November dessen Nachfolger starben. Wegen der Uneinigkeit im Kardinalskolleg dauerte es rund 19 Monate, ehe im Juni 1243 der nächste Papst, Innocenz IV., erhoben wurde.

Währenddessen formierten sich im deutschen Gebiet antistaufische Kräfte. Im Herbst 1241 schlossen die Erzbischöfe von Mainz und Köln, Siegfried von Eppenstein und Konrad von Hochstaden, ein Bündnis. Der ehrgeizige Kölner Erzbischof setzte damit die antistaufische Tradition seiner Vorgänger fort. Noch im Herbst 1241 fielen Truppen der beiden Erzbischöfe in die Wetterau ein, die größtenteils Reichsbesitz war. Auch in den folgenden beiden Jahren wurde heftig um das Mittelrheingebiet gekämpft, wobei insbesondere die Bürger von Worms Konrad IV. mit Schiffen und sonstigen militärischen Kräften unterstützten.

Schwieriger gestaltete sich die Lage für die Staufer, als Papst Innocenz IV. energisch daranging, deutsche Fürsten auf seine Seite zu ziehen. Er trug dazu bei, daß sich im Erzbistum Trier der in zwiespältiger Wahl erhobene, zur päpstlichen Partei neigende Kandidat 1244 durchsetzte. Der Landgraf von Thüringen, Heinrich Raspe, fiel von den Staufern ab. Ende 1244 zog Erzbischof Siegfried von Eppenstein die Stadt Mainz auf seine Seite, indem er den Bürgern in einem Privileg die Wahl eines Rates zugestand.

Siegel Heinrich Raspes, oben als Landgraf aus den Jahren 1233/34, unten als König
Während das Königssiegel den thronenden Herrscher zeigt, ist das Landgrafensiegel wie die meisten Fürstensiegel als Reitersiegel gestaltet

Inzwischen flüchtete Innocenz IV. Ende Juni 1244 aus dem gefährdeten Kirchenstaat nach Genua und einige Monate später nach dem sicheren Lyon, von wo aus er zu einem allgemeinen Konzil einlud. Auf dem dort zusammentretenden Konzil erklärte er am 17. Juli 1245 den gebannten Kaiser für abgesetzt. Mit diesem Schritt, der über die bisher von Päpsten in der Regel ausgesprochene Bannung und die Entbindung der Untertanen vom Treueid hinausging, dokumentierte der Papst eindeutig seinen Anspruch auf oberste Verfügungsgewalt über das Imperium.[307] Da inzwischen unter dem Druck der Kurie eine größere Zahl geistlicher Fürsten von den Staufern abgefallen war, wagten es die Erzbischöfe von Mainz und Köln mit Zustimmung des Trierer Erzbischofs am 22. Mai 1246, den thüringischen Landgrafen Heinrich Raspe zum König zu wählen. Ein kleiner Kreis einflußreicher geistlicher Fürsten maßte sich mit päpstlicher Unterstützung die Verfügungsgewalt über die deutsche Königskrone an, während die weltlichen Fürsten, mit dem Ausbau ihrer Landesherrschaften beschäftigt, uninteressiert abseits standen. So erklärt es sich, daß im nächsten Jahrzehnt die Einengung des Wählerkreises auf die sieben Kurfürsten erfolgen konnte, ohne daß andere Fürsten protestierten.

Der Papst unterstützte Heinrich Raspe, der in stauferfreundlichen Kreisen als „Pfaffenkönig" bezeichnet wurde, durch die Überweisung von 25 000 Mark. Zugleich ordnete er an, daß der Klerus und vor allem die Bettelmönche einen Kreuzzug gegen den Kaiser predigten; wer gegen Friedrich II. zu Felde zog, konnte mit denselben kirchlichen Vergünstigungen, also in erster Linie mit dem Ablaß der Sündenstrafen, rechnen wie die Teilnehmer an den Kreuzzügen in das „Heilige Land". Die Position des Gegenkönigs blieb trotz eines im August 1246 bei Frankfurt/Main erfochtenen militärischen Sieges über Konrad IV. schwach. Friedrich II. konnte das Aussterben der Babenberger im Sommer 1246 dazu ausnutzen, den bereits 1237 verfolgten Plan, Österreich und Steiermark in eigene Verwaltung zu nehmen, durchzusetzen. Außerdem starb Heinrich Raspe bereits im Februar 1247. Doch die antistaufische Fürstengruppierung gab nicht auf; im Oktober des gleichen Jahres wählten die drei rheinischen Erzbischöfe in Anwesenheit einer größeren Zahl geistlicher Fürsten und eines weltlichen Reichsfürsten, des Herzogs von Brabant, in Worringen bei Köln den Grafen Wilhelm von Holland zum König. Die Stadt Köln, die zunächst ihre Tore geschlossen hatte, gewann Wilhelm durch großzügige Privilegien.

Friedrich II. setzte sich gegen die systematische Agitation von seiten der Geistlichkeit, insbesondere der Bettelorden, publizistisch zur Wehr. Anfang 1246 richtete er an zahlreiche Herrscher ein Rundschreiben, in dem er an deren Solidarität appellierte. „Denn was bleibt Euch und den Königen einzelner Länder von einem solchen Priesterfürsten nicht noch zu fürchten, wenn Uns, der wir durch feierliche Wahl der Fürsten ... auf göttliches Geheiß mit der Kaiserkrone geschmückt sind und mehrere edle Königreiche mächtig regieren, jener abzusetzen wagt, dem solches nicht zusteht!" Noch auffallender in diesem Schreiben ist, daß der Staufer das vorwiegend von Ketzern vertretene urchristliche Armutsideal gegen den Papst ins Feld führt. Er prangert die hohe Geistlichkeit und speziell den Papst an, die „gemästet durch die Almosen der Väter, deren Söhne unterdrücken". „Wahrhaftig, die gewaltigen Einkünfte, mit denen sie sich durch die Aussaugung vieler Königreiche bereichern, machen sie rasend." Daher sei es seine Absicht, „die Geistlichen jeglichen Standes, insbesondere die höchsten, zu jenem Zustand zu führen, in dem sie in der ursprünglichen Kirche waren, in apostolischem Lebenswandel die Demut des Herrn nachahmend".[308] Derartige Äußerungen bedeuten keineswegs, daß Friedrich II., der sich durch den Erlaß besonders harter Ketzergesetze hervorgetan hatte, nunmehr mit den Ketzern sympathisierte. Dennoch kamen angesichts des sich verschärfenden Kampfes zwischen Kaiser und Papst in ketzerischen Gruppierungen prostaufische Stimmungen auf. Um 1248 wirkten im Gebiet der königlichen Stadt Schwäbisch-Hall Ketzer, die den Papst als Häretiker bezeichneten, weil er die apostolische Lebensweise nicht befolge; zugleich forderten sie ihre Anhänger auf, für Kaiser Friedrich II. und Konrad IV. zu beten, die sie als vollkommen bezeichneten. Außerdem verfaßte in jenen Jahren ein abtrünniger Dominikaner namens Arnold zwei antikuriale Pamphlete. In einem suchte er

Grabplatte des Erzbischofs Siegfried III. von Eppenstein († 1249) im Dom zu Mainz. Der Erzbischof krönt Heinrich von Raspe und Wilhelm von Holland

nachzuweisen, daß Innocenz IV. der Antichrist sei. In dem anderen Traktat „Über die Züchtigung der Kirche" kündigte er ein neues Zeitalter mit einer gereinigten Kirche an, aus der die jetzigen, nach weltlichen Reichtümern strebenden Geistlichen ausgestoßen sein würden. Der Autor erwartete, daß diese durchgreifende Reform der Kirche durch Kaiser Friedrich II. durchgesetzt werden würde, und forderte diesen „als geeignet für diese große Aufgabe" direkt zum entsprechenden Handeln auf.[309]

Der erbitterte, von heftigen publizistischen Auseinandersetzungen begleitete Kampf des Staufers gegen das Papsttum trug dazu bei, daß der Kaiser, der nur wenige Jahre in Deutschland weilte und eine besonders fürstenfreundliche Politik betrieb, populär wurde. Die von Fehden erfüllte Zeit des folgenden Interregnums ließ Friedlich II. noch mehr in einem günstigen Licht erscheinen. Daraus erklärt es sich, daß sich nach seinem Tode sowohl in Deutschland als auch in Italien die Vorstellung verbreitete, daß er gar nicht gestorben sei und bald wieder auftauchen werde, um nach einer harten Züchtigung des Klerus und der Mönche eine ideale Zeit des Friedens und der Gerechtigkeit herbeizuführen. Nicht das staatspolitische Wirken des letzten Stauferkaisers, sondern sein Kampf gegen die Kurie war also die Grundlage für die Entwicklung der in den unteren Volksschichten lange weiterlebenden Kaisersage, die erst seit dem 16. Jh. statt mit Friedrich II. mehr und mehr mit Friedrich I. Barbarossa in Verbindung gebracht wurde.

Inzwischen waren in Oberitalien die Kämpfe wieder aufgelebt, Mailand widerstand nach wie vor dem Kaiser. Die Bemühungen des Staufers, dort das straffe sizilische Beamtenregime durchzusetzen, riefen immer wieder Widerstand hervor. Infolge der wechselvollen innerstädtischen Auseinandersetzungen zwischen den prostaufischen Ghibellinen und den zum Papst neigenden Guelfen fielen wiederholt bereits unterworfene Städte von Friedrich II. ab, so im Frühjahr 1247 etwa Parma, das sich erfolgreich gegen die sofort eingeleitete Belagerung behauptete. Wie schon zur Zeit Barbarossas erwies sich erneut, daß trotz vieler Erfolge eine Niederwerfung aller oberitalienischen Kommunen aussichtslos war, da die ökonomischen und militärischen Potenzen der befestigten Städte zu stark und die Kräfte des Kaisers zu schwach waren. Wegen der Gegenkönige und des mangelnden Interesses der Fürsten an der staufischen Italienpolitik konnte der Kaiser nicht auf militärische Hilfe aus Deutschland rechnen. Die Rücksichtnahme Friedrichs II. auf die Interessen der Fürsten bewog diese nicht etwa zu einer aktiveren Unterstützung des Kaisers, sondern förderte nur deren Konzentration auf den Ausbau ihrer Landesherrschaften.

Im deutschen Reichsgebiet erzielte der Gegenkönig

Siegel der königlichen Stadt Boppard aus dem 13. Jh., mit Stadtmauer und Pfarrkirche St. Severi. Umschrift: BOPPARDIA LIBERUM ET SPETIALE OPPIDUM ROMANI IMPERII

Wilhelm Ende 1248 einige Erfolge durch die Einnahme der Reichsstädte Kaiserswerth, Dortmund und Aachen, so daß er dort in regulärer Weise vom Kölner Erzbischof gekrönt werden konnte. Aber seine 1249/50 unternommenen Versuche, in die Kerngebiete staufischer Macht vorzudringen, scheiterten vor den Mauern der Städte Boppard, Frankfurt/Main und Gelnhausen, die fest zu den Staufern hielten.[310]

In dieser Situation, in der sich für keine der beiden Seiten ein entscheidender Erfolg abzeichnete, starb Kaiser Friedrich II. am 13. Dezember 1250 im Alter von 56 Jahren in Süditalien. Der Ausfall dieses tatkräftigen, oft mit äußerster Grausamkeit vorgehenden Herrschers gab den antistaufischen Kräften in Oberitalien sofort Auftrieb. Im Mai 1251 traf Innocenz IV. aus Lyon kommend in Genua ein, von wo er sich in den Kirchenstaat begab. König Konrad IV. räumte im Oktober 1251 in Deutschland selbst das Feld und brach nach dem Königreich Sizilien auf, das er, wie sein Vater, als die sicherste Basis staufischer Macht ansah. Damit machte er im deutschen Reichsgebiet den Weg für König Wilhelm frei. Bereits 1254 starb auch Konrad IV. in Süditalien, während sein unmündiger Sohn Konradin unter der Vormundschaft des Herzogs Ludwig II. von Bayern nicht einmal das ererbte Herzogtum Schwaben behaupten konnte. Das staufische Königsterritorium wurde, von den sich selbst behauptenden Reichsstädten abgesehen, weitgehend durch benachbarte Feudalgewalten okkupiert, so daß künftige Herrscher vor der schwierigen Aufgabe standen, sich eine neue Machtbasis zu schaffen. Als Konradin 1267 mit geringen militärischen Kräften nach Italien aufbrach, wurde er dort von Karl von Anjou, der inzwischen mit päpstlicher Unterstützung das Königreich Sizilien an sich gebracht hatte, besiegt, gefangengenommen und bald darauf, am 29. Oktober 1268, in Neapel enthauptet. Damit endete die staufische Dynastie.

Der sich bereits mit dem Tode Friedrichs II. 1250 abzeichnende Untergang dieser Herrscherdynastie war ein wichtiger Einschnitt in der deutschen und der Reichsgeschichte. Die Politik der bedeutendsten staufischen Kaiser zielte darauf ab, durch Unterwerfung des wirtschaftlich hochentwickelten, reiche Einnahmen versprechenden Oberitalien die mehr und mehr auseinanderstrebenden Teilgebiete des Reiches zusammenzuhalten. Welches Gewicht Italien seit dem Beginn der Herrschaft Friedrichs I. gewann, zeigt die Tatsache, daß die deutschen Könige und Kaiser in den 102 Jahren von 1152 bis 1254 insgesamt reichlich 49 Jahre in Italien verbrachten, während sich die zwischen 1002 und 1152 regierenden Herrscher nur knapp 22 Jahre dort aufgehalten hatten.[311]

Infolge der wirtschaftlichen und militärischen Potenzen der vom Papsttum unterstützten oberitalienischen Städte und des Erstarkens der deutschen Fürsten, die kein Interesse an der staufischen Reichspolitik hatten, reichten die Kräfte der Staufer auch nach dem Erwerb Siziliens nicht aus, um eine derartig imperiale Politik zum Erfolg zu führen. So bestand das folgenschwere Ergebnis der staufischen Periode für die staatliche Entwicklung des „regnum Teutonicum" letztlich darin, daß im Wettlauf zwischen Königtum und Fürsten um den Ausbau eigener Herrschaftsgebiete die Zentralgewalt weit zurückfiel. Die Entwicklung der Landesherrschaft und damit das Erstarken der Fürsten war zwar im 12./13. Jh. ein unvermeidlicher, den sozialökonomischen Veränderungen entsprechender Prozeß. Aber bei einer Konzentration der Politik der Zentralgewalt auf die Festigung der eigenen Machtbasis im deutschen Königreich hätte die Möglichkeit bestanden, die eigene Position abzusichern und von dort aus in den folgenden Jahrhunderten die Errichtung einer nationalen Monarchie durchzusetzen. Vorbereitet durch die schweren Rückschläge des staufisch-welfischen Thronstreits, fiel mit dem Zusammenbruch der staufischen Politik zwar nicht eine endgültige Entscheidung, aber doch eine nur schwer rückgängig zu machende Vorentscheidung darüber, daß während der Feudalepoche in Deutschland der Aufbau einer nationalen Monarchie ausblieb und der fürstliche Partikularismus triumphierte. Insofern zeichnete sich im deutschen Gebiet im 13. Jh. eine von der staatlichen Entwicklung der meisten europäischen Völker abweichende Richtung ab, die weitgehend durch die von den Staufern intensivierte Reichspolitik verursacht wurde.

Andererseits war die staufische Periode trotz ihrer negativen Bilanz im staatlichen Bereich gekennzeichnet durch einen ungewöhnlichen wirtschaftlichen Aufschwung, der in erster Linie das Ergebnis der Schaffenskraft der bäuerlichen Bevölkerung und des in dieser Zeit voll hervortretenden Städtebürgertums war. Die älteren Städte blühten auf, zahllose neue Städte entstanden, die agrarische Nutzfläche wurde wesentlich erweitert und die landwirtschaftliche Produktion gesteigert. Das Bürgertum erkämpfte sich ein hohes Maß an Unabhängigkeit, und die Bauern setzten eine wesentliche Verbesserung ihrer Lage durch, so daß die gesellschaftliche Entwicklung entscheidend vorangetrieben wurde. Die Festigung der Regionalgewalten war also in dieser Zeit noch keineswegs ein die sozialökonomische Entwicklung hemmender Faktor. Die Rivalität der vielen Feudalgewalten trug vielmehr eher zur Festigung und Vermehrung sich selbst verwaltender Bürgergemeinden bei, so daß Deutschland im 13. Jh. in wirtschaftlicher Hinsicht zu den führenden Staaten Europas gehörte und im Grunde nur von Oberitalien und Flandern übertroffen wurde.

Der wachsende Einfluß der Städte und die Anfänge des Hausmachtkönigtums (1250 bis zum Beginn des 14. Jahrhunderts)

3

Der Tiefpunkt königlicher Macht im Interregnum und die Stadtentwicklung in der zweiten Hälfte des 13. Jahrhunderts

Die ersten Regierungsjahre Wilhelms von Holland

Das Attribut Grafen- und Pfaffenkönig für Wilhelm von Holland kennzeichnet die Lage und Bedeutung des Königtums um die Mitte des 13. Jh. recht treffend.[1] Noch zu Lebzeiten Kaiser Friedrichs II. und König Konrads IV. war Wilhelm von Holland im Oktober 1247, nach dem kurzen Intermezzo mit Heinrich Raspe, zum zweiten Gegenkönig gegen die Staufer erhoben worden. Der thüringische Landgraf und der holländische Graf standen am Beginn der „Grafenwahlen" des 13. Jh., mit denen die Wahlfürsten und das hinter ihnen stehende Papsttum schwache, dem Willen der Wähler ergebene und von ihnen abhängige Herrscher auf den Thron bringen wollten. Grafen von Habsburg, Nassau und Luxemburg setzten bis zum Anfang des 14. Jh. diese Reihe fort. Nur durch die drei rheinischen Erzbischöfe gewählt, war Wilhelm zunächst von der Unterstützung vor allem durch den territorialpolitisch mächtigen Kölner Erzbischof Konrad von Hochstaden sowie von der diplomatisch-propagandistischen und finanziellen Hilfe Papst Innocenz' IV. abhängig. Aus päpstlichen Kassen flossen dem Gegenkönig und seinem Anhang 30 000 Mark zu. Die Kurie setzte alle Arten von Kirchenstrafen gegen die staufischen Parteigänger ein, während sie die Bündnispartner Wilhelms von Holland mit zahlreichen Privilegien bedachte. Mit königlichen und päpstlichen Vergünstigungen für Städte und Bürger, insbesondere mit Zollerleichterungen und Handelsprivilegien, durch militärische Belagerung und einen Kleinkrieg gegen die ländliche Umgebung der Städte sowie mit der Androhung von Interdikt und Exkommunikation sollten die Anhänger der Staufer für den Gegenkönig gewonnen werden.[2]

Trotzdem standen 1250 im wesentlichen die Städte südlich des Mains noch immer auf staufischer Seite.

Aus päpstlichen Schreiben vom Februar 1251 an die Bürger von Frankfurt/Main, Friedberg, Gelnhausen, Oppenheim, Speyer und Worms wird der Kreis der hartnäckigsten städtischen Gegner Wilhelms ersichtlich. Die Bürger wurden in diesen Briefen aufgefordert, in den Schoß der Kirche und ihres Königs zurückzukehren und dem römischen König Wilhelm, „der demnächst zum Kaiser erhöht werde", den Treueid zu leisten.[3] Aber erst im Zusammenhang mit der Braunschweiger Nachwahl Wilhelms 1252 und mit der Entstehung des Rheinischen Städtebundes 1254 sowie durch den Tod des staufischen Königs Konrad IV. im gleichen Jahr trat ein Umschwung zugunsten des Gegenkönigs ein.

Am 25. März 1252 wählten der Herzog von Sachsen und der Markgraf von Brandenburg in Braunschweig Wilhelm von Holland nachträglich zum König, während der böhmische König durch Gesandte der Nachwahl zugestimmt haben soll. Damit schlossen sich der bis dahin nur von den rheinischen Erzbischöfen vollzogenen Wahl zwei weltliche Fürsten nicht unbedeutenden politischen Ranges an, die nach dem im nieder-

Siegel König Wilhelms von Holland (1253). Umschrift: WILLELMVS DEI GRACIA ROMANORVM REX SEMPER AVGVSTVS. *Die zunächst zum Kaisertitel gehörenden Worte „semper Augustus" werden seit staufischer Zeit von den Königen bereits vor der Kaiserkrönung in den Titel aufgenommen*

deutschen Gebiet entstandenen Sachsenspiegel Eikes von Repgow zum Kreis der Vorwähler und zu den späteren sieben Kurfürsten gehörten. Die verbreitete Kenntnis der Auffassungen dieses Rechtsbuches zur Königswahl und die Stimmung niederdeutscher Städte in dieser Frage spiegelt der Bericht eines päpstlichen Legaten über die Nachwahl wider. Danach hatten einige Städte Bedenken gegen Wilhelms Königtum, weil der Herzog von Sachsen und der Markgraf von Brandenburg, „die bei der Wahl eine Stimme haben", bis 1252 nicht an ihr beteiligt waren.[4] Im Ergebnis dieser Vorgänge traten Braunschweig, Bremen, Goslar, Halle, Hildesheim, Merseburg, Soest und Stade auf die Seite des Gegenkönigs. Dieser hatte seine Nachwahl mit Zugeständnissen an die beiden Fürsten bezahlen müssen, was das Gewicht der Fürstenmacht unterstreicht. So wurde dem Drang der brandenburgischen Askanier nach Zugang zur Ostsee die Reichsstadt Lübeck geopfert, die sich aber letztlich der Abhängigkeit von diesen Fürsten mit Erfolg widersetzen und ihre reichsunmittelbare Stellung behaupten konnte. Der Herzog von Sachsen erhielt das Investiturrecht über die Bischöfe von Lübeck, Ratzeburg und Schwerin.

Die Anerkennung Wilhelms von Holland durch norddeutsche Fürsten und Städte erweiterte die Aktionsfähigkeit des Gegenkönigs. Seine wachsende Macht entfremdete ihn allerdings auch seinem bisherigen Hauptverbündeten, dem Kölner Erzbischof. Zudem konnte Wilhelm seinen Erfolg von 1252 nicht festigen, da ihn kriegerische Verwicklungen mit der Gräfin von Flandern 1253/54 zu einem längeren Aufenthalt in den Niederlanden zwangen. Mit eben seinen flandrischen Gegnern aber verbündete sich nun der Erzbischof von Köln. Diese Taktik wiederholten die Wahlfürsten in den nächsten Jahrzehnten immer wieder. Ein schwacher, auf die Hilfe der Fürsten angewiesener König wurde gewählt und in dem Augenblick fallengelassen, bekämpft und sogar abgesetzt, in dem sein Einfluß wuchs und er sich aus der Abhängigkeit von den Wahlfürsten zu lösen suchte. In der bedrohlichen Situation von 1254 bot sich dem bedrängten König aber ein neuer Bündnispartner an: der soeben entstandene Rheinische Städtebund.

Der Rheinische Städtebund

Den Kern dieses territorial umfassendsten und politisch bedeutendsten Städtebundes im 13. Jh., dem auch weltliche und geistliche Feudalgewalten angehörten, bildeten im Februar und April 1254 abgeschlossene Abkommen zwischen Mainz, Worms, Oppenheim und Bingen.[5] In den nächsten Monaten erweiterte sich das Bündnis in städtischen Kreisen auf über 70 Mitglieder. Auf einer Zusammenkunft in Worms am 6. Oktober 1254 verabschiedeten die „verschworenen Städte" Beschlüsse zu Ehren Gottes, der Kirche und „des heiligen Reiches, an dessen Spitze jetzt unser ehrenwerter Herr, der römische König Wilhelm steht".[6] Damit erkannte der Rheinische Städtebund geschlossen das Königtum Wilhelms von Holland an.

Hatte der Rheinische Städtebund die Initiative zum Bündnis mit der Zentralgewalt ergriffen, so legalisierte der König Anfang 1255 den ohne königliche Autorität geschlossenen Friedensbund. Wilhelm von Holland erließ im Interesse der Kaufleute liegende und dem Schutz des Handels dienende Rechtssprüche, erkannte den in seiner Gegenwart von Fürsten, Grafen, Edlen und den Städteboten erneut beschworenen Landfriedensbund an und bestätigte ihn für ewige Zeit. Gegen Friedensbrecher sollten die Bundesmitglieder mit „unserm oder unseres Justitiars" Rat vorgehen. Wilhelm von Holland war also bemüht, dem Königtum größere Geltung zu verschaffen, indem er den ohne königliche Mitwirkung geschlossenen Landfriedensbund der Reichsgewalt und ihrer Gerichtsbarkeit unterstellte.

Das Interesse, ja die Notwendigkeit für ein Bündnis zwischen Königtum und Rheinischem Städtebund bestand auf beiden Seiten. Die politische Lage war für Wilhelm von Holland durch das Zusammengehen seiner äußeren und inneren Gegner, die bereits einen Nachfolger für ihn ins Spiel brachten, im Jahre 1254 aufs höchste gespannt. Die Verbindungen mit einem Bund, der regional weit ausgedehnt, in seiner sozialen Basis nicht so eng und in seinem Programm auf noch breitere soziale Schichten zugeschnitten war, konnten die Macht der Zentralgewalt wieder festigen und verbreitern. Für den Bund ergab sich durch die königliche Legalisierung und Unterstützung die Chance, seine Autorität zu erhöhen. Die königlichen Schultheißen in Boppard, Colmar, Frankfurt/Main, Hagenau und Oppenheim wurden zu Schiedsrichtern bei Streitigkeiten zwischen den Bundesmitgliedern ernannt. Der königliche Justitiar Graf Adolf von Waldeck war an Aktionen des Bundes zur Durchsetzung des Friedens im Namen und in Vertretung des Königs beteiligt.

Der Rheinische Städtebund stellte den Höhepunkt städtischen Bündniswesens im 13. Jh. dar. Sicher ist die Geschichte dieses Jahrhunderts reich an vielfältigen städtischen Zusammenschlüssen, Verträgen und Bünden, die den hohen ökonomischen Reifegrad des Städtewesens und den wachsenden politischen Einfluß des Städtebürgertums in der Feudalgesellschaft demonstrieren. Der aus eigener städtischer Initiative und Macht vollzogene Zusammenschluß von Stadtgemeinden, die Ziele und praktischen Schritte der Städtebünde sind Ausdruck einer von feudaler Abhängigkeit in starkem Maße befreiten Stadtentwicklung. Die territoriale Ausdehnung, die breite soziale Zusammensetzung

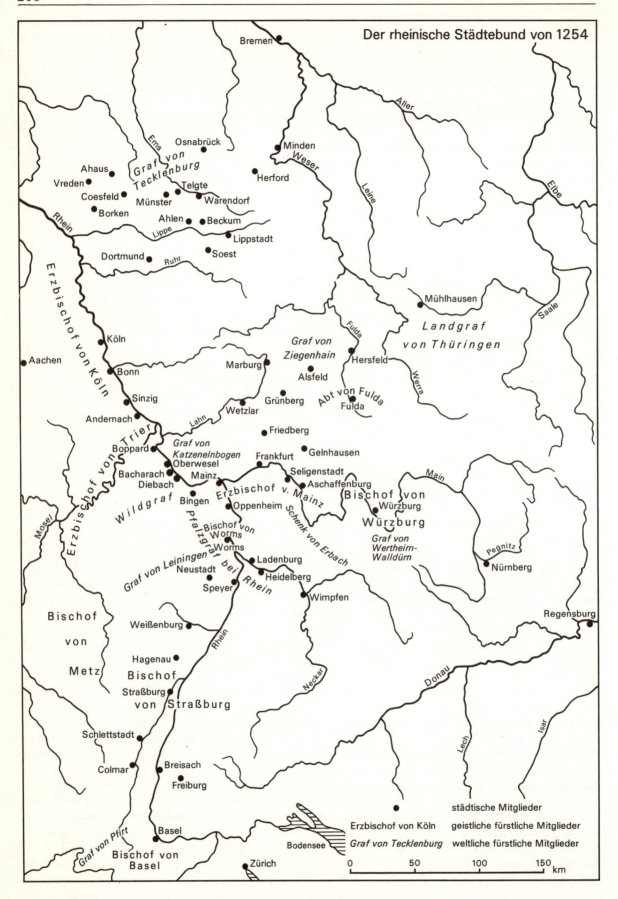

und das bedeutende politische Programm hoben den Rheinischen Bund aus der Vielzahl der Städtebünde und anderer Landfriedensbestrebungen heraus. Dabei ging es auch den Mitgliedern dieses Bundes, zu dessen Initiatoren der Mainzer Fernhändler Arnold Walpod gehörte, zunächst und vordringlich um gemeinsame Aktionen zum Schutz des Friedens und gegen Zollerpressungen — in der fehde- und kampferfüllten Zeit um die Mitte des 13. Jh. ein zutiefst verständliches Anliegen. So beschloß die Zusammenkunft der Vertreter des Bundes im Juli 1254 einen „allgemeinen Frieden" für zehn Jahre, proklamierte die Abschaffung aller ungerechten Zölle, vereinbarte gemeinsame Schritte gegen Friedensbrecher und bei Streitigkeiten zwischen Bundesmitgliedern. Mit Kriegsschiffen, Waffen, Pferden und Söldnern trugen die Rheinstädte zur Ausrüstung des Bundes bei. Unter den militärischen Aktionen in der Anfangsphase ragt die Eroberung von Schloß Ingelheim hervor, das dem mächtigen Reichsministerialen Werner von Bolanden gehörte. Zollstätten des Adels, von denen in den letzten 50 Jahren allein am Rhein zwölf neue entstanden waren, wurden beseitigt. „Die Sache gefiel den Fürsten, Rittern und Räubern gar nicht ... Sie sagten, es sei schimpflich, daß Kaufleute die Herrschaft über adlige Herren hätten."[7]

Über dieses ursprüngliche Anliegen ging der Rheinische Städtebund hinaus, als er das Bündnis mit dem Königtum schloß und diesem seine Hilfe im Kampf gegen die Fürstenmacht anbot. In der Zeit der Thronvakanz nach dem Tode Wilhelms von Holland, der Anfang 1256 im Kampf gegen die Friesen gefallen war, faßte der Rheinische Städtebund Beschlüsse von historischer Bedeutung. Er nahm das Reichsgut für die Zeit bis zur nächsten Königswahl unter seinen Schutz, um es vor dem Raub durch die Fürsten zu retten. Er forderte die Wahlfürsten zu einer einstimmigen Königswahl auf, um ein Doppelkönigtum mit seinen verhängnisvollen Begleiterscheinungen zu verhindern. Sollten die Wähler sich dennoch auf keinen gemeinsamen Kandidaten einigen, so wollten die Bundesmitglieder keinem der gewählten Könige den Treueid leisten, keinem Hilfe, Darlehen oder Einlaß in eine Stadt gewähren.

Daß der Rheinische Städtebund nicht die Macht besaß, diese historischen Beschlüsse zu verwirklichen, lag auch an seiner heterogenen Zusammensetzung. Schon im Juli 1254 hatte der aus städtischer Initiative entstandene und im Kern immer städtische Bund einige Feudalherren als Bündnispartner aufgenommen. Diese Taktik entsprach der realen Einschätzung der Machtverhältnisse in der Feudalgesellschaft, die einen wirksamen Friedensschutz nur unter Einbeziehung der Feudalgewalten zuließ. Aber in dieser sozial differenzierten Zusammensetzung lag auch die Quelle für Spannungen und die Ursache für Kompromißbeschlüsse der Bundesversammlungen. Das gewaltsame Vorgehen von Bürgern gegen Zollstätten, Burgen und Schlösser des Adels mußte die Gegensätze aufreißen. Die im übrigen mehr friedlichen Kampfmethoden der Städte, wie Entzug von Lebensmitteln und Krediten, Sperrung von Rheinfähren, schädigten die Feudalherren ökonomisch. Die Stellung zu den Bauern war ein Streitpunkt, der schließlich durch einen Kompromiß entschieden wurde. Grundsätzlich sollte die bäuerliche Bevölkerung in den Rheinischen Städtebund mit einbezogen werden. Die Feudalherren mußten sich verpflichten, die dem Bund angehörenden Bauern nicht mit „ungebührlichen" Abgaben zu belasten. Bauern, die in den Frieden des Rheinischen Bundes einbezogen waren und vor feudaler Ausbeutung in eine Stadt flüchteten, sollten das Bürgerrecht erhalten, wenn dadurch der Friede nicht gestört werde. Andererseits bekräftigte der Bund das den Feudalherren entgegenkommende Pfahlbürgerverbot. Er bestätigte den sozialen Status quo in den Beziehungen zwischen feudalabhängigen Bauern und Grundherren, indem er die Bauern aufforderte, die seit einer bestimmten Zeitspanne üblichen Dienste weiterhin zu leisten.

Trotz der kompromißlerischen Züge in seiner Bauernpolitik liegt die über den Augenblick hinausweisende historische Bedeutung des Rheinischen Städtebundes sowohl in dem angestrebten Zusammenwirken von Städtebürgern und Bauern wie in dem Bündnis der Städte mit dem Königtum. Allerdings wirkten einer Realisierung dieser Bestrebungen neben den schwachen Stellen im Bund selbst die um die Mitte des 13. Jh. erreichte Macht der fürstlichen Landesherren und die Ausbildung des kurfürstlichen Königswahlrechts entgegen. Daher entspricht es nicht dem Kräfteverhältnis von Königtum, Fürsten und Städtebürgertum um diese Zeit, wenn das Zusammengehen von Zentralgewalt und Rheinischem Städtebund mitunter als Mittel zu einer „Reichsreform"[8] gekennzeichnet wurde.

Das Interregnum

Obwohl die Mitglieder des Rheinischen Städtebundes befürchteten, daß „nach dem Tode des Königs ... alles in den früheren schlechten Zustand zurückfalle",[9] konnten sie die Doppelwahl von 1257 nicht verhindern. Der Bund scheiterte an dieser Probe auf sein eigenes Programm und bröckelte auseinander, begünstigt durch den Mangel an Finanzen, die Schwäche der Exekutive, die heterogene soziale Zusammensetzung und die seiner Weiträumigkeit nicht entsprechende Organisationsform. Sein rascher Zerfall unterstreicht die Macht der Fürsten und anderen feudalen Kräfte gegenüber dem Städtebürgertum.

Die Erzbischöfe von Köln und Mainz sowie der

Pfalzgraf wählten Richard von Cornwall, den Bruder des englischen Königs. Der Trierer Erzbischof, der Herzog von Sachsen und der Markgraf von Brandenburg gaben dem spanischen König Alfons von Kastilien, genannt der Weise, ihre Stimme. König Ottokar II. Přemysl von Böhmen stimmte für beide Kandidaten. Die Wahlfürsten zeigten sich von den finanziellen Zuwendungen Englands und Frankreichs stärker beeindruckt als von Appellen eines Städtebundes zu einstimmiger Königswahl. Die Hamburger Annalen klagten die „törichten deutschen Fürsten" an, „die ihr erhabenes (Wahl-)Recht für Geld verkauft hätten".[10] Konrad von Würzburg, einer der ersten aus den Reihen des Städtebürgertums stammenden Dichter, wählte Richard von Cornwall zum Helden seiner Erzählung „Turnier von Nantes". Er knüpfte an zeitgenössische Vorgänge und Auffassungen an, wenn er Richard darin als reich und freigebig, umgeben von mittel- und niederdeutschen Fürsten, und als Gegner des Königs von Frankreich darstellte. Die Städte folgten bei der Parteinahme für den einen oder den anderen König ihren unterschiedlichen Handels- und Wirtschaftsinteressen, ihren traditionellen Bindungen oder dem Beispiel ihrer Stadt- bzw. Landesherren. Lübeck und die meisten Rheinstädte schlossen sich im Interesse ihres Englandhandels Richard von Cornwall an. Die traditionell stauferfreundlichen Städte Speyer und Worms unterstützten zunächst den Staufer-Enkel Alfons von Kastilien.

Die Doppelwahl von 1257 nimmt in der Geschichte der deutschen Königswahl eine besondere Stellung ein. An ihr beteiligten sich zum ersten Mal allein die sieben Wähler, an die sich später die Bezeichnung „Kurfürsten" heftete und deren alleiniges Königswahlrecht 1356 in der „Goldenen Bulle" verfassungsrechtlich verankert wurde. Theoretisch waren um die Mitte des 13. Jh. noch alle Fürsten wahlberechtigt, wenn auch ein kleiner Kreis durch das die Wahl entscheidende Vorstimmrecht schon länger hervortrat. An den letzten Königswahlen hatten sich die meisten weltlichen Fürsten aber höchst uninteressiert gezeigt und den drei rheinischen Erzbischöfen die Initiative überlassen. So

Die sieben Kurfürsten bei der Wahl Heinrichs von Luxemburg zum König (Miniatur im Codex Balduineus, 1. Hälfte 14. Jh.). V. l. n. r.: die Erzbischöfe von Köln, Mainz, Trier, der Pfalzgraf, der Herzog von Sachsen, der Markgraf von Brandenburg (mit Adler im Wappen) und der König von Böhmen (im Wappen ein zweischwänziger Löwe)

Berthold von Regensburg predigt vor einer Kirche (Federzeichnung aus einer Wiener Handschrift von 1447)

blieb das „Wahlrecht an den Vorwählern, an den Kurfürsten, gewissermaßen hängen".[11] Die sieben Kurfürsten hatten als Inhaber der Erzämter durch ihre besonderen Aufgaben bei der Wahl, Krönung und Inthronisation des Königs sowie bei den Krönungsfeierlichkeiten eine exponierte Stellung zum königlichen Hofe.[12] Sie benutzten fortan das Wahlrecht, um ihren Einfluß auf die Person und Politik des gewählten Herrschers zu vertiefen, ihre eigenen Rechte und Befugnisse durch Wahlbedingungen zu erweitern, Aktivitäten und Entscheidungen des Königs von ihrer Zustimmung abhängig zu machen und später eine Art korporative Mitregierung zu erstreben. Die Frage der kausalen Verknüpfung von Erzamt und Vorstimm- bzw. Kurrecht ist aber, trotz einer umfangreichen Literatur, bisher nicht geklärt, und eine überzeugende Begründung für das ausschließliche Wahlrecht der Kurfürsten steht nach wie vor aus.[13]

Die Zeit zwischen der Doppelwahl 1257 und dem Regierungsbeginn Rudolfs von Habsburg 1273 — mitunter findet man auch andere zeitliche Begrenzungen — wird zumeist als „Interregnum" (Zwischenreich; Thronvakanz) bezeichnet und als eine besonders fehdenreiche und anarchische Periode der deutschen Geschichte des Mittelalters charakterisiert.[14] Bereits in der zeitgenössischen Dichtung galten die verlassene Hufe, das wüste Land und das geraubte Vieh als Symbole für die Zustände in diesen Jahren. Meister Kelin, ein wandernder Spruchdichter, klagte:

Wir sîn beküniget lange her
Mit pfaffenkünigen, o wê des! daz uns noch Got gewer
Eins sulhen küniges, der den armen vride ber [bringe],
Und ouch den herren übermuot verbiete![15]

In der bedeutendsten gesellschaftskritischen und realistischen Dichtung der zweiten Hälfte des 13. Jh., dem „Meier Helmbrecht", gibt Wernher der Gartenaere den Raubrittern, die Not und Elend der Bauern verursachen, solche sprechenden Namen wie Schlingdasland, Lämmerschling, Kühefraß und Mausdenkelch. Auch die Predigten des Franziskaners Berthold von Regensburg widerspiegeln in ihren Anklagen gegen kirchliche und gesellschaftliche Mißstände die fünfziger und sechziger Jahre des 13. Jh., die Zeit der Hauptwirksamkeit des Predigers. Unter dem Eindruck einer der aufrüttelnden Predigten Bertholds, in der er die Maßlosigkeit im Essen und Trinken als eine der sieben Todsünden geißelte, soll ein Augsburger Franziskanermönch folgende Zeilen aufgeschrieben haben: „Ihr armen Leute, mit dieser Sünde habt ihr nichts zu tun, denn ihr habt selten das, was ihr braucht. Denn das, was ihr in eurer Not haben müßtet, das vertilgen die Vielfraße in ihrer Maßlosigkeit."[16] Friedrich Schiller kennzeichnete Jahrhunderte später in seinem Gedicht „Der Graf von Habsburg" das Interregnum als kaiserlose, schreckliche Zeit, von der er die Frieden und Recht bringende Königsherrschaft Rudolfs von Habsburg abhob.

Die Gleichsetzung von Interregnum mit kaiserloser Zeit wird schon formal dem Inhalt dieser Periode nicht gerecht. Einen Kaiser auf dem deutschen Königsthron gab es zwischen 1245 bzw. 1250 und dem Jahre 1312 nicht. Auch sind die Ursachen für die von den Zeitgenossen sicher zu Recht beklagten Zustände im Interregnum nicht im Fehlen eines Kaisers zu suchen. Sie liegen — angebahnt schon in den Einbußen des zusammenbrechenden staufischen Königtums — im völligen Niedergang der königlichen Zentralgewalt nach 1256 begründet. In das dadurch entstandene Vakuum drangen die großen und kleineren regionalen Feudalgewalten ein, die den faktischen Ausfall des Königtums benutzten, um ihre Macht zu festigen. Alfons von Kastilien, in spanische Machtkämpfe verwickelt, ging seinen gesetzgeberischen, künstlerischen und wissenschaftlichen Neigungen nach. Er träumte nur von seinem Kaisertum und betrat niemals das Gebiet des deutschen Königreiches. Richard von Cornwall hielt sich zwar knapp vier Jahre, aber auf vier Reisen verteilt, und nur im linksrheinischen Reichsgebiet auf. Als sich

König Alfons „der Weise" von Kastilien im Kreis seiner Schreiber, Sänger und Musiker (Eröffnungsseite einer spanischen Handschrift, 2. Hälfte 13. Jh.)

König Ottokar II. Přemysl von Böhmen, der Österreich, Steiermark, Kärnten und Krain usurpiert hatte, für Richards Königtum entschied, belehnte ihn dieser mit Böhmen und Mähren sowie mit den eroberten Territorien und setzte ihn 1266 als Reichsvikar für die rechtsrheinischen Gebiete ein. Andere regionale Gewalten hielten sich an staufischem und Reichsbesitz schadlos. Die Wittelsbacher erbten in der Oberpfalz und in Oberschwaben bedeutende Güter des Staufers Konradin. Geistliche Fürsten, wie die Bischöfe von Straßburg und Basel, betrieben eine erfolgreiche Territorialpolitik. Selbst kleinere weltliche Feudalherren bauten auf ehemaligem Reichsgut ihre Herrschaften auf. Wahrscheinlich schrieb in diesen Zeiten des Interregnums der Magister Jordanus von Osnabrück seinen „Traktat über das römische Reich", in dem er nachzuweisen suchte, daß der Fortbestand des Reiches bis zum Weltende notwendig sei. Als 1281 der Kölner Stiftsherr Alexander von Roes unter Einfügung eigener Gedanken diesen Traktat in seine Schrift „Über den Vorrang des römischen Reiches" aufnahm, rief er in seinen Zusätzen die Kurfürsten zur Erhaltung des Reiches auf, prangerte die fürstliche Habsucht an und ermahnte Bischöfe und Fürsten, nicht die Rechte und Besitzungen des Reiches an sich zu reißen.

Pfandgeschäfte mit Reichsstädten und einzelnen Rechten und Besitzungen in königlichen Städten ließen das Reichsgut weiter zusammenschrumpfen. Manche Stadt, etwa Duisburg, Boppard und Oberwesel, ging dadurch dem Reich auf Dauer verloren und wurde zur fürstlichen Landstadt.[17] Einigen Reichsstädten gelang es später, sich selbst aus der Pfandschaft zu lösen, indem sie die Pfandsumme aufbrachten. In vielen königlichen Städten nutzten die Bürger die quasi-königlose Zeit des Interregnums zum Ausbau und zur Festigung der städtebürgerlichen Ratsverfassung und schwächten auf diese Weise den Einfluß des Königs oder seiner Vertreter. Zu den Einbußen an Reichsgut und zum Rückgang des königlichen Einflusses kam der Verlust an Reichsministerialen. Viele Reichsministerialen festigten nämlich den Besitz ihrer eigenen Familien, gaben den Königsdienst auf und gingen zu geistlichen Fürsten, zu weltlichen Dynasten und Grafenfamilien über.

Als typische Kennzeichen des Interregnums gelten in der Literatur feudale Fehden und Anarchie, Gewalt und Rechtlosigkeit. Sicher waren diese zwei Jahrzehnte ausgefüllt mit zahlreichen Erbfolgestreitigkeiten, kriegerischen Eroberungen, Fehden, Eingriffen in Kirchenbesitz, Beute- und Raubzügen des Adels gegen das flache Land, Überfällen auf Städte und Kaufmannsgut. Ballungszentren solcher Kämpfe waren zum Beispiel die thüringischen Lande nach dem Aussterben der Ludowinger 1247 und der Südosten, wo sich zahlreiche Feudalherren, die eigene territorialpolitische Ziele verfolgten, gegen die Eroberungen der Přemysliden zur Wehr setzten. Im Westen des Reiches nutzte der französische König Fehden unter den deutschen Feudalherren der Grenzgebiete aus, um als Schiedsrichter aufzutreten und den französischen Einfluß an der

Westgrenze des Reiches zu festigen. Das war der gleiche Ludwig IX., der die Stellung des französischen Königtums im Innern festigte, indem er zum Beispiel ein allgemeines Fehdeverbot erließ und die königliche Gesetzgebung energischer durchsetzte.[18]

Nur selten berichten die Quellen über die Folgen dieser feudalen Fehden für die Bevölkerung, für Städte, Dörfer und kirchliche Einrichtungen. Der Chronist eines schwäbischen Klosters hat uns folgende anklagende Schilderung hinterlassen: „Das Reich war ohne König, und wer konnte, raubte, was er wollte. Das Land war wüst und ohne Bauern und entbehrte aller Güter. Ein gewisser Schenk Konrad von Winterstetten, Gott und den Menschen ein Greuel, verwüstete unser Land und quälte viele Menschen und uns."[19]

Sicher begünstigte das von ausländischen Herrschern ausgeübte aktionsunfähige Doppelkönigtum des spanischen Alfons und des englischen Richard die oben angedeuteten Zustände. Ob diese allerdings anarchischer und unsicherer waren als etwa zu den Zeiten des staufisch-welfischen Thronstreites im beginnenden 13. Jh. oder der zahlreichen Fehden und Kriege des 15. Jh. in den Territorien, ist fraglich.

Die Festigung der Landesherrschaften

In den Jahrzehnten des zusammenbrechenden staufischen Imperiums und während des faktischen Ausfalls einer Königsmacht im Interregnum konnten die Fürsten ihre in der ersten Hälfte des 13. Jh. errichteten Landesherrschaften festigen. Dadurch vergrößerte sich der Vorsprung der regionalen Kräfte gegenüber dem Königtum im staatlichen Konzentrationsprozeß noch mehr. Die Landesherrschaften wurden territorial erweitert, in ihrem Besitzstand abgerundet und im Innern gefestigt. Kauf, Pfand, Erbrecht und Gewalt waren die Mittel zur territorialen Ausdehnung und Arrondierung. Ein dichter werdendes Städtenetz, Landfrieden, vereinheitlichende Rechte und der langsam beginnende Aufbau einer von den Schranken des Lehnswesens sich — hier zaghaft, dort kräftiger — lösenden, von besoldeten Beamten getragenen Verwaltung kennzeichneten die innere Konsolidierung. Die Lehnsbindungen lockerten sich, neben Lehnsverpflichtungen und -dienste traten seit der Mitte des 13. Jh. Bündnis-, Burgenöffnungs-, Sold- und Dienstverträge mit Vasallen; Tausch, Kauf und Verpfändung von Besitz und Rechten nahmen zu. Der Entleerung von Lehnsbindungen suchten die Lehnsherren entgegenzuwirken, indem sie die Zahl der Lehnsurkunden erhöhten, Lehnsbücher und Lehnsregister anlegen ließen, um die alten Beziehungen festzuhalten und den Bestand an Lehnsbesitz und Lehnsleuten zu sichern. Der Aufstieg des niederen Adels, der eigene Burgen baute und über Herrschaftsrechte verfügte, erschwerte die Konsolidierung der Landesherrschaften, und besonders im Südwesten behaupteten sich zwischen und in den landesherrlichen Besitzungen relativ unabhängige Adelsherrschaften.[20]

Ein Blick auf die Landesherrschaften in der zweiten Hälfte des 13. Jh. läßt erkennen, wie verschiedenartig die herrschende Klasse mit den veränderten ökonomischen Bedingungen, den neuen politischen Tatsachen und den unterschiedlichen historischen Voraussetzungen fertig wurde. Das politische Gewicht der relativ geschlossenen, im Zuge der feudalen Ostexpansion entstandenen Landesherrschaften wuchs, während im Südwesten eine besonders starke territoriale Zersplitterung einsetzte und die Bedeutung dieser Gebiete zurückging. Überall waren neben den bis um die Jahrhundertwende noch vorherrschenden Kennzeichen einer Festigung der landesherrlichen Gewalt auch erste krisenhafte Erscheinungen in der Entwicklung der geistlichen und weltlichen Territorien zu bemerken.

Adlige Viehräuber treiben Kühe und Schafe weg. Miniatur im Soester Nequambuch, in dem u. a. Ächtungen und Stadtverweisungen verzeichnet wurden (1. Hälfte 14. Jh.)

Dem wachsenden Geldbedarf stand in den meisten Gebieten ein finanzielles Defizit gegenüber. Pfandgeschäfte halfen zwar für den Augenblick, bargen jedoch zumeist die reale Gefahr in sich, Land und Einkünfte für die Dauer zu verlieren. Aber es gab auch Territorien in günstigerer Situation. Die Wettiner etwa profitierten bis zur Mitte des 14. Jh. von dem Bergwerkssegen, für die Tiroler Grafen bildeten Verkehrszölle eine erhebliche Einnahmequelle, die Trierer Erzbischöfe nutzten ihre Erfahrungen in Finanzgeschäften mit jüdischen Bankiers. Die dynastischen Landesteilungen der Zeit waren zwiespältig in ihren Wirkungen. Einerseits schwächten sie ein Territorium in seinen wirtschaftlichen Grundlagen und in seiner politischen Wirksamkeit, verdoppelten und verdreifachten auch die Kosten von Hofhaltung und Repräsentation, andererseits erleichterten kleinere Einheiten die innere Konsolidierung. Die gegen landesherrliche Maßnahmen gerichtete Opposition des Adels, der Geistlichkeit und des Städtebürgertums — bei einem unterschiedlichen Gewicht dieser drei Gruppierungen in den einzelnen Territorien — begann sich in landesherrlichen Räten, Kommissionen und hier und dort schon in ständischen Versammlungen zu institutionalisieren. Diese gesellschaftlichen Kräfte kämpften um die Verteidigung ihrer Privilegien und Rechte, wobei häufig egoistische Ziele und Sonderinteressen einer Gruppe mit im Spiele waren. Sie konstituierten sich in diesem Prozeß zu politischen Ständen, und ihr Auftreten in dieser Zeit ist als frühe ständische Bewegung zu fassen. Die Stände wehrten sich gegen landesherrliche Besteuerung, sie kämpften um Mitsprache in den landesherrlichen Regierungen und um Kontrollrechte gegenüber Fürsten und Beamten; sie traten aber auch in krisenhaften Situationen einer Landesherrschaft, etwa bei Bischofsvakanzen, dynastischen Erbstreitigkeiten, Vormundschaftsregierungen und äußerer Bedrohung, für den Bestand des Territoriums ein.[21]

In Bayern zerfiel durch die Landesteilung von 1255 der wittelsbachische Herrschaftsbereich in Oberbayern, das mit der Pfalz und dadurch mit der pfälzischen Kurstimme verbunden war, und in Niederbayern, zu deren Verwaltungsmittelpunkten sich München und Landshut entwickelten. Erweitert wurde das wittelsbachische Territorium zu dieser Zeit durch die staufische Erbschaft, wozu die Reichsstädte Nördlingen und Lauingen, die Vogtei über Augsburg sowie Güter im Nordgau gehörten, ferner durch Kirchenlehen, Klostervogteien und Grafschaften. Die Wittelsbacher organisierten ihre Landesherrschaft vom herzoglichen Rat an der Spitze über mittlere Verwaltungsbehörden, die Vitztum- und Rentmeisterämter, bis zu den unteren Landgerichten bzw. Pflegeämtern durch. Von einem Vitztumamt liegt für die Jahre 1291 bis 1294 ein Rechnungsbuch über die Einnahmen vor, das Augsburger und Regensburger Bürger als bedeutende Gläubiger des Herzogs für Warenlieferungen und Beherbergung ausweist. Zur Stärkung der herzoglichen Gewalt trugen die fünf territorialen bayerischen Landfrieden des 13. Jh. bei. Mit ihren gewerblichen und handelspolitischen Bestimmungen, Preisfestsetzungen und Ansätzen für ein einheitliches Steuer-, Maß- und Gewichtssystem bildeten sie die Anfänge einer Art Landesgesetzgebung. Ein wichtiges Mittel auch bayerischer Territorialpolitik im 13. Jh. war die Anlage und Förderung von Städten und Märkten. Diese wurden mit günstigen Bedingungen für einwandernde Bauern bedacht, allerdings unter Berücksichtigung der Interessen des Herzogs an bäuerlichen Arbeitskräften für die herzogseigenen Güter. Die Einordnung der Klöster in den herzoglichen Machtbereich auf dem Wege über die Vogtei schritt fort. Von den bayerischen Bischöfen gelang es auf die Dauer nur dem Salzburger Erzbischof, seine Landesherrschaft im Kampf gegen die Wittelsbacher auszubauen.

Die Kosten doppelter Hofhaltung und fast ununterbrochene Kriege mit den Nachbarn stürzten die Wittelsbacher in große finanzielle Schwierigkeiten. Sie verkauften und verpfändeten Zehnten, Zölle und Vogtei-

Der Kärntner Herzogstuhl auf dem Fürstenstein bei Karnburg, wo die Stände dem neuen Herzog huldigten (bezeugt seit Ende des 13. Jh.)

Grabstein des brandenburgischen Markgrafen Otto VI. († 1303) in der Klosterkirche Lehnin

rechte, liehen von Bürgertum, Adel und Geistlichkeit Geld und griffen zu Münzverschlechterungen. Aus der Finanzmisere der bayerischen Herzöge schlugen – wie auch andernorts – die Grafen, Freien und Dienstleute, die Städte und Märkte politisches Kapital. Als Herzog Rudolf von Oberbayern und der Pfalz 1302 eine „Notsteuer" forderte, trat der oberbayerische Adel zu einem Rittertag zusammen. Er bewilligte zwar die Steuer, behielt sich aber das Recht vor, jeder weiteren Steuererhebung Widerstand entgegenzusetzen. Fünf Jahre später machten in einer ähnlichen Situation die bayerischen Landherren gemeinsame Sache mit den Bürgern der Städte und Märkte. Als in Niederbayern 1311 Herzog Otto eine sehr hohe Steuer von allen Einwohnern verlangte, zwangen ihm Adel, Geistlichkeit und Städtebürgertum am 15. Juni die „Ottonische Handfeste" ab. Diese Zugeständnisse kamen weitgehend allein dem Adel zugute, worin sich der schwache politische Einfluß des bayerischen Bürgertums am Anfang der ständischen Bewegung und die Stärke des Adels zeigen.[22]

Mit dem Rückhalt an dem mächtigen Königreich Böhmen gelang es den askanischen Markgrafen von Brandenburg im Laufe des 13. Jh., ihr Territorium weiter auszudehnen. Zu den bedeutendsten Erwerbungen seit 1250 zählten die nördliche Uckermark, verschiedene Burgen in der Prignitz, die Ober- und Niederlausitz, die Mark Landsberg, das Land Lebus, mit dessen Inbesitznahme die Askanier auf Gebiete östlich der Oder griffen, sowie weitere Erwerbungen jenseits der Oder. Die askanische Eroberungspolitik wurde durch das Streben nach Zugang zur Ostsee bestimmt. Daraus ergaben sich in der zweiten Hälfte des 13. Jh. die ständigen, zeitweilig erfolgreichen Bemühungen um Einfluß über die Reichsstadt Lübeck und die brandenburgische Unterstützung für den Deutschen Orden bei seiner Eroberungs- und Unterdrückungspolitik gegen die Pruzzen.[23] Die Gründung zahlreicher mittlerer und kleiner Städte in den eroberten Gebieten sollte auch hier die Landesherrschaft untermauern. In den einzelnen Bezirken der Mark Brandenburg nahmen aus der Ministerialität stammende Vögte die Interessen des Landesherrn wahr. Neben ihnen amtierten Landreiter, die die Abgaben an die Markgrafen eintrieben, polizeiliche und Gerichtsaufgaben hatten. Zwischen 1258 und 1268 erfolgten auch in Brandenburg mehrere Landesteilungen. Als Hauskloster der johanneischen Linie der Askanier wurde 1273 mit dem Bau der gotischen Klosterkirche Chorin in Backsteinbauweise begonnen.

Die mit Landesteilungen verbundenen erhöhten Ausgaben sowie die Kosten der Eroberungskriege führten dazu, daß die Askanier die bisher in unregelmäßigen Abständen und willkürlicher Höhe erhobene außerordentliche landesherrliche Steuer, die Bede, immer häufiger ausschrieben. Dem widersetzten sich Adel und Städte, so daß die Markgrafen gezwungen waren, zwischen 1279 und 1283 Bedeverträge mit den Rittern und den Städten oder mit beiden gemeinsam abzuschließen. Gegen eine einmalige Ablösungssumme verzichteten die Markgrafen zukünftig auf die Erhebung einer außerordentlichen Bede und setzten die Zahlung einer fixierten jährlichen Steuer fest, die Adel und Bürger im wesentlichen auf die feudalabhängigen Hufenbauern abwälzten. Eine außerordentliche Steuer sollte in Zukunft nur in festgelegten Ausnahmefällen und dann mit Zustimmung der Städte und des Adels erhoben werden.[24]

In den südwestdeutschen Gebieten nutzten besonders die Grafen von Württemberg und Habsburg den

Zusammenbruch des staufischen Imperiums, den Ausfall einer Herzogsgewalt in Schwaben und die Zustände im Interregnum für eine eigene Territorialpolitik großen Stils. Auch zur Sicherung gräflicher Territorien wurden Städte angelegt, wie es die Grafen von Württemberg mit der Gründung bzw. dem Erwerb von Leonberg, Schorndorf, Waiblingen, Marbach, Urach und Stuttgart im 13. Jh. und der Anlage oder dem Gewinn weiterer rund 50 Städte im 14. Jh., vor allem als militärische Stützpunkte und Festungen, praktizierten.[25] Die Grafen von Zollern, die Pfalzgrafen von Tübingen sowie die Herzöge von Teck folgten ihnen darin.

Das Erzbistum Köln erfuhr unter dem kriegerischen Konrad von Hochstaden durch die Angliederung der Grafschaften Hochstaden und Sayn-Wied sowie Erwerbungen in Westfalen auch nach 1250 einen weiteren territorialen Machtzuwachs. Seine finanzielle Situation suchte der Kölner Kurfürst durch neue Zölle und durch die Belastung der reichen Stadt Köln aufzubessern. Daraus resultierten in starkem Maße die häufigen Auseinandersetzungen der Kölner mit diesem Erzbischof in den fünfziger Jahren. Während Konrad von Hochstaden die Selbständigkeitsbestrebungen der Kölner Bürger in Schranken zu halten suchte, begünstigte er die von seinen Vorgängern gegründeten kleineren Städte Neuß, Rheinberg und Xanten in rechtlicher und wirtschaftlicher Hinsicht. Weitere Orte wurden zu Städten erhoben, so Dorsten, Helmarshausen und Vreden. Die bäuerliche Zuwanderung in diese Städte förderte er als Landesherr, wenn er auch häufig seine eigenen Hörigen an der Niederlassung in den Städten und damit an der Befreiung aus feudaler Abhängigkeit hinderte. Mit dieser Städtepolitik stieß der Kölner Erzbischof auf die Konkurrenz benachbarter Landesherren, wie der Grafen von Geldern und Kleve. Gegenseitige Abmachungen zwischen diesen Herren über die bäuerliche Zuwanderung beweisen, daß die zahlreichen niederrheinischen Städtegründungen des 13. Jh. auf die benachbarten Bauern eine große Anziehungskraft ausübten. So vereinbarte der Kölner Kirchenfürst 1279 mit den Grafen von Jülich, daß keiner der beiden Vertragspartner Hörige des anderen in seine befestigten Orte aufnehmen dürfe.[26]

Die überragende Stellung des Kölner erzbischöflichen Landesherrn im niederrheinischen Gebiet wurde durch den Ausgang des Limburger Erbfolgekrieges in den achtziger Jahren des 13. Jh. erschüttert. Der Sieg des Herzogs von Brabant über den Erzbischof in der Schlacht bei Worringen 1288 und der Gewinn des zwischen Brabant und Köln gelegenen Herzogtums Limburg besiegelten die Vorherrschaft Brabants zwischen Maas und Niederrhein. Der wichtige Handelsweg von Brügge nach Köln gelangte unter die Kontrolle

Westfassade der Klosterkirche Chorin (1273–1300)

Kopf des Kölner Erzbischofs Konrad von Hochstaden. Bronzeplastik seines Grabmals im Kölner Dom (um 1320)

Brabants. Den Ausgang der Schlacht bei Worringen entschieden bergische Bauern und die Kölner Bürgerwehr, die dem erzbischöflichen Heer in die Flanke und in den Rücken fielen. Die mit Brustharnisch und Lederwams bekleideten und mit Morgenstern, Axt und Streitkolben bewaffneten Bauern aus der Grafschaft Berg hatten unter den feudalen Fehden zwischen den vielen regionalen Feudalherren im niederrheinischen Gebiet besonders zu leiden. Die Kölner Bürger fochten durch ihre Teilnahme an der Schlacht ihre vielen Streitpunkte mit dem Erzbischof aus. Als Symbol ihres Sieges über den geistlichen Stadtherrn bauten die Kölner mit den Steinen der von ihnen abgerissenen erzbischöflichen Burgen Worringen und Zons, die den Handel der Kaufleute behinderten, ihre Stadtmauer aus.

Kampf um Ungeld, Wehrhoheit und kommunale Freiheiten

Konfliktstoffe, an denen sich in diesen Jahrzehnten häufig die Kämpfe zwischen feudalen Stadtherren und Bürgergemeinden entzündeten, boten vor allem der Burgenbau von Feudalherren im Mauerring der Städte und an den Handelswegen der Kaufleute sowie die Errichtung städtischer Befestigungsanlagen aus Initiative und mit den Mitteln der Kommune.

Das Vorgehen der Kölner Bürger gegen erzbischöfliche Burgen zeigt das ebenso wie etwa zur gleichen Zeit die Ereignisse in Koblenz. Hier verhinderten die Bürger 1280/81 gewaltsam die weitere Bautätigkeit an der Burg des Trierer Erzbischofs in der Stadt. Gleichzeitig erzwang der Koblenzer Stadtrat von diesem feudalen Stadtherrn die Genehmigung, mit den Einnahmen aus dem Ungeld, einer indirekten Verbrauchssteuer für Wein und andere Lebensmittel, den weiteren Bau an der Stadtmauer zu finanzieren. Da die landesherrliche Burg vor Rathenow die Entwicklung der Stadt hinderte, mußten die brandenburgischen Markgrafen 1295 ihrer Zerstörung zustimmen. Der Burgplatz und die Steine der abgerissenen Burg sollten den Bürgern überlassen werden. Die Landesherren versprachen, niemals eine neue Burg in oder vor der Stadt anzulegen.[27] Auch Bürgern anderer Städte gelang es, die Burgen in ihren Mauern zu zerstören. Weitere Kommunen erwirkten königliche Privilegien, daß in Zukunft keine Burgen mehr in den Städten gebaut werden sollten. Ein Kennzeichen dieser Jahrzehnte sind die „Exilbischöfe", die vor dem Druck der Bürger aus ihrer befestigten Residenz in der Bischofsstadt weichen und eine Burg in der Nähe beziehen mußten. So zog der Würzburger Bischof auf die jenseits des Mains gelegene Festung Marienberg, der Regensburger nach Schloß Stauf, der Passauer nach Neuburg am Inn, der Bischof von Basel nach Pruntrut und der von Speyer nach Bruchsal. Die Auseinandersetzungen um die Befestigungsanlagen der ganzen Stadt und um einzelne Burgen in und vor der Stadt unterstreichen, in welchem Maße die militärische Bedeutung der Städte, insbesondere auch der kleinen und mittleren, als Festungen und Stützpunkte im Kampf um die Macht der Feudalherrenklasse gestiegen war.

Mit dem Stichwort Ungeld wurde ein weiterer Zündstoff in dem spannungsgeladenen Verhältnis zwischen Stadt und feudalem Stadtherrn berührt. Diese finanzielle Belastung rief besonders dann die Empörung der Bürger hervor, wenn sie für die Zwecke des Stadtherrn ausgegeben werden sollte. Die Stadträte, die diese Einnahmen durchaus für städtische Belange verwendeten, bevorzugten derartige indirekte Verbrauchssteuern, weil dadurch die Reichen weniger belastet wurden als die unteren städtischen Schichten. Deshalb war der Kampf um das Ungeld nicht nur ein Stimulator in der kommunalen Bewegung der Bürger gegen feudale Stadtherren, sondern bereits ein auslösender Faktor innerstädtischer Spannungen. In Worms beschuldigten die Handwerker im Jahre 1263 die Ratsherren der willkürlichen und egoistischen Verwendung eines auf Wein erhobenen Ungeldes, das zum Mauerbau bestimmt war. Durch einen Aufstand gelang es den Zünften, sich der Stadtkasse zu bemächtigen und dem Rat die Verwaltung der Steuer zu entziehen. Jetzt unterstützte der Bischof den Rat, löste die Zünfte auf und verkaufte dem Rat das Recht auf Erhebung eines Ungeldes für ein Jahr. Die Ungeldstreitigkeiten zwischen Bischof und Stadt beschäftigten sogar den 1269 in Worms tagenden Reichstag. Die Ratsherren der Stadt mußten auf die weitere Erhebung eines Ungeldes verzichten. Aber bereits vier Jahre später legte der Stadtrat erneut eine indirekte Verbrauchssteuer auf Getreide und Wein, und auch in anderen Städten zogen die feudalen Stadtherren in der Ungeld-Frage im allgemeinen den kürzeren.

Neben dem Kampf um die Verfügungsgewalt über das Ungeld und um das Befestigungsrecht stand in anderen Städten erst die Etablierung eines Stadtrates als politische Vertretung des wirtschaftlich erstarkten Städtebürgertums auf dem Programm der kommunalen Bewegung gegen den feudalen Stadtherrn und seine Beamten.[28] In den Bischofsstädten Augsburg, Bremen, Konstanz, Lüttich, Mainz, Minden, Osnabrück, Passau, Regensburg, Salzburg, Speyer und Würzburg kämpften die Bürger um kommunale Rechte und Freiheiten gegen Bischof und Domkapitel. In Würzburg zum Beispiel erhoben sich seit der Mitte des 13. Jh. die Bürger immer wieder gegen den Bischof. Sie forderten die Besteuerung der Geistlichen in der Stadt und die Zulassung der vom Bischof verbotenen Zünfte, griffen das bischöfliche Münzprivileg sowie die Handels- und Gewerbetätigkeit der geistlichen Stifte und Klöster an, die der wirtschaftlichen Tätigkeit der Bürger Konkurrenz machten. In diesen Auseinandersetzungen mit Bischof und Kapitelgeistlichkeit gewannen die Bürger an politischem Gewicht in der Stadt; 1256 trat erstmals ein Stadtrat auf. 1265 zerstörte die Bevölkerung, in der die Zünfte der Schmiede, Zimmerleute, Maurer, Steinmetzen und Häcker eine aktive Rolle spielten, die Dom- und Stiftsherrenhöfe und die Klöster. Der Bischof und die Stiftsherren flohen aus der Stadt. Fränkische Adlige und Albertus Magnus, der nach seiner Kölner Wirksamkeit für zwei Jahre Bischof von Regensburg gewesen war und von 1264 bis 1266 in Würzburg lebte, vermittelten 1265 einen Ausgleich zuungunsten der Bürger. Die Stadt mußte eine Buße zahlen, das Stadtsiegel und die Stadtschlüssel ausliefern und die Rechte des bischöflichen Stadtherrn anerkennen. Dieser durfte in Zukunft die Zünfte, die er vor allem als militärische Schlagkraft und wegen ihrer politischen Aktivität in der Stadt fürchtete, auflösen oder zulassen.

Während in Würzburg in diesen Jahren und später der Bischof auf Grund seiner starken Territorialmacht und der Verbindung mit dem benachbarten Adel die Auseinandersetzungen mit der Bürgerschaft meist zu seinen Gunsten entscheiden konnte, trotzten die Augsburger Bürger ihrem Bischof bedeutende Zugeständnisse ab.

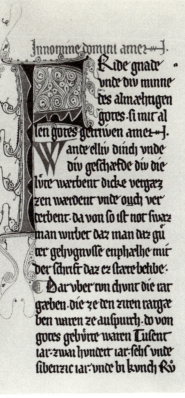

Anfang des Augsburger Stadtrechtsbuches (1276)

Die Bürgerschaft erhielt 1251 die Wehrhoheit und ein Besteuerungsrecht gegenüber allen Bürgern. Den faktischen Ausfall einer deutschen Zentralgewalt nach 1256 benutzten die Augsburger erfolgreich zum Ausbau der bürgerlichen Autonomie. Als der letzte legitime Staufererbe, Konradin, vor seinem Italienzug 1267 den bayerischen Herzögen auch die Vogtei von Augsburg übertrug, drohte die Stadt unter bayerische Landesherrschaft zu geraten. Diese Gefahr führte Bischof und Stadt zeitweilig zusammen. In der Schlacht bei Hammel 1270 besiegten sie den bayerischen Herzog. Für ihre Geld- und Waffenhilfe forderten die Bürger jetzt vom Bischof folgende Zusicherungen: Erhebung eines Ungeldes auf Wein und andere Handelsgüter für fünf Jahre, Übertragung des bischöflichen Münzrechts an die Stadt. In dem rund fünfundzwanzigjährigen Kampf zwischen Bürgern und Bischof hatten die Bürger gesiegt. In diesen Jahren bildete sich auch in Augsburg der Stadtrat voll aus, der die Verfügungsgewalt über die Befestigungsanlagen, über Münze und Ungeld hatte. Der Bischof behielt nur einige Nutzungsrechte an Münze, Zoll und Waage. Ihren kommunalen Kampf krönten die Augsburger Bürger mit der selbständigen Aufzeichnung des Stadtrechts, das Rudolf von Habsburg 1276 bestätigen mußte. Es regelte die Rechte des Königs und des Bischofs sowie ihrer Beamten gegenüber der Stadtgemeinde, verankerte die Freiheiten der Bürger und des Stadtrates und behandelte ausführlich die Augsburger Gewerbe. Es definierte die Zusammensetzung des Stadtrates aus den „erbaeren mannen der besten unde der witzegsten" der Stadt und erlaubte die Bildung von Handwerkerinnungen nur mit Genehmigung der Ratsgeschlechter und des Burggrafen.

Köln und Straßburg – Zentren sozialer Konflikte und geistig-kulturellen Lebens

Die Bürger Kölns, der größten und reichsten mittelalterlichen deutschen Stadt, waren aus den politischen Wirren um die Mitte des Jahrhunderts mit bedeutenden königlichen Zugeständnissen hervorgegangen. Die dadurch gefestigte Position und der Rückhalt am Rheinischen Städtebund stärkten das Kölner Bürgertum in seinen anhaltenden Auseinandersetzungen mit dem erzbischöflichen Stadtherrn in der zweiten Hälfte des 13. Jh.[29] Ein zwischen dem Erzbischof und den Bürgern ausgebrochener Konflikt um Münz- und Zollfragen wurde 1252 zugunsten der Bürger geregelt. In dem von Albertus Magnus – er lehrte damals an dem neugegründeten Generalstudium der Dominikaner in Köln – vermittelten Schiedsspruch mußte der Erzbischof auf Eingriffe in das städtische Münzwesen weitgehend verzichten und die Zollfreiheit bei Neuß wiederherstellen. Bereits 1257 kam es erneut zu offenen Kämpfen zwischen erzbischöflichen Truppen und dem Kölner Bürgertum, die durch einen von Albertus Magnus vermittelten Vergleich, den Großen Schied von 1258, beigelegt wurden. Die Bürger beschwerten sich über den erzbischöflichen Burgenbau, erneut über den Zoll zu Neuß und über die Münzpolitik; sie bestanden auf ihren von der feudalen Stadtherrschaft unabhängigen Verfassungs- und Verwaltungsorganen. Der Erzbischof nannte sich „Herr der Stadt" und betonte seine Gerichtshoheit; er klagte die Patrizier des Ämtermißbrauchs, der Korruption und Bestechung an. Er warf ihnen vor, daß sie die Stadtbevölkerung mit ungerechten Steuern, die Kaufleute mit Abgaben und Diensten belastet und die Zünfte zum Teil in ihre Abhängigkeit gebracht hätten. Die gegenseitigen Vorwürfe werfen Licht auf die Ursachen der Auseinandersetzungen zwischen Erzbischof und Stadt, sie bezeugen aber auch Spannungen zwischen dem Kölner Patriziat und den nichtpatrizischen Kaufleuten und Handwerkern.

In Köln hatte sich die ökonomisch stärkste, vorwiegend kaufmännische Oberschicht durch Übernahme politischer Macht in Schöffenkolleg, Richerzeche und Rat bereits früh zum Patriziat entwickelt, das sich von den übrigen Städtebürgern sozial abhob und durch familiäre Verbindungen untereinander seine Position festigte. Mit ihrem Vermögen kauften patrizische Familien Verkaufsbuden und Keller, Fleischbänke, Back- und Mietshäuser, die sie an Kaufleute und Handwerker verpachteten. Sie verliehen Grundbesitz und Geld und tätigten mit Handwerkern und Kaufleuten Kredit- und Pfandgeschäfte. Patrizier ließen sich zu Zunftmeistern wählen. Die in solchen vorwiegend finanziellen Abhängigkeitsverhältnissen und politischer Rechtlosigkeit begründete Mißstimmung breiter bürgerlicher Schichten gegen das Patriziat und gegen seine Finanz-, Steuer- und Zunftpolitik nutzte der Erzbischof aus. Wie der Kölner Chronist Gotfrid Hagen berichtete, wandte sich Konrad von Hochstaden an die „richsten de hei bekante van den weveren [Webern] und den gemeinden, ... dat si eme alle helpen soilden weder de besten van der stat".[30] Mit Unterstützung der antipatrizischen Opposition unter Führung von Hermann dem Weisen und Wilhelm von der Huntsgasse beseitigte der Erzbischof um 1260 vorübergehend die politische Vorherrschaft des Patriziats in der Stadt. Er nahm den Münzerhausgenossen — das waren die Patrizier, die den Geldwechsel und Silberhandel betrieben — ihre Ämter und Lehen. Er beschlagnahmte die Besitzungen der patrizischen Mühlenerben, die den Getreidehandel in ihren Händen konzentriert hatten und in deren Eigentum sich die meisten Rheinmühlen befanden. Die patrizischen Schöffen setzte der Erzbischof wegen Amtsmißbrauchs ab. Die soziale Zusammensetzung des vom Erzbischof neugebildeten Schöffenkollegs läßt Rückschlüsse auf die Zusammensetzung der sozialen Kräfte zu, die hinter den Maßnahmen des Stadtherrn standen. Dem neuen Schöffenkolleg gehörten Handwerker, Kaufleute, erzbischöfliche Ministerialen und solche Angehörige patrizischer Familien an, die bisher von der politischen Herrschaft in der Stadt ausgeschlossen waren. Die haßerfüllte Meinung über die neuen Schöffen gibt Gotfrid Hagen wieder:

We soilden rait [Rat] of urdel [Urteil] geven
de gespoilt [gespült] haint alle ir leven?
we soilden de Colne bewaren
de vischere unde beckere waren?
... Ich soilde it hassen,
dat van Colne de hilge stat
mit sulchen eselen was besat![31]

Als 1260 ein Fleischer von dem Patrizier Hardevust ermordet wurde, brachen Kämpfe zwischen patrizischen Familien und der übrigen Kölner Bevölkerung aus. In ihrem Verlauf flüchteten Patrizier aus der Stadt, andere gerieten in erzbischöfliche Gefangenschaft. Enteigneten patrizischen Besitz an Häusern und Rheinmühlen teilten Erzbischof und Stadt untereinander. Angehörige der Familie vom Sande und der Patrizier Gerhard Hirzelin wurden hingerichtet. Das Bündnis zwischen Stadtherrn und antipatrizischer Opposition hatte eine Niederlage des herrschenden Patriziats herbeigeführt. Als aber der neue Erzbischof bald darauf für den Ausbau seiner Befestigungsanlagen in Köln 6000 Mark von den Bürgern verlangte und Akzisen und Zölle erhob, schlossen sich 1262/63 wieder alle Bürger zur Abwehr dieses erzbischöflichen Angriffs auf die städtische Autonomie zusammen, „it si der arme, it si der riche".[32] Die aus der Stadt geflüchteten oder vertriebenen Patrizier wurden von der Gemeinde zur Rückkehr aufgefordert. Die Stadt verpflichtete sich den Grafen von Berg und andere benachbarte Feudalherren gegen Geldleistungen zu militärischer Hilfe.[33] Die erzbischöfliche Besatzung wurde aus ihren Befestigungsanlagen vertrieben, der Erzbischof selbst gefangengenommen. Die abgesetzten oder geächteten Patrizier besetzten wieder den städtischen Machtapparat. Die Maßnahmen der restaurierten Patrizierherrschaft riefen jetzt vor allem die Handwerker zu den Waffen. Aus den schweren Kämpfen im Jahre 1264, an denen von den Handwerkern vor allem die Weber beteiligt waren, gingen die Patrizier als Sieger hervor.

Ein Kennzeichen der Ereignisse in der Rheinstadt gleich nach der Mitte des 13. Jh. war die Verflechtung der kommunalen Bewegung gegen den feudalen Stadtherrn mit heftigen Kämpfen zwischen verschiedenen Schichten des Städtebürgertums. In diesen innerstädtischen sozialen und wirtschaftlichen Auseinandersetzungen standen sich das Patriziat auf der einen und nichtpatrizische Kaufleute und Handwerker auf der anderen Seite gegenüber. Deren Ausschaltung vom patrizisch beherrschten Stadtregiment stand in einem argen Mißverhältnis zu ihrer gewachsenen wirtschaftlichen Macht. Patrizisch-fernhändlerische Interessen bestimmten — von noch bestehenden Rechten des feudalen Stadtherrn einmal abgesehen — die Zunft- und Handelspolitik, die Territorial- und Bündnisbestrebungen Kölns. Der Konflikt zwischen diesen städtebürgerlichen Schichten entzündete sich häufig an finanziellen Problemen.

Wie die Vorgänge in Köln zeigen, konnte der Stadtherr zeitweilig ein Bündnispartner der antipatrizischen Opposition in ihrem Kampf gegen die Vorrechte und die Politik des Patriziats sein. Gleichzeitig suchte der Erzbischof dieses politische Zweckbündnis mit den nichtpatrizischen Bürgern für die Festigung seiner Position gegenüber der Stadt auszunutzen. Der Ausgang der Kämpfe in Köln macht deutlich, daß die antipatrizischen Kräfte allein noch nicht in der Lage waren, dauerhafte Erfolge gegen die politische Herrschaft eines ökonomisch starken Patriziats zu erringen. Dieses konnte daher in Köln wie in anderen Städten, in denen es schon in der zweiten Hälfte des 13. Jh. zu innerstädtischen Auseinandersetzungen kam, bis ins 14. Jh. hinein seine Machtpositionen halten und festigen.

Unmittelbar nach diesen Kämpfen in Köln schrieb der vor 1301 gestorbene Gotfrid Hagen das „Boich van der stede Colne", eine Reimchronik in rund 6300 Versen. Darin nahm der Dichter die Partei des Städtebürgertums gegen den Erzbischof. In den Versen über die innerstädtischen Auseinandersetzungen bezog er die Position des Patriziats. Die Anfänge einer städtischen Geschichtsschreibung waren also in Köln – wie in Straßburg – eng an die siegreiche kommunale Bewegung der Bürger gegen den feudalen Stadtherrn geknüpft. Wenn auch die Verfasser städtischer Geschichtswerke häufig noch Kleriker waren, so kamen doch Auftraggeber und Zuhörer bzw. Leser aus dem Kreis des Städtebürgertums, dessen Interessen und dessen wachsendes Selbstbewußtsein die städtische Chronistik widerspiegelt.

Auch in Straßburg ergaben sich aus innerstädtischen sozialen Spannungen neue Seiten der kommunalen Bewegung. Auf Grund der im Vergleich zu Köln nicht so weit fortgeschrittenen wirtschaftlichen und sozialen Differenzierung innerhalb des Bürgertums dominierte hier aber der antifeudale Kampf aller Bürger gegen den Bischof.[34] 1261 forderte der Straßburger Stadtherr die Beseitigung einiger bedeutender Rechte, die die Bürgerschaft errungen hatte. Diese betrafen die Einsetzung des Rates ohne bischöfliche Zustimmung, die Erhebung eines Ungeldes ohne bischöfliche Einwilligung und die städtische Verfügungsgewalt über die Allmende, die als Wald, Wiese und Weide für Viehzucht, Weinbau und Jagd der Stadtgemeinde, für die Ausübung spezieller Gewerbe, für die Stadterweiterung und Landgebietspolitik Bedeutung hatte. Im Kampf gegen die Gemeinde versuchte der Bischof, sich die in der Stadt herrschende Mißstimmung ärmerer Schichten gegen die indirekte Verbrauchssteuer zunutze zu machen. In einem Brief an die Bürger Straßburgs vom Juni 1261 gab er sich als Fürsprecher ihrer Beschwerden aus; denn zum großen Schaden „des volkes von Strazburc unde der lantliute richer unde armer" sei ohne des Bischofs Erlaubnis ein Kornungeld erhoben worden, durch das „unser gemeinen burgere ... gearmert unde die gewaltigen gerichert" werden.[35] Das Manifest des Bischofs war, wie die meisten Straßburger Quellen aus der Zeit der kommunalen Kämpfe, in deutscher Sprache geschrieben, die auch in die Kanzleien anderer Städte in der zweiten Hälfte des 13. Jh. Eingang fand.

Die mit der Anklage gegen die „Gewaltigen" beabsichtigte Spaltung der städtischen Bevölkerung gelang dem Bischof aber nicht. In dem 1261 ausbrechenden Krieg gegen Bischof und Domkapitel schloß die Bürgerschaft Bündnisse mit den Städten Basel, Colmar und Neuenburg. Auch die benachbarten Gemeinden Hermolsheim, Mutzig und Wege versprachen Hilfe gegen den Bischof und seine Parteigänger. Straßburg gewann die Oberhand gegenüber dem Bischof, als der im Kriegswesen erfahrene Rudolf von Habsburg und andere Grafen auf die Seite der Stadt traten. In der

Turnierszenen im Haus der Patrizierfamilie der Overstolzen in Köln (Ende 13. Jh.) – ein Zeugnis für den Einfluß der Adelskultur auf die städtische Oberschicht

Schlacht bei Hausbergen am 8. März 1262 besiegten die Bürger die bischöflich-ministerialische Streitmacht und kündigten damit die Bedeutung des Städtebürgertums auch auf militärischem Gebiet an. Im Friedensvertrag mußte der Bischof alle von Königen und Kaisern verliehenen und vom Papst bestätigten Privilegien und Freiheiten der Stadt anerkennen, dem Stadtrat die alleinige Verfügungsgewalt über die städtische Allmende und das Recht zugestehen, Satzungen mit Gesetzescharakter zu erlassen.

Im Gefolge dieser siegreichen kommunalen Bewegung in Straßburg verließen die führenden bischöflichen Ministerialengeschlechter die Stadt und verloren ihren Einfluß im städtischen Rat oder sie wurden Bürger. Im Straßburger Patriziat spielten zwar nach 1262 Bürger ministerialischer Herkunft eine größere Rolle als nach den gleichartigen Ereignissen in Köln, sie können aber in der weiteren städtischen Entwicklung nicht mehr als Ministerialen bezeichnet werden.[36] Die im Zusammenhang mit der siegreichen kommunalen Bewegung eingetretenen Veränderungen im sozialen Status der Ministerialen widerspiegelt auch das vierte Straßburger Stadtrecht von 1270, das nur noch dem städtischen Gericht unterstehende Bürger kennt: „Ein iegilichere unsere burgere, er si gotshûzdienstman oder niht, sol ze rehte stan vor dem meistere und vor dem rate von Strazburg."³⁷

Nicht nur in Straßburg, sondern auch in anderen Städten — wobei aber regionale Unterschiede nicht übersehen werden dürfen — waren Ministerialen an der Bildung der städtischen Oberschicht, an den ersten kommunalen Kämpfen gegen geistliche Stadtherren und an der Zusammensetzung der frühen städtischen Machtorgane in erheblichem Umfang beteiligt. Es ist allerdings zu bezweifeln, ob sich Ministerialen auf die Dauer ohne feste Integration in die städtische Wirtschaft in der Kommune hätten halten können und ob Bürger unbestrittener ministerialischer Herkunft, die ausgesprochen bürgerlichen Tätigkeiten nachgingen, im Handel ihr Vermögen erwarben, zusammen mit Kaufleuten, Hausbesitzern und Geldleihern in bürgerlich-städtischen Organen die Interessen der Stadt vertraten, auch in der weiteren Stadtentwicklung noch als Ministerialen charakterisiert werden können. In dem Verhältnis von Ministerialität und Stadt wird die Rolle der Ministerialität jetzt in der bürgerlichen Geschichtsschreibung häufig überbewertet, wenn die städtische Oberschicht fast ausschließlich auf das ministerialische Element zurückgeführt und die Bedeutung der Ministerialen für die weitere Stadtentwicklung bis ins 14./15. Jh. stark betont wird.³⁸ Auf diese Weise werden die feudalen Züge des mittelalterlichen Städtewesens und seines Bürgertums, dessen Aufstieg demnach „kein revolutionärer Akt, sondern eine langsame Evolution war, eingeleitet oder befördert von den führenden und herrschenden Feudalkreisen"³⁹, verabsolutiert, die bürgerlich-genossenschaftliche Komponente zugunsten der feudalen Stadtherrschaft und der Ministerialität abgewertet.

Auch in Straßburg waren die ersten Äußerungen einer städtischen Geschichtsschreibung mit dem Erfolg der Kommunebewegung verbunden. Die siegreiche Schlacht bei Hausbergen ließ wahrscheinlich der angesehene Straßburger Bürger Ellenhard 1290 oder 1291 von einem unbekannten Straßburger Bürger in dem „Bellum Waltherianum" beschreiben. Ellenhard, der auch die Aufzeichnung und Sammlung anderer Straßburger Geschichtsquellen inspirierte,⁴⁰ war einer der Führer des städtischen Heeres in der Schlacht bei Hausbergen gegen Bischof Walther von Geroldseck. Mit der Stadt Straßburg ist das Werk des Dichters Konrad von Würzburg eng verbunden. In Würzburg um 1220/30 geboren, lebte Konrad in Straßburg und Basel, wo seine Gönner und Auftraggeber Patrizier und Geistliche dieser beiden Städte waren. Er war äußerst vielseitig und produktiv, schrieb Romane, Versnovellen, Lieder und Sprüche. Konrad knüpfte in Stoffauswahl, Menschenwertung und Weltauffassung an die feudal-höfische Dichtung an, womit er den Wertbegriffen der städtischen Oberschicht entsprach, führte aber auch Elemente und Merkmale einer sich entwickelnden städtebürgerlichen Ideologie in seine Dichtungen ein.

Köln und etwas später auch Straßburg beherbergten in ihren Mauern die ersten Generalstudien der deutschen Dominikaner und Franziskaner. Diese Studieneinrichtungen der in den Städten konzentrierten Bettelorden sowie einzelne Gelehrte vermittelten das Wissen der damaligen Zeit und trugen zu seiner Systematisierung und Weiterentwicklung bei. Mit dem europäischen Universitätsleben, wie es im 13. Jh. vor allem von Bologna, Oxford und Paris verkörpert wurde, hielt die geistige Entwicklung in Deutschland insgesamt aber nicht Schritt. Zu einem Studium des Rechts, der Medizin, der Theologie und Philosophie zogen deutsche Studenten vor allem nach Paris und anderen europäischen Universitäten.

Am Kölner Generalstudium wirkte um die Mitte des 13. Jh. einer der bedeutendsten deutschen Vertreter der Hochscholastik, der Dominikaner Albert von Bollstädt, genannt Albertus Magnus (Albert der Große). Hier studierte bei ihm auch der Italiener Thomas von Aquino, der zum kanonischen Philosophen der katholischen Kirche wurde. Fünfzig Jahre später nahm Köln den bedeutenden Oxforder Theologen und Philosophen Johannes Duns Scotus in seinen Mauern auf. Auch Meister Eckhart, der berühmte Mystiker, hat in Köln mit großem Erfolg gepredigt und gelehrt.

Die geistigen Anstrengungen des Albertus Magnus und seiner Schüler, zu denen auch Hugo Ripelin von Straßburg und Ulrich Engelberti von Straßburg gehörten, zielten darauf ab, ihrer Zeit das philosophische, vor allem aber auch das naturwissenschaftliche Werk des größten Philosophen der Griechen, Aristoteles, zu vermitteln. Dabei sollte das herrschende kirchliche Dogma vernunftmäßig begründet und die griechische Philosophie mit diesem in Einklang gebracht, dem Wissen und der Vernunft neben dem Glauben ein Platz eingeräumt, beide ausgesöhnt und zu einer Synthese unter dem Vorrang der Religion und Theologie vereinigt werden. Bei dieser Aristoteles-Rezeption des 13. Jh. spielten die aus dem Arabischen und Hebräischen übersetzten Werke des Aristoteles sowie die arabischen und jüdischen Interpretationen, Kommentare und Vermittlungen des griechischen Gedankengutes durch und über die islamischen Philosophen al-Farabi, Avicenna und Averroes eine Rolle.⁴¹ Übersetzungen der Schriften des Aristoteles aus dem Griechischen ins Lateinische wurden erst in der zweiten Hälfte des 13. Jh. von Wilhelm von Moerbecke angefertigt. Albertus Magnus und Thomas von Aquino sowie die Franziskaner Bonaventura und Duns Scotus bedienten sich in der Lehre und in ihren Schriften der scholastischen Methode, deren Kennzeichen die „disputatio", das Streitgespräch, unter Gegenüberstellung von Argumenten für und gegen eine

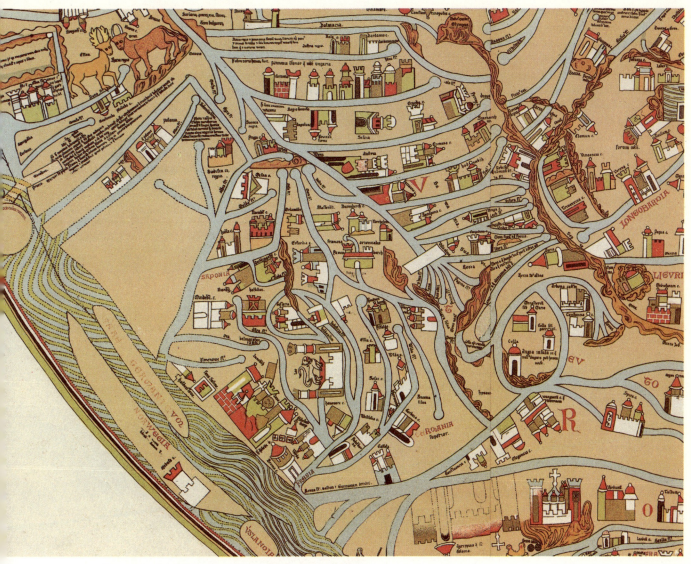

Das deutsche Gebiet auf der Ebstorfer Weltkarte, vermutl. 1. Hälfte 13. Jh. – im Kloster Ebstorf (Lüneburger Heide) entstanden

These mit dem Ziel der Lösung des aufgeworfenen Problems war. In umfassenden „Summen" gipfelte das philosophisch-theologische Werk des Albertus und Thomas von Aquino. Dabei zeigte Albertus Magnus in seinen Traktaten Interesse für naturwissenschaftliche Fragen und wandte sich der Naturbeobachtung zu. Aber auch in seinen Schriften über Tiere, Pflanzen und Mineralien, Metalle und Planeten überwog die bis zum Ausgang des Mittelalters übliche Berufung auf die Autoritäten der Vergangenheit.

Dagegen erhob der englische Franziskaner Roger Bacon mit Nachdruck die Forderung nach dem Experiment und nach der Fruchtbarmachung der Wissenschaft für die Praxis und zum Nutzen der Menschen. Diese Entwicklungstendenzen im naturwissenschaftlichen Bereich, deren Exponenten eng an fortgeschrittene städtische Zentren der Zeit gebunden waren, erhielten gewiß Impulse und Anregungen aus der Entfaltung der Produktivkräfte im Gewerbe, aus der Erweiterung der Handelsbeziehungen und damit auch der geistigen Kontaktmöglichkeiten und aus den allgemeinen Bedürfnissen städtebürgerlichen Lebens. Die neue Einstellung zum Experiment, zur Beobachtung und Erfahrung äußert sich beeindruckend im Urteil Roger Bacons über seinen Zeitgenossen, den picardischen Adligen Peter den Pilger (Petrus Peregrinus), der 1269 die erste Experimentalarbeit über den Magnetismus geschrieben hatte: „Er ist mit der Naturwissenschaft durch Experimente und mit den Medikamenten und der Alchemie und mit allen Dingen im Himmel und unter dem Himmel vertraut, und er würde sich schämen, wenn irgendein Laie, eine alte Frau oder ein Bauer oder ein Soldat irgendetwas über den Boden wissen würde, von dem er keine Kenntnis hat. Er weiß Bescheid über das Gießen der Metalle und die Bearbeitung von Gold, Silber und anderen Metallen und alle Mineralien; er weiß alles über den soldatischen Beruf, über Waffen und Jagd; er hat den Ackerbau, die Landvermessung und die Landbearbeitung untersucht ... Ehren und Belohnungen aber verachtet er, da sie ihn von seinen großartigen experimentellen Arbeiten abhalten würden."[42]

Etwa gleichzeitig verfaßte Witelo von Schlesien, der Philosophie, Mathematik und Physik studiert hatte, ein Buch über Optik. Zu den bedeutendsten Experimentatoren des endenden 13. Jh. gehörte der aus Sachsen stammende Dietrich von Freiberg, von dessen Gesamtwerk nur Teile erhalten sind.[43] Seine allgemeinen philosophisch-theologischen Traktate treten hinter den Werken über Optik, Physik, Mineralogie, Chemie und Astronomie zurück. Mit Witelo verbinden ihn Erkenntnisse auf dem Gebiet der Optik. Er beobachtet und beschreibt die Erscheinung des Regenbogens, erklärt die Wirkungsweise von Sammel- und Vergrößerungslinsen, verfolgt verschiedene Bewegungsformen der Materie und schöpft aus Erfahrung und Beobachtung. Seine Hinneigung zu mystischen Gedankengängen lassen Meister Eckhart und Johannes Tauler im 14. Jh. auf ihn zurückgreifen.

Innerstädtische Auseinandersetzungen

Nachdem bereits in den fünfziger und sechziger Jahren des 13. Jh. innerstädtische soziale Spannungen der kommunalen Bewegung in Köln und Straßburg neue Züge verliehen hatten, verstärkten sich in den folgenden Jahrzehnten die Kämpfe der bürgerlichen Opposition gegen die Alleinherrschaft des Patriziats. In den westelbischen Gebieten hingegen verebbte die kommunale Bewegung seit dem beginnenden 14. Jh. Den neu entstehenden Städten dieser Zeit gestanden die feudalen Stadtherren von vornherein einzelne Rechte und Freiheiten zu, ohne daß diese Klein- und Kleinststädte aber den Grad von kommunaler Autonomie der älteren Städte erreichten. Für die innerstädtischen Auseinandersetzungen dieser frühen Zeit war eine große soziale Breite der antipatrizischen Opposition kennzeichnend. Seit dem Ende des Jahrhunderts nahmen Anteil und Rolle der Handwerker an den sozialen und politischen Erhebungen in den Städten zu. Bereits der Verlauf und die Teilnehmer der innerstädtischen Unruhen in Braunschweig, Erfurt, Köln, Magdeburg und Rostock im 13. Jh. widersprechen einer Tendenz in der modernen bürgerlichen Geschichtsschreibung, diese Auseinandersetzungen auf Fraktionskämpfe innerhalb der patrizisch-kaufmännischen Oberschicht zu reduzieren und die Handwerker aus ihnen zu eliminieren.

In Erfurt, das der Stadtherrschaft des Mainzer Erzbischofs unterstand, hatte sich zwischen 1250 und 1255 ein bürgerlicher Stadtrat entwickelt, dem Fernkaufleute, vor allem Tuch- und Waidhändler, sowie Grundbesitzer angehörten. Zwischen Rat und Erzbischof tobte ein ständiger Kampf um die Besitzverhältnisse und Herrschaftsrechte in der Stadt, etwa um die Krambuden auf der Krämerbrücke, um das Münzrecht und die Erhebung des Marktzolls. In diesem Ringen vertrat der Erfurter patrizische Rat die Interessen der ganzen Stadt. Andererseits erwuchsen aus der ökonomischen Macht und der politischen Sonderstel-

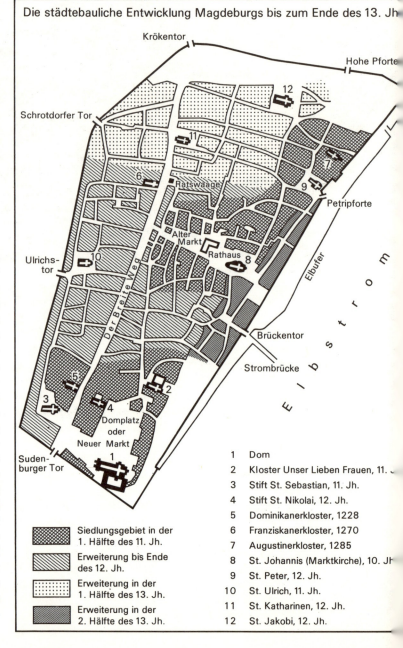

lung des Patriziats, aus seiner egoistischen Wirtschafts- und Territorialpolitik Spannungen gegenüber der Mehrheit der Bürger, die sich 1283 in einem Aufstand der Handwerker und einiger oppositioneller Patrizierfamilien unter Führung des Patriziers Volrad von Gotha entluden.[44] Im Ergebnis der Kämpfe wurde der Rat um zehn Vertreter aus den wirtschaftlich starken Zünften der Krämer, Bäcker, Fleischer, Schmiede, Kürschner, Wollweber, Schneider und anderer erweitert. Dieser neue Stadtrat führte den Kampf um den Ausbau der städtischen Autonomie konsequent fort. Er nutzte die ständige Finanznot des Stadtherrn aus, der seine bisherigen Rechte nach und nach der Stadt verpfänden mußte. So gelangte die durch Tuchproduktion und Handel mit gewerblichen Nutzpflanzen wirtschaftlich aufblühende Stadt in den Besitz der Münze, des Marktmeisteramtes, der Schultheißenämter und Judengefälle. Im Jahre 1306 wurde das Erfurter Stadtrecht aufgeschrieben, das in 42 Statuten und späteren Ergänzungen wichtige Seiten des Privatrechts, der Verfassung und Verwaltung regelt. Ungehorsam gegenüber dem Rat unterlag strenger Bestrafung, „zweyhungen" zwischen Rat und Gemeinde wurden mit Verbannung aus der Stadt geahndet.

Seine vom Erzbischof erkämpfte weitgehende Selbständigkeit und seine Interessen als Handelsstadt hatte Erfurt in den politischen Wirren um 1300 gegenüber den wettinischen Landesherren und dem fehdelustigen thüringischen Adel zu verteidigen. In diesen Kriegen bewährte sich zum ersten Mal in den Jahren 1304 bis 1306 der Städtebund zwischen Erfurt, Mühlhausen und Nordhausen. Hinzu kamen Gegensätze zwischen der Territorialpolitik Friedrichs des Freidigen, des Markgrafen von Meißen und Landgrafen von Thüringen, und den Interessen der städtischen Grundbesitzer im Erfurter Stadtrat, die Gerichtsrechte über ganze Dörfer und umfangreichen Landbesitz zu verteidigen hatten. Der Krieg der Wettiner gegen die Stadt, die wirtschaftliche Blockade und die Verwüstung der städtischen Umgebung durch die landgräflichen Truppen brachten die in der Stadt bestehenden sozialen Spannungen zur Explosion. Um die Jahreswende 1309/10 zogen die Handwerker aus den Vierteln bewaffnet vor das Rathaus und verlangten die öffentliche Verlesung und Erfüllung ihrer Forderungen. Sie wollten den Friedensschluß mit dem Landgrafen, da die Fehde der Stadt schade und nur im Interesse einiger Patrizier geführt werde. Die Beschwerden richteten sich ferner gegen Spekulationsgeschäfte der Kaufleute, gegen die Bevorzugung von Ratsmitgliedern bei der Geschoßzahlung, gegen die Willkür des Rates bei der Rechtsprechung, gegen Mißbräuche bei der Zollerhebung und Münzprägung und gegen erhöhte Steuern zur Deckung der Kriegskosten. Weiterhin forderten die Handwerker die Hinzuziehung von vier Vertretern der Bürger aus den Stadtvierteln als Vertrauensleute der Handwerker und der städtischen Gemeinde. Die Forderungen, die am 9. Januar 1310 vom Rat bestätigt wurden, hießen in Anknüpfung an die „Vierherren" deshalb „Vierbriefe" oder „Vierherrenbriefe". Das Kollegium der Vierherren erhielt ein Aufsichts- und Kontrollrecht über den, später neben dem Rat und wurde 1322 in den Rat aufgenommen. Die Vierherren gingen aus Wahlen in den Stadtvierteln und den Zünften hervor. Infolge der siegreichen Erhebung der Erfurter Bürger von 1309/10 trat auch eine Änderung in der Zusammensetzung des Rates ein. Von den 24 Ratssitzen erhielten die neun großen Zünfte zehn und die Gemeinde ebenfalls zehn Plätze.

Auch in Magdeburg verwoben sich seit dem Ende des 13. Jh. kommunale Kämpfe der Bürgerschaft gegen den erzbischöflichen Stadtherrn mit sozialen Auseinandersetzungen zwischen Patriziern und den Innungsmeistern. Dabei kamen hier der kommunalen Bewegung der Bürger die Kriege und Fehden des Erzbischofs mit seinen feudalen Nachbarn 1277/78 zugute, war doch der Kirchenfürst auf die finanzielle und militärische Hilfe der Magdeburger Bürger angewiesen.[45] Der Schöffenchronist schildert, wie der Erzbischof auf dem Markt die reichen und armen Bürger zu seiner Unterstützung aufrief. Dem Appell folgten die „Reichen" mit verdeckten Rossen, die „Mittleren" gewappnet und mit starken Pferden und die „meinheit" mit Keulen, Schwertern und Spießen bewaffnet. Mit ihrer Hilfe erfocht der Erzbischof am 10. Januar 1278 einen Sieg über seine Gegner. In den nächsten Jahren setzte das Magdeburger Städtebürgertum vor allem seine finanzielle Überlegenheit ein, um die erzbischöfliche Stadtherrschaft weiter zu unterhöhlen. Als aber um 1300 die Innungsmeister versuchten, den Stadtrat gewaltsam unter ihren alleinigen Einfluß zu bringen, verbündeten sich der feudale Stadtherr und die patrizischen Ratsmitglieder und gingen mit brutaler Gewalt gegen die Handwerker vor: zehn Innungsmeister wurden auf dem Marktplatz verbrannt. Durch den Eintritt der Meister aus den „kleinen" Innungen in den Rat seit 1303 verbreiterte sich die soziale Basis der bürgerlichen Ratsherrschaft. Gleichzeitig verschärfte dieser Zustrom sozialer Kräfte den Gegensatz zwischen der Bürgerschaft und dem Stadtherrn. Der Haß der Bürger richtete sich vor allem gegen die ständige finanzielle Ausbeutung durch erzbischöfliche Zölle und andere Abgaben. Die in Hohenwarthe an der Elbe erbaute Festung und Zollstätte, die den Handel der Bürger störte, wurde niedergerissen. Der Erzbischof selbst geriet in Gefangenschaft der Bürger. Nach seiner Befreiung zwang der mit benachbarten Feudalgewalten verbündete Stadtherr durch Interdikt und Belagerung 1315 die Stadt zu einem für die Kommune ungünstigen Vergleich.

*Patrizische Ratsherrschaft
und städtische Wirtschaftspolitik*

Im Ergebnis kommunaler Kämpfe konnten die Bürger die politischen Rechte der feudalen Stadtherren weiter einschränken, bürgerliche Stadträte konstituieren bzw. die Befugnisse schon bestehender städtebürgerlicher Verwaltungsorgane erweitern. Insgesamt schritt nach 1250 in vielen Städten die Entwicklung von der feudalen Stadtherrschaft zur patrizischen Ratsverfassung voran, wobei in etlichen Städten die soziale Basis der kommunalen Einrichtungen durch neue Kräfte aus nichtpatrizischen kaufmännischen und handwerklichen Kreisen verbreitert wurde. Zwischen 1250 und 1300 bildete sich in etwa 250 weiteren Städten ein Rat heraus. Zu ihnen gehörten noch solche bedeutenden Städte wie Augsburg, Erfurt, Frankfurt/Main, Nürnberg, Regensburg, Tübingen und Würzburg, ein großer Teil der bayerischen Städte, die Mehrzahl der nieder- und oberschwäbischen Reichsstädte sowie zahlreiche, im Zuge der Ostexpansion gegründete oder mit deutschem Recht privilegierte Städte in den Gebieten östlich von Saale und Elbe, darunter Breslau, Chemnitz, Demmin, Frankfurt/Oder, Halle, Leipzig, Rostock und Stralsund. Die Mitglieder dieser Stadträte waren weiterhin vor allem reiche Kaufleute. Bis etwa 1300 blieben besonders in den Bischofsstädten auch Ministerialen des Stadtherrn im Rat vertreten, und in zahlreichen Landstädten waren Adlige Mitglieder des Stadtrates. In den vielen mittleren und kleinen von Feudalherren begründeten Städten behielt der Stadtherr immer einen größeren Einfluß auf den bürgerlichen Stadtrat.

Die Skala der möglichen Ratsbildung reichte vom Selbstergänzungsrecht des Lübecker Rats über die Wahl der Ratsherren durch besondere Wahlberechtigte bis zur Wahl des Rates durch die „Ritter, Dienstleute, Schöffen, Bürger und die Gemeinde der Stadt", wie es die Koblenzer Ratswahlurkunde vom 12. Juli 1300 vorsah.[46]

War der Stadtrat bis 1300 von seiner sozialen Zusammensetzung her im wesentlichen eine Vertretung von Angehörigen der reichsten Kaufleute- und Ministerialenfamilien, die sich zum Patriziat entwickelten[47], so gelangten während der zweiten Hälfte des 13. Jh. in einigen Städten auch schon Mitglieder nichtpatrizischer Kaufmannsfamilien und reicher Zünfte für dauernd oder vorübergehend in den Rat. Der Eintritt von Handwerkern in den Rat war häufig das Ergebnis erster innerstädtischer sozialer Kämpfe, wie zum Beispiel in Dortmund, Köln, Magdeburg, Rostock und Soest. In Basel, Freiburg im Breisgau und Goslar erzwangen die Handwerker Zugang zu Ratsstellen durch die Ausnutzung von Gegensätzen zwischen den Fraktionen im Rat. Zunächst kamen nur wenige Handwerker in den Rat. Sie gehörten den reichen, vorwiegend für den

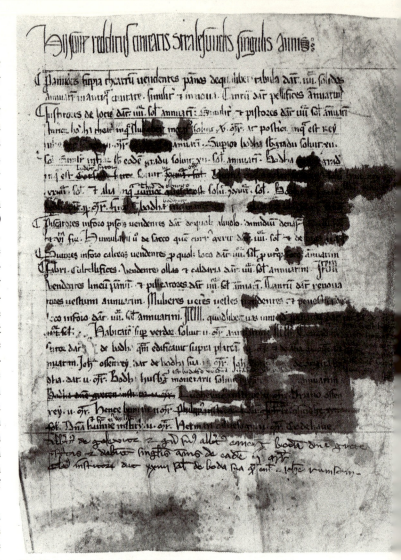

Eine Seite des ältesten Stralsunder Stadtbuches, begonnen 1270

Handel produzierenden Zünften an, deren Interessen eng mit denen der Kaufleute verknüpft waren. Entscheidende Positionen, wie das in der zweiten Hälfte des 13. Jh. häufiger faßbare Amt des Bürgermeisters, blieben in den Händen der Patrizier. Eine gewisse Verbreiterung der sozialen Basis des bürgerlichen Stadtregiments trat jedoch ein.

Mit den bürgerlichen Machtorganen in der Stadt bildete sich allmählich eine städtebürgerliche Verwaltung heraus, deren wachsende Bedürfnisse der Schriftlichkeit in der Amts- und Rechnungsführung zum Durchbruch verhalfen. Die dafür benötigten Stadtschreiber kamen zunächst überwiegend aus Kreisen der Geistlichkeit. Frühe schriftliche Zeugnisse städtischer Verwaltung sind die Stadtbücher, zu deren ältesten das erste Ratsbuch aus Rostock (von 1258 bis 1323) und vier weitere Rostocker Stadtbücher aus dem 13. Jh. gehören.

Das älteste Stralsunder Stadtbuch (von 1270 bis 1310) beginnt mit den Worten: „Dieses Buch wird Stadtbuch genannt und darin pflegt man alles aufzuschreiben, was vor den Ratsleuten verhandelt wird."[48] So enthalten denn diese Stadtbücher Urkunden, Namenslisten von Neubürgern, Rechnungen, Grundstücksakten und verstreut auch Aufzeichnungen über Ereignisse der Stadtgeschichte. Mit der Differenzierung der städtischen Behörden setzte eine Spezialisierung des städtischen Schriftgutes in Schuldbücher, Acht- und Verbannungsbücher, Rechnungs-, Geschoß- und Steuerlisten und Gerichtsprotokolle ein.[49]

Aus den praktischen Bedürfnissen der kaufmännischen Schreibkammern und städtischen Behörden erwuchs das Bestreben der Ratsfamilien, das Schul- und Bildungsmonopol des Klerus in den Städten einzuschränken, Einfluß auf den Lehrbetrieb der Dom-, Kloster- und Pfarrschulen zu gewinnen und dem Rat unterstehende eigene städtische Schulen einzurichten. An ihnen wurden die Schüler auch in der deutschen Sprache und im Rechnen unterrichtet. In Dortmund, Eßlingen, Freiburg im Breisgau, Hamburg, Helmstedt, Lübeck, Schwäbisch-Gmünd, Ulm, Waiblingen und Wismar gewann der Rat im 13. Jh. Einfluß auf das klerikale Schulwesen in der Stadt. Einzige Nutznießer dieser Laien erfassenden Bildungsbewegung des 13. Jh. blieben die Familien der städtischen Oberschicht, also nur ein zahlenmäßig kleiner Teil der Stadtbevölkerung.

Die durch Waren- und Geldhandel reich gewordene, häufig mit Vertretern des Feudaladels verbundene und untereinander versippte patrizisch-fernhändlerische Oberschicht des Städtebürgertums bestimmte durch ihre Vorherrschaft im Stadtrat die Wirtschafts- und Territorialpolitik, das Bündniswesen und Finanzgebaren der Städte. Ihre politischen Verbindungen, ihre ökonomische und finanzielle Überlegenheit warf sie in die Waagschale, um sich und damit zunächst auch der ganzen Stadtgemeinde einen größeren Spielraum in der Feudalgesellschaft zu erkämpfen und die soziale Position des Städtebürgertums zu erhöhen.

Seit der Mitte des 13. Jh. gelang es den Stadträten immer häufiger, ehemals der herrschenden Feudalklasse zustehende Rechte für die Stadt insgesamt bzw. für einzelne Vertreter des Patriziats zu erlangen. Durch Kauf und Pacht kamen Städte und Bürger in den Besitz von Zöllen, Ungeld, Gerichtsrechten, des Münzregals, von geistlichen Liegenschaften in der Stadt, von feudalem Landbesitz in der Stadt und ihrer Umgebung und von Anteilen an der den Bauern auferlegten Feudalrente. Der Grundbesitz einzelner Bürger und städtischer Institutionen war aus verschiedenen Gründen lebenswichtig für die mittelalterliche Stadt. Er diente als Ernährungsbasis für die Stadtbevölkerung, trug zur Sicherung der Handelsstraßen bei, stärkte den Verteidigungsring um die Stadt und bildete nicht zuletzt eine risikoarme, schnell wieder verfügbare Geldanlage. Wenn eine systematische städtische Erwerbspolitik auch erst um die Mitte des 14. Jh. einsetzte, so mehren sich doch seit der Mitte des 13. Jh. Einzelzeugnisse für ein solches Vorgehen. Kölner Bürger hatten schon damals so umfangreichen Landbesitz erworben, daß sie sich um das königliche Zugeständnis bemühten, bei einem Kriegszug ihre Güter und Höfe außerhalb der Stadt vor Plünderungen und Verwüstungen zu schützen. Als der Erfurter Rat 1269 für 150 Silbermark den Grund und Boden der zerstörten Burg Stotternheim erwarb, wurde damit eine städtische Territorialpolitik eingeleitet, die Erfurt wie andere Städte, etwa Nürnberg und Rothenburg ob der Tauber, im 14./15. Jh. zu beachtlichen Territorialmächten werden ließ. Braunschweig erhielt 1270 die Burg Weferlingen auf vier Jahre als Pfand. Dieser ersten Erwerbung folgten bis 1374 als Pfandbesitz noch 16 weitere Burgen, die alle die Handelsstraßen der Stadt schützen sollten. Um 1300 konzentrierte sich der Grundbesitz Bremer Bürger in den 5 bis 10 km von der Stadt entfernt gelegenen Dörfern. Die Bewohner dieser Orte leisteten auch die höchsten Beiträge zum Unterhalt der Bremer Weserbrücke.[50] Die Stadt-Umland-Beziehungen waren also in unmittelbarer Nähe der Städte am dichtesten. Aus der brandenburgischen Stadt Prenzlau hatten 30 Bürger im Jahre 1311 Grundbesitz auf dem Lande, aus dem sie bäuerliche Geld- und Naturalabgaben bezogen, die sich bis zum Jahre 1375 noch mehr als verdoppelten.[51]

Am Anfang einer späteren systematischen Grunderwerbspolitik der Stadträte stand häufig ihre Einflußnahme auf den Besitz der Hospitäler. Die Städte versuchten, die Verwaltung des Spitalbesitzes vor und hinter den Stadtmauern in ihre Hand zu bekommen.[52] Daraus ergab sich eine für die Stadt günstige Doppelstellung des Grund und Bodens der Hospitäler: unter städtischer Verwaltung stehend, genoß er als kirchlicher Besitz Rechtsschutz und galt als unantastbar. Besitzveränderungen des städtischen Hospitals in Burg bedurften schon 1263 der Zustimmung der kommunalen Organe und der Bürgergemeinde. Die Verwaltung des Magdeburger Heilig-Geist-Hospitals lag seit den achtziger Jahren des 13. Jh. in bürgerlichen Händen. Ebenfalls seit dieser Zeit war ein Eßlinger Bürgermeister an der Verwaltung des Katharinenhospitals in der Stadt beteiligt, das 1308 ein Tauschgeschäft nur mit Einwilligung des Stadtrates abschließen konnte. Dieser Tausch betraf freilich einen Ort, dessen Lage für den Kampf der Stadt gegen die sie bedrohenden Grafen von Württemberg von strategischer Bedeutung war. Mit Hilfe des Spitalbesitzes begründeten die Städte also häufig ihre Territorialpolitik. Der spätere Landbesitz von Augsburg, Eßlingen, Freiburg im Breisgau, Kaufbeuren, Konstanz, Lindau, Memmingen, Nördlingen, Reutlingen und Ulm ging zu einem großen Teil auf Spitalbesitz zurück.

In einigen Stadtrechten des 13. und beginnenden 14. Jh. sind auch handels- und gewerbepolitische Bestrebungen der Städte im engeren Sinne faßbar. Diese zielten darauf ab, den Handel der Kaufleute zu schützen, den Handelsumsatz zu erhöhen und eine konstante Versorgung der städtischen Bevölkerung mit Lebensmitteln und Handelsgütern zu gewährleisten. Dem dienten Preisregulierungen sowie Vor- und Aufkaufsverbote. Der Vorkauf bedeutete, daß eine Ware, zum Beispiel Getreide, zum Zweck eines wucherischen Weiterverkaufs aufgekauft wurde. Berthold von Regensburg geißelte in seinen Predigten nach der Jahrhundertmitte den Vorkauf durch Wucherer und Spekulanten als Sünde. Auch in den Erfurter Vierbriefen von 1310 wurden solche Spekulationsgeschäfte als „stinkender", „unsauberer" und „schändlichster" Kauf scharf verurteilt, da sie der Stadt „viele Gefahren, Ärger und Qual" gebracht hätten.[53]

Früh waren die Getreide- und Brotpreise und die Lebensmittelherstellung der Gesetzgebung und Kontrolle des bürgerlichen Stadtrates unterworfen. Brottaxen und andere Preisregulierungen kennen wir aus Soest (zwischen 1250 und 1280) und aus Lübeck (1255). Für Frankfurt/Oder wurde 1253 bestimmt, daß vom Rat ernannte Meister der Bäckerinnung zusammen mit zwei Ratsherren eine Brotschau durchführen, die Ware prüfen und die Herstellung mangelhafter Waren bestrafen sollten.[54] Bäcker- und Fleischerordnungen aus den siebziger Jahren für Melk sicherten den Stadt- und Dorfhandwerkern das alleinige Verkaufsrecht dieser für die Versorgung der Bevölkerung wichtigen Lebensmittel auf dem Melker Wochenmarkt.[55]

Auch am Stapelrecht waren die Stadträte wirtschaftlich interessiert, um die Einnahmen zu erhöhen und die Versorgung der eigenen Bevölkerung zu sichern. Das Stapelrecht der Stadt Augsburg verbot seit 1276 fremden Kaufleuten, Salz als Handelsgut durch die Stadt zu führen, ohne es in Augsburg selbst zum Verkauf angeboten zu haben. Köln erhielt 1259 vom Erzbischof das Stapelrecht, wonach jeder fremde Kaufmann in Köln halten und seine Ware feilbieten mußte. Der Handel von Gast zu Gast war verboten.[56] Berlin und Cölln hatten das Niederlagsrecht seit 1298, mußten es aber 1442, nach der Unterwerfung unter den Landesherrn, zurückgeben.

Das ältere Bannmeilenrecht wurde seit dem 13. Jh. verstärkt im Interesse der städtischen Wirtschaft angewandt. Die Bauern der Umgebung mußten ihre Produkte auf dem städtischen Markt zu den dort geltenden Verkaufs-, Qualitäts- und Preisbedingungen zum Verkauf anbieten. Kraft seiner Banngewalt versuchte der städtische Rat, innerhalb eines bestimmten Umkreises

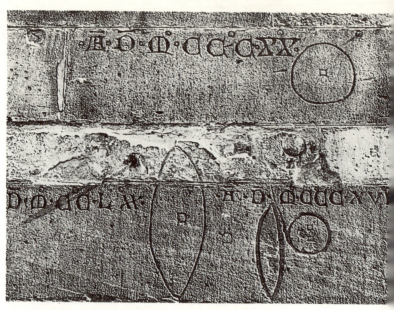

Brotmaße von 1270, 1317 und 1320 in der Eingangshalle des Freiburger Münsters, der Stätte des Marktgerichts. Die unterschiedliche Größe war durch die wirtschaftliche Situation bedingt; 1317 herrschte Hungersnot

um die Stadt, der Bannmeile, das Aufkommen anderer Märkte, Münz- oder Zollstätten zu verhindern. Bannmeilenbestimmungen in schlesischen Stadtrechten sahen die Schließung der Dorfwirtshäuser, mit denen immer auch ein Lebensmittelhandel verbunden war, im Meilenumkreis um die Städte vor. Świdnica (Schweidnitz) dehnte 1285 das Gewerbeverbot innerhalb einer Meile auch auf Schneider, Schuster und Schmiede aus.[57] Am Ende des 13. Jh. erhielten Eisenach und Freiberg das Monopol der Bierbrauerei innerhalb der Stadtmeile. Nürnberger Verordnungen von 1290 über die strikte Einhaltung der Bannmeile sollten gewährleisten, daß sich der Handel im Weichbild der Stadt kon-

Ältestes Siegel der Stadt Berlin (an einer Urkunde für Frankfurt/Oder von 1253)

zentrierte. Die flandrischen Tuchstädte, die sich um 1300 der Konkurrenz der ländlichen und kleinstädtischen einfacheren und billigeren Tuchproduktion gegenübersahen, verschafften sich gräfliche Privilegien, die die Ausübung des Tuchgewerbes im Bannmeilenkreis verboten. Die Stadt Gent unternahm Strafexpeditionen gegen ländliche Orte im Umkreis von drei bis fünf Meilen und beschlagnahmte das dort aufgefundene Werkzeug zur Tuchherstellung, das nach Gent gebracht wurde.[58]

Wenn sich die angeführten Beispiele für eine städtische Handels- und Gewerbepolitik sicher durch weitere Beispiele für das 13. Jh. vermehren ließen, so zeigt sich andererseits doch, daß eine zielgerichtete, systematische Wirtschaftspolitik des bürgerlichen Stadtrates in Form von Preisfestlegungen, gewerblichem Bannmeilenrecht und Marktzwang zu dieser Zeit noch nicht voll einsetzte. Bis zum Beginn des 14. Jh. stand nach wie vor der Kampf der bürgerlichen Stadtgemeinde gegen den feudalen Stadtherrn, der Kampf um politische und rechtliche Freiheiten der neuen gesellschaftlichen Kräfte in den Städten im Vordergrund. Es kam noch darauf an, den handel- und gewerbetreibenden Schichten zunächst einmal den notwendigen Spielraum zu erkämpfen, in dem sich ihre wirtschaftlichen Kräfte dann im 14./15. Jh. voll entfalten konnten.

Die Ausdehnung und äußere Gestalt der Städte

Den Rahmen für die Wirksamkeit der städtischen Bevölkerung bildete die Stadt als Siedlungstyp. Auf dem Hintergrund des wirtschaftlichen Aufschwungs, der Bevölkerungszunahme und der Zuwanderung vom Land in die Stadt wuchsen die bereits bestehenden Städte und dehnte sich das Städtewesen insgesamt weiter aus. Innerhalb der im deutschen Reichsgebiet von der Mitte des 12. Jh. bis um 1300 kontinuierlich anhaltenden Welle von Stadtgründungen erhielt die Zeit seit etwa 1250 durch die massenhafte Entstehung von Kleinstädten ihr Gepräge. So waren von den um 1300 im späteren Württemberg vorhandenen 97 Städten 56 Kleinstädte aus der zweiten Hälfte des 13. Jh.[59] Während noch vor einigen Jahren die Anzahl der um 1300 insgesamt vorhandenen deutschen Städte mit 500 bis 600 viel zu niedrig angegeben wurde, rechnen neuere

Westfassade des Heilig-Geist-Hospitals in Lübeck (1276–1286)

Untersuchungen für die Wende vom 13. zum 14. Jh. mit 3 500 Städten.[60] Dementsprechend dürfte auch der Anteil der Stadtbevölkerung an der auf 13 bis 15 Millionen geschätzten Gesamtbevölkerung höher, etwa bei 20 Prozent, gelegen haben. Mit dem Rückgang der städtischen Neugründungen nach 1300 und der Qualitätsminderung der jetzt vor allem entstehenden Kleinst- und Minderstädte[61] sowie von Märkten und anderen Siedlungsformen zwischen Dorf und Stadt sind wichtige Gesichtspunkte für den Periodisierungseinschnitt zu Beginn des 14. Jh. gegeben.

Gegenüber den älteren, allmählich gewachsenen großen Fernhandels- und Gewerbestädten erfüllten die Kleinstädte der zweiten Hälfte des 13. Jh. vor allem Nahmarktfunktionen für das umliegende Land. Sie beschleunigten die Ausbreitung der Ware-Geld-Beziehungen und erleichterten den Bauern die Teilnahme an Warenproduktion und Marktverkehr. Die Initiative zur Stadtgründung und -privilegierung ging vor allem von den regionalen weltlichen und geistlichen Feudalgewalten aus, die die Stadt als wichtiges Mittel ihrer Territorialpolitik bewußt einsetzten. Neben die ökonomische und finanzielle Bedeutung trat zunehmend die Funktion der Stadt als militärische Festung.[62] Die ummauerte und befestigte bzw. in geschützter Lage gegründete Stadt ergänzte und ersetzte die Burgenorganisation des Landesherrn. Die Bürger wurden zu Wachdiensten, Schanzarbeiten und zum Kriegsdienst herangezogen.

Wenn auch häufig egoistische ökonomisch-fiskalische, militärische und später verwaltungsorganisatorische Interessen die weltlichen und geistlichen Feudalgewalten zur Stadtgründung bewogen, so förderte die herrschende Klasse damit doch allgemein den ökonomischen Fortschritt in Deutschland. Die gestiegene Produktivität in der Landwirtschaft, die fortschreitende Arbeitsteilung zwischen Ackerbau und Handwerk, eine wachsende Bevölkerung, fürstliche Gründungsinitiative sowie die finanziellen Aufwendungen, Transport- und Bauleistungen der Bauern, Bürger, Baumeister und Künstler führten zu dem um 1300 erreichten städtischen Siedlungsbild, das noch für Jahrhunderte vorherrschte.

Die Einwohner der neugegründeten Städte sowie der sich ausdehnenden und um Vorstädte erweiternden älteren städtischen Siedlungen rekrutierten sich nicht in erster Linie aus einem Geburtenüberschuß, sondern aus der Zuwanderung vom Lande. Die Namen der Bürgerfamilien, die sich allmählich zu Familiennamen zu entwickeln begannen, lassen vorsichtige Rückschlüsse auf die Herkunftsgebiete der neuen Bürger zu. Wismars Bevölkerung kam nach den Angaben im ältesten Wismarer Stadtbuch zu 45 Prozent aus Mecklenburg. Von den im 2. Wismarer Stadtbuch (von 1272 bis 1297) verzeichneten 293 Herkunftsnamen entfielen

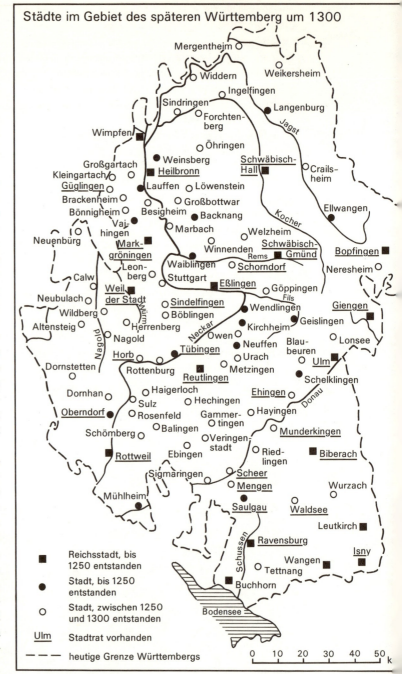

35,8 Prozent auf Dörfer, die im Umkreis von 30 km um die Stadt lagen. Von über 1 000 ermittelten Herkunftsnamen Stralsunder Bürger um 1300 lassen sich 35,6 Prozent auf Orte in Vorpommern und auf der Insel Rügen zurückführen.[63] Bei Frankfurt/Main, Göttingen und Soest wies jedes Dorf im Umkreis von 10 km städtische Abwanderer auf. Aus weiter entfernten Orten kamen die Einwanderer vor allem dann, wenn jene an den Verkehrswegen in die Städte lagen.[64] Die in den Bürgernamen enthaltenen Hinweise auf Zuzug vorwiegend aus der näheren Umgebung unterstreichen die Anziehungskraft der Stadt auf die bäuerliche Bevölkerung.

Das äußere Bild dieser mittelalterlichen Städte wurde von Markt und Rathaus, Kirchen und Klöstern, Mauern und Toren geprägt. Markt, Kirche und Rathaus symbolisieren das ökonomische, geistig-kulturelle und politische Antlitz des mittelalterlichen Städtebürgers. Waren die älteren Stadtanlagen allmählich und unregelmäßig gewachsen, so wurden die Gründungen des 13. Jh. meist planmäßig angelegt. Zwischen ihren gestreckt rechteckigen Baublöcken schneiden sich die Straßen annähernd im rechten Winkel. Für Plätze wurden Baublöcke ausgespart. Bezeichnend ist die Lage der Kirche auf eigenem Kirchplatz. Seit der Mitte des 13. Jh. errichtete man allmählich auch Bürgerhäuser aus Steinen, während bis zu dieser Zeit der Steinbau nur für Kirchen und Burgen sowie einzelne Wohntürme des Adels in der Stadt angewandt worden war. Solche patrizisch-kaufmännischen Stadtburgen mit Turm, Kapelle und Saal sind vor allem in Regensburg erhalten. In der zweiten Hälfte des 13. und zu Beginn des 14. Jh. erhielten Aachen, Augsburg, Berlin, Frankfurt/Oder, Greifswald, Hamburg, Koblenz, Lüneburg, Naumburg, Prenzlau, Rostock, Stralsund und viele andere Städte eine erste oder eine neue bzw. erweiterte steinerne Mauerbefestigung. Mit der wachsenden militärischen Funktion der Stadt wuchs das Interesse der feudalen Stadtgründer an einer Befestigung der Stadt mit Gräben und Wällen sowie mit steinernen Mauer-, Tor- und Turmanlagen. Andererseits hatten auch die Einwohner ein verständliches Bedürfnis, ihre Produktions- und Wohnstätten vor den Fehden und Beutezügen der Feudalherren durch eine starke Stadtmauer abzuschirmen. Da ein steinerner Mauerbau kostspielig war, zog sich die Ummauerung einer Stadt oft über Jahrzehnte

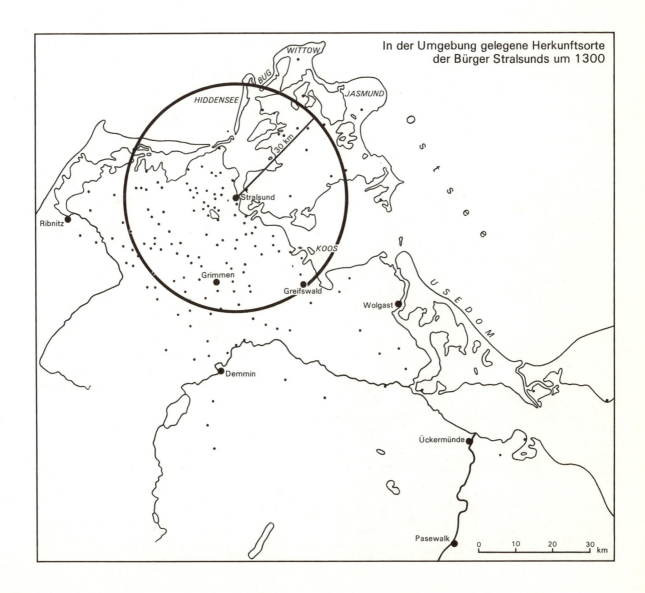

hin. Viele kleine Städte sind nie ummauert worden, eine große Anzahl behielt stets nur eine Erde-Holz-Befestigung. Sie unterschieden sich darin nicht von Dörfern, die durch Zaun, Wall und Graben befestigt waren und sogar primitive Mauern kannten.

Der finanziellen Sicherung des städtischen Mauerbaus diente vor allem das Ungeld. Um das Verfügungsrecht über diese indirekte Steuer und um die Wehrhoheit in den Städten fochten die Stadträte schwere Kämpfe mit den Stadtherren aus. Gegen die Politik des Erzbischofs von Trier, durch Burganlagen und den Ausbau der Befestigungen in seinen Städten Trier und Koblenz seine Landesherrschaft zu stärken, traten die finanziell schwer belasteten Trierer Kirchen und die Bürger von Koblenz auf. Der Koblenzer Stadtrat erzwang 1259 vom Trierer Erzbischof die Erlaubnis, eine Reihe von Lebensmitteln mit einem Ungeld zu besteuern. Mit den Erträgen dieser Steuer sollte die Befestigungsanlage der Stadt finanziert werden, die noch „wie ein Dorf von allen Seiten offen war".[65] Mehrmals stockte der Mauerbau, weil der Fürst dem Rat die Erhebung des Ungeldes untersagte. 1280/81 verhinderten die Koblenzer Bürger gewaltsam die weitere Bautätigkeit an der erzbischöflichen Zwingburg

Erhaltener Wohnturm in Regensburg

und verweigerten dem Erzbischof den Einlaß in die Stadt. Daraufhin zog der Stadtherr mit Heeresmacht gegen die Bürger, nahm die Stadt ein und zwang die Einwohner, die Anführer der Empörung aus der Stadt zu weisen. Unter den Ausgewiesenen waren Ritter, Schöffen und Handwerker – ein Zeichen für die soziale Breite dieser Bewegung. Weiteren Widerstand, Verschwörungen und Bündnisse der Bürger bedrohte der Erzbischof mit Vermögensverlust und anderen Strafen. Über den Koblenzer Mauerbau blieben Baurechnungen der städtischen Baukasse für die Zeit von 1276 bis 1289 erhalten, in denen die Einnahmen aus dem städtischen Ungeld und die Ausgaben für die Beschaffung von Baumaterial, Arbeitsgeräten und für Arbeitslöhne, zum Beispiel der Steinmetzen, verzeichnet sind.

Die städtischen Mauern umschlossen die Kirchen, die kommunalen Wirtschafts- und Verwaltungsgebäude, die meist in Giebellage zur Straße stehenden Häuser mit den Produktionsstätten der Bürger, die Markt- und Straßenanlagen, die Gildehallen und Zunfthäuser. Die Mauer umgrenzte somit den Lebens- und Produktionsraum der Städtebürger, den Geltungsbezirk städtischen Rechts und städtischer Privilegien. Den Mittelpunkt der bürgerlichen Selbstverwaltung und den Sitz des Rates bildete das Rathaus, oft identisch mit dem städtischen Kaufhaus oder aus ihm hervorgegangen. Neben der Verwaltung und dem Gerichtswesen der Stadt diente das Rathaus mit seinen Räumen, Gewölben, Kellern und Lauben als Ort für Versammlungen, Verkauf, Ausschank, Tanz- und Hochzeitsfeiern. Einer der ältesten Belege für ein Rathaus (domus consulum) stammt wohl vom Jahre 1241 aus Halberstadt.[66] Als Symbol städtischer Freiheit und Unabhängigkeit konnte das Rathaus häufig erst nach der erfolgreichen Auseinandersetzung der Bürgergemeinde mit dem feudalen Stadtherrn erbaut werden. 1260 besaß die Bürgerschaft Augsburgs, die in den fünfziger Jahren dem Bischof bedeutende Rechte abgetrotzt hatte, ein Rathaus. In Erfurt wird das Rathaus am Fischmarkt seit 1275 urkundlich erwähnt, nachdem sich der patrizische Rat in Auseinandersetzung mit der erzbischöflichen Stadtherrschaft herausgebildet hatte. An Stelle des alten Kaufhauses bauten die Bürger von Nordhausen 1280 ein neues Rathaus. Sie hatten 1277/78 den Sitz der Reichsministerialen, die Reichsburg, zerstört und damit den Grund für die Beseitigung der feudalen Stadtherrschaft gelegt.

Als Repräsentationsbau des städtischen Bürgertums nahm das Rathaus nach Lage und Gestalt eine beherrschende Stellung im Zentrum der Stadt, zumeist am Markt, ein. Landschafts- und materialgebunden in der Bauausführung, durch die Vielfalt der Gestaltung beeindruckend, entwickelte sich das Rathaus seit dieser Zeit zu einem bedeutenden Zeugnis der Profanbaukunst.

Templin. Stadtmauer aus Feldstein (2. Hälfte 13. Jh.)

Die wachsende soziale und ökonomische Differenzierung der Stadtbevölkerung spiegelte sich im Hausbau wider. Die im 13. Jh. erst vereinzelt genannten steinernen Wohnhäuser werden den reichen Kaufmannsfamilien gehört haben. Auch durch Größe, reichere künstlerische Ausgestaltung, differenziertere Raumunterteilung und früher auftretende technische Neuerungen, etwa die Anbringung von Glasfenstern seit dem 13. Jh., unterschied sich das Patrizier- vom Handwerkerhaus. Kleinstwohnungen in Buden und Kellern dienten den ärmsten Stadtbewohnern als Unterkunft.

Das Bürgertum, das mit dem städtischen Kaufhaus und dem Rathaus erste repräsentative kommunale Bauten schuf und mit seinen finanziellen Beiträgen und Bauleistungen zunehmend seinen Anspruch auf die Stadtbefestigung anmeldete, nahm seit dem 13. Jh. durch die Aufbringung und Verwaltung des Bauvermögens sowie durch die organisatorische Leitung des Baugeschehens auch Einfluß auf den Kirchenbau. Das betraf insbesondere die typisch städtischen Kirchenbauten, die Pfarr- und die Bettelordenskirchen. So war der Beginn des gotischen Backsteinbaus der Pfarrkirche St. Marien in Lübeck um 1251 nur auf der Grundlage des von der kaufmännischen Oberschicht angehäuften Reichtums möglich. Die Verwaltung des Baugeschehens lag in den Händen von Städtebürgern. Die Ausstattung der Kirche sowie die zahlreichen Kapellen wurden aus Stiftungen des Rates, der Kaufleutegenossenschaften und einzelner Familien finanziert, so etwa 1289 die älteste, die ratseigene „Bürgermeisterkapelle".

Kirchen wie weltliche Gebäude wurden jetzt im gotischen Stil erbaut, der seit dem zweiten Viertel des 13. Jh. in Anlehnung an französische Vorbilder und unter Herausbildung eigener Züge das Baugeschehen auf deutschem Boden bestimmte.[67] Der von der Kathedrale in Amiens beeinflußte und 1248 begonnene Dombau zu Köln, das Langhaus des Straßburger Münsters, die Dome zu Meißen und Regensburg, die zisterziensischen Backsteinbauten mit Chorin als reifstem Werk markieren diesen Weg in der zweiten Hälfte des 13. Jh. ebenso wie die seit den sechziger und siebziger Jahren des 13. Jh. im Kathedralstil neugebauten niederdeutschen Pfarrkirchen, von denen vor allem die Lübecker Marienkirche sowohl die Nikolaikirche in Stralsund und die Marienkirche in Rostock als auch den Schweriner Dom und das Doberaner Münster beeinflußte. Für die Kirchen der Hansestädte Lübeck, Rostock, Stralsund und Wismar wurde der Begriff der „Bürgerkathedrale" geprägt und die Übernahme des modernen französischen Typs der Kathedrale für die städtischen Pfarrkirchen als „patrizisches Machtbewußtsein" gedeutet.[68]

Spitzbogen, Kreuzrippengewölbe und Strebewerk waren Gestaltungselemente der Gotik, die die Gewölbekonstruktion zu hoher Vollkommenheit entwickelte. Den durch ein ausgewogenes Verhältnis von Höhe und Tiefe erreichten Raumeindruck verstärkten meisterhaft gestaltete farbige Glasfenster und ein reicher Schmuck an plastischen Bildwerken. Neben herkömmlichen biblischen Stoffen gestalteten die gotischen Bildhauer zunehmend neue Themen: die Tugenden und die Laster, antike Gelehrsamkeit, Monatsbilder und Tierkreiszeichen. Die plastischen Bildwerke wurden realistischer, sie erhielten eigenständige Bedeutung gegenüber der Architektur. Vom äußeren Bild her wich der massige Bau romanischer Kirchen dem Gliederbau der Gotik. Die Westseite der Kirchen zierte ebenso wie den Giebel der Rathäuser eine imposante Schauwand. Vor allem die als Hallenkirchen gestalteten Pfarr-

und Bettelordenskirchen zeigten deutliche Tendenzen zum einheitlichen Andachtsraum und gaben somit dem Gedanken der Gleichheit aller Gläubigen vor Gott in der Kirche Ausdruck. Wurde die romanische Kirche als Gottesburg begriffen, so die Kathedrale und die von ihr abgeleiteten Kirchenbauten als Himmelsstadt. Auch hierin macht sich städtisch-bürgerliches Denken bemerkbar. Mit allen diesen Zügen entsprach die Gotik einer sozial differenzierteren Entwicklungsstufe des Feudalismus, die stark durch Stadt und Bürgertum geprägt war. Die gotischen Bauwerke zeugen von dem hohen Entwicklungsstand der beteiligten Handwerkszweige, von der Arbeitsteilung und Kooperation der Gewerbe, deren Weiterentwicklung die Bauten andererseits förderten. Den organisatorischen Rahmen für die künstlerische, technische und verwaltungsmäßige Leitung des Baugeschehens gaben die Bauhütten ab, zu denen sich Bauleute, Steinmetzen und Werkmeister zusammenschlossen.

Für den weitreichenden Einfluß des Städtebürgertums auch auf das Baugeschehen an Bischofskirchen ist Straßburg das bekannteste Beispiel. Hier wurde der durch das französische Vorbild von St. Denis angeregte Neubau des Münster-Langhauses nach einer relativ kurzen Bauzeit um 1275 abgeschlossen und der Turmneubau um 1280 begonnen. Dieses intensive Baugeschehen an einem der größten und schönsten mittelalterlichen Dome fiel zeitlich zusammen mit einer urkundlich nachweisbaren stärkeren städtebürgerlichen Mitwirkung an der Verwaltung des Bauvermögens für den Dombau; die wirtschaftliche und organisatorische Leitung des Münsterbaus ging aus den Händen von Bischof und Domkapitel völlig in die von Bürgermeister und Rat der Stadt über.[69] Städtischer Leiter der Bauverwaltung war zeitweilig der schon erwähnte Straßburger Bürger Ellenhard, der auch maßgeblich die Anfänge einer städtischen Geschichtsschreibung in Straßburg beeinflußte. Auf bürgerliche Anregung und Interessen wird die Gestaltung der Glasfenster im nördlichen Seitenschiff des Münsters zurückgeführt, auf denen als Ausdruck der engen Verbundenheit zwischen Stadt und Königtum die deutschen (bzw. fränkischen) Könige und Kaiser bis zum Ende der Staufer dargestellt sind.

Neben ihrem Hauptzweck, der religiösen Andacht, dienten die Kirchen auch häufig weltlichen Belangen. Die Glocken und Kirchenuhren – seit dem letzten Drittel des 13. Jh. kamen die ersten mechanischen Uhren auf – riefen die Bürger zu Versammlungen oder zeigten ihnen die für den Rhythmus des städtischen Lebens wichtige Zeit an. Kirchenräume dienten der Bürgergemeinde und dem Stadtrat als Versammlungsort, auch der ganzen Stadt als Lager für Waren. In der Bürgermeisterkapelle der Lübecker Marienkirche wurden Schatz und Urkunden des Rates aufbewahrt, der

Rathaus zu Gelnhausen. Ältester erhaltener deutscher Rathausbau, zurückgehend auf einen um 1200 errichteten Schultheißensitz

König, Baumeister, Bauverwalter und Bauarbeiter auf einer Baustelle. Federzeichnung aus der Vita des Hl. Alban (um 1250)

Ratsschreiber stellte in der Briefkapelle Urkunden aus. Plätze in der Kirche oder an ihren Außenfronten spielten als Gerichtsstätten im Rechtsleben der mittelalterlichen Stadt eine Rolle.

Handwerk und Zunft

Eine Voraussetzung für die hohen baulichen und kulturellen Leistungen des Städtebürgertums war der wirtschaftliche Aufschwung der Stadt, der nicht zuletzt durch die erfolgreiche kommunale Bewegung gegen feudale Stadtherren stimuliert wurde. So wuchsen in den Mauern der Städte Handel und Gewerbe. Produktionssteigernd wirkte vor allem die Arbeitsteilung im Handwerk. Gab es zum Beispiel in Magdeburg im 12. Jh. wenigstens acht, so waren es im 13. Jh. 17 verschiedene Gewerbezweige. Im Jahre 1315 werden außer den fünf „großen" Innungen der Gewandschneider, Krämer, Kürschner, Leinwandschneider und der mit den Gerbern vereinigten Schuhmacher noch weitere 16 Gewerbe genannt. Für Stralsund sind 1284 mehr als 60 verschiedene Handwerke nachweisbar. In Rostock arbeiteten um 1290 Handwerker in 77 Gewerbezweigen. In Wien wurden am Ende des 13. Jh. über 50 Handwerksberufe ausgeübt. Einen bedeutenden Aufschwung nahm die Textilproduktion. Zu ihrer Steigerung trug neben dem schon länger bekannten Trittwebstuhl und den seit Beginn des 13. Jh. bezeugten Walkmühlen die Anwendung des Handspinnrades bei. Arbeitsszenen aus der Textilherstellung zeigen Wandmalereien eines Konstanzer Wohnhauses aus dem Anfang des 14. Jh.

Seit der Mitte des 13. Jh. breitete sich die städtische Leinenweberei stärker aus.[70] Ihr Schwerpunkt lag am Oberrhein. Konstanz wurde zu einem Zentrum des Leinenexports aus dem Bodenseegebiet. Eine bedeutende Leinwandproduktion, an der auch das umliegende Land („Gäuweberei") beteiligt war, gab es in Augsburg, Isny, Kempten, St. Gallen und Ulm. Die Wolltuchweberei breitete sich im 13. Jh. über alle deutschen Territorien aus. Sie stellte einfache, billige Tuche für den Nahmarkt her. Zwischen den einzelnen Landschaften bahnte sich aber eine gewisse Spezialisierung in der Tuchproduktion, etwa hinsichtlich der Farbe, an. In einer Verordnung über die Produktion von Wolltuch in Speyer aus den achtziger Jahren des 13. Jh. werden acht verschiedene Tuchsorten beschrieben.

Ältestes erhaltenes Wohnhaus in Quedlinburg – ältester erhaltener Fachwerkbau auf deutschem Gebiet (kurz nach 1300)

Im 13. Jh. nahm der genossenschaftliche Zusammenschluß der Handwerker eines Gewerbezweiges in Zünften, Innungen oder Ämtern zu. Die Zahl der Zünfte stieg, wenn auch aus den Quellen nicht immer eindeutig ersichtlich ist, ob ein Handwerk zünftig organisiert war oder nicht. Nicht jedes Gewerbe hatte eine eigene genossenschaftliche Organisation, und es gab Handwerke, die stets unzünftig blieben. In vielen Städten erhielten die Leineweber keine genossenschaftliche Organisation, sie waren der Konkurrenz einer weitverbreiteten ländlichen Leinenweberei ausgesetzt. Die insgesamt steigende Anzahl der Zünfte und die Auffächerung von Grundgewerben in spezialisierte Handwerkszweige bezeugen die produktionsfördernde Rolle, welche die genossenschaftlichen Zusammenschlüsse der unmittelbaren Produzenten in der städtischen Wirtschaft in dieser Zeit spielten.

Aus den Baseler Zunftgründungsprivilegien der sechziger und siebziger Jahre des 13. Jh. geht hervor, daß die Zünfte unabhängiger vom feudalen Stadtherrn geworden waren. So besaß der Bischof nicht mehr das Recht, den Zunftmeister, der an der Spitze einer Zunft stand, zu ernennen. Die Zünfte wählten ihren Meister selbst.[71] In Straßburg lag die Verleihung des Zunftrechts zum Teil bis ins 14. Jh. beim Bischof. Dem von ihm eingesetzten Burggrafen waren die Gewerbe unterstellt, er setzte die Meister ein. Aber während er die Zunftmeister bis 1263 überwiegend nicht aus dem jeweiligen Handwerk selbst auswählte, wurden nach dem Sieg der kommunalen Bewegung in den Zünften der Schuster, Zimmerleute, Küfer, Müller, Schmiede und Sattler wenigstens Meister aus dem jeweiligen Handwerk eingesetzt. Diese übten in beschränktem Umfang eine Gewerbegerichtsbarkeit aus. Die Handwerksämter in Bremen lösten sich um die gleiche Zeit allmählich aus der Abhängigkeit von Vogt und Erzbischof im Gerichtswesen und in finanziellen Fragen. In Würzburg aber behielt der Bischof einen entscheidenden Einfluß auf die Zunftbildung und die inneren Verhältnisse in den Handwerkergenossenschaften. Die Braunschweiger Lakenmacher hatten 1268 das Recht, ihre beiden Meister selbst zu wählen; den Hildesheimer Krämern, Riemenschneidern, Harnisch- und Handschuhmachern stand es seit 1310 frei, ihre „senatores" zu wählen. In Erfurt setzten die Handwerker in den Vierbriefen von 1310 durch, daß sie jeweils zwei „rectores" wählen durften, die Streitigkeiten und Unzufriedenheit unter den Zunftmitgliedern schlichten sollten.

Seit der Mitte des 13. Jh. gewannen mit der zunehmenden Bildung von Stadträten diese einen größeren Einfluß auf die Gewerbe. In Köln hatte das Patriziat auf Grund seiner im Vergleich zu anderen Städten mächtigeren wirtschaftlichen Stellung schon früh die Handwerkerzünfte in seine finanzielle Abhängigkeit gebracht. Die Richerzeche übte die Kontrolle über das wichtige Lebensmittelgewerbe aus und verlieh das Zunftrecht; häufig ließen sich Patrizier zu Zunftmeistern wählen. Auch in anderen Städten errangen die bürgerlichen Verwaltungsorgane stärkeren Einfluß auf das Zunftwesen. Der Rostocker Rat beschloß 1275

Frauen bei der Flachsbereitung und Leineweberei. Ausschnitte aus einer Wandmalerei des frühen 14. Jh. im Haus zur Kunkel in Konstanz

Strafmaßnahmen gegen Handwerker, die keine einwandfreien, den vorgeschriebenen Normen entsprechenden Produkte herstellten. 1278 bestimmte er, daß zweimal im Jahr bei allen Zünften durch Los die Verkaufsstände gewechselt werden sollten, um keine Zunft dauernd zu bevorzugen oder zu benachteiligen. Nach dem Brandenburger Stadtrecht sollte es Bäckern, Fleischern und allen anderen Handwerkern nicht erlaubt sein, Innungen ohne Genehmigung des Stadtrates zu bilden. Die Wahl der Innungsmeister und bestimmte Aufsichtsrechte lagen in der Kompetenz des Rates. In Erfurt beschränkte sich der Einfluß des Mainzer Erzbischofs auf die ältesten Innungen der Wollweber, Schuhmacher, Schmiede, Hutmacher, Schilderer, Bäcker und Fleischhauer. Das Recht zur Bildung neuer Zünfte und zur Bestätigung von Zunftordnungen hatte seit dem Ende des 13. Jh. der Stadtrat.

Der Einfluß bürgerlicher Organe auf die Zünfte war für die Stadt auch von finanzieller Bedeutung. Handwerker mußten beim Eintritt in die Zunft dieser und der Stadt eine Aufnahmegebühr zahlen. Um 1280 erließ der Rat von Berlin eine Innungsordnung für die Kürschner, nach der jedes neue Zunftmitglied eine Aufnahmegebühr an die Stadt und an die Innungsmeister zu zahlen hatte. Für die Benutzung stadteigener Verkaufseinrichtungen auf dem Markt waren Abgaben zu entrichten. Den Berliner Knochenhauern wurden 1311 die Fleischbänke auf dem Markt als erblicher Besitz übergeben, wofür jährlich jedes Innungsmitglied dem Rat 24 Schillinge zahlen mußte.[72]

Nach den Quellen des Würzburger, Baseler und Augsburger Zunftwesens aus den siebziger und achtziger Jahren des 13. Jh. festigte sich die genossenschaftliche Organisation der Zünfte, die in einigen Städten auch zur Grundlage für die Einteilung der wehrfähigen Bürger wurde. Die Bewachung der Stadttore, Mauern und Türme war abschnittsweise einzelnen Zünften anvertraut. Die Erwähnung von Zunftmeisterausschüssen und Zunftmeisterkollegien mit ihren Vorrechten gegenüber der Zunftgemeinde sowie die Zunftmeisterwürde von Patriziern widersprechen aber Auffassungen vom „allgemeindemokratischen" Charakter dieser genossenschaftlichen Handwerkerorganisationen. Auch die Bezeichnung „reiche" oder „große" Zünfte für den Zusammenschluß bestimmter Handwerkergruppen oder die gleichzeitige Nennung von „armen" und „reichen" Zunftmitgliedern deuten auf soziale Differenzierungen innerhalb des zunftgebundenen Handwerks hin. Besonders in den auf Ausfuhrerzeugnisse orientierten Zünften im Textil- und Metallgewerbe, die zugleich auf Rohstoffzufuhr angewiesen waren, konnten Meister zu Kaufleuten werden und andere Zunfthandwerker von sich abhängig machen. So unterscheidet die Gildeordnung der Braunschweiger Beckenmacher von 1312 arme und reiche Gildebrüder und läßt mitarbeitende und unternehmende Meister in diesem Exportgewerbe erkennen.[73]

Gießerzeichen an der Glocke der Divi-Blasii-Kirche in Mühlhausen/Thür. (1281)

Handel und Kaufmannskapital

In der zweiten Hälfte des 13. Jh. setzten sich die Erweiterung und Intensivierung der Handelsbeziehungen fort. Neben den leicht transportablen, teuren Luxuswaren beförderten die Kaufleute zunehmend Güter des Massenbedarfs. Während die Mehrheit der Bevölkerung mit einfachen, billigen Tuchen aus der örtlichen Produktion versorgt wurde, befriedigte die vor allem in Nordfrankreich und in den Niederlanden betriebene, auf den Import englischer Wolle angewiesene Tuchproduktion den gehobenen Bedarf an feineren Sorten. Die Erzeugnisse dieses nordwesteuropäischen Tuchgewerbes findet man im 13. Jh. sowohl auf den oberdeutschen Märkten als auch im Handelsbereich der niederdeutschen Hansekaufleute.

Den größten europäischen Umschlagplatz für diese feinen Tuche bildeten im 13. Jh. die Messen der Champagne, auf denen deutsche Kaufleute und Städte in großer Anzahl vertreten waren. So besaßen Kaufleute aus Basel, Freiburg im Breisgau und Konstanz eigene Quartiere in den französischen Messestädten Bar, Lagny-sur-Marne, Provins und Troyes. Verordnungen des Konstanzer Stadtrates aus dem Jahre 1289 enthielten Vorschriften über den Handel mit der Leinwand des Bodenseegebietes auf den Messen. Kaufleute aus den Städten Aachen, Augsburg, Köln, Lübeck, Mainz und Speyer erschienen in der zweiten Hälfte des 13. und zu Beginn des 14. Jh. auf den Messen der Champagne. Sie kauften hier vor allem französisches und flandrisches Tuch ein, während aus den deutschen Gebieten Leinwand, graufarbene Tuche, Stahl- und Eisenwaren, Zinn und Kupfer verkauft wurden. Mit dem allmählichen Niedergang der Champagnemessen seit dem ausgehenden 13. Jh. blieben auch die deutschen Kaufleute diesem Handelszentrum fern. Sie erschienen jetzt auf den großen niederländischen Handelsplätzen, unter denen Brügge zum bedeutendsten nordwesteuropäischen Waren- und Geldmarkt aufstieg.

Der Aufschwung des Handels steigerte die Wirtschaftskraft und den Reichtum der Kaufleute in den großen Fernhandelsstädten. Diese Familien ließen ihr Geld in den Beziehungen mit politischen Gewalten spielen. Könige nannten Bürger ihre „creditores". Die durch den Handel mit flandrischem Tuch und „Venedig-Waren" (Stoffe, Gewürze und Spezereien) reich gewordenen Augsburger Kaufleute, zum Beispiel die Schongauer, wurden zu ständigen Geldgebern der bayerischen Herzöge und des Bischofs von Augsburg. Sie saßen im Stadtrat, wohnten in großen, steinernen Häusern und führten bald Wappen und Siegel wie Feudalherrengeschlechter. Sie beteiligten sich wie Ritter an Turnieren und ließen solche Szenen bildlich in ihren Häusern darstellen.

Tuch- und Weinhandel, aber vor allem Geld- und

Runtingerhaus in Regensburg. Im Kern ein um 1200 entstandener Wohnturm, später mit Giebel versehen und erweitert. Der erhaltene Bau gibt weitgehend den Zustand von etwa 1400 wieder

Edelmetallgeschäfte waren die Quellen des Reichtums Regensburger Kaufmannsfamilien um die Wende vom 13. zum 14. Jh. Die Kaufleute besaßen vom ungarischen König wichtige Handelsprivilegien im Ungarn-Handel. Sie waren auch im böhmischen Handel engagiert und hatten enge Handelsbeziehungen zu Wiener Bürgern. Das Geld von Regensburger Familien wie der Damm, Weintinger und Reich ermöglichte den bayerischen Herzögen ihre territoriale Erwerbspolitik.

Nürnberger Bürger waren Gläubiger des Bischofs von Bamberg, des Salzburger Erzbischofs und der bayerischen Herzöge. Die Nürnberger Tuchhändlerfamilie der Holzschuher war vor allem durch ihren Handel mit flandrischem Tuch reich geworden. Das von ihnen angelegte Kaufmannsbuch für die Jahre 1304 bis 1307 läßt einen Tuchhandel großen Stils erkennen. Dieses Handelsbuch einer Familien-Handelsgesellschaft, das uns als eines der frühesten Beispiele für das Eindringen der Schriftlichkeit in den kaufmännischen Betrieb erhalten ist, beinhaltet 2215 Geschäftsoperationen mit 445 Kunden aus den Kreisen der Geistlichkeit, des benachbarten Adels und Nürnberger Bürger. Ihre Tuchverkäufe tätigte die Firma auf Borg, wobei sie ihren Geschäftspartnern 1,4 Millionen Silbermark stundete.[74]

Die Nürnberger setzten ihren finanziellen Reichtum in starkem Maße für den Erwerb von Zollprivilegien ein, die ihren Handel begünstigten.

Die Münchner Kaufleute handelten vor allem mit Salz, Eisen und den Agrarprodukten des Landes, hinter denen die Erzeugnisse des Handwerks, wie Glas- und Textilwaren, zurückblieben. Blaugefärbte Leinwand, Borten und Bänder, Hanf, Wein, Salz, Fisch, Tuche und Erzeugnisse des Metallgewerbes, dessen Rohmaterial aus dem rheinisch-westfälischen Gebiet stammte, gehörten zu den bevorzugten Handelswaren der Kölner Kaufleute-Patrizier Mummersloch, Weise, Overstolz, Cleinegedank und Hirzelin. Handelsgüter, die von Kölner Kaufleuten nur weiterverhandelt wurden, erhielten andernorts die Gütebezeichnung „kölnisch",

Seite aus dem Handlungsbuch der Holzschuher (1304–1307). Verzeichnet sind die Schuldposten von zwei Kunden. Bei Bezahlung wurde die entsprechende Partie durchgestrichen

und Kölner Maße und Gewichte wurden in anderen Gebieten anerkannt. Nicht von ungefähr wählte der Ritter-Dichter Rudolf von Ems als Helden seiner Erzählung „Der gute Gerhard" einen reichen Kaufmann aus Köln. Und auch nicht von ungefähr steht dieser mit ritterlichen Tugenden ausgestattete, ins Geldgeschäft eingestiegene neue Held in engen Beziehungen zu England, dem traditionellen Handelspartner der Kölner Kaufleute.

Die Erfurter Kaufleute hatten Handelsbeziehungen nach Aachen, Brügge, Gent, Köln und Lübeck. Erfurter Kaufleute, vielleicht bereits in einer Handelsgesellschaft zusammengeschlossen, waren 1290 Gläubiger des Lübecker Rats. Für 800 Mark mußte der Mainzer Erzbischof im Jahre 1289 dem Rat der Stadt Erfurt Münze und Ämter verpfänden, weil er so hohe Schulden bei der römischen Kurie hatte.[75] Die Kaufleute des hansischen Handelsgebietes und ihres Hinterlandes bauten ihre Position im Zwischenhandel im Nord- und Ostseeraum aus. In Flandern erwirkten sie 1252 erste Zollvergünstigungen. Seitdem setzten sie das flandrische Tuch in steigendem Maße selbst ab und exportierten in die Anliegerstaaten an Ost- und Nordsee Getreide, Vieh und tierische Erzeugnisse, Holz und Holzprodukte.[76] So beglichen Berliner Kaufleute zwischen 1295 und 1297 ihre Tuchkäufe bei Genter Tuchhändlern neben anderen Erzeugnissen auch mit 6000 Hölzern Wagenschott (gespaltene Eichenblöcke, Eichenbretter). Einkäufe in Hamburg bezahlten zwei Berliner Kaufleute ebenfalls mit fast 40000 Hölzern Wagenschott.[77] Die hansischen Kaufleute haben schon zwischen 1280 und 1290 die Schriftlichkeit im Geschäftsverkehr angewandt, wie die aus Lübeck und Kiel stammenden ältesten Beispiele kaufmännischer Buchführung nördlich der Alpen beweisen. Dadurch rationalisierte der Hansekaufmann seine geschäftliche Tätigkeit. Zumindest die Großkaufleute begleiteten ihre Warentransporte nicht mehr selbst, sondern dirigierten aus ihrem Kontor, der „scrivekamere", mit Geschäftsbriefen, schriftlichen Anweisungen und Wechseln ihre Geschäfte in der Ferne, sie korrespondierten mit ihren Handelspartnern und Gesellschaftern.

Die wachsende Rolle des Geldes in der Feudalgesellschaft spiegelt sich in der Literatur der Zeit wider. Der „riche koufman" wurde zu einer wichtigen Figur in der mittelhochdeutschen Dichtung. Der „Herr Pfennig", der „Junker Pfennig" zog in die Spruchdichtung ein. So heißt es in einem Gedicht des Meissners aus der zweiten Hälfte des 13. Jh.:

Was man kan tryben,
Würt es zu vil gethan,
Man gewinet verdriß dar an,
Ußgenomen ein dinck,
Der heizet junckher Pfenningk.[78]

Der Bamberger Magister und Schriftsteller Hugo von Trimberg schrieb in seinem um die Jahrhundertwende verfaßten Versepos „Renner" dem Pfennig große Macht zu:

> Pfenninc hât manigen dienstman
> Denne künic oder keiser ie gewan...

Die Höhe des Vermögens, das reiche Regensburger, Nürnberger, Kölner oder hansische Großkaufleute aus dem Handel zogen, ist schwer zu fassen. Der Erfurter Tuchhändler Reinhard von der Bulze besaß vier Häuser in Erfurt, eine Gewandschnittkammer, einen Weinberg, Zinsen von Grundbesitz außerhalb der Stadt und von 14 Häusern in Erfurt; in seinem Testament von 1265 hinterließ er seinen Erben neben Rentenbezügen noch 400 Mark Silber in bar.[79] Vom Reichtum der Kölner Overstolzen könne man ein Königreich kaufen, meint der Chronist Gotfrid Hagen. Der Wiener Bürger Paltram soll so reich gewesen sein, daß er nur das nicht besaß, was er nicht wollte.[80]

Münzverhältnisse

Dem Handel der Kaufleute standen aber Hindernisse im Wege. Fehden und Kriege, die Zersplitterung des Landes, Zölle, Abgaben und nicht zuletzt der Zustand des Geld- und Münzwesens erschwerten den Handel und erhöhten das Geschäftsrisiko des Kaufmanns. Eine für das ganze Reich gültige Münze gab es nicht. Die feudalen Münzherren verschlechterten — bei gleichbleibendem Rauhgewicht — ständig den Edelmetallgehalt der Münzen, woraus ihnen großer Gewinn erwuchs. Wurden in Erfurt um 1200 nur 320 bis 330 Brakteaten aus der Gewichtsmark Silber geprägt, so waren es um 1250 schon 430 bis 440 und um 1300 sogar 600 bis 700 Stück. Der Silbergehalt des Kölner Pfennigs verschlechterte sich seit der Mitte des 13. Jh. ständig, so daß die Münze schließlich keine Bedeutung mehr im Handelsverkehr hatte und von Heller und Sterling bzw. Brabantiner verdrängt wurde. Auch aus dem fast jährlichen Münzverruf profitierten die Münzherren. Umlaufende Münzen wurden für ungültig erklärt, eingezogen und gegen neu geschlagene, meist minderwertigere eingetauscht. Der Wiener Pfennig erlebte zwischen der Mitte des 13. und dem Ende des 14. Jh. 150mal einen Münzverruf. In Brandenburg mußten seit 1305 jährlich die kursierenden gegen neu geschlagene Pfennige, und zwar 16 alte gegen 12 neue, umgetauscht werden.

Diese egoistische Münzpolitik der Feudalherren stieß auf den Widerstand der Städte und Bürger. Die Kölner erzwangen ein Kontrollrecht über die erzbischöflichen Prägungen. Gegen den Münzverruf des oberbayerischen Herzogs im Jahre 1294 setzten sich die Bürger

Kölner Pfennig des Erzbischofs Siegfried II. von Westerburg (1275–1297), geprägt in Bonn. Auf der Rückseite St. Cassius und Florentius in Bonn

Kreuzer des Grafen Meinhard II. von Tirol, seit 1271 in Meran geprägt. Aus dem Doppelkreuz auf der Vorderseite erklärt sich die Bezeichnung der Münze

Groschen König Wenzels II. von Böhmen, geprägt um 1300 in Prag. Auf der Rückseite ein zweischwänziger Löwe, das Wappentier der Přemysliden

Münchens zur Wehr, indem sie die herzogliche Münzschmiede zerstörten. Städte kauften den in finanziellen Schwierigkeiten steckenden Feudalherren das Münzrecht ab. Münzabkommen zwischen einzelnen Städten und der Kampf um den „ewigen" Pfennig waren weitere Schritte, um den schlimmsten Auswirkungen der zersplitterten Münzverhältnisse auf Wirtschaft und Handel zu begegnen.

In den wirtschaftlich am weitesten entwickelten Reichsgebieten setzte am Ende des 13. Jh., als die seit etwa 1100 währende Periode des regionalen Pfennigs zu Ende ging, im Anschluß an italienische und französische Vorbilder der allmähliche Übergang zur silbernen Großmünze und zur Prägung von Goldmünzen ein. Dadurch wurde vor allem die Abwicklung des Fernhandels erleichtert.[81] Der wachsende Umlauf italienischer Florene (Gulden), die Tiroler Kreuzer in Süddeutschland, Nachprägungen französischer Groschenmünzen in Brabant, Flandern und am Rhein, die aus dem Kuttenberger Silber geschlagenen Prager sowie später die Meißner Groschen markieren diese Entwicklung, vor der Münzwirrwarr, Münzkrise und weitere Entwertungen im 14. Jh. aber auch nicht haltmachten, zumal die Pfennigwährung vorerst noch weiterlief.

Dem Umtausch der verschiedenen Münzsorten widmeten sich zunächst die im Geldhandel, Geldwechsel und Bankwesen erfahreneren Italiener, die in deutschen Städten ansässig wurden. Seit der Mitte des 13. Jh. wuchs der Einfluß der „Lombarden" genannten italienischen Geldhändler. Zahlreiche italienische Fachausdrücke im Bank- und Kreditgeschäft, wie Risiko, Brutto, Netto, Giro, resultieren aus dieser Vorrangstellung. Neben den Lombarden widmeten sich dem Geldwechsel die Münzerhausgenossen – wirtschaftlich und politisch einflußreiche Bürger, die neben dem Geldwechsel das Monopol des Silberhandels besaßen. Sie finanzierten die Prägungen des Münzherrn und beschafften das Prägematerial.

Das prinzipielle Verbot seitens der katholischen Kirche, Zinsen für Geldverleih zu nehmen, erschwerte die für den wirtschaftlichen Fortschritt notwendige Geldakkumulation. Theorien und Praktiken zur Umgehung des Zinsverbotes und zur Verschleierung des Zinses unterstreichen nur das große Bedürfnis der Gesellschaft nach flüssigem Geld. Die Haltung der Kirche und ihrer Ideologen konnte nicht verhindern, daß christliche Kaufleute Geld gegen Zins liehen, wie es die städtischen Schuldbücher von Hamburg, Lübeck und Riga um 1300 ausweisen. Als Kreditgeber traten sogar geistliche Einrichtungen auf. Das kirchliche Zinsverbot führte aber dazu, daß den Juden im Geldgeschäft eine bedeutende Rolle zufiel. Landes- und Stadtherren begünstigten aus diesem Grunde in ihren Städten die Niederlassung von Juden. Nachdem bereits 1262 Lombarden in Trier eine Wechselbank eröffnet hatten, förderte der Erzbischof hier auch die Niederlassung von Juden, aus denen er „einen unbegrenzten Schatz" herauspreßte.[82] Lombarden und Juden nahmen in der Regel einen Zins von 43,3 Prozent, für kurzfristige Darlehen auch höher. Der herrschenden Klasse gelang es oft, den Haß der beim städtischen Wucherkapital verschuldeten und von ihm ausgeplünderten Schichten allein gegen die Juden zu lenken. So kam es Ende des 13. Jh. in Mainz, Nürnberg, Würzburg und rund 140 anderen Orten zu Judenverfolgungen bzw. deren Auswanderung.

Der Einfluß der Stadtentwicklung auf das Land

In der Zeit der Kleinstadtgründungen während der zweiten Hälfte des 13. Jh. wirkte die Stadtentwicklung auf den ländlichen Bereich natürlich in der das gesamte 12./13. Jh. kennzeichnenden Weise weiterhin ein. Aber das dichter werdende Städtenetz, das Wachstum der älteren Städte und die zunehmende Bedeutung der Stadt in der fürstlichen Territorialpolitik intensivierten die ökonomischen, sozialen und demographischen Verbindungen zwischen Stadt und Umland und ließen vorher bereits erkennbare Folgen dieser Entwicklung für die städtische Bevölkerung, für Adel und Bauern deutlicher hervortreten. So zeichneten sich diese Jahrzehnte vor allem durch ein ständiges Ringen zwischen Fürsten und Städten um den Gewinn städtischer Zuwanderer einerseits und um den Verbleib der feudalabhängigen Bauern als Arbeitskräfte auf dem Lande andererseits aus.

Die Voraussetzungen für die kontinuierliche Ausdehnung des Städtewesens bis etwa 1300 wurden vor allem im agrarischen Bereich geschaffen. Sie lagen im Bevölkerungswachstum ebenso wie in der weiteren Verbreitung ökonomischer und technischer Fortschritte. Die Städte waren sowohl auf die Zuwanderung vom Lande als auch auf die Zufuhr von Lebensmitteln und bestimmten Rohstoffen für die Versorgung und für die handwerkliche Produktion angewiesen. Die bäuerliche Bevölkerung und der Adel traten als Käufer der städtischen Warenproduktion und als Verkäufer agrarischer Erzeugnisse auf. Am Ende des 13. Jh. verspottete der Dichter des „Seifried Helbling" die österreichischen Ritter und Knappen, weil sie mehr Interesse für Getreidepreise, für Viehzucht und für den gewinnbringenden Verkauf der Weinernte zeigten als für den Krieg und Ritterdienst; sie würden sich bei Hofe über die Preise von Eiern, Käse und Ferkeln unterhalten und für die Steigerung der Milcherträge bei Kühen interessieren.

Die Aufnahmefähigkeit der wachsenden Städte stimulierte nach wie vor die Flucht der Bauern aus feudaler Abhängigkeit und Ausbeutung in die für sie wirtschaftlich und rechtlich attraktivere freie Stadtgemeinde. Hatte sich doch die politische und rechtliche Sonderstellung der Stadt gerade in der Zeit des zusammenbrechenden staufischen Imperiums und der nachfolgenden Wirren gefestigt. Quellen aus der zweiten Hälfte des 13. Jh. belegen auch ein Interesse jener Feudalherren an der bäuerlichen Einwanderung, die im Zuge ihrer Territorialpolitik Städte gegründet hatten. Als zum Beispiel der Bischof von Minden seinem Dorf Lübbecke 1279 Stadtrecht verlieh, wurde den in die neue Stadt einwandernden Unfreien die Lösung aus Unfreiheit und Knechtschaft versprochen.[83] Für das Wachstum der von ihm gegründeten Stadt Haltern bestimmte der Bischof von Münster 1288: Jeder, der in die Stadt ziehen will, wird dort aufgenommen. Nach dem Stadtrecht für das niederbayerische Landau von 1304 erhielten zugewanderte Eigenleute nach Jahr und Tag das Bürgerrecht.[84]

Aus vielen Quellen der zweiten Hälfte des 13. Jh. spricht aber auch die Furcht der feudalen Stadtherren vor dem Verlust bäuerlicher Arbeitskräfte auf dem Lande und der dadurch verursachten Schmälerung des bäuerlichen Mehrprodukts. So enthielten zwar alle fünf bayerischen Landfrieden des 13. Jh. die Bestimmung, daß in Städte und Märkte eingewanderte Bauern binnen Jahr und Tag von ihren Grundherren zurückgefordert werden mußten, sonst durften sie in der Stadt bleiben. Aber die Landfriedensbestimmungen von 1244 und 1256 sicherten bei ständigem Verbleib der Bauern in der Stadt den Feudalherren weiterhin die bisherigen Dienste der Bauern sowie einen Teil ihres Nachlasses zu. Als Herzog Ludwig von Oberbayern 1273 Neustadt/Donau gründete, bestimmte er, daß Einwanderer von niemandem behelligt werden dürften. Aber den herzoglichen Eigenleuten wurde die Niederlassung in Neustadt verboten; lediglich die für die neue Stadt dringend benötigten Handwerker, so Schuster, Zimmerleute und Fleischer, erhielten ein unbeschränktes Zuzugsrecht.[85] Den Leuten, die in die Stadt Nieheim des Bischofs von Paderborn ziehen wollten, sollte nach den 1282 verliehenen Freiheiten das Bürgerrecht gegeben werden. Von dieser Bestimmung wurden aber die Bauern ausgenommen, die dem Bischof, den Ministerialen oder Kirchen des Paderborner Bistums gehörten. Der bayerische Herzog wies seine Beamten zu Nabburg 1296 an, den Zuwanderern auf eine Entfernung von drei Meilen sicheres Geleit zu geben; aber die Aufnahme der Urbars- und Vogtleute des Herzogs wurde verboten.[86] Bei Rechtsverleihungen an Städte verbot Rudolf von Habsburg den Zuzug von Hörigen des Reiches und der habsburgischen Hausmacht, während Reichsstädte die abhängigen Bauern anderer Fürsten binnen Jahr und Tag als Bürger aufnehmen durften.

Der Abwanderung von bäuerlichen Arbeitskräften in die Städte fremder Feudalherren und der dadurch zu befürchtenden Verringerung der bäuerlichen Natural- und Geldabgaben versuchten die Feudalgewalten durch Abmachungen entgegenzuwirken. Solche Verträge enthielten die gegenseitige Verpflichtung, Hörige eines Grundherrn nicht in die Stadt des anderen aufzunehmen bzw. flüchtige Bauern auszuliefern. So einigten sich der Graf von Geldern und das Stift Xanten 1259 darauf, den bisher in die geldrischen Städte abgewanderten abhängigen Bauern des Stifts das Bürgerrecht zu lassen; zukünftige Einwanderer aber mußten von ihrem ländlichen Besitz dem Stift weiterhin Abgaben zahlen.[87] Als Herzog Heinrich von Niederbayern 1269 den Marktort Neumarkt gründete, mußte er dem Kloster St. Veit zusagen, eingewanderte Leute des Klosters auf dessen Antrag wieder auszuliefern; „wurd er aber in jares frist nicht gevordert, so hat er frey willechur dazubleiben an alle irrung und hindernüzze".[88]

Die Städte mußten Verpflichtungen eingehen, Bauern nicht ohne Erlaubnis des Stadtherrn aufzunehmen. Der Bischof von Würzburg ließ sich 1261 von der Stadt Würzburg die Zusage machen, in Zukunft Bürger nur mit Erlaubnis des Bischofs aufzunehmen.[89] Frankfurt/Main stimmte 1289 zu, künftig keine abhängigen Bauern des Grafen von Katzenelnbogen mehr als Bürger zuzulassen. Den Städten Aufkirchen, Bopfingen, Dinkelsbühl, Harburg und Nördlingen verbot Rudolf von Habsburg 1274, Unfreien des Grafen von Öttingen das Bürgerrecht zu geben. Solche Bestimmungen führten dazu, daß die Städte, besonders die zahlreichen kleinen Neugründungen, Schwierigkeiten hatten, ausreichenden Zuzug vom Lande zu erhalten. So mußte denn der Kölner Erzbischof 1294 seiner Stadt Rheinberg doch die uneingeschränkte Aufnahme von Hörigen, auch aus den erzbischöflichen Besitzungen, gestatten.

Neben der Abwanderung in die Städte, die in ihren kleinstädtischen Formen der ländlichen Umgebung sozusagen nähergerückt waren, bedienten sich die Bauern nach wie vor auch anderer erprobter Formen

Bauer mit Spaten, Schäferstab, Sichel und Wetzstein. Aus einer niederländischen Handschrift des Schachzabelbuches des Jacobus de Cessolis (1453)

im Kampf gegen feudale Abhängigkeit und Ausbeutung. Dazu gehörten die Verweigerung oder eigenmächtige Verminderung von Abgaben und Diensten sowie Bemühungen um ein besseres Besitzrecht. Das Augustinerchorherrenstift Suben/Inn, das als eines der wenigen bayerischen Klöster im 14. Jh. noch nicht unter die wittelsbachische Landesherrschaft geraten war, wandte sich 1306 hilfesuchend an den niederbayerischen Herzog. Die Klosterbauern verweigerten dem Kloster nämlich Dienst und Zins und prozessierten um das Erbrecht an ihren Wirtschaften. Die herzoglichen Beamten wurden angewiesen, die Partei des Klosters zu beziehen, es sei denn, die Bauern könnten durch schriftliche oder mündliche Zeugnisse ihr Erbrecht nachweisen. Das Stift Xanten hatte sich häufig mit Bauern auseinanderzusetzen, die die Abgaben gar nicht, nicht rechtzeitig oder nur unvollständig zahlten. Besonders schwierig war es, die Zinsen von den entfernter gelegenen Ländereien einzutreiben; das Stift mußte diese daher verkaufen.[90] Das mit dem erblichen Besitzrecht zu erwartende größere Interesse des Bauern an der Produktion nutzte ein Mainzer Stift 1260 aus, indem es zwei Morgen Weinberge, die ja besonders intensiver Pflege bedurften und Erträge erst nach Jahren brachten,

Arbeiten im Weinberg. L.: Auflockern der Erde, r.: Weinlese (aus der um 1340 in Böhmen entstandenen Velislav-Bibel)

an Bauern zu Erbrecht ausgab. Nach fünf zinsfreien Jahren sollten die Bauern in den darauffolgenden zehn Jahren ein Drittel, danach die Hälfte der Weinernte an das Stift zahlen.[91] Als der Augsburger Bischof 1299 einen Weinberg zu Erbrecht verlieh, mußte er elf zinsfreie Jahre gewähren und konnte erst nach weiteren elf Jahren den halben Weinertrag fordern.[92] Anfang des 14. Jh. drohte das Stift Zwettl in Niederösterreich seinen Bauern mit der Erhöhung der Getreideabgaben, wenn sie den Abt und dessen Beamte weiterhin wegen Abgabennachlaß belästigen würden.

Die Dichter des 13. Jh., die den Bauern durchaus in die feudale Ständeordnung einfügten, zeigten zwar Verständnis für dessen Not, sahen aber keine Möglichkeit, die feudale Ausbeutung durch solche passiven Widerstandsäußerungen erträglicher zu gestalten. So hielt Hugo von Trimberg den Zorn der Bauern für nutzlos:

Zürnten wir armen immer und immer,
Herren und vögte zerinnet uns nimmer.

Gegen den „Mutwillen" der Feudalherren könne man nichts ausrichten:

Ein vogel, ein tier, ein arm gebûr
Behaltent vil baz [besser] ir natûr

Denne pfaffen und herren, der muotwillen
Nieman ûf erden kan gestillen.[93]

Weitere Streitpunkte im Kampf zwischen Bauern und feudalen Grundherren waren die Nutzungsrechte an der Allmende. Im Ergebnis solcher Auseinandersetzungen erreichten süddeutsche Landesherren 1291 den Erlaß eines Reichsweistums. Es gestattete ihnen, Rodungen auf Allmenden, die ohne ihr Wissen erfolgt waren, zu verbieten und Zuwiderhandlungen zu bestrafen.

Der Kampf um das Gemeineigentum festigte die dörfliche Gemeinde, deren Mitglieder sich andererseits unter den Auswirkungen der Stadtentwicklung bald stärker differenzierten. Die Quellen lassen unterhalb der Gruppe der Hufenbauern eine ländliche Unterschicht erkennen, die kein Land besaß oder nur über kleine Gärten verfügte und für die regional verschiedene Bezeichnungen auftreten. Solche Kötter, Häusler, Katner, Kossäten, Gärtner, Seldner oder Tagwerker unterschieden sich in ihrer wirtschaftlichen, sozialen und rechtlichen Stellung und in ihren Lebensbedingungen von den Bauern. Eine bäuerliche Oberschicht zeichnet sich in den „maiores" oder „meliores villae" und in den „honesti" oder „probi viri", also in den „Besseren", in den „ehrenwerten Männern" der Dörfer ab.

Die Stärkung des Königtums durch Hausmacht, Landfrieden und Bündniswesen (1273 bis 1314)

Wahl und Kaiserpläne Rudolfs von Habsburg

Am 1. Oktober 1273 wählten die Kurfürsten — unter Protest König Ottokars II. Přemysl von Böhmen, der den deutschen Thron für sich erstrebte — einen neuen König. Es war der Graf Rudolf von Habsburg, damals bereits im Alter von 55 Jahren, ein für mittelalterliche Lebenserwartung alter Mann. Er gehörte nicht dem Reichsfürstenstand an, galt aber als ein begüterter, kriegserfahrener und geschickter Territorialherr. Die Jahre des ohnmächtigen, ausländischen Doppelkönigtums gingen zu Ende.[94] Nach den schlechten Erfahrungen der letzten Zeit entsprach eine aktionsfähigere Zentralgewalt den Interessen breiter Schichten des Volkes, insbesondere des Städtebürgertums, und kam auch den politischen Zielen der Fürsten entgegen, die daher dem energischen Druck des Papstes auf eine rasche Wahlentscheidung nachgaben.

Die Städte Frankfurt/Main, Friedberg, Gelnhausen, Mainz, Oppenheim, Wetzlar und Worms, die in der Tradition des Rheinischen Städtebundes standen, hatten bereits am 5. Februar 1273 beschlossen, nur einen von den Kurfürsten einstimmig gewählten König anzuerkennen. Bei zwiespältiger Wahl wollten sie keinen der Gewählten in ihre Mauern einlassen oder unterstützen, bis ihnen die Kurfürsten einen einmütig gewählten König anzeigen würden.[95]

An einem solchen Herrscher waren nun auch die Fürsten interessiert. Insbesondere die Kurfürsten hatten sich in den letzten 30 Jahren unverschämt am Reichsgut bereichert. Sie erstrebten die nachträgliche königliche Bestätigung dieser Eroberungen und damit eindeutige Rechtstitel für ihre Besitzungen. Rudolf entsprach diesen Erwartungen, sicherte den Kurfürsten ihre derzeitigen Länder, Rechte und Einkünfte zu und ersetzte ihre Wahlunkosten. Andererseits war der neue König zunächst nicht so stark und einflußreich, daß er die territorialen Pläne der Fürsten gefährden konnte. Ein so mächtiger und reicher Bewerber um den Thron wie Ottokar von Böhmen hatte bei ihnen keine Chance.

Auf eine rasche Lösung der deutschen Thronfrage wurden die Kurfürsten auch von Papst Gregor X. gedrängt. Mit Hilfe eines einmütig gewählten Königs, dem er die Kaiserkrone anbieten konnte, wollte der Papst seine Kreuzzugspläne verwirklichen. Eine aktionsfähige Reichsgewalt benötigte die Kurie auch als Gegengewicht gegen den wachsenden Einfluß Karls von Anjou, des Königs von Sizilien, Senators von Rom und Reichsvikars in der Toskana. Auf dem 1274 tagenden Konzil von Lyon, das über den Kreuzzug, verschiedene Aspekte einer Kirchenreform und die — formal tatsächlich erreichte — Wiedervereinigung mit der griechischen Kirche beriet, setzte Gregor die allgemeine Anerkennung des Habsburgers als römischer König durch. Dafür ließ sich der Papst von Rudolf die Privilegien der römischen Kirche und ihre weiteren territorialen Ansprüche sowie die derzeitigen politischen Verhältnisse auf Sizilien bestätigen. Der Papst stellte die Kaiserkrönung in Aussicht, die die Nachfolge von Rudolfs Sohn auf dem deutschen Thron und damit eine kontinuierliche Politik der Zentralgewalt über einen längeren, zusammenhängenden Zeitraum erleichtert hätte.

Obwohl Rudolf wiederholt Versuche unternahm, die Kaiserkrone zu erringen — er unterstützte die Kreuzzugsvorbereitungen des Papstes, erklärte seine Bereitschaft zum Ausgleich mit Karl von Anjou und verzichtete auf die Romagna —, scheiterte die Kaiserkrönung. Finanzielle Schwierigkeiten des Königs, die innenpolitischen Auseinandersetzungen mit Ottokar von Böhmen, der Widerstand der Kurfürsten gegen einen König und Kaiser, der die erbliche Nachfolge seines Sohnes anstrebte und damit das kurfürstliche Wahlrecht gefährdete, verhinderten die Kaiserkrönung ebenso wie die schwankende Politik der häufig wechselnden, immer mehr unter französischen Einfluß geratenden Päpste. Zudem nahmen andere Ereignisse die Aufmerksamkeit des Papsttums in Anspruch. Das waren unter dem franzosenfreundlichen Martin IV., der nach Ansicht Alexanders von Roes alle Welt französisch regieren wollte, vor allem die Vorgänge in Sizilien. Gegen die Herrschaft Karls von Anjou, der sich anschickte, auch Byzanz zu erobern, gegen die Willkür der französischen Beamten und hohe Steuerlasten erhob sich 1282 die Bevölkerung auf Sizilien, stürzte die verhaßte Fremdherrschaft und rief König Peter von Aragon auf den Thron Siziliens. Das Haus Anjou wurde auf das süditalienische Festland mit Neapel beschränkt. Diese Ereignisse, geschürt von aragonischen Agenten und organisiert mit Hilfe byzantinischen Goldes, gingen als „Sizilianische Vesper" in die Geschichte ein.

Das Nichtzustandekommen der Kaiserkrönung bedeutete keinen bewußten, realistischen Verzicht Rudolfs auf eine Italienpolitik, wie das knapp 100 Jahre später der Straßburger Chronist Fritsche Closener sehen wollte. Er lobte den Habsburger dafür, daß er weder „zu welschen landen noch zu Rome" ziehen wollte, „alse bleib er in tutschen landen. daz was dem lande gut".[96] Der Erwerb der Kaiserkrone durch einen Romzug ohne die Wiederaufnahme der Italienpolitik staufischen Stils — wie es später Karl IV. praktizierte — hätte eine Stärkung der deutschen Zentralgewalt bedeutet. War doch nach dem damals herrschenden Rechtsstandpunkt der Besitz der Kaiserwürde Voraussetzung für die Wahl von Rudolfs Sohn zum römischen König.⁹⁷ Allerdings hatten die Kurfürsten mit ihrem nun voll ausgebildeten Wahlrecht ein entscheidendes Mittel in der Hand, dieses Ziel zu vereiteln.

Königliche Hausmacht- und Landfriedenspolitik

Den Ausgangspunkt für Rudolfs Königtum bildete der recht bedeutende territoriale Besitz der Habsburger, die ihren Namen von der gleichnamigen Burg am Zusammenfluß von Aare und Reuß im heutigen Schweizer Kanton Aargau ableiteten. Auf dem Wege der Diplomatie und Gewalt, durch Kauf, Erbschaft und Kriegsglück war es den Grafen von Habsburg im Laufe des 13. Jh. gelungen, eine starke Territorialmacht im Südwesten zu errichten. Deshalb kann es wohl nur als ein häufig benutztes Stilelement gelten, wenn der Gegenspieler, Ottokar II. Přemysl von Böhmen, den Habsburger als einen „nicht sonderlich geeigneten Grafen", einen unbekannten, machtlosen und armen Mann bezeichnete.⁹⁸

Das in den vorangegangenen Jahrzehnten abhanden gekommene Reichsgut versuchte Rudolf wieder zurückzugewinnen, um die materiellen Grundlagen des Königtums zu verbreitern (Revindikationspolitik). Der Habsburger erhoffte sich „hundertfachen Gewinn, Ehre und Ansehen, wenn er das Zerstreute wieder sammeln, das Geraubte zurückholen und schließlich mit bewaffneter Hand das Reich erweitern" würde.⁹⁹ Der Nürnberger Reichstag von 1274 faßte die entsprechenden Beschlüsse dazu.

Den einträglichsten Bestandteil der Reichsbesitzungen bildeten die Reichsstädte mit ihrer Verpflichtung zur Steuerzahlung und zu anderen Abgaben. In einer Zeit der raschen Erweiterung und Vertiefung der Ware-Geld-Beziehungen waren umfangreiche, beständige und schnell zur Verfügung stehende Geldeinnahmen von erheblicher Bedeutung für die wirtschaftliche Macht und die Wirksamkeit der herrschenden Klasse. Die Wiedererlangung der vollen Verfügungsgewalt des Königtums über die Leistungen der reichsstädtischen Bürger konnte daher die materielle Basis der Zentralgewalt erheblich stärken.

Der Begriff Reichsstadt setzte sich seit dem letzten Drittel des 13. Jh. endgültig durch.¹⁰⁰ Zu den über 100 Reichsstädten gehörten die auf ursprünglichem Königsland errichteten Städte sowie königliche Stadtgründungen auf Kirchengut, wie etwa Colmar, Schaffhausen, Schlettstadt, Wetzlar und Zürich. Das Attribut Reichsstadt besaßen auch die Bischofsstädte Augsburg, Chur und Konstanz, in denen der König Vogteirechte ausübte. Reichsstädte waren oder wurden die als freie Reichsstädte oder Freistädte bezeichneten ehemaligen Bischofsstädte, in denen die Bürger in der kommunalen Bewegung eine sehr weitgehende städtische Autonomie erkämpft hatten. Dazu gehörten Köln, Mainz, Regensburg, Speyer, Straßburg und Worms.¹⁰¹ Im Zuge der rudolfinischen Revindikationspolitik wurden ehemals königliche Städte wieder der Herrschaft des Reiches unterstellt und andere Städte neu für das Reich erworben.

Aber diese königliche Politik war von vornherein mit Halbheiten belastet und erbrachte nicht den für die Stärkung der Zentralgewalt notwendigen Erfolg. Anhänger und Verwandte des Königs wurden von den Rückforderungen ausgenommen oder mit zurückgewonnenem Reichsgut sofort für ihre Dienste belohnt. Die kurfürstlichen Wähler widersetzten sich energisch einer Schmälerung ihrer durch Reichsbesitz vermehrten Güter.

Zur Verwaltung und Sicherung des Reichsbesitzes in den süd- und südwestdeutschen Gebieten sowie am Ober- und Mittelrhein führte Rudolf Ansätze staufischer Politik weiter, indem er das Reichsgut bestimmter Bezirke zu Reichslandvogteien unter ein- und absetzbaren, besoldeten Beamten vereinigte. Dieser Weg zu einer beamtenmäßigen Organisation und Verwaltung des Reichsgutes entsprach den durch die Entwicklung von Ware-Geld-Beziehungen entstandenen neuen wirtschaftlichen Möglichkeiten. Rudolfs Verwaltungsreform konnte bei konsequenter Durchführung ein Mittel sein, den Reichsbesitz auf geldwirtschaftlichen Grundlagen neu zu organisieren und das Königtum unabhängiger von den Lehnsdiensten der Feudalherren zu machen. Aber diese Maßnahmen hatten keinen dauerhaften, durchschlagenden Erfolg. Die zu Landvogteien zusammengefaßten Gebiete stellten keine geschlossenen königlichen Herrschaftskomplexe dar, sondern waren von Besitzungen anderer Dynasten durchsetzt. Sie erfaßten nur vereinzelte Gebiete des Reiches, der Norden war ganz ausgenommen. Hier wurden mit der Verwaltung des weit verstreuten und insgesamt nur noch geringfügigen Reichsgutes die Fürsten dieser Gegend beauftragt.¹⁰² Sie aber nutzten ihre Funktion als königliche Statthalter von Goslar, Lübeck, Mühlhausen und Nordhausen aus, um ihre eigenen Pläne zu verfolgen. Auch Inkonsequenzen bei den Revindikationen und in der praktischen Politik der Reichslandvögte in Schwaben und Franken sowie der Widerstand der erstarkten Landesherren gegen die königlichen Landvögte hemmten überall die positiven Ansätze. Oft hielten sich die neuen Beamten der Zentralgewalt an den Reichseinkünften schadlos, es gab Klagen über die Mißwirtschaft der Landvögte, die weitere Verpfändung von Reichsgut hörte nicht auf.

Rudolfs Ziel, das zerrüttete Reichsgut zu reorganisieren und die materielle Grundlage der Königsherrschaft zu stärken, diente auch der Ausbau der Reichsburgen. Die Burgbesatzungen wurden durch Mitglieder

Grabplatte Rudolfs von Habsburg im Dom zu Speyer

aus Grafen- und edelfreien Familien verstärkt und die neuen Burgmannen enger an den König gebunden, wie Rudolf von Habsburg überhaupt Edelfreie in stärkerem Maße auch zu anderen Diensten heranzog. Neue Reichsburgen entstanden. Burgen, die die Städtebürger während des Interregnums zerstört hatten, mußten wieder aufgebaut werden, die Zahl der stark befestigten Burgstädte nahm zu.

Führten die einzelnen Rückforderungen von Reichsgut zu keiner wesentlichen Ausweitung der materiellen Grundlagen des Königtums, so verbesserte die im Zeichen der Revindikation geführte Aktion gegen Ottokar II. Přemysl von Böhmen schlagartig die Situation Rudolfs von Habsburg. Im Kampf gegen gleichgerichtete territoriale Ambitionen Bayerns und Ungarns hatte der böhmische König nach 1250 die Reichslehen Österreich und Steiermark, Kärnten, Krain und die Windische Mark sowie das Egerland erobert. Zusammen mit seinen Ländern Böhmen und Mähren verfügte er damit über große und geschlossene Territorien, in denen sich die ergiebigsten Silbergruben Europas befanden. Diese Tatsachen sind der historische Hintergrund für die farbig ausgeschmückten Erzählungen der Chronisten über Ottokars sagenhaften Reichtum. Der Přemyslide hatte in seinen Ländern Böhmen und Mähren die wirtschaftliche Entwicklung und politische Stellung von Stadt und Bürgertum gefördert.[103] Durch eine reichhaltige Privilegierung des Bürgertums, durch die Unterstützung der Geistlichkeit und die Zentralisierung der Verwaltung versuchte Ottokar, Gegenkräfte gegen den sich seiner straffen königlichen Macht widersetzenden Adel zu mobilisieren. Die beiden Feldzüge von 1276 und 1278 endeten mit einem habsburgischen Sieg über Ottokar. Neben seinen militärischen Erfolgen verstand es Rudolf, die Opposition vor allem des böhmischen Adels gegen Ottokars Regiment geschickt für seine Stellung zu nutzen. Eine große Rolle spielte auch die Propaganda der Bettelorden — im Heer des Habsburgers vor Dürnkrut predigte zum Beispiel der aus Handwerkerkreisen stammende Minorit Heinrich Knoderer, der als besonders enger Ratgeber des Königs 1275 Bischof von Basel und 1286 Erzbischof von Mainz wurde. In der Entscheidungsschlacht bei Dürnkrut auf dem Marchfeld am 26. August 1278 erlitt das Heer Ottokars eine vollständige Niederlage, er selbst wurde von österreichischen Adligen ermordet. Sein Sohn Wenzel, über den der brandenburgische Markgraf die Vormundschaft führte, behielt nur Böhmen und Mähren als Reichslehen. Der Dichter Konrad von Würzburg feierte Rudolfs Sieg mit den Worten: „Sich muoste ein löuwe ûz Bêheim under sîne clâwen smiegen."[104]

Nach Beilegung innerer Schwierigkeiten, die besonders aus dem Widerstand der rheinischen Kurfürsten gegen die wachsende Macht des Königs resultierten, konnte Rudolf mit kurfürstlicher Zustimmung in Form von Willebriefen im Jahre 1282 seinen Söhnen Rudolf und Albrecht die Herzogtümer Österreich, Steiermark, Kärnten, Krain und die Windische Mark verleihen, deren Verwaltung jedoch Albrecht allein übernahm. Kärnten und die Pfandherrschaft über Krain erhielt 1286 Graf Meinhard II. von Tirol, der enge Verbündete Rudolfs in den vorangegangenen Feldzügen. Damit hatte das deutsche Königtum nach dem militärischen Sieg von 1278 nun auch einen politischen Erfolg gegenüber den Kurfürsten errungen und einen Höhepunkt in seiner Machtstellung seit dem Interregnum erreicht. Die wirtschaftliche Bedeutung der österreichischen Erwerbungen war hoch. In der Steiermark konzentrierte sich die Eisengewinnung. Der Handel der österreichischen Städte sowie die Handelsstraßen des Landes, besonders die Donau, brachten bedeutende Erträge aus Zöllen und Geleitsgeldern ein.

In geschickter Anlehnung an die städtefreundliche Politik Ottokars erneuerte und erweiterte Rudolf die Rechte und Freiheiten von Enns, Fürstenfeld, Graz, Judenburg, Krems, Tulln und Wiener Neustadt. Zoll- und Mautfreiheit, Stapel- und Marktrechte festigten die

Markgraf Heinrich der Erlauchte von Meißen und Thüringen (Mannessische Liederhandschrift)

Beziehungen zwischen dem Bürgertum der österreichischen Städte und dem König. Wien diente zwischen 1276 und 1281 für knapp vier Jahre als königliche Residenz, nachdem die Stadt zunächst unter dem Einfluß der mächtigen Patrizierfamilie Paltram[105] fest zu Ottokar gestanden hatte.

In Zeiten eines erblichen Königtums war eine Unterscheidung zwischen dem Hausgut der Könige und dem Reichsgut unerheblich. Aber seitdem die Kurfürsten ihr Königswahlrecht durchgesetzt hatten, die Reichsrechte und -besitzungen weitgehend zerrüttet waren und die Revindikationsbestrebungen lediglich geringfügige und meist nur vorübergehende Erfolge zeitigten, konnte das Hausgut der herrschenden Dynastie von entscheidender Bedeutung für die Wiederherstellung tragfähiger Grundlagen der Zentralgewalt werden. Eine solche auf Ausweitung der Hausmacht gerichtete Politik diente aber nur dann dem Interesse des Königtums, wenn sie in den Grenzen des Reiches verblieb und wenn sie sich mit der Chance verband, die Kurfürsten für die Wahl des Sohnes als Nachfolger auf dem Thron zu gewinnen. Wenn das mißlang, mußte der nachfolgende Herrscher mit dem Aufbau einer neuen königlichen Hausmacht beginnen. Die Kurfürsten zur Wahl des Sohnes zu bewegen – also eine Erbfolge trotz des kurfürstlichen Wahlrechts durchzusetzen – erforderte eine geschickte Politik des Königs gegenüber seinen fürstlichen Wählern, die zudem meist den Papst als Verbündeten hatten. Durch den militärischen Sieg von 1278 und den politischen Erfolg gegenüber den Kurfürsten 1282 legte Rudolf den Grundstein für eine erfolgreiche habsburgische Hausmachtpolitik. Doch gelang es dem König nicht, diese Ansätze durch die Sicherung der Thronfolge für seinen Sohn zu festigen. Allen Bestrebungen in dieser Richtung setzten die Kurfürsten umso hartnäckiger Widerstand entgegen, je mächtiger das habsburgische Königtum wurde. Sie ließen 1287 erneute Bemühungen des Königs um die Durchführung eines Italienzuges zur Kaiserkrönung scheitern, schlossen 1290 ein Bündnis gegen den König und verweigerten 1291 die Zustimmung zur Nachfolge von Rudolfs Sohn.

Nach den Erfolgen der Anfangsjahre galten nächste Schritte des Königs innenpolitischen Maßnahmen zur Festigung seiner Herrschaft. Mit zum Teil energischen Bemühungen um die Wiederherstellung friedlicherer Zustände im Reich, die die Abschaffung ungesetzlicher Zölle einschlossen, kam das Königtum auch dem Bedürfnis breiterer Schichten nach Frieden und Sicherheit, nach Schutz von Handel und Gewerbe entgegen. Besonders seit 1281 wurden territorial begrenzte Landfrieden abgeschlossen.[106] Diese zumeist in deutscher Sprache abgefaßten Landfriedensgesetze erneuerten die Bestimmungen des Mainzer Reichslandfriedens von 1235, betrafen also die Einschränkung der Fehde, das Verbot der Pfahlbürger, die Abschaffung ungerechter Zölle und Münzstätten, den Schutz der Geistlichkeit und das gerichtliche Verfahren bei Landfriedensbruch. Diese territorialen Landfrieden widerspiegeln in ihrer Rücksichtnahme auf die landesherrlichen Interessen aber auch die seit 1235 eingetretene Verschiebung im Machtverhältnis zwischen Königtum und Fürsten zugunsten der letzteren. So bestimmte der auf Rudolfs Geheiß abgeschlossene bayerische Landfrieden vom 6. Juli 1281: „Ez sol auch diser lantfrid nach sinem zil den herren noch dem land an ir landesreht niht schaden."[107] In Bayern, wo der Herzog eine starke Stellung hatte, und in Österreich und der Steiermark wurden die Landesherren für die Einhaltung des Landfriedens verantwortlich gemacht. In den Landvogteien nahmen die Reichslandvögte häufig Friedensaufgaben wahr. So schloß der königliche Landvogt im Speyergau mit aktiver Unterstützung von 17 Städten im Jahre 1278 den Hagenauer Landfrieden am Mittelrhein. Damit durchkreuzte er die oppositionellen Bestrebungen des Mainzer Erzbischofs, denn die Besitzungen der Vertragspartner standen in unmittelbarer Verbindung mit dem habsburgischen Hausgut am Oberrhein.

In Thüringen war die Friedenssicherung eng mit dem

persönlichen Aufenthalt des Königs in Erfurt 1289/90 verknüpft und auf das Bündnis mit dem Städtebürgertum ausgerichtet. Als 1288 der wettinische Markgraf Heinrich der Erlauchte, der Thüringen und Meißen unter seiner Herrschaft vereinigt hatte, gestorben war, litt das Land unter den verheerenden Fehden und Teilungen seiner Nachfolger. Mißernten, Hunger und Teuerungen verschlimmerten die Lage. Während seines Aufenthaltes in Erfurt erneuerte Rudolf Landfriedensbestimmungen für Thüringen, verurteilte Raubritter und brach mit Hilfe des Erfurter Bürgeraufgebots zahlreiche Raubburgen. Den beiden thüringischen Reichsstädten Mühlhausen und Nordhausen sowie der Stadt Erfurt wurden Privilegien bestätigt. Einen Bund der Reichsstädte Altenburg, Chemnitz und Zwickau sanktionierte der König. Landfriedensbestrebungen und eine die Städte fördernde Politik waren Mittel des Habsburgers, hier im thüringisch-sächsischen Gebiet für die Zentralgewalt wieder Positionen zu erobern.[108]

Auf den Reichstagen in Würzburg 1287 und in Speyer 1291 griff Rudolf auch den Gedanken eines für das ganze Reich geltenden Reichslandfriedens auf. Während der Würzburger Landfrieden aber nur mit „Gunst und Rat" des Kardinallegaten sowie der geistlichen und weltlichen Fürsten abgeschlossen wurde, kam der 1291 erneuerte Reichslandfrieden „mit der fursten und der lantherren und der stete gesworen eiden" zustande. Der Würzburger Frieden betonte neben den königlichen Exekutionsmöglichkeiten die Verantwortung auch der Fürsten für die Friedenswahrung: „Swaz ouch die fursten mit ir lantherren in irme lande mit der herren rate sezzent und machent disem lantfriden zu bezzerunge und zu vestenunge, daz mugen si wol dun und da mitte brechen sie des lantfriden niht."[109] Die Friedensgesetze des ersten Habsburgers auf dem deutschen Thron zeigen aber auch deutlich, daß königliche Landfriedenspolitik in der zweiten Hälfte des 13. Jh. ohne städtische Beteiligung nicht mehr möglich war. Städte trugen zum Abschluß solcher Landfrieden bei, oder sie traten ihnen später bei und wurden vor allem zur finanziellen und militärischen Absicherung von Friedensaufgaben herangezogen.[110]

Da Rudolf von Habsburg die königliche Friedenswahrung nach dem Interregnum wieder energisch in die Hand nahm, eine Vielzahl aktiver Maßnahmen erprobte und das reale Kräfteverhältnis von Zentralgewalt und Fürsten in der königlichen Friedenspolitik ebenso berücksichtigte, wie er die städtischen Möglichkeiten dafür ausnutzte, wurden Fortschritte in der Einschränkung des Fehdewesens gegenüber früheren Jahren erzielt. Die kurz nach Rudolfs Tod niedergeschriebene, ihm besonders verbundene dominikanische Colmarer Chronik, deren Autor aus eigenem Erleben, aus Berichten seiner Ordensbrüder, elsässischer Krieger und fahrender Spielleute schöpfte, rühmte den in allen

Seite aus der Nordhäuser Einung von 1280

deutschen Gebieten aufgerichteten „unglaublichen Frieden".[111] Die zu Beginn des 14. Jh. entstandene erste bayerische Fortsetzung der Sächsischen Weltchronik charakterisierte Rudolf als „guten Friedensmacher", „wan er zeprach elliü diü rauphaüser, diü daz lant beschedigt heten ... wan er als gut gerillt und fride dorinne schüf, daz manigen enden in dem lande die chauflaüt ir lastcharren und ir waegen liezzen sten, wo sie benahten; doran getorst si niemant beschedigen."[112]

Zusammen mit dem Reichstag fand in Würzburg im März 1287 auch ein Konzil statt, auf dem der päpstliche Kardinallegat Statuten gegen kirchliche Mißstände erließ und neue Zehntforderungen an den deutschen Klerus, angeblich zugunsten des Romzuges Rudolfs von Habsburg, stellte. Dagegen erhoben sich — ausgelöst vor allem durch den Bischof von Toul und den Erzbischof von Köln — Entrüstung und Aufruhr. Der Kölner Erzbischof Siegfried von Westerburg, der Reichsbesitzungen an Rudolf hatte herausgeben müssen und den der König in der gerade akuten Limburger Erbfolgefrage nicht unterstützte, protestierte gegen die Zehnterhebung. Außerdem verwahrte er sich gegen den angeblichen Plan des Legaten und damit des Papstes, das Königswahlrecht der deutschen Kurfürsten durch Schaffung eines erblichen Königtums schmälern und „regnum" und „imperium" trennen zu wollen. Der Widerspruch des deutschen Klerus hatte Erfolg: Das Konzil wurde gesprengt, die päpstliche Zehntforderung abgelehnt, damit aber Romzug und Kaiserkrönung vereitelt.

Auch Schriften dieser Zeit vermitteln Vorstellungen von einer neuen Reichsordnung. Der Dominikaner Tholomeus von Lucca schrieb in seiner zwischen 1313 und 1317 abgeschlossenen Kirchengeschichte dem seit 1277 amtierenden Papst Nikolaus III. die Idee eines mit Rudolf verhandelten „Reichsteilungsplans" zu. Dieser sah die Teilung des Imperiums in vier Königreiche vor, über die der Kaiser eine Art Oberhoheit hatte. Unter den Habsburgern sollte das Königreich Deutschland erblich werden. Das Königreich Arelat sollte dem Gatten der Tochter Rudolfs zufallen, für den damals der Enkel Karls von Anjou, Karl Martell, in Aussicht stand, nachdem entsprechende englisch-habsburgische Heiratspläne sich zerschlagen hatten. Zwei italienische Königreiche in der Lombardei und Toskana waren für päpstliche Neffen bestimmt. Wenn auch ein realer historischer Hintergrund für solche Ideen in den Bemühungen Rudolfs um die habsburgische Nachfolge im Reich und in seinen Plänen mit dem Königreich Arelat bestand, so ist es doch fraglich, ob man damals am deutschen Königshof an eine derartige Aufteilung des Reiches dachte. So verfaßte Alexander von Roes 1281 seine Denkschrift „Über den Vorrang des römischen Reiches". Darin wirbt er für den Bestand des Imperiums, das den Deutschen gehöre und das für immer an die rechtmäßige Wahl durch die deutschen Fürsten gebunden bleiben solle, während den Franzosen das „studium" und den Römern das „sacerdotium" zukomme.

Rudolfs Verhältnis zu den Städten

Mit ihrem Aufruf zu einer einmütigen Königswahl hatten die mittelrheinischen und wetterauischen Städte 1273 ihr Interesse an einem aktionsfähigen Königtum demonstriert, von dem sie den Schutz ihrer Rechte und Freiheiten erwarteten. Mit Städteprivilegien gleich im ersten Regierungsjahr leitete Rudolf eine bürgerfreundliche Politik ein, die auch in späteren Jahren im wesentlichen beibehalten wurde. Er erneuerte städtische Rechte, bestätigte die persönliche Freiheit und das Erbrecht der Bürger, schützte sie vor fremden Gerichten, zog die Geistlichkeit in den Städten zu den städtischen Leistungen heran und schränkte die Versuche der städtischen kirchlichen Institutionen, Grund und Boden in den Städten zu erwerben, ein.

Auch in der kommunalen Bewegung von Städtebürgern gegen feudale Stadtherren und Ministerialenherrschaft stärkte die Zentralgewalt die städtebürgerliche Position. Im Kampf Erfurts mit dem Mainzer Erzbischof verlieh Rudolf der Stadt ein Privileg, nach dem die Bürger nicht vor auswärtige Gerichte zitiert werden durften. Gegenüber dem Kölner Erzbischof unterstützte er die Stadt, ohne dadurch zunächst seine Beziehungen zu diesem Kurfürsten zu trüben. 1290 bestätigte der König den bürgerlichen Stadtrat in Nordhausen und sanktionierte damit die Ergebnisse des Aufstandes Nordhäuser Bürger vom Jahre 1277/78. Damals hatten die Bürger von Nordhausen die Reichsburg zerstört und die dort ansässigen Ministerialen vertrieben. Zwei Bürgermeister und zehn Ratsherren übernahmen die Verwaltung. Der wiedereingesetzte Reichsvogt und der Reichsschultheiß schränkten aber die städtische Autonomie ein. Als 1290 der König der Stadt Mühlhausen die Zerstörung der dortigen Reichsburg im Jahre 1256 „verzieh", kam das ebenfalls der De-facto-Anerkennung der bürgerlichen Ratsverfassung in Mühlhausen durch die Zentralgewalt gleich.

Auch eine dem städtischen Handel dienende kluge königliche Zollpolitik konnte eine tragfähige Grundlage für ein Bündnis zwischen König und Städtebürgern sein. Welche verheerenden Folgen die zahlreichen Zollstätten für Wirtschaft und Handel hatten, schildert drastisch ein englischer Zeitgenosse: „Es ist ein wütender Wahnsinn, mit welchem die Deutschen von den unbezwingbaren Burgen aus, die sie an den Ufern des Rheins erbauen, ohne Rücksicht auf Ruhe und Frieden und gierig nach Erwerb oder vielmehr Erpressung von Geld, vor keiner Schandtat zurückschrecken; die Schiffe, welche mit Lebensmitteln oder mit Waren aller Art den Fluß herabkommen, können den Burgen unmöglich ausweichen, die Leute werden gezwungen auszusteigen und von jedem einzelnen werden ohne Scheu vor Gott oder dem König ganz unerhörte und unerträgliche Zölle erpreßt."[113] Eine der ersten Regierungsmaßnahmen Rudolfs war ein Verbot aller ungesetzlichen Zölle, und die königlichen Landfrieden wiederholten ständig ähnliche Bestimmungen. Adlige Zollstätten und Raubburgen wurden notfalls auch gewaltsam beseitigt. Hinter diesen Bemühungen stand der Versuch des Habsburgers, die Finanzkraft der Städte zu erhalten und möglichst zu steigern, eine Notwendigkeit, die sich aus der wachsenden Ausbreitung der Geldwirtschaft ergab. Diesem Ziel dienten auch diejenigen Bestimmungen in Rudolfs Städteprivilegien, die den kirchlichen Grunderwerb in den Städten einschränken und die Steuerfreiheit der städtischen Geistlichkeit beseitigen sollten.

Die Steuerkraft der Reichsstädte wollte Rudolf für die Zentralgewalt nutzbar machen. Er erhob die in dem Reichssteuerverzeichnis von 1241 überlieferten pauschalen Steuerbeträge weiter, forderte aber von den Städten zumeist etwas höhere Summen. Hinzu kam bereits 1274 „zur Erhaltung des ganzen Staates" und zur Finanzierung des Nürnberger Reichstages eine außerordentliche Steuer, die den Städten als Pauschalsumme auferlegt wurde. Über die Reaktion auf eine gleichzeitig verfügte direkte dreiprozentige Vermögenssteuer im Elsaß und in Schwaben berichtet der Colmarer Chronist, daß sie „die Armen erfreut, den Reichen aber mißfallen" habe.[114] Neue Städtesteuern folgten 1276, 1279 und 1284. Mit dem „Dreißigsten Pfennig", einer direkten Besteuerung der einzelnen bürgerlichen Vermögen, hatte der Habsburger den Bogen überspannt. Hinzu kam die Unzufriedenheit der Bürger mit dem forcierten Ausbau der Burgen in den königlichen Städten und dem strengen Regime der Burgbesatzungen. Bereits 1275/76 erhob sich ein offener, unter einzelnen Städten verabredeter Widerstand gegen die Neuanlage und Reorganisation der Reichsburgen, den der König durch geschickte Ausgleichspolitik beilegen konnte. Aber 1284/85 zeigte sich, daß die Bürger nicht mehr bereit waren, ihre erkämpften städtischen Rechte und Freiheiten gegen eine verstärkte finanzielle Ausplünderung und politische Unterordnung unter die königliche Zentralgewalt einzutauschen. Augsburg, Bern, Colmar, Freiburg im Üchtland und Würzburg verweigerten die Steuerzahlung. Die Bürger von Hagenau verjagten den königlichen Landvogt aus der Stadt. Am 9. Mai 1285 schlossen sich Frankfurt/Main, Friedberg und Wetzlar auf zehn Jahre zum Wetterauer Städtebund zusammen, dem im Dezember Gelnhausen beitrat. Deren geplantes gemeinsames Vorgehen gegen Feinde gerade zu diesem Zeitpunkt war sicher auch als Instrument gegen die königliche Steuerpolitik gedacht oder doch zu gebrauchen.[115]

Der Widerstand gegen die königliche Steuerpolitik verband sich mancherorts mit Friedenserwartungen und Zukunftshoffnungen der ärmeren Bevölkerungsschichten, die an die Person Kaiser Friedrichs II. geknüpft wurden. In Wetzlar, Köln und Neuß residierte ein Tile Kolup als Friedrich II., in Lübeck verehrte das „gemeine Volk" einen Kaiser Friedrich.[116] Diese gefährliche Situation zwang schließlich den König dazu, dem von den Ratsgeschlechtern getragenen Protest gegen die Art seiner Steuerauflage Rechnung zu tragen. Auf einer Zusammenkunft von Städtevertretern 1290 in Nürnberg erhielt Rudolf von den Städten eine außerordentliche Steuer zugebilligt, deren Umlage auf die einzelnen Bürger dem städtischen Rat überlassen blieb. Damit hatte sich in der Steuerfrage der Standpunkt der herrschenden Schicht in den Städten durchgesetzt. Gleichwohl zeigt die Steuerpolitik Rudolfs von Habsburg gegenüber den Städten einen Weg zur finanziellen Stärkung des deutschen Königtums, wie er auch von den französischen Herrschern Philipp II. und Ludwig IX. – allerdings mit größerem Erfolg – beschritten wurde.

Die wachsende finanzielle Leistungskraft des Städtebürgertums erweist sich an Rudolfs zahlreichen Aufenthalten in Reichs- und Bischofsstädten. Hier hielt er Reichstage ab, fand in städtischen Klöstern, in Stadtburgen, aber auch in Bürgerhäusern Herberge und Bewirtung, nahm bei Kaufleuten Gelddarlehen und Waren auf Kredit.[117] Basel war der bevorzugte Aufenthaltsort, gefolgt von Hagenau, Mainz, Straßburg, Speyer und Worms, also vor allem dem oberrheinischen Gebiet, in dem habsburgischer Hausmacht- und reichsstädtischer Besitz vereint lagen. Nach der Dauer des Aufenthaltes standen jedoch Wien und Erfurt an der Spitze, die für nicht ganz vier Jahre bzw. ein knappes Jahr lang im Zusammenhang mit der Revindikationspolitik und den Bemühungen um den Reichsbesitz im thüringisch-meißnischen Raum als königliche Residenzen dienten. Der aus solchen städtischen Aufenthalten sich ergebende engere Kontakt zu Bürgerfamilien mag den historischen Hintergrund für manche Anekdote über das Verhältnis Rudolfs zum Bürgertum abgegeben haben. Darin erscheint der König zum Beispiel als Teilhaber eines Kaufmanns an einem Handelsgeschäft – ein vor dem 13. Jh. kaum denkbares Thema mittelalterlicher Herrscherdarstellung.

Die Politik Rudolfs von Habsburg, des ersten Königs nach dem Interregnum, zeigt auf vielen Gebieten Ansätze zum Neuen, eine realere Beurteilung des Kräfteverhältnisses zwischen Königtum und Fürsten sowie Erfolge bei der Festigung der Macht der Zentralgewalt. Die Ausweitung der habsburgischen Hausmacht und die Rückforderung veräußerten Reichsgutes gehörten dazu. Versuche, die Steuerkraft der Städte für die Zentralgewalt zu nutzen, die königliche Friedenssicherung wieder zur Geltung zu bringen, Lehnsverpflichtungen durch besoldete Dienste zu ersetzen und die Verwaltung des Reichsgutes zu ordnen, sind ebenfalls zu nennen. Dazu zählt auch der – ob gewollte oder durch die Situation erzwungene – Verzicht auf eine Italienpolitik alten Stils. Gemindert wurden alle diese fortschrittlichen Züge der rudolfinischen Politik schon während seines Königtums durch den Zwang zur Rücksichtnahme auf die Interessen der Kurfürsten. Erschwerend kam hinzu, daß sich seine Bemühungen immer nur auf begrenzte Teile des Reiches erstreckten,

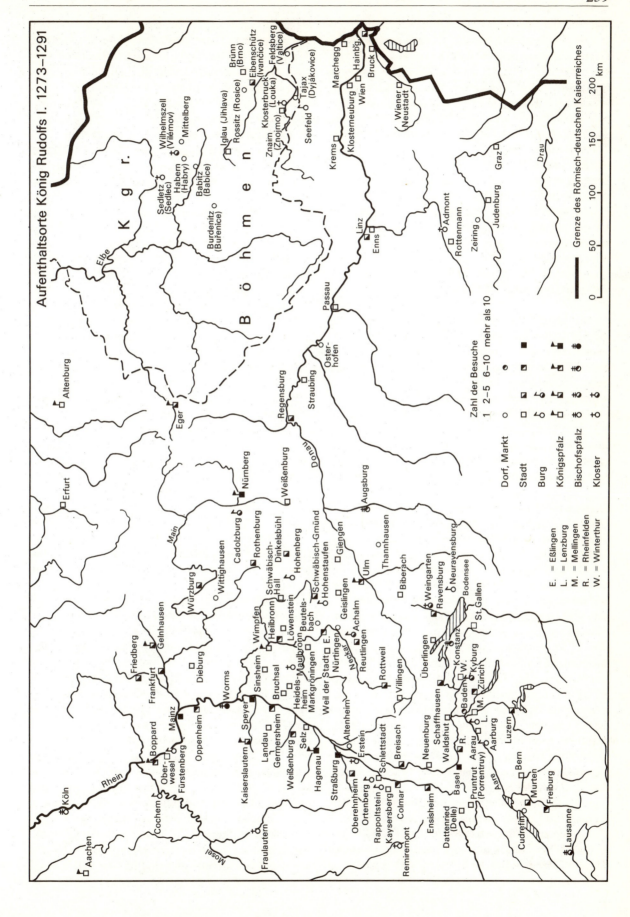

während die Möglichkeit zur Einflußnahme im nord- und nordostdeutschen Bereich, also im wesentlichen im Gebiet der entstehenden Städtehanse, von vornherein eingeengt war. Zunichtegemacht wurde der zwischen 1273 und 1291 sich abzeichnende Neubeginn durch den Wahlakt der Kurfürsten vom 5. Mai 1292, durch den nach Rudolfs Tod am 15. Juli 1291 nicht dessen Sohn, sondern der Graf Adolf von Nassau den deutschen Thron bestieg. „Es starb dieser Rudolphus in großer macht ... het er das römisch reich gefunden, daß im zu helfen wer gewesen, er het es nit minder gepeßert dann der groß Carolus oder Otto; aber die zeit und stand gab es nit, wann große zwitrechtigkeit der bebst und der kaiser und aigner nutz, den die kurfursten suchten, hetten das reich verderbt."[118]

Der Übergang zur Städtehanse

Im Norden des Reiches waren die Einflußmöglichkeiten der deutschen Zentralgewalt schon seit dem 12. Jh. immer mehr geschwunden.[119] Der wirtschaftliche und kulturelle Aufschwung der Hansestädte, ihr Kampf gegen benachbarte Feudalgewalten und der soziale Aufstieg des hansischen Städtebürgertums vollzogen sich im wesentlichen ohne einen Anteil des deutschen Königtums. Es profitierte weder aus dieser Entwicklung, noch leistete es den Bürgern und Räten der Hansestädte in schwierigen Situationen Hilfe, wenn man von gelegentlichen Appellen und Briefen zugunsten einzelner Bürger oder Städte absieht. Daher mußten die Hansestädte sowohl die Anschläge der benachbarten Feudalgewalten auf ihre kommunalen Freiheiten und auf die Sicherheit ihrer Handelsstraßen zu Wasser und zu Lande allein abwehren als auch den Schutz der Handelsinteressen ihrer Bürger im Ausland selbst übernehmen. In Wahrnehmung dieser Aufgaben, die das gemeinsame Handeln der wirtschaftlich erstarkten und von einem bürgerlichen Stadtrat regierten Kommunen voraussetzten, vollzog sich seit dem Ende des 13. Jh. allmählich der Übergang von der Kaufmannshanse zur Städtehanse. Diese Vorgänge basierten auf den seit der Mitte des 13. Jh. erreichten ökonomischen, handelspolitischen, technisch-organisatorischen und kulturellen Fortschritten, die die in Genossenschaften zusammengeschlossenen deutschen Kaufleute erreicht und ausgebaut hatten. Im technisch-materiellen Bereich gehörte dazu die Einführung der Schriftlichkeit in die kaufmännische Geschäftspraxis. Der Kompaß, der nach 1280 breitere Anwendung fand, ermöglichte ausgedehntere und sicherere Schiffsrouten. In den Häfen wurden Kräne aufgestellt. Man vertiefte Flußmündungen und setzte Seezeichen.

Als 1299 in Lübeck die Städteboten der wendischen Hansestädte den Beschluß faßten, das gemeinsame Siegel der Gotländischen Genossenschaft abzuschaffen und nunmehr mit dem Siegel der Städte die Geschäfte ihrer Kaufleute zu siegeln, kennzeichnete dieser Vorgang formell den Übergang zur Städtehanse. Kristallisationskern des entstehenden hansischen Städtebundes waren und blieben die Städte östlich der Elbe, unter denen die wendischen Hansestädte mit Lübeck an der Spitze die führende Stellung innehatten.

Das Bündnissystem der Hanse hatte seine Vorläufer in den seit den dreißiger Jahren des 13. Jh. überlieferten Zusammenschlüssen von Hansestädten. Deren gegenseitige Vereinbarungen sollten den Handel schützen, Rechtsfragen zwischen den Bürgern regeln und militärisches Vorgehen gegen „Übeltäter" und Friedensbrecher verabreden. Solche Übereinkommen trafen Hamburg und Lübeck, deren Interessengemeinschaft aus ihrer Lage an der wichtigsten Handelsstraße zwischen Ost- und Nordsee resultierte, um 1230, erneut 1241 und 1255. Gegen Seeräuber verbündeten sich 1259 Lübeck, Rostock und Wismar, denen sich später Wolgast anschloß. Der Zusammenschluß zwischen Lübeck, Rostock und Wismar von 1264 sollte „zum Schutz aller Kaufleute" dienen, „die sich des lübischen Rechts erfreuten".[120] Neben der geplanten gemeinsamen Abwehr von Seeräubern enthielt der Rezeß das Verbot, einen Feudalherrn — ausgenommen wurde noch der eigene feudale Stadtherr — gegen eine verbündete Stadt zu unterstützen. Seit den sechziger Jahren sind regionale Zusammenschlüsse der pommerschen und rügenschen Hansestädte faßbar, so zwischen Demmin, Stralsund und Tribsees. Westfälische und niedersächsische Städte, die zum größten Teil später der Städtehanse angehörten, verbündeten sich in den vierziger und fünfziger Jahren zur Wahrnehmung politischer und Handelsinteressen. Die regionale Gruppe der preußischen Hansestädte schälte sich am Ende des 13. Jh. heraus.[121]

Ein ausgesprochen politisches Ziel hatte der durch städtische Initiative, Führung und Finanzierung geprägte Rostocker Landfriedensbund vom 13. Juni 1283. Gegen die auf Besitz an der südlichen Ostseeküste zielende Expansionspolitik der brandenburgischen Markgrafen vereinte die Reichsstadt Lübeck nicht nur die Städte Anklam, Demmin, Greifswald, Rostock, Stettin, Stralsund und Wismar, sondern auch eine Reihe von Feudalgewalten, die sich durch Brandenburg bedroht fühlten. Das besondere städtische Interesse an dem Rostocker Landfriedensbund kommt in den Bestimmungen der Bündnisurkunde zum Ausdruck, die die Handelsprivilegien der Städte bestätigen und den Städten untereinander das Beistandsrecht zugestehen. Zur Aufstellung einer von den Städten und Herren ausgerüsteten Streitmacht hatten auch die feudalabhängigen Bauern beizutragen: Auf je sechs Hufen waren ein Bewaffneter und ein Pferd zu stellen.

Der Marktplatz in Lübeck mit der 1260–1330 im Kathedralstil umgebauten Marienkirche und dem in Etappen vom 13. bis 15. Jh. entstandenen dreiteiligen Rathaus (mit Schauwänden)

Am Abschluß dieses bedeutendsten Landfriedensbundes im Norden des Reiches war der König nicht beteiligt. Rudolf von Habsburg kündigte zwar eine Reichsheerfahrt zur Wiederherstellung des Friedens an, sie kam aber nicht zustande. Lediglich mahnende Briefe des Königs an Empfänger in diesen Gebieten sollten den Frieden gewährleisten helfen. Der Frieden von Vierraden am 13. August 1284 zwischen dem Rostocker Bund und Brandenburg wurde ohne Rudolfs Zutun geschlossen. Den Rostocker Landfrieden verlängerten 1293 und 1296 nur noch einige Städte „zum Wohl des Friedens und zum Nutzen der gemeinen Kaufleute".[122] Das Bündnis sah jetzt auch militärische und finanzielle Hilfe gegen feudale Stadtherren vor. So hatten Lübeck 100, Rostock 70, Stralsund 50, Greifswald und Wismar je 38 Bewaffnete zu stellen und auszurüsten. Erfüllte eine Stadt ihre Bündnispflicht nicht, so wurde sie mit einer Geldstrafe von 500 Mark belegt und verlor die hansischen Privilegien.

Aber der in den Bündnisurkunden und Verträgen dokumentierten Gemeinsamkeit der Städte standen Sonderinteressen von einzelnen Städten und Städtegruppen entgegen. Als 1293 die wendischen und sächsischen Städte Lübeck – und nicht mehr Visby – zum Oberhof für Appellationen gegen Urteile ernannten, die im Nowgoroder Petershof gefällt worden waren, lehnten Osnabrück, Riga und Visby diesen Beschluß ab, während Stralsund nur zustimmte, wenn Rostock weiterhin seine Zwischeninstanz bliebe.

Um die Jahrhundertwende nahm der dänische König Erich Menved die 1227 bei Bornhöved gescheiterte Expansionspolitik Dänemarks an der südlichen Ostseeküste wieder auf, wobei ihm der deutsche König Albrecht I. Hilfestellung gab. Im Interesse seiner Hausmachtpolitik trat er 1304 – wie schon Friedrich II. im Jahre 1214 – die norddeutschen Küstengebiete, aber mit Ausnahme Lübecks, an Dänemark ab. Doch die Travestadt, die sich seit 1306 der Angriffe holsteinischer Grafen und anderer Feudalherren zu erwehren hatte, erhielt weder von König Albrecht I. noch von den verbündeten Hansestädten Unterstützung und begab sich daher 1307 unter den wirkungsvolleren Schutz des dänischen Königs. Deshalb fehlte Lübeck auch in dem 1308 erneuerten Bund der wendischen Hansestädte. 1310 erklärte das Haupt der Hanse zwar wieder seine Mitgliedschaft, aber unter dem Vorbehalt der Neutralität gegenüber seinem Schirmherrn Dänemark.

Hatten sich 1283 die wendischen Hansestädte zum

Schutz ihrer Handelsinteressen und ihrer politischen Unabhängigkeit gegenüber benachbarten deutschen Feudalgewalten zusammengeschlossen, so ergriffen sie in den siebziger und achtziger Jahren auch Maßnahmen zur Verteidigung ihrer Handelsprivilegien im Ausland. Von 1277 datiert die erste hansische Handelssperre gegen Nowgorod, deren Übertretung mit der Todesstrafe und dem Verlust aller Waren geahndet werden sollte. Beeinträchtigungen des hansischen Handels durch Brügge führten 1280 zur vorübergehenden Verlegung des Stapels von Brügge nach Aardenburg, bis Vergünstigungen 1282 die Kaufleute nach Brügge zurückkehren ließen. Auf die Behinderung ihres Norwegenhandels antworteten die Städte 1284/85 mit einer Handelsblockade. „Verhansung" drohte jeder Stadt, die der Sperre nicht beitrat. Mit einer „verhansten" Stadt durfte niemand Handel treiben, wenn er nicht selbst seine hansischen Vorrechte verlieren wollte. Die Auseinandersetzungen endeten, obwohl sich Bremen nicht beteiligt hatte, mit einem vollen Erfolg der verbündeten Seestädte.

War der allmähliche Übergang von der kaufmännischen Genossenschaft zur Organisation der Städtehanse notwendig geworden, um die Bürger nachhaltiger vor Bedrohungen seitens der Feudalherren zu schützen, die Handelswege zu Wasser und zu Lande zu sichern und Handelsprivilegien im Ausland zu erwerben, zu nutzen und zu verteidigen, so gesellte sich noch im Entstehungsprozeß der Städtehanse eine weitere Aufgabe hinzu. Mehr als in anderen Städten begünstigte die vorrangig auf den Transithandel zugeschnittene Wirtschaftsstruktur der Hansestädte das absolute Übergewicht der reichen Kaufleutefamilien im politischen Leben der Stadtgemeinde, in der sie ihre Ratsherrschaft voll durchsetzten und über Jahrhunderte sicherten. In den Städten des Lübecker Rechts, an dessen Kodifizierung wohl auch der Lübecker Bürgermeister und Chronist Albrecht Bardewik einen Anteil hatte, waren die Handwerker grundsätzlich nicht ratsfähig. Nach der Ratswahlordnung für Lübeck durfte niemand Ratsherr werden, der „van hantwercke syn gut hebbe ghewunnen".[123] Als Garant für die Aufrechterhaltung der kaufmännisch-patrizischen Herrschaft in den Hansestädten und zur Unterdrückung von Oppositionsbewegungen gegen den patrizischen Stadtrat wurde die Hanse bereits im 13. Jh. wirksam.[124] In Rostock war es 1286/87 zu Auseinandersetzungen zwischen den Ratsgeschlechtern und nichtpatrizischen Kaufleuten gekommen. Darauf griffen 1288 die Hansestädte Greifswald, Lübeck und Wismar zugunsten von sechs vertriebenen Ratsherren ein. Die nichtpatrizischen Kaufleute hatten in diesen Machtkämpfen zwar einige Handwerksämter für ihre Interessen mobilisieren können, zu einer Änderung der patrizischen Ratsverfassung kam es aber nicht.[125]

Ältestes Siegel der Stadt Wismar, bezeugt 1253. Der Stierkopf am Mast entspricht dem Wappenzeichen des mecklenburgischen Fürstenhauses

Der für die Ratsherrschaft gefährlichere Aufstand der Braunschweiger Gilden in den Jahren 1292 bis 1294 veranlaßte die Hanse zu energischerem Vorgehen. In Braunschweig hatte sich neben dem patrizischen Stadtrat ein Gremium aus 12 Gildemeistern gebildet, das vom Rat die Torschlüssel und die Verwaltung der städtischen Finanzen forderte. Als es zu blutigen Auseinandersetzungen kam, griff die Hanse ein. Sie brach die Handelsbeziehungen mit Braunschweig ab und verbot den Hansekaufleuten Aufenthalt und Tuchhandel überall dort in Flandern, Holland und Brabant, wo auch Braunschweiger Handel trieben. Dieser Beschluß wurde allen Hansestädten, dem Grafen von Flandern und seinen Städten Brügge, Gent und Ypern mitgeteilt.[126] Der Boykott und das gemeinsame Vorgehen des Rates mit Herzog Albrecht II. von Göttingen führten zur Niederlage des Aufstandes. Elf Mitglieder des Gilderates wurden hingerichtet, der alte patrizische Rat wieder allein und vollständig in seine Rechte eingesetzt, Braunschweig in den Kreis der Hansestädte erneut aufgenommen.

Im zweiten Jahrzehnt des 14. Jh. verbanden sich innere soziale und politische Auseinandersetzungen in Rostock, Stralsund und Wismar mit dem Verteidigungskampf der hansischen Seestädte gegen eine mächtige Koalition benachbarter feudaler Landesherren und des Königs von Dänemark. „Da verbündeten sich die Fürsten gegen die ihnen gehörenden Städte, welche durch Waren, die zu Lande und zu Wasser gebracht wurden, und durch Handel fett geworden, bereichert, gemästet, ausgebreitet, den Fürsten die schuldige Unterwürfigkeit verweigerten"[127] — so kommentiert eine Chronik die Ursachen der Auseinandersetzungen. An dieser „Unterwürfigkeit" hatten es die Wismarer Bürger fehlen lassen, als sie eine Stadtmauer errichteten und die landesherrliche Burg aus dem

Mauerring ausschlossen. In dem Vergleich zwischen Stadt und Landesherrschaft kommt die finanzielle Abhängigkeit des Feudalherrn von den finanzkräftigen Bürgern drastisch zum Ausdruck. Die Landesherren mußten die Burg in der Stadt aufgeben, erklärten aber: „Weil wir auf einen Aufenthaltsort in dieser Stadt nicht verzichten können, haben Ratsherren und Gemeinde, um uns eine besondere Gunst zu erweisen, uns und unseren Nachkommen innerhalb der Stadtmauern eine area gegeben, auf der wir einen Hof für unseren Aufenthalt erbauen können."[128] Der Hof durfte übrigens nicht befestigt werden, und außerhalb Wismars sollten keine Burgen zum Schaden der Stadt angelegt werden.

Als die Stadt Rostock 1312 eine militärische Niederlage durch eine Koalition norddeutscher Fürsten und Dänemarks erlitt, warfen die Bürger, angeführt von dem Kaufmann Heinrich Runge, ihrem patrizischen Rat Verrat vor. In der Stadt brach ein Aufstand los, einige Ratsherren wurden enthauptet, andere aus der Stadt gewiesen und ihre Besitzungen beschlagnahmt. In den neuen Rat kamen aber wiederum vorwiegend reiche Kaufleute, die unter dem Druck handelspolitischer Maßnahmen des dänischen Königs gegen die Stadt zum Friedensschluß bereit waren. Für eine Summe von 14 000 Mark Silber oder eine entsprechende Menge an Tuchen und Pelzen erkaufte die Stadt im Dezember 1312 den Frieden und unterwarf sich einem Kompromiß mit dem mecklenburgischen Landesherrn. Neue Unruhen unter den Handwerkern führten 1313 dazu, daß der Rat die in einem Bürgerbrief niedergelegten Forderungen der Älterleute der Ämter anerkennen mußte. Aber aus Angst vor der Handwerkeropposition paktierten die Ratsleute mit den Fürsten und lieferten ihnen die Stadt aus. 58 Anhänger der innerstädtischen Bewegung wurden verfestet, darunter acht Kaufleute und 19 ausdrücklich als Handwerker bezeichnete Bürger: Schuhmacher, Gerber, Wollenweber, Bäcker, Maler, Zimmerleute, Drahtzieher und Schneider. Die alten patrizischen Machtverhältnisse in der Stadt wurden wiederhergestellt.

Unter dem Eindruck der Rostocker Ereignisse brachen auch in Stralsund Unruhen aus, denen der patrizische Rat durch Reformen, zum Beispiel durch die Einsetzung einer Vertretung der Ältermänner der Ämter, die Spitze abbog. Stralsund mußte, wie 1311 schon Wismar und 1312 Rostock, im Jahre 1314 den Ausgleich mit den Fürsten suchen. Aber der Frieden war nicht von Dauer. Die wirtschaftliche Macht, insbesondere die Finanzkraft, der hansischen Kaufleute und die widerstreitenden Interessen der Mitglieder der in- und ausländischen feudalen Koalition brachten 1316 den Feudalgewalten vor Stralsund eine vollständige Niederlage und „einen Sieg nicht nur für Stralsund allein, sondern auch für die anderen Seestädte".[129]

Das Bündnis der Schweizer Talgemeinden von 1291

Als Rudolf von Habsburg im Juli 1291 starb, drohten neue Thronkämpfe, Unsicherheit und Friedlosigkeit. In dieser Situation schlossen Anfang August die in der heutigen Schweiz am Vierwaldstättersee gelegenen Talgemeinden oder Waldstätte Uri, Schwyz und Nidwalden – das zusammen mit Obwalden seit dem 14. Jh. Unterwalden hieß – ein „ewiges Bündnis". In seinem Kern war es die Erneuerung eines älteren, von der Forschung auf unterschiedliche Jahre datierten Landfriedensbundes.[130] Das „ewige Bündnis" von 1291 unterschied sich in seinen Festlegungen und Zielen nicht von anderen Landfriedensbünden und Einungsbestrebungen im Reich während des 13. Jh., die seit den zwanziger Jahren des Jahrhunderts auch das Schweizer Gebiet erfaßt hatten. Das politische Ziel der bäuerlichen Talgemeinden, die im 14. Jh. ihren Bund durch den Anschluß bedeutender Städte erweiterten, war nicht die Loslösung vom Reich, sondern ein reichsunmittelbarer Status, wie ihn zum Beispiel die Reichsstädte besaßen. Legten doch die Akteure des Bundes von 1291 immer großen Wert auf die Privilegierung ihrer Stellung durch eben das Reich. Die „Leute des Tales Uri", die „Gemeinde des Tales von Schwyz" und die „Gemeinde der Waldleute des unteren Tales" versprachen einander „Beistand, Rat und Förderung mit Leib und Gut innerhalb ihrer Täler und außerhalb nach ihrem ganzen Vermögen ... gegen alle und jeden, die ihnen oder einem von ihnen Gewalt oder Unrecht an Leib oder Gut antun".[131] Die Bündnisurkunde enthielt weiterhin Strafbestimmungen gegen verschiedene Verbrechen, regelte etwaige Streitigkeiten zwischen den Verbündeten und setzte fest, daß jeder „seinem Herrn nach Gebühr untertan zu sein und zu dienen" habe, bestätigte also bestehende feudale Abhängigkeitsverhältnisse.

Die Schweizer Eidgenossenschaft zeichneten einige Besonderheiten aus. Neben dem Bündnis zwischen bäuerlichen Talgemeinden und Städten war das vor allem die Mitwirkung freier Bauern, die – zwar differenziert in den einzelnen Kantonen – die Mehrheit der Bevölkerung in den Talgemeinden bildeten. Begünstigt durch die natürlichen Bedingungen, hatten sich in den Land- und Gerichtsgemeinden, in den wirtschaftlichen und militärischen Organisationen der Alpenbewohner feste genossenschaftliche Einrichtungen und Bindungen erhalten, die dem Widerstand gegen feudale Ritterheere größere Kraft verliehen. Solche Talgemeinden oder Genossenschaften persönlich freier Bauern traten unter ähnlichen geographisch-natürlichen Bedingungen auch in anderen Gebirgsgegenden auf und erweckten mit der in die Höhen vordringenden Erschließung der Gebirge im 12./13. Jh. das Interesse der benachbarten Feudalgewalten.

Daneben gab es in den Schweizer Talgemeinden auch

ausgedehnten feudalen Grundbesitz, besonders in Händen von Klöstern, der von feudalabhängigen und in verschiedenen Abstufungen unfreien Bauern bearbeitet wurde.[132] Solche Bauern saßen in Uri auf dem Grundbesitz einheimischer Adliger, wie etwa der Attinghusen, und auswärtiger Klöster, zum Beispiel des Zisterzienserklosters Wettingen und des Fraumünsterstifts in Zürich. Der Anteil freier Bauern war in Schwyz höher. Aber auch hier gab es Grundeigentum weltlicher Feudalherren und auswärtiger Stifte, wie der Klöster Einsiedeln und Muri, auf dem abhängige Bauern Frondienste und seit dem 13. Jh. zunehmend Natural- und Geldabgaben leisteten. In Unterwalden lag ausgedehnter feudaler Grundbesitz, der den Grafen von Habsburg, den Klöstern Engelberg, Muri und Murbach sowie einheimischen Adelsfamilien gehörte. Hier wie in Schwyz verfügten die Habsburger außerdem über die Landgrafschaft einschließlich der hohen Gerichtsbarkeit.

Die verfassungsrechtliche Stellung der drei Waldstätte war zur Zeit des „ewigen Bundes" unterschiedlich. „Alle Leute im Tale Uri" hatten 1231 von Heinrich (VII.) die Reichsfreiheit erhalten, die ihnen Rudolf von Habsburg 1274 bestätigte. Auch „allen Leuten im Schwyzer Tal" war 1240 durch Friedrich II. eine von Rudolf wohl nicht erneuerte Urkunde über die Reichsunmittelbarkeit gegeben worden, auf die sich die Bewohner in ihrem späteren Kampf um Reichsfreiheit immer wieder beriefen. Von Rudolf ist aber das Zugeständnis an die Schwyzer erhalten, daß sie nur vor ihm, seinen Söhnen oder vor dem Richter des Tales zu Gericht sitzen sollten. 1291 erteilte er ihnen ein Privileg, wonach keine Unfreien über sie richten durften. Von 1294 ist eine Art Landrecht erhalten, in dem

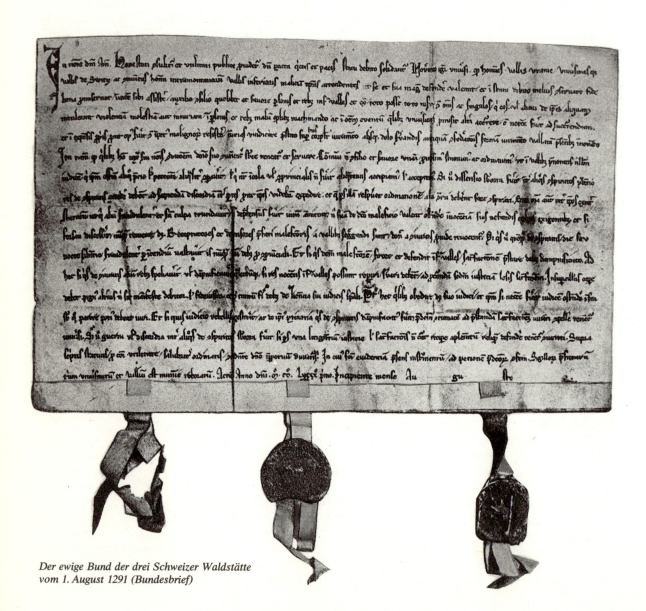

Der ewige Bund der drei Schweizer Waldstätte vom 1. August 1291 (Bundesbrief)

die Schwyzer Landleute „mit gemeinem rate des landes und mit gesworen eiden" festsetzten, daß keiner Grund und Boden an ein Kloster oder an Auswärtige veräußern darf.[133] Als Talgenossenschaft trat Unterwalden erst in der Bündnisurkunde von 1291 auf, die Reichsfreiheit besaß es nicht.

Das Interesse benachbarter Feudalgewalten an den Schweizer Talgemeinden war vor allem ökonomisch bedingt. Mit der Eröffnung des St. Gotthard-Passes am Anfang des 13. Jh. rückten die bis dahin von allen Handelswegen abgelegenen Schweizer Waldstätte zu einem wichtigen Durchgangsgebiet an der Handelsstraße vom Oberrhein nach Italien auf. Als die Habsburger den deutschen Königsthron bestiegen, waren sie bestrebt, ihre Reichs- und landesherrliche Verwaltung auch über die innerschweizerischen Talgemeinden auszubauen. Der sogenannte Richterartikel, der einzige Zusatz der Bündnisurkunde von 1291 gegenüber der verlorengegangenen älteren „confoederatio", kann als politische Spitze gegen solche habsburgischen Bestrebungen ausgelegt werden. Er traf die Festlegung, „daß wir in den genannten Tälern keinen Richter, der das Amt um Geld oder Geldeswert erworben hat oder der nicht unser Einwohner oder Landmann ist, annehmen oder anerkennen wollen". Daß sich die Waldstätte nach dem Tode Rudolfs von Habsburg und zum Zeitpunkt der Konföderation von 1291 der umfassenden antihabsburgischen Koalition gegen den österreichischen Herzog Albrecht anschlossen, ist aus dem Bündnis von Schwyz und Uri mit Zürich vom 16. Oktober 1291 ersichtlich. Damals erhoben sich im südöstlichen und im westlichen Herrschaftskomplex der Habsburger ihre alten und neuen Gegner: im Westen unter der Führung des Bischofs von Konstanz die Grafen von Savoyen, der Abt von St. Gallen, schwäbische Adlige, die Reichsstädte Bern, St. Gallen und Zürich, dazu Konstanz und Luzern sowie die beiden Schweizer reichsfreien Talgemeinden; im Osten und Südosten der Adel von Steiermark und Kärnten, der Erzbischof von Salzburg, der Herzog von Niederbayern, der Patriarch von Aquileia sowie Ungarn und Böhmen.

Der Aufstand im Innern der habsburgischen Länder war vom Adel getragen und erwuchs aus der Territorialpolitik und den Zentralisierungsbestrebungen des Herzogs von Österreich im Rechts-, Verwaltungs- und Finanzwesen. So überging er den noch von Rudolf konstituierten adligen Verwaltungsbeirat aus 21 „lantherren", wodurch die Aufstände des Steirer und Kärntner sowie des österreichischen Adels 1292 und erneut 1295/96 ausgelöst wurden.[134] In den Städten widersetzten sich die Bürger den herzoglichen Vögten und ihren Steuerforderungen. Wien hatte schon 1287/88 – nach einem Aufstand gegen Herzog Albrecht – auf seine reichsstädtischen Privilegien und das erst 1281 zugestandene Stapelrecht verzichten müssen und war der landesherrlich-habsburgischen Herrschaft unterstellt worden. Die Wiener durften „keine Einungen, Zusammenschlüsse, Bünde oder Verschwörungen, seien sie öffentlich oder geheim", eingehen.[135] Die äußeren Gegner wurden durch die ausgreifende habsburgische Territorialpolitik auf den Plan gerufen. Sie hofften, alte territoriale Ansprüche jetzt durchzusetzen. Durch militärisches Eingreifen, vor allem aber durch Zugeständnisse und Lavieren zerschlug Albrecht die Koalition der äußeren Gegner und warf die inneren Adels- und Städteerhebungen nieder. Aber diese Kämpfe lähmten die Aktionsfähigkeit des österreichischen Herzogs bei den Verhandlungen um die Nachfolge auf dem verwaisten deutschen Königsthron.

Der Graf Adolf von Nassau auf dem Königsthron

Mit der Wahl des Grafen Adolf von Nassau, die auf Initiative der Erzbischöfe von Köln und Mainz und des Königs von Böhmen zustande kam, unterbrachen die Kurfürsten den seit 1273 sichtbaren Prozeß des Wiedererstarkens der deutschen Zentralgewalt. Der mächtige Herzog Albrecht, der die Kontinuität einer habsburgischen Reichs- und Hausmachtpolitik verkörperte, zudem noch ein energischer und harter Mann war, kam für die Kurfürsten als König nicht in Frage. So stärkte die neubegründete habsburgische Hausmacht vorerst nicht die Zentralgewalt, sondern festigte die österreichische Landesherrschaft. Ihrer Ausweitung und inneren Konsolidierung widmete sich der Habsburger, während der deutsche Graf-König mit dem Neuaufbau der materiellen Basis des Königtums beginnen mußte.

Der Graf von Nassau empfahl sich den Kurfürsten durch seine Mittellosigkeit, Bedeutungslosigkeit und durch ungeheuerliche Wahlversprechungen an seine Wähler. Nach Auffassung eines Chronisten hatten die Kurfürsten Adolf gewählt, weil sie hofften, in ihm einen willfährigen und nachgiebigen König zu haben. Enorme Zugeständnisse an Geld und Reichsrechten erhielt der Kölner Erzbischof, der mit diesen Gewinnen die territorialen und finanziellen Verhältnisse seines Erzbistums aufbessern wollte, die seit der Niederlage von Worringen 1288 zerrüttet waren. So sagte Adolf dem Erzbischof bei der Rückeroberung bzw. Wiederherstellung verlorengegangener oder zerstörter Burgen Hilfe zu, bestätigte ihm die Zölle zu Andernach und Rheinberg, versprach Unterstützung gegen die Kölner Bürger und andere Feinde. Er verpflichtete sich, 25 000 Mark Silber an „Unkosten" zu ersetzen und ohne des Erzbischofs Zustimmung die Herzogtümer Österreich und Limburg nicht zu verleihen. Auch den anderen Wählern machte Adolf weitgehende Zusagen. Bei Nichterfüllung dieser Versprechungen sollte Adolf seine Königswürde verlieren, und die Kurfürsten konnten einen neuen König wählen. Hinzu kam, daß der Graf von Nassau 1292/93, also in den entscheidenden ersten Regierungsjahren, einträgliche Reichseinkünfte verpfändete, um sich die Gunst der Fürsten zu erhalten. Die Verpfändungen schwächten die materiellen Grundlagen seines zunächst fast nur auf Reichsgut basierenden Königtums, während sie ihm andererseits Mittel zur Bezahlung von Diensten und zur Werbung von Anhängern in die Hand gaben.

Hatte Adolf schon dem Kölner Erzbischof Hilfe bei der Unterwerfung der Stadt Köln zugesagt, so ergriff er auch in Mainz die Partei des Erzbischofs in dessen Auseinandersetzung um finanzielle Fragen mit den Bürgern. Zur Abwehr dieser Bedrohung schloß sich Mainz 1293 mit Worms und Speyer zu einem Städtebund zusammen. Die drei seit Jahrzehnten immer wieder verbündeten Städte wollten den jetzigen oder einen künftigen König und Bischof nur dann anerkennen, wenn diese zuvor ihre städtischen Privilegien bestätigten. Die konsequente Haltung der Bürger zwang die geistlichen Herren zum Nachgeben. In Speyer wurden die Bürger von Abgaben an den Bischof befreit. Der Stadtrat entschied in Zukunft bei der Besetzung der städtischen Ämter – Schultheiß, Vogt, Münz- und Zollmeister – mit. Den Bürgern von Mainz gab der Erzbischof 1295 das Recht, die Mainzer Juden nach Belieben zu Gunsten der Stadt zu besteuern.

Wie auf innenpolitischem Gebiet, so beschritt der neue König von Kölns Gnaden auch in seiner Außenpolitik die durch die traditionellen Wirtschaftsinteressen des Erzbistums Köln mit England vorgezeichneten Bahnen einer Annäherung an das Inselreich. Dieser Weg war dem mittellosen König wegen des Reichtums seines englischen Bündnispartners ebenfalls nahegelegt. Jedoch beteiligte sich der deutsche König nicht an dem englisch-französischen Krieg der Jahre 1294 bis 1297, obwohl er und eine Reihe von Reichsfürsten für vereinbarte Hilfe bedeutende Geldsummen vom englischen König entgegengenommen hatten. So zahlte Eduard I. an Adolf 40 000 Pfund Sterling, die in Fässern verpackt im Reich eintrafen.[136] Wahrscheinlich erreichte der französische König durch eine Bestechungssumme von 80 000 Pfund Turnosen, daß Adolf nicht in die englisch-französischen Auseinandersetzungen eingriff, wie der Bankier Philipps IV., der Florentiner Musciatto dei Francesi, in einer Denkschrift berichtet.[137] Doch abgesehen von diesen nicht ganz durchsichtigen, in der Literatur heftig umstrittenen finanziellen Manipulationen bot sich in diesen Jahren für das deutsche Königtum im Innern eine Chance, seine Abhängigkeit von den Fürsten zu lockern. Diese Möglichkeit durfte es nicht durch außenpolitische Verwicklungen gefährden. 1291 war Friedrich Tuta, Markgraf von Meißen, ohne männliche Nachkommen gestorben. Sein Erbe teilten sich die verwandten thüringischen Landgrafen. Adolf erkannte die Landesteilung nicht an, zog die Markgrafschaft Meißen als erledigtes Reichslehen ein und kaufte die Landgrafschaft Thüringen dem völlig verschuldeten Landgrafen Albrecht dem Entarteten für 12 000 Mark Silber ab. 8 000 Mark zahlte Adolf in bar, für 4 000 Mark verpfändete er die Reichsstädte Mühlhausen und Nordhausen. In zwei Kriegszügen, 1294 und 1295, die mit den englischen Subsidien und Darlehen von deutschen Städtebürgern[138] finanziert wurden, sicherte er diese Erwerbungen gegen die Erbansprüche der Söhne des thüringischen Landgrafen. Während dieser Feldzüge verübten die Angehörigen des königlichen Heeres Greueltaten in der Gegend von Erfurt und im Osterland und richteten große Zerstörungen an. Die königliche Soldateska brannte Dörfer nieder, zerstörte und plünderte Kirchen und Klöster, schleppte Beute mit sich fort, tötete und verwundete alte Menschen, Mütter und Kinder. Besonders stark in Mitleidenschaft gezogen wurden die Städte, so Gotha und Mühlhausen, die den thüringischen Landgrafen Geld anboten und um die Entsendung von Soldaten zu ihrem Schutz baten.[139]

Der diplomatische und militärische Erfolg Adolfs in Thüringen und Meißen verschaffte dem unbemittelten, hausmachtarmen, aus dem westlichen Reichsgebiet stammenden König mit einem Schlag eine Hausmacht im Osten. Das gab ihm die Möglichkeit, die bereits Rudolf von Habsburg erprobt hatte, hier im mitteldeutschen Raum ein neues Zentrum königlicher Herrschaftsausübung aufzubauen. Doch diese selbständige Politik des Königs widersprach den Wahlabmachungen mit den Kurfürsten. Sie durchkreuzte vor allem die territorialen Bestrebungen des Erzbischofs von Mainz, der in der Gegend um Erfurt Besitz hatte und dessen Stadt Erfurt der König gegen den Erzbischof in seinen Schutz nahm, sowie die des Königs von Böhmen im thüringisch-meißnischen Raum. Angeführt von diesen beiden Widersachern schlossen die Kurfürsten im Herbst 1296 ein Bündnis gegen Adolf, das schließlich zu dem bis dahin unerhörten Schritt der Absetzung eines vom Papst nicht gebannten Königs führte.

Neben der Hausmachtpolitik hatte der König auch noch andere politische Maßnahmen erwogen, um sich von den erniedrigenden Wahlbedingungen der Kurfürsten freizumachen. Habsburgische Landvögte ersetzte er durch seine Anhänger. Zum Landfriedenshauptmann am Niederrhein ernannte er den Herzog von Brabant, den ärgsten Gegner des Erzbischofs von Köln, und verpfändete ihm hier Reichseinkünfte. Hatte Adolf zu Beginn seiner Regierungszeit die Unterstützung der Kurfürsten auch durch städtefeindliche Zugeständnisse erreicht, so versuchte er jetzt, im Bündnis mit den Städten seine Position gegenüber den Fürsten zu festigen. Der Chronist Johann von Victring warf dem

König sogar Parteinahme für die Bürger auf Kosten des Adels vor. Im September 1297 bestätigte der König in einer Vereinbarung mit Worms und Speyer deren Bündnis mit Mainz aus dem Jahre 1293. Adolf versprach, die Städte zu schützen und ihre Privilegien nicht zu verletzen. Die von den Städten dafür zu leistende Hilfe stand aber völlig in deren Ermessen: „... da mitte sol uns och begnugen, also das wir vurbas umbe me helfe si sunder oder samet niht drengen sollent."[140]

Doch das Gewicht, das der König gegenüber den mächtigen, einträchtig handelnden Kurfürsten in die Waagschale werfen konnte, war zu leicht. Seine Widersacher verbündeten sich zudem noch mit dem militärisch und politisch erfahrenen österreichischen Herzog Albrecht. Die sich seit 1297 erneut häufenden Reichsgutverpfändungen Adolfs zeugen davon, daß der König die von den Fürsten drohende Gefahr erkannte und mit Hilfe von Pfandanweisungen Anhänger im bevorstehenden Kampf mit seinen Gegnern zu gewinnen suchte.[141] In einem Brief, den der König dem Grafen von Flandern am 31. August 1297 schrieb, ist die Rede von „Empörung und schädlichen Umtrieben einiger bedeutender Reichsfürsten".[142] Mitte 1298 schritten diese zur Tat. Während der Habsburger die militärische Entscheidung vorbereitete, setzten die Kurfürsten Adolf als „untauglich und unnütz" ab und wählten nun den 1292 von ihnen übergangenen Habsburger Albrecht I. zum König. Mit ihren Anklagen gegen den König konnten die Kurfürsten demagogisch an Mißgriffe, Halbheiten und Unzulänglichkeiten in Adolfs Politik anknüpfen, die das Ansehen der Zentralgewalt geschmälert hatten. Sie warfen dem König vor, er habe Kriege entfacht, statt sie zu unterdrücken, er habe für die Belehnung Geistlicher Gegenleistungen in Form von Kirchengut verlangt, er habe Ausschreitungen seiner Krieger geduldet und sei unfähig gewesen, den von ihm selbst beschworenen Landfrieden zu schützen, er habe die Rechte und Besitzungen der Fürsten geschmälert.[143]

Der Absetzung Adolfs folgten seine militärische Niederlage durch Albrecht I. und sein Tod in der Schlacht bei Göllheim am 2. Juli 1298. Die erste offene Auseinandersetzung zwischen dem Hausmachtkönigtum und den Kurfürsten hatte mit einer Niederlage des Königs geendet. Dies zeigt aber auch, daß die Kurfürsten in diesem Kampf auf die militärische Hilfe des mächtigsten Landesherrn angewiesen waren, der nun selbst König wurde.

Der Sieg Albrechts I. über die rheinischen Kurfürsten

Auch Albrecht von Habsburg begann seine Regierung mit Zugeständnissen an die kurfürstlichen Wähler und mit städtefeindlichen Maßnahmen. So garantierte er den rheinischen Erzbischöfen die den Handel störenden Rheinzölle und befriedigte die Interessen des böhmischen Königs in Meißen, im Eger-, Pleißen- und Osterland. Die Verkündung eines Reichslandfriedens auf dem Nürnberger Reichstag im November 1298 erfolgte nur „mit Gunst und mit Rat der Kurfürsten" – deutliches Zeichen ihres gewachsenen Einflusses auf die königliche Politik. Dem Druck der feudalen Kräfte waren die verschärften städtefeindlichen Bestimmungen dieses Landfriedens zuzuschreiben. So verbot der Landfrieden erneut die Aufnahme von Pfahlbürgern und Hörigen als Städtebürger und den Erlaß solcher städtischen Satzungen, die das Reich und die feudalen Stadtherren in ihren Rechten beeinträchtigten. Der Landfrieden bestätigte zwar das Verbot aller neuen Zölle und setzte die erhöhten Zölle herab, praktisch hatte diese Bestimmung gegenüber der Zollpolitik der rheinischen Kurfürsten aber keine Auswirkungen. In Einzelfällen traf der König zunächst politische Entscheidungen zugunsten geistlicher und weltlicher Stadtherren in deren Kämpfen mit der Bürgerschaft, wie in Passau und Freiburg.

Aber bereits zwei Jahre später vollzog der König eine Wende in seiner Politik. Im Oktober 1300 hatten sich die vier rheinischen Kurfürsten – die Erzbischöfe von Köln, Mainz und Trier sowie der Pfalzgraf bei Rhein – gegen „den Herzog von Österreich, der sich jetzt deutscher König nennt",[144] verbündet und seine Absetzung geplant. Schneller noch als zur Zeit Adolfs von Nassau war der offene Konflikt zwischen dem Hausmachtkönigtum und den partikularen Kräften herangereift. Ein Bündnis Albrechts mit dem König von Frankreich 1299, das erneut mit Absichten der Habsburger auf die Errichtung einer Erbmonarchie in Deutschland in Zusammenhang gebracht wurde, sowie die territorialen Interessen der Zentralgewalt an dem wichtigen Rheinmündungsgebiet riefen die Kurfürsten auf den Plan. Albrecht beanspruchte hier das Erbe der 1299 ausgestorbenen Grafen von Holland, womit auch der Endpunkt der bedeutendsten deutschen Handelsstraße unter habsburgische Kontrolle gekommen wäre.

In dieser für das Königtum gefährlichen Situation tat Albrecht einen bedeutsamen Schritt: Er verbündete sich mit antifürstlichen Kräften, mit den Städtebürgern und kleineren Feudalgewalten, gegen die mächtigen Kurfürsten am Rhein und bereitete die offene militärische Auseinandersetzung mit ihnen vor. In den Reichsgutkomplexen trafen die von Albrecht aus dem Kreis seiner Anhänger eingesetzten Reichslandvögte die militärischen Vorkehrungen. So warb der Gegner des Erzbischofs von Mainz und königliche Beauftragte im Rhein-Main-Gebiet, Graf Ulrich von Hanau, in Albrechts Namen Anhänger, denen er Entlohnung in der Zukunft zusicherte. Kleinere weltliche und geistliche Feudalherren, die durch die Territorialpolitik der Kurfürsten in ihren eigenen machtpolitischen Bestrebungen eingeschränkt wurden, verpflichtete sich der König durch Verpfändung von Reichsbesitzungen. Insbesondere im niederrheinischen Raum gewann Albrecht die dortigen Feudalgewalten, die fast alle mit dem Kölner Erzbischof in Fehde lagen. Die Grafen von der Mark, von Jülich, Kleve und Berg wurden mit Landfriedensrechten und anderen Privilegien ausgestattet. Die militärische Unterstützung eines der bedeutendsten südwestdeutschen Grafen, des Württembergers, sicherte sich der König, indem er ihm das Amt des niederschwäbischen Landvogts übertrug und seine Ansprüche gegenüber Eßlingen und anderen schwäbischen Reichsstädten bestätigte.

Die Städte waren als Bündnispartner für den König von Bedeutung, weil sie ihm Finanzmittel und Kontingente zur Verfügung stellen und als Festungen oder Stützpunkte in den bevorstehenden militärischen Auseinandersetzungen dienen konnten. Wenn es ihm gelang, den rheinischen Kurfürsten die Städte zu entziehen, konnte er dadurch die sowieso schon miserable Finanzlage der Fürsten noch mehr zerrütten. Sie stellten auch insofern einen Trumpf des Königs dar, als sie — vor allem die Metropolen der drei rheinischen Erzbistümer, Köln, Mainz und Trier, — in heftige Auseinandersetzungen mit ihren Stadtherren verwickelt waren. Dem König bot sich die Chance, die komplizierte innere Situation in den Erzbistümern geschickt auszunutzen, indem er auf vielfältigen Wegen die Position der Städte gegenüber ihren Stadtherren, des Königs Feinden, stärkte. Eine ähnliche Konstellation zwischen Königtum, Fürsten und Städten hatte nach der Mitte des 13. Jh. Wilhelm von Holland und den Rheinischen Städtebund zusammengeführt.

Unter den ersten konkreten Schritten Albrechts I. spielten zollpolitische Maßnahmen eine bedeutende Rolle.[145] Am 6. Februar 1301 forderte er die Bürger Kölns auf, gegen Verletzer ihrer Zollprivilegien und gegen neue Zölle mit allen Mitteln vorzugehen, was diese denn auch im Bündnis mit niederrheinischen und westfälischen feudalen Gegnern des Erzbischofs von Köln taten. Im April 1301 schloß Albrecht mit den Bischöfen und Bürgern von Basel und Straßburg einen Landfrieden, in dem alle neuen Zölle zu Wasser und zu Lande aufgehoben wurden. Am 6. Mai folgte ein Bündnis mit Speyer und Worms, und am 7. Mai 1301 erklärte der König in Schreiben an die Städte Basel, Köln, Konstanz, Mainz, Speyer, Straßburg, Trier und Worms alle seit 1250 erhöhten und neu eingeführten Zölle und Geleitsabgaben für ungültig. Namentlich führte er als verbotene Zölle auf: den pfälzischen zu Bacharach, den des Erzbischofs von Trier zu Koblenz, den Mainzer erzbischöflichen Zoll zu Oberlahnstein, die Kölner von Andernach, Bonn, Neuß und Rheinberg, also die wesentlichen kurfürstlichen Finanzquellen am Rhein, die der König bei seiner Wahl den Kurfürsten noch bestätigt hatte. Den Bürgern gestand er zu, eigene Landfriedensorganisationen zu bilden und sich jeder ungesetzlichen Zollerhebung zu widersetzen.

Den engen Zusammenhang zwischen dem Konflikt des Königs mit den Kurfürsten und seiner Zollpolitik bestätigen andere Zeugnisse. Der fabulierfreudige steirische Reimchronist Ottokar bringt als einzige Quelle eine Notiz, wonach Albrecht vor dem Kurfürstenkrieg von den Städten eine schriftliche Zusammenstellung ihrer Beschwerden über die Kurfürsten gefordert und sie den Angeklagten zugeschickt habe. Zu der deshalb anberaumten Beratung seien die Beschuldigten nicht erschienen.[146] Die zuverlässige zeitgenössische Colmarer Überlieferung spricht es deutlich aus: Albrecht sei gegen die Zolleinnehmer am Rhein vorgegangen, weil sie im Guten nicht auf die Erhebung der Zölle verzichten wollten. Propagandistische Beschwerdebriefe des Grafen von Kleve und der Stadt Köln an den Papst, die von der königlichen Kanzlei inspiriert waren, nannten den königlichen Landfrieden und die Einschränkung der Zölle als Ursachen des Konflikts mit den Kurfürsten. Die habsburgische Zollpolitik vor, in und nach dem Krieg von 1301/02 läßt den Schluß zu, daß Albrecht durch die Kürzung der kurfürstlichen Zölle die Finanzmisere seiner Gegner verschlimmern und zugleich die von kaufmännischen Interessen geleiteten Räte der Rheinstädte zu seiner Unterstützung gewinnen wollte.

Weitere prostädtische Maßnahmen, die objektiv die Bürgerschaft der Rheinstädte in ihrem Kampf mit den Bischöfen stärkten, waren die Anerkennung von Städtebünden und die Erneuerung von Rechten und Freiheiten der Bürger. So bekräftigte der König den Mainzern Privilegien, die der Erzbischof der Stadt gewährt hatte. Den Bürgern von Koblenz bestätigte Albrecht 1302 einen Stadtrat und Satzungen, welche sie vor zwei Jahren dem Erzbischof von Trier abgetrotzt hatten. Koblenz schloß im Februar 1302 mit Andernach einen Bund. Ein Friedensbund zwischen Oberwesel, Boppard und Koblenz wurde am 31. Dezember 1301 vom König bestätigt. Da ihm ein Jahr später auch Bonn angehörte, ist für die Jahrhundertwende die Existenz eines umfassenderen Städtebündnisses zwischen Andernach, Bonn, Boppard, Koblenz und Oberwesel anzunehmen.

Einzeln wurden die Kurfürsten geschlagen. Im Juli 1301 zwang Albrecht den Pfalzgrafen zur Unterwerfung, wobei sich die Bürger von Speyer für die Zentralgewalt einsetzten. Die königliche Erlaubnis, ein Ungeld für städtische Belange zu erheben, war ihr Lohn. Im März 1302 wurde der Erzbischof von Mainz militärisch bezwungen. Seine Hauptfestung Bingen hatten königliche Streitkräfte, unter ihnen ein 800 Mann

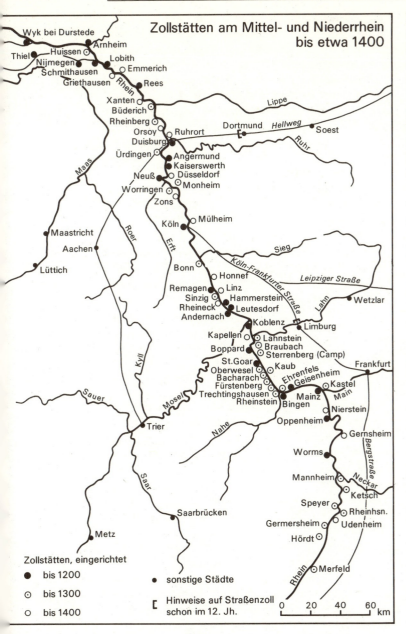

Die Erzbischöfe mußten die ungerechten Zölle abschaffen, Reichsburgen und anderes Reichsgut ausliefern, Territorialbesitz abtreten und Burgen niederreißen. Der dem Erzbischof von Mainz entstandene Schaden im Kurfürstenkrieg wurde später auf über 100 000 Mark geschätzt. Der Pfalzgraf war finanziell so geschwächt, daß Adel und Geistlichkeit in seinem Gebiet ihm wichtige Privilegien abkaufen konnten. Der Kölner Erzbischof mußte den Bürgern Kölns ihre Rechte, insbesondere Zollfreiheit, garantieren. Die Bürger von Andernach, Bonn, Neuß und Rheinberg sollten über die Einhaltung von Zollbestimmungen wachen. In der Schwächesituation nach der Niederlage mußte der Erzbischof von Trier seiner Bürgerschaft die Aufnahme von Zunftvertretern in den Stadtrat zubilligen.

Der vollständige Sieg der Zentralgewalt über die Kurfürsten um die Wende vom 13. zum 14. Jh. zeigt die Möglichkeiten, die dem Hausmachtkönigtum auch unter den Bedingungen gefestigter Fürstenmacht zur Stärkung seiner Position noch gegeben waren. Neben den strategischen Leistungen des Königs in den militärischen Operationen, gegenüber denen die schlechte militärische Kooperation der Kurfürsten auffiel,[148] der Rückendeckung durch das Bündnis mit Frankreich und der neutralen Haltung der Kurfürsten von Brandenburg und Sachsen-Wittenberg trug vor allem die Bündnispolitik des Königs zu seinem Sieg bei. Im Bunde mit den rheinischen Städten „konnte das Königtum bereits 30 Jahre nach dem Ende des Interregnums die Machtfrage stellen. Und es zeigte sich, daß das Königtum derartig und mit anderen antifürstlichen Kräften verbündet, stärker als die rheinischen Kurfürsten war".[149]

Aber eine Grundlage für die zeitweilige Überlegenheit der Zentralgewalt, die königliche Zollpolitik, gab Albrecht in gewissem Umfang wieder preis. Mit den ehemals erzbischöflichen Zöllen wurden die Verbündeten des Königs belohnt. Eine neue Reichszollstelle entstand bei Hammerstein. Ende 1302 beklagten sich die Rheinstädte über erneute Beeinträchtigung ihres Handels durch Zollstätten: „Den Rhein, welchen König Albrecht geöffnet hatte, daß jeder, der wollte, aufwärts und abwärts fahren konnte, den schlossen jetzt die Ritter des Landes, so daß kein Kaufmann mehr auf dem Rhein zu erscheinen wagte."[150] Am Ende des 13. Jh. zählte man 44 Rheinzölle, deren Anzahl im 14. Jh. noch weiter stieg. Die Forderungen der Kurfürsten bei der Wahl Heinrichs VII. im Jahre 1308 zeigen jedoch, daß die 1300 durch Albrecht I. stark beschnittenen kurfürstlichen Zollrechte während der ganzen Regierungszeit des Habsburgers eingeschränkt blieben. Erst mit päpstlicher Hilfe und ohne auf den Widerstand des neuen Königs zu stoßen, konnten sie seit 1308 ihre alten Zölle wieder errichten.

Nach dem Sieg über die Kurfürsten – Albrecht I. war

starkes Aufgebot Mainzer Bürger sowie Mitglieder der Grafenfamilien Katzenelnbogen und Nassau, von der Land- und Wasserseite eingeschlossen und mit Belagerungsmaschinen bestürmt. Die Haltung der Bürgerschaft erleichterte dem König die Einnahme der Stadt. Im Oktober 1302 zwangen die adligen Aufgebote und städtische Kontingente, so aus Bonn und Köln, den Erzbischof von Köln zum Friedensschluß. Im November gab der Trierer Kurfürst auf.

Die Unterwerfungsverträge brachten den Kurfürsten schwere finanzielle, territoriale und rechtliche Einbußen und schwächten ihre Macht so, „daß sie gegen den König in Zukunft nicht aufzubegehren wagten".[147]

der einzige deutsche König, der sie militärisch bezwang — und dem 1303 erfolgten Ausgleich mit Papst Bonifaz VIII.[151] erreichte das habsburgische Königtum eine bedeutende Machtfülle. Verwaltungsmäßigen Niederschlag fanden Reichsgutrevindikationen und Hausmachterweiterungen in dem um 1300 angelegten „Nürnberger Salbüchlein", einem Amtsbuch der neu eingerichteten Reichslandvogtei Nürnberg, und in der kurz darauf einsetzenden Aufzeichnung des habsburgischen Urbars, eines Besitz- und Einkünfteverzeichnisses.

Nach seinen Erfolgen gegen die rheinischen Kurfürsten rückte das reiche Böhmen in das Interessenfeld des Habsburgers. König Wenzel II. von Böhmen besaß seit Albrechts Wahl das Egerland, Meißen, das Pleißen- und Osterland, also Reichsgebiete, die den ziemlich geschlossenen Reichsgutkomplex von Oberschwaben über Donauwörth, Nürnberg und Hof fortsetzten. Außerdem war Wenzel 1300 König von Polen geworden und hatte es gegen den vom Papst unterstützten Anwärter aus dem Hause Anjou durchgesetzt, daß sein Sohn Wenzel III. 1301 zum König von Ungarn gekrönt wurde. Der Anjou folgte erst 1308 auf dem ungarischen Thron. Ein Angriff Albrechts auf Böhmen im Jahre 1304 mißlang. Erst mit dem Tode Wenzels II. 1305 und der Ermordung seines Sohnes im Jahre 1306, also mit dem Aussterben der Přemysliden, rückte die Verwirklichung der habsburgischen Pläne in greifbare Nähe. Albrecht zog Böhmen als erledigtes Lehen ein und erzwang mit Waffengewalt und Bestechung die Wahl seines Sohnes Rudolf zum böhmischen König, der durch die Heirat mit der Witwe Wenzels II. auch die Ansprüche auf Polen erwarb.

Die Hausmachtpolitik hatte sich — wenn auch mit Unterbrechungen und Rückschlägen infolge der kurfürstlichen Wahlpolitik und ohne eine prinzipielle Beschränkung der Stellung der Fürsten — als ein Mittel erwiesen, die Machtbasis des Königs zu erweitern. Mit ihrer Ausdehnung auf Böhmen und Polen unter Albrecht I. und seinen Einmischungen auch in die ungarischen Angelegenheiten begann allerdings andeutungsweise eine Entwicklung, die in der folgenden Zeit die deutsche Zentralgewalt immer mehr aus dem Reich herausführte, sie immer stärker von den Gegenden löste, in denen sich der reichsstädtische Besitz konzentrierte, und sie in die zahlreichen Konflikte und Kriege der ost- und südosteuropäischen Feudalstaaten im 14. und 15. Jh. einbezog, wodurch sie von den Reichsangelegenheiten abgelenkt wurde.

Gleichzeitig mit den böhmischen Plänen richteten sich die Interessen Albrechts auf Thüringen und Meißen, wo bereits Rudolf und Adolf die königliche Stellung ausgebaut hatten. Aber im Mai 1307 erlitten die Truppen Albrechts bei Lucka (nordwestlich von Altenburg) eine Niederlage, die den Sieg der wettinischen Landesherrschaft über das Reich im Ringen um diese Territorien bedeutete. Kurz darauf starb Albrechts Sohn Rudolf III., der böhmische König. Die böhmischen Feudalherren wählten nun den Herzog Heinrich von Kärnten-Tirol zum neuen böhmischen König, dessen Thronerhebung durch die finanzielle Unterstützung seitens oberdeutscher Kaufleute vorbereitet wurde.

Der Aufstieg des habsburgischen Hausmachtkönigtums nach der Jahrhundertwende vollzog sich unter relativ günstigen außenpolitischen Bedingungen. Zwar hatte der Papst den Habsburger zunächst nicht anerkannt und 1301 gegen den „Herzog von Österreich" ein Verfahren wegen Usurpation der Königswürde eröffnet. Aber die Kurie war um diese Zeit voll von den Ereignissen in Frankreich in Anspruch genommen. Denn als Albrecht I. mitten im Krieg gegen die Kurfürsten stand, trieben die Auseinandersetzungen zwischen Papst Bonifaz VIII. und König Philipp IV. von Frankreich ihrem Höhepunkt zu. Hatte sich der Konflikt an der Einzelfrage der Besteuerung des französischen Klerus durch den König entzündet, so wurde er bald zum harten Machtkampf zwischen den weltlichen Herrschaftsansprüchen des Papsttums einerseits und dem Unabhängigkeitsstreben des französischen Königtums und der hinter ihm stehenden Klassen und Schichten der französischen Gesellschaft andererseits. Mit päpstlichen Bullen und theoretischen Erörterungen, mit Traktaten und Streitschriften französischer Juristen und Publizisten, auf Versammlungen des französischen Adels, der Geistlichkeit und des Bürgertums wurden diese Auseinandersetzungen ausgetragen.

Im April 1302 berief der französische König zu einer Versammlung nach Paris neben Vertretern des Adels und der Geistlichkeit erstmals auch Abgesandte der Städte: Die „Generalstände", die „Etats généraux", gewannen damit Gestalt. Hier forderte der königliche Berater Pierre Flote — der die Niederlage des franzö-

Gefangennahme von Papst Bonifaz VIII. in Anagni. Miniatur aus einer Handschrift der Chronik des Giovanni Villani

Papst Bonifaz VIII. nimmt das auf seine Veranlassung um ein 6. Buch vermehrte Corpus iuris canonici entgegen. Miniatur aus einer Anfang des 14. Jh. in Bologna entstandenen Handschrift

sischen Ritterheeres in der „Sporenschlacht" von Courtrai am 11. Juli 1302 durch ein unberittenes flandrisches Bürgerheer mit dem Leben bezahlen sollte – die Teilnehmer dazu auf, die Unabhängigkeit der französischen Krone und der französischen Kirche gegen den Papst zu verteidigen. Die päpstlichen Machtansprüche fanden im November des gleichen Jahres ihre radikalste Auslegung in der Bulle „Unam sanctam". Darin forderte Bonifaz VIII. die Unterordnung aller weltlichen Mächte unter die päpstliche Universalmacht, allerdings ohne Bezug auf die aktuellen Konflikte mit Frankreich. Die geistliche Gewalt habe die weltliche einzusetzen und über sie zu richten, wenn sie sündigt.

Diese Übersteigerung päpstlicher Ansprüche, die sich auch in dem Ablaß für alle Rompilger anläßlich der ersten Feier eines Jubeljahres 1300 zeigte, konnte sich auf eine reale finanzielle und politische Macht des Papsttums um die Jahrhundertwende stützen. Aber es übersah die neuen Kräfte in Europa in Gestalt der sich entwickelnden ständischen Monarchien. Von dieser Seite kam der rasche Zusammenbruch für das Papsttum. Ein französisch inspirierter Überfall auf den Papst in seiner Residenz in Anagni im Jahre 1303 brachte Bonifaz vorübergehend in Gefangenschaft, aus der ihn aber nach wenigen Tagen die Bürger von Anagni befreiten. Seit 1309 residierten die Päpste unter französischem Druck im nominell zum Reich gehörenden, nahe der Grenze zu Frankreich gelegenen Avignon, einer für den Handel günstig gelegenen und den juristischen Studien besonders geöffneten Universitätsstadt. Die 1309 einsetzende „Babylonische Gefangenschaft" der Kirche in Avignon war äußerer Ausdruck für die weitgehende Abhängigkeit der Kurie von Frankreich und für das veränderte politische Kräfteverhältnis in Europa.

Albrecht I. fiel am 1. Mai 1308 dem Mordanschlag eines um sein Erbe betrogenen Verwandten zum Opfer. Damit endete jäh der Aufstieg des frühen habsburgischen Hausmachtkönigtums, als es gerade zu neuen militärischen Auseinandersetzungen mit den Wettinern und mit Böhmen rüstete. Dieser gewaltsame Abbruch erschwert eine Gesamtbeurteilung der Wirksamkeit Albrechts I. Herausragendes Beispiel für das Erproben von Möglichkeiten, die dem deutschen Königtum auch nach den Einbußen des 13. Jh. noch zur Verfügung standen, bleibt der mit antifürstlichen feudalen und bürgerlichen Kräften erkämpfte Sieg über die rheinischen Kurfürsten.

Heinrich VII. und das Scheitern seiner Italienpolitik

Gegen andere Kandidaten, unter denen der Bruder des französischen Königs ebenso erfolglos wie die übrigen war, setzte der Erzbischof von Trier die Wahl seines

König Heinrich VII. zieht über die Alpen. Miniatur im Codex Balduineus (1. Hälfte 14. Jh.)

Bruders, des Grafen Heinrich von Luxemburg, durch. Die erneute Wahl eines Grafen, der Wechsel der Dynastie – bereits das vierte Mal innerhalb eines reichlichen Vierteljahrhunderts –, die Erpressung umfassender materieller und finanzieller Zugeständnisse von dem Kandidaten waren nun schon erprobte Methoden der Kurfürsten im Kampf gegen das Königtum. Der durch Herkunft aus dem westlichen Reichsgebiet und Erziehung am Pariser Königshof französisch beeinflußte und durch Lehnseid dem französischen König verbundene, materiell ziemlich unbemittelte König Heinrich VII. hatte Glück. Was seine Vorgänger mit militärischen und diplomatischen Mitteln hart erkämpfen und von den Kurfürsten teuer erkaufen mußten, fiel seiner Dynastie in den Schoß: eine geschlossene Hausmacht im Osten. Der böhmische hohe Adel und die Geistlichkeit konspirierten gegen ihren König Heinrich von Kärnten und bereiteten durch Heiratspolitik den Übergang Böhmens an die Luxemburger vor. Mit der zweiundzwanzigjährigen Elisabeth von Böhmen vermählt, wurde der vierzehnjährige Johann von Luxemburg, der Sohn Heinrichs VII., 1310 mit Böhmen belehnt. Gewaltsam vertrieben Truppen unter Führung des Erzbischofs von Mainz Heinrich von Kärnten aus seinem Königreich.

Mit dem Erwerb Böhmens war der deutsche König

in die unmittelbare Interessensphäre der Habsburger geraten. Doch der Konflikt entzündete sich nicht: Heinrich VII. schloß einen Vertrag mit den Habsburgern und belehnte sie mit ihren Ländern. Thüringen und Meißen gaben die Luxemburger auf, indem sie 1310 die Wettiner endgültig als Herren des Landes bestätigten. Die Reichsstädte Altenburg, Chemnitz und Zwickau wurden 1311 an den Markgrafen von Meißen verpfändet; sie blieben meißnische Landstädte.

Den Reichskrieg gegen den mit Heinrich von Kärnten-Böhmen liierten Grafen Eberhard von Württemberg ließ der König die schwäbischen Reichsstädte sowie kleinere Grafen und Feudalherren unter der militärischen Führung des Reichslandvogts von Wimpfen, Konrad von Weinsberg, allein ausfechten. Der Württemberger wollte die erstarkenden schwäbischen Reichsstädte in seine Landesherrschaft einbeziehen, was den lauten Protest und zahlreiche Beschwerden der Städte beim König hervorrief. Dieser erklärte den Kampf gegen den Grafen zwar zum Reichskrieg, ließ die Städte sich verbünden und verschaffte ihnen auch einige finanzielle Erleichterungen, überließ Kriegführung und Kosten aber fast ausschließlich den Bürgern. Die Aufgebote der „verschworenen" schwäbischen Städte eroberten und zerstörten im Sommer 1311 die Burg Württemberg, was einen Chronisten zu der Bemerkung veranlaßte, daß der von Kaisern unbesiegte Graf von Kaufleuten bezwungen wurde.[152] Die Friedensverhandlungen mit dem Grafen führten die Vertreter Eßlingens. Württembergische Städte sagten sich von der Landesherrschaft des Grafen los, unterstellten sich Eßlingen und damit dem Reich. Ein Bürger Eßlingens, Trütwein, der selbst am Krieg teilgenommen hatte, besang die Erfolge seiner Stadt in einem lateinischen Gedicht. Nach dem 1314 ausbrechenden Thronstreit zwischen den Habsburgern und den Wittelsbachern konnte der Graf von Württemberg, dem zunächst nur die Stadt Urach und wenige Burgen verblieben waren, seine verlorenen Positionen alle zurückgewinnen.

Der Ausgleich mit den Habsburgern und Wettinern, weitere Reichsgutverpfändungen seit 1310 sowie die Verkündung eines Landfriedens auf dem Frankfurter Reichstag von 1310 dienten der Entlastung und Rük-

Erzbischof Balduin von Trier führt Heinrich VII. einen Wagen voll Gold und Silber für den Italienzug zu. Miniatur im Codex Balduineus

kendeckung der Königsherrschaft im Innern und zielten auf ein Vorhaben, das Heinrichs letzte Regierungsjahre voll ausfüllte: auf die Vorbereitung und Durchführung eines Italienzuges und den Erwerb der Kaiserkrone. Daher setzte Heinrich den zunächst auch von ihm beschrittenen Weg königlicher Hausmacht-, Landfriedens- und Bündnispolitik nicht weiter fort, sondern gefährdete bereits erzielte Erfolge schon bald mit seiner Italienpolitik. Auf einem Reichstag zu Speyer 1310 beriet er mit den Kurfürsten, mit anderen Fürsten und mit den Boten der Städte über die Vorbereitung seines Italienzuges und die dafür notwendigen Leistungen.

Im Herbst 1310 brach Heinrich VII. nach Italien auf und wurde sofort in die politischen und sozialen Auseinandersetzungen in und zwischen den italienischen Kommunen verwickelt.[153] Er versuchte, Geldmittel von den reichen Städten für sein Unternehmen zu erpressen. Von Venedig forderte er Heeresfolge und Bereitschaft zu Diensten und anderen Leistungen. Vom Februar 1311 ist eine Aufstellung über die den Herren und Städten Italiens auferlegten Subsidien erhalten.[154] Über die Realisierung ist nichts bekannt. Andererseits liegt für die Zeit vom 9. Februar 1312 bis 10. Februar 1313 eine Abrechnung über die Kosten des königlichen Hofes in Italien vor, die sich für das Jahr auf 39 000 Gulden — das ist ein Tagesdurchschnitt von 107 Gulden — beliefen.[155]

Das königliche Heer begleiteten auf dem Italienzug vor allem solche Feudalherren, die dem König durch Herkunft aus den westlichen Grenzgebieten des Reiches oder durch Verwandtschaft verbunden waren. Johann von Victring nennt als Motive für die Teilnahme: Verwandtschaft, Neugier, Ungewöhnlichkeit und Zwang. Unter den teilnehmenden Fürsten war der Bruder des Königs, Erzbischof Balduin von Trier, der — wie eine Bilderchronik des Italienzuges und der Geschichte Heinrichs VII. erzählt — dem König Wagen mit Gold und Silber über die Alpen zuführte. Diese in den dreißiger oder vierziger Jahren des 14. Jh. von einem unbekannten Maler geschaffene und von dem Trierer Kurfürsten selbst korrigierte Bilderchronik, die in einer der drei Handschriften des berühmten Codex Balduineus enthalten ist, bringt 73 Miniaturen, darunter die Kaiserkrönung Heinrichs sowie viele Bilder aus dem Italienzug.

Heinrichs VII. Italienzug erfolgte nicht gegen den Willen des Papstes, hoffte doch die von Frankreich abhängige Kurie, einen deutschen Kaiser als Gegengewicht gegen das französische Königtum ausspielen zu können. Auch in vielen italienischen Städten hatte sich im Ergebnis innerstädtischer Auseinandersetzungen im 13. Jh. eine ghibellinische Partei herausgebildet, die vom Kaiser die Herstellung des Friedens in Italien ersehnte. Die Bezeichnung dieser Gruppierung als „Ghibellinen" leitet sich von der staufischen Burg Waiblingen in Schwaben ab. Heinrich VII. selbst war von seiner Friedensmission erfüllt. Der Mailänder Notar Giovanni da Cermenate urteilte über ihn, daß „sein ehrlicher Sinn ganz darauf bedacht war, der Welt den Frieden zu geben".[156]

Der Dichter der „Göttlichen Komödie", Dante Alighieri, erhoffte von einem Kaiser in Italien das Ende von Zwist, Streit, Krieg und Anarchie.[157] Er hatte als Bürger und Staatsmann in Florenz die Autonomie des Florentiner Stadtstaates schon gegen die Machtansprüche Papst Bonifaz' VIII. verteidigt und die Folgen innerstädtischer Fehden am eigenen Leibe bitter erfahren müssen: Er wurde aus seiner Heimatstadt verbannt. Jetzt begrüßte er Heinrich VII. emphatisch als Friedensbringer: „Siehe, nun ist die freudenreiche Zeit, in der sich die Zeichen des Trostes und des Friedens ankünden ... Freue dich, Italien ... Denn dein Bräutigam naht zur Hochzeit, der Trost der Welt und der Ruhm deines Volkes, der göttliche Augustus und Cäsar, der gütigste Heinrich."[158] Die politische Zerrissenheit Italiens sah Dante als Folge des langen Fehlens einer kaiserlichen Herrschaft in Italien an. In der „Göttlichen Komödie" erhob er gegen die Habsburger Rudolf und Albrecht I. strenge Vorwürfe, weil sie Italien sich selbst überlassen hatten und nicht nach Rom gekommen waren. In seiner wohl nach 1314 entstandenen Schrift „Die Monarchie"[159] verteidigte Dante ein vom Papsttum unabhängiges römisches Kaisertum, da nur der Kaiser der Welt Frieden, Gerechtigkeit und Freiheit bringen könne.

Nach Dantes Staatslehre, die von Aristoteles beeinflußt war, sollte die Monarchie dem Ziel einer universalen Kulturgemeinschaft der Menschheit dienen. Mit dieser Säkularisierung der Reichsidee, mit seiner hohen Bewertung der natürlichen Tugenden und der Würde des Menschen hat Dante, „der zugleich der letzte Dichter des Mittelalters und der erste Dichter der Neuzeit war"[160], zur Entwicklung eines humanistischen Welt- und Menschenbildes beigetragen. Wie sehr aber Dantes „Vision einer die Welt befriedenden und die Menschen zur irdischen Glückseligkeit führenden Monarchie"[161] in der Zeit des beginnenden 14. Jh. eine Utopie war, zeigte drastisch der Verlauf des Italienzuges.[162] Nicht nach erfolgter Friedensstiftung, sondern nach grausamer und verlustreicher, letztlich aussichtsloser Belagerung stark befestigter italienischer Städte, etwa Brescias, ließ sich Heinrich VII. am 29. Juni 1312 im Lateran, also nicht an traditioneller Stätte in der Peterskirche, von zwei Kardinälen zum Kaiser krönen. Seine Kaiserkrönung gab er dem Papst, allen Königen und deren Untertanen bekannt: Gott wolle, daß „alle Menschen — wenn auch in Reiche und Länder geschieden — einem einzigen Herrscher unterworfen seien".[163]

Die Ereignisse in Italien und die seit fast 100 Jahren

erstmals wieder vollzogene Kaiserkrönung forderten die Theoretiker der Zeit und die betroffenen Mächte zur Stellungnahme heraus. Sie riefen vor allem den Widerspruch der politisch erstarkten, die Unabhängigkeit von Kaiser und Papst anstrebenden französischen Monarchie hervor. König Philipp der Schöne protestierte gegen Heinrichs VII. Anzeige seiner Kaiserkrönung an französische Untertanen und erklärte, daß sein Land keinen anderen Herrn habe als den König von Frankreich, welcher Kaiser auch immer regiere. Dabei konnte sich der französische König auf eine Reihe von publizistischen Schriften stützen, in denen die Rechte und die Unabhängigkeit des französischen Königtums sowohl gegenüber der päpstlichen Universalkirche als auch gegenüber einer kaiserlichen Weltherrschaft unterstrichen wurden. So hatte ein französischer Jurist in einer dieser Schriften den Standpunkt bekräftigt, daß der französische König „Kaiser in seinem Königreich" sei.[164]

Am weitaus schärfsten polemisierte der von Heinrich VII. angegriffene und verurteilte König Robert von Neapel gegen das Kaisertum, das ein „Skandal" und „Verbrechen" gegenüber allen Fürsten der Welt sei. In einer Denkschrift an den Papst vom Sommer 1313 schlug er kurzerhand vor, das Kaisertum abzuschaffen, da es auf Gewalt beruhe und nur Unheil, Schwierigkeiten und Schaden für die Kirche und Italien gebracht habe.

Im Prozeß und Kampf gegen König Robert von Neapel stützte sich Heinrich VII. vor allem auf ein Bündnis mit Roberts Gegner, König Friedrich III. von Sizilien, einem entschiedenen Anhänger der Idee vom Weltkaisertum, das vom Papst unabhängig sei und dem die Fürsten beizustehen hätten. Doch während weiterer kriegerischer Unternehmungen starb Heinrich am 24. August 1313.

Die zwiespältige Wahl der Kurfürsten im Jahre 1314 versetzte das deutsche Königtum erneut in eine äußerst schwierige Situation. Doppelwahlen sowie die Erhebung von Grafen auf den Königsthron und ein ständiger Wechsel der Dynastie, dazu die Erpressung von Wahlversprechungen waren nun schon „bewährte" Methoden der kurfürstlichen Wähler, um das Königtum zu schwächen und den Vorsprung im staatlichen Ausbau ihrer Territorien gegenüber der zentralen Ebene noch zu vergrößern. In den fünfzig Jahren von der Mitte des 13. bis zum Beginn des 14. Jh., in denen sich das kurfürstliche Wahlrecht in Deutschland voll durchsetzte, festigten sich die Einflußmöglichkeiten der partikularen Gewalten auf die Person und Politik des gewählten Herrschers. Während in den europäischen Nachbarstaaten das erbliche Königtum ein wichtiger Faktor in dem Prozeß der Konsolidierung von ständischen Monarchien auf nationaler Basis wurde, siegte in Deutschland das Wahlprinzip und trug zur Schwächung der Königsmacht und zur allmählichen Verfestigung der politischen Zersplitterung bei. Trotzdem hat Rudolf von Habsburg mit seiner königlichen Landfriedens-, Hausmacht- und Steuerpolitik sowie mit der Beschränkung auf das „regnum Teutonicum" Wege zur Konsolidierung der Königsmacht auch unter erschwerten Umständen gewiesen. Am schärfsten ging Albrecht I. gegen die Macht der rheinischen Kurfürstenfronde vor, indem er sie militärisch unterwarf. Aber die gewaltsame Unterbrechung seiner Politik läßt die Frage nach ihren Chancen offen. Die alten Bahnen der Kaiserpolitik schlug dann noch einmal Heinrich VII. ein. Der völlige Mißerfolg seines Unternehmens und dessen Ablehnung bei den meisten Zeitgenossen zeigen drastisch, daß eine solche imperiale Politik historisch überholt war, daß sie das „regnum Teutonicum" in schärfste Auseinandersetzungen mit den italienischen Mächten und mit benachbarten Staaten stürzte. Die von Wilhelm von Holland, Rudolf und Albrecht von Habsburg sowie Adolf von Nassau praktizierte Beschränkung ihrer Politik auf das deutsche Reichsgebiet entsprach eher den historischen Notwendigkeiten, wenn auch die kurfürstliche Politik einem jeden dieser Könige – von Inkonsequenzen, Halbheiten und Fehlern einmal abgesehen – eine zielstrebige staatliche Aufbauarbeit in hohem Maße erschwerte.

Dieses Ringen zwischen Zentralgewalt und Fürsten spielte sich auf dem Hintergrund eines unvermindert anhaltenden wirtschaftlichen Aufschwungs ab, der sich in der Steigerung der landwirtschaftlichen Produktion, im Aufblühen des Städtewesens und in der Intensivierung von Ware-Geld-Beziehungen äußerte. Auf der Grundlage eines in den Städten pulsierenden Handels und Gewerbes wuchsen die soziale Stellung und die politische Aktivität des Städtebürgertums in der Feudalgesellschaft. Schon seit dem Ende des 13. Jh. wurde es für die Feudalgewalten aber immer schwerer, ihren steigenden Geldbedarf zu decken. Diese Schwierigkeiten nahmen mit der Intensivierung von Warenproduktion und Geldumlauf im 14./15. Jh. noch zu, als sich durch wirtschaftliche Strukturveränderungen und Bestrebungen der feudalen Kräfte, die Ausbeutungsrate zu steigern, die Beziehungen zwischen den Klassen und Schichten vielseitiger und komplizierter zu gestalten begannen.

Der vollentfaltete Feudalismus unter den Bedingungen intensivierter Ware-Geld-Beziehungen. Das Anwachsen des Klassenkampfes in Stadt und Land

(Hauptperiode vom Beginn des 14. Jahrhunderts bis zu den siebziger Jahren des 15. Jahrhunderts)

4 Die Blüte des Städtewesens, Bauernerhebungen, antikuriale Bewegung und innerstädtische Kämpfe. Die Auseinandersetzungen des Hausmachtkönigtums mit Papst und Fürsten (Beginn des 14. Jahrhunderts bis 1419)

Die Entwicklung der städtischen Produktion, des Bergbaus sowie des Handels und ihre sozialen Folgen. Die krisenhaften Erscheinungen in der Agrarsphäre und die Verschärfung des bäuerlichen Widerstandes

Der weitere Aufschwung der Produktivkräfte in den Städten

Im 14. und beginnenden 15. Jh. verlangsamte sich die extensive Entwicklung der deutschen Städte und ihrer Wirtschaft im Vergleich zu der Zeit des 12. und 13. Jh. merklich. Die Zahl der Neugründungen von Städten ging zurück, in weiten Teilen des deutschen Reichsgebietes – namentlich in den westelbischen Territorien – verlief das Wachstum der Stadtbevölkerung nicht mehr so rasch oder stagnierte sogar.[1] Die Entwicklung der städtischen Produktivkräfte machte jedoch weiterhin bedeutende Fortschritte. Neue Produktionsinstrumente fanden eine breitere Anwendung, das Handwerk differenzierte und spezialisierte sich und trug damit zur Steigerung der gewerblichen Produktion bei.

Diesem Aufschwung waren aber gewisse Grenzen gesetzt. Die Verschärfung der feudalen Ausbeutung der Bauern beeinträchtigte die Nachfrage der Landbevölkerung nach städtischen gewerblichen Produkten, was insbesondere viele für den lokalen Markt produzierende Handwerker traf. Zugleich begann eine verstärkte Entwicklung bestimmter Gewerbe auf den Dörfern, besonders in der Textilbranche, da die ländlichen Arbeitskräfte billiger waren.[2] Zu ernsten Erschütterungen der städtischen Wirtschaft führte darüber hinaus der „Schwarze Tod", die Beulenpest, die 1348/49 erstmalig in Deutschland – und etwa gleichzeitig auch in den meisten anderen Ländern Europas – auftrat und dann in den folgenden Jahrzehnten noch mehrfach grassierte. Am stärksten wurden von dieser Epidemie die Städte betroffen. In Bremen zum Beispiel erlagen ihr 1350 annähernd 7 000 Menschen, das waren rund 40 Prozent der Gesamtbevölkerung.[3] In einigen Städten lag die durch diese Seuche verursachte Sterblichkeit wahrscheinlich noch höher. Zwar wurden die großen Bevölkerungsverluste der Städte vor allem durch verstärkte Zuwanderung vom Lande relativ rasch wieder ausgeglichen, aber die zeitweilige Lähmung des städtischen Wirtschaftslebens, die Einschränkung des Käuferkreises infolge der Pest machten sich in der ökonomischen Entwicklung vieler Städte noch jahrelang ungünstig bemerkbar.

Dennoch schritt besonders die qualitative Entwicklung der städtischen Produktivkräfte weiter voran. Verschiedene bedeutende Erfindungen wurden gemacht bzw. aus anderen Ländern übernommen und zahlreiche wichtige technische Neuerungen in die Produktion eingeführt. Dabei stimulierte die Tatsache, daß der städtische Handwerker als freier Produktionsmittelbesitzer ein elementares Interesse an der Verbesserung seiner Produktion hatte, die Entwicklung der Produktivkräfte. Auch die fortschreitende Entfaltung und Intensivierung des Fernhandels gab der Entwicklung derjenigen Gewerbe, für deren Erzeugnisse nicht nur im lokalen Rahmen eine größere Nachfrage existierte, kräftige Impulse und förderte die rasche Verbreitung technischer Neuerungen.

Die Entwicklung der Produktivkräfte im Handwerk äußerte sich während dieser Zeit zunächst in einer weiteren Spezialisierung der Produzenten. Zahlreiche Gewerbe fächerten sich in viele Spezialzweige auf, vor allem im Bereich des metallverarbeitenden Handwerks und der Textilproduktion. Im Metallgewerbe arbeiteten unter anderem Huf-, Nagel-, Messer- und Kupferschmiede, Schlosser, Klempner, Drahtzieher, Nadelmacher, Schwertfeger, Harnischmacher, Zinn-, Messing- und Bronzegießer sowie Goldschmiede. Während aber in diesen Gewerben jeder Produzent aus dem Rohstoff das Endprodukt selbst fertigstellte, war in der Textilproduktion die Spezialisierung mit einer zunehmenden Arbeitsteilung im Produktionsprozeß verbunden. Bei der Herstellung von Wolltüchern zum Beispiel fertigten Wollschläger, Spinner, Weber, Walker, Scherer und Färber zumeist nur Teilfabrikate an,

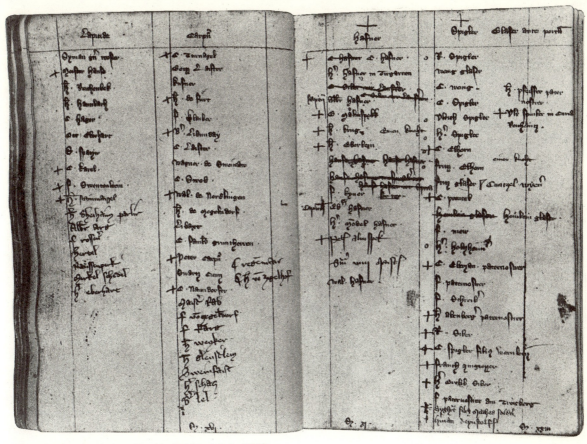

*Seite aus dem Nürnberger Handwerkerverzeichnis (1363).
In der 1. Spalte sind Steinmetzen (Lapicide), in der 2. Stellmacher (Carpentarii) verzeichnet*

die sie dann jeweils an die nächste Berufsgruppe weiterverkauften.

Eine ähnliche Spezialisierung vollzog sich auch in anderen Gewerbezweigen. Infolgedessen stieg die Zahl der einzelnen Gewerbe erheblich an. So gab es in Nürnberg 1363 insgesamt etwa 1200 Meister in 50 verschiedenen Gewerben.[4] In Lübeck arbeiteten um 1380 ungefähr 1350 selbständige Meister in mehr als 50 Berufszweigen[5], und in Rostock verteilten sich etwa zur gleichen Zeit rund 700 Meister auf mindestens 40 verschiedene Gewerbe.[6] Durch diese Spezialisierung wurden die Erfahrungen und Fertigkeiten der Handwerker wesentlich vervollkommnet.

Von erheblicher Bedeutung war, daß es in dieser Zeit gelang, das Energiereservoir für die Produktion beträchtlich zu erweitern. Neben der verstärkten Ausnutzung der Kraft des Windes durch Windmühlen stellte vor allem die vermehrte Anwendung des oberschlächtigen Wasserrades einen großen technischen Fortschritt dar. Selbst kleine und langsam fließende Wasserläufe konnten jetzt als Energiequelle genutzt werden, indem man sie durch Dämme und Wehre aufstaute. Die Wasserräder trieben nicht nur Getreide- und Sägemühlen an, sondern auch Schleifsteine zum Polieren und Schleifen von Werkzeugen und Waffen sowie Drahtzieheisen zur Drahtherstellung. Neue Möglichkeiten eröffneten sich auch für die Verbesserung der Roheisengewinnung und -bearbeitung. Mit Wasserkraft betriebene Pochwerke erleichterten die Erzaufbereitung, von Wasserrädern in Bewegung gesetzte Blasebälge erzeugten höhere Temperaturen in den neuen Stücköfen, die in den Jahren um 1300 erstmalig im Siegerland und in den Ostalpen flüssiges Eisen lieferten. Dieses wurde damals freilich noch nicht in Formen gegossen, sondern durch Frischen in schmiedbares Eisen verwandelt und — sofern es sich um größere Werkstücke handelte — durch mit Wasserkraft angetriebene Hammerwerke weiterbearbeitet.[7]

Solche Neuerungen sowie die Erfindung von Wippendrehbank und Schraubstock ermöglichten die Herstellung von wesentlich verbesserten Werkzeugen, Waffen und Geräten. Die Räderuhr mit Gewichtsantrieb — der erste automatisch funktionierende Apparat — wurde jetzt an zahlreichen Rathäusern und Kirchen installiert. Die frühesten Belege für solche Uhren gehen in die

Darstellung einer Kanone im 1420 verfaßten „Feuerwerkbuch" (Wiener Handschrift des 15. Jh.)

Aus dem 14. Jh. stammender Drehkran vor dem Kaufhaus (18. Jh.) in Lüneburg

ersten Jahre des 14. Jh. zurück und stammen aus Erfurt, Augsburg und Cambrai.

Auch die Technik der Textilerzeugung machte bedeutende Fortschritte. Walkmühle, Trittwebstuhl und Spinnrad, die schon länger bekannt waren, fanden weitere Verbreitung.[8] Zwar gab es anfangs starke Vorbehalte gegen die Qualität des mit dem Spinnrad erzeugten Fadens, vor allem von seiten der Spinner, die mit herkömmlichen Methoden arbeiteten. Da das Spinnrad jedoch dem früher oft eintretenden Garnmangel der Weber entgegenwirkte, setzte es sich allmählich doch durch. In Köln arbeiteten bereits 1376 zwölf Zwirnmühlen, bei denen ein Wasserrad oder Pferdegöpel 40 oder mehr Spindeln zugleich antrieb.

Die Leistungsfähigkeit des Transportwesens erhöhte sich infolge technischer Neuerungen ebenfalls beträchtlich. Die Einführung der Schubkarre war insbesondere für die Bau- und Befestigungsarbeiten von großer Bedeutung. Das Laden und Löschen der Schiffe erleichterte und beschleunigte der in dieser Zeit aufkommende Kran. Von seiner Konstruktionsweise vermittelt der um 1330 erbaute Lüneburger Drehkran eine genaue Vorstellung.[9] Die Anlage von Schleusen und Kanälen ermöglichte eine weitere Intensivierung der Binnenschiffahrt. 1398 wurde der Stecknitzkanal zwischen Trave und Elbe als erste künstliche Wasserstraße fertiggestellt. Neben der Kogge befuhren neue und leistungsfähigere Schiffe die hansischen Handelsrouten, so der Holk, ein wehrhaftes Frachtschiff mit breitem Boden, dessen Tragfähigkeit 200 bis 300 Tonnen und mehr betrug. Der Ausbau der Häfen, die Einrichtung von Leuchtfeuern und Seezeichen sowie die vermehrte Anwendung des Kompasses vervollkommneten die Seefahrt. Der erste deutsche Kompaßmacher wurde 1397 in Stralsund erwähnt.[10]

Von umwälzender Bedeutung für die weitere Entwicklung des Kriegswesens war das Aufkommen der Feuerwaffen.[11] Die Herstellung und Treibkraft des Schießpulvers, dessen Erfindung höchstwahrscheinlich erstmals in China gelang, beschrieben bereits in der zweiten Hälfte des 13. Jh. Marcus Graecus, Roger Bacon und Albertus Magnus. Der legendäre Berthold Schwarz, der lange Zeit als Erfinder des „Schwarz"-Pulvers galt, war möglicherweise identisch mit dem Konstanzer Domherrn Berthold von Lützelstetten, der um 1320 zuerst die Treibwirkung des Pulvers praktisch anwandte. Ein Jahrzehnt später tauchten die ersten Geschütze und Geschützmeister in der Überlieferung auf: 1330/31 wurden zwei sogenannte Donnerschützen als Bürger in der westfälischen Stadt Soest aufgenommen. 1331 brachten deutsche Ritter bei der Belagerung der norditalienischen Stadt Cividale Geschütze zum Einsatz, und 1334 ließ der Konstanzer Bischof bei der Verteidigung von Meersburg diese neue Waffe zur Anwendung bringen.

Die Geschützrohre wurden anfangs aus eisernen Stäben und Ringen zusammengeschmiedet. Etwa seit 1400 begann man sie aus Bronze oder Eisen zu gießen. Die Herstellung und Bedienung der Geschütze lag zumeist in den Händen städtischer Handwerker, die die neuen Berufsgruppen der Büchsenmacher und Geschützgießer bildeten. In Braunschweig erfolgte der erste große Guß von Geschützen im Auftrag des Rates 1411. Hier wurden von 1411 bis 1421 nicht weniger als 94 Bronzebüchsen verschiedener Größen gegossen. Unter ihnen befand sich die sogenannte faule Mette,

Großes Siegel der Stadt Danzig von 1400 mit dem Schiffstyp des Holk (Hulk). Die Umschrift lautet: Sigillum Burgensium in Dantzike

die ungefähr 160 Zentner wog.[12] In bezug auf die Treffsicherheit und die Geschwindigkeit der Schußfolge blieben die Pulvergeschütze freilich den herkömmlichen Fernwaffen — vor allem dem Bogen und der Armbrust — noch lange unterlegen, jedoch erwiesen sie sich besonders bei Belagerungskämpfen bald als höchst wirkungsvoll.

Bahnbrechend wirkte sich die zunehmende Verbreitung einer anderen, ebenfalls in China im 1. Jh. u. Z. gemachten Erfindung aus — des Papiers. Als Importware war dieser neue Beschreibstoff zunächst aus Spanien und Italien nach Deutschland gekommen und hier seit der Mitte des 13. Jh. verwandt worden. Massenhafte Verbreitung erlangte das Papier jedoch erst, als seine Produktion im eigenen Lande begann. 1390 richtete der Nürnberger Ulman Stromer die Gleismühle, die erste deutsche Papiermühle, ein.[13] In sein „Püchel von meim gleschet und von abentewr" trug der Nürnberger Ratsherr unter dem 22. Juni 1390 ein: „Ich Ulman Stromeir hub an mit dem ersten zu dem papir zu machen."[14] Drei Jahre später wurde eine zweite Papiermühle in Ravensburg eingerichtet. Wegen seines geringen Preises trug das Papier dazu bei, daß sich der Kreis der Lese- und Schreibkundigen allmählich erweiterte, vor allem aber erwies es sich für die Weiterentwicklung der Wissenschaften, des Handels und der Verwaltung von größtem Nutzen.

Die dominierende Erscheinung unter den städtischen Produzenten war auch in dieser Zeit der selbständige Handwerksmeister. In seiner kleinen Werkstatt fertigte er als Warenproduzent mit eigenen Produktionsinstrumenten und wenigen Hilfskräften seine Erzeugnisse an, die er zumeist auch selbst verkaufte. Nur in größeren Produktionszentren und bei Spezialprodukten, für die der lokale Markt allein nicht aufnahmefähig genug war, übernahmen in der Regel Kaufleute den Absatz.

Die genossenschaftlichen Organisationen der Handwerker, die Zünfte, taten alles, um diesen Zustand zu konservieren. Die Zunftordnungen enthielten verbindliche Regelungen für die Länge der Arbeitszeit, die zulässige Zahl der Gesellen und Lehrlinge, die Rohstoffbeschaffung und Qualität der Erzeugnisse. Mit solchen strengen Anordnungen suchte man die Konkurrenz unter den Zunftgenossen auszuschalten und jedwede Beeinträchtigung durch zunftfremde Produzenten zu unterbinden, die man „Pfuscher" oder „Bönhasen" – Leute, die heimlich auf dem Dachboden („bön") arbeiteten – nannte. Die Wirksamkeit der

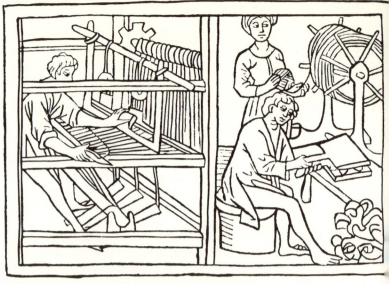

Weber am Trittwebstuhl und Herstellung von Wollgarn. Holzschnitt aus Rodericus Zamorensis, Spiegel des menschlichen Lebens, Augsburg 1478

Messerschmied an einer Auflage, dem Vorläufer des Schraubstocks. Hausbuch der Mendelschen Stiftung in Nürnberg um 1425

Schießpulverstampfe (aus dem „Feuerwerkbuch"). Die Stößel zum Stampfen sind an federnden Hölzern befestigt

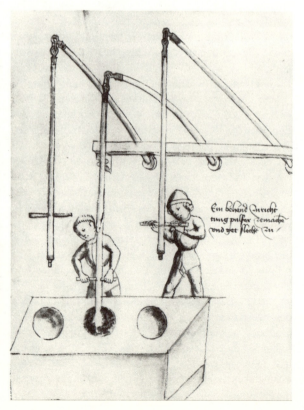

Zünfte hatte durchaus noch eine positive Bedeutung, sofern sie den Zusammenhalt der Zunftgenossen und ihre gegenseitige Unterstützung sowie eine gediegene Ausbildung des Nachwuchses garantierten. In einigen Gewerben zeichnete sich jedoch bereits ab, daß diese Organisationen kleiner Warenproduzenten zu einem Hemmnis für die Weiterentwicklung der Produktivkräfte und die Herausbildung neuer Produktionsverhältnisse zu werden begannen.

Sichtbar wurde das nicht so sehr bei den Zünften, die fast ausschließlich für den lokalen Bedarf arbeiteten, wie die Fleischer, Bäcker, Schuster und Schneider, oder bei Zünften, die für die technischen Bedürfnisse des Handels produzierten, wie Böttcher, Kistenmacher und Reeper, sondern vor allem bei den ausgesprochenen Exportgewerben. Solche begannen sich vielerorts besonders im Textil- und Metallgewerbe zu entwickeln. Außerhalb des großen nordwesteuropäischen Tuchproduktionszentrums Flandern gab es in den Maas- und Rheingebieten, vor allem in den Städten Maastricht, Huy, Aachen, Köln, Mainz, Speyer, Worms, Frankfurt/Main, Straßburg und Basel eine bedeutende Wolltuchherstellung, außerdem in Nürnberg, Braunschweig, Stendal, Görlitz, Bautzen und Zittau. Weiterhin begehrt war die Leinwand, die in Westfalen, in Augsburg, Ulm und vor allem im Bodenseegebiet hergestellt wurde. Seit dem 14. Jh. begann man, anstelle von Flachs Baumwolle als Schußfäden zu verwenden. Mit diesem neuen Verfahren entstand die Barchentweberei, die sich besonders in Augsburg, Ulm, Regensburg, Ravensburg und Basel entwickelte. Als Zentren der Seidenweberei in Deutschland traten Köln, Nürnberg, Augsburg, Zürich, Ulm und Regensburg hervor.[15]

Hochwertige Werkzeuge und Waffen, namentlich Messer- und Schwertklingen sowie Sensen, wurden in Südthüringen, in der Oberpfalz, im Siegerland, im Bergischen Land und auch in der Steiermark hergestellt. Die Metropole der Metallwarenerzeugung aber war Nürnberg. Die Metallgewerbe dieser Stadt, in denen 1363 in 20 verschiedenen Berufen 341 Meister arbeiteten, produzierten ein überaus reichhaltiges Sortiment von Metallwaren, das von billigen Massenartikeln wie Nadeln, Nägeln, Messern, Flaschen und Kesseln bis zu Kunstwerken aus Edel- und Buntmetallen, teuersten Rüstungen und schweren Geschützen reichte. Diese berühmten Nürnberger Metallprodukte waren weit über die Grenzen des Reiches hinaus gefragt.

In mehreren norddeutschen Hansestädten, besonders in Lübeck, Hamburg, Wismar, Stralsund und Rostock, entwickelten sich Brauerei und Schiffbau zu wichtigen und leistungsfähigen Exportgewerben. Anfang des 15. Jh. existierten in Hamburg mehr als 500 Brauereien, deren Jahresproduktion etwa 400 000 hl Bier betrug.[16]

Frühe Formen des Verlagswesens

Die Exportgewerbe erlangten für die Weiterentwicklung der Produktivkräfte und auch der Produktionsverhältnisse besondere Bedeutung. In diesen Gewerben nämlich waren die Handwerker für die Beschaffung der Rohstoffe aus weiterer Ferne und für den Absatz ihrer Produkte auf die Vermittlung der Kaufleute angewiesen. Die Produzenten traten in der Regel mit den größtenteils fernab wohnenden Endabnehmern ihrer Waren nicht mehr in Kontakt. Da die für den Export produzierenden Handwerker den schwer kalkulierbaren Schwankungen des Bedarfs und der Marktpreise unterlagen und zudem viele ärmere Meister die sich verteuernden Rohstoffe nur mit größter Mühe und schließlich häufig gar nicht mehr bezahlen konnten, gerieten sie in immer stärkere Abhängigkeit von den Kaufleuten. Der Kaufmann schoß dem Handwerker Rohstoffe oder das Geld dafür vor und erlegte ihm die Verpflichtung auf, Fertigwaren in bestimmter Menge und Güte – oft nach vorgegebenem Muster – zu liefern. Der Kaufmann begann also, den Handwerker zu „verlegen". Auch wohlhabende Handwerker stiegen zu Verlegern ihrer ärmeren Berufsgenossen auf. Dabei blieb der Handwerker als Warenproduzent formell selbständig, die Werkstatt und die Produktionsinstrumente waren gewöhnlich weiterhin sein Eigentum, auch wenn sie häufig genug zu bestimmten Teilen oder gänzlich als Pfand für Gläubiger dienen mußten. Die Produktionstechnik änderte sich in der Regel nicht, aber über das Produkt seiner Arbeit konnte der Handwerker nicht mehr frei verfügen. Der Verleger, der ihm den Rohstoff vorgeschossen hatte, zahlte ihm nicht mehr den Kaufpreis des Produkts, sondern nur einen Lohn, den er natürlich so niedrig wie möglich zu halten bemüht war. Der Handwerker geriet nach und nach immer stärker in die Gewalt des Verlegers, und zwar durch ökonomischen Zwang.

Mit dem Verlagswesen begann das Handels- und Wucherkapital unmittelbar in die Produktion einzudringen. Damit wurde – allerdings noch in bescheidenem Umfange – der erste Schritt von der einfachen zur kapitalistischen Warenproduktion getan. „Hier haben wir die ersten Anfänge kapitalistischer Mehrwertsbildung vor uns ... Der kaufmännische Kapitalist kaufte die Arbeitskraft, die einstweilen noch ihr Produktionsinstrument besaß, aber schon nicht mehr den Rohstoff. Indem er so dem Weber regelmäßige Beschäftigung sicherte, konnte er dagegen den Lohn des Webers derart drücken, daß ein Teil der geleisteten Arbeitszeit unbezahlt blieb. Der Verleger wurde so Aneigner von Mehrwert ..."[17]

Im 14. und beginnenden 15. Jh. erreichte das Verlagswesen in Deutschland zwar noch nicht die gleiche Verbreitung und Reife wie in Oberitalien oder Flandern, jedoch begann es sich vor allem im Textilgewerbe — namentlich in der oberdeutschen Barchent- und Baumwollweberei, in der Kölner, Züricher und Baseler Seidenproduktion und in der Görlitzer, Nürnberger und Straßburger Wolltuchfabrikation — seit 1350 verstärkt herauszubilden. So verlegten um 1370 in Köln einzelne reiche Zunftmeister aus den Gewerben der Wollenweber, Goldschmiede, Schmiede und Kürschner ihre Zunftgenossen, wie überhaupt in der Rheinstadt die Verleger in hohem Maße aus dem sozial stärker differenzierten Zunfthandwerk selbst kamen. Besonders günstige Bedingungen für Entstehung und Weiterentwicklung des Verlagswesens bestanden in der Baumwoll- und Barchentweberei. Da in diesen Gewerben die Produzenten von vornherein auf die Kaufleute angewiesen waren — die Baumwolle wurde über Italien importiert —, gelang es diesen ziemlich leicht, die Weber in Abhängigkeit zu bringen. Neben den Webern wurden in wachsender Anzahl die Spinner verlegt, die den Verlegern nur wenig Widerstand entgegensetzen konnten; die mit dieser Arbeit befaßten Menschen — sehr häufig handelte es sich um Frauen — waren in der Regel arm und hatten zudem oft keine genossenschaftliche Organisation.

Auch in mehreren metallverarbeitenden Handwerken in Nürnberg, Regensburg, Braunschweig und in Westfalen entwickelten sich im 14. Jh. erste Ansätze des Verlages.[18] Davon zeugt das Verbot des Nürnberger Stadtrates für das Schmiedehandwerk: „Ez sol auch dehaine maister kaine werckstat noch ander smide verlegen danne sein selbes werckstat mit den drien knehten."[19] Aber schon am Ende des 14. Jh., als die Stadt als Mitglied des Schwäbischen Städtebundes einen großen Bedarf an Kriegsausrüstung hatte, vergab der Rat selbst Aufträge an die Verleger von Waffenschmieden.

In den norddeutschen Hansestädten, in deren Wirtschaftsstruktur der Zwischenhandel mit Waren fremder Herkunft dominierte, bildeten sich Verlagsbeziehungen nur sehr sporadisch heraus. So arbeitete zum Beispiel in Rostock und Wismar ein Teil der Böttcher im direkten Auftrag von Kaufleuten und wohlhabenden Meistern. In Hamburg und Lübeck versuchten die Knochenhauer, die Fleischer durch verlagsähnliche Bindungen auszubeuten. Auch Lübecker Paternostermacher (Bernsteindreher) wurden durch Kaufleute verlegt.[20]

Natürlich versuchten die Handwerker, sich vor allem vermittels ihrer Zünfte gegen die ihnen vom Verlagswesen drohende Gefahr der Einbuße ihrer Selbständigkeit zur Wehr zu setzen. Die Zünfte gingen verstärkt zum gemeinsamen Rohstoffeinkauf über, wie die Holzschuhmacher aus Bingen, Boppard, Mainz, Worms und anderen Städten auf dem Frankfurter Markt zu Beginn des 15. Jh. Die Zunftgenossen errichteten und nutzten gemeinschaftlich größere Anlagen, so Schlachthäuser,

Seite aus dem III. Nürnberger Satzungsbuch mit dem Verbot des Verlegens (1320–1323). Die Bestimmung befindet sich auf der Abbildung unten

Walkmühlen, Färbhäuser und Schleifmühlen, um aus eigener Kraft besser und billiger produzieren zu können. Jedoch waren ihre Bemühungen nur teilweise von Erfolg gekrönt. Immer häufiger umgingen nämlich die Verleger die städtischen Handwerker und vergaben ihre Aufträge an Dorfhandwerker, deren Arbeitskraft billiger und auch durch keine Zunftorganisation geschützt war. Infolgedessen wurde vielerorts das städtische Gewerbemonopol mehr und mehr durchlöchert. So verbot schon in der ersten Hälfte des 14. Jh. der Nürnberger Rat, Schmiede im Umkreis von sieben Meilen zu verlegen, mit Ausnahme der Schien- und Scharhämmer, die für das städtische Schmiedegewerbe notwendige Eisenhalbfabrikate herstellten.

Einzelne Verleger gingen sogar schon dazu über, größere Werkstätten zu errichten, in denen sie Lohnarbeiter ausbeuteten. So gestattete im Jahre 1357 der Straßburger Rat den reichen Wollschlägern, für die später die Bezeichnung „Tucher" üblich wurde, an ihren Webstühlen Lohnknechte arbeiten zu lassen. Diese Tucher kontrollierten den gesamten Produktionsprozeß vom Spinnen des Wollfadens bis zum Färben des fertigen Tuches. In Freiburg im Breisgau begannen einzelne Tucher, ihrem Verlag Kleinmeister und selbst Meister, die noch mit eigenen Gesellen arbeiteten, zu unterwerfen.

Solche Erscheinungen kennzeichneten zwar die Tendenz der Herausbildung neuer Produktionsverhältnisse, insgesamt aber waren sie im 14. und beginnenden 15. Jh. weder quantitativ noch qualitativ schon so weit entwickelt, daß sie den Charakter der nichtagrarischen Produktion bereits bestimmend prägen konnten. Dominierend blieb vielmehr die kleine Warenproduktion. „Aber kleinlich und beschränkt, wie die Gewerbe und mit ihnen die gewerbetreibenden Bürger blieben, sie reichten hin, die feudale Gesellschaft umzuwälzen, und sie blieben wenigstens in der Bewegung, während der Adel stagnierte."[21]

Die Entwicklung im Bergbau

Von großer Bedeutung war die weitere Entwicklung des Bergbaus und Hüttenwesens im deutschen Reichsgebiet während des 14. und beginnenden 15. Jh. Man förderte bereits fast alle damals wichtigen Metalle: Eisen, Kupfer, Zink, Zinn, Blei, Silber und auch Gold. Eisen wurde zu jener Zeit in vielen Gebieten gewonnen. Mit der Förderung von Sumpf- und Rasenerz, das verhältnismäßig einfach abzubauen war, befaßten sich vielerorts Bauern, vor allem zur Winterszeit. Die ergiebigsten, von Bergleuten erschlossenen und abgebauten Eisenerzvorkommen jedoch befanden sich im rheinisch-westfälischen Raum, in der Oberpfalz bei Amberg und Sulzbach, in der Steiermark bei Leoben, in Kärnten bei Hüttenberg sowie bei Suhl und Schmalkalden im südthüringischen Raum. Kupfer gewann man bei Kuttenberg (Kutná Hora) in Böhmen und im Mansfeldischen, Zinn und Zink im Erzgebirge, Galmei westlich von Aachen. Silberbergbau wurde weiterhin im Harz — am Rammelsberg bei Goslar —, im Erzgebirge bei Freiberg, in Kärnten und Tirol sowie in Böhmen und Mähren in beträchtlichem Umfang betrieben. Gold gewann man im Schwarzwald, im Fichtelgebirge, in den Tauern und in Südböhmen.

Zwar erschlossen die Bergleute fortgesetzt neue Lagerstätten, jedoch war die Technik des Bergbaus im 14. und 15. Jh. noch ziemlich einfach. Schlegel, Keil, Brechstange und Feuer bildeten die wichtigsten Arbeitsmittel der Bergleute. Zur Förderung der Erze bedienten sie sich einfacher Haspeln, zur Wasserhaltung im Schacht benutzten sie Eimer und Lederbeutel. Die Probleme der Bewetterung und der Wasserhaltung setzten damals dem Vortrieb der Schächte in den Berg relativ enge Grenzen, die erst in der zweiten Hälfte des 15. Jh. — besonders durch die Errichtung von Pumpanlagen — weiter vorgeschoben werden konnten.[22] Vor allem das noch ungelöste Problem der Wasserhaltung in tiefergelegenen Schächten führte seit der Mitte des 14. Jh. in verschiedenen Bergbaugebieten vorübergehend zu einer Stagnation oder sogar zu einem Rückgang der Förderung.[23]

Immerhin setzte sich im Bergbau zu dieser Zeit eine fortschreitende Arbeitsteilung durch. Es gab Häuer, Säuberer, Haspeler und Wasserträger. Besonders erfahrene Bergleute arbeiteten als Steiger, Schichtmeister und Hutleute und leiteten die gemeinsame Arbeit einer größeren Zahl von Bergleuten unter und über Tage. Auch das Hüttenwesen begann sich nun vom eigentlichen Bergbau abzusondern. Die verstärkte Anwendung der Wasserkraft zur Verhüttung der Erze führte dazu, daß immer mehr Hütten aus der Nähe der Erzgruben, wo sich überdies ein zunehmender Holzmangel bemerkbar machte, an Wasserläufe verlegt wurden. Nach neueren archäologischen Untersuchungen existierten zu Beginn des 14. Jh. allein im westlichen Sauerland ungefähr 500 Hüttenplätze. Im Jahre 1311 zählte man am Rammelsberg bei Goslar 38 Kupferhütten. Deutschland nahm zu jener Zeit im europäischen Bergbau eine führende Position ein, die deutschen Bergleute waren weithin für ihre Fertigkeiten und Erfahrungen berühmt und vermittelten ihre Kenntnisse in zahlreiche andere Länder.

Viele Bergleute arbeiteten damals noch als sogenannte Eigenlehner. Allein oder nur mit Hilfe von Familienmitgliedern beuteten sie auf eigene Rechnung die ihnen zugewiesene Grube aus. Für den Fortschritt der Produktivkräfte bedeutsamer aber war der voranschreitende Zusammenschluß von Bergleuten zu genossenschaftlichen Organisationen, zu „Gewerken". Solche Arbeitsgenossenschaften machten die Ausbeutung größerer Grubenfelder möglich und förderten vor allem die Arbeitsteilung.

Da die einzelnen Bergleute damals in der Regel noch eigene Abbaurechte erwerben konnten, waren die Mitglieder der Gewerke zugleich Mitarbeiter und Mitbesitzer des gemeinsamen Betriebes. Jedoch bestand das Prinzip der freien Veräußerbarkeit der Anteile (Kuxen) an den Gruben. Infolgedessen bahnte sich im Bergbau eine fortschreitende soziale Differenzierung an. In zunehmendem Maße gerieten Anteile in die Hände von Personen, die selbst überhaupt nicht im Bergbau tätig waren, wie Fürsten, Ritter oder Bürger. Auch Institutionen, vor allem Klöster, erwarben derartige Kuxen. Namentlich Kaufleute begannen sich in wachsendem Umfange mit ihrem Kapital im Bergbau zu engagieren. Nürnberger Kaufleute zum Beispiel waren an zahlreichen Bergwerken, Hütten- und Hammerwerken in Oberfranken und der Oberpfalz, in Thüringen, Sachsen, Schlesien, Böhmen, Österreich und Ungarn beteiligt. Das Freiberger Silberminengelände befand sich frühzeitig in den Händen wohlhabender Bürger dieser Stadt, während in der Goslarer

Glasmalerei im Freiburger Münster (1330–1340) mit Bergarbeitern. Das Fenster wurde von den Inhabern der auf Schauinsland gelegenen Gruben gestiftet

Gegend erst seit der Mitte des 14. Jh. der bürgerliche Grubenbesitz größere Ausmaße annahm.[24] Solche Anteileigentümer ließen die eigentliche Arbeit von Leuten, die sie in „Kost" nahmen – also von Lohnarbeitern –, verrichten. Sie selbst beschränkten sich darauf, die Erträge einzuheimsen, gegebenenfalls aber auch besonders erfahrene Techniker zu gewinnen und Gelder für notwendige größere Arbeiten vorzuschießen.

Allerdings entstanden Elemente der Ausbeutung im Bergbau nicht nur durch den Erwerb und die Nutzung von Kuxen durch Außenstehende. Auch wohlhabende Gewerke förderten diesen Prozeß, indem sie Teile ihres eigenen Abbaureviers sogenannten Lehenschaften übertrugen. Die Angehörigen dieser Lehenschaften bildeten eine Art Zwischenstufe zwischen Eigenlehnern und Lohnarbeitern. Für die ihnen überlassenen Anteile hatten sie dem primär berechtigten Kuxeninhaber eine hohe Abgabe, die zuweilen die Hälfte der erzielten Ausbeute ausmachte, zu zahlen. Ungeachtet ihrer starken wirtschaftlichen Abhängigkeit konnten jedoch die Lehnhäuer eine gewisse Selbständigkeit bewahren und oft sogar eigene Genossenschaften bilden. Zuweilen beschäftigten die Lehnhäuer auch ihrerseits wiederum Lohnarbeiter. Allerdings wurde im 14. und beginnenden 15. Jh. der Charakter des Bergbaus im deutschen Reichsgebiet noch keineswegs bestimmend durch die Lohnarbeit geprägt.

Die wachsende Bedeutung des Bergbaus widerspiegelte sich auch in der Tatsache, daß die diesen Produktionszweig betreffenden rechtlichen Normen festere Konturen annahm. Für die herrschende Feudalklasse am wichtigsten war das Bergregal. Ursprünglich hatte der König den Eigentumsanspruch auf alle wertvollen Mineralien im Reich erhoben und diesen im 11. und 12. Jh. auch weitgehend durchsetzen können. In der Folgezeit aber mußte die Zentralgewalt das höchst einträgliche Bergregal Schritt um Schritt an die Fürsten preisgeben. Schließlich wurde es 1356 von Karl IV. den Kurfürsten durch die Goldene Bulle ohne Einschränkungen zugesprochen. Der Inhaber des Bergregals hatte das Recht auf einen bestimmten Anteil an der Ausbeute. In Sachsen betrug dieser teilweise ein Drittel. Aus dem Bergregal und aus dem Münzregal leiteten die Fürsten ferner ihren Anspruch ab, vor allem Silber – aber auch Kupfer und Zinn – im Vorkaufsrecht zu festgesetzten Preisen von den Bergleuten zu erwerben. Silber war zu jener Zeit das bei weitem wichtigste Münzmetall, und aus dem sogenannten Schlagschatz, der aus der Differenz zwischen den Edelmetall- und Fertigungskosten einerseits und dem Nominalwert der ausgemünzten Menge andererseits erwuchs, konnten die fürstlichen Münzherren dann noch weitere beträchtliche Gewinne erzielen. Vor allem die Wettiner vermochten durch die Wahrnehmung ihres Berg- und Münzregals großen Reichtum anzusammeln. Dieser ermöglichte es ihnen, die ständische Mitsprache in ihren Territorien relativ lange hinauszuschieben. Das landesherrliche Interesse an dem gewinnbringenden sächsischen Bergsegen zeigte sich auch darin, daß bei den zahlreichen Landesteilungen der Bergbau ungeteilt blieb.

Die Quellen des Gewinns konnten aber für die fürstlichen Regalherren nur dann ergiebig fließen, wenn sie zur Förderung der Naturschätze genügend Bergleute zu gewinnen vermochten. Deshalb lag es durchaus in ihrem Interesse, den rechtlichen Status der Bergleute relativ günstig zu gestalten. „Wo eyn man ercz suchen will, das mag der thun mit rechts."²⁵ In diesem Satz des Freiberger Rechts kommt das damals geltende Prinzip der Bergfreiheit zum Ausdruck: Wer eine abbauwürdige Erzader zuerst fand, dem wurde auf diese das Vorrecht zur Nutzung erteilt – natürlich unter Festlegung der aus dem Ertrag abzuführenden Abgaben. Im übrigen aber genossen die Bergleute wichtige Vergünstigungen. Ihre persönliche Freiheit war ihnen ebenso garantiert wie die Befreiung von Steuern und Diensten jedweder Art. Sie hatten die Befugnis zum Waffentragen und eigene Gerichtsbarkeit. Die Siedlungen der Bergleute lockten auch Handwerker und Kaufleute herbei. So entstanden und wuchsen in verschiedenen Bergbaugebieten bedeutende Städte mit besonderen Privilegien, zum Beispiel Eisleben, Freiberg, Goslar, Iglau (Jihlava), Kuttenberg und Zwickau. In einigen von ihnen, besonders in Iglau und Freiberg, erlangte die städtische Rechtsprechung großen Einfluß auf die Ausbildung bzw. Weiterentwicklung des Bergrechts. In Freiberg bildeten Stadt- und Bergverfassung sogar weitgehend eine Einheit.²⁶

Einen starken Aufschwung nahm im 14. Jh. die Salzgewinnung. Salz war im Mittelalter nicht nur die am meisten gebrauchte Würze für Speisen, sondern auch das einzige Konservierungsmittel für Lebensmittel, insbesondere für Fleisch, Fische, Butter und Käse. Infolgedessen war die Nachfrage nach Salz überall sehr groß. Der Jahresverbrauch an Salz pro Kopf lag damals ziemlich hoch, nämlich bei 15 bis 16 kg, während er heute bei etwa 6 kg liegt. Für das Konservieren von vier bis fünf Tonnen Fisch benötigte man ein Faß Salz, Butter und Fleisch wurden im Verhältnis 10 zu 1 eingesalzen.

In Deutschland arbeiteten im 14. Jh. ungefähr 50 Salinen. Die bedeutendsten waren die von Lüneburg, Oldesloe, Halle/Saale, Staßfurt, Frankenhausen, Werl/Westfalen, Schwäbisch-Hall, Berchtesgaden, Reichenhall, Hallein, Hallstatt und Hall in Tirol. Der bergmännische Salzabbau spielte noch keine Rolle, auch Meersalzgewinnung, die in Spanien, Portugal und Frankreich zu größter Bedeutung gelangte, betrieben an den deutschen Küsten nur die Friesen mit bescheidener Ausbeute.

Rohstoff für die Salzproduktion in den Salinen war das Solgut – eine wäßrige Lösung, die im Innern der Erde über salzhaltiges Gestein fließt und sich an Salz sättigt. Oft kam es vor, daß die Sole erst einige Kilometer von der nächsten Steinsalzlagerstätte entfernt zutage trat. Diese Sole wurde aus einem Brunnen in Siedehäuser (Koten) geleitet oder getragen und dort in Pfannen aus Eisen oder Blei über einem Holzfeuer versiedet. Die Produktion einzelner Großsalinen erreichte schon im 14. Jh. eine beachtliche Ausbeute. Die Lüneburger Saline, deren Erzeugnis sich durch besondere Reinheit auszeichnete, produzierte 1350 fast 300 000 dt Salz. Allerdings lagen die Produktionskosten des Salinensalzes – vor allem infolge des enormen Brennholzverbrauches – wesentlich höher als die des westeuropäischen Baiensalzes, dessen Import in deutsche Gebiete seit dem Ende des 14. Jh. größere Bedeutung gewann.

Ursprünglich gehörten alle Solquellen den Landesherren. Durch Schenkung oder Verkauf gerieten jedoch im Laufe der Zeit viele Quellen ganz oder teilweise in die Hände anderer Feudalherren. Diese Eigentümer des Solgutes aber unterhielten in der Regel keine eigenen Siedehäuser. Sie übertrugen vielmehr die Siedegerechtigkeit gegen entsprechende Gegenleistungen an die sogenannten Pfänner oder Salzjunker, in der Regel Personen bürgerlichen Standes. Die Pfänner errichteten ihre eigenen Siedehütten, die sie entweder selbst nutzten oder weiterverpachteten. Als eigentliche Produzenten arbeiteten in der Saline die Salzwirker und ihre Gehilfen, die Sülzknechte. Diese Knechte waren ihrer Stellung im Produktionsprozeß nach Lohnarbeiter, genossen aber – ähnlich wie die Bergleute – bestimmte Freiheiten.

Die dominierende Stellung in den Salinen hatten die Pfänner. In ihren Händen lagen die Verwaltung der Saline, die Berufung und Beaufsichtigung der Beamten des Betriebes und vor allem der Absatz des produzierten Salzes. In den bedeutenden Salinenstädten, so in Lüneburg und Halle, waren die Pfänner ratsfähig und in der Regel ökonomisch und politisch so einflußreich, daß sie die Stadtangelegenheiten ganz nach ihren Interessen gestalten und Eingang in das Patriziat finden konnten.²⁷

Handel, Handels- und Wucherkapital

Der Handel der deutschen Kaufleute nahm im 14. und beginnenden 15. Jh. an Intensität, Gesamtvolumen, technischer Perfektion und internationalem Gewicht beträchtlich zu. Dazu trugen nicht allein die Fortschritte in der gewerblichen Produktion und im Bergbau sowie die Verdichtung der Ware-Geld-Beziehungen bei, sondern auch die Verlagerung älterer bzw. die Entstehung neuer Routen des internationalen Handels. Im Warenaustausch zwischen den verschiedensten Regionen Europas erlangten die deutschen Kaufleute eine wichtige und für sie höchst vorteilhafte Vermittlerfunktion.

Seit dem Ende des 13. Jh. verloren die Champagner Messen ihre einstige Bedeutung. Am Schnittpunkt der bis zu dieser Zeit wichtigsten Handelsstraßen gelegen, waren sie lange Zeit der am häufigsten aufgesuchte internationale Treffpunkt von Fernhändlern vor allem aus Italien, Frankreich, Flandern, England und Deutschland gewesen. Nun aber begannen besonders die deutschen, italienischen und flandrischen Kaufleute, an anderen Orten direkt miteinander in geschäftliche Kontakte zu treten. Brügge stieg zu einem Waren- und Geldmarkt von hohem internationalen Rang auf. Hierher kamen nun vor allem die Kaufleute aus den norddeutschen Städten auf dem See- und Landweg. Gleichzeitig zogen oberdeutsche Kaufleute in wachsender Zahl über die Alpen nach Venedig. Die Verunsicherung der französischen Handelswege und die Verheerungen des Landes durch den Hundertjährigen Krieg ließen dann die Messen in der Champagne endgültig zur Bedeutungslosigkeit herabsinken.[28]

Im Handelsverkehr zwischen Deutschland und Italien dominierten die oberdeutschen Kaufleute. Nach Venedig brachten sie insbesondere Eisen, Kupfer, Edelmetalle und Leinwand und erwarben im Austausch dafür italienische und orientalische Luxuswaren. Für diesen Handel bedurften sie freilich der Vermittlung durch italienische Kaufleute, denn auch in Venedig waren direkte Geschäfte zwischen Fremden, der „Gästehandel", nicht statthaft.

Die Kaufleute aus Norddeutschland konnten in Brügge nicht nur die von den Italienern dorthin eingeführten Waren der Mittelmeerländer erwerben, sondern sie schalteten sich auch immer stärker in den Export der begehrten flandrischen Tuche ein. Dabei kam ihnen zugute, daß sie im großen Umfange Lebensmittel und Rohstoffe aus dem Ost- und Nordseeraum, Getreide, Fisch, Holz und Holzprodukte, Pelze und Metalle liefern und auch rasch die führende Rolle im Wollexport aus England erringen konnten. Mit ihrer zu Beginn des 14. Jh. in Brügge geschaffenen ständigen Niederlassung entstand ein wichtiger Eckpfeiler für die Errichtung der hansischen Handelssuprematie in der gesamten Nord- und Ostseeregion.

Auch der Binnenhandel wurde intensiviert. Seine Knotenpunkte bildeten die Groß- und Mittelstädte, an ihm beteiligten sich aber auch die mehr als 3500 Kleinstädte und Marktflecken, die oft nur wenige hundert Einwohner zählten. Die Händler der Kleinstädte beschränkten sich zwar für gewöhnlich in ihrer Geschäftstätigkeit auf den lokalen Markt und setzten jeweils auch nur verhältnismäßig kleine Warenposten um, aber durch ihre große Zahl spielten sie im Absatz von Import- und beim Aufkauf von Exportwaren für den Groß- und Fernhandel eine unentbehrliche Rolle. Ihre Wirksamkeit führte zur weiteren Durchsetzung der Ware-Geld-Beziehungen auch in jenen Gegenden, die abseits der großen Gewerbe- und Handelszentren lagen.[29]

Auf deutschem Boden bildeten sich in dieser Zeit drei große Wirtschaftsgebiete heraus, die in jeweils besonderer Weise im internationalen Handel engagiert waren. Den Norden umfaßte das Wirtschaftsgebiet der Hanse, die im ausgehenden 14. und beginnenden 15. Jh. den Höhepunkt ihrer Entwicklung erreichte und faktisch den gesamten internationalen Handel zwischen Nowgorod und London in der Ost-West-Richtung und Bergen und Brügge in der Nord-Süd-Richtung beherrschte. Im hansischen Zwischenhandel, der sich vorwiegend, aber keineswegs ausschließlich auf den Seerouten vollzog, gewannen schwere Massengüter, wie Getreide, Salz und Holz immer mehr an Bedeutung. Oberdeutschland mit den Zentren Augsburg, Basel, Konstanz, Nürnberg, Ulm und Wien bildete ein weiteres Wirtschaftsgebiet. Charakteristisch für dieses war der starke Exporthandel mit Landesprodukten wie Leinwand, Barchent, Metallwaren und Bergbauerzeugnissen. Der größte Teil der Importwaren aus Italien und dem Orient ging durch die Hände der oberdeutschen Kaufleute. Das dritte große Wirtschaftsgebiet gruppierte sich um das Flußsystem von Rhein, Maas, Mosel und Main. Es war nicht nur als Produktionsgebiet von Wolle, Seide, Waffen, Werkzeugen und Weinen, sondern auch als Transitzone für den italienisch-flandrischen Handel sowie als Verbindungsglied zwischen dem hansischen und dem oberdeutschen Wirtschaftsraum von Bedeutung.

Die Intensivierung des Handels in und zwischen diesen Wirtschaftsgebieten fand ihren Ausdruck auch

Nürnberger Kaufmann um 1440. Aus dem Hausbuch der Mendelschen Stiftung

in dem Entstehen zahlreicher neuer Messen von überregionaler Bedeutung, so zum Beispiel in Basel, Breslau, Deventer, Erfurt, Frankfurt/Oder, Linz, Naumburg, Nördlingen, Nürnberg und Straßburg. Die bei weitem wichtigste neue Messe aber war die in Frankfurt/Main. Hierher kamen alljährlich neben Kaufleuten aus allen deutschen Wirtschaftsgebieten auch viele ausländische Fernhändler.[30]

Trotz der bemerkenswerten Zunahme der überregionalen Handelsverbindungen kam es aus verschiedenen Gründen in dieser Zeit jedoch noch nicht zur Herausbildung eines stabilen und weitgehend vereinheitlichten inneren Marktes. Die drei genannten Wirtschaftsgebiete waren nicht nur hinsichtlich ihrer Produktionsbasis sehr unterschiedlich strukturiert, sondern auch in ganz verschiedenartiger Weise im internationalen Handel engagiert. Die daraus resultierenden wirtschaftlichen Sonderinteressen, die die Politik der führenden Städte im Norden, Süden und Westen entscheidend bestimmten, ließen sich also bestenfalls im regionalen Bereich und meist auch nur zeitweise miteinander in Einklang bringen. Ein wirtschaftliches Zentrum mit der notwendigen starken integrierenden Kraft entwickelte sich im deutschen Reichsgebiet nicht. Hinzu kam, daß die territoriale Zersplitterung jeden Ansatz zur wirtschaftlichen Vereinheitlichung außerordentlich erschwerte. Jeder Feudalherr, der nur irgend die Machtmittel dazu besaß, war bestrebt, eine möglichst weitgehende Selbständigkeit seines Herrschaftsgebietes zu erlangen bzw. zu behaupten und sich am Kaufmann zu bereichern, zum Beispiel durch Zollstellen, von denen es am Ende des 14. Jh. allein am Rhein mehr als 60 gab.

Trotz dieser Hindernisse nahm damals die Bedeutung der Wasserstraßen für den Handel erheblich zu, weil das Volumen der Handelsgüter wesentlich anwuchs. Neben teuren Luxusgütern und qualitativ hochwertigen gewerblichen Produkten wurden in zunehmendem Maße relativ billige Massengüter, insbesondere Rohstoffe und Lebensmittel, zum Gegenstand der kaufmännischen Geschäftstätigkeit. Solche Waren aber konnten größtenteils nur auf den Flußläufen und Seerouten rentabel transportiert werden. Den Umfang des Handelsverkehrs im 14. Jh. mögen folgende Beispiele veranschaulichen. Über den St. Gotthard-Paß gingen jährlich in beiden Richtungen etwa 1 250 t Handelsgüter.[31] In Lübeck wurden pro Jahr rund 75 000 Fässer Hering umgesetzt, der Gesamtumfang des Imports und Exports dieser Stadt belief sich 1368/69 auf über 545 000 Mark lübischer Währung.[32] Der Weinumsatz in Colmar erreichte um 1400 ein Jahresvolumen von 100 000 hl.[33]

Je mehr die Kaufleute zu wirklichen Großhändlern wurden, desto stärker begannen sie auch neue Methoden in ihrer geschäftlichen Praxis zu entwickeln. Früher hatte der Kaufmann in der Regel seine Warentransporte begleitet und Kauf und Verkauf an anderen Handelsorten selbst abgewickelt. Der Großhändler aber leitete seinen Geschäftsverkehr von seinem heimatlichen Kontor aus. Dazu bediente er sich seiner Handelsgehilfen, seiner Faktoren oder Lieger in fernen Handelsemporien sowie auswärtiger Geschäftspartner. Diese neue Praxis war ohne Schriftlichkeit der Geschäftsführung undenkbar. Der Großkaufmann erteilte seinen Gehilfen und Partnern schriftliche Aufträge und legte über seine Geschäfte, vor allem über Forderungen und Verbindlichkeiten, Aufzeichnungen an, aus denen sich in einem längeren Zeitraum eine systematische kaufmännische Buchführung entwickelte. Im 14./15. Jh. führten solche Kaufmannsbücher die Lübecker Hermann Warendorp und Johann Clingenberg, der Rostokker Johann Töllner, die Regensburger Runtinger und andere.

Eine andere wichtige Neuerung bedeutete das Aufkommen von Handelsgesellschaften. Sie umfaßten anfangs zumeist nur wenige Partner und existierten oft auch nur für relativ kurze Zeit, wenn sich lediglich zu ganz bestimmten größeren Geschäften mehrere aktive oder stille Teilhaber zusammenfanden. Viele Gesellschaften beschränkten sich auf reine Kommissionsvereinbarungen (sendeve): Ein Kaufmann übergab seinem Partner bzw. Gehilfen mit festen Instruktionen bestimmte Warenposten oder Geldsummen zu Verkauf und Einkauf. Entwickelter war schon die Handelsgesellschaft, bei der sich mehrere Kaufleute zu bestimmten Handelsunternehmungen zusammentaten, an denen sie mit gleichen oder ungleichen Anteilen beteiligt waren. Der Anteil am Gewinn oder Verlust hing dann von der jeweiligen Kapitaleinlage der einzelnen Gesellschafter sowie von ihrem persönlichen Anteil an der Anbahnung und Abwicklung der Geschäfte ab. Solche Gesellschaften, die im hansischen Sprachgebrauch als „vrye selschop", „kumpanie" oder „wedderlegginge" bezeichnet wurden, existierten freilich meistens nicht auf längere Dauer. Dieser Art waren die Handelsgesellschaften Erfurter und Nordhäuser Tuchhändler in der ersten Hälfte des 14. Jh. Erfurter Bestimmungen über Waidhandelsgesellschaften regelten die Gewinnverteilung nach der Anzahl der Gesellschafter, nicht nach der Höhe der eingezahlten Kapitalien.[34] Jedoch entstanden in Süddeutschland am Ausgang des 14. Jh. auch schon weitverzweigte und stabile Handelsgenossenschaften, von denen die bekannteste die Große Ravensburger Gesellschaft war. Sie wurde um 1380 gegründet und unterhielt schließlich mehr als ein Dutzend Filialen in Deutschland, Italien, Frankreich, den Niederlanden und Spanien.

Eine besondere Form gemeinschaftlicher Geschäftsunternehmungen entwickelte sich in den Hansestädten in Gestalt der sogenannten Partenreederei.

Kaufleute erwarben an verschiedenen Schiffen und Frachten Anteile unterschiedlicher Höhe. Partenreederei und Handelsgesellschaften hatten das gleiche Ziel: Der Kaufmann wollte sein Risiko verringern und gleichzeitig seine Profitchancen erhöhen, indem er die Umschlagsgeschwindigkeit seines Kapitals vor allem dadurch steigerte, daß er an vielen Geschäftsoperationen zugleich beteiligt war.

Unter solchen Bedingungen machte die Differenzierung unter den Kaufleuten rasche Fortschritte. Die soziale Skala der Handelsleute reichte vom patrizischen Großkaufmann, der mit hohem Kapitaleinsatz und vielen Hilfskräften Handel über weite Entfernungen betrieb, bis hin zu den kleinen Händlern, den Krämern und Hökern, die nur bescheidene Warenposten im Einzelhandel auf dem lokalen Markt umsetzten. Trotzdem gab es noch keine vollständige Trennung von Groß- und Einzelhandel. Die meisten Fernhändler verschmähten es durchaus nicht, zumindest gelegentlich auch Waren im Detailhandel zu verkaufen. Die bedeutendsten Gewinne — und zuweilen freilich auch Verluste — brachte jedoch der Großhandel. Nur in dieser Sphäre konnte das eigentliche Kaufmannskapital entstehen.

Das Kaufmannskapital gab der ökonomischen Entwicklung zunächst bedeutende progressive Impulse. Es förderte das Wachstum zahlreicher Gewerbe, indem es für diese die Rohstoffbelieferung und den Absatz der Fertigprodukte sicherstellte. Durch die Schaffung stabiler merkantiler Kommunikationen im überregionalen Rahmen schuf es wichtige Voraussetzungen für den Fortschritt von Arbeitsteilung und Spezialisierung auch im internationalen Maßstab. Über das Netz der vom Kaufmannskapital geknüpften festen Wirtschaftsverbindungen konnten nun auch neue Produktionsverfahren und Erfindungen wesentlich leichter und schneller zwischen den einzelnen Ländern vermittelt werden. So war also in dieser Zeit „der Kaufmann ... das revolutionäre Element in dieser Gesellschaft, wo alles sonst stabil war, stabil sozusagen durch Erblichkeit".[35]

Indes waren dies alles gewissermaßen unbeabsichtigte Resultate der Wirksamkeit des Kaufmanns, der allein einen möglichst hohen Handelsprofit zu erlangen suchte. Dabei galt als Prinzip des Handels, möglichst billig einzukaufen und dann so teuer wie möglich wieder zu verkaufen. Mit allen ihnen zur Verfügung stehenden Mitteln, auch mit denen der Erpressung und des Betruges, verfuhren die Kaufleute nach dieser Devise.

Über die Höhe der Handelsprofite im 14. und 15. Jh. ist noch relativ wenig bekannt.[36] Offenbar waren sie nicht nur bei den einzelnen Warengattungen sehr unterschiedlich, sondern unterlagen auch lokal und jahreszeitlich bedingten Schwankungen. Norddeutsche Kaufleute erzielten zum Beispiel in der Mitte des 14. Jh. im Wachshandel zwischen Reval und Flandern 33 Prozent,

Meißner Groschen, geprägt seit 1338 in Freiberg unter dem Land- und Markgrafen Friedrich II. d. Ernsthaften. Auf der Vorderseite die Umschrift: FRID' DI GRA TVRING' LANGRAV' (Fridericus Dei Gratia Turingiae Langravius), auf der Rückseite ein einschwänziger Löwe, das Wappentier der Wettiner, und die Umschrift: GROSSVS MARCH MYSNENSIS (Groschen der Markgrafen von Meißen)

im Handel mit Flachs auf der Route von Riga nach Flandern 25 Prozent Gewinn. Um 1400 brachte einem Lübecker Fernhändler der Import von Wein aus dem Elsaß rund 33 Prozent Profit. Jedoch konnte die Profitrate mitunter weniger als 10 oder sogar 5 Prozent betragen, zuweilen aber auch auf 100 Prozent und mehr emporschnellen. Viele Risikofaktoren ließen den Kaufmann beständig um seinen Profit bangen: der Konkurrenzkampf, Fehlspekulationen, Schiffbrüche, feudale Willkür in Gestalt von räuberischen Übergriffen, Zöllen und sonstigen Abgaben sowie die Situation im Geld- und Münzwesen.

Das ständige große Risiko im Handel trug wesentlich dazu bei, daß Teile des Handelskapitals auch außerhalb der Zirkulationssphäre Anlagemöglichkeiten suchten. Viele Kaufleute erwarben in zunehmendem Maße Grundstücke in der Stadt sowie Güter auf dem Lande und engagierten sich verstärkt im Geldhandel.

Geldhandel hatten ursprünglich vorzugsweise die Geldwechsler betrieben. Ihre Tätigkeit blieb auch im 14. und beginnenden 15. Jh. für das Funktionieren des Handels ganz unentbehrlich, denn die Zahl der sehr unterschiedliche Münzsorten prägenden Münzstätten war auf über 500 angestiegen. Da sich die bisher dominierende Münze, der Pfennig, für die Bedürfnisse des sich ausweitenden Handels als zu klein erwies, war man seit dem endenden 13. Jh. auch in deutschen Gebieten

Lübecker Gulden, geprägt auf Grund eines kaiserlichen Privilegs von 1340. Auf der Vorderseite eine Lilie und die Umschrift: FLORE(nus) LVBIC(ensis), auf der Rückseite Johannes der Täufer mit der Umschrift: S IOHANNES B(aptista). Die Lilie, Johannes der Täufer und die Bezeichnung Florenus sind vom Florentiner Gulden übernommen

zur Prägung von Groschen übergegangen. Vorbild für die im 14. Jh. einsetzende deutsche Goldmünzenprägung war der sogenannte Floren, die im internationalen Handel bereits weithin anerkannte Goldmünze aus Florenz. Das Goldmünzprivileg, das ursprünglich allein dem Kaiser zustand, wurde bald an viele Fürsten und auch Städte verliehen. Lübeck zum Beispiel erhielt es 1340 von Ludwig dem Bayern.

Um den Münzen ein überregionales Umlaufgebiet zu sichern, kam es schon seit dem 13. Jh. zu Münzverträgen und Verordnungen im Rahmen von Landfrieden, wonach Feudalgewalten und Städte die Ausprägung gemeinsamer Münzen vorsahen. Von großer Bedeutung war der 1385/86 abgeschlossene Rheinische Münzverein. Alle vier rheinischen Kurfürsten einigten sich auf eine einheitliche Ausprägung des rheinischen Guldens,

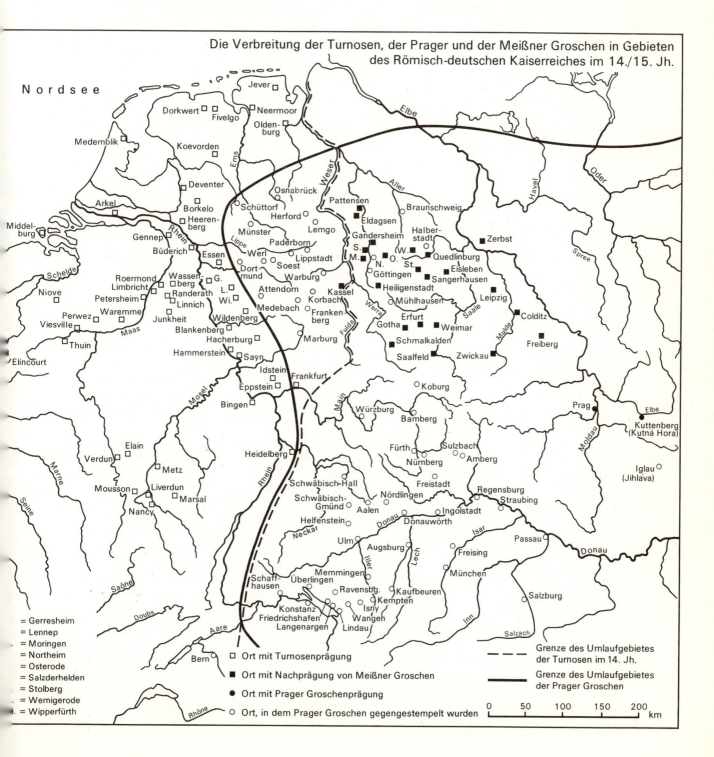

der nun als Handelsmünze überall im deutschen Reichsgebiet Eingang fand. Auch die Städte bildeten zur Vereinheitlichung der Münzen weitere Münzvereine. Besonders erfolgreich waren der 1379 gebildete „Wendische Münzverein" der Städte Hamburg, Lübeck und Wismar, dem sich 1381 auch Lüneburg, Rostock und Stralsund anschlossen, sowie der 1382 gegründete Münzbund niedersächsischer Städte, dem Braunschweig, Einbeck, Goslar, Halberstadt, Hannover und Hildesheim angehörten.[37] Trotz dieser beachtlichen Ansätze zu einer zum Teil schon überregionalen Vereinheitlichung des Münzwesens blieb doch die Notwendigkeit des ständigen Geldwechsels — vor allem auf allen Fernhandelsmärkten — bestehen. Seinen Gewinn machte der Wechsler dabei durch die Ausnutzung der unterschiedlichen Kurse sowie durch die Erhebung einer Wechselgebühr.

In Italien entwickelten sich allmählich aus dem einfachen Geldwechsel neue Formen und Institutionen des Geldhandels. Es entstanden Bankgesellschaften, die von Kaufleuten und Adligen Einlagen annahmen, deren Guthaben und Verbindlichkeiten miteinander verrechneten, Kredite gewährten und auch Wechselbriefe ausfertigten. Anfangs wurden durch diese Wechselbriefe nur auswärtige Filialen oder Partner der Bank angewiesen, dem Briefinhaber den Gegenwert einer von ihm eingezahlten Summe auszuhändigen. Aber schon in dieser einfachen Form stellte der Wechsel für den Kaufmann einen wichtigen Vorteil dar. Er brauchte nun auf seine Handelsreisen keine größeren Bargeldbeträge mehr mitzunehmen und konnte doch seine Verbindlichkeiten in der Fremde rasch begleichen.

Von Italienern, sogenannten Lombarden, wurden diese Neuerungen dann auch am Ende des 13. Jh. in Deutschland eingeführt. Hier fanden sie unter den Kaufleuten, Goldschmieden und Münzmeistern bald gelehrige Schüler. Auch geistliche Institutionen begannen sich mit Geldhandel zu befassen. Zentren derartiger Geschäftstätigkeit aber waren und blieben die Städte. Die erste städtische Bank wurde 1402 in Frankfurt/Main gegründet. Im hansischen Wirtschaftsraum entstanden derartige Institute erst sehr viel später.

Zu einer in großem Umfang und weit über den Kreis der Geldhändler hinaus betriebenen Form des Geldgeschäfts wurden Rentenkäufe und Anleihen.[38] Renten, für die der Schuldner meist Immobilienbesitz als Sicherheit zu stellen hatte, galten als besonders risikoarme Geldanlage und waren deshalb sehr begehrt. Wegen der großen Nachfrage sank jedoch im Laufe der Zeit der Zinsgewinn bei derartigen Geschäften erheblich. Während er in den norddeutschen Hansestädten um 1300 oft noch bei $16^{2}/_{3}$ Prozent gelegen hatte, betrug er ein Jahrhundert später nur noch 6 bis höchstens 10 Prozent.[39]

Als Partner der Geldhändler traten bei Anleihegeschäften neben den Städten vor allem die großen Feudalherren in Erscheinung. Da sie sich als höchst unsichere Schuldner erwiesen, strebten die Geldgeber danach, von ihnen möglichst wertvolle Pfänder zu erlangen: Grundbesitzungen und Hoheitsrechte samt den daraus fließenden Einkünften und sogar Herrschaftsinsignien. So befanden sich zeitweilig die Kronen der Könige von England und Norwegen in den Händen deutscher Kaufleute. Eine Gruppe Kölner und Dortmunder Kaufleute ließ sich 1340 von dem englischen König Eduard III. für die enorme Schuldsumme von 26400 Pfund Sterling als Sicherheit die gesamten Wollzölle des Inselreiches übertragen.[40]

Immer häufiger mußten sich auch Handwerker und Bauern aus wirtschaftlicher Not an Geldverleiher wenden. In diesen Fällen zeigte dann das Wucherkapital unverhüllt sein brutales Wesen. Da der geringe Besitz solcher Schuldner oft vom Gläubiger nicht als ausreichende Sicherheit angesehen wurde, diktierte er kürzeste Rückzahlungsfristen und verlangte Zinsen von 50, 100 oder gar 250 Prozent. Viele kleine Warenproduzenten verloren durch diese Praktiken der Wucherer ihre Existenz. „Der Wucher ... ändert die Produktionsweise nicht, sondern saugt sich an sie als Parasit fest und macht sie miserabel. Er saugt sie aus, entnervt sie und zwingt die Reproduktion, unter immer erbärmlicheren Bedingungen vorzugehn."[41]

Die fortschreitende soziale Differenzierung des Städtebürgertums

Im 14. und beginnenden 15. Jh. machte der soziale Differenzierungsprozeß in den deutschen Städten deutliche Fortschritte. An die Stelle der anfänglich verhältnismäßig ausgeglichenen Sozialstruktur der Stadtbevölkerung trat nun eine verstärkte Polarisation der einzelnen Schichten, die wiederum selbst einer zunehmenden sozialen Differenzierung unterlagen. Während sich Reichtum und politische Macht allmählich in den Händen weniger Familien konzentrierten, wuchs auf der anderen Seite die Zahl der armen und politisch rechtlosen Einwohner, vor allem in den Groß- und Mittelstädten, rasch an. Die ursprünglich starken Mittelschichten, zu denen die weniger reichen Kaufleute, die Kleinhändler und Zunfthandwerker gehörten, schrumpften im Verlaufe der Entwicklung erheblich zusammen.[42] Mit den sozialen Gegensätzen verschärften sich gesetzmäßig auch die politischen Auseinandersetzungen in den Städten.

Das Patriziat, das in den zeitgenössischen Quellen meist als „Geschlechter" oder „Ehrbarkeit" bezeichnet wird, bildeten die reichsten Kaufmanns-, Reeder-, Brauer- und Pfännerfamilien, die Besitzer von Anteilen an Erzgruben oder von Hütten, Geldhändler, Angehörige der stadtherrlichen Ministerialität sowie Landadlige, die in die Stadt übergesiedelt waren. Obwohl es innerhalb der Stadtbevölkerung nur eine Minderheit von wenigen Dutzend Familien repräsentierte, gelang es ihm, seinen Einfluß auf alle entscheidenden städtischen Angelegenheiten Schritt um Schritt bis zu einer nahezu unumschränkten Herrschaft auszuweiten und diese häufig auch auf längere Dauer zu behaupten.

Die Machtstellung des Patriziats basierte in erster Linie auf seiner ökonomischen Stärke. In Frankfurt/Main zahlten im Jahre 1354 nur 5,9 Prozent der Stadtbevölkerung – das heißt die patrizische Oberschicht – 52 Prozent der gesamten Vermögenssteuer. In Basel verfügten zu Beginn des 15. Jh. 3 bis 5 Prozent der Bürger über 53 bis 59 Prozent aller Vermögen.[43] Die wichtigste Quelle des Reichtums der Patrizier bildeten nicht Grundbesitzungen, sondern der Fernhandel und Geldgeschäfte. Zwar besaßen zahlreiche Patrizierfamilien zum Teil außerordentlich umfangreichen Grundbesitz in der Stadt und auf dem Lande, aber nicht Feudalrenten, Mieten und Pachtzahlungen, sondern der zumeist wesentlich höhere und rascher zu gewinnende Handelsprofit und der Wucherzins bewirkten das schnelle Wachstum der patrizischen Vermögen.[44] Jedoch war diese Art der Bereicherung mit großen Risiken verbunden. Infolgedessen gelang es vielen Familien nicht, ihren Platz im Patriziat über eine längere Generationenfolge hinweg zu behaupten. Da der ökonomische Reichtum – und nicht, wie bürgerliche Historiker oftmals behaupteten, irgendwelche besonders hervorragenden geistigen und charakterlichen Qualitäten[45] – die Hauptvoraussetzung für die Zugehörigkeit zur herrschenden Schicht des Städtebürgertums war, mußten wirtschaftlich in Schwierigkeiten geratene oder gar ruinierte Patrizierfamilien unweigerlich erfolgreicheren Emporkömmlingen weichen.

Das städtische Patriziat bildete daher keinen geschlossenen Stand, obwohl es bewußt nach Exklusivität strebte. Die Angehörigen der Patrizierfamilien heirateten zumeist untereinander, sie schlossen sich oft in besonderen Korporationen zusammen, zum Beispiel in der Lübecker Zirkelgesellschaft, der Kölner Richerzeche, der Dortmunder Reinoldigilde oder der Soester Sterngesellschaft, beanspruchten die Anrede „Herr" für sich, führten Siegel und Wappen, ließen sich die Lehnsfähigkeit zuerkennen oder gar die Ritterwürde verleihen und näherten sich so dem Lebensstil von Feudalherren stark an. Zahlreiche Patrizier waren mit Adligen versippt und wechselten schließlich selbst in den Landadel über.

Charakteristisch für das Patriziat war jedoch weniger seine – in den verschiedenen Städten recht unterschiedlich entwickelte – gesellschaftliche Exklusivität, als vielmehr die enge Verbindung von wirtschaftlicher Macht und dominierender politischer Stellung in der Stadt sowie ein sich immer stärker ausprägender Konservatismus. In den Händen der Patrizier lagen entscheidende Machtpositionen, insbesondere die Ratsstühle und Schöffenämter. In der Regel hatten die Ratsherren ihre Würde auf Lebenszeit inne. Wurde ein Ratsstuhl vakant, so erfolgte seine Neubesetzung zumeist durch den Rat selbst auf dem Wege der Kooptation. Die Bürgerversammlung hatte dabei für gewöhnlich noch nicht einmal ein Mitspracherecht. Auf diese Weise konzentrierte sich die Herrschaft über die Stadt, die Gesetzgebung, die Gerichts- und Polizeigewalt sowie die Verfügung über die städtischen Finanzen, immer mehr auf den Rat. Das Patriziat verfügte damit zur Durchsetzung seiner wirtschaftlichen und politischen Interessen über ein Machtinstrument, das in seiner Funktionstüchtigkeit dem Herrschaftsapparat der Feudalklasse lange Zeit weit überlegen war.

Der größere Teil der städtischen Kaufmannschaft gehörte nicht dem Patriziat an. Viele Kaufleute waren zwar durchaus wohlhabend, standen jedoch in bezug auf die Größe ihres Vermögens und die Gewichtigkeit ihrer Familienverbindungen deutlich hinter den Patriziern zurück. In zahlreichen Städten schlossen sich diese Kaufleute in eigenen Korporationen zusammen, die geschäftlichen, gesellschaftlichen und religiösen Zwecken dienen konnten. In den oberdeutschen Städten gab es eine Vielzahl von sogenannten Handelszünften – gelegentlich auch als „Herrenzünfte" bezeichnet –, in denen sich Kaufleute, Münzerhausgenossen oder Weinhändler zusammenschlossen. Im Norden des Reiches waren die Gewandschneider-Gilden oder -Kompanien weit verbreitet, in denen sich ursprünglich solche Kaufleute vereinigten, die Groß- und Detailhandel mit Tuchen betrieben. In den hansischen Seestädten existierten Korporationen von Fernhändlern, die besondere Handelsrichtungen bevorzugten: die Flandern-, England-, Bergen-, Schonen-, Stockholm- und Nowgorodfahrer-Kompanien. Einige dieser Korporationen, namentlich die Gewandschneider-Kompanien, verfügten über ein so hohes Ansehen, daß auch Patrizier zu ihren Mitgliedern zählten. Das ist ein deutlicher Hinweis auf die Tatsache, daß zwischen Patriziat und nichtpatrizischer Kaufmannschaft vor allem in den Fernhandelsstädten kein prinzipieller, sondern nur ein gradueller Unterschied bestand. Die mittlere Kaufmannschaft bildete das natürliche Reservoir für das Patriziat, ihr Aufstieg war in erster Linie eine Frage des geschäftlichen Erfolgs und der familiären Beziehungen.

Die Mehrheit der mittleren Kaufleute blieb jedoch faktisch von jeder entscheidenden Mitwirkung im Stadtregiment ausgeschlossen. Deshalb spitzte sich wiederholt der graduelle Unterschied zwischen ihnen und den Patriziern zu einem scharfen politischen Gegensatz zu. In den innerstädtischen Auseinandersetzungen kamen die Führer der antipatrizischen Opposition häufig aus der mittleren Kaufmannschaft.

Die größte soziale Gruppe unter den Bürgerrechtsinhabern in den mittelalterlichen Städten bildeten die zumeist in Zünften oder Ämtern organisierten Handwerker. In der zweiten Hälfte des 14. Jh. waren in Lübeck und Hamburg jeweils etwas über 40 Prozent, in Frankfurt/Main sogar 50 bis 60 Prozent aller Bürger Handwerker. In bezug auf ihren sozialen Status standen die Kleinhändler, die Krämer und Höker oder Haken, den Handwerkern sehr nahe. Auch sie schlossen sich in vielen Städten zu besonderen Korporationen zusammen.

An dem Wachstum der Wirtschaftskraft der Städte im 14. und beginnenden 15. Jh. waren auch die Handwerker und Kleinhändler beteiligt, jedoch vermochten sie keineswegs alle in gleicher Weise von dieser Entwicklung zu profitieren. Vielmehr machte sich unter ihnen eine zunehmende Differenzierung bemerkbar. Nicht nur die Unterschiede zwischen „reichen" und „armen" Zünften bildeten sich stärker heraus, sondern auch bei Meistern des gleichen Gewerbes trat eine deutliche Vermögensdifferenzierung ein.[46] Häufig vermochten Handwerker zwar das Meister- und das Bürgerrecht zu erlangen, brachten es aber aus Mangel an Mitteln dennoch nicht zu einer eigenen Werkstatt, sondern mußten sich um Lohn bei anderen Meistern verdingen. Diese Erscheinung findet man schon in der zweiten Hälfte des 14. Jh. bei den Böttchern in Köln, bei den Bäckern in den rheinischen Städten und in Frankfurt/Main sowie bei den Nürnberger Plattnern.[47] Ärmere Erfurter Bäckermeister, die keinen eigenen Backofen besaßen, mußten gegen Bezahlung einer Miete die Öfen reicherer Zunftmeister benutzen.

Die Zünfte versuchten zwar durch verschärfte Zunftordnungen und andere Maßnahmen diesen Prozeß aufzuhalten und jedem Meister eine „auskömmliche Nahrung" zu gewährleisten, jedoch waren diese Versuche auf die Dauer nicht von Erfolg gekrönt; die soziale Differenzierung unter den Zunftgenossen ergab sich zwangsläufig aus den Gesetzmäßigkeiten der einfachen Warenproduktion, vor allem aus dem in ihr unmittelbar wirkenden Wertgesetz. Alle Handwerker einer Zunft erhielten zwar für ihre Produkte den gleichen festgesetzten Preis, der im wesentlichen auch dem Wert entsprach, jedoch konnte dieser von dem individuellen Wert, dem von dem einzelnen Meister tatsächlich geleisteten Arbeitsaufwand, zuweilen beträchtlich nach oben oder nach unten abweichen. So war es Handwerkern, die mit besonders guten Werkzeugen und überdurchschnittlichem Können oder mit einer größeren Anzahl von Hilfskräften produzierten, durchaus möglich, ständig erhebliche Gewinne zu erzielen; weniger begünstigte Zunftgenossen dagegen hatten einen geringeren Verdienst oder erlitten sogar häufig Einbußen. Während sich einzelne Meister durch den Handel mit eigenen Produkten oder Waren fremder Herkunft zusätzlichen Verdienst verschaffen konnten, hatten vom Lande zugewanderte Handwerker oftmals schlechtere Ausgangspositionen als die alteingesessenen Zunftgenossen und daher einen geringeren Verdienst. Natürlich beeinflußten auch außerökonomische Faktoren die Lage mancher Handwerker ungünstig, wie etwa Krankheiten und Unfälle.

Negativ wirkte sich auf die Lage der städtischen Handwerker besonders seit der zweiten Hälfte des 14. Jh. auch die krisenhafte Entwicklung der Landwirtschaft aus. Infolge der Verschlechterung der Lage der Bauern ging die Nachfrage auf den lokalen Märkten zurück. Da außerdem noch viele ruinierte Bauern in die Städte drängten, um dort eine neue und möglichst bessere Existenz zu finden, ergriffen die Zünfte verschiedene Maßnahmen, um die wirtschaftliche und soziale Position ihrer Mitglieder zu schützen. Unnachsichtig verfolgten sie diejenigen, die als Bönhasen oder Pfuscher ohne ihre Erlaubnis ein zünftiges Handwerk auszuüben versuchten. Aus Furcht vor einer Beeinträchtigung der Verdienstmöglichkeiten ihrer Zunftgenossen wandten sie sich oftmals auch gegen die Einführung technischer Neuerungen. Besonders seit dem Anfang des 15. Jh. machte sich die Tendenz zur Schließung der Zünfte bemerkbar. Die Bedingungen für den Erwerb der Meisterwürde wurden erschwert, um die Anzahl der Meister konstant zu halten oder zu beschränken. Man forderte immer aufwendigere und kompliziertere Meisterstücke sowie höhere Aufnahmegebühren, setzte das vom Bewerber nachzuweisende Vermögensminimum herauf, verlangte von den künftigen Meistern teurere „Köste" (Gelage für die Zunftgenossen) sowie umständlichere Nachweise der ehelichen und ehrlichen Geburt. Schließlich beschränkten die Zünfte die Zahl ihrer vollberechtigten Zunftmeister überhaupt.

Da Meistersöhne und -schwiegersöhne sowie Handwerker, die eine Meisterwitwe heirateten, beim Erwerb der Meisterwürde bevorzugt wurden, verminderten sich die Aufstiegschancen für die übrigen Gesellen erheblich. Eine wachsende Anzahl von ihnen mußte sich mit dem Status eines „ewigen Gesellen" abfinden. Infolgedessen traten auch innerhalb der Zünfte deutliche Veränderungen ein. Das einstige patriarchalische Verhältnis zwischen dem Meister und den Nachwuchskräften wandelte sich immer mehr in einen Gegensatz zwischen „Zunftbürger und Gesell" um. Ein beredter Ausdruck dieser Entwicklung war die Tatsache, daß sich nun mancherorts die Gesellen in eigenen Korporationen, den sogenannten Gesellenschaften, zu organisieren begannen. Die frühesten bekannten Statuten von Gesellenverbänden sind die der Berliner Weberknechte von 1331 und die der Regensburger Bäkkerknechte von 1341. Aus dem Anfang des 15. Jh. sind Verbände der Straßburger Kürschnergesellen (1404), der Speyerer Bäcker- und Müllerknechte (1410) und der Frankfurter Schlossergesellen (1417) bekannt. Besonders die Gesellen des Bäcker-, Schmiede- und Schneidergewerbes wiesen einen hohen Organisationsgrad ihrer Vereinigungen auf.[48]

In der städtischen Sozialstruktur des 14. und vor allem des 15. Jh. fällt besonders das starke Anwachsen der plebejischen Schichten in den Groß- und Mittelstädten auf. Allerdings war deren prozentualer Anteil an der Gesamtbevölkerung in den einzelnen Städten recht unterschiedlich. 1424 hatten in Basel 25,5 Prozent der Stadtbevölkerung weniger als 10 Gulden Vermögen, in Eßlingen besaßen etwa zur gleichen Zeit 31 Prozent weniger als 10 Pfund, in Rostock waren 1409 34,4 Prozent nicht steuerfähig oder zahlten den niedrigsten Steuersatz, in Lübeck machten um 1380 die untersten Schichten etwa 42 Prozent der Gesamtbevölkerung der Stadt aus, in Zürich waren schon 1357 fast 50 Prozent ohne Vermögen, 1396 in Augsburg 50,3 Prozent, und in Mühlhausen in Thüringen hatten 1418/19 über 52 Prozent weniger als 10 Mark zu versteuern.[49]

Drei Merkmale kennzeichneten den Status von Angehörigen der plebejischen Schichten: Sie waren in der weit überwiegenden Mehrheit wirtschaftlich unselbständig, verfügten über kein nennenswertes Vermögen und hatten zumeist auch nicht einmal das Bürgerrecht, waren also politisch völlig rechtlos. „Die Plebejer waren damals die einzige Klasse, die ganz außerhalb der offiziell bestehenden Gesellschaft stand. Sie befand sich außerhalb des feudalen und außerhalb des bürgerlichen Verbandes. Sie hatte weder Privilegien noch Eigentum; sie hatte nicht einmal, wie die Bauern und Kleinbürger, einen mit drückenden Lasten beschwerten Besitz. Sie war in jeder Beziehung besitzlos und rechtlos; ihre Lebensbedingungen kamen direkt nicht einmal in Berührung mit den bestehenden Institutionen, von denen sie vollständig ignoriert wurden."[50] Diese von Friedrich Engels für das beginnende 16. Jh. gegebene Charakterisierung trifft nach dem neuesten Stand der sozialgeschichtlichen Forschung prinzipiell schon für die Verhältnisse seit dem ausgehenden 14. Jh. zu, auch wenn einzelne bürgerliche Historiker noch behaupten, daß eine merkliche Pauperisierung der städtischen Unterschichten erst in der zweiten Hälfte des 15. Jh. eingesetzt habe.[51]

Trotz der genannten Charakteristika, die grundsätzlich auf alle Plebejer zutrafen, war das städtische Plebejertum in sich sehr stark differenziert. Schon bei flüchtiger Betrachtung lassen sich zwei Kategorien von Plebejern erkennen: Solche, die von ihrer eigenen Arbeit — meist sehr schlecht — lebten, und solche, die außerhalb des Arbeitsprozesses standen. Zu der letztgenannten Gruppe gehörten die Invaliden, Bettler und Vagabunden, von denen man in Köln im Jahre 1403 nicht weniger als 1 400 zählte.[52]

Diejenigen Plebejer, die ihren Lebensunterhalt durch Arbeit erwarben, lassen sich nach ihrer Stellung im Arbeitsprozeß wiederum in verschiedene Kategorien einteilen. Eine starke Gruppe bildeten die Knechte, Mägde und Diener, die gegen Kost und kargen Lohn im Haushalt ihrer Herrschaft arbeiteten und lebten und von dieser vollständig abhängig waren. Einen ganz ähnlichen Status nahmen auch die untersten Chargen der Stadtbediensteten ein. Eine weitere Gruppe stellten diejenigen, die eng mit der zünftlerisch organisierten kleinen Warenproduktion verbunden waren, die verarmten Handwerksmeister und vor allem die Gesellen. Sie unterstanden der Autorität der Zünfte, die ihre Arbeitsbedingungen genau reglementierten. Sie lebten zumeist in der Hoffnung, den Aufstieg zu vollberechtigten und selbständigen Zunftmeistern noch bzw. wieder zu bewerkstelligen — eine Hoffnung, die sich für immer mehr Gesellen zerschlug. Diese „ewigen Gesellen" wurden daher ein wichtiges und konstantes Element des städtischen Plebejertums und näherten sich dem Status der Lohnarbeiter mehr und mehr an.

Dazu kamen die im Transportgewerbe Tätigen, die Träger, Packer, Karrenführer, die besonders in den norddeutschen Seestädten zahlreich waren und oft eine zunftähnliche Organisation hatten. Eine weitere große Gruppe unter den Plebejern bildeten Arbeitskräfte im Bauwesen, im Brauerei-, Mühlen- und Schiffbaugewerbe, in der Schiffahrt, in Glas- und Kupferhütten, also in Gewerben, in denen zünftlerische Bindungen fehlten oder keine Rolle mehr spielten. Diese Menschen hatten bereits den Status von Lohnarbeitern, sie waren das „noch unentwickelte, kaum emportauchende proletarische Element der aufkeimenden, modernen bürgerlichen Gesellschaft"[53] — das Vorproletariat.

Die städtischen plebejischen Schichten erhielten aus verschiedenen Quellen Zustrom. Eine wichtige Rolle spielte dabei die fortschreitende Differenzierung der Mittelschichten. Eine größere Anzahl von kleinen Warenproduzenten und Kleinhändlern fiel dem Ruin anheim und sank in das Plebejertum ab. Andererseits verwandelte die Schließung der Zünfte immer mehr Gesellen in Plebejer. Als bedeutendster Faktor aber für das Anwachsen der plebejischen Schichten wirkte ohne Zweifel die Zuwanderung vom Lande. Aus der Sicht der Städtebürger war dieser Zustrom ländlicher Zuwanderer zwiespältig zu beurteilen. Einerseits beschwor er die Gefahr der Ausbreitung des Pauperismus in den Städten herauf — und dem versuchten sowohl Stadtobrigkeiten als auch Zünfte wiederholt durch die Drosselung der Zuwanderung zu begegnen. Andererseits aber waren bestimmte Zweige der Stadtwirtschaft auf diesen Zustrom geradezu angewiesen, zum Beispiel konnten das

Lübecker Neubürgerliste von 1322, enthalten in dem 1316 begonnenen Kämmereibuch. Die Liste enthält jeweils den Namen des aufgenommenen Bürgers, mit dem Vermerk: est civis; meist folgt der Name eines Bürgen, mit dem Vermerk: fideiussit

Sitzung des Hamburger Niedergerichts in der Gerichtslaube. Miniatur im Hamburger Stadtrecht von 1497. Hinter der Schranke zwei Richter, l.: ein Ratsherr, r.: ein Schreiber, weiter rechts die 11 Schöffen.

Van schickinge vnde vorderige des nedderste gherichtes.

Bau- und Transportwesen ohne eine große Zahl von ständig verfügbaren Hilfskräften nicht auskommen. Davon zeugt auch die Tatsache, daß sich im 14. und 15. Jh. vor den Toren vieler Städte Vorstädte ausdehnten, in denen neben Gärtnern, Bauern und Handwerkern viele Gesellen, Knechte und Tagelöhner wohnten, die als Vorstadtbewohner im Unterschied zu den Stadtbürgern meist nicht das Bürgerrecht besaßen.[54] Die plebejischen Schichten waren für das Funktionieren der städtischen Wirtschaft unentbehrlich.

Innerstädtische Auseinandersetzungen

Während in der kommunalen Befreiungsbewegung die Bürgergemeinden eine weitestgehend geschlossene Front gegen die feudalen Stadtherren gebildet hatten, begann sich seit der zweiten Hälfte des 13. Jh. die politische Situation in den Städten merklich zu verändern. Zwar blieb der Feudaladel auch weiterhin der Hauptgegner des Städtebürgertums, aber der Kampf gegen ihn wurde fortan begleitet und zuweilen sogar überschattet von sozialen und politischen Auseinandersetzungen, die in den Städten selbst entbrannten. Namentlich seit dem Beginn des 14. Jh. — als die kommunale Bewegung in den westelbischen Territorien bereits weitgehend erfolgreich abgeschlossen war — nahmen sie an Häufigkeit und an Heftigkeit beträchtlich zu. Seit dem Ausgang desselben Jahrhunderts ergriffen sie zuweilen ganze Städtegruppen, indem sie von einer Stadt auf die andere übersprangen. Ferner beteiligten sich von dieser Zeit an gelegentlich auch schon die plebejischen Schichten an ihnen.

Obwohl in den einzelnen Städten die konkreten Anlässe für den Ausbruch der inneren Auseinandersetzungen sehr unterschiedlich waren — oft bildeten neue Steuerforderungen des Rates oder willkürliche Gerichtsurteile das auslösende Moment —, sind doch überall die gleichen tieferen Ursachen erkennbar. Den Erfolg der kommunalen Befreiungsbewegung hatte sich in erster Linie das Patriziat zunutze gemacht. Es fühlte sich seiner Herrschaft bald so sicher, daß es sie immer offenkundiger zur Durchsetzung eigener Interessen ausnutzte und mißbrauchte. In den Städten mehrten sich die Klagen über die Vetternwirtschaft der Ratsherren, über Rechtsbeugung durch patrizische Richter, über ungerechtfertigte Steuerauflagen und schlechte Verwaltung der städtischen Finanzen oder sogar über Veruntreuung von Stadteigentum durch Angehörige des Rates. Die Bürgergemeinden verloren im Laufe der Zeit jeden Einfluß auf die Ausübung der Herrschaft über die Städte. Sie waren weder an der Wahl der Mitglieder und Beamten des Rates beteiligt, noch hatten sie bei der Gestaltung der städtischen Innen- und Außenpolitik ein Mitsprache- oder Kontrollrecht. Sie unterstanden vielmehr vollständig dem autoritären Regime des Rates. Die Bürgerversammlungen dienten nur noch dazu, den Bürgern die Beschlüsse und Anordnungen des Rates zur Kenntnis zu bringen.

Die Mehrzahl der Bürger, insbesondere die nicht zum Patriziat gehörenden Kaufleute und die Zunfthandwerker, waren auf die Dauer nicht mehr bereit, sich mit einer Herrschaftsordnung abzufinden, die ihnen in Form von direkten und indirekten Steuern, Wach- und Kriegsdiensten nur Pflichten auferlegte, ihnen aber jedes echte Mitbestimmungsrecht vorenthielt. Das fiel Kaufleuten und auch zahlreichen Handwerkern um so schwerer, als ihnen die Wahrung und Mehrung ihres inzwischen erworbenen Wohlstandes durch die egoistische Politik des Ratspatriziats nicht hinreichend gewährleistet schien. So begann sich in vielen Städten eine bürgerliche Opposition zu formieren, deren Ziel die Brechung der bisherigen Alleinherrschaft des Patriziats war. Ihren Kern bildeten die nicht im Rat vertretenen Kaufleute und die Zunfthandwerker, ihre Führer kamen häufig aus den Reihen der Kaufmannschaft, zuweilen spielten aber auch die Handwerker und manchmal sogar Außenseiter des Patriziats eine führende Rolle in der Oppositionsbewegung. „Ihre Forderungen hielten sich rein auf verfassungsmäßigem Boden. Sie verlangten die Kontrolle über die städtische Verwaltung und einen Anteil an der gesetzgebenden Gewalt …; ferner Beschränkung des patrizischen Nepotismus und der Oligarchie einiger weniger Familien, die selbst innerhalb des Patriziats immer offener hervortrat. Höchstens verlangten sie außerdem noch die Besetzung einiger Ratsstellen durch Bürger aus ihrer eignen Mitte."[55] Die bürgerliche Opposition verfocht also keineswegs revolutionäre Ziele. Weder die geltende Rechtsordnung noch gar die Eigentumsverhältnisse wollte man grundlegend verändern, lediglich die Form der Herrschaftsausübung in der Stadt sollte im Interesse der Kaufleute und der Handwerksmeister von Auswüchsen befreit und auf eine breitere Basis gestellt werden. Daher ist der Terminus „Zunftrevolution", den bürgerliche Historiker wiederholt zur Bezeichnung der gegen die patrizische Ratsoligarchie gerichteten Erhebungen in den mittelalterlichen Städten verwendeten,[56] in doppelter Hinsicht irreführend: Die bürgerliche Opposition war weder revolutionär noch ausschließlich von Zunftbürgern getragen.

Im Verlaufe des 14. und zu Beginn des 15. Jh. trat die bürgerliche Opposition zwar in sehr vielen Städten und oft in mehreren Anläufen gegen das autoritäre Regiment des Patriziats an, jedoch waren die Resultate ihres Kampfes höchst unterschiedlich. Während in manchen Städten die Alleinherrschaft der Patrizier völlig beseitigt werden konnte, mußte sich die Opposition in anderen Städten mit mehr oder minder bescheidenen

Teilerfolgen zufriedengeben oder erlitt gar blutige Niederlagen. Der wichtigste Grund hierfür war die unterschiedliche sozialökonomische Struktur der Städte. Wo sich eine leistungsfähige gewerbliche Produktion von überlokaler Bedeutung entwickelt hatte, die die Wirtschaftsstruktur der betreffenden Stadt maßgeblich mitbestimmte, also vor allem in solchen Städten wie Augsburg, Braunschweig, Köln und Straßburg, gelangte die bürgerliche Opposition meistens zum Erfolg. Die Vorherrschaft des Patriziats wurde gebrochen, Kaufleute und Handwerker erhielten fortan Anteil an den Ratsstühlen. Anders war es in den Fernhandelsstädten, wie in den großen hansischen Seestädten, in denen die Zünfte kein derartiges ökonomisches und politisches Gewicht hatten. Hier errang die Opposition günstigstenfalls zeitweilige Erfolge. Auf die Dauer aber konnte sich stets das Patriziat behaupten. Dabei spielte freilich auch die Tatsache eine wichtige Rolle, daß der hansische Städtebund seit der Mitte des 14. Jh. immer stärker als ein die patrizische Herrschaft konservierender Faktor in Erscheinung trat.

Im Süden und im Westen des deutschen Reichsgebietes hatten die innerstädtischen Auseinandersetzungen schon in der ersten Hälfte des 14. Jh. eine große Intensität erreicht. In Speyer erhob sich die Bürgerschaft 1304, 1327 und 1330 gegen das Patriziat – und war schließlich erfolgreich. Besonders erbitterte Kämpfe führten Patriziat und bürgerliche Opposition in Straßburg. Nach Erhebungen in den Jahren 1308 und 1332 gelang es der Opposition im Jahre 1349 endgültig, ihre Forderung nach Mitbeteiligung an der Regierung der Stadt durchzusetzen. Neben 28 Vertretern des ritterlichen Patriziats und der „Bürger" (vorwiegend Kaufleute und Geldhändler) saßen von nun an 28 Vertreter der Zünfte im Rat.[57] Auch in Augsburg kam die bürgerliche Opposition zum Erfolg. Die Verschwörung der Jakober-Gesellschaft von 1352, die von der gleichnamigen Vorstadt ihren Ausgang nahm, wo vornehmlich Weber und Handwerker wohnten, zeigte die zunehmende Breite der gegen die Alleinherrschaft der 51 Patrizierfamilien gerichteten Opposition. 1368 erzwang sie schließlich eine Veränderung der Machtverhältnisse. Von nun an teilten sich Patrizier, nichtpatrizische Kaufleute und Zunfthandwerker in die Ausübung der Macht, wobei den kaufmännischen Elementen das Übergewicht zukam. Heftige Auseinandersetzungen spielten sich weiterhin 1358 in Frankfurt/Main, 1368 in Aachen, 1371 in Konstanz und 1392 sowie 1396 in Ulm ab. In Nürnberg konnte die Stellung des Patriziats 1348/49 nur durch das Eingreifen des Königs aufrechterhalten werden.

Einen dramatischen Höhepunkt erreichten die innerstädtischen Kämpfe in Köln, weil in dieser größten deutschen Stadt des Mittelalters die Gegensätze besonders scharf ausgeprägt waren. Hier teilten sich in der Zeit von 1270 bis 1396 nur knapp 40 Patrizierfamilien in die Bürgermeister-, Rats- und Schöffenämter, wobei ein enger Kreis von etwa 12 bis 15 Familien wiederum fast zwei Drittel aller Ämter innehatte. Zudem zeigte sich bei diesen Geschlechtern in zunehmendem Maße eine Tendenz des Rückzuges aus dem aktiven Handelsleben, vor allem aus dem Fernhandel. Ihnen trat neben den nichtpatrizischen Kaufleuten eine starke Handwerkerschaft entgegen, die durch das Aufblühen der Textilgewerbe nicht nur zahlenmäßig erheblich angewachsen war, sondern es auch zu ansehnlichem Vermögen gebracht hatte und sich nicht länger mit ihrer politischen Entmündigung abfand.[58] 1370 gelang es den Aufständischen, unter denen die Weber die führende Rolle spielten, die Alleinherrschaft des Patriziats zunächst zu brechen. Jedoch unterließen sie es, die Machtpositionen des Gegners vollständig zu zerschlagen. Das sollte sich dann bitter rächen. Schon bald hatten die Patrizier wieder so viel Kraft gesammelt, daß sie die Opposition im blutigen Straßenkampf – der sogenannten Weberschlacht – im November 1371 niederwerfen konnten. Ein hartes Strafgericht traf nun die Aufständischen: Der neue Rat ließ 33 Weber hinrichten, verbannte viele andere unter Einziehung ihres Besitzes aus der Stadt und verminderte die Zahl der Webstühle zwangsweise auf 200. Das auf diese Weise angeeignete Webervermögen machte 1372 etwa 57 Prozent der Jahreseinnahmen der Stadt aus – ein Beweis für die wirtschaftliche Stärke des Kölner Webergewerbes. Die beiden Gewandhäuser der Weber und das Walkhaus wurden niedergerissen, das in Köln produzierte Tuch mit einer Akzise belegt. Auch das Zunfthaus der Gerber wurde zerstört, die Schmiede und Gürtler mußten die ihrigen verkaufen. Der Rat hob die Ordnungen der Zünfte auf und setzte über sie Obermeister. Eintrittsgelder und Geldbußen der Zunftgenossen sollten fortan bis auf einen geringen Rest der Stadtkasse zufließen. Neben den Webern mußten auch zahlreiche andere Handwerker dem Rat ihre Waffen ausliefern.

Die restaurierte Patrizierherrschaft währte jedoch nicht lange. 1396 erhob sich die Opposition der Kaufleute und Handwerker abermals und war wiederum erfolgreich. Diesmal gab sie der Stadt eine neue Verfassung, den sogenannten Verbundbrief. Es wurden 22 „Gaffeln" gebildet, politische Zünfte, denen alle Bürgerrechtsinhaber künftig angehören mußten. Die 22 Gaffeln wählten 36 Ratsherren, die darauf noch weitere 13 hinzuzuwählen hatten. Alle 49 Ratsmänner wählten schließlich die beiden Bürgermeister.

Den Kölner Patriziern blieben von den 22 Gaffeln noch fünf, die sogenannten Ritterzünfte, vorbehalten. Damit verfügten sie zwar immer noch über einen beträchtlichen Einfluß im Stadtregiment, der zu ihrer zahlenmäßigen Stärke in gar keinem Verhältnis stand, aber mit ihrer Alleinherrschaft war es nun endgültig

*Kölner Weberschlacht von 1371
(Holzschnitt aus der Koelhoffschen Chronik 1499)*

*Zwei Kölner Zunftsiegel aus dem Jahre 1396
o.: Fleischamt   u.: Wollenamt*

vorbei. Der dominierende Einfluß im Kölner Stadtregiment ging an die früher im Rat nicht vertretenen Kaufmannsfamilien über. Das Mitspracherecht der Handwerker jedoch hielt sich nach wie vor in bescheidenen Grenzen.

In den norddeutschen Hansestädten erreichten die Erhebungen gegen die patrizische Ratsherrschaft in zwei großen Wellen ihren Höhepunkt, am Ende des 14. und in den ersten beiden Jahrzehnten des 15. Jh. Brennpunkte der Auseinandersetzungen waren 1365 Bremen, 1374 und 1386 Braunschweig, 1375/76 Hamburg, 1376 Stade, 1374 bzw. 1376 und 1384 Lübeck, 1387 Anklam und 1391 und 1394 Stralsund, zwischen 1408 und 1416 wiederum Lübeck und Hamburg sowie Wismar und Rostock, 1416 Danzig und schließlich 1417 abermals Stade.[59] An diesen innerstädtischen Kämpfen sind einige Momente besonders bemerkenswert. Zum ersten ist zu konstatieren, daß nur in Braunschweig, einer Stadt mit stark entwickelter gewerblicher Produktion, die Opposition zu dauerhaften Erfolgen gelangen konnte. Hier legte die Ratsordnung von 1386 fest, daß die 103 Ratssitze künftig unter 25 Patrizier, 31 Kaufleute und 47 Zunftbürger aufgeteilt werden sollten. In den anderen Städten dagegen konnte sich schließlich die alte Ratsoligarchie doch wieder durchsetzen. Zum zweiten läßt sich in Stralsund erstmalig eine stärkere Beteiligung der plebejischen Schichten an den innerstädtischen Auseinandersetzungen 1391 und 1394 feststellen. Allerdings wirkte auch hier die Bewegung der Plebejer nur als Schubkraft auf die Aktionen der bürgerlichen Opposition ein. Selbständige Zielsetzungen verfolgte sie noch nicht. Zum dritten übte der hansische Städtebund massiven wirtschaftlichen und politischen Druck auf die aufständischen Gemeinden aus, um die Patrizierherrschaft zu schützen bzw. ihre Macht wiederherzustellen. Zwar hatte der Bund damit in Braunschweig keinen vollen Erfolg erzielen können, aber zur Restaurierung der alten Machtverhältnisse in anderen Städten, so in Anklam, Bremen, Lübeck, Rostock, Stralsund und Wismar, trug er wesentlich bei. Die gegen jegliche Veränderung der Herrschaftsverhältnisse in den Bundesstädten gerichteten Aktivitäten der Hanse erreichten 1418 ihren Höhepunkt, als ein Hansetag ein Statut gegen den Aufruhr beschloß, das jede Stadt, in der die Ratsoligarchie durch aufständische Bürger angetastet wurde, mit dem Ausschluß aus der Hanse bedrohte.[60]

Auch in den mittel- und ostdeutschen Städten nahmen im Laufe des 14. Jh. die innerstädtischen Auseinandersetzungen zu. Neben manchen Gemeinsamkeiten mit den städtischen Erhebungen in anderen Teilen des deutschen Reichsgebietes — so half der Lausitzer Sechsstädtebund 1405 bei der Niederschlagung eines Aufstandes in Bautzen — zeigten sich auch einzelne Unterschiede. In den Oberlausitzer Tuchmacherstädten wurde die bürgerliche Opposition fast ausschließlich von den Zünften getragen, so vor allem 1367 in Zittau und ein Jahr darauf in Görlitz. Zu Erhebungen der Bürgerschaft gegen den Rat kam es ferner 1375 in Nordhausen, wo — ähnlich wie in Stendal schon 1345 — das Patriziat völlig ausgeschaltet wurde, 1393 in Chemnitz, 1395 und 1404 in Jena, 1402 in Magdeburg, 1406 in Mühlhausen/Thüringen und 1409/10 in Halberstadt.[61]

Im 14. und beginnenden 15. Jh. bestimmte also noch weitgehend die bürgerliche Opposition den Charakter der innerstädtischen Auseinandersetzungen. Vielerorts erreichten die nichtpatrizischen Kaufleute und die wohlhabenden Handwerker eine Angleichung ihrer politischen Stellung an die des Patriziats, in einigen Städten konnten sie dieses sogar ganz aus dem Stadtregiment verdrängen. Die plebejische Opposition aber, die in einzelnen Städten seit dem Ausgang des 14. Jh. an der Seite der antipatrizischen Kräfte kämpfend in Erscheinung trat, ging dabei stets leer aus. Die Plebejer erhielten weder politische Rechte noch wurden ihre materiellen Existenzbedingungen spürbar verbessert. Vielmehr begannen sich oft gerade nach dem Sieg der bürgerlichen Opposition die sozialen Gegensätze zwischen den Plebejern und den Städtebürgern, insbesondere zwischen Zunftmeistern und Gesellen, zu verschärfen.

Der seit den dreißiger Jahren des 14. Jh. in manchen Städten erfolgte Zusammenschluß der Gesellen in besonderen Korporationen hatte ursprünglich vor allem kirchlich-religiöse und soziale Ziele, etwa die gegenseitige Hilfe bei Krankheit und in anderen Notfällen. Bald kamen neue Aufgaben hinzu. Forderungen nach Mitspracherecht in den Zünften, nach Verkürzung der Arbeitszeit durch Gewährung eines freien Tages — des sogenannten blauen Montag — und nach besserem Lohn versuchten die Gesellen mit Hilfe ihrer Organisationen durchzusetzen. Um solche Bestrebungen zu unterbinden, schlossen die Zünfte bzw. die Räte mehrerer Städte wiederholt gemeinsame Vereinbarungen über die Arbeitsbedingungen und die Entlohnung der Gesellen ab. Solch ein gemeinsames Vorgehen wurde 1321 gegenüber den Böttchergesellen in den wendischen Hansestädten und 1351 in bezug auf die Schneidergesellen in mehreren schlesischen Städten verabredet. Ein ähnliches Abkommen trafen 1383 die Schneiderzünfte von Mainz, Speyer und Worms. Die Bundesbriefe der Schmiede- und der Lohgerberzünfte aus 10 bzw. 15 mittelrheinischen Städten untersagten etwa zur gleichen Zeit den Gesellen strengstens, ihre Berufskollegen zum Ausstand zu verleiten; über aufrührerische Gesellen wurde bis zur Beilegung der Streitpunkte Handwerksverbot verhängt.[62] Die Gesellen wiederum griffen nun auch zu härteren Kampfmethoden. Sie boykottierten einzelne Meister, die ihre Gehilfen schlecht behandelten, oder erklärten sogar ganze Zünfte bestimmter Städte für verrufen. Schließlich wandten sie auch Ausstand und Streik als Kampfmittel an. Als erste Streiks lassen sich in den Quellen der der Sattlergesellen von Breslau im Jahre 1329 sowie der Webergesellenstreik von 1351 in Speyer nachweisen. 1389 streikten in Konstanz die Schneidergesellen.

Hier bildeten sich also schon relativ frühzeitig Kampfformen heraus, die später vom Proletariat unter kapitalistischen Verhältnissen aufgenommen und weiterentwickelt wurden. Es steht ganz außer Zweifel, daß sich mit dem Aufkommen solcher Organisationen und in der Anwendung der geschilderten Kampfmethoden zumindest unter einzelnen Gruppen des städtischen Plebejertums auch die Anfänge eines selbständigen politischen Bewußtseins zu formen begannen.

Kulturelle Leistungen des Städtebürgertums

Seit dem 14. Jh. wuchs der Einfluß des Städtebürgertums auf die Entwicklung der Kultur und des Bildungswesens beständig an. In den Städten hatten sich neue Lebensnormen und Wertmaßstäbe herausgebildet, die sich erheblich von denen der Feudalklasse unterschieden.

Grundlage der Wertschätzung eines Menschen in der Stadt war sein Erfolg in der Arbeit, insbesondere in der geschäftlichen Tätigkeit. Ansehen genoß ein Mann, der seinen Beruf beherrschte. Als Wertmaßstab galt dabei die Größe seines Vermögens, das ihm seine Fähigkeiten eingetragen hatten, zu welchen nicht nur solide Fachkenntnisse, Zuverlässigkeit, Fleiß und Entschlußkraft, sondern auch ein bestimmtes Maß an systematischer Schulbildung gehörten.[63] Das neue, sachlichere Verhältnis des Bürgers zum Leben drückte sich auch deutlich in seiner Auffassung vom Begriff und vom Wert der Zeit aus. Die Zeit, die der Bürger zur Arbeit und damit zum Gelderwerb nutzte, wurde für ihn kostbar. Besonders für die Kaufleute war die rationale Nutzung der Zeit eine elementare Frage von Gewinn oder Verlust. Sichtbaren Ausdruck fand die neue Einstellung zum Wert der Zeit in dem Aufkommen von Turmuhren an städtischen Kirchen und Rathäusern. Damals begann man auch die Einteilung des Tages in zweimal zwölf Stunden vorzunehmen.

Einer zunehmenden Versachlichung unterlag das Verhältnis der Städtebürger zur Religion und zur Kirche. Insbesondere die Kaufleute gestalteten ihre Beziehungen zu Gott und den Heiligen unmerklich immer mehr nach dem Prinzip des „do ut des" (ich gebe, damit du gibst) — gemäß der täglichen Geschäftspraxis. Gute Werke und fromme Stiftungen erschienen oft unverhüllt als Gegenleistungen für erhoffte oder bereits realisierte günstige Geschäfte. Namentlich die in großer Zahl erhaltenen Kaufmannstestamente erwecken unmittelbar den Eindruck, daß ihre Verfasser als erfahrene Geschäftsleute am Ende ihrer Laufbahn durch Legate und andersartige Zuwendungen an geistliche Einrichtungen und Amtsträger, an Arme und Sieche gewissermaßen ihre persönliche Rechnung mit Gott glattzumachen wünschten.

Diese neuen Lebensnormen des Städtebürgertums breiteten sich über das engmaschige Netz des Handels bis in die kleinen Landstädte aus. Überhaupt trugen die sich verdichtenden Handelsbeziehungen sehr wesentlich dazu bei, auch neue, vom Städtebürgertum geprägte ästhetische Anschauungen, Kunst- und Moderichtungen von Land zu Land weiterzuvermitteln und einzuwurzeln. Versachlichung und Vereinheitlichung der Lebens- und Kunstauffassungen — das war ein Grundzug des bürgerlichen Beitrags zur Kulturentwicklung im 14. und 15. Jh.[64]

In der Dichtung gelangte das Bürgertum erst verhältnismäßig langsam zur Eigenständigkeit. Zwar nahm es im Verlaufe des 14. Jh. auch auf diesem Gebiet dem Adel seine bis dahin führende Position, blieb jedoch dem Vorbild der Ritterdichtung noch längere Zeit verhaftet. So wiesen die Dichtungen Heinrichs von Meißen — genannt Frauenlob — zwar bereits deutlich realistische Züge auf, stellten jedoch im Grunde den Versuch dar, den ritterlichen Minnesang fortzuführen. Die Meistersinger, deren hauptsächlich von Handwerkern getragene Singbruderschaften (Singschulen) im 14. und 15. Jh. zuerst in Augsburg, Mainz, Nürnberg, Straßburg und Worms entstanden, knüpften an das Schaffen der fahrenden Spruchdichter sowie an die dichterischen Formen des Minnesangs an und gelangten erst allmählich zu einer eigenständigen Liedkunst.

Am Inhalt der literarischen Werke städtischer Provenienz ist die Zwiespältigkeit der Stellung des Städtebürgertums in der feudalen Gesellschaft deutlich abzulesen. Einerseits galt für die Mehrzahl der Bürger der Adel als der gefährlichste Feind, andererseits waren viele Angehörige der städtischen Oberschicht durch enge geschäftliche und verwandtschaftliche Beziehungen mit der herrschenden Klasse verbunden. Landbegüterte Bürger standen sogar objektiv mit dem Feudaladel in einer Front als Ausbeuter von Bauern, die übrigens generell von den Städtebürgern mit Herablassung angesehen wurden. So übte Heinrich der Teichner in seinen Werken zwar herbe Kritik an Pfaffen, Rittern und Fürsten, geißelte aber gleichzeitig das Streben der Bauern, sich über ihren Stand zu erheben. Eine ähnliche Haltung bezog Heinrich Wittenweiler in seinem Versepos „Der Ring". Er verspottete gleichermaßen den niederen Adel wie die Bauern.

Während sich in der Dichtung neue Formen und Inhalte nur zögernd herausbildeten, setzte im 14. Jh. eine über mehrere Jahrhunderte anhaltende Hochblüte des Volksliedes ein, das unter den einfachen Menschen in Stadt und Land gleichermaßen die meistgepflegte Kunstform war.

Profilierter und auch früher als in der Dichtkunst trat die eigenständige Leistung des Städtebürgertums in der Geschichtsschreibung hervor. In der städtischen Historiographie dominierte von Anfang an die deutsche Sprache. Unverkennbar war dabei die Absicht der Geschichtsschreiber, einen breiten Leserkreis zu erreichen und mit ihrer Darstellung der Historie dessen politische Auffassungen zu beeinflussen. Fast alle städtischen Chronisten stammten entweder selbst aus der bürgerlichen Oberschicht oder waren dieser durch ihre Stellung als Stadtschreiber oder in ähnlicher Funktion eng verbunden. Zahlreiche Chroniken entstanden sogar direkt im Auftrag der Stadträte. Die städtische Geschichtsschreibung widerspiegelt also in der Regel ganz unmittelbar die politischen Interessen der herrschenden Oberschicht des Städtebürgertums.⁶⁵

Von besonderem Gewicht war die Geschichtsschreibung in den größeren Städten. Den Chronisten der bedeutenden Fernhandelszentren stand nicht nur ein reicheres Quellenmaterial zur Verfügung, sondern ihr Horizont reichte zumeist weit über den lokalen Rahmen hinaus. So wurde in Chroniken großer Handelsstädte der Versuch gemacht, nicht nur die Geschichte der eigenen Stadt detailliert zu beschreiben, sondern auch wichtige Ereignisse der Reichsgeschichte, der Territorialgeschichte und der Geschichte anderer Länder zu erfassen und aufzuzeichnen. Einige städtische Geschichtswerke sind sogar als Weltchroniken angelegt.

Zu den bedeutendsten Werken der letztgenannten Gattung gehören die bis 1362 geführte Straßburgische Chronik des Fritsche Closener und die „für die klugen Laien" bestimmte, bis 1415 reichende Deutsche Chronik des Jacob Twinger von Königshofen, der ebenso wie Closener aus dem Straßburger Patriziat stammte. Ihnen durchaus an die Seite zu stellen ist die die Zeit von 1101 bis 1395 umfassende Weltchronik des Lübecker Franziskaner-Lesemeisters Detmar, die später von verschiedenen Verfassern bis 1482 fortgesetzt wurde. Eine besonders reichhaltige Geschichtsschreibung brachte Köln hervor. In Form eines Reimgedichts beschrieb Heinrich von Lintorf „Die weverslaicht" (Weberschlacht), die Erhebung der Kölner Zünfte gegen das Patriziat in den Jahren von 1369 bis 1371. Dasselbe Thema, das nun jedoch bis zum Sieg der Zünfte (1396) und mit Parteinahme für diese fortgeführt wird, behandelt „Dat nuwe boich" des Stadtschreibers Gerlach von Hauwe.

Erstaunlich spät, nämlich erst am Ende des 15. Jh., entwickelte sich in Nürnberg eine ausführlichere städtische Chronistik. Dafür ist aber aus dieser Stadt ein andersartiges und bemerkenswertes Geschichtswerk, das noch in das 14. Jh. zurückreicht, überliefert, das „Püchel von meim geslechet und von abentewr" des bekannten Großkaufmanns Ulman Stromer. In diesem Werk beschrieb Stromer aus eigenem Erleben viele wichtige Ereignisse, so die inneren Kämpfe in Nürnberg 1349 und den Städtekrieg der siebziger und achtziger Jahre. Den Charakter einer privaten Geschichtsschreibung tragen auch die ins 15. Jh. gehörenden Werke von Endres Tucher und Burkhard Zink.

Alle diese Geschichtswerke – ob im amtlichen Auftrag geschaffen oder aus persönlichem Antrieb geschrieben – zeugen von einem erheblich gewachsenen politischen Selbstbewußtsein des Städtebürgertums, namentlich seiner patrizisch-kaufmännischen Oberschicht. Sie belegen die enorme Ausweitung des Interessen- und Bildungshorizonts dieser Städtebürger und die Vielfalt der Konflikte, die nicht nur zwischen Bürgern und Feudaladel, sondern auch innerhalb der Städte ausgefochten wurden.

Der Aufschwung des Städtewesens und die damit verbundene lebhafte Bautätigkeit, die der weiteren Ausgestaltung der Städte und der Vervollkommnung ihrer Wehrhaftigkeit diente, verstärkten den Einfluß

Teil des Nowgorodfahrergestühls in der Nikolaikirche zu Stralsund (zweite Hälfte 14. Jh.). L.: Pelztierjäger bei der Jagd, r.: Verkauf der Jagdbeute an hansische Kaufleute

Meister Bertram von Minden. Tafel des 1379 vollendeten Grabower Altars, der bis 1734 als Hochaltar der St. Petri-Kirche in Hamburg diente. In der Kunst jener Zeit waren Adam, hackend, und Eva, spinnend, ein häufiges Motiv, mit dem man deren einfache, der Arbeit gewidmete Lebensweise den widersprüchlichen Verhältnissen der eigenen Zeit gegenüberstellte

des Bürgertums auf die Entwicklung der Baukunst ganz außerordentlich. Im 14. Jh. hatte sich der aus Frankreich übernommene gotische Baustil endgültig in Deutschland durchgesetzt. Um die Wende vom 13. zum 14. Jh. machte sich im Kirchenbau eine starke Tendenz zur Vereinfachung, zu betonter Schlichtheit, bemerkbar; es entwickelte sich die deutsche Sondergotik. Hieran ist neben dem Einfluß der Franziskaner, Dominikaner und Zisterzienser zweifellos auch der Anteil des Städtebürgertums erkennbar. Aber die Bürger betrachteten die Architektur keineswegs nur unter dem Aspekt der Sachlichkeit und Zweckdienlichkeit, sondern sie sahen in ihr zugleich auch ein wirkungsvolles Mittel zur Repräsentation ihres Reichtums und ihres politischen Geltungsanspruches in der feudalen Gesellschaft. Dieses bewußte Repräsentationsstreben des Bürgertums offenbarte sich in den verschiedensten städtischen Bauwerken, in den großen Pfarrkirchen ebenso wie in meisterlich gestalteten Rat- und Versammlungshäusern, in den Wohn- und Geschäftshäusern der reichen Kaufleute und nicht zuletzt auch in der oftmals sehr aufwendigen Bauweise der Stadttore.

Bei der Errichtung der Pfarrkirchen bevorzugten die städtischen Bauherren vielerorts den aus Westfalen stammenden Typ der Hallenkirche, die in gleichhohen Schiffen einen einheitlichen Gemeinderaum umschloß und dadurch der Zusammengehörigkeit der Bürgerschaft in besonderer Weise Ausdruck geben sollte. Derartige Hallenkirchen entstanden in Danzig, Dinkelsbühl, Frankfurt/Oder, Greifswald, Landshut, Nürnberg, Pirna, Prenzlau, Schwäbisch-Gmünd, Stendal und Zwickau. Aber auch den Typ der bischöflichen Basilika, der Kathedralkirche, machte sich das Bürgertum zu eigen, vor allem für seine Ratskirchen. Die gewaltigste Stadtkirche wurde in der zweiten Hälfte des 14. Jh. in Ulm begonnen. Mit ihren enormen Ausmaßen — das Ulmer Münster ist 125 m lang, die Gewölbehöhe beträgt 42 m und die Höhe des allerdings erst im 19. Jh. endgültig fertiggestellten Turmes 161 m — übertraf die Bürgerkirche der Reichsstadt weithin alle Bischofskirchen. Der Ulmer Meister Ulrich von Ensingen gehörte neben dem im Dienste Karls IV. stehenden Peter Parler aus Schwäbisch-Gmünd zu den berühmtesten Baumeistern des 14. Jh.

Unter den Profanbauten, die im 14. und 15. Jh. in den deutschen Städten errichtet wurden, sind die Rathäuser von Lübeck, Münster, Stralsund und Tangermünde, der Kölner Gürzenich als Festhaus der Patrizier, die alte Schule in Wismar, das Lübecker Holstentor und das Ünglinger Tor in Stendal als charakteristische Beispiele für das technische Können und die künstlerische Meisterschaft der städtischen Bauleute besonders hervorzuheben.

Wohlhabende Angehörige des Städtebürgertums, Kaufleutegilden und selbst Handwerkerzünfte traten jetzt auch verstärkt als Auftraggeber für bildende Künstler hervor. Maler, Bildhauer, Holzschnitzer und Erzgießer erhielten Aufträge, die der künstlerischen Ausgestaltung der Gotteshäuser dienen sollten. Reiche Bürgerfamilien und Korporationen wetteiferten miteinander in der kunstvollen Ausstattung ihrer Altäre, Kapellen und Gestühle. Aber auch Rat- und Amtshäuser sowie viele Wohnräume der Patrizier schmückten Kunstwerke, vor allem Tafel- und Wandbilder.

In manchen Städten entstanden nun Kunstwerkstätten, die ebenso wie andere Handwerksbetriebe Aufträge ausführten und ihre Erzeugnisse teilweise über beträchtliche Entfernungen handelten. So fand von Lübeck aus ein bedeutender Export von Kunstwerken statt, der bis nach Skandinavien und in das Gebiet des Deutschen Ordens reichte.

Die Schöpfer der Kunstwerke blieben bis weit in das

Gotisches Giebelhaus am Markt in Greifswald aus dem frühen 15. Jh., ein Beispiel für die Häuser der reichen städtischen Oberschicht

14. Jh. hinein zumeist anonym. Unbekannt sind uns der oder die Schöpfer des Nowgorodfahrergestühls in der Stralsunder Nikolaikirche, die im 14. Jh. in diesem Werk die Beziehungen zwischen den hansischen Fernhändlern und den russischen Kaufleuten und Jägern mit hoher realistischer Meisterschaft gestalteten. Zu den ersten Künstlerpersönlichkeiten, die aus der Anonymität heraustraten, gehörten die Meister Bertram von Minden, der Schöpfer des Grabower Altars (um 1380), Wilhelm von Köln, der um 1370 die Wandmalereien im Hansesaal des Kölner Rathauses schuf, und Konrad von Soest, von dem der Wildunger Altar (1404) stammt. Während das Schaffen der genannten Künstler starke realistische Züge aufwies, setzte sich nach 1400 vorübergehend eine betont „weiche Linie" in der gotischen Plastik und Malerei durch. In dieser Periode der „Schönen Madonnen" war die Menschendarstellung besonders zierlich und vornehm gehalten. Offenbar drückt sich hierin die starke Annäherung von städtischem Patriziat und Feudaladel aus. Als Hauptvertreter dieser Richtung gilt der Kölner Meister Stephan Lochner, der mehrere Altarbilder schuf.

Im städtischen Bildungswesen konnte der dominierende Einfluß der Geistlichkeit nur allmählich zurückgedrängt werden. Zunächst waren die in Verbindung mit Pfarrkirchen und Klöstern entstandenen städtischen Schulen noch überaus stark auf die Bildungsziele der Kirche ausgerichtet. Die Bibel sowie die Werke von Theologen, Kirchenrechtslehrern und klassischen römischen Autoren bildeten die Unterrichtsgrundlage. Die Schüler wurden vor allem in der Religion, der lateinischen Sprache, der Kunst der Disputation, in Astronomie und Musik unterwiesen. Das alles entsprach natürlich den praktischen Bedürfnissen des Bürgertums nur wenig, und so strebten die Stadträte danach, der Geistlichkeit das Patronat über die Schulen abzunehmen und selbst den maßgeblichen Einfluß auf die Anstellung der Lehrer und auf eine für die Bürgersöhne nützlichere Gestaltung des Unterrichts zu gewinnen. Vielerorts kam es deshalb zu harten und langwierigen Auseinandersetzungen; in Lüneburg dauerten sie von 1353 bis 1406, und Hamburg verfiel sogar zeitweilig dem päpstlichen Interdikt. Jedoch setzte schließlich das Städtebürgertum seine Ansprüche weitgehend durch. Das städtische Schulwesen wurde nicht nur näher an praktische Bedürfnisse herangeführt, sondern es begann sich auch stärker aufzugliedern.

Knaben aus der städtischen Oberschicht besuchten in der Regel die sogenannten Lateinschulen. Auf der Grundlage der lateinischen Sprache wurden hier Religion, Philosophie, Grammatik und Naturkunde gelehrt, daneben aber auch Unterweisungen im Rechnen, Rechts-, Schrift- und Münzwesen erteilt. Eine andere Kategorie der Bildungseinrichtungen, die deutschen Schreib- und Leseschulen, besuchten vorwiegend die Söhne von Handwerkern und weniger wohlhabenden Kaufleuten. Hier lernten die Schüler vor allem das Lesen und Schreiben der deutschen Sprache sowie Rechnen, zunächst ausschließlich mit römischen, später immer mehr mit indisch-arabischen Ziffern. Im Rechenunterricht, der zuweilen auch in besonderen Rechenschulen vertieft wurde, benutzte man Rechenpfennige und Rechenbretter als Hilfmittel.

Auf beide Schulgattungen übte die Kirche zwar noch Einfluß aus — weiterhin waren die Lehrer in der Mehrzahl Geistliche —, jedoch lag das Schulpatronat nun in der Regel in den Händen des Rates. Natürlich forderten diese öffentlichen Schulen Schulgeld, das Angehörige der untersten Schichten nicht aufbringen konnten. Ihre Kinder blieben daher entweder gänzlich von jeder Bildung ausgeschlossen oder besuchten wenigstens zeitweilig die von den Besitzenden und den fest beamteten Lehrern geschmähten und vielfach verfolgten nicht öffentlichen „Klipp- und Winkelschulen", um elementare Kenntnisse im Lesen, Schreiben und Rechnen zu erwerben.

Obwohl dieses städtische Schulwesen klassenmäßig begrenzt war und überdies zunächst nur Knaben Kenntnisse und Fertigkeiten vermittelte — Schulen für Mädchen aus wohlhabenden Bürgerfamilien entstanden vereinzelt erst im 15. Jh. —, stellte es doch einen gewaltigen Fortschritt dar. Das frühere Bildungsmonopol der Geistlichkeit wurde auf breiter Front durchbrochen. Im Früh- und Hochfeudalismus waren vielfach selbst Kaiser und Könige nicht schriftkundig gewesen, jetzt aber fanden sogar Angehörige der städtischen Unterschicht Zugang zur Schriftlichkeit.

Krisenhafte Erscheinungen in der Landwirtschaft

Während im 14. und beginnenden 15. Jh. in den Städten die Entwicklung der Produktivkräfte weiter voranschritt, machten sich in der feudalen Agrarsphäre Stagnationserscheinungen bemerkbar. Die Periode des intensiven Landesausbaus ging sowohl in den westelbischen Territorien als auch im ostelbischen Expansionsgebiet zu Ende. Nennenswerte produktionstechnische Neuerungen traten für längere Zeit in der Landwirtschaft nicht ein. Die Dreifelderwirtschaft blieb das dominierende Anbausystem. Die Bodenfruchtbarkeit ließ sich kaum noch steigern, da wenig Stalldung vorhanden war und das Mergeln der Äcker nur in einigen Gebieten — am Harz, an der Mosel und am Niederrhein — einigermaßen regelmäßig erfolgte. Für die Viehfütterung nutzte man nach wie vor fast ausschließlich natürliche Weiden, wie Wiesen, Wälder und die Brache. Infolgedessen mußte alljährlich im Herbst ein großer Teil des Viehs geschlachtet werden;

Alte Schule in Wismar (Mitte 15. Jh.), nach der Rekonstruktion von 1880

nur die unbedingt für die Nachzucht benötigten Tiere suchte man über den Winter zu bringen.

Die krisenhaften Erscheinungen in der Agrarsphäre, die neben den Bauern vor allem auch den niederen Adel trafen, hatten verschiedene Ursachen. Eine der wichtigsten war zweifellos die Herausbildung und Festigung der wirtschaftlichen Vorherrschaft der Städte über das flache Land. Immer stärker machte sich der Einfluß der von den Städten ausgehenden Geldwirtschaft auch in den Dörfern bemerkbar. Die Feudalherren verlangten in zunehmendem Maße von den Bauern statt der Natural- und Arbeitsrente die Feudalrente in Geldform. Zur Erfüllung dieser Forderungen und auch zur Befriedigung des Bedarfs der eigenen Wirtschaft an städtischen Erzeugnissen, vor allem an Werkzeugen und Salz, waren die Bauern bestrebt, möglichst viele eigene Produkte in den Städten zu verkaufen. In der Periode des raschen Wachstums des Städtewesens hatte ihnen dabei der schnell ansteigende Getreidebedarf der Stadtbevölkerung Vorteile gebracht, so daß sich die Vergrößerung des Getreideanbaus zunächst für die Bauern durchaus lohnte. Jedoch handelten Bürger und Bauern auf dem städtischen Markt von vornherein nie als gleichberechtigte Partner. Die Bürger nutzten ihre organisatorische Stärke, die sich in Marktordnungen, Großeinkauf der Zünfte und Aufkaufsmonopolen äußerte, stets dazu aus, die Bauern zu übervorteilen.[66] Mit der Festigung der wirtschaftlichen Position der Städte entstand in der ersten Hälfte des 14. Jh. zwischen der städtischen und der agrarischen Produktion eine sich ständig erweiternde „Preisschere". Die Bürger hielten die Preise für ihre Erzeugnisse möglichst hoch, übten aber gleichzeitig einen starken Druck auf die Aufkaufpreise für Agrarprodukte, besonders für Getreide und Rohstoffe, aus. Für die Bauern verschlechterte sich also die Rentabilität ihres Getreideanbaus. Und sie sank weiter, als im Laufe des 14. Jh. die Nachfrage nach Getreide abzunehmen begann, weil bei Bürgern und Adligen der Konsum von Fleisch stieg, der von Getreideprodukten aber abnahm.

Wesentlich verschärft wurde diese für die Landwirtschaft so ungünstige Entwicklung durch die verheerenden Wirkungen der Pestepidemien in der Mitte und während der zweiten Hälfte des 14. Jh. Die Bevölkerungszahl im deutschen Reichsgebiet schrumpfte um 2,5 bis 3 Millionen – von etwa 13 Millionen um 1300 auf knapp 10 Millionen um 1400.[67] Da die Städte durch die Pest die größten Bevölkerungseinbußen erlitten hatten und auch der Getreideexport in die nordwesteuropäischen Länder, die ebenfalls von der Seuche heimgesucht worden waren, zurückging, sank die Nachfrage nach Getreide auf den städtischen Märkten rapide ab – und mit ihr natürlich auch der Getreidepreis.

Die Bauern versuchten auf verschiedenen Wegen, die zunehmende Verschlechterung ihrer wirtschaftlichen Situation aufzuhalten. Verstärkt wandten sie sich dem Anbau gewerblicher Nutzpflanzen wie Hopfen, Flachs, Hanf, Waid und Krapp zu. Auch der Wein- und Obstbau wurde wesentlich erweitert und sogar auf Gebiete übertragen, deren natürliche Bedingungen wenig geeignet waren. Die Schafzucht erfuhr eine beträchtliche Ausdehnung, weil angesichts des Aufschwungs der städtischen Tuchproduktion die Absatzmöglichkeiten für Wolle relativ günstig erschienen. Viele Bauern vermehrten auch ihren Rinderbestand in der Hoffnung, Fleisch und Häute auf dem städtischen Markt leichter und vorteilhafter als Getreide verkaufen zu können. Vor allem in der Umgebung von Nürnberg, in „des Reiches Bienengarten", und in den östlichen Territorien wurde die Bienenzucht intensiviert, da der Absatz von Honig und Wachs als ziemlich sicher galt.

Häufig sah die Dorfbevölkerung auch in der verstärkten Hinwendung zu gewerblichen Tätigkeiten ein Mittel zur Abwehr ihrer wirtschaftlichen Schwierigkeiten. Angesichts der städtischen Bannmeilenbestimmungen, über deren Einhaltung die städtischen Zünfte eifersüchtig wachten, bestanden dazu jedoch zumeist nur in solchen Gewerbezweigen Möglichkeiten, die entweder überhaupt nicht in den Städten vorhanden waren oder an deren Leistungen Zunfthandwerker oder Verleger ein besonderes Interesse hatten, wie etwa bei der Herstellung von Holzkohle, Pottasche und Bauholz. Auch die Arbeit, die Dorfbewohner als Spinner und Weber leisteten, gewann für manche mit der Textilproduktion befaßte Zünfte, besonders aber für die Verleger, zunehmend an Bedeutung.

Insgesamt war jedoch diese Entwicklung mehr ein Ausdruck für die Verschärfung der wirtschaftlichen

Weinlese. Monatsbild im Brevierkalender des St. Georgsklosters auf der Prager Burg (um 1400)

Schwierigkeiten der ländlichen Produzenten als ein erfolgverheißendes Anzeichen ihrer Überwindung. Das zeigte sich vor allem an dem ständigen Fortschreiten des Wüstungsprozesses in vielen Territorien. Gerade im 14. Jh. häufte sich die Zahl der Gesamt- und Teilwüstungen. Es verschwanden ganze Ortschaften mitsamt zugehörigen Gemarkungen, oder die Bauern gaben Teile des früher kultivierten Bodens auf, die sich allmählich wieder mit Wald bedeckten. Man rechnet damit, daß von etwa 170 000 Siedlungen, die zur Zeit der größten Siedlungsdichte in den deutschen Territorien existiert hatten, am Ende der spätmittelalterlichen Wüstungswelle ungefähr 40 000 wieder verschwunden waren.[68]

Bereits im 12. und 13. Jh. hatte es in Deutschland eine größere Wüstungswelle gegeben. Diese war jedoch Begleit- und Folgeerscheinung eines wirtschaftlichen Aufschwungs gewesen. Viele kleinere Dörfer gingen damals in größeren auf, das sich stürmisch entfaltende Städtewesen, Rodungs- und Expansionsgebiete zogen sehr viele Landbewohner an, da sie hier günstigere Siedlungsbedingungen und eine soziale und rechtliche Besserstellung fanden. Die Wüstungswelle des 14. und 15. Jh. jedoch, die die voraufgegangene hinsichtlich ihrer Stärke etwa um das Doppelte übertraf, hatte ihre Ursachen in erster Linie in einer erheblichen Verschlechterung der Situation in der Landwirtschaft. Davon zeugt die nun zu konstatierende absolute Verringerung der Anbauflächen. Allerdings wurden hiervon nicht alle deutschen Gebiete in gleichem Maße betroffen. Am stärksten war der Rückgang der Anbauflächen im mitteldeutschen Raum, weniger stark im Osten und im Südwesten, am geringsten im Norden und im Süden. Überall wurden selbstverständlich zuerst die schlechtesten Böden aufgegeben, auf denen angesichts der sinkenden Getreidepreise die Mühen der Bauern keinen lohnenden Ertrag mehr versprachen.

Die Aufgabe von weniger ertragreichen Ackerböden hatte freilich auch einen positiven Aspekt. In der Landwirtschaft der damaligen Zeit vollzog sich gewissermaßen ein Intensivierungsprozeß, der auch von einem fortschreitenden Wandel der Flurstruktur begleitet war.[69] An die Stelle der teilweise noch vorhandenen Langstreifenfluren traten immer mehr Gewannfluren. Die frühere starke Streulage der Äcker wurde überwunden. Die Bauern faßten ihr Land zu geschlossenen Flächen zusammen, so daß die Gewanneinteilung festere Gestalt annahm. Anbau- und Weideareale wurden exakter voneinander gesondert. Die Aufgabe vieler Ackerflächen, die früher in die Wälder hineingerodet worden waren, ergab eine strengere Scheidung von Wald- und Ackerkomplexen.[70] Durch diesen Wandel der Flurstruktur konnten die Möglichkeiten der Dreifelderwirtschaft besser genutzt werden.

Während der großen Wüstungswelle des 14. und 15. Jh. verließen viele Landbewohner ihre bisherigen Wohnsitze. Ein Teil von ihnen zog in andere Dörfer, die dadurch beträchtlich anwuchsen. Groß war aber auch die Zahl derjenigen, die in die Städte drängten. Hier boten sich ihnen im 14. Jh., besonders in den ostelbischen Territorien, noch verhältnismäßig gute Aussichten für eine neue Existenz. Um die Mitte des 14. Jh. verbesserten sich diese Chancen sogar noch erheblich, als die Stadtbevölkerung infolge der Pest sehr hohe Verluste erlitt. Nur durch verstärkten Zuzug vom Lande konnten diese Einbußen wieder ausgeglichen werden – die Stadttore öffneten sich daher noch einmal weit für die Zuwanderer vom flachen Lande. Das begann sich jedoch zu Beginn des 15. Jh. zu ändern. Die Stadtobrigkeiten gingen dazu über, den Zuzug von Landbewohnern zu erschweren und dadurch zu dros-

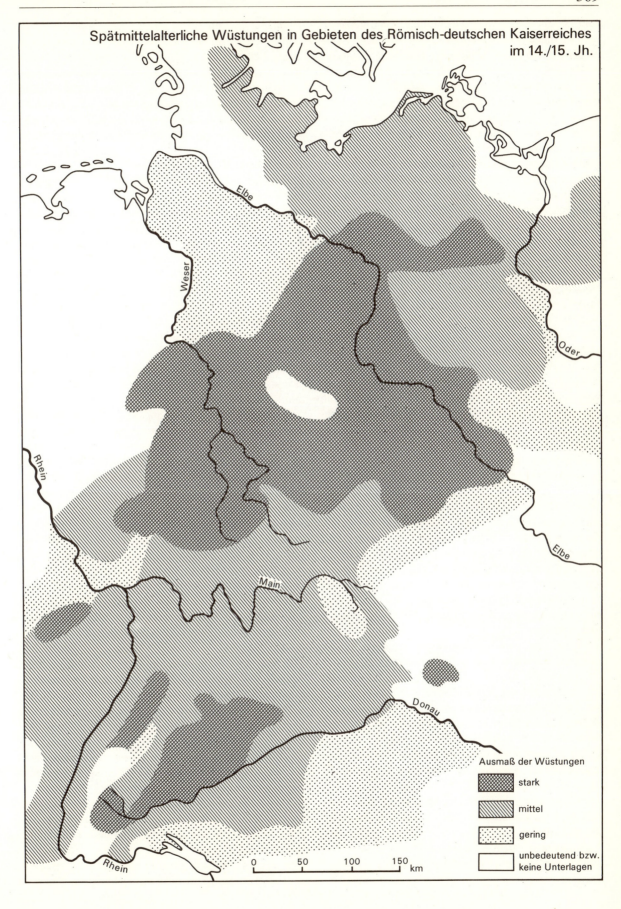

seln. Zu dieser veränderten Haltung trugen verschiedene Ursachen bei. Die Zünfte fingen an, sich gegen die Neuaufnahme von Mitgliedern zu sperren, die Stadträte scheuten Konflikte mit dem Adel wegen abgewanderter Bauern. Man hatte auch Sorge, daß die Zuwanderer vom Lande den in den größeren Städten anwachsenden Pauperismus noch vermehren könnten, denn ein erheblicher Teil der Bauern, die in den Städten Aufnahme begehrten, war nun mittellos.

Die krisenhaften Erscheinungen in der Landwirtschaft nämlich hatten die soziale Differenzierung der Dorfbevölkerung wesentlich beschleunigt. Während eine große Zahl von Bauern verarmte, verstand es ein geringer Teil der Bauernschaft, seine wirtschaftliche Situation wesentlich aufzubessern. Solche reichen Bauern mit relativ großen Wirtschaften gab es vor allem in Bayern und Niedersachsen, aber auch in den ostelbischen Territorien, zum Beispiel in Pommern, auf Rügen und auf Poel. Die frühere Hufenverfassung war besonders in dichter besiedelten Gebieten in vollem Verfall begriffen. Infolge von Erbteilungen oder wirtschaftlicher Not verfügten viele Bauernfamilien längst nicht mehr über eine volle Hufe, Wirtschaften mit halben Hufen oder gar Viertel- und Achtelhufen waren weit verbreitet. Ihre Inhaber konnten oft nur dadurch existieren, daß sie sich während der Bestell- und Erntezeiten als Tagelöhner bei Adligen oder reichen Bauern verdingten oder durch gewerbliche Arbeit einen Zusatzverdienst suchten.

Bis zum Beginn des 15. Jh. hatte sich die Zahl der Dorfbewohner, die überhaupt kein eigenes Ackerland mehr besaßen, erheblich vergrößert. Der Besitz dieser Kätner, Häusler oder Kötter bestand nur aus einem Katen und etwas Gartenland. Ihren Lebensunterhalt erwarben sie hauptsächlich durch Lohnarbeit. Männer, Frauen und sehr häufig auch die Kinder mußten sich bei Grundherren und wohlhabenden Bauern als Knechte, Mägde oder Hütejungen verdingen. Ihr Lohn war kärglich, das Entlaufen aus dem Dienst stand unter harten Strafen.

Infolge der fortschreitenden Differenzierung der Dorfbevölkerung verloren die alten Markgenossenschaften immer mehr an Bedeutung, jedenfalls für die Mehrzahl der Dorfbewohner. An markgenossenschaftlichen Organisationsformen hielten vor allem noch die Hufenbesitzer fest, um dadurch Sonderrechte zu erlangen bzw. zu behaupten. Zur wichtigsten Organisation auf dem Lande wurde die Dorfgemeinde, die alle Dorfbewohner umfaßte. Sie regelte wirtschaftliche Fragen, zum Beispiel die Flurordnung und die Allmendenutzung, übte die Dorfverwaltung und auch bestimmte gerichtliche Funktionen aus. Für die Wahrnehmung dieser Aufgaben setzte die Gemeinde den Bauermeister — auch Dorfmeister, Bürgermeister oder Dorfpfleger genannt —, mehrere Schöffen, den Gemeindehirten, den Flurschützen, den Gemeindeförster und andere Beauftragte ein. Die Dorfgemeinden hatten gegenüber den Vertretern der Feudalherren, den Schultheißen und Vögten, einen um so besseren Stand, je zersplitterter die Eigentums- und Herrschaftsverhältnisse in den einzelnen Dörfern waren.

Das Leben in den Dorfgemeinden und deren Wirksamkeit widerspiegelt sich am anschaulichsten in Weistümern, die in großer Zahl erhalten geblieben sind.[71] Hierbei handelt es sich in der Regel um Rechtssprüche bäuerlicher Schöffen, die aus dem geltenden Gewohnheitsrecht, aus bäuerlicher und herrschaftlicher Satzung geschöpft, vor der Versammlung der Dorfgenossen verkündet oder auf Anfragen schriftlich fixiert wurden. Der Inhalt der regional recht unterschiedlichen Weistümer war sehr vielgestaltig und erfaßte nahezu alle Bereiche des bäuerlichen Rechtslebens: wirtschaftliche, privatrechtliche, strafrechtliche und strafprozessuale Vorschriften, Bestimmungen über die Allmende, Holz- und Weiderechte sowie das bäuerliche Waffenrecht.[72] Die Dorfgemeinden und die bäuerlichen Gewohnheitsrechte bedeuteten für die Dorfbevölkerung einen wirksamen Rückhalt im Kampf gegen die sich erneut verschärfende Ausbeutung und Unterdrückung durch die Feudalherren.

Das wachsende ökonomische Übergewicht der Städte, die Absatzschwierigkeiten für Getreide und die im 14. Jh. einsetzende Geldentwertung verschlechterten nicht nur die Lage der Bauern, sondern führten auch zu einem erheblichen Absinken der Einkünfte der Feudalherren. Das war für diese um so unerträglicher, als infolge der fortschreitenden Durchsetzung der Geldwirtschaft nicht nur eine standesgemäße Lebensführung, sondern vor allem auch die Behauptung des politischen und militärischen Herrschaftsanspruches ihrer Klasse immer größere finanzielle Mittel erforderten. Infolgedessen verschärften jetzt die Feudalherren ihren Druck auf die Bauern und versuchten, aus ihnen höhere Feudalrenten herauszupressen. Dazu bedienten sie sich verschiedenartiger Mittel und Methoden.

Bereits im 13. Jh. hatte in Bayern ein massierter Angriff des Adels auf die bäuerlichen Besitzrechte eingesetzt. Diesem Beispiel folgten im 14. und 15. Jh. auch die Feudalherren in den meisten anderen Territorien. Dabei kam es ihnen besonders darauf an, das Erbrecht der Bauern an ihren Hufen zu beseitigen und durch befristete Leiheformen zu ersetzen. Dem Adel erschien es günstig, den Bauern ein Zeitpachtverhältnis aufzuzwingen, weil er dann jeweils bei der Erneuerung bzw. Verlängerung des Pachtvertrages höhere Abgaben fordern konnte. Die Bauern hingegen trachteten danach, ihr Erbrecht zu behaupten oder doch wenigstens die Leihe auf Lebenszeit für ihre Wirtschaften durchzusetzen. In manchen Gebieten — namentlich in den ostelbischen Territorien — konnten sie diese Besitzrechte auch tatsächlich weitgehend behaupten. In anderen Regionen jedoch, vor allem in den Weinanbaugebieten im Westen und Südosten, wurden die Bauern gezwungen, Teilbauverträge mit den Grundherren einzugehen, wonach sie alljährlich einen festen und zumeist recht hohen Anteil am Ertrag ihrer Wirtschaften abliefern mußten.

Zur gleichen Zeit verschärfte sich auch der Kampf zwischen Bauern und Feudaladel um die Allmende. Da Vieh, Holz und Holzprodukte relativ gut und gewinnbringend absetzbar waren, bemühten sich die Feudalherren mit rigorosen Mitteln darum, die Nutzung von Weiden und Wäldern durch die Bauern zu ihrem eigenen Vorteil immer weiter einzuschränken. Besonders erfolgreich gingen dabei die Landesfürsten vor, die sich auch gegenüber ihren eigenen adligen Lehnsleuten durchsetzen konnten. Sie beanspruchten das Forstregal und damit alles Nutzungsrecht an den Wäldern in ihrem Herrschaftsgebiet für sich. Den Bauern jedoch bereitete der Raub ihrer hergebrachten Rechte am Wald große wirtschaftliche Schwierigkeiten, infolgedessen erhoben sie seit dem Beginn des 15. Jh. immer wieder die Forderung nach der Wiederherstellung der alten Rechte an Wäldern und Weiden.

Die Angriffe der Feudalherren richteten sich jedoch nicht nur gegen die Besitz- und Nutzungsrechte der Bauern, sondern in zunehmendem Maße auch gegen deren persönlichen Rechtsstatus. Alle Versuche, durch verschärfte Ausbeutung der bäuerlichen Hintersassen zu höheren Einkünften zu gelangen, mußten wirkungslos bleiben, solange die Bauern die Möglichkeit hatten, sich einfach durch Abwanderung einem unerträglich werdenden Druck zu entziehen. So soll der Magdeburger Erzbischof Albert von Sternberg in den Jahren 1368 bis 1371 — nach dem Bericht der Magdeburger Schöppenchronik — die Bauern so bedrückt haben, daß über 3000 Höfe auf seinen grundherrlichen Besitzungen verlassen und dadurch wüst wurden. Aus diesem Grunde strebten die Feudalherren nun immer hartnäckiger danach, ihren Bauern das Recht der Freizügigkeit zu entreißen. Jedoch hatten die Versuche, die Bauern an die Scholle zu fesseln oder sie sogar wieder auf den Status von Leibeigenen herabzudrücken — was schon im 14. Jh. in West- und Südwestdeutschland häufiger geschah — zunächst noch keinen durchschlagenden Erfolg.[73] Die einzelnen Feudalherren, namentlich die kleineren, waren ziemlich machtlos, wenn ihnen ihre Bauern einfach davonliefen. Es nützte ihnen auch nicht viel, wenn sie — wie es mehrere bayerische Klöster taten — ihre bäuerlichen Hintersassen zur Abgabe von „Treueverpflichtungen" zwangen. Versuche der Grundherren, mit Strafen, Abzugsgeldern und der Festlegung, einen Nachfolger für die verlassene Bauernwirtschaft zu stellen, der bäuerlichen Abwanderung zu begegnen, hatten ebenfalls nur sehr begrenzten Erfolg. Wirkungsvoller vermochte der Adel dem Abzug der Bauern erst entgegenzuwirken, als die Landesherren entsprechende generelle Anordnungen erließen und auch die Städte die Aufnahme von Zuwanderern vom Lande drosselten. So hatte schon 1329 König Ludwig der Bayer für seinen bayerischen Herrschaftsbereich bestimmt, daß alle entflohenen Hintersassen zu ihrer früheren Herrschaft zurückzubringen seien.[74] 1418 taucht in den Burspraken der Stadt Wismar erstmalig die Bestimmung auf, daß Bauern nur dann in die Stadt aufgenommen werden dürften, wenn sie im Einvernehmen mit ihren ehemaligen Herren abgezogen wären und alle diesen gegenüber bestehenden Pflichten abgeleistet hätten.[75]

Um die Festigung der Abhängigkeit der Bauern und um die Erhöhung der Einnahmen aus Strafgeldern und Gebühren ging es der herrschenden Klasse auch bei dem Ausbau ihrer Gerichtsherrschaft. Hierbei spielte die Rezeption des römischen Rechts eine besondere Rolle. Sie erfolgte vor allem auf Betreiben der Landesherren, die vermittels dieses Rechts, das die Machtvollkommenheit des Herrschers weit schärfer und umfassender als die feudalen Lehns- und Landrechte zum Ausdruck brachte, ihre eigenen Positionen gegenüber ihren adligen Vasallen, namentlich aber auch gegenüber den Bauern und Bürgern verbessern wollten. Im Zuge dieser Entwicklung gingen die Fürsten immer mehr dazu über, ihre Gerichte mit Juristen zu besetzen, die an den Universitäten ausgebildet und meist bürgerlicher Herkunft waren. Das Volk aber fürchtete und haßte diese „Doctores", weil es in ihnen die Repräsentanten einer Entwicklung im Rechtswesen sah, die nur neues Unrecht und weitere Bedrückungen mit sich brachte.

Übrigens profitierten von dem Ausbau der feudalen Gerichtsherrschaft keineswegs überall in erster Linie die Landesherren. In den meisten ostelbischen Territorien gelang es den Fürsten nicht, die von ihnen angestrebte Gerichtshoheit über ihren gesamten Herrschaftsbereich durchzusetzen bzw. auf die Dauer zu behaupten. Infolge ihrer chronischen Finanznot waren sie immer häufiger dazu gezwungen, Gerichtsrechte mitsamt den daraus zu ziehenden Einkünften an Ritter, Klöster und Städte zu verpfänden oder zu verkaufen. Diese Entwicklung, die den Grundherren auch entscheidende obrigkeitliche Befugnisse über die Bauern in die Hände gab, begünstigte in verhängnisvoller Weise die spätere Herausbildung der ostelbischen Gutsherrschaft.

Die Aktivierung des bäuerlichen Widerstandes

Die krisenhaften Erscheinungen in der Landwirtschaft und die fortschreitende Differenzierung auf dem Lande schwächten die ökonomische Kraft und den genossenschaftlichen Zusammenhalt der bäuerlichen Bevölkerung. Andererseits behauptete die Dorfgemeinde, wie die große Zahl der Weistümer aus dem 14./15. Jh. zeigt, ein beachtliches Maß an Eigenständigkeit und Wirksamkeit. Das trug dazu bei, daß die Bauern trotz erschwerter Bedingungen den Versuchen der Feudalherren, ihren sozialen Status herabzudrücken und höhere Feudalrenten aus ihnen herauszupressen, hartnäckigen Widerstand entgegensetzten. Der Klassenkampf zwischen Bauern und Adel spielte sich in den unterschiedlichsten Formen ab. Die Skala der bäuerlichen Widerstandsaktionen reichte auch in dieser Zeit vom passiven Widerstand bis zur offenen Erhebung gegen ihre Ausbeuter.

Ganz besonders nutzten die Bauern die Zersplitterung der feudalen Herrschaftsrechte zu ihren Gunsten aus. In die Grund-, Gerichts-, Leib- und Zehntherrschaft über die Bauern eines Dorfes teilten sich in der Regel mehrere Herren. Hinzu kamen noch die Ansprüche des Landesherrn. Da außerdem keineswegs alle Bauern jeder der genannten feudalen Herrschaftsformen unterstanden – die Leibherrschaft spielte damals nur in west- und südwestdeutschen Gebieten eine nennenswerte Rolle –, ergaben sich in zahlreichen Dörfern überaus vielschichtige Herrschaftsverhältnisse. Das ermöglichte es den Bauern, zu ihrer eigenen Entlastung die verschiedenen Herren gegeneinander auszuspielen.

Mit diesen und mit anderen Methoden, so durch bewußte Nachlässigkeit bei der Erfüllung ihrer Verpflichtungen, versuchten die Bauern, die ihnen von den Feudalherren abgeforderten Leistungen zu reduzieren. Diese erreichten dennoch oft ein derartiges Ausmaß, daß sie das gesamte bäuerliche Mehrprodukt verschlangen oder sogar die einfache Reproduktion in den Bauernwirtschaften in Frage stellten. Die Last der regelmäßigen Frondienste nahm zwar erst im 15. Jh. wieder beträchtlich zu, als – besonders im Südwesten und in Ostelbien – die adligen Grundherren ihre Eigenwirtschaften zu erweitern begannen. Doch schon im 14. Jh. beanspruchten auch die Landesherren immer häufiger Arbeitsleistungen von Bauern zur Anlage von Brücken, Wegen und Burgen. Für die meisten Bauern aber war die Entrichtung der Feudalrente in Geldform die wichtigste Verpflichtung. Mit diesen Geldzahlungen hatten sie für gewöhnlich die Forderungen mehrerer Rentenbezieher zu erfüllen. Der Grundherr verlangte den Grundzins, der Leibherr den – meist geringen – Leibzins, der Gerichtsherr die Gerichtsabgabe, der Landesherr die Landessteuer und die Kirche den Zehnt.

Zu diesen regelmäßigen und in der Regel langfristig fixierten Zahlungen kamen dann noch mancherlei außerordentliche Abgaben hinzu, wie Mühlen- und Brückengelder, Stolgebühren für die Amtshandlungen Geistlicher, Strafgelder und Erbschaftsabgaben. Die Summe dieser Abgaben überstieg oft das Leistungsvermögen der einzelnen Bauernwirtschaft, namentlich wenn diese von Mißernten oder Viehseuchen betroffen war, oder wenn auf dem städtischen Markt die Preise für Agrarprodukte auf ein besonders niedriges Niveau absanken. Da aber auch in solchen Fällen die Bauern die Abgaben an ihre Herren in voller Höhe entrichten mußten, blieb ihnen oft kein anderer Ausweg, als bei Wucherern aus der Stadt Darlehen aufzunehmen. Dieser Schritt aber beschleunigte zumeist nur den Ruin ihrer Wirtschaft, denn die Mittel für die Entrichtung der Feudalrente, die Zahlung der Wucherzinsen und die Tilgung der Schuld zugleich konnten die Bauern auch bei größter Anstrengung sehr häufig nicht aufbringen.

Wenn es den Bauern nicht gelang, dem wachsenden feudalen Druck mit den Mitteln des passiven Widerstandes und durch Anrufung der Gerichte entgegenzuwirken oder sich ihm durch Abwanderung in die Städte bzw. in andere Territorien zu entziehen, dann trieben sie Not und Verzweiflung schließlich zum bewaffneten Aufstand.

In der Periode der relativen Verbesserung der Lage der Bauern im 12. und 13. Jh. hatte es auf deutschem Gebiet nur in seltenen Ausnahmefällen größere Bauernerhebungen gegeben. Im 14. Jh. jedoch mehrten sich die Aufstände, die bis zur frühbürgerlichen Revolution ständig an territorialer Ausdehnung und an Gefährlichkeit für die herrschende Klasse zunahmen. Sie erreichten jedoch nicht eine solche Bedeutung wie die gleichzeitigen Bauernbewegungen in anderen europäischen Gebieten, etwa der Bauernaufstand in Flandern (von 1323 bis 1328), die Jacquerie in Frankreich (1358) und der englische Bauernaufstand von 1381. Sie blieben zunächst noch auf verhältnismäßig kleine Gebiete begrenzt. Immerhin wiesen sie aber bereits einige wichtige neue Züge auf: Die aufständischen Bauern begannen sich in Bünden zu organisieren und wirkten teilweise auch schon mit den plebejischen Schichten einzelner Städte in vereinten Aktionen zusammen.[76]

Die erste größere Erhebung der ländlichen Bevölkerung im 14. Jh., die ein größeres Territorium erfaßte, brach 1336 aus und dauerte bis 1339, ihre letzten Ausläufer endeten erst 1345. Das war die fränkische und westdeutsche Gebiete erfassende sogenannte Armlederbewegung, an deren Spitze ein „König Armleder"

Sieg des Appenzeller Bundes über die Truppen des Abtes von St. Gallen und österreichische Ritter bei Speicher 1403. Miniatur in der Spiezer Chronik des Diebold Schilling (1485)

gestanden haben soll.[77] Ihren eigenartigen Namen erhielt diese Bewegung nach dem Armschutz aus Leder, den Männer aus den unteren Schichten zum Kampf anlegten, weil für sie ein Panzer aus Metall unerschwinglich war. Es ist unklar, ob sich die Aufständischen diesen Namen selbst gaben oder ob ihre Gegner ihnen diesen in einem verächtlichen Sinne beilegten.

Im August 1336 begann der Aufstand zunächst im nördlichen Franken in der Gegend von Röttingen. Eine größere Zahl von Bauern vereinigte sich und wählte einen Anführer, den „König Armleder", dessen wirklicher Name unbekannt ist.[78] Unter seiner Führung zogen die Aufständischen in die benachbarten Land- und Reichsstädte, denn ihr Hauptziel bestand zunächst darin, sich aus den Fesseln der städtischen Wucherer zu befreien. Die Feudalherren und die Angehörigen der herrschenden Schicht in den Städten, die die Bauernerhebung offenbar völlig überraschte, verstanden es, die Erbitterung der Aufständischen ausschließlich auf die jüdischen Geldverleiher zu lenken. Sie hofften, sich dabei gleichzeitig selbst an dem Eigentum der Juden zu bereichern. In verschiedenen Städten, unter anderem in Aub, Kitzingen, Mergentheim und Ochsenfurt, töteten die Bauern die ihnen verhaßten Wucherer. Die bäuerlichen Angriffe auf Würzburg und Tauberbischofsheim jedoch schlugen fehl. Ein Bürgeraufgebot aus Würzburg brachte den Aufständischen bei Klein-Ochsenfurt eine Niederlage bei. Daraufhin zogen die Bauern weiter nach Süden und bedrohten das Gebiet von Rothenburg und Nürnberg. Im Frühsommer 1337 breitete sich die Bewegung weiter aus. Sie erfaßte Unterfranken und Hessen, im Norden erreichten ihre Ausläufer das Gebiet der Reichsstadt Friedberg, im Westen Hanau und Frankfurt/Main. Am 10. Juni wurde Tauberbischofsheim erobert. Adel und reiche Bürger gerieten jetzt in helle Aufregung. In zwei Briefen bat der Frankfurter Rat den Kaiser um Hilfe. Zwar gelang es den Aufständischen nicht, in Frankfurt einzudringen, jedoch rückten sie weiter westwärts in das Gebiet des Erzbistums Trier vor. In Bacharach, Boppard, Kaub, Lorch und Oberwesel gingen Bauern und Handwerker gemeinsam gegen die Wucherer vor, auch in Koblenz und Trier kam es offensichtlich zu Unruhen. Allerdings drängten Truppen des Trierer Erzbischofs die Aufständischen bald wieder auf das rechte Rheinufer zurück. 1338 aber erhoben sich die Bauern in den Diözesen Straßburg und Basel und schlossen sich der Armlederbewegung an. Damit breitete sich der Aufstand auch auf das obere Elsaß aus. Von den Anführern der elsässischen Bauern sind zwei namentlich bekannt: der Krugwirt Zimberlin aus der Gegend von Schlettstadt und Unbehoven von Dorlisheim. Zahlreiche Wucherer aus den kleineren elsässischen Städten flüchteten vor den Aufständischen in die feste Reichsstadt Colmar, die daraufhin zweimal von den Bauern belagert wurde.

Diese erlitten hierbei jedoch — vor allem durch das Eingreifen eines Straßburger Aufgebots — Ende Mai 1338 eine Niederlage. Bis zum folgenden Jahr gelang es nun den verbündeten Feudalherren und Patriziern, den größten Teil der Aufständischen zu zerstreuen. Die Armlederbewegung, die 1345 letztmalig in einem Bündnisvertrag zwischen elsässischen Adligen und Städten genannt wird, verebbte nach und nach.

Während die Armlederbewegung trotz ihrer recht beachtlichen territorialen Ausbreitung eine ziemlich begrenzte Stoßrichtung hatte und durch die grausamen Judenpogrome düster überschattet war, kam in dem nächstfolgenden größeren Bauernaufstand — der Erhebung der Appenzeller — der Hauptklassengegensatz in der damaligen Zeit wesentlich deutlicher zum Ausdruck.

Im Südwesten des Reiches aktivierte insbesondere das Beispiel der Schweizer Eidgenossenschaft den Widerstand der Bauern gegen die Willkür der Feudalherren. Die Appenzeller Bauern bewohnten eine relativ kleine Landschaft südlich des Bodensees, die unmittelbar an das Gebiet der Eidgenossen grenzte. Ihr Herr, der Abt Kuno von St. Gallen, versuchte nach dem Vorbild der großen Feudalherren, sich zum Landesherrn aufzuschwingen und die Abhängigkeit der umwohnenden Bauern vom Kloster zu verschärfen. Seine Amtleute bedrängten die Bauern mit ständig gesteigerten Forderungen. Angesichts dieser Bedrückungen waren die Appenzeller bestrebt, sich der Herrschaft des Abtes völlig zu entziehen und Anschluß an die Eidgenossen zu finden.[79]

1401 verbanden sich die Appenzeller Bauern mit der Stadt St. Gallen und einigen anderen Orten zur gemeinsamen Abwehr der Anschläge des Abtes gegen ihre hergebrachten Rechte. Überraschend schnell breitete sich die Bauernbewegung über das St. Galler Herrschaftsgebiet und angrenzende Territorien aus. Auch die Bauern von Tirol, Vorarlberg, Rheintal, Thurgau und Toggenburg versuchten, das feudale Joch abzuschütteln und schlossen sich mit den Appenzellern zu dem „Bund ob dem See" zusammen.[80] Gegen diese starke Vereinigung waren der Abt von St. Gallen und die anderen kleinen Feudalherren des Aufstandsgebietes machtlos. Jedoch erhielten sie bald stärkere Unterstützung, denn auch größere Feudalherren und die Oberschicht mehrerer Städte fühlten sich durch die Bauernerhebung bedroht und begannen sich gegen diese Gefahr zusammenzuschließen.

Gegen die Bauern trat zuerst der „Bund um den See und in dem Allgäu", in dem sich zahlreiche Städte vereinigt hatten, in Aktion. Die reichen Bürger versuchten, der Bauernbewegung zunächst auf dem Verhandlungswege Herr zu werden. Als diese Methode nicht zum Ziel führte, schickten sie ihre Streitmacht gegen die Bauern ins Feld. Jedoch erlitt das städtische Aufgebot im Mai 1403 bei Speicher in der Nähe von St. Gallen eine Niederlage. Dieser Sieg gab den Aufständischen einen gewaltigen Auftrieb. Im Juni 1405 besiegten sie bei Altstätten auch die Truppen des Herzogs Friedrich von Österreich und eroberten nach und nach über 60 Städte und feste Plätze. Mehr als 30 Burgen wurden von ihnen zerstört. Viele Feudalherren mußten vor der Bauernerhebung kapitulieren – auch der Abt von St. Gallen. Der „Bund ob dem See" gewann zunehmend an Organisiertheit. In den Dörfern wählte man Gemeindehauptleute und Delegierte zu einer Bundesversammlung, die über eine gemeinsame Satzung beriet. Die Rechte der bisherigen Herren wurden von den Aufständischen abgeschafft.

Die Erfolge der Bauern erfüllten Feudalherren und Patrizier im Südwesten und Süden des Reiches mit Furcht und Schrecken. Schließlich brachten sie eine große Koalition gegen die Aufständischen zusammen, der unter anderem der Herzog von Österreich, der Graf von Württemberg, die Bischöfe von Konstanz und Augsburg, der Burggraf von Nürnberg, die Rittergesellschaft vom St. Georgsschild und die Stadt Konstanz angehörten. Den überlegenen Streitkräften dieser Koalition erlagen die Bauern 1408 bei Bregenz.

Dennoch endeten die „Appenzeller Kriege" nicht mit einem völlig negativen Ergebnis für die Bauern. Zwar mußten sie sich ihren Herren wieder unterwerfen und ihr Bund wurde für aufgelöst erklärt, jedoch wagten die Sieger nicht, ihren Rachegelüsten freien Lauf zu lassen. Acht und Bann gegen die Aufständischen wurden aufgehoben, man ließ die gefangenen Bauern frei und verzichtete sogar auf Schadenersatz. Offensichtlich war also die Kraft der Bauern durch ihre Niederlage bei Bregenz keineswegs gebrochen. Darauf deutet auch die Tatsache hin, daß die Appenzeller Bauern im Jahre 1411 doch wenigstens ihre bedingte Aufnahme in die Eidgenossenschaft erreichten. Vollberechtigte Mitglieder derselben wurden sie freilich erst ein Jahrhundert später (1513).

In engem Zusammenhang mit den „Appenzeller Kriegen" stand die Erhebung der Allgäuer Bauern, die sich hauptsächlich gegen den Bischof von Augsburg richtete.[81] Auch die Allgäuer gingen gewaltsam gegen die Vögte des Bischofs und kleinere Feudalherren vor und zerstörten eine Reihe von Zwingburgen. Jedoch waren sie in ihrem Kampf nicht so erfolgreich wie die Appenzeller. Bereits 1406 mußten sie in dem Vertrag von Isny, der durch Vermittlung der oberschwäbischen Städte zustande kam, sich ihren Herren wieder unterwerfen und ihr Verbündnis auflösen. Immerhin wurde auch ihnen volle Straffreiheit zugestanden.

Am erfolgreichsten verlief der antifeudale Klassenkampf der Dithmarscher Bauern, die das Gebiet der heutigen Nordseeküstenregion Holsteins bewohnten. Die wirtschaftlich ziemlich gutgestellten Dithmarscher bildeten eine Art Bauernrepublik, welche faktisch unabhängig war. Den Herrschaftsgelüsten der benachbarten Feudalherren hatten sie sich stets hartnäckig widersetzt. 1319 schlugen sie vernichtend ein holsteinisch-mecklenburgisches Ritterheer, das zu ihrer Unterwerfung ausgezogen war. Ihre Freiheit verdankten sie nicht nur ihrer Wehrhaftigkeit und den besonderen natürlichen Bedingungen ihres Siedlungsgebietes, sondern auch einer politisch geschickten Anlehnung an die Hanse, namentlich an deren Vorort Lübeck, mit dessen Unterstützung sie sogar einen eigenen Außenhandel bis ins östliche Baltikum betrieben. Für Lübeck besaß die Unabhängigkeit der Dithmarscher große politische Bedeutung, weil sie ein ernstes Hindernis für den weiteren Machtzuwachs der der Stadt nächstbenachbarten Fürsten darstellte.[82]

Im Jahre 1404 überfiel Herzog Gerhard von Schleswig mit einer starken Streitmacht die Dithmarscher Bauern, um sie seiner Herrschaft zu unterwerfen. Die Angegriffenen setzten sich jedoch energisch zur Wehr und brachten ihrem Feind eine vollständige Niederlage bei. Der Herzog selbst wurde von den Bauern erschlagen. Sein Tod führte zu einer Kette von politischen Wirren, die die Kräfte der fürstlichen Nachbarn der Dithmarscher auf lange Zeit banden.[83] Es gelang diesen wehrhaften Marschbauern, bis 1559 ihre Unabhängigkeit zu behaupten.

Diese Bauernerhebungen, zu denen noch eine Vielzahl von lokal begrenzten Widerstandsaktionen kam, zeigen deutlich, daß sich die Widersprüche innerhalb der Feudalgesellschaft damals erheblich verschärft hatten und daß insbesondere der Klassenantagonismus zwischen Feudalherren und Bauern neuen und heftigeren Ausbrüchen entgegenstrebte.

Der Kampf gegen die päpstlichen Herrschaftsansprüche

Die Auseinandersetzung zwischen Ludwig dem Bayern und Friedrich von Österreich

Nach dem Tode Kaiser Heinrichs VII. im August 1313 spaltete sich das Gremium der Kurfürsten erneut; eine habsburgische und eine luxemburgische Partei wollte jeweils den ihren Machtinteressen entsprechenden Kandidaten zum neuen König wählen. Da eine Einigung nicht zu erreichen war, kam es im Herbst 1314 zu einer Doppelwahl, die das Reich erneut in langwierige Auseinandersetzungen stürzte.

Am 19. Oktober 1314 wählten bei Frankfurt der Erzbischof Heinrich von Köln, der Herzog Rudolf von Sachsen-Wittenberg, der Pfalzgraf Rudolf bei Rhein

Kämpfende Ritter. Miniatur in einer Prachthandschrift des „Wilhelm von Oranse" (1334)

und der Herzog Heinrich von Kärnten, der seinen Anspruch auf das Königreich Böhmen verfocht, den Herzog Friedrich den Schönen von Österreich, Sohn Albrechts I., zum König. Einen Tag später wurde ebenfalls bei Frankfurt von der Gegenpartei der Wittelsbacher Herzog Ludwig von Oberbayern zum König erhoben. Er erhielt die Stimmen der Erzbischöfe Balduin von Trier und Peter Aspelt von Mainz, des Herzogs Johann von Sachsen-Lauenburg, des Markgrafen Woldemar von Brandenburg und des Königs Johann von Böhmen. Letzterer war ursprünglich von der luxemburgischen Partei als Thronanwärter ausersehen worden. Da diese jedoch bald erkannte, daß Johanns Kandidatur keinen Erfolg versprach, entschied sie sich für den Wittelsbacher, der als entschlossener Gegner der Habsburger galt und den sie zur Durchsetzung ihrer eigenen Interessen auszunutzen hoffte.[84] Da die böhmische Kurstimme von zwei Fürsten beansprucht wurde und das Herzogtum Sachsen seit einigen Jahrzehnten unter die Linien Lauenburg und Wittenberg aufgeteilt worden war, traten diesmal neun Kurfürsten auf. Angesichts dieser verworrenen Lage bestanden für eine friedliche Beilegung des Zwiespalts keinerlei Aussichten, so daß die Waffen entscheiden mußten.

Ludwig hatte den Habsburgern schon vor der Doppelwahl im Streit um Niederbayern im November 1313 bei Gammelsdorf eine ernste Niederlage bereitet, dennoch behaupteten diese im Süden und Westen des Reiches zunächst noch sehr starke Positionen. Das Kräfteverhältnis verschob sich aber wesentlich zu Ludwigs Gunsten, als sein Gegenspieler Friedrich die neue Königswürde sofort dazu ausnutzte, im Interesse Habsburgs die Reichsacht über die Schweizer Waldstätte zu verhängen. Bei dem Versuch, die Acht zu vollstrecken, brachten die Schweizer 1315 in der Schlacht am Berg Morgarten den Truppen Herzog Leopolds I. von Österreich, des Bruders Friedrichs des Schönen, eine vernichtende Niederlage bei. Ein bedeutender Teil des militärischen Potentials der Habsburger wurde damit ausgeschaltet, viele ihrer bisherigen Anhänger gingen auf die Gegenseite über.

König Ludwig verstand aus dieser Niederlage der Habsburger sogleich erheblichen Nutzen zu ziehen. 1316 bestätigte er den schweizerischen Waldstätten ihre Reichsunmittelbarkeit, erklärte die Rechte der Habsburger in der Schweiz für verfallen und forderte die Eidgenossen auf, von ihnen Besitz zu ergreifen. Auf diese Weise versuchte er, die Positionen der Habsburger in Südwestdeutschland zum Einsturz zu bringen.

Die endgültige Entscheidung im Thronstreit konnte aber nur die direkte militärische Auseinandersetzung zwischen den beiden Hauptrivalen bringen. 1316 entbrannte daher der Kampf mit voller Schärfe. Kriegsschauplatz waren vor allem die bayerischen Besitzungen Ludwigs, die seine Gegner grausam verwüsteten. Erst am 28. September 1322 stießen bei Mühldorf am Inn die Hauptkräfte der beiden Parteien aufeinander. Den Wittelsbacher unterstützten König Johann von Böhmen und Burggraf Friedrich von Nürnberg mit ihren Truppen. Friedrich dagegen hatte sein hauptsächlich aus Österreichern, Steiermärkern und Ungarn zusammengesetztes Heer noch nicht vollständig vereinigen können, als die Schlacht begann. Sie endete mit einem überlegenen Sieg Ludwigs. Das Heer des Habsburgers wurde zersprengt, er selbst mußte sich mitsamt einer größeren Anzahl seiner Vasallen dem Sieger ergeben.

Während die meisten Gefangenen gegen Zahlung eines hohen Lösegeldes bald wieder in Freiheit gelangten, brachte Ludwig seinen Gegner Friedrich auf der Burg Trausnitz in der Oberpfalz in festen Gewahrsam. Die Verbündeten Ludwigs ließen sich ihre Unterstützung gut bezahlen. König Johann erhielt unter anderem den Pfandbesitz Eger, das von nun an bei Böhmen blieb. Immerhin schien das Königtum Ludwigs des Bayern jetzt gesichert zu sein, wenn auch die habsburgische Partei keineswegs gewillt war, ihre Ansprüche auf den Thron endgültig aufzugeben. Vor allem Herzog Leopold I. von Österreich leistete dem König weiterhin hartnäckigen Widerstand.

Der Ausbruch des Kampfes zwischen Ludwig dem Bayern und Papst Johannes XXII.

Als Papst amtierte von 1316 bis 1334 Johannes XXII. Er war der Sohn eines reichen Bürgers aus Cahors in Südfrankreich, hatte eine umfassende juristische Bildung erworben und eine Zeitlang als Kanzler König Roberts von Neapel fungiert. Dessen Einfluß verdankte der damals bereits 72 Jahre alte Kardinal und Bischof von Avignon vor allem seine Wahl zum Papst. Er residierte, wie sein Vorgänger Clemens V., in Avignon und stützte sich auf eine französische Mehrheit im Kardinalskollegium.

Mit seinem Namen ist ein forcierter Ausbau des kurialen Abgaben- und Pfründensystems verbunden. Regelmäßige Einnahmequellen der Kurie bildeten die Erträge des Patrimonium Petri in Italien, der Peterspfennig aus einigen Ländern, der Lehnszins, den England, Irland, Sizilien und Aragonien entrichteten, der Zins, den die dem Papst direkt unterstellten Bistümer und Klöster aufbringen mußten, sowie die weiterhin erhobenen Kreuzzugssteuern. Daneben wurden nun verstärkt außerordentliche Abgaben eingezogen. Unter ihnen spielten die Gebühren für die sogenannten Provisionen, die direkte Übertragung geistlicher Ämter durch den Papst, eine besondere Rolle. Bischöfe und Äbte hatten für ihre Ernennung oder Bestätigung die Servitien zu entrichten, neuernannte Erzbischöfe zahlten das sogenannte Palliengeld. Hinzu kamen dann noch die Annaten, die aus der ersten halben Jahreseinnahme einer verliehenen Pfründe bestanden. Konnte man keine Stelle vergeben — genauer: verkaufen —, so verkaufte man eine Exspectanz, eine Anwartschaft darauf. Außerdem ging die Kurie dazu über, hohe Gebühren für Dispense, Privilegien und Gnadenbriefe zu erheben.

Durch derartige Praktiken, die unter Geistlichen und Laien wachsenden Unwillen hervorriefen, konnte Johannes XXII. die Jahreseinnahmen der Kurie auf über 233 000 Gulden steigern. Da die Unterlagen der Camera Apostolica, der päpstlichen Finanzverwaltung, erhalten geblieben sind, läßt sich die Verwendung dieser Gelder unter Papst Johannes XXII. genau rekonstruieren. Es wurden verausgabt: Für Kriegszwecke 63,7 Prozent, für die Gehälter der päpstlichen Beamten 12,7 Prozent, für Almosen, Mission und Kirchenbauten 7,16 Prozent, für Kleidung und Schmuck 3,52 Prozent, für päpstliche Bauten 2,9 Prozent, für Küche und Keller 2,5 Prozent und für Zuwendungen an Verwandte und Freunde 4 Prozent.[85]

Von vornherein verfolgte Johannes XXII. machtpolitische Ambitionen. Er strebte danach, dem deutschen Königtum die Herrschaftsrechte über Italien zu entreißen und diese sich selbst anzueignen. Die italienischen Potentaten — besonders die Mailänder Visconti —, die ihm dabei in den Weg traten, erklärte er zu Ketzern, verhängte den Kirchenbann über sie und ließ zum Kreuzzug gegen sie predigen. Schließlich erschien ihm die Situation besonders günstig für einen erneuten Versuch, Deutschland in stärkere Abhängigkeit vom „Heiligen Stuhl" zu bringen. Er griff die alte Behauptung auf, daß ein deutscher König — als Anwärter auf die Kaiserkrone — nur dann ein rechtmäßiger Herrscher sei, wenn er die päpstliche Approbation erhalten habe. Diese Machtansprüche Johannes' XXII. führten zum Ausbruch des letzten großen Kampfes zwischen Papsttum und Kaisertum im Mittelalter.[86]

Während des Thronstreites in Deutschland hatte der Papst sich zunächst „neutral" verhalten, indem er keinen der beiden miteinander kämpfenden Könige anerkannte. Offensichtlich wollte er die Auseinandersetzungen für die Festigung seiner Positionen ausnutzen. In seiner Politik gegenüber dem deutschen Königtum verfolgte Johannes XXII. nicht nur eigene Ziele, sondern zugleich auch die Interessen der Könige von Frankreich, die auf die Kurie einen sehr starken Einfluß ausübten und mit ihrer Hilfe weitere Gebiete im Westen des Reiches und sogar die Kaiserkrone zu erwerben trachteten.

Nach dem Sieg bei Mühldorf schickte sich König Ludwig an, seine Stellung im Reich zu konsolidieren. 1323 sandte er einen Generalvikar nach Italien, der dort in seinem Namen die Reichsrechte wahrnehmen und den päpstlichen Herrschaftsambitionen entgegentreten sollte. Dadurch wurde die Italienfrage zum politischen Ausgangs- und Angelpunkt des nun ausbrechenden Streites zwischen Johannes XXII. und Ludwig.[87]

Der Papst beantwortete das Vorgehen des Königs mit einer massiven Gegenaktion. Er eröffnete im Oktober 1323 einen förmlichen Prozeß gegen den König. Dem Wittelsbacher wurde vorgeworfen, daß er nach einer zwiespältigen, vom Papst nicht approbierten Wahl den Königstitel führe und die Herrschaft über das Reich also unrechtmäßig ausübe. Ein weiterer Anklagepunkt war die Unterstützung von „Ketzern", womit die italienischen Gegner der Machtpolitik des Papstes gemeint waren. Johannes richtete an den König die Aufforderung, binnen dreier Monate die Krone niederzulegen und sich in Avignon zu verantworten.[88] Gegen diesen maßlosen und jeder Rechtsgrundlage entbehrenden Angriff des Papstes setzte sich Ludwig umgehend zur Wehr. Im Dezember 1323 in Nürnberg und dann noch einmal Anfang 1324 in Frankfurt/Main protestierte er gegen das Vorgehen Johannes' XXII. und appellierte an ein allgemeines Konzil.[89] Der Papst jedoch ließ sich von seinem Plan, den König zu unterwerfen oder zu vernichten, nicht abbringen. Im März 1324 verhängte er den Kirchenbann über Ludwig und drohte die gleiche Strafe allen an, die dem Gebannten künftig noch Gehorsam leisten würden.

Der Kampf zwischen der Kurie und dem deutschen Königtum spitzte sich jetzt rasch weiter zu. Auf den Bannfluch des Papstes reagierte Ludwig am 22. Mai 1324 mit der Appellation von Sachsenhausen in äußerst scharfer Form. Er wies den päpstlichen Approbationsanspruch entschieden zurück und stellte fest, daß nach Reichsrecht während einer Thronvakanz in Deutschland nicht der Papst, sondern der Pfalzgraf bei Rhein Reichsverweser sei. Nachdrücklich betonte er die Rechtmäßigkeit seines Königtums; er sei durch die Mehrheit der Kurfürsten gewählt worden, und bei Doppelwahlen habe nach altem Herkommen allein das Schwert zu entscheiden. Den Vorwurf der Unterstützung von Ketzern parierte der König, indem er — inspiriert durch Angehörige des Franziskanerordens, die in Opposition gegen Johannes XXII. standen — den Papst selbst als einen hartnäckigen Ketzer bezeichnete. Er wolle das Reich zerstören, vernachlässige die Sache des Heiligen Landes und habe außerdem frevlerisch die wahre Lehre von der Armut Christi und der Apostel verdammt. Infolgedessen nenne er sich zu Unrecht Papst. Darum müsse der König an ein zu berufendes Konzil und an einen künftigen rechtmäßigen Papst zur Wahrung seiner Rechte appellieren. Diese Appellation von Sachsenhausen fand auf Betreiben der Reichskanzlei in Deutschland weite Verbreitung.[90]

Der Papst jedoch verfolgte seinen aggressiven politischen Kurs starrsinnig weiter. Er sprach Ludwig alle Ansprüche auf den Königsthron ab und belegte seine Anhänger mit Bann und Interdikt.

Obwohl selbst die Mehrheit der deutschen Kleriker sich nicht vor den Karren der päpstlichen Politik spannen ließ — Johannes genoß wegen seiner Zentralisationsbestrebungen auf kirchlichem Gebiet keine Sympathien und hatte sich wegen seiner Haltung im sogenannten Armutsstreit mit den Franziskanermönchen sogar heftig verfeindet —, barg der Streit mit dem Papst für den König doch schwere Gefahren in sich. Seine Machtbasis war noch ungefestigt, auf starke und vor allem zuverlässige Verbündete unter den großen geistlichen und weltlichen Feudalherren konnte er nicht rechnen. Außerdem mußte Ludwig gewärtig sein, daß seine keineswegs geschlagenen Widersacher von der habsburgischen Partei jederzeit wieder gegen ihn auf den Plan traten. Es kennzeichnet die Situation Ludwigs, daß bei seinen feierlichen Appellationen gegen die Angriffe des Papstes jeweils nur wenige Reichsfürsten, aber keiner von den Kurfürsten zugegen waren. Die Luxemburger, die an Ludwigs Wahl und auch an seinem Sieg über Friedrich maßgeblichen Anteil hatten, begannen von ihm abzurücken. König Johann von Böhmen verbündete sich mit Frankreich und schloß 1324 Frieden mit den Habsburgern. Deren mächtigster Repräsentant, Herzog Leopold, nahm Verbindung zu dem französischen König Karl IV. auf und versprach, dessen Wahl zum deutschen König zu unterstützen. Die Gefahr einer Koalition der Habsburger und Luxemburger mit Frankreich und der Kurie zeichnete sich deutlich ab.

Um dieser bedrohlichen Entwicklung entgegenzuwirken, entschloß sich Ludwig zu einer ungewöhnlichen politischen Aktion. Er versuchte sich mit den Habsburgern zu verständigen. Zu diesem Zweck schloß er im März 1325 zu Trausnitz mit dem gefangenen Gegenkönig einen Vertrag ab, demzufolge dieser gegen den Verzicht auf die Krone seine Freiheit zurückerhalten sollte. Außerdem verlangte er die Herausgabe des gesamten in habsburgischem Besitz befindlichen Reichsgutes sowie die Unterstützung gegen alle Feinde, auch gegen den Papst. Bei Nichterfüllung des Vertrages sollte Friedrich in die Haft zurückkehren.

Die Brüder Friedrichs lehnten jedoch dieses Abkommen entschieden ab, und auch der Papst wandte sich dagegen, so daß im September 1325 in München ein recht fragwürdiger neuer Vertrag zustande kam. Ludwig der Bayer und Friedrich der Schöne sollten künftig als gleichberechtigte Könige gemeinsam die Herrschaft ausüben. Der Wittelsbacher hoffte offenbar, auf einem späteren Italienzug die Kaiserkrone und damit doch die Vorrangstellung zu erlangen. Um Herzog Leopold von Österreich für diesen Vertrag zu gewinnen, versprach ihm Ludwig das Amt des Reichsvikars in Italien. Dadurch bot sich die Möglichkeit, den widerspenstigsten Vertreter der habsburgischen Partei aus Deutschland zu entfernen und ihn obendrein mit größter Wahrscheinlichkeit in einen Konflikt mit dem Papst zu verwickeln.

Obwohl der Münchener Vertrag von vornherein irreal war und auch bald durch den Tod Leopolds und Friedrichs des Schönen hinfällig wurde, erregte er den Argwohn der Kurfürsten. Besonders die luxemburgische Partei trat jetzt gegen Ludwig auf und knüpfte engere Beziehungen zum König von Frankreich. Auch der Pfalzgraf bei Rhein widersetzte sich offen dem Vertrag von München. Statt der alten Gegner hatte Ludwig nun neue und keineswegs weniger gefährliche Feinde, die nur ein Ziel kannten — nämlich ihre eigene Macht zu vergrößern und das Königtum nicht zu wirklicher Stärke und Autorität gelangen zu lassen.

Zusammensetzung und Wirksamkeit der antikurialen Oppositionsbewegung

Als Johannes XXII. 1324 über die Gebiete der Anhänger Ludwigs das Interdikt verhängte, hatte er offensichtlich angenommen, durch diese Strafmaßnahme die gesamte Bevölkerung zur Distanzierung von dem gebannten König zwingen und diesen damit vernichtend treffen zu können. Es sollte sich jedoch bald zeigen, daß gerade das Gegenteil der beabsichtigten Wirkung eintrat. Bürger und Bauern hatten schon durch den Krieg der beiden Könige schwere Leiden erdulden müssen und verlangten nun nach Frieden. Die Politik des Papstes nach der Schlacht bei Mühldorf zog aber für sie nur erneute Unruhe und Friedensstörung nach sich. Das mußten die Parteigänger und Abgesandten des Papstes bereits erfahren, als sie die Ergebnisse des ersten Prozesses der Kurie gegen den König bekanntzumachen versuchten. In vielen Städten wurden die päpstlichen Legaten mißhandelt und verjagt, in Basel und Berlin erschlug die empörte Volksmenge sogar einige Anhänger des Papstes. Aufruhr herrschte in Aachen, Freiburg, Lüttich, Mainz, Speyer, Straßburg und anderen Städten.[91] Von Johannes ernannte Bischöfe wurden am Einzug in ihre Diözese gehindert. Geistliche, die die päpstlichen Maßregeln durchzusetzen versuchten, verloren jegliche Autorität. Besonders in den Städten hatte diese Empörung tiefe Wurzeln. Schon lange empfanden viele Bürger die privilegierte Stellung der Welt- und Klostergeistlichkeit, namentlich ihre Steuerfreiheit und Sondergerichtsbarkeit, als eine Ungerechtigkeit. Die Verhängung des Interdikts brachte nun das Maß zum Überlaufen. Die Bürger fühlten sich völlig ungerecht bestraft, sie fürchteten nicht nur für das Seelenheil der ungetauft bleibenden Kinder oder der ohne priesterlichen Segen beerdigten Toten, sondern sie waren auch um den ungestörten Fortgang ihrer Arbeit und ihrer Geschäfte besorgt.

Als Gegenreaktion auf die aggressive Politik des Papstes entstand in kurzer Zeit eine antikuriale Oppositionsbewegung, die insgesamt zwar eine beeindruckende Breite erlangte, in der aber verschiedenartige soziale Kräfte mit unterschiedlichen Interessenrichtungen wirksam waren. Begonnen hatte diese Bewegung in den Städten. Hier opponierten nicht nur die Bürger gegen die Kurie, sondern auch die Mönche des Franziskanerordens, die einen nicht zu unterschätzenden Einfluß auf die Mehrzahl der Gläubigen ausübten. Dieser Orden war etwa zur gleichen Zeit wie König Ludwig in einen heftigen Konflikt mit Johannes XXII. geraten. Das Generalkapitel der Franziskaner in Perugia hatte 1322 als theologische Grundlage des Ordenslebens die Lehre von der absoluten Armut Christi und der Apostel verkündet. Die Feststellung der Minoriten, daß die Begründer der christlichen Kirche weder persönliches noch gemeinsames Eigentum besessen hätten, erschien den Repräsentanten der reichen und mächtigen Papstkirche natürlich überaus gefährlich und daher verwerflich. Deshalb verdammte Johannes XXII. 1323 öffentlich diese Lehre als ketzerisch und ließ die an ihr festhaltenden Franziskanermönche rigoros verfolgen.[92] Viele der Verfolgten suchten nun bei dem Feind des Papstes, dem deutschen König, Schutz.

Indes bildeten die Franziskaner nur eine — wenn auch eine besonders aktiv wirksame — Fraktion unter den antikurialen Opponenten geistlichen Standes. Neben zahlreichen Benediktinerabteien nahmen auch viele Weltgeistliche gegen Johannes Stellung, darunter so hochgestellte Würdenträger wie die Erzbischöfe Peter von Mainz und Balduin von Trier. Ihre Haltung gegenüber dem Papst war in besonderer Weise politisch motiviert. Als Kurfürsten sahen sie in der Einmischung des Papstes in die Königswahl einen unbefugten Eingriff in ihre eigenen Rechte, als Erzbischöfe mißbilligten sie die durch Johannes forcierte Zentralisierungspolitik der Kurie. Auch blieb die antipäpstliche Stimmung des Volkes keineswegs ohne Einfluß auf ihre Haltung. Aus diesen Gründen verboten sie die Bekanntmachung der päpstlichen Maßnahmen in ihren Diözesen und duldeten in zahlreichen Städten auch die Nichtbeachtung des Interdikts. Insgesamt stellte sich nach und nach der größte Teil der hohen Geistlichkeit auf die Seite des Königs.

Die Auseinandersetzung zwischen Johannes XXII. und Ludwig dem Bayern wurde nicht nur mit diplomatischen, sondern auch mit propagandistischen Mitteln geführt. Insgesamt war hierbei der König erfolgreicher, denn die breite antikuriale Bewegung bewirkte eine gute Aufnahmebereitschaft für seine Propaganda unter den Volksmassen, außerdem unterstützten einige besonders befähigte Propagandisten seine Position. Unter ihnen ragten zwei Persönlichkeiten hervor: der Italiener Marsilius von Padua und der Engländer Wilhelm von Ockham.

Marsilius von Padua stand — obwohl selbst nicht Minorit — den Armutslehren der Franziskaner nahe.

1312 hatte er an der Pariser Universität den Magistergrad erworben und dann als Rektor dieser berühmten Hochschule vorgestanden. Daneben wirkte er auch als Mediziner. 1324 vollendete er — möglicherweise gemeinsam mit seinem Gesinnungsgenossen Johann von Jandun — sein berühmtes Werk, den „Defensor pacis" (Verteidiger des Friedens), in dem er der Kirche alle weltlichen Herrschaftsrechte absprach und die Ansprüche der Papstkirche als Gefahr für den Frieden der menschlichen Gesellschaft grundsätzlich kritisierte. Als bekannt wurde, daß er der Verfasser dieser Schrift war, mußte Marsilius aus Paris fliehen. 1326 kam er an den Hof König Ludwigs und stellte sich unter dessen Schutz.

Der „Defensor pacis" ist eines der radikalsten Werke des späten Mittelalters und enthält die erste Staatstheorie des aufstrebenden Bürgertums. Keimhaft erscheinen in ihm bereits die erst Jahrhunderte später klar formulierten Auffassungen von der Volkssouveränität und dem Gesellschaftsvertrag. Diese stark von dem Vorbild der oberitalienischen Stadtstaaten inspirierte sowie von aristotelischen und averroistischen Ideen beeinflußte Schrift, die die kirchenrechtliche Überlieferung einer harten Kritik unterzog, fand große Verbreitung. Der Staat beruht nach der Vorstellung des Marsilius auf dem Willen des Volkes. Die Regenten sind mit der Ausübung der Macht lediglich beauftragt und daher bei Mißbrauch ihrer Stellung absetzbar. Marsilius verteidigt in seinem Werk zwar das Kaisertum gegen den Superioritätsanspruch des Papstes, identifiziert sich dabei aber keineswegs mit der alten universalen Reichsidee, sondern erkennt auch das souveräne Recht der Einzelstaaten an.

Er faßt die Kirche als die Gemeinschaft aller Gläubigen auf, die ausschließlich religiöse Aufgaben hat. Ihre tragende Säule sieht er im Gemeindeprinzip. Der Primat des Papstes über die Kirche ist nicht von Gott begründet worden, sondern geschichtlich entstanden. Die weltliche Herrschaft des Papstes stellt eine bloße Usurpation dar. Die höchste Gewalt in der Kirche verkörpert das Generalkonzil, das der Kaiser einzuberufen hat. Im übrigen unterscheidet Marsilius Kirche und Staat klar voneinander, er ordnet die Kirche dem Staat sogar förmlich unter: Der Kaiser verfügt über das Kirchengut, der Staat besetzt die Pfründen.

Im konkreten Bezug auf den Streit zwischen Ludwig dem Bayern und Johannes XXII. stellt Marsilius von Padua fest, daß der König durch die Wahl schon im vollen Besitz der Regierungsgewalt und keineswegs von der Bestätigung durch den Papst abhängig sei. Der päpstliche Approbationsanspruch sei vielmehr ein fundamentaler Verstoß gegen die Rechte der Kurfürsten.[93]

Eine derartige Sprache gegen die Papstkirche hatte bis dahin noch kein Gelehrter zu führen gewagt. Es war

Wilhelm von Ockham. Zeichnung am Rand einer zeitgenössischen Handschrift

deshalb nicht verwunderlich, daß die Kurie Marsilius 1327 zum Ketzer erklärte. Seine Ideen jedoch, die seiner Zeit zum Teil weit vorauseilten, ließen sich dadurch nicht wieder aus der Welt schaffen — auch wenn sie erst Jahrhunderte später in die Wirklichkeit umgesetzt werden konnten.

Wilhelm von Ockham, der bedeutendste Philosoph des 14. Jh., hatte als Ordensprovinzial der Franziskaner 1322 an dem Generalkapitel in Perugia teilgenommen, dessen Beschlüsse der Papst später verdammte. 1324 wurde er wegen Ketzereiverdachts in Avignon in Haft genommen. Es gelang ihm jedoch zu entfliehen und sich 1328 unter den Schutz Ludwigs des Bayern zu retten. Hier trat er zunächst im Armutsstreit öffentlich gegen Johannes XXII. auf und wurde dafür von der Kurie exkommuniziert. Das aber veranlaßte ihn nur zu gesteigerter Aktivität im Kampf gegen den Papst.

Ockham gilt als der Begründer der neueren nominalistischen Richtung der Scholastik und hat durch den von ihm konsequent vertretenen Grundsatz der Trennung von Glauben und Wissen die Weiterentwicklung von Theologie und Philosophie außerordentlich stark beeinflußt.

Sein kirchen- und staatsrechtliches Hauptwerk, das unvollendet blieb, war der in München entstandene „Dialogus inter magistrum et discipulum de imperatorum et pontificum potestate" (Dialog zwischen Lehrer und Schüler über die Gewalt der Kaiser und Päpste). In dieser Schrift entwickelte er die Auffassung, daß nicht nur der Staat, sondern auch die Kirche auf dem Prinzip der Volkssouveränität beruhe. Der Papst ist also keineswegs Beherrscher der Kirche, sondern er muß sich dem Urteil der Gesamtkirche, des Konzils, und notfalls auch dem der Laien unterwerfen. Die Friedenswahrung in der Welt sah Ockham am besten durch eine Universalmonarchie verbürgt, doch konnte nach seiner Ansicht diese Aufgabe auch durch nationale Monarchien wahrgenommen werden.

Neben diesen beiden Männern wirkten für die Sache Ludwigs des Bayern der ebenfalls 1328 an den deutschen Königshof geflüchtete Ordensgeneral der Franziskaner, Michael von Cesena, und — wenigstens in der Zurückweisung des päpstlichen Approbationsanspruches — auch der Bamberger Domherr Lupold von Bebenburg, der 1340 in seinem Traktat „De iuribus regni et imperii" (Über die Rechte des König- und des Kaiserreiches) nachzuweisen suchte, daß der von den Kurfürsten gewählte König auf Grund dieser Wahl staatliche Rechte im gesamten Reichsgebiet, also nicht nur im deutschen Königreich, sondern auch in Italien erhalten habe, wobei die Majorität die Einstimmigkeit im Kurfürstenkollegium völlig rechtsgültig ersetze.

Diese Ideologen beeinflußten nicht nur die theoretische Substanz der antipäpstlichen Propaganda im Lager Ludwigs des Bayern, sondern sie bewirkten auch zu wiederholten Malen direkte politische Entscheidungen des Königs von großer Tragweite.

Der Erwerb der Kaiserkrone durch Ludwig den Bayern

Obwohl eine breite antikuriale Bewegung in deutschen Gebieten entstanden war, verstand es König Ludwig nicht, die in ihr liegenden Potenzen konsequent für seinen Kampf gegen Johannes XXII. und für die Stabilisierung seiner eigenen Position im Reich zu nutzen. Vielmehr war er offenbar fest davon überzeugt, durch einen erfolgreichen Zug nach Italien, der ihm die Kaiserkrone bringen sollte, die entscheidende Wende zu seinen Gunsten herbeiführen zu können.

Ludwigs Italienzug begann 1327 recht verheißungsvoll. Jenseits der Alpen schloß sich ihm die noch immer starke Ghibellinenpartei an, deren Häupter Can Grande della Scala von Verona, die Visconti von Mailand und Castruccio Castracani von Lucca waren. Auch die italienischen Franziskaner erwiesen dem König wirksame Unterstützung. Noch im gleichen Jahr, zu Pfingsten 1327, konnte sich Ludwig in Mailand mit der eisernen Lombardenkrone krönen lassen. Wenig später gelang ihm auch die Unterwerfung von Pisa, das er mit Hilfe seiner italienischen Bundesgenossen belagert hatte.

Der mächtigste Parteigänger des Papstes in Italien war zu dieser Zeit Robert von Anjou, König von Neapel. Ihn, einen nahen Verwandten des französischen Königshauses, hatte Johannes XXII. zum Vikar und Rektor des Kirchenstaates, der Romagna und auch Reichsitaliens ernannt. Auf Grund seiner Machtstellung versperrte er Ludwig den weiteren Vormarsch nach Süden. Daher verhängte dieser die Reichsacht über ihn und verbündete sich gegen Robert und den Papst mit König Friedrich III. von Sizilien. Aber nicht dieses Bündnis öffnete Ludwig den Weg nach Rom, sondern eine Erhebung der Bevölkerung dieser Stadt. Die Verlegung des Sitzes der Kurie nach Avignon hatte für die Römer schwere wirtschaftliche Nachteile mit sich gebracht. Die Aufträge für den päpstlichen Hofstaat blieben aus, der Zustrom von Pilgern wurde geringer. Infolgedessen forderte die Bevölkerung von Rom immer dringlicher die Rückkehr des Papstes an seinen traditionellen Sitz — jedoch ohne Erfolg. Die Anwesenheit Ludwigs in Italien schien nun auch für die Römer die Aussicht auf eine Besserung ihrer Lage zu eröffnen. Unter der Führung des Sciarra Colonna, Haupt einer der mächtigsten römischen Adelsfamilien, erhoben sie sich und verjagten die Anhänger des Papstes und Roberts von Neapel aus der Stadt. Die Aufständischen errichteten ein neues Stadtregiment, an dessen Spitze vier Stadtsyndici standen, unter denen wiederum Sciarra Colonna die erste Stelle als Präfekt einnahm. Eine Volksversammlung faßte den Beschluß, Ludwig für die Dauer eines Jahres die Signorie über Rom zu übertragen.

Am 17. Januar 1328 wurde Ludwig in einem bis dahin gänzlich unüblichen Verfahren in der Peterskirche zu Rom zum Kaiser gekrönt. Die Salbung vollzogen zwei Bischöfe, die Krönung nahm als Repräsentant des römischen Volkes Sciarra Colonna vor. In diesem Vorgang widerspiegelte sich sehr deutlich der Einfluß der Lehren des Marsilius von Padua, der übrigens bei der Krönung selbst zugegen war.

Drei Monate nach der Kaiserkrönung folgte ein weiteres ungewöhnliches Ereignis: Ludwig veranstaltete ein öffentliches Gerichtsverfahren gegen den Papst. Von einem allgemeinen Konzil, das er früher selbst gefordert hatte, war keine Rede mehr — er selbst handelte jetzt. In einer Volksversammlung vor der Peterskirche ließ er die Absetzung Johannes' XXII. verkünden. Freilich vermied er es, diesen Beschluß selbst auszusprechen. Vielmehr erklärte er, der Papst sei wegen seiner Ketzerei und wegen vielfacher weiterer Übeltaten, namentlich auch wegen Majestätsverbrechens, begangen durch die Prozesse gegen Ludwig, von Christus selbst abgesetzt worden. Infolgedessen entziehe er mit Rat und Zustimmung von Klerus und Volk von Rom sowie der geistlichen und weltlichen Fürsten Johannes das Papsttum, entkleide ihn aller kirchlichen Würden und überliefere ihn der weltlichen Gewalt zur gebührenden Bestrafung.[94] Wenig später erließ Ludwig ein Gesetz, welches die Päpste dazu verpflichtete, Rom als ihre angestammte Residenz niemals für längere Zeit zu verlassen.

Siegel Kaiser Ludwigs des Bayern von 1338. Seit Mitte des 13. Jh. zeichnen sich eine Vergrößerung und eine Ausgestaltung des Siegelbildes ab

Seine politischen Maßnahmen in Rom krönte er schließlich dadurch, daß er im Mai 1328 den Minoriten Petrus von Corvaro vom römischen Volk zum neuen Papst wählen ließ. Der römische Klerus gab seine Zustimmung und der Kaiser bestätigte den Gewählten, der den Namen Nikolaus V. annahm. Bei der Erhebung dieses letzten kaiserlichen Gegenpapstes in der mittelalterlichen Geschichte waren alle Verfahrensnormen der Papstwahl, die seit dem Papstwahldekret von 1059 galten, durchbrochen worden. Die Begründung hierfür leitete Ludwig freilich nicht aus den Theorien des Marsilius von Padua, sondern aus dem Recht der Kaiser und des römischen Volkes ab.

Der Kaiser glaubte jetzt auf dem Höhepunkt seiner Macht zu stehen. Das erwies sich jedoch als Illusion. Johannes XXII. war keineswegs entscheidend geschlagen. Er behielt nicht nur seinen festen Rückhalt an Frankreich, sondern wurde auch weiterhin in den meisten Ländern der katholischen Kirche und von dem überwiegenden Teil der deutschen hohen Geistlichkeit als Papst anerkannt. Auf die Ereignisse von Rom antwortete er mit heftigen Gegenreaktionen. Er erkannte weder die Kaiserkrönung noch die Krönung in Mailand an, erklärte Ludwig abermals für abgesetzt und schleuderte den Bannstrahl gegen dessen Helfer. Zwar gelang es ihm noch nicht, in Deutschland einen Gegenkönig aufzustellen, aber in Italien gewann seine gegen Ludwig gerichtete Agitation allmählich größere Wirkung.

Noch gefährlicher wirkte sich für den Kaiser der Umstand aus, daß die Bürger der italienischen Städte – allen voran die von Rom – immer stärker gegen die Geldforderungen Ludwigs und seines Gegenpapstes zu opponieren begannen. Als schließlich Robert von Neapel zum Angriff überging und seine Truppen Ostia einnahmen, sah sich Ludwig im August 1328 gezwungen, Rom zu verlassen und nach Oberitalien zurückzuweichen. Hier verweilte er zwar noch zwei weitere Jahre, aber als er schließlich 1330 nach Bayern zurückkehrte, brachte er keinen wirklich gewichtigen Erfolg mit. Im gleichen Jahr trat sein Gegenpapst von der politischen Bühne ab und unterwarf sich Johannes XXII. Der Italienzug hatte also die schwierige politische Situation des Wittelsbachers keineswegs verbessert, er hatte lediglich seinen Konflikt mit dem Papst so verschärft, daß ein Ausgleich zwischen den beiden Gegnern nun vollends unmöglich erschien.

Der Kurverein von Rhens und der Frankfurter Reichstag

Nach Bayern zurückgekehrt, hielt Ludwig selbst nicht mehr an seinem Absetzungsbeschluß gegen Johannes XXII. fest. Vielmehr suchte er nun auf den verschiedensten Wegen eine Verständigung mit dem Papst. 1333 war er auf Anraten König Johanns von Böhmen schließlich sogar bereit, zugunsten seines Vetters Heinrich von Niederbayern auf den Thron zu verzichten, um vom Bann gelöst zu werden. Der Papst jedoch wies auch diesen Annäherungsversuch schroff zurück.

1334 starb Johannes XXII. Zu seinem Nachfolger wurde wiederum ein Franzose gewählt, Papst Benedikt XII. Ludwig setzte große Hoffnungen auf den Personenwechsel an der Kurie und knüpfte sogleich Verhandlungen mit dem neuen Papst an. Diese führten jedoch zu keinem Resultat, obwohl sich Benedikt anfangs durchaus verständigungsbereit zeigte. Da aber beide Seiten an ihren prinzipiellen Forderungen festhielten, die französische Mehrheit im Kardinalskollegium im Interesse ihres Königs die Einigung hintertrieb und außerdem König Johann von Böhmen an der Kurie gegen Ludwig Intrigen spann, schwenkte schließlich auch Benedikt völlig auf den Standpunkt seines Vorgängers ein. 1337 scheiterten die Verhandlungen, der Papst verweigerte Ludwig definitiv die Absolution.[95]

Im gleichen Jahr begann der längste Krieg der mittelalterlichen Geschichte, der Hundertjährige Krieg zwischen England und Frankreich. Ludwig sah nun eine neue Chance, seine außenpolitische Isolierung zu durchbrechen und schließlich doch noch den Sieg über das gänzlich im politischen Schlepptau Frankreichs agierende Papsttum zu erringen. Er verbündete sich im Juli 1337 mit dem englischen König Eduard III., dem er für die Zahlung von 300000 Gulden militärischen Beistand gegen Frankreich versprach, und rief gleichzeitig dazu auf, die Kurie aus der französischen Gefangenschaft zu befreien.

Sein Appell fand einen starken Widerhall. Die antikuriale Bewegung in Deutschland wuchs mächtig an, nachdem Benedikt die Verhandlungen mit dem Kaiser hatte scheitern lassen. Breite Volksschichten verurteilten die starre Haltung der Kurie, besonders in den Städten kam es wiederum zu Tumulten gegen Geistliche, die als Parteigänger des Papstes galten. Unter dem Eindruck der allgemeinen Stimmung in Deutschland um die Jahreswende 1337/38 verfaßte der fränkische Kleriker Konrad von Megenberg sein „Klagelied der Kirche über Deutschland", in dem die Unversöhnlichkeit des Papstes gegenüber dem Kaiser angeprangert und sogar schon die Möglichkeit der Abspaltung der Deutschen von der Papstkirche angedeutet wurde.[96] Angesichts dieser Haltung der Volksmassen geriet die Autorität der Kirche in immer größere Gefahr. Das erkannten nun auch solche Bischöfe wie die von Straßburg und Basel, die bislang in Gegnerschaft zu Ludwig gestanden hatten. Unter dem Druck der antikurialen Opposition blieb ihnen keine andere Wahl, als sich auf die Seite des Kaisers zu stellen oder doch wenigstens Vermittlungsversuche zu unternehmen.

Im März 1338 kamen zehn süd- und westdeutsche Bischöfe zu Speyer zusammen, um einen Ausgleichsvorschlag zu unterbreiten. Aber auch diesen wies der Papst rigoros zurück. Zwei Monate später erließ Ludwig auf einem von Vertretern zahlreicher Städte besuchten Ständetag zu Frankfurt/Main das Manifest „Fidem catholicam", an dessen Ausarbeitung die Helfer des Kaisers aus dem Franziskanerorden maßgeblich beteiligt waren. In diesem Manifest wurde festgestellt, daß das Kaisertum unmittelbar von Gott geschaffen worden sei. Da der Papst in weltlichen Angelegenheiten keineswegs die Obergewalt habe, seien die von der Kurie gegen den Kaiser durchgeführten Prozesse und die von ihr in diesem Streit verhängten Kirchenstrafen unberechtigt und daher nichtig. Die weitere Befolgung des Interdikts wurde ausdrücklich verboten.[97] Etwa gleichzeitig kamen die Reichsstädte der Aufforderung Ludwigs nach und appellierten an Benedikt, die Prozesse gegen den Kaiser aufzuheben und Frieden mit ihm zu schließen. Der Appell endet mit folgender Warnung: „Und damit Eure Heiligkeit über den Zustand der Länder des Deutschen Reiches in dieser Hinsicht sich reichlicher unterrichten kann, so wollen wir, daß es Euch nicht verborgen bleibe, daß, wenn die Sache seiner Wiederversöhnung sich noch länger verzögern muß, die christlichen Völker dadurch unehrerbietiger werden und von dem gewohnten Gehorsam, der Ergebung und Unterwürfigkeit, die sie Euch und dem apostolischen Stuhl mehr als die anderen Völker bisher bereitwillig erwiesen haben, wegen dieser Prozesse, die ihr mit scharfer Zielgebung blitzen laßt, nicht wenig abgebracht werden, und vielleicht werden sie infolge davon unter dem Zeichen der Rebellion und des Ungehorsams gegen Eure Ehre und die des Heiligen Stuhls, da sie nicht unseren genannten Herrn, den Kaiser der Römer, und die Rechte des Reiches so gegen Gott und die Gerechtigkeit hilflos allein lassen wollen, längere Zeit in diesem Zustand verbleiben unter dem gleichzeitigen starken und gewaltigen Ausbruch vieler Wirren."[98] Aus dem Bericht eines Vertreters der Stadt

Der Königsstuhl zu Rhens. Der Bau wurde 1376 auf Veranlassung Kaiser Karls IV. errichtet (1794 zerstört, 1843 wiederhergestellt)

Aachen bei der Kurie geht hervor, daß bis Juli 1338 beim Papst 36 gleichlautende Briefe deutscher Reichsstädte eingetroffen waren und Benedikt noch weitere Schreiben erwartete.[99]

Diese Entwicklung zwang schließlich auch die Kurfürsten zu einer Stellungnahme. Am 15. Juli 1338 stellten sie sich – mit Ausnahme des Böhmenkönigs, der den Beschlüssen der übrigen im folgenden Jahr beitrat – in Lahnstein auf die Seite des Kaisers, vor allem um ihre kurfürstlichen Rechte zu verteidigen. Am nächsten Tage bildeten sie zu Rhens (am Rhein, oberhalb von Koblenz) einen Kurverein und gelobten, Ehre, Freiheit, Recht und Gewohnheit des Reiches, besonders aber die Kurfürstenrechte, gegen jedermann zu schützen. Allerdings vermieden sie es in dieser Erklärung, den Kaiser und seinen päpstlichen Widersacher namentlich zu erwähnen. Gleichzeitig fällten die Kurfürsten einen grundsätzlichen Rechtsspruch über die Königswahl, wobei sie sich auf das alte Gewohnheitsrecht des Reiches beriefen. Sie stellten fest, daß der von den Kurfürsten einhellig oder mit Majorität gewählte römische König zur Verwaltung der Güter und zur Wahrnehmung der Rechte des Reiches sowie zur Führung des Königstitels keiner Approbation durch den Papst bedürfe. Nur die Kaiserkrönung blieb diesem überlassen. In diesem Weistum wurde wiederum Ludwigs Name nicht ausdrücklich genannt. Jedoch bedeutete es in der Sache eine prinzipielle Zurückweisung der Ansprüche Johannes' XXII. und Benedikts XII.

Hauptinitiator des Kurvereins von Rhens war höchstwahrscheinlich der Erzbischof Balduin von Trier. Der Erzbischof Heinrich von Mainz, der kurz zuvor vom Papst als Abtrünniger exkommuniziert worden war, gab nachträglich dem Kaiser die Erklärung ab, die Kurfürsten hätten ihre Einung zu Rhens in Hinblick auf ihn abgeschlossen: Er sei der rechtmäßige König. Indes war deutlich zu erkennen, daß die Kurfürsten durch ihre Einung in erster Linie ihr eigenes Recht zur Wahl des Königs uneingeschränkt wahren und festschreiben wollten. Und in der Tat bedeutete der Kurverein von Rhens einen wichtigen Schritt in Richtung auf die endgültige Ausgestaltung der besonderen Vorrechte des Kurfürstenkollegs.

Ungeachtet dessen war aber der Kurverein von Rhens für Ludwig zunächst eine sehr wertvolle Unterstützung. Zum August 1338 berief er einen Reichstag nach Frankfurt ein, zu dem auch die Reichsstädte geladen wurden. Hier verkündete Ludwig am 6. August das Reichsgesetz „Licet iuris". Dieses Gesetz nahm die Grundgedanken des Kurfürstenweistums auf, fügte ihnen aber – offenbar unter dem Einfluß Wilhelms von Ockham – noch einige wesentliche Erweiterungen hinzu. Es verkündete nämlich die Identität königlicher und kaiserlicher Rechte des deutschen Herrschers sowie die Unabhängigkeit des alle Völker umfassenden Kaisertums vom Papst. Allein auf Grund der Wahl durch die Kurfürstenmehrheit sollte der Erwählte sofort über die volle kaiserliche Gewalt verfügen. Die Rhenser Kurfürstenbeschlüsse unterstützten auch andere soziale Kräfte. So ist eine gemeinsame Erklärung von neun elsässischen Städten vom 6. August 1338 erhalten, in der diese beschließen: „binden wir uns mit guter vorbetrachtung in der vorgeschriben kurfursten buntnuzz ..., daz wir unsern herren kaiser Ludwigen, der daz rich ist, ... beschirmen ... wellen."[100] Zwar bekräftigte Ludwig die in Frankfurt entwickelte Auffassung vom Kaisertum noch auf zwei weiteren Reichstagen der Jahre 1338 und 1339, jedoch gelang es ihm nicht, die Kurfürsten dauerhaft auf sie festzulegen.

Die Stabilisierung seiner Stellung in Deutschland hatte Ludwig in erster Linie der breiten antikurialen Bewegung, deren Hauptträger die Bürger und die Minoriten waren, zu verdanken. Aber deren hochgespannte Erwartungen enttäuschte er durch seine inkonsequente Politik gründlich. Seinen starken Worten gegen den Papst und dessen Inspiratoren am französischen Hof folgten keine entsprechenden Taten. Im Gegenteil: 1339 vollzog er erneut eine unbegreifliche politische Wendung. 1337 hatte er sich mit England verbündet und 1338 zu Koblenz auf einem Treffen mit Eduard III. noch dessen Anspruch auf den französischen Thron anerkannt und seinen Bundesgenossen sogar zum Reichsvikar ernannt.[101] Als aber 1339 die Kampfhandlungen auf dem französischen Festland ernsthaft entbrannten, leistete Ludwig den Engländern keineswegs die zugesagte militärische Hilfe, sondern trat vielmehr von dem Bündnis zurück. Dafür knüpfte er nunmehr Verhandlungen mit dem französischen König Philipp VI. an, die tatsächlich 1341 zum Abschluß eines Vertrages führten. Der Kaiser wiegte sich dabei in der Hoffnung, der durch die Engländer bedrängte König von Frankreich könnte jetzt die Kurie zum Einlenken ihm gegenüber bewegen. Jedoch scheiterte dieses wenig rühmliche Manöver des Kaisers, das ihm beim Volk nur bitteren Spott eintrug, vollständig. Sowohl Benedikt XII. als auch dessen Nachfolger Clemens VI. blieben unnachgiebig und suchten hartnäckig weiter nach dem Mittel, mit dem sie Ludwig endgültig ausschalten konnten.

Die Hausmacht- und Städtepolitik Ludwigs des Bayern

Obwohl im Vordergrund der politischen Ereignisse während der Regierungszeit Ludwigs des Bayern der wechselvolle Kampf des Kaisers gegen die Herrschaftsansprüche des Papsttums stand, waren auf die Dauer dessen gefährlichste Gegner nicht die machtlüsternen Repräsentanten der Kurie, sondern die Kurfürsten. Immer wieder zeigte es sich, daß sie an einer wirklichen Stabilisierung der Zentralgewalt nicht interessiert waren, sondern nur dann gegen das Papsttum Stellung bezogen, wenn sie ihre Vorrechte gefährdet sahen. Diesen prinzipiellen Gegensatz zwischen Kaiser und Kurfürsten suchten die Päpste zu ihrem eigenen Vorteil zu vertiefen und zu nutzen. Da aber sowohl Johannes XXII. als auch Benedikt XII. politisch zu undifferenziert agierten, hatten sie durch ihre maßlosen Ansprüche und pauschalen Strafmaßnahmen die Kurfürsten mehrfach regelrecht an die Seite des Kaisers getrieben, statt sie zum offenen Bruch mit demselben zu veranlassen. Schließlich war es Ludwig selbst, der den für ihn verhängnisvollen Konflikt mit den Kurfürsten herbeiführte – und zwar durch seine Hausmachtpolitik.

Bei seiner Wahl 1314 verfügte Ludwig einigermaßen sicher nur über Oberbayern. Das Reichsgut war arg zusammengeschmolzen, zum Teil befand es sich in der Hand des Gegenkönigs. Nach seinem Siege bei Mühldorf gewann Ludwig zwar manches davon zurück, jedoch konnte seine Machtbasis immer noch keinen Vergleich mit der der Habsburger oder gar der Luxemburger bestehen. Aus diesem Grunde nutzte er seine Stellung als König in der Folgezeit mehrfach und rigoros dazu aus, seine eigene Hausmacht zu vergrößern. Im Grunde genommen folgte er in seiner Hausmachtpolitik zwar nur den Spuren seiner Vorgänger auf dem Königsthron, jedoch wurde er in der Wahl der dabei angewandten Methoden schließlich so bedenkenlos, daß er den Kurfürsten den Vorwand zur offenen Rebellion gegen ihn lieferte.

Die erste Möglichkeit zu einer bedeutenden Erweiterung seiner Hausmacht bot sich Ludwig in der Mark Brandenburg, wo 1320 die Dynastie der Askanier ausstarb. Nach dem Sieg bei Mühldorf zog der Wittelsbacher die Mark als erledigtes Lehen ein und übertrug sie 1323 seinem Sohn Ludwig dem Älteren. Dieser Vorgang führte zu einer erheblichen Abkühlung des Verhältnisses zwischen dem König und seinen bis dahin wichtigsten Bundesgenossen, den Luxemburgern, die sich ebenfalls Hoffnungen auf Brandenburg gemacht hatten.

Ecu d'or. Unter Ludwig dem Bayern in Antwerpen (?) geprägte Goldmünze

Im Jahre 1324 versuchte Ludwig, auch im Nordwesten des Reiches Fuß zu fassen, indem er in zweiter Ehe Margarete, die Tochter des Grafen Wilhelm III. von Holland-Hennegau, heiratete. Als 1345 der Bruder Margaretes, Graf Wilhelm IV., im Kampf gegen die Friesen fiel, belehnte Ludwig seine Gemahlin mit den strategisch wichtigen und auch finanziell einträglichen Grafschaften Holland, Seeland und Hennegau sowie mit Friesland.

Nachdem der Kaiser 1340 Niederbayern geerbt hatte, ging er nun vornehmlich im Süden des Reiches auf weiteren Landerwerb aus. Die Gelegenheit dazu schien hier besonders günstig zu sein. Margarete Maultasch, die Erbin der reichen Grafschaft Tirol, wünschte sich von ihrem Gemahl Johann Heinrich, einem Sohn des Böhmenkönigs Johann, zu trennen. Im Widerspruch zum Kirchenrecht erklärte Ludwig, gestützt auf Gutachten Wilhelms von Ockham und Marsilius' von Padua, die Ehe für nichtig. 1342 ließ er dann seinen Sohn Ludwig, den Markgrafen von Brandenburg, Margarete heiraten, um so in den Besitz von Tirol zu gelangen. Durch diesen Schritt zog sich Ludwig die unversöhnliche Feindschaft der Luxemburger zu. Eine starke Front geistlicher und weltlicher Fürsten begann sich nun gegen ihn zu formieren, denn – so berichtet Johann von Victring – „der üble Geruch des Kaisers begann wegen dem, was Johann, dem Sohn des Böhmenkönigs, angetan worden war, in den Nasen der Fürsten zu stinken".[102]

1342 machte einer der mächtigsten Kirchenfürsten des Reiches, der Erzbischof Balduin von Trier aus dem Hause Luxemburg, seinen Frieden mit dem Papst. Zwar erkannte der Trierer Erzbischof nach wie vor als Kurfürst den päpstlichen Approbationsanspruch bei der Königswahl nicht an, distanzierte sich aber ausdrücklich von der Politik des Wittelsbachers. Clemens VI. stieß sofort in die sich zwischen dem Kaiser und den Fürsten auftuende Kluft hinein. 1343 eröffnete er einen neuen Prozeß gegen Ludwig, der nun auch besonders wegen des Eheskandals der Margarete Maultasch angeklagt wurde. Zwar wies ein Reichstag 1344 noch einmal den Approbationsanspruch des Papstes zurück,[103] aber sehr bald wurde offensichtlich, daß sich das Blatt endgültig zuungunsten des Kaisers gewendet hatte. Der Papst und die luxemburgische Partei begannen fieberhaft die Wahl Karls, des ältesten Sohnes des Böhmenkönigs Johann, zum Gegenkönig zu betreiben. Clemens VI. übte Druck besonders auf die geistlichen Kurfürsten aus, die Luxemburger geizten nicht mit Geld und Versprechungen. 1346 fiel dann der entscheidende Schlag gegen Ludwig. Er wurde vom Papst erneut mit dem Bann belegt, die Mehrheit der Kurfürsten wählte im Juli zu Rhens den Luxemburger Karl zum neuen König.

Der Wittelsbacher war natürlich nicht bereit, diese

Neuwahl anzuerkennen und die Krone niederzulegen. Jedoch konnte er sich jetzt nur noch auf die beiden wittelsbachischen Kurfürsten – den Pfalzgrafen bei Rhein und den Markgrafen von Brandenburg – stützen. Fest an seiner Seite aber stand nach wie vor ein großer Teil des Städtebürgertums.[104]

Schon seit dem Ausbruch des Kampfes mit der Kurie hatte die überwiegende Mehrheit des Bürgertums – und zwar insbesondere die nichtpatrizischen Schichten – den König unterstützt, weil sie in ihm den Garanten des Friedens im Reich und den Schutzherrn ihrer Interessen gegen die Machenschaften der Fürsten sahen. Die Bürger bildeten den Kern der antikurialen Opposition in Deutschland und verhinderten jahrelang erfolgreich die Durchsetzung der päpstlichen Anordnungen gegen den König.

Ludwig hat wenigstens zeitweilig den Wert der Unterstützung, die ihm das Städtebürgertum leistete, erkannt und viele Städte durch die Gewährung großzügiger Markt-, Zoll- und Gerichtsprivilegien sowie durch sein energisches Eintreten für die Wahrung des Landfriedens noch fester an sich zu binden versucht. So bewilligte er zum Beispiel der Stadt Frankfurt/Main, in deren Mauern er insgesamt siebenundvierzigmal weilte,[105] 1330 die Abhaltung einer zweiten Messe. Die Bedeutung dieser Stadt im Handel zwischen West-, Süd- und Norddeutschland wuchs dadurch weiter an. Die Frankfurter Kaufleute genossen durch kaiserliches Privileg Zollfreiheit im ganzen Reich. Ein Jahr später bestätigte Ludwig einen Landfriedensbund seiner Söhne und des Augsburger Bischofs mit 22 schwäbischen Reichsstädten.

Die Städte begannen nun auch ihrerseits auf der Ebene der Reichspolitik aktiv für den Kaiser wirksam zu werden. 1332 forderten mehrere Reichsstädte den Erzbischof Balduin von Trier auf, an der Kurie für die Beilegung des Streites zwischen Papst und Kaiser einzutreten. 1337 zahlte die Reichsstadt Nürnberg Ludwig eine außerordentliche Steuer in der stattlichen Höhe von 4 000 Pfund Heller, von Augsburg erhielt er 1339 die Summe von 1 600 Pfund. 1338 wandten sich die Reichsstädte bekanntlich direkt an Papst Benedikt XII. und forderten ihn sehr nachdrücklich auf, seine Anordnungen gegen den Kaiser zu widerrufen und sich mit diesem zu versöhnen. Als 1344 – während sich die Fronde der Kurfürsten gegen Ludwig schon zu formieren begann – der Frankfurter Reichstag nochmals den päpstlichen Anspruch auf Bestätigung der Wahl des deutschen Königs zurückwies, traten die Städte am entschiedensten für die Rechte des Kaisers ein. Die Auffassung der Reichsstädte wurde von ihrem Sprecher, einem Mainzer Bürger, folgendermaßen formuliert: „Die Städte haben erkannt, wie der Papst mit seinen Artikeln auf die Schädigung des Reiches abzielt. Die Städte können ohne das Reich nicht bestehen, und die Auflösung des Reiches bedeutet zugleich die Zerstörung der Städte."[106]

Diese Grundhaltung qualifizierte die Städte zu den zuverlässigsten Bundesgenossen des Kaisers. Jedoch hat Ludwig der Bayer es auf die Dauer nicht vermocht, sich konsequent der ökonomischen und politischen Potenzen des Städtebürgertums zur Festigung und Verteidigung seiner Herrschaft über das Reich zu bedienen. Seine Städtepolitik war vielmehr entscheidend von seinem Verhältnis zu den fürstlichen Bundesgenossen bzw. Widersachern bestimmt. So hat er den Bürgern zahlreicher rheinischer Bischofsstädte, deren Stadtherren auf seiner Seite standen, nur relativ bescheidene Förderung angedeihen lassen. Auch gegenüber den innerstädtischen Auseinandersetzungen nahm er eine zwiespältige Haltung ein. Während er in Schwaben und im Elsaß mehrfach die Partei der Zünfte ergriff, weil das städtische Patriziat habsburgisch gesinnt war, stützte er in Dortmund die Patrizierherrschaft, weil die aufständische Bürgerschaft statt der Franziskaner die Dominikaner begünstigte.

Mehrfach verpfändete Ludwig der Bayer Reichsstädte an Fürsten und Herren, um die königliche Kasse aufzufüllen, so die Städte Boppard, Feuchtwangen, Schweinfurt, Weißenburg und Windsheim. Erst nach der Erhebung Karls als Gegenkönig scheint er – nunmehr offen mit der Mehrheit der Kurfürsten konfrontiert – eine entschiedenere Hinwendung zu den Städten beabsichtigt zu haben. In diese Richtung deutet vielleicht die Einberufung eines Städtetages für den September 1346 nach Speyer, um städtische Unterstützung im Kampf gegen den bereits gewählten Gegenkönig zu gewinnen. Das geht auch aus einem Brief an die Wetterau-Städte Frankfurt/Main, Friedberg, Gelnhausen und Wetzlar vom Juli 1346 hervor: „so wellen wir hinab ze iw an den Rin, und da mit iw und andern unsern frunden ze rat werden und überein komen, wie wir dem grozzen unreht und gevalt, daz gen uns erdaht ist, widersten."[107] Allerdings kamen solche Planungen nicht mehr zur Ausführung, denn der Entscheidungskampf um die Herrschaft im Reich brach nicht aus, da Ludwig am 11. Oktober 1347 plötzlich in der Nähe von München starb.

Uneingeschränkt positiv zu bewerten ist zweifellos der beharrliche Kampf dieses Kaisers zur Verteidigung der Reichsrechte gegen die ungerechtfertigten Machtansprüche des Papsttums. Dennoch unterlag er schließlich – und zwar nicht nur deshalb, weil er nicht über ausreichende finanzielle und militärische Mittel zur Niederwerfung seiner Gegner verfügte, sondern vor allem infolge seiner inkonsequenten Haltung gegenüber den sich ihm anbietenden Bündnispartnern und seiner zahlreichen taktischen Fehlgriffe. Die Hauptnutznießer der während seiner Regierungszeit ausgetragenen Kämpfe aber waren die Kurfürsten.

Die Weiterentwicklung der Eidgenossenschaft

Als 1314 der wittelsbachisch-habsburgische Thronstreit ausbrach, erklärten sich die drei Schweizer Waldstätte Uri, Schwyz und Unterwalden für Ludwig den Bayern. Bereits Anfang 1314 hatten sie versucht, ihr Gebiet auf Kosten des Klosters Einsiedeln gewaltsam zu erweitern. Das wiederum nahm Friedrich der Schöne zum Anlaß, um im Interesse der habsburgischen Territorialpolitik die Reichsacht über die Eidgenossen zu verhängen. Die Vollstreckung derselben übertrug er seinem Bruder, Herzog Leopold I. von Österreich. Nachdem dieser ein starkes Ritterheer zusammengezogen hatte, brach er im Herbst 1315 in das Gebiet von Schwyz ein. Die Eidgenossen mobilisierten ihre bäuerlichen Aufgebote und bezogen am Berg Morgarten östlich des Ägerisees eine vorteilhafte Position. Hier stellten sie am 15. November 1315 das habsburgische Heer überraschend zur Schlacht. In dem gebirgigen Gelände konnte das Ritterheer seine Kräfte nicht entfalten und erlitt eine vernichtende Niederlage. Herzog Leopold selbst entkam den Siegern nur durch schleunige Flucht.

Die Schlacht am Morgarten war in mehrfacher Hinsicht von Bedeutung. Das Schweizer Fußvolk, das mit hoher Kampfmoral diszipliniert in kompakter Formation (Bataille) focht und dabei die Hellebarde als Hauptwaffe benutzte, bewies hier zum ersten Mal seine Überlegenheit über ein starkes Ritterheer. Auch politisch hatte der Sieg am Morgarten äußerst günstige Auswirkungen auf die Stabilisierung und das weitere Wachstum der Eidgenossenschaft, die sich zur „ersten unabhängigen Republik in Europa"[108] entwickelte. Im Dezember 1315 erneuerten die drei Waldstätte ihren „Ewigen Bund", indem sie sich zur gemeinsamen Verteidigung ihrer Unabhängigkeit und Reichsunmittelbarkeit verpflichteten. In diesem in deutscher Sprache abgefaßten Bundesbrief erscheint zum ersten Mal die Bezeichnung „eitgenozen" (Eidgenossen).[109] 1316 bestätigte König Ludwig ihre Freiheiten, erklärte die Rechte der Habsburger auf Schweizer Gebiet für verfallen und forderte die Eidgenossen auf, von ihnen Besitz zu ergreifen. Diesen Spruch wiederholte er 1324 noch einmal.

Der Freiheitskampf der Schweizer trat in eine neue Phase ein, als die Bewohner der drei Urkantone begannen, sich mit den Bürgern benachbarter Städte zu verbünden. Als erste Stadt trat dem Bund 1332 das habsburgische Luzern bei, 1351 bzw. 1353 folgten die Reichsstädte Zürich und Bern. 1352 schlossen sich auch die ebenfalls habsburgischen Gebiete von Glarus und Zug an, die jedoch erst 1364 bzw. 1387 die Vollmitgliedschaft im Bunde erlangten. Damit hatte sich die Eidgenossenschaft der sogenannten acht alten Orte endgültig herausgebildet.

Die Schlacht am Morgarten. Miniatur in Tschachtlans Berner Chronik (1470)

Allerdings war diese Entwicklung keineswegs friedlich verlaufen. Dem Anschluß Berns ging vielmehr ein erneuter blutiger Zusammenstoß mit den benachbarten Feudalgewalten voraus. Anlaß hierfür war die Weigerung der Stadt Bern, Ludwig den Bayern als rechtmäßigen Herrscher anzuerkennen. Die Bischöfe von Basel und Lausanne sowie die mit Bern konkurrierende Stadt Freiburg im Üchtland benutzten diese Gelegenheit, um 1339 über das Gebiet der unbotmäßigen Reichsstadt herzufallen. Die Berner wandten sich daraufhin um Hilfe an die Waldkantone. Bei dem westlich von Bern gelegenen Städtchen Laupen kam es zur Schlacht, in der die Streitkräfte der Angreifer eine schwere Niederlage erlitten.

Die Hauptfeinde der Eidgenossen blieben aber nach wie vor die Habsburger, die keineswegs die Hoffnung aufgegeben hatten, die ihnen verlorengegangenen schweizerischen Gebiete zurückzugewinnen. 1385 brach der Konflikt zwischen beiden Widersachern wieder offen hervor, als Luzern die habsburgische Herrschaft endgültig abschüttelte. 1386 rückte Herzog Leopold III. an der Spitze eines starken Heeres gegen das Gebiet der Eidgenossen vor. Einen Teil seiner Streitkräfte sandte er gegen Zürich, mit dem Gros ging er selbst gegen die nordwestlich von Luzern gelegene Stadt Sempach vor. Hier kam es am 9. Juli zur Schlacht.[110] Der etwa 90 Jahre späteren Überlieferung nach soll hier der Schweizer Volksheld Arnold von Winkelried unter Aufopferung seines eigenen Lebens für seine Landsleute eine Bresche in die Front der feindlichen Spieße geschlagen haben.[111] Die Schweizer errangen jedenfalls auch in dieser Schlacht einen vollständigen Sieg. Der größte Teil des habsburgischen Ritterheeres wurde vernichtet, Herzog Leopold fiel. 1388 versuchten sich die Habsburger für diese Niederlage durch einen erneuten Angriff — diesmal auf das Gebiet von Glarus — zu revanchieren. Jedoch wurden sie bei Näfels abermals vernichtend geschlagen. Die um ihre Freiheit kämpfenden Eidgenossen erwiesen sich allen Ritterheeren gegenüber als unbesiegbar.

1389 fanden sich die Habsburger schließlich mit der Unabhängigkeit der Eidgenossenschaft ab, deren Territorium zu Beginn des 15. Jh. noch weiter ausgedehnt werden konnte. 1411 erlangten die Appenzeller die bedingte Aufnahme in den Bund, 1415 eroberten die Schweizer den habsburgischen Aargau, in welchem auch die Stammburg ihrer Erzfeinde lag.

Seit dem Ende des 14. Jh. begann die Eidgenossenschaft, die bisher ein sehr „lockeres Bündnisgeflecht" selbständiger Land- und Stadtgemeinden dargestellt hatte,[112] allmählich eine festere Struktur zu gewinnen. In den Waldstätten war die persönliche Unfreiheit der Bauern durch Ablösung beseitigt worden. Sie bildeten fortan Gerichtsgemeinden gleichberechtigter Landleute. In den Städten erlangten die Zünfte Anteil am Stadtregiment. Die Bürger unterwarfen entweder den Adel in der Umgebung ihrer Städte oder kauften ihn aus. Infolgedessen entstanden auf eidgenössischem Gebiet mehrere größere Stadtstaaten. Bedeutendere Feudalherrschaften existierten hier bald nicht mehr.

Neben den vollberechtigten Bundesgliedern gab es „zugewandte" Orte mit beschränkten Rechten, aber vollen Pflichten, ferner sogenannte Untertanenländer, die — wie der Aargau — der gesamten Eidgenossenschaft bzw. einzelnen oder mehreren Orten unterstellt waren. Als oberstes Bundesorgan galt die Tagsatzung, eine Versammlung von Vertretern der einzelnen Bundesglieder. Sie entschieden über Krieg und Frieden, schlossen Bündnisse ab und erließen Gesetze über die Gesamtangelegenheiten der Eidgenossenschaft. Die Wahrnehmung laufender Angelegenheiten lag in den Händen eines Vorortes. In späterer Zeit war das meist Zürich. Zu den ersten gemeinsamen eidgenössischen Satzungen gehörte der von Luzern, Zürich und Zug sowie den drei Waldstätten besiegelte „Pfaffenbrief" von 1370.[113] Seinen Namen trug er nach der in ihm enthaltenen Vorschrift über die Gerichtsbarkeit der Geistlichen, die ihnen mit Ausnahme von Ehe- und rein geistlichen Angelegenheiten jede Anrufung eines fremden Gerichts gegen Eidgenossen untersagte. Die erste grundlegende schweizerische Kriegsordnung war der gesamteidgenössische Sempacherbrief von 1393, der unter anderem den strikten Schutz der Frauen im Kriege verbürgen sollte und daher auch „Frauenbrief" genannt wurde.[114] Beide Satzungen waren vor allem auf die Friedenswahrung in der Eidgenossenschaft gerichtet.

Obwohl die Schweizer Eidgenossenschaft schon seit dem Ausgang des 14. Jh. ihre politischen Angelegenheiten völlig selbständig regelte, stellte sie bis zum Übergang der römisch-deutschen Krone an die Habsburger 1438 ihre Zugehörigkeit zum Reich nicht ernsthaft in Frage.

Der Höhepunkt luxemburgischer Hausmachtpolitik (1347 bis 1378)

Die Anfänge Karls IV.

Die Auseinandersetzungen Ludwigs des Bayern mit dem Papst und der wachsende Widerstand der Kurfürsten gegen den Wittelsbacher hatten Karl, dem ältesten Sohn König Johanns von Böhmen und der letzten Přemyslidin Elisabeth, den Weg zum Königsthron freigemacht. Am französischen Königshof, unter anderem von dem späteren Papst Clemens VI., erzogen und mit Blanche von Valois, Schwester Philipps VI., vermählt, wurde der Luxemburger schon frühzeitig mit dem politischen Geschehen vertraut. Als Markgraf von Mähren, als Vertreter seines Vaters in Oberitalien und — bis zum Tode Johanns von Böhmen in der Schlacht bei Crécy im Jahre 1346 — als Mitregent im Königreich Böhmen, schließlich als böhmischer König konnte Karl IV. seine ersten Regierungserfahrungen sammeln. Clemens VI. begünstigte die Wahl seines früheren Schülers, da von ihm weder eine antikuriale noch eine antifranzösische Politik zu erwarten war. So wählten am 11. Juli 1346 die drei geistlichen Kurfürsten sowie die Kurfürsten von Böhmen und Sachsen-Wittenberg in Rhens, dem Tagungsort des Kurvereins von 1338, den dreißigjährigen Karl zum König.[115]

Da Karl IV. sich vor und nach seiner Wahl zu einer Reihe von Versprechungen an den Papst gezwungen sah,[116] wurde ihm bald der Name eines „rex clericorum" (Pfaffenkönig) zuteil. Seine Zusagen betrafen vor allem den Verzicht auf politische Einflußnahme in Italien vor der päpstlichen Approbation; durch sie wurden zugleich entsprechende Regierungshandlungen Ludwigs des Bayern in Italien annulliert. Diesem Zugeständnis an den Papst steht jedoch gegenüber, daß Karl eine päpstliche Bestätigung seiner Herrschaft als deutscher König niemals förmlich anerkannte; der päpstliche Approbationsanspruch wurde vielmehr künftig stillschweigend übergangen.

Mit der Beschwichtigung des Papstes war jedoch die Gefahr für Karl IV. nicht gebannt, da Ludwig der Bayer im deutschen Reichsgebiet noch über starke Positionen verfügte. Als Karl mit einem Heer gegen Bayern anrückte, wurde die drohende Auseinandersetzung durch Ludwigs plötzlichen Tod überraschend schnell beendet. Der Luxemburger leitete daraufhin einen weiteren Schritt gegen die Wittelsbacher ein, indem er diese aus der Mark Brandenburg zu verdrängen suchte. Dabei nutzte er den Umstand, daß hier ein Mann auftauchte, der sich als der angeblich von langer Pilgerfahrt zurückgekehrte, aber bereits 1319 verstorbene Markgraf Woldemar aus askanischem Geschlecht ausgab. Der Luxemburger zögerte nicht, sich dieses „falschen Woldemar" für seine Zwecke zu bedienen.[117] Er erkannte ihn am 2. Oktober 1348 als echt an und belehnte ihn mit der Markgrafschaft und der Kurwürde, nachdem Woldemar dem König die Lausitz zugesichert hatte. Auch die Städte schlossen sich dem „Trugwoldemar" an, da er ihnen umfangreiche Privilegien bestätigte. So war Brandenburg, ehe der wittelsbachische Markgraf aus Bayern in die Mark kommen konnte, dem vermeintlichen Askanier schon größtenteils zugefallen.

Die Auseinandersetzungen zwischen den Luxemburgern und den Wittelsbachern traten in eine neue Phase, als Markgraf Ludwig von Brandenburg gemeinsam mit den Kurfürsten von Mainz und der Pfalz sowie dem Herzog von Sachsen-Lauenburg am 30. Januar 1349 in Frankfurt/Main den unbedeutenden Günther von Schwarzburg-Arnstadt zum König wählten. Die ohnmächtige Stellung des neuen Gegenkönigs wurde sehr bald offenbar, zumal es Karl durch eine geschickte Politik gelang, das Bündnis der wittelsbachischen Gegenseite in kurzer Zeit zu sprengen. So zog er durch seine Ehe mit Anna, der Tochter Rudolfs von der Pfalz, den Pfälzer Kurfürsten auf seine Seite. Nach Belagerung des Gegenkönigs zwang Karl die drei bayerischen Herzöge in den Verträgen von Eltville am 26. Mai 1349, Günther von Schwarzburg aufzugeben. Als dieser durch seine erfolglose Politik bereits zu Verhandlungen geneigt war, kaufte Karl ihm schließlich alle seine Ansprüche ab. Im Süden des Reiches glaubte Karl IV. seine Stellung am besten verankern zu können, indem er den schwäbischen Reichsstädten die von König Ludwig erteilten Privilegien bestätigte.

Seine nunmehr gefestigte Position im Reich brachte Karl IV. schließlich dadurch zum Ausdruck, daß er sich am 25. Juli 1349 – nunmehr in der Krönungsstadt Aachen – nochmals zum König krönen ließ. Den vermeintlichen Askanier in der Mark Brandenburg ließ er jetzt fallen und als falschen Woldemar „entlarven".

Karl IV. Sandsteinbüste im Triforium des Veitsdoms in Prag, entstanden in der Bauhütte Peter Parlers (1374–1378)

Romzug und Kaiserkrönung

Der Sicherung seiner Stellung im Innern des Reiches wollte Karl IV. die Festigung seiner Macht nach außen folgen lassen. So war er bald nach der Aachener Krönung darauf bedacht, einen Romzug zum Erwerb der Kaiserkrone vorzubereiten.[118] Dabei verfolgte er nicht das Ziel, in die Wirren in Italien einzugreifen, die zwischen dem von den Visconti beherrschten Mailand und dessen Gegnern, vor allem Venedig und Florenz, besonders scharfe Formen annahmen. Die Visconti hatten ihre Macht in Oberitalien in starkem Maße ausgedehnt. Dennoch war es ihnen nicht gelungen, ihre Herrschaft über weitere Teile Italiens auszubreiten, zumal der Papst in Avignon den Kirchenstaat gegen sie zu verteidigen suchte. Trotz der schwierigen Situation in Italien lag Clemens VI. nichts daran, beim römischen König Unterstützung zu finden.

Einmal hatte ihm der von Karl IV. erstrebte und schließlich eingetretene Ausgleich mit den Wittelsbachern mißfallen, darüber hinaus aber mißtraute der

Papst dem König wegen der Aufnahme des Cola di Rienzo am Hofe in Prag.[119]

Rienzo hatte sich im Mai 1347 in Rom durch einen Volksaufstand gegen die mit dem Papst verbündeten Adels-Senatoren zum Volkstribun erhoben. Ihm schwebte die Errichtung einer am Vorbild des alten Roms orientierten Republik vor, von der aus er die Einheit Italiens erreichen wollte. Als jedoch Ende des Jahres die Erhebung niedergeschlagen wurde, verbarg er sich zunächst in den Abruzzen und erschien im Jahre 1350 am Hofe Karls IV. in Prag, um diesen für seine Ziele zu gewinnen. Die mit Karl geführten Gespräche und vor allem beider Briefwechsel[120] lassen erkennen, wie unterschiedlich die Auffassungen hinsichtlich ihres Wirkens in Italien waren. Der nüchtern denkende König ließ sich jedenfalls nicht von den Beschwörungen des wunderlichen Schwärmers beeindrucken. Um beim Papst nicht noch mehr Anstoß zu erregen, ließ Karl den Exkommunizierten zuerst in Prag und dann in Raudnitz/Elbe in Haft halten. Schließlich sandte er ihn nach Avignon, wo sich nach dem Tode Clemens' VI. die Stimmung dem bisher verketzerten Rienzo gegenüber allerdings wesentlich änderte.

Mit dem Amtsantritt des neuen Papstes, Innocenz VI., eröffnete sich für Karl IV. nunmehr die Möglichkeit eines Romzuges. Diese nutzte er unter Wahrung aller früher gegebenen Zusagen, insbesondere der Versicherung, keine Herrschaftsrechte auf päpstlichem Territorium auszuüben. Im September 1354 brach Karl mit nur 300 Rittern von Nürnberg nach Italien auf. Bei seinem Zug durch Oberitalien kam ihm zu Hilfe, daß die Visconti nach dem Tode des mächtigen Mailänder Erzbischofs Giovanni den Frieden mit dem König suchten. So konnte Karl nach der Überlassung des Reichsvikariates an die Visconti in Mailand einziehen und wurde hier zum König von Italien gekrönt. Er war gewillt, daraus jedoch keinerlei Rechte abzuleiten, sondern gab sich damit zufrieden, die Möglichkeit zur Durchreise sowie eine ansehnliche Geldsumme zu erhalten. Am Ostersonntag des Jahres 1355 zog der König in Rom ein und wurde von dem ihn begleitenden Kardinallegaten Peter von Ostia zum Kaiser gekrönt; er verließ die Stadt noch am gleichen Abend. Klarer konnte der Verzicht auf die Ausübung jeglicher Hoheitsrechte durch den römischen Kaiser kaum zum Ausdruck gebracht werden. Damit war dem Willen des Papstes erneut Genüge getan. Der Rückweg Karls IV. über Siena und Pisa nahm infolge wachsender Widerstände oberitalienischer Städte und Machthaber sowie seines Bemühens, militärische Konflikte zu vermeiden, teilweise den Charakter einer Flucht an.

Karls IV. Aufenthalt in Italien rief bei den Zeitgenossen vielfach große Enttäuschung hervor. Der Florentiner Chronist Matteo Villani verbreitete mündlich und schriftlich zahlreiche Schmähungen: Karl „zog seines Weges nicht wie ein Imperator, sondern wie ein Kaufmann, der zur nächsten Messe eilt", er habe „mit wenig Ruhm männlicher Taten und mit viel Schande die kaiserliche Majestät erniedrigt". Und Petrarca schrieb in Verbitterung an den Kaiser: „Aber Tüchtigkeit und Tapferkeit vererbt sich leider nicht... Zwei Kronen, die eiserne und die goldene, bringst du heim, aber nicht mit Ruhm, sondern mit dem leeren Namen eines Kaisers! Du wirst dich hinfort Kaiser heißen lassen, in Wahrheit aber nur Böhmenkönig sein!"[121]

Das für den König von Böhmen ausgestellte Exemplar der Goldenen Bulle. Vorderseite von Blatt 4 mit aufgelegter Goldbulle, die neben dem thronenden Herrscher den Reichsadler und den böhmischen Löwen zeigt

Diese Einschätzungen werden dem Verhalten Karls IV. sicher nicht gerecht. Kein Vertreter der Italienpolitik staufischen Stils, hielt er sich an die dem Papst zugesicherten Bedingungen seines Italienzuges. Er erstrebte allein die Kaiserkrone, die eine Stärkung seines Ansehens und seiner Machtposition im Reichsgebiet nördlich der Alpen bedeutete. Es war durchaus sinnvoll, daß er sich aus den Machtkämpfen in Italien heraushielt; er sicherte sich damit die weitere Unterstützung des Papstes und schuf so günstige Voraussetzungen für die Durchsetzung seiner Ziele in Deutschland.

Die Goldene Bulle von 1356

Nach der Rückkehr aus Italien wandte sich Karl IV. mit der Autorität der Kaiserwürde auf dem Ende 1355 eröffneten Reichstage zu Nürnberg der Klärung wichtiger verfassungsrechtlicher Fragen des Reiches zu. Das Ergebnis der Verhandlungen zwischen Kaiser und Fürsten fand schließlich in dem Reichsgesetz vom 10. Januar 1356 — ergänzt auf dem Reichstag in Metz am Ende des gleichen Jahres — seinen Niederschlag. Mit einer Goldbulle besiegelt, ist es — seit 1400 unter dem Namen „Goldene Bulle" — als eines der bedeutendsten Gesetze des mittelalterlichen Reiches in die Geschichte eingegangen.[122] Erwachsen aus den politisch-rechtlichen Verhältnissen des 13. und der ersten Hälfte des 14. Jh., ist dieses Reichsgesetz zur Grundlage der verfassungsrechtlichen Entwicklung in Deutschland für die nächsten Jahrhunderte geworden. In seinen Bestimmungen über die Königswahl und das Kurfürstenkolleg blieb es bis zum Jahre 1806 wirksam.

Im Mittelpunkt der Bestimmungen der Goldenen Bulle steht die Wahl des römisch-deutschen Königs. Das Recht der sieben Kurfürsten, den König zu wählen, wurde reichsrechtlich bestätigt. In Übereinstimmung mit den Festlegungen des Kurvereins von Rhens galt als gewählter König, wer die Mehrheit der Stimmen auf sich vereinigen konnte. Die Wahl nahmen vor: drei geistliche Kurfürsten, die Erzbischöfe von Köln, Mainz und Trier, und vier weltliche, der König von Böhmen, der Pfalzgraf bei Rhein, der Herzog von Sachsen-Wittenberg und der Markgraf von Brandenburg. Der Mainzer Erzbischof leitete die Wahl und gab als letzter seine Stimme ab. Daß er somit bei Stimmengleichheit die Wahl entschied, macht die einflußreiche Stellung dieses geistlichen Fürsten deutlich. Auch Böhmen hatte eine gewisse Sonderstellung; sie kommt unter anderem darin zum Ausdruck, daß der Böhmenkönig unter den weltlichen Kurfürsten die erste Stimme abgab. Bemerkenswert ist weiterhin, daß durch dieses Reichsgesetz Karls IV. schärfste Widersacher, die Herzöge von Bayern und Österreich, von der Wahl ausgeschlossen blieben. Die zwischen den Herzögen von Sachsen-Lauenburg und Sachsen-Wittenberg umstrittene Kurstimme erhielt der Wittenberger, der sich 1346 an der Wahl Karls IV. beteiligt hatte. Darüber hinaus fanden in diesem Reichsgesetz die Wahlvorbereitungen und -zeremonien eine bis ins einzelne gehende Regelung. Wahlort sollte Frankfurt/Main und Krönungsort Aachen sein. Ein Anspruch des Papstes auf die Approbation des gewählten deutschen Königs wurde in der Urkunde mit keinem Wort erwähnt; vielmehr konnte der gewählte König unmittelbar die Regierungsgeschäfte übernehmen.

Die Goldene Bulle ist als ein Versuch zu werten, eine Regierung des Reiches zu schaffen, die vom König und von den Kurfürsten getragen war. Dieser führte jedoch letztlich zu einer Festigung der Landesherrschaften, insbesondere der Kurfürstentümer, deren Inhabern eine Fülle von Regalien übertragen und reichsrechtlich verbrieft wurde. Die von Friedrich II. 1220 und 1231/32 den Landesherren bestätigten Rechte fanden für die Kurfürsten jetzt noch eine Erweiterung. Die oberste Gerichtsbarkeit sowie die Zoll-, Berg-, Jagd-, Münz- und Judenschutzhoheit gingen vollends an sie über. Das Kurland wurde für unteilbar erklärt und die Erbfolge nach dem Erstgeburtsrecht geregelt. Durch die Teilnahme an jährlichen Beratungen mit dem König in einer Reichsstadt sollten die Kurfürsten unmittelbar in die Reichsgeschäfte einbezogen werden. Dieser Kurfürstenrat wurde jedoch keine regelmäßige Einrichtung.

Für die Wertung der Goldenen Bulle ist schließlich die in ihr verankerte Stellung zum Städtebürgertum wichtig. Das ausdrückliche Verbot der Pfahlbürger, der Aufnahme von Leuten, die „das Joch ihrer ursprünglichen Abhängigkeit abzuschütteln trachteten"[123], in das Bürgerrecht, hatte ebenso wie die Mißbilligung aller Städtebünde einen städtefeindlichen Charakter und trug ausschließlich den Zielen der Territorialfürsten Rechnung. Diese Bestimmungen ließen sich jedoch nicht verwirklichen, wie unter anderem die Gründung des Schwäbischen Städtebundes im Jahre 1376 beweist.

Die Regelung bisher strittiger Fragen der Reichsverfassung, so insbesondere die Festlegungen über die deutsche Königswahl, ist durchaus positiv zu werten. Die äußerst starke Bevorrechtung der Kurfürsten aber öffnete der fürstlichen Territorialpolitik von nun an Tür und Tor. Immer mehr strebten auch andere Fürsten danach, eine ähnliche Stellung wie die Kurfürsten zu erreichen. Das „Privilegium maius", eine von Herzog Rudolf IV. von Österreich veranlaßte Fälschung der Jahre 1358/59, bringt das zum Ausdruck. Der Verzicht des Herrschers auf eine konsequente Politik zur Stärkung der Zentralgewalt sowie auf das Bündnis mit dem Städtebürgertum begünstigte das zunehmende Übergewicht der Partikulargewalten.[124]

Bestrebungen zur Erweiterung der Hausmacht

Die weitere Politik Karls IV. ist durch die Festigung des Königreichs Böhmen sowie den zielgerichteten und mit allen Mitteln durchgesetzten Ausbau der luxemburgischen Hausmacht gekennzeichnet. Böhmen hatte schon in der Goldenen Bulle besondere Privilegien erhalten, so das Recht der Neueinführung von Zöllen, der Ausbeutung neuer Bergbauvorkommen und — bei Aussterben der Dynastie — das Recht der eigenen Königswahl. Darüber hinaus suchte Karl IV. als König von Böhmen seine Stellung gegenüber den Städten des Landes ständig auszuweiten.

Für die Ziele seiner Erwerbspolitik ist charakteristisch, daß er 1349 erklärte, jedes frei werdende Reichslehen wieder verleihen zu wollen — außer Österreich, Steiermark, Kärnten, Tirol, Bayern, Meißen, Sachsen und Brandenburg.[125] Damit umriß er seine Interessensphäre und die Richtung seiner Hausmachtpolitik, die er unter Ausnutzung der chronischen Geldverlegenheit zahlreicher Feudalfürsten und durch eine ausgeklügelte Ehepolitik oft mit rücksichtslosen Methoden durchsetzte. Mit dem Erwerb von großen Teilen Schlesiens, der Oberlausitz und des Gebietes um Eger hatte sein Vater, König Johann von Böhmen, dem Sohn bereits vorgearbeitet. Diese luxemburgischen Besitzungen suchte Karl zu festigen und weiter abzurunden. So gewann er durch seine zweite Ehe mit Anna von der Pfalz sowie durch Verpfändungen große Teile der Oberpfalz. Damit reichten seine Besitzungen bis Nürnberg und nahe an Frankfurt/Main heran und sicherten den Weg zum Neckar und Rhein. Weiterhin schloß er 1364 einen Erbvertrag mit dem Habsburger Rudolf IV., in dem sie sich bei Aussterben eines Geschlechts gegenseitig das Erbe versprachen. Im Jahre 1367 kaufte Karl IV. die Niederlausitz und 1370 Fürstenberg/Oder, das ihm als Handelsplatz und Festung dienen sollte. Bereits zwei Jahre zuvor wurde durch das Erbe seiner dritten Frau, Anna von Schweidnitz, die volle Vereinigung Schlesiens mit Böhmen abgeschlossen.

Der Hauptstoß der Erwerbspolitik Karls IV. richtete sich sodann gegen die Wittelsbacher in Brandenburg. Nachdem Karl 1363 zugunsten seines Sohnes Wenzel mit zwei Söhnen Ludwigs des Bayern einen Erbvertrag geschlossen hatte, zwang er zehn Jahre später den Markgrafen Otto von Brandenburg mit militärischen Mitteln zur Abtretung seines Landes. Die Kurstimme auf Lebenszeit und 500 000 Gulden sollten den Wittelsbacher dafür entschädigen. Tangermünde wurde zu einer neuen Residenz Karls IV. ausgebaut und 1377 hier die in seinem Auftrag erbaute Schloßkapelle geweiht.

Auch auf den Norden Deutschlands richtete sich die luxemburgische Hausmachtpolitik. Hier hatte Karl sich schon bald nach Antritt seiner Herrschaft die mecklenburgischen Herzöge verpflichtet, indem er sie 1348 zu Reichsfürsten erhob. Nunmehr, im Jahre 1363, suchte er durch seine vierte Ehe mit der 30 Jahre jüngeren Elisabeth von Pommern-Wolgast in diesem Gebiet Einfluß zu gewinnen. Im Jahre 1375 besuchte Karl IV. als erster deutscher König seit Friedrich Barbarossa Lübeck und nahm so — allerdings kaum wirksam gewordene — Verbindungen zur Hanse auf.[126] Vergeblich waren seine Versuche, verschiedene Diözesen, so Breslau, Meißen und Regensburg, dem 1344 zum Erzbistum erhobenen Prag zu unterstellen, während ihm eine vorübergehende Einflußnahme auf die Besetzung des Erzbistums Magdeburg gelang.

Im Ergebnis seiner Hausmachtpolitik vereinigte Karl IV. die wichtigsten Gebiete zwischen Ostsee und Böhmen in seiner Hand, er kontrollierte die Oder ganz und die Elbe zu einem nicht geringen Teil und hatte durch seine Erwerbungen in Franken und im Maingebiet eine Brücke nach dem Westen des Reiches geschlagen.

Diente die Hausmachtpolitik Karls IV. zunächst der Sicherung und Stärkung der Machtstellung der Luxemburger im Reich, so sollte sie sich jedoch bald über dessen Grenzen hinaus erstrecken. Wie bereits früher die Přemysliden, so trachtete auch der Luxemburger Karl danach, durch eine raffinierte Ehepolitik Polen und Ungarn zu gewinnen. Bereits 1348 hatte er mit dem Polenkönig Kazimir gegen die Wittelsbacher einen Pakt geschlossen, der zugleich die Zusage der Waffenhilfe gegen den Deutschen Orden zur Gewinnung Pommerellens einschloß. Da die Ehe des Polenkönigs kinderlos blieb, erbte 1370 dessen Neffe, König Ludwig von Ungarn, das Königreich Polen. Diese Situation wollte Karl dazu nutzen, mit der Hand einer der drei Töchter Ludwigs Polen für die luxemburgische Dynastie zu gewinnen. Den Erwerb des Großfürstentums Litauen, das sich damals von der Ostsee bis zum Schwarzen Meer erstreckte, bezog er ebenfalls in seine Pläne ein.

Ließen sich diese weitgespannten Vorhaben auch nicht realisieren — die Verlobung seines Sohnes Sigmund mit einer Tochter König Ludwigs führte erst nach dessen Tod 1382 zu politischen Ergebnissen —, so ist in der über die Grenzen des Reiches orientierten Politik Karls IV. zugleich eine zunehmende Veränderung des Charakters der luxemburgischen Hausmachtpolitik zu erkennen, diente sie doch jetzt nicht mehr der Stärkung des Königtums im Reich, sondern ausschließlich dynastischen Machtinteressen. Die herrschende Dynastie der Luxemburger und bald darauf die Habsburger orientierten sich immer mehr nach dem Südosten, wozu Karl IV. mit seiner Politik die Richtung gewiesen hatte.

Die Handels- und Wirtschaftspolitik Karls IV.

Sah sich Karl IV. genötigt, in der Goldenen Bulle als deutscher König offiziell auf eine Reihe bedeutender Regalien zugunsten der Kurfürsten zu verzichten, so war er demgegenüber in Böhmen unablässig bestrebt, die Rechte der böhmischen Krone gegenüber den Ständen voll durchzusetzen. Dies war um so schwieriger, als Karl in Böhmen kein leichtes Erbe antrat. Wie er in seiner Autobiographie schrieb, mußte er, als er „die Zügel der Regierung" in die Hand nahm, erst wieder „alles Verschleuderte und Zerstreute durch Wiedereinlösung in den gebührenden Stand wie vordem" bringen.[127] So galt es, die Stellung des böhmischen Königs zu festigen, die Rechte der Stände zu fixieren und zugleich den Interessen der ethnisch unterschiedlich zusammengesetzten Bevölkerung Böhmens Rechnung zu tragen. Nicht zuletzt deswegen forderte er von seinen Nachfolgern, daß sie – wie er – der tschechischen Sprache mächtig seien.

In seinem im Jahre 1355 dem Prager Landtag vorgelegten Gesetzeswerk, der Majestas Carolina[128], erklärte er eine Reihe von Städten, Burgen und Pfandschaften zum unveräußerlichen Krongut des Königs von Böhmen und entzog sie damit jeglicher anderen Verwendung – auch durch Mitglieder seiner Familie. Weiterhin war er bestrebt, die Sonderrechte der Stände wesentlich zu beschneiden, den Einfluß des Hofgerichts zu stärken und die Justizwillkür der adligen Landgerichte einzudämmen sowie überhaupt das Strafrecht zu reformieren. Auch sollten die Finanz- und Verwaltungshoheit des Staates gefestigt und die Beamten in strenger Abhängigkeit gehalten werden. Der böhmische Feudaladel lehnte zwar die Gesetzesvorlage ab, ohne daß sich der König aber davon abhalten ließ, ihre Grundsätze während seiner Regierungstätigkeit in Böhmen wenigstens teilweise zu verwirklichen.

Auch in der Mark Brandenburg war er bemüht, die Stellung des Landesfürsten zu festigen. Ein Zeugnis dafür ist die von ihm im Jahre 1375 veranlaßte Aufzeichnung eines Landbuchs, das auf das genaueste die der Landesherrschaft verbliebenen Rechte und Einkünfte sowie den derzeitigen tatsächlichen Besitzstand feststellte und somit eine wichtige Grundlage für die Regierungstätigkeit bildete.[129]

Burg Karlštejn, auf Veranlassung Karls IV. im wesentlichen zwischen 1348 und 1357 erbaut. Sie diente u. a. als Aufbewahrungsort der Reichsinsignien

Auch für den wirtschaftlichen Aufschwung Böhmens setzte sich Karl IV. in starkem Maße ein. So erfuhr der Silberbergbau eine besondere Förderung; er wurde zum bedeutendsten Wirtschaftszweig des Landes. Da er hohe Gewinne abwarf, stand er unter der straffen Leitung des Regalherrn. Im Lande gewonnenes Erz verarbeiteten Hammer-, Ketten- und Nagelschmiede. Im Böhmerwald und im Riesengebirge entwickelte sich ein neuer Gewerbezweig — die Glasbereitung. Besonders in königlichen Städten wurde Glas geschmolzen, geblasen und geschliffen; bald waren böhmische Glaswaren auf dem europäischen Markt begehrt. Auch die städtische Tuchweberei blühte auf; es wurden ausländische Fachleute, so für die Kunstweberei aus dem Orient, herangezogen. Neben der Weberei entwickelte sich die Färberei. Die Landwirtschaft erhielt durch die Einführung des Weinbaus besonders im Elb- und unteren Moldautal neue Impulse. Der Handel nahm einen Aufschwung, weil die Verkehrswege ausgebessert und in stärkerem Maße gesichert, die Flüsse reguliert wurden. Auswärtige Kaufleute erhielten, wenn ihr Warenhandel der weiteren Entwicklung Böhmens diente, großzügige Handels- und Zollfreiheiten.

Karls ausgreifenden Hausmachtplänen entsprach auf wirtschaftlichem Gebiet sein großräumiges Handelsprojekt. Im Jahre 1365 hatte er den Venetianern vorgeschlagen, ihren Handel nicht mehr über den Brenner und auf dem Rheinwege in den Nordwesten Europas nach Brügge und London zu führen, sondern vielmehr über Prag, auf der Moldau und Elbe nach

Gulden Karls IV. Er machte sich vom Typ des Florenus frei und ließ Gulden mit eigenem Münzbild prägen. Umschrift auf der Vorderseite: KAROLVS DEI GRACIA; auf der Rückseite der böhmische Löwe und die Umschrift: ROMANORVM ET BOEMIE REX

Hamburg und von dort weiter nach Flandern und England. In Prag bot er den venetianischen Kaufleuten an, ein eigenes Kauf- und Lagerhaus zu errichten, und sicherte ihnen auf dem ganzen Wege weitgehende Zollbefreiung zu. Hamburg sollte schließlich eine internationale Handelsmesse und einen ständigen Jahrmarkt erhalten. Auch den Kaufleuten anderer Städte gewährte er eine Reihe von Privilegien, so zum Beispiel den Nürnbergern, Breslauern und Lübeckern; neben Handels- und Zollvergünstigungen erhielten auch sie das Recht, einen Handelshof in Prag zu unterhalten. Karls Ziel war es, die „Goldene Stadt" zum Handelsmittelpunkt für weite Teile Europas werden zu lassen. Von der Levante über Venedig, von Ungarn und den habsburgischen Landen sollte durch Böhmen über Elbe und Oder die Verbindung zum hansischen Nord- und Ostseehandel geschaffen werden; die Waren aus dem Westen sollten über Frankfurt/Main, Nürnberg, Regensburg nach Prag und von hier weiter nach Polen und Rußland gelangen. Diese Handelspläne schildert die Magdeburger Schöppenchronik zum Jahre 1365: Karl „wolde ein gemeine kopstraten maken de Elve nedder van Behmen wente in de se"; sie fügte jedoch hinzu: „dar wart doch nicht ut."[130] Tatsächlich war das Festhalten der Magdeburger an ihrem alten Stapelrecht einer der Gründe dafür, daß das Vorhaben des Kaisers scheiterte.

Trotz der Aussichtslosigkeit, mit alten Handelstraditionen in wenigen Jahren oder Jahrzehnten brechen und ein so groß angelegtes Handelsprojekt schnell durchsetzen zu können, ist doch die Weiträumigkeit und Großzügigkeit des Planens und Denkens Kaiser Karls IV. beeindruckend. Er verband seine politischen Pläne mit wirtschaftlichen Zielen, wollte Böhmen mit Prag zum Mittelpunkt des Reiches und die Elbe und Oder zu tragenden Achsen seiner Hausmacht- und Wirtschaftspolitik machen.

Die Förderung von Kunst und Wissenschaft

Prag sollte auch zum kulturellen Mittelpunkt des böhmischen Landes und des gesamten Reiches werden. Karl erweiterte die Stadt beträchtlich durch die Gründung der Prager Neustadt, die er zusammen mit der Altstadt durch die steinerne Karlsbrücke — ein noch heute imponierendes Zeugnis damaliger Brückenbaukunst — mit der Kleinseite verbinden ließ. Darüber hinaus begann er mit dem Wiederaufbau des Hradschin, der Prager Burg, und ließ in prachtvollem hochgotischen Kathedralstil den Veitsdom errichten. Als Baumeister hatte er dafür den Niederländer Matthias von Arras und seit 1353 Peter Parler aus Schwäbisch-Gmünd herangezogen. Weitere Bauten folgten, so das Augustiner Chorherrenstift, der heutige Karlshof, über der Prager Neustadt und die Burg Karlštejn, letztere als Aufbewahrungsort der Reichskleinodien sowie seiner umfangreichen Reliquiensammlung.[131] Das von Karl gern aufgesuchte Bad Karlsbad (Karlovy Vary) erhielt von ihm Namen und Stadtrecht.

Malerei und Plastik fanden in dem aufblühenden Prag eine Heimstatt. Fremde und einheimische Maler, wie der Italiener Thomas von Modena, der Straßburger Nikolaus Wurmser und der aus Böhmen stammende Theoderich von Prag, schmückten die neuen Bauten mit ihren Werken. So fanden in Böhmen in dieser Zeit vor

Universitätsvorlesung. Miniatur im Liber ethicorum des Heinricus de Alemannia von Laurentius de Voltolina (um 1400)

allem die Tafelmalerei sowie die Miniaturmalerei einen günstigen Boden für ihre Weiterentwicklung.

Auf Grund seines eigenen Werdeganges stand Karl IV. der wissenschaftlich-literarischen Entwicklung besonders nahe. Im Jahre 1348 gründete er die erste Universität auf dem Boden des Reiches nördlich der Alpen. Damit waren die Voraussetzungen geschaffen, für Staat und Kirche im eigenen Lande Beamte auszubilden. Die der neuen Universität — nach dem Pariser Modell — gegebene Verfassung mit ihren vier Fakultäten sollte beispielhaft für weitere Universitätsgründungen werden. Der Prager Universität folgten Universitätsgründungen 1365 in Wien, 1386 in Heidelberg, 1388 in Köln, 1392 in Erfurt, 1402 in Würzburg, 1409 in Leipzig und 1419 in Rostock. Im Jahre 1370 legte Karl auch den Grundstock für die Universitätsbibliothek in Prag und sorgte schließlich mit der Gründung des Karlskollegs für Unterkunft und Unterhalt der an der Universität Lehrenden.

Folgte die Prager Universität noch scholastischen Lehrprinzipien, so war die kaiserlich-königliche Kanzlei Karls IV. demgegenüber den aus Italien kommenden Einflüssen des Frühhumanismus sehr aufgeschlossen. An der Spitze der Kanzlei stand damals der aus Schlesien stammende Johann von Neumarkt.[132] Seine Begabung zu schreiben und scharf geschliffen zu formulieren fand nicht nur in der Anfertigung von Formularbüchern und Übersetzungen, sondern möglicherweise auch in der Vorrede zur Majestas Carolina und der Einleitung zur Goldenen Bulle hervorragenden Ausdruck.

Die Begegnungen mit Cola di Rienzo und vor allem mit Petrarca beeinflußten Karl IV. stark; Petrarca wurde in den Kreis der Vertrauten des Kaisers aufgenommen.[133] Bekannte Juristen halfen ihm, das römische Recht auch in Böhmen zur Anwendung zu bringen. Mit den Humanisten teilte Karl das Interesse an historischen Forschungen, ohne jedoch selbst einen Bio-

Büste Peter Parlers im Triforium des Veitsdoms, 1378/79 in dessen Werkstatt entstanden

graphen von Rang zu finden. So beauftragte er den aus Florenz stammenden Minoriten Johannes von Marignola mit der Abfassung einer Geschichte Böhmens und veranlaßte einen Pulkava genannten Chronisten, eine Zusammenstellung aller böhmischen Quellen anzufertigen; auch regte er den Chronisten Beneš von Weitmühl zu einer Darstellung der zeitgenössischen böhmischen Geschichte an. Bedeutender als deren Arbeiten war jedoch die von Karl verfaßte Autobiographie. Sie ist vor allem eine Geschichte seiner Erziehung am französischen Königshof sowie der Kriegszüge seines Vaters Johann, den der Sohn oftmals begleitete, und reicht bis ins Jahr 1341, mit einem Nachtrag von unbekannter Hand bis 1346. Ihrem Charakter nach ist die Schrift ein Fürstenspiegel; sie lehrte, daß Machtausübung Dienst sein solle und nicht Genuß sein dürfe. Aus der Feder Karls ist weiterhin die St.-Wenzelslegende auf uns gekommen. Sie sollte eine Ehrung des Přemyslidenherzogs aus dem 10. Jh. sein und dem liturgischen Gebrauch dienen.

Auf Grund seiner persönlichen Fähigkeiten und Leistungen – so beherrschte Karl die lateinische, deutsche, tschechische, französische und italienische Sprache – und der von ihm ausgehenden Impulse und Anregungen auf den verschiedensten wissenschaftlichen und künstlerischen Gebieten darf Karl IV. als einer der gebildetsten mittelalterlichen Herrscher gelten. Noch selbst den feudalen Traditionen, Bindungen und Einflüssen verhaftet, verschloß er sich dem Neuen nicht und wurde somit zugleich ein Wegbereiter humanistischen Gedankengutes.

Das Ringen um die Festigung der Landesherrschaft

Die Entwicklung des feudalen Staates ist seit der ersten Hälfte des 13. Jh. durch die Herausbildung der Landesherrschaften charakterisiert, die sich im Laufe des 13. und 14. Jh. trotz vieler Schwierigkeiten und Rückschläge weiter festigten. Die regionalen Gewalten waren bestrebt, ihren landesherrlichen Machtapparat den wirtschaftlichen und gesellschaftlichen Veränderungen anzupassen. Die Fürsten trachteten nach Vergrößerung ihres Grundbesitzes und strebten danach, ihre Gerichtsherrschaft und ihre Gewalt über Gebiete anderer feudaler Grundherren auszudehnen. Im 14. Jh. war die Entwicklung insbesondere durch Bemühungen um den weiteren Aufbau einer umfassenden Verwaltungsorganisation gekennzeichnet. Diese – und mit ihr eine gewisse innere Stabilität – wurde vor allem durch die Aufgliederung der Territorien in Amtsbereiche erreicht, denen jeweils Amtleute (Vögte, Kastellane, Pfleger, Droste) vorstanden. Somit wurden die Amtleute die wichtigsten Träger der feudalen Staatsgewalt auf lokaler Ebene. Häufig aus der Ministerialität hervorgegangen, stärkten sie die Landesherrschaft; in gewisser Hinsicht kann man sie als Vorläufer des späteren Beamtentums werten. Diese Entwicklung machte auch den weiteren Ausbau der fürstlichen Kanzlei erforderlich. Die Bildung eigentlicher Zentralbehörden stand jedoch erst in den Anfängen; zwischen Hof- und Landesverwaltung gab es noch keine Trennung.

Die Bemühungen um eine Festigung der Landesherrschaft erforderten große finanzielle Mittel. Die Fürsten nutzten daher die ständige Ausbreitung der Ware-Geld-Beziehungen, um neue Einnahmequellen zu erschließen bzw. bereits vorhandene zu intensivieren. Dazu bot sich vor allem die Bede (niederdeutsches Wort für „Bitte") an, die ursprünglich nur zu besonderen Anlässen an die von den Fürsten eingesetzten Amtleute entrichtet werden mußte, bald aber mehr und mehr den Charakter einer ständigen staatlichen Steuer annahm. Im 14. Jh. wurden die Auseinandersetzungen um die Höhe der Bede und die Art ihrer Zahlung eine verbreitete Form

Der Veitsdom auf der Prager Burg (Baubeginn 1344). Der Ostchor wurde 1385 unter Peter Parler vollendet

xij

Crumensee — Crumesee xxx mans quilibet dat vj mod siliginis Ipse psicus et pecudes iiij br mans de qbz non soluit nisi pascuam. Ad pleban' et ad census quilibet dat iiij sol. Duo stagna sc. Crumesey et Trebissa non locata.

Servestorpp — Seruestorpp xx mans quilibet dat iiij mod siliginis et ij sol denariorum. Est sta stagna, unum s. Lanke q' d' Mochow d' doberluck aliud crupe et oblese q' d' d'ns de Strell.

Barnym districtus Berlin

Honow — Honow hz c. et xviij mans. Anorum plebanus hz vj et cta viii. Ad pactum quil' mans soluit iiij mod siliginis et iiij mod auene. Ad censum quilibet mans xxvj den. Ad pleban' quilibet mans soluit iij sol cu̅ iijx den et ij gr silig ij ord et iij gr aue. Due tabne sc̄ abi quar' una soluit j talent' alia soluit xviij sol pactum et censum h̅t Miochi de Crema ij p̅tes et Kretgensir ciuis in Berlin iijam p̅te' quilibet has tr̅as ip̅e possidunt aut vicarius vice d'ni hom' non consistit. Pauil h̅nt Apetzko Pecus Berlin et Henricus de Buden cu̅ s'uicio eorum quos emerunt ab ill' de Castelberg qui cossuit pleban' et s'uicu' cumerunt de h'redibus de Kloptzik milite ciuis in Alt' Kloptzik h̅nt et possedit ap̅ h'a wolde mariua j d'no marck iij phen'g. Cossari j ortulani sunt viij. Molendinum soluit v den. Stagnum sibi non locatus.

Stolpp — Stolp h̅t lx mans quor' henric̅ hoppenrode cu̅ s'uic' h̅t xvj ad emend s'uad pleban' hz vij Ad pactu' quilib' mans vj mod siliginis iij ord et viij mod auene Ad cens' quilib' xxvij den. Bernardo cu̅ s'uic' p̅tes. Ad pleban' qnlib' v. sol. Cossari sunt viij quilib' soluit vnum sol. Et xxvj pull' sunt grali quos h̅t hoppenrode p̅ti. Taber est ibi. Pleban' cu̅ s'uicio suo habet Nicol Ludekow a march v phen'g. empitium iudicium et in f̅imum h̅t Sasalli p̅t' mc h̅editas.

Berckhol — Berckolt qu̅e Beruolik hz lij mans Anor' plebus hz iiij et cta vui. Ad pac' quil' mans soluit vj mod siliginis iij ord et vj mod aue et j gr pisor'. Ad pleban' quilib' iiij sol. Ad c̅s' quilib' mans xxviij den. Cossari sunt xvj soluit' uniusq' xxviij sol taberna soluit xviij sol. Cives d' Berlin d' Trebitz h̅nt xvj frust' a march. Claus ciuis d' Ber Berlin hab' iij frust. A molend' in Bercch ta frust' pot blank cu̅ld' ciues d' Berlin j frust. Haus ciuis d' Berlin vj et ij sol. cu̅ s̅p̅mo et in f̅imo iudico et s'uicio eorum, iur' pronato et cu̅ omnib' iurib a Consulibus Ciuitatis Berlin et coly hz vij frust' de redd' vj hz a march in phen'g. Vniusq̅ villani dat d'no suo aunudiniis xxviij pull

des Kampfes zwischen den Fürsten und dem Adel sowie anderen ständischen Kräften.[134]

Wesentliche Bedeutung für die Festigung der Stellung der Landesherren hatte die Rechtsprechung, insbesondere die Ausübung der Blutgerichtsbarkeit. Die landesherrlichen Gerichte verhängten Strafen über Tod und Leben, ihre Richter bestimmten das Prozeßverfahren, bei dem die Folter zunehmend als ein probates Mittel zur Erzwingung eines „Geständnisses" galt. Fürstliche Beauftragte kodifizierten das im Territorium geltende Recht und trugen damit zur Stärkung der landesherrlichen Gewalt bei.

Auf diese Weise wurde im 14. Jh. die Entwicklung einer neuen Form des Feudalstaates, des zentralisierten Territorialstaates, vorbereitet. Dieser Prozeß verlief in den einzelnen Landesherrschaften jedoch sehr unterschiedlich – er traf im Osten mehr als im Westen auf erhebliche Widerstände und war keineswegs frei von Rückschlägen.[135]

Als stärkster Widersacher der fürstlichen Politik wirkte die auf dem Aufschwung von Handel und Gewerbe beruhende Autonomiebewegung der Städte.[136] Zugleich suchten sich nicht wenige Angehörige des niederen Adels aus der unmittelbaren Abhängigkeit der Fürsten zu lösen, darunter zahlreiche Ministerialen, die bisher zu den wichtigsten Stützen des Fürsten zählten. Nicht selten eigneten diese sich jetzt die ihnen ursprünglich zur Verwaltung übertragenen Güter und Rechte selbst an. In den östlichen und nordöstlichen Gebieten des Reiches gingen die Ritter dazu über, die niedere wie die hohe Gerichtsbarkeit an sich zu reißen, wodurch Voraussetzungen für das Entstehen der Patrimonialgerichtsbarkeit sowie für die spätere Herausbildung der Gutsherrschaft entstanden. Am besten vermochte die Reichsritterschaft im Südwesten des Reiches und am Mittelrhein ihre Stellung zu behaupten. Sie verteidigte, in der zweiten Hälfte des 14. Jh. zum Teil in Ritterbünden zusammengeschlossen, erfolgreich ihre Reichsunmittelbarkeit.

Insgesamt gesehen führten Anpassungsschwierigkeiten der territorialen Feudalstaaten an die zunehmende Geldwirtschaft und die durch sie hervorgerufenen Veränderungen auf allen Gebieten des gesellschaftlichen Lebens zu Spannungen und häufig sogar zu einer vorübergehenden Schwächung der landesherrlichen Gewalt. Oft standen die Ausgaben – nicht zuletzt auch durch wesentliche Erhöhung der Kosten für fürstliche Hofhaltung sowie für Repräsentationszwecke – in keinem Verhältnis zu den Einnahmen. Die Städte verschlossen sich mehr und mehr den Geldforderungen der Fürsten, und der landsässige Adel nutzte die ihm übertragenen Gerechtsame in wachsendem Maß zu eigenem Gewinn. Die Fürsten gingen daher verschiedentlich dazu über, landesherrliche Besitzverzeichnisse aufzustellen, wie zum Beispiel das Landbuch der Mark Brandenburg vom Jahre 1375.[137] Diese sollten dazu beitragen, die Einkünfte des Landesherrn zu sichern, zeigten aber zugleich, in welch hohem Maße Rechte bereits an den Adel oder an Bürger übergegangen waren. So sahen sich die Fürsten oftmals gezwungen, bei Städten und Bürgern sowie bei geistlichen und anderen weltlichen Feudalherren Geld gegen Verpfändung von Einnahmen oder Übertragung von Grundbesitz, von Städten oder Burgen aufzunehmen. Eine tiefe Verschuldung zahlreicher Fürsten war die Folge, aus der auch Münzmanipulationen, etwa die Veränderung des Metallwertes der fürstlichen Münzen, kaum heraushelfen konnten. Vielfach war daher die Finanzkrise auf das engste mit einer Münzkrise verknüpft. Schließlich führte auch die häufig geübte Praxis der Erbteilungen in zahlreichen Territorien zu einer Schwächung der landesherrlichen Gewalt. Selbst in den Kurfürstentümern konnte verschiedentlich das in der Goldenen Bulle festgelegte Prinzip der Unteilbarkeit des Landes sowie des Erstgeburtsrechtes nicht ohne weiteres durchgesetzt werden.

Als Folge dieser Entwicklung verstärkte sich in zahlreichen Territorien der Einfluß der Landstände.[138] Im Laufe des 14. Jh. nahm die Zahl der ständischen Beratungen zu; in ihnen dominierten jetzt die Vertreter des niederen Adels sowie der Städte des Landes. Die Stände gaben sich nicht nur mit einem Mitspracherecht zufrieden, sondern setzten durch, daß wichtige Beschlüsse erst durch ihre Zustimmung Rechtskraft erhielten. Dies traf in besonderem Maße auf die Erhebung von Steuern zu, die dem Lande nicht ohne Bewilligung der Stände auferlegt werden konnten. Bald sollte sich das Steuerbewilligungsrecht der Stände zu einem bedeutenden Mittel entwickeln, auf die Politik der Fürsten unmittelbar einzuwirken.

Konnte mit dem anwachsenden Einfluß der Stände auf der einen Seite der Prozeß der Festigung der Landesherrschaft verlangsamt werden, so trugen die Stände andererseits zur Stärkung der regionalen Mächte bei, indem sie sich gegen willkürliche Veräußerungen und Verpfändungen zur Wehr setzten und geplante Erbteilungen verhinderten.

Die Herausbildung der Landstände und ihr Wirken in den Landtagen muß insgesamt als ein Reagieren feudaler bzw. privilegierter Kräfte auf die Stärkung der Fürstenmacht im 13. Jh. und damit zugleich als Ausdruck zunehmender Auseinandersetzungen innerhalb der herrschenden Klasse gewertet werden. Die erzielten Ergebnisse waren dabei recht unterschiedlich; doch gelang es nur wenigen Fürsten, das Aufkommen der Ständevertretungen in ihren Ländern zu verhindern. An

Seite aus dem Landbuch Kaiser Karls IV. für die Mark Brandenburg. Beginn des Abschnitts über das Gebiet von Berlin (mit Dörfern Hönow, Stolp und Birkholz)

der Stärkung der Stände hatten nicht zuletzt die Städte und ihr Ringen um größere Einflußnahme auf die Politik und die Verwaltung des Staates wesentlichen Anteil.[139]

Die wichtigsten Territorien im 14. Jahrhundert

Im Rahmen dieser allgemeinen Entwicklungstendenz, die durch Bemühungen um eine Festigung der Landesherrschaften und zugleich durch wachsende Widerstände gegen diesen Prozeß gekennzeichnet war, boten die einzelnen deutschen Territorien ein recht unterschiedliches und in manchem auch widersprüchliches Bild. Dies gilt sowohl für den Norden als auch für den Süden des Reiches.

Im Süden waren es vor allem die Württemberger und die Habsburger, die in verstärktem Maße eine Territorialpolitik durchführten. So gelang es den Grafen von Württemberg, sich über alle schwäbischen Dynastien zu erheben und den Adel des Landes zu bezwingen. Weniger Erfolg hatten sie jedoch gegenüber den Reichsstädten. Graf Eberhard der Greiner konnte sie zwar im Krieg gegen den Schwäbischen Städtebund 1388 besiegen, aber es gelang ihm nicht, sie seinem Territorium einzugliedern. Das bayerische Herzogtum wurde durch wiederholte Teilungen während des 14. Jh. immer wieder geschwächt. Streit mit der Pfalz um die Kurstimme, die Spaltung in Ober- und Niederbayern sowie Kämpfe zwischen den einzelnen Teilherzogtümern bestimmten die Politik der Wittelsbacher, die allein auf Grund einer relativ fortgeschrittenen Landesverwaltung bis zum Jahre 1392, dem Zeitpunkt einer erneuten Teilung, noch einen gewissen Einfluß auszuüben vermochten.[140]

Die Territorialpolitik der Habsburger war überwiegend auf die Verbindung ihrer Herrschaftsgebiete im Südosten und Südwesten des Reiches gerichtet, zielte also insbesondere auf die Gewinnung Kärntens und Tirols sowie auf Erwerbungen am Oberrhein und im Breisgau. Die dabei von Herzog Rudolf IV. angewandten Mittel läßt das „Privilegium maius" von 1358/59 erkennen.[141] Es ist eine Verfälschung des „Privilegium minus" von 1156 und sollte dem österreichischen Landesherrn eine ausgesprochene Sonderstellung, zum Beispiel hinsichtlich der Heerfolgepflicht und der Verfügung über die Regalien, verschaffen; es legte ferner die Unteilbarkeit des Herzogtums und die Erbfolge nach dem Erstgeburtsrecht fest. Aufteilungen des Landes, Erbfolgekämpfe und heftige Auseinandersetzungen mit den erstarkenden Ständen brachten aber auch die habsburgische Dynastie besonders im letzten Viertel des 14. Jh. in eine Krise.[142] Wesentlichen Anteil daran hatten die Kämpfe mit der Schweizer Eidgenossenschaft, die den habsburgischen Ritterhee-

Schlacht bei Sempach. Miniatur in der Spiezer Chronik des Diebold Schilling (1485)

ren 1386 bei Sempach und 1388 bei Näfels schwere Niederlagen zufügten.

Im mitteldeutschen Raum war es den Wettinern gelungen, gestützt auf die Gewinne des erzgebirgischen Bergbaus, ihre Stellung zu festigen und ihr Gebiet abzurunden, indem sie verschiedene kleinere Dynastien von sich abhängig machten. Die dadurch erreichte Festigung der Landesherrschaft[143] erfuhr jedoch durch die Teilung des Landes von 1382 einen Rückschlag. Nunmehr wurde Thüringen selbständig, und die ostsaalisch-mittelelbischen Gebiete nahmen eine eigene Entwicklung. Als Kaiser Sigmund den hier regierenden Friedrich den Streitbaren 1423 mit dem Herzogtum Sachsen-Wittenberg und der Kurwürde belehnte, vermochte das Haus Wettin eine führende Stellung im Reich zu erringen. Der Name des Herzogtums Sachsen wurde seitdem auf alle von jener wettinischen Linie regierten Lande übertragen, deren Kern die ehemalige Markgrafschaft Meißen war.

Verschiedene krisenhafte Erscheinungen zeigten sich auch in den Territorialstaaten des nördlichen Reichsgebietes. Holstein war durch mehrfache Teilungen geschwächt worden. Zwar konnte Graf Gerhard III. 1326 seine Herrschaft für kurze Zeit über Dänemark ausdehnen und das Herzogtum Schleswig erblich zu Lehen nehmen – damit war Schleswig-Holstein zum ersten Mal vereinigt –, doch stärkte dies seine Stellung im Lande selbst kaum. Auch gegenüber den freien Bauerngemeinden der Dithmarscher vermochte er sich nicht durchzusetzen.

Ein Bild äußerer Zerrissenheit boten die Welfenlande.[144] Die braunschweigischen Teilherzogtümer waren durch weitere Teilungen, Fehden und Auseinandersetzungen um die Erbfolge zur Bedeutungslosigkeit herabgesunken. Nutzten die Städte diese Situation aus, um sich selbständig zu machen, so bot sich den Ständen insgesamt eine günstige Möglichkeit zur Entwicklung einer starken Ständevertretung. Diese rang im Jahre 1392 den Herzögen von Lüneburg eine „Sate" (Satzung) ab, die ihr die Herrschaftsgewalt im Fürstentum weitgehend zusicherte.[145]

Die Mark Brandenburg wurde nach dem Aussterben der Askanier im Jahre 1320 ein Spielball der rivalisierenden Wittelsbacher und Luxemburger. Von beiden Seiten als ein Nebenland angesehen, das wirtschaftlich und politisch zur Stärkung der eigenen Herrschaft zu nutzen war, erlitt das Land viele Einbußen. Die Uckermark fiel vorübergehend an Pommern, die Niederlausitz ging an Böhmen verloren, und die Neumark wurde 1402 an den Deutschen Orden verpfändet. Mehr und mehr erhielt der Adel das Übergewicht, und zwar insbesondere eine von dem mittelmärkischen Geschlecht der Quitzow geführte Adelsgruppe. In einem Brief an den Markgrafen Jobst aus dem Anfang des 15. Jh. klagten die Ratsherren von Berlin-Cölln über die Umtriebe, die Räubereien und Plünderungen der Grafen von Lindow und Quitzow im Barnim; es stünde jetzt sehr übel um die Mark, Schaden und Verderben seien über sie gekommen. Und der Chronist Engelbert Wusterwitz berichtet von dem durch die Quitzows verursachten Jammer und von den Klagen der armen Leute in der Mark, von der Zerrüttung der märkischen Städte: „O Gott, wie ist so großer schade und schande der Marcke hieraus entsproßen, das marggraff Jodocus so schlefferich, unfleißig und nachleßig in seiner regierung gewesen, ... den Quitzowen die unterdrückung und beschwerung seiner armen unterthanen verstattet hat ..."[146]

Marienburg, seit 1309 Sitz des Hochmeisters des Deutschen Ordens. Rechts das Konventshaus, der älteste Teil der Burg, links der Ende des 14. Jh. fertiggestellte Palast des Hochmeisters

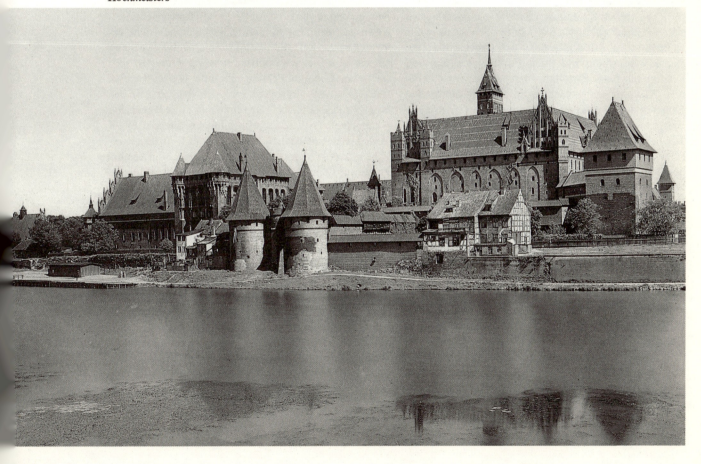

Die märkischen Städte konnten aber diese unruhigen Zeiten auch für sich nutzen, zahlreiche Privilegien erringen und ihre unabhängige Stellung stärken.[147] Eine Änderung dieser Situation kündigte sich erst seit der Belehnung des Nürnberger Burggrafen Friedrich von Hohenzollern mit der Mark im Jahre 1415 an.

Der mächtigste Territorialstaat war im nordöstlichen Expansionsgebiet mit dem Deutschordensstaat entstanden. Für ihn bedeutete das 14. Jh. den Höhepunkt seiner politischen und wirtschaftlichen Macht.[148] Er nutzte alle Vorteile, die sich einer Staatsbildung auf Expansionsboden boten, schuf eine straffe, auf Ämtern beruhende Organisation der Staatsmacht, entwickelte ein System von Burgen und Ordenshäusern, die in gleicher Weise Stützpunkt für weitere militärische Maßnahmen[149] als auch Zentren einer durchorganisierten Landesverwaltung wurden, und betrieb eine eigene Handelspolitik. Dabei förderte er vor allem den Export von Holz und Getreide sowie anderer landwirtschaftlicher Produkte und monopolisierte den Handel mit Bernstein.

Die Niederlage des Deutschen Ordens im Jahre 1410 bei Grunwald durch ein polnisch-litauisch-russisches Heer erschütterte zum ersten Mal die Machtstellung des Ordens, nachdem sich durch die polnisch-litauische Personalunion von 1385/86 das Kräfteverhältnis wesentlich zuungunsten des Ordens verändert hatte. Auch im Innern zeigten sich in zunehmendem Maße Risse, verschiedentlich setzten sich Sonderinteressen durch, aber vor allem nahm das Gewicht der Städte sowie des einheimischen Adels gegenüber den Ordensrittern zu. Die Stände traten mit ihren Forderungen auf und kündigten scharfe Konflikte zwischen den verschiedenen Klassen und Schichten sowie den ethnischen Gruppen der Bevölkerung – der deutschen ebenso wie der polnischen und pruzzisch-baltischen – an. Zwar waren die Friedensbedingungen des ersten Thorner Friedens von 1411 für den Orden durchaus tragbar – sie beinhalteten nur geringfügige Gebietsverluste bei einer hohen Kontributionszahlung –, dennoch wurde mit den Geschehnissen zu Beginn des 15. Jh. der Niedergang des Deutschen Ordens eingeleitet. Dieser fand besonders in sich verschärfenden Kämpfen zwischen dem Orden und den Ständen im Innern sowie durch äußere Konflikte – vor allem mit dem Königreich Polen – Ausdruck.

Entstehen und Funktion der Städtebünde im 14. Jahrhundert

Den Territorialmächten wie auch der Reichsgewalt stand im 14. Jh. das Städtebürgertum als eine ökonomisch gestärkte und politisch gereifte gesellschaftliche Kraft gegenüber. Der immer sichtbarer werdende Verzicht des Kaisers, eine Politik im Interesse des gesamten Reiches zu betreiben und zugleich das Bündnis mit den Städten zu suchen, begünstigte den Aufstieg der Territorialmächte, die zunehmende Zerrissenheit des Reiches und wachsende Unsicherheit. In dieser Situation griffen besonders die Städte, die ein größeres Maß an Selbständigkeit errungen hatten, immer wieder zu dem Mittel, sich zur Behauptung ihrer Stellung und zur Durchsetzung ihrer Interessen in Bünden zusammenzuschließen. Mit ihren Bemühungen um Friedenssicherung füllten diese Städtebünde teilweise eine Lücke, die durch das Fehlen einer wirksamen Reichsgewalt und das Scheitern der königlichen Landfriedensbestrebungen aufgerissen war.

Seit den ersten Jahrzehnten des 14. Jh. kam es zu einer Reihe von Städteverbindungen vor allem im südwestdeutschen Raum, die auch nach dem Tode Ludwigs des Bayern weiter fortbestanden. Entgegen seinem Vorgänger führte Karl IV. den Städten gegenüber eine ausgesprochen schwankende, insgesamt feindliche Politik durch. Dies fand in der Goldenen Bulle besonderen Ausdruck, in der jedes ohne besondere Genehmigung geschlossene Sonderbündnis der Städte untersagt wurde. Es sollte sich jedoch sehr bald zeigen, daß der Abschluß von Städtebünden weniger eine verfassungsrechtliche, sondern vielmehr eine Frage der realen Machtverhältnisse war.

Je weniger die Reichsgewalt sich den Städten zuwandte und je stärker Karl IV. seinen Hausmachtinteressen nachging, um so mehr sahen sich die Städte gezwungen, zur Selbsthilfe zu greifen. Dadurch wollten sie vor allem in den politisch sehr zersplitterten süddeutschen Gebieten Fehden, Überfälle und Räubereien feudaler Kräfte abwehren und sich dem Zugriff des Königs sowie benachbarter Fürsten auf ihre Privilegien widersetzen. Als die Aufwendungen für die Wahl Wenzels zum deutschen König im Juni 1376 die kaiserlichen Kassen erneut geleert hatten, mußten die Reichsstädte auf Grund bitterer Erfahrungen befürchten, daß der Kaiser zur Aufbesserung seiner Finanzen wiederum zum Mittel der Verpfändung und widerrechtlichen Beschatzung greifen würde, wie dies in den vorausgehenden Jahren mehrfach geschehen war. Gegen derartige Übergriffe vermochten sich die Städte nur zu wehren, wenn sie geschlossen auftraten. Daher kam es am 4. Juli 1376 zur Gründung der mächtigsten süddeutschen städtischen Einung, des Schwäbischen Städtebundes. In ihm schlossen sich zunächst 14 schwäbische Reichsstädte unter der Führung Ulms zusammen. Hauptzweck des zwischen diesen Städten geschlossenen Vertrages war die Erhaltung sowie der Ausbau ihrer reichsunmittelbaren Stellung. Sie ver-

Ulmer Münster, begonnen 1377, im Jahr nach Abschluß des schwäbischen Städtebundes, unter der Leitung von Heinrich Parler. Der 161 m hohe Turm wurde erst 1890 vollendet

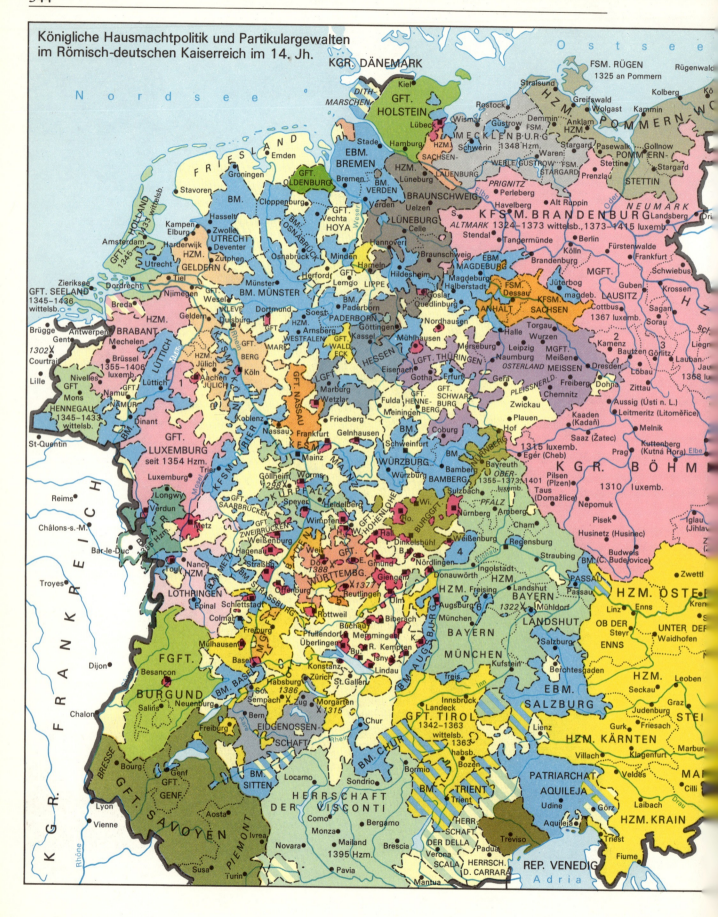

langten vom Kaiser, „daz er uns by friheit und by recht und auch unbescheczit (unbeschatzt), unversezit und unhingegebin, und auch by unsern gewonlichin sture an dem heilgen riche blibin lisze, und uns auch by unserm bunde lisze blibin..."[150] Danach war der Bund in erster Linie eine Selbsthilfeorganisation der Städte gegen unrechtmäßige Übergriffe des Reichsoberhauptes. Mit der Erhaltung ihrer Reichsunmittelbarkeit wollten die Städte aber zugleich der im Laufe des 14. Jh. zunehmenden Gefahr vorbeugen, ihre Unabhängigkeit an die Feudalfürsten zu verlieren und als Landstädte in deren Territorium einbezogen, also von diesen abhängig zu werden.[151]

Ein weiteres Ziel des Schwäbischen Städtebundes war es, die Zahl der in ihm vereinigten Städte zu vergrößern und sein Einflußgebiet auf andere Teile des Reiches auszudehnen. Tatsächlich stieg die Zahl der verbündeten Städte von 14 im Jahre 1376 auf 27 im Dezember 1377; mit 40 Mitgliedsstädten erreichte der Städtebund dann im Jahre 1385 seine größte Ausdehnung. Seine einflußreiche Stellung wurde schließlich auch dadurch gefestigt, daß er sich am 17. Juni 1381 mit dem am 20. März desselben Jahres entstandenen Rheinischen Städtebund vereinigte. Der Zusammenschluß von 14 rheinischen Städten, vor allem den Reichsstädten Frankfurt/Main, Hagenau und Weißenburg sowie den Freistädten Mainz, Speyer, Straßburg und Worms, sollte insbesondere der Sicherheit vor Angriffen einer Rittergesellschaft, der Gesellschaft mit dem Löwen, dienen und so die Städte wie auch ihren Handel und die Verkehrswege vor Übergriffen des niederen Adels schützen. Wie am Rhein, so verunsicherten auch in Franken und Schwaben Rittergesellschaften, wie zum Beispiel die Hörner-, St. Wilhelms- und St. Georgsgesellschaft,[152] die Straßen und bedrohten Städte, aber auch Fürstenbesitzungen mit ihren Überfällen.

Einen weiteren Versuch zur Ausweitung seines Einflusses machte der Schwäbische Städtebund im Jahre 1385, als er mit der Schweizer Eidgenossenschaft das Konstanzer Bündnis schloß. Konnte dieses auch kaum wirksam werden, so ist es doch Ausdruck des Bemühens vor allem der schwäbischen Städte, die bürgerlichen Kräfte gegenüber den Feudalgewalten zu stärken.

Im nordwestdeutsch-niedersächsischen Raum hatten Städteverbindungen seit den ersten Jahrzehnten des 14. Jh. den Zusammenschluß zu einem gemeinsamen Bund, dem Sachsenbund, im Jahre 1384 vorbereitet. Seinen Kern bildeten die Städte Braunschweig, Goslar und Helmstedt. Galt dieser Bund, dem sich auch Hildesheim, Hannover, Halberstadt, Quedlinburg und Aschersleben anschlossen, zunächst der Sicherung von Gewerbe und Handel, insbesondere des Landhandels, sowie der Erhaltung des Friedens in diesem Gebiet, so wurde seine Haltung bald immer mehr durch eine Front-

Markt der Altstadt Braunschweig mit Rathaus (14./15. Jh.) und Martinikirche (Umbau um 1300, Vollendung der Apsis um 1400)

stellung gegenüber den weltlichen und geistlichen Feudalfürsten und den von ihnen beeinflußten Femegerichten bestimmt.

Die bedeutendsten Städte der Oberlausitz schlossen sich zum Schutz vor Mordtaten und Räuberei sowie zur Sicherung von Handel und Gewerbe bereits im Jahre 1346 zum Oberlausitzer Sechsstädtebund zusammen.[153] Sie wandten sich vor allem gegen den niederen und mittleren Adel. Der Bund nahm jedoch dadurch eine Sonderstellung ein, daß er zum Länderverband des Königreiches Böhmen gehörte. Trachtete Karl IV. als deutscher König danach, die Städtebünde im Reich aufzulösen bzw. zumindest zu schwächen, so räumte er als König von Böhmen dem Oberlausitzer Sechsstädtebund eine geradezu außerordentliche Stellung ein. Die Bundesstädte erhielten eine Machtbefugnis übertragen, die der eines Landvogtes gleichkam. Sie konnten des „Königs Acht" aussprechen und waren befugt, das Urteil im Namen des Königs sofort zu vollstrecken. In dem unterschiedlichen Verhalten Karls IV. gegenüber den südwestdeutschen Städtebünden und dem Bund in seinen Erblanden werden zugleich die Gegensätze von Reichs- und Hausmachtpolitik in besonderem Maße deutlich.[154]

Das Ringen der Städtehanse um die Vorrangstellung im nördlichen Europa

Die größte territoriale Ausdehnung von allen Städtebünden erreichte die Städtehanse. Sie umfaßte in ihrer mehrhundertjährigen Geschichte etwa 200 Städte zwischen Zierikzee und Dorpat (Tartu) sowie Reval (Tallinn), zwischen Köln, Erfurt und Kraków. Bald war die führende Stellung Lübecks unbestritten; als „Vorort" lud es zu den Hansetagen ein, führte den Vorsitz auf den „Tagfahrten" und sorgte für die Bekanntgabe und — soweit möglich — Erfüllung der gefaßten Beschlüsse. Dennoch wies der Städtebund eine verhältnismäßig lockere Struktur auf; fester gefügt waren demgegenüber die Regionalbünde bzw. die einzelnen „Quartiere", das wendische, (nieder)sächsische, westfälisch-niederrheinisch-zuderseeische sowie das preußisch-livländische Quartier. Ihre Städte schlossen verschiedentlich Sonderbündnisse ab, um sich vor den sie umgebenden feudalen Territorialgewalten zu schützen.[155]

Noch im Begriff, ihre Stellung zu festigen, war die Städtehanse zu Beginn des 14. Jh. in eine schwere innere und äußere Krise geraten. Nach wechselvollen Kämpfen mit den benachbarten Feudalgewalten, in denen Lübeck, Wismar und Rostock vorübergehend in die Hand Dänemarks sowie der mit ihm verbündeten norddeutschen Fürsten gerieten, vermochten die Städtebürger schließlich im Jahre 1316 ihre Gegner vor Stralsund zu besiegen. Diesen Sieg nutzten die Städte, um ihre wirtschaftliche Stellung weiter auszubauen und ihren Einfluß — nicht zuletzt durch Besitzerwerbungen — auch auf die sie umgebenden ländlichen Gebiete auszudehnen. Das aber bedeutete eine weitere Zurückdrängung des Adels aus der Umgebung der Städte.

Seine Stellung festigte der hansische Städtebund weiterhin dadurch, daß er auf die innere Organisation der Auslandsniederlassungen und damit zugleich auf die Erhaltung der Ordnung in den hansischen Kontoren unmittelbaren Einfluß nahm. Dies erwies sich besonders in Brügge als notwendig, da es hier zu Auseinandersetzungen der Hansekaufleute untereinander gekommen war. Eine hansische Gesandtschaft unter Leitung des Lübecker Ratsherrn Jakob Pleskow schlichtete diese im Jahre 1356. Das Brügger Kontor wurde den Beschlüssen des Hansetages untergeordnet und das Statut von 1347, das die Arbeitsweise dieses Kontors regelte, bestätigt. Die Leitung der hansischen Niederlassung in Brügge übertrug man sechs Alterleuten sowie einem Achtzehner-Ausschuß. In ähnlicher

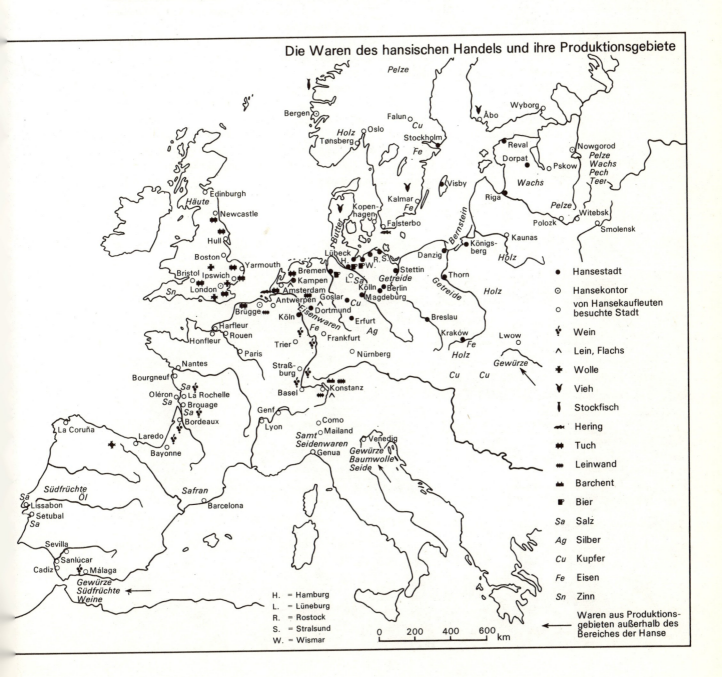

Form wurden in den folgenden beiden Jahrzehnten auch die übrigen hansischen Kontore, der Peterhof zu Nowgorod, die Deutsche Brücke in Bergen und der Stalhof in London der Bundesversammlung der Städte unterstellt.

Der militärische Sieg über die Feudalgewalten, der wirtschaftliche Aufschwung der Städte und die feste Leitung der Hansekontore durch den Bund erhöhten den Einfluß der Hanse, insbesondere ihres Kerns, der wendischen Städte, im gesamten Ost- und Nordseeraum wesentlich; sie führten zugleich zu einer inneren Festigung der Städtehanse. Für den Bund der hansischen Städte – und das charakterisiert zugleich den Abschluß des Übergangs von der Kaufmanns- zur Städtehanse – wurde seit dem Jahre 1358 die Bezeichnung Städte „van der Dudeschen hense" gebräuchlich.[156]

Zusammenschluß der Städte und hansische Kontore garantierten nunmehr den hansischen Kaufleuten einen ungestörten, sich immer mehr intensivierenden Handel im Ost- und Nordseeraum. Die Hanse vermochte so eine geradezu monopolistische Stellung zur See zu erringen.[157] Sie wurde zum größten und die längste Zeit wirksamen Städtebund in der feudalen Gesellschaft. Die von ihm ausgehende Wirkung war jedoch zwiespältig. Zunächst überwogen eindeutig die progressiven Tendenzen. Der ausgedehnte Handel des hansischen Kaufmanns verdichtete den Warenaustausch in Nord- und Mitteleuropa; ein großes Netz von Fernhandelsverbindungen entstand und förderte zugleich den Lokalwarenhandel erheblich. Der Ost-Nordseeraum wuchs mehr und mehr zu einem Wirtschaftsgebiet zusammen. Gewerbliche Erzeugnisse des westlichen Europa wurden gegen Produkte der Land- und Forstwirtschaft aus den östlichen Ländern Europas ausgetauscht. Die Hanse übernahm damit die Rolle eines unentbehrlichen Vermittlers und regte zugleich die Produktion in den verschiedensten Teilen Europas an.

Auf der anderen Seite führte die Politik der Privilegierung der hansischen Kaufleute in verschiedenen europäischen Staaten zu einer starken Belastung und schließlich zur Ausbeutung dieser Länder selbst. In besonderem Maße lastete die ökonomische Vormachtstellung der Hanse in dieser Zeit auf Dänemark. Die damals dänische Halbinsel Schonen war für die hansischen Kaufleute ein Zentrum der Heringsfischerei und des Heringshandels; sie entwickelte sich darüber hinaus zu einem bedeutenden Handelsplatz, auf den die Hansen ebensowenig verzichten wollten wie auf die freie Durchfahrt ihrer voll beladenen Koggen durch den Sund und den Belt.

Die vom dänischen Reichsrat ausgestellte Urkunde des Friedens von Stralsund vom 24. Mai 1370 (mit 21 Siegeln)

Stralsund. Der Alte Markt mit Rathaus (beg. 2. Hälfte 14. Jh., die Schauwand 1. Hälfte 15. Jh.) und der ab 1270 im Kathedralstil erbauten Nikolaikirche

Dies aber hatte eine verstärkte Einflußnahme der Hanse in Dänemark zur Folge. Die zunehmende Belastung für sein Land wollte der Dänenkönig endgültig abschütteln, als er im Jahre 1360 den Krieg gegen die Hanse und ihre Städte eröffnete. Die militärischen Auseinandersetzungen der Jahre 1361/62 verliefen vor allem auf Grund ihrer Uneinigkeit ungünstig für die Städte. Daraufhin rüstete sich die Hanse schließlich für den entscheidenden Kampf durch den Abschluß der Kölner Konföderation im Jahre 1367, eines Kriegsbündnisses, dem 57 Hansestädte zwischen Holland und Livland beitraten. Dieser vereinigten Macht der Städte, die auch von einigen deutschen Fürsten unterstützt wurden, gelang schließlich der Sieg über das dänische Feudalkönigtum. Der Stralsunder Frieden von 1370 sicherte erneut die hansischen Privilegien und legte eine noch weitergehende Einflußnahme des Städtebundes für die nächste Zeit in Dänemark fest.[158] So sicherte er den Kaufleuten der Hansestädte Handelsfreiheit in Dänemark und auf Schonen gegen die Entrichtung des üblichen Zolls zu, regelte die Gewerbetätigkeit deutscher Handwerker in den Saisonniederlassungen für die Fischverarbeitung und den Handel, den sogenannten Vitten, den Fischfang in den dänischen Gewässern und die Rechtsausübung zugunsten der Bürger der Hansestädte. In einer zweiten Vertragsurkunde wurde darüber hinaus zur Sicherung der hansischen Schadensersatzansprüche festgelegt, daß die vier Sundfestungen Skanör, Falsterbo, Malmö und Helsingborg mit zwei Dritteln der dazugehörenden Einkünfte auf die Dauer von 15 Jahren den vereinigten Städten zu überlassen seien. Schließlich erhielten die Hansen ein Mitspracherecht bei der Neuwahl des dänischen Königs. So wurde der Frieden von Stralsund der bedeutendste Sieg, den deutsche Bürger im Klassenkampf gegen den Feudaladel bis dahin errungen hatten. Er bildete zugleich den Höhepunkt der hansischen Geschichte.

In den Jahrzehnten nach dem Stralsunder Frieden wurde die Behauptung der mit militärischen und politischen Mitteln erkämpften Position die Maxime der gesamten hansischen Politik. Das bedeutete Kampf um die Erhaltung des hansischen Zwischenhandelsmonopols und um die Sicherung und Steigerung des Handelsprofits. Diese Ziele zu erreichen, sollte jedoch seit dem Ausgang des 14. Jh. immer schwieriger werden. Eine Reihe äußerer Faktoren, wie die Störung des Handels durch Kaperfahrten und jahrelange Herrschaft der Vitalienbrüder zur See[159] sowie die sich ankündigende Konkurrenz durch fremde Kaufleute und Mächte, aber auch zunehmende innere Schwierigkeiten durch das Anwachsen sozialer und politischer Gegensätze innerhalb der Bevölkerung der Hansestädte ließen die Wende erkennen, an der die hansische Städtegemeinschaft stand. Die Veränderungen im Charakter der Hanse kamen nicht zuletzt in dem am 24. Juni 1418 auf dem Hansetag in Lübeck verabschiedeten Rezeß zum Ausdruck. Er legte Statuten zur „Aufrechterhaltung der Ordnung" fest, nach denen alle Personen in den Städten zu verfolgen und vor Gericht zu stellen waren, die „vorbuntnisse makeden ... tegen den rad" oder von „uplop, zorchlike vorgadderinge" wußten und diese nicht meldeten.[160] Die Beschlüsse der Hansetage dienten jetzt zugleich in zunehmendem Maße der Unterdrückung der in den Städten anwachsenden Volksbewegungen.

Sozial-religiöse Bewegungen um die Mitte des 14. Jahrhunderts

Ausdruck einer starken Opposition, jedoch völlig andersartig und getrennt von den innerstädtischen Auseinandersetzungen, waren die um die Mitte des 14. Jh. erneut zunehmenden sozial-religiösen Strömungen. Sie lassen zugleich den Rückgang des Einflusses der Papstkirche auf große Teile der Volksmassen erkennen. Die spontan entstandene Laienbewegung der Geißler erfaßte verschiedene mitteleuropäische Länder. Im deutschen Reichsgebiet wurde sie vor allem in vier Zentren wirksam, in Österreich, in Thüringen und Franken, in Süddeutschland und in den Niederlanden. Von diesen ausgehend, breitete sie sich über weitere Regionen aus. Eine wesentliche Ursache für das Entstehen und die schnelle Ausweitung dieser Bewegung war die Angst vor dem Schwarzen Tod, der Beulenpest, die, Ende 1347 aus dem Orient nach Europa eingeschleppt, ganze Landstriche erfaßte und zahlreiche Tote forderte. Da man den Juden vorwarf, sie hätten durch Brunnenvergiftung und Giftmischerei die Pestepidemie verursacht, nahmen zur gleichen Zeit die Judenverfolgungen zu.[161]

Bereits im Herbst 1348 traten in Städten und Dörfern der Steiermark Männer auf, die sich in Gruppen zusammenschlossen und durch die harte Buße der Selbstzüchtigung mit der Geißel die Pest abzuwenden suchten. Im Jahre 1349 breitete sich die Geißlerbewegung auch in Süd- und Westdeutschland aus. Sie blieb hier in durchaus gemäßigten Bahnen. Demgegenüber nahm die sozial-religiöse Volksbewegung in Thüringen und Franken eine wesentlich radikalere Entwicklung. So berichtet die Chronik des Erfurter Klosters St. Peter, daß von den Zügen der Flagellanten (Geißler) alle Städte und Dörfer Thüringens erfaßt wurden. Nur Erfurt verschloß ihnen die Tore, um es nicht zu antiklerikalen Aktionen in der Stadt kommen zu lassen. Hätten sich doch die Geißler mit Predigten gegen die Kleriker gewandt, ihnen „multa mala" (großes Übel) angedroht und es sogar auf ihr Leben abgesehen.[162] Auch die „Düringische Chronik" des Johann Rothe überliefert, daß Geistliche gesteinigt und erschlagen wurden.[163] Als die Züge der Geißler Magdeburg erreichten, beschimpften sie auch hier Priester und Mönche, verhöhnten deren geistliche Handlungen und kündigten das Weltende an. Die Magdeburger Schöppenchronik berichtet weiterhin, daß unter dem Einfluß der Geißler „dat gemeine volk to murrende jegen den papen" begann.[164] So kam es im thüringisch-fränkischen Raum zu einer Häufung antiklerikaler Aktionen und zur Herausbildung entsprechender ideologischer Auffassungen, in die Vorstellungen von der Endzeiterwartung aufgenommen wurden und auch Einflüsse der radikalen freigeistigen Häresie eindrangen. In den Niederlanden und in Flandern blieb es bei Ansätzen zu derartigen Aktionen. Im allgemeinen vertraten die Geißler hier, ebenso wie in Oberdeutschland, gemäßigte Ideen und Praktiken. So

Prozession von Geißlern. Miniatur in der Chronik des Gilles le Muisis

Beerdigung Pesttoter in Tournai zur Zeit des Schwarzen Todes 1348. Miniatur in der Chronik des Gilles le Muisis

war es den kirchlichen und auch städtischen Institutionen ein leichtes, die Geißlerzüge bald unter ihre Kontrolle zu bringen.

Die Bedeutung der Geißlerbewegung des Jahres 1349 liegt vor allem darin, daß sie eine weitgehende Entfremdung und teilweise eine direkte Opposition breiter Volksschichten gegenüber der feudalen Kirche zum Ausdruck brachte. Wenn es auch nur zu Protesten und kaum zu offenen Aktionen gegen die kirchliche Autorität und Tradition kam, so waren die Geißler doch fähig, Teile des Volkes in Bewegung zu setzen und ihre Opposition weiter zu stärken. Zugleich schufen sie günstige Ansatzpunkte für weitere Häresien.[165] So übernahmen die 20 Jahre später, 1369, wiederum in Thüringen von der Inquisition aufgespürten Kryptoflagellanten die Ideologie der radikalen Flagellanten und prägten sie weiter aus. Sie traten jetzt neben die ketzerischen Freigeister und die Waldenser, die sich in der zweiten Hälfte des 14. Jh. wesentlich ausbreiteten.

Die deutsche Mystik

Die in der Geißlerbewegung sehr deutlich werdende Abkehr breiter Volksschichten von der Kirche als heilsvermittelnder Institution deutete sich in jener Zeit auch mehr oder weniger ausgeprägt in einer einflußreichen geistigen Strömung an, in der seit Beginn des 14. Jh. stärker hervortretenden und deutlicheres Profil gewinnenden Mystik. Die führenden geistigen Repräsentanten waren meist Mönche des Dominikanerordens, der einst zur Bekämpfung ketzerischer Bewegungen gegründet worden war und in dessen Rahmen nun selbst Auffassungen vertreten wurden, die man in der kirchlichen Hierarchie und an der Kurie als häretisch ansah. Die an bereits im 13. Jh. verbreitete Frömmigkeitsformen anknüpfende Mystik des 14. Jh. war eine äußerst widersprüchliche religiös-idealistische Weltanschauung, die mit der angestrebten „unio mystica" — der Vereinigung der menschlichen Seele mit Gott — teilweise zugleich zu einer pantheistischen Weltauffassung vordrang. In ihr verbanden sich dominikanische Theologie und Seelsorge, volkssprachliche Predigt und gefühlsbetonte, auf das Praktische gerichtete Frömmigkeit der Beginen; sie gab der religiösen Bewegung in Deutschland ein besonderes Gepräge.[166]

Ihr wichtigster Vertreter war der 1303 als Ordensprovinzial für Sachsen tätige Meister Eckhart. Nach einer Zeit als Lehrer in Paris wirkte er schließlich am dominikanischen Generalstudium in Köln. Durch ihn wurde die „unio mystica" zum Zentralbegriff der deutschen Mystik. Eckhart vertrat die Auffassung, daß die menschliche Seele in ihrem tiefsten Wesen — der Seelengrund bzw. das Seelenfünklein — göttlicher Natur und deshalb mit Gott eins sei. Daraus leitete er die Fähigkeit des Menschen zur Vereinigung mit Gott ab. Dieses „Gottförmigwerden des Menschen" kann zugleich als eine „mittelalterliche Formulierung einer Art naturrechtlichen Gleichheit der Menschen" gewertet werden. Seine Lehren sind infolge der Identifizierung des Seelengrundes mit der göttlichen Vernunft zugleich eine „theoretische Rehabilitierung des Menschen und seines Verstandes".[167] Bei jedem Menschen soll das Bewußtsein seines Verstandes entwickelt werden, und dies ist auf Grund der wahren Natur der Seele ohne kirchliche Mittler möglich. Damit aber griff Eckhart einen der wichtigsten Grundsätze der Kirche an, der besagt, daß Gläubige der Vermittlung des Priesters bedürfen, wenn sie Gottes Gnade erlangen wollen. Eckharts Mystik schloß eine Bewährung des Menschen im Diesseits nicht aus; er bejahte gute Werke, so zum Beispiel im Dienst an den Armen, während er Kasteiungen und Fasten nur begrenzten Wert beimaß.

Eckharts zum Pantheismus tendierende Mystik sowie seine Auffassung von der Ewigkeit der Welt fanden nicht wenige Anhänger. Seine Predigten in deutscher Sprache wirkten vor allem auf die mittleren und unteren Schichten der Bevölkerung; sie fanden eine besondere Resonanz bei den häretischen Begarden und Beginen. Dies aber ließ die Vertreter der orthodoxen Kirche auf den Plan treten. Nachdem schon seit längerem die Franziskaner Eckhart angefeindet hatten, klagte ihn im Jahre 1326 der Erzbischof von Köln in einem Inquisitionsverfahren der Ketzerei an. 1327, kurz vor seinem Tode, sah sich Eckhart veranlaßt, einige seiner Thesen, die falsch ausgelegt werden konnten, zu widerrufen. Darauf begab er sich nach Avignon, um am päpstlichen Hof ein gerechteres Urteil zu erreichen. Noch nach seinem Tode verdammte Papst Johannes XXII. 28 Thesen als häretisch oder zumindest verdächtig, ohne jedoch deren Wirkung damit aufheben zu können.

Die Eckhartsche Mystik ist ideologischer Ausdruck der breiten ökonomischen und sozialen Entwicklung vor allem des Städtebürgertums.[168] Der Einfluß seiner Lehre ist noch in der Zeit der frühbürgerlichen Revolution, und zwar besonders bei Thomas Müntzer und Sebastian Franck, zu spüren.

Nach dem Tode Meister Eckharts trat in der deutschen Mystik der quietistische, also auf aktives Handeln verzichtende Zug stärker hervor. Mehr und mehr wurden die an Häresie grenzenden Gedanken von den orthodoxen Kräften der Kirche zurückgedrängt, ohne daß jedoch bürgerliche Einflüsse völlig ausgeschaltet werden konnten. Daran hatten zwei Schüler und Nachfolger Eckharts, Johannes Tauler und Heinrich Seuse, beide Dominikanermönche städtischer Herkunft, wesentlichen Anteil.[169]

Johannes Tauler[170] muß als ein Vertreter der konservativen, der bestehenden Kirche ergebenen Mystik angesehen werden. In seinen Predigten, besonders in Basel und in seiner Heimatstadt Straßburg, entschärfte er Eckharts Auffassungen und rückte die Bedeutung der göttlichen Gnade für die Vereinigung der Seele mit Gott in den Vordergrund. Theoretische Spekulationen und Gelehrsamkeit galten Tauler nicht viel. Nicht die Förderung von Vernunft und Verstand, sondern die sittlichen Verhaltensweisen der einzelnen Gläubigen

Anfangsseite des „Buches der göttlichen Tröstung" von Meister Eckhart (Basler Handschrift aus dem späten 14. Jh.)

standen im Mittelpunkt seiner Predigten. Bemerkenswert ist die in ihnen wiederholt sehr nachdrücklich betonte Wertschätzung der beruflichen Tätigkeit des Menschen, so daß Martin Luther in dieser Beziehung später an Taulers Auffassungen anknüpfen konnte.

Auch Heinrich Seuse, seit 1344 Prior des Dominikanerklosters in Konstanz, setzte sich für die bestehende kirchliche Ordnung ein; er bekämpfte vor allem die häretischen Auffassungen der Beginen und Begarden. Wie Tauler billigte er dem Intellekt nur begrenzte Erkenntnismöglichkeiten zu und ordnete die Vernunft dem Glauben unter. Obwohl das mystische Gedankengut von ihm weitgehend der progressiven

Tendenzen entkleidet wurde, konnte er einer Vorladung vor ein Inquisitionstribunal in Konstanz nicht entgehen. Nach seinem Lehrer Eckhart gehörte Heinrich Seuse zu den bedeutendsten Sprachschöpfern seiner Zeit; er ist der sprachlich und dichterisch begabteste unter den deutschen Mystikern.

Wie sich Lehren der Mystik auf das städtische Bürgertum auswirkten, wie Formen der Verwirklichung des mystischen Lebens gesucht wurden, macht das Wirken des Großkaufmanns Rulman Merswin in Straßburg deutlich. Dieser kaufte das Johanniterkloster auf dem Grünen Wörth, um hier eine Gemeinschaft der der Mystik anhängenden Laien zu begründen. Um seinen in Traktaten dargelegten Auffassungen eine größere Wirkung zu verschaffen, erfand Merswin die Figur eines gottgesandten Einsiedlers, des „Gottesfreundes vom Oberland", dem er seine Gedanken zuschrieb. Seine wichtigste Schrift war das „Neunfelsenbuch"; in ihm legte er seine Vision des mystischen Aufstiegs dar. Dabei verzichtete er nicht auf Kritik an der geistlichen Hierarchie sowie der Zuchtlosigkeit des Klerus. Weiterhin machte er sich – wohl aus der Kenntnis unmittelbar im Volke verwurzelter häretischer Forderungen heraus – zum Verfechter des Toleranzgedankens gegenüber Andersgläubigen. So lassen sich bei Merswin sozialkritische Tendenzen erkennen, die letztlich auf eine Reform der Gesellschaft hinzielten.

Am Ende des 14. Jh. machte die Mystik in den Niederlanden eine Wandlung durch. Als Ausdruck des Strebens des erstarkten Städtebürgertums nach Emanzipation von den kirchlich-feudalen Verhältnissen bildete sich hier die „Devotio moderna", eine mehr praktisch orientierte Mystik heraus. Im Jahre 1383 hatte der Patriziersohn Geert Groote in Deventer das Stammhaus der „Brüder vom gemeinsamen Leben" gestiftet.[171] Unter Verzicht auf irdische Reichtümer fanden sich in ihm einfache Geistliche und auch Laien zusammen, um sich gemeinsam nützlicher Arbeit sowie religiöser Erbauung zu widmen. In der Arbeit im Spital, der Betreuung und Unterrichtung von armen Schülern der städtischen Schulen, in handwerklicher Tätigkeit – vor allem der Weberei – und insbesondere im Abschreiben von Büchern fand ihre Frömmigkeit praktischen Ausdruck. Dabei trug die von ihnen auf diese Weise geförderte Buchproduktion den wachsenden Bildungsbedürfnissen des Bürgertums Rechnung. Von Eckharts Lehren, die als ketzerisch verstanden wurden, distanzierte sich Groote. Er setzte sich vielmehr das Ziel, die häretische Bewegung im Volk und insbesondere auch unter den Frauen einzudämmen. Diese in den Niederlanden geprägte Form der Mystik dehnte sich bis nach Nordwest- und Mitteldeutschland aus.

Kann die „Devotio moderna" einerseits als eine Durchgangsstufe auf dem Wege der geistigen Emanzipation des europäischen Bürgertums angesehen werden,[172] so trug sie andererseits durch die in ihr liegende Inkonsequenz zur Anpassung der katholischen Kirche an die sich auf Grund der beginnenden frühkapitalistischen Produktion verändernden sozialen und politischen Verhältnisse bei.

Die Entwicklung von Sprache und Literatur

Die infolge des Erstarkens des Städtebürgertums enger werdenden Handels- und Wirtschaftsbeziehungen machten ebenso wie die schnelle Entwicklung der bürgerlichen Kultur eine in immer größeren Bereichen verstandene, vereinheitlichte Verkehrs- und Schriftsprache erforderlich.[173]

Das Mittelhochdeutsche, eine nur in höfisch-ritterlichen Kreisen und besonders in der Dichtung verwandte Hochsprache, war vom Volke niemals gesprochen worden. Mit dem Niedergang des Rittertums verfiel die mittelhochdeutsche Literatursprache, und die tatsächlich gesprochenen Mundarten traten auch in literarischen Schriftzeugnissen sowie in der Geschichtsschreibung und in Rechtsaufzeichnungen wieder in den Vordergrund. Dabei wirkte sich die zunehmende territoriale Zersplitterung ungünstig auf die Sprachentwicklung aus.

Die städtische Wirtschaft führte außerdem zu einer wesentlichen Erweiterung des Wortschatzes. Dies traf insbesondere für den Kaufmann zu, der zu Lande oder zur See über weite Gebiete Handel trieb und unter dem Einfluß internationaler Verkehrsbeziehungen zugleich die Sprache weiter ausprägte. Entsprechend der Entwicklung eines süddeutschen und eines norddeutschen Wirtschaftsraumes kam es so zur Herausbildung von zwei Typen einer deutschen Kaufmannssprache. Der oberdeutsche Typ brachte die engen Handelsverbindungen der süddeutschen Städte mit Oberitalien und zugleich den hier entwickelten Geldhandel zum Ausdruck. Der niederdeutsche Typ ließ besonders aus Holland und England kommende Einflüsse erkennen. Der Wortschatz der deutschen Sprache wurde weiterhin wesentlich durch die entwickelte Produktionstätigkeit im Handwerk, durch das Aufblühen des Bergbaus sowie die Zunahme der Seefahrt erweitert. So waren in der Seemannssprache starke internationale Einflüsse sowohl des Nord- und Ostseeraumes als auch des Mittelmeergebietes wirksam.[174]

Daneben trugen die Vertreter der deutschen Mystik dazu bei, daß sich Wortschatz, Ausdruck und Stil erweiterten und entwickelten. Ihre zahlreichen sprachlichen Neuschöpfungen prägten – weit über den religiös-philosophischen Bereich hinaus – die frühneuhochdeutsche Schriftsprache mit aus, ihre Predigten und Schriften trugen zu deren Verbreitung wesentlich bei. Die Rezeption des römisch-italienischen Rechts führte zur Aufnahme juristischer und politischer Termini aus dem Lateinischen in die deutsche Sprache; sie förderte zugleich auch die Herausbildung von Familiennamen, die eine bessere Unterscheidung der Personen ermöglichten. Diese Namen gingen zumeist auf Berufsbezeichnungen, das Herkunftsland, die Geburtsstadt oder den Wohnsitz sowie auf besondere körperliche Merkmale oder Charaktereigenschaften zurück. Schließlich förderten die Universitäten die Aufnahme wissenschaftlicher Begriffe in die deutsche Sprache. Diese Sprachentwicklung wirkte sich auf die städtischen und landesherrlichen Kanzleien dahingehend aus, daß sich in den von ihnen ausgestellten Urkunden sowie in den aus der Verwaltung hervorgehenden Akten die deutsche Sprache durchsetzte, wenn auch in der jeweils gebrauchten Mundart und unter Aufnahme lateinischer Ausdrücke.

Zur Zurückdrängung der Mundarten kam es am stärksten in den Gebieten, die sich zu größeren Handels- und Wirtschaftsräumen entwickelten. Dies traf für Nord- und Mitteldeutschland auf Grund des weitverzweigten hansischen Handels zu. Hier bildete sich eine mittelniederdeutsche Verkehrs- und Geschäftssprache heraus, die nicht nur in den Städten selbst, sondern auch in den Kontoren und Niederlassungen der Hanse im Nord- und Ostseeraum verwandt wurde. Sie fand über den Geschäftsverkehr der Städte und die Handelskorrespondenz der Kaufleute hinaus bald auch in Stadtrechtsaufzeichnungen, in Chroniken sowie in der Dichtung Verwendung. Die mittelniederländische Schriftsprache, das „Dietsch", bewahrte ihr gegenüber jedoch eine Selbständigkeit; aus ihr sollte sich später die niederländische Hochsprache entwickeln.

Im südostdeutschen Raum entstand, ausgehend von der Wiener Kanzlei und gefördert durch den Handel der oberdeutschen Städte im Donauraum, das „Gemeine Deutsch" (1464 so bezeichnet), während zeitweise auch die Sprache der von Johann von Neumarkt geleiteten Prager Kanzlei unter Karl IV. größeren Einfluß gewann.

Für die Herausbildung der deutschen Nationalsprache erlangte jedoch vor allem die sich im ostmitteldeutschen Raum herausbildende Sprache besondere Bedeutung. Die von den Siedlern, Bauern und Bürgern überwiegend aus dem mittel- und oberdeutschen Raum mitgebrachten unterschiedlichen Mundarten schliffen sich in der neuen Heimat allmählich ab. Es bildete sich so eine ostmitteldeutsche Gemeinsprache heraus, die – auf der heimischen Volkssprache beruhend – sich zu einer Verkehrssprache entwickelte und zugleich zur Sprache der fürstlichen Kanzleien wurde. Zu ihrer Entwicklung trugen das Aufblühen der Handelsstadt Leipzig und die Förderung durch die Universität Erfurt entscheidend bei.[175] Auf das „Ostmitteldeutsche" der Mark Meißen sowie Thüringens sollte sich späterhin Martin Luther stützen; es war die Sprache seiner Reden und Schriften sowie seiner Bibelübersetzung.

Auch die Literatur dieser Zeit wurde mehr und mehr durch das Städtebürgertum geprägt, während die höfisch-ritterliche Dichtung an Bedeutung verlor. Selbst die Epigonen des ritterlichen Minnesangs gingen über diesen bereits wesentlich hinaus, indem sie persönliches Erleben darstellten und sich den allgemeinen gesellschaftlichen Zuständen zuwandten. Geschah dies bei Hugo von Montfort vor allem in Liedern und Sprüchen, so faßte Oswald von Wolkenstein seine gesamte Lebensgeschichte in Versen ab und verband sein abenteuerliches Leben mit der Darstellung historischer Ereignisse und gegenwärtiger politischer Kämpfe.[176] In seinen dem Volkslied verwandten Gedichten trat er als eine selbstbewußte Persönlichkeit auf, deren Dichtung nur noch formal an den Minnesang erinnert. Nicht mehr die höfische Herrin, sondern das einfache Mädchen, die Magd, wurde in leidenschaftlicher und oft drastischer Art von ihm besungen. Auch die Spruchdichtung des Österreichers Peter Suchenwirt stand noch unter dem Einfluß höfischer Dichtung; seine „Reimreden" haben jedoch zugleich eine heftige Kritik an Fürsten und Adel zum Inhalt. In der Manier des ritterlichen Epos setzten

Bauernpaar. Federzeichnung zu Wittenweilers „Ring" in der um 1410 entstandenen Meininger Handschrift

Todesernte. Miniatur in einer um 1475 entstandenen Handschrift des „Ackermann und der Tod"

zwei Bürger, Claus Wisse und Philipp Colin, Wolfram von Eschenbachs Werk in dem „Neuen Parsifal" mit über 36 000 Versen fort. Colin erhoffte sich von seinem adligen Auftraggeber dafür einen Lohn, der es ihm ermöglichte, sein Goldschmiedehandwerk wieder aufnehmen zu können.

Die von Städtebürgern getragene und zunehmend auch inhaltlich bestimmte Dichtung läßt auf der einen Seite das Selbstbewußtsein des Bürgertums, auf der anderen zugleich aber die Zwiespältigkeit seiner sozialen Stellung erkennen. Diese wird einmal durch den Gegensatz zu den feudalen Kräften charakterisiert, dann aber auch – vor allem in bezug auf die städtische Oberschicht – durch die Ausbeutung der plebejischen Schichten und der Bauern bestimmt. So wandten sich die Verse Heinrich des Teichners gegen die Übergriffe des Feudaladels, ohne jedoch den Bauern das Recht zuzubilligen, von sich aus die bestehenden Verhältnisse zu verändern. Der Schweizer Bürger Heinrich Wittenweiler stellte um 1400 in seinem Versepos „Der Ring" den Lauf der Welt in einem Kreis (Ring) dar. Dabei unterzog er den niederen Adel mit seiner Ritterpoesie und seinen Heldensagen einer heftigen Kritik, übergoß aber zugleich die Bauern, ihr Leben und besonders ihre Feste mit einem geradezu unflätigen Spott.[177]

Wurden auch im 14. Jh. seit längerem gebräuchliche Genres und Formen der Dichtung weitergeführt, so änderten sie jedoch zugleich oft ihren Inhalt; vor allem fand die Kritik an der Gesellschaft mehr und mehr Eingang. So erfreute sich die Tierdichtung weiterer Beliebtheit. Um 1350 trug Ulrich Boner in seinem „Edelstein" die erste deutsche Fabelsammlung zusammen. Die geistlichen Spiele, bisher nahezu ausschließlich der religiösen Erbauung dienend, unterlagen in zunehmendem Maße der Verweltlichung und Verbürgerlichung, zeitkritische Anspielungen fanden immer häufiger Aufnahme. Letztlich bedeutete ihre Ausgestaltung zu Volksfesten im 14. Jh. zugleich das Ende der Spiele in ihrer hergebrachten Form. Daneben fand das Fastnachtsspiel, ein wirklichkeitsnahes, oft drastisches Spiel, im 15. Jh. in den Städten eine weitere Verbreitung, während der Meistergesang seit dem 14. Jh. dem dichterisch-musikalischen Schaffen der Handwerker besonderen Ausdruck verlieh. Schließlich kam das Schöpfertum der Volksmassen in zahlreichen Volksliedern zur Geltung. Geben die Lieder über die Liebe und die Natur Einblick in das tiefe Empfinden besonders der einfachen Menschen, so prangern die Volkslieder demokratischen Charakters die Übergriffe des Adels sowie der Kirche an.[178]

Um die Wende zum 15. Jh. entstand schließlich ein Werk, das bereits eine frühhumanistische Denkweise zum Ausdruck bringt: „Der Ackermann aus Böhmen" des Stadtschreibers Johannes von Saaz. Diese Dichtung ist nicht mehr in der Form des mittelalterlichen Versepos, sondern in Prosa verfaßt. In einem Streitgespräch mit dem Tode, dem Sensenmann, lehnt sich der Dichter – als Ackermann, der mit der Feder pflügt – gegen den Vernichter des Lebens und damit zugleich gegen kirchliche Dogmengläubigkeit auf. Doch der Tod vermag ihm als wichtiges Gegenargument das Naturgesetz entgegenzustellen, dem sich kein Lebewesen entziehen kann. In der Frage nach dem Sinn und dem Wert menschlichen Lebens kündet sich in dieser Dichtung bereits die humanistische Auffassung von der Würde des Menschen an.

Der Aufschwung in der Philosophie und in den Naturwissenschaften

Der wachsende Einfluß des Städtebürgertums, der in der Mystik und der Dichtung deutlich zutage trat, spiegelte sich während des 14. Jh. auch im Bereich des philosophischen Denkens bzw. in der Scholastik wider. Die an der Pariser Universität in Anknüpfung an die Lehren des arabischen Philosophen Averroes während der zweiten Hälfte des 13. Jh. entstandene oppositionelle philosophische Richtung wirkte im 14. Jh. nicht nur dort und in Italien, sondern begrenzt auch in Deutschland weiter. Zugleich wurde der zunächst in England lehrende Franziskaner Wilhelm von Ockham zum Neubegründer des Nominalismus, einer progressiven Strömung der mittelalterlichen Philosophie. Seine Auffassungen gipfelten darin, daß den Allgemeinbegriffen, den Universalien, keine eigene Realität zukomme; sie seien vielmehr nur Zeichen oder Namen (nomina) für einzelne konkrete Dinge und aus diesen durch Abstraktion gewonnen. Nur das Einzelne, Individuelle existiere wirklich. Diese zum Materialismus tendierende Grundthese des Nominalismus erwies sich in ihrer Progressivität bald als wirksam. Sie ermöglichte, ausgehend von einer schärferen Trennung der Bereiche des Glaubens und der menschlichen Vernunft, eine veränderte Naturauffassung und eine vorurteilsfreiere Erforschung natürlicher Erscheinungen. Zugleich gelangte Ockham zu einer höheren Wertung des menschlichen Individuums, indem er das Ausmaß der Verderbnis der menschlichen Natur durch den Sündenfall eingrenzte und die Willensfreiheit sowie die Fähigkeit des Menschen zu sittlichen Handlungen hervorhob. Damit entwickelte er ein dem wachsenden Selbstbewußtsein des städtischen Bürgertums entsprechendes Menschenbild.

Wegen seiner philosophischen Lehren wurde Ockham 1324 nach Avignon geladen, wo die Kurie einige seiner Ansichten als häretisch verurteilte. Als er im Jahre 1328 an den Hof Ludwigs des Bayern flüchtete, unterstützte er von hier aus dessen Kampf gegen das Papsttum. Seine nominalistischen Lehren wurden in der folgenden Zeit in Prag sowie an den deutschen Universitäten Wien, Heidelberg und Erfurt vertreten.

Die Ausweitung der Ware-Geld-Beziehungen, die Entwicklung von Handel und Verkehr sowie verschiedener Produktionszweige machten höhere wissenschaftliche Kenntnisse, besonders in der Mathematik, Physik und Astronomie, erforderlich. Für deren Entfaltung eröffnete der Nominalismus neue Perspektiven. Dabei vollzog sich in Deutschland diese Entwicklung häufig unter Aufnahme von Erkenntnissen aus Frankreich und auch teilweise außerhalb der Universitäten. So brachte Albert von Sachsen, der erste Rektor der Universität Wien, die Impetus-Theorie des französischen Nominalisten Jean Buridan nach Deutschland und setzte damit die Bemühungen, eine Bewegungslehre aufzustellen, fort. Dadurch wurde etwa die Bahn der Gestirne auf den bei der Erschaffung der Welt eingeprägten impetus zurückgeführt und als seitdem gleichförmig fortdauernde Bewegung erkannt, die durch übernatürliche Einwirkungen nicht beeinflußbar war. Der in Paris lehrende deutsche Mathematiker Johann von Sachsen korrigierte bzw. erweiterte die sogenannten Alfonsinischen Tafeln (Planetentafeln)[179] und kam erstmals zur Bestimmung von Längen- und Breitengraden einer Stadt. Um die Mitte des 14. Jh. erschien die erste in deutscher Sprache geschriebene Naturkunde, das „Buch der Natur", verfaßt von dem Regensburger Domherrn Konrad von Megenberg, das eine auf Aristoteles fußende französische Arbeit mit eigenen Naturbeobachtungen ergänzte.

Auch das Wissen auf den verschiedensten technischen Gebieten war wesentlich umfassender geworden; es beruhte auf selbständigen praktischen Erfahrungen der Erbauer gotischer Bauwerke, der Uhrmacher, der Büchsenmacher und Geschützmeister. Zum ersten Mal gelangten jetzt auch technische Erfindungen zu literarischer Aufzeichnung und damit größerer Verbreitung, wie die berühmt gewordenen technischen Bilderhandschriften „Bellifortis" von Konrad Kyeser aus Eichstätt (1405) und der „Anonymus der Hussitenkriege" (um 1420). Die Erweiterung des chemischen Wissens fand vor allem in der Metallurgie sichtbaren Ausdruck. Dabei förderte nicht zuletzt das ständige Experimentieren der Alchimisten bei ihrer Suche nach dem „Urstoff", der unedle Metalle in Gold verwandeln, Krankheiten heilen und ewige Jugend verleihen sollte, die Kenntnis der Verfahren sowie der Stoffe und war daher für die Herausbildung der Chemie als Wissenschaft von nicht geringer Bedeutung.

Diese und weitere seit dem 14. Jh. erreichten Fortschritte auf naturwissenschaftlichem und technischem Gebiet wurden zumeist außerhalb und zum Teil in scharfer Auseinandersetzung mit der Scholastik erzielt. Sie ebneten letztlich den Weg zu einer modernen Wissenschaft.

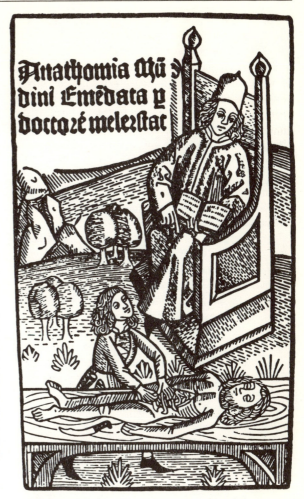

Vorlesung über Anatomie, Sezieren einer Leiche. Titelblatt einer Schrift über Anatomie (Ende 15. Jh.)

Die letzten Jahre Karls IV. und die Königswahl Wenzels

Auseinandersetzungen mit den süddeutschen Reichsstädten, ein zweiter Italienzug 1368/69 sowie Bemühungen um die Nachfolge seines Sohnes Wenzel füllten das letzte Lebensjahrzehnt Karls IV. aus. Der Kaiser suchte dem 1367 nach Rom zurückgekehrten Papst Urban V. gegen seine Widersacher zu helfen, ohne jedoch in die oberitalienischen Kämpfe eingreifen und eine Entscheidung herbeiführen zu wollen. So konnte die mit viel Prunk vollzogene Krönung seiner vierten Gattin, Elisabeth von Pommern, zur Kaiserin nicht darüber hinwegtäuschen, daß für den Kaiser in Italien nicht mehr als ein Gleichgewicht zwischen den territorialen Machthabern zu erreichen und für den Papst noch keine dauernde Rückkehr nach Rom gesichert war.

Als Krönung seiner Politik und seines Regierungswerks wollte Karl schließlich die Wahl seines Sohnes

Wenzel zum deutschen König durchsetzen. Zwei Jahrzehnte zuvor hatte die Goldene Bulle das Imperium erneut als Wahlreich bestätigt. Daher mußte Karl, wenn er die Nachfolge seines Sohnes sichern wollte, die Mehrheit der Kurfürsten für seinen Plan gewinnen. Nach dem Erwerb der Markgrafschaft Brandenburg verfügten die Luxemburger selbst über zwei Kurstimmen. Von dieser Basis aus trat Karl in langwierige Verhandlungen mit mehreren Kurfürsten. Letzten Endes haben bei den Kurfürsten von Köln, Trier und der Pfalz Bestechungsgelder sowie die Übertragung weiterer Rechte beim Ausbau ihrer Territorialherrschaft das Ihre getan. Damit waren die Voraussetzungen für eine erfolgreiche Wahl Wenzels am 10. Juni 1376 gegeben.[180] Zwar widersetzte sich der Papst dieser Wahl, solange Wenzel nicht die gleichen Eide wie sein Vater geleistet und dazu noch das Versprechen abgegeben hätte, keinen Nachfolger zu seinen Lebzeiten wählen zu lassen. Auch sollte Karl anerkennen, daß eine Wahl ohne päpstliche Erlaubnis ungültig sei; aber Wenzel wurde, ohne daß diese Forderungen erfüllt worden wären, am 6. Juli 1376 in Aachen zum deutschen König gekrönt. Da Karl IV. nichts daran lag, es zum Bruch mit dem Papst kommen zu lassen, suchte man später um die päpstliche Approbation nach. Das inzwischen eingetretene päpstliche Schisma verzögerte jedoch die Klärung, ermöglichte Karl IV. aber, seine Entscheidung für einen der beiden Päpste von der Aushändigung der päpstlichen Approbationsurkunde abhängig zu machen. Während dieser diplomatischen Auseinandersetzungen starb Karl IV. am 29. November 1378.

Kaiser Karl IV. auf der Votivtafel des Prager Erzbischofs Johannes Očko, ursprünglich in der erzbischöflichen Kapelle auf der Burg Roudnice (1371)

Kaiser Karl IV. ist ohne Zweifel eine der bedeutendsten Persönlichkeiten auf dem Thron des mittelalterlichen Reiches gewesen. Vornehmlich auf Böhmen gestützt, das durch ihn in wirtschaftlicher und kultureller Hinsicht den stärksten Ausbau erfuhr, schuf er mit diplomatischem Geschick – dabei recht unbekümmert in der Wahl seiner Mittel – einen mächtigen luxemburgischen Hausmachtbesitz zur Festigung seiner Königsmacht. Vom Erwerb der Kaiserkrone versprach er sich vor allem die Stärkung seiner Stellung im Reich; er gewann sie ohne grundsätzliche Zugeständnisse an den Papst. So vermochte er, sich den anderen deutschen Fürsten gegenüber eine überlegene Stellung zu sichern und die Zentralgewalt – wie seit langem nicht mehr – zu stärken. Von Gewinn war auch, daß mit der Goldenen Bulle strittige Fragen der Reichsverfassung, insbesondere die der Königswahl, geregelt wurden. Dennoch aber bildete dieses Reichsgesetz eine wichtige Grundlage für die immer selbständigere Politik der mächtigsten deutschen Territorialfürsten, zumal seine Bestimmungen sich zugleich gegen die Entfaltung der bürgerlich-städtischen Kräfte richteten. Die Städte mit ihrer wirtschaftlichen und politischen Macht, die dem König ermöglicht hätten, gegenüber den Fürsten eine unabhängigere Politik zu führen, wurden von Karl IV. in ihrer historisch progressiven Rolle nicht erkannt; vielmehr waren vor allem die süddeutschen Reichsstädte auf Grund des sich verschärfenden finanziellen Druckes und der Einschränkung ihrer Rechte die schärfsten Gegner des Königs. So blieb die Politik Karls IV. trotz zahlreicher Neuerungen in Handel, Wirtschaft und Verwaltung sowie der Schaffung bis heute bewunderter künstlerischer und kultureller Werte und der persönlichen Aufgeschlossenheit des Königs humanistischem Gedankengut gegenüber insgesamt mittelalterlich-konservativ.

Seinem Nachfolger, dem er mehr zutraute, als dieser zu leisten imstande war, übergab er ein nur scheinbar festgefügtes Reich. In diesem sollte der Gegensatz zwischen den Städten und dem König ebenso schnell wieder aufbrechen wie der Widerstreit zwischen der Zentralgewalt und den Fürsten. Auch stand der neue König vor nicht geringen außenpolitischen Schwierigkeiten; diese hatten ihre Ursachen in dem päpstlichen Schisma sowie in der sich nun über die Reichsgrenzen hinaus erstreckenden luxemburgischen Hausmachtpolitik. Hinzu kam, daß Wenzel nicht über die gesamte luxemburgische Hausmacht verfügen konnte; vielmehr hatte Karl IV. vor seinem Tode festgelegt, daß der jüngere Bruder Wenzels, Sigmund, die Mark Brandenburg, und weitere Angehörige des Königshauses die Markgrafschaft Mähren sowie Teile der Lausitz erhalten sollten.

Erstarkende Fürstenherrschaft und päpstliches Schisma (1378 bis 1419)

Das Schisma und seine Auswirkungen auf das Reich

In der Verlegung der päpstlichen Kurie von Rom nach Avignon im Jahre 1309 hatte die Abhängigkeit des Papsttums vom französischen König ihren sichtbarsten Ausdruck gefunden. So waren die seitdem gewählten Päpste und Kardinäle zumeist Franzosen, deren Einfluß sich aber zugleich auf die Besetzung deutscher Bistümer und damit auf das Geschehen im Reich erstreckte.

Einen größeren Spielraum zur Ausübung ihrer Politik erhielten die Päpste in Avignon erst, als durch den Ausbruch des Hundertjährigen Krieges zwischen Frankreich und England im Jahre 1337 und durch die Erhebungen der Pariser Bürger sowie der französischen Bauern in der Jacquerie 1358 die machtvolle Stellung des französischen Monarchen erschüttert wurde. Jetzt vermochten die Päpste die Verwaltung innerhalb des Kirchenstaates umzugestalten und die Finanzen der Kurie neu zu ordnen; zugleich verstärkten sich aber auch die Möglichkeiten einer Rückkehr des Papstes nach Rom. Dabei verband sich päpstliches Interesse an der Sicherung des Kirchenstaates in Italien mit der altrömischen Tradition der Kurie sowie mit italienischen Bestrebungen, denen Petrarca Ausdruck verlieh, wenn er den Papst aufforderte, sich Roms endlich anzunehmen. Ob der Papst in Avignon oder Rom sein Amt verrichtete, war aber zugleich eine Frage von europäischem Rang; sie hatte für den französischen König wie auch für den Kaiser ein besonderes politisches Gewicht.

Der Versuch Urbans V., 1367 in Rom wieder festen Fuß zu fassen, scheiterte jedoch. Der Papst wurde zwar zunächst jubelnd empfangen, und Karl IV. unterstützte durch seinen zweiten Romzug dessen Bemühungen; aber 1370 mußte Urban V. nach Avignon zurückkehren. Auch der Einzug seines Nachfolgers, Papst Gregors XI., in Rom Anfang des Jahres 1377 brachte keine Stabilisierung, da dieser bald darauf starb. Unter dem Druck einer erregten Volksmenge wählten die in Rom versammelten Kardinäle darauf einen italienischen Papst, den bisherigen Erzbischof von Bari, der sich Urban VI. nannte. Als dieser sich für eine Reform der päpstlichen Kurie einsetzte, fielen jedoch zahlreiche Kardinäle von ihm ab und erklärten die Wahl für ungültig, da sie „unfrei", unter dem Druck des Volkes, erfolgt sei. Sie wählten darauf „frei", unter dem Einfluß Frankreichs, einen französischen Papst, Clemens VII., der seinen Sitz wieder in Avignon aufschlug. Nunmehr gab es zwei Päpste, zwei Kardinalskollegien und zwei Kurien – in Rom sowie in Avignon. Damit hatte der Versuch, das Papsttum aus der französischen Abhängigkeit zu lösen, zur Kirchenspaltung, zum päpstlichen Schisma, geführt. Dies aber bedeutete die stärkste Erschütterung der Kirche vor der Reformation, begünstigte es doch die radikaleren, zur Reform drängenden Kräfte innerhalb der Kirche.

Zugleich wirkte sich das päpstliche Schisma auf die politischen Verhältnisse im Reich wie in Europa überhaupt aus, es wurde aber auch seinerseits von der europäischen Mächtekonstellation entscheidend beeinflußt.[181] Denn hinter dem Papst von Avignon, Clemens VII., standen Frankreich, Schottland und Neapel, während das übrige Italien, die deutschen Gebiete und weitere europäische Länder den Papst in Rom, Urban VI., als rechtmäßig anerkannten. Wie bereits sein Vater, Karl IV., stand auch König Wenzel auf seiten Urbans VI. Im Jahre 1379 schloß er mit den vier rheinischen Kurfürsten den „Urbansbund"[182], der sich für den Papst in Rom erklärte und über das gesamte Reich ausgedehnt werden sollte. Allerdings war dabei die Initiative nicht mehr vom König ausgegangen; als treibende Kraft erwies sich vielmehr Ruprecht I. von der Pfalz. Überhaupt wurde seit den ersten Regierungsjahren Wenzels immer deutlicher, daß sich das Gewicht der Kurfürsten wesentlich verstärkte.

Auch im Reich standen bald den Urbanisten die Clementisten, die Anhänger Clemens' VII., gegenüber. Zu ihnen gehörten vor allem der Wittelsbacher Graf Albrecht von Hennegau-Seeland-Holland und Herzog Leopold von Österreich. Damit aber trat erneut der Gegensatz zwischen den Luxemburgern und den Wittelsbachern hervor, und auch die Beziehungen zu Habsburg komplizierten sich. Besonders Leopold diente dem Papst in Avignon als wichtige Stütze, indem er ihm größeren Einfluß auf Süddeutschland ermöglichte. So wurden die Bistümer Straßburg, Konstanz, Basel und vor allem das Erzbistum Salzburg bald zu bedeutsamen Zentren clementistischer Politik. Erst mit dem Tod Herzog Leopolds in der Schlacht gegen die Schweizer Eidgenossen bei Sempach im Jahre 1386 änderte sich diese Situation.

König Wenzel suchte für seinen Papst Urban VI. vor allem durch Einflußnahme auf die Besetzung von Bistümern im Westen und Süden des Reiches sowie bei

Der Papstpalast in Avignon, erbaut 1316–1352

einem Zusammentreffen mit König Ludwig von Polen und Ungarn Unterstützung. Schließlich nahm er Verbindung mit König Richard II. von England auf und schloß mit ihm 1381 einen Vertrag zur gemeinsamen Förderung Papst Urbans in Rom. Durch diesen Schritt aber brach Wenzel mit der von Karl IV. praktizierten Politik des Ausgleichs der führenden europäischen Staaten und nahm in den französisch-englischen Auseinandersetzungen zugunsten Englands Partei. Der in diesem Rahmen geplante und von England zu finanzierende Romzug des Königs konnte jedoch niemals verwirklicht werden.

Seit dem Ausbruch des päpstlichen Schismas wurden Möglichkeiten gesucht, dieses zu überwinden. Derartige Bestrebungen gingen allerdings weniger von Deutschland als vielmehr von Frankreich und dort insbesondere von der Universität Paris aus. Vor allem nach dem Tode Urbans VI. (1389) und Clemens' VII. (1394) und nach der Wahl ihrer Nachfolger Bonifaz' IX. in Rom und Benedikts XIII. in Avignon setzte sich der Gedanke stärker durch, daß nur ein allgemeines Generalkonzil das Schisma beenden könne. Dem lag die Auffassung zugrunde, daß der Papst nicht absoluter Herr der Kirche, die Gewalt der Gesamtkirche größer und sie allein unfehlbar sei. Forderungen nach einem Konzil traten in verschiedenen Ländern auf, dabei kam den Universitäten eine besondere Rolle zu. Von großer Bedeutung bei der Verbreitung des Konzilsgedankens waren die Traktate zweier deutscher Magister an der Universität Paris, die „Epistola pacis" (Friedensbrief; 1379) und das „Concilium pacis" (Friedensrat; 1381) Heinrichs von Langenstein sowie die Gutachten „Epistola brevis" (Kurzer Brief; 1379) und „Epistola concordiae" (Brief der Eintracht; 1380) Konrads von Gelnhausen.[183] Auf den Lehren Wilhelms von Ockham fußend, rechtfertigten sie bei einem Notstand der Kirche die Einberufung einer allgemeinen Kirchenversammlung auch ohne Zustimmung des Papstes auf Grund des souveränen Rechts der Kirchengemeinde. Einen kirchlichen Notstand aber hielten sie nicht nur bei Ketzertum des Papstes, sondern ebenso durch ein kirchliches Schisma für gegeben. Fand diese Auffassung auch nicht gleich überall Anerkennung, so wurde sie doch zur Grundlage der immer mehr Anhang findenden konziliaren Theorie.

Häresien und Inquisition

Begünstigt durch die Mißstände innerhalb der Kirche, die sich mit dem Ausbruch des Schismas weiter verschärften, setzten sich die häretischen Bewegungen in den letzten Jahrzehnten des 14. Jh. in verstärktem Maße fort. Die antiklerikalen Auffassungen der Geißler von 1349 waren in den fünfziger Jahren besonders im Rheingebiet und in den Niederlanden wirksam; die Ideologie der radikalen Flagellanten fand vor allem in Thüringen Aufnahme und eine weitere Ausprägung. Diese Kryptoflagellanten, die 1369 von der Inquisition entdeckt wurden, fühlten sich als „Auserwählte" und einzige Vertreter des wahren Glaubens, lehnten den Klerus sowie die katholische Kirche in ihrer Gesamtheit ab und dehnten ihre ablehnende Haltung auch auf die geltenden Gesetze und Herrschaftsverhältnisse schlechthin aus. Einer ihrer Vertreter war der „Prophet" Konrad Schmid.[184] Seine Anhänger sind in den mittleren und ärmeren Schichten der städtischen Bevölkerung, so vor allem unter den Handwerkern, zu suchen. Ihren Wünschen nach einer Lösung von der feudalen Kirche sowie aus den bestehenden sozialen Bindungen verlieh seine Lehre Ausdruck.

Auch in den darauffolgenden Jahrzehnten sind Geißler nachweisbar, so 1379 in Franken, 1391 bei Heidelberg und 1392 in Erfurt und in Würzburg; dann werden sie im Jahre 1414 vor allem in Thüringen wieder faßbar, als hier die Inquisition in Sangerhausen, in Querfurt und weiteren Städten und Dörfern gegen sie vorging. Diese thüringischen Kryptoflagellanten lehnten ebenfalls die bestehende Kirche mit ihren Heilslehren, den Sakramenten, dem Ablaß und dem Fegefeuer ab. Dies wird besonders in den 49 Artikeln von Sangerhausen deutlich, in denen es unter anderem heißt, daß der Kirchengesang nicht „für heiliger zu erachten sei als Hundegeheul".[185] Wie schon die thüringischen Geißler der sechziger Jahre übernahmen sie die damals weit verbreitete Erwartung des in Kürze anbrechenden Jüngsten Gerichts und einer darauf folgenden Heilszeit. Die Geistlichen bezeichneten sie als Vertreter des Antichrist, so daß der antiklerikale Zug ihrer Lehre eindeutig hervortritt.

Zu den in dieser Zeit besonders wirksamen ketzerischen Strömungen gehörte die freigeistige Häresie.[186] Ihre Auffassungen lassen zugleich Beziehungen zur Mystik erkennen. Aus chronikalischen Nachrichten sowie aus kirchlichen Verordnungen zur Bekämpfung der Ketzerei, aber insbesondere aus Inquisitionsprotokollen ergibt sich ein vielseitiges Bild der freigeistigen Häresie und ihrer Verbreitungsgebiete. Diese reichten von den Niederlanden bis nach Thüringen und Böhmen; das eigentliche Zentrum aber bildete das Rheintal. Aufzeichnungen über verschiedene Inquisitionsverfahren geben Hinweise auf die Auffassungen der Freigeister, so die Protokolle des Verhörs Hermann Kuchners 1342 in Würzburg, der Verfahren gegen Konstantin 1350 in Erfurt, gegen Berthold aus Rorbach 1356 in Speyer, gegen Johannes Hartmann 1367[187] wiederum in Erfurt, gegen Konrad Kannler 1381 in Eichstätt und gegen Martin von Mainz im Jahre 1393 in Köln. Die meisten Freigeister waren überzeugt, göttliche Vollkommenheit erreicht zu haben und so mit Gott identisch geworden zu sein. Manche behaupteten, Christus und Maria an Göttlichkeit zu übertreffen. In ihren Lehren wird ein pantheistischer Grundzug deutlich, wenn sie sagen: Alle Kreatur ist göttlich; alles, was ist, ist göttlich.[188] Die von ihnen propagierte Selbstvergottung und die damit erreichte uneingeschränkte „Freiheit des Geistes" waren darüber hinaus die Rechtfertigung für ihre Überzeugung, daß sie in keiner Weise an kirchliche und sonstige rechtliche Normen gebunden seien. Die Kirche mit ihren Sakramenten war damit völlig überflüssig geworden, und den Klerus bis hin zum Papst lehnten sie als teuflisch ab. Trotz solcher radikalen Lehren kam es jedoch nicht zu Aktionen gegen die feudale Kirche.

Von einer Reihe freigeistiger Häretiker kennen wir nicht mehr als die Namen. So wurde im Jahre 1366 die Begine Metza von Westhoven in Straßburg verurteilt. Löffler aus Bremgarten fand 1375 in Bern den Flammentod, 1399 wurde ein Begarde in Cham/Oberpfalz Verhören unterzogen, und in den ersten Jahren des 15. Jh. mußten in den Ostseestädten mehrere Häretiker den Scheiterhaufen besteigen, so in Lübeck der Begarde Wilhelm, in Stralsund Nicolaus Ville, in Rostock eine Frau und in Wismar der Begarde Bernhard. Die an zahlreichen weiteren Orten auftretenden Inquisitoren machen deutlich, daß die häretische Opposition gegen die feudale Kirche eine noch breitere Ausdehnung gefunden hatte.

Die Lehren der Freigeister hatten besonders beim Volk Anklang gefunden. Sie entsprachen der Sehnsucht der armen Stadt- und Landbevölkerung und sollten ihr nicht zuletzt dazu dienen, die gesellschaftlichen Schranken zu überspringen. Häufig waren Beginengemeinschaften Zentren der freigeistigen Häresie geworden. Beginengemeinschaften gab es in vielen deutschen Städten seit dem 13. Jh. Ihr Aufkommen hing mit dem Frauenüberschuß in den städtischen Zentren zusammen, und eine wesentliche Aufgabe dieser Gemeinschaften bestand deshalb darin, die wirtschaftliche Existenz der in ihnen vereinigten Frauen durch Handarbeit, etwa durch Weben und Spinnen, zu sichern. Zugleich war hier ein günstiger Nährboden für das Aufkommen einer mystischen Religiosität gegeben. In vielen Fällen gelang es der Kirche, vor allem durch Dominikaner- und Franziskanermönche, derartige Beginenhäuser unter Kontrolle zu halten. Aber häufig bildeten sich vor allem aus Angehörigen ärmerer

Schichten Beginengruppierungen, die jeder kirchlichen Aufsicht entglitten. Sie lebten wie die männlichen Vertreter derartiger Anschauungen, die Begarden, in völliger Armut und bestritten ihren Lebensunterhalt durch Betteln, so daß ihr sozialer Status und die totale Verneinung der gesamten bestehenden Ordnung die freigeistige Häresie als plebejisch charakterisieren.[189]

In der freigeistigen Ideologie lassen sich bis zum Ende des 14. Jh. gewisse Veränderungen erkennen. Herausragende Vertreter dieser Häresie erweiterten die ursprünglich individuelle Selbstvergottung immer stärker zu einer Erlöser- und Messiasfunktion. Konrad Kannler betrachtete sich 1381 als zweiten Adam, als ersten Repräsentanten einer neuen Generation, die nach dem Jüngsten Gericht im irdischen Paradies leben werde. In diesem Sinne wollte der im Jahre 1402 in Lübeck verbrannte Begarde Wilhelm als Vorbote des in Kürze wiedererscheinenden Christus angesehen werden. Darin aber kommt zugleich in einer besonderen Form die im 14. Jh. im Volk verbreitete Endzeiterwartung zum Ausdruck, die durch das Eingreifen Gottes einen Ausweg aus der irdischen Misere verhieß.

Die freigeistige Häresie erwies sich so für die oppositionelle Sektenbewegung als äußerst fruchtbar, auch wenn sie keine Massenbasis erzielte und kaum organisatorische Verbindungen faßbar sind. Sie spielte in den ideologischen Auseinandersetzungen eine nicht geringe Rolle und ist als eine wichtige Stufe im Prozeß des ideologischen Erwachens der plebejischen Schichten zu werten.[190]

Das Waldensertum erreichte innerhalb der häretischen Bewegungen dieser Zeit die größte Wirksamkeit. Zu einem Hauptzentrum entwickelten sich Ober- und Niederösterreich, aber auch in Böhmen und Mähren sowie in Pommern und der Mark Brandenburg waren die Waldenser stark vertreten, und von Süd- und Südwestdeutschland griffen sie nach den sächsisch-thüringischen Gebieten und bis nach Schlesien, Polen und Ungarn über.

Die soziale Basis des Waldensertums scheint in dieser Zeit überwiegend das Dorf und die Kleinstadt gewesen zu sein; vor allem im süd- und südwestdeutschen Raum waren es aber häufig auch ökonomische Zentren, die größeren Städte und ihre Bürger und Einwohner, gegen die die Inquisition einschritt. So wurde in der zweiten Hälfte des 14. Jh. in Augsburg, Nürnberg, Regensburg und Straßburg mehrmals Jagd auf waldensische Ketzer, vor allem Handwerker und „gemeine Leute", gemacht.

Verhöre, Zusammenstellungen von „Irrtümern" sowie die waldensische Überlieferung selbst ermöglichen, ein gewisses Gesamtbild von dieser Sekte zu erlangen. Sie strebte weiterhin dem Ideal einer armen Urkirche nach und wollte sich ausschließlich auf die Evangelien stützen. In der Sekte standen den „magistri", einem esoterischen Kreis als Kern des Waldensertums, die „credentes", die einfachen Anhänger — der exoterische Kreis —, gegenüber. Diese waren zumeist Bauern oder gehörten den mittleren und unteren Schichten der städtischen Bevölkerung an. Die Kritik der Waldenser an der feudalen Kirche richtete sich gegen alles, was diese in ihren Lehren und Kulthandlungen über die Bibel hinaus vertrat. So wurden Heiligenverehrung, Totenfürbitte, Pilgerfahrten, Weihwasser und Ablaß abgelehnt und schließlich die Nützlichkeit des Gottesdienstes sowie die Notwendigkeit kirchlicher Gebäude überhaupt geleugnet. Indem sich die Waldenser allein für die wahren Christen hielten, lehnten sie auch die gesamte kirchliche Hierarchie ab. In Gebieten, in denen die Verschärfung der Inquisition zu einer ideologischen Radikalisierung beitrug, erstreckte sich ihre Ablehnung auch auf die bestehende weltliche Gewalt und damit auf die herrschende Klasse überhaupt. Allerdings kommt darin nur eine Tendenz der Entwicklung zum Ausdruck; die einzelnen Gruppen der Waldenser vertraten hier durchaus unterschiedlich weit reichende Auffassungen, wie zwischen ihnen überhaupt nur sehr lose Verbindungen bestanden.

Den esoterischen und den exoterischen Kreis der Waldenser verband weniger die Predigt als vielmehr die Beichte. Man war überzeugt, daß die waldensischen Wanderprediger wesentlich wirkungsvoller von den Sünden befreien konnten als der katholische Klerus, und stellte überhaupt die häretischen Prediger weit über die Vertreter der offiziellen Kirche. Die darin zum Ausdruck kommende Ablehnung der Beicht- und Bußfunktion der katholischen Kirche war zugleich allgemeiner Ausdruck der Kritik des Volkes an dieser Kirche.

Ist auch die Sekte der Waldenser keineswegs als revolutionär anzusehen, trat sie doch oftmals nicht einmal radikal auf, so hat sie in der zweiten Hälfte des 14. Jh. dennoch einen wesentlichen Beitrag zur Vertiefung der antiklerikalen Ideen geleistet und so nicht unwesentlich zur Verschärfung der gesellschaftlichen Widersprüche beigetragen.

Insgesamt war in der zweiten Hälfte des 14. Jh. in Deutschland ein günstiger Boden für die Aufnahme häretischer, gegen die Kirche und zum Teil auch gegen die weltliche Herrschaft gerichteter Lehren vorhanden; denn in dieser Zeit ließen die Ausdehnung der Warenproduktion und im Gefolge davon die Veränderungen in den Besitzverhältnissen sowie im Sozialgefüge — insbesondere die zunehmende Pauperisierung — größere Teile vor allem der ärmeren Bevölkerung in Stadt und Land in Bewegung geraten. Die große Bereitwilligkeit zur Aufnahme dieser Lehren sowie auch ihre weite räumliche Ausdehnung erklären sich hieraus. Vertrat die Freigeisterei unter den damaligen Häresien die radikalsten Auffassungen, so erlangte das Waldensertum die größte Massenbasis. Dennoch griff keine der sozial-religiösen Bewegungen dieser Zeit – außer im theoretischen Bereich – die gesellschaftlichen Verhältnisse offen und aktiv an. Erst die Hussitenbewegung vermochte eine häretische Ideologie zu entwickeln, deren Anhänger zum revolutionären Kampf um die Verwirklichung ihrer Ziele übergingen.

Je mehr die Häresien zunahmen, um so stärker setzte die Verfolgung der Ketzer durch die herrschende Klasse ein. Dabei arbeiteten oft die Vertreter des geistlichen und weltlichen Feudaladels Hand in Hand; sie fanden darüber hinaus die Unterstützung patrizischer Kräfte des städtischen Bürgertums. Im Jahre 1364 setzte Papst Urban V. in Deutschland vier Inquisitoren ein, die in den einzelnen Kirchenprovinzen die Angehörigen der verschiedenen häretischen Gemeinschaften vor ihr Inquisitionstribunal ziehen sollten. Dies betraf häretische Beginen und Begarden sowie Kryptoflagellanten ebenso wie Freigeister und Waldenser. So saß der Inquisitor Walter Kerlinger 1369 in Nordhausen über 40 Ketzer zu Gericht und ließ sieben von ihnen auf dem Scheiterhaufen verbrennen.[191] Der erste große Prozeß gegen die Freigeister hatte bereits 1350 unter dem Vorsitz des Vikars des Erzbischofs von Mainz stattgefunden. Als der in Kerkerhaft befindliche Konstantin nicht widerrief, wurde er verurteilt und erlitt den Flammentod. Weitere Prozesse gegen Freigeister gab es 1366 in Straßburg, 1367 in Erfurt, 1375 in Bern, 1381 in Eichstätt, 1399 in der Oberpfalz sowie in den Jahren 1402/03 in einigen Ostseestädten unter dem „Ketzermeister" Eylard.[192]

In gleicher Weise richtete sich die Inquisition auch gegen die Waldenser – vor allem dort, wo diese breiten Anhang gefunden hatten. In Ober- und Niederösterreich folgte während des ganzen 14. Jh. eine Inquisitionswelle der anderen. In zahlreichen Ortschaften, zumeist in Dörfern, wo „Schulen" der Ketzer entdeckt wurden, richtete sich die Inquisition gegen ganze Gruppen. In Böhmen und Mähren waren die Inquisitoren bereits seit den dreißiger Jahren, im sächsisch-thüringischen Raum seit den sechziger Jahren des 14. Jh. tätig. In Pommern und Brandenburg fanden Ketzergerichte gegen die Waldenser vor allem in den Jahren 1393 und 1394 unter dem Inquisitor Peter Zwicker statt. Dieser wirkte hier im Auftrage des Erzbischofs von Prag sowie der Bischöfe von Lebus und Kammin.[193] In Süddeutschland ist die Verfolgung von Waldensern ebenfalls während des ganzen Jahrhunderts festzustellen. Dabei richtete sich vor allem in Augsburg, Nürnberg, Regensburg, Straßburg und Würzburg die Inquisition gegen ganze Gruppen von Angehörigen dieser Sekte. Allein in Nürnberg wurden 1332/33 90 Waldenser, 1354 erneut 24 und 1378 weitere 39 ausgewiesen, während 1399 sieben Ketzer verbrannt, andere zum Tragen des Bußkreuzes verurteilt wurden und sich 19 durch die Flucht der Bestrafung entzogen.[194]

Trotz zunehmender Verfolgung, der Zerschlagung ganzer Ketzergemeinden und der Hinrichtung führender Kräfte der häretischen Bewegung traf die Behauptung Papst Gregors XI., daß in einigen Provinzen die Ketzer völlig vernichtet wären, keineswegs zu. Vielmehr besagen die immer wieder – oft in den gleichen Ortschaften und Gegenden – während des ganzen Jahrhunderts geführten Ketzerprozesse, daß trotz der harten Bestrafung die Wirkung der Inquisition auf die Bevölkerung begrenzt gewesen sein muß und daß auf diesem Wege die Verbreitung ketzerischen Gedankengutes nicht zu verhindern war.

Wenzels Stellung zwischen Städten, Fürsten und Rittern

Zu den außenpolitischen Schwierigkeiten, vor denen König Wenzel stand, kam eine komplizierte Situation im Innern. Der Gegensatz zwischen Fürsten und Städten verschärfte sich, was durch den fortschreitenden Ausbau einiger fürstlicher Territorien bedingt war. Wenige Wochen nach seiner Königswahl im Juni 1376 hatten sich die schwäbischen Reichsstädte zur Sicherung ihrer reichsunmittelbaren Stellung zum Schwäbischen Städtebund zusammengeschlossen, da abzusehen war, daß der junge König die städtefeindliche Politik seines Vaters fortsetzen würde. Dieser versuchte nunmehr, sein Ziel, den Schwäbischen Städtebund zu schwächen und nach Möglichkeit aufzulösen, durch die Errichtung von Landfrieden zu erreichen. Dabei war er bestrebt, die bis dahin zumeist territorial begrenzten Landfrieden zu einem Reichslandfrieden auszuweiten und somit wesentlich wirksamer zu machen. Wenzel beschritt damit einen – gegenüber der Politik seines Vaters, Karls IV., – neuen Weg. Die Reichslandfriedenspolitik[195] sollte ihm die Mittel in die Hand geben, die Macht der Städtebünde zu brechen. Da die Städte die königliche Landfriedenspolitik kaum verhindern konnten, suchten sie innerhalb des Landfriedens die Reichsgesetzgebung, zum Beispiel das Verbot der Städtebünde, zu umgehen und ihre Bündnisse zu legalisieren. Unter Wenzel wurde somit der Kampf um den Landfrieden zu einem zentralen Problem. Der König versuchte auf diese Weise, den Prozeß der Auflösung der Zentralgewalt aufzuhalten oder zumindest zu verlangsamen. Zugleich war in den Landfrieden der ständige Aufstieg der territorialen Feudalmächte wirksam, auf deren Mitarbeit der König angewiesen war und die mit diesem Mittel die Städte fester unter Kontrolle bringen wollten. Daher wandte

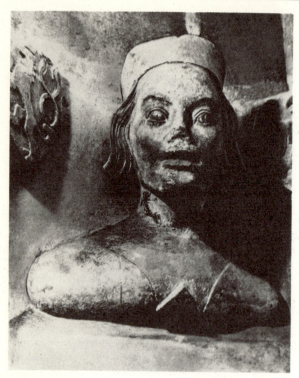
Büste König Wenzels im Triforium des Veitsdoms in Prag (1374–1378)

sich die vom König und von den Fürsten betriebene Landfriedenspolitik, unabhängig davon, ob sie auf das gesamte Reich oder nur auf einzelne Territorien gerichtet war, letztlich gegen die in Bünden zusammengeschlossenen Städte; Landfrieden im königlichen wie im fürstlichen Sinne und Städtebünde schlossen sich jetzt aus.[196]

Die Periode der Reichslandfrieden Wenzels begann mit dem Jahre 1381. Im September fand zu Frankfurt/Main ein Reichstag statt, der in engstem Zusammenhang mit dem königlichen Städtetag vom Oktober 1381 stand. Auf diesem machten die Städte ihren Beitritt zum Landfrieden ausdrücklich von der Anerkennung ihres Städtebundes abhängig. Außerdem verliehen sie ihrem Bund durch Aufnahme der vier Landfriedensfälle – Raub, Mord, Brand und unrechter Fehdeankündigung – in ihrem Bundesbrief von 1382 den Charakter einer Landfriedenseinung, um ihm so eine reichsrechtliche Legitimation zu verschaffen. Auf diese Weise versuchten die Städte des Schwäbischen Bundes, dem wachsenden Druck zum Eintritt in den königlichen Landfrieden zu entgehen. Doch änderte dies nichts an der Haltung Wenzels.

Seine städtefeindliche Politik erreichte auf dem im Februar/März 1383 in Nürnberg abgehaltenen Reichstag ihren Höhepunkt. Dieser sollte vorrangig der Vorbereitung des Romzuges zur Kaiserkrönung Wenzel dienen, beschloß aber zugleich einen neuen Landfrieden. Die Städte waren der Einladung zur Teilnahme nicht gefolgt, denn ihr Eintritt in den Landfrieden wäre einer Unterwerfung gleichgekommen. Durch die Aufteilung des Reiches in vier „Parteien" (Kreise) wären sie voneinander getrennt und damit völlig den Fürsten ausgeliefert worden. Zugleich wurde das Verbot ausgesprochen, weiteren Einungen – gemeint waren vor allem die Städtebünde – anzugehören. Im Ergebnis der Beratungen entstand ein Bund von Fürsten, Grafen und Herren, der Nürnberger Herrenbund. Den Beteiligten wurde zugleich aufgetragen, aus Verbindungen mit Reichsstädten auszutreten und, sollten sie Bürger einer Stadt sein, dieses Verhältnis aufzukündigen.[197]

Noch im gleichen Jahr zeichnete sich jedoch eine Änderung in der Politik Wenzels gegenüber den Städtebünden ab. Es kam zu Verhandlungen zwischen Fürsten und Städten als gleichberechtigten Partnern. Diese mündeten schließlich im Jahre 1384 in die Periode der Stallungen ein, die allerdings weniger den Charakter von Landfrieden als vielmehr von Waffenstillstandsvereinbarungen trugen. So wurde im Juli 1384 auf dem Reichstag zu Heidelberg zwischen dem Nürnberger Herrenbund und dem Schwäbisch-Rheinischen Städtebund, den beiden Hauptmächten im südlichen und westlichen Reichsgebiet, ein Vertrag geschlossen, der zwar keine ausdrückliche Anerkennung des Städtebundes brachte, diesen aber praktisch als gleichberechtigten Partner ansah. Fürsten wie Städte werteten somit die Heidelberger Stallung als einen Erfolg. Den Feudalkräften war es gelungen, die Städte in eine Landfriedensordnung besonderer Art aufzunehmen. Die Städte verzeichneten als ein positives Ergebnis, daß ihre Bünde jetzt faktisch als legitime Institutionen anerkannt wurden, auch wenn einige Fragen ungeregelt geblieben waren, so insbesondere die Pfahlbürger- und Bürgeraufnahme in den Städten. Von den Städten wurde die Heidelberger Stallung als ein augenblicklicher Sieg ihrer Politik angesehen; sie war jedoch nur ein vorübergehender Kompromiß, der von einem wirklichen Erfolg weit entfernt war.

Die Ursachen für Wenzels veränderte Haltung gegenüber den Städten lagen vor allem darin, daß er deren Finanzkraft für das Weiterbestehen seiner Königsherrschaft dringend brauchte, zumal bei den Fürsten bereits der Wunsch nach einem Thronwechsel laut geworden war. Wenzels schwankende Politik ließ diese nach einem ihnen noch willfährigeren Monarchen trachten. Zwischen dem König und den Städten kam es jetzt zu einer Verständigung in der Judenfrage in dem Sinne, daß sich beide Seiten den Gewinn einer erneuten Beraubung der Juden teilten. Außerdem wurden die Münzprägestätten festgelegt, eine Maßnahme, die vor allem für die Städte von Vorteil war. Schließlich bestätigte Wenzel auf dem königlichen Städtetag Ende

März 1387 die Freiheit der Städte. Er sagte ihnen zu, sie nicht zu verpfänden, stets beim Reiche zu halten und sie gegen jedermann zu schützen. Mündlich erklärte er darüber hinaus, daß er ihren Bund „nimer abenemen noch widderruffin solte sin lebetage".[198]

In die Auseinandersetzungen zwischen König, Städten und Fürsten griff auch der niedere Feudaladel ein. Aus früheren gelegentlichen Verbindungen bei Fehden und Raubzügen entstanden jetzt festere Bünde der Ritter, die der Wahrung ihrer Freiheiten und der Sicherung ihrer Reichsunmittelbarkeit dienen sollten. In Süddeutschland spielten vor allem die Rittergesellschaft von „St. Georg" und „St. Wilhelm" und die Gesellschaft „vom Löwen" eine Rolle. Letztere erstreckte sich vom Rhein und von den Niederlanden bis zu den Alpen und erfaßte Teile Bayerns wie auch Thüringens. Sollten die Bünde der Ritter deren Stellung auch gegenüber der vordringenden Fürstenmacht sichern, so sahen sie ihren eigentlichen Gegner im städtischen Bürgertum und in den Städtebünden. Der wirtschaftliche und soziale Aufschwung der Städte ließ bei dem ständigen Absinken ihres eigenen Lebensniveaus eine scharfe Gegnerschaft entstehen. Fehden und Raubüberfälle auf Bürger und Städte waren die Folge davon. Doch vermochten sich die in Bünden vereinigten Städte dem niederen Adel gegenüber erfolgreich zur Wehr zu setzen, zumal die Ritterbünde meist recht kurzlebig waren. Der gefährlichere Feind der Städte waren die Fürsten, zumal diese erneut die Unterstützung des Königs fanden.

Niederlage und Auflösung der Städtebünde

Obwohl der in Heidelberg zwischen dem Schwäbischen Städtebund und den Fürsten geschlossene Vertrag im Herbst 1387 in der Mergentheimer Stallung mit Zustimmung König Wenzels nochmals bestätigt und zugleich verlängert wurde, sehen wir kurze Zeit später den König erneut auf seiten der Fürsten.

In Schwaben nahmen die Spannungen vor allem zwischen den Städten und dem Grafen Eberhard II. von Württemberg zu, in besonderem Maße verschlechterte sich aber auch das Verhältnis des Schwäbischen Städtebundes zu den Herzögen von Bayern. Sie bereiteten den zum Bunde gehörenden Städten und insbesondere Regensburg immer neue Schwierigkeiten. Die Städte verbanden sich darauf mit Erzbischof Pilgrim von Salzburg, der ebenfalls mit den Herzögen von Bayern in Fehde lag. Weitere Überfälle auf Bürger und Städte sowie die Gefangennahme des Salzburger Erzbischofs waren schließlich die Ursache dafür, daß der Schwäbische Städtebund den bayerischen Herzögen den Krieg erklärte. Diese Klassenauseinandersetzung, in die auch der Württemberger auf seiten Bayerns eingriff, endete nach wechselhaftem Verlauf schließlich mit einer Niederlage der verbündeten schwäbischen Städte am 24. August 1388 bei Döffingen, südwestlich von Stuttgart, während die Verbände des Rheinischen Städtebundes am 6. November bei Worms geschlagen wurden. Längere Zeit zog sich der Kleinkrieg, verbunden mit Räubereien und Plünderungen, noch weiter hin, bis beide kriegführende Seiten auf das äußerste erschöpft waren. Nunmehr griff der König ein und setzte durch, was ihm bisher nicht gelungen war: die Errichtung eines Reichslandfriedens. Am 5. Mai 1389 wurde dieser in Eger verkündet. Er sollte vor allem im Rheingebiet, in Schwaben, Bayern, Franken, Hessen, Thüringen und Meißen gelten. In diesem Landfrieden wurden die Städtebünde als wider Gott, das Reich und jegliches Recht errichtet erklärt; die Städte mußten diesem Frieden beitreten.[199] Nunmehr zeigte sich, daß die Einheit der bisher in Bünden zusammengeschlossenen Städte bereits verloren war. Es kam zu größeren Streitigkeiten unter ihnen. Die meisten gaben schließlich ihren Widerstand auf und traten dem aufgezwungenen Landfrieden bei.

Eine Bestimmung des Egerer Reichslandfriedens traf die Städte besonders schwer: „ouch sol der gmeine bunde der gemeinen stete, der bisher gewesen ist, absein, und sollen furbas keinen mer machen."[200] Mit der Auflösung der Städtebünde brach König Wenzel sein 1387 gegebenes Versprechen, die Städteeinung nicht anzutasten. Trotz der offensichtlichen Niederlage der Städte gelang es jedoch nicht, den Reichsstädten ihre Privilegien zu nehmen; auch konnten sie von den Territorialgewalten nicht unterworfen werden. Als Sieger gingen aus diesen Kämpfen die Fürsten hervor, während die Unterlegenen die Städte und das Königtum waren. Dieses hatte es nicht vermocht, die in den Städtebünden potenzierte Kraft der Städte und des Städtebürgertums für die Stärkung der Zentralgewalt zu nutzen, so daß die territorialstaatliche Entwicklung und die Herausbildung der Landeshoheit beschleunigt fortschritten. Daher ist der Egerer Landfrieden als ein Markstein in der staatlichen Entwicklung des spätmittelalterlichen Deutschlands zu werten.

Hausmachtpolitik und Absetzung König Wenzels

Daß der Reichslandfrieden von Eger die Stellung des Königs keineswegs gestärkt hatte, sollte das folgende Jahrzehnt zeigen. Wenzel verfolgte in dieser Zeit vornehmlich hausmachtpolitische Ziele; zugleich wurde seine Handlungsfähigkeit durch Auseinandersetzungen innerhalb des Königshauses und in Böhmen gelähmt.

Ende 1383 kam es zu einer Ausweitung des Machtbereiches König Wenzels im Westen des Reiches, als dessen Oheim, Herzog Wenzel von Luxemburg, starb

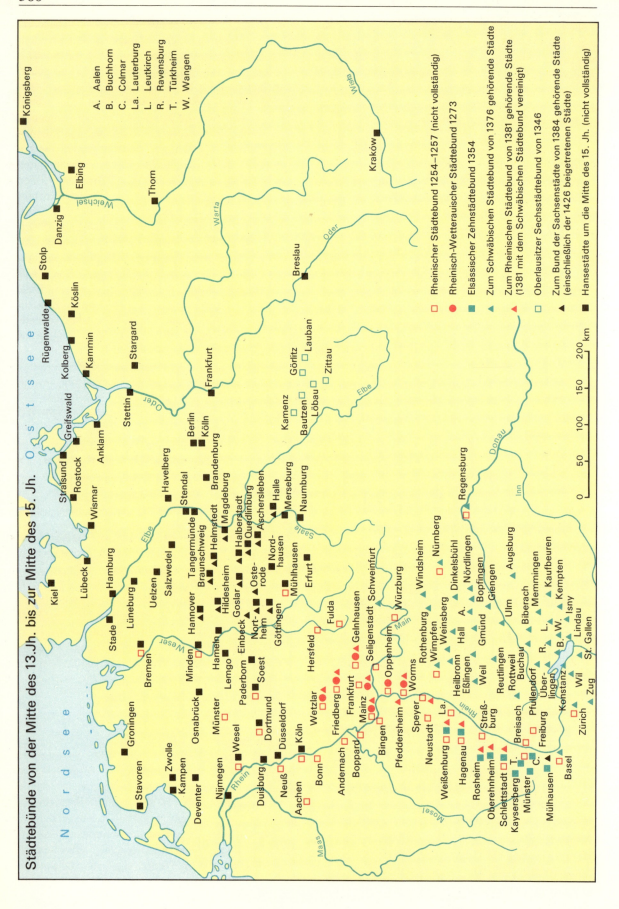

und sein Land an den König fiel. Dieser bemühte sich jedoch sehr wenig, die neu gewonnene Position zu festigen und dem vordringenden französisch-burgundischen Einfluß entgegenzutreten. So gelangte schließlich Herzog Philipp der Gute von Burgund 1451 in den Besitz des Landes, das damit Bestandteil des neuburgundischen Staates wurde.

Stärker als nach dem Westen war die luxemburgische Hausmachtpolitik nach dem Osten orientiert. Hier galt es, das Ziel Karls IV., die Erringung der Krone von Polen oder auch von Ungarn für Sigmund, den Bruder König Wenzels, zu verwirklichen. Der Tod des dem Hause Anjou angehörenden Königs Ludwig I. 1382 schien dafür günstige Aussichten zu bieten. Allerdings hätte dessen Witwe Elisabeth, die eine Übernahme Polens durch Sigmund verhinderte, Ungarn lieber in französischen Händen gesehen. So mußte Sigmund seine Anwartschaft mit Waffengewalt durchsetzen. Im August 1385 drang er in Ungarn ein, erzwang nach Besetzung der Hauptstadt Ofen die Ehe mit der ihm bereits verlobten ungarischen Königstochter Maria und sicherte auf diese Weise dem Hause Luxemburg die ungarische Krone. Im März 1387 fand schließlich mit Zustimmung der ungarischen Stände die Krönung statt.

Das ungarische Kriegsunternehmen Sigmunds hatte jedoch seine Kassen nahezu erschöpft, so daß er sich gezwungen sah, seinen Erbbesitz, die Mark Brandenburg, an seinen ehrgeizigen und skrupellosen Vetter, den Markgrafen Jobst von Mähren, zu verpfänden. Dieser verfolgte damit letztlich das Ziel, über die brandenburgische Kurstimme einmal in den Besitz der deutschen Königskrone zu gelangen.

Zugleich suchte Jobst seinen Einfluß auch in Böhmen zu stärken und stellte sich an die Spitze der böhmischen Adelsopposition. Diese sah ihren Einfluß auf die Regierungsgeschäfte bedroht und trat daher gegen König Wenzel auf. Die oppositionelle Bewegung in Böhmen gewann an Bedeutung, als sich auch die Beziehungen des Königs zur hohen Geistlichkeit verschlechterten. Am 8. Mai 1394 lauerte Jobst von Mähren dem auf der Reise nach Prag befindlichen König auf und nahm ihn gefangen. Mußte Wenzel auch bald wieder freigelassen werden, so hatte sich doch dadurch die Situation im luxemburgischen Hause weiter verschärft. Infolge dieser Auseinandersetzungen vernachlässigte Wenzel in immer stärkerem Maße seine Regierungsgeschäfte als deutscher König; zehn Jahre wurde er nicht mehr in Deutschland gesehen. Weder in das Ringen um die Beendigung des päpstlichen Schismas noch in die fortdauernden Machtkämpfe und gegen die französische Expansion in Oberitalien griff Wenzel wirksam ein. In Italien suchte er dem wachsenden Einfluß Frankreichs vergeblich dadurch zu begegnen, daß er den Herrscher Mailands, Giangaleazzo Visconti, der dort als Reichs-

vikar fungierte, 1395 zum Herzog erhob. Dieses Verhalten lasteten ihm die Kurfürsten als eine Vernachlässigung der Reichsgeschäfte an; zugleich forderten sie ein stärkeres Mitspracherecht und größeren Einfluß auf die Reichspolitik. Darin stimmten die Ziele der Kurfürsten weitgehend mit denen der vom Königsthron verdrängten Wittelsbacher und Nassauer überein. Weiterhin boten die Auseinandersetzungen in Böhmen sowie in der königlichen Familie selbst die besten Voraussetzungen, einen Thronwechsel vorzubereiten und schließlich durchzuführen. Als Prätendent für den Thron bot sich vor allem der wittelsbachische Pfalzgraf Ruprecht III. an. Im April 1399 schlossen die Kurfürsten von Köln und Mainz sowie der Pfalzgraf eine Einung zur Wahrung ihrer Kurrechte. Aus ihrem Recht, den König zu wählen, leiteten sie auch das seiner Absetzung ab. Im August des Jahres 1400 wurde König Wenzel nach Oberlahnstein geladen, um sich auf die gegen ihn vorgebrachten Anschuldigungen hin zu rechtfertigen. Als er aber der Ladung nicht Folge leistete, erklärten die Kurfürsten ihn für abgesetzt — als einen

Prunkhandschrift der Goldenen Bulle, angefertigt für König Wenzel (1400). Rückseite von Blatt 15, l. o.: der Kaiser inmitten der Kurfürsten nach der festgelegten Sitzordnung, r. o.: ein geistlicher Kurfürst

„unnůczen versůmelichen unachtbaren entgleder und unwerdigen hanthaber des heiligen Romischen richs".[201] Darauf wurde der Pfalzgraf Ruprecht zum König gewählt.

König Ruprechts Stellung innerhalb und außerhalb des Reiches

Schon bevor Ruprecht im Jahre 1398 Kurfürst von der Pfalz wurde, war er an den pfälzischen Regierungsgeschäften beteiligt gewesen. Bemühte er sich als Landesherr um den Ausbau seines Territoriums, so schwebte ihm als König die Wiederherstellung des alten Reiches vor. Versäumnisse seines Vorgängers Wenzel, die schließlich zu dessen Absetzung geführt hatten, wollte er nicht wiederholen. Die Frage war nur, ob die ihm zur Verfügung stehende Machtgrundlage für eine auf wirksamere Wahrnehmung der Reichsrechte abzielende Politik ausreichen würde.

Bereits unmittelbar nach seiner Wahl traten ihm zahlreiche Widerstände entgegen. Nicht nur die Luxemburger lehnten — neben anderen Fürsten — die Anerkennung seines Königtums ab, auch einflußreiche Reichsstädte verschlossen ihm die Tore, so Frankfurt/Main und Aachen. Die Krönung des Königs mußte daher in Köln erfolgen. Auch die südwestdeutschen Reichsstädte erkannten ihn nur sehr zögernd an, und gegenüber den Luxemburgern konnte er keinen nennenswerten Erfolg erzielen, obwohl Truppen seines Sohnes Ludwig im Jahre 1401 bis vor die Mauern Prags vorstießen. Daher suchte Ruprecht sein Vorhaben, dem Königtum wieder eine festere Grundlage zu geben, auf anderem Wege zu verfolgen. Dieser führte ihn nach Italien, um die Kaiserkrone zu erwerben und die Selbständigkeit Mailands zu brechen.

Die Kurfürsten sowie König Ruprecht hatten bereits nach der Wahl — als Voraussetzung für eine spätere Kaiserkrönung — den Papst in Rom um die Approbation gebeten.[202] Dieser ließ sich jedoch vor allem wegen der ablehnenden Haltung der Luxemburger vorerst nicht festlegen, es sei denn, es gelänge, den erwählten König an die päpstliche Politik zu binden. Ruprechts zweites Ziel in Italien war die Unterwerfung Mailands, dessen Preisgabe an die Visconti die Kurfürsten Wenzel besonders verübelten. Ruprecht ließ zum Reichskrieg aufrufen. Sein Plan fand auf dem Reichstag in Mainz vom 29. Juni 1401 die Bestätigung der Reichsstände. Ein Vertrag mit den Habsburgern öffnete ihm den Weg über den Brennerpaß. Die finanzielle Grundlage sollten die Gulden der Florentiner, der italienischen Feinde der Visconti, bilden. Der König konnte jedoch den Italienzug nur mit einem wesentlich kleineren Heer als geplant antreten, denn er vermochte nur einen Teil der im September in Augsburg eingetroffenen Söldnerhaufen zu besolden. Das Unternehmen stockte bereits im Oktober nach ersten ungünstig verlaufenen Gefechten mit mailändischen Truppen bei Brescia. Als es ferner nicht gelang, Venedig zur Teilnahme am Kampf zu bewegen, die Verhandlungen mit dem Papst ebenfalls ohne Ergebnis blieben, und als schließlich auch die Geldzahlungen der Florentiner immer geringer wurden, mußte Ruprecht im Frühjahr 1402 unverrichteterdinge nach Deutschland zurückkehren. Sein Italienzug erwies sich somit als ein gescheitertes Abenteuer; er war zugleich ein Beweis mehr dafür, daß eine Kaiserpolitik im alten Stil nicht mehr zu betreiben war.

Dieser Mißerfolg machte die Stellung des Königs in Deutschland noch schwieriger, zumal die Luxemburger — unter ihnen Wenzel — diese Lage für sich zu nutzen trachteten. War die Absetzung Wenzels damit begründet worden, daß er das Reich vernachlässigt habe, so sollte man Ruprecht bald eine zu energische Politik innerhalb des Reiches vorwerfen, die auf Kosten der Reichsstände gehe. Die von ihm wiederaufgenommene Landfriedenspolitik sowie seine Bemühungen um die Erweiterung seines pfälzischen Territoriums mißfielen nicht wenigen einflußreichen Fürsten, während den Reichsstädten die ständigen Geldforderungen zu einer besonderen Last wurden. So schlossen sich die mit seiner Politik unzufriedenen Feudalfürsten sowie Straßburg und 17 Städte Schwabens gemeinsam mit dem ehemaligen „Königsmacher", dem Erzbischof Johann von Mainz, am 14. September 1405 im Marbacher Bund zusammen. Dieses Bündnis sollte offiziell der Sicherung des Landfriedens dienen, es war jedoch vor allem abgeschlossen worden, um eine Erweiterung des Einflusses und der Macht des Königs zu verhindern. Erzbischof Johann sah nach wie vor die Kurfürsten als die Mitinhaber der Reichsgewalt an, deren Stellung und Vorrechte nicht angetastet werden dürften. Verstand Ruprecht es auch, die schlimmste Gefahr abzuwenden und den die Pfalz umklammernden Ring zu lockern, so blieb die Opposition einflußreicher Reichsstände ihm gegenüber jedoch bestehen.

Die offensichtliche Schwäche des Reiches nutzten vor allem Frankreich und Burgund zu eigenen Machterweiterungen aus. Brabant kam jetzt endgültig unter burgundischen Einfluß. Der französische König suchte durch Vorbereitung eines Konzils zur Überwindung des Schismas seine Stellung gegenüber dem Reich zu stärken.

Das Konzil zu Pisa

Der römische Papst hatte gegenüber König Ruprecht lange Zeit eine abwartende Haltung eingenommen. Durch den Thronwechsel von 1400 war erneut die Frage der päpstlichen Approbation der Wahl sowie auch — am

Beispiel Wenzels – der Absetzung des Königs aufgeworfen worden. So hatte der Pfälzer bei seinen Kämpfen mit Mailand vergeblich auf die Hilfe der römischen Kurie gewartet. Erst am 1. Oktober 1403 erfolgte schließlich, nach ausdrücklicher Zusicherung der Integrität des Kirchenstaates, die päpstliche Approbation. Damit war aber letztlich wieder verlorengegangen, was von Ludwig dem Bayern erkämpft und von Karl IV. gewahrt wurde, daß nämlich der Erwählte auf Grund der Wahl der Kurfürsten rechtmäßiger König sei und nicht der Bestätigung des Papstes bedürfe.

Die päpstliche Approbation legte König Ruprecht in besonderem Maße auf die Position des römischen Papstes fest. Das bedeutete bei dem andauernden päpstlichen Schisma zugleich eine Stellungnahme gegen den Papst in Avignon sowie gegen den französischen König, der jenen in der Regel stützte und für seine Hegemoniebestrebungen zu nutzen trachtete.

An Versuchen, das päpstliche Schisma zu überwinden, hatte es zwar in dieser Zeit nicht gefehlt. Die Päpste mußten bei ihrer Wahl die Verpflichtung übernehmen, ihre Kräfte für die Wiedervereinigung der Kirche einzusetzen und zur Erlangung dieses Ziels auch zum Rücktritt bereit zu sein. Doch hatte sich bisher keiner gefunden, der diese Zusage einlöste. So traten, gedeckt von der französischen Regierung, die ihre Politik der Zusammenarbeit mit dem Papst in Avignon aufgegeben hatte, die Mehrheit des römischen Kardinalskollegiums und die avignonesischen Kardinäle zusammen, um in einer neuen Weise die Verwirklichung des Konzilsgedankens durchzusetzen. Dieses Vorgehen wie auch die Wahl des Konzilsortes Pisa, im Gebiet des französisch gesinnten Florenz gelegen, entsprachen voll und ganz der damaligen kirchenpolitischen Zielstellung Frankreichs. Hier sollte am 25. März 1409 das Konzil zusammentreten, der römische sowie der avignonesische Papst sollten auf dem Konzil erscheinen und schließlich zurücktreten, so daß der Weg für die Neuwahl eines Papstes und die Beendigung des Schismas frei würde.

Der weiter für den römischen Papst eintretende König Ruprecht hoffte, auf einem Fürstentag zu Frankfurt/Main im Januar 1409 eine einheitliche Haltung des Reiches festlegen zu können. Daß Frankreich demgegenüber das Konzil voll unterstützte, stand von Anfang an außer Zweifel; auch England wollte einen Vertreter nach Pisa entsenden. In Deutschland war die Lage schwieriger, da der im Jahre 1400 abgesetzte Wenzel jetzt eine Chance sah, durch die Anerkennung des Konzils sein Königtum wiederherstellen zu können. Damit aber trat er zugleich auf die Seite Frankreichs. Auch andere weltliche sowie verschiedene geistliche Fürsten setzten sich für das Konzil ein, unter ihnen der Erzbischof von Mainz, der als Führer des Marbacher Bundes über großen Einfluß verfügte. Auch er verpflichtete sich durch seine Stellungnahme der französischen Kirchenpolitik.

Somit waren die Kräfte im Reich gespalten. Der König sah sich dadurch außerstande, als Vogt der Kirche aufzutreten und als solcher ein Konzil zu berufen, um die kirchliche Einheit wiederherzustellen. Dieses Recht hatte ihm eine an der Heidelberger Universität im Jahre 1408 – sicherlich von Konrad von Soest – verfaßte und auf dem Frankfurter Fürstentag vorgetragene Denkschrift, die Heidelberger Postillen, ausdrücklich zuerkannt.[203] Darin wurde erneut auf die Gefahren aufmerksam gemacht, die dem Reiche aus den französischen Hegemoniebestrebungen erwuchsen und die im Konzil zu Pisa ihren kirchenpolitischen Ausdruck fanden. Weiterhin war auf die Folgen für das Reich verwiesen, die durch den Verlust der Autorität des römischen Papstes eintreten könnten. Darüber hinaus forderten die Postillen Reformen, um die Mißstände in der Kirche und besonders die an der Kurie zu überwinden.

König Ruprecht bestärkten die Heidelberger Postillen in seiner Haltung zum Papst in Rom. Am 23. März 1409 lehnte er das von den Kardinälen berufene Konzil ab, ließ von seinen Gesandten in Pisa – unter ihnen Konrad von Soest – die Einberufung eines „wahren" Konzils fordern und erklärte, als das Konzil dennoch zusammentrat, seine Beschlüsse von vornherein für ungültig. Ungeachtet dessen beschloß das Konzil zu Pisa am 5. Juni 1409 die Absetzung beider Päpste – Gregors XII. in Rom und Benedikts XIII. in Avignon – und wählte den aus Kreta stammenden Erzbischof von Mailand, Peter Philargi, zum Papst Alexander V. Damit trat ein, was in den Heidelberger Postillen bereits vorausgesagt war: Da die beiden bisherigen Päpste die Beschlüsse des Konzils nicht anerkannten und bei verschiedenen europäischen Herrschern Rückhalt fanden, gab es nunmehr drei Päpste.

Der allgemeine Zustand innerhalb der Kirche verschlechterte sich weiter. Auch in Deutschland waren die Auswirkungen der Kirchenspaltung immer stärker spürbar. Oft ging der Zwiespalt bis in die einzelnen Diözesen hinein, er wirkte sich vor allem aber auch zunehmend im politischen Bereich aus. Der Gegensatz zwischen Ruprecht und Johann von Mainz nahm immer schärfere Formen an, so daß schließlich der König gegen den von Frankreich unterstützten Mainzer Erzbischof einen Krieg vorbereitete. In dieser zugespitzten Situation starb Ruprecht von der Pfalz am 18. Mai 1410.

Anfänge und politische Ziele König Sigmunds

Bei der Wahl eines neuen Königs im Herbst 1410 spaltete sich das Kurkollegium trotz der Festlegungen der Goldenen Bulle. Wählte die eine Gruppe den Sohn

Karls IV. und Bruder des 1400 abgesetzten Wenzel, Sigmund, zum König, so entschied sich die andere für seinen Vetter Jobst von Mähren. Der damit ausbrechende Thronstreit endete jedoch rasch, da Jobst bereits im Januar 1411 starb. Am 21. Juli 1411 erneut gewählt, bestieg Sigmund jetzt unangefochten den Thron.

Die Politik des neuen Königs wurde in starkem Maße davon bestimmt, daß er zugleich König von Ungarn war und dort wachsenden äußeren Gefahren entgegentreten mußte. Die neapolitanischen Anjou erhoben ebenfalls Anspruch auf die ungarische Krone. Sigmunds Stellung zum Deutschen Orden, dem er 1402 die Neumark als Brücke zum Ordensland verkauft hatte, komplizierte sein Verhältnis zum polnisch-litauischen Staat. Außerdem hatte Sigmund mit Ungarn das Erbe dieses Landes in bezug auf die ständigen Auseinandersetzungen mit

Sigmund verleiht dem Burggrafen Friedrich von Nürnberg die Mark Brandenburg. Auf der Fahne l. o. Doppeladler, der sich als kaiserliches Wappenzeichen an Stelle des einfachen Adlers durchsetzt. Illustration in der Chronik des Konstanzer Konzils des Ulrich von Richental

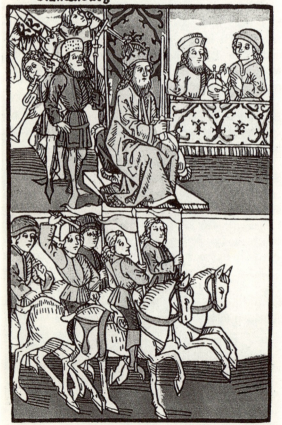

Königssiegel Sigmunds (1420)

Venedig übernommen, die sich gegenseitig den Einfluß auf die nordwestlichen Balkanländer an der Adria streitig machten.

Die Hauptgefahr erwuchs Sigmund als König von Ungarn jedoch von seiten der auf dem Balkan vordringenden türkischen Macht. Diese hatte am Ausgang des 14. Jh. bereits Serbien und Bulgarien unterworfen, und auch Sigmund erlitt bei seinem ersten Versuch, den Türken 1396 bei Nikopolis entgegenzutreten, eine empfindliche Niederlage. Nur der Angriff der Mongolen und ihr Sieg bei Ankara im Jahre 1402 unter Timur (Tamerlan) hinderten die Türken an einem weiteren Vordringen auf dem Balkan. Damit war jedoch die Gefahr für Ungarn wie für Europa nur aufgehalten. Sigmund bemühte sich deshalb, auch andere europäische Mächte für die Vorbereitung eines Zuges gegen die Türken zu gewinnen.[204]

Die Stellung König Sigmunds im Reich war eine grundsätzlich andere als die seiner Vorgänger. Nachdem er die Markgrafschaft Brandenburg zuerst an Jobst von Mähren verpfändet hatte (1388) und sie schließlich als Dank für dessen Hilfe bei der Königswahl dem Nürnberger Burggrafen Friedrich VI. aus dem Hause Hohenzollern 1415 überließ, verfügte er — außer dem nach Wenzels Tod 1419 wirksam werdenden Anspruch auf Böhmen — über kein Reichsgebiet. Daher stützte er sich in stärkerem Maße auf die Reichsstädte sowie auf die Reichsritterschaft, um ein Gegengewicht gegen die Kurfürsten sowie die fürstliche Territorialpolitik zu schaffen. Das von ihm verfolgte Ziel der Errichtung eines großen Städtebundes unter seiner Führung, der zugleich Garant für die Durchsetzung eines großräumigen Landfriedens sein sollte, rief bald das Mißtrauen der mächtigsten Fürsten und insbesondere der Kurfürsten hervor, fand aber auch seitens der Städte keine wirksame Unterstützung. Zur Verwirklichung seiner außen- wie innenpolitischen Ziele war jedoch vor allem eines nötig: die Überwindung des päpstlichen Schismas.

Das Konstanzer Konzil und Jan Hus

Bereits während der durch das Konzil zu Pisa ausgelösten Ereignisse war Sigmund auf die Seite des Konzilpapstes getreten. Als im Jahr 1413 König Ladislaus von Neapel den Kirchenstaat und die Stadt Rom besetzte sowie Papst Johannes XXIII., den Nachfolger des Konzilpapstes Alexander V., in Bologna bedrohte, nutzte König Sigmund die schwierige Situation des Papstes aus. Er gewann ihn für die Lösung der Kirchenfrage durch ein allgemeines Konzil. Ferner setzte Sigmund durch, daß das Konzil nicht nach Italien, sondern in die deutsche Reichsstadt Konstanz am Bodensee einberufen wurde. Als Vogt der Kirche nahm der König die Vorbereitung wie auch schließlich die Leitung des Konzils in seine Hände.[205] Er ließ Einladungsschreiben an zahlreiche weltliche und geistliche Fürsten des gesamten katholischen Europas versenden und lud auch den byzantinischen Kaiser zur Teilnahme am Konzil ein. Ihm lag ferner besonders daran, auch Frankreich und England für die Teilnahme zu gewinnen. Um auf diesem Konzil mit möglichst großer Autorität auftreten zu können, ließ sich Sigmund am 8. November 1414 in Aachen in aller Form zum römischen König krönen.

Seit dem Ausbruch des kirchlichen Schismas kam die Kritik an der bestehenden Kirche nicht zur Ruhe, wurden die Fragen nach der Stellung des Papstes sowie der Einberufung eines Generalkonzils immer wieder aufgeworfen.[206] So unterzog zu Beginn des 15. Jh. der Heidelberger Universitätsprofessor Matthäus von Krakau in seiner Schrift „De squaloribus curiae Romanae" (Über das Elend der Römischen Kurie) das Papsttum einer vernichtenden Kritik. Ihm schloß sich der Westfale Dietrich von Niem[207] an, der in der päpstlichen Kanzlei eine einflußreiche Stellung bekleidet hatte. In seinen Schriften entwarf er zugleich eine Theorie des Generalkonzils, in der der Konzilsgedanke auf das engste mit der Kirchenreform verbunden war. Den römischen König bzw. Kaiser sah er als den Erretter der Kirche aus dem Schisma, aus ihrem allgemeinen Verfall an. In seinen Arbeiten über die Geschichte des Schismas sowie die des Konstanzer Konzils erweist er sich als ein kritischer Beurteiler seiner Zeit.

Da das Konzil von Pisa wenig erfolgreich verlaufen war, standen die Anhänger der konziliaren Bewegung noch immer vor der Klärung grundsätzlicher Fragen: Wem stand die Berufung des Konzils zu? Beschränkte sich die Aufgabenstellung eines allgemeinen Konzils auf die Wiederherstellung der Einheit der Kirche? Wie war das Verhältnis des Konzils zu dem rechtmäßig gewählten Papst? Diese offenen Fragen verbanden sich mit den Klagen über den Verfall der Kirche, über die Sittenlosigkeit der hohen Geistlichen, über das System der Stellenbesetzung der höheren Geistlichkeit, das oft einem Ämterkauf gleichkam, und über die zunehmende finanzielle Belastung der Gläubigen. Der Ruf nach einer Reform der Kirche „an Haupt und Gliedern" wurde immer lauter und bildete den allgemeinen Hintergrund für das am 5. November 1414 in feierlicher Form in Konstanz eröffnete Konzil.

Dieses Konzil gewann bald den Charakter einer das gesamte christliche Europa repräsentierenden Kirchenversammlung.[208] Über 600 geistliche Würdenträger, unter ihnen zahlreiche Angehörige der Universitäten, und ebenso viele weltliche Fürsten, königliche Gesandte, Vertreter der Städte sowie des niederen Adels versammelten sich in Konstanz. Nur die Abgesandten der noch zu Benedikt XIII. haltenden spanischen Königreiche fehlten zunächst. Papst Johannes XXIII. nahm selbst an dem Konzil teil, während Gregor XII. und Benedikt XIII. Vertreter gesandt hatten.

Den Verlauf der Verhandlungen bestimmte wesentlich König Sigmund. Auf seine Initiative hin wurde nach „Nationen" abgestimmt, um das zahlenmäßige Übergewicht der Italiener auf diesem Konzil unwirksam zu machen. Zu den ursprünglich vier Konzilsnationen, der deutschen – ihr gehörten unter anderen auch Skandinavier, Schotten, Polen und Ungarn an –, der italienischen, englischen und französischen trat später noch eine spanische hinzu. Jede „Nation" verfügte bei Abstimmungen über eine Stimme.

Das Konzil stand vor der Aufgabe, drei wichtige Fragen zu lösen: 1. die Wiederherstellung der Kircheneinheit, 2. die Glaubensfrage, das bedeutete vor allem die Entscheidung über den „Ketzer" Jan Hus, und 3. die Reform der Kirche.

Die erste Frage, die „causa unionis", forderte bereits den gesamten Einsatz des Königs, um zu einem positiven Ergebnis zu kommen. Es zeigte sich nämlich bald, daß Johannes XXIII. sein vorher gegebenes Abdankungsversprechen nicht ernst nahm. Als gegen ihn heftige Klagen erhoben wurden, verließ er den Konzilsort und flüchtete zu dem mit Sigmund verfeindeten Herzog Friedrich von Tirol. Erst die über ihn verhängte Reichsacht zwang den Habsburger, Papst Johannes herauszugeben. Dieser Konflikt machte deutlich, daß eine grundlegende Entscheidung über das Verhältnis zwischen dem Konzil und dem Papst getroffen werden mußte. Daraufhin einigten sich die Konzilsteilnehmer auf ein Dekret, demzufolge jeder, auch der Papst, der allgemeinen Synode, die ihre Gewalt direkt von Gott habe und die gesamte Kirche vertrete, gehorsam sein müsse.[209] Damit aber war die Superiorität des Generalkonzils über den Papst festgelegt. Das bedeutete den Bruch mit der bisherigen Auffassung vom uneingeschränkten Primat des Papstes, auch wenn das Dekret nur für dieses Konzil abgefaßt worden war. Nach Klärung dieser Grundsatzfrage wurde Papst Johannes XXIII. der Prozeß gemacht, der am 29. Mai 1415 mit dessen Absetzung endete. Bald darauf trat auch Papst Gregor XII. zurück. Nur Benedikt XIII. hielt weiterhin an seinem Anspruch fest, und zwar auch noch, als das Konzil ihn am 26. Juli 1417 für abgesetzt erklärte. Mit diesen Konzilsbeschlüssen waren nunmehr die Voraussetzungen gegeben, das kirchliche Schisma zu überwinden und einen rechtmäßigen Papst zu wählen.

Inzwischen hatte das Konzil bereits in der zweiten brennenden Frage, der Glaubensfrage (causa fidei) die Entscheidung gefällt. Dabei standen die Auffassungen des Magisters Jan Hus im Mittelpunkt. Auf Einladung und unter Zusicherung freien Geleits durch König Sigmund war Hus am 3. November 1414 in Konstanz eingetroffen.

Jan Hus, um das Jahr 1371 in der südböhmischen Stadt Husinec geboren und in Armut aufgewachsen, hatte unter schwierigen Bedingungen ein Studium durchgeführt, war Geistlicher und schließlich Universitätsmagister geworden. Das luxuriöse Leben zahlreicher Priester bestärkte ihn in der Erkenntnis, daß die Kirche sich völlig von den Idealen der christlichen Urkirche abgewandt habe. So machte er sich immer mehr die Auffassungen des englischen Reformators John Wyclif zu eigen, nach denen die Kirche von Grund auf zu reformieren und ihrer Verweltlichung sowie der Sündhaftigkeit und dem Prunk des Klerus ein Ende zu machen sei. Die in seinen Predigten enthaltenen Forderungen erstreckten sich jedoch bald auf alle Reichen, die geistlichen wie die weltlichen, die von der Arbeit der Armen lebten. Als Hus 1402 Prediger in der Bethlehemskapelle in Prag wurde, entwickelte sich diese zu einem Treffpunkt vor allem der ärmeren Bevölkerungsschichten der Stadt.[210]

Im Jahre 1410 erließ darauf der Prager Erzbischof für Jan Hus ein — wenn auch wenig wirksames — Predigtverbot und erklärte ihn zum Ketzer. Hus' Proteste, seit 1412 zwar nicht mehr in Prag, aber dafür in zahlreichen Dörfern, kleineren Städten sowie auf freien Plätzen in Südböhmen erhoben, fanden eine immer größere Zustimmung. Seine Schriften und Predigten, die im Kern auf eine tiefgreifende Umgestaltung der Kirche abzielten,[211] enthielten in zunehmendem Maße Forderungen, die Reformen der Gesellschaft schlechthin anstrebten.

Jan Hus war in der Hoffnung nach Konstanz gekommen, auf dem Konzil seine Auffassungen vertreten und als rechtgläubig erweisen zu können. Doch mußte er sehr bald einsehen, daß hier nur Gericht über ihn gehalten werden sollte. Er wurde ins Gefängnis geworfen und schließlich — am 6. Juli 1415 — seiner Priesterwürde entkleidet, als ein Ketzer durch die Straßen von Konstanz geführt und vor der Stadt auf dem Scheiterhaufen verbrannt. Bis zuletzt war Jan Hus seinen Auffassungen treu geblieben. In seinen letzten Briefen aus Konstanz forderte er seine Landsleute auf, fest in Eintracht zusammenzustehen und ihren Ideen treu zu bleiben. Die Entzündung des Scheiterhaufens in Konstanz sollte schließlich zu einem Fanal für die revolutionäre Erhebung in seinem Heimatlande werden.

Bei der dritten vom Konzil zu entscheidenden Frage, der Reform der Kirche (causa reformationis), zeigte sich sehr bald, daß an eine grundsätzliche Umgestaltung der Kirche überhaupt nicht gedacht war. Es entwickelte sich vielmehr ein Streit, ob die vom Konzil einzuführenden Reformen der Papstwahl vorhergehen oder erst folgen sollten. Dies war jedoch keineswegs nur eine formale Frage, sondern betraf das grundsätzliche Verhältnis zwischen Papst und Konzil. Die deutschen Teilnehmer drängten am stärksten darauf, vor der Wahl eines neuen Papstes Reformmaßnahmen zu beschließen und die Befugnisse des Papstes einzuschränken; sie

Ausritt des neugewählten Papstes Martin V., König Sigmund leistet den Stratordienst. Der Papst trägt die mit drei Kronreifen versehene Tiara (Chronik des Ulrich von Richental)

*Degradierung und Verbrennung von Jan Hus
(Chronik des Ulrich von Richental)*

gewannen jedoch dafür keine Mehrheit. Eine Einigung erfolgte in dem Dekret „Frequens"[212] nur darüber, daß auch in Zukunft in bestimmten Zeitabständen allgemeine Konzilien zusammentreten sollten. Schließlich wurde am 11. November 1417 ein Italiener, der römische Kardinal Otto Colonna, zum Papst Martin V. erhoben. Der neue Papst stimmte nun – wie zu erwarten – keiner Gesamtreform der Kirche mehr zu. Es kam nur noch zu Konkordaten, die mit den einzelnen „Nationen" abgeschlossen wurden und die begrenzte, den Interessen der staatlichen Gewalten und der hohen Geistlichkeit entgegenkommende Zugeständnisse enthielten. Damit aber waren praktisch die Reformbestrebungen gescheitert, die künftige Stellung des Konzils blieb ungeklärt, Papst Martin V. verbot vielmehr ausdrücklich jede Appellation an eine spätere allgemeine Synode. Er war somit bestrebt, an dem unbedingten Primat des Papstes in der Kirche festzuhalten.

Das Ergebnis des Konstanzer Konzils blieb weitgehend auf die Lösung der „causa unionis" beschränkt. Die allgemeine Anerkennung des neuen Papstes beendete das 39 Jahre währende Schisma der Kirche.

5 Die Ausstrahlung der revolutionären Hussitenbewegung und das Anwachsen der Klassenkämpfe. Der Ausbau der fürstlichen Territorialstaaten (1419 bis zu den siebziger Jahren des 15. Jahrhunderts)

Die Auswirkungen der Hussitenbewegung auf die Klassenauseinandersetzungen. Reformbestrebungen in Kirche und Staat (1419 bis 1439)

Die Hussitenkriege und das Wirken deutscher Hussiten

Nach der Verbrennung des Jan Hus im Jahre 1415 in Konstanz spitzte sich die tiefgreifende soziale, politische und ideologische Krise in Böhmen weiter zu. An vielen Orten eigneten sich Adlige Kirchengut an und duldeten die Vertreibung altgläubiger Priester. Bereits Ende 1414 hatte Jacobellus von Mies in Prag entgegen dem offiziellen kirchlichen Brauch das Abendmahl in beiderlei Gestalt, das heißt mit Hostie und Wein, auch für Laien gespendet. Nun verlangten breite Kreise der Bevölkerung, darunter auch Magister der Prager Universität, die Gewährung des „Laienkelches". Diese Forderung wurde ein zentrales Anliegen der sich entwickelnden hussitischen Bewegung. In verschiedenen tschechischen Städten brachen seit 1415 Aufstände aus. Radikale Anhänger der Ideen von Hus griffen auf häretische Gedanken zurück, um ihre Forderungen nach einer Reform von Kirche und Klerus zu untermauern. Auch die Landbevölkerung geriet in Bewegung. In den zunächst friedlichen Wallfahrten auf die Berge im Frühjahr 1419 vereinigte sich der lokale bäuerliche Haß gegen die Kirche und den Adel zu einer mächtigen Oppositionswelle.

In dieser gespannten Situation wirkte der Sturm einer bewaffneten Menge unter Führung des Predigers von Maria Schnee, Jan Želivský, auf das Neustädter Rathaus in Prag am 30. Juli 1419 als auslösender Funke für den Beginn der revolutionären Bewegung. Bürgermeister und Ratsherren wurden von der aufgebrachten Menge aus den Fenstern geworfen. Diese Tat ging in die Geschichte als der erste Prager Fenstersturz ein. Der bewaffnete Kampf in Prag verschärfte sich in den nächsten Tagen. Als König Wenzel IV. die Nachricht darüber erhielt, erlitt er einen Schlaganfall, an dessen Folgen er am 16. August 1419 verstarb.

In Prag gelang es den gemäßigten Kräften im Bürgertum und unter den Universitätsmagistern zunächst, eine Machtergreifung durch die Stadtarmut zu verhindern. Schließlich paktierten sie sogar mit Wenzels Bruder, dem römisch-deutschen König Sigmund, der Anspruch auf den böhmischen Thron erhob, wegen seiner Mitverantwortung für die Verbrennung von Hus aber von weiten Kreisen des tschechischen Volkes abgelehnt wurde. Die an die Wallfahrten des Jahres 1419 anknüpfende Bewegung in Südböhmen radikalisierte sich weiter und ging zu bewaffneten Aktionen über. Im März 1420 gründeten hier Aufständische bei der Burgruine Hradiště an der Lužnice die befestigte Siedlung Tábor. Sie wurde fortan das Zentrum der revolutionären Kräfte in der Hussitenbewegung. In der neuen Siedlung sammelten sich zunächst vor allem das arme Landvolk und die Stadtarmut.

Inzwischen rüstete König Sigmund im engen Kontakt mit dem Papst für einen gewaltsamen Vorstoß nach Böhmen, der ihm die Krone dieses Landes bringen und die hussitische Ketzerei vernichten sollte. Am 1. März 1420 erließ Papst Martin V. die Kreuzzugsbulle gegen die Hussiten.[1] Im Mai brach das Feudalheer von Schlesien aus nach Böhmen auf und konzentrierte die Hauptmacht auf Prag.[2] Es bahnte sich den Weg zum Hradschin, nahm die Burg Vyšehrad im Süden ein und setzte sich auf der Hochfläche des Letná fest. Die Verteidiger beherrschten vom Vitkov (Veitsberg) aus die letzte freie Zufahrtsstraße nach Prag.

Hier hatte nach dem Scheitern der Verhandlungen zwischen dem Prager Bürgertum und den Abgesandten König Sigmunds wieder der radikale Flügel unter Jan Želivský die Oberhand gewonnen. Im Mai erhielten die Prager Hilfe aus Tábor und weiteren tschechischen Städten. In der Schlacht um den Vitkov am 14. Juli 1420 gelang es dem hussitischen Heer unter Jan Žižka, dem Gegner eine schwere Niederlage zuzufügen. Sie hatte nachhaltige moralische Auswirkungen, so daß die Kreuzfahrerkontingente schließlich nach Hause geschickt werden mußten. Vorher ließ sich Sigmund am 28. Juli 1420 zum böhmischen König krönen, aber die tschechischen Stände erkannten diesen Akt nicht an.

Žižka an der Spitze eines hussitischen Heeres. Auf der Fahne der Kelch, das Symbol der hussitischen Bewegung. Miniatur in der Jenaer Handschrift (um 1500)

Hussitische Wagenburg, mit Feuerwaffen (Wiener Handschrift, Mitte 15. Jh.). Die Gans auf der Fahne zeugt von hussitenfeindlichem Charakter dieser Schrift

Der Sieg am Vitkov weist bereits die wesentlichen Merkmale der Überlegenheit der hussitischen Krieger gegenüber den Feudalheeren auf: die revolutionäre Disziplin, die hohe Kampfmoral und die geschickte Ausnutzung der Geländevorteile. In späteren Schlachten kamen die Wagenburg als Zentrum des Heeres und der offensive Einsatz von Feuerwaffen hinzu. Gepaart mit der Feldherrnkunst Jan Žižkas führten diese Eigenschaften und Kampfmittel die Hussiten in den folgenden Jahren von Sieg zu Sieg. Das hussitische Heerwesen markierte – ebenso wie die Schweizer Reisläufer mit der Taktik des Gevierthaufens – den Wendepunkt zu einer neuen, nicht mehr feudalen Periode der europäischen Kriegskunst. Die hussitischen Heerhaufen waren eine frühe Form der Volksheere, vergleichbar mit den Bauernhaufen im deutschen Bauernkrieg und den Geusen in der niederländischen Revolution.

Während des Kampfes um Prag hatten die Hussiten durch eine intensive Propaganda versucht, unter den einfachen Söldnern des Kreuzfahrerheeres für ihre Lehre zu werben. Von ihnen verbreitete Manifeste enthielten das gemeinsame Programm der verschiedenen hussitischen Strömungen, das seit Anfang April 1420 schriftlich vorlag, die Vier Prager Artikel.[3] Sie waren aus den Klassenforderungen der bürgerlichen Opposition erwachsen, wurden aber von den Universitätsmagistern in der Hauptstadt ebenso verkündet wie von den Predigern auf dem Lande.[4] Vor allem der 3. und 4. Artikel, die die Beseitigung der weltlichen Herrschaft der Kirche und die Bestrafung der Todsünden ohne Ansehen der Person forderten, gaben radikalen Auslegungen größeren Raum. Im Verlauf der Hussitenbewegung wurde von den unterschiedlichen Klassenkräften die Reihenfolge der Artikel mehrfach geändert, was ebenfalls radikalere oder gemäßigtere Interpretationen ermöglichte. Zusammen mit dem Symbol des Laienkelches bildeten die Vier Prager Artikel ein einigendes Band der verschiedenen Klassen und Schichten, die sich in der Hussitenbewegung zusammengeschlossen hatten.

Schon sehr früh fanden die hussitischen Ideen in den benachbarten Ländern Widerhall. Bereits 1412 hatte sich eine kleine Gruppe deutscher Hussiten in Prag im

„Haus zur Schwarzen Rose" versammelt und dort eine Schule für Gleichgesinnte gegründet. Einige von ihnen waren vom Meißner Bischof wegen ketzerischer Auslegung der Bibel aus seinem Bistum vertrieben worden. Aus ihrem Kreis stammte Nikolaus von Dresden, der zwischen 1414 und 1416 als Wortführer des radikalen Flügels der Husanhänger in Prag eine große Rolle spielte. 1417 mußte er dem Druck gemäßigter Kräfte weichen, kehrte in das Bistum Meißen zurück und fand hier im gleichen Jahr den Märtyrertod.[5]

Nach dem Beginn der revolutionären Bewegung in Böhmen verstärkte sich die hussitische Propaganda im deutschen Reichsgebiet. In Regensburg wurde 1420 der Kaplan Ulrich Grünsleder ergriffen, als er einigen Laien offenbar selbst kopierte Traktate von Hus übergab und erläuterte. Grünsleder wirkte an einem Ort, an dem eine waldensische Gemeinde vorhanden war. Die Anlehnung der hussitischen Propaganda an diese Gemeinden kennzeichnete im weiteren Verlauf die Aktivitäten der deutschen Hussiten. Am weitesten ging dabei Johann Drändorf aus Schlieben, der dem Schülerkreis des „Hauses zur Schwarzen Rose" entstammte.[6] Nach 1422 durchzog er mit seinem Diener Martin Borchard mehrere Jahre lang die deutschen Gebiete und versuchte schließlich, in der von Reichsacht und Kirchenbann betroffenen Stadt Weinsberg einen Aufstand zu entfachen. Er wurde ergriffen und am 17. Februar 1425 in Heidelberg hingerichtet.

Ende 1420 differenzierten sich die gegen den äußeren Feind gemeinsam aufgetretenen Hussiten in Böhmen stärker. In Tábor erlangte die von Jan Žižka geführte gemäßigte Linke die Oberhand. Der Einfluß der bäuerlich-plebejischen Gruppierung, die zunächst die treibende Kraft der neuen Siedlung gewesen war und die einen Zustand des Friedens und der Gerechtigkeit mit Gemeineigentum unter der Herrschaft Christi erstrebte (Chiliasmus), wurde Schritt für Schritt zurückgedrängt. Seit Herbst 1420 erhob die Stadt in umliegenden Dörfern den Untertanenzins, und Anfang 1421 vertrieb man die Anhänger des Chiliasmus, die Žižka danach mit Waffengewalt vernichtete. In Prag gelang es dem besitzenden Bürgertum, im März 1422 Jan Želivský zu ermorden und die führerlos gewordene Stadtarmut niederzuwerfen. Nun gewannen die gemäßigten Kräfte an Boden, die wegen ihres Eintretens für den Laienkelch als Calixtiner (calix = Kelch) oder Utraquisten (sub utraque = in beiderlei Gestalt) bezeichnet werden.

In den folgenden Jahren fielen die Heere der deutschen Ritter zu weiteren Kreuzzügen in das Land ein, ohne dabei größere militärische Erfolge erzielen zu können. Nach der schweren Niederlage eines Kreuzfahrerheeres bei Tachov (Tachau) im Sommer 1427 veränderte sich aber die militärische Situation. Die taboritischen Heere gingen zur Offensive über und drangen zunächst in die unmittelbar benachbarten deutschen Territorien ein. Getragen vom Erfolg der Waffen, veranlaßten sie König Sigmund 1429 in Bratislava, eine hussitische Delegation unter Prokop dem Großen, der die Nachfolge des 1424 verstorbenen Jan Žižka angetreten hatte, anzuhören. Obwohl Sigmund infolge seiner Ambitionen in Italien und des Drucks der Türken gegen Ungarn ein gewisses Interesse an einem Ausgleich hatte, blieb die Zusammenkunft – nicht zuletzt wegen des massiven Einschreitens des päpstlichen Legaten – ohne Ergebnis.

Doch die Gewichte verschoben sich weiter zugunsten der revolutionären Hussiten. Im Dezember 1429 überschritt das taboritische Heer das Erzgebirge und leitete den bisher größten Kriegszug über die böhmische Grenze ein. Ohne von dem Heer des meißnischen Markgrafen gehindert zu werden, gelangten die Hussiten bis vor Leipzig. Dann wandten sie sich in fünf Marschsäulen nach Süden. Anfang Februar 1430 standen sie vor Bamberg. Die armen Handwerker und die Besitzlosen dieser bischöflichen Stadt nutzten die Flucht vieler Prälaten und reicher Bürger, verjagten die zurückgebliebenen Mitglieder des Rates und übernahmen die Macht in der Stadt.

Der Bamberger Aufstand war die erste Volksbewegung unter dem unmittelbaren Einfluß der Hussitenbewegung. Die taboritischen Krieger drangen indessen weiter nach Süden vor. In den größeren Städten wie Nürnberg und Frankfurt/Main wurden in Eile die Befestigungen verstärkt. Am 9. Februar 1430 schrieb der Nürnberger Rat in höchster Bedrängnis an die Kurfürsten, „daz dieselben vnglewbigen Hussen leider an allen widerstant in sölicher gnehe bey vns regniren vnd seyn, daz wir Ir teglich warten, wenn sie für uns komen".[7] Die südwestdeutschen Fürsten erpreßten von ihren Untertanen mehrere zehntausend Goldgulden, um den Abzug der Taboriten zu erkaufen. Prokop dem Großen ging es jedoch um mehr. In dem Beheimsteiner Vertrag vom 11. Februar 1430 mußte der Burggraf Friedrich von Nürnberg, der seit 1415 auch Markgraf von Brandenburg war, den hussitischen Gesandten außer der Kontribution eine öffentliche Disputation über die Vier Artikel zusichern, die in Nürnberg stattfinden sollte. Zwar gelang es der herrschenden Klasse, diese Disputation zu hintertreiben, aber durch den Vortrag ihrer Auffassungen in Preßburg und durch den Beheimsteiner Vertrag hatten die Hussiten ihre Anerkennung als gleichberechtigte Verhandlungspartner mit dem Feudaladel erreicht.

Außerdem wandte sich Prokop an das deutsche Bürgertum, das wegen seiner wirtschaftlichen Interessen am ehesten eine baldige Beendigung des Krieges mit Böhmen wünschte. Auf dem Höhepunkt des Kriegszuges nach Franken rief ein Manifest in deutscher Sprache die deutschen Städte auf, „den babst und alle(r) seine(r) phaffheit" zu vertreiben, dem Klerus

seine weltlichen Ämter zu entziehen und die Klöster zu beseitigen.[8] In Eile bot die Papstkirche Theologen an verschiedenen deutschen Universitäten auf und ließ umfangreiche Gegenschriften verfassen. Neu und wirkungsvoll an dem taboritischen Manifest war die öffentliche, auch dem Laien verständliche, radikale Kritik an der gegenwärtigen Kirche und ihrer Priesterhierarchie. Aus Furcht vor der Inquisition war sie bisher nur im verborgenen, in den Ketzergemeinden laut geworden. Ähnliche Argumente sollten in den Bauernbewegungen des 15. Jh. und in dem Programm des deutschen Bauernkrieges wieder auftauchen.

Nachdem das zum fünften Kreuzzug gegen die böhmischen Ketzer aufgebotene Heer 1431 bei Domažlice (Taus) erneut eine schwere Niederlage erlitten hatte, mußte das seit 1431 in Basel tagende Generalkonzil eine hussitische Abordnung empfangen und anhören. Allerdings hofften die hohe Geistlichkeit und die deutschen Fürsten, durch einige Zugeständnisse den gemäßigten Flügel der Hussiten für einen Kompromiß zu gewinnen und gegen die radikalen Kräfte ausspielen zu können. Ihre Rechnung sollte aufgehen.

Der jahrelange Krieg hatte das tschechische Volk erschöpft. Mißernten Anfang der dreißiger Jahre und innere Schwierigkeiten im taboritischen Lager ermöglichten, daß sich — von Abgesandten des Konzils geschickt gefördert — seit 1432 in Böhmen ein Herrenbund des Adels und des reichen Bürgertums gegen die radikalen Kräfte formierte. Diese wurden 1434 bei Lipany geschlagen, ihr Führer Prokop fiel im Kampf. Damit war der radikale Flügel der Hussiten ausgeschaltet.

Sigmund, der 1431 nach Italien aufgebrochen war und im Mai 1433 in Rom die Kaiserkrone erhalten hatte, erschien im Juli 1436 in Jihlava (Iglau). Die hier zwischen ihm, Vertretern des Konzils und des Königreichs

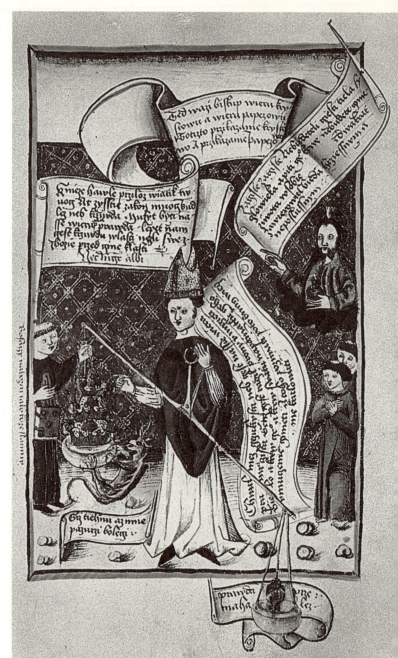

Ein Kardinal wiegt Kelch und päpstliche Tiara. Miniatur in der Jenaer Handschrift

Kaisersiegel Sigmunds von 1434, l.: der Reichsadler, r.: das ungarische Doppelkreuz, u.: der böhmische Löwe. Umschrift: SIGISMVNDVS DEI GRACIA ROMANORVM IMPERATOR SEMPER AVGVSTVS AC HVNGARIE BOHEMIE DALMACIE CROACIE RAME SERVIE GALLICIE LODOMERIE CVMARIE BVLGARIEQ REX ET LVCEMBVRGENSIS HERES

Böhmen abgeschlossenen Iglauer Kompaktaten gestatteten den Hussiten die Feier des Abendmahls in beiderlei Gestalt, den Laienkelch, während die übrigen drei der Vier Prager Artikel mit unbestimmten Versprechungen abgetan wurden. Die Enteignung des Kirchengutes konnte allerdings nicht mehr rückgängig gemacht werden. Zugleich setzte Kaiser Sigmund auch seine Anerkennung als böhmischer König durch und zog in Prag ein.

*Die Bedeutung der revolutionären
Hussitenbewegung in Böhmen*

Die revolutionäre Hussitenbewegung markierte einen tiefen Einschnitt in der Geschichte des feudalen Europa. Zum ersten Mal wurde die Machtstellung der katholischen Kirche als Stütze der feudalen Gesellschaftsordnung in einem Land weitgehend gebrochen. Und erstmals verband sich das Streben nach einer Reformation der mittelalterlichen Kirche mit einer zeitweise siegreichen antifeudalen Volksbewegung sowie dem Kampf um nationale Selbständigkeit in einem Land. Schließlich trat in Prag und Tábor die bäuerlich-plebejische Fraktion das erste Mal mit eigenen Vorstellungen zur völligen Beseitigung der feudalen Klassenherrschaft hervor, genährt durch die utopische Hoffnung auf eine chiliastische Gütergemeinschaft. In Tábor gelang erstmals in der europäischen Geschichte der Sprung von der radikalen Häresie zur revolutionären Ideologie.[9]

Mit diesen Merkmalen besaß die hussitische revolutionäre Bewegung bereits einige Züge der späteren frühbürgerlichen Revolutionen in Europa. Sie vollzog sich jedoch auf der Grundlage einer hochentwickelten einfachen Warenproduktion, die zwar eine stärkere Rolle des Bürgertums und der Städte im feudalen Staat, aber keine antifeudale, frühbourgeoise Alternative ermöglichte. Die hussitische Koalition wies von Anfang an innere Gegensätze auf, die durch die unterschiedlichen Ziele der einzelnen Klassen und Klassenfraktionen verursacht wurden und die sich bis zu politischen und militärischen Konflikten steigerten. Gestützt auf die bewaffneten Aufgebote und die Bünde der böhmischen Städte, gelang es der hussitischen Bewegung zwar, für einige Jahre die Herrschaft im Lande zu errichten und bis zu einem gewissen Grade einheitlich gegen die Angriffe der äußeren Gegner aufzutreten. Sie vermochte jedoch weder die von äußeren Feinden unterstützten Kräfte der kirchlichen und weltlichen Reaktion im eigenen Lande völlig auszuschalten noch dauerhaft die Feudalherrschaft in Frage zu stellen. Die utraquistische Kirche, die nach dem Kompromiß der gemäßigten Kräfte mit dem Papsttum und dem Konzil weiterexistierte, kann nur in einem sehr eingeschränkten Sinn als „reformatorisch" gekennzeichnet werden und hatte keine größere Ausstrahlungskraft.

Dennoch blieb das „böhmische Gift" für Jahrzehnte die zentrale Herausforderung an die Papstkirche, der diese mit allen ihr zu Gebote stehenden Mitteln Herr zu werden versuchte. Der radikale Flügel der Hussiten, die Taboriten, hatte Vertreter der Häresien einiger europäischer Länder aufgenommen und wirkte andererseits auf die antikirchlichen Strömungen jenseits der böhmischen Grenzen zurück. Insofern blieb die hussitisch-taboritische Ideologie nicht auf Böhmen beschränkt, sondern stimulierte international den Kampf gegen die feudale Kirche. Sie konnte aber in keinem Fall in einem anderen Land eine Kirchenreformation oder gar eine revolutionäre Bewegung initiieren. Der breite internationale Widerhall blieb ein Klassenkampf innerhalb des Feudalsystems. Besondere Anstrengungen unternahmen die Theoretiker des Papsttums, um die Gedanken des 1415 als Ketzer verurteilten Jan Hus mit der Feder zu bekämpfen. Die ersten Ideologen der papalistischen Reaktion kamen aus Böhmen selbst. Die Bekämpfung des Hussitentums wurde ein zentrales Anliegen, das bis weit über die Mitte des Jahrhunderts von Interesse blieb.

Praktische Folgen für den feudalen Staatsapparat hatte die Hussitenbewegung vor allem in den an Böhmen grenzenden Reichsgebieten. Dort mußte die herrschende Klasse die größten Anstrengungen zur militärischen und politischen Bekämpfung der Hussiten unternehmen, und dort bemerkte sie am deutlichsten die Mängel in den eigenen Institutionen.

*Die innenpolitischen Folgen der Konfrontation
mit den „böhmischen Ketzern"*

Die Bemühungen König Sigmunds in den ersten Jahren seiner Regierung, mit Hilfe des Reichsadels und der Reichsstädte seinen Einfluß in Deutschland gegen die Kurfürsten zu stärken, erhielten nach 1419 durch die Konfrontation mit der revolutionären Hussitenbewegung neue Akzente. Nun ging es neben der Stärkung einer zentralen staatlichen Gewalt und der Friedenssicherung nach innen auch um den militärischen Schutz der Grenzen sowie um die Bereitstellung eines einsatzfähigen Truppenaufgebotes. In den Jahren 1420 und 1421 hatte es keine verbindlichen Pflichten der Stände hinsichtlich der Stärke der zu stellenden Kontingente gegen die Hussiten gegeben. Jeder Stadt und jedem Fürsten blieb es überlassen, wieviel Krieger sie schickten.

Der Kampf gegen die Hussiten und um die böhmische Königskrone bedeutete für Sigmund, der schon als König von Ungarn mit der Abwehr der auf dem Balkan vordringenden Türken belastet war, einen weiteren Kriegsschauplatz, so daß er mehr als bisher von innenpolitischen Reformen im deutschen Feudalstaat abgelenkt wurde. Er kam höchst selten nach Deutschland, meist hielt er sich in Ungarn auf. Das wirkte sich nach 1419 auch nachhaltig auf seine Verhandlungen mit den einzelnen Ständen aus.

Auf dem Nürnberger Reichstag 1422 versuchte er durch ein weiteres Entgegenkommen gegenüber Adel und Städten, den Frieden im Innern des Reiches wirksamer zu sichern und Stützen für das Königtum zu gewinnen. Die Reichsritter erhielten das Recht, Bünde zu bilden und in diese auch Städte aufzunehmen. Dadurch sollte der Adel anderer Landschaften dem Beispiel des schwäbischen folgen, der 1406 die Gesellschaft mit St. Jörgenschild gebildet hatte. Den Städten gegenüber blieb es bei der Mahnung zusammenzuhalten, damit sie stark gegen die Fürsten seien. Dem König schwebte letztlich ein einheitlicher Organismus aller oberdeutschen Rittergesellschaften und Städtebünde unter seiner Führung vor. Auf dem gleichen Reichstag wurde ein zeitlich befristetes Teilaufgebot zum Entsatz der von den Hussiten belagerten Festung Karlštejn beschlossen und dabei die Pflichten der einzelnen Reichsstände in einer Reichsmatrikel[10] erstmals genau festgelegt. Sigmund gestattete jedoch, das Truppenaufgebot durch Geldzahlung abzugelten, zu der auch die nicht in der Matrikel genannten Stände verpflichtet sein sollten, so daß von Anfang an Möglichkeiten bestanden, das Aufgebot zu umgehen.

Das Kurfürstenkollegium versuchte der König zu spalten und einige seiner Mitglieder für sich zu gewinnen, womit er zunächst Erfolg hatte. Anfangs stand der Hohenzollern-Burggraf Friedrich von Nürnberg, der 1415 die der luxemburgischen Dynastie gehörende Mark Brandenburg mit Kur- und Erzkämmererwürde erhalten hatte, auf seiner Seite. Das änderte sich, als Sigmund 1423 dem Markgrafen von Meißen, Friedrich dem Streitbaren, für seine Beteiligung am Kampf gegen die Hussiten das nach dem Aussterben der Askanier vakant gewordene Herzogtum Sachsen-Wittenberg mit der Kurwürde verlieh, ohne die Ansprüche des Hohenzollern zu beachten. Mit dieser Belehnung hängt es zusammen, daß in der Folgezeit der Name „Sachsen" auf den ganzen Territorialbesitz der Wettiner übertragen wurde. Doch konnte Sigmund auch Friedrich den Streitbaren nicht für sich gewinnen. Es formierte sich eine Front der Kurfürsten, die 1424 im Bingener Kurverein zu einer festen Vereinbarung fand. Zwar wurde die Vereinigung in erster Linie mit der hussitischen Gefahr begründet, die Spitze gegen Sigmund kam aber nicht nur in dem Anspruch auf ein fürstliches Mitregierungsrecht zum Ausdruck, sondern auch in der Übernahme einer Reihe von Artikeln des Bopparder Vertrages von 1399, der die Grundlage für die Absetzung Wenzels als deutscher König im Jahre 1400 gebildet hatte.

Während Sigmund weiter mit der Gesellschaft mit St. Jörgenschild und dem Schwäbischen Städtebund verhandelte, trat auf dem Frankfurter Reichstag 1427 die Frage des Reichsaufgebotes in den Vordergrund. Der Versuch von 1426, die 1422 festgelegten Anschläge zu verbessern, war gescheitert, so daß nun grundsätzlich noch einmal über die Aufstellung einer Streitmacht beraten werden mußte. Zudem war 1426 erneut ein großes Aufgebot sächsischer und hessischer Truppen bei Ústí nad Labem (Aussig) von einer zahlenmäßig

Kaiser Sigmund. Im Auftrag des Rates der Stadt Görlitz angefertigtes Gemälde (um 1440)

unterlegenen hussitischen Streitmacht vernichtend geschlagen worden. Der Vorschlag von 1427 sah vor, zu den über die Matrikel aufgebotenen „Gleven" – das waren ausgerüstete Einzelkämpfer zu Pferde mit „Zubehör" wie Knappen und Ersatzpferden – ein Söldnerheer zu werben. Aus diesem Grunde erließ der Reichstag von 1427 ein Gesetz über die Erhebung des „gemeinen Pfennigs", das aber nur für die Hussitenkriege Geltung haben sollte.[11] Dem deutschen König war dadurch die Möglichkeit genommen, die akute Situation für die dauerhafte Etablierung eines ihm dienenden Reichsaufgebotes auszunutzen. Zur Verwaltung der Kriegssteuer wurde eine Kommission aus Beauftragten der sechs Kurfürsten und aus drei Vertretern der Reichsstädte gebildet. Doch die von den Untertanen erpreßten Gelder gingen nur sehr zögernd ein, und die Kommission besaß keinerlei Exekutive, um Säumige zur Zahlung zu zwingen. Die Fürsten verwendeten die Gelder häufig zur Finanzierung von Truppenkontingenten, die ihren eigenen Interessen dienten. Die Städte versuchten, sich mehr und mehr den Kosten des Krieges und überhaupt der Teilnahme an ihm zu entziehen. Dabei waren die patrizischen Stadträte keineswegs hussitenfreundlich; nur gerieten ihre wirtschaftlichen und politischen Interessen in Widerspruch zu diesen Aggressionskriegen.

Als noch größerer Fehlschlag erwies sich der auf dem Frankfurter Reichstag ausgearbeitete Plan eines neuen

Feldzuges nach Böhmen einschließlich der Disziplinarvorschriften für das neu aufgestellte Heer. Der Versuch, die hussitische Wagenburgtaktik zu übernehmen und dem eigenen Heer ein größeres Wagenaufkommen beizugeben, blieb erfolglos. Das Anfang Juli 1427 in Böhmen eindringende große Kreuzfahrerheer wurde vor der von einer kleinen Besatzung tapfer verteidigten Bergbaustadt Stříbro (Mies) festgehalten. Als die Hussiten unter Führung von Prokop dem Großen bis auf wenige Meilen heran waren, „ward vnter dem gemeynen volk und wagenleuten ein irrung" (Unruhe),[12] die sich zur Flucht steigerte und alles mitriß: schwere Reiterei, Artillerie, die eigenen Streitwagen. Vergebens beschwor und beschimpfte der dem Heer beigegebene päpstliche Legat Kardinal Henry Winchester die Fliehenden. Reiter und Fußvolk, Ritter und Söldner, Fürsten und Herren hasteten, von der Angst vor den hussitischen Kriegern gejagt, durch die Grenzwälder nach Bayern.[13]

Der Anschlag für das Reichsaufgebot wurde 1431 nochmals erweitert, präzisiert und durch eine Heeresordnung ergänzt. Einzelne ihrer Artikel beschäftigten sich mit der Einteilung des Fußvolkes nach dem Dezimalsystem, mit der Bewaffnung, der Ausrüstung einschließlich der Bereitstellung einer bestimmten Anzahl von Kriegswagen und der Versorgung des Heeres. Für den Kampf gegen die Hussiten konnten dadurch die Erfolgsaussichten nicht verbessert werden, aber Anfang des 16. Jh. knüpfte Kaiser Maximilian I. in den Kriegsartikeln für die Landsknechte an diese Söldnerordnung an.

Im Unterschied zu den praktisch weitgehend wirkungslosen Reichsgesetzen zur Neuordnung des Militärwesens gaben die Hussitenkriege in einigen Territorien den Anlaß für eine neue, länger wirksame Wehrordnung. In der Steiermark ging die Landesherrschaft schon 1421 zu einer Erfassung der gesamten männlichen Bevölkerung zwischen 16 und 70 Jahren sowie aller Waffen über. Schließlich berief der Herzog 1431 ein allgemeines Aufgebot ein, das im Unterschied zur bisherigen Defension ausdrücklich offensiv verwendet werden sollte.[14] In Bayern fand in Vorbereitung des neuen Kreuzzuges 1431 die erste größere Mobilmachung statt. 1434 entstanden nach dem Beispiel der Vierteleinteilung der Städte fünf Landwehrbezirke, und im gleichen Jahr wurde erstmals der zehnte Mann ausgehoben,[15] eine Regelung, die in den folgenden Jahren auch andere Territorien einführten. Nicht nur in der Wehrordnung, sondern auch in der Landesverteidigung waren die Territorien aktiver als das Königtum.

Die innenpolitischen Verhandlungen König Sigmunds mit den Rittern und Städten lebten Anfang der dreißiger Jahre noch einmal auf. Am Ende waren vor allem die Städte zu keiner konkreten Vereinbarung bereit. Einerseits befürchteten sie mit Recht, für gesteigerte finanzielle Leistungen an die Krone keinen realen Schutz durch den König vor dem räuberischen Adel und den Übergriffen der Fürsten zu erhalten. Andererseits verhinderten die regional begrenzten städtischen Sonderinteressen übergreifende Verträge. Sigmund reagierte auf die Haltung der Städte mit dem 1431 erlassenen Gesetz zum Schutz des Reichsadels, das die alten Verbote der Pfahlbürger und der gegen den Adel gerichteten städtischen Einungen erneuerte.

Schon im Schatten des seit 1431 in Basel tagenden neuen Kirchenkonzils sowie unter dem Eindruck der zahlreicher werdenden Vorschläge zu einer Reform der Papstkirche und des Reiches unternahm Sigmund noch einmal den Versuch, wenigstens auf einigen Gebieten die inneren Verhältnisse des Reiches zu reformieren. 1434 trat er mit einem 16 Punkte umfassenden Reformvorschlag hervor, der zunächst zur Vorberatung an die Reichsstände ging, auf dem nächsten Reichstag aber verabschiedet werden sollte. Eine allgemeine Rechtsordnung, Sicherung des Landfriedens und eine wenigstens teilweise Einschränkung der Fehden waren die wichtigsten Reformpunkte. Ferner sollten das Münz- und Geleitwesen besser geregelt und der Zins-

Kampf zwischen Kreuzfahrerheer und Hussiten. Miniatur in der Jenaer Handschrift

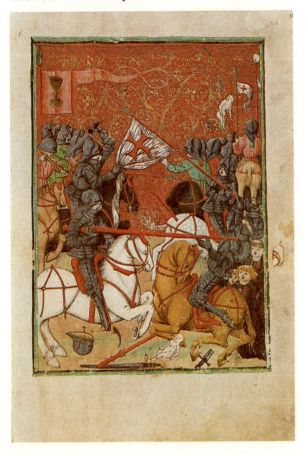

wucher unterbunden werden.[16] Diesen Artikeln konnten alle Stände zustimmen, was auch geschah. Das Tauziehen der nächsten Jahre ging nicht um einzelne Vorschläge, sondern um deren praktische Verwirklichung. Dabei stellten die Stände den erstmals unter König Wenzel eingebrachten Vorschlag der Einteilung des Reiches in vier Kreise zur Debatte.

Gulden König Sigmunds, geprägt in der Reichsstadt Dortmund ab 1419. Auf der Rückseite der Reichsapfel und die Umschrift: MONETA NOVA TRENONIENS

Da Sigmund sich kaum um den Fortgang der Behandlung seiner Vorschläge kümmern konnte, rissen nach 1436 die Fürsten die Initiative an sich. Ihr Projekt zur Friedensordnung und zur Reform des Gerichtswesens glich zwar äußerlich dem kaiserlichen, schränkte aber die Befugnisse der zentralen Gerichtsbarkeit weitgehend ein. Die fürstliche Initiative weckte sofort den Widerstand der Städte. Die zähen Verhandlungen darüber führten zu keinem Ergebnis, so daß alles beim alten blieb. Immerhin ließ dieser letzte Vorstoß Sigmunds zu einer Reichsreform in städtischen Kreisen die Vorstellung aufkommen, der Kaiser habe eine solche angestrebt und sei nur daran gehindert worden.

Das Basler Konzil

Entsprechend dem auf dem Konstanzer Konzil angenommenen Dekret „Frequens" sollten die nächsten Konzilien nach fünf, sieben und zehn Jahren und dann weiter im Zehnjahresrhythmus stattfinden. Doch die 1423 zunächst für Pavia einberufene, dann wegen der Pest nach Siena verlegte oberste Kirchenversammlung wurde spärlich besucht und bald wieder vom Papst aufgelöst. Ein neues Zusammentreffen nahmen die Konzilsväter für 1431 in Basel in Aussicht.

Inzwischen hatte die revolutionäre Hussitenbewegung ein solches Ausmaß erreicht, daß sich das Konzil unbedingt mit der „böhmischen Ketzerei" beschäftigen mußte. Damit stand auch das Problem der kirchlichen Reformen auf der Tagesordnung. Dringlich war schließlich die Klärung des Verhältnisses zwischen dem Papst, dessen Stellung sich nach der Überwindung des Schismas unter Martin V. erheblich gefestigt hatte, und den Vertretern des Konziliarismus geworden. Die Unterordnung der einen Gewalt unter die andere wurde eines der zentralen Anliegen des neuen Konzils in Basel, das unter dramatischen Vorzeichen begann. Der Anfang 1431 zum Präsidenten des künftigen Konzils ernannte Kardinal Cesarini wurde am 14. August dieses Jahres mit dem Kreuzzugsheer bei Domažlice (Taus) schmählich aus Böhmen verjagt. Am 20. Februar 1431 war Papst Martin V. gestorben, und sein Nachfolger Eugen IV. erlitt wenige Wochen nach seiner Wahl einen Schlaganfall, der ihm eine Reise über die Alpen unmöglich machte. In Basel versammelten sich indessen die Delegierten nur spärlich, so daß der Eröffnung des Konzils am 23. Juli 1431 neben sonstigen Geistlichen nur zwei Kardinäle, ein Bischof und zwei Äbte beiwohnten. Bis zum Ende des Jahres konnte es dann aber seine Arbeit aufnehmen. Inzwischen drängte der neue Papst auf eine Verlegung in seinen Machtbereich nach Bologna und erklärte die Basler Versammlung für aufgelöst. Doch die Konzilsväter lehnten dieses Ansinnen im Februar 1432 ab. In den folgenden Monaten spitzten sich die Gegensätze zwischen beiden Kontrahenten weiter zu. Da König Sigmund und andere weltliche Herrscher die Versammlung in Basel unterstützten, setzte sie sich mit ihrem Beharren zunächst durch.

Nach der Niederlage des letzten Kreuzzuges gegen die Hussiten war auch in den Kreisen des Konzils die Überzeugung gewachsen, daß man mit den Böhmen verhandeln müßte. Das bedeutete vor allem, Vertreter der Hussiten auf dem Konzil anzuhören. Der Vertrag von Eger am 18. Mai 1432 billigte ihnen das vollständige Recht des freien Gehörs zu, garantierte ihnen persönliche Sicherheit und gestattete ihnen, in ihren Herbergen in Basel ihre Form des Gottesdienstes auszuüben. Am 4. Januar 1433 traf die fünfzehnköpfige Abordnung, der auch Prokop der Große und der Taboritenbischof Mikuláš Pelhřimov angehörten, in der Stadt des Konzils ein.

Es war vorauszusehen, daß das erste Zusammentreffen beider Seiten zu keinem Erfolg führen würde, da die Konzilsväter nicht bereit waren, das hussitische Programm der Vier Prager Artikel zu billigen. Man einigte sich aber darauf, die Gespräche mit einer Gesandtschaft des Konzils in Prag fortzuführen. Den aufmerksamen Diplomaten der Kirchenversammlung war nicht entgangen, daß eine Gruppe hussitischer Gesandter Bereitschaft zu weitergehenden Zugeständnissen zeigte.

In der zweiten Hälfte des Jahres 1433 wurden in der böhmischen Hauptstadt die Verhandlungen mit den Hussiten fortgesetzt. Der Leiter der Konzilsdelegation, Johannes Palomar, nutzte geschickt die inneren Gegensätze im hussitischen Lager aus. Eine verheerende Seuche und militärische Rückschläge förderten schließlich in Böhmen die Friedensbereitschaft. Palomar erreichte im November/Dezember 1433 durch das Zugeständnis des Laienkelches, das zwar noch vom

Konzil bestätigt werden mußte, eine Übereinkunft (Kompaktaten), durch die der Friedensschluß vorbereitet werden sollte. Im Frühjahr und Sommer 1434 waren die Beauftragten des Konzils emsig in Böhmen tätig, um durch Gespräche, Versprechungen und nicht zuletzt durch massive Geldbeihilfen die gemäßigte Partei der Hussiten für eine militärische Auseinandersetzung mit dem radikalen Flügel zu stärken. Nach dessen Niederlage bei Lipany dauerte es aber weitere zwei Jahre, bis am 5. Juli 1436 auf dem Landtag zu Jihlava (Iglau) die vereinbarten Kompaktaten offiziell angenommen wurden. Die Kurie hat allerdings die vom Basler Konzil ausgehandelten Kompaktaten nie bestätigt; 1462 wurden sie auch formell von ihr wieder aufgehoben.

In den Jahren 1433/34 gewann die Basler Kirchenversammlung weiter an Ansehen. In mehreren Dekreten formulierte sie ihren Autoritätsanspruch und sprach dem Papst jedes Recht ab, sie aufzulösen oder zu verlegen.

Das Problem der Kirchenreform und der Autorität des Konzils behandelte Nikolaus von Kues in seiner Schrift „Concordantia catholica" im Sinne der konziliaren Theorie. Nikolaus hielt sich seit 1432 als Vertreter Ulrichs von Manderscheid, der sich um das Erzbistum Trier bewarb, in Basel auf. Nach seiner Auffassung leitet das Generalkonzil seine Macht unmittelbar von Christus ab, repräsentiert die Kirche und steht deshalb über dem Papst. Bei Häresie oder Pflichtverletzung kann es ihn absetzen. Allerdings erlangen alle Festlegungen des Konzils in Dingen des Glaubens erst Rechtskraft, wenn der Papst ihnen zustimmt. In anderen Fragen sprach sich Nikolaus für gemäßigte Reformen und die Zurückdrängung weltlicher Herrschaftsansprüche auf die Kirche aus.

Die Reformanstrengungen des Konzils gingen von den 18 Punkten aus, die auf dem Konzil zu Konstanz besprochen, aber nicht mehr in Festlegungen umgesetzt worden waren. Sie konzentrierten sich jetzt vor allem auf die Frage der Simonie. Einige Kreise des Konzils waren ernsthaften Reformen gegenüber allerdings nicht sehr aufgeschlossen. Kardinal Cesarini rügte ihre Faulheit und versuchte, sie zur Arbeit zu ermuntern.[17] 1435 wurden die Annaten abgeschafft, Reservationen hoher geistlicher Ämter für vom Papst präsentierte Kandidaten sollte es in Zukunft nicht mehr geben. Die Zahl der Kardinäle wurde auf 24 festgelegt und von ihnen die Qualifikation eines Doktors der Theologie, des kirchlichen oder weltlichen Rechts verlangt. Die Spitze dieser Reformen richtete sich eindeutig gegen das Papsttum, dessen Einfluß auf die Besetzung hoher kirchlicher Ämter zurückgedrängt werden sollte. Trotz des Bemühens um tiefgreifende Veränderungen kam das Konzil bei wichtigen Problemen, zum Beispiel in der Reform der geistlichen Orden, nicht über fruchtlose Debatten hinaus.

Theoretisch und durch ihre praktische Tätigkeit entwickelte die Kirchenversammlung in Basel die konziliare Theorie weiter. Besondere Unterstützung fand sie bei den zahlreichen Magistern der Universitäten, den Klerikern und Mönchen niederen Ranges, die im Unterschied zu vorhergegangenen Konzilien in Basel zahlreich anwesend waren und auch volles Stimmrecht besaßen.[18] Diese breite Beteiligung aus dem Klerus war eine Besonderheit der Basler Kirchenversammlung.

Trotz der bedeutenden Erfolge in den ersten Jahren unterlag schließlich das Konzil im Tauziehen um die Superiorität dem Papst. Die Gegensätze zwischen beiden Seiten entzündeten sich erneut an der Frage des Ortes, an dem die Unionsverhandlungen mit der Ostkirche zu Ende geführt werden sollten. Angesichts der wachsenden türkischen Bedrohung hatten sich nach mühsamen Vorgesprächen der byzantinische Kaiser und der Patriarch von Konstantinopel Ende 1436 bereit erklärt, Gesandte zu Verhandlungen über die Wiederherstellung der Einheit der Kirche zu entsenden. Als Ort der Verhandlungen wünschten sie jedoch nicht Basel, sondern eine Stadt südlich der Alpen. Als die Konzilvertreter sich darauf nicht einigen konnten, nutzte Eugen IV. die Situation, verlegte 1437 das Konzil nach Ferrara und erklärte schließlich die Basler Kirchenversammlung für aufgelöst. Über diejenigen, die sich weigerten, dieses Dekret anzuerkennen, wurden Sanktionen verhängt.

Die Basler Gruppe lehnte eine Auflösung – gestützt auf Sigmund – zunächst ab und erklärte ihrerseits den

Der Papst, vom Teufel angestiftet, verleiht Pfründen gegen Geld. Holzschnitt aus Rodericus Zamorensis, Spiegel des menschlichen Lebens (1478)

Papst für abgesetzt. Im November 1439 wurde Herzog Amadeus VIII. von Savoyen als Felix V. von ihr zum Gegenpapst gewählt. Der noch in Basel weilende hohe Klerus ging aber in den folgenden Monaten größtenteils auf die Seite Eugens IV. über, so daß sich die Zusammensetzung der Kirchenversammlung immer mehr zugunsten einfacher Kleriker verschob.

Schritt für Schritt gelang es Eugen in den folgenden Jahren, den Einfluß des Basler Konzils zurückzudrängen. Wichtig dafür wurde die Parteinahme der Fürsten. Nach dem Tode Sigmunds im Dezember 1437 erklärten sich die deutschen Fürsten zunächst für neutral. Später gelang es durch Vermittlung des zeitweise in päpstlichen Diensten stehenden italienischen Humanisten Enea Silvio Piccolomini, Kaiser Friedrich III. an die Seite Eugens IV. zu bringen. Unter dessen Nachfolger, Nikolaus V., wurde schließlich 1449 die Auflösung des Konzils erreicht und der Zwiespalt beigelegt. Damit war das Konzil der Oberhoheit des Papstes endgültig unterlegen. In Zukunft sollte es weder einen solchen Machtanspruch eines Konzils geben, wie ihn das Basler entfaltet hatte, noch einen Gegenpapst.

Gemäßigte und radikale Reformvorschläge von Klerus und Bürgertum

Seit dem Beginn der dreißiger Jahre des 15. Jh. nahm die Zahl von Projekten für eine Reichsreform aus der Feder von Klerikern und Bürgern zu. Eine allgemeine Anregung dazu vermittelte die Beschäftigung der Konzilien mit der Kirchenreform. Geistlicher und weltlicher Bereich waren in diesen Programmen nicht geschieden. Konkreten Anlaß für das intensivere Reformdenken gaben aber die in den Hussitenkriegen deutlich gewordene Schwäche des Reiches und die zunehmenden Aktionen der Volksmassen in Stadt und Land. Diese waren in dem Bauernaufstand um Worms 1431/32 bis zu einem Maße gediehen, daß die rheinischen Städte und Herren befürchteten, die Bauern könnten hier und in anderen Landschaften für die „Böhmen" Partei ergreifen. Auch die schleppende Behandlung und schließlich das Scheitern von Kaiser Sigmunds Reformvorschlägen regten Kreise außerhalb der Fürsten und der Spitze des Reiches an, sich zu den notwendigen Reformen zu äußern.

Nikolaus von Kues bezog in seine 1433 dem Basler Konzil überreichte „Concordantia catholica" auch notwendige Veränderungen der politischen Verhältnisse im Reich ein. Sein Vorschlag zu einer Reichsreform war zeitlich nicht der erste, aber er war wesentlich ausführlicher als die seiner Vorgänger. Kues warnte vor einer allgemeinen Verwirrung, wo niemand mehr sicher wäre, die Herren ständig im Streit lägen und ihr Recht in den Waffen suchten. Da werden sich die Volksmassen erheben, denn so wie die Fürsten das Reich, wird das Volk die Fürsten verschlingen.[19]

Der gelehrte Theologe und spätere Bischof von Brixen hoffte, daß die Fürsten mithelfen würden, den Zustand des Reiches zu bessern. Deshalb sah er eine etwa jährlich tagende Reichsversammlung vor, auf der die wichtigsten Fragen beraten werden sollten. Sie habe unter anderem die Aufgabe, das zur Zeit geltende Recht zu vereinheitlichen und als oberster Gerichtshof zu dienen. Gewaltanwendung bei Streitigkeiten und Fehden seien durch ein allgemeines Landfriedensgesetz vollständig zu verbieten. Eine wesentliche Voraussetzung für die Einhaltung dieses Verbots bilde ein ordentliches Gerichtswesen. Um ein solches aufzubauen, schlug Kues vor, das Reich in zwölf Gerichtsbezirke zu teilen, in denen jeweils drei besoldete Richter, je einer aus dem Adel und der Geistlichkeit sowie ein Nichtadliger, tätig sind. Zur besseren Gewährleistung der inneren Sicherheit und des Schutzes der Grenzen soll ein Söldnerheer aufgestellt werden. Die Finanzierung wird von den Fürsten mitgetragen, indem sie einen Teil der Zoll- und Steuereinnahmen einer Reichsschatzkammer zur Verfügung stellen, die allerdings von der jährlichen Reichsversammlung verwaltet wird. Zwar beabsichtigte Nikolaus, die Rolle der Städte im politischen

Nikolaus von Kues. Stifterbild auf einem Altarbild in der Kapelle des St. Nikolaus-Hospitals in Bernkastel-Kues (um 1470)

gängers zurücktrat und im Kampf gegen Türken und Heiden[21] seine Hauptaufgabe sah.

Im Unterschied zur überwiegenden Mehrzahl der anderen Reformtraktate war die „Reformation Kaiser Sigmunds" in deutscher Sprache abgefaßt und dadurch einem breiteren Leserkreis zugänglich. Ihr Verfasser konnte bis heute nicht ermittelt werden, obwohl es mehrere Hypothesen gibt. Er war wahrscheinlich ein Kanzleibeamter des Basler Konzils. Die „Reformation" wurde im 15. Jh. insgesamt sechzehnmal abgeschrieben und dabei immer wieder in eigener Weise interpretiert, das heißt bei Beibehaltung ihrer Grundgedanken geringfügig variiert und ergänzt. 1476 wurde sie erstmals gedruckt, bis 1525 sind sieben weitere Drucke bekannt. Das zeugt von einer starken Resonanz. Man kann sie als die meistgelesene Reformschrift des 15. Jh. bezeichnen.

Nicht zuletzt liegt das in ihrem Inhalt begründet. Ihr Verfasser kannte zahlreiche frühere Reformvorschläge. Insbesondere verwendete er das 1433/34 entstandene „Avisamentum" des Lübecker Bischofs Johannes Schele zur Reform des geitlichen und weltlichen Standes.[22] Er schrieb eine einfache und aufrüttelnde Sprache, so daß seine Gedanken auch von den einfachen Menschen seiner Zeit verstanden werden konnten.

Die „Reformation" geht von der politischen Situation in Deutschland und dem Niedergang der königlichen Gewalt aus, wendet sich an die „edeln reichstet", da „ir das aller oberst glid seit, auff die in diser zeit wol die cristenhait gepauen ist".[23] Die Reichsstädte sind die wichtigste Stütze des Königtums, und von ihnen soll auch die Reformation ausgehen, allerdings nicht nur von den Städten schlechthin, sondern von den „klainen". Unter den „Kleinen", denen eine Schlüsselrolle bei der Verwirklichung der Reform zukommt, versteht der Verfasser die nichtprivilegierten Kreise der Gesellschaft unterhalb der Fürsten und Landesherren, vor allem die Bewohner der Städte und die Reichsritterschaft.[24]

Zur Durchsetzung der Reform befürwortet er ausdrücklich Gewalt, denn man kann sie „nit außgeben dann mit gewalt und pene zu verorden, daz sye bestee". „Wann sollen wir komen zü recht, das müß durch gotlich hilff ... und durch das swert, daz man brauchen sol durch gots willen".[25] Die staatlichen Reformen dienen dem Ziel, die Zentralgewalt zu stärken. Ein Friedenskaiser, der den Namen Friedrich trägt, wird das Reich regieren.

Damit knüpft der Verfasser an die jahrhundertealte Vorstellung von dem Erscheinen eines Friedenskaisers an, unter dem Gerechtigkeit einziehen und das Ende aller inneren Zwistigkeiten eintreten werden. Zugleich hält er aber die derzeit regierende Dynastie der Habsburger für nicht fähig, diesen Kaiser zu stellen. Das

Traum Kaiser Sigmunds. Holzschnitt in der 1476 in Augsburg gedruckten Ausgabe der „Reformatio Sigismundi"

Kräftespiel des Reiches stärker hervorzuheben; so sollten an der Reichsversammlung auch Vertreter der landesherrlichen Städte teilnehmen. Im Grunde liefen seine Vorschläge aber darauf hinaus, jene Kräfte zu gemeinsamem Handeln zu bewegen, die sich im Kampf um die politische Vorherrschaft konträr gegenüberstanden. Insofern berücksichtigte sein Reformkonzept stärker die Interessen der Fürsten als die der Zentralgewalt. Zudem waren Reformprinzipien, die für die Papstkirche mit ihrer ungewöhnlich ausgebauten Bürokratie als zweckmäßig erschienen, nicht ohne weiteres auf das ganz anders aufgebaute Reich, wo zentrale Organe weitgehend fehlten, übertragbar.[20]

Eine radikalere Variante des Reformdenkens brachte die „Reformation Kaiser Sigmunds", die 1439 in der Umgebung des Basler Konzils entstand, und zwar zu einer Zeit, da der überwiegende Teil der hohen Prälaten schon die Versammlung verlassen hatte. Die Flugschrift knüpfte an die Vorlagen Sigmunds für die Reichsreform nach 1434 an, zumal der neue König Albrecht II. noch von den bescheidenen Reformabsichten seines Vor-

kaiserliche Universalreich bleibt zwar weiter bestehen, wird jedoch in vier Teile gegliedert, die jeweils ein kaiserlicher Vikar verwaltet. Einer dieser Teile umfaßt die deutschsprachigen Gebiete, die weiteren Oberitalien, Savoyen und Burgund. Diese Gliederung soll der Aufrechterhaltung des Friedens dienen. Wer von den Fürsten gegen den Frieden verstößt, darf keine Lehen mehr vom Reich erhalten. Die Friedensordnung liegt dem Verfasser der „Reformation" besonders am Herzen. Kein Untertan braucht seinem Herrn gehorsam zu sein, wenn er ihm helfen soll, Krieg zu führen.

Die Fürstentümer haben eine Anzahl ihrer bisherigen Rechte, vor allem wirtschaftlicher Art, der Zentralgewalt abzutreten. Diese erlaubt die Erhebung von Zöllen zur Erhaltung von Straßen und Brücken. Die Gesamtsumme der Zölle ist auf ein Drittel ihres alten Umfangs zu senken. Alle bisherigen Münzrechte von Herrschaften und Städten sollen wegfallen, und eine neue Münzordnung des Reiches mit strengen Bestimmungen gegen diejenigen, die den Edelmetallgehalt herabsetzen, wird eingeführt.

Der hohen Gerichtsbarkeit wird ein kaiserliches Rechtsbuch zugrundegelegt, wie überhaupt jedes Recht vom Kaiser ausgeht. Das sollte die bisher geübte, uneinheitliche feudale Rechtsprechung überwinden und lag im Gegensatz zu den in den Reformtraktaten und auf den Reichstagen vorgetragenen Vorstellungen über ein Reichskammergericht unter Mitwirkung der Fürsten im Interesse der Zentralgewalt.

Die „Reformation" sieht einschneidende Maßnahmen gegen die bisherige Stellung der Geistlichkeit als Glied der feudalen Hierarchie vor. Diese laufen auf eine Säkularisierung des geistlichen Besitzes hinaus. Erzbischöfe und Bischöfe werden zu fest besoldeten Beamten, verlieren folglich ihre bisherige Funktion als Feudalherren und Inhaber von weltlicher Gewalt. Sie dürfen „kain sloß, vesten noch stet, zwing noch penn nit haben".[26] Den Priestern wird die Ehe gestattet. Der Einfluß aller geistlichen Orden wird eingeschränkt. Die Mönche dürfen hohe Kirchenämter und bestimmte geistliche Tätigkeiten nicht ausüben. Klöster, deren Insassen sich nicht an die Ordensregeln halten, sind zu schließen. Damit nimmt der Verfasser einige Maßnahmen der späteren Kirchenreformation Martin Luthers vorweg, stellt sie aber in den Zusammenhang mit einer Reform der Gesellschaft. Ein in der Forschung gelegentlich vermuteter Einfluß hussitischer Gedanken, insbesondere aus den taboritischen Manifesten an die deutschen Städte des Jahres 1431, läßt sich allerdings nicht beweisen.[27]

Angesichts der großen Bedeutung, die die Reichsstädte für den Bestand des Reiches und für die Durchführung von Reformen besitzen, soll es jedem gestattet sein, gegen ein Entgelt Bürgerrecht zu erwerben. Dies steht im direkten Gegensatz zu dem seit den Reichsgesetzen von 1231/32 wiederholt als Zugeständnis an den Adel festgelegten, praktisch allerdings nie eingehaltenen Aufnahmeverbot für Pfahlbürger. Der Verfasser der „Reformation" fordert sogar Maßnahmen gegen den Feudaladel, der eine ungehinderte Aufnahme von Bürgern mit Gewalt verhindern will. Allerdings kann nur Stadtbürger werden, wer über einen gewissen Besitz verfügt und in der Lage ist, sich „einzukaufen". Dem entflohenen Leibeigenen oder dem Besitzlosen blieb nach wie vor nur der illegale Zuzug oder die Niederlassung am Rande der Stadt, in den Vorstädten.

Der Warenverkehr soll als ein „redlicher Handel" zu gleichen Bedingungen abgewickelt werden. Deshalb wird die Absprache von Fernhändlern zur Erzielung monopolartiger Preise, etwa bei Importwaren aus dem Orient, verworfen; die Zentralgewalt ist dabei als Kontrollinstanz vorgesehen. Alle Handelsgesellschaften sind zu untersagen.

Ähnliche Forderungen im Interesse breiter Schichten des Volkes traten während der folgenden Jahrzehnte häufiger auf. Eine Aufhebung der Zünfte und des Zunftzwanges begründet der Verfasser der „Reformation" damit, daß Zünfte unehrlich wirtschaften und nur ihren Vorteil suchen. Statt ihrer sollen Gesellschaften mit gleichen Rechten entstehen. Jeder dürfe ein Handwerk betreiben, das ihm beliebt, aber nur eines. Dadurch würde der zugewanderte und meist mittellose Fremde, vor allem der entflohene Bauer, als Gleichberechtigter produzieren können. Damit waren vorrangig für den Export produzierende Gewerbe in der Lage, sich frei von Zunftzwang rasch auszudehnen.

Die Bauernwirtschaften sind nach den Worten der „Reformation" mit jeder Art Zins überladen, und dennoch erhebt der Adel immer neue Steuern. Es sei eine unerhörte Sache, daß jemand behaupten könne, der andere sei ihm eigen. Man soll weder Holz noch Weide noch Feld „in den Bann legen", das heißt Herrschaft über sie errichten und damit Abgaben beanspruchen, es sei denn, es handelt sich um Holz für Bauzwecke. Das könnte man mit Abgaben belegen. Nur die großen Wälder in der Ebene und in den Gebirgen gehörten unter den besonderen herrschaftlichen Schutz (zwing), um das Geleit und damit die Sicherheit für Reisende zu gewährleisten. Die Nutzung der Allmende soll also frei sein. Allerdings lehnt der Verfasser der „Reformation" feudale Abgaben nicht generell ab, sondern wendet sich nur gegen deren unmäßige Erhöhung im 15. Jh. Etwa in die gleiche Richtung ging fast 80 Jahre später im deutschen Bauernkrieg die Forderung der Zwölf Artikel: Abschaffung der Leibeigenschaft, Freiheit der Allmendenutzung sowie Minderung des Zinses, aber keine radikale Beseitigung der feudalen Abhängigkeit auf dem Lande.

In den bäuerlichen und städtischen Reformvorstellungen wird die Klassenzugehörigkeit des Verfassers der „Reformation" deutlich. Er war kein Sprecher der Besitzlosen, des „pöbels", wie besonders auch die Vorstellung vom „Einkaufen" in das Bürgerrecht zeigt. Ihm ging es nicht um eine Beseitigung der feudalen Herrschaft, sondern um einschneidende Reformen im Interesse des mittleren Bürgertums der Städte.

Zwar blieb die „Reformation Kaiser Sigmunds" Theorie. Aber ihre häufige Abschrift und starke Verbreitung zeigen, daß im Bürgertum der oberdeutschen Städte, trotz seines geringen politischen Einflusses, politische und gesellschaftliche Alternativvorstellungen, insbesondere zur Zersplitterung des Reiches, vorhanden waren. Aus vermeintlich besseren wirtschaftlichen und sozialen Zuständen der Vergangenheit schöpfte ihr Verfasser Vorschläge zur Veränderung der unzureichenden Verhältnisse der Gegenwart. Dennoch ist die Schrift weder „konservativ" noch nach rückwärts gerichtet,[28] da die Verwirklichung der Reformen in erster Linie jenen gesellschaftlichen Kräften gedient hätte, die Träger des ökonomischen Aufschwungs waren.

Der Übergang der Krone von den Luxemburgern an die Habsburger

In den letzten Jahren seines Lebens rückte für Kaiser Sigmund, der keine Söhne hatte, die Sorge um den Zusammenhalt der verschiedenen Länder der luxemburgischen Hausmacht unter seinem Nachfolger in den Vordergrund. Vor allem in Böhmen drohten Gefahren, da die Stände eine Verbindung mit der Krone Polens anstrebten. Sigmund scheute sich nicht, seine zweite Gattin, die in die Intrige verwickelt war, kurzerhand einsperren zu lassen, ohne damit die Möglichkeit einer böhmisch-polnischen Kronverbindung völlig beseitigen zu können. Noch ehe sich das Ergebnis dieser Auseinandersetzung abzeichnete, starb Sigmund im Dezember 1437. Mit ihm erlosch die Dynastie der Luxemburger im Mannesstamm.

Sigmunds Stellung als deutscher König ist vor allem dadurch gekennzeichnet, daß auch er die Interessen der Zentralgewalt seiner über die deutschen Gebiete hinausgreifenden Hausmachtpolitik unterordnete. Diese Tendenz hatte sich bereits in der Politik seines Vaters, Karls IV., angedeutet und war nun voll ausgeprägt. Andererseits bot der Besitz Ungarns einen Rückhalt, wodurch seine Herrschaft als deutscher König bei allen Intrigen der Kurfürsten nie so in Frage gestellt war wie die seines Bruders Wenzel. In seiner Doppelstellung als ungarischer und als deutscher König konnte er sich jedoch jeweils nur für kurze Zeit den Aufgaben im deutschen Reichsgebiet widmen, so daß sich hier der Einfluß der Fürsten weiter festigte.

Erbe des riesigen, heterogen zusammengesetzten luxemburgischen Hausmachtbesitzes sollte der Gemahl der einzigen Tochter Kaiser Sigmunds, Albrecht II. aus der Dynastie der Habsburger, werden. Unmittelbar unterstanden ihm aber nur wesentliche Teile von Ober- und Niederösterreich mit dem Salzkammergut, da die Dynastie – wie viele Fürstengeschlechter im 14./15. Jh. – in drei Linien aufgespalten war.

Zunächst wurde Albrecht als ungarischer König gewählt und schon knapp vier Wochen nach dem Tode seines Vorgängers in Székesfehérvár (Stuhlweißenburg) gekrönt. Vorher hatten ihm die ungarischen Magnaten eine Wahlkapitulation aufgezwungen, die unter anderem die Verwendung der königlichen Einkünfte und die Vergabe von Lehen von ihrer Zustimmung abhängig machte, ihm dauernde Residenzpflicht im Lande auferlegte, aber den größten Teil der Kosten für die Landesverteidigung ihm überließ.[29]

Die Wahl Albrechts zum deutschen König nahmen am 18. März 1438 in Frankfurt/Main einmütig sechs Kurfürsten vor; nur die böhmische Kurstimme fehlte. Am schwierigsten gestaltete sich die Durchsetzung des habsburgischen Anspruchs auf die böhmische Königskrone, da sich der utraquistische Adel, geführt von Georg von Poděbrady und unterstützt durch den utraquistischen Prager Erzbischof Jan Rokycana, bereits für Kazimir, den Bruder des polnisch-litauischen Königs, entschieden hatte. Albrecht erreichte zwar im Juni 1438 die Krönung im St. Veitsdom. Sein Gegenspieler war aber schon einen Monat zuvor ebenfalls zum König von Böhmen gewählt worden, so daß sich der Habsburger gegen ein polnisches Heer mit Waffengewalt durchsetzen mußte. Bis zur zweiten Hälfte des Jahres 1438 gelang es ihm, alle ehemals der luxemburgischen Dynastie gehörenden Länder zu behaupten und den Übergang der deutschen Königskrone an die Dynastie der Habsburger einzuleiten.

Auf dem Reichstag zu Frankfurt im März 1438 war auch die Reichsreform zur Sprache gekommen. Die Fürsten erwarteten offenbar für ihre Zustimmung zur Wahl ein weitgehendes Entgegenkommen Albrechts. Sie forderten, daß in Zukunft alle königlichen Privilegien nur mit Rat und Zustimmung der Kurfürsten verliehen werden sollten. Außerdem verlangten sie die Entlassung Kaspar Schlicks, der bürgerlicher Herkunft und als städtefreundlich bekannt war. Albrecht wich jedoch einer Entscheidung aus und verwies auf den nächsten Reichstag, der für Juli 1438 nach Nürnberg einberufen worden war.

Auf ihm zeigten sich die Kurfürsten eindeutig in der Offensive, zumal der Kampf um die böhmische Krone den König noch bis zum Ende des Jahres beschäftigte und er an den Verhandlungen des Reichstages nicht persönlich teilnehmen konnte. Seine Reformvorstellungen trugen deshalb sein Kanzler Schlick und der

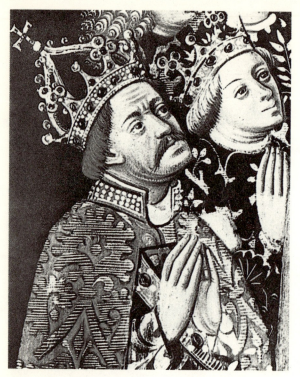

König Albrecht II. Ausschnitt aus der Schutzmantelmadonna im Stift Klosterneuburg b. Wien (um 1440)

Reichserbkämmerer Konrad von Weinsberg vor, die sich beide schon unter Sigmund mit der Reichsreformfrage befaßt hatten.[30] Auch die Städte legten eigene Reformvorschläge vor. Die Fürsten schlugen im Rahmen einer Reichsfriedensordnung erstmals ein vollständiges Fehdeverbot vor, wollten das Hofgericht verbessern und griffen erneut die Einteilung des Reiches in vier Kreise auf, an deren Spitze jeweils ein Hauptmann fürstlicher Herkunft mit weitgehenden Vollmachten stehen sollte. Gerade diese Frage bot aber nicht nur neuen Zündstoff für die Auseinandersetzung zwischen den Fürsten und dem König, sondern auch innerhalb der Stände zwischen den Fürsten und den Vertretern der Reichsstädte. Albrecht wollte die Kreishauptleute in jedem Kreis von den Ständen gewählt wissen und in strittigen Fragen selbst eingreifen und entscheiden können. Die Städte lehnten die Kreiseinteilung aus Furcht vor einer Stärkung des fürstlichen Einflusses überhaupt ab. Sie, „die an der Beseitigung des Fehderechtes und der Festigung des Landfriedens stärker als irgendwelche anderen Reichsglieder interessiert waren, widersetzten sich aufs äußerste einer Landfriedensorganisation, die ihnen die Handhabung der rechtlichen Vorschriften aus der Hand nahm und den Zusammenschluß der Städte in ihrer besonderen Organisation, dem Städtebunde, verhindern mußte".[31]
So scheiterten die Reformverhandlungen erneut an den divergierenden Interessen der verschiedenen Machtgruppen im Reichstag sowie am Unvermögen des deutschen Königs, sich gegen die Stände durchzusetzen.

Im Jahre 1439 nötigte ihn das Vordringen der Türken, die sich mit dem polnischen König verbündet hatten, seine Aufmerksamkeit völlig auf den Schutz der ungarischen Südostgrenze zu konzentrieren. Die ungarischen Magnaten erzwangen in dieser Situation die Erneuerung der Zugeständnisse aus der Wahlkapitulation des Vorjahres, unterstützten den König bei der Aufstellung des Heeres allerdings nur wenig. Sein kleiner Truppenverband löste sich auf, ehe es zum Kampf gekommen war. Albrecht erkrankte an der Ruhr und starb auf dem Rückweg im Oktober 1439.

Seine kurze Herrschaft verdeutlicht, daß sich der König zur Bewahrung seiner Hausmacht in erster Linie in Auseinandersetzungen außerhalb des Reiches engagieren mußte. In den Fragen der Reichsreform entglitt der königlichen Gewalt immer mehr die Initiative, zumal Albrecht nach seiner Wahl und Krönung nie mehr außerhalb seiner Erblande gelegenes Reichsgebiet betrat, an keinem Reichstag mehr teilnahm, geschweige denn unmittelbar in die Regierung hätte eingreifen können.[32] Die Festigung einer feudalen Staatsmacht auf zentraler Ebene war unter solchen Bedingungen nicht zu erreichen.

Als Anwärter auf den deutschen Königsthron galt nach Albrechts Tod der älteste Herzog des habsburgischen Hauses, Friedrich von Steiermark. Die Mehrheit der Kurfürsten, vor allem die drei rheinischen Erzbischöfe, unterstützten seine Kandidatur, und im Feburar 1440 konnte er einstimmig als Friedrich III. zum deutschen König gewählt werden. Allerdings zögerte der Habsburger mehrere Wochen, ehe er die Wahl annahm. Die Krönung erfolgte erst 1442. Er war gegenüber seinen Vorgängern in einer schwierigeren Situation, da sein Besitz als Landesfürst in Innerösterreich weit zersplitterter und unbedeutender war als der der beiden anderen habsburgischen Linien. Infolge der Kriege Sigmunds und Albrechts waren die habsburgischen Erblande zudem wirtschaftlich erschöpft und die Kassen leer. Seine Anerkennung in den außerdeutschen Hausmachtbesitzungen der Habsburger komplizierte sich, da die Witwe Albrechts wenige Monate nach dem Tode ihres Mannes einen Sohn, Ladislaus Postumus (der Nachgeborene), zur Welt brachte, dem sie Anerkennung in Ungarn und Böhmen verschaffen wollte.

Nach seiner Königswahl versuchte Friedrich, durch einen massiven Angriff die politische Selbständigkeit der Schweizer Eidgenossenschaft zu brechen und diese wieder dem feudalen Einfluß vor allem seiner Dynastie zu unterwerfen. Dabei ging es ihm auch um die Beseitigung des antifeudalen Unruheherdes, den die Schweiz darstellte und der immer wieder auf die Klassenkämpfe in Südwestdeutschland ausstrahlte. Innere Zwistigkeiten zwischen dem eidgenössischen Zürich und den übrigen Orten gaben ihm den Vorwand für die Organisierung eines Bundes des südwestdeutschen Adels gegen die Schweizer Bauern und Bürger. Als das von ihm unterstützte Zürich Niederlage auf Niederlage erlitt, trug er keine Bedenken, die Armagnaken, berüchtigte französische Söldnerscharen, ins Land zu rufen. Ihren Namen hatten sie nach ihrem ersten Befehlshaber, dem Grafen von Armagnac. Die Eidgenossen erzwangen nach der blutigen Schlacht bei St. Jacob an der Birs 1444 ihren Abzug.

Im Jahre 1442 wandte sich Friedrich III. – gedrängt von den Ständen – der Reichsreform zu. Seine auf dem Frankfurter Reichstag erlassene „Reformation Kaiser Friedrichs III." berührte die Neuordnung der Gerichte und die Kreiseinteilung überhaupt nicht. Die in ihr enthaltenen Bestimmungen über die Einschränkung des Fehdewesens mußten wirkungslos bleiben, da nach wie vor die Exekutive zur Sicherung des Landfriedens fehlte und die oberste Reichsgewalt auf die Handhabung der Landfriedensexekutive verzichtete. Auch bei der nochmaligen Behandlung der Reformproblematik auf dem Nürnberger Reichstag 1444 wurden keine weiteren Fortschritte erzielt. Immerhin unterschied die „Reformation" als erste zwischen dem römischen „Reich" und den „deutschen Landen". Nach diesen beiden kraftlosen Anläufen erlahmte die königliche Initiative zu Reformen für mehrere Jahrzehnte völlig. Friedrich zog sich in seine Erblande zurück, wo ihn der Kleinkrieg mit dem Adel voll in Anspruch nahm. Erst nach 27 Jahren ward er wieder in den westlichen Teilen des Reiches gesehen.

Die Situation an den Grenzen des Reiches

Die militärische Auseinandersetzung mit der revolutionären Hussitenbewegung hatte zwischen 1420 und 1434 den überwiegenden Teil der wirtschaftlichen und militärischen Kräfte des deutschen Feudalstaates beansprucht. Dabei trat in den Hintergrund, daß sich auch an anderen Grenzen folgenschwere Entwicklungen abzeichneten, die entweder sofort eine Reaktion erforderten oder Konflikte in den folgenden Jahren vorbereiteten. Durch die Verbindung der deutschen und der ungarischen Krone unter Sigmund und Albrecht II. waren die Herrscher als Könige von Ungarn frühzeitig mit dem Vordringen der Türken auf dem Balkan konfrontiert.

Diese wurden nach einer kurzen Ruhepause in den zwanziger Jahren wieder aktiv, griffen aber zunächst vor allem Griechenland und den Reststaat Byzanz an. Schon im folgenden Jahrzehnt drangen sie in Sieben-

König Ludwig I. von Ungarn im Kampf gegen die Türken 1377. Von Hans von Tübingen angefertigte Votivtafel im Stift St. Lambrecht (Steiermark).

L.: Ludwigs I. Tochter Hedwig, Gemahlin des litauischen Großfürsten Jagiello, mit dem Modell der von ihr gestifteten Kapelle in Mariazell

bürgen ein, und der Versuch, sich mit ihnen auseinanderzusetzen, wurde Albrecht II. 1439 zum Verhängnis. Die Einsetzung von Janos Hunyadi zum Wojwoden von Siebenbürgen durch den polnisch-ungarischen König Wladislaw II. brachte hier eine zeitweilige Entlastung. Hunyadi, der als Söldnerführer in Italien Kriegserfahrungen gesammelt hatte und erfolgreich die Taktik der hussitischen Wagenburg im Kampf gegen die Türken anwandte, konnte mehrere militärische Erfolge erringen. Die Atempause dauerte nur bis 1444, als Wladislaw mit einem Kreuzzugsheer bei Varna unterlag, und 1448 mußte Hunyadi auf dem serbischen Amselfeld eine Niederlage einstecken. In den folgenden zwei Jahrzehnten setzten sich die Türken in Bosnien fest und unternahmen von dort aus Streifzüge über Kroatien bis an die südlichen Alpenregionen. 1453 fiel auch Konstantinopel.

Das weitere türkische Vordringen gegen Serbien wurde 1456 durch ein Kreuzfahrerheer bei Belgrad gestoppt. Die Türken nahmen ihre Expansion erst 70 Jahre später wieder auf. Aber die Türkengefahr an der deutschen Südostgrenze wuchs im Bewußtsein der Zeitgenossen, vermischte sich mit den verschiedenen ideologischen Strömungen im deutschen Feudalstaat und brachte eine umfangreiche publizistische und literarische Reaktion hervor.

Einerseits nutzte der Klerus die Abwehr des islamischen Gegners, um die Frömmigkeit der Gläubigen zu fördern. Die Liturgie hob die schlechten Eigenschaften der Türken hervor, und seit der Mitte des 15. Jh. wurde eine „missa contra Turcas" (Messe gegen die Türken) zelebriert, in welcher der gottlose „perfidus" — einstmals der Jude in der Karfreitagsliturgie, später in zahlreichen orthodoxen Traktaten der Häretiker — nun der Türke ist. Es wurde der Brauch entwickelt, dreimal täglich in allen Kirchen innerhalb einer halben Stunde die Türkenglocke zu läuten, dabei waren drei Vaterunser und drei Ave-Maria zu sprechen. Obwohl diese Aktivitäten durch Flugschriften über die Bedrängung der Christenheit ergänzt wurden, stellten sich in gelehrten Kreisen, die einer Reform von Staat und Kirche aufgeschlossen gegenüberstanden, das Bild des Türken und seine Funktion anders dar.

Der auf dem Basler Konzil 1433 mit seiner Reformschrift „Concordantia catholica" hervorgetretene Nikolaus von Kues weilte 1437 als Gesandter der papsttreuen Minderheit der Kirchenversammlung in Konstantinopel. Damals besaßen die Muslime bereits das Recht, sich in den Mauern der Kaiserstadt niederzulassen, so daß Cusanus (Kues) hier mit Vertretern des Islam direkt in Berührung gekommen sein könnte. Das regte vielleicht seinen Gedanken an, die Union der katholischen mit der griechischen Kirche durch die Bekehrung der Türken zu krönen. Ein solches Vorhaben sollte aber nicht unter dem Kreuzzugsmotiv mit Feuer und Schwert erfolgen, sondern indem die besten Bestandteile des Koran als christliche Elemente nachgewiesen wurden. In seiner Schrift „De pace fidei" (1453) folgert er, daß es nur eine göttliche Wahrheit gibt, die in vielen Religionsformen in Erscheinung tritt. Damit wurden Elemente des späteren Toleranzgedankens der Aufklärung vorweggenommen und das mittelalterliche Heidenhaßmotiv abgebaut. In der „Reformation Kaiser Sigmunds" tritt ein Türkenherzog als Gesprächspartner eines christlichen Herzogs auf. Dabei wird der Kreuzzug als Mittel zur Auseinandersetzung verworfen und festgestellt, daß viele falsche Christen im eigenen Land sitzen, die zu bekämpfen wichtiger sei, und daß folglich keine ethische Rechtfertigung für einen Kampf gegen die Türken bestehe.

Der Erfurter Theologe und Provinzialminister der Ordensprovinz Saxonia des Minoritenordens, Matthias Döring,[33] radikaler Verfechter konziliarer Suprematie und infolgedessen scharf antipäpstlich eingestellt, verband in der von ihm fortgeführten Chronik des Dieterich Engelhusen[34] die Türkenschilderung mit einer heftigen Kritik der herrschenden Klasse in Deutschland. Er brandmarkte die Unfähigkeit des Adels zur militärischen Verteidigung der Grenzen mit der Feststellung, dessen Aktivitäten beschränkten sich auf das Schlafzimmer, die Jagd und die Unterdrückung der Untertanen. Bei anderen Reformtheologen war das Motiv der Türkenbedrohung als Zuchtrute Gottes angelegt. Ein militärischer Erfolg gegen die Türken werde erst möglich sein, wenn sich die Christenheit geläutert habe.

Gedanken der städtischen Mittelschichten zur Türkenfrage formulierte der Nürnberger Büchsenmacher Hans Rosenplüt in „Des Turken Vasnachtspil".[35] Hier wird der Türke als der Vertreter eines Landes vorgestellt, in dem man zinsfrei lebt, während sich im christlichen Bereich der Bauer und der Kaufmann über Straßenräuberei und Friedlosigkeit beklagen. Der Türke sei schließlich gekommen, um zu reformieren, und im Katalog seiner Reformabsichten finden sich die Wünsche des Bürgertums wieder: Beseitigung der „bösen Münze", der falschen Richter, der Wucherer. Während die im Spiel auftretenden Bürger freies Geleit für die Türken fordern, erhalten sie von dem Türkenfürsten die uneingeschränkte Möglichkeit des Handels und das Gastrecht zugesagt. Auf diese Weise verband sich das Türkenmotiv mit dem Reformgedanken und löste sich von dem Zusammenhang mit der realen Bedrohung durch den äußeren Gegner. Andererseits zeugt die Orientierung auf eine Hilfe bzw. Unterstützung von außen davon, daß die Reformer im Innern der Gesellschaft keine Kraft sahen, die ihren Zielen zum Erfolg verhelfen konnte.

An der westlichen Reichsgrenze gewannen die burgundischen Herzöge auf dem Hintergrund des Hundertjährigen Krieges zwischen England und Frankreich weiter an Boden. Durch Heiratspolitik und Kauf erwarben sie in den ersten Jahrzehnten des 15. Jh. die Grafschaft Namur (1429), die Herzogtümer Brabant und Limburg (1430), schließlich Holland, den Hennegau (Hainaut), Seeland und 1451 das Herzogtum Luxemburg. Außerdem konnten sie 1439 bzw. 1457 die Bistümer Lüttich, Utrecht und Cambrai ihrer Schutzherrschaft unterstellen.

Bis zur Mitte des 15. Jh. war mit den Schwerpunkten in den westlichen Ausläufern der Alpen einschließlich des Gebietes an der Saône einerseits sowie an der unteren Schelde und dem unteren Rhein andererseits ein großer Staat auf feudaler Grundlage entstanden, der durch den Besitz Flanderns und der wirtschaftlich wichtigen Flußmündungen in diesem Raum über starke Städte und damit über beträchtliche wirtschaftliche Potenzen verfügte. Teile Flanderns und die niederländischen Gebiete waren juristisch zu dieser Zeit noch Reichsgebiete, allein die kaiserliche Gewalt hatte hier mehr und mehr an Einfluß verloren. Unter burgundischer Herrschaft wurden sie zusammengefaßt und in ein Staatswesen eingegliedert. Die burgundischen Herzöge schufen einen obersten Gerichtshof in Mecheln, zwangen die flandrischen Städte, ihre feudalen Sonderrechte aufzugeben, und bereiteten eine zentrale Ständeversammlung vor, die 1465 erstmals zusammentrat. Dadurch wurde die Grundlage für die spätere Eigenentwicklung der Niederlande gelegt. Zwischen den beiden burgundischen Zentren im Norden und im Süden lagen das Herzogtum Lothringen und das Elsaß, gegen die sich die burgundische Expansion seit der Mitte des 15. Jh. in erster Linie richtete, um einen zusammenhängenden Staat vom Ärmelkanal bis zur unteren Saône zu errichten.

Im Jahrzehnt zuvor drohte der Bevölkerung des Elsaß aber von einer anderen Seite schwere Gefahr: Die Armagnaken fielen 1439 unter der Führung des Dauphin von Frankreich das erste Mal in das Land ein.[36] Gerufen hatten sie elsässische Adlige und der Bischof von Straßburg, der sich mit ihrer Hilfe die Straßburger Bürger gefügig machen wollte. In mehreren kleinen Scharmützeln brachten ihnen Bauern und Bürger schwere Verluste bei. Vor Straßburg hatte „das volck" „ein Baner, daran ein Creutz, vnser Frawen vnd ein bundschuh, da lief jederman zu".[37] Das ist die erste Erwähnung des Bundschuhs als Symbol im bäuerlichen Kampf.

Vier Jahre später (1443) suchten die Horden zunächst Lothringen heim und dann, nach einem förmlichen Vertrag zwischen König Friedrich III. und dem französischen König Karl VII. über Hilfeleistung gegen die Schweizer, wiederum Südwestdeutschland und das Elsaß. An der Fortsetzung des Kampfes gegen die Eidgenossen verloren sie nach der blutigen Schlacht bei St. Jacob an der Birs (1444) jedes Interesse. Das Heer der Armagnaken wurde durch zahlreiche südwestdeutsche Feudalherren verstärkt, die aus Furcht vor dem Klassenkampf der Bauern die Plünderungen der fremden Söldnerscharen in den Dörfern ihres Landes sogar ausdrücklich unterstützten. Zwischen dem ersten und dem zweiten Einfall der fremden Söldner hatten sich die Bauern des Dorfes Schliengen bei Basel im Jahre 1443 gegen neue Steuerforderungen des geistlichen Landesherrn zum ersten Mal erhoben und mit anderen Dörfern verbündet. Dabei hat einer „einen puntschuch offenlich an einer stangen vffgeworffen zu einem zeichen, wer in der sach wider vnsern gnedigen herren sin wolt, das der zu dem puntschuch ston mocht".[38] Damit war der Bundschuh auch zum Zeichen des Klassenkampfes der Bauern gegen ihre Herren geworden.

Im September 1444 scheiterte der Versuch des Dauphin, sich im Schwarzwald festzusetzen, am Widerstand der dortigen Bauern, die die Zugänge zu den Gebirgstälern besetzten und die Söldnerbanden über den Rhein zurückschlugen. Dabei blieb es nicht. Die Bauern des Schwarzwaldes verbündeten sich mit denen des Elsaß, der Landgrafschaft Rötteln und einiger geistlicher Grundherrschaften. „Das ir warent wol 4 tusent, und namptent sich die Buntschuch und zugent bis gen Rinfelden."[39] Doch die Städte zögerten zunächst, den Kampf zu unterstützen; sie wollten vielmehr durch Verhandlungen den Dauphin zum Abzug bewegen.

Obwohl der Nürnberger Reichstag im Herbst 1444 ein Aufgebot gegen die Armagnaken beschloß, versuchten die Fürsten und der deutsche König, einen energischen Kampf gegen die Banden zu verhindern. Inzwischen verstärkte sich aber im Elsaß der Volkskrieg, in dem die Städte zu einem wichtigen Stützpunkt wurden. Kleinere und größere Gruppen griffen die fremden Söldner wieder und wieder an, brachten ihnen immer neue Verluste bei, bis sie im Herbst 1445 endgültig das Land verließen. Damit war unter schweren Opfern der Volksmassen das gegnerische Heer vertrieben worden. Der militärische Widerstand gegen die äußere Bedrohung schuf aber Traditionen auch für den Klassenkampf der südwestdeutschen Bauern.

Die Hanse und ihre wachsenden äußeren Schwierigkeiten

Im Norden des Reiches wuchsen die Schwierigkeiten der Hanse bei der Verteidigung des Zwischenhandelsmonopols. Wesentliche Ursachen dafür waren die steigende Konkurrenz fremder Mächte und Kaufleute sowie die fehlende Unterstützung durch einen starken Staat. Ein besonders gefährlicher Konkurrent erwuchs der wendischen Städtegruppe der Hanse in den Holländern.[40] In Holland setzten sich im Laufe des 15. Jh. vor allem in der Tuchproduktion und im Schiffbau Keime einer neuen, der kapitalistischen Produktionsweise durch. Damit dehnte sich auch der holländische Handel bedeutend aus. Das holländische Tuch sollte im Laufe des 15. Jh. in vielen Gebieten Europas den flandrischen und Brabanter Tuchen den Rang streitig machen. Die niederländischen Kaufleute traten auch mit in Holland angelandeten und verarbeiteten Fischen sowie mit landwirtschaftlichen Produkten aus dem Lande selbst auf den Märkten hervor. Zugleich gewann der Handel mit Baiensalz eine wachsende Bedeutung. Als förderlich für die Aktivitäten der Niederländer erwies sich daneben die Einfuhr von Grundnahrungsmitteln und Rohstoffen, besonders Getreide und Holz, aus dem östlichen Ostseegebiet, die für die rasch wachsende Bevölkerung der holländischen und seeländischen Städte immer lebensnotwendiger wurden. Holländische Kaufleute schalteten mehr und mehr den hansischen Kaufmann als Zwischenhändler aus. Häufiger erschienen holländische Schiffe in preußischen Häfen und übernahmen den Transport dieser Rohstoffe. Im Unterschied zu den Hansestädten, in denen Praktiken einer mittelalterlichen Handelspolitik konserviert wurden, setzte sich in Holland die Tendenz zu freieren Formen des Handels durch, etwa die Ablehnung jeder hindernden Stapelordnung und eine äußerst flexible Gästepolitik, die auch fremden Kaufleuten günstige Bedingungen bot.

Seit der Eingliederung Hollands und Seelands in den burgundischen Machtkomplex im Jahre 1433 konnte sich der niederländische Kaufmann auf eine erstarkende Staatsgewalt stützen und seine Stellung weiter festigen. Damit waren Voraussetzungen gegeben, der bisher vorherrschenden Handelsmacht der Hanse erfolgreich entgegenzutreten.

Von besonderer Bedeutung für den Ausgang der Auseinandersetzung mit den niederländischen Konkurrenten, die ihren ersten Höhepunkt in dem erbittert geführten Kaperkrieg der Jahre 1438 bis 1441 erreicht hatte, war die Haltung der skandinavischen Länder, insbesondere Dänemarks. Die von der Hanse seit langem praktizierte Politik, die nordischen Länder in wirtschaftlicher Abhängigkeit zu halten und damit die Entwicklung eines eigenständigen Bürgertums und Städtewesens zu hemmen, trieb das dänische Königtum geradezu an die Seite der Niederländer. Dessen Gewicht und politische Möglichkeiten waren überdies durch die in der Kalmarer Union von 1397 besiegelte Vereinigung der drei Königreiche Dänemark, Norwegen und Schweden beträchtlich gewachsen. Der 1412 an die Macht gekommene dänische König Erich von Pommern und sein Nachfolger Christoph III. knüpften festere Verbindungen mit den Niederländern an, um die vorherrschende Stellung der Hanse zu brechen. Diesem

Dreimastiges Segelschiff (2. Hälfte 15. Jh.). Niederländischer Kupferstich um 1475

Ziel diente auch die zwischen 1425 und 1429 erfolgte Einführung eines Sundzolles, der bei der zunehmenden Bedeutung der Schiffahrt durch den Sund den Handel der Hansestädte in besonderem Maße treffen sollte.

Der Versuch dieser Städte, Dänemark in einem von 1426 bis 1435 andauernden Krieg niederzuwerfen, gelang nur scheinbar, zumal die wendische Städtegruppe den Kampf ohne Unterstützung der westlichen, der preußischen und der livländischen Städte führen mußte. Zwar erschienen im Frieden von Wordingborg 1435 Lübeck und seine Verbündeten als Sieger, denen Erich von Pommern erneut ihre Privilegien bestätigen mußte. Doch 1441 erneuerte Christoph III. den Holländern alle ihre Rechte in seinem Herrschaftsbereich. Damit hatten sich die Bemühungen Lübecks, die Holländer aus der Ostsee fernzuhalten, als ergebnislos erwiesen. Zugleich ging die Vormachtstellung Brügges und des dort gelegenen hansischen Kontors allmählich an Antwerpen verloren.

Die Ziele der holländischen und in zunehmendem Maße auch der englischen Kaufleute trafen sich weitgehend mit den Interessen der preußischen und livländischen Hansestädte. Die Sicherung der Umlandfahrt, der Schiffahrt durch den Sund, war für sie ebenfalls von ausschlaggebender Bedeutung. Die Livländer setzten sich für direkte Verbindungen mit ihren westlichen Handelspartnern ein, während die lübischen

Kaufleute ihre Vermittlerfunktion im Ost- und Westverkehr unter keinen Umständen verlieren wollten. Die darin sichtbar werdenden Interessengegensätze der Städte und Städtegruppen verstanden die westlichen Handelskonkurrenten auszunutzen.

Der verstärkte Eigenhandel der livländischen Städte war durch das sich im Osten verändernde Kräfteverhältnis möglich geworden.[41] Es fand im Aufstieg des polnischen Feudalstaates und in dessen Sieg über den Deutschen Ritterorden bei Grunwald 1410 seinen ersten Ausdruck. Das Königreich Polen entwickelte sich zu einer neuen Ostseemacht, deren Handel nahezu ausschließlich über Danzig gehen sollte. Mit der Inkorporationsakte von 1454, die Preußen dem polnischen König unterstellte, und dem zweiten Thorner Frieden von 1466 befreiten sich die Hansestädte Danzig, Elbing und Thorn von der Herrschaft des Ordens. Der Anschluß von Danzig an das Königreich Polen und die von Kazimir IV. gewährten Privilegien erschlossen der Stadt ein weites Hinterland mit einem umfangreichen Absatzgebiet. Der polnische König verzichtete auf den Bau von Befestigungen in Danzig und die Förderung von konkurrierenden Handelsstädten, so daß sich die Stadt nach dem Übergang unter polnische Herrschaft in einer wesentlich günstigeren Position befand als vorher im Ordensstaat. Sie erlebte einen raschen ökonomischen Aufschwung und konnte nun in Übereinstimmung mit den Tendenzen des Überseehandels eine immer selbständigere Politik durchführen, die in wachsendem Maße den Bestrebungen Lübecks sowie der übrigen wendischen Hansestädte zuwiderlaufen mußte.

Auch der Handel der livländischen Städte wuchs durch das Erscheinen der niederländischen Kaufleute im östlichen Ostseegebiet nicht unwesentlich an. Zugleich waren diese Städte eifrig besorgt, ihre eigene Stellung als Zwischenhändler zu sichern. Vor allem der Rußlandhandel ging im 15. Jh. an die livländischen Hansestädte über, während Lübeck seine führende Stellung im Nowgoroder Kontor verlor.

Des weiteren entstanden der Hanse große Gefahren in den erstarkenden Territorialfürstentümern, denn die Fürsten sahen in den Bündnissen sowie in den Privilegien der Hansestädte ein ernstes Hindernis für den Ausbau ihrer Territorien. Die Festigung der Fürstenmacht hatte für den hansischen Bund schwerwiegende Folgen. Nach der Unterwerfung Berlin-Cöllns 1442 erzwang der Kurfürst von Brandenburg den Austritt der Stadt aus der Hanse. Auch in anderen brandenburgischen Hansestädten setzte sich die kurfürstliche Oberhoheit mehr und mehr durch, kontrollierte die Amtsführung der Stadträte und zog die Städte zu Steuern und zur Heerfolge heran.

Zudem fanden die Städte im Kampf um die Erhaltung ihrer wirtschaftlichen und politischen Stellung beim deutschen Königtum keinerlei wirksame Unterstützung. Die Verbindungen der Hanse zur Zentralgewalt waren stets sehr lose und führten nur zu sporadischen Kontakten. König Sigmund bemühte sich nach 1421 ohne nachhaltigen Erfolg, die Hansestädte in den „Reichskriegen" gegen die revolutionäre Hussitenbewegung für seine Ziele einzusetzen. Das deutsche Königtum unternahm – völlig auf seine aus dem Reich herausführende Hausmachtpolitik orientiert – keinerlei Anstrengungen, die in dem übergreifenden Handel der Hanse liegenden Potenzen zu nutzen. Andererseits verloren auch die in den Hansestädten führenden patrizischen Schichten mehr und mehr das Interesse am Reich.

Nach wie vor dominierte im hansischen Wirtschaftssystem der Zwischenhandel. Das vom Profitstreben diktierte Interesse des Hansekaufmanns orientierte sich auf außerdeutsche Gebiete. Obwohl der Exporthandel insgesamt zunahm, blieb er hinter dem Transithandel noch mehr zurück, besonders in den wendischen Hansestädten. Zwar erreichte die handwerkliche Produktion in den zur Hanse gehörenden Städten insgesamt einen beachtlichen Umfang, aber sie war zum überwiegenden Teil auf den lokalen Markt orientiert oder diente dem Handel als Hilfsgewerbe. Eine Weiterentwicklung der Produktivkräfte und die Herausbildung neuer Produktionsmethoden erfolgten nur ansatzweise in der Brauerei, im Mühlengewerbe und vor allem im Schiffbau. Dessen weitere Ausdehnung hing jedoch wiederum vom Ausbau des Zwischenhandelsmonopols ab, so daß trotz des allmählichen Übergangs zu manufaktureller Produktionsorganisation in jenen Wirtschaftszweigen kein fruchtbarer Keim einer tiefgreifenden Umgestaltung der städtischen Produktion liegen konnte.

Außerdem schwächten den Hansebund die sozialen und politischen Verhältnisse in den Städten. Hier war der soziale Differenzierungsprozeß weit fortgeschritten. Die plebejischen Schichten wuchsen auf Kosten der bürgerlichen Mittelschichten in den größeren Städten bis um 1470 bei etwas schwankender Bevölkerungszahl auf über 50 Prozent der Bevölkerung an.[42] Einen Ausweg aus ihrer sich verschlechternden ökonomischen und sozialen Lage hätte allein der Übergang zu neuen Produktionsverhältnissen und zu einer Demokratisierung der Stadtherrschaft bringen können. Da jedoch in den meisten Hansestädten ein solcher Weg nicht beschritten wurde, wuchs die Opposition in ihnen stark an und führte zu erneuten Spannungen und Kämpfen. Das entsprach allerdings einer allgemeinen Entwicklungstendenz auch in anderen deutschen Städten, hatte aber infolge der selbständigen politischen Stellung des Hansebundes auch politische Konsequenzen.

Die Ohnmacht der Königsgewalt, der Ausbau der fürstlichen Territorien und erste Bauernbewegungen unter dem Zeichen des Bundschuhs (1439 bis 1470)

Die Entwicklung der Landwirtschaft und die Lage der Bauern

Seit dem ersten Drittel des 14. Jh. zeigten sich krisenhafte Erscheinungen in der Landwirtschaft, deren Folgen für die Bauern durch Seuchen und Mißernten verschärft wurden. Die Getreidepreise sanken bzw. stagnierten, während die Preise für gewerbliche Produkte anstiegen. So entstand eine Preisschere. Bebautes Land wurde aufgegeben und wüst. Während einer längeren Zeit gab es kaum nennenswerte Fortschritte in der Produktionstechnik auf dem Lande.

Diese Grundtendenz setzte sich bis ins letzte Drittel des 15. Jh. fort, als die Nachfrage nach Getreide langfristig stieg, weil die Bevölkerung wieder anwuchs. Große regionale Unterschiede, die Auswirkungen von Kriegen, Fehden bzw. lokalem Aufschwung der Gewerbeproduktion verschärften oder milderten die Folgen der Agrarkrise, so daß sich für weite Teile des deutschen Feudalstaates nur schwer ein einheitliches Bild gewinnen läßt.

Die Roggenpreise in Frankfurt/Main erreichten erst 1470 und noch einmal 1510 mit 12 bzw. 10 Gramm Silber pro Doppelzentner einen absoluten Tiefpunkt. Ein jährliches Verzeichnis der Getreidepreise im Kurfürstentum Sachsen zwischen 1455 und 1480 weist auf erhebliche Schwankungen der Preise für alle Getreidesorten hin. Bei Roggen lagen sie in diesen 25 Jahren zwischen 4 bis 10 Groschen pro Dresdner Scheffel (103,8 l), wenn man von dem extrem hohen Preis von 23 Groschen im Jahre 1465 absieht.[43] Der auch in anderen Quellen, zum Beispiel den Münchner Kämmereirechnungen, nachgewiesene kurzfristige Preiswechsel[44] erschwerte den Produzenten die Orientierung über Angebot und Nachfrage auf dem Markt, so daß lange Zeit das periodische Überangebot von Getreide auf dem Markt anhielt.

Da über den Beginn und das Ende der Flur- und Ortswüstungen meist keine genauen Zeitangaben überliefert sind, wird die Wüstungsperiode im allgemeinen bis zum Ende des 15. Jh. angesetzt.[45] Im Kurfürstentum Sachsen stiegen die Bevölkerung und damit auch die Zahl der Bauernstellen allerdings schon seit der Mitte des Jahrhunderts wieder an.[46] Während in einigen Gebieten noch in der zweiten Hälfte dieses Jahrhunderts weitere Wüstungen entstanden, ging man anderenorts zur Besömmerung des Brachlandes mit Futterpflanzen, Flachs und anderen Kulturen über. In der Gegend von Nürnberg bemühten sich die grundbesitzenden Bürger seit dem Anfang des 15. Jh., die Erträge der in ihrem Besitz befindlichen Ländereien zu steigern. Sie ließen Entwässerungsgräben anlegen, wobei wahrscheinlich auch das Schöpfrad Anwendung fand, und führten ihren Äckern Dungstoffe aus der Stadt zu.[47] In einigen Landschaften versuchten die Grundherren, durch das Zugeständnis von abgabenfreien Jahren oder Zinsnachlaß, Bauern für eine Bewirtschaftung verlassener Höfe zu gewinnen. So wurde 1422 der Vogt von Rabenstein in Sachsen angewiesen, Bauern, die ein Gut wieder aufbauen wollten, für einige Zeit von allen Lasten zu befreien. Im Bereich des mosselländischen Hofes Gondenbret sollte der Dorfschulze einen zur Ansiedlung bereiten Bauern hinter sich aufs Pferd setzen und auf das Land führen, bis dieser ein Grundstück bezeichne, das er bebauen wolle.[48]

Während der Getreideanbau noch stagnierte, verursachten der weitere Aufschwung der gewerblichen Produktion und der Lebensmittelbedarf der Stadtbewohner Veränderungen und Entwicklungen in der landwirtschaftlichen Produktion. Neben der weiterhin für die Getreideernte verwendeten Sichel verbreitete sich vom flämisch-niederländischen Raum aus im 15. Jh. die Sichte (Halbsense) und der Mathaken, mit dem man die beim nächsten Schlag zu bewältigende Menge von Halmen abteilte. Vereinzelt lassen sich vor dem Ende dieses Jahrhunderts auch schon Verbesserungen des Pfluges durch ein umsetzbares Streichbrett zum Kehrpflug nachweisen. Und häufiger wurden Eggen mit eisernen statt mit hölzernen Zinken verwendet.[49]

Zur Versorgung der Bürger mit tierischen Produkten (Milch, Butter und Fleisch) breiteten sich im bayerischen Raum in Stadtnähe Schwaighöfe oder Schwaiggemeinden (swaige: Sennerei mit Weide) aus, die sich nur auf diesen Zweig der Nahrungsmittelproduktion spezialisierten. In den Alpenregionen hatte es solche Höfe schon im 12. Jh. gegeben, neu sind aber ihre größere Verbreitung und ihre Verbindungen mit dem städtischen Markt. Um zahlreiche Städte dehnten sich Gärten aus, in denen Kräuter, Pflanzen für den gewerblichen Bedarf und Obst angebaut wurden. Die Gärtner waren teilweise in städtischen Zünften oder Bruderschaften organisiert, konnten aber auch Inhaber von kleinen Bodenparzellen sein und sich dem Status eines landarmen Bauern annähern.

Durch die Entwicklung der gewerblichen Warenproduktion in den Städten wurden der Anbau von Färbepflanzen, von Hanf und Flachs und auch die Schafzucht angeregt. In einigen Gebieten Thüringens, besonders um Erfurt, erreichte die Pflanzung von Waid, meist auf kleinen Bodenanteilen der Bauern, im 15. Jh. einen bedeutenden Umfang. Da in den Städten Bier zum hauptsächlichen Getränk weiter Kreise der Bevölkerung geworden war, nahm der Hopfenanbau erheblich zu. Sowohl Grundherren als auch Bürger und Bauern betrieben seit dem 14. Jh. Schafzucht. Kölner Weber und Tuchverleger, Schneider und Fleischer lassen sich als Besitzer von Schafherden in der Umgebung nachweisen. 1419 hielt der Kölner Kaufmann Gerhard van Kessel 141 Schafe bei einem benachbarten adligen Grundbesitzer.[50] Im 15. Jh. traten auch verstärkt Gemeinden als Eigentümer von Herden in Erscheinung. Für die Schafhaltung wurde unter anderem wüst gewordenes Ackerland als Weide genutzt. Zwischen

Waidfärber. Schlußstein (sog. Färberstein) aus der Barfüßerkirche zu Erfurt (14. Jh.)

Grundherrschaft und Gemeinde verschärfte sich die Auseinandersetzung um die Nutzung der Allmende auch für die Hütung von Schafen.

Diese zunehmende Schafhaltung für die Wollgewinnung sowie Schwierigkeiten bei der Eichelmast der Schweine — der Waldeinschlag für Nutzholz nahm zu, so daß die Fürsten zu einer Waldschutzgesetzgebung übergingen — führten zu einem akuten Fleischmangel in den Städten. Da im Vergleich zur Gegenwart unverhältnismäßig viel Fleisch konsumiert wurde, stiegen seit dem ersten Drittel des 15. Jh. in vielen Städten die Fleischpreise. Verschiedentlich versuchten die Städte, durch Verträge mit umliegenden Grundherrschaften ein ausreichendes Fleischangebot für ihren Markt zu sichern. Ein zunehmender Teil des Fleischbedarfs wurde jedoch durch Importe aus dem Osten und dem Südosten Europas gedeckt, so daß sich zum Beispiel die Einfuhr ungarischer Rinder nach Oberdeutschland im 15. Jh. stufenweise erhöhte.[51]

Die enge Verbindung der Bauern mit dem städtischen Markt vergrößerte die bereits im 14. Jh. spürbar gewordene Verschuldung auf dem Lande. Mißernten und Naturkatastrophen zwangen den Bauern, einen Kredit an Geld oder Saatgut aufzunehmen, um seine Wirtschaft produktiv zu erhalten. Da er nur geringe Sicherheiten bieten, sich zum Beispiel keinen Boden beleihen lassen konnte, war er in erster Linie auf einen direkten Kredit angewiesen, den infolge des kanonischen Zinsverbots vor allem jüdische Geldverleiher gewähren konnten. Der Zinssatz lag dabei höher als der bei größeren Krediten im städtischen Bereich, da hier entsprechende Sicherheiten geboten werden konnten. Nach der Vertreibung der Juden aus vielen deutschen Städten in der zweiten Hälfte des 14. und zu Beginn des 15. Jh. traten Bürger und geistliche Institutionen als Geldverleiher auf, denn mit der weiteren Ausbreitung der Ware-Geld-Beziehungen erwiesen sich die Beschränkungen des Geldhandels als praktisch wirkungslos. Auch vom christlichen Geldgeber wurde der Bauer geschröpft, so daß zu seiner Ausbeutung durch den Grund- und Gerichtsherrn nun die Verschuldung an den Wucherer kam.

Mehr und mehr veränderte sich die soziale Struktur der Dörfer. Neben den Hufenbesitzern und den zahlreicher werdenden landarmen Bauern vergrößerte sich die Gruppe der Tagelöhner, die in Spezialkulturen, etwa im Weinbau, Beschäftigung fanden und Arbeiten bei der Getreidemahd oder nach der Einbringung der Ernte beim Drusch verrichteten. Außerdem stieg die Zahl sporadisch beschäftigter Kräfte, die außerhalb der Produktionssphäre gegen Lohn für verschiedenartigste Hilfsarbeiten herangezogen wurden. Im 14. Jh. wuchs die Nachfrage nach Tagelöhnern wegen des Bevölkerungsrückgangs erheblich an, so daß auch die Lohntaxen stiegen. Doch bald trat ein Ausgleich ein, und zu Beginn des 15. Jh. finden sich bereits Bestimmungen gegen vagabundierende Elemente und Müßiggänger — ein Zeichen dafür, daß keineswegs alle Beschäftigungslosen in der Produktion Einstellung gefunden hatten. Die Löhne in diesem Bereich waren, von spezialisierten Handwerksarbeiten abgesehen, so niedrig, daß sie gerade für die Ernährung eines Mannes ausreichten, kaum aber für Bekleidung sowie Unterhalt im Winter und erst recht nicht für die Ernährung einer Familie. Im 15. Jh. setzten die Fürsten in vielen Gebieten Lohntaxen fest, die sich häufig in den Landesordnungen niederschlugen, so daß auch von dieser Seite her die Aufrechterhaltung des niedrigen Niveaus der Löhne gesichert wurde.

In den Dörfern erhöhte sich die Zahl der in verschiedenen Berufen selbständig produzierenden oder – in Zentren der Textil- und der Metallwarenerzeugung – der von einem Geldgeber verlegten Handwerker. Die Weistümer dieser Zeit nennen zahlreiche Handwerksberufe in den Dörfern, so für die Holzbearbeitung, die Gewinnung von Brennstoffen (Köhler, Pechsieder), im Bauwesen, in der Textilproduktion und Lederverarbeitung.[52]

Auch die Größe der Dörfer veränderte sich. In einigen Landschaften entstanden größere Dörfer, in Franken zum Beispiel mit 25 bis 30 Herdstellen. Ihr Umfang näherte sich denen von Minderstädten, Städtchen, Flecken oder Märkten, die nur wenige hundert Bewohner zählten, von denen ein größerer Teil in der landwirtschaftlichen Produktion, dem Gartenbau usw. beschäftigt war. Durch den fließenden Übergang zwischen den Siedlungstypen Stadt und Dorf entstanden spezifische Stadt-Land-Beziehungen und günstige Niederlassungsbedingungen für Handwerker außerhalb der vom Zunftzwang beherrschten Städte.

Nicht zuletzt trug die weitere Entwicklung der Ware-Geld-Beziehungen dazu bei, daß sich die Ausbeutung der Bauern verschärfte. Durch Erhöhung der Lasten versuchten Grund-, Gerichts- und Territorialherren, ihre Einnahmen zu vergrößern, um ihre wachsenden Bedürfnisse an städtischen Gütern für den persönlichen Luxus, an Ausgaben für den Krieg, für Fehden und Rüstung befriedigen zu können. Die Erhöhung der Lasten erfolgte – ebenso wie die Agrarentwicklung – in den einzelnen Territorien unterschiedlich und in verschiedenen Formen, war aber seit dem Beginn des 15. Jh. allgemein verbreitet.

In verschiedenen Teilen Südwestdeutschlands begann Anfang des 15. Jh. eine erneute Ausbreitung der Leibeigenschaft. Die herrschende Klasse verfolgte damit unterschiedliche Ziele: Einmal ging es um die rechtlichen Voraussetzungen für erhöhte Belastungen. Das schwäbische Kloster Weißenau ließ sich in einem Vertrag 1448 von seinen Untertanen bestätigen, daß es auf Grund der Leibherrschaft Dienste fordern, Gebote erlassen und Strafen verhängen dürfe. Die Bauern des Klosters Rot in Schwaben mußten 1456 beeiden, als Eigenleute dem Abt und dem Konvent „dienstbar, gewertig und gehorsam" zu sein.[53] Die Grund- und Leibherren forderten beim Tod des Bauern das Besthaupt, das beste Stück Vieh, sowie einen größeren Teil vom beweglichen Besitz des Verstorbenen, meist die Hälfte oder ein Drittel der Habe, und beim Tod der Bäuerin den Gewandfall (Bestkleid).

Größere und kleinere Territorialherren strebten nach einem einheitlichen Rechtsstatus aller Bewohner ihres Gebietes, die zum Teil in weitem Umkreis um den

Zinsnachlaß für bedrückte Bauern. Miniatur in einer 1451 in Schlesien entstandenen Handschrift der Hedwigslegende

Herrensitz wohnten und verschiedenen Grundherren untertan waren. Zu diesem Zweck setzten sie die Leibeigenschaft in ihrem Gebiet durch. Infolge der Ausbreitung der Territorialleibeigenschaft entstanden Gebiete, in denen es nur einen Leibherrn gab, der gegenüber den Bauern die Gerichts-, Steuer- und Wehrhoheit beanspruchen konnte.[54] Der Territorialherr zog mit Hilfe seines Beamtenapparates außer der hohen auch einen Teil der niederen Gerichtsbarkeit an sich und verband die Durchsetzung dieser Territorialleibeigenschaft mit der Forderung nach verschiedenen neuen Leistungen, so nach Bede und Reissteuer. Die Reissteuer wurde als Ablösung für den persönlichen Kriegsdienst erhoben. Die Untertanen empfanden sie aber als besonders drückend, weil die Verpflichtung zur Landesdefension nicht allgemein verbreitet war. In der Regel diente sie nur der Verteidigung von Haus und Hof, während mit der Reissteuer auch dynastische Kriege in andere Länder finanziert werden konnten. Die Forderung nach Abschaffung der Reissteuer taucht immer wieder, bis in die Zeit des deutschen Bauernkrieges, auf.

Die Ausbreitung der Leibeigenschaft in Südwestdeutschland war mit dem Verbot des Abzugs in die Städte verbunden. Umgekehrt begannen die patrizischen Räte, sich gegen den bäuerlichen Zuzug abzuschirmen, da dieser die sozialen Gegensätze in der Stadt mit verschärfte. Entsprechende Maßnahmen erfolgten auch in anderen deutschen Gebieten. 1400 tauchten in den Wismarer Quellen erstmals Anzeichen dafür auf, daß die städtischen Behörden den Zuzug von

Bewohnern des Landes zu reglementieren begannen. Entsprechende Anordnungen wurden 1418 erweitert und präzisiert. Ein Dorfbewohner durfte nur dann in die Stadt kommen, wenn er alle Verpflichtungen seiner Herrschaft gegenüber abgeleistet hatte.[55]

Zugleich erhoben benachbarte Herrschaften immer häufiger Rückforderungsklagen auf Herausgabe entlaufener Eigenleute vor den städtischen Räten. Das zeigt, daß sich eine gewisse Interessengleichheit in dieser Frage anbahnte, da sowohl die Grundherren als auch die Städte die Landflucht der Bauern einzudämmen suchten.

Die gesetzlichen Festlegungen engten den bisher möglichen Weg der Bauern, aus grundherrschaftlicher Bedrückung zu fliehen, ein und verhinderten den Aufstieg zu einer besseren rechtlichen Stellung in der Stadt. Daraus resultierten zwangsläufig auch veränderte Formen des Klassenkampfes. Angesichts der sich verschärfenden Klassengegensätze erhielt nun der Aufstand – ob spontan oder vorbereitet – ein größeres Gewicht.

Die sozialen Spannungen wurden auch dadurch verschärft, daß die Herren immer häufiger die Allmendenutzung einschränkten oder ein völliges Verbot aussprachen. Dabei verfolgten sie die Absicht, das Holz entweder selbst zu verwerten oder auf dem Markt zu verkaufen, wo infolge des steigenden Bedarfs günstige Preise gezahlt wurden. Auch als Weide für herrschaftliche Schafherden sollte die Allmende genutzt werden. Zumindest aber wollten die Feudalherren für eine eingeschränkte Benutzungsgenehmigung neue Gebühren erheben. Die „Reformation Kaiser Sigmunds" forderte 1439, „das man wider [weder] holtz noch weyde noch felt in keinen ban legen sol".[56] Gleicherweise sollte auch das Wasser frei sein. Vom fließenden Wasser dürfe nur ein Zoll von Brücken erhoben und dieser wiederum nicht „besäckelt", das heißt für den allgemeinen Fiskus verwendet werden. Vor allem ging es dem Verfasser der „Reformatio Sigismundi" dabei um das Fischrecht an kleinen Flüssen sowie um den freien Zugang zu den Ufern dieser Flüßchen.[57] Die Tatsache, daß er derartige Forderungen mit solchem Nachdruck erhob, zeigt deutlich, wie weitverbreitet Einschränkungen der Allmendenutzung waren. Bereits im 15. Jh. schritten die herrschaftlichen Gerichte mit harten Maßnahmen gegen diejenigen ein, die das Nutzungsverbot übertraten. Der Angriff auf die Allmende traf sowohl reichere wie ärmere Bauern, die wirtschaftlich schwachen Schichten ohne Zweifel aber härter, da er sie des Rückhalts bei Mißernten beraubte.

In der vielschichtigen Entwicklung der Landwirtschaft im 15. Jh. war die einsetzende Verschärfung der Ausbeutung am folgenreichsten für die Lage der Bauern. In ihr drückte sich das Bestreben der Adelsklasse aus, einen größeren Anteil am Mehrprodukt der Bauern zu gewinnen, um dadurch die eigene Kaufkraft auf dem Markt zu erhöhen und wirtschaftliche Schwierigkeiten auf die Untertanen abzuwälzen.

Bäuerlicher Klassenkampf unter dem Zeichen des Bundschuhs

Die engeren Stadt-Land-Beziehungen und die allmähliche Erhöhung der bäuerlichen Lasten verschärften im 15. Jh. den Hauptklassengegensatz, so daß es häufiger als in den vergangenen Jahrhunderten zu Bauernaufständen kam. Sie blieben allerdings lokal begrenzt. Zunächst kämpften die Aufständischen wie im 14. Jh. noch vorrangig gegen das Wucherkapital; seit dem zweiten Drittel des 15. Jh. traten jedoch die antifeudalen Ziele stärker hervor.

1431 erhoben sich die Bauern in der Umgebung von Worms. Der Aufstand traf den Feudaladel und das Patriziat in einer kritischen Situation. König Sigmund hatte die Aufhebung sämtlicher Judenschulden angekündigt, in der Hoffnung, zusätzliche Mittel für seinen Romzug zu erhalten. Da ihm die Wormser Juden eine größere Summe entrichteten, nahm er sie von dem Erlaß aus. Die verschuldeten Bauern mehrerer Dörfer in der Umgebung von Worms glaubten jedoch, ihrer Schulden ledig zu sein.

In einem Dorf nahe der Stadt pflanzten die Bauern eine Fahne mit einem Christusbild auf und warben um Zuzug. Untertanen verschiedener Herrschaften kamen zusammen, scharten sich um das Banner, zogen am 27. Dezember „by zwei dusent"[58] an der Zahl unter der Führung einiger Dorfschultheißen und Adliger vor die Stadt und forderten die Auslieferung der Wucherer. Dabei legten sie weitere Artikel revolutionären Inhalts vor, die man, wie es in einem Brief des Stadtrats von Speyer an den von Straßburg heißt, nicht schriftlich darlegen wolle und die sehr weitreichend seien.[59]

Zunächst gelang es, die Bauern durch einige Versprechungen zu beschwichtigen und zum Heimgehen zu bewegen. Als Verhandlungen über die Annullierung der Wucherschulden nicht zum Erfolg führten, zogen sie Ende Januar 1432 erneut vor die Stadt. Dieses Mal ging dem eine Absprache mit einigen offenbar ebenfalls verschuldeten Wormser Handwerksmeistern voraus, die in das bäuerliche Lager bei dem nahe gelegenen Dorf Pfeffelbrunn gekommen waren. Der Rat der Stadt mußte nach diesem zweiten Vorstoß die Judenschulden niederschlagen.

Der Aufstand um Worms beschäftigte nicht nur das Basler Konzil und König Sigmund, sondern löste auch eine fieberhafte Aktivität der oberdeutschen Städte aus. Mehrere große Städte sandten Ratsboten nach Worms, um zu vermitteln, und schließlich sollte ein allgemeiner Städtetag der schwäbischen, fränkischen und der Bodenseestädte in Straßburg die Lage erörtern und Maßnahmen gegen die Bauern beschließen. Der zum Konzil in Basel versammelte Klerus schickte den Regensburger Geistlichen Friedrich von Persberg als Vertreter nach Straßburg mit dem Auftrag, dort auf harte Maßnahmen gegen die Aufständischen zu drängen. Diese erwiesen sich aber als überflüssig, denn als die Städtevertreter Ende Februar 1432 zusammentraten, war die Erhebung schon beendet. Pfalzgraf Ludwig nahm die Anführer des Aufstandes gefangen und ließ sie in Bingen aburteilen. Die Dörfer des Aufstandsgebietes mußten ihm in Zukunft alle der Aufstandsvorbereitung Verdächtigen anzeigen. Allerdings erhielten die Bauern ihre Schuldzinsen gestrichen, wenn sie bis November 1435 ihr Hauptkapital zurückzahlten.[60]

Die besondere Furcht der herrschenden Klasse resultierte aus der Resonanz, die in diesen Jahren die Hussitenbewegung in westdeutschen Gebieten gefunden hatte. Der Einfluß des von der Inquisition 1425 in Heidelberg verurteilten und verbrannten deutschen Hussiten Johann Drändorf reichte bis Speyer, wo sein im gleichen Prozeß mitverurteilter Gesinnungsgenosse Peter Turnau als Schulmeister tätig gewesen war. Die im Frühjahr 1430 bis in die Gegend von Nürnberg vorgestoßenen taboritischen Heere hatten ihre Manifeste an die deutschen Städte versandt, so daß eine Beeinflussung der Wormser Bewegung aus Böhmen möglich erschien.

Sie läßt sich allerdings nicht nachweisen und ist wegen der andersgearteten Hauptforderungen der Bauern auch unwahrscheinlich. Dagegen sahen die Zeitgenossen die Parallele zur Hussitenbewegung in Böhmen, und diese wird in der Korrespondenz der Städte mehrfach angesprochen. So vergleicht der Ulmer Rat in seinem Brief beide Ereignisse und meint, man müsse „den unlouffe mit siner gelegenhait hertter denne den Behemischen Hußen loffe achten".[61] Gerade „diewile nieman die wurzeln sähe oder erkannte", heißt es in einem anderen Brief des Ulmer Rates an die Stadt Nördlingen, ist es „gar erschrokenlichen und sorklicher denne der loufe ze Beheim ze ahtent", „das ain sölich gepurschaft ain sölich mächtig stat sölte geturren [wagen] uberziehen, unwissent uß was grunds oder wie das zugienge".[62]

Auch nach der Niederschlagung des Wormser Aufstandes beschäftigte sich der südwestdeutsche Adel mit Sicherheitsmaßnahmen, um zukünftigen Ereignissen ähnlicher Art vorzubeugen. Im August 1432 vereinbarten verschiedene Herren und Städte in Mergentheim, einander bei der Unterdrückung und Ausrottung aller „Unordnung" zu helfen. Das Abkommen richtete sich gegen die Räubereien des niederen Adels, im gleichen oder noch viel stärkeren Maße aber gegen Bauernerhebungen.

Diese Landfriedensvereinbarung konnte nicht verhindern, daß die Bauern 1439 zur Verteidigung des Landes gegen die Armagnaken erneut zu den Waffen griffen und sich erstmalig unter der Bundschuhfahne sammelten. In der folgenden Zeit wurde sie zum Symbol nicht nur der Bauern, sondern auch oppositioneller Bürger.

Der Bundschuh war die Fußbekleidung des „armen Mannes", ein Bauernschuh, der mit langen Riemen kreuzweise um die Wade bzw. die Hose gebunden wurde. In solcher Bedeutung erscheint das Wort in der spätmittelalterlichen Dichtung. Im 15. Jh. war seine Verbreitung auf Oberdeutschland, auf das Gebiet südlich des Mains beschränkt. Schon an der Wende zum 15. Jh. wurde es auch in der erweiterten Form für „Verbindung" gebraucht, und seine symbolhafte Bedeutung für „binden" im Sinne von „sich verbinden" behielt es im 15. Jh. bei.[63]

Nach dem Bundschuh von Schliengen im Bistum Basel 1443 ist von einer weiteren Erhebung in der Ulmer Gegend 1450 unter dem gleichen Zeichen nur bekannt, daß sie „Bauern und andere" umfaßte. Wahrscheinlich gab es in den vierziger und fünfziger Jahren des 15. Jh. noch andere örtliche Verschwörungen und Aufstandsversuche unter dem Bundschuhsymbol, über die schriftliche Zeugnisse verlorengingen oder die in den Quellen nicht erwähnt werden.

Im Jahre 1460 erhoben sich die Bauern im Hegau unter der Bundschuhfahne, als ihre Herren an der Seite des Herzogs Sigmund von Tirol um den Besitz des

Älteste Abbildung einer Bundschuhfahne. Holzschnitt in einer Vergil-Ausgabe von 1502

Bauern leisten Abgaben. Holzschnitt aus Rodericus Zamorensis, Spiegel des menschlichen Lebens (1478)

Thurgaus gegen die Schweizer Eidgenossenschaft kämpften. Etliche Bauern zogen nach dem seit 1454 mit der Schweiz verbündeten Schaffhausen, entrollten dort eine Fahne, die Bundschuh und Pflug zeigte, und versuchten, durch Boten Vertreter aus den benachbarten Dörfern zu einer gemeinsamen Beratung zu gewinnen. Offenbar erhielten sie in der Stadt auch Waffen. Sie nahmen sofort Verbindung mit den Eidgenossen auf, die ihnen bereitwillig Hilfe gewährten. Dann griffen sie etliche kleine Städte und Dörfer an. Wahrscheinlich handelte es sich dabei um Orte, die ihrem Bündnis widerstrebten, oder um Gebiete von Herren, die sich an der Koalition gegen die Schweizer beteiligten. Erstmalig sind von dieser Bundschuherhebung Forderungen überliefert, die einen Einblick in den ideologischen Reifegrad der Bewegung ermöglichen. Die Bauern wollten den Herren die bisherigen Dienste leisten, neu geforderte aber zurückweisen. Der Adel sollte nur nach den alten Rechtsgrundsätzen Urteile sprechen, und das Besthaupt, eine Abgabe beim Besitzwechsel des Bauerngutes nach dem Tode seines bisherigen Inhabers, sollte beseitigt werden. Nur wenn die Herren diesen Forderungen nachkämen, waren die Bauern bereit, ihnen den Zins in der bisherigen Weise zu zahlen. Die Teilnehmer der Verschwörung hatten aber — wie es in einem Brief des Hegauer Adels heißt — noch mehr Artikel formuliert, „die wir pis her nit haben kunnen erfarn und die, als uns bedunckt, vast wider den adel sein süllenn".[64] Der Überfall auf den Priester eines Dorfes zeigt auch pfaffenfeindliche Tendenzen. Die Forderungen der Bauern zielten auf eine Milderung der Lasten und auf eine Abstellung von Mißständen im Gerichtswesen, nicht auf eine Beseitigung der feudalen Herrschaft. Allerdings war in den vier genannten Artikeln schon ein gewisser Abstraktionsgrad erreicht, so daß ein überlokaler Zusammenschluß unter der Bundschuhfahne möglich wurde.

Der Aufstand ihrer Bauern zwang die oberschwäbischen Ritter, den Kampf gegen die Schweizer aufzugeben. Der Tiroler Herzog mußte Frieden schließen, und der Thurgau kam an die Eidgenossenschaft. Mit dem Friedensschluß verloren die Bauern aber auch die Schweizer Hilfe. Der Ausgang des Bauernaufstandes ist im übrigen unbekannt. Die feudalen Lasten im Hegau blieben hart, so daß die Landschaft im Herbst 1524 einer der Ausgangspunkte des deutschen Bauernkrieges wurde. Die Verschwörungen und Erhebungen unter dem Bundschuh nahmen in den folgenden Jahren nach dem Hegauer Aufstand weiter an Breite zu.

Ein zweites Aufstandszentrum der Bauern bildete sich seit der Mitte des 15. Jh. in den Alpenländern heraus. Ähnlich wie in Südwestdeutschland wirkten hier ökonomische und politische Faktoren als Ursache der Erhebung zusammen. Das Erzbistum Salzburg lag zwischen Bayern und den habsburgischen Ländern, in denen dynastische Rivalitäten innerhalb des herrschenden Fürstengeschlechtes durch langandauernde Fehden ausgefochten wurden. Salzburg litt unter den Kriegswirren an seinen Grenzen und unter Übergriffen der Söldner. Außerdem löste die von Friedrich III. initiierte Prägung minderwertiger Münzen, sogenannter Schinderlinge, eine inflatorische Abwertung des Wiener Pfennigs aus, die das Land in Mitleidenschaft zog. Mißernten in den Jahren 1456 bis 1458 verschärften die Notlage. Als der Erzbischof 1458 eine neue Steuer erhob, schlossen sich südlich von Salzburg die Bauern zusammen und erzwangen die Annullierung der Maßnahme.

Offenbar versuchte es der Erzbischof einige Jahre später erneut mit Steuererhöhungen. Doch jetzt, im Jahre 1462, brach ein Aufstand los. Die Bauern und Bürger der Gebirgslandschaften Pinzgau, Pongau und des Brixentales griffen zu den Waffen, schlossen eine Einung mit Bundesbrief ab und setzten Hauptleute zur Verwaltung des Landes ein. An der Spitze des Aufstandes stand ein Bürger des Marktfleckens St. Johann, Ulrich Dienstl. Da sich auch andere Teile des Erzbistums sowie mehrere Märkte und Städte den Bauern anschlossen und ein Vordringen erzbischöflicher Söldner in das Gebirge von vornherein aussichtslos war, mußte der Kirchenfürst verhandeln. Der bayerische Herzog Ludwig wurde zum Schiedsrichter zwischen den Ansprüchen des Landesherrn und denen der Bauern und Bürger des Erzbistums bestellt, die sich genossenschaftlich als ständische Vertretung in der Landschaft zusammengeschlossen hatten. Sein Schiedsspruch wandte sich zwar gegen die Steuererhöhung, wies aber zahlreiche weitere bäuerliche Beschwerden über Verletzung ihrer Rechte sowie Forderungen zur stärkeren Mitsprache in den Landständen zurück. Der Bauernaufstand endete so mit einem Teilerfolg des „armen Mannes", bestätigte jedoch die erzbischöflichen Maßnahmen zum weiteren Ausbau der Territorialherrschaft. Ein kurzes erneutes Aufflackern der offenen Auflehnung im nächsten Jahr um Goldegg im Pongau warf Ulrich Dienstl, der nun im Dienste seiner Landesherrschaft stehende frühere Bauernführer, nieder.

Ebenso wie im oberrheinischen Aufstandsgebiet des Bundschuhs gingen auch in den Alpenländern die Bauernaufstände weiter. Hier wirkte als unmittelbar auslösendes politisches Moment in den nächsten Jahren die Türkengefahr mit. Da in beiden Bereichen aber immer wieder bäuerliche Forderungen zur Verbesserung der wirtschaftlichen Lage und zur Beseitigung von Übergriffen der Herrschaft an erster Stelle standen, war die Hauptursache dieser Aufstände die sich verschärfende Ausbeutung durch die Grund- und Gerichtsherrschaft. Somit erhöhte sich nicht nur die Zahl der Bauernaufstände seit dem zweiten Drittel des 15. Jh., sondern es bildeten sich auch in Südwestdeutschland und den Alpenländern Schwerpunktgebiete dieses Klassenkampfes mit einer über die einzelnen Ereignisse hinausgehenden Kampftradition heraus, die jahrzehntelang bis zum Bauernkrieg lebendig blieb.

Der Bauer in Literatur und Kunst

Seit dem 13. Jh. war der Bauer eine selbständige Figur in der Kunst und in der Literatur geworden. Dieser künstlerischen Aufwertung steht aber zunächst gegenüber, daß — von wenigen Ausnahmen abgesehen — adlige und bürgerliche Poeten den von ihnen vornehmlich dargestellten wohlhabenden Bauern mit unverhohlenem Neid auf seine gute Ernährung und Bekleidung als gefräßig, tölpelhaft und putzsüchtig zeichneten.

Dieses Bild setzte sich bei einer Gruppe von Dichtern auch im 15. Jh. fort. Typisch dafür ist die um 1450 entstandene Schrift „De nobilitate et rusticitate" (Vom edlen Stand und von bäurischer Dummheit) des Züricher Domherrn Felix Hemmerlin, der mit äußerster Schärfe den Vorrechten und Traditionen des Adels einen abstoßend häßlichen Bauern gegenüberstellt. „Ein Mensch mit ... gekrümmtem und gebuckeltem Rücken, mit schmutzigem verzogenem Antlitz, tölpelhaft dreinschauend wie ein Esel, die Stirn in Runzeln gefurcht mit struppigem Bart, graubuschigem, verfilztem Haar, Triefaugen unter den borstigen Brauen, mit einem mächtigen Kopf; sein unförmiger, rauher, grindiger, dicht behaarter Leib ruht auf ungefügen Gliedern, die spärliche und schmutzige Kleidung läßt seine ... tierisch zottige Brust unbedeckt ..."[65]

Fast gleiche Töne kommen nun auch von Poeten aus dem reichen Städtebürgertum, was auf einen wachsenden Gegensatz zwischen Stadt und Land schließen läßt. So wird im „Ring" des aus Wängi im Thurgau stammenden Advokaten Heinrich Wittenweiler (um 1400) der Bauer die Zielscheibe derben Spotts. Die Hochzeit des Bertschi (Berthold) Triefnas mit Mätzli Rüerenzumpf in Lappenhausen führt zu einer wilden Rauferei, die zum Dorfkrieg mit dem benachbarten Nissingen ausartet, mit der Zerstörung des Dorfes und der Weltflucht des Helden endet. Häufig wird von städtischen wie früher von höfischen Kreisen der Bauer als Narr dargestellt, allerdings sowohl in der Version eines Tölpels als Zielscheibe allgemeinen Spotts, wie in der eines Außenseiters, dessen gesunder Menschenverstand sich am Ende als überlegen erweist. Das Narrenmotiv ist in vielfältiger Form in der zeitgenössischen Dichtung, in Spielen und Schwänken vertreten. In vielen bürgerlichen Fastnachtsspielen aus Nürnberg, Augsburg und anderen südwestdeutschen Städten ist der dumme Bauer eine häufig wiederkehrende Figur. Das Narrenmotiv wird allerdings schon in der Hussitenbewegung auch zur Sozialkritik gegen die herrschenden Klassen benutzt.[66]

Die Ständesatire „Tüfels segi" (Des Teufels Netz), die ein unbekannter Verfasser aus dem Bodenseegebiet 1440 veröffentlichte, unterwirft alle Stände einer unbarmherzigen Kritik. Lob spendet sie nur den Beginen, den Begarden und den Bauern, von denen der Verfasser hervorhebt, es seien „ettlich... so cluoger sinnen, das si ir herren tuond endtrinnen und werdend burger in stetten".[67] Vor allem geißelt er in scharfen Worten die Ausbeutung des Bauern. „Es ist got in den himeln laid sollich grosser übermuot, den man den puren uf dem land tuot." Nicht nur durch Frondienste, Abgaben und Strafgelder verarmt der Bauer, auch von dem Korn, das er für sich behalten hat, stiehlt ihm noch der Müller die Hälfte. Geistliche Grundherren treiben es mit ihm nicht besser. Die Satire prangert auch die Aufkäufer an, die dem Bauern schon vor den Toren der Stadt seine Waren zu verhältnismäßig niedrigen Preisen ablocken.

Während in der Malerei bis zum Ende des 15. Jh. bei überwiegend religiöser Thematik der Bauer lediglich Beiwerk der Ikonographie war, nahmen sich der Holzschnitt und nach 1430 der Kupferstich in der Buchillustration stärker weltlicher Fragen an. Dabei wurden Vertreter der niederen Schichten porträtiert. Schon in den Blockdrucken vor 1450 finden sich vereinzelt Bilder von Bauern. Die Illustrationen zeitgenössischer, durch den Buchdruck verbreiteter Werke in der zweiten Hälfte des 15. Jh. behandeln mehrfach den Bauern und stellen dabei auch seine Ausbeutung dar. In der bei Günther Zainer in Augsburg 1478 gedruckten deutschen Übersetzung des „Speculum vitae humanae" (Spiegel des menschlichen Lebens) liefert der Bauer

Auszug zum Markt. Kupferstich von Martin Schongauer (1470–1473)

den Zehnten ab; mit gebeugten Knien überreicht er dem hochmütig dreinschauenden Herrn seine Gaben.

Seit dem 15. Jh. begann im burgundisch-flämischen Raum eine von monatlichen Kalenderdarstellungen abgeleitete Darstellung des Bauern als Figur des Jahres, die sich später auch auf die Stundenbücher im deutschen Raum übertrug. Sie stellt nun den Bauern bei der Arbeit dar, enthält genaue Beobachtungen des Landlebens mit Details über die bäuerlichen Arbeitsgeräte. Vereinzelt wurde im oberdeutschen Raum außerhalb der Buchillustration der Bauer künstlerisch dargestellt.[68] Ein Beispiel dafür ist Martin Schongauers Kupferstich „Auszug zum Markt" (um 1470).

Erstmalig kommt in der Literatur des 15. Jh. die Lage der unterbäuerlichen Schichten, des Gesindes und der Lohnarbeiter, zur Sprache. Es ist von ihrer Verpflegung, ihrer Bezahlung und der Kleidung die Rede. Nicht alle Dichter empfanden Mitgefühl für ihre elenden Lebensverhältnisse, manche übten Kritik an ihnen, bezichtigten sie der Unredlichkeit bei der Arbeit.

Unter dem Einfluß des Humanismus entstand wiederum ein anders akzentuiertes Bild des Bauern, das sich aus der spätantiken und der frühchristlichen Tradition ableitet. Es fand in der zweiten Hälfte des Jahrhunderts eine stärkere Verbreitung und beeinflußte auch bedeutende Künstler dieses Zeitraums, wie etwa Albrecht Dürer. Es stellt den arbeitenden und den geselligen Bauern als einen einfachen, redlichen Menschen dar, den schon die Bibel wegen seiner Tätigkeit hochpreist. Ein Vorläufer dieses Typs ist die Figur des „Ackermanns aus Böhmen" (um 1400), der hier zum Sprecher des Menschengeschlechts aufrückt, gleichzeitig aber deutlich werden läßt, daß er in ein göttliches Weltgefüge eingeordnet ist, in dem jeder seinen ihm bestimmten Platz einzunehmen hat.

Neue Tendenzen in der städtischen Wirtschaft

Für den weiteren Aufschwung der Wirtschaft im 15. Jh. gewann der Handel eine besondere Bedeutung. Durch ihn wurde am raschesten Kapital außerhalb der feudalen Produktionssphäre akkumuliert, das für die weitere Entwicklung der Produktion, über die Zunft hinaus, dringend notwendig war. Auch überwand der Fernhandel wenigstens auf dem Gebiet des Warenaustausches die Schranken der feudalen Zersplitterung. Der Fernhandel der deutschen Städte und Territorien verflocht sich im 15. Jh. stärker mit dem der übrigen europäischen Länder und erweiterte sein Gesamtvolumen in bedeutendem Maße. Dabei erhielt gegenüber dem sich immer noch ausweitenden Hansehandel im Küstengebiet der Nord- und Ostsee der Handel der südwestdeutschen Städte stärkeres Gewicht. Das entsprach einer teilweisen Verlagerung des Warentransports vom Seeweg auf den Landweg. In den bisher von der Hanse beherrschten Handelsgebieten wurden fremde Kaufleute aus Westeuropa aktiver und schränkten teilweise das Zwischenhandelsmonopol der hansischen Kaufleute ein. Dagegen übernahmen die oberdeutschen Firmen neben dem Italienhandel infolge des Vordringens der Türken auf dem Balkan auch die Mittlerrolle zwischen dem Mittelmeerraum und dem östlichen Mitteleuropa. Der westdeutsch-niederrheinische Handel in Richtung England und Flandern blieb zwar weiterhin bedeutend, konnte aber mit der dynamischeren Entwicklung des oberdeutschen Raumes nicht Schritt halten.

Durch den Handel wurden verstärkt Lebensmittel und Rohstoffe aus den europäischen Überschußgebieten — Seide aus Südeuropa, Getreide aus den ostelbischen Territorien, Farbstoffe (Waid) aus Thüringen und den Rheinlanden — sowie die Erzeugnisse der stark angewachsenen Textil- und Metallwarenproduktion aus dem Gebiet südlich des Mains über weite Strecken verkauft. Auch der Import etwa von Baiensalz nahm erheblich an Umfang zu. Da Baiensalz billig gewonnen wurde, verdrängte es auf dem Markt teilweise das teurer gewonnene einheimische Salz. Die Zollstätten verschiedener Länder belegen den allerdings auf den einzelnen Transportwegen zu Wasser und zu Lande ungleichmäßigen Anstieg des Warenverkehrs.

Die Handelsbilanz Oberdeutschlands in dieser Zeit blieb vermutlich passiv, obwohl die Ausfuhr von Leinen und Metallwaren – allerdings auch die einzigen Güter eigener Produktion, die in größeren Mengen exportiert wurden – wesentlich gewachsen war. Zwar floß durch Subsidien ausländischer Herrscher an deutsche Territorialfürsten Geld ins Land, und seit dem ausgehenden 15. Jh. erbrachte auch der Verkauf von Söldnern Gewinn, doch beseitigte das das Defizit in der Zahlungsbilanz nicht. Insbesondere vom Orient wurden erheblich mehr Waren importiert, für die der Ausgleich zum Teil durch die Silberexporte der oberdeutschen Handelshäuser erfolgte.

Südwestdeutsche Kaufleute hatten schon im 14. Jh. eine Schlüsselstellung in der Finanzierung der ostmitteleuropäischen Bunt- und Edelmetallgewinnung eingenommen. Sie bauten diese im 15. Jh. durch die zunehmende Fertigkeit, in Saigerhütten Edelmetall, insbesondere Silber, von Kupfer zu scheiden, weiter aus. Nur ein Teil des gewonnenen Silbers ging in die Münze; ein erheblicher Teil wurde in Barrenform exportiert. Auch nach dem Aufkommen der ersten städtischen Kreditinstitute Anfang des 15. Jh. nahm die Rolle der oberdeutschen Kaufleute im Wechsel- und Transfergeschäft, häufig im Zusammenwirken mit italienischen Firmen, weiter zu.[69] Im Prinzip konnte jeder größere Kaufmann Bankiersfunktionen übernehmen. Dabei stärkte die Finanzierung politischer Unternehmungen der Territorialherren die Stellung der deutschen Kaufleute, die sich im Unterschied zu den Kaufleuten Englands, Frankreichs und zeitweise auch Flanderns nicht auf eine starke Zentralgewalt stützen konnten. Andererseits bedienten sich die Kaufleute oberdeutscher Städte gelegentlich wirtschaftlicher Waffen, etwa der Kreditsperre, um die Fürsten ihrer Umgebung zu politischen Zugeständnissen zu zwingen.[70]

Unter den oberdeutschen Städten stand im 15. Jh. zunächst Nürnberg an der Spitze des Handels, wobei sowohl der Zwischenhandel als auch die Ausfuhr der eigenen Metallwarenproduktion, die zu einem gewissen Teil auch Waffenherstellung war, bestimmend wurden.

Der Transport von Konsumgütern und Rohstoffen über weite Strecken erforderte den weiteren Ausbau der Verkehrswege und ein leistungsfähiges Transport- und Nachrichtenwesen, ganz abgesehen von neuen Formen im Handelsbetrieb und in der Finanzierung von Handelsgeschäften. Trotz zahlreicher Klagen über den miserablen Zustand der Straßen gab es auf diesem Gebiet einige Verbesserungen. Sie gingen in erster Linie auf die Initiative der Städte zurück, die auch ein Hauptinteresse daran hatten. Zwar besaßen die Territorialherren mit dem Straßenregal, aus dem sie in Form von Zöllen Einnahmen zogen, auch die Pflicht zur Erhaltung der Verkehrswege, aber nur wenige Fürsten kümmerten sich darum. Da in den Städten öffentliche Mittel fehlten, wurde es üblich, in Testamenten Schenkungen „zu Wegen und Stegen" zu machen. Teilweise erzwangen die Räte solche Gaben, indem sie drohten, die Testamente sonst nicht für gültig zu erklären. Eine weiträumige Verbesserung der Wege gab es nicht, Reise und Warentransport blieben ein großes Risiko.

Weitere Straßen über Alpenpässe wurden ausgebaut, so die über den Septimer (1387) und die Via mala über den Splügen (1473). Kanalbauten und Schleusen förderten die Binnenschiffahrt, während für die Seeschiffahrt die Vergrößerung der Ladekapazität der Schiffe, ein Ausbau der Häfen und die Einführung des Lotsendienstes bessere Bedingungen schufen. Die im Mittelmeergebiet schon im 14. Jh. bekannte Seekarte wurde jetzt im Norden gebräuchlich.

Ein in der zweiten Hälfte des 15. Jh. auch ins Niederdeutsche übertragenes Seebuch erteilte Ratschläge für die Küstenschiffahrt von Nordspanien bis zur östlichen Ostsee. Es gehört zu einem Typus von Literatur für den Reisenden mit praktischen Hinweisen, die allmählich in Gebrauch kam. In größeren Städten des Binnenlandes entstanden Geleittrupps, die die Kaufmannszüge sicher in die Stadt brachten. Ein organisiertes Botenwesen zur Übermittlung von Nachrichten innerhalb der Stadt und zu Handelspartnern nahm ebenfalls Gestalt an. Die Nachrichtenübermittlung dauerte allerdings noch recht lange. Zwischen Köln und Brügge benötigte ein Brief im allgemeinen 6 bis 8 Tage, von Danzig nach Brügge zwischen 10 und 33 Tage. Zur Überquerung der Alpen bildeten sich in den Talgemeinden Transportgenossenschaften wegekundiger Führer, die im übrigen für bestimmte Strecken das Monopol in dieser Geleittätigkeit an sich zogen.

Bereits im 14. Jh. hatten oberdeutsche Kaufleute ihre Kenntnisse in der Buchhaltung vervollkommnet, die Vorteile des Wechselgeschäftes kennengelernt und Kaufmannsbücher angelegt. In der Folgezeit gab es eine weitere Ausdehnung der Schriftlichkeit und das Bemühen, die Geschäftsbücher systematischer aufzubauen. Im 15. Jh. machte die Buchhaltung zunächst wenige Fortschritte. Erst Anfang des letzten Drittels übernahmen einige oberdeutsche Handelshäuser, so 1484 die Tucher in Nürnberg, die doppelte Buchhaltung aus Italien.

Der weiträumige Handelsverkehr stieß andererseits auf zahlreiche Hindernisse. Eine unterschiedliche Rechtsprechung, viele Zollstellen, Stapelrechte der Städte, die Münzungleichheit und nicht zuletzt Handelssperren aus politischen Gründen beeinträchtigten seine Entfaltung. So verhängte etwa Papst Martin V. während der Hussitenkriege 1420 gegen Böhmen eine Handelssperre; bei Zuwiderhandlungen drohte den

*Hafenbild. Vorn links ein Drehkran, rechts das Zollhaus.
Miniatur aus dem Hamburger Stadtrecht von 1497*

betreffenden Kaufleuten der Kirchenbann. Die Sperre wurde erneuert, als die Kurie im Jahre 1466 Georg von Poděbrady als Ketzer verurteilte. In beiden Fällen fanden die Nürnberger Kaufleute aber Auswege, so daß der Warenverkehr tatsächlich nie ganz zum Erliegen kam.[71] Handelssperren waren auch bei Kriegen zwischen Territorialfürsten üblich. Der Handel stieß also an Schranken und Hemmnisse der feudalen Gesellschaft, was die Widersprüche zwischen den wirtschaftlich stärksten Schichten des Bürgertums und der Feudalordnung zuspitzen mußte. Andererseits überwand er mehr als in der vorangegangenen Zeit die Schranken der territorialen Zersplitterung, und es verstärkte sich die Tendenz zur Herausbildung von Elementen des inneren Marktes.

Die beträchtliche Erweiterung des Handels hatte zwangsläufig schon im 14. Jh. zu neuen Organisationsformen geführt. Der genossenschaftlich betriebene Karawanenhandel war neuen Methoden gewichen. Kaufleute schlossen sich zu Gesellschaften zusammen, die eine Konzentration ihres Kapitals ermöglichen. Lediglich im hansisch-nordischen Raum blieb stärker der einzelne Kaufmann Träger des Warenverkehrs, auch wenn er zeitweilig einige Teilhaber um sich scharte. Ein typischer Vertreter war der in verschiedenen Hansestädten tätige Kaufmann Hildebrand von Veckinchusen, dessen Handelsbuch eine Anzahl zeitlich begrenzter Gesellschaftsverträge ausweist, wobei häufig verwandtschaftliche Beziehungen ausgenutzt wurden.[72]

Die große Ravensburger Handelsgesellschaft, die bedeutendste ihrer Art vor den Fuggern, erlebte im 15. Jh. ihre Blüte. Sie verfügte über ein Netz von Faktoreien in verschiedenen Teilen Europas, in Nürnberg, Köln, Wien ebenso wie in der Schweiz, in Ungarn, Frankreich, Spanien und den Niederlanden. Der Faktor war zu Gewinn und Verlust am Geschäft beteiligt und hatte weitgehende Vollmachten. Dabei blieb diese Gesellschaft beim Warenhandel und Verlagsgeschäft, tätigte keine Geldgeschäfte und gab keine Kredite aus. Auch wurden Einlagen von Personen, die nicht Teilhaber waren, in der Regel abgelehnt. Auf dem Höhepunkt ihrer Wirksamkeit am Ende des 15. Jh. betrug das Vermögen der Ravensburger Handelsgesellschaft immerhin 130 000 Gulden, doch wurde sie zu dieser Zeit von den späteren Kapitalgesellschaften schon überflügelt.

Aus dem Zusammenschluß der Kaufleute aus Bern und St. Gallen und einigen anderen Schweizer Städten entstand die mit etwa 20 Teilhabern wesentlich kleinere Diesbach-Watt-Gesellschaft. Sie war zwischen 1420 und 1460 wirksam, betrieb aber in dieser kurzen Zeit ebenfalls einen ausgedehnten Fernhandel nach Spanien, Südfrankreich und Polen. Einer der Begründer, Nikolaus Diesbach, hinterließ bei seinem Tode etwa

Marktplatz zu Rothenburg o. d. Tauber. Ausschnitt aus einem Altargemälde der Jakobikirche von Friedrich Herlin (1466). L.: Rathaus mit angebauter Ladenfront

70 000 Gulden, was auf eine nicht unbedeutende Kapitalkraft schließen läßt.

In Thüringen hatte sich schon Ende des 14. Jh. eine Waidhandelsgesellschaft gebildet, die von ihren Teilhabern erhebliche Kapitaleinlagen forderte, da im allgemeinen vom Ankauf der Rohstoffe bis zum Verkauf ein Jahr verging. Sie betrieb allerdings vorwiegend individuellen Wanderhandel und bediente sich nur in begrenztem Maße der Faktoreien. Auch die gleichmäßige Gewinnbeteiligung der Gesellschafter sollte sich mit der Zeit als Fessel erweisen.[73]

Neben diesen in der Form unterschiedlichen Zusammenschlüssen von Kaufleuten zu Gesellschaften gab es im Handel und in der Produktion Kartellbildungen. Sie verfolgten im allgemeinen das Ziel, Preisabsprachen zu treffen oder durch Begrenzung der Produktion die Preise hochzuhalten. Bereits die Frühzeit der Konzentration des Handelskapitals kennt nicht nur den Aufstieg und Niedergang von Gesellschaften, sondern auch aufsehenerregende Bankrotte. Mit einem solchen endete zwischen 1430 und 1434 die Stromer-Ortlieb-Gesellschaft in Nürnberg. Auch eine Intervention des Kaisers konnte an der Tatsache nichts ändern, daß die Gesellschaft ein Opfer ihrer riesigen Geschäftsverluste wurde.

Die Erweiterung und Intensivierung des Handels stimulierte die gewerbliche Produktion sowohl in der Form des einzelnen Handwerksbetriebes als auch in der des Verlages. Das gilt insbesondere für die Textilerzeugung und die Metallverarbeitung. In diesen Bereichen war die Spezialisierung besonders ausgeprägt. Den Neubürgerlisten der Reichsstadt Mühlhausen in Thüringen zufolge hatten im 15. Jh. den größten Zustrom die Innungen des Textilgewerbes. In ihnen überwogen die Wollweber, während die Leineweber und die Barchentmacher an zweiter Stelle standen.[74] Die Zahl der Zunfthandwerker dieser Berufe nahm nicht nur in den großen Städten zu; auch in den kleinen und kleinsten Städten wurden zum Teil erstmals entsprechende Zünfte zugelassen. Mit dem allgemeinen Aufschwung der Textilerzeugung verbesserte sich die Färbetechnik. In Nürnberg erwarben zwischen 1430 und 1439 16 Färber, zwischen 1470 und 1479 sogar 34 Färber das Meisterrecht. Neben dem Niedergang alter Produktionsverfahren kamen neue empor, zum Beispiel die Barchentweberei. Infolge der weiteren Verbreitung der Pulverwaffen nahm die Zahl der Kanonengießer und Büchsenmacher zu, die größtenteils im Auftrage städtischer Obrigkeiten und der Landesherren arbeiteten.

Die bereits im 14. Jh. ausgeprägte Differenzierung innerhalb der Zünfte in arme und reiche Meister und zwischen den Zünften zugunsten derjenigen, die für den Export produzierten, setzte sich im 15. Jh. verstärkt fort. Die Angaben über die Erfurter Zünfte aus der zweiten Hälfte des 15. Jh. belegen, daß sich über die Mehrzahl der Meister wenige kapitalkräftige erhoben. So betrug das Vermögen bei den Lohgerbern im Durchschnitt 172 Gulden, das des reichsten Meisters aber

Abschluß eines Kaufes auf dem Markt. Holzschnitt aus Rodericus Zamorensis, Spiegel des menschlichen Lebens

1 580 Gulden. Bei Weißgerbern war das Verhältnis 134 zu 1 608, bei den Fleischern 248 zu 1 798 Gulden.[75]

In zahlreichen Zünften verschärfte sich der Kampf um die Einhaltung der Zunftstatuten. Dabei ging es besonders um die Begrenzung der Produktion und um die Abschließung gegen Kandidaten für die Meisterwürde, die nicht die nötigen finanziellen Mittel aufbringen konnten oder die immer höher geschraubten moralischen Normen verletzten. Wer eine Frau heiratete, die „berüchtet" war, verlor in manchen Zünften sein Amt.[76] Viele Zünfte verhinderten die Vergabe neuer Meisterstellen, so daß die Chancen des Aufstiegs für Gesellen wesentlich geringer wurden und viele „ewig" in ihrem Stand blieben. Da auch bei Konjunktur die Zahl der Gesellen eines Meisters gleichbleiben mußte, beschäftigten manche Hilfsarbeiter im Tagelohn. Vorschriften über die Art und Menge der verarbeiteten Rohstoffe, Markenzeichen und Warenschau sollten die Zahl und Güte der Erzeugnisse sichern. Die Menge der Rohstoffe begrenzte der Bundesbrief der Lohgerber von 20 Städten aus dem Jahre 1440 mit der Bestimmung, „das kein meister mee uber sich keuffen sol, dan er mit sime gesinde verarbeiten mag".[77] Außerdem behinderten die Zünfte bzw. von ihnen beeinflußte Stadträte die Einführung neuer Produktionstechniken aus wirtschaftlich fortgeschritteneren Gebieten. So verbot 1412/13 der Kölner Rat die vielspindlige Lucceser Seidenspinnmühle. Diese Maßnahmen der Zünfte verdeutlichen, daß eine wesentliche Ausweitung der Marktproduktion durch das individuelle Handwerk nicht mehr erfolgen konnte. An seine Stelle trat deshalb mehr und mehr das Verlagswesen.

Der Verlag breitete sich im 15. Jh. weiter aus, und verstärkt floß Handelskapital in die Produktion ein. Nach wie vor standen die Tuch- und Leinenproduktion an der Spitze der zahlreicher werdenden Gewerbe, die von Geldgebern „verlegt" wurden. Mit ihrem Bleichmonopol konnten die Bürger der Stadt Chemnitz in der ersten Hälfte des 15. Jh. erhebliche Gewinne verbuchen, die sie größtenteils in Grundbesitz anlegten. Außerdem waren sie in der Lage, 1423 pfandweise die hohe und die niedere Gerichtsbarkeit für die Stadt zu erwerben.[78] Die sehr unterschiedlichen Formen des Verlages lassen sich auch im 15. Jh. weiter aus den Quellen belegen. In der Lausitz und in Schlesien ordneten sich fremde Kaufleute größtenteils ganze Zünfte unter. Verlagsähnliche Beziehungen mußte auch die überwiegende Zahl der Spinner von Flachs, Wolle und Baumwolle eingehen, die keine eigene Zunftorganisation zu entwickeln vermochten und gezwungen waren, sich als Einzelpersonen mächtigen Meistern in Lohnarbeit unterzuordnen. Rasch fanden Verlagsbeziehungen im Buchdruck Eingang, der keine Zunftorganisation kannte. Zu den ersten Unternehmern in diesem Gewerbe gehörte einer der Konkurrenten Gutenbergs, der Mainzer Kaufmann Johannes Fust.

Sowohl die Zunftorganisation als auch zahlreiche einzelne Meister setzten sich gegen die Unterwerfung durch reiche Kaufleute zur Wehr. Andererseits gingen von der Marktlage Impulse bzw. Hemmungen für die Ausdehnung oder Schrumpfung des Verlages aus, so daß dessen Entwicklung von sehr unterschiedlichen Momenten beeinflußt wurde. In Ulm versuchten die Baumwollhändler zwischen 1460 und 1465, die Weber mit Hilfe städtischer Gesetze ihrer Abhängigkeit zu unterwerfen, indem sie ihnen untersagten, selbst Baumwolle einzukaufen. Dagegen gelang es den zünftlerisch gebundenen Webern der kleinen Reichsstadt Isny, die während des ganzen 15. Jh. beträchtliche Konkurrenz nichtzünftlerischer Landweber 1482 auszuschalten. Obwohl die Verlagsbeziehungen in einigen Gewerben eine beträchtliche Verbreitung erreichten, ist schwer festzustellen, ob bis zum letzten Drittel des 15. Jh. auf den Märkten die von verlegten Handwerkern oder die in Einzelproduktion hergestellten Waren zahlreicher waren.

In den Ostalpen entdeckte man etwa zwischen 1410 und 1420 am Falkenstein bei Schwaz neue Silbererzlager. Bald drang hier und bis zur Mitte des Jahrhunderts auch im Erzgebirge Handelskapital in den Bergbau ein. Damit setzte die Überwindung der Schwierigkeiten ein, durch die der Bergbau seit der Mitte des 14. Jh. stagnierte. Um diese Zeit waren die oberflächennahen Lagerstätten erschöpft gewesen. Um die Stollen tiefer in die Erde zu treiben, bedurfte es kostspieliger Entlüftungsanlagen und „Wasserkünste" zur Abschöpfung des Grundwassers. 1453 waren die Schächte des Goslarer Bergbaus am Rammelsberg entwässert, so daß die Produktion wieder anstieg. Bereits 1429 entstand im Nürnberger Raum mit Bürgerkapital der Reichsstadt eine Saigerhütte, die „meißnisches" Kupfer aufbereitete. An ihr war auch ein Hüttenmeister aus Eisleben tätig. 1433 entstand in Clingen (an der Kupferhelbe bei Sondershausen) die erste revierferne Schmelzhütte des Mansfelder Kupfererzes. 1464 ließen Nürnberger Metallhändler Saigerhütten in Hüttensteinach und Hockenroda erbauen.[79]

Ohne stärkeren Rückgang für längere Zeit, aber mit kurzfristigen Schwankungen des Produktionsertrages, wurde in der ersten Hälfte des 15. Jh. an verschiedenen Orten Eisenerz abgebaut und Salz gewonnen. Die Eisenerzgewinnung in der Oberpfalz erreichte sogar im 15. Jh. gegenüber der vorhergegangenen und der nachfolgenden Zeit einen absoluten Höhepunkt. In beide Bereiche des Bergbaus floß ebenfalls auswärtiges Kapital ein, und es kam auch zu Verbesserungen der Produktions- bzw. Verarbeitungstechnik. So setzte sich für die Eisenverhüttung, zuerst im Siegerland, im 15. Jh. der Hochofen durch. Vor allem im Edelmetallbergbau und im Hüttenwesen entstanden erste Anfänge einer manufakturmäßigen Arbeitsteilung, die für die weitere gesellschaftliche Entwicklung große Bedeutung erlangen sollte.

Die Akkumulation des Handelskapitals, die verschärfte Konkurrenz zwischen den Handwerkern und die Ausweitung der gewerblichen Produktion führten zu Veränderungen in der Sozialstruktur der Städte. Die Haupttendenzen dieser Entwicklung waren die Polarisierung der Vermögen und eine Verminderung der Mittelschichten. Die Zahl der sehr reichen Bürger stieg im allgemeinen an; außerdem erhöhte sich auch die Durchschnittsgrenze der oberen Vermögen.[80] In Rostock hatten 1409: 10,5 Prozent und 1482: 15,6 Prozent Vermögen über 600 Mark. In Eßlingen waren 1403: 4,7 Prozent und 1458: 9,7 Prozent im Besitz von mehr als 500 Gulden und in Basel 1446: 5,4 Prozent und 1475: 7,5 Prozent von mehr als 1000 Gulden. Aber nur in Rostock wuchsen zugleich die niederen Schichten stark an, von 34,4 Prozent im Jahre 1409 auf 55,8 Prozent im Jahre 1482. In Eßlingen verminderte sich ihr Anteil an der Stadtbevölkerung von 76,4 Prozent (1403) auf 53,8 Prozent (1458), und in Basel blieb er etwa gleich (68,6 Prozent 1446 und 66,1 Prozent 1475). Der Rückgang in Eßlingen dürfte mit dem Sinken der Gesamtbevölkerungszahl von 1845 Steuerzahlern 1403 auf 1564 im Jahre 1458 im Zusammenhang stehen, denn im allgemeinen bezeugen auch in den südwestdeutschen Städten zahlreiche Nachrichten im 15. Jh. eine Vergrößerung der Zahl der Besitzlosen. Dabei spielten die weitere Abschließung der Zünfte und die Zunahme „ewiger" Gesellen sowie der wachsende Bedarf an Boten, Knechten, Trägern und anderem Hilfspersonal für den Handel eine große Rolle. Außerdem verschlechterten sich die Lebensbedingungen dieser Schichten. So setzten die Schneiderzünfte von 20 oberrheinischen Städten 1457 den Lohn der Gesellen gleich für die nächsten 20 Jahre fest, was praktisch, angesichts der steigenden Preise, einer Lohnminderung gleichkam.

Im Bergbau und in den Salinenorten wuchs seit der Mitte des 15. Jh. die vorproletarische Schicht an. Allerdings war das nur der Anfang einer Entwicklung, die sich Ende des 15. und zu Beginn des 16. Jh. erheblich verstärkte. Die Polarisierung des Besitzes und das Absinken eines Teiles der Handwerker in die unterste Kategorie der Stadtbevölkerung erhöhten die sozialen Spannungen. Sie bildeten den Hintergrund für die Ausweitung und Zuspitzung der innerstädtischen Auseinandersetzungen.

Innerstädtische Auseinandersetzungen und Widerstandsaktionen plebejisch-vorproletarischer Schichten

Anfang des 15. Jh. verschärften sich die innerstädtischen Kämpfe; die Welle der Auseinandersetzungen erreichte in den beiden ersten Jahrzehnten ihren Höhepunkt. Die oppositionellen Kräfte erstrebten im wesentlichen die Durchsetzung der schon im 14. Jh. verfolgten, aber nur zum Teil verwirklichten Ziele. Besonders im Nordwesten und im Nordosten des Reiches kam es in zahlreichen Städten zu Erhebungen der bürgerlichen Opposition, der sich verstärkt auch die plebejischen Schichten anschlossen. Dabei gab es ein Übergreifen des Aufstandes von einer Stadt zur anderen. In vielen Fällen gelang es den Aufständischen, politische Veränderungen zu erzwingen. Durch die Neubildung des Rates sowie vereinzelt die Einsetzung von Bürgerausschüssen neben den Räten wurde das in der Opposition stehende mittlere Bürgertum am Stadtregiment beteiligt.

Erbitterte Auseinandersetzungen fanden 1408/09 und von 1423 bis 1430 in Wismar, in den Jahren 1410 und 1426 in Hamburg, weiterhin 1416 und 1456/57 in Danzig sowie von 1417 bis 1421 in Stade, 1426 in Bremen, 1428 in Aachen und 1445 in Braunschweig statt. Obwohl die Volksbewegungen meist erfolgreich verliefen, begnügten sich die oppositionellen Kräfte damit, Reformen auf wirtschaftlichem und politischem Gebiet einzuführen sowie Steuererleichterungen für die Bevölkerung durchzusetzen. Grundlegende Veränderungen wurden nicht eingeleitet. An ihnen hatten die den Aufstand führenden Vertreter der bürgerlichen Opposition – nichtpatrizische Kaufleute und reiche Handwerksmeister – keinerlei Interesse. So waren die in heftigen Kämpfen erzielten Erfolge nicht von langer Dauer, zumal die ihrer Macht entsetzten patrizischen Kaufleute von außen, vor allem vom Hansebund, Unterstützung erhielten und in einer Reihe von Städten, dank der kompromißlerischen Haltung zahlreicher reicher Bürger, bald wieder ihre alte Macht einnehmen konnten.

In den südlichen und westlichen Reichsgebieten erreichte die Kette der städtischen Volksbewegungen ebenfalls im zweiten und dritten Jahrzehnt des 15. Jh. einen neuen Höhepunkt. In Konstanz brachen 1421 Auseinandersetzungen aus, die bis 1429 andauerten, weitere Erhebungen sind in Mainz in den Jahren 1411 bis 1421, 1429 und 1444, in Bamberg 1430, in Augsburg 1431/32 sowie in Schweinfurt 1447 und in Rothenburg 1450 bezeugt. Der Bamberger Aufstand blieb der einzige, der unmittelbar von der Hussitenbewegung angeregt wurde, und in Konstanz kam es zu dem relativ seltenen Zusammenwirken von bürgerlicher Opposition und Bauern. Es gelang den oppositionellen Kräften in

Hausdiener. Aus dem Hausbuch der Mendelschen Stiftung in Nürnberg (um 1434)

Sozialstruktur der Bevölkerung von Rostock nach Steuersätzen 1378, 1409, 1430, 1473 (nach J. Schildhauer)

Unterschicht (Steuersatz bis zu 8 Schilling)
Mittelschicht (Steuersatz von 9 Schilling bis 2 Mark)
Oberschicht (Steuersatz von 3 Mark bis 37 Mark)

der Stadt, die Bauern der umliegenden Dörfer gegen den Rat zu mobilisieren.

Ebenso fanden die Volksbewegungen in den mittleren Territorien und im Osten des Reiches ihre Fortsetzung. Häufig sind es die Städte, in denen sich schon im 14. Jh. starke oppositionelle Kräfte geregt hatten. So kam es 1409/10 sowie 1423 in Halberstadt und zwischen 1423 und 1425 auch in Hildesheim zu neuen politischen Auseinandersetzungen. Nach 1430 ging die Zahl der innerstädtischen Kämpfe allerdings insgesamt zurück und erreichte erst im folgenden Jahrhundert vor und während der frühbürgerlichen Revolution einen neuen Höhepunkt.

Für die innerstädtischen Auseinandersetzungen des 15. Jh. war die Verlagerung der Opposition auf die breiten mittleren und unteren Schichten des Städtebürgertums charakteristisch, so daß sich die soziale Basis der Kämpfe erweiterte. An dieser generellen Tendenz ändert die unterschiedliche Stärke der bürgerlichen und der plebejischen Schichten in den einzelnen Städten nichts. In einem Teil der Städte konnte die bürgerliche Opposition ihr Ziel dauerhaft durchsetzen, wenn auch Kaufleute und Handwerker unterschiedlich am Stadtregiment beteiligt wurden. In anderen Städten, in denen die Gruppe der Fernhandelskaufleute eine dominierende Rolle spielte, blieben die in den Kämpfen erzielten Ergebnisse nur kurze Zeit wirksam. In diesen Städten gewannen die patrizischen Kräfte, nachdem sie emporgekommene Elemente aus der mittleren Kaufmannschaft in den Rat aufgenommen und den übrigen Städtebürgern geringe Zugeständnisse gewährt hatten, bald wieder die Oberhand. Ohne Ergebnisse blieben die innerstädtischen Auseinandersetzungen für die plebejischen Schichten. Selbst in Städten, in denen die bürgerliche Opposition gesiegt hatte, kamen sie weder in den Genuß politischer Rechte, noch verbesserte sich ihre wirtschaftliche Lage wesentlich.

So ist der Charakter der innerstädtischen Auseinandersetzungen auch im 15. Jh. zwiespältig. Sie festigten einerseits den bürgerlichen Charakter der Stadtgemeinde gegen Tendenzen der Aristokratisierung durch die exklusiven Geschlechter und brachten das wachsende Gewicht der Mittelschichten zum Ausdruck, die in erster Linie Träger der gewerblichen Produktion waren. Andererseits blieben die Ergebnisse begrenzt, da sich in den Kämpfen keine antagonistischen Klassen gegenüberstanden und die verschiedenen Schichten und Gruppierungen der bürgerlichen Opposition divergierende Interessen verfolgten.[81] Von einer wirklichen Demokratisierung der Ratsherrschaft kann schon im Hinblick auf fehlende Ergebnisse für die städtischen Unterschichten nicht gesprochen werden.

Auch unter den plebejischen Schichten, vor allem bei den Gesellen, ging der Widerstand gegen die schlechte Entlohnung und die erbärmlichen Lebensbedingungen weiter. Allerdings griffen die Räte jetzt härter gegen die Versuche, Streiks zu organisieren und Zunftmeister zu boykottieren, durch. Mißliebige Personen wurden aus der Stadt verwiesen. Da den plebejischen Schichten, von den Gesellen abgesehen, jede Organisation fehlte, kam es zu keinem gemeinsamen Handeln. Ihrer wirtschaftlichen Stellung nach äußerst heterogen zusammengesetzt und in verschiedene Abhängigkeiten einbezogen, konnten die Angehörigen der plebejischen Schichten noch nicht mit einer gemeinsamen, eigenen politischen Zielsetzung auftreten.

Bei den Gesellen wurden die im 14. Jh. aus religiösen, karitativen und geselligen Gründen entstandenen Bruderschaften Träger auch sozialer Forderungen. Wiederholt solidarisierten sich die Gesellen mehrerer Städte in ihren Zielen und Aktionen. Als die Mainzer Bäckergesellen im Jahre 1455 streikten, vereinbarten sie mit ihren Kollegen in Frankfurt/Main, Worms, Speyer, Oppenheim, Bingen, Bacharach, Oberwesel, Boppard und Koblenz, daß kein Geselle als Streikbrecher nach Mainz gehen solle.[82] Der Auszug der Straßburger Kürschnergesellen 1470 wegen Bruch des „alten Her-

Bauhandwerker verlassen zahlungsunfähigen Bauherrn. Holzschnitt von Albrecht Dürer zur Erstausgabe von Sebastian Brants Narrenschiff (1494)

Bauhandwerker und Steinmetzen bei der Arbeit; durch das Turmportal ist ein Tretrad zum Aufzug von Lasten erkennbar. Kölner Bibel 1477/78

kommens" durch die Meister zeigte ebenfalls diese überlokale Solidarität; die Kürschnergesellen mehrerer anderer Städte intervenierten bei den Straßburger Meistern, damit das „alte Herkommen" wiederhergestellt würde.

Im 15. Jh. wuchs der Widerstand der Bergarbeiter und der kleinen Gewerke, deren Lage sich teils durch die Stagnation des Bergbaus, teils infolge der verschärften Ausbeutung durch das Handelskapital und die kapitalistischen Gewerke verschlechtert hatte. Der Kampf um höhere Löhne und bessere Arbeitsbedingungen zeitigte ähnliche Formen wie bei den Tagelöhnern und Gesellen in den Städten: Streiks, organisierter Wegzug, „Versammlungen" bzw. Arbeitsniederlegungen.

Die mit verschärfter kapitalistischer Ausbeutung verbundene Wiederbelebung des Edelmetallbergbaus im Erzgebirge seit der Mitte des 15. Jh. bedeutete keineswegs eine Verbesserung der Lage der Bergarbeiter. In Freiberg kam es seit dieser Zeit zu Widerstandsaktionen. Sie sollten sich mit der Ausdehnung der Produktion und der intensiveren Suche nach fündigeren Zechen ständig weiter verschärfen. 1453 und 1469 streikten im sächsischen Silber- und Zinnbergbau die Knappen.[83] Nach 1470 nahmen diese Formen des Klassenkampfes an Intensität zu.

Die Kultur des Bürgertums und das bürgerliche Bildungswesen

Die gestiegene wirtschaftliche Macht des Bürgertums schuf die materiellen Grundlagen für die Errichtung repräsentativer Bauwerke. Gildehallen, Rathäuser, Zunfthallen oder Wohnhäuser reicher Familien dienten unmittelbar den Interessen des einzelnen und der bürgerlichen Oberschicht. Mächtige Kirchen erhöhten das Ansehen der Stadt und ihrer Bewohner. Die städtischen Bauten des 15. Jh. wurden weiterhin im gotischen Stil errichtet. Vereinzelt ersetzten sie ältere, romanische Gebäude aus den früheren Jahrhunderten, die für ihren Zweck zu klein geworden waren. Vergrößerungen an Rathäusern erfolgten aber auch ohne Neubauten, indem man benachbarte Gebäude mit einbezog. Dann verdeckte eine breite Schauwand die Gebäudeerweiterung hinter einer einheitlichen Fassade. Wenn neue Räume durch Anbau am Dachstuhl hinzugekommen waren, wurde ein Ziergiebel vom obersten Stockwerk an angebracht.

Mit dem doppelten Zweck des Schutzes der Stadt und der Repräsentation gestaltete man die bürgerlichen Wehrbauten dort besonders kunstvoll, wo der Besucher zuerst die Stadt betrat, an den Toren. Vor den Rathäusern kündete die ursprünglich wohl als Symbol

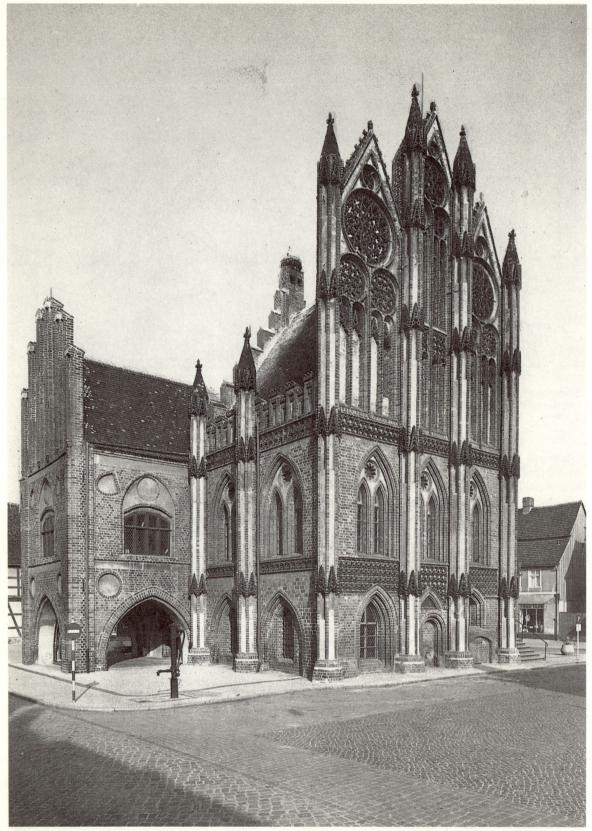

Rathaus zu Tangermünde. Blick auf die Fassade des Ostflügels, um 1430 nach Plänen des Baumeisters Hinrich Brunsberg errichtet. Der Südflügel mit offener Laube entstand um 1480

Holstentor in Lübeck (Stadtseite), erbaut 1466–1478

Rolandsfigur vor dem Rathaus zu Halberstadt (aufgestellt 1433)

der Zollfreiheit aufgestellte steinerne Rolandsfigur von den bürgerlichen Freiheiten und der Selbstverwaltung der Kommune. Nach dem Vorbild des erstmals am Ende des 12. Jh. erwähnten Rolands zu Bremen entstanden solche Figuren vor den Rathäusern in Halberstadt (1434) und in der Neustadt von Brandenburg (1480).

Im 15. Jh. ließ die Bürgerschaft von Frankfurt/Main aus mehreren Häusern ihr Rathaus, den Römer, errichten. Eine Schauwand entstand vor dem Rathaus zu Stralsund, Ziergiebel vor denen in Münster, Rostock und Tangermünde. Prachtvoll gestaltete Stadttore waren das Holstentor in Lübeck, das Ünglinger Tor in Stendal und das Neubrandenburger Tor in Friedland. Im Stil der seit der Mitte des 14. Jh. sich in den einzelnen deutschen Landschaften durchsetzenden Spätgotik, die eine entschiedene Vereinfachung der inneren und äußeren Gestaltung der Kirchen mit sich brachte, vollendete Hinrich Brunsberg 1411 einen der bedeutendsten Kirchenbauten in norddeutscher Backsteingotik, die St. Katharinenkirche in Brandenburg. Der Bau vieler großer gotischer Kirchen zog sich über Jahrzehnte hin, wobei Zeiten fieberhaften Baugeschehens mit solchen der Stagnation und der Unterbrechung wechselten, je nach den finanziellen Möglichkeiten der Stadt. Der 1209 begonnene gotische Dom in Magdeburg wurde erst 1520 abgeschlossen. Am Regensburger Dom bauten mehrere Generationen von 1275 bis zum Ende des 15. Jh., wobei in der Schlußphase der Meister Konrad Roritzer aus der Stadt tätig war. Auf seinen Entwurf geht auch der als Halle gestaltete Ostchor der St. Lorenzkirche in Nürnberg zurück. Ein anderes bedeutendes Beispiel dieser neuen Bauart war das seit 1452 von Hans von Straßburg ausgeführte Langhaus am Erfurter Dom.

Das gewachsene soziale und politische Bewußtsein der Bürgerschaft äußerte sich in verschiedenen Bereichen des städtischen Lebens, unter denen die Aufzeichnung der eigenen Geschichte einen wichtigen Platz einnahm. Sie spiegelte die bürgerliche Klassenentwicklung und das gewachsene Selbstbewußtsein der Bürgerschaft wider. In den Mittelpunkt ihrer Geschichtsbetrachtung rückte sie die Stadt, während bei den meisten aus dem Klerus stammenden Historiographen des geistlichen und des weltlichen Feudaladels die Taten der Könige und Fürsten das Leitmotiv dargestellt hatten.

Die bereits im 14. Jh. reichhaltige städtische Chronistik wurde durch neue Werke fortgesetzt. Der Augsburger Kaufmann und Chronist Burkhard Zink erzählt beim Niederschreiben der Ereignisse in seiner Heimatstadt zwischen 1368 und 1468 die eigene bewegte Lebensgeschichte als Handelsherr und gewährt dem Leser Einblick in den Betrieb eines Kaufmannskontors. Damit gewinnt sein Geschichtswerk kulturhistorische Bedeutung. Auch andere Chronisten schenkten der städtischen Kultur größere Beachtung. Die Limburger Chronik des Tilemann Elhen von Wolfhagen enthält genaue Berichte über zeitgenössische Moden, über Volkslieder, historische Gesänge und deren Weisen. Viele Sagen aus dem thüringischen Raum flocht der Eisenacher Stadtschreiber Johannes Rothe in die historischen Ereignisse, die seine bis 1427 reichende „Thüringische Chronik" beschreibt. Im 15. Jh. entstanden unter anderem auch zwei breit angelegte Kölner Stadtchroniken: die bis 1419 reichende „Agrippina" des Heinrich van Beeck und die sogenannte Koelhoffsche Chronik, die die Ereignisse bis 1499 verzeichnet. Ein Beispiel für die ebenfalls im 14. Jh. einsetzende Chronistik einzelner Familien oder Geschlechter ist das „Handbüchlein" des Nürnberger Patriziers Endres Tucher für die Zeit von 1421 bis 1440.[84]

Die bürgerliche Dichtung brachte die Auffassung der städtischen Oberschicht oder der Mittelschicht zum Ausdruck. Dabei verstärkte sich aber, analog zu der

Blüte der einfachen Warenproduktion, die Rolle der vom Zunfthandwerk bestimmten Literatur, etwa in Form des Meistersangs oder der städtischen Fastnachtsspiele. Unter dem Einfluß des italienischen Humanismus auf die sprachliche Gestaltung von Werken der Prosa und Poesie wurden der Wortschatz reicher und der Ausdruck plastischer. Die Verdeutschung von Petrarca, Boccaccio und der Fabeln des griechischen Dichters Aisopos durch den Ulmer Stadtarzt Heinrich Steinhövel und den Stadtschreiber Nikolaus von Wyle vermittelte Gedankengut der Renaissance sowie der heidnischen Antike.[85]

In den Städten, in denen verschiedene Dialekte zusammentrafen und sich im mündlichen Austausch städtische Verkehrssprachen herausbildeten, wuchs das Bedürfnis nach Sprachformen, die über die Stadtgrenze hinaus anerkannt waren. Nach 1445 trugen auch die deutschsprachigen Drucke maßgeblich dazu bei, daß die landschaftlichen Varianten der Literatursprache sich gegenseitig beeinflußten und damit einander annäherten.

Die Hauptform der kulturellen Betätigung der Zünfte wurde der zunächst in kirchlichen Singbruderschaften gepflegte Meistersang. Die älteste Meistersingerschule geht auf die Mitte des 15. Jh. zurück und entstand in Nürnberg. Sie kam aber erst Ende des Jahrhunderts zur vollen Entfaltung. Aus den in vielen deutschen Städten verbreiteten Maskenumzügen junger Leute, in denen Vorgänge des täglichen Lebens zum Teil sehr drastisch dargestellt wurden, und aus den teilweise in vorchristlichem Brauchtum wurzelnden Winter- und Sommerspielen entstand im 15. Jh. das Fastnachtsspiel. Es wurde auf den Märkten und Plätzen der Städte aufgeführt, vor einem Publikum, das überwiegend aus den unteren Schichten der Bevölkerung kam. Die Fastnachtsspiele des Nürnberger Büchsenmachers Hans Rosenplüt waren literarisch am bedeutendsten und gesellschaftlich am stärksten akzentuiert, da sie zahlreiche Stellungnahmen zu den politischen Vorgängen der Zeit und eine massive Kritik am Adel enthielten. Diesem wirft der Dichter vor, daß durch ihn die Armen „teglich verderbt werden / durch krieg und unfried hier auf erden", daß die Fürsten „verheren alle lant / mit raub und mort und brant".[86] Rosenplüt zeigt in seiner bürgerlich-demokratischen Haltung viele Sympathien für die armen und unterdrückten Schichten. In seinem volkstümlichen Humor und seiner gesellschaftlichen Pointierung ist er ein Vorläufer von Hans Sachs. Rosenplüts Loblied auf die Stadt Nürnberg besingt die Vorzüge seiner Heimatstadt, die von dem händelsüchtigen Markgrafen Albrecht Achilles bedroht war. In „Des Turken Vasnachtspil" heißt es:

Titelseite eines Fachtnachtspiels von Hans Folz (gedruckt in Nürnberg um 1520)

Sich claget der paur und der kaufman,
Die mugent keinen frid nit han
Bei nacht, bei tag, auf wasser, auf lant;
Das ist dem adel ein große schant,
Das si ein solchs nit künnen wenden;
Man solt die straßrauber pfenden
Und an die paum mit stricken pinden.[87]

Die Fastnachtsspiele waren nur eine Form der Volkspoesie, die in ihrer ganzen Vielfalt im 15. Jh. einen gewaltigen Aufschwung nahm. Darin drücken sich die wachsende Rolle der Volksmassen und der Umstand aus, daß die von den Städten ausgehende weltliche Elementarbildung größere Kreise der Bevölkerung erfaßte.

Die ersten literarischen Zeugnisse des deutschen Volksliedes, das jahrhundertelang mündlich von den Volksmassen bewahrt wurde, fanden im 15. Jh. einen Platz neben anderen bürgerlichen Werken. Das „Liederbuch der Klara Hätzlerin" (1471) und das „Augsburger Liederbuch" (1454) bewahrten einen Teil der bekannten Lieder. In den deutschen Territorien entstanden in dieser Zeit allerdings nur wenige Lieder, die den Widerstand gegen die feudalen und patrizischen Obrigkeiten besangen. Demgegenüber spielte im benachbarten Böhmen während der revolutionären Hussitenbewegung das Kampflied eine große Rolle. Trotz aller Kritik in den Werken der weltlichen Volksdichtung an der Geistlichkeit blieb diese Dichtung im Rahmen der Orthodoxie, wenn auch einzelne Werke, in denen eine individuelle und volkstümliche Sicht der kirchlichen Lehre besonders ausgeprägt war, an den Rand der Häresie gerieten. Allerdings kamen neben Kritik an der Gesellschaft stärker individuelle Formen der Frömmigkeit zum Ausdruck. Das zeugt von der Vielschichtigkeit der Bewußtseinsbildung des Bürgertums.

Im 15. Jh. wurden in zahlreichen weiteren Städten Schulen gegründet. Zwischen dem Klerus und dem Magistrat setzte sich das Ringen um das Schulpatronat fort. Häufig endete es mit einem Kompromiß, so in Lübeck 1418, 1420 in Braunschweig und 1432 in Hamburg. Ein geistlicher „scholasticus" übte die Oberaufsicht aus, und der Magistrat ernannte die Lehrer. Diese waren an den deutschen Lese- und Schreibschulen weiterhin vor allem Studenten und „baccalaurei" der Artistenfakultäten. Es gab für das Schulwesen insgesamt weder eine allgemein anerkannte Methode noch eine verbindliche Zeit des Schulbesuches. Meist besuchten die Knaben und die wenigen Mädchen den Unterricht vom 7. bis zum 12. Lebensjahr. Außer Lesen, Schreiben und Rechnen vermittelte er ihnen Kenntnisse in gewissen rechtlichen und wirtschaftlichen Fragen, die künftige Handwerker und Kaufleute haben mußten. Zum Unterricht gehörte auch eine Einführung in die wichtigsten Münzarten, die Maße, Gewichte und in den Kalender. Allmählich setzte sich im Rechnen gegenüber dem römischen das indisch-arabische Zahlensystem durch, das mit der Einführung der Null Rechenoperationen wesentlich erleichterte. An Mustersammlungen von Briefen, Geschäftskorrespondenz und rechtlichen Festlegungen wurde die Abfassung solcher Schreiben geübt.

Die Bildungsmöglichkeiten für die sozial höher gestellten Schichten des Bürgertums verbesserten sich mit der Gründung weiterer Universitäten. Nachdem eine solche in Rostock (1419) eingerichtet worden war, vergingen allerdings fast 40 Jahre, ehe mit Greifswald (1456), Freiburg im Breisgau (1457) und Basel (1458) in weiteren Städten ein „studium generale" gegründet wurde. Die folgende Welle der Universitätsgründungen mit Ingolstadt, Mainz und Tübingen lag schon in den siebziger Jahren. Das Studium der „sieben freien Künste" an der Artistenfakultät konnte die Bildung an der Lateinschule ersetzen. Da die Mehrzahl der Studenten relativ früh, im Alter von 15/16 Jahren, immatrikuliert wurde, kam das zwei- bis dreijährige Studium an der Artistenfakultät einer Gymnasialbildung gleich. Unter diesem Gesichtspunkt kann man diese Fakultät als ein der Universität inkorporiertes Obergymnasium bezeichnen. In manchen Städten verschmolz die Lateinschule mit der neu entstandenen Universität, zum Beispiel St. Stephan in Wien, in anderen Fällen konkurrierten beide um die Schüler, wobei es gelegentlich unliebsame Szenen gab.[88]

Siegel der Universität Greifswald (15. Jh., Nachbildung)

Obwohl die Universitäten in erster Linie Klerikern, den Söhnen des Adels und der städtischen Oberschicht vorbehalten waren, studierten auch Kinder von ärmeren Stadtbewohnern und Bauern an ihnen. Sie waren als „pauperes" (Arme) von der Gebührenzahlung befreit, bildeten im allgemeinen aber diejenige Gruppe von Studenten, die am ehesten die Universität wieder verließ und in einen praktischen Beruf überwechselte. An der Leipziger Universität studierten zwischen 1409 und 1430 19 Prozent aller Inskribierten als „pauperes". Die Beamten am Hofe des Landesherrn und bei den Räten der großen Städte, zu deren Heranbildung die Universitäten in erster Linie gegründet worden waren, kamen deshalb hauptsächlich aus der städtischen Oberschicht und dem Adel, die ein abgeschlossenes Universitätsstudium nachweisen konnten. Nach wie vor nahmen allerdings geistliche Orden auch völlig Besitzlose in ihre Reihen auf. In einem langen, strengen Erziehungsweg, in den auch Universitätsstudien eingeschlossen waren, wurden sie jedoch völlig auf die Interessen des Ordens orientiert.

Der Aufschwung der Wissenschaften und die Erfindung des Buchdrucks

Der Aufschwung des naturwissenschaftlichen und mathematischen Denkens vollzog sich im 15. Jh. wesentlich rascher als bisher, da die städtische Warenproduktion und der Handel diese Wissenschaftsgebiete stark anregten und auf die Lösung wissenschaftlicher und technischer Probleme drängten. Revolutionierende Ergebnisse wurden in den deutschen Gebieten nicht vor der Mitte des 15. Jh. sichtbar. Dennoch gab es einige bedeutsame Veränderungen, die diesen Durchbruch zu einer neuen Qualität bereits ankündigten. Insgesamt gingen diese wissenschaftlichen Ergebnisse zwar noch nicht – oder nur in wenigen Fällen – über das Wissen der Araber hinaus, legten aber die Grundlage zu weiteren wissenschaftlichen Umwälzungen, die sich im Laufe des 16. und 17. Jh. vollzogen.

In der Mathematik löste sich im 15. Jh. die Trigonometrie aus der Abhängigkeit von der Astronomie und wurde ein selbständiger Wissenschaftszweig, wozu verschiedene neue Erkenntnisse beitrugen. Die Grundlage der trigonometrischen Rechnung wurde endgültig der Sinus. Die an der Universität Wien begründete mathematische Tradition führten Johann von Gmunden, der 1439 den ersten in Holztafeln gedruckten deutschen Kalender herausgab, und nach der Mitte des 15. Jh. Georg von Peuerbach und Johannes Müller, genannt Regiomontanus, weiter. Ihre trigonometrischen Studien stellten den Höhepunkt des mathematischen Schaffens im Europa des 15. Jh. dar. Mit Peuerbach setzte sich die Sinusrechnung durch, und Regiomontanus verschaffte der Tangensrechnung in Europa Geltung. Entsprechend der engen Verbindung von Mathematik und Astronomie in der damaligen Zeit beschäftigten sich beide auch intensiv mit den Bahnen der Gestirne. Sie fertigten neue astronomische Tabellen an, korrigierten die zur Berechnung des Standes von Sonne, Mond und Planeten dienenden Alfonsinischen Tafeln, die um 1270 auf Betreiben des Königs Alfons X. von Kastilien angefertigt worden waren, und legten damit die Grundlage für eine Überwindung des Ptolomäischen Systems. Beide bemühten sich ferner um neue und bessere astronomische Geräte.

Die erste deutsche Sternwarte ließ 1471 der naturwissenschaftlich interessierte Nürnberger Kaufmann Bernhard Walther für Regiomontanus errichten. Regiomontanus griff auch die Theorie von der Drehbewegung der Erde auf, die bereits der Franzose Nicolaus d'Oresme im 14. Jh. vertreten hatte, und wurde damit zu einem Vorläufer von Kopernikus. Arbeiten über die Wasserleitung und den Brennspiegel bezeugen sein auf die Praxis bezogenes Denken. Peuerbach und Regiomontanus waren herausragende Repräsentanten des wissenschaftlichen Lebens, das in den deutschen Städten zu dieser Zeit herrschte.

Demgegenüber stieß die Entwicklung der Medizin auf stärkere Hemmnisse, die von der Scholastik an den deutschen Universitäten herrührten. Sie stand im Schatten der wesentlich fortgeschritteneren medizinischen Praktiken an den französischen und italienischen Generalstudien. Dennoch wurden 1404 in Wien und Ende des 15. Jh. in Tübingen die ersten öffentlichen Sektionen vorgenommen.

Zu bedeutenden Leistungen kam es auf dem Gebiet der Naturwissenschaften und der Technik außerhalb der Universitäten, wo kein starrer scholastischer Wissenschaftsbetrieb dem Experiment im Wege stand. Häufig regten Handwerker die Entwicklung der Produktivkräfte durch neue technische Erkenntnisse an.

Nach der Erfindung der Pulverwaffe entstand eine umfangreiche militärwissenschaftliche Literatur. Dazu gehörte das 1420 in deutscher Sprache geschriebene „Feuerwerkbuch", das einen Einblick in den damaligen Stand der Militärtechnik gibt.

Die folgenreichste technische Erfindung gelang dem Mainzer Patriziersohn Johannes Gensfleisch zum Gutenberg mit den beweglichen Metallettern für den Buchdruck. Ihr waren die Weiterentwicklung der Technik des Holzschnittes und des Kupferstiches in der ersten Hälfte des 15. Jh. vorausgegangen. Dadurch konnte man schon im sogenannten Holztafeldruck einzelne Blätter und kleinere Bücher (Blockdrucke) herstellen. Die Zahl der Holztafeldrucke stieg in der ersten Hälfte des 15. Jh. bedeutend an. Nun aber eröffnete die Erfindung von Gutenberg völlig neue Wege.

Er hatte in der Mainzer Münzerhausgenossenschaft, der sein Vater angehörte, offenbar gründliche Kenntnisse in Metalltechniken, dem Gravieren von Stempeln und dem Schlagen von Münzen, erworben, die ihm Anregungen zur Zusammenstellung eines Satzes aus beweglichen Metallettern gaben. Dazu entwickelte er für den Druck geeignete Farben und ein Handgießinstrument zur Herstellung von Metalltypen.[89] Auf diese neue Weise wurde um 1445 wahrscheinlich als erstes ein in Thüringen verfaßtes Sibyllenbuch hergestellt, von dem nur ein Fragment, das sogenannte Weltgericht, erhalten ist. Zu den ersten Drucken gehören mehrere Auflagen einer lateinischen Schulgrammatik und vier Kalender.

Gutenbergs Drucke und die weiteren Experimente erwiesen sich als sehr kostspielig, so daß er immer mehr verschuldete und schließlich sein ganzes Druckmaterial

Mörser beim Abschuß. Aus einer Handschrift des „Feuerwerkbuches" von 1420

Ältestes Bildnis Gutenbergs (nach einem französischen Kupferstich von 1584)

an seinen Gläubiger Johannes Fust verlor. Dieser setzte die Drucktätigkeit fort und gewann den technisch begabten Peter Schöffer als neuen Teilhaber. Schon unter ihrem Signet, aber wohl noch in Typen, die Gutenberg hergestellt hatte, erschien um 1455 der technisch und ästhetisch gleichermaßen meisterhafte Druck der zweiundvierzigzeiligen Bibel. In den folgenden Jahren breitete sich die Drucktätigkeit rasch in anderen deutschen Städten und in den benachbarten Ländern aus, so daß bis zum Ende des 15. Jh. schon 35000 bis 40000 Werke mit einer Gesamtauflage von ca. 30 Millionen Stück gedruckt waren. Die „Inkunabeln" (lat. incunabula: Windeln) oder Wiegendrucke, wie die Drucke bis 1500 genannt werden, ahmten in ihrer Ausstattung und Anlage zunächst die kostbaren Handschriften nach und waren für den Bürger ohne Vermögen unerschwinglich. Erst im letzten Viertel des 15. Jh. wuchs die Zahl der einfachen und billigen Drucke, bis dann im folgenden Jahrhundert eine neue Stufe in der Informationsübermittlung erreicht wurde.

Der Buchdruck eröffnete eine Form der Kommunikation, die vor allem der Laienwelt, zunächst dem Bürgertum, später aber auch den unteren Schichten der Städte und den Bauern, zugute kam. Nach der Gründung städtischer Schulen und dem Entstehen einer weltlichen Bildung war damit die Form geboren, mit der man neues Wissen schnell verbreiten konnte. „Auf keine Erfindung ... können wir Deutschen so stolz sein", schrieb der Humanist Jakob Wimpfeling, „als auf die des Buchdrucks ... Welch ein anderes Leben regt sich jetzt in allen Ständen des Volkes, und wer wollte nicht dankbar des ersten Begründers und Förderers dieser Kunst gedenken."[90]

Die beginnende Wende im naturwissenschaftlichen Denken und in der Philosophie personifizierte der Reformtheologe, Philosoph und Naturwissenschaftler Nikolaus von Kues. Als Schiffersohn Nikolaus Chrypffs (Krebs) in Kues an der Mosel geboren, brachte er es bis zum Bischof von Brixen und zum Kardinal. Nikolaus war von den bildungsfreudigen „Brüdern vom gemeinsamen Leben" erzogen worden und hier mit der gemäßigten Mystik dieser Vereinigung bekannt geworden. Diese Erziehung weckte das Interesse des jungen Mannes an Meister Eckhart, dessen Schriften er sammelte und dessen Lehre er gegen den Vorwurf der Häresie verteidigte. Allerdings hielt er sich selbst von den radikalsten Ideen seines großen Vorbildes fern. Seine politischen Vorschläge hatte er für das Basler Konzil (1433) in der „Concordantia catholica" formuliert. In seiner Philosophie war er bei aller Bindung an die Wissenschaftradition der Scholastik dem Zukünftigen zugewandt.

Im Zentrum des philosophischen Denkens von Nikolaus von Kues stand der Gedanke der „coincidentia oppositorum", des Zusammenfallens der sich im Endlichen ausschließenden Gegensätze im Unendlichen. Er erwies sich besonders für die Ausbildung der Dialektik in der klassischen bürgerlichen Philosophie als sehr fruchtbar. Der Gedanke der „coincidentia oppositorum" ist eng mit den pantheistischen Zügen in der Philosophie des Cusanus verbunden. Der erkennende Geist erfaßt mit Hilfe dieses Prinzips nicht nur sich selbst, sondern auch die Welt in ihrer widerspruchsvollen Einheit, da er ja selbst einen Teil dieser Welt bildet.[91] Es ist nicht zu übersehen, daß Nikolaus in Abhängigkeit von der Scholastik ständig Inkonsequenzen begeht, indem er zum Beispiel alles, was für den Verstand nicht erkennbar ist, als das unbegreiflich Größte bezeichnet. In seinem Menschenbild zeichnet sich die beginnende Diesseitigkeit des Denkens ab. Der Mensch ist in der Philosophie des Nikolaus nicht wie in der Scholastik passiv und leidend, sondern aktiv, schaffend und wirksam.[92] Von dem philosophischen Grundgedanken der „coincidentia oppositorum" wird auch die Erkenntnislehre bestimmt. Erkenntnis ist für ihn ein unendlicher Prozeß der Annäherung an die als absolute Notwendigkeit bezeichnete Wahrheit. Der Verstand bietet die Möglichkeit, diese Wahrheit zu erfassen.

Eine andere Seite des Wissenschaftlers Nikolaus von Kues zeigt sich in seiner intensiven Beschäftigung mit

Seite aus der zweiundvierzigzeiligen Gutenberg-Bibel

AD EBREOS

fuit: nūc aūt et michi z tibi vtilis: quē remisi tibi. Tu aūt illū ut mea viscera suscipe. Quē ego voluerā mecū detinere: ut pro te michi ministraret ī vinculis euāgelij. Sine cōsilio aūt tuo nichil volui facere: uti ne velut ex necessitate bonū tuū esset: sed volūtariū. Forsitan eni ideo discessit ad horā a te: ut eternū illū reciperes: iam nō ut seruū sed pro seruo carissimū scēm: maxime michi. Quāto aūt magis tibi: ī carne et ī dūo? Si ergo habes me sociū: suscipe illū sicut me. Si aūt aliquid nocuit tibi aut debet: hoc michi imputa. Ego paulus scripsi mea manu. Ego reddam: ut non dicā tibi qđ z teīpm michi debes. Ita frater ego te fruar in domino: refice viscera mea ī cristo. Cōfidens in obediētia tua scripsi tibi: sciēs quiā et sup id qđ dico facies. Simul et para michi hospiciū: nā spro p orationes vras donari me vobis. Salutat te epafras cōcaptius me⁹ in cristo ihesu: marc⁹ aristarchus demas z lucas adiutores mei. Gratia dūi nrī ihesu cristi cū spiritu vestro amen. Expliciunt epla ad phylemonem incipit argumentū in epistolā ad hebreos:

IN primis dicendū est cur aptus paulus ī hac epīa scribendo nō seruauerit morem suū: ut uel vocabulū nominis sui uel ordinis describeret dignitatem. Hec causa est qđ ad eos scribēs qui ex circūcisione crediderant hūs gentiū apostolus z nō hebreos: sciens quoq̄ eoz supbiam: suāq̄ humilitate īpe demōstrās meritū officij sui noluit ātefferre. Nā simili modo etiā iohānes aptus propter humilitate in epīa sua nomē suū eadē ratōne nō pṛulit. Hanc ego eplam fertur apostol⁹ ad hebreos cōscriptā hebraica lingua misisse: cuius

sensum z ordinē retinens lucas euāgelista post excessum apostoli pauli greco sermone cōposuit. Explicit argumentū Incipit epla ad hebreos:

Multiphariē multisq̄ modis olim deus loquēs patribus in prophetis: nouissime diebz istis locutus ē nobis in filio quē ōstituit heredem vniuersoz: p quē fecit et secla. Qui cū sit splendor glorie et figura substātie eius: portansq̄ oīa verbo virtutis sue purgationē peccatorū faciēs: sedet ad dexterā maiestatis in excelsis tanto melior angelis effectus: quanto differētius pre illis nomen hereditauit. Cui enī dixit aliquādo angeloz filius meus es tu ego hodie genui te? Et rursum. Ego ero illi ī patrem: z ipe erit michi in filiū. Et cū iterum introducit p̄mogenitū in orbē terre dicit. Et adorent eum omnes angeli dei. Et ad angelos quidem dicit. Qui facit āgelos suos spiritus: et ministros suos flāmā ignis. Ad filiū autem. Thronus tuus de⁹ in seculum seculi: virga equitatis virga regni tui. Dilexisti iusticiā et odisti iniquitatem: propterea vnxit te deus deus tuus oleo exultationis pre participibz tuis. Et tu in principio dūe terrā fundasti: et opera manuū tuarum sunt celi. Ipsi peribunt tu autē pmanebis: z omnes ut vestimentū veterascent. Et velut amictum mutabis eos z mutabūtur: tu autem idem ipse es: z anni tui non deficient. Ad quē aūt angelorum dixit aliquādo sede a dextris meis: quoadusq̄ ponā inimicos tuos scabellū pedū tuoz? Nōne oēs sūt āministratorij spirit⁹: ī ministeriū missi propter

Älteste Darstellung einer Druckwerkstatt. Holzschnitt aus einem um 1500 in Lyon erschienenen Totentanz

der Mathematik und den Naturwissenschaften. Sie bestimmte seine kosmologischen Vorstellungen, die allerdings rein theoretisch waren. Obwohl er einige astronomische Instrumente erwarb, führte er selbst kaum Experimente aus. Nach theoretischen Berechnungen gelangte er zu der Erkenntnis, daß die Erde sich bewege, Kugelform habe und ein Stern unter vielen im Weltall sei. Damit verwarf er die damals gültige Auffassung des Ptolemäus von der Erde als unbeweglichem Mittelpunkt des Alls. Nikolaus kam zu einem ähnlichen Standpunkt wie Peuerbach und ist wie er zu den Wegbereitern der Anschauungen des Kopernikus zu zählen.

Der soziale Boden für die Philosophie des Nikolaus von Kues war der beginnende Übergang vom Feudalismus zum Kapitalismus, die voll entfaltete Warenproduktion des Handwerks in den Städten. Das Prinzip der „coincidentia oppositorum" ist bei ihm nicht nur theoretisches Prinzip, sondern drückt auch sein soziales Verhalten aus. Aus den niederen Schichten des Volkes stammend, hatte er sich bis in die Spitze der klerikalen Hierarchie emporgearbeitet, verfocht aber nur bedingt das Gottesbild der Kirche und die Grundgedanken der offiziellen Schulwissenschaft. Er konnte diese Gegensätze für sich lösen, indem er zwischen „Staatsraison" als Kirchenfürst und seinen wissenschaftlichen Interessen unterschied. Fruchtbar im Sinne der Nachfolge und Anknüpfung an seine Gedanken wurde aber der Wissenschaftler Nikolaus von Kues erst in den kommenden Jahrhunderten.

Häresien nach der Hussitenbewegung

Für die im deutschen Sprachraum verbreitetste Ketzerbewegung, die Waldenser, wurde die Ausstrahlung der Hussitenbewegung zu einem Wendepunkt in ihrer Entwicklung. Hus und seine Anhänger hatten das Ideal einer armen Kirche ohne Grundbesitz und ohne feudale Privilegien theoretisch formuliert. Diese Forderung verfochten auch die Waldenser. Die in Böhmen zahlreich vorhandenen Anhänger dieser Sekte trugen deshalb zur Ausgestaltung der hussitischen Ideologie bei, auch wenn in einigen Fragen, zum Beispiel der Gewaltanwendung, die Hussiten andere Wege gingen, als sie im waldensischen Ideal vorgezeichnet waren. In dem Anfang 1420 gegründeten Tábor herrschte bis zur Eroberung durch Georg von Poděbrady eine der waldensischen Kirche sehr ähnliche Glaubenspraxis.

Die deutschen Anhänger der Hussiten unternahmen, bei der Nähe von waldensischer und hussitischer Ideologie, von Anfang an den Versuch, in den waldensischen Gemeinden Unterstützung und Resonanz für die hussitischen Ideen zu finden. Besonders prägte sich dieses Bestreben in der um 1430 einsetzenden neuen Welle hussitischer Propaganda nach Deutschland aus. Sie verband sich mit dem Namen von Friedrich Reiser, der bereits Waldenser war, ehe er um 1430 für einige Jahre nach Böhmen ging. Meist wurden die Anhänger Reisers bei dem Versuch, nun öffentlich ihre Auffassungen zu verkünden, von der herrschenden Klasse aufgespürt und ebenso wie die hussitischen Missionare Opfer der Inquisition.

Die spärlichen Nachrichten über die internen Vorgänge in den südwestdeutschen Waldensergemeinden lassen erkennen, daß nicht alle Gemeindemitglieder einer Aufnahme hussitischer Ideen aufgeschlossen gegenüberstanden. Offenbar stieß dabei weniger der Laienkelch auf Abwehr, sondern hauptsächlich die öffentlichen Aktivitäten und die Bejahung der Gewaltanwendung gegen die Vertreter der kirchlichen Hierarchie und der feudalen Staatsmacht; denn die Ablehnung des Tötens gehörte zu den verbreitetsten Grundsätzen der Waldenser.

Eine der Ursachen für diese Haltung eines Teils der Waldenser bestand sicher darin, daß sich die waldensischen Gemeinden immer stärker zu einer von der gesellschaftlichen Umwelt abgekapselten Sekte entwickelten, die unter dem Druck eines erbarmungslosen Gegners auf eine aktive Propaganda ihrer Gedanken verzichtete. Eine waldensische Hierarchie war entstanden, so daß die Ketzergemeinde den Charakter einer Gegenkirche annahm, die im verborgenen lebte, was die Initiative der einzelnen Gemeindemitglieder lähmte.

Wenn durch die Inquisition eine Waldensergemeinde, die nicht im Ausstrahlungsbereich der hussitischen Propaganda lag, aus ihrer Verborgenheit gerissen wurde, offenbarten sich bei jeder spezifische Probleme einer starken regionalen Sonderentwicklung. An der äußersten Südwestgrenze des deutschen Sprachgebietes, in der zum Teil von französisch sprechenden Bürgern bewohnten Stadt Freiburg im Üchtland, zerschlugen die geistlichen und weltlichen Obrigkeiten 1429/30 eine relativ starke Ketzergemeinde, die sich nach einem Inquisitionsprozeß von 1399 erholt und innerlich wieder stabilisiert hatte.[93]

Charakteristisch für die durch die erfolgreichen Züge der taboritischen Heere und intensive hussitische Propaganda verschärfte Klassenkampfsituation in dieser Zeit war die hektische Nervosität der herrschenden Klasse.

Der Klerus bediente sich aller Formen der Massenbeeinflussung, um einer möglichen Parteinahme der städtischen Bevölkerung für die angeklagten Häretiker vorzubeugen. In Freiburg bildeten sprachliche Schranken kein Hindernis für eine Zugehörigkeit zu den Waldensern, und wahrscheinlich fand man bei gemeinsamen Zusammenkünften und gemeinsamer Bibellektüre Mittel und Wege der Verständigung. Wie fast alle Waldensergemeinden setzte sich auch die Freiburger aus Handwerkern und Plebejern zusammen. Eine Ausnahme bildete der edelfreie Herr von Maggenberg, Sproß eines verarmten Adelsgeschlechtes. Sein Schicksal zeigt eindeutig die Funktion des Inquisitionsgerichtes als Organ der Klassenjustiz gegen die Ketzer aus den mittleren und unteren Schichten der Stadt. Er konnte sich jahrelang gegen seine Verfolger wehren und bis vor das Reichskammergericht in Rottweil prozessieren; er unterlag dann zwar dem Druck des Freiburger Rates, der es vor allem auf seine Güter abgesehen hatte, ging persönlich aber straffrei aus. Die von Klasseninteressen bestimmte Führung des Inquisitionsverfahrens äußerte sich auch in den unterschiedlichen Urteilen der von Klerikern geführten ersten Verhandlungen und der städtischen Schöffen in der Schlußphase des Prozesses. Während am Anfang einer der Verhörten als rückfälliger Ketzer verurteilt wurde und auf dem Scheiterhaufen endete, verhängten die bürgerlichen Schöffen vor allem Geldstrafen, die das Stadtsäckel füllten.

Bei anderen entdeckten Waldensergemeinden waren die hussitischen Einflüsse faßbar. 1446 wurden die Obrigkeiten auf eine Waldensergemeinde im Taubertal um Windsheim und Neustadt an der Aisch aufmerksam, der Friedrich Reiser und Friedrich Müller gepredigt hatten.[94] Nach den Worten des späteren Chronisten Lorenz Fries vertraten sie „des Hussen lehr und sonst andere mehr seltzame articul",[95] also wohl eine Mischung von hussitischen und waldensischen Glaubensartikeln. Nicht von allen Berichterstattern werden das Hervortreten der Gemeinde aus ihrer Verborgenheit und das Abhalten öffentlicher Gottesdienste bestätigt. Die Gefangenen widerriefen sämtlich und erhielten nur Kirchenstrafen.[96] Ein neuer Schlag richtete sich 1460 gegen die Waldenser in der Diözese Eichstätt.[97] 27 Mitglieder – 14 Männer und 13 Frauen – einer Gemeinde im Gebiet der mittleren Altmühl oberhalb von Eichstätt wurden, ähnlich dem Verfahren 14 Jahre zuvor im Taubertal, nur zu Kirchenstrafen verurteilt und nicht dem weltlichen Gericht übergeben.

In den Jahren 1458/59 war in der Mark Brandenburg eine größere Ketzergemeinde aufgedeckt worden, die ebenfalls noch direkte Kontakte mit Friedrich Reiser und anderen deutschen Hussiten gehabt hatte.[98] Ihr

Führer, Matthäus Hagen, erlitt nach einem separaten Prozeß gegen ihn in Berlin 1458 den Flammentod. Die übrigen Mitglieder der Gemeinde kamen mit Kirchenstrafen davon. Als ihnen aber 20 Jahre später ein neuer Prozeß drohte, wanderte der größte Teil nach Mähren aus. Sie ließen sich in engem Kontakt mit den Böhmischen Brüdern, die einen Teil der böhmischen Waldenser in sich aufgenommen hatten, bei Fulnek nieder. Die Kontakte von der Mark nach Mähren gingen wohl auf die Zeit unmittelbar nach der Verfolgung von 1458 zurück.

Nachdem die Inquisition die führenden Repräsentanten der hussitisch-waldensischen Organisation gefaßt und abgeurteilt hatte — Friedrich Reiser 1458 in Straßburg, Wilhelm Rautenstock und den Waldenserbischof Stephan 1467 in Wien —, erlahmte ihre Aktivität. Die Ketzergemeinden entgingen nun der Aufmerksamkeit der Obrigkeiten. Bis zur Reformation wurden nur vereinzelt Häretiker gefaßt, so daß sich kein Bild mehr über die Weiterentwicklung der Gemeinden über die zweite Hälfte des 15. Jh. hinaus gewinnen läßt.

Aus lokalen Besonderheiten waren in Thüringen nach 1349 Gemeinden der Geißler entstanden, in denen die Geißelpraxis mit waldensischen und eschatologischen Hoffnungen auf die Wiederkunft des Messias verschmolz. Sie kapselten sich unter dem Druck der herrschenden Klasse jedoch ab wie die Waldenser und wurden zu Kryptoflagellanten, die nur im verborgenen ihren Glauben pflegten, sich nach außen aber zur Kirche bekannten.[99] Die Gemeinden setzten sich vor allem aus Handwerkern und Gesellen zusammen; weder Tagelöhner noch Angehörige der patrizischen Oberschicht spielten in ihnen eine Rolle. Nach der schweren Verfolgung von 1414 trafen sie neue Angriffe der Obrigkeit 1446 in Nordhausen und 1454 um Sangerhausen. Mit Hilfe der wettinischen Landesherrschaft und der Obrigkeit einiger Städte wurden mehrere hundert Verdächtige vor Gericht gezerrt und einige zum Tode verurteilt; dennoch konnten die Gemeinden nicht völlig ausgelöscht werden. Ihre Nachwirkungen waren noch in der Reformation spürbar.

Die verschiedenen Formen der Häresie im 15. Jh. zeigen, daß trotz schwerer Verfolgung durch die Inquisition und die weltlichen Obrigkeiten die Ablehnung der feudalen Kirche in Kreisen der mittleren und unteren städtischen Schichten sowie auf dem Lande nicht unterbunden werden konnte. Obwohl eine Aktivierung der Gemeinden unter dem Eindruck der Hussitenbewegung nur vereinzelt zustande kam, diese weiterhin passiv und im verborgenen blieben, waren sie eine Form des Widerstandes gegen die offizielle Ideologie der Feudalgesellschaft.

Die Ohnmacht der Königsgewalt unter Friedrich III.

Nach dem nochmaligen Scheitern der Reichsreformverhandlungen auf dem Nürnberger Reichstag 1444 und der Niederlage der Koalition Friedrichs mit Zürich gegen die Eidgenossenschaft zog sich der Habsburger in seine Erblande zurück, wo ihn längere Zeit dynastische Streitigkeiten festhielten. Von einer auf Stabilisierung der staatlichen Verhältnisse im deutschen Reichsgebiet gerichteten Innenpolitik der Zentralgewalt kann in den folgenden Jahrzehnten bis nach 1470 kaum gesprochen werden. Die Eigenentwicklung der deutschen Territorien, die Fehden und Kriege ihrer Fürsten untereinander nahmen ein noch nie erreichtes Ausmaß an, so daß sich die politische Geschichte des deutschen Feudalstaates in eine Reihe von Einzelereignissen auflöste.

Im Nordwesten versuchte der Kölner Erzbischof Dietrich von Moers, einen großen Territorialstaat aufzubauen und zettelte die von 1444 bis 1449 währende Soester Fehde mit dem Herzog von Kleve an. Er scheiterte aber bei dem Versuch, die Stadt Soest einzunehmen. Dann griff er in der Münsterschen Stiftsfehde (von 1450 bis 1457) den Bundesgenossen des Klever Herzogs, den Grafen von Hoya, an, blieb jedoch ebenfalls erfolglos und mußte am Ende seine weitgesteckten Pläne aufgeben.

In Franken verfocht Markgraf Albrecht Achilles den Plan, aus den zersplitterten Besitzungen der Hohenzollern auf Kosten der geistlichen Territorien, alten Reichsgutes und der Besitzungen Nürnbergs ein großes Herzogtum Franken zu errichten. Anfang 1445 hatte er sich im Mergentheimer Fürstenbündnis mit anderen Feudalherren zusammengeschlossen, während etwa gleichzeitig die schon vorher verbündeten schwäbischen und die fränkischen Städte eine Einung bildeten, in der Nürnberg, Ulm, Augsburg und Eßlingen eine führende Rolle übernahmen. Albrecht Achilles stieß vor allem auf den Widerstand Nürnbergs. Die Reichsstadt behauptete im fünfjährigen Markgrafenkrieg (von 1448 bis 1453) zum Teil mit Schweizer Unterstützung ihre Stellung, erhielt allerdings von den anderen Städten kaum Hilfe. In dem Krieg gab es wenig große Gefechte, jedoch Verheerungen des Landes, Plünderungen, Raub und Brandschatzungen durch Söldnerbanden. Unter ihnen hatten der Bauer und nächst ihm der Kaufmann am meisten zu leiden.

Nachdem diese Auseinandersetzungen durch den Vertrag von Lauf 1453 beendet waren, provozierte die beiderseitige Territorialpolitik 1461 einen Krieg des Hohenzollern mit den Wittelsbachern. Diese konnten sich der Unterstützung des böhmischen Königs bedienen, während Albrecht Achilles den Grafen von Württemberg, den Markgrafen von Baden und den

Erzbischof von Mainz auf seine Seite brachte. Scheinbar vertrat Albrecht Achilles Reichsangelegenheiten, wenn er gegen die zeitweilige Annexion der Reichsstadt Donauwörth durch die Wittelsbacher (1458) Front machte. Tatsächlich waren aber ausschließlich fürstliche Interessen die beiderseitigen Triebkräfte. Der Krieg endete 1463 mit einem Vergleich.

In einem jahrelangen Kampf setzte der wittelsbachische Pfalzgraf Friedrich, der seit 1449 regiert, gegen eine Koalition von fürstlichen und adligen Nachbarn die Arrondierung seines Territoriums durch. Es gelang ihm, seine Gegner militärisch aus dem Felde zu schlagen. Daneben förderte er eine gefällige Hofhistoriographie; die von Matthias von Kemnat verfaßte Chronik bietet eine durchgängig idealisierende Darstellung des Wirkens des Fürsten.

Nach 1444 sah sich der Habsburger Friedrich III. in seinen Erblanden zunehmend von den österreichischen Ständen bedrängt und mußte seine Absetzung fürchten. Deshalb hielt er den aussichtsreichsten Nachfolger, Ladislaus Postumus, den Sohn König Albrechts II., ängstlich unter seiner Kontrolle. Schließlich versuchten die niederösterreichischen Stände eine Nachahmung des böhmischen und ungarischen Beispiels, wo die ständischen Vertretungen mit Georg von Poděbrady und Janos Hunyadi unter Umgehung Friedrichs III. „oberste Hauptleute" bzw. Reichsverweser eingesetzt hatten, solange Ladislaus Postumus noch unmündig war. 1452 mußte dieser den römisch-deutschen König auf einem Italienzug begleiten, in dessen Verlauf Friedrich in Rom zum Kaiser gekrönt wurde. Diese Würde änderte jedoch nichts an seiner Passivität gegenüber den chaotischen Zuständen im Reich. Der Kaiser hatte kaum wieder sein Hausmachtterritorium betreten, als er sich einer breiten Adelsfronde, der auch Böhmen und Ungarn angehörten, gegenübersah. Diese ging sofort zum Angriff über, belagerte Friedrich III. in Wiener Neustadt und erzwang die Auslieferung von Ladislaus. Dieser wurde im Triumph nach Wien gebracht, hatte aber keineswegs die Möglichkeit, nun eigene Wege zu beschreiten. Er erhielt 1453 zur ungarischen auch die böhmische Königskrone, blieb aber ein Werkzeug in den Händen mehrerer Adelscliquen. Mit noch nicht ganz 18 Jahren starb er 1457 in Prag an der Pest. Viele zeitgenössische Chronisten behaupten, Friedrich hätte ihm Gift einflößen lassen.

Der Kaiser hatte kaum die Krise in seinem Hausmachtterritorium überstanden, als sich der österreichische Adel unter der Führung seines jüngeren Bruders, Albrecht VI., 1461 wiederum zusammenschloß und in Niederösterreich einfiel. Dieses Mal ging es um die von Friedrich verwalteten Länder Ober- und Niederösterreich. Der ungarische Adel und die Bürger Wiens unterstützten den Aufstand. Ein Wiener Bürgeraufgebot schloß den Kaiser in der Hofburg ein. Nur ein böhmisches Entsatzheer konnte ihn aus dieser Lage befreien. Schließlich endete dieser neue Machtkampf mit dem Tod Albrechts im Jahre 1463. In all diese Kämpfe und Fehden des österreichischen Adels waren mehr oder weniger die Fürsten benachbarter europäischer Länder einbezogen. Vor allem Ober- und Niederösterreich wurden von Söldnerscharen verschiedener Nationalität verwüstet. Hungersnöte brachen aus, eine minderwertige Münze zerrüttete das Wirtschaftsleben.

Nach 1444 versuchten die Reichsstände vergeblich, Friedrich zur Teilnahme an einem Reichstag zu bewegen. Der Kaiser wich immer wieder aus. Deshalb reifte der Plan heran, ihm einen Reichsverweser zur Seite zu geben. Als erster Kandidat bot sich dabei Georg von Poděbrady an, den die böhmischen Stände 1458 in Nachfolge von Ladislaus Postumus zum König erhoben hatten. Obwohl der Plan nicht zur Ausführung kam, blieb er im Gespräch, wobei auch der Herzog von Burgund als möglicher Reichsverweser genannt wurde. Die wachsende türkische Bedrohung an der Südostgrenze ließ die Notwendigkeit einer Friedensregelung im Reich dringlich werden. Kaiserliche Beauftragte einigten sich im November 1466 auf dem Reichstag zu Nürnberg mit den Reichsständen auf den Entwurf eines Reichslandfriedens, den Friedrich III. im folgenden Jahr, ungeachtet der Einwände mehrerer mächtiger Fürsten, in Kraft setzte. Er sah ein vollständiges Fehdeverbot und die Aburteilung von Landfriedensstörern als Majestätsverbrecher vor. Er drohte zwar die Todesstrafe und die Aufhebung aller gesetzlichen Schranken für die gerichtliche Verfahrensweise an, blieb aber in der Frage der Exekutive sehr unbestimmt. Hier versuchten die Fürsten, ihre Wünsche zu verwirklichen. Da sich der Kaiser in dieser Frage nicht durchsetzen konnte, war der Reichslandfrieden zwar eine „eindrucksvolle Demonstration der königlichen Friedensgewalt", aber kein „Werk positiver Landfriedenspolitik".[100]

Ein neues kaiserliches Landfriedensgesetz von 1471 ließ den Gedanken des Majestätsverbrechens zwar wieder fallen und mußte unter dem Druck der Fürsten auch weitergehende Zugeständnisse hinsichtlich der Gerichtsbarkeit derselben machen. So blieb von dem ursprünglichen Entwurf nur das Gebot übrig, bei Androhung der Reichsacht in Zukunft Fehden zu meiden und alle Streitigkeiten vor ordentlichen Gerichten auszutragen. Praktische Bedeutung für eine Besserung der Zustände im Reich hatte das Gesetz nicht. Als es 1474 nochmals um sechs Jahre verlängert werden sollte, wandten die Städte ein, daß sie während der Geltungsdauer des Gesetzes mehr Unfrieden, Ungemach, Beschädigung, Kosten und Schäden an Leuten und Gütern erlitten hätten, als das vorher der Fall war.

Häufig wurde von der älteren bürgerlichen Geschichtsschreibung als Gegensatz zu der Passivität Friedrichs III. in Reichsangelegenheiten, seiner Trägheit und Entschlußlosigkeit bei der Durchsetzung elementarer Rechte der kaiserlichen Gewalt sein diplomatisches Geschick in den Angelegenheiten der habsburgischen Dynastie hervorgehoben. Allerdings ist es fraglich, ob die von ihm immer wieder niedergeschriebenen Worte AEIOU wirklich die Bedeutung einer politischen Devise in dem Sinn „Austriae est imperare orbi universo" (Alles Erdreich ist Österreich untertan) hatten oder lediglich ein persönliches Signet ohne tiefere politische Bedeutung waren.[101] Die Beurteilung seiner politischen Tätigkeit und seiner Person weist von den Zeitgenossen bis zur neueren Historiographie krasse Unterschiede auf. Der Feststellung, das Reich sei mit ihm gar nicht schlecht gefahren, wenigstens habe er durch seine Passivität „nichts Wesentliches verdorben",[102] steht der Vorwurf einer phlegmatischen, fast apathischen Natur, des Mangels an geistigem Schwung und Energie und der Unentschlossenheit gegenüber.[103] Selbst wenn man nur von der elementaren Aufgabe jeder Staatsgewalt, der Sicherung des Friedens, ausgeht, tut sich der große Widerspruch zwischen den Projekten und den unzureichenden Anstrengungen zu ihrer Verwirklichung auf. Die dynastische Politik ging letztlich auf Kosten der überwiegenden Mehrheit aller Untertanen auch in seinen Erblanden, wo die Bevölkerung durch die dauernden Kriege nicht weniger zu leiden hatte als in den anderen Territorien. Daß während der Regierung Friedrichs III. die Fürsten dazu übergingen, in der Sache des Landfriedens die Zentralgewalt mehr und mehr zu ersetzen, entlastet diese nicht von der Verpflichtung, selbst die Friedenssicherung energisch zu betreiben.

Der Ausbau der Fürstenmacht in den Territorien

Im 15. Jh. konnte die feudale Staatsgewalt unter Ausnutzung der Entwicklung auf dem Gebiet der Ökonomie und Gesellschaft gefestigt und vervollkommnet werden. Während dies in einigen Staaten Westeuropas, so in Frankreich, England und Burgund, durch die königliche bzw. herzogliche Zentralgewalt geschah, bauten im Heiligen Römischen Reich die Fürsten ihre Territorialherrschaft aus. Den deutschen Fürsten gelang es – in den einzelnen Territorien zwar unterschiedlich –, die im 14. Jh. aufgetretenen Schwierigkeiten bei der Festigung ihrer Herrschaft zu überwinden, auch wenn es auf diesem Wege noch Rückschläge gab. Damit zeichnet sich in der zweiten Hälfte des 15. Jh. eine neue Etappe in der staatlichen Entwicklung ab, die als Ablösung der Landesherrschaft durch den Territorialstaat charakterisiert werden kann.

Wesentliche Fortschritte machte der Ausbau regionaler Behörden und Institutionen, wodurch günstige Voraussetzungen für eine weitere allseitige Festigung der Fürstenherrschaft geschaffen wurden. Die Erhebung einer Bede speziell für die Landesherrschaft setzte sich weiter durch. Sie reichte zur Deckung der gestiegenen Ausgaben aber bei weitem nicht aus, obwohl in einigen Territorien eine nicht unbeträchtliche

Planetenbild des Mars. Ritter überfallen ein Dorf; r. u. Überfall auf ein städtisches Geschäftshaus. Federzeichnung im Waldburg'schen Hausbuch (um 1480)

Erhöhung und eine bessere Organisation der Finanzeinnahmen gelangen. Im wettinischen Kurfürstentum wurde 1469 erstmalig ein Landrentmeister an die Spitze der fürstlichen Finanzverwaltung gesetzt. Er sollte die Erhebung der von den Ständen für sechs Jahre bewilligten indirekten Steuer auf Getränke organisieren. Aus diesem Ungeld wurde schließlich eine Dauersteuer, die dem Fürsten eine erhebliche Verbesserung seiner Finanzlage ermöglichte. Andererseits stiegen die fürstlichen Ausgaben, vor allem für den Hof, für Bauten und für die Bezahlung von Söldnern und Waffen enorm. Es gab zwar Bemühungen, das höfische Gefolge zu begrenzen, andererseits aber verschlangen das wachsende Repräsentationsbedürfnis der Fürsten, höfische Feste, etwa die Hochzeiten der Prinzessinnen, riesige Summen. Die Fürsten waren weiter auf Sondersteuern angewiesen, deren Bewilligung in den Händen der Stände lag. Zwischen diesen außerordentlichen Einnahmen mußten die Herrscher Kredite aufnehmen und dafür Einnahmequellen anderer Art verpfänden. Geldknappheit, Schulden und Verpfändungen sind deshalb trotz der Vervollkommnung der Finanzwirtschaft für die deutschen Territorien im 15. Jh. typisch. Bis zur Aufstellung eines Budgets sollte noch lange Zeit vergehen.[104]

Die Organe der territorialen Verwaltung wurden im 15. Jh. beträchtlich erweitert. Männer mit akademischer Bildung, häufig Juristen bürgerlicher Herkunft, nahmen die führenden Stellen in ihr ein. Die Beamten des Fürsten waren absetzbar und mit festen Geldbeträgen besoldet. Mit dem Wandel in der sozialen Zusammensetzung, dem Zurücktreten des Adels und dem weitgehenden Verschwinden der Geistlichkeit, wandelte sich aber keineswegs der Klassencharakter dieser Verwaltungsorgane. Der Landesherr erkannte frühzeitig ihre Bedeutung für die Festigung der staatlichen Gewalt, schuf je nach Bedarf für einige Bereiche Sonderbehörden und förderte zur Ausbildung von Beamten die Gründung von Universitäten in seinem Territorium. Bis zum Ende des 15. Jh. hatten die meisten der größeren deutschen Territorien eine eigene Universität.

Die Ausdehnung der Verwaltung äußerte sich auch in der zunehmenden Schriftlichkeit. Die regelmäßige Arbeit der Kanzlei hatte die Anlage von Registern, Inventaren und Kopialbüchern zur Folge. Wegen des anwachsenden Schriftverkehrs und der Notwendigkeit, rasch zu Entscheidungen zu gelangen, wählten die Zentralbehörden seit dem 15. Jh. einen festen, verkehrsgünstigen Platz. So entwickelte sich eine Stadt des Territoriums zur Haupt- und zugleich zur Residenzstadt des Fürsten, wie etwa Berlin für Brandenburg, Heidelberg für die Pfalz, Stuttgart für Württemberg, München für Bayern.

Die Organisation der zentralen Territorialverwaltung erfolgte parallel zum Ausbau der mittleren und insbesondere der unteren Ebene des Staates. In Sachsen entstanden zur besseren Steuerverwaltung vier als „lant" bezeichnete Bereiche: Sachsen, Meißen, Osterland und Vogtland. Im habsburgischen Gebiet hießen die entsprechenden Landesteile Viertel, in Bayern Vitztumsämter, in Brandenburg Landvogteien. Hier wie in vielen anderen Bereichen des territorialen Staatsapparates lassen sich Vergleiche zum deutschen Königtum ziehen. Während die Kreiseinteilung des Reiches auf den Reichstagen immer wieder beraten, verschleppt und erneut beraten wurde, aber nie zur Durchführung kam, setzten die Fürsten eine entsprechende Maßnahme in ihren Territorien durch.

Auf der unteren Ebene wurde die Ämterverfassung weiter ausgebildet. Der Amtmann als Träger der Staatsgewalt in diesem Bereich war vor allem für die Geschoßerhebung, die Obergerichtsbarkeit und das militärische Aufgebot zuständig. Häufig stammte er aus der Ministerialität. Kellner, Kastner oder Schösser meist bürgerlicher Herkunft führten die Abgabenverwaltung. Eine kontinuierliche Ausbildung der Ämterverfassung läßt sich unter anderem in Sachsen feststellen. Um 1440 entwickelte sich hier die Unterscheidung von Amts- und Schriftsässigkeit. Bestimmte Feudalherren und Städte waren als Schriftsassen aus der lokalen Amtsgewalt ausgenommen und unterstanden mit ihren Untertanen direkt der Territorialverwaltung. In Brandenburg konnte sich dagegen der Adel in den Ritterschaftsbezirken und in den Mediatstädten, deren Bürger als Untertanen einer adligen Gutsherrschaft oder eines landesherrlichen Domänenamtes galten, Steuerfreiheit und eigene Gerichtsbarkeit sichern. Auch in Mecklenburg festigten die neben die landesherrlichen Ämter tretenden grundherrlichen Gerichtsbezirke die Position des Adels und waren Ausdruck einer Teilung der Macht zwischen Fürsten und Ständen.

Schon lange vor der Reformation konnten die Fürsten den Klerus ihres Gebietes einem landesherrlichen Kirchenregiment unterordnen. Allen großen weltlichen Fürsten gelang es, ihre Bischöfe landsässig, das heißt vom Territorialstaat abhängig zu machen. Die geistlichen Gerichte, die vor allem im 14. Jh. häufig weltliche Fragen ihrem Urteil unterworfen hatten, mußten sich in Zukunft auf geistliche Angelegenheiten, Fragen der Kirchenzucht usw. beschränken. Der Landesherr setzte ein Mitspracherecht bei der Verleihung der wichtigsten Pfründen durch, bestritt dem Bischof das Recht zur Besteuerung des Klerus und versuchte, die Geistlichkeit zur Landessteuer mit heranzuziehen. In einigen Territorien ging die Unterordnung der Kirche noch weiter. Die Landesherren beanspruchten eine Art Aufsichtsrecht über alle kirchlichen Belange, über Vermögen, Kirchenzucht, selbst über den Gottesdienst und andere kirchliche Handlungen. Eine Regelung der kirchlichen Angelegenheiten fand auch in verschiedenen Landesordnungen ihren Niederschlag. Allerdings war diese Frühform des Kirchenregiments noch nicht gleichbedeutend mit der nach der Reformation entstehenden Landeskirche.

Im 15. Jh. setzte sich die Vorstellung durch, daß der Inhaber der Gerichtsgewalt gegenüber den Untertanen das Recht aus eigener Machtvollkommenheit setzen könne und es sich nicht bei der Gerichtsgemeinde erfragen bzw. weisen lassen brauche.[105] Zur vollen Ausbildung einer territorialstaatlichen Gesetzgebung kam es allerdings erst im folgenden Jahrhundert. Dagegen wurde durchgesetzt und häufig schon in Ordnungen fixiert, daß für Vergehen jeder Art allein die territorialen Gerichte zuständig waren und niemand an außerterritoriale Gerichte appellieren dürfe. In Bayern konnten die Herzöge den Einfluß der westfälischen Freigerichte, der Femegerichte, die um die Mitte des 15. Jh. ein erhebliches Ansehen genossen, zurückdrängen. Auch gelang es, den Zuständigkeitsanspruch kaiserlicher Landgerichte, besonders in Franken und Schwaben, abzuwehren.

Gegen Friedensbrecher gingen die Territorialfürsten nicht nur mit Gesetzen, sondern auch mit Gewalt vor. Das klassische Beispiel war die Unterwerfung des märkischen Adels unter die Macht der seit 1411 bzw. 1415 in Brandenburg regierenden Hohenzollern. Die Burgen des führenden Adelsgeschlechtes der Quitzow wurden 1414 durch den Einsatz von Geschützen gebrochen. Die Sicherung des Landfriedens richtete sich zwar in erster Linie gegen die räuberischen Fehden des niederen Adels, sie zielte aber auch gegen den Widerstand der Städte, wenn sie sich gegen fürstliche Zwangsmaßnahmen empörten, und gegen Aufstände der Bauern. Während eine Friedensordnung im deutschen Königreich unter anderem daran scheiterte, daß den Königen eine wirksame Exekutive fehlte und die Ausführung des Friedensschutzes den einzelnen Fürsten übertragen werden mußte, konnten sich die Territorialherren diese Exekutive schaffen.

Neben den Gerichten waren das vor allem die dem Fürsten zur Verfügung stehenden Bewaffneten. Die Fürsten bauten das Wehrwesen als wesentliche Grundlage ihrer Macht aus und nutzten dabei die Erfahrung der Städte. In den städtischen Wehrverfassungen des 14./15. Jh. wurden in erster Linie durch Wehrpflicht aufgebotene Bürger, aber zunehmend auch Söldner eingesetzt. In einer ähnlichen Situation befanden sich die Landesherren. Sie versuchten neben der Heerfolgepflicht des Adels und der landesherrlichen Städte sowie einer Heersteuer ein allgemeines Aufgebotsrecht durchzusetzen. Die Hussitenkriege bildeten hier eine wichtige Etappe. In einigen Ländern war erstmals der 10. bzw. der 20. Mann aufgeboten worden. In Bayern wurde danach der Bauer prinzipiell zur Landesdefension verpflichtet. Ein Beauftragter des Landesherrn musterte zu diesem Zweck von Zeit zu Zeit die zu Hause aufbewahrten leichten Waffen und die Schutzbekleidung.[106] Die Defensionspflicht war mit dem Gut, nicht mit der Person verbunden, andererseits ging die Landesherrschaft auch dazu über, ledige Knechte und Bauernsöhne zu mustern. Für größere militärische Unternehmungen sollte nur der 20. oder der 10. Mann dienen, während dem Friedensschutz im Lande prinzipiell jeder zur Verfügung stehen mußte. Im Kurfürstentum Sachsen gab es erst seit 1460 eine Pflicht der Bauern zum Heeresdienst.

Darüber hinaus ging das Bestreben der Landesherren dahin, Söldner anzuwerben und zu diesem Zweck eine Steuer zu erheben. Dies rief große Verbitterung bei den Untertanen hervor, denn die Heerfolgepflicht blieb außerdem bestehen. Nach den Erfahrungen der Hussitenkriege versuchten einige große Städte, ihr Aufgebot durch eine größere Anzahl von Kriegswagen schlagkräftiger zu machen, ohne daß sie damit militä-

Belagerung einer Burg mit Geschützen und Handfeuerwaffen. Holzschnitt aus der Schwäbischen Chronik des Thomas Lirer, Ulm 1486

risch Erfolge hatten. Das fürstliche Landesaufgebot wurde juristisch durch eine Reihe von Ordnungen gesichert. Der landesherrliche Marschall wahrte den Heerfrieden und stand als oberster Richter an der Spitze des Heeresgerichtes.

Der Ausbau eigener Verwaltungsorgane und der Exekutive stärkte den Fürsten schließlich gegenüber den Ständen, so daß er in der Lage war, deren Machtstellung einzuschränken. Dabei ging es um die stärkere Unterordnung des Adels und der Städte unter die fürstliche Herrschaft und um ein zugunsten des Fürsten geregeltes Verhältnis der ständischen Vertretungen zum Landesherrn. Obwohl die Fürsten in Finanzfragen meist weiter von den Ständen abhängig blieben, konnten sie bei deren Unterordnung bedeutende Fortschritte erreichen. Dabei kam ihnen zugute, daß die Stände alles andere als eine Repräsentation der gesamten Bevölkerung des Landes waren, sondern Gruppeninteressen der herrschenden Klassen und Schichten gegenüber den Volksmassen in Stadt und Land durchzusetzen versuchten.[107]

Das war auch in den wenigen südwestdeutschen bzw. alpenländischen Gebieten der Fall, wo es bereits im 15. Jh. über die Gerichtsbezirke gewählte Vertreter der Landbevölkerung in den Ständen gab. Diese wurden indirekt gewählt, waren meist keine Bauern, sondern Beamte oder bestenfalls Angehörige der dörflichen Oberschicht,[108] so daß auch hier keine echte Bevölkerungsvertretung vorhanden war. In den meisten deutschen Territorien hatten jedoch nur der Adel, der Klerus und die Städte das Recht der Vertretung in den Landständen. Unter diesen bestand keine Einheit, sondern höchstens das gemeinsame Interesse, die Macht des Fürsten einzuschränken. Im übrigen waren sowohl der Adel mit den Städten wie beide mit dem Klerus in der Durchsetzung ihrer Sonderinteressen zerstritten.

Im Vordergrund der landesherrlichen Anstrengungen stand die feste Einordnung der Städte, deren Finanzkraft und militärische Potenzen für den Ausbau der Territorien gewonnen werden mußten. Die Unterordnung des Adels wurde ebenfalls erzwungen. Zum Teil erblickte der Landadel im Fürstendienst eine einträgliche Beschäftigung und ordnete sich deshalb freiwillig in den Fürstenstaat ein. Häufig mußte aber der Widerstand der Adelsopposition in einem langwierigen Kampf, der sich bis ins 16. Jh. hinzog, gebrochen werden. In den kleinen und zersplitterten südwestdeutschen Territorien bildete der Adel Einungen, die einerseits der Aufrechterhaltung seiner Klassenherrschaft gegenüber den Bauern dienten, andererseits aber die Interessen des niederen Adels gegenüber den Fürsten wahrnehmen sollten. Diese Einungen erfaßten aber meist nur den reichsunmittelbaren Adel. In den Territorien warfen die Fürsten adlige Einungen, wie sie in Bayern in den Böcklern und Löwlern entstanden waren, nieder. In den west- und südwestdeutschen Gebieten konnten einige große Adelsgeschlechter meist am Rande der Territorialstaaten noch lange ihre Unabhängigkeit aufrechterhalten und später teilweise in die Reichsunmittelbarkeit aufsteigen. Aber das waren Ausnahmen.

Für die Bezwingung der Städte und ihre Einordnung in den Territorialstaat diente vielen deutschen Fürsten die Entwicklung im Herzogtum Burgund als Vorbild. Hier war es bereits Ende des 14. Jh. den Landesherren gelungen, die mächtigen und reichen flandrischen Städte unter ihre Kontrolle zu bringen. In den deutschen Territorien spielte sich der Kampf gegen die Städte im wesentlichen während des 15. Jh. ab und erreichte in dieser Zeit durchschlagende Erfolge, ohne um 1500 schon abgeschlossen zu sein. Eine vollständige Unterordnung setzten die Hohenzollern in Brandenburg durch. 1442 nutzte Kurfürst Friedrich II. eine innerstädtische Auseinandersetzung in den seit 1432 durch eine Union verbundenen Spreestädten Berlin und Cölln, um die Union aufzuheben, beiden Städten neue Räte aufzuzwingen, sich in Zukunft die Bestätigung der gewählten Ratsherren vorzubehalten, den Städten die eigene Gerichtsbarkeit zu nehmen und sich auf Cöllner Gebiet ein Areal zum Bau einer Zwingburg abtreten zu lassen. Die Bürger waren jedoch nicht bereit, ihre Selbständigkeit kampflos preiszugeben. Durch das harte Regiment der kurfürstlichen Beamten gereizt, empörten sich die Berliner Bürger 1447/48 im „Berliner Unwillen", vernichteten im kurfürstlichen „Hohen Haus" die Zeugnisse ihrer Unterwerfung von 1442 und stellten die Union beider Städte wieder her. Friedrich II. konnte jedoch die Empörung niederwerfen, da beide Städte kaum Unterstützung von außerhalb erhielten, auch die Hanse abseits blieb, während der Landesherr rasch eine starke Streitmacht sammelte.[109] Die Städte mußten die Bedingungen von 1442 erneut anerkennen, ein fürstliches Strafgericht blieb allerdings aus. Es vergingen weitere Jahre, ehe alle märkischen Städte dem Fürstentum eingegliedert waren.

Angesichts der Schwäche der Reichsgewalt versuchten einige Fürsten, gegen Reichsstädte vorzugehen. Erfolg hatte dabei 1462 der Erzbischof von Mainz, indem er Mainz von sich abhängig machen konnte. Die Wettiner zwangen einer Anzahl von Städten der benachbarten geistlichen Territorien ihre Schutzherrschaft auf, nämlich Quedlinburg, Halle und Erfurt. Zur klassischen Ausformung gelangte die städtefeindliche Politik in einem Bündnis zwischen Markgraf Albrecht Achilles von Zollern und König Christian von Dänemark von 1474: „Keine Stadt soll mehr beschließen dürfen über Zoll, Steuer und Recht; dem Fürsten soll es freistehen, jedes Jahr einen neuen Rath zu setzen, wenn es ihn gut dünkt."[110]

Graf Eberhard der Milde von Württemberg und seine Räte. Neben dem Grafen r.: der Bischof von Konstanz und der Herzog von Urslingen, l.: der Bischof von Augsburg und der Herzog von Teck. Im 16. Jh. angefertigte Kopie eines im 15. Jh. entstandenen Gemäldes

Die straffere Einordnung der Städte in den sich festigenden Feudalstaat war in jener Zeit letztlich ein notwendiger Prozeß. Die weitgehend autonome Stadt, die lange Zeit sehr günstige Vorbedingungen für das Aufblühen der städtischen Wirtschaft gewährleistet hatte, bot angesichts der allmählichen Entfaltung der kapitalistischen Warenproduktion zumindest seit dem 16. Jh. keinen geeigneten Rahmen mehr für eine wirtschaftliche Weiterentwicklung. Vielmehr konnte der Rückhalt an einem mächtigen Staat, der bürgerliche Wirtschaftsinteressen zu berücksichtigen bereit war, dem weiteren wirtschaftlichen Fortschritt durchaus förderlich sein. Diese positiven Möglichkeiten kamen allerdings in den räumlich begrenzten deutschen Territorialstaaten kaum zur Wirksamkeit. So waren für die deutschen Städte weder die Wahrung der Autonomie noch die Einordnung in den Territorialstaat geeignet, günstige Bedingungen für eine Durchsetzung bürgerlicher Wirtschaftsinteressen zu schaffen.

Ein deutlicher Ausdruck für die Festigung der fürstlichen Macht war die Ausbildung der landständischen Verfassung im Laufe des 15. Jh. Mit ihr behaupteten die Stände zwar bestimmte Rechte, insbesondere bei der Geldbewilligung, gleichzeitig wurden sie aber den Fürsten untergeordnet. Die Stände kamen im 15. Jh. weiterhin nur unregelmäßig zur Steuerbewilligung und zur Beratung politischer Fragen zusammen. In einigen Territorien gelang es den Fürsten, sie nur noch nach ihrem Willen zusammentreten zu lassen. In anderen Territorien blieben die Stände allerdings weiterhin stark, übernahmen bei dynastischen Teilungen und anderen Anlässen die Initiative und sprachen auch bei wichtigen Fragen der Innenpolitik, etwa im Wehrwesen und bei der Gerichtsbarkeit, mit.

Da sich das Königtum schon im 14. Jh. als unfähig erwies, den Landfrieden aufrechtzuerhalten, kam einer Bewahrung des Landfriedens in den Territorien eine wichtige Rolle für die Sicherung des Handels und des Geleits sowie bei der Entwicklung der Produktivkräfte auf dem Lande zu. Die Initiative zum Erlaß der Landesordnungen, die die Landfriedenssicherung gesetzlich fixierten, ging in vielen deutschen Territorien von den Ständen aus. Solche Landesordnungen, zum Beispiel 1431 im Herzogtum Kleve, 1446 im Kurfürstentum Sachsen, 1452 im Herzogtum Westfalen und 1474 in Niederbayern, wurden im allgemeinen von am römischen Recht geschulten fürstlichen Beamten verfaßt. Sie enthielten neben der wichtigen Frage der Kompetenzabgrenzung in Gericht und Exekution zwischen Fürsten und Ständen Rechtssatzungen zu materiellen Fragen, polizeiliche Vorschriften über das Verhalten der Untertanen, Bestimmungen gegen den Bettel, den Müßiggang usw.[111]

Der Festigung der fürstlichen Landeshoheit standen die auch im 15. Jh. noch häufigen Erbteilungen entgegen. In Bayern reduzierte sich die Teilung des wittelsbachischen Hausmachtbesitzes zwar auf zwei Linien; diese bestanden aber bis zum Ende des Jahrhunderts fort. Die wettinischen Territorien wurden 1485 erneut geteilt. Demgegenüber konnte die Teilung des Herrscherhauses in Mecklenburg 1483 und in Württemberg 1482 überwunden werden. Die Teilungen verhinderten die Konzentration der staatlichen Machtmittel und erhöhten im allgemeinen die Ausgaben für die fürstliche Hofhaltung. Häufig schufen sie auch weitere Anlässe für Fehden und andere bewaffnete Auseinandersetzungen.

Ein Vergleich mit westeuropäischen Monarchien im Verhältnis des Herrschers zu den Ständen läßt im Reich nicht nur die fehlende Ausbildung des zentralen Staatsapparates erkennen, sondern er zeigt auch eine Entwicklung der Stände, die den Sonderinteressen des Hochadels größeren Raum gab. In Frankreich waren demgegenüber die aristokratischen Tendenzen in den Generalständen seit dem letzten Drittel des 15. Jh. wenigstens teilweise durch ein neues Elektionsverfahren zurückgedrängt, das den Mittelschichten des Adels und den Vertretern der Städte größere Möglichkeiten einräumte. Danach sollte in jeder „bailliage" oder „sénéchaussée" in Zukunft nicht mehr der einzelne Stand separat seine Vertreter bestimmen, sondern die Vertreter der drei Stände konnten je einen Adligen, einen Bürger und einen Geistlichen gemeinsam wählen. Dieses Wahlverfahren drängte die Sonderinteressen der der Zentralgewalt ablehnend gegenüberstehenden Hochadligen zurück und bedeutete einen Fortschritt in der Ausbildung des feudalen Staates.[112]

Der Niedergang des deutschen Ordensstaates bis zum zweiten Thorner Frieden (1466)

Die Situation an der Ostgrenze des Heiligen Römischen Reiches war seit dem Beginn des 15. Jh. durch den Niedergang des an inneren Widersprüchen krankenden Ordensstaates einerseits und durch die Festigung des polnischen Königtums im Kampf gegen den deutschen Ritterorden andererseits gekennzeichnet. Die ritterschaftliche Korporation mit den organisatorischen und ideologischen Prinzipien der Kreuzzugszeit war unfähig, das Verhältnis zwischen Landesherrschaft und Ständen, das unvermeidlich auch im Ordensstaat akut wurde, konstruktiv zu lösen. Obwohl der Orden eine Sonderstellung innerhalb der Feudalgesellschaft einnahm, stand er nicht außerhalb der feudalen Klassenstruktur, sondern er entwickelte sich selbst und in seinem Verhältnis zu anderen Klassen und Schichten der Feudalzeit nach den allgemeinen Tendenzen der Feudalordnung. Eine dieser Tendenzen war das Erlahmen der Expansionskraft des entfalteten Feudalismus, der der Ordensstaat seinen Aufschwung vor allem verdankt hatte. Das Rittertum verfiel und mit ihm auch der ideologische Nimbus des „Heidenkampfes". Der versiegende Siedlerstrom von außen mußte durch Binnensiedlung ausgeglichen werden, was eine stärkere Orientierung auf die bereits ansässige Bevölkerung erforderte. Innerhalb des Landes nahm das ökonomische Gewicht der Städte zu, und im Orden begannen sich Tendenzen zu privaten Sonderinteressen einzelner Gruppen und Amtsträger auszubreiten.[113]

In dieser inneren Konfliktsituation wurde die erste entscheidende Auseinandersetzung mit dem seit 1385/86 in einer Kronunion vereinigten polnischen und litauischen Feudalstaat zum Wendepunkt in der Geschichte des Ordensstaates. Der Versuch des Hochmeisters Ulrich von Jungingen, den heraufziehenden Konflikt durch eine schnelle Invasion zu entscheiden, endete mit der völligen Niederlage bei Grunwald im Jahre 1410 und dem zeitweiligen Abfall nahezu des ganzen Landes vom Orden. Es charakterisiert die labile innere Situation in diesem von bürgerlichen Historikern häufig als feudaler Musterstaat bezeichneten Staatsgebilde, daß bereits nach der ersten schweren militärischen Niederlage des Ordensheeres auch das innere Gefüge bis ins Mark erschüttert wurde.

Der mit Mühe nochmals restaurierte Ordensstaat konnte den status quo ante nicht wiederherstellen. Die Umstellung auf neue Grundlagen, die nur auf einem Kompromiß mit den Ständen beruhen konnten, war außerordentlich mühsam und blieb letztlich ungenügend, da dazu eine grundlegende Veränderung der Struktur der Ordensherrschaft erforderlich gewesen wäre. Zudem wurde die Ordensmacht durch die Niederlage von Grunwald nur beschleunigt auf jene Grenzen reduziert, die ihr die weitere Entwicklung des Landes — wenn auch vielleicht nicht unter so dramatischen Umständen und so schnell — gezogen hätte.

Die folgende Periode vom ersten Thorner Frieden (1411) bis zum Zusammenbruch des selbständigen Ordensstaates im dreizehnjährigen Krieg zwischen dem Orden und den preußischen Ständen sowie Polen (von 1454 bis 1466) ist durch den fortschreitenden inneren Verfall des Ordens, durch seine verschärften Auseinandersetzungen mit den Ständen und nach außen durch den abwechselnd latenten und offenen Konflikt mit dem Königreich Polen gekennzeichnet. Die Bedingungen des ersten Thorner Friedens von 1411, die dem Orden zwar eine hohe Kontribution auferlegten, aber nur geringe Gebietsverluste, so die zeitweise Rückgabe von Samaiten an Litauen, enthielten, wurden nach weiteren wechselvollen Kämpfen in den Friedensschlüssen von 1422 und 1435 im wesentlichen bestätigt.

Im Innern führten die verschiedenen Versuche der Hochmeister, durch einen Ausgleich mit den Ständen oder durch Reformen neue Grundlagen der schwer erschütterten Landesherrschaft zu schaffen, zu keinem dauernden Erfolg. Vielmehr verschärften sich die Gegensätze zu den Ständen weiter. Dazu kamen wachsende Spannungen innerhalb des Ordens, die 1439 unter Paul von Rusdorf zu einem offenen Konflikt zwischen dem Deutschmeister und dem Hochmeister ausarteten und Gebietiger, Komture und Konvente praktisch in zwei Parteien spalteten. Ein schleichender Disziplinverfall, der Mangel an Gehorsam seitens der an der Marienburg fungierenden zentralen Amtsträger, der Gebietiger, gegenüber dem Hochmeister, der Ritter in den Konventen gegenüber ihren Komturen, das unwürdige Verhalten der Konventsinsassen untereinander, ihre Prügeleien und Messerstechereien, kennzeichneten im übrigen das Bild der Auflösung und Zersetzung.[114]

Im Jahre 1440 schlossen sich größere Teile des Landadels und 19 Städte vor allem des Kulmerlandes und Pommerellens zum Preußischen Bund zusammen, um gegenüber dem Hochmeister ihre Rechte zu wahren. Später traten ihm weitere — insgesamt 62 — Städte bei. Der Preußische Bund, aus einem Kompromiß des Adels und der städtischen Oberschicht hervorgegangen, repräsentierte vor allem die Interessen der besitzenden Klassen aus den wirtschaftlich fortgeschrittensten Bezirken des Ordensstaates und war die einzige Gesamtorganisation seiner Stände.[115]

Als der Preußische Bund nach einem einseitig geführten Prozeß 1453 von dem kaiserlichen Gericht in Wiener Neustadt für rechtswidrig erklärt wurde und der Hochmeister im folgenden Jahr den Richtspruch Kaiser Friedrichs III. vollstrecken wollte, brach der allgemeine Aufstand der Stände gegen die Ordensherrschaft aus. Die Stände huldigten dem polnischen König Kazimir IV., und dieser griff an der Seite des Bundes in den Kampf ein.[116] Zunächst konnte sich der Orden mit Hilfe von Söldnern durch den Sieg bei Konitz (Chojnice) 1454 vor der Niederlage retten. Danach aber wurde das Land über ein Jahrzehnt lang durch kriegerische Auseinandersetzungen verwüstet, die sich mehr und mehr zu einem Ermattungskrieg entwickelten, in dem es kaum größere Gefechte gab und in dem zuletzt die weiterreichenden Ressourcen der Gegner des Ordens, vor allem der großen preußischen Städte, den Ausschlag gaben. Der Verkauf der Neumark an den Kurfürsten von Brandenburg und die Verpfändung des Hochmeistersitzes Marienburg (1454) wegen ausstehender Soldzahlungen an die Söldner des Ordens zeigen deutlich das Ende der selbständigen Militärmacht des Ordens. Lediglich in den östlichen Teilen des Landes, in denen sich 1455 die Bürger von Königsberg und auch die masurischen Bauern gegen die Ordensherrschaft erhoben hatten, konnten sich die Ritter besser behaupten. 1457 zog der polnische König in Danzig ein, und im

Belagerung der Stadt Marienburg im Jahre 1460. Um 1480 für den Artushof in Danzig angefertigtes Gemälde (im zweiten Weltkrieg vernichtet)

gleichen Jahr wurde die Marienburg von den großen Städten zugunsten des polnischen Königs ausgelöst.

Der zweite Thorner Frieden von 1466 bedeutete das Ende des Ordensstaates in seiner bisherigen Form. Der ganze westliche Landesteil, in Zukunft das königliche (polnische) Preußen, einschließlich der Städte Danzig, Thorn und Elbing, sowie das Bistum Ermland kamen unter polnische Oberhoheit. Der Orden behielt Ostpreußen mit Königsberg, das zum neuen Hochmeistersitz wurde. Die Hochmeister waren aber in Zukunft bei Amtsantritt zur Leistung eines Treueides und zur Heerfolge an den König von Polen verpflichtet.[117]

Der zweite Thorner Frieden beseitigte für Polen und Litauen die Bedrohung durch den Ordensstaat. Zwar brachen bald danach die bewaffneten Auseinandersetzungen zwischen beiden Parteien wieder aus. Sie zogen erneut die Landbevölkerung und den Handel schwer in Mitleidenschaft. Aber der Ordensstaat war keine ernsthafte Bedrohung mehr für Polen, zumal die preußischen Stände den polnischen König in den weiteren Kämpfen gegen den Orden vorbehaltlos unterstützten. Durch die Gewinnung der großen preußischen Städte und der Weichselmündung erhielt der Handel in Polen starke Impulse sowie den notwendigen Zugang zum Meer. Der eigentliche Sieger des Kampfes war Danzig, das unter seinem neuen Landesherrn, dem König von Polen, nicht nur alle bisherigen städtischen Vorrechte bestätigt erhielt, sondern auch das gesamte Ordensvermögen in seinem Bereich übernahm. Als Ausfuhrhafen eines großen, im gleichen staatlichen Verband befindlichen Hinterlandes nahm es einen gewaltigen wirtschaftlichen Aufschwung und wurde zur Metropole des polnischen Ostseehandels. Schließlich waren nach dem Frieden von 1466 für längere Zeit auch die Grenzen zwischen dem Heiligen Römischen Reich bzw. seinen östlichen Territorien und Polen festgelegt.

Das Heilige Römische Reich deutscher Nation am Vorabend einer neuen Epoche

Seit der Mitte des 15. Jh. traten wichtige Veränderungen an den Grenzen des Reiches ein. Am folgenreichsten war das weitere Vordringen der Türken auf dem Balkan. 1453 hatten sie die letzte Bastion des byzantinischen Reiches, Konstantinopel, erobert. Der Übergang der „Stadt der Städte" in die Hände der „Ungläubigen" beschäftigte zwar zahlreiche humanistisch gebildete Zeitgenossen und löste verstärkte Aktivitäten des

Papsttums aus, um einen Kreuzzug mehrerer europäischer Staaten gegen die Türkei zustande zu bringen. Aber die Werbungen des päpstlichen Beauftragten Enea Silvio Piccolomini bei den deutschen Ständen auf den Reichstagen von Regensburg, Frankfurt/Main und Wiener Neustadt (1454/55) blieben ohne konkrete Ergebnisse. Erst Ende der sechziger Jahre faßte Friedrich III. im Zusammenhang mit der neuen Reichsgesetzgebung von 1467 einen Türkenkreuzzug ins Auge. Aber um diese Zeit hatte sich die Lage in Südosteuropa schon wesentlich verändert.

Großes Aufsehen erregten die vereinten Anstrengungen eines kleinen ungarischen Heeres unter Janos Hunyadi und einer durch Predigten des Franziskanermönchs Johann Capistran mobilisierten Schar aus deutschen, ungarischen, serbischen, walachischen und Siebenbürger Kreuzfahrern 1456 vor Belgrad. Die mehrfach überlegenen Türken hatten bereits die Mauern der belagerten Stadt niedergerissen und einen ersten Sturm unternommen, als in der folgenden Nacht ein Ausfall der durch die fanatischen Predigten des Franziskaners angeheizten Belagerten den Feind derartig verwirrte, daß er sein Lager im Stich ließ und floh. Zwar konnten die Türken in den folgenden Jahren Serbien und Bosnien vollständig unterwerfen, aber ein weiterer Vorstoß die Donau aufwärts unterblieb vorläufig.

Kurze Zeit danach starb der ungarische Reichsverweser an der im Lager ausgebrochenen Pest, und 1457 ereilte den ungarischen König Ladislaus Postumus in Prag dieselbe Krankheit. Das ermöglichte es der Hunyadi-Partei, im folgenden Jahr gegen die Intrigen der ungarischen Barone die Wahl des jüngsten Sohnes von Janos Hunyadi, Matthias, zum König durchzusetzen, der den Namen Corvinus annahm. Unter ihm begann eine intensive Zentralisation des ungarischen Staates, die mit einer Hebung der Einnahmen und einer zeitweiligen Festigung der Königsgewalt verbunden war. 1469 beanspruchte Matthias Corvinus auch die böhmische Krone, konnte aber nach einer Auseinandersetzung mit dem polnischen König nur Schlesien und Mähren behaupten. Somit wurde die zeitweilige Ausdehnung des ungarischen Staates an der Südostgrenze zum eigentlichen Problem der Habsburger.

An der Westgrenze veränderten der weitere Aufstieg Burgunds und die fortdauernden Kriege der Habsburger gegen die Schweizer Eidgenossenschaft die Situation. 1460 zogen die Eidgenossen den Thurgau an sich, und in den folgenden Jahren stieß ein eidgenössisches Heer zur Unterstützung der Bürgerschaft der Reichsstadt Mülhausen in das Elsaß vor. Schon vorher war das schwäbische Rottweil zeitweilig dem Bunde der Schweizer Gemeinden beigetreten. Damit griff die Eidgenossenschaft über das Rheinknie nach Norden aus, und es schien, daß weitere Gebiete bereit wären, sich den Schweizern anzuschließen. Auf Habsburger Seite führte der Tiroler Herzog die Auseinandersetzung mit den Eidgenossen. Da er ihr Vordringen am meisten fürchtete, verpfändete er 1469 das Elsaß an den Herzog von Burgund. Dieser richtete unter der Leitung des Landvogts Peter von Hagenbach eine Verwaltung ein, die wegen ihrer Brutalität Mitte der siebziger Jahre zu einem allgemeinen Aufstand im Lande führte.

Elsaß und Lothringen spielten als Landbrücke zwischen den burgundischen und den flandrischen Besitzungen des Herzogs von Burgund eine große Rolle. Karl der Kühne, der seit 1467 die burgundische Herzogs-

Papst Pius II. und Kaiser Friedrich III. Holzschnitt aus Schedels Weltchronik, gedruckt in Nürnberg 1493

würde innehatte, verfolgte jedoch noch weitergehende Pläne. Für die Vermählung seiner Tochter Maria mit dem Sohn Friedrichs III., Maximilian, forderte er die Königswürde für Burgund und die römisch-deutsche Königskrone, die der Kaiser ihm offenbar auch zu geben bereit war. Das Projekt scheiterte allerdings am Widerstand der Kurfürsten. Aber insgesamt blieb im Rheingebiet bis zu den schweren Niederlagen Karls des Kühnen in den Jahren 1476/77 die burgundische Bedrohung akut, wie neue Vorstöße in den siebziger Jahren zeigen sollten. Das förderte die Ausbildung eines nationalen Zusammengehörigkeitsbewußtseins bei den Zeitgenossen. Die Reichsgewalt war auch an den Westgrenzen passiv und eher geneigt, aus dynastischen Erwägungen ein Bündnis mit dem Burgunder einzugehen als einen Widerstand zu organisieren. So blieb auch an den Grenzen die Lage labil, was zusammen mit den wachsenden Widersprüchen im Innern dem Drang der Stände nach Reformen und dem der Volksmassen nach einer revolutionären Veränderung Auftrieb gab.

Die außenpolitischen Rückschläge waren in erster Linie bedingt durch die instabilen innerstaatlichen Verhältnisse des Reiches. Die Übermacht der Fürsten lähmte in zunehmendem Maße die Handlungsfähigkeit der Zentralgewalt, so daß diese sich mehr denn je auf eine ausschließlich den eigenen dynastischen Interessen dienende Hausmachtpolitik orientierte. Die Unfähigkeit der kaiserlichen Gewalt, die Positionen in Italien und Burgund zu behaupten, trug allerdings auch dazu bei, daß die nichtdeutschen Gebiete innerhalb des Reiches an Umfang und Bedeutung verloren und der deutsche Reichsteil deutlicher als Kerngebiet hervortrat. Diese Entwicklung fand ihren Niederschlag in der Tatsache, daß 1486 erstmals in einer Landfriedensordnung neben der seit dem 12./13. Jh. üblichen Reichsbezeichnung „Heiliges Römisches Reich" der Zusatz „deutscher Nation" auftauchte und sich seitdem allmählich diese auf die deutsche Nationalität bezogene Benennung durchsetzte. Die darin zum Ausdruck kommende nationale Komponente verband sich jedoch infolge des Übergewichts der fürstlichen Gewalten nicht mit entsprechenden realen Veränderungen im Sinne einer nationalstaatlichen Entwicklung.

Zusätzliche Widersprüche resultierten aus der staatlichen Zersplitterung im südwestdeutschen und im fränkischen Raum, wo sich im Unterschied zu den östlichen und nordwestdeutschen Gebieten keine größeren Territorialgewalten durchgesetzt hatten und somit die staatliche Struktur in augenfälliger Weise hinter dem Niveau der hier besonders fortgeschrittenen sozialökonomischen Entwicklung zurückgeblieben war. Eine weitere Eigentümlichkeit der staatlichen Struktur des Reiches, die zu einer Verschärfung der Spannungen beitrug, war die Existenz zahlreicher — teils kleinerer, teils größerer — geistlicher Fürstentümer, eine Erscheinung, die in dieser Form in anderen europäischen Staaten nicht vorhanden war. Gerade angesichts einer zunehmenden, auch Teile der herrschenden Klasse erfassenden Kritik an der weltlichen Macht und am Reichtum der Kirche bedeutete das Weiterbestehen der geistlichen Fürstentümer ein Moment der Schwäche in der feudalstaatlichen Struktur des Reiches.

Die ungelösten Probleme und Widersprüche im staatlichen Bereich konnten jedoch die in der zweiten Hälfte des 15. Jh. einsetzenden Impulse für einen verstärkten wirtschaftlichen Aufschwung nicht entscheidend beeinträchtigen. Die ökonomische Entwicklung in den oberdeutschen Städten und in den Zentren des Bergbaus erreichte Ende der sechziger Jahre die Schwelle einer neuen Entwicklungsetappe, für die ein stärkeres Wirksamwerden kapitalistischer Ausbeutungsverhältnisse charakteristisch wurde. Wohl hatten sich bereits in den vorhergehenden Jahrzehnten in einzelnen Gebieten eine Intensivierung des Bunt- und Edelmetallbergbaus sowie ein Eindringen von Handelskapital in die Produktion bemerkbar gemacht, aber erst in den siebziger Jahren setzte der eigentliche Bergsegen ein, der dann zu einer raschen Entwicklung der kapitalistischen Produktionsverhältnisse im Bergbau führte und darüber hinaus Impulse für andere Produktionszweige auslöste. Friedrich Engels betonte, „wie sehr die Gold- und Silberproduktion Deutschlands (und Ungarns, dessen Edelmetall dem ganzen Westen via Deutschland vermittelt wurde) das letzte treibende Element war, das Deutschland 1470–1530 ökonomisch an die Spitze Europas stellte und damit zum Mittelpunkt der ersten bürgerlichen Revolution, in religiöser Verkleidung der sog. Reformation, machte. Das *letzte* Moment in dem Sinn, daß es zu der relativ hohen Zunfthandwerks- und Zwischenhandelsentwicklung kam und damit für Deutschland gegenüber Italien, Frankreich, England den Ausschlag gab."[118]

Auch in der Akkumulation des Handelskapitals zeichneten sich neue Entwicklungen ab. Die Handelsgesellschaften hatten seit dem Ausgang des 14. Jh. den Warenverkehr wesentlich intensiviert und weiter ausgedehnt sowie in beachtlichem Ausmaß Kapital akkumuliert. Der Übergang zum neuen Typ der Kapitalgesellschaft und das intensive Eindringen in das Montangeschäft setzten aber erst im letzten Viertel des 15. Jh. ein.

Die vor allem von den Städten ausgehenden und auch das Umland der Städte erfassenden neuen Formen der Wirtschaft sowie die gleichzeitigen Bestrebungen der herrschenden Klasse, die Ausbeutungsrate weiter zu steigern, trugen zu einer tiefgreifenden Verschärfung der Widersprüche in Stadt und Land bei. Schon in den fünfziger und sechziger Jahren hatte die Zahl der lokalen Bauernaufstände zugenommen. Ihre Ursachen waren aber ebenso wie ihre Ausdehnung regional begrenzt. Erst die Predigten des Hans Böheim in Niklashausen im Jahre 1476 sollten die regionale Begrenztheit der antifeudalen Bewegungen überwinden. Bald danach – im Jahre 1488 – gründete die herrschende Klasse in dem staatlich zersplitterten Südwesten des Reiches ihre bedeutendste Organisation zur Festigung ihrer Klassenherrschaft: den Schwäbischen Bund.

Damit zeichneten sich in allen Bereichen der Gesellschaft wesentliche Veränderungen ab. Sie bedeuteten das Ende einer mehrhundertjährigen Epoche der deutschen Geschichte, in der die feudale Produktionsweise und die politische Herrschaft des Feudaladels bestimmend waren. „Im fünfzehnten Jahrhundert waren die Städtebürger bereits unentbehrlicher in der Gesellschaft geworden als der Feudaladel."[119] Am Ende der Epoche des vollentfalteten Feudalismus kündigten das Ringen des Neuen mit dem Alten und die Verschärfung der Klassengegensätze in allen Bereichen der Gesellschaft den beginnenden Übergang vom Feudalismus zum Kapitalismus an. Infolge der in Deutschland besonders tiefgreifenden Widersprüche zwischen der feudalstaatlichen Struktur und dem fortgeschrittenen sozialökonomischen Entwicklungsstand leitete eine gesamtgesellschaftliche Krise diese neue Epoche ein.

Anhang

Abkürzungsverzeichnis

AdW	Akademie der Wissenschaften	SS	Scriptores (Abteilung der MGH)
AfD	Archiv für Diplomatik	SSrG	Scriptores rerum Germanicarum in usum scholarum (Sonderreihe der MGH)
AfKG	Archiv für Kulturgeschichte		
BlldtLG	Blätter für deutsche Landesgeschichte	UB	Urkundenbuch
Const.	Constitutiones et acta publica imperatorum et regum (Abteilung der MGH)	VSWG	Vierteljahrschrift für Sozial- und Wirtschaftsgeschichte
DA	Deutsches Archiv für Geschichte des Mittelalters bzw. ab 1951 Deutsches Archiv für Erforschung des Mittelalters	WZ	Wissenschaftliche Zeitschrift
		ZBLG	Zeitschrift für bayerische Landesgeschichte
		ZfG	Zeitschrift für Geschichtswissenschaft
DAW	Deutsche Akademie der Wissenschaften	ZGORh	Zeitschrift für die Geschichte des Oberrheins
DD	Diplomata (Abteilung der MGH)		
DJbVK	Deutsches Jahrbuch für Volkskunde	ZRG GA	Zeitschrift der Savigny-Stiftung für Rechtsgeschichte, Germanistische Abteilung
EAZ	Ethnographisch-Archäologische Zeitschrift		
Epp. pont.	Epistolae saeculi XIII e regestis pontificum Romanorum (Abteilung der MGH)		
HGBll	Hansische Geschichtsblätter		
HJb	Historisches Jahrbuch		
HJbLG	Hessisches Jahrbuch für Landesgeschichte		
HZ	Historische Zeitschrift		
Jb	Jahrbuch		
JbfränkLF	Jahrbuch für fränkische Landesforschung		
JbG	Jahrbuch für Geschichte		
JbGF	Jahrbuch für Geschichte des Feudalismus		
JbGMOD	Jahrbuch für die Geschichte Mittel- und Ostdeutschlands		
JbRG	Jahrbuch für Regionalgeschichte		
JbVKG	Jahrbuch für Volkskunde und Kulturgeschichte		
JbWG	Jahrbuch für Wirtschaftsgeschichte		
Libelli de lite	Libelli de lite imperatorum et pontificum saeculis XI. et XII. conscripti (Abteilung der MGH)		
MGH	Monumenta Germaniae Historica (Die deutschen Geschichtsquellen des Mittelalters, 500–1500)		
MIÖG	Mitteilungen des Instituts für österreichische Geschichtsforschung		
MÖIG	Mitteilungen des österreichischen Instituts für Geschichtsforschung		
MS	Manuskript		
NF	Neue Folge		
NJbLG	Niedersächsisches Jahrbuch für Landesgeschichte		
RhVjbll	Rheinische Vierteljahrsblätter		
RTA	Deutsche Reichstagsakten		
SB	Sitzungsberichte		

Anmerkungen

Anmerkungen zu Vorwort und Kapitel 1

1 Karl Marx: Das Kapital, Bd. 1. In: Karl Marx/Friedrich Engels: Werke, Bd. 23, Berlin 1962, S. 373.
2 Das Quellenmaterial zur Regierungszeit Heinrichs IV. und Heinrichs V. wurde aufgearbeitet von Gerold Meyer von Knonau: Jahrbücher des deutschen Reiches unter Heinrich IV. und Heinrich V. (Jahrbücher der deutschen Geschichte), 7 Bde., Leipzig 1890–1909.
3 Vito Fumagalli: Storia agraria e luoghi comuni. In: Studi medievali 9 (1968), S. 954.
4 Karl Lamprecht: Deutsches Wirtschaftsleben im Mittelalter, Bd. I/1, Leipzig 1886, S. 553.
5 Vito Fumagalli: Coloni e Signori nell' Italia Superiore dall' VIII al X secolo. In: Studi medievali 10 (1969), S. 424/425.
6 Leo Stern/Horst Gericke: Deutschland in der Feudalepoche von der Mitte des 11. Jahrhunderts bis zur Mitte des 13. Jahrhunderts (Lehrbuch der deutschen Geschichte, Beiträge, Bd. 2/2), 2., überarb. Aufl., Berlin 1978, S. 20/21; Ulrich Bentzien: Bauernarbeit im Feudalismus, Berlin 1980, S. 83.
7 Lynn White jun.: Die mittelalterliche Technik und der Wandel der Gesellschaft, München 1968, S. 67/68.
8 Rudolf Kötzschke: Salhof und Siedelhof im älteren deutschen Agrarwesen. In: Berichte über die Verhandlungen der Sächsischen Akademie der Wissenschaften zu Leipzig, philologisch-historische Klasse, Bd. 100, H. 5, Berlin 1953, S. 28/29.
9 Robert Boutruche: Seigneurie et féodalité. L'apogée (XIe–XIIIe siècles), Paris 1970, S. 13.
10 C. H. Edmund Frhr. von Berg: Geschichte der deutschen Wälder bis zum Schlusse des Mittelalters, Dresden 1871, S. 187.
11 Martin Erbstößer: Zur Struktur der bäuerlichen Klasse im deutschen Reich im ausgehenden 11. Jahrhundert. In: JbRG 5 (1975), S. 259.
12 N. F. Kolesnickij: K voprosu o germanskom ministerialitete X–XII vv. In: Srednie Veka 20 (1961), S. 32 bis 38.
13 Ortliebi Chronicon. In: Die Zwiefalter Chroniken Ortliebs und Bertholds, neu hrsg., übersetzt und erläutert von Erich König und Karl Otto Müller (Schwäbische Chroniken der Stauferzeit, Bd. 2), Stuttgart–Berlin 1941, S. 49 (I,9).
14 Rudolf Fischer/Ernst Eichler/Horst Naumann/Hans Walther: Namen deutscher Städte (Wissenschaftliche Taschenbücher, Bd. 10, Reihe Sprachwissenschaft), Berlin 1963, S. 21–23; Hans Walther: Gesellschaftsentwicklung und Namenwandel. In: Beiträge zur Archivwissenschaft und Geschichtsforschung, hrsg. von Reiner Groß und Manfred Kobuch, Weimar 1977, S. 350.
15 Chronicon S. Huberti Andaginensis. In: MGH SS VIII, Hannover 1848, S. 591.
16 Bertholdi Chronicon. In: Die Zwiefalter Chroniken (vgl. Anm. 13), S. 186 (cap. 11).
17 Quellen zur Geschichte der Klöster und Stifte im Gebiet der mittleren Lahn bis zum Ausgang des Mittelalters, Bd. 1, bearb. von Wolf Heino Struck, Wiesbaden 1956, Nr. 10, S. 9/10.
18 Bernoldi Chronicon. In: MGH SS V, Hannover 1844, S. 460.
19 Acta Murensia. In: Die ältesten Urkunden von Allerheiligen in Schaffhausen, Rheinau und Muri (Quellen zur Schweizer Geschichte, Bd. 3), Basel 1883, S. 92.
20 Quellen zur Geschichte der Klöster (vgl. Anm. 17), Nr. 12, S. 10/11.
21 Vita Theogeri abbatis S. Georgii. In: MGH SS XII, Hannover 1856, S. 455.
22 Martin Erbstößer: Zur Struktur der bäuerlichen Klasse (vgl. Anm. 11), S. 258.
23 Vgl. Karl Siegfried Bader: Das mittelalterliche Dorf als Friedens- und Rechtsbereich, Weimar 1957, S. 4–8.
24 Die Urkunden Heinrichs IV., 1. Teil, bearb. von Dietrich von Gladiß (MGH DD VI/1), Berlin 1941, Nr. 26, S. 31 bis 33, Nr. 60, S. 77–79, Nr. 62, S. 81/82.
25 Manfred Stimming: Das deutsche Königsgut im 11. und 12. Jahrhundert, Berlin 1922, S. 90.
26 Brunonis Saxonicum bellum. In: Quellen zur Geschichte Kaiser Heinrichs IV., neu übersetzt von Franz-Josef Schmale (Ausgewählte Quellen zur Geschichte des Mittelalters 12), Berlin 1963, S. 203 (cap. 8); vgl. Karl Bosl: Die Reichsministerialität der Salier und Staufer, Teil 1, Stuttgart 1950, S. 76/77, 80.
27 Gerhard Baaken: Königtum, Burgen und Königsfreie (Vorträge und Forschungen 6), Stuttgart 1961, S. 89 (Wehrbauern); Erich Molitor: Die Pfleghaften des Sachsenspiegels und das Siedlungsrecht im sächsischen Stammesgebiet, Weimar 1941, S. 104–200 (Rodungssiedler).
28 Martin Erbstößer: Zur Struktur der bäuerlichen Klasse (vgl. Anm. 11), S. 262.

29 Eckhard Müller-Mertens: Der Sachsenkrieg von 1073 bis 1075 und die Frage nach dem Verbleib freier Bauern in der Feudalgesellschaft. In: Die Rolle der Volksmassen in der Geschichte der vorkapitalistischen Gesellschaftsformationen, hrsg. von Joachim Herrmann und Irmgard Sellnow, Berlin 1975, S. 241, 244.

30 Hans Mottek: Wirtschaftsgeschichte Deutschlands. Ein Grundriß, Bd. 1, 5., unveränd. Aufl., Berlin 1974, S. 170.

31 Von den Fahrten Bremer Kaufleute nach England berichten die Miracula S. Bernwardi. In: MGH SS IV, Hannover 1841, S. 784 (cap. 9). Zu den Verbindungen nach Polen vgl. Hektor Ammann: Wirtschaftsbeziehungen zwischen Oberdeutschland und Polen im Mittelalter. In: L'artisanat et la vie urbaine en Pologne médiévale (Ergon, Bd. 3), Warschau 1962, S. 337–344; in der Diskussion dazu Dietrich Schwarz in: ebenda, S. 345, und Teresa Wąsowicz: Les routes commerciales en Pologne du haut Moyen-Âge. In: ebenda, S. 368.

32 Geschichte der UdSSR, Bd. 1: Feudalismus 9.–13. Jahrhundert, 1. Halbbd., hrsg. von B. D. Grekow, L. W. Tscherepnin u. a., Berlin 1957, S. 155; B. A. Rybakow: Der Handel und die Handelsstraßen. In: Die materielle Kultur der alten Rus' (Geschichte der Kultur der alten Rus', Bd. 1), deutsche Ausgabe besorgt von Bruno Widera, Berlin 1959, S. 317, 303.

33 Die Urkunden Heinrichs IV. (vgl. Anm. 24), Nr. 173, S. 226/227, Nr. 186, S. 242/243, Nr. 223, S. 282/283.

34 Ebenda, Nr. 203, S. 259–261; vgl. auch Berent Schwineköper: Königtum und Städte bis zum Ende des Investiturstreites (Vorträge und Forschungen 11), Sigmaringen 1977, S. 35/36.

35 Karl Marx: Grundrisse der Kritik der politischen Ökonomie, 2. Aufl., Berlin 1974, S. 382.

36 Jacques Heers: Le Clan familial au Moyen Âge. Étude sur les structures politiques et sociales des milieux urbains, Paris 1974, S. 55, 124, 265.

37 Geoffrey Barraclough: Die mittelalterlichen Grundlagen des modernen Deutschland. Deutsche Übertragung von Friedrich Baethgen, Weimar 1953, S. 68.

38 Horst Gericke: Stadtluft macht frei. Neue Formen feudaler Produktionsverhältnisse in mittelalterlichen Städten östlich und westlich des Rheins. Ein Beitrag zum Problem der Strukturveränderungen in der europäischen Feudalgesellschaft des 11. bis 13. Jahrhunderts. Phil. Habil. Schr. Halle/Saale 1968 (MS), S. 89/90, 109/110.

39 Vgl. Brunonis Saxonicum bellum (vgl. Anm. 26), S. 212 (cap. 16), S. 224 (cap. 25).

40 Vgl. Lampert von Hersfeld: Annalen. Neu übersetzt von Adolf Schmidt, erläutert von Wolfgang Dietrich Fritz (Ausgewählte Quellen zur deutschen Geschichte des Mittelalters 13), Berlin [1957], S. 174.

41 Carmen de bello Saxonico. In: Quellen zur Geschichte Kaiser Heinrichs IV. (vgl. Anm. 26), S. 147.

42 Vita Bennonis II. episcopi Osnabrugensis, hrsg. von Harry Bresslau (MGH SSrG), Hannover–Leipzig 1902, S. 16 (cap. 14).

43 Gerold Meyer von Knonau: Jahrbücher (vgl. Anm. 2), Bd. 1, S. 484, Bd. 2, S. 20/21.

44 Vgl. Brunonis Saxonicum bellum (vgl. Anm. 26), S. 222, 224 (cap. 24/25).

45 Ebenda, S. 230 (cap. 29).

46 Ebenda, S. 233, 235 (cap. 31).

47 Ebenda, S. 235 (cap. 33).

48 Ebenda, S. 236 (cap. 33).

49 Carmen de bello Saxonico (vgl. Anm. 41), S. 179.

50 Vgl. Lampert von Hersfeld: Annalen (vgl. Anm. 40), S. 224.

51 Sigrid Dušek: Das spätslawische Gräberfeld von Espenfeld, Kreis Arnstadt. In: EAZ 12 (1971), S. 248/249.

52 Vgl. Lampert von Hersfeld: Annalen (vgl. Anm. 40), S. 306.

53 Ebenda, S. 375.

54 Vgl. den Brief von Karl Marx an Friedrich Engels in Manchester, 27. Juli 1854. In: Karl Marx/Friedrich Engels: Werke, Bd. 28, Berlin 1963, S. 383.

55 Brigitte Berthold/Evamaria Engel/Adolf Laube: Die Stellung des Bürgertums in der deutschen Feudalgesellschaft bis zur Mitte des 16. Jahrhunderts. In: ZfG, H. 2/1973, S. 196–217; Konrad Fritze: Eigentumsstruktur und Charakter des mittelalterlichen Städtebürgertums. In: ZfG, H. 3/1974, S. 331–337; Wolfgang Küttler: Zum Problem der Anwendung des marxistisch-leninistischen Klassenbegriffs auf das mittelalterliche Stadtbürgertum. In: ZfG, H. 6/1974, S. 605–615; Bernhard Töpfer: Einführung. In: Stadt und Städtebürgertum in der deutschen Geschichte des 13. Jahrhunderts, hrsg. von Bernhard Töpfer, Berlin 1976, S. 7–11; Ernst Werner: Stadtluft macht frei. Frühscholastik und bürgerliche Emanzipation in der ersten Hälfte des 12. Jahrhunderts (SB der Sächsischen Akademie der Wissenschaften zu Leipzig, philologisch-historische Klasse, Bd. 118, H. 5), Berlin 1976, S. 5–9; Ernst Engelberg: Über mittelalterliches Städtebürgertum. Die Stendaler Bismarcks im 14. Jahrhundert (SB der AdW der DDR, Gesellschaftswissenschaften, Jg. 1979, Nr. 3/G), Berlin 1979; Wolfgang Küttler: Stadt und Bürgertum im Feudalismus. Zu theoretischen Problemen der Stadtgeschichtsforschung in der DDR. In: JbGF 4 (1980), S. 75–112.

56 Die Urkunden Heinrichs IV. (vgl. Anm. 24), Nr. 267, S. 341–343.

57 Ebenda, Nr. 203, S. 259–261.

58 Lampert von Hersfeld: Annalen (vgl. Anm. 40), S. 238/239.

59 Ebenda, S. 245.

60 Ursula Lewald: Köln im Investiturstreit. In: Investiturstreit und Reichsverfassung, hrsg. von Josef Fleckenstein (Vorträge und Forschungen 17), Sigmaringen 1973, S. 379–382.

61 Lampert von Hersfeld: Annalen (vgl. Anm. 40), S. 245.

62 Hinweise von Josef Semmler: Die Klosterreform von Siegburg. Ihre Ausbreitung und ihr Reformprogramm im 11. und 12. Jahrhundert, Bonn 1959, S. 119/120.

63 Lampert von Hersfeld: Annalen (vgl. Anm. 40), S. 247.

64 Leo Santifaller: Zur Geschichte des ottonisch-salischen Reichskirchensystems (SB der Österreichischen Akademie der Wissenschaften, philosophisch-historische Klasse, Bd. 229, 1. Abhandlung), 2. Aufl., Graz–Wien–Köln 1964, S. 37; Albert Hauck: Kirchengeschichte Deutschlands, Teil 3, 8., unveränd. Aufl., Berlin–Leipzig 1954, S. 204.

65 Walter Ullmann: A short history of the Papacy in the Middle Ages, 2. Aufl., London 1974, S. 123–128.
66 Dekret in: Quellen zur Geschichte Kaiser Heinrichs IV. (vgl. Anm. 26), S. 478.
67 Defensio Heinrici IV. regis. In: MGH Libelli de lite, Bd. 1, Hannover 1891, S. 443, 448.
68 Defensio pro filiis presbyterorum. In: MGH Libelli de lite, Bd. 3, Hannover 1897, S. 583; Übersetzung bei Josef Benzinger: Invectiva in Romam. Romkritik im Mittelalter vom 9. bis zum 12. Jahrhundert, Lübeck–Hamburg 1968, S. 71.
69 Paul Lehmann: Die Parodie im Mittelalter, 2., neu bearb. und erg. Aufl., Stuttgart 1963, S. 28.
70 Bertholdi Chronicon. In: Die Zwiefalter Chroniken (vgl. Anm. 13), S. 260 (cap. 38).
71 Petrus Damiani: Apologeticum de contemptu saeculi. In: Migne: Patrologiae cursus completus, Series Latina, Bd. 145, Paris 1853, Spalte 254.
72 Derselbe: Apologeticus ob dimissum episcopatum. In: ebenda, Spalte 444: „Sed hoc ego sancto Satanae meo respondeo".
73 Walter Ullmann: A short history (vgl. Anm. 65), S. 142/143, 148–153 und an anderen Stellen.
74 Zuletzt noch bei Karl Heussi: Kompendium der Kirchengeschichte, 11., verb. Aufl., Berlin 1957, S. 187, § 49, 1.
75 Joachim Wollasch: Mönchtum des Mittelalters zwischen Kirche und Welt, Münster 1973, S. 156, 181.
76 Ernst Werner: Die gesellschaftlichen Grundlagen der Klosterreform im 11. Jahrhundert, Berlin 1953, S. 5 bis 20.
77 Wilhelm Wattenbach/Robert Holtzmann: Deutschlands Geschichtsquellen im Mittelalter, 3. Teil, Neuausgabe, besorgt von Franz-Josef Schmale, Weimar 1971, S. 869 bis 871.
78 Rechtfertigungsschreiben Gregors VII. vom 15. März 1081 an Bischof Hermann von Metz. In: Das Register Gregors VII., hrsg. von Erich Caspar (MGH Epistolae selectae, Bd. II/1.2.), Berlin 1920–1923, S. 552 (VIII, 21).
79 Schreiben vom 30. Dezember 1078. In: ebenda, S. 419 (VI, 14).
80 Ebenda, S. 201–208 (II, 55a), besonders die Thesen 8, 9, 12, 22, 26.
81 Horst Fuhrmann: Einfluß und Verbreitung der pseudo-isidorischen Fälschungen. Von ihrem Auftauchen bis in die neuere Zeit, 2. Teil, Stuttgart 1973, S. 376.
82 Ernst Werner: Konstantinopel und Canossa. Lateinisches Selbstverständnis im 11. Jahrhundert (SB der AdW der DDR, Gesellschaftswissenschaften, Jg. 1977, Nr. 4/G), S. 6–10.
83 Das Register Gregors VII. (vgl. Anm. 78), S. 486 (VII, 14a).
84 Eckhard Müller-Mertens: Regnum Teutonicum. Aufkommen und Verbreitung der deutschen Reichs- und Königsauffassung im früheren Mittelalter, Berlin 1970, S. 145 bis 181.
85 Gottfried Koch: Auf dem Wege zum Sacrum Imperium. Studien zur ideologischen Herrschaftsbegründung der deutschen Zentralgewalt im 11. und 12. Jahrhundert, Berlin 1972, S. 147.
86 Romoaldi II. archiepiscopi Salernitani Annales. In: MGH SS XIX, Hannover 1866, S. 404/405.
87 Brief Gregors VII. vom 6. Mai 1073. In: Das Register Gregors VII. (vgl. Anm. 78), S. 15 (I, 9). Quelle ist Jer. 48,10.
88 Eduard Winter: Rußland und das Papsttum, Teil 1: Von der Christianisierung bis zu den Anfängen der Aufklärung, Berlin 1960, S. 50/51.
89 Vita Altmanni episcopi Pataviensis. In: MGH SS XII, Hannover 1856, S. 232/233; Übersetzung nach Kurt Reindel: Bayern im Mittelalter, München 1970, S. 109/110.
90 Wormser Absageschreiben der deutschen Bischöfe von Gregor VII. von 1076. In: Quellen zur Geschichte Kaiser Heinrichs IV. (vgl. Anm. 26), S. 472.
91 Brief Heinrichs IV. In: ebenda, S. 64, 66, 68.
92 Protokoll der römischen Fastensynode vom Februar 1076. In: Das Register Gregors VII. (vgl. Anm. 78), S. 270/271; Übersetzung nach Johannes Haller: Das Papsttum. Idee und Wirklichkeit, Bd. 2, Stuttgart 1951, S. 392.
93 Harald Zimmermann: Der Canossagang von 1077. Wirkungen und Wirklichkeit (Abhandlungen der Akademie der Wissenschaften und der Literatur Mainz, geistes- und sozialwissenschaftliche Klasse, Jg. 1975, Nr. 5), Wiesbaden 1975, S. 37–39, 163.
94 Bonizonis Liber ad amicum. In: MGH Libelli de lite 1 (vgl. Anm. 67), S. 609.
95 Otto von Freising: Chronica sive Historia de duabus civitatibus, übersetzt von Adolf Schmidt, hrsg. von Walther Lammers (Ausgewählte Quellen zur deutschen Geschichte des Mittelalters 16), Berlin 1960, S. 490 (VI, 35).
96 Bericht Gregors über die Ereignisse in Canossa. In: Das Register Gregors VII. (vgl. Anm. 78), S. 313 (IV, 12).
97 Otto-Hubert Kost: Das östliche Niedersachsen im Investiturstreit. Studien zu Brunos Buch vom Sachsenkrieg, Göttingen 1962, S. 110, 122.
98 Eckhard Müller-Mertens: Regnum Teutonicum (vgl. Anm. 84), S. 177/178.
99 Brunonis Saxonicum bellum (vgl. Anm. 26), S. 358 (cap. 108).
100 Ekkehardi Uraugiensis Chronicon universale. In: MGH SS VI, Hannover 1844, S. 202/203.
101 Brunonis Saxonicum bellum (vgl. Anm. 26), S. 340 (cap. 96).
102 Die Urkunden Heinrichs IV., 2. Teil, bearb. von Dietrich von Gladiß (MGH DD VI/2), Weimar 1959, Nr. 298, S. 391/392, Nr. 301, S. 394/395, Nr. 327, S. 429/430.
103 Ebenda, Nr. 316, S. 416/417.
104 Protokoll der römischen Fastensynode vom März 1080. In: Das Register Gregors VII. (vgl. Anm. 78), S. 487 (VII, 14a); Übersetzung nach Johannes Haller: Das Papsttum (vgl. Anm. 92), S. 411/412.
105 Karl Jordan: Die Stellung Wiberts von Ravenna in der Publizistik des Investiturstreites. In: MIÖG 62 (1954), S. 161/162.
106 Die Urkunden Heinrichs IV., 2. Teil (vgl. Anm. 102), Nr. 334, S. 437–439 (Lucca), Nr. 421, S. 563/564 (Mantua), Nr. 336, S. 442/443 (Pisa).
107 Arnold Hauser: Sozialgeschichte der Kunst und Literatur, Bd. 1, München 1953, S. 198/199.
108 Horst Schlechte: Erzbischof Bruno von Trier. Ein Beitrag zur Geschichte der geistigen Strömungen im Investiturstreit. Phil. Diss. Leipzig 1934, S. 47, 51.

109 Wilhelm Levison: Die mittelalterliche Lehre von den beiden Schwertern. In: DA 9 (1952), S. 30.
110 So Gottfried Koch: Sacrum Imperium (vgl. Anm. 85), S. 46.
111 De consecratione pontificum et regum... In: Die Texte des normannischen Anonymus, hrsg. von Karl Pellens (Veröffentlichungen des Instituts für europäische Geschichte Mainz 42), Wiesbaden 1966, S. 141/142.
112 Wilfried Hartmann: Beziehungen des Normannischen Anonymus zu frühscholastischen Bildungszentren. In: DA 31 (1975), S. 143.
113 Manegold von Lautenbach: Ad Gebehardum Liber. In: MGH Libelli de lite 1 (vgl. Anm. 67), S. 365; vgl. auch S. 391/392, 379.
114 Wilhelm Wattenbach/Robert Holtzmann: Deutschlands Geschichtsquellen im Mittelalter, 2. Teil, Neuausgabe, besorgt von Franz-Josef Schmale, Weimar 1967, S. 403; Fritz Kern: Gottesgnadentum und Widerstandsrecht im früheren Mittelalter, 2. Aufl., Münster–Köln 1954, S. 225.
115 Sigeberti monachi Gemblacensis apologia contra eos qui calumniantur missas coniugatorum sacerdotum. In: MGH Libelli de lite, Bd. 2, Hannover 1892, S. 438 (cap. 2).
116 Sigeberti Gemblacensis chronica. In: MGH SS VI, Hannover 1844, S. 362/363 (zum Jahre 1074).
117 Theodor Mayer: Fürsten und Staat. Studien zur Verfassungsgeschichte des deutschen Mittelalters, Weimar 1950, S. 86–99.
118 Hans-Josef Wollasch: Die Anfänge des Klosters St. Georgen im Schwarzwald. Zur Ausbildung der geschichtlichen Eigenart eines Klosters innerhalb der Hirsauer Reform. Phil. Diss. Freiburg i. Br. 1962, S. 38, 77.
119 Jacques Le Goff: Das Hochmittelalter (Fischer-Weltgeschichte, Bd. 11), Frankfurt/Main 1965, S. 63.
120 Bernoldi Chronicon (vgl. Anm. 18), S. 439.
121 So Kassius Hallinger: Woher kommen die Laienbrüder? In: Analecta Sacri Ordinis Cisterciensis 12 (1956), S. 87.
122 Ernst Werner: Bemerkungen zu einer neuen These über die Herkunft der Laienbrüder. In: ZfG, H. 2/1958, S. 357 bis 359; zur Bernoldstelle kritisch Klaus Schreiner: Sozial- und standesgeschichtliche Untersuchungen zu den Benediktinerkonventen im östlichen Schwarzwald, Stuttgart 1964, S. 43.
123 Bertholdi Chronicon (vgl. Anm. 13), S. 194 (cap. 14).
124 Udalrich von Cluny: Consuetudines Cluniacenses. In: Migne: Patrologiae cursus completus, Series Latina, Bd. 149, Paris 1853, Spalte 635–637.
125 Ordericus Vitalis: Historia ecclesiastica. In: ebenda, Bd. 188, Paris 1855, Spalte 639 (VIII, 25).
126 Bertholdi Chronicon (vgl. Anm. 13), S. 154, 156 (cap. 5).
127 Ebenda, S. 260 (cap. 38).
128 Bernoldi Chronicon (vgl. Anm. 18), S. 452/453.
129 Bertholdi Chronicon (vgl. Anm. 13), S. 284 (cap. 45).
130 Ebenda, S. 284, 286 (cap. 45).
131 Ernst Werner: Pauperes Christi. Studien zu sozialreligiösen Bewegungen im Zeitalter des Reformpapsttums, Leipzig 1956, S. 94.
132 Wolfgang von Prüfening: Vita Theogeri. In: MGH SS XII, Hannover 1866, S. 463.
133 Chronicon Laureshamense. In: MGH SS XXI, Hannover 1869, S. 431/432.
134 Das Register Gregors VII. (vgl. Anm. 78), S. 70 (I, 46), S. 75 (I, 49), S. 166 (II, 31).
135 Hans Eberhard Mayer: Geschichte der Kreuzzüge, Stuttgart 1965, S. 14; Geschichte der Araber. Von den Anfängen bis zur Gegenwart, Bd. 1, Berlin 1971, S. 199–201; Ernst Werner: Zwischen Canossa und Worms. Staat und Kirche 1077–1122, Berlin 1973, S. 136–141; Walter Zöllner: Geschichte der Kreuzzüge, Berlin 1977, S. 21–29.
136 Fulcheri Carnotensis Historia Hierosolymitana (1095 bis 1127), hrsg. von Heinrich Hagenmeyer, Heidelberg 1913; Übersetzung nach: Die Kreuzzüge in Augenzeugenberichten, hrsg. von Régine Pernoud, (West-)Berlin–Darmstadt–Wien 1965, S. 21/22.
137 Annalista Saxo. In: MGH SS VI, Hannover 1844, S. 728/729.
138 Bernoldi Chronicon (vgl. Anm. 18), S. 464.
139 Ekkehardi Uraugiensis Chronicon universale (vgl. Anm. 100), S. 213/214.
140 Guibert von Nogent: Historia quae dicitur Gesta Dei per Francos. In: Recueil des Historiens des Croisades. Historiens Occidentaux, Bd. 4, Paris 1879, S. 142.
141 Ebenda. Vgl. Martin Erbstößer: Die Kreuzzüge. Eine Kulturgeschichte, Leipzig 1976, S. 85.
142 Guibert von Nogent: Vita sua sive Monodiarum libri tres, hrsg. von Georges Bourgin (Collection de textes pour servir a l'étude et a l'enseignement de l'histoire 40), Paris 1907, S. 118 (II, 5).
143 Lea Dasberg: Untersuchungen über die Entwertung des Judenstatus im 11. Jahrhundert, Paris 1965, S. 103/104.
144 Guibert von Nogent: Historia (vgl. Anm. 140); Übersetzung nach: Die Kreuzzüge in Augenzeugenberichten (vgl. Anm. 136), S. 29/30.
145 Ekkehardi Uraugiensis Chronicon universale (vgl. Anm. 100), S. 225.
146 Kleinere deutsche Gedichte des 11. und 12. Jahrhunderts. Nach der Ausgabe von Albert Waag hrsg. von Hans Joachim Gernentz, Leipzig 1970, S. 74 (Nr. 11); Interpretation nach Rudolf Schützeichel: Das alemannische Memento mori. Das Gedicht und der geistig-historische Hintergrund, Tübingen 1962, S. 83–88.
147 Kleinere deutsche Gedichte (vgl. Anm. 146), S. 74 (Nr. 9).
148 Ewald Erb: Geschichte der deutschen Literatur. Von den Anfängen bis 1160, Bd. I/2, Berlin 1964, S. 545.
149 Kleinere deutsche Gedichte (vgl. Anm. 146), S. 99/100 (Nr. 40).
150 Ebenda, S. 187/188 (Nr. 8).
151 Die religiösen Dichtungen des 11. und 12. Jahrhunderts. Nach ihren Formen besprochen und hrsg. von Friedrich Maurer, Bd. 2, Tübingen 1965, S. 489.
152 Bernhard Töpfer: Volk und Kirche zur Zeit der beginnenden Gottesfriedensbewegung in Frankreich, Berlin 1957, S. 111.
153 Briefsammlungen der Zeit Heinrichs IV., bearb. von Carl Erdmann und Norbert Fickermann. In: MGH Die Briefe der deutschen Kaiserzeit, Bd. 5, Weimar 1950, Nr. 18/19, S. 41–46.
154 Annales Augustani. In: MGH SS III, Hannover 1839, S. 134; Übersetzung nach: Leo Stern/Horst Gericke: Deutschland in der Feudalepoche (vgl. Anm. 6), S. 129.

155 Vita Heinrici IV. imperatoris. In: Quellen zur Geschichte Kaiser Heinrichs IV. (vgl. Anm. 26), S. 438 (cap. 8); vgl. Elmar Wadle: Heinrich IV. und die deutsche Friedensbewegung. In: Investiturstreit und Reichsverfassung (vgl. Anm. 60), S. 153–157.
156 Ebenda, S. 440 (cap. 8/9).
157 Philipp Jaffé: Bibliotheca rerum germanicarum, Bd. 5, Berlin 1869, S. 234/235.
158 Chronica regia Coloniensis, hrsg. von Georg Waitz (MGH SSrG), Hannover 1880, S. 52. Zur Datierung der coniuratio vgl. Ursula Lewald: Köln im Investiturstreit. In: Investiturstreit und Reichsverfassung (vgl. Anm. 60), S. 388/389. Vgl. auch Toni Diederich: Coniuratio Coloniae facta est pro libertate. In: Annalen des Historischen Vereins für den Niederrhein 176 (1974), S. 7–19, die die coniuratio in das Jahr 1114 setzt.
159 Heinz Köller/Bernhard Töpfer: Frankreich. Ein historischer Abriß, Teil 1: Bernhard Töpfer: Von den Anfängen bis zum Tode Heinrichs IV., 4. Aufl., Berlin 1980, S. 68.
160 Vita Heinrici IV. imperatoris (vgl. Anm. 155), S. 465.
161 Annales Hildesheimenses, hrsg. von Georg Waitz (MGH SSrG), Hannover 1878, S. 56.
162 Ludwig Falck: Klosterfreiheit und Klosterschutz. In: Archiv für mittelrheinische Kirchengeschichte 8 (1956), S. 25, 31.
163 Leo Santifaller: Reichskirchensystem (vgl. Anm. 64), S. 123; Léopold Génicot: Haut clergé et noblesse dans le diocèse de Liège du XIe au XVe siècle. In: Adel und Kirche. Gerd Tellenbach zum 65. Geburtstag, hrsg. von Josef Fleckenstein und Karl Schmid, Freiburg–Basel–Wien 1968, S. 257/258; E. Baratier/N. Coulet: Esquisse d'une histoire ecclésiastique du diocèse d'Aix du VIIe au XVe siècle. In: Provence historique 22 (1972), S. 195.
164 Heinz Köller/Bernhard Töpfer: Frankreich (vgl. Anm. 159), S. 52/53; Alfons Becker: Studien zum Investiturproblem in Frankreich. Papsttum, Königtum und Episkopat im Zeitalter der gregorianischen Kirchenreform (1049–1119), Saarbrücken 1955, S. 145–147.
165 Hessonis scholastici relatio de concilio Remensi. In: MGH SS XII, Hannover 1856, S. 423.
166 Eckhard Müller-Mertens: Regnum Teutonicum (vgl. Anm. 84), S. 393.

Anmerkungen zu Kapitel 2

1 Frutolfs und Ekkehards Chroniken und die anonyme Kaiserchronik, hrsg. und übersetzt von Franz-Josef Schmale und Irene Schmale-Ott (Ausgewählte Quellen zur deutschen Geschichte des Mittelalters 15), Darmstadt 1972, S. 374.
2 Peter Classen: Das Wormser Konkordat in der deutschen Verfassungsgeschichte. In: Investiturstreit und Reichsverfassung (Vorträge und Forschungen 17), Sigmaringen 1973, S. 423/424; Heinz Stoob: Zur Königswahl Lothars von Sachsen im Jahre 1125. In: Historische Forschungen für Walter Schlesinger, hrsg. von Helmut Beumann, Köln–Wien 1974, S. 456/457; das Quellenmaterial zur Regierungszeit Lothars ist aufgearbeitet durch Wilhelm Bernhardi: Lothar von Supplinburg (Jahrbücher der deutschen Geschichte), Leipzig 1879.
3 Zum Fürstenspruch von Regensburg vgl. Elmar Wadle: Reichsgut und Königsherrschaft unter Lothar III., (West-)Berlin 1969, S. 51–53, 101–106.
4 Kaiserchronik, hrsg. von Edward Schröder. In: MGH Deutsche Chroniken, Bd. 1, Hannover 1895, S. 389 (Vers 17 062).
5 MGH Const. I, hrsg. von Ludwig Weiland, Hannover 1893, Nr. 116, S. 168.
6 Otto von Freising und Rahewin: Die Taten Friedrichs, übersetzt von Adolf Schmidt, hrsg. von Franz-Josef Schmale (Ausgewählte Quellen zur deutschen Geschichte des Mittelalters 17), Berlin 1965, S. 416 (III, 12); zum Laterangemälde vgl. Walter Heinemeyer: Beneficium – non feudum, sed bonum factum. In: AfD 15 (1969), S. 183–197.
7 UB des Hochstiftes Naumburg, Teil 1, hrsg. von Felix Rosenfeld, Magdeburg 1925, Nr. 148, S. 128; vgl. Jan Brankačk/Frido Mětšk: Geschichte der Sorben, Bd. 1, Bautzen 1977, S. 111.
8 Walter Schlesinger: Die Anfänge der Stadt Chemnitz, Weimar 1952, S. 13–27.
9 Die Slawen in Deutschland. Ein Handbuch, hrsg. von Joachim Herrmann, 3. Aufl., Berlin 1974, S. 211–214.
10 Ebo: Vita S. Ottonis episcopi Babenbergensis, hrsg. von Jan Wikarjak (Monumenta Poloniae Historica, Series Nova, Bd. VII/2), Warschau 1969, S. 69; zum Wirken Ottos von Bamberg vgl. Historia Pomorza, redigiert von Gerard Labuda, Bd. I/2, Poznań 1969, S. 59–61; Jürgen Petersohn: Der südliche Ostseeraum im kirchlich-politischen Kräftespiel des Reichs, Polens und Dänemarks vom 10. bis 13. Jh., Köln–Wien 1979, S. 217–277.
11 Helmoldi Chronica Slavorum, hrsg. von Bernhard Schmeidler (MGH SSrG), 3. Aufl., Hannover–Leipzig 1937, S. 110 (cap. 56).
12 Ebenda, S. 111 (cap. 57).
13 Annales Sancti Jacobi Leodienses. In: MGH SS XVI, Hannover 1859, S. 640; zur Regierungszeit Konrads III. vgl. Wilhelm Bernhardi: Konrad III. (Jahrbücher der deutschen Geschichte), Leipzig 1883.
14 Annales Brunwilarenses. In: MGH SS XVI, Hannover 1859, S. 727.
15 Die Urkunden Konrads III. und seines Sohnes Heinrich, bearb. von Friedrich Hausmann (MGH DD IX), Wien–Köln–Graz 1969, Nr. 134–136, S. 243–247.
16 Otto von Freising: Die Taten Friedrichs (vgl. Anm. 6), S. 152 (I, 12).
17 Die Erfolge Konrads III. beim Aufbau eines Königsterritoriums werden überschätzt von Karl Bosl: Die Reichsministerialität der Salier und Staufer, Teil 1, Stuttgart 1950, S. 121–139, und von Friedrich Hausmann: Die Anfänge des staufischen Zeitalters unter Konrad III. In: Probleme des 12. Jahrhunderts (Vorträge und Forschungen 12), Konstanz–Stuttgart 1968, S. 64/65.
18 Bernhard von Clairvaux, Epist. 244. In: Migne: Patrologiae Cursus completus, Series Latina, Bd. 182, Paris 1862, Spalte 442.

19 Gottfried Koch: Auf dem Wege zum Sacrum Imperium, Berlin 1972, S. 157/158.
20 Vgl. Eckhard Müller-Mertens: Regnum Teutonicum. Aufkommen und Verbreitung der deutschen Reichs- und Königsauffassung im früheren Mittelalter, Berlin 1970.
21 Vgl. den Bericht des Ephraim bar Jacob. In: Quellen zur Geschichte der Juden in Deutschland, Bd. 2: Hebräische Berichte über die Judenverfolgungen während der Kreuzzüge, hrsg. von Adolf Neubauer und Moritz Stern, Berlin 1892, S. 188.
22 Hermannus quondam Judaeus: Opusculum de conversione sua, hrsg. von Gerlinde Niemeyer (MGH Quellen zur Geistesgeschichte, Bd. 4), Weimar 1963, S. 72.
23 Annales Herbipolenses. In: MGH SS XVI, Hannover 1859, S. 3.
24 Mecklenburgisches UB, Bd. 1, Schwerin 1863, Nr. 43, S. 36; vgl. Friedrich Lotter: Die Konzeption des Wendenkreuzzuges, Sigmaringen 1977, S. 69, der die Auffassung vertritt, daß Bernhard mit diesen Worten nicht die physische Ausrottung der Slawen forderte, sondern die Beseitigung ihrer eigenständigen Existenz. Vgl. dazu aber die Besprechung von Hans-Dietrich Kahl in: JbGMOD 28 (1979), S. 322–324.
25 Vincentii Pragensis Annales. In: MGH SS XVII, Hannover 1861, S. 663.
26 Helmoldi Chronica Slavorum (vgl. Anm. 11), S. 122 (cap. 65).
27 Hans-Joachim Mrusek: Gestalt und Entwicklung der feudalen Eigenbefestigung im Mittelalter (Abhandlungen der Sächsischen Akademie der Wissenschaften zu Leipzig, philologisch-historische Klasse, Bd. 60, H. 3), Berlin 1973, S. 149.
28 Vgl. Stefan Weinfurter: Salzburger Bistumsreform und Bischofspolitik im 12. Jahrhundert, Köln–Wien 1975; Karl Bosl: Regularkanoniker (Augustinerchorherren) und Seelsorge in Kirche und Gesellschaft des europäischen 12. Jahrhunderts (Abhandlungen der Bayerischen Akademie der Wissenschaften, philosophisch-historische Klasse, NF, Heft 86), München 1979, S. 51/52.
29 Dietrich Claude: Geschichte des Erzbistums Magdeburg bis in das 12. Jahrhundert, Teil 2, Köln–Wien 1975, S. 14, 348/349.
30 Ernst Werner: Bemerkungen zu einer neuen These über die Herkunft der Laienbrüder. In: ZfG, H. 2/1958, S. 353 bis 361.
31 Die Wundergeschichten des Caesarius von Heisterbach, hrsg. von Alfons Hilka, Bd. 1, Bonn 1933, S. 106.
32 Otto von Freising: Chronik oder Die Geschichte der zwei Staaten, übersetzt von Adolf Schmidt, hrsg. von Walther Lammers (Ausgewählte Quellen zur deutschen Geschichte des Mittelalters 16), Berlin 1960, S. 558–560 (VII, 34).
33 Bernhard Töpfer: Das kommende Reich des Friedens, Berlin 1964, S. 22–25.
34 Peter Classen: Gerhoch von Reichersberg. Eine Biographie, Wiesbaden 1960, S. 42–47.
35 Der arme Hartmann: Rede vom Glouven, hrsg. von Friedrich von der Leyen, Berlin 1897, S. 208 (Vers 2535).
36 Der sog. Heinrich von Melk. Nach R. Heinzels Ausgabe neu hrsg. von Richard Kienast, Heidelberg 1946, S. 50 (Vers 750–757); zur Verfasserfrage vgl. Peter-Erich Neuser: Zum sog. Heinrich von Melk, Köln–Wien 1973.
37 Die Werke des Pfaffen Lamprecht, hrsg. von Hans Ernst Müller, München 1923, S. 3 (Vers 23/24).
38 Ewald Erb: Geschichte der deutschen Literatur von den Anfängen bis 1160, 2. Halbbd., Berlin 1964, S. 594/595.
39 Ernst Werner: Pauperes Christi, Leipzig 1956, S. 176 bis 182.
40 Arno Borst: Die Katharer, Stuttgart 1953, S. 91; Milan Loos: Dualist Heresy in the Middle Ages, Prag 1974, S. 116/117.
41 Die Wundergeschichten des Caesarius von Heisterbach (vgl. Anm. 31), S. 149.
42 Gottfried Koch: Frauenfrage und Ketzertum im Mittelalter, Berlin 1962, S. 16–19.
43 Chronica regia Coloniensis, hrsg. von Georg Waitz (MGH SSrG), Hannover 1880, S. 88.
44 Zur Wahl Friedrichs I. vgl. Siegfried Haider: Die Wahlversprechungen der römisch-deutschen Könige bis zum Ende des 12. Jahrhunderts. Phil. Diss. Wien 1968, S. 65 bis 72.
45 Brigitte Berthold/Evamaria Engel/Adolf Laube: Die Stellung des Bürgertums in der deutschen Feudalgesellschaft bis zur Mitte des 16. Jahrhunderts. In: ZfG, H. 2/1973, S. 201/202, 205/206.
46 Zu den sogenannten Kammerhandwerkern vgl. Helga Mosbacher: Kammerhandwerk, Ministerialität und Bürgertum in Straßburg. In: ZGORh 119 (1971), S. 42–44.
47 Bernhard Töpfer: Stellung und Aktivitäten der Bürgerschaft von Bischofsstädten während des staufisch-welfischen Thronstreits. In: Stadt und Städtebürgertum in der deutschen Geschichte des 13. Jahrhunderts, hrsg. von Bernhard Töpfer, Berlin 1976, S. 25/26, 43/44, 51/52.
48 Knut Schulz: Ministerialität und Bürgertum in Trier, Bonn 1968, S. 27–33.
49 Ludwig Falck: Mainz im frühen und hohen Mittelalter, Düsseldorf 1972, S. 152–154.
50 Otto von Freising: Chronik (vgl. Anm. 32), S. 519 (VII, 12).
51 Erika Uitz: Der Kampf um kommunale Autonomie in Magdeburg bis zur Stadtverfassung von 1330. In: Stadt und Städtebürgertum (vgl. Anm. 47), S. 290–294.
52 UB des Erzstifts Magdeburg, Teil 1, hrsg. von Friedrich Israel, Magdeburg 1937, Nr. 421, S. 555.
53 Horst Rabe: Der Rat der niederschwäbischen Reichsstädte, Köln–Graz 1966, S. 89–99, der aber offenbar zu scharf zwischen Konsiliarverfassung und Konsulat unterscheidet.
54 Bernhard Am Ende: Studien zur Verfassungsgeschichte Lübecks im 12. und 13. Jahrhundert, Lübeck 1975, S. 137 bis 149.
55 Jean Schneider: La ville de Metz au XIIIe et XIVe siècles (Thèse Paris), Nancy 1950, S. 104–106.
56 Annales Wormatienses. In: Quellen zur Geschichte der Stadt Worms, hrsg. von Heinrich Boos, Teil 3, Berlin 1893, S. 145. Zum Charakter der Annales Wormatienses, die als erstes Zeugnis einer „ausgesprochen bürgerlichen Geschichtsschreibung" bezeichnet werden können, vgl. Wilhelm Wattenbach/Franz-Josef Schmale: Deutschlands

Geschichtsquellen im Mittelalter. Vom Tode Kaiser Heinrichs V. bis zum Ende des Interregnums, Bd. 1, von Franz-Josef Schmale unter der Mitarbeit von Irene Schmale-Ott und Dieter Berg, Darmstadt 1976, S. 129.

57 Brigitte Berthold: Sozialökonomische Differenzierung und innerstädtische Auseinandersetzungen in Köln im 13. Jahrhundert. In: Stadt und Städtebürgertum (vgl. Anm. 47), S. 231, 241/242.

58 Besonders ausgeprägt vertritt derartige Auffassungen Karl Bosl, u. a. in seinem Buch: Die Grundlagen der modernen Gesellschaft im Mittelalter, Teil 2, Stuttgart 1972, S. 215, 229; vgl. dazu Martin Erbstößer/Klaus-Peter Matschke: Von Bayern nach Europa. Geschichtsbild und politischer Standort des Historikers Karl Bosl. In: JbG 9 (1973), S. 502–504.

59 Hans Planitz: Die deutsche Stadt des Mittelalters, Graz–Köln 1954, S. 118, Anm. 3.

60 Karl Jordan: Die Städtepolitik Heinrichs des Löwen. In: HGBll 78 (1960), S. 8–11; Ulf Dirlmeier: Mittelalterliche Hoheitsträger im wirtschaftlichen Wettbewerb, Wiesbaden 1966, S. 4/5.

61 Friedrich Keutgen: Urkunden zur städtischen Verfassungsgeschichte, Berlin 1901, S. 103 (§ 6).

62 Heinz Stoob: Kartographische Möglichkeiten zur Darstellung der Stadtentstehung in Mitteleuropa, in: Forschungen zum Städtewesen in Europa, Bd. 1, Köln–Wien 1970, S. 15–33.

63 Edith Ennen: Kölner Wirtschaft im Früh- und Hochmittelalter. In: Zwei Jahrtausende Kölner Wirtschaft, Bd. 1, Köln 1975, S. 137/138.

64 Werner Mägdefrau: Patrizische Ratsherrschaft, Bürgeropposition und städtische Volksbewegungen in Erfurt. In: Stadt und Städtebürgertum (vgl. Anm. 47), S. 329.

65 Fritz Rörig: Der Markt von Lübeck, in: Wirtschaftskräfte im Mittelalter, Weimar 1959, S. 88–92.

66 Hermann Wießner: Geschichte des Kärntner Bergbaues, Teil 1, Klagenfurt 1950, S. 194/195.

67 Manfred Unger: Stadtgemeinde und Bergwesen Freibergs im Mittelalter, Weimar 1963, S. 8–16.

68 Hermann Löscher: Zur Frühgeschichte des Freiberger Bergrechts. In: ZRG GA 76 (1959), S. 348/349.

69 Otto Stolz: Die Anfänge des Bergbaues und Bergrechtes in Tirol. In: ZRG GA 48 (1928), S. 213.

70 Vgl. Rolf Sprandel: Das Eisengewerbe im Mittelalter, Stuttgart 1968.

71 Carl Haase: Die Entstehung der westfälischen Städte, 2. Aufl., Münster 1965, S. 26.

72 Klaus Schwarz: Untersuchungen zur Geschichte der deutschen Bergleute im späteren Mittelalter, Berlin 1958, S. 16.

73 Erich Maschke: Die Brücke im Mittelalter. In: HZ 224 (1977), S. 272.

74 Walter Stein: Handels- und Verkehrsgeschichte der deutschen Kaiserzeit, Berlin 1922, S. 308.

75 Die Traditionen des Hochstifts Regensburg und des Klosters St. Emmeran, hrsg. von Josef Widemann, München 1943, Nr. 926, S. 459.

76 UB zur Geschichte der Babenberger in Österreich, bearb. von Heinrich Fichtenau/Erich Zöllner, Bd. 1, Wien 1950, Nr. 86, S. 118.

77 Die Urkunden Heinrichs des Löwen, Herzogs von Sachsen und Bayern, bearb. von Karl Jordan, Weimar 1949, Nr. 48, S. 69; vgl. Karl Jordan: Zu den Gotlandurkunden Heinrichs des Löwen. In: HGBll. 91 (1973), S. 24–33.

78 Paul Heinsius: Das Schiff der hansischen Frühzeit, Weimar 1956, S. 74–76, 119.

79 Vladimir Terent'evič Pašuto: Die Rus', Litauen und Deutschland im 13. Jahrhundert. In: Russisch-deutsche Beziehungen von der Kiever Rus' bis zur Oktoberrevolution. Studien und Aufsätze, hrsg. von Heinz Lemke und Bruno Widera, Berlin 1976, S. 72.

80 Leopold Karl Goetz: Deutsch-Russische Handelsverträge des Mittelalters, Hamburg 1916, S. 233–293, 305 bis 319.

81 Johannes Schildhauer/Konrad Fritze/Walter Stark: Die Hanse, 4. Aufl., Berlin 1981, S. 42–44.

82 Die erste Erwähnung der „Umlandfahrer" findet sich in einer Urkunde des dänischen Königs von 1251 (Hansisches UB, Bd. 1, hrsg. von Konstantin Höhlbaum, Halle 1876, Nr. 411, S. 134).

83 Vgl. Siegfried Epperlein: Bauernbedrückung und Bauernwiderstand im hohen Mittelalter, Berlin 1960, S. 67.

84 Westfälisches UB, Bd. 6, hrsg. von Hermann Hoogeweg, Münster 1898, Nr. 209, S. 57.

85 Wilhelm Abel: Geschichte der deutschen Landwirtschaft, 2. Aufl., Stuttgart 1967, S. 42, 92/93.

86 UB zur Geschichte der ... mittelrheinischen Territorien, hrsg. von Heinrich Beyer, Bd. 1, Koblenz 1860, S. 201.

87 Sachsenspiegel, Landrecht, hrsg. von Karl August Eckhardt, Göttingen 1955, S. 262 (III, 79, § 1).

88 UB für die Geschichte des Niederrheins, hrsg. von Theodor Josef Lacomblet, Bd. 1, Düsseldorf 1840, Nr. 344, S. 233.

89 Siegfried Epperlein: Bauernbedrückung (vgl. Anm. 83), S. 73/74.

90 UB des Hochstifts Hildesheim, Bd. 2, Münster 1876, Nr. 445, S. 209.

91 UB zur Geschichte der mittelrheinischen Territorien 1 (vgl. Anm. 86), S. 150.

92 UB für die Geschichte des Niederrheins 1 (vgl. Anm. 88), Nr. 374, S. 257.

93 Freidanks Bescheidenheit 76, 5–11.

94 Wirtembergisches UB, Bd. 2, Stuttgart 1858, Nr. 550, S. 382; vgl. auch Werner Rösener: Reichsabtei Salem. Verfassungs- und Wirtschaftsgeschichte des Zisterzienserklosters von der Gründung bis zur Mitte des 14. Jahrhunderts, Sigmaringen 1974, S. 83/84, 88, 105/106.

95 Karl Lamprecht: Deutsches Wirtschaftsleben im Mittelalter, Bd. I/1, Leipzig 1885, S. 325.

96 Auguste Hanauer: Les constitutions des campagnes de l'Alsace, Paris–Strasbourg 1864, S. 21 (§ 3).

97 Annalista Saxo. In: MGH SS VI, Hannover 1854, S. 761.

98 Ebenda, S. 776.

99 Freidanks Bescheidenheit 121, 12/13.

100 Fabeln und Mären von dem Stricker, hrsg. von Heinz Mettke, Halle 1959, S. 83; vgl. dazu Joachim Bumke: Strickers „Gäuhühner". Zur gesellschaftsgeschichtlichen Interpretation eines mittelhochdeutschen Textes. In: Zeitschrift für deutsches Altertum und deutsche Literatur 105 (1976), S. 210–232.

101 Annales Magdeburgenses. In: MGH SS XVI, Hannover 1859, S. 187.
102 Annales Egmundani. In: ebenda, S. 452.
103 Historia monasterii Rastedensis. In: MGH SS XXV, Hannover 1880, S. 505.
104 MGH Epistolae saeculi XIII, Bd. 1, hrsg. von Karl Rodenberg, Berlin 1883, Nr. 489 und 539, S. 437; vgl. Rolf Köhn: Die Verketzerung der Stedinger durch die Bremer Fastensynode. In: Bremisches Jb. 57 (1979), S. 29–85.
105 Annales Stadenses. In: MGH SS XVI, S. 361/362.
106 Zeitschrift des Bergischen Geschichtsvereins 22 (1886), S. 251/252.
107 Sachsenspiegel, Landrecht (vgl. Anm. 87), S. 228 (III, 42, § 5/6); vgl. Herbert Kolb: Über den Ursprung der Unfreiheit. Eine Quaestio im Sachsenspiegel. In: Zeitschrift für deutsches Altertum und deutsche Literatur 103 (1974), S. 289–311.
108 Johann Suibert Seibertz: UB zur Landes- und Rechtsgeschichte des Herzogtums Westfalen, Bd. 1, Arnsberg 1839, Nr. 54, S. 72.
109 Gero Kirchner: Probleme der spätmittelalterlichen Klostergrundherrschaft in Bayern: Landflucht und bäuerliches Erbrecht. In: ZBLG 19 (1956), S. 8.
110 Philippe Dollinger: L'évolution des classes rurales en Bavière, Paris 1949, S. 134–136.
111 Friedrich Engels: Die Mark. In: Karl Marx/Friedrich Engels: Werke, Bd. 19, Berlin 1962, S. 326.
112 Quellen zur Geschichte des deutschen Bauernstandes im Mittelalter, hrsg. von Günther Franz (Ausgewählte Quellen zur deutschen Geschichte des Mittelalters 31), Berlin 1967, Nr. 92, S. 244.
113 Fontes rerum Germanicarum, hrsg. von Johann Friedrich Böhmer, Bd. 3, Stuttgart 1853, S. 165–167.
114 Werner Hillebrand: Besitz- und Standesverhältnisse des Osnabrücker Adels 800–1300, Göttingen 1962, S. 205; zur Vermehrung der Zahl der Grundherrschaften vgl. auch Handbuch der deutschen Wirtschafts- und Sozialgeschichte, hrsg. von Hermann Aubin und Wolfgang Zorn, Bd. 1, Stuttgart 1971, S. 184.
115 Jurij L'vovič Bessmertnyj: Feodal'naja derevnja i rynok v zapadnoj Evrope XII–XIII vekov, Moskau 1969, S. 32–40.
116 Philippe Dollinger: L'évolution des classes rurales (vgl. Anm. 110), S. 136–140. Vgl. dazu Ernst Münch: Strukturveränderungen der Grundherrschaft im Hochfeudalismus. In: WZ Rostock, Jg. 25 (1976), gesellschafts- und sprachwissenschaftl. Reihe, H. 10, S. 770.
117 Hans Mottek: Wirtschaftsgeschichte Deutschlands. Ein Grundriß, Bd. 1, 5., unveränd. Aufl., Berlin 1974, S. 141 bis 144.
118 Richard Winkelmann: Die Entwicklung des oberrheinischen Weinbaus, Marburg 1960, S. 28, 33.
119 Karl Theodor Inama-Sternegg: Deutsche Wirtschaftsgeschichte, Bd. III/1, Leipzig 1899, S. 325; Ulrich Bentzien: Bauernarbeit im Feudalismus, Berlin 1980, S. 63.
120 Reineri Annales. In: MGH SS XVI, Hannover 1859, S. 670.
121 Bruno Benthien: Die historischen Flurformen des südwestlichen Mecklenburg, Schwerin 1960. S. 95 bis 101.
122 Quellen zur Geschichte des Bauernstandes (vgl. Anm. 112), Nr. 123, S. 328/329.
123 Medard Barth: Der Rebbau des Elsaß und die Absatzgebiete seiner Weine, Bd. 1, Strasbourg–Paris 1958, S. 119/120.
124 Henri Dubled: La communauté de village en Alsace au XIIIe siècle. In: Revue d'histoire économique et sociale 41 (1963), S. 14.
125 UB zur Geschichte der mittelrheinischen Territorien 1 (vgl. Anm. 86), Nr. 629, S. 690.
126 Walter Schlesinger: Bäuerliche Gemeindebildung in den mittelelbischen Landen im Zeitalter der mittelalterlichen Ostbewegung. In: Die Anfänge der Landgemeinde und ihr Wesen, Bd. 2 (Vorträge und Forschungen 8), Konstanz–Stuttgart 1964, S. 62–66.
127 Sachsenspiegel, Landrecht (vgl. Anm. 87), S. 175 (II, 55).
128 Die Urkunden Friedrichs I. 1152–1158, bearb. von Heinrich Appelt (MGH DD X/1), Hannover 1975, Nr. 25, S. 39–44.
129 Joachim Gernhuber: Die Landfriedensbewegung in Deutschland bis zum Mainzer Reichslandfrieden von 1235, Bonn 1952, S. 40, 161–166.
130 Heinrich Appelt: Privilegium minus, Wien–Köln–Graz 1973, S. 76–80.
131 Eine umfassende Darstellung des politischen Geschehens in der Regierungszeit Friedrichs I. bietet Wilhelm von Giesebrecht: Geschichte der deutschen Kaiserzeit, Bd. 5/6, Leipzig 1880/1895; die Zeit bis 1158 erfaßt Henry Simonsfeld: Jahrbücher des Deutschen Reiches unter Friedrich I., Leipzig 1908; vgl. auch Bernhard Töpfer/Evamaria Engel: Vom staufischen Imperium zum Hausmachtkönigtum, Weimar 1976; Ferdinand Opll: Das Itinerar Kaiser Friedrich Barbarossas (1152–1190), Wien–Köln–Graz 1978.
132 Rainer Maria Herkenrath: Regnum und Imperium in den Diplomen der ersten Regierungsjahre Friedrichs I. In: Friedrich Barbarossa, hrsg. von Gunther Wolf, Darmstadt 1975, S. 331–333.
133 Siehe S. 79.
134 Zdenek Fiala: Die Urkunde Kaiser Friedrichs I. für den böhmischen Fürsten Vladislav II. vom 18.1.1158 und das Privilegium minus für Österreich. In: MIÖG 78 (1970), S. 167–192.
135 Rahewin: Die Taten Friedrichs (vgl. Anm. 6), S. 417 (III, 12).
136 Walter Heinemeyer: Beneficium – non feudum (vgl. Anm. 6), S. 203.
137 Gottfried Koch: Sacrum Imperium. Bemerkungen zur Herausbildung der staufischen Herrschaftsideologie. In: ZfG, H. 5/1968, S. 596–614; Heinrich Appelt: Die Kaiseridee Friedrich Barbarossas (SB der Österreichischen Akademie der Wissenschaften, philosophisch-historische Klasse, Bd. 252), Wien 1967, S. 12/13.
138 Rahewin: Die Taten Friedrichs (vgl. Anm. 6), S. 420 (III, 13).
139 Gottfried Koch: Auf dem Wege zum Sacrum Imperium (vgl. Anm. 19), S. 127.
140 Otto von Freising: Chronik (vgl. Anm. 32), S. 456 (VI, 17).
141 Otto von Freising: Die Taten Friedrichs (vgl. Anm. 6), S. 346–348 (II, 32).

142 Norbert Höing: Die Trierer Stilübungen. In: AfD 1 (1955), S. 326.

143 Karl Langosch: Geistliche Spiele. Lateinische Dramen des Mittelalters mit deutschen Versen, Berlin 1957, S. 222/223.

144 Zur Entwicklung früher Formen des Nationalgefühls vgl. Benedykt Zientara: Struktury narodowe średniowiecza. In: Kwartalnik Historyczny 84 (1977), S. 287–311.

145 Urkunden zur Geschichte des Erzbistums Mainz im 12. Jahrhundert, hrsg. von Karl Friedrich Stumpf, Innsbruck 1863, Nr. 67, S. 70, vgl. auch Nr. 68, S. 71/72.

146 Carlrichard Brühl: Fodrum, gistum, servitium regis, Köln–Graz 1968, S. 528/529.

147 Alfred Haverkamp: Herrschaftsformen der Frühstaufer in Reichsitalien, Teil 1, Stuttgart 1970, S. 85–102.

148 Zum unterschiedlichen Inhalt des Regalienbegriffs in Italien und in Deutschland vgl. Johannes Fried: Der Regalienbegriff im 11. und 12. Jahrhundert. In: DA 29 (1973), S. 450–599.

149 Rahewin: Die Taten Friedrichs (vgl. Anm. 6), S. 588 (IV, 35); vgl. dazu Gottfried Koch: Auf dem Wege zum Sacrum Imperium (vgl. Anm. 19), S. 231/232.

150 Heinrich Appelt: Friedrich Barbarossa und die italienischen Kommunen. In: MIÖG 72 (1964), S. 319.

151 Werner Grebe: Studien zur geistigen Welt Rainalds von Dassel. In: Annalen des Historischen Vereins für den Niederrhein 171 (1969), S. 30–36; Bernhard Töpfer: Reges Provinciales. Ein Beitrag zur staufischen Reichsideologie unter Friedrich I. In: ZfG, H. 12/1974, S. 1348 bis 1358.

152 The letters of John of Salisbury, hrsg. von W. J. Millor/Harold Edgeworth Butler, Bd. 1, London–Edinburgh 1955, Nr. 124, S. 206/207.

153 Ferdinand Güterbock: Alla vigilia della Lega Lombarda. Il despotismo dei vicari a Piacenza. In: Archivio storico Italiano 95 (1937), S. 188–217.

154 Robert Folz: Le souvenir et la légende de Charlemagne dans l'empire germanique médiéval, Paris 1950, S. 203 bis 213.

155 Herbert Grundmann: Rotten und Brabanzonen. In: DA 5 (1942), S. 442/443.

156 Gina Fasoli: La Lega Lombarda – Antecedenti, formazione, struttura. In: Probleme des 12. Jahrhunderts (vgl. Anm. 17), S. 151–155; Viktor I. Rutenburg: Die Rolle des Lombardenbundes in der ökonomischen und politischen Entwicklung Italiens im 12. und 13. Jahrhundert. In: Hansische Studien III, Weimar 1975, S. 171–176.

157 Zur Bewertung der Italienpolitik der deutschen Kaiser in der bürgerlichen Historiographie vgl. Gottfried Koch: Der Streit zwischen Sybel und Ficker und die Einschätzung der mittelalterlichen Kaiserpolitik in der modernen Historiographie. In: Studien über die deutsche Geschichtswissenschaft, Bd. 1, Berlin 1963, S. 311–336.

158 Hans-Dietrich Kahl: Slawen und Deutsche in der brandenburgischen Geschichte des 12. Jahrhunderts, Bd. 1, Köln–Graz 1964, S. 350–378.

159 Helmoldi Chronica Slavorum (vgl. Anm. 11), S. 174/175 (cap. 89).

160 Urkunden und erzählende Quellen zur deutschen Ostsiedlung im Mittelalter, hrsg. von Herbert Helbig und Lorenz Weinrich (Ausgewählte Quellen zur deutschen Geschichte des Mittelalters 26a), Teil 1, 2. Aufl., Darmstadt 1975, Nr. 13, S. 78; vgl. Benedykt Zientara: Zur Geschichte der planmäßigen Organisierung des Marktes im Mittelalter. In: Wirtschaftliche und soziale Strukturen im saekularen Wandel. Festschrift für Wilhelm Abel zum 70. Geburtstag, Bd. 2, Hannover 1974, S. 351.

161 Helmoldi Chronica Slavorum (vgl. Anm. 11), S. 161, 165 (cap. 84).

162 Ebenda, S. 199 (cap. 101).

163 Vgl. Friedrich Mager: Zur Geschichte des Bauerntums und der Bodenkultur im Lande Mecklenburg, Berlin 1955, S. 31–33.

164 Bernd Diestelkamp: Welfische Stadtgründungen und Stadtrechte des 12. Jahrhunderts. In: ZRG GA 81 (1964), S. 184, 207, 221/222; vgl. auch Karl Jordan: Heinrich der Löwe. Eine Biographie, München 1979, S. 116.

165 Franz Xaver Vollmer: Reichs- und Territorialpolitik Kaiser Friedrichs I., Phil. Diss. Freiburg 1951, S. 398, der die Zäsur von 1167 betont.

166 Heinrich Büttner: Zum Städtewesen der Zähringer und Staufer am Oberrhein während des 12. Jahrhunderts. In: ZGORh 105 (1957), S. 75–80 (Wiederabdruck in: Altständisches Bürgertum, Bd. 1: Herrschaft und Gemeinverfassung, hrsg. von Heinz Stoob, Darmstadt 1978).

167 Erhard Voigt: Zum Charakter der ‚staufischen' Städtepolitik. In: Die Volksmassen Gestalter der Geschichte. Festgabe für Leo Stern zu seinem 60. Geburtstag, Berlin 1962, S. 32/33.

168 Walter Schlesinger: Die Anfänge der Stadt Chemnitz (vgl. Anm. 8), S. 204.

169 Ludwig Falck: Mainz im Mittelalter (vgl. Anm. 49), S. 153/154.

170 Zum Privileg für Bremen vgl. Karl Jordan: Heinrich der Löwe und Bremen. In: Stadt und Land in der Geschichte des Ostseeraums. Wilhelm Koppe zum 65. Geburtstag, Lübeck 1973, S. 19–21.

171 Heinz Stoob: Formen und Wandel staufischen Verhaltens zum Städtewesen, in: Forschungen zum Städtewesen in Europa. Bd. 1, Köln–Wien 1970, S. 60/61, der jedoch die begrenzte Schwenkung in der Städtepolitik Barbarossas seit 1170/1180 überbewertet (Wiederabdruck in: Altständisches Bürgertum, vgl. Anm. 166).

172 Norbert Kamp: Münzprägung und Münzpolitik der Staufer in Deutschland. In: Hamburger Beiträge zur Numismatik 17 (1963), S. 520.

173 Alfred Haverkamp: Herrschaftsformen der Frühstaufer in Reichsitalien, Teil 2, Stuttgart 1971, S. 700/701.

174 Karl Jordan: Goslar und das Reich im 12. Jahrhundert. In: NJbLG 35 (1963), S. 74.

175 Arnoldi abbatis Lubecensis Chronica. In: MGH SS XXI, Hannover 1869, S. 141 (II, 21); vgl. Karl Jordan: Heinrich der Löwe (vgl. Anm. 164), S. 207/208.

176 Johannes Bärmann: Die Städtegründungen Heinrichs des Löwen, Köln–Graz 1961, S. 157–166.

177 Historia Pomorza I/2 (vgl. Anm. 10), S. 70.

178 Carl Erdmann: Der Prozeß Heinrichs des Löwen. In: Theodor Mayer/Konrad Heilig/Carl Erdmann: Kaisertum und Herzogsgewalt im Zeitalter Friedrichs I., Leipzig 1944, S. 305–320.

179 Edmund E. Stengel: Land- und lehnrechtliche Grundlagen des Reichsfürstenstandes. In: ZRG GA 66 (1948), S. 325/326.

180 Gegen die Auffassung, daß bereits die Vergabe der Herzogtümer Sachsen und Bayern im Jahre 1180 auf den Grundsatz des Leihezwanges zurückzuführen sei, wendet sich mit Recht Werner Goez: Der Leihezwang, Tübingen 1962, S. 236/237. Gegen eine Überbewertung des Leihezwanges polemisiert auch N. F. Kolesnickij: Osobennosti vassalno-lennych otnošenij v Germanii X–XIII vv. In: Srednie Veka 32 (1969), S. 121.

181 Heinrich Mitteis: Lehnrecht und Staatsgewalt, Weimar 1958, S. 437–439.

182 Hans-Georg Krause: Der Sachsenspiegel und das Problem des sogenannten Leihezwangs. In: ZRG GA 93 (1976), S. 61.

183 Gisleberti Chronicon Hanoniense. In: MGH SS XXI, Hannover 1869, S. 552.

184 Heinrich Müller/Fritz Kunter: Europäische Helme aus der Sammlung des Museums für deutsche Geschichte, o. O. 1972, S. 21–23.

185 Den ersten Beleg für ein Turnier auf deutschem Boden (1127 in Ulm) enthält Otto von Freising: Die Taten Friedrichs (vgl. Anm. 6), S. 158 (I, 18).

186 N. F. Kolesnickij: K voprosu o germanskom ministerialitete X–XII vv. In: Srednie Veka 20 (1961), S. 53.

187 Wilhelm Pötter: Die Ministerialität der Erzbischöfe von Köln vom Ende des 11. bis zum Ausgang des 13. Jahrhunderts, Düsseldorf 1967, S. 125–128.

188 Chronicon Ebersheimense. In: MGH SS XXIII, Hannover 1974, S. 433.

189 Die Urkunden Konrads III. (vgl. Anm. 15), Nr. 181, S. 325 bis 328; vgl. Josef Fleckenstein: Die Entstehung des niederen Adels und das Rittertum. In: Herrschaft und Stand. Untersuchungen zur Sozialgeschichte im 13. Jahrhundert, hrsg. von Josef Fleckenstein, Göttingen 1977, S. 26.

190 Josef Fleckenstein: Zum Problem der Abschließung des Ritterstandes. In: Historische Forschungen für Walter Schlesinger, Köln–Wien 1974, S. 251–271.

191 Kaiserchronik (vgl. Anm. 4), S. 349 (Vers 14791 ff.); Wolfgang Heinemann: Zur Ständedidaxe in der deutschen Literatur des 13.–15. Jahrhunderts. In: Beiträge zur Geschichte der deutschen Sprache und Literatur 89 (1967), S. 291.

192 Hans-Joachim Mrusek: Thüringische und sächsische Burgen, Leipzig 1965, S. 22.

193 Günther Binding: Pfalz Gelnhausen. Eine Bauuntersuchung, Bonn 1965, S. 92–96; zur Datierung vgl. Joachim Ehlers: Zur Datierung der Pfalz Gelnhausen. In: HJbLG 18 (1968), S. 129.

194 Josef Fleckenstein: Friedrich Barbarossa und das Rittertum. Zur Bedeutung der großen Mainzer Hoftage von 1184 und 1188. In: Festschrift für Hermann Heimpel, Bd. 2, Göttingen 1972, S. 1025; Joachim Bumke: Mäzene im Mittelalter. Die Gönner und Auftraggeber der höfischen Literatur in Deutschland 1150–1300, München 1979, S. 148–150.

195 Hans Jürgen Rieckenberg: Leben und Stand des Minnesängers Friedrich von Hausen. In: AfKG 43 (1961), S. 165–176.

196 Martin Lintzel: Die Mäzene der deutschen Literatur im 12. und 13. Jahrhundert. In: Ausgewählte Schriften, Bd. 2, Berlin 1961, S. 515/516; Heinz Mettke: Zur Bedeutung des Thüringer Hofes in Eisenach für die deutsche Literatur um 1200. In: WZ Rostock, Jg. 27 (1978), gesellschafts- und sprachwissenschaftliche Reihe, H. 1/2, S. 89 bis 97.

197 Wolfgang Spiewok: Das Menschenbild der deutschen Literatur um 1200. In: Weimarer Beiträge, H. 4/1966, S. 658–660.

198 Vgl. Karl Heinz Ihlenburg: Das Nibelungenlied. Problem und Gehalt, Berlin 1969.

199 Ewald Erb: Geschichte der deutschen Literatur (vgl. Anm. 38), S. 805–810; Jürgen Kühnel: Zum ‚Reinhard Fuchs' als antistaufischer Gesellschaftssatire. In: Stauferzeit. Geschichte, Literatur, Kunst, hrsg. von Rüdiger Krohn u. a., Stuttgart 1979, S. 71–86.

200 Joachim Bumke: Studien zum Ritterbegriff im 12. und 13. Jahrhundert, Heidelberg 1964, S. 88–94.

201 Gegen die teilweise vertretene Auffassung, der Ritter der höfischen Dichtung bezeichne einen realen einheitlichen Stand, wendet sich zu Recht Hans Georg Reuter: Die Lehre vom Ritterstand. Zum Ritterbegriff in der Historiographie und Dichtung vom 11. bis zum 13. Jahrhundert, Köln–Wien 1971.

202 Ewald Erb: Geschichte der deutschen Literatur (vgl. Anm. 38), S. 459/460; Arno Borst: Das Rittertum im Hochmittelalter. Idee und Wirklichkeit. In: Saeculum 10 (1959), S. 228.

203 Ursula Peters: Niederes Rittertum oder hoher Adel. In: Euphorion 67 (1973), S. 244–260; Joachim Bumke: Ministerialität und Ritterdichtung, München 1976.

204 Wolfram von Eschenbach, Willehalm 306, 28; vgl. Hans Joachim Gernentz: Der Ritter in seinem Verhältnis zur Gesellschaft im Parzival Wolframs von Eschenbach. In: Weimarer Beiträge, H. 4/1966, S. 651/652.

205 Winsbecke 28, 1 ff. In: Kleinere mittelhochdeutsche Lehrgedichte, hrsg. von Albert Leitzmann, H. 1, Halle 1928, S. 26.

206 Vgl. Klaus Speckenbach: Studien zum Begriff „edelez herze" im Tristan Gottfrieds von Straßburg, München 1965.

207 Geoffrey Barraclough: Barbarossa und das 12. Jahrhundert, in: Geschichte in einer sich wandelnden Welt, Göttingen 1957, S. 112/113.

208 Umfangreiches Material zur Regierungszeit Heinrichs VI. bietet Gerhard Baaken: Die Regesten des Kaiserreiches unter Heinrich VI. (Johann Friedrich Böhmer: Regesta Imperii IV/3), Köln–Wien 1972.

209 Arnoldi abbatis Lubecensis Chronica (vgl. Anm. 175), S. 197.

210 Hans Joachim Kirfel: Weltherrschaftsidee und Bündnispolitik. Untersuchungen zur auswärtigen Politik der Staufer, Bonn 1959, S. 144, der jedoch die aggressiven Tendenzen in der staufischen Politik während der zweiten Hälfte des 12. Jahrhunderts unterschätzt.

211 Niketas Choniates. Deutsche Übersetzung in: Die Kreuzfahrer erobern Konstantinopel, übersetzt und eingeleitet von Franz Gabler (Byzantinische Geschichtsschreiber 9), Graz–Wien–Köln 1958, S. 47.

212 Die Chronik des Propstes Burchard von Ursberg, 2. Aufl., hrsg. von Oswald Holder-Egger/Bernhard von Simson (MGH SSrG), Hannover–Leipzig 1916, S. 79; zum politischen Geschehen unter Philipp von Schwaben und Otto IV. vgl. Eduard Winkelmann: Philipp von Schwaben und Otto IV. von Braunschweig, 2 Bde., Leipzig 1873 und 1878 (Neudruck Darmstadt 1963).

213 Caesarius von Heisterbach: Dialogus miraculorum, hrsg. von Joseph Strange, Bd. 1, Köln–Bonn–Brüssel 1851, S. 102 (II, 30).

214 Continuatio Admuntensis. In: MGH SS IX, Hannover 1851, S. 588.

215 Hugo Stehkämper: England und die Stadt Köln als Wahlmacher König Ottos IV. In: Köln, das Reich und Europa, Köln 1971, S. 213–244.

216 Peter Göhler: Ich hörte ein wazzer diezen. In: Weimarer Beiträge, H. 6/1967, S. 968–995.

217 Regestum Innocentii III papae super negotio Romani imperii, hrsg. von Friedrich Kempf, Rom 1947, Nr. 18, S. 48/49; vgl. dazu Friedrich Kempf: Papsttum und Kaisertum bei Innocenz III., Rom 1954, S. 57–65.

218 Werner Goez: Translatio Imperii, Tübingen 1958, S. 158 bis 166.

219 Regestum Innocentii III (vgl. Anm. 217), Nr. 29, S. 75–91. Zum Zeitpunkt der päpstlichen Entscheidung zugunsten des Welfen vgl. Manfred Laufs: Politik und Recht bei Innozenz III., Köln–Wien 1980, S. 63–66.

220 Walther von der Vogelweide: Gedichte 9, 20–33.

221 MGH Const. II, hrsg. von Ludwig Weiland, Hannover 1896, Nr. 6, S. 6.

222 Regestum Innocentii III (vgl. Anm. 217), Nr. 106, S. 264.

223 Quellen zur Geschichte der Stadt Köln, hrsg. von Leonard Ennen/Gottfried Eckertz, Bd. 2, Köln 1863, Nr. 11, S. 16.

224 Bernhard Töpfer: Stellung und Aktivitäten der Bürgerschaft von Bischofsstädten (vgl. Anm. 47), S. 59/60.

225 Quellen zur Geschichte der Stadt Köln 2 (vgl. Anm. 223), Nr. 24, S. 29.

226 Chronica S. Petri Erfordensis moderna. In: Monumenta Erphesfurtensia, hrsg. von Oswald Holder-Egger (MGH SSrG), Hannover–Leipzig 1899, S. 206.

227 Bernhard Töpfer: Stellung und Aktivitäten (vgl. Anm. 47), S. 40/41.

228 Walther von der Vogelweide: Gedichte 34, 4–13.

229 Freidank: Bescheidenheit 152,16 – 153,10.

230 Die Chronik des Propstes Burchard von Ursberg (vgl. Anm. 212), S. 82.

231 Caesarius von Heisterbach: Dialogus miraculorum (vgl. Anm. 213), S. 99 (II, 27).

232 Ebenda, S. 325 (III, 40).

233 Kurt-Victor Selge: Die ersten Waldenser, Bd. 1, (West-)Berlin 1967, S. 290/291.

234 Annales Colmarienses minores. In: MGH SS XVII, Hannover 1861, S. 189.

235 Berthold von Regensburg: Predigten, Bd. 1, hrsg. von Franz Pfeiffer, Wien 1862, S. 403.

236 Alexander Patschovsky: Der Passauer Anonymus, Stuttgart 1968, S. 138; Amedeo Molnár: Die Waldenser, Berlin 1980, S. 149.

237 Malcolm D. Lambert: Medieval Heresy. Popular movements from Bogomil to Hus, London 1977, S. 71–73.

238 Herbert Grundmann: Ketzergeschichte des Mittelalters, Göttingen 1963, S. 38/39.

239 Martin Erbstößer/Ernst Werner: Ideologische Probleme des mittelalterlichen Plebejertums, Berlin 1960, S. 19.

240 J. R. Grigulevič: Ketzer–Hexen–Inquisitoren. Geschichte der Inquisition, Bd. 1, 2. Aufl., Berlin 1980, S. 105, 135/136.

241 Kurt-Victor Selge: Die Ketzerpolitik Friedrichs II. In: Probleme um Friedrich II. (Vorträge und Forschungen 16), Sigmaringen 1974, S. 319.

242 Chronica regia Coloniensis (vgl. Anm. 43), S. 264/265.

243 Hans-Joachim Mrusek: Drei sächsische Kathedralen. Merseburg–Naumburg–Meißen, Dresden 1976, S. 131 bis 136.

244 Walther Kienast: Deutschland und Frankreich in der Kaiserzeit, Teil 3, Stuttgart 1975, S. 551.

245 Chronicon Montis Sereni. In: MGH SS XXIII, Hannover 1874, S. 186.

246 Bernhard Töpfer: Stellung und Aktivitäten (vgl. Anm. 47), S. 53; eine Gesamtdarstellung der Regierung Friedrichs II. bieten Ernst Kantorowicz: Kaiser Friedrich der Zweite, Berlin 1936, und Thomas Curtis van Cleve: The Emperor Frederick of Hohenstaufen, Oxford 1972. In den Jahrbüchern der deutschen Geschichte ist die Zeit bis 1233 bearbeitet von Eduard Winkelmann: Kaiser Friedrich II., 2 Bde., Leipzig 1889/1897 (Neudruck Darmstadt 1963); vgl. auch die Darstellung von Karl Hampe: Deutsche Kaisergeschichte in der Zeit der Salier und Staufer, 11. Aufl. bearb. von Friedrich Baethgen, Darmstadt 1963.

247 Eduard Winkelmann: Acta imperii inedita saeculi XIII, Bd. 1, Innsbruck 1880, Nr. 130, S. 110.

248 Erhard Voigt: Zum Charakter der ‚staufischen‘ Städtepolitik (vgl. Anm. 167), S. 40.

249 Karl Bosl: Die Reichsministerialität 1 (vgl. Anm. 17), S. 194–198.

250 Erich Klingelhöfer: Die Reichsgesetze von 1220, 1231/32 und 1235, Weimar 1955, S. 5–60.

251 Heinz Angermeier: Landfriedenspolitik und Landfriedensgesetzgebung unter den Staufern. In: Probleme um Friedrich II. (vgl. Anm. 241), S. 180/181.

252 Caesarius von Heisterbach: Vita S. Engelberti. In: Die Wundergeschichten des Caesarius von Heisterbach, hrsg. von Alfons Hilka, Bd. 3, Bonn 1937, S. 250 (II, 1).

253 Siegfried Epperlein: Städtebünde und Feudalgewalten im 13. Jahrhundert. In: ZfG, H. 6/1972, S. 696.

254 Jean Lejeune: Liège et son Pays, Lüttich 1948, S. 31/32.

255 Bernhard Töpfer: Bestätigungen des Verbots von Städtebünden von 1231 zugunsten des Bischofs von Lüttich. In: Folia Diplomatica II, Brno 1976, S. 114–117.

256 MGH Const. II (vgl. Anm. 221), Nr. 304, S. 418.

257 Erich Schrader: Zur Deutung der Fürstenprivilegien von 1220 und 1231/32. In: ZRG GA 68 (1951), S. 354–396; überarbeitete Fassung in: Stupor Mundi. Zur Geschichte Friedrichs II. von Hohenstaufen, hrsg. von Gunther Wolf, Darmstadt 1966, S. 420–454.

258 Die Konstitutionen Friedrichs II. von Hohenstaufen für sein Königreich Sizilien, hrsg. und übersetzt von Hermann Conrad/Thea von der Lieck-Buyken/Wolfgang Wagner, Köln–Wien 1973.

259 Siehe S. 103f.
260 Bezeugt im Manifest Friedrichs II. an die deutschen Fürsten vom Januar 1235; deutsche Übersetzung in: Kaiser Friedrich II. in Briefen und Berichten seiner Zeit, hrsg. und übersetzt von Klaus J. Heinisch, Darmstadt 1968, S. 304.
261 So Heinrich (VII.) in seinem Rechtfertigungsschreiben vom September 1234. In: MGH Const. II (vgl. Anm. 221), Nr. 322, S. 432.
262 Günter Rauch: Die Bündnisse deutscher Herrscher mit Reichsangehörigen, Aalen 1966, S. 93/94.
263 MGH Const. II (vgl. Anm. 221), Nr. 193, S. 237/238.
264 Continuatio Eberbacensis. In: MGH SS XXII, Hannover 1872, S. 348.
265 Heinz Angermeier: Königtum und Landfriede im deutschen Spätmittelalter, München 1966, S. 29–33.
266 Handbuch der bayerischen Geschichte, hrsg. von Max Spindler, Bd. 2, München 1966, S. 496, 549.
267 UB zur Geschichte der Babenberger in Österreich, hrsg. von Heinrich Fichtenau/Erich Zöllner, Bd. 2, Wien 1955, Nr. 237, S. 56–65.
268 Erich Klingelhöfer: Die Reichsgesetze (vgl. Anm. 250), S. 74 (zur Urkunde von 1224); die Urkunde von 1217 wurde vom Grafen von Schwerin ausgestellt (Mecklenburgisches UB, Bd. 1, Schwerin 1863, Nr. 231, S. 217).
269 Herbert Helbig: Der wettinische Ständestaat, Münster–Köln 1955, S. 385/386.
270 Ulf Dirlmeier: Mittelalterliche Hoheitsträger (vgl. Anm. 60), S. 25–34.
271 Arthur Suhle: Deutsche Münz- und Geldgeschichte von den Anfängen bis zum 15. Jahrhundert, 3. Aufl., Berlin 1968, S. 151.
272 Walter Hävernick: Epochen der deutschen Geldgeschichte. In: Hamburger Beiträge zur Numismatik, H. 9/10, 1955/1956, S. 8–10.
273 Friedrich von Benninghoven: Der Orden der Schwertbrüder, Köln–Graz 1965.
274 Mecklenburgisches UB 1 (vgl. Anm. 268), Nr. 197, S. 187.
275 Ebenda, Nr. 454, S. 452.
276 Karl Friedrich Olechnowitz: Rostock von der Stadtrechtsbestätigung im Jahre 1218 bis zur bürgerlich-demokratischen Revolution von 1848/49, Rostock 1968, S. 10–12.
277 Johannes Schultze: Die Mark Brandenburg, Bd. 1 (West-)Berlin 1961, S. 154/155; Eberhard Schmidt: Die Mark Brandenburg unter den Askaniern (1134–1320), Köln–Wien 1973, S. 45–50.
278 Eckhard Müller-Mertens: Untersuchungen zur Geschichte der brandenburgischen Städte im Mittelalter (I). In: WZ Humboldt-Universität Berlin, Jg. 5 (1955/1956), gesellschafts- und sprachwissenschaftliche Reihe, Nr. 3, S. 215.
279 Konrad Fritze: Die Hansestadt Stralsund, Schwerin 1961, S. 19–23.
280 Zur Entwicklung Stettins in slawischer Zeit vgl. Lech Leciejewicz: Die Entstehung der Stadt Szczecin im Rahmen der frühen Stadtentwicklung an der südlichen Ostsee. In: Vor- und Frühformen der europäischen Stadt im Mittelalter, Teil 2, hrsg. von Herbert Jankuhn/Walter Schlesinger/Heiko Steuer, Göttingen 1974, S. 225/226.
281 Historia Pomorza I/2 (vgl. Anm. 10), S. 110/111; Heinz Stoob: Die Ausbreitung der abendländischen Stadt im östlichen Mitteleuropa. In: Forschungen zum Städtewesen in Europa 1 (vgl. Anm. 62), S. 92.
282 Historia Śląska, redigiert von Karol Maleczyński, Bd. I/1, Wrocław 1960, S. 292.
283 Kodeks dyplomatyczny Śląska, Bd. 3, hrsg. von Karol Maleczyński, Wrocław 1964, Nr. 282, S. 58–61.
284 Herbert Helbig: Die Anfänge der Landgemeinde in Schlesien. In: Die Anfänge der Landgemeinde 2 (vgl. Anm. 126), S. 89. In Mecklenburg erscheint der Begriff „ius teuthonicale" in einer Urkunde von 1220 (Mecklenburgisches UB 1, Nr. 266, S. 250), in Polen 1210 (Urkunden und erzählende Quellen, vgl. Anm. 160, Teil 2, Nr. 46, S. 208).
285 J. Wilhelm Schulte: Ujazd und Lgota. In: Zeitschrift für Geschichte und Altertum Schlesiens 25 (1891), S. 211 bis 235; Walter Kuhn: Stadtdörfer der mittelalterlichen Ostsiedlung. In: Vergleichende Untersuchungen zur mittelalterlichen Ostsiedlung, Köln–Wien 1973, S. 288/289.
286 Benedykt Zientara: Der Ursprung des „deutschen Rechtes" (ius Theutonicum) auf dem Hintergrund der Siedlungsbewegung in West- und Mitteleuropa während des 11. und 12. Jahrhunderts. In: JbGF 2 (1978), S. 119–148.
287 Wolfgang Küttler: Charakter und Entwicklungstendenzen des Deutschordensstaates in Preußen. In: ZfG, H. 12/1971, S. 1207/1208; Karol Górski: Zakon Krzyżacki a powstanie Państwa Pruskiego, Wrocław–Warszawa–Kraków–Gdańsk 1977, S. 13/14.
288 Ingrid Matison: Die Lehnsexemtion des Deutschen Ordens und dessen staatsrechtliche Stellung in Preußen. In: DA 21 (1965), S. 194–248; Marian Biskup: The role of the Order of the Teutonic Knights in Prussia in the history of Poland. In: Polish Western Affairs 7 (1966), S. 343.
289 Istorija SSSR s drevnejših vremen do našich dnej, Serie 1, Bd. 2, Moskau 1966, S. 48–55.
290 Vladimir Terent'evič Pašuto: Christburgskij (Kišporkskij) dogovor 1249 g. kak istoričeskij istočnik. In: Problemy istočnikovedenija 7 (1959), S. 357–390; Hans Patze: Der Frieden von Christburg. In: JbGMOD 7 (1958), S. 39 bis 91.
291 Jan Brankačk/Frido Mětšk: Geschichte der Sorben 1 (vgl. Anm. 7), S. 158–161.
292 Vgl. etwa Walter Schlesinger: Die geschichtliche Stellung der mittelalterlichen deutschen Ostbewegung. In: HZ 183 (1957), S. 517–542; vgl. dazu die kritische Stellungnahme von Gerard Labuda: Geschichte der deutschen Ostkolonisation in den neueren westdeutschen Forschungen. In: Polish Western Affairs 2 (1961), S. 278 bis 383.
293 Walter Schlesinger: Die mitteldeutsche Ostsiedlung im Herrschaftsraum der Wettiner und Askanier. In: Deutsche Ostsiedlung in Mittelalter und Neuzeit, Köln–Wien 1971, S. 57.
294 Anneliese Krenzlin: Historische und wirtschaftliche Züge im Siedlungsformenbild des westlichen Ostdeutschlands (Frankfurter Geographische Hefte 27–29), 1955, S. 46 bis 53; Bruno Benthien: Die historischen Flurformen des südwestlichen Mecklenburg, Schwerin 1960, S. 98/99.

Anmerkungen zu den Seiten 206 bis 219

295 Bruno Benthien: Die historischen Flurformen (vgl. Anm. 294), S. 24/25; Karl Baumgarten: Das deutsche Bauernhaus, Berlin 1980, S. 42–45.
296 Wolfgang Jacobeit: Jochgeschirr und Spanntiergrenze. In: DJbVK 3 (1957), S. 134–140.
297 Walter Kuhn: Flämische und fränkische Hufe als Leitformen der mittelalterlichen Ostsiedlung, in: Vergleichende Untersuchungen (vgl. Anm. 285), S. 11–15.
298 Stanisław Trawkowski: Zur Erforschung der deutschen Kolonisation auf polnischem Boden. In: Acta Poloniae historica 7 (1962), S. 87, 95; derselbe: Die Rolle der deutschen Dorfkolonisation und des deutschen Rechts in Polen im 13. Jahrhundert. In: Die deutsche Ostsiedlung des Mittelalters als Problem der europäischen Geschichte (Vorträge und Forschungen 18), Sigmaringen 1975, S. 366 bis 368.
299 Karl Brunner: Zum Prozeß gegen Herzog Friedrich II. von 1236. In: MIÖG 78 (1970), S. 260–273.
300 Friedrich Hausmann: Kaiser Friedrich II. und Österreich. In: Probleme um Friedrich II. (vgl. Anm. 241), S. 253–257.
301 MGH Const. II (vgl. Anm. 221), Nr. 206, S. 277.
302 Ebenda, Nr. 215, S. 296/297.
303 Brian Tierny: Foundations of the Conciliar Theory, Cambridge 1955, S. 77–80; Übersetzung in: Stupor Mundi (vgl. Anm. 257), S. 455–458.
304 MGH Epistolae saeculi XIII, Bd. 1, hrsg. von Karl Rodenberg, Berlin 1883, Nr. 750, S. 645–654.
305 Gero Kirchner: Die Steuerliste von 1241. In: ZRG GA 70 (1953), S. 96.
306 Carlrichard Brühl: Fodrum, gistum, servitium regis (vgl. Anm. 146), S. 196, Anm. 323.
307 Friedrich Kempf: Die Absetzung Friedrichs II. im Lichte der Kanonistik. In: Probleme um Friedrich II. (vgl. Anm. 241), S. 345–360.
308 Eduard Winkelmann: Acta Imperii inedita saeculi XIII, Bd. 2, Innsbruck 1885, Nr. 46, S. 49–51.
309 Bernhard Töpfer: Das kommende Reich des Friedens (vgl. Anm. 33), S. 156/157.
310 Karl E. Demandt: Der Endkampf des staufischen Kaiserhauses im Rhein-Main-Gebiet. In: HJbLG 7 (1957), S. 150 bis 156.
311 Carlrichard Brühl: Fodrum, gistum, servitium regis (vgl. Anm. 146), S. 584.

Anmerkungen zu Kapitel 3

1 Die letzte ausführliche Darstellung zur politischen Geschichte nach 1250 ist immer noch Johannes Kempf: Geschichte des Deutschen Reiches während des großen Interregnums 1245–1273, Würzburg 1893; vgl. auch Otto Hintze: Das Königtum Wilhelms von Holland, Leipzig 1885.
2 Evamaria Engel: Beziehungen zwischen Königtum und Städtebürgertum unter Wilhelm von Holland (1247–1256). In: Stadt und Städtebürgertum in der deutschen Geschichte des 13. Jahrhunderts, hrsg. von Bernhard Töpfer, Berlin 1976, S. 63–107.
3 MGH Epp. pont. 3, hrsg. von Karl Rodenberg, Berlin 1894, Nr. 74–75 II, S. 59–61.
4 MGH Const. II, hrsg. von Ludwig Weiland, Hannover 1896, Nr. 459, S. 631/632.
5 Siegfried Epperlein: Städtebünde und Feudalgewalten im 13. Jahrhundert. In: ZfG, H. 6/1972, S. 698–702; Leo Stern/Erhard Voigt: Deutschland in der Epoche des vollentfalteten Feudalismus von der Mitte des 13. bis zum ausgehenden 15. Jahrhundert (Lehrbuch der deutschen Geschichte, Beiträge), 2., veränd. Aufl. bearb. von Johannes Schildhauer, Berlin 1976, S. 55–57.
6 MGH Const. II (vgl. Anm. 4), Nr. 428 II, S. 581/582. Den Einschnitt 1254 betont, auf der Grundlage einer Analyse des diplomatischen Materials aus der Regierungszeit Wilhelms von Holland, auch Dieter Hägermann: Studien zum Urkundenwesen Wilhelms von Holland. Ein Beitrag zur Geschichte der deutschen Königsurkunde im 13. Jahrhundert, Köln–Wien 1977, S. 320.
7 Bemerkung des Chronisten Albert von Stade. In: MGH SS XVI, Hannover 1859, S. 373.
8 So etwa Erich Bielfeldt: Der Rheinische Bund von 1254. Ein erster Versuch einer Reichsreform, Berlin 1937; Herbert Grundmann: Wahlkönigtum, Territorialpolitik und Ostbewegung im 13. und 14. Jahrhundert (1198–1378). In: Gebhardt: Handbuch der deutschen Geschichte, 9., neu bearb. Aufl., hrsg. von Herbert Grundmann, Bd. 1, Stuttgart 1970, S. 469; dagegen auch Siegfried Hoyer: Bürgertum und Reform des Reiches vom 13./15. Jahrhundert. In: Haupttendenzen der europäischen Stadtgeschichte im 14. und 15. Jahrhundert, hrsg. von der Forschungsgruppe Stadtgeschichte unter der Leitung von Erika Uitz. Redaktionsleitung: Eva Papke, Teil 2, Magdeburg 1974, S. 116/117.
9 Nach den Annalen des Hermann von Altaich. In: MGH SS XVII, Hannover 1861, S. 394.
10 Annales Hamburgenses, hrsg. von Friedrich Reuter. In: Quellensammlung der Gesellschaft für Schleswig-Holsteinisch-Lauenburgische Geschichte, Bd. 4, Kiel 1875, S. 427; zu den finanziellen Aufwendungen dieser beiden und weiterer Könige des 13. Jahrhunderts für ihre Wahlen vgl. Hugo Stehkämper: Geld bei deutschen Königswahlen des 13. Jahrhunderts. In: Wirtschaftskräfte und Wirtschaftswege. Festschrift für Hermann Kellenbenz, hrsg. von Jürgen Schneider, Bd. 1, Stuttgart 1978, S. 83–135.
11 Martin Lintzel: Die Entstehung des Kurfürstenkollegs, in: Ausgewählte Schriften, Bd. 2, Berlin 1961, S. 462.
12 Ernst Schubert: Die Stellung der Kurfürsten in der spätmittelalterlichen Reichsverfassung. In: Jb für westdeutsche Landesgeschichte 1 (1975), S. 97–110.
13 Vgl. Egon Boshof: Erstkurrecht und Erzämtertheorie im Sachsenspiegel. In: HZ, Beiheft 2 (NF) (1973), S. 84 bis 121.
14 Zur neueren Einschätzung des Interregnums vgl. Fritz Trautz: Richard von Cornwall. Zum Gedenken an die Hochzeit zu Lautern im Jahre 1269. In: Jb zur Geschichte von Stadt und Landkreis Kaiserslautern 7 (1969), S. 27–34.
15 Die deutsche Literatur. Texte und Zeugnisse. Mittelalter, hrsg. von Helmut de Boor, 2. Teilbd., München 1965, S. 1032; vgl. auch: Politische Lyrik des deutschen Mit-

telalters. Texte I: Von Friedrich II. bis Ludwig dem Bayern, hrsg. von Ulrich Müller, Göppingen 1972, S. 59, Vers 17–20; Ulrich Müller: Untersuchungen zur politischen Lyrik des deutschen Mittelalters, Göppingen 1974, S. 115.

16 Arno Borst: Lebensformen im Mittelalter, Frankfurt/Main–(West-)Berlin 1973, S. 183–185; vgl. auch Berthold von Regensburg: Predigten, Bd. 1, hrsg. von Franz Pfeiffer, Wien 1862, S. 190/191, 431; derselbe, Predigten, Bd. 2, hrsg. von Joseph Strobl, Wien 1880, S. 205 (Neudruck (West)Berlin 1965).

17 Götz Landwehr: Die Verpfändung der deutschen Reichsstädte im Mittelalter, Köln–Graz 1967, S. 90–96.

18 Heinz Köller/Bernhard Töpfer: Frankreich. Ein historischer Abriß. Teil 1: Bernhard Töpfer: Von den Anfängen bis zum Tode Heinrichs IV., 4. Aufl., Berlin 1980, S. 91 bis 93.

19 Heinrici historia monasterii Marchtelanensis. In: MGH SS XXIV, Hannover 1879, S. 681.

20 Götz Landwehr: Mobilisierung und Konsolidierung der Herrschaftsordnung im 14. Jahrhundert. In: Der deutsche Territorialstaat im 14. Jahrhundert, Bd. 2, hrsg. von Hans Patze (Vorträge und Forschungen 14), Sigmaringen 1971, S. 484–505; vgl. auch: Herrschaft und Stand. Untersuchungen zur Sozialgeschichte im 13. Jahrhundert, hrsg. von Josef Fleckenstein, Göttingen 1977.

21 Karl Czok: Charakter und Entwicklung des feudalen deutschen Territorialstaates. In: ZfG, H. 8/1973, S. 932/933 und 936, der den deutschen Territorialstaat seit dem Ende des 13. Jahrhunderts als territorialen Ständestaat charakterisiert; vgl. auch verschiedene Beiträge in: Städte und Ständestaat. Zur Rolle der Städte bei der Entwicklung der Ständeverfassung in europäischen Staaten vom 13. bis zum 15. Jahrhundert, hrsg. von Bernhard Töpfer, Berlin 1980.

22 Karl Bosl: Stände und Territorialstaat in Bayern im 14. Jahrhundert. In: Der deutsche Territorialstaat 2 (vgl. Anm. 20), S. 343–359; derselbe: Die Geschichte der Repräsentation in Bayern. Landständische Bewegung, landständische Verfassung, Landesausschuß und altständische Gesellschaft (Repräsentation und Parlamentarismus in Bayern vom 13. bis zum 20. Jahrhundert. Eine politische Geschichte des Volkes in Bayern, hrsg. von Karl Bosl, Bd. 1), München 1974, S. 30–48.

23 Vladimir Terent'evič Pašuto: Die Rus', Litauen und Deutschland im 13. Jahrhundert. In: Russisch-deutsche Beziehungen von der Kiever Rus' bis zur Oktoberrevolution. Studien und Aufsätze, hrsg. von Heinz Lemke und Bruno Widera, Berlin 1976, S. 77–105.

24 Eckhard Müller-Mertens: Untersuchungen zur Geschichte der brandenburgischen Städte im Mittelalter (II). In: WZ Humboldt-Universität Berlin, Jg. 5 (1955/1956), gesellschafts- und sprachwissenschaftliche Reihe, H. 4, S. 278–281.

25 Wolfgang Eggert: Städtenetz und Stadtherrenpolitik. Ihre Herausbildung im Bereich des späteren Württemberg während des 13. Jahrhunderts. In: Stadt und Städtebürgertum (vgl. Anm. 2), S. 158–163; Rudolf Seigel: Die württembergische Stadt am Ausgang des Mittelalters. Probleme der Verfassungs- und Sozialstruktur. In: Die Stadt am Ausgang des Mittelalters, hrsg. von Wilhelm Rausch, Linz/Donau 1974, S. 177–179.

26 UB für die Geschichte des Niederrheins, Bd. 2, hrsg. von Theodor Josef Lacomblet, Düsseldorf 1846, Nr. 730, S. 429–431.

27 Wolfgang Podehl: Burg und Herrschaft in der Mark Brandenburg. Untersuchungen zur mittelalterlichen Verfassungsgeschichte unter besonderer Berücksichtigung von Altmark, Neumark und Havelland, Köln–Wien 1975, S. 543, 763/764.

28 Karl Czok: Kommunale Bewegung und bürgerliche Opposition in Deutschland im 13. Jahrhundert. In: WZ Karl-Marx-Universität Leipzig, Jg. 14 (1965), gesellschafts- und sprachwissenschaftliche Reihe, H. 3, S. 413 bis 418.

29 Brigitte Berthold: Sozialökonomische Differenzierung und innerstädtische Auseinandersetzungen in Köln im 13. Jahrhundert. In: Stadt und Städtebürgertum (vgl. Anm. 2), S. 264–287; Hugo Stehkämper: Über die rechtliche Absicherung der Stadt Köln gegen eine erzbischöfliche Landesherrschaft vor 1288. In: Die Stadt in der europäischen Geschichte. Festschrift Edith Ennen, hrsg. von Werner Besch, Klaus Fehn u. a., Bonn 1972, S. 359 bis 372; Edith Ennen: Kölner Wirtschaft im Früh- und Hochmittelalter. In: Zwei Jahrtausende Kölner Wirtschaft, Bd. 1, hrsg. von Hermann Kellenbenz unter Mitarbeit von Klara van Eyll, Köln 1975, S. 155–160; Helga Johag: Die Beziehungen zwischen Klerus und Bürgerschaft in Köln zwischen 1250 und 1350, Bonn 1977, S. 131 bis 135, 196–200.

30 Gotfrid Hagen: Dit is dat Boich van der stede Colne. In: Die Chroniken der deutschen Städte, Bd. 12: Die Chroniken der niederrheinischen Städte, Cöln, Bd. 1, Leipzig 1875, S. 56 (Vers 1207–1212).

31 Ebenda, S. 61 (Vers 1398–1401) und 57 (Vers 1253–1255).

32 Ebenda, S. 90 (Vers 2383).

33 Hans J. Domsta: Die Kölner Außenbürger, Bonn 1973, S. 31–58.

34 Brigitte Berthold: Innerstädtische Auseinandersetzungen in Straßburg während des 14. Jahrhunderts. In: JbGF 1 (1977), S. 157–167; vgl. auch T. M. Neguljaeva: Skladyvanie gorodskogo patriciata v srednevekovom Strasburge (XII–načalo XIV vv.). In: Srednevekovyj gorod, Bd. 2, Saratov 1974, S. 81–110.

35 UB der Stadt Strassburg, Bd. 1, bearb. von Wilhelm Wiegand, Strassburg 1879, Nr. 471, S. 355.

36 Josef Fleckenstein: Die Problematik von Ministerialität und Stadt im Spiegel Freiburger und Strassburger Quellen. In: Stadt und Ministerialität, hrsg. von Erich Maschke und Jürgen Sydow, Stuttgart 1973, S. 5–15, 155/156; für Hildesheim und Braunschweig kommt derselbe zum gleichen Ergebnis: Ministerialität und Stadtherrschaft. Ein Beitrag zu ihrem Verhältnis am Beispiel von Hildesheim und Braunschweig. In: Festschrift für Helmut Beumann zum 65. Geburtstag, hrsg. von Kurt-Ulrich Jäschke und Reinhard Wenskus, Sigmaringen 1977, S. 349 bis 364; vgl. auch Thomas Zotz: Bischöfliche Herrschaft, Adel, Ministerialität und Bürgertum in Stadt und Bistum Worms (11.–14. Jahrhundert). In: Herrschaft und Stand (vgl. Anm. 20), S. 118–136.

37 UB der Stadt Strassburg, Bd IV/2, bearb. von Aloys Schulte und Georg Wolfram, Strassburg 1888, Nr. 1, § 76, S. 11.

38 Karl Bosl: Die Sozialstruktur der mittelalterlichen Residenz- und Fernhandelsstadt Regensburg. Die Entwicklung ihres Bürgertums vom 9.–14. Jahrhundert. In: Untersuchungen zur gesellschaftlichen Struktur der mittelalterlichen Städte in Europa (Vorträge und Forschungen 11), Stuttgart 1966, S. 125–197; derselbe: Die wirtschaftliche und gesellschaftliche Entwicklung des Augsburger Bürgertums vom 10. bis zum 14. Jahrhundert (SB der Bayerischen Akademie der Wissenschaften, philosophisch-historische Klasse, Jg. 1969, H. 3), München 1969, S. 16–31; Knut Schulz: Die Ministerialität als Problem der Stadtgeschichte. In: RhVjbll 32 (1968), S. 184 bis 219; siehe auch: Stadt und Ministerialität (vgl. Anm. 36) mit unterschiedlichen Auffassungen zur Rolle der Ministerialität in der weiteren Stadtentwicklung besonders seit dem 13. Jahrhundert.

39 So Karl Bosl: Mensch und Gesellschaft in der Geschichte Europas, München 1972, S. 82.

40 Wilhelm Wattenbach/Franz-Josef Schmale: Deutschlands Geschichtsquellen im Mittelalter. Vom Tode Kaiser Heinrichs V. bis zum Ende des Interregnums, Bd. 1, von Franz-Josef Schmale unter der Mitarbeit von Irene Schmale-Ott und Dieter Berg, Darmstadt 1976, S. 340 bis 344.

41 Hubert Mohr: Der Kampf gegen Kirche und Scholastik und die Anfänge des wissenschaftlichen Denkens im deutschen Hochmittelalter. In: Ost und West in der Geschichte des Denkens und der kulturellen Beziehungen. Festschrift für Eduard Winter, Berlin 1966, S. 45–58; Alexander Kolesnyk: Die arabische Philosophie in der Überlieferungsgeschichte des menschlichen Denkens. In: Deutsche Zeitschrift für Philosophie 24 (1976), H. 8, S. 1009–1016; vgl. auch Ernst Werner: Stadt und Geistesleben im Hochmittelalter (Forschungen zur mittelalterlichen Geschichte 30), Weimar 1980, S. 212–217 und passim.

42 Nach: John Desmond Bernal: Die Wissenschaft in der Geschichte, 3. Aufl., Berlin 1967, S. 235.

43 Hermann Ley: Studie zur Geschichte des Materialismus im Mittelalter, Berlin 1957, S. 468–475.

44 Werner Mägdefrau: Patrizische Ratsherrschaft, Bürgeropposition und städtische Volksbewegungen in Erfurt. Von der Herausbildung des ersten bürgerlichen Rates um die Mitte des 13. Jahrhunderts bis zu den innerstädtischen Auseinandersetzungen von 1309 bis 1310. In: Stadt und Städtebürgertum (vgl. Anm. 2), S. 326–349; zur Entwicklung des Erfurter Zunftwesens vgl. derselbe: Städtische Produktion von der Entstehung der Zünfte bis ins 14. Jahrhundert. In: Europäische Stadtgeschichte in Mittelalter und früher Neuzeit, hrsg. von Werner Mägdefrau, Weimar 1979, S. 130–188.

45 Erika Uitz: Der Kampf um kommunale Autonomie in Magdeburg bis zur Stadtverfassung von 1330. In: Stadt und Städtebürgertum (vgl. Anm. 2), S. 305–320; Wilfried Ehbrecht: Hanse und spätmittelalterliche Bürgerkämpfe in Niedersachsen und Westfalen. In: NJbLG 48 (1976), S. 80/81, 83–86.

46 Urkunden und Akten zur Geschichte der Verfassung und Verwaltung der Stadt Koblenz bis zum Jahre 1500, bearb. von Max Bär, Bonn 1898, Beilage I, S. 29.

47 Zum Charakter des Patriziats vgl. Konrad Fritze: Am Wendepunkt der Hanse, Berlin 1967, S. 128/129; Brigitte Berthold: Auseinandersetzungen in Köln. In: Stadt und Städtebürgertum (vgl. Anm. 2), S. 238/239; Werner Mägdefrau: Patrizierherrschaft. In: ebenda, S. 326–329.

48 Das älteste Stralsundische Stadtbuch (1270–1310), hrsg. von Ferdinand Fabricius, Berlin 1872, S. 4.

49 Hans Patze: Neue Typen des Geschäftsschriftgutes im 14. Jahrhundert. In: Der deutsche Territorialstaat im 14. Jahrhundert, Bd. 1, hrsg. von Hans Patze (Vorträge und Forschungen 13), Sigmaringen 1970, S. 54–58.

50 Dietrich Fliedner: Wirtschaftliche und soziale Stadtumlandbeziehungen im hohen Mittelalter (Beispiele aus Nordwestdeutschland). In: Stadt-Land-Beziehungen und Zentralität als Problem der historischen Raumforschung, Hannover 1974, S. 124–132.

51 Eckhard Müller-Mertens: Untersuchungen zur Geschichte der brandenburgischen Städte im Mittelalter (III und IV). In: WZ Humboldt-Universität Berlin, Jg. 6 (1956/57), gesellschafts- und sprachwissenschaftliche Reihe, H. 1, S. 4/5.

52 Jürgen Sydow: Spital und Stadt in Kanonistik und Verfassungsgeschichte des 14. Jahrhunderts. In: Territorialstaat 1 (vgl. Anm. 49), S. 177–195.

53 UB der Stadt Erfurt, Bd. 1, bearb. von Carl Beyer (Geschichtsquellen der Provinz Sachsen 23), Halle 1889, Nr. 555, S. 388.

54 UB zur Berlinischen Chronik, hrsg. von Ferdinand Voigt, Berlin 1869, Nr. 10, S. 9.

55 Vgl. Michael Mitterauer: Zollfreiheit und Marktbereich. Studien zur mittelalterlichen Wirtschaftsverfassung am Beispiel einer niederösterreichischen Altsiedellandschaft, Wien 1969, S. 47/48.

56 Jan A. van Houtte: Die Beziehungen zwischen Köln und den Niederlanden vom Hochmittelalter bis zum Beginn des Industriezeitalters, Köln 1969, S. 10–14.

57 Winfried Küchler: Das Bannmeilenrecht, Würzburg 1964, S. 10–16.

58 Franz Petri: Das Verhältnis von Stadt und Land in der Geschichte der Niederlande. In: Stadt-Land-Beziehungen (vgl. Anm. 50), S. 109/110.

59 Wolfgang Eggert: Städtenetz und Stadtherrnpolitik (vgl. Anm. 25), S. 217/218; siehe auch die Karten auf S. 108 u. 238.

60 Heinz Stoob: Westfälische Beiträge zum Verhältnis von Landesherrschaft und Städtewesen, in: Forschungen zum Städtewesen in Europa, Bd. 1, Köln–Wien 1970, S. 189; vgl. auch Bernhard Töpfer: Neue Publikationen zur Stadtgeschichte der Feudalepoche. In: JbWG 1973, Teil 4, S. 249.

61 Zum Begriff „Minderstadt" vgl. Heinz Stoob: Minderstädte. Formen der Stadtentstehung im Spätmittelalter, in: Forschungen zum Städtewesen (vgl. Anm. 60), S. 225 bis 245.

62 Carl Haase: Die mittelalterliche Stadt als Festung. In: Die Stadt des Mittelalters, hrsg. von Carl Haase, Bd. 1, Darmstadt 1969, S. 377–407.

63 Konrad Fritze: Soziale Aspekte der Zuwanderung zu den Hansestädten an der südwestlichen Ostseeküste bis zum 16. Jahrhundert. In: JbGF 2 (1978), S. 180.
64 Dietrich Fliedner: Wirtschaftliche und soziale Stadtumlandbeziehungen (vgl. Anm. 50), S. 133–135.
65 Vgl. Fritz Michel: Die Geschichte der Stadt Koblenz im Mittelalter, Trautheim–Mainz 1963, S. 63.
66 Hans Planitz: Die deutsche Stadt im Mittelalter. Von der Römerzeit bis zu den Zunftkämpfen, Graz–Köln 1954, S. 296, 469 Anm. 18.
67 Baukunst in Deutschland. Gotik. Einführung von Ernst Ullmann, Leipzig 1969, S. 11–38; zur bürgerlichen Hausanlage vgl. Frank-Dietrich Jacob: Die Görlitzer bürgerliche Hausanlage der Spätgotik und Frührenaissance, Görlitz 1972; derselbe: DDR-Veröffentlichungen zur bürgerlichen Hausanlage im Feudalismus (1949–1976). In: JbVKG 21 (1978), S. 185–193.
68 Nikolaus Zaske: Mittelalterlicher Backsteinbau Norddeutschlands als Geschichtsquelle. In: Neue Hanische Studien, Berlin 1970, S. 78; vgl. derselbe: Gotische Backsteinkirchen Norddeutschlands zwischen Elbe und Oder, 2. Aufl., Leipzig 1970.
69 Peter Wiek: Das Straßburger Münster. Untersuchungen über die Mitwirkung des Stadtbürgertums am Bau bischöflicher Kathedralkirchen im Spätmittelalter. In: ZGORh 107 (1959), S. 40–113.
70 Hektor Ammann: Die Anfänge der Leinenindustrie des Bodenseegebiets. In: Alemannisches Jb 1953, S. 251–313.
71 Reinhard Patemann: Die Stadtentwicklung von Basel bis zum Ende des 13. Jahrhunderts. In: ZGORh 112 (1964), S. 460/461.
72 Herbert Helbig: Gesellschaft und Wirtschaft der Mark Brandenburg im Mittelalter, (West-)Berlin–New York 1973, S. 23, 104, 110.
73 Gerda Bergholz (unter Mitwirkung von Werner Spieß): Die Beckenwerkergilde zu Braunschweig, Braunschweig 1954, S. 36/37.
74 Werner Schultheiß: Geld- und Finanzgeschäfte Nürnberger Bürger vom 13.–17. Jahrhundert. In: Beiträge zur Wirtschaftsgeschichte Nürnbergs, Bd. 1, Nürnberg 1967, S. 61–63.
75 Werner Mägdefrau: Zur Organisation des Warenhandels und zur Rolle des Kaufmannskapitals im späten Mittelalter. Vor allem aufgrund thüringischer Quellen. In: JbWG 1976, Teil 3, S. 120–126.
76 Konrad Fritze: Bürger und Bauern zur Hansezeit. Studien zu den Stadt-Land-Beziehungen an der südwestlichen Ostseeküste vom 13. bis zum 16. Jahrhundert, Weimar 1976, S. 29–45.
77 Herbert Helbig: Gesellschaft und Wirtschaft (vgl. Anm. 72), S. 119/120; Rolf Sprandel: Das mittelalterliche Zahlungssystem. Nach hansisch-nordischen Quellen des 13.–15. Jahrhunderts, Stuttgart 1975, S. 44/45.
78 Johannes Bolte: Zehn Gedichte auf den Pfennig. In: Zeitschrift für deutsches Altertum und deutsche Literatur 48 (1906), S. 33.
79 Werner Mägdefrau: Der Thüringer Städtebund im Mittelalter, Weimar 1977, S. 49.
80 Vgl. Oswald Redlich/Anton E. Schönbach: Des Gutolf von Heiligenkreuz Translatio S. Delicianae. In: SB der philosophisch-historischen Klasse der kaiserlichen Akademie der Wissenschaften, Bd. 159, Wien 1908, Abhandlung 2, S. 13.
81 Niklot Klüßendorf: Studien zu Währung und Wirtschaft am Niederrhein vom Ausgang der Periode des regionalen Pfennigs bis zum Münzvertrag von 1357, Bonn 1974, S. 82–87, 106–113.
82 Vgl. Fritz Michel: Geschichte der Stadt Koblenz (vgl. Anm. 65), S. 85.
83 Siegfried Epperlein: Bauernbedrückung und Bauernwiderstand im hohen Mittelalter, Berlin 1960, S. 85/86.
84 Chr. Haeutle: Einige altbayerische Stadtrechte. In: Oberbayerisches Archiv 45 (1888/1889), S. 227.
85 Ebenda 47 (1891/1892), S. 57.
86 Quellen und Erörterungen zur bayerischen und deutschen Geschichte, Bd. 6, München 1861, Nr. 209, S. 92.
87 UB des Stiftes Xanten, Bd. 1, bearb. von Peter Weiler, Bonn 1935, Nr. 194, S. 130/131.
88 Monumenta Boica, Bd. 5, München 1765, Nr. 6, S. 243.
89 Vgl. Gero Kirchner: Probleme der spätmittelalterlichen Klostergrundherrschaft in Bayern: Landflucht und bäuerliches Erbrecht. In: ZBLG 19 (1956), S. 91.
90 Vgl. Egon Moeren: Zur sozialen und wirtschaftlichen Lage des Bauerntums im 12. bis 14. Jahrhundert. In: Nassauische Annalen 59 (1939), S. 67.
91 Nassauisches UB, Bd. I/2, bearb. von Wilhelm Sauer, Wiesbaden 1886, Nr. 697, S. 421.
92 Monumenta Boica, Bd. 33, München 1841, Nr. 224, S. 272 bis 274.
93 Hugo von Trimberg: Der Renner, hrsg. von Gustav Ehrismann, Bd. 2, (West-)Berlin 1970 (Neudruck der Ausgabe Tübingen 1909), S. 11, Vers 9695–9698; vgl. dazu auch Helmuth Stahleder: Arbeit in der mittelalterlichen Gesellschaft, München 1972, S. 68–79, 142/143; Siegfried Epperlein: Der Bauer im Bild des Mittelalters, Leipzig–Jena–Berlin 1975, S. 79–86.
94 Das Quellenmaterial zur Regierungszeit Rudolfs von Habsburg ist aufgearbeitet durch Oswald Redlich: Rudolf von Habsburg. Das deutsche Reich nach dem Untergange des alten Kaisertums, Innsbruck 1903.
95 MGH Const. III, hrsg. von Jacob Schwalm, Hannover–Leipzig 1904–1906, Nr. 3, S. 9/10.
96 Die Chroniken der deutschen Städte, Bd. 8: Die Chroniken der oberrheinischen Städte, Straßburg, Bd. 1, Leipzig 1870, S. 56.
97 Ernst Schubert: Königswahl und Königtum im spätmittelalterlichen Reich. In: Zeitschrift für historische Forschung 4 (1977), S. 257–338.
98 MGH Const. III (vgl. Anm. 95), Nr. 16, S. 29/30; vgl. Erich Kleinschmidt: Herrscherdarstellung. Zur Disposition mittelalterlichen Aussageverhaltens, untersucht an Texten über Rudolf von Habsburg. Mit einem Editionsanhang, Bern–München 1974, S. 229–232.
99 Chronica de gestis principum, hrsg. von Georg Leidinger. In: Bayerische Chroniken des 14. Jahrhunderts (MGH SSrG), Hannover–Leipzig 1918, S. 31.
100 Jürgen Sydow: Zur verfassungsgeschichtlichen Stellung von Reichsstadt, freier Stadt und Territorialstadt im 13. und 14. Jahrhundert. In: Les libertés urbaines et rurales du XIe au XIVe siècle. Collection Histoire 19 (1968),

S. 281–309; Peter Moraw: Reichsstadt, Reich und Königtum im späten Mittelalter. In: Zeitschrift für historische Forschung 6 (1979), S. 385–424, der den allmählichen Übergang von der königlichen Stadt der Stauferzeit zur spätmittelalterlichen Reichsstadt herausarbeitet.
101 Götz Landwehr: Die Verpfändung der deutschen Reichsstädte (vgl. Anm. 17), S. 101–129, 134/135.
102 Hartmut Steinbach: Die Reichsgewalt und Niederdeutschland in nachstaufischer Zeit (1247–1308), Stuttgart 1968, S. 68–116.
103 František Kavka: Die Städte Böhmens und Mährens zur Zeit des Přemysliden-Staates. In: Die Städte Mitteleuropas im 12. und 13. Jahrhundert, Linz 1963, S. 137 bis 153.
104 Kleinere Dichtungen Konrads von Würzburg, hrsg. von Edward Schröder, H. 3, Berlin 1926, S. 67 (Vers 328); vgl. zu den Dichtungen Konrads von Würzburg Helmut de Boor: Die deutsche Literatur im späten Mittelalter. Zerfall und Neubeginn, 1. Teil 1250–1350, München 1967, besonders S. 27–52.
105 Otto Brunner: Das Wiener Bürgertum in Jans Enikels Fürstenbuch. In: MIÖG 58 (1950), S. 555–574.
106 Heinz Angermeier: Königtum und Landfriede im deutschen Spätmittelalter, München 1966, S. 64–74.
107 MGH Const. III (vgl. Anm. 95), Nr. 278, § 2, S. 269.
108 Werner Mägdefrau: Der Thüringer Städtebund (vgl. Anm. 79), S. 105–107; Thomas Michael Martin: Die Städtepolitik Rudolfs von Habsburg, Göttingen 1976, S. 96–98.
109 MGH Const. III (vgl. Anm. 95), Nr. 390, S. 376/377.
110 Evamaria Engel: Frühe ständische Aktivitäten des Städtebürgertums im Reich und in den Territorien bis zur Mitte des 14. Jahrhunderts. In: Städte und Ständestaat (vgl. Anm. 21), S. 23–26, 35.
111 Chronicon Colmariense. In: MGH SS XVII, Hannover 1861, S. 243, 245; Erich Kleinschmidt: Die Colmarer Dominikaner-Geschichtsschreibung im 13. und 14. Jahrhundert. Neue Handschriftenfunde und Forschungen zur Überlieferungsgeschichte (mit Textanhang). In: DA 28 (1972), S. 462. Vgl. auch Thomas Martin: Das Bild Rudolfs von Habsburg als „Bürgerkönig" in Chronistik, Dichtung und moderner Historiographie. In: BlldtLG 112 (1976), S. 208.
112 Sächsische Weltchronik, erste bairische Fortsetzung, hrsg. von Ludwig Weiland. In: MGH Deutsche Chroniken, Bd. 2, Hannover 1876, S. 328.
113 Thomas de Wykes Chronicon zu 1269. In: MGH SS XXVII, Hannover 1885, S. 498.
114 Chronicon Colmariense (vgl. Anm. 111), S. 244; Erich Kleinschmidt: Die Colmarer Dominikaner-Geschichtsschreibung (vgl. Anm. 111), S. 477.
115 Fred Schwind: Zur staatlichen Ordnung der Wetterau von Rudolf von Habsburg bis Karl IV. In: Der deutsche Territorialstaat 2 (vgl. Anm. 20), S. 208/209.
116 Bernhard Töpfer: Das kommende Reich des Friedens. Zur Entwicklung chiliastischer Zukunftshoffnungen im Hochmittelalter, Berlin 1964, S. 175–177.
117 Evamaria Engel: Finanzielle Beziehungen zwischen deutschen Königen und Städtebürgern von 1250 bis 1314. In: JbWG 1975, Teil 4, S. 98–104.
118 Sigmund Meisterlins Chronik der Reichsstadt Nürnberg. In: Die Chroniken der deutschen Städte, Bd. 3: Die Chroniken der fränkischen Städte, Nürnberg, Bd. 3, Leipzig 1864, S. 112.
119 Erhard Voigt: Reichsgewalt und hansisches Bürgertum. In: WZ Ernst-Moritz-Arndt-Universität Greifswald, Jg. 12 (1963), gesellschafts- und sprachwissenschaftliche Reihe, H. 5/6, S. 507–517.
120 Die Recesse und andere Akten der Hansetage von 1256–1430, Bd. 1, Leipzig 1870, Nr. 7, S. 4.
121 Johannes Schildhauer/Konrad Fritze/Walter Stark: Die Hanse, 4. Aufl., Berlin 1981, besonders S. 66–71; Gotthard Raabe: Bündnisse der wendischen Städte bis 1315, phil. Diss. Hamburg 1971, besonders S. 6–161; Wolf-Dieter Mohrmann: Der Landfriede im Ostseeraum während des späten Mittelalters, Kallmünz/Opf. 1972, S. 27 bis 38.
122 Mecklenburgisches UB, Bd. 3, Schwerin 1865, Nr. 2414a, S. 646.
123 MGH Die Urkunden Heinrichs des Löwen, Herzogs von Sachsen und Bayern, bearb. von Karl Jordan, Weimar 1949, Nr. 63 b, S. 93.
124 Zum Verhalten der Hanse bei Bürgerkämpfen vgl. Wilfried Ehbrecht: Verhaltensformen der Hanse bei spätmittelalterlichen Bürgerkämpfen in Westfalen. In: Westfälische Forschungen 26 (1974), S. 46–59; derselbe: Hanse und spätmittelalterliche Bürgerkämpfe (vgl. Anm. 45), S. 77–105.
125 Karl Friedrich Olechnowitz: Rostock von der Stadtrechtsbestätigung im Jahre 1218 bis zur bürgerlich-demokratischen Revolution von 1848/49, Rostock 1968, S. 82/83.
126 Georg Sartorius Frh. von Waltershausen: Urkundliche Geschichte des Ursprungs der deutschen Hanse, hrsg. von Johann Martin Lappenberg, Bd. 2, Hamburg 1830, Nr. 74, S. 167/168.
127 Martini Continuatio Coloniensis. In: Chronica regia Coloniensis, hrsg. von Georg Waitz (MGH SSrG), Hannover 1880, S. 362.
128 Mecklenburgisches UB, Bd. 4, Schwerin 1867, Nr. 2603, S. 144 (1300 März 28).
129 Konrad Fritze: Der Kampf zwischen Bürgertum und Feudalfürstentum an der südwestlichen Ostseeküste zu Beginn des 14. Jahrhunderts. In: WZ Ernst-Moritz-Arndt-Universität Greifswald, Jg. 8 (1958/1959), gesellschafts- und sprachwissenschaftliche Reihe, H. 3, S. 248.
130 Vgl. Hans Conrad Peyer: Die Entstehung der Eidgenossenschaft. In: Handbuch der Schweizer Geschichte, Bd. 1, Zürich 1972, S. 174–184.
131 Quellenwerk zur Entstehung der Schweizerischen Eidgenossenschaft, Abteilung I: Urkunden, Bd. 1, bearb. von Traugott Schieß, Aarau 1933, Nr. 1681, S. 776–783.
132 Werner Röllin: Siedlungs- und wirtschaftsgeschichtliche Aspekte der mittelalterlichen Urschweiz bis zum Ausgang des 15. Jahrhunderts, Zürich 1969, S. 40–61.
133 Quellenwerk (vgl. Anm. 131), Urkunden, Bd. 2, bearb. von Traugott Schieß, vollendet von Bruno Meyer, Aarau 1937, Nr. 89, S. 39/40.
134 Karl Lechner: Die Bildung des Territoriums und die Durchsetzung der Territorialhoheit im Raum des öst-

lichen Österreich. In: Der deutsche Territorialstaat 2 (vgl. Anm. 20), S. 420/421.

135 Karl Uhlirz: Die Treubriefe der Wiener Bürger aus den Jahren 1281 und 1288. In: MIÖG, 5. Ergänzungsbd., Innsbruck 1896–1903, S. 90.

136 Fritz Trautz: Die Könige von England und das Reich 1272–1377, Heidelberg 1961, S. 129–175.

137 MGH Const. III (vgl. Anm. 95), Nr. 645, S. 631–635; vgl. Friedrich Bock: Musciatto dei Francesi. In: DA 6 (1943), S. 521–544; Vincenz Samanek: Die Glaubwürdigkeit der sog. Denkschrift des Musciatto Franzesi. In: Johann Friedrich Böhmer: Regesta Imperii. VI/2: Die Regesten des Kaiserreiches unter Adolf von Nassau 1291–1298, neu bearb. von Vincenz Samanek, Innsbruck 1948, S. 435–446.

138 Werner Schultheiß: Geld- und Finanzgeschäfte (vgl. Anm. 74), S. 64.

139 Franz-Josef Schmale: Eine thüringische Briefsammlung aus der Zeit Adolfs von Nassau. In: DA 9 (1952), S. 482/483, 498–507.

140 MGH Const. III (vgl. Anm. 95), Nr. 584, S. 546.

141 Das zeigen auch einige Stücke aus einer neu aufgefundenen Quelle, einer Mischung von Formularsammlung und Register, zur Geschichte Adolfs, vgl. Wolfgang Heino Struck: Eine neue Quelle zur Geschichte König Adolfs von Nassau. In: Nassauische Annalen 63 (1952), S. 77–86, 101–104.

142 MGH Const. III (vgl. Anm. 95), Nr. 577, S. 540.

143 Fritz Trautz: Studien zur Geschichte und Würdigung König Adolfs von Nassau. In: Geschichtliche Landeskunde, Bd. 2 (Veröffentlichungen des Instituts für geschichtliche Landeskunde an der Universität Mainz, Bd. 2), Wiesbaden 1965, S. 32.

144 MGH Const. IV/2, hrsg. von Jacob Schwalm, Hannover–Leipzig 1909–1911, Nr. 1188, S. 1242.

145 Diese werden von Gerlich unterschätzt, während er die militärische Bedeutung der Städte im Kurfürstenkrieg überbetont, vgl. Alois Gerlich: Königtum, rheinische Kurfürsten und Grafen in der Zeit Albrechts I. von Habsburg. In: Geschichtliche Landeskunde, Bd. V/2 (Festschrift Ludwig Petry, Teil 2), Wiesbaden 1969, S. 85–88. Ein ausgewogeneres Urteil über die königliche Zollpolitik um 1300 fällt Ulf Dirlmeier: Mittelalterliche Hoheitsträger im wirtschaftlichen Wettbewerb, Wiesbaden 1966, S. 135–148.

146 MGH Deutsche Chroniken V/2: Ottokars Österreichische Reimchronik, hrsg. von Joseph Seemüller, Hannover 1893, S. 1012 (Vers 76894 ff.).

147 Chronica ecclesiae Wimpinensis. In: MGH SS XXX/1, Hannover 1896, S. 673.

148 Vgl. Alois Gerlich: Königtum, rheinische Kurfürsten (vgl. Anm. 145), S. 32/33, 85.

149 Eckhard Müller-Mertens: Vom Regnum Teutonicum zum Heiligen Römischen Reich Deutscher Nation. In: ZfG, H. 2/1963, S. 341.

150 Annales Colmarienses maiores. In: MGH SS XVII, Hannover 1861, S. 228.

151 Dieses Bündnis und insbesondere der von Albrecht dem Papst geschworene Eid fanden in der Literatur eine sehr extreme Wertung. Der Charakterisierung als Lehnseid steht seine Einschätzung als Untertaneneid gegenüber; vgl. zu letzterem Dagmar Unverhau: Approbatio – Reprobatio. Studien zum päpstlichen Mitspracherecht bei Kaiserkrönung und Königswahl, Lübeck 1973, S. 316 bis 324. Lintzel sieht in ihm einen Sicherheitseid und in dem Vertrag von 1303 bei allen formalen Zugeständnissen des Habsburgers im wesentlichen einen Erfolg Albrechts. Durch das Attentat von Anagni wurde seine Ausführung jedoch verhindert; vgl. Martin Lintzel: Das Bündnis Albrechts I. mit Bonifaz VIII, in: Ausgewählte Schriften 2 (vgl. Anm. 11), S. 464–485.

152 Die Königsaaler Geschichtsquellen, hrsg. von Johann Loserth. In: Fontes rerum Austriacarum, SS VIII, Wien 1875, S. 278 (cap. 103).

153 Fritz Trautz: Die Reichsgewalt in Italien im Spätmittelalter. In: Heidelberger Jahrbücher 7 (1963), S. 55 bis 61.

154 Manfred Hellmann: Kaiser Heinrich VII. und Venedig. In: HJb 76 (1957), S. 18–24.

155 Vgl. Carlrichard Brühl: Fodrum, gistum, servitium regis, Köln–Graz 1968, S. 636–640.

156 Historia Johannis de Cermenate, hrsg. von Luigi Alberto Ferrai. In: Fonti per la storia d'Italia, Scrittori, secolo XIV, Roma 1889, S. 39.

157 Horst Heintze: Dante Alighieri. Bürger und Dichter, Berlin–Weimar 1965, S. 40–49; Bernhard Töpfer: Das kommende Reich des Friedens (vgl. Anm. 116), S. 190/191.

158 Dantis Alagherii Epistolae. Le Lettere di Dante. Teste, Versione, Commento e Appendici per Arnoldo Monti, Milano 1921, Ep. V, § 1 und 2, S. 92 und 98; deutsche Übersetzung nach Michael Seidlmayer: Geschichte Italiens, Stuttgart 1962, S. 203; vgl. auch Bernhard Töpfer: Das kommende Reich des Friedens (vgl. Anm. 116), S. 194/195.

159 Heinz Löwe: Dante und das Kaisertum, in: Von Cassiodor zu Dante. Ausgewählte Aufsätze zur Geschichtsschreibung und politischen Ideenwelt des Mittelalters, (West-)Berlin–New York 1973, S. 298–328; Bernhard Töpfer: Progressive Züge in Dantes Reichsidee. In: Beiträge zur romanischen Philologie 4 (1965), S. 128–145; Friedrich Baethgen: Die Entstehungszeit von Dantes Monarchia (SB der Bayerischen Akademie der Wissenschaften, philosophisch-historische Klasse, Jg. 1966, H. 5), München 1966, S. 3–34.

160 Friedrich Engels: An den italienischen Leser. Vorwort zur italienischen Ausgabe (1893) des „Manifests der Kommunistischen Partei". In: Karl Marx/Friedrich Engels: Werke, Bd. 22, Berlin 1970, S. 366.

161 Bernhard Töpfer: Progressive Züge in Dantes Reichsidee (vgl. Anm. 159), S. 144.

162 William M. Bowsky: Henry VII in Italy. The Conflict of Empire and City-State, 1310–1313, Lincoln 1960, besonders S. 54–158.

163 MGH Const. IV/2 (vgl. Anm. 144), Nr. 801, S. 802.

164 Gustavo Vinay: Egidio Romano e la cosidetta „Questio in utramque partem" (con testo critico). In: Bulletino dell' Istituto Storico Italiano per il medio evo 53 (1939), S. 103; vgl. zur Questio Richard Scholz: Die Publizistik zur Zeit Philipps des Schönen und Bonifaz' VIII., Stuttgart 1903, S. 224–251; vgl. auch Helmut G. Walther:

Ursprungsdenken und Evolutionsgedanke im Geschichtsbild der Staatstheorien in der ersten Hälfte des 14. Jahrhunderts. In: Antiqui und moderni. Traditionsbewußtsein und Fortschrittsbewußtsein im späten Mittelalter, (West-)Berlin–New York 1974, S. 236–261.

Anmerkungen zu Kapitel 4

1 Nach neueren Schätzungen betrug die Gesamtzahl der Städte und Marktflecken in Deutschland im 14. Jahrhundert rund 4000. In ihnen lebten etwa 20% der auf 13 bis 15 Millionen Menschen geschätzten Gesamtbevölkerung. Vgl. Handbuch der deutschen Wirtschafts- und Sozialgeschichte, Bd. 1, hrsg. von Hermann Aubin und Wolfgang Zorn, Stuttgart 1971, S. 177/178; Edith Ennen: Die europäische Stadt des Mittelalters, 3., überarb. und erw. Aufl., Göttingen 1979, S. 225–229.
2 Hektor Ammann: Die Anfänge der Leinenindustrie des Bodenseegebiets. In: Alemannisches Jb 1953, S. 256; Bernhard Kirchgässner: Der Verlag im Spannungsfeld von Stadt und Umland. In: Stadt und Umland, hrsg. von Erich Maschke und Jürgen Sydow, Stuttgart 1974, S. 86.
3 So Erich Woehlkens: Pest und Ruhr im 16. und 17. Jahrhundert, Uelzen 1954, S. 138; andere Prozentzahlen nennt Heinrich Reincke: Bevölkerungsprobleme der Hansestädte. In: HGBll 70 (1951), S. 10; vgl. auch Jacob van Klaveren: Die wirtschaftlichen Auswirkungen des Schwarzen Todes. In: VSWG 54 (1967), S. 187–197.
4 Hektor Ammann: Nürnbergs industrielle Leistung im Spätmittelalter. In: Wirtschaftliche und soziale Probleme der gewerblichen Entwicklung im 15.–16. und 19. Jahrhundert, hrsg. von Friedrich Lütge, Stuttgart 1968, S. 6.
5 Ahasver von Brandt: Die Lübecker Knochenhaueraufstände von 1380/84 und ihre Voraussetzungen. In: Zeitschrift des Vereins für Lübeckische Geschichte 39 (1959), S. 130–135.
6 Konrad Fritze: Am Wendepunkt der Hanse, Berlin 1967, S. 147.
7 Vgl. dazu Rolf Sprandel: Das Eisengewerbe im Mittelalter, Stuttgart 1968, S. 221–235.
8 Walter Endrei: Der Trittwebstuhl im mittelalterlichen Europa. In: Acta Historica 8 (1961), S. 126/127.
9 Franz Maria Feldhaus: Die Maschine im Leben der Völker, Basel–Stuttgart 1954, S. 216.
10 Konrad Fritze: Die Hansestadt Stralsund, Schwerin 1961, S. 184.
11 Hermann Rothert: Wann und wo ist die Pulverwaffe erfunden? In: BlldtLG 89 (1952), S. 84–86; Hans Jürgen Rieckenberg: Bertold, der Erfinder des Schießpulvers. In: AfKG 36 (1954), S. 316–332.
12 Rolf Sprandel: Die Handwerker in den nordwestdeutschen Städten des Mittelalters. In: HGBll 86 (1968), S. 47; vgl. auch Burchard Brentjes/Siegfried Richter/Rolf Sonnemann: Geschichte der Technik, Leipzig 1978, S. 159 bis 162.
13 Lore Sporhan-Krempel/Wolfgang von Stromer: Das Handelshaus der Stromer von Nürnberg und die Geschichte der ersten deutschen Papiermühle. In: VSWG 47 (1960), S. 81–104.
14 Die Chroniken der deutschen Städte, Bd. 1: Die Chroniken der fränkischen Städte, Nürnberg, Bd. 1, Leipzig 1862, S. 77.
15 Hans Mottek: Wirtschaftsgeschichte Deutschlands. Ein Grundriß, Bd. 1, 5., unveränd. Aufl., Berlin 1974, S. 189/190; Wolfgang von Stromer: Die Gründung der Baumwollindustrie in Mitteleuropa, Stuttgart 1978; Franz Irsigler: Die wirtschaftliche Stellung der Stadt Köln im 14. und 15. Jahrhundert (VSWG, Beiheft 65), Wiesbaden 1979, S. 11–37.
16 Johannes Schildhauer/Konrad Fritze/Walter Stark: Die Hanse, 4. Aufl., Berlin 1981, S. 153–156.
17 Friedrich Engels: Ergänzung und Nachtrag zum III. Buche des „Kapital". In: Karl Marx/Friedrich Engels: Werke, Bd. 25, Berlin 1964, S. 914.
18 Hermann Aubin: Formen und Verbreitung des Verlagswesens in der Altnürnberger Wirtschaft. In: Beiträge zur Wirtschaftsgeschichte Nürnbergs, Bd. 2, Nürnberg 1967, S. 620–625; Bernhard Kirchgässner: Der Verlag (vgl. Anm. 2), S. 96–99; Wolfgang von Stromer: Reichtum und Ratswürde. Die wirtschaftliche Führungsschicht der Reichsstadt Nürnberg 1348–1648. In: Führungskräfte der Wirtschaft in Mittelalter und Neuzeit 1350–1850, Teil 1, Limburg/Lahn 1973, S. 6–8; Franz Irsigler: Soziale Wandlungen in der Kölner Kaufmannschaft im 14. und 15. Jahrhundert. In: HGBll 92 (1974), S. 65–67.
19 Satzungsbücher und Satzungen der Reichsstadt Nürnberg aus dem 14. Jahrhundert, 1. Lieferung, bearb. von Werner Schultheiß, Nürnberg 1965, Satzungsbuch III/C, S. 127 § 88 e (Schmiedeordnung).
20 Konrad Fritze: Am Wendepunkt der Hanse (vgl. Anm. 6), S. 24.
21 Friedrich Engels: Über den Verfall des Feudalismus und das Aufkommen der Bourgeoisie. In: Karl Marx/Friedrich Engels: Werke, Bd. 21, Berlin 1962, S. 393.
22 A. A. Sworykin/W. J. Osmowa/W. I. Tschernyschew/S. W. Schuchardin: Geschichte der Technik, 2. Aufl., Leipzig 1967, S. 84/85.
23 Vgl. dazu Ekkehard Westermann: Der Goslarer Bergbau vom 14. bis zum 16. Jahrhundert. In: JbGMOD 20 (1971), S. 251–261.
24 Manfred Unger: Stadtgemeinde und Bergwesen Freibergs im Mittelalter, Weimar 1963, S. 26–30, 160–163; Hektor Ammann: Nürnbergs industrielle Leistung (vgl. Anm. 4), S. 6/7.
25 Hubert Ermisch: Das sächsische Bergrecht des Mittelalters, Leipzig 1887, S. 5.
26 Manfred Unger: Stadtgemeinde und Bergwesen (vgl. Anm. 24), S. 20; Handbuch der böhmischen Länder, hrsg. von Karl Bosl, Bd. 1, Stuttgart 1967, S. 332/333.
27 Walter Fellmann: Die Salzproduktion im Hanseraum. In: Hansische Studien, Berlin 1961, S. 56–71; Erich Neuß: Entstehung und Entwicklung der Klasse der besitzlosen Lohnarbeiter in Halle, Berlin 1958, S. 12–23.
28 Vgl. dazu Heinz Thomas: Beiträge zur Geschichte der Champagne-Messen im 14. Jahrhundert. In: VSWG 64 (1974), S. 433–467.

29 Die Rolle der Kleinstädte in der mittelalterlichen Wirtschaft ist insgesamt noch wenig untersucht worden. Methodisch wegweisend sind die Arbeiten von Gerhard Heitz: Zur Rolle der kleinen mecklenburgischen Landstädte in der Periode des Übergangs vom Feudalismus zum Kapitalismus. In: Hansische Studien, Berlin 1961, S. 103–122; vgl. auch für die polnischen Kleinstädte Henryk Samsonowicz: Soziale und wirtschaftliche Funktionen der Kleinstädte im Polen des 15. Jahrhunderts. In: JbGF 2 (1978), S. 191–205; derselbe: Beziehungen zwischen den polnischen Kleinstädten und ihrem Hinterland im 15. Jahrhundert. In: Hansische Studien IV. Gewerbliche Produktion und Stadt-Land-Beziehungen, hrsg. von Konrad Fritze/Eckhard Müller-Mertens/Johannes Schildhauer, Weimar 1979, S. 118–126.

30 Hektor Ammann: Die deutschen und schweizerischen Messen des Mittelalters. In: La Foire (Recueils de la Société Jean Bodin 5), Brüssel 1953, S. 149–153.

31 Josef Kulischer: Allgemeine Wirtschaftsgeschichte des Mittelalters und der Neuzeit, Bd. 1, Berlin 1954, S. 267.

32 Revaler Zollbücher und -quittungen des 14. Jahrhunderts, hrsg. von Wilhelm Stieda (Hansische Geschichtsquellen 5), Halle 1887, S. LVII.

33 Hektor Ammann: Von der Wirtschaftsgeltung des Elsaß im Mittelalter. In: Alemannisches Jb 1955, S. 95 bis 208.

34 Werner Mägdefrau: Zur Organisation des Warenhandels und zur Rolle des Kaufmannskapitals im späten Mittelalter. In: JbWG 1976, Teil 3, S. 119–139.

35 Friedrich Engels: Ergänzung und Nachtrag (vgl. Anm. 17), S. 910.

36 Der Stand der Diskussion über diese umstrittene Frage ist zusammengefaßt bei Walter Stark: Zur Frage von Zins und Profit beim hansischen Handelskapital vom 14. bis 16. Jahrhundert. In: Beiträge zur Geschichte des Ostseeraumes, Greifswald 1975, S. 223–230.

37 Arthur Suhle: Deutsche Münz- und Geldgeschichte von den Anfängen bis zum 15. Jahrhundert, 3. Aufl., Berlin 1968, S. 137–170; Wolfgang Hess: Das rheinische Münzwesen im 14. Jahrhundert und die Entstehung des Kurrheinischen Münzvereins. In: Der deutsche Territorialstaat im 14. Jahrhundert, Bd. 1, hrsg. von Hans Patze (Vorträge und Forschungen 13), Sigmaringen 1970, S. 288–314; Peter Berghaus: Die Ausbreitung der Goldmünze und des Groschens in deutschen Landen zu Beginn des 14. Jahrhunderts. In: Numismatický Sborník 12 (1971–1972), 1973, S. 211–237; Wolfgang von Stromer: Funktion und Rechtsnatur der Wechselstuben als Banken in Oberdeutschland, den Rheinlanden und den mitteleuropäischen Montanzentren im Spätmittelalter. In: Bankhistorisches Archiv. Zeitschrift zur Bankgeschichte, H. 1/1979, S. 3–33.

38 Vgl. dazu Hans Peter Baum/Rolf Sprandel: Zur Wirtschaftsentwicklung im spätmittelalterlichen Hamburg. In: VSWG 59 (1972), S. 473–488.

39 Konrad Fritze: Am Wendepunkt der Hanse (vgl. Anm. 6), S. 44.

40 Johannes Hansen: Der englische Staatskredit unter König Eduard III. (1327–1377) und die hansischen Kaufleute. In: HGBll 39 (1910), S. 376–379.

41 Karl Marx: Das Kapital, Bd. 3 In: Karl Marx/Friedrich Engels: Werke, Bd. 25, Berlin 1964, S. 610.

42 Am Beispiel der Entwicklung der Sozialstruktur einer großen Mittelstadt (über 10 000 Einwohner) wurde dieser Prozeß exakt nachgewiesen von Johannes Schildhauer: Die Sozialstruktur der Hansestadt Rostock von 1378 bis 1569. In: Hansische Studien, Berlin 1961, S. 349 bis 352.

43 Josef Kulischer: Allgemeine Wirtschaftsgeschichte 1 (vgl. Anm. 31), S. 176.

44 Franz Irsigler: Soziale Wandlungen in der Kölner Kaufmannschaft (vgl. Anm. 18), S. 60.

45 Typisch für die lange in der bürgerlichen Historiographie vorherrschende bewußte Idealisierung des Patriziats ist dessen Wertung durch Friedrich Lütge: Deutsche Sozial- und Wirtschaftsgeschichte. Ein Überblick, 3., wesentlich verm. und verb. Aufl., (West-)Berlin–Heidelberg–New York 1966, S. 170/171; nach Lütge hatten die Patrizier „gelernt, in großen Zusammenhängen zu denken und ebenso gelernt zu befehlen. Sie kannten einen großen Teil der Welt und hatten ein aus eigenem Wissen heraus gebildetes Urteil, das sie in der Regel erhaben sein ließ über Engherzigkeit und Gruppeninteressen; sie waren mit den Fragen der Wirtschaft vertraut; und ebenso waren sie in der Mehrheit bereit und fähig, die sittliche und die politische Verantwortung zu übernehmen".

46 Adolf Laube: Wirtschaftliche und soziale Differenzierung innerhalb der Zünfte des 14. Jahrhunderts, dargestellt am Beispiel mecklenburgischer Städte. In: ZfG, H. 6/1957, S. 1181–1197; Werner Mägdefrau: Der Thüringer Städtebund im Mittelalter, Weimar 1977, S. 60–65.

47 Erich Maschke: Mittelschichten in deutschen Städten des Mittelalters. In: Städtische Mittelschichten, hrsg. von Erich Maschke und Jürgen Sydow, Stuttgart 1972, S. 20–22.

48 Gustav Schanz: Zur Geschichte der deutschen Gesellenverbände im Mittelalter, Leipzig 1876, S. 45; Wilfried Reininghaus: Die Straßburger Knechtordnung von 1436. Ihre Entstehung und ihre Bedeutung für die Geschichte der Gesellengilden. In: ZGORh 126 (1978), S. 131–143.

49 Vgl. mehrere Beiträge in dem Sammelband: Gesellschaftliche Unterschichten in den südwestdeutschen Städten, hrsg. von Erich Maschke und Jürgen Sydow, Stuttgart 1967; Arno Vetter: Bevölkerungsverhältnisse der ehemals Freien Reichsstadt Mühlhausen i. T. im 15. und 16. Jahrhundert, Leipzig 1910, S. 63–68; Ahasver von Brandt: Die gesellschaftliche Struktur des spätmittelalterlichen Lübeck. In: Untersuchungen zur gesellschaftlichen Struktur der mittelalterlichen Städte in Europa (Vorträge und Forschungen 11), Sigmaringen 1966, S. 222–224; Friedrich Blendinger: Versuch einer Bestimmung der Mittelschicht in der Reichsstadt Augsburg. In: Städtische Mittelschichten (vgl. Anm. 47), S. 45, 70; Konrad Fritze: Vor- und Frühformen des Proletariats in den mittelalterlichen deutschen Städten. In: Zur Entstehung des Proletariats, Magdeburg 1980, S. 10–17.

50 Friedrich Engels: Der deutsche Bauernkrieg. In: Karl Marx/Friedrich Engels: Werke, Bd. 7, Berlin 1960, S. 346.

51 So zum Beispiel Ernst Pitz: Wirtschaftliche und soziale Probleme der gewerblichen Entwicklung im 15./16. Jahr-

hundert nach hansisch-niederdeutschen Quellen. In: Wirtschaftliche und soziale Probleme (vgl. Anm. 4), S. 29.
52 Erich Maschke: Die Unterschichten der mittelalterlichen Städte Deutschlands. In: Gesellschaftliche Unterschichten (vgl. Anm. 49), S. 54.
53 Friedrich Engels: Der deutsche Bauernkrieg (vgl. Anm. 50), S. 338.
54 Karl Czok: Zur sozialökonomischen Struktur und politischen Rolle der Vorstädte in Sachsen und Thüringen im Zeitalter der deutschen frühbürgerlichen Revolution. In: Stadtgemeinde und Stadtbürgertum im Feudalismus, Magdeburg 1976, S. 104–112.
55 Friedrich Engels: Der deutsche Bauernkrieg (vgl. Anm. 50), S. 337.
56 So zum Beispiel Erich Maschke: Verfassung und soziale Kräfte in der deutschen Stadt des späten Mittelalters, vornehmlich in Oberdeutschland. In: VSWG 46 (1959), S. 289, 308; vgl. dazu Karl Czok: Zunftkämpfe, Zunftrevolutionen oder Bürgerkämpfe. In: WZ Karl-Marx-Universität Leipzig, Jg. 8 (1958/1959), gesellschafts- und sprachwissenschaftliche Reihe, H. 1, S. 129 bis 142.
57 Brigitte Berthold: Innerstädtische Auseinandersetzungen in Straßburg während des 14. Jahrhunderts. In: JbGF 1 (1977), S. 157–186; vgl. auch Karl Czok: Die Bürgerkämpfe in Süd- und Westdeutschland im 14. Jahrhundert. In: Jb für Geschichte der oberdeutschen Reichsstädte. Eßlinger Studien 12/13 (1966/1967), S. 56–72.
58 Franz Irsigler: Kölner Wirtschaft im Spätmittelalter. In: Zwei Jahrtausende Kölner Wirtschaft, Bd. 1, hrsg. von Hermann Kellenbenz unter Mitarbeit von Klara van Eyll, Köln 1975, S. 217–319; Wolfgang Herborn: Die politische Führungsschicht der Stadt Köln im Spätmittelalter, Bonn 1977, besonders S. 85–131.
59 Wilfried Ehbrecht: Bürgertum und Obrigkeit in den hansischen Städten des Spätmittelalters. In: Die Stadt am Ausgang des Mittelalters, hrsg. von Wilhelm Rausch, Linz 1974, S. 278/279; vgl. mehrere Beiträge in dem Sammelband: Städtische Führungsgruppen und Gemeinde in der werdenden Neuzeit, hrsg. von Wilfried Ehbrecht, Köln–Wien 1980.
60 Die Recesse und andere Akten der Hansetage, 1. Abt., Bd. 6, Leipzig 1889, Nr. 556, S. 544/545, §§ 60–63.
61 Vgl. dazu Karl Czok: Der Oberlausitzer Sechsstädtebund in vergleichender geschichtlicher Betrachtung. In: Oberlausitzer Forschungen. Beiträge zur Landesgeschichte, Leipzig 1961, S. 108–124; Werner Mägdefrau: Der Thüringer Städtebund (vgl. Anm. 46), S. 240–248, 258–260; Geschichte der Stadt Magdeburg, hrsg. vom Rat der Stadt Magdeburg, 2., durchges. Aufl., Berlin 1977, S. 63.
62 Frank Göttmann: Handwerk und Bündnispolitik. Die Handwerkerbünde am Mittelrhein vom 14. bis zum 17. Jahrhundert, Wiesbaden 1977, S. 60.
63 Vgl. dazu Erich Maschke: La mentalité des marchands européens au moyen âge. In: Revue d'histoire économique et sociale 42 (1964), S. 457–484.
64 Henryk Samsonowicz: Die Bedeutung des Großhandels für die Entwicklung der polnischen Kultur bis zu Beginn des 16. Jahrhunderts. In: Studia Historiae Oeconomicae 5 (1970), S. 81–95.

65 Karl Czok: Bürgerkämpfe und Chronistik im deutschen Spätmittelalter. In: ZfG, H. 3/1962, S. 637–645.
66 Konrad Fritze: Bürger und Bauern zur Hansezeit. Studien zu den Stadt-Land-Beziehungen an der südwestlichen Ostseeküste vom 13. bis zum 16. Jahrhundert, Weimar 1976, S. 48–56.
67 Wilhelm Abel: Die Wüstungen des ausgehenden Mittelalters, 3., neubearb. Aufl., Stuttgart 1976, S. 72 bis 79.
68 Derselbe: Geschichte der deutschen Landwirtschaft vom frühen Mittelalter bis zum 19. Jahrhundert, 2. Aufl., Stuttgart 1967, S. 110.
69 Ernst Pitz: Die Wirtschaftskrise des Spätmittelalters. In: VSWG 52 (1965), S. 357–359.
70 Hans Mortensen: Die mittelalterliche deutsche Kulturlandschaft und ihr Verhältnis zur Gegenwart. In: VSWG 45 (1958), S. 17–26.
71 Deutsche Weistümer, gesammelt von Jacob Grimm, mit hrsg. von Ernst Dronke/Heinrich Beyer/Richard Schroeder, 7 Bde, Neudruck (West-)Berlin 1957.
72 Vgl. dazu Hermann Baltl: Die österreichischen Weistümer. Studien zur Weistumsgeschichte. In: MIÖG 59 (1951), S. 365–410; 61 (1953), S. 38–78; Deutsche ländliche Rechtsquellen. Probleme und Wege der Weistumsforschung, hrsg. von Peter Blickle, Stuttgart 1977.
73 Friedrich Lütge: Geschichte der deutschen Agrarverfassung vom frühen Mittelalter bis zum 19. Jahrhundert, 2. Aufl., Stuttgart 1967, S. 91–97.
74 Monumenta Boica, Bd. 7, München 1766, Nr. 85, S. 162 bis 165.
75 Die Bürgersprachen der Stadt Wismar, hrsg. von Friedrich Techen (Hansische Geschichtsquellen, NF 3), Leipzig 1906, Nr. XLVI, S. 293, § 21.
76 Moisej Mendelevič Smirin: Deutschland vor der Reformation, Berlin 1955, S. 162/163.; Evgenija Vladimirovna Gutnova: Hauptetappen und -typen des Kampfes der westeuropäischen Bauernschaft gegen die Feudalordnung in der Periode des vollentfalteten Feudalismus (11. bis 15. Jahrhundert). In: Jb GF 4 (1980), S. 45–58.
77 Siegfried Hoyer: Die Armlederbewegung – ein Bauernaufstand 1336/1339. In: ZfG, H. 1/1965, S. 74–89; dazu auch die Kontroverse Hans Mottek/Siegfried Hoyer: Die Armlederbewegung – ein Bauernaufstand 1336/1339. In: ZfG, H. 4/1965, S. 694–697.
78 Klaus Arnold: Die Armlederbewegung in Franken 1336. In: Mainfränkisches Jb für Geschichte und Kunst 26 (1974), S. 51–53, hält es für gewiß, daß „König Armleder" identisch ist mit dem am 14. November 1336 enthaupteten Ritter Arnold von Uissigheim.
79 Über den Verlauf der Erhebung bis 1404 unterrichtet ausführlich die Reimchronik des Appenzellerkrieges (1400–1404), hrsg. von Traugott Schieß. In: Mitteilungen zur vaterländischen Geschichte 35, Folge 4,5, St. Gallen 1919; vgl. dazu auch Günther Franz: Der Kampf um das „alte Recht" in der Schweiz im ausgehenden Mittelalter. In: VSWG 26 (1933), S. 110–114; Handbuch der Schweizer Geschichte, Bd. 1, Zürich 1972, S. 275 bis 277.
80 Umfassend dazu Benedikt Bilgeri: Der Bund ob dem See. Vorarlberg im Appenzellerkrieg, Stuttgart 1968.

81 Otto Schiff: Forschungen zur Vorgeschichte des Bauernkrieges. In: Historische Vierteljahrschrift 19 (1920), S. 1 bis 6.
82 Heinz Stoob: Dithmarschen und die Hanse. In: HGBll 73 (1955), S. 127–145.
83 Otto Brandt: Geschichte Schleswig-Holsteins, 6. Aufl., Kiel 1966, S. 105–108.
84 Hans-Dieter Homann: Kurkolleg und Königtum im Thronstreit von 1314–1330, München 1974, S. 7–125.
85 Kurt Dietrich Schmidt: Grundriß der Kirchengeschichte, Göttingen 1954, S. 258.
86 Vgl. dazu Carl Müller: Der Kampf Ludwigs des Baiern mit der römischen Curie, 2 Bde, Tübingen 1879/1880; Friedrich Bock: Die Appellationsschriften König Ludwigs IV. in den Jahren 1323/24. In: DA 4 (1941), S. 179–205; Edmund Ernst Stengel: Avignon und Rhens. Forschungen zur Geschichte des Kampfes um das Recht am Reich in der ersten Hälfte des 14. Jahrhunderts, Weimar 1930.
87 Hermann Otto Schwöbel: Der diplomatische Kampf zwischen Ludwig dem Bayern und der römischen Kurie im Rahmen des kanonischen Absolutionsprozesses 1330 bis 1346, Weimar 1968, S. 7/8.
88 Kaiser, Volk und Avignon. Ausgewählte Quellen zur antikurialen Bewegung in Deutschland in der ersten Hälfte des 14. Jahrhunderts, hrsg. und übersetzt von Otto Berthold in Zusammenarbeit mit Karl Czok und Walter Hofmann (Leipziger Übersetzungen und Abhandlungen zum Mittelalter, A 3), Berlin 1960, Nr. 2, S. 34–42; dort auch weitere Quellen.
89 MGH Const. V, hrsg. von Jakob Schwalm, Hannover–Leipzig 1909–1913, Nr. 824, S. 641–647; Nr. 836, S. 655 bis 659.
90 Alois Schütz: Die Appellationen Ludwigs des Bayern aus den Jahren 1323/24. In: MIÖG 80 (1972), S. 71 bis 112.
91 Vgl. dazu Karl Czok: Zur Volksbewegung in den deutschen Städten des 14. Jahrhunderts. Bürgerkämpfe und antikuriale Opposition. In: Städtische Volksbewegungen im 14. Jahrhundert, Berlin 1960, S. 164–169.
92 Vgl. Handbuch der Kirchengeschichte, hrsg. von Hubert Jedin, Bd. III/2, Freiburg–Basel–Wien 1968, S. 453–459.
93 Vgl. Marsilius von Padua: Der Verteidiger des Friedens (Defensor pacis). Auf Grund der Übersetzung von Walter Kunzmann bearb. und eingeleitet von Horst Kusch (Leipziger Übersetzungen und Abhandlungen zum Mittelalter, A II/1.2.), Berlin 1958; Georges de Lagarde: La Naissance de l'esprit laïque au déclin du Moyen Age, Bd. 3: Le Defensor pacis, Louvain–Paris 1970; Tilman Struve: Die Entwicklung der organologischen Staatsauffassung im Mittelalter, Stuttgart 1978, S. 257–288.
94 MGH Const. VI/1, hrsg. von Jakob Schwalm, Hannover–Leipzig 1914–1927, Nr. 436, S. 344–350.
95 Hermann Otto Schwöbel: Der diplomatische Kampf (vgl. Anm. 87), S. 238–257.
96 Konrad von Megenberg: Klagelied der Kirche über Deutschland (Planctus ecclesiae in Germaniam), bearb. von Horst Kusch (Leipziger Übersetzungen und Abhandlungen zum Mittelalter, A 1), Berlin 1956, S. 92 (Kap. 62/63).
97 Kaiser, Volk und Avignon (vgl. Anm. 88), Nr. 44, S. 248 bis 270; vgl. auch die zu diesen Vorgängen edierten Quellen in: Nova Alamanniae. Urkunden, Briefe und andere Quellen besonders zur deutschen Geschichte des 14. Jahrhunderts, hrsg. von Edmund Ernst Stengel, 1. Hälfte, Berlin 1921, und 2. Hälfte, 1. Teil, Berlin 1930; 2. Teil, hrsg. unter Mitarbeit von Klaus Schäfer, Hannover 1976.
98 Kaiser, Volk und Avignon (vgl. Anm. 88), Nr. 42, S. 242.
99 Regesten der Reichsstadt Aachen, hrsg. von Albert Huyskens, Bd. 2, bearb. von Wilhelm Mummenhoff, Köln 1937, Nr. 618, S. 285/286.
100 Acta imperii selecta. Urkunden deutscher Könige und Kaiser, gesammelt von Johann Friedrich Böhmer, Innsbruck 1870, Nr. 1047, S. 741–743.
101 Das deutsch-englische Bündnis von 1335–1342, Teil 1: Quellen, bearb. von Friedrich Bock (Quellen und Erörterungen zur bayerischen Geschichte, NF 12), München 1956, Nr. 525, S. 115/116; Nr. 530, S. 120/121.
102 Johann von Viktring: Liber certarum historiarum, hrsg. von Fedor Schneider (MGH SSrG), Bd. 2, Hannover–Leipzig 1910, S. 228.
103 Edmund Ernst Stengel: Avignon und Rhens (vgl. Anm. 86), S. 195–203.
104 Wolfgang Wießner: Die Beziehungen Kaiser Ludwigs des Bayern zu Süd-, West- und Norddeutschland, Erlangen 1932, S. 127–129.
105 Noch mehr Aufenthalte des Königs – nämlich 74 – zählte von den Reichsstädten nur Nürnberg.
106 Die Chronik des Mathias von Neuenburg, hrsg. von Adolf Hofmeister (MGH SS, Nova Series, Bd. 4), Berlin 1924–1940, S. 192/193.
107 UB der Reichsstadt Frankfurt, hrsg. von Johann Friedrich Böhmer, Frankfurt 1836, S. 600.
108 Friedrich Engels: Über den Verfall des Feudalismus (vgl. Anm. 21), S. 399.
109 Quellenwerk zur Entstehung der Schweizerischen Eidgenossenschaft, Abt. I: Urkunden, Bd. 2, hrsg. von Traugott Schieß und Bruno Meyer, Aarau 1937, Nr. 807, S. 411–415; Nr. 865, S. 440/441; vgl. dazu Bruno Meyer: Die Entstehung der Eidgenossenschaft. In: Schweizerische Zeitschrift für Geschichte 2 (1952), S. 190/191.
110 Peter Xaver Weber: Die Schlacht bei Sempach. In: Allgemeine Schweizerische Militärzeitung 82 (1936), S. 421–432.
111 Eugen von Frauenholz: Arnold Winkelried. In: Allgemeine Schweizerische Militärzeitschrift 118 (1952), S. 274 bis 287.
112 Handbuch der Schweizer Geschichte 1 (vgl. Anm. 79), S. 232.
113 Josef Schürmann: Studien über den eidgenössischen Pfaffenbrief von 1370, Freiburg i. Ü. 1948; Text des Briefes S. 151–155.
114 Hans Georg Wirz: Vom Sempacherkrieg zum Thurgauerzug. In: Gestalten und Gewalten der Schweizergeschichte 3, Bern 1944; Text des Sempacherbriefes S. 73–76.
115 In einigen neueren Arbeiten finden sich Forschungen und Wertungen zur Person und Politik Karls IV.: Zdeněk Kalista: Karel IV. Jeho duchovní tvář, Praha 1971; Leo Stern/Erhard Voigt: Deutschland in der Epoche des vollentfalteten Feudalismus von der Mitte des 13. bis zum

ausgehenden 15. Jahrhundert (Lehrbuch der deutschen Geschichte, Beiträge), 2., veränd. Aufl. bearb. von Johannes Schildhauer, Berlin 1976, S. 199–209; Kaiser Karl IV., Staatsmann und Mäzen, hrsg. von Ferdinand Seibt, München 1978; Kaiser Karl IV., 1316–1378, Forschungen über Kaiser und Reich, hrsg. von Hans Patze (Blätter für deutsche Landesgeschichte 114), Neustadt/Aisch 1978; Lebensbilder zur Geschichte der böhmischen Länder, Bd. 3: Karl IV. und sein Kreis, hrsg. von Ferdinand Seibt, München–Wien 1978; Jiři Spěváček: Karl IV. Sein Leben und seine staatsmännische Leistung, Prag–Berlin 1979; derselbe: Karel IV. Život a dílo (1316–1378), Prag 1979; Eckhard Müller–Mertens: Kaiser Karl IV. 1346–1378. Herausforderung zur Wertung einer geschichtlichen Persönlichkeit. In: ZfG, H. 4/1979, S. 340 bis 356; zur verfassungsgeschichtlichen Entwicklung besonders seit Karl IV. vgl. auch Ernst Schubert: König und Reich. Studien zur spätmittelalterlichen deutschen Verfassungsgeschichte, Göttingen 1979.

116 MGH Const. VIII, hrsg. von Karl Zeumer und Richard Salomon, Hannover 1910–1926, Nr. 9–13, S. 11–27.

117 Eckhard Müller-Mertens: Die Unterwerfung Berlins 1346 und die Haltung der märkischen Städte im wittelsbachisch-luxemburgischen Thronstreit. In: Hansische Studien. Heinrich Sproemberg zum 70. Geburtstag, Berlin 1961, S. 432–460.

118 Peter Hilsch: Die Krönungen Karls IV. In: Kaiser Karl IV., Staatsmann und Mäzen (vgl. Anm. 115), S. 510/511; Werner Golz: Italien. In: ebenda, S. 214/215.

119 Zu Cola di Rienzo: Eduard Winter: Frühhumanismus. Seine Entwicklung in Böhmen und deren europäische Bedeutung für die Kirchenreformbestrebungen im 14. Jahrhundert, Berlin 1964, S. 41–44.

120 Briefwechsel des Cola di Rienzo, hrsg. von Konrad Burdach und Paul Piur (Konrad Burdach: Vom Mittelalter zur Reformation II/3), Berlin 1912, Nr. 49–51, S. 191–219.

121 Vgl. Emil Werunsky: Geschichte Kaiser Karls IV. und seiner Zeit, Bd. 2, Innsbruck 1882, S. 609/610; der Brief Petrarcas an Karl IV. vom Juni 1355 aus Mailand: Petrarcas Briefwechsel mit deutschen Zeitgenossen, hrsg. von Paul Piur (Konrad Burdach: Vom Mittelalter zur Reformation 7), Berlin 1933, Nr. 11, S. 52.

122 Zur Entstehungsgeschichte der Goldenen Bulle: Erling Ladewig Petersen: Studien zur goldenen Bulle von 1356. In: DA 22 (1966), S. 227–253.

123 Die Goldene Bulle Kaiser Karls IV. vom Jahre 1356, bearb. von Wolfgang D. Fritz, Weimar 1972, S. 71/72 (Kap. XVI).

124 Eckhard Müller-Mertens: Geschichtliche Würdigung der Goldenen Bulle. In: Die Goldene Bulle. Das Reichsgesetz Kaiser Karls IV. vom Jahre 1356. Deutsche Übersetzung von Wolfgang D. Fritz, Weimar 1978, S. 9–24.

125 MGH Const. IX/2, bearb. von Margarete Kühn, Weimar 1976, Nr. 164, S. 128/129; zu einem regionalen Ausschnitt aus Karls IV. Hausmachtpolitik vgl. Gerhard Schmidt: Die Hausmachtpolitik Kaiser Karls IV. im mittleren Elbgebiet. In: JbGF 4 (1980), S. 187–214.

126 Heinrich Reincke: Kaiser Karl IV. und die deutsche Hanse (Pfingstblätter des Hansischen Geschichtsvereins, Blatt 22), Lübeck 1931, S. 42–45; Heinz Stoob: Kaiser Karl IV. und der Ostseeraum. In: HGBll 88/Teil 1 (1970), S. 163–214.

127 Kaiser Karls IV. Jugendleben und St.-Wenzels-Legende. Übersetzt und erläutert von Anton Blaschka (Die Geschichtsschreiber der deutschen Vorzeit, 3. Gesamtausgabe, Bd. 83), Weimar 1956, S. 83 (Kap. 15).

128 Ferdinand Seibt: Die Zeit der Luxemburger und der hussitischen Revolution. In: Handbuch der Geschichte der böhmischen Länder, hrsg. von Karl Bosl, Bd. 1, Stuttgart 1967, S. 398/399.

129 Das Landbuch der Mark Brandenburg von 1375, hrsg. von Johannes Schultze (Brandenburgische Landbücher, Bd. 2), Berlin 1940.

130 Die Magdeburger Schöppenchronik. In: Die Chroniken der deutschen Städte, Bd. 7: Die Chroniken der niedersächsischen Städte, Magdeburg, Bd. 1, Leipzig 1869, S. 251.

131 Karel Stejskal/Karel Neubert: Karl IV. und die Kultur und Kunst seiner Zeit, Prag 1978, S. 102–134.

132 Eduard Winter: Frühhumanismus (vgl. Anm. 119), S. 58 bis 63; Joseph Klapper: Johann von Neumarkt. Bischof und Hofkanzler. Religiöse Frührenaissance in Böhmen zur Zeit Kaiser Karls IV., Leipzig 1964; Ernst Schwarz: Johann von Neumarkt. In: Lebensbilder zur Geschichte der böhmischen Länder, Bd. 1, hrsg. von Karl Bosl, München–Wien 1974, S. 27–47.

133 Zdeněk Kalista: Karel IV. (vgl. Anm. 115), S. 121–139; Joachim Wieder: Cola di Rienzo. In: Karl IV. und sein Kreis (vgl. Anm. 115), S. 111–144.

134 Karl Bosl: Staat, Gesellschaft, Wirtschaft im deutschen Mittelalter. In: Gebhardt: Handbuch der deutschen Geschichte, 9., neu bearb. Aufl. hrsg. von Herbert Grundmann, Bd. 1, Stuttgart 1970, S. 825–829.

135 Vgl. dazu etwa Handbuch der bayerischen Geschichte, Bd. 2, hrsg. von Max Spindler, München 1966, S. 144 bis 231, 489–558; Der deutsche Territorialstaat im 14. Jahrhundert, 2 Bde, hrsg. von Hans Patze (Vorträge und Forschungen 13/14), Sigmaringen 1970/1971.

136 Hans Spangenberg: Territorialwirtschaft und Stadtwirtschaft (HZ, Beiheft 24), München–Berlin 1932, S. 53–60.

137 Zur Auswertung des Landbuchs: Eckhard Müller–Mertens: Hufenbauern und Herrschaftsverhältnisse in brandenburgischen Dörfern nach dem Landbuch Karls IV. von 1375. In: WZ Humboldt-Universität Berlin, Jg. 1 (1951/1952), gesellschafts- und sprachwissenschaftliche Reihe, H. 1, S. 35–76; Evamaria Engel: Lehnbürger, Bauern und Feudalherren in der Altmark um 1375. In: Evamaria Engel/Benedykt Zientara: Feudalstruktur, Lehnbürgertum und Fernhandel im spätmittelalterlichen Brandenburg, Weimar 1967, S. 32–41.

138 Francis Ludwig Carsten: Die deutschen Landstände und der Aufstieg der Fürsten. In: Die Welt als Geschichte 20 (1960), S. 16–24; Herbert Helbig: Fürsten und Landstände im Westen des Reiches im Übergang vom Mittelalter zur Neuzeit. In: RhVjbll 29 (1964), S. 32–72.

139 Dazu verschiedene Beiträge in: Städte und Ständestaat. Zur Rolle der Städte bei der Entwicklung der Ständeverfassung in europäischen Staaten vom 13. bis zum 15. Jahrhundert, hrsg. von Bernhard Töpfer, Berlin 1980.

140 Pankraz Fried: „Modernstaatliche" Entwicklungstendenzen im bayerischen Ständestaat des Spätmittelalters.

Ein methodischer Versuch. In: Der deutsche Territorialstaat 2 (vgl. Anm. 135), S. 324–330.

141 Alphons Lhotsky: Privilegium maius. Die Geschichte einer Urkunde, München 1957.

142 Karl Lechner: Die Bildung des Territoriums und die Durchsetzung der Territorialhoheit im Raum des östlichen Österreich. In: Der deutsche Territorialstaat 2 (vgl. Anm. 135), S. 455–460.

143 Herbert Helbig: Der wettinische Ständestaat, Münster–Köln 1955, S. 388–410; Heinz Pannach: Das Amt Meissen vom Anfang des 14. bis zur Mitte des 16. Jahrhunderts, Berlin 1960, S. 122–125.

144 Hans Patze: Die welfischen Territorien im 14. Jahrhundert. In: Der deutsche Territorialstaat 2 (vgl. Anm. 135), S. 18–99.

145 Paul Sander/Hans Spangenberg: Urkunden zur Geschichte der Territorialverfassung, 3. Heft, Stuttgart 1923, Nr. 163, S. 35–40.

146 Wolfgang Ribbe: Die Aufzeichnungen des Engelbert Wusterwitz. Überlieferung, Edition und Interpretation einer spätmittelalterlichen Quelle zur Geschichte der Mark Brandenburg, (West-)Berlin 1973, S. 125.

147 Eckhard Müller-Mertens: Untersuchungen zur Geschichte der brandenburgischen Städte im Mittelalter (II). In: WZ Humboldt-Universität Berlin, Jg. 5 (1955/1956), gesellschafts- und sprachwissenschaftliche Reihe, H. 4, S. 289–306; Günter Vogler/Klaus Vetter: Preußen. Von den Anfängen bis zur Reichsgründung, 3. Aufl., Berlin 1974, S. 14/15.

148 Marian Biskup: Der Zusammenbruch des Ordensstaates in Preußen im Lichte der neuesten polnischen Forschungen. In: Acta Poloniae historica 9 (1964), S. 59; derselbe: Die Rolle des Deutschen Ordens in Preußen in der Geschichte Polens. In: Deutschland, Polen und der Deutsche Orden. Sonderdruck der deutschen UNESCO-Kommission, o. O. o. J., S. 19–29; Wolfgang Küttler: Charakter und Entwicklungstendenzen des Deutschordensstaates in Preußen. In: ZfG, H. 12/1971, S. 1504 bis 1529.

149 Zur militärischen Bedeutung der Ordensburgen: Friedrich Benninghoven: Die Burgen als Grundpfeiler des spätmittelalterlichen Wehrwesens im preußisch-livländischen Deutschordensstaat. In: Die Burgen im deutschen Sprachraum, Bd. 1, hrsg. von Hans Patze (Vorträge und Forschungen 19), Sigmaringen 1976, S. 565–601.

150 Frankfurts Reichscorrespondenz nebst andern verwandten Aktenstücken von 1376–1519, hrsg. von Johannes Janssen, Bd. 1: Aus der Zeit König Wenzels bis zum Tode König Albrechts II. 1376–1439, Freiburg i. Br. 1863, Nr. 1, S. 2 (Schreiben von 1376 November 8).

151 Johannes Schildhauer: Der schwäbische Städtebund – Ausdruck der Kraftentfaltung des deutschen Städtebürgertums in der zweiten Hälfte des 14. Jahrhunderts. In: JbGF 1 (1977), S. 187–210.

152 Hermann Mau: Die Rittergesellschaften mit St. Jörgenschild in Schwaben. Ein Beitrag zur Geschichte der deutschen Einungsbewegung im 15. Jahrhundert, Stuttgart 1941.

153 Karl Czok: Der Oberlausitzer Sechsstädtebund (vgl. Anm. 61), S. 110–112.

154 Johannes Schildhauer: Charakter und Funktion der Städtebünde in der Feudalgesellschaft – vornehmlich auf dem Gebiet des Reiches. In: Hansische Studien III. Bürgertum-Handelskapital-Städtebünde, Weimar 1975, S. 149–170.

155 Johannes Schildhauer/Konrad Fritze/Walter Stark: Die Hanse (vgl. Anm. 16), S. 66–149; Horst Wernicke: Zum Bundescharakter der Städtehanse – Strukturen, Strukturelemente und Funktionen in ihrer Entwicklung (1280 bis 1418). Phil. Diss. Greifswald 1979, S. 298–434 (MS).

156 Die Recesse und andere Akten der Hansetage von 1256 bis 1430, Bd. 1, Leipzig 1870, Nr. 212, S. 135–137.

157 Vgl. Friedrich Engels: Der deutsche Bauernkrieg. In: Karl Marx/Friedrich Engels: Werke, Bd. 7, Berlin 1973, S. 330.

158 Konrad Fritze: Die Bedeutung des Stralsunder Friedens von 1370. In: ZfG, H. 2/1971, S. 194–211.

159 Philippe Dollinger: Die Hanse, 2., überarb. Aufl., Stuttgart 1976, S. 111–115.

160 Die Recesse und andere Akten der Hansetage von 1256 bis 1430, Bd. 6, Leipzig 1889, Nr. 556, § 60, S. 544.

161 Dazu etwa: Werner Mägdefrau: Der Thüringer Städtebund (vgl. Anm. 46), S. 158–183.

162 Cronica S. Petri Erfordensis. In: Monumenta Erphesfurtensia saec. XII. XIII. XIV., hrsg. von Oswald Holder-Egger (MGH SSrG), Hannover–Leipzig 1899, S. 395.

163 Düringische Chronik des Johann Rothe, hrsg. von Rochus v. Liliencron (Thüringische Geschichtsquellen 3), Jena 1859, S. 595.

164 Die Magdeburger Schöppenchronik (vgl. Anm. 130), S. 206.

165 Martin Erbstößer: Sozialreligiöse Strömungen im späten Mittelalter, Berlin 1970, S. 67–69. Zur freigeistigen Häresie siehe S. 361 f.

166 Vgl. Herbert Grundmann: Religiöse Bewegungen im Mittelalter, 2., verb. und erg. Aufl., Hildesheim 1961, S. 524 bis 531. Zu den Beginen siehe S. 361 f.

167 Hermann Ley: Studie zur Geschichte des Materialismus im Mittelalter, Berlin 1957, S. 413, 417.

168 Martin Erbstößer/Ernst Werner: Ideologische Probleme des mittelalterlichen Plebejertums. Die freigeistige Häresie und ihre sozialen Wurzeln, Berlin 1960, S. 104.

169 Handbuch der Kirchengeschichte III/2 (vgl. Anm. 92), S. 469–471.

170 Moisej Mendelevič Smirin: Die Volksreformation des Thomas Müntzer und der große Bauernkrieg, Berlin 1952, S. 183–252.

171 Regnerus Richardus Post: The modern devotion. Confrontation with reformation and humanism, Leiden 1968, S. 75–78; vgl. auch Anton Blaschka: Zur Devotio moderna. In: Deutsch-slawische Wechselseitigkeit in sieben Jahrhunderten. Gesammelte Aufsätze. Eduard Winter zum 60. Geburtstag dargebracht, Berlin 1956, S. 17–32.

172 Eduard Winter: Frühhumanismus (vgl. Anm. 119), S. 165.

173 Joachim Schildt: Abriß der Geschichte der deutschen Sprache. Zum Verhältnis von Gesellschafts- und Sprachgeschichte, Berlin 1976, S. 98–108.

174 Adolf Bach: Geschichte der deutschen Sprache, 8., stark erw. Aufl., Heidelberg 1965, S. 240–246.

175 Theodor Frings: Grundlegung einer Geschichte der deutschen Sprache, 3. erw. Aufl., Halle 1957, S. 42 bis 45.
176 Deutsche Literaturgeschichte in einem Band, hrsg. von Hans Jürgen Geerdts, Berlin 1966, S. 82.
177 Deutsche Literaturgeschichte in Bildern, Bd. 1, Leipzig 1969, S. 83.
178 Wolfgang Steinitz: Deutsche Volkslieder demokratischen Charakters aus sechs Jahrhunderten, Bd. 1, 2. Aufl., Berlin 1955, S. XXII–XXIX.
179 Planetentafeln wurden im Auftrage König Alfons' X. von Kastilien von 1248 bis 1252 von arabischen, christlichen und jüdischen Gelehrten erarbeitet.
180 Richard Lies: Die Wahl Wenzels zum Römischen Könige in ihrem Verhältnis zur Goldenen Bulle. In: Historische Vierteljahrschrift 26 (1931), S. 47–95.
181 Michael Seidlmayer: Die Anfänge des großen abendländischen Schismas, Münster 1940, S. 1–24.
182 Deutsche Reichstagsakten unter König Wenzel, 1. Abt. 1376–1387, hrsg. von Julius Weizsäcker, München 1867, Nr. 152, S. 265–269.
183 Handbuch der Kirchengeschichte III/2 (vgl. Anm. 92), S. 515.
184 Alexander Reifferscheid: Neun Texte zur Geschichte der religiösen Aufklärung in Deutschland während des 14. und 15. Jahrhunderts, Greifswald 1905, S. 35; Siegfried Hoyer: Die thüringische Kryptoflagellantenbewegung im 15. Jahrhundert. In: JbRG 2 (1967), S. 152.
185 Augustinus Stumpf: Historia Flagellantium, praecipue in Thuringia. In: Neue Mittheilungen aus dem Gebiet historisch-antiquarischer Forschungen 2 (1836), S. 28.
186 Martin Erbstößer: Sozialreligiöse Strömungen (vgl. Anm. 165), S. 84–119.
187 Das Verhandlungsprotokoll mit deutscher Übersetzung bei: Martin Erbstößer/Ernst Werner: Ideologische Probleme (vgl. Anm. 168), S. 136–153.
188 Ebenda, S. 48.
189 Martin Erbstößer: Sozialreligiöse Strömungen (vgl. Anm. 165), S. 113/114.
190 Ernst Werner: Nachrichten über spätmittelalterliche Ketzer aus tschechoslovakischen Archiven und Bibliotheken. In: Beilage zur WZ Karl-Marx-Universität Leipzig, Jg. 12 (1963), gesellschafts- und sprachwissenschaftliche Reihe, H. 1, S. 256.
191 Die Chronica novella des Hermann Korner, hrsg. von Jakob Schwalm, Göttingen 1895, S. 285.
192 Corpus documentorum inquisitionis haereticae pravitatis Neerlandicae, hrsg. von Paul Fredericq, 1. Teil, Gent-'s Gravenhage 1889, Nr. 236, S. 251; siehe weiterhin S. 259, 264 (Eylard Schoneveld).
193 Wilhelm Wattenbach: Über Ketzergerichte in Pommern und der Mark Brandenburg. In: SB der Königlich Preußischen Akademie der Wissenschaften zu Berlin, Jg. 1886, S. 47–58; Quellen zur Ketzergeschichte Brandenburgs und Pommerns, gesammelt und hrsg. von Dietrich Kurze, (West-)Berlin–New York 1975.
194 Vgl. etwa Herman Haupt: Die religiösen Sekten in Franken vor der Reformation. In: Festgabe zur dritten Säcularfeier der Julius-Maximilians-Universität zu Würzburg, Würzburg 1882, S. (72)–(82).
195 Heinz Angermeier: Städtebünde und Landfriede im 14. Jahrhundert. In: HJb 76 (1957), S. 41–46.
196 Johannes Schildhauer: Der schwäbische Städtebund (vgl. Anm. 151), S. 200.
197 RTA 1, 1376–1387 (vgl. Anm. 182), Nr. 205, S. 367–374: Landfrieden König Wenzels; dort auch die weiteren Quellen.
198 Ebenda, Nr. 301, S. 546: Bündnis zwischen König Wenzel und dem schwäbischen Bund.
199 RTA 2, 1388–1397, hrsg. von Julius Weizsäcker, München 1874, Nr. 72, S. 157–167; vgl. Heinz Angermeier: Königtum und Landfriede im deutschen Spätmittelalter, München 1966, S. 292/293.
200 Ebenda, Nr. 72, Art. 35, S. 164.
201 RTA 3, 1397–1400, hrsg. von Julius Weizsäcker, München 1877, Nr. 204, S. 254–260: Absetzung König Wenzels; vgl. Alois Gerlich: Habsburg–Luxemburg–Wittelsbach im Kampf um die deutsche Königskrone, Wiesbaden 1960, S. 334–347.
202 Hermann Heimpel: Aus der Vorgeschichte des Königtums Ruprechts von der Pfalz. In: Von Land und Kultur. Beiträge zur Geschichte des mitteldeutschen Ostens. Zum 70. Geburtstag Rudolf Kötzschkes, hrsg. von Werner Emmerich, Leipzig 1937, S. 170–183; Eduard Ziehen: Kurrheinische Reichsgeschichte 1356–1504. In: Archiv für hessische Geschichte und Altertumskunde, NF 21 (1940), S. 164–168.
203 Albert Hauck: Kirchengeschichte Deutschlands, Bd. V/2, 8. Aufl., Berlin–Leipzig 1954, S. 842–844.
204 Ernst Werner/Walter Markov: Geschichte der Türken von den Anfängen bis zur Gegenwart, Berlin 1978, S. 28–38.
205 Johannes Hollnsteiner: König Sigismund auf dem Konstanzer Konzil. In: MÖIG 41 (1926), S. 185–200.
206 Karl August Fink: Die konziliare Idee im späten Mittelalter. In: Die Welt zur Zeit des Konstanzer Konzils (Vorträge und Forschungen 9), Stuttgart 1965, S. 119–126.
207 Hermann Heimpel: Dietrich von Niem (c. 1340–1418) (Westfälische Biographien, Bd. 2), Münster 1932.
208 Geschichte der Kirche, hrsg. von L. J. Rogier, R. Aubert u. a., Bd. 2: Früh- und Hochmittelalter, von M. D. Knowles, unter Mitarbeit von D. Obolensky und C. A. Bouman, Einsiedeln–Zürich–Köln 1971, S. 381.
209 Quellen zur Geschichte des Papsttums und des römischen Katholizismus, 6., völlig neu bearb. Aufl. von Kurt Aland [bis zur 5. Aufl. hrsg. von Carl Mirbt], Tübingen 1967, Nr. 767, S. 477.
210 Josef Macek: Die hussitische revolutionäre Bewegung, Berlin 1958, S. 31–43.
211 Ernst Werner: Der Kirchenbegriff bei Jan Hus, Jakoubek von Mies, Jan Želivský und den linken Taboriten. In: SB der DAW zu Berlin, Klasse für Philosophie, Geschichte, Staats-, Rechts- und Wirtschaftswissenschaften, Jg. 1967, Nr. 10, S. 9–26.
212 Joseph Gill: Konstanz und Basel–Florenz (Geschichte der ökumenischen Konzilien, Bd. 9), Mainz 1967, S. 122/123.

Anmerkungen zu Kapitel 5

1 Urkundliche Beiträge zur Geschichte des Hussitenkrieges, hrsg. von Franz Palacký, Bd. 1, Prag 1873, Nr. 12, S. 17–20.
2 Jan Durdik: Hussitisches Heerwesen, Berlin 1961, S. 200–206.
3 Text bei Robert Kalivoda/Alexander Kolesnyk: Das hussitische Denken im Lichte seiner Quellen, Berlin 1969, S. 245–249; zur Formulierung der Prager Artikel vgl. Howard Kaminsky: A History of the Hussite Revolution, Berkeley–Los Angeles 1967, S. 369–374.
4 Josef Macek: Die hussitische revolutionäre Bewegung, Berlin 1958, S. 45–49, 84–86.
5 Horst Köpstein: Über die Teilnahme von Deutschen an der hussitischen revolutionären Bewegung – speziell in Böhmen. In: ZfG, H. 1/1963, S. 133–135.
6 Drei Inquisitionsverfahren aus dem Jahre 1425. Akten der Prozesse gegen die deutschen Hussiten Johannes Drändorf und Peter Turnau sowie gegen Drändorfs Diener Martin Borchard, hrsg. und erläutert von Hermann Heimpel, Göttingen 1969, S. 25–29.
7 Urkundliche Beiträge (vgl. Anm. 1), Bd. 2, Prag 1873, Nr. 647, S. 107.
8 Alexander Reifferscheid: Neun Texte zur Geschichte der religiösen Aufklärung in Deutschland während des 14. und 15. Jahrhunderts, Greifswald 1905, S. 12.
9 Ernst Werner: Der Kirchenbegriff bei Jan Hus, Jakoubek von Mies, Jan Želivský und den linken Taboriten. In: SB der DAW zu Berlin, Klasse für Philosophie, Geschichte, Staats-, Rechts- und Wirtschaftswissenschaften, Jg. 1967, Nr. 10, S. 47.
10 RTA 8, hrsg. von Dietrich Kerler, Gotha 1883, Nr. 145, S. 156–165.
11 RTA 9, hrsg. von Dietrich Kerler, Gotha 1887, Nr. 71–78, S. 85–112.
12 Urkundliche Beiträge 1 (vgl. Anm. 1), Nr. 472, S. 541.
13 Jan Durdik: Heerwesen (vgl. Anm. 2), S. 235.
14 Ignaz Rothenberg: Die steirischen Wehrordnungen des 15. Jahrhunderts. In: Zeitschrift des historischen Vereines für Steiermark 20 (1924), S. 18–20.
15 Hans Fehr: Das Waffenrecht der Bauern im Mittelalter, Teil 2. In: ZRG GA 38 (1917), S. 64–67.
16 Brigitte Berthold: Städte und Reichsreform in der ersten Hälfte des 15. Jahrhunderts. In: Städte und Ständestaat. Zur Rolle der Städte bei der Entwicklung der Ständeverfassung in europäischen Staaten vom 13. bis zum 15. Jahrhundert, hrsg. von Bernhard Töpfer, Berlin 1980, S. 88/89.
17 Joseph Gill: Konstanz und Basel–Florenz (Geschichte der ökumenischen Konzilien, Bd. 9), Mainz 1967, S. 242.
18 Paul Ourliac: Sociologie du Concile de Bâle. In: Revue d'histoire ecclésiastique 56 (1961), S. 5–32.
19 Nicolai de Cusa Opera omnia, Bd. 14,3: De concordantia catholica, Liber tertius, hrsg. von Gerhard Kallen, Hamburg 1959, S. 436 (cap. 30).
20 Bernhard Töpfer: Die Reichsreformvorschläge des Nikolaus von Kues. In: ZfG, H. 4/1965, S. 621–635.
21 Heinrich Koller: Kaiserliche Politik und die Reformpläne des 15. Jahrhunderts. In: Festschrift für Hermann Heimpel, Bd. 2, Göttingen 1972, S. 74–79.
22 Concilium Basiliense. Studien und Quellen zur Geschichte des Concils von Basel, Bd. 8: Acten, Rechnungen und Protokolle, Basel 1936, Nr. 10, S. 109–130.
23 Reformation Kaiser Siegmunds, hrsg. von Heinrich Koller (MGH Staatsschriften des späteren Mittelalters, Bd. 6), Stuttgart 1964, S. 53.
24 Franz Irsigler: Die „Kleinen" in der sogenannten Reformatio Sigismundi. In: Saeculum 27 (1976), S. 248–255; Adolf Laube: Bemerkungen zur These von der „Revolution des gemeinen Mannes". In: ZfG, H. 7/1978, S. 610/611; Tilman Struve: Reform oder Revolution? Das Ringen um eine Neuordnung in Reich und Kirche im Lichte der ‚Reformatio Sigismundi' und ihrer Überlieferung. In: ZGORh 126 (1978), S. 108–117.
25 Reformation Kaiser Siegmunds (vgl. Anm. 23), S. 56, 68.
26 Ebenda, S. 231–233.
27 Paul de Vooght: Les Hussites et la „Reformatio Sigismundi". In: Von Konstanz nach Trient. Festgabe für August Franzen, hrsg. von Remigius Bäumer, München–Paderborn–Wien 1972, S. 199–214.
28 Lothar Graf zu Dohna: Reformatio Sigismundi. Beiträge zum Verständnis einer Reformschrift des 15. Jahrhunderts, Göttingen 1960, S. 52–68.
29 Die Geschichte Ungarns, redigiert von Ervin Pamlényi, Budapest 1971, S. 98.
30 Günther Hödl: Reichsregierung und Reichsreform unter König Albrecht II. In: Zeitschrift für historische Forschung 1 (1974), S. 132–145.
31 RTA 16, hrsg. von Hermann Herre und Ludwig Quidde, Stuttgart–Gotha 1928, S. XVI/XVII; vgl. Günther Hödl: Albrecht II. Königtum, Reichsregierung und Reichsreform 1438–1439, Wien–Köln–Graz 1978, S. 187–191.
32 Johann Friedrich Böhmer: Regesta imperii, Bd. 12: Albrecht II. 1438–1439, bearb. von Günther Hödl, Wien–Köln–Graz 1975, S. VII.
33 Erich Kleineidam: Universitas studii Erffordensis, Teil 1 (Erfurter Theologische Studien 14), Leipzig 1964, S. 275/276.
34 Vgl. Adolph Friedrich Riedels Codex diplomaticus Brandenburgensis, Hauptteil IV, Bd. 1, Berlin 1862, S. 209 bis 256.
35 Des Turken Vasnachtspil. In: Fastnachtspiele aus dem 15. Jahrhundert, Teil 1, gesammelt von Adelbert Keller, Berlin 1853, S. 288–304; Frühneuhochdeutsche Texte, ausgewählt und eingeleitet von Gerhard Kettmann, Leipzig 1971, S. 218–225.
36 Moisej Mendelevič Smirin: Deutschland vor der Reformation, Berlin 1955, S. 166–171.
37 Jacob Twinger von Koenigshoven: Die älteste teutsche so wol allgemeine als insonderheit elsassische und straßburgische Chronicke. In Truck gegeben von Johann Schiltern, Straßburg 1698, S. 1000. Siehe auch S. 389.
38 Urkunden und Regeste über die ehemalige Hochstift-Basel'sche Landvogtei Schliengen, hrsg. von Josef Bader. In: ZGORh 16 (1864), S. 244.
39 Quellensammlung der badischen Landesgeschichte, hrsg. von Franz Joseph Mone, Bd. 1, Karlsruhe 1848, S. 343.

40 Klaus Spading: Zu den Ursachen für das Eindringen der Holländer in das hansische Zwischenhandelsmonopol im 15. Jahrhundert. In: Neue Hansische Studien, hrsg. von Konrad Fritze, Eckhard Müller-Mertens u. a., Berlin 1970, S. 227–242.

41 Marian Biskup: Das Reich, die wendische Hanse und die preußische Frage um die Mitte des 15. Jahrhunderts. In: Neue Hansische Studien (vgl. Anm. 40), S. 341–357.

42 Johannes Schildhauer: Zur Sozialstruktur der Hansestadt Rostock von 1378 bis 1569. In: Hansische Studien. Heinrich Sproemberg zum 70. Geburtstag, Berlin 1961, S. 341 bis 353.

43 Karl Theodor von Inama-Sternegg: Deutsche Wirtschaftsgeschichte, Bd. III/2, Leipzig 1901, S. 530; Wilhelm Abel: Agrarkrisen und Agrarkonjunktur, 2. Aufl., Hamburg–(West-)Berlin 1966, S. 65/66.

44 Felix Ammer: Ein wirtschaftsgeschichtlicher Beitrag zur Sonderstellung Bayerns im deutschen Bauernkrieg. Staatswirtsch. Diss. München 1943, S. 87/88.

45 Vgl. Wilhelm Abel: Die Wüstungen des ausgehenden Mittelalters, 3., neubearb. Aufl., Stuttgart 1976, S. 8–23.

46 Karlheinz Blaschke: Die Ursachen des spätmittelalterlichen Wüstungsvorganges. Beobachtungen aus Sachsen. In: Wirtschaftliche und soziale Strukturen im säkularen Wandel. Festschrift für Wilhelm Abel zum 70. Geburtstag, Bd. 1, Hannover 1974, S. 55–65.

47 Fritz Schnelbögl: Die wirtschaftliche Bedeutung ihres Landgebietes für die Reichsstadt Nürnberg. In: Beiträge zur Wirtschaftsgeschichte Nürnbergs, Bd. 1, Nürnberg 1967, S. 263.

48 Siegfried Epperlein: Der Bauer im Bild des Mittelalters, Leipzig–Jena–Berlin 1975, S. 112/113.

49 Ulrich Bentzien: Arbeit und Arbeitsgerät der Bauern zur Zeit des deutschen Bauernkrieges. In: Der arm man 1525. Volkskundliche Studien, hrsg. von Hermann Strobach, Berlin 1975, S. 23–33; derselbe: Bauernarbeit im Feudalismus, Berlin 1980, S. 106–114.

50 Franz Irsigler: Kölner Wirtschaft im Spätmittelalter. In: Zwei Jahrtausende Kölner Wirtschaft, Bd. 1, hrsg. von Hermann Kellenbenz unter Mitarbeit von Klara van Eyll, Köln 1975, S. 238; derselbe: Die wirtschaftliche Stellung der Stadt Köln im 14. und 15. Jahrhundert, Wiesbaden 1979, S. 41–43.

51 András Kubinyi: Die Städte Ofen und Pest und der Fernhandel am Ende des 15. und am Anfang des 16. Jahrhunderts. In: Der Außenhandel Ostmitteleuropas 1450 bis 1650, hrsg. von Ingomar Bog, Köln–Wien 1971, S. 355.

52 Hermann Duncker: Das mittelalterliche Dorfgewerbe (mit Ausschluß der Nahrungsmittel-Industrie) nach den Weistumsüberlieferungen. Phil. Diss. Leipzig 1903.

53 Peter Blickle: Die Revolution von 1525, München–Wien 1975, S. 46.

54 Walter Müller: Entwicklung und Spätformen der Leibeigenschaft am Beispiel der Heiratsbeschränkungen (Vorträge und Forschungen, Sonderband 14), Sigmaringen 1974, S. 61–66.

55 Konrad Fritze: Bürger und Bauern zur Hansezeit. Studien zu den Stadt-Land-Beziehungen an der südwestlichen Ostseeküste vom 13. bis zum 16. Jahrhundert, Weimar 1976, S. 25.

56 Reformation Kaiser Siegmunds (vgl. Anm. 23), S. 282.

57 Hermann Heimpel: Die Federschnur. Wasserrecht und Fischrecht in der „Reformation Kaiser Siegmunds". In: DA 19 (1963), S. 451–488.

58 Günther Franz: Neue Akten zur Geschichte des Bauernaufstandes um Worms i. J. 1431/32. In: ZGORh, NF 44 (1931), S. 49.

59 Vgl. RTA 10, hrsg. von Hermann Herre, Gotha 1906, S. 238.

60 Albrecht Eckhardt: Die Bechtheimer Dorfordnung aus dem Jahr 1432 und der Bauernaufstand um Worms 1431/32. In: Archiv für hessische Geschichte und Altertumskunde, NF 33 (1975), S. 74.

61 Günther Franz: Neue Akten (vgl. Anm. 58), S. 51.

62 RTA 10 (vgl. Anm. 59), S. 248.

63 Günther Franz: Zur Geschichte des Bundschuhs. In: ZGORh, NF 47 (1934), S. 2–5.

64 Fürstenbergisches UB, Bd. 3, bearb. von Sigmund Riezler, Tübingen 1878, Nr. 464, S. 345 (Schreiben an den Bischof von Augsburg vom 15. Oktober 1460).

65 Nach: Siegfried Epperlein: Der Bauer im Bild des Mittelalters (vgl. Anm. 48), S. 132.

66 Karel Stejskal: Die Rolle des Narren am Vorabend des Bauernkrieges. In: Der deutsche Bauernkrieg und Thomas Müntzer, hrsg. von Max Steinmetz, Leipzig 1976, S. 253 bis 281.

67 Des Teufels Netz. Satirisch-didaktisches Gedicht aus der ersten Hälfte des 15. Jahrhunderts, hrsg. von Karl August Barack (Bibliothek des literarischen Vereins 70), Stuttgart 1863, S. 392 (Vers 12345–12347) und S. 248 (Vers 7864 bis 7866).

68 Ernst Ullmann: Die Gestalt des Bauern in der Kunst zur Zeit der frühbürgerlichen Revolution in Deutschland. In: Der Bauer und seine Befreiung. Kunst vom 15. Jahrhundert bis zur Gegenwart, Dresden 1975, S. 26/27.

69 Wolfgang Frhr. Stromer von Reichenbach: Die oberdeutschen Geld- und Wechselmärkte. Ihre Entwicklung vom Spätmittelalter bis zum Dreißigjährigen Krieg. In: Scripta Mercaturae 1976, H. 1, S. 24–28, 38–40.

70 Derselbe: Oberdeutsche Hochfinanz 1350–1450, Teil 2, Wiesbaden 1970, S. 219–294 (VSWG, Beiheft 56).

71 Hans Schenk: Nürnberg und Prag. Ein Beitrag zur Geschichte der Handelsbeziehungen im 14. und 15. Jahrhundert, Wiesbaden 1969, S. 75–81, 107–112.

72 Michail Petrovič Lesnikov: Die Handelsbücher des hansischen Kaufmanns Veckinchusen, Berlin 1973.

73 Werner Mägdefrau: Zur Organisation des Warenhandels und zur Rolle des Kaufmannskapitals im späten Mittelalter. Vor allem aufgrund thüringischer Quellen. In: JbWG 1976, Teil 3, S. 134–136.

74 Erika Langer: Überregionale merkantile Kommunikation aus der Sicht thüringischer Hansestädte im 15. Jahrhundert. In: Hansische Studien III. Bürgertum–Handelskapital–Städtebünde, hrsg. von Konrad Fritze/Eckhard Müller-Mertens/Johannes Schildhauer, Weimar 1975, S. 109.

75 Theodor Neubauer: Wirtschaftsleben im mittelalterlichen Erfurt. In: VSWG 12 (1914), S. 541.

76 Die ältesten Hamburgischen Zunftrollen und Bruderschaftsstatuten, gesammelt und mit Glossar versehen von

Otto Rüdiger, Hamburg 1874, S. 3, 33, 48, 54, 56, 60/61, 96, 249.

77 Frank Göttmann: Handwerk und Bündnispolitik. Die Handwerkerbünde am Mittelrhein vom 14. bis zum 17. Jahrhundert, Wiesbaden 1977, S. 125.

78 Arno Kunze: Der Frühkapitalismus in Chemnitz, Karl-Marx-Stadt 1958, S. 11.

79 Helmut Wilsdorf/Werner Quellmalz: Bergwerke und Hüttenanlagen der Agricola-Zeit (Georgius Agricola: Ausgewählte Werke, Ergänzungsband 1), Berlin 1971, S. 339–431.

80 Vgl. Tabelle dazu in: Handbuch der deutschen Wirtschafts- und Sozialgeschichte, Bd. 1, hrsg. von Hermann Aubin und Wolfgang Zorn, Stuttgart 1971, S. 377; für Eßlingen ergänzend: Bernhard Kirchgässner: Probleme quantitativer Erfassung städtischer Unterschichten im Spätmittelalter, besonders in den Reichsstädten Konstanz und Eßlingen. In: Gesellschaftliche Unterschichten in den südwestdeutschen Städten, hrsg. von Erich Maschke und Jürgen Sydow, Stuttgart 1967, S. 82.

81 Bernhard Töpfer: Volksbewegungen und gesellschaftlicher Fortschritt im 14. und 15. Jahrhundert in West- und Mitteleuropa. In: ZfG, H. 8/1978, S. 717–719.

82 Frank Göttmann: Handwerk und Bündnispolitik (vgl. Anm. 77), S. 61.

83 Adolf Laube: Studien über den erzgebirgischen Silberbergbau von 1470 bis 1546, 2., unveränd. Aufl., Berlin 1976, S. 208/209.

84 Hrsg. in: Die Chroniken der deutschen Städte, Bd. 2: Die Chroniken der fränkischen Städte: Nürnberg, Bd. 2, Leipzig 1864, S. 9–30.

85 Joachim G. Boeckh, Günter Albrecht u. a.: Geschichte der deutschen Literatur von 1480 bis 1600 (Geschichte der deutschen Literatur 4), Berlin 1960, S. 102–106.

86 Ebenda, S. 85.

87 Des Turken Vasnachtspil (vgl. Anm. 35), S. 288/289.

88 Friedrich Paulsen: Organisation und Lebensordnungen der deutschen Universitäten im Mittelalter. In: HZ 45 (1881), S. 398–401.

89 Albert Kapr: Johannes Gutenberg: Tatsachen und Thesen, Leipzig 1977, S. 25–31.

90 Nach: Hermann Barge: Geschichte der Buchdruckerkunst von ihren Anfängen bis zur Gegenwart, Leipzig 1940, S. 5.

91 Pál Sándor: Nicolaus Cusanus, Berlin–Budapest 1971, S. 64/65, 138–141; Ulrich Hedtke: Coincidentia oppositorum oder die verweltlichte Unendlichkeit. In: Helga Bergmann, Ulrich Hedtke u. a.: Dialektik und Systemdenken, Berlin 1977, S. 19–54.

92 Manfred Buhr/Gerhard Bartsch: Nicolaus Cusanus. Zur 500. Wiederkehr seines Todestages. In: Deutsche Zeitschrift für Philosophie, H. 10/1964, S. 1222.

93 Gottlieb Friedrich Ochsenbein: Aus dem schweizerischen Volksleben des 15. Jahrhunderts. Der Inquisitionsprozeß wider die Waldenser zu Freiburg i. Ü. im Jahre 1430, Bern 1881.

94 Horst Köpstein: Zu den Auswirkungen der hussitischen revolutionären Bewegung in Franken. In: Aus 500 Jahren deutsch-tschechoslowakischer Geschichte, hrsg. von Karl Obermann und Josef Polišenský, Berlin 1958, S. 33; zur Wirksamkeit Reisers vgl. auch Amedeo Molnár: Die Waldenser, Berlin 1980, S. 280–286.

95 Lorenz Fries: Historie, Nahmen, Geschlecht, Wesen, Thaten, gantz Leben und Sterben der gewesenen Bischoffen zu Wirtzburg, hrsg. von Johann Peter von Ludewig in: Geschicht-Schreiber von dem Bischoffthum Wirtzburg, Frankfurt/Main 1713, S. 801.

96 Rats-Chronik der Stadt Würzburg (XV. und XVI. Jahrhundert). Eingeleitet und hrsg. von Wilhelm Engel, Würzburg 1950, S. 17.

97 Franz Machilek: Ein Eichstätter Inquisitionsverfahren aus dem Jahre 1460. In: JbfränkLF 34/35 (1975), S. 417 bis 446.

98 Quellen zur Ketzergeschichte Brandenburgs und Pommerns, gesammelt und hrsg. von Dietrich Kurze, (West-)Berlin–New York 1975, S. 39/40, 288–305.

99 Siegfried Hoyer: Die thüringische Kryptoflagellantenbewegung im 15. Jahrhundert. In: JbRG 2 (1967), S. 153 bis 174. Siehe auch S. 360 f.

100 Heinz Angermeier: Königtum und Landfriede im deutschen Spätmittelalter, München 1966, S. 512; vgl. auch Ingeborg Most: Der Reichslandfriede vom 20. 8. 1467. In: Syntagma Friburgense. Historische Studien Hermann Aubin dargebracht zum 70. Geburtstag, Lindau–Konstanz 1956, S. 191–233.

101 Alphons Lhotsky: AEIOU. Die „Devise" Kaiser Friedrichs III. und sein Notizbuch, in: Aufsätze und Vorträge, Bd. 2, München 1971, S. 192/193.

102 Derselbe: Kaiser Friedrich III. Sein Leben und seine Persönlichkeit. In: ebenda, S. 161.

103 Vgl. Ferdinand Tremel: Studien zur Wirtschaftspolitik Friedrichs III. 1435–1453. In: Caranthia I. Geschichtliche und volkskundliche Beiträge zur Heimatkunde Kärntens 146 (1956), S. 552 (S. 546–557 weitere Urteile über die Politik Friedrichs III.).

104 Henry J. Cohn: The Government of the Rhine Palatinate in the fifteenth century, Oxford 1965, S. 75–119.

105 Quellen zur neueren Privatrechtsgeschichte Deutschlands, Bd. II/1: Polizei- und Landesordnungen, bearb. von Gustaf Klemens Schmelzeisen, Weimar 1968, S. 17/18.

106 Wilhelm Beck: Bayerns Heerwesen und Mobilmachung im 15. Jahrhundert. In: Archivalische Zeitschrift, NF 18 (1911), S. 4–189.

107 Karl Czok: Charakter und Entwicklung des feudalen deutschen Territorialstaates. In: ZfG, H. 8/1973, S. 936/937.

108 Peter Blickle: Landschaften im Alten Reich. Die staatliche Funktion des gemeinen Mannes in Oberdeutschland, München 1973.

109 Eckhard Müller-Mertens: Zur Städtepolitik der ersten märkischen Hohenzollern und zum Berliner Unwillen. In: ZfG, H. 3/1956, S. 525–544.

110 Goswin Frhr. von der Ropp: Die Hanse und die deutschen Stände vornehmlich im 15. Jahrhundert. In: HGBll 1886, Leipzig 1888, S. 47.

111 Heinz Angermeier: Königtum und Landfriede (vgl. Anm. 100), S. 448–460.

112 Bernhard Töpfer: Stände und staatliche Zentralisation in Frankreich und im Reich in der zweiten Hälfte des 15. Jahrhunderts. In: JbGF 1 (1977), S. 246.

113 Wolfgang Küttler: Charakter und Entwicklungstendenzen des Deutschordensstaates in Preußen. In: ZfG, H. 12/1971, S. 1516–1529.
114 Albert Werminghoff: Der Deutsche Orden und die Stände in Preußen bis zum zweiten Thorner Frieden im Jahre 1466 (Pfingstblätter des Hansischen Geschichtsvereins, Blatt 8), Lübeck 1912, S. 46–48.
115 Marian Biskup: Der preußische Bund 1440–1454 – Genesis, Struktur, Tätigkeit und Bedeutung in der Geschichte Preußens und Polens. In: Hansische Studien III (vgl. Anm. 74), S. 217/218.
116 Derselbe: Trzynastoletnia wojna z Zakonem Krzyżackim 1454–1466, Warszawa 1967, besonders S. 111–147.
117 Wojciech Hejnosz: Der Friedensvertrag von Thorn (Toruń) 1466 und seine staatsrechtliche Bedeutung. In: Acta Poloniae Historica 17 (1968), S. 105–122.
118 Engels an Karl Kautsky am 15. September 1889. In: Karl Marx/Friedrich Engels: Werke, Bd. 37, Berlin 1967, S. 274.
119 Friedrich Engels: Über den Verfall des Feudalismus und das Aufkommen der Bourgeoisie. In: Karl Marx/Friedrich Engels, Werke, Bd. 21, Berlin 1962, S. 392.

Personenregister

(Bei Herrschern bzw. kirchlichen Amtsträgern werden die Regierungsdaten angegeben, bei allen anderen Personen — so weit möglich — die Lebensdaten)

Abaelard, Petrus, Philosoph (1079–1142) 97
Adalbero, Erzbischof von Trier (1131-1152) 84–86, 100
Adalbert I., Erzbischof von Bremen (1043–1072) 18, 51
Adalbert I., Erzbischof von Mainz (1109–1137) 16, 70–72, 76
Adalbert, Bischof von Worms (1070–1107) 28
Adalbert, Graf von Calw (gest. 1099) 51, 52
Adam von Bremen, Geschichtsschreiber (gest. nach 1081) 50, 51
Adelheid, Markgräfin von Turin (gest. 1091) 41
Adhémar, Bischof von Le Puy (1087–1098) 58
Adolf von Nassau, dt. König (1292–1298) 260, 265–267, 270
Adolf I. von Altena, Erzbischof von Köln (1193–1205, 1212–1214, gest. 1220) 173
Adolf I. von Schauenburg, Graf von Holstein (1110–1128) 82
Adolf II. von Schauenburg, Graf von Holstein (1130–1164) 83
Adolf I., Graf von Waldeck, Reichsjustitiar (1218–1270) 215
Agnes von Poitou, Gemahlin Kaiser Heinrichs III. (gest. 1077) 10, 14, 18, 71
Albert von Sternberg, Erzbischof von Magdeburg (1368–1371, gest. 1380) 311
Albert, Bischof von Livland (1199–1229) 198
Albert von Halberstadt, Dichter und Übersetzer (1. Hälfte 13. Jh.) 163
Albert von Sachsen, Philosoph und Naturforscher (1316–1390) 357
Albertus Magnus (Albert von Bollstädt), Philosoph (gest. 1280) 226, 227, 230, 231, 281
Albrecht I., dt. König (1298–1308) 254, 261, 265, 267–270, 272, 274, 275, 316
Albrecht II., dt. König (1438–1439) 385, 387–390, 421
Albrecht, Herzog von Bayern, Graf von Hennegau-Seeland-Holland (1358–1404) 359
Albrecht II., Herzog von Braunschweig–Göttingen (1286–1318) 262
Albrecht VI., Herzog von Österreich (1446–1463) 421
Albrecht der Bär, Markgraf von Brandenburg (1150–1170) 76, 80, 81, 83, 84, 91, 144, 147, 153
Albrecht Achilles, Kurfürst von Brandenburg (1470–1486) 413, 420, 421, 425
Albrecht der Stolze, Markgraf von Meißen (1190–1195) 171

Albrecht der Entartete, Landgraf von Thüringen, Markgraf von Meißen (1265–1315) 266
Alexander II., Papst (Anselm von Lucca) (1061–1073) 34, 36–38
Alexander III., Papst (Roland) (1159–1181) 137, 142–144, 152, 153, 165
Alexander V., Papst (Peter Philargi) (1409–1410) 369, 371
Alexander der Große, König von Makedonien (336 bis 323 v. u. Z) 172
Alexander Newski, Fürst von Nowgorod, Großfürst von Wladimir (1236–1263) 202
Alexander von Roes, Kölner Kanoniker (gest. Ende 13. Jh.) 220, 252, 257
Alexios I., Kaiser von Byzanz (1081–1118) 57, 60
al-Farabi, arab. Philosoph (um 870–950) 230
Alfons X. von Kastilien, dt. König (1257–1275) 218, 219, 221, 415
Altmann, Bischof von Passau (1065–1091) 39
Anaklet II., Papst (1130–1138) 78, 79
Anna von der Pfalz, 2. Gemahlin Kaiser Karls IV. (1329 bis 1353) 329, 332
Anna von Schweidnitz, 3. Gemahlin Kaiser Karls IV. (1339–1362) 332
Anno II., Erzbischof von Köln (1056–1075) 10, 18, 19, 29–31, 61
Anonymus von York, Kirchentheoretiker (um 1100) 48, 49
Anselm von Aosta, Erzbischof von Canterbury (1093–1109) 47
Anselm, Bischof von Havelberg (1129–1155) 92, 94
Anselm von Lucca, siehe Papst Alexander II.
Archipoeta, Dichter (Mitte 12. Jh.) 143
Aristoteles, griech. Philosoph (384–322 v. u. Z.) 47, 230, 274, 357
Arnold von Selnhofen, Erzbischof von Mainz (1153–1160) 100, 135
Arnold, Dominikaner (Mitte 13. Jh.) 211
Arnold von Brescia, Prediger (gest. 1155) 97, 136
Arnold von Winkelried, Schweizer Volksheld (gest. 1386) 328
Augustus, röm. Kaiser (31 v. u. Z.–14 u. Z.) 143
Ava, österr. Dichterin (gest. 1127) 62
Averroes, arab. Philosoph (1126–1198) 230, 356
Avicenna, arab. Philosoph (980–1037) 230
Azzo, Markgraf von Este (gest. 1097) 41

Bacon, Roger, engl. Philosoph (gest. um 1292) 231, 281
Balduin von Luxemburg, Erzbischof von Trier (1307–1354) 274, 316, 319, 324–326
Bardewik, Albrecht, Bürgermeister in Lübeck, Chronist (um 1300) 262
Barnim I., Herzog von Pommern–Stettin (1226–1278) 199, 200
Beatrix von Burgund, 2. Gemahlin Kaiser Friedrichs I. (gest. 1184) 137, 163
Benedikt VIII., Papst (1012–1024) 33
Benedikt XII., Papst (1334–1342) 322–326
Benedikt XIII., Papst (1394–1417, gest. 1423) 360, 369, 371, 372
Benedikt von Nursia, Ordensgründer (gest. 547) 54
Beneš von Weitmühl, Geschichtsschreiber (gest. 1375) 336
Benno II., Bischof von Osnabrück (1068–1088) 20, 21, 25
Bernhard IV., Herzog von Sachsen (1180–1212) 153, 154
Bernhard, Abt von Clairvaux (1115–1153) 87, 89, 91, 93, 95
Bernhard, Abt von St. Viktor, päpstl. Legat (gest. 1079) 52
Bernhard, Begarde in Wismar (gest. Anfang 15. Jh.) 361
Bernold von St. Blasien, Geschichtsschreiber (gest. 1100) 50, 52, 54, 58
Berthold I. von Zähringen, Herzog von Kärnten (1061–1078) 18, 28, 40, 43
Berthold IV., Herzog von Zähringen (1152–1186) 135
Berthold V., Herzog von Zähringen (1186–1218) 173
Berthold, Herzog von Schwaben (1079–1090) 16
Berthold von Lützelstetten, Konstanzer Domherr (1. Hälfte 14. Jh) 281
Berthold von Regensburg, Franziskanerprediger (gest. 1272) 180, 181, 219, 236
Berthold von Reichenau, Geschichtsschreiber (gest. 1088) 50
Berthold aus Rorbach, freigeistiger Häretiker (gest. 1356) 361
Berthold von Zwiefalten, Geschichtsschreiber (gest. 1169) 32, 52, 54, 55
Bertram von Minden, Maler (gest. 1415) 306
Blanche von Valois, 1. Gemahlin Kaiser Karls IV. (gest. 1348) 328
Boccaccio, Giovanni, ital. Dichter (1313–1375) 413
Böheim, Hans, Pfeifer von Niklashausen (gest. 1476) 432
Boethius, röm. Philosoph (gest. um 524) 47
Boleslaw II., Herzog von Polen (König 1076) (1058–1079) 37
Boleslaw III., Herzog von Polen (1102–1138) 82
Boleslaw IV., Herzog von Polen (1146–1173) 137, 143
Boleslaw I., Herzog von Niederschlesien (1163–1201) 200
Bonaventura, Philosoph (1221–1274) 230
Boner, Ulrich, Dichter (1. Hälfte 14. Jh.) 356
Bonifaz VIII., Papst (1294–1303) 270, 272, 274
Bonifaz IX., Papst (1389–1404) 360
Bonizo, Bischof von Sutri (gest. um 1095) 41
Borchard, Martin, Diener Johann Drändorfs (gest. nach 1425) 376
Borwin I. (Heinrich Borwin), Fürst von Mecklenburg (1178 bis 1227) 155, 198, 199
Bruno von Magdeburg, Geschichtsschreiber (2. Hälfte 11. Jh.) 19, 25, 26, 42, 50
Brunsberg, Hinrich, Baumeister (gest. nach 1428) 412

Burchard II., Bischof von Halberstadt (1059–1088) 19, 25, 26
Burchard von Ursberg, Geschichtsschreiber (gest. 1231) 179
Buridan, Jean, franz. Philosoph (gest. nach 1358) 357

Caesarius, Abt von Prüm (1212–1216) 122, 123
Caesarius von Heisterbach, Geschichtsschreiber (gest. 1240) 93, 173, 179, 188
Calixt II., Papst, (Guido von Vienne) (1119–1124) 72, 73
Can Grande della Scala, Herr von Verona (1312–1329) 321
Capistran, Johann, Franziskanermönch (1386–1456) 430
Castruccio Castracani, Herzog von Lucca (1327–1328) 321
Cencius, Präfekt von Rom (gest. 1077) 39
Cesarini, Giuliano, Kardinallegat (1398–1444) 382, 383
Chrétien von Troyes, Dichter (gest. vor 1190) 164
Christian I., König von Dänemark (1448–1481) 425
Christian von Buch, Erzbischof von Mainz (1165–1183) 143
Christoph III., König von Dänemark (1440–1448) 392
Clemens (III.), Gegenpapst, (Wibert von Ravenna) (1080 bis 1100) 44, 63
Clemens V., Papst (1305–1314) 317
Clemens VI., Papst (1342–1352) 324, 325, 328–330
Clemens (VII.), Papst (1378–1394) 359, 360
Clingenberg, Johann, Lübecker Kaufmann (gest. um 1348) 289
Closener, Fritsche, Geschichtsschreiber (gest. 1384) 252, 303
Cola di Rienzo, röm. Volkstribun (gest. 1354) 330, 335
Colin, Philipp, Dichter (1. Hälfte 14. Jh.) 356
Colonna, Sciarra, röm. Adliger (gest. 1329) 321

Dante Alighieri, ital. Dichter (1265–1321) 274
Dedi, Markgraf der Niederlausitz (1046–1075) 25
Detmar, Geschichtsschreiber (gest. um 1400) 303
Deusdedit, Kardinal (gest. um 1100) 32, 36
Dienstl, Ulrich, Bürger des Marktfleckens St. Johann (um 1462) 399, 400
Diesbach, Nikolaus, Kaufmann in Bern (gest. 1436) 404
Dietrich II. von Moers, Erzbischof von Köln (1414–1463) 420
Dietrich, Bischof von Verdun (1048–1089) 47
Dietrich VI., Graf von Holland (1121–1157) 125
Dietrich, Markgraf von Meißen (1197–1221) 171, 174, 196
Dietrich von Freiberg, Naturforscher (gest. nach 1310) 232
Dietrich von Niem, Publizist (um 1340–1418) 371
Döring, Matthias, Theologe (um 1400–1469) 390
Dominicus, Ordensgründer (1170–1221) 181
Domuzlaus, Bewohner von Stettin (1. Hälfte 12. Jh.) 82
Drändorf, Johann, dt. Hussit (gest. 1425) 376, 398
Dürer, Albrecht, Maler (1471–1528) 401

Eberhard I., Graf von Württemberg (1265–1325) 273
Eberhard III., der Greiner, Graf von Württemberg (1344 bis 1392) 340, 365
Eberhard von Waldburg, Truchseß (1187–1234) 190
Eberhard von Winterstetten, Reichsministeriale (gest. 1227) 189
Meister Eckhart, Mystiker (gest. 1327) 230, 232, 351–353, 416

Eduard I., König von England (1272–1307) 266
Eduard III., König von England (1327–1377) 292, 322, 324
Eike von Repgow, Verfasser des Sachsenspiegels (gest. nach 1233) 123, 126, 193, 215
Ekbert II., Markgraf von Meißen (1068–1090) 43
Ekkehard von Aura, Geschichtsschreiber (gest. 1125) 58, 60, 76
Elisabeth von Böhmen, Gemahlin König Johanns (gest. 1330) 272, 328
Elisabeth von Pommern, 4. Gemahlin Kaiser Karls IV. (gest. 1393) 332, 357
Elisabeth, Gemahlin König Ludwigs I. von Ungarn (gest. 1387) 367
Ellenhard, Bürger in Straßburg (gest. 1304) 230, 242
Emicho, Graf von Flonheim (gest. 1117) 59, 60
Engelbert von Berg, Erzbischof von Köln (1216–1225) 104, 188, 189, 196
Engelbert von Wusterwitz, Geschichtsschreiber (gest. 1433) 341
Engelberti, Ulrich, Straßburger Theologe (gest. um 1277) 230
Engelhusen, Dieterich, Geschichtsschreiber (gest. 1434) 390
Erich Menved, König von Dänemark (1286–1319) 261
Erich von Pommern, König von Dänemark (1412–1439) 392
Eugen III., Papst (1145–1153) 87, 89, 136
Eugen IV., Papst (1431–1447) 382–384

Felix V., Gegenpapst, (Amadeus VIII. von Savoyen) (1439–1449) 384
Flote, Pierre, Berater des franz. Königs (gest. 1302) 270
Franck, Sebastian, Theologe, Schriftsteller (1499–1542) 352
Franz von Assisi, Ordensgründer (1181/82–1226) 180, 181
Freidank, Dichter (gest. 1233) 124, 179
Friedrich I., dt. König und Kaiser, (Friedrich III., Herzog von Schwaben) (1152–1190) 86, 98–100, 102, 117, 133–144, 148, 150–156, 159, 160, 163, 165, 166, 171, 174, 176, 186, 207, 209, 212, 213, 332
Friedrich II. Roger, dt. König und Kaiser (1211–1250) 107, 119, 123, 171–174, 178, 182–184, 186–192, 195, 198, 199, 202, 207–209, 211–214, 258, 261, 264, 331
Friedrich III., dt. König und Kaiser, (Friedrich V., Herzog von Österreich und Steiermark) (1440–1493) 384, 388, 389, 391, 399, 420–422, 428, 430, 431
Friedrich der Schöne, dt. König (1314–1330) 316–319, 327
Friedrich III., König von Sizilien (1296–1337) 275, 321
Friedrich I., Erzbischof von Köln (1100–1131) 72
Friedrich der Streitbare, Herzog von Österreich (1230–1246) 207, 208
Friedrich IV., Herzog von Österreich und Tirol (1382–1439) 315, 371
Friedrich I. von Staufen, Herzog von Schwaben (1079–1105) 44
Friedrich II., Herzog von Schwaben (1105–1147) 76, 77, 79, 87
Friedrich IV., Herzog von Schwaben (1152–1167) 144
Friedrich V., Herzog von Schwaben (1168–1191) 148, 166
Friedrich I., Markgraf und Kurfürst von Brandenburg, (Friedrich VI., Burggraf von Nürnberg) (1415–1440) 342, 370, 376, 380
Friedrich II., Kurfürst von Brandenburg (1440–1470) 425
Friedrich Tuta, Markgraf von Meißen (1288–1291) 266
Friedrich der Freidige, Landgraf von Thüringen und Markgraf von Meißen (1307–1323) 233
Friedrich der Streitbare, Markgraf von Meißen (1381) und Kurfürst von Sachsen (1423–1428) 340, 380
Friedrich II. von Goseck, sächs. Pfalzgraf (1056–1088) 25
Friedrich I., Pfalzgraf bei Rhein (1449–1476) 421
Friedrich IV., Burggraf von Nürnberg (1300–1332) 316
Friedrich, Graf von Isenburg (gest. 1226) 188
Friedrich von Hausen, Minnesänger (gest. 1190) 163
Friedrich von Persberg, Geistlicher aus Regensburg (15. Jh.) 398
Fries, Lorenz, Chronist (1491–1550) 419
Fulcher von Chartres, Kleriker (gest. nach 1127) 57
Fust, Johannes, Kaufmann in Mainz (gest. 1465/66) 406, 416

Gautier von Arras, Dichter (um 1170) 163
Gebhard, Erzbischof von Salzburg (1060–1088) 41, 48
Gelasius II., Papst (1118–1119) 72
Georg von Poděbrady, König von Böhmen (1458–1471) 387, 404, 419, 421
Georg von Peuerbach, Mathematiker (1423–1461) 415, 418
Gerhard VI., Herzog von Schleswig (1386–1404) 315
Gerhard III., Graf von Holstein (1304–1340) 340
Gerhard van Kessel, Kaufmann in Köln (Anfang 15. Jh.) 395
Gerhard von Sinzig, Amtmann (Mitte 13. Jh.) 210
Gerhoch von Reichersberg, Kirchenschriftsteller (gest. 1169) 95
Gerlach von Hauwe, Kölner Stadtschreiber (gest. 1399) 305
Giangaleazzo Visconti, Herzog von Mailand (1395–1402) 367
Giovanni Visconti, Erzbischof von Mailand (1342–1354) 330
Giovanni da Cermenate, Mailänder Notar (14. Jh.) 274
Giselbert von Mons, Geschichtsschreiber (gest. 1223/25) 158
Gottfried von Calw, rhein. Pfalzgraf (1113–1131/32) 71
Gottfried von Straßburg, Dichter (gest. um 1210) 165
Gottschalk, Mitglied der königl. Kanzlei (um 1100) 48
Gottschalk, Prediger (Ende 11. Jh.) 59, 60
Gratian, Kanonist (gest. vor 1179) 96
Gregor VII., Papst (Hildebrand) (1073–1085) 32, 33, 35–44, 48–50, 52, 56, 63, 64, 74, 79, 88, 138
Gregor (VIII.), Gegenpapst (1118–1121) 72
Gregor IX., Papst (1227–1241) 125, 182, 190, 208, 210
Gregor X., Papst (1271–1276) 252
Gregor XI., Papst (1370–1378) 359, 363
Gregor XII., Papst (1406–1415, gest. 1417) 369, 371, 372
Groote, Geert, Mystiker (1340–1384) 353
Grünsleder, Ulrich, Kaplan, Hussit (gest. 1421) 376
Günther, Graf von Schwarzburg–Arnstadt, dt. Gegenkönig (1349) 329
Guibert von Nogent, Geschichtsschreiber (1053–um 1124) 58
Guido, Erzbischof von Mailand (1045–1071) 38
Guido, Kardinalbischof von Praeneste (um 1200–1206) 176

Guido, Abt von Pomposa (gest. 1046) 34
Guiot von Provins, franz. Dichter (um 1200) 163
Guldin, Heinrich, Bürger in Straßburg (gest. um 1230) 180
Gutenberg, Johannes (Gensfleisch) (gest. 1468) 415, 416

Hadrian IV., Papst (1154–1159) 136, 137, 139–142
Hagen, Gotfrid, Geschichtsschreiber (gest. vor 1301) 228, 248
Hagen, Matthäus, dt. Hussit (gest. 1458) 420
Hans von Straßburg, Baumeister (15. Jh.) 412
Hardevust, Bürger in Köln (um 1260) 228
„Armer" Hartmann, Dichter (12. Jh.) 95
Hartmann von Aue, Dichter (gest. nach 1210) 164, 196
Hartmann, Johannes, freigeistiger Häretiker (gest. 1367) 361
Hartwig, Erzbischof von Magdeburg (1078–1102) 41
Heinrich I., dt. König (919–936) 21, 138
Heinrich III., dt. König und Kaiser (1039–1056) 10, 14, 17, 20, 37, 39, 74
Heinrich IV., dt. König und Kaiser (1056–1106) 10, 17–21, 23–31, 33, 34, 36–45, 48, 50, 52, 60, 62–67, 69, 70, 93, 133, 138
Heinrich V., dt. König und Kaiser (1106–1125) 65, 66, 69–73, 76, 87, 88, 151
Heinrich VI., dt. König und Kaiser (1190–1197) 151, 163, 165–167, 170–174, 176, 178, 186
Heinrich (VII.), dt. König (1220–1235, gest. 1242) 130, 186, 188–193, 195, 196, 264
Heinrich VII., dt. König und Kaiser (1308–1313) 269, 272–275, 315
Heinrich, Mitkönig (1147–1150) 89, 98
Heinrich Raspe, Landgraf von Thüringen, Gegenkönig (1246–1247) 210, 211, 214
Heinrich VI., Herzog von Kärnten (1295–1335), König von Böhmen (1307–1310) 270, 272, 273, 316
Heinrich I., König von England (1100–1135) 71, 72
Heinrich III., König von England (1216–1272) 119
Heinrich I. von Müllenark, Erzbischof von Köln (1225–1238) 196
Heinrich II. von Virneburg, Erzbischof von Köln (1306 bis 1332) 315
Heinrich I., Erzbischof von Mainz (1142–1153) 135
Heinrich Knoderer, Erzbischof von Mainz (1286–1288) 254
Heinrich III., Erzbischof von Mainz (1328–1346, gest. 1353) 324
Heinrich II., Bischof von Augsburg (1047–1063) 18
Heinrich der Schwarze, Herzog von Bayern (1120–1126) 77
Heinrich der Stolze, Herzog von Bayern (1126–1139) 79, 84, 85
Heinrich der Löwe, Herzog von Sachsen (1142–1180), Herzog von Bayern (1156–1180, gest. 1195) 85, 91, 98, 105, 107, 117, 134, 140, 141, 144, 146, 147, 151–157, 166, 167, 173, 195, 198, 199, 207
Heinrich I., Herzog von Niederbayern (1253–1290) 250
Heinrich II., Herzog von Niederbayern (1310–1339) 322
Heinrich I., Herzog von Niederschlesien (1201–1238) 200
Heinrich II. Jasomirgott, Herzog von Österreich (1156–1177) 85, 134
Heinrich der Fette, Markgraf von Friesland (gest. 1101) 60
Heinrich der Erlauchte, Markgraf von Meißen und Landgraf von Thüringen (1221/1249–1288) 256

Heinrich V. von Braunschweig, Pfalzgraf bei Rhein (1195–1213) 176
Heinrich, Graf von Schwerin (1194–1228) 198
Heinrich von Lübeck, Obodritenfürst (gest. 1127) 81–83, 91
Heinrich von Kalden, Reichsministeriale (gest. um 1217) 178
Heinrich, Dichter (Mitte 12. Jh.) 95
Heinrich van Beeck, Geschichtsschreiber (gest. 1490) 412
Heinrich der Gleißner, Dichter (2. Hälfte 12. Jh.) 164
Heinrich von Langenstein, Theologe (1325–1397) 360
Heinrich von Lintorf, Geschichtsschreiber (14. Jh.) 303
Heinrich von Meißen, genannt Frauenlob, Dichter (gest. 1318) 302
Heinrich der Teichner, Dichter (gest. um 1377) 302, 356
Heinrich von Veldeke, Dichter (gest. zwischen 1200/1210) 163, 164
Helmold von Bosau, Geschichtsschreiber (gest. nach 1177) 83, 119, 146
Hemmerlin, Felix, Dichter (um 1450) 400
Henry Winchester, Kardinal (gest. 1447) 381
Herbort von Fritzlar, Dichter (um 1200) 163
Hermann von Salm, Gegenkönig (1081–1088) 44
Hermann, Bischof von Metz (1073–1090) 36
Hermann, Landgraf von Thüringen (1190–1217) 163
Hermann von Salza, Hochmeister des Dt. Ordens (1210 bis 1239) 202
Hermann, Vogt (gest. 1094) 15
Hermann der Weise, Bürger in Köln (um 1260) 228
Hildebrand, siehe Papst Gregor VII.
Hildegard von Bingen, Mystikerin (1098–1179) 96
Hirzelin, Gerhard, Patrizier in Köln (gest. 1260) 228
Honorius II., Papst (1124–1130) 78
Honorius III., Papst (1216–1227) 181, 190
Hoyer, Graf von Mansfeld (gest. 1115) 71
Hugo, Erzbischof von Lyon (1082–1106) 73
Hugo, Abt von Cluny (1049–1109) 33, 41
Hugo von Montfort, Dichter (1357–1423) 354
Hugo von Trimberg, Magister und Schriftsteller (gest. nach 1313) 248, 251
Humbert von Silva Candida, Kardinalbischof (gest. 1061) 34, 36
Hunyadi, Janos, ung. Reichsverweser (1446–1453) 390, 421, 430
Hus, Jan (um 1371–1415) 8, 371, 372, 374, 376, 379, 418

Imadeddin-Zengi, Emir von Mosul und Aleppo (1127–1146) 89
Innocenz II., Papst (1130–1143) 78, 79, 82, 84, 87
Innocenz III., Papst (1198–1216) 103, 172, 174, 176–178, 180, 183, 184
Innocenz IV., Papst (1243–1254) 182, 210, 212, 214
Innocenz VI., Papst (1352–1362) 330
Ivo, Bischof von Chartres (1090–1116) 73
Izjaslav I., Großfürst von Kiew (1054–1078) 37

Jacobellus von Mies, Hussit (1373–1429) 374
Jaropolk, Fürst von Wladimir (1078–1087) 37
Jaxa, Fürst von Köpenick (Mitte 12. Jh.) 144

Jobst (Jodocus) von Mähren, Markgraf von Brandenburg (1397–1411) 341, 367, 370
Johann, König von Böhmen (1310–1346) 272, 316–318, 322, 325, 328, 332, 336
Johann Ohneland, König von England (1199–1216) 174, 176, 183
Johann von Nassau, Erzbischof von Mainz (1397–1419) 368, 369
Johann II., Herzog von Sachsen–Lauenburg (1296–1322) 316
Johann I., Markgraf von Brandenburg (1220–1266) 199
Johann Heinrich, Graf von Tirol (1335–1341) 325
Johann von Gmunden, Mathematiker (gest. 1442) 415
Johann von Jandun, Philosoph (gest. 1328) 320
Johann von Neumarkt, Kanzler (um 1310–1380) 335, 354
Johann von Sachsen, Mathematiker (14. Jh.) 357
Johann von Victring, Geschichtsschreiber (gest. 1345) 266, 274, 325
Johannes XXII., Papst (1316–1334) 317–322, 324, 325, 352
Johannes XXIII., Papst (1410–1415, gest. 1419) 371, 372
Johannes Schele, Bischof von Lübeck (1420–1439) 385
Johannes Duns Scotus, Philosoph (gest. 1308) 230
Johannes von Marignola, Minorit, Geschichtsschreiber (gest. 1358/59) 336
Johannes von Saaz, Dichter (gest. um 1414) 356
Johannes von Salisbury, Geschichtsschreiber (gest. um 1180) 143
Jordanus von Osnabrück, Magister (gest. um 1283) 220

Kannler, Konrad, freigeistiger Häretiker (2. Hälfte 14. Jh.) 361, 362
Karl der Große, Kaiser (768–814, Kaiser 800) 139, 143, 160, 174, 260
Karl IV., dt. König und Kaiser (1346–1378) 252, 286, 304, 325, 326, 328–336, 342, 346, 354, 357–360, 363, 367, 369, 370, 387
Karl IV., König von Frankreich (1322–1328) 318
Karl VII., König von Frankreich (1422–1461) 391
Karl I. von Anjou, König von Sizilien (1265–1285) 212, 252, 257
Karl Martell, König von Ungarn (1307–1342) 257
Karl der Kühne, Herzog von Burgund (1467–1477) 430, 431
Kazimir III., König von Polen (1333–1370) 332
Kazimir IV., König von Polen (1447–1492) 387, 393, 428
Meister Kelin, Spruchdichter (Mitte 13. Jh.) 219
Kerlinger, Walter, Inquisitor (gest. 1373) 363
Knut VI., König von Dänemark (1182–1202) 155, 198
Konrad III., dt. König (1138–1152) 77–79, 84–93, 97–99, 134–136, 144, 159
Konrad IV., dt. König (1237–1254) 207, 210–212, 214
Konrad, Gegenkönig (1087–1098, gest. 1101) 28, 41, 64, 65
Konrad von Hochstaden, Erzbischof von Köln (1238–1261) 196, 210, 214, 225, 228
Konrad von Wittelsbach, Erzbischof von Mainz (1161–1165) 143
Konrad I., Erzbischof von Salzburg (1105–1147) 92
Konrad, Herzog von Masowien (1202–1247) 202
Konrad von Urslingen, Herzog von Spoleto (1177–1198, gest. 1202) 153

Konrad von Lützelhard, Markgraf von Ancona (1177–1197) 153
Konrad von Wettin, Markgraf von Meißen (1123–1157) 76, 80
Konrad von Weinsberg, Reichslandvogt (gest. 1323/25) 273
Konrad von Weinsberg, Reichserbkämmerer (gest. 1448) 388
Konrad von Winterstetten, Reichsministeriale (gest. 1243) 189
Konrad von Winterstetten, Schenk (2. Hälfte 13. Jh.) 221
Konrad von Gelnhausen, Magister (um 1320–1390) 360
Konrad von Marburg, Inquisitor (gest. 1233) 182
Konrad von Megenberg, Kleriker (gest. 1374) 323, 357
Konrad von Soest, Magister (gest. 1437) 369
Konrad von Soest, Maler (Anfang 15. Jh.) 306
Konrad von Würzburg, Dichter (gest. 1287) 218, 230, 254
Konradin, Sohn König Konrads IV. (gest. 1268) 212, 220, 227
Konstantin der Große, röm. Kaiser (306–337) 48
Konstantin, freigeistiger Häretiker (gest. 1350) 361, 363
Konstanze von Sizilien, Gemahlin Kaiser Heinrichs VI. (gest. 1198) 165, 166, 172
Kopernikus, Nicolaus (1473–1543) 418
Kuchner, Hermann, freigeistiger Häretiker (14. Jh.) 361
Kuno, Abt von St. Gallen (1379–1411) 314
Kyeser, Konrad, techn. Schriftsteller (gest. nach 1405) 357

Ladislaus, König von Neapel (1386–1414) 371
Ladislaus Postumus, König von Ungarn (1444–1457) 388, 421, 430
Lambert le Pauvre, Kreuzzugsteilnehmer (um 1096) 59
Lampert von Hersfeld, Geschichtsschreiber (gest. 1088) 26, 27, 29–31, 50, 74
Lamprecht, Dichter (1. Hälfte 12. Jh.) 95
Lanfranc, Philosoph (1004–1089) 47
Leo IX., Papst (Brun von Toul) (1049–1054) 32–35, 37, 38
Leopold I., Herzog von Österreich (1308–1326) 316–319, 327
Leopold III., Herzog von Österreich (1358–1386) 327, 328, 359
Leopold IV., Markgraf von Österreich (1136–1141) Herzog von Bayern (1139) 84, 85
Leopold VI., Herzog von Österreich (1198–1230) 195, 196
Liemar, Erzbischof von Bremen (1072–1101) 38
Lochner, Stephan, Maler (gest. um 1451) 306
Löffler aus Bremgarten, freigeistiger Häretiker (gest. 1375) 361
Lothar III. von Supplinburg, dt. König und Kaiser (1125 bis 1137) 71, 72, 76–84, 87, 94, 98, 99, 117, 135–137, 141
Lucius III., Papst (1181–1185) 180
Ludwig der Bayer, dt. König und Kaiser (1314–1347) 291, 311, 316–329, 332, 342, 356, 369
Ludwig VI., König von Frankreich (1108–1137) 21, 76
Ludwig VII., König von Frankreich (1137–1180) 89
Ludwig IX., König von Frankreich (1226–1270) 221, 258
Ludwig I. der Große, König von Ungarn (1342–1382) und Polen (1370) 332, 360, 367
Ludwig I., Herzog von Bayern (1183–1231) 189, 195
Ludwig II., Herzog von Bayern (1253–1294) 212
Ludwig IX., Herzog von Bayern (1450–1479) 399

Ludwig der Ältere, Markgraf von Brandenburg (1323–1351) 325, 329
Ludwig III. von der Pfalz (1410–1436) 368, 398
Ludwig der Springer, Landgraf von Thüringen (1076–1123) 71
Lupold von Bebenburg, Staatstheoretiker, Bischof von Bamberg (1353–1363) 321
Luther, Martin (1483–1546) 352, 354, 386

Magnus Billung, Herzog von Sachsen (1072–1106) 25, 26
Manegold von Lautenbach, Kleriker und Publizist (gest. nach 1103) 47–49
Manuel I. Komnenos, Kaiser von Byzanz (1143–1180) 90
Marcus Graecus, griech. Schriftsteller (2. Hälfte 13. Jh.) 281
Margarete, Gräfin von Kleve (gest. 1184) 163
Margarete Maultasch, Gräfin von Tirol (gest. 1369) 325
Margarete, Gemahlin Kaiser Ludwigs des Bayern (gest. 1356) 325
Maria, Herzogin von Burgund (gest. 1482) 431
Maria, Gemahlin Kaiser Sigmunds (gest. 1395) 367
Markward von Annweiler, Markgraf von Ancona (1195 bis 1202) 172
Marsilius von Padua, Staatstheoretiker (gest. 1342/43) 319 bis 322
Martin IV., Papst (1281–1285) 252
Martin V., Papst (Otto Colonna) (1417–1431) 373, 374, 382, 402
Martin von Mainz, freigeistiger Häretiker (gest. 1393) 361
Matthäus von Krakau, Theologe (um 1335–1410) 371
Matthias Corvinus, König von Ungarn (1458–1490) 430
Matthias von Arras, Baumeister (gest. 1352) 334
Matthias von Kemnat, Geschichtsschreiber (um 1430 bis 1475/76) 421
Mathilde, Markgräfin von Tuscien (1052–1115) 38, 41, 44, 64, 65, 72, 79
Mathilde, Gemahlin Kaiser Heinrichs V. (gest. 1167) 72
Maurikios, russ. Mönch (11. Jh.) 22
Maximilian I., Kaiser (1493–1519) 381, 431
Mazelin, Ministeriale (um 1067) 19
Meinhard II., Graf von Tirol, Herzog von Kärnten (1286) (1258–1295) 254
Meissner, Dichter (2. Hälfte 13. Jh.) 247
Merswin, Rulman, Mystiker (1307–1382) 353
Metza von Westhoven, Begine (14. Jh.) 361
Michael von Cesena, Ordensgeneral (gest. 1342) 321
Mikuláš von Pelhřimov, Taboritenbischof (gest. um 1459) 382
Mohammed (um 570–632) 63
Moricho, miles (um 1068) 19
Müller, Friedrich, dt. Hussit (Mitte 15. Jh.) 419
Müller, Johannes (Regiomontanus), Mathematiker (1436 bis 1476) 415
Müntzer, Thomas (vor 1490–1525) 352
Musciatto dei Francesi, ital. Kaufmann (gest. vor 1308) 266

Nicolaus d'Oresme, franz. Philosoph (gest. 1382) 415
Niketas Choniates, byzant. Geschichtsschreiber (gest. um 1215) 172
Niklot, Obodritenfürst (gest. 1160) 91, 146

Niklot, Fürst von Rostock (1183–1200) 155
Nikolaus II., Papst (1058–1061) 33, 34, 37
Nikolaus III., Papst (1277–1280) 257
Nikolaus V., Papst (1447–1455) 384
Nikolaus (V.), Gegenpapst (Petrus von Corvaro) (1328 bis 1330) 322
Nikolaus von Dresden, dt. Hussit (gest. um 1417) 376
Nikolaus von Kues (Cusanus), Philosoph und Theologe (gest. 1464) 383, 384, 390, 416, 418
Nikolaus von Wyle, Stadtschreiber (15. Jh.) 413
Noker, Mönch und Dichter (2. Hälfte 11. Jh.) 61, 62
Norbert von Xanten, Erzbischof von Magdeburg (1126 bis 1134) 82, 92, 102

Oswald von Wolkenstein, Dichter (1377–1445) 354
Otto I., dt. König und Kaiser (936–973) 34, 134, 139, 260
Otto IV., dt. König und Kaiser (1198–1218) 100, 173, 174, 176–179, 183, 184, 186, 193
Otto, Bischof von Bamberg (1102–1139) 82, 91
Otto von Northeim, Herzog von Bayern (1061–1070, gest. 1083) 18, 24–26, 28, 40, 41, 44, 60, 72
Otto I. von Wittelsbach, Herzog von Bayern (1180 bis 1183) 154
Otto II. von Wittelsbach, Herzog von Bayern (1231–1253) 195
Otto I., Herzog von Braunschweig–Lüneburg (1235–1252) 193
Otto III., Herzog von Niederbayern (1290–1312) 223
Otto III., Markgraf von Brandenburg (1220–1267) 199
Otto, Markgraf von Brandenburg (1351–1373, gest. 1379) 332
Otto der Reiche, Markgraf von Meißen (1156–1190) 105, 147
Otto von Freising, Geschichtsschreiber (1114/15–1158) 41, 87, 93, 94, 100, 138, 139
Ottokar I. Přemysl, König von Böhmen (1198–1230) 174, 176, 183
Ottokar II. Přemysl, König von Böhmen (1253–1278) 203, 218, 220, 252–253
Ottokar, Reimchronist (gest. nach 1318) 268
Ovid, röm. Dichter (43 v. u. Z.–17 u. Z.) 163

Palomar, Johannes, Theologe (15. Jh.) 382
Parler, Peter, Baumeister (gest. 1399) 304, 334
Paschalis II., Papst (1099–1118) 65, 69, 72
Paschalis (III.), Gegenpapst (1164–1168) 143, 144
Paul von Rusdorf, Hochmeister (1422–1441) 428
Peter III., König von Aragon und Sizilien (1282) (1276–1285) 252
Peter Aspelt, Erzbischof von Mainz (1306–1320) 316, 319
Peter von Ostia, Kardinallegat (gest. 1361) 330
Peter von Amiens, Kreuzzugsprediger (gest. 1115) 58–60
Peter von Hagenbach, Landvogt (gest. 1474) 430
Peter der Pilger (Petrus Peregrinus), Naturforscher (Mitte 13. Jh.) 231
Petrarca, Francesco, ital. Humanist und Dichter (1304–1374) 330, 335, 399, 413
Petrus Damiani, Kardinalbischof von Ostia (1057–1072) 32, 34
Petrus Crassus, Ravennater Jurist (2. Hälfte 11. Jh.) 32

Philipp von Schwaben, dt. König (1198–1208) 172–174, 176–178
Philipp II., König von Frankreich (1180–1223) 151, 183, 197, 258
Philipp IV. der Schöne, König von Frankreich (1285–1314) 266, 270, 275
Philipp VI., König von Frankreich (1328–1350) 324, 328
Philipp von Heinsberg, Erzbischof von Köln (1167–1191) 153
Philipp der Gute, Herzog von Burgund (1419–1467) 367
Piccolomini, Enea Silvio, später Papst Pius II. (1458–1464) 384, 430
Pilgrim II., Erzbischof von Salzburg (1365–1396) 365
Pleskow, Jakob, Lübecker Ratsherr (gest. 1381) 347
Pribislaw, slaw. Fürst von Alt-Lübeck (gest. nach 1156) 83, 146
Pribislaw (Heinrich), slaw. Fürst von Brandenburg (um 1127 bis 1150) 81, 83, 144
Pribislaw, Obodritenfürst (1160–1178) 146, 147
Prokop der Große, hussit. Heerführer (gest. 1434) 376, 378, 381, 382
Ptolemäus, Claudius, antiker Astronom (um 100–um 160) 418
Pulkava, Geschichtsschreiber (gest. 1380) 336

Radulf, Zisterziensermönch (12. Jh.) 89
Rahewin, Geschichtsschreiber (gest. 1177) 139, 141, 142
Rainald von Dassel, Erzbischof von Köln (1159–1167) 137, 142–144
Rainulf von Alife, Herzog von Apulien (1137–1139) 79, 87
Ratibor, Herzog von Pommern–Stettin (1136–1156) 91
Rautenstock, Wilhelm, dt. Hussit (gest. 1467) 420
Regiomontanus, siehe Müller, Johannes
Reinhard von der Bulze, Tuchhändler in Erfurt (gest. 1265) 248
Reinmar der Alte, Minnesänger (gest. um 1205) 163
Reiser, Friedrich, dt. Hussit (1402–1458) 419, 420
Richard von Cornwall, dt. König (1257–1272) 218–221
Richard Löwenherz, König von England (1189–1199) 167, 170, 173, 174
Richard II., König von England (1377–1399) 360
Richard von Capua, Normannenfürst (1061–1078) 37
Ripelin, Hugo, Theologe (um 1210–um 1270) 230
Robert von Anjou, König von Neapel (1309–1343) 275, 317, 321, 322
Robert Guiscard, Herzog von Apulien (1057–1085) 37, 44
Robert von Molesme, Abt (gest. 1111) 53
Roger II., König von Sizilien (1130–1154) 78, 79, 87, 88, 90, 91, 97, 136, 170
Rokycana, Jan, Erzbischof von Prag (1435–1471) 387
Roland, siehe Papst Alexander III.
Romuald II., Erzbischof von Salerno (1153–1181) 37
Roritzer, Konrad, Baumeister (gest. 1475) 412
Rosenplüt, Hans, Dichter (Mitte 15. Jh.) 390, 413
Rothe, Johann, Geschichtsschreiber (um 1360–1434) 350, 412
Rudolf von Habsburg, dt. König (1273–1291) 209, 219, 229, 250, 252–258, 260, 261, 263–266, 270, 274, 275
Rudolf von Rheinfelden, dt. Gegenkönig (1077–1080) 18, 28, 40–44, 52, 69
Rudolf I., Pfalzgraf und Herzog von Oberbayern (1294 bis 1319) 223, 315
Rudolf II., Herzog von Österreich (1282–1290) 254
Rudolf III., Herzog von Österreich (1298) und König von Böhmen (1306–1307) 270
Rudolf IV., Herzog von Österreich (1358–1365) 331, 332, 340
Rudolf I., Herzog von Sachsen–Wittenberg (1298–1356) 315
Rudolf II., Pfalzgraf bei Rhein (1327–1353) 329
Rudolf I. von Stade, Markgraf der Nordmark (1106–1114, gest. 1124) 71
Rudolf, Graf von Stade (gest. 1144) 125
Rudolf von Ems, Dichter (gest. 1254) 247
Runge, Heinrich, Kaufmann in Rostock (gest. 1314) 263
Ruprecht, dt. König (1400–1410) 367–369
Ruprecht I. von der Pfalz (1353–1390) 359
Ruthard II., Erzbischof von Mainz (1088–1109) 60, 66

Sachs, Hans, Dichter (1494–1576) 413
Saladin, Sultan von Ägypten (1171–1193) 165
Schlick, Kaspar, königlicher Kanzler (gest. 1449) 387
Schmid, Konrad, Kryptoflagellant (gest. um 1369) 361
Schöffer, Peter, Buchdrucker in Mainz (gest. 1503) 416
Schoneveld, Eylard, Inquisitor (um 1400) 363
Schongauer, Martin, Kupferstecher (um 1440–1491) 401
Schwarz, Berthold, siehe Berthold von Lützelstetten
Seuse, Heinrich, Mystiker (um 1295–1366) 352, 353
Siegfried von Westerburg, Erzbischof von Köln (1274 bis 1297) 257
Siegfried I., Erzbischof von Mainz (1060–1084) 42, 43
Siegfried III. von Eppenstein, Erzbischof von Mainz (1230 bis 1249) 210
Siegfried, sächs. Pfalzgraf (1095–1113) 71
Sigebert von Gembloux, Geschichtsschreiber und Publizist (gest. 1112) 49, 59
Sigihard, Graf von Burghausen (gest. 1104) 66
Sigmund, dt. König und Kaiser (1410–1437) 332, 340, 357, 367, 369–372, 374, 376, 378–382, 384, 385, 387–389, 393, 397
Sigmund, Herzog von Tirol (1439–1490, gest. 1496) 398
Steinhövel, Heinrich, Ulmer Stadtarzt (1412–1482/83) 413
Stephan, Waldenserbischof (gest. 1467) 420
Stricker, Dichter (1. Hälfte 13. Jh.) 125
Stromer, Ulman, Ratsherr in Nürnberg (1329–1407) 281, 303
Suchenwirt, Peter, Dichter (2. Hälfte 14. Jh.) 354

Tancred von Lecce, König von Sizilien (1190–1194) 167, 170
Tauler, Johannes, Mystiker (gest. 1361) 232, 352
Theoderich von Prag, Maler (gest. vor 1381) 334
Tholomeus von Lucca, Geschichtsschreiber (gest. 1326) 257
Thomas von Aquino, Philosoph (1225–1274) 230, 231
Thomas von Modena, ital. Maler (gest. 1379) 334
Tile Kolup (falscher Friedrich) (gest. 1285) 258
Tilemann Elhen von Wolfhagen (gest. nach 1411) 412
Timur (Tamerlan), Mongolenfürst (gest. 1405) 370
Töllner, Johann, Rostocker Kaufmann (gest. 1360) 289
Trütwein, Bürger in Eßlingen (Anfang 14. Jh.) 273
Tucher, Endres, Nürnberger Patrizier (gest. 1440) 303, 412

Turnau, Peter, dt. Hussit (gest. 1425)   398
Twinger von Königshofen, Jacob, Geschichtsschreiber (1346 bis 1420)   303

Udalrich, Graf von Weimar (gest. 1112)   71
Udalrich von Cluny, Mönch (1029–1093)   53
Udo, Bischof von Hildesheim (1079–1114)   17
Ulrich, Bischof von Speier (1178–1187)   99
Ulrich I., Graf von Hanau (1281–1306)   267
Ulrich von Jungingen, Hochmeister (1407–1410)   428
Ulrich von Ensingen, Baumeister (gest. 1419)   304
Ulrich von Manderscheid, Kleriker (gest. 1436)   383
Unbehoven von Dorlisheim, Bauernanführer (um 1338)   314
Urban II., Papst (1088–1099)   32, 56–59, 63–65
Urban V., Papst (1362–1370)   357, 359, 363
Urban VI., Papst (1378–1389)   359, 360

Veckinchusen, Hildebrand von, Kaufmann (gest. nach 1425)   404
Vicelin, Bischof von Oldenburg (1149–1154)   82, 83, 92
Viktor II., Papst (1055–1057)   33
Viktor (IV.), Gegenpapst (Octavian) (1159–1164)   142, 143
Villani, Matteo, Geschichtsschreiber (gest. 1363)   330
Ville, Nicolaus, freigeistiger Häretiker (Anfang 15. Jh.)   361
Vladislav II., König von Böhmen (1158–1173)   137
Volkmar, Prediger, Teilnehmer am Bauernkreuzzug (um 1096)   59, 60
Volrad von Gotha, Bürger in Erfurt (Ende 13. Jh.)   233
Vsevolod, Großfürst von Kiew (1078–1093)   22

Waldemar I., König von Dänemark (1157–1182)   147
Waldemar II., König von Dänemark (1202–1241)   198
Waldes, Kaufmann in Lyon (gest. vor 1218)   180
Walpod, Arnold, Kaufmann in Mainz (gest. 1268)   217
Walter von Pacy, Ritter, Teilnehmer am Bauernkreuzzug (gest. 1096)   59
Walter Senzavohir, Ritter, Teilnehmer am Bauernkreuzzug (gest. 1096)   59, 60
Walther von Geroldseck, Bischof von Straßburg (1260–1263)   230
Walther von Neiße, Vogt (13. Jh.)   201
Walther von der Vogelweide, Dichter (um 1170–um 1230)   163, 164, 173, 176, 179
Walther, Bernhard, Kaufmann in Nürnberg, Astronom (1430–1504)   415
Warendorp, Hermann, Lübecker Kaufmann (gest. 1350)   289
Wartislaw, Herzog von Pommern (gest. um 1128/35)   82, 83
Welf IV., Herzog von Bayern (1070–1101)   25, 35, 40, 64
Welf V., Herzog von Bayern (1101–1120)   65
Welf VI., Graf (gest. 1191)   84, 85, 91, 97, 144, 154
Wenrich von Trier, Publizist (gest. 1081/82)   47–49
Wenzel IV., dt. König (1376–1400) und König von Böhmen (bis 1419)   332, 342, 357–360, 363–365, 367–370, 374, 380, 382, 387
Wenzel I., König von Böhmen (1230–1253)   113
Wenzel II., König von Böhmen (1278–1305)   254, 270
Wenzel III., König von Böhmen (1305–1306)   270
Wenzel, Herzog von Luxemburg (1354–1383)   365
Werner, Erzbischof von Magdeburg (1063–1078)   19, 25, 26, 43

Werner, Bischof von Merseburg (1063–1093)   41
Werner II. von Bolanden, Reichsministeriale (gest. 1198)   158
Werner IV. von Bolanden, Reichsministeriale (1219–1258)   217
Wernher der Gartenaere, Dichter (2. Hälfte 13. Jh.)   219
Wertislaw, Obodritenfürst (gest. 1164)   146
Wichmann, Erzbischof von Magdeburg (1152–1192)   102, 135, 146
Wilhelm von Holland, dt. König (1247–1256)   211, 212, 214, 215, 217, 268, 275
Wilhelm II., König von Sizilien (1166–1189)   165, 166
Wilhelm, Erzbischof von Tyrus, Geschichtsschreiber (1175 bis 1186)   57
Wilhelm von Champeaux, Bischof von Châlons, päpstl. Legat (1113–1122)   73
Wilhelm III., Graf von Holland-Hennegau (1304–1337)   325
Wilhelm IV., Graf von Holland-Hennegau (1337–1345)   325
Wilhelm, Abt von Hirsau (1069–1091)   52, 53, 63
Wilhelm, Vicomte von Melun, Teilnehmer am Bauernkreuzzug (um 1096)   59
Wilhelm, Begarde (gest. 1402)   361, 362
Wilhelm von der Huntsgasse, Bürger in Köln (um 1260)   228
Wilhelm von Köln, Maler (um 1370)   306
Wilhelm von Moerbecke, Aristoteles-Übersetzer (um 1215 bis um 1286)   230
Wilhelm von Ockham, Philosoph (gest. 1349)   319–321, 324, 325, 356, 360
Wimpfeling, Jakob, Humanist (1450–1528)   416
Wiprecht II. der Ältere, Graf von Groitzsch, Markgraf von Meißen (1123–1124)   71, 76
Wiprecht III. der Jüngere, Graf von Groitzsch (gest. um 1116)   71, 80
Wirikind von Havelberg, slaw. Fürst (um 1128)   81
Wisse, Claus, Dichter (14. Jh.)   356
Witelo von Schlesien, Philosoph und Naturforscher (gest. um 1275)   232
Wittenweiler, Heinrich, Dichter (um 1400)   302, 356, 400
Wizlaw I., Fürst von Rügen (1218–1249)   200
Wladislaw II., König von Polen (1434) und Ungarn (1440 bis 1444)   390
Wölflin, Reichsschultheiß (1. Hälfte 13. Jh.)   261
Woldemar, Markgraf von Brandenburg (1303–1319)   316, 329
Woldemar, („falscher") (um 1348)   329
Wolfger, Bischof von Passau (1191–1204, gest. 1208)   163
Wolfhelm von Köln, Abt von Brauweiler (1065–1091)   47, 48
Wolfram von Eschenbach, Dichter (um 1170–um 1220)   163, 164, 196, 356
Wurmser, Nikolaus, Maler (14. Jh.)   334
Wyclif, John, engl. Reformator (gest. 1384)   8, 372

Zainer, Günther, Augsburger Buchdrucker (gest. 1478)   400
Želivský, Jan, hussit. Prediger (gest. 1422)   374, 376
Zimberlin, Krugwirt, Bauernanführer (um 1338)   314
Zink, Burkhard, Chronist (1396–1474)   303, 412
Žižka, Jan, hussit. Heerführer (gest. 1424)   374–376
Zvonimir, König von Kroatien und Dalmatien (1076–1089)   37
Zwicker, Peter, Inquisitor (gest. 1405/15)   363

Abbildungsnachweis

Für die freundliche Unterstützung bei der Beschaffung und Bereitstellung der Abbildungsvorlagen bedankt sich der Verlag bei:

Akademie der Wissenschaften und Literatur Mainz, Stuttgart
Bildarchiv Foto Marburg
Beyer, Klaus G., Weimar
Brandt, Detlef, Halle
Deutsche Bücherei, Leipzig
Deutsche Fotothek, Dresden
Deutsche Staatsbibliothek, Berlin
Engel, Evamaria, Berlin
Ewald, Günther, Stralsund
Finke, Heinz, Pressebildarchiv, Konstanz
Foto Pfeifer, Berlin
Historisches Archiv der Stadt Köln
Institut für Denkmalpflege, Meßbildstelle, Berlin
Kreisarchiv Mühlhausen (Thür.)
Küas, Herbert, Leipzig
Märkisches Museum, Berlin
Národni Muzeum, Prag
Nationale Forschungs- und Gedenkstätten der klassischen deutschen Literatur, Weimar
Nationalgalerie, Prag
Österreichische Nationalbibliothek, Wien
Photo-Studio Mahlke, Halberstadt
Rat der Stadt Halberstadt
Sächsische Landesbibliothek, Dresden
Schulz, Sabine, Berlin
Schwenke, Hans, Berlin
Sell, Beate, Berlin
Spalt, Peter, Berlin
Staatliche Museen zu Berlin, Kupferstichkabinett
Staatliche Museen zu Berlin, Münzkabinett
Staatsarchiv, Bremen
Staatsarchiv, Dresden
Staatsarchiv, Magdeburg
Staatsarchiv, München
Staatsarchiv, Nürnberg
Staatsarchiv, Schwerin
Staatsbibliothek der Tschechischen Sozialistischen Republik, Prag
Stadtarchiv, Leipzig
Stadtarchiv, Nordhausen
Stadtarchiv, Stralsund
Städtische Kunstsammlungen, Görlitz
Stelzer, Günter, Greifswald
Töpfer, Bernhard, Berlin
Universitätsbibliothek, Berlin
Universitätsbibliothek, Greifswald
Universitätsbibliothek, Jena
Universitätsbibliothek, Prag
Universitätsbibliothek, Wrocław
VEB Edition, Leipzig
VEB E. A. Seemann Verlag, Leipzig
Verlag der Kunst, Dresden
Wartburgstiftung, Eisenach
Zentralbibliothek, Zürich

Weitere Vorlagen wurden dem Archiv des VEB Deutscher Verlag der Wissenschaften, Berlin entnommen.

Graphiken und Karten wurden angefertigt nach Entwürfen der Autoren und nach folgender Literatur:

Atlas zur Geschichte, Bd. 1, Gotha–Leipzig 1973; G. Binding: Pfalz Gelnhausen, Eine Bauuntersuchung, Bonn 1965; Ders.: Beiträge über Bauführung und Baufinanzierung, Köln 1974; W. Eggert: In: Stadt und Städtebürgertum in der deutschen Geschichte des 13. Jahrhunderts, Berlin 1976; Geld, Münze und Medaille. Führer durch die Schausammlung des Münzkabinetts, bearb. v. A. Suhle, Berlin 1957; Geschichte der Stadt Magdeburg, Berlin 1977; Geschichtlicher Handatlas der Rheinprovinz, Köln–Bonn 1926; K. Jakobs: Die Hirsauer, Köln–Graz 1961; R. Kötzschke: Ländliche Siedlungen und Agrarwesen in Sachsen, Remagen 1953; Th. Martin: Die Städtepolitik Rudolfs von Habsburg, Göttingen 1976; A. Meitzen: Zur Agrargeschichte Norddeutschlands, Berlin 1901; H. Planitz: Die deutsche Stadt im Mittelalter, Weimar 1975; W. Radig: Die Siedlungstypen in Deutschland, Berlin 1955; H. Wäscher: Feudalburgen in den Bezirken Halle und Magdeburg, Berlin 1962; Wüstungen in Deutschland. Ein Sammelband v. W. Abel, Frankfurt/Main 1967.

Inhalt

Vorwort zur Gesamtausgabe 5
Vorwort zum vorliegenden Band 7

Die volle Entfaltung der feudalen Gesellschaftsordnung. Der Eintritt der Städtebürger in den Klassenkampf
(Hauptperiode von der Mitte des 11. Jahrhunderts bis zum Beginn des 14. Jahrhunderts)

1
Die Anfänge der kommunalen Bewegung und der Investiturstreit (1056 bis 1122). *Von Ernst Werner* 10

Landes- und Herrschaftsausbau, bäuerlicher Klassenkampf und kommunale Bewegung bis zum Beginn des Investiturstreits 1075 10
– Die Agrarproduktion und das Herrschaftsgefüge auf dem Lande 10
– Der Aufstieg der Ministerialität und der Burgenbau des Adels. 14
– Bäuerliche Klassenkämpfe 14
– Bäuerliche und herrschaftliche Rodung . . . 16
– Fürsten und Regentschaft zwischen 1056 und 1065 17
– Versuche zum Aufbau eines Königsterritoriums 18
– Die Entwicklung der Städte und die Zusammensetzung ihrer Bevölkerung 21
– Der Sachsenaufstand von 1073 bis 1075. . . 24
– Die Anfänge der kommunalen Bewegung . . 28
– Der Kölner Aufstand von 1074 29

König, Fürsten und Papstkirche im Ringen um die Herrschaft im Reich während des Investiturstreits. Die wachsende Aktivität werktätiger Schichten (1076 bis 1122) 31
– Der Aufstieg des Reformpapsttums 31
– Theorie und Praxis des Reformpapsttums unter Gregor VII. 34
– Der Zusammenstoß zwischen Gregor VII. und Heinrich IV. 38
– Der Weg nach Canossa 39

– Heinrich IV. und die Fürstenopposition im Reich 41
– Romzug und Kaiserkrönung Heinrichs IV. . . 44
– Romanische Kunst und Architektur 45
– Die Streitschriftenliteratur 47
– Die Geschichtsschreibung 50
– Die Hirsauer Laienbewegung von 1080 bis 1096 51
– Der päpstliche Aufruf zum ersten Kreuzzug 1095 56
– Der Bauernkreuzzug von 1096 58
– Volkssprachliche Dichtung im Dienste der herrschenden Klasse. 61
– Kaiserliche Bemühungen um den Landfrieden 63
– Fürstenopposition und Abfall Heinrichs V. . 65
– Die Parteinahme der rheinischen Städte für den Kaiser 66
– Heinrich V. und die Städte 69
– Der Kompromiß von Worms 1122 71

2
Die verstärkte feudale Eroberungspolitik und die Schwächung der Zentralgewalt. Erfolge der kommunalen Bewegung und deren Auswirkungen auf die Lage der Bauern (1122 bis 1250). *Von Bernhard Töpfer* 75

Der verschärfte Machtkampf zwischen Zentralgewalt und Fürsten und der Beginn der zweiten Etappe der Ostexpansion (1122 bis 1152) . . . 75
– Die politische Situation nach dem Wormser Konkordat. 75
– Königtum und Fürsten in den letzten Regierungsjahren Heinrichs V. und unter Lothar III. 76
– Das päpstliche Schisma und die Italienzüge Lothars III. 78
– Die Anfänge der zweiten Etappe der Ostexpansion 80
– Konrad III. und der staufisch-welfische Konflikt 84
– Die Beziehungen zu Italien und Byzanz . . 87
– Der zweite Kreuzzug 89
– Der Wendenkreuzzug 91
– Die Ausläufer kirchlicher Reformbestrebungen 92

- Das Wirksamwerden von Ketzerbewegungen . 96
- Das Ende des staufisch-welfischen Konfliktes durch die Wahl Friedrichs I. 97

Der Ausbau der Stadtgemeinde, die Entfaltung der städtischen Wirtschaft und die Auswirkungen auf den bäuerlichen Klassenkampf 98
- Die kommunale Bewegung in Bischofsstädten 98
- Die Ausbildung der Ratsverfassung 102
- Die Entstehung und Gründung neuer Städte . 105
- Städtisches Gewerbe und Entstehung der Zünfte 109
- Die Entwicklung des Bergbaus 112
- Die Ausweitung und Intensivierung des Handels 115
- Der Kampf um das bäuerliche Mehrprodukt und Fortschritte im Landesausbau 120
- Der bäuerliche Widerstand gegen feudale Ausbeutung 122
- Bäuerliche Erhebungen und der Stedinger-Aufstand 124
- Strukturwandel der Grundherrschaft und Verselbständigung der bäuerlichen Wirtschaft . 126
- Fortschritte in der Landwirtschaft 129
- Die Festigung der dörflichen Genossenschaft . 130

Der Höhepunkt der Italienpolitik und der Kompromiß der Zentralgewalt mit den Fürsten (1152 bis 1197) 133
- Landfriedensgesetze unter Friedrich I. . . . 133
- Friedrich I. und die Fürsten 134
- Der erste Italienzug und der Hoftag von Besançon 136
- Staufische Reichsideologie und Elemente eines aufkeimenden Nationalgefühls 138
- Eine neue Etappe der Italienpolitik 140
- Der Kampf gegen die oberitalienischen Städte und das Papsttum 141
- Die Stärkung der Fürstenmacht durch die Ostexpansion 144
- Königsterritorium und Städtepolitik unter Friedrich I. 148
- Der Abschluß der Kämpfe um Oberitalien . . 151
- Der Prozeß gegen Heinrich den Löwen und die Ausbildung des Reichsfürstenstandes . . . 153
- Die Entwicklung der Ministerialität zum niederen Adel 158
- Die höfisch-ritterliche Kultur und Dichtung . 160
- Die Endphase der Italienpolitik Barbarossas und der dritte Kreuzzug 165
- Die Schwerpunktverlagerung in den Mittelmeerraum unter Kaiser Heinrich VI. 166

Der staufisch-welfische Thronstreit, die Entwicklung der fürstlichen Landesherrschaft und der Endkampf zwischen staufischem Kaisertum und Papsttum (1198 bis 1250) 172
- Der Ausbruch des Thronstreites 172
- Das Eingreifen des Papstes in den Thronstreit 174
- Der Konflikt Ottos IV. mit Papst Innocenz III. 178
- Ketzer und Bettelorden 179
- Der Triumph Friedrichs II. im Thronstreit . . 183
- Das Privileg für die geistlichen Fürsten . . 186
- Fürstliche Vormundschaft im „regnum Teutonicum" 188
- Der Konflikt Heinrichs (VII.) mit Fürsten und Kaiser 189
- Die Landesherrschaften in der ersten Hälfte des 13. Jahrhunderts 195
- Die Weiterführung der Ostexpansion . . . 198
- Die Anfänge des Ordensstaates 202
- Ergebnisse und Folgen der deutschen Ostexpansion 204
- Der Zusammenbruch der staufischen Reichspolitik 207

3

Der wachsende Einfluß der Städte und die Anfänge des Hausmachtkönigtums (1250 bis zum Beginn des 14. Jahrhunderts). *Von Evamaria Engel* 214

Der Tiefpunkt königlicher Macht im Interregnum und die Stadtentwicklung in der zweiten Hälfte des 13. Jahrhunderts 214
- Die ersten Regierungsjahre Wilhelms von Holland 214
- Der Rheinische Städtebund 215
- Das Interregnum 217
- Die Festigung der Landesherrschaften . . . 221
- Kampf um Ungeld, Wehrhoheit und kommunale Freiheiten 225
- Köln und Straßburg — Zentren sozialer Konflikte und geistig-kulturellen Lebens 227
- Innerstädtische Auseinandersetzungen . . . 232
- Patrizische Ratsherrschaft und städtische Wirtschaftspolitik 234
- Die Ausdehnung und äußere Gestalt der Städte 237
- Handwerk und Zunft 243
- Handel und Kaufmannskapital 246
- Münzverhältnisse 248
- Der Einfluß der Stadtentwicklung auf das Land 249

Die Stärkung des Königtums durch Hausmacht, Landfrieden und Bündniswesen (1273 bis 1314) 252
- Wahl und Kaiserpläne Rudolfs von Habsburg 252
- Königliche Hausmacht- und Landfriedenspolitik 253
- Rudolfs Verhältnis zu den Städten 257
- Der Übergang zur Städtehanse 260
- Das Bündnis der Schweizer Talgemeinden von 1291 263

- Der Graf Adolf von Nassau auf dem Königsthron 265
- Der Sieg Albrechts I. über die rheinischen Kurfürsten 267
- Heinrich VII. und das Scheitern seiner Italienpolitik 272

Der vollentfaltete Feudalismus unter den Bedingungen intensivierter Ware-Geld-Beziehungen. Das Anwachsen des Klassenkampfes in Stadt und Land (Hauptperiode vom Beginn des 14. Jahrhunderts bis zu den siebziger Jahren des 15. Jahrhunderts)

4
Die Blüte des Städtewesens, Bauernerhebungen, antikuriale Bewegung und innerstädtische Kämpfe. Die Auseinandersetzungen des Hausmachtkönigtums mit Papst und Fürsten (Beginn des 14. Jahrhunderts bis 1419). *Von Konrad Fritze und Johannes Schildhauer* 278

Die Entwicklung der städtischen Produktion, des Bergbaus sowie des Handels und ihre sozialen Folgen. Die krisenhaften Erscheinungen in der Agrarsphäre und die Verschärfung des bäuerlichen Widerstandes. *Von Konrad Fritze* . . . 278
- Der weitere Aufschwung der Produktivkräfte in den Städten 278
- Frühe Formen des Verlagswesens 283
- Die Entwicklung im Bergbau 285
- Handel, Handels- und Wucherkapital . . . 287
- Die fortschreitende soziale Differenzierung des Städtebürgertums 292
- Innerstädtische Auseinandersetzungen . . . 298
- Kulturelle Leistungen des Städtebürgertums . 302
- Krisenhafte Erscheinungen in der Landwirtschaft 306
- Die Aktivierung des bäuerlichen Widerstandes 312

Der Kampf gegen die päpstlichen Herrschaftsansprüche. *Von Konrad Fritze* 315
- Die Auseinandersetzung zwischen Ludwig dem Bayern und Friedrich von Österreich . . . 315
- Der Ausbruch des Kampfes zwischen Ludwig dem Bayern und Papst Johannes XXII. . . . 317
- Zusammensetzung und Wirksamkeit der antikurialen Oppositionsbewegung 319
- Der Erwerb der Kaiserkrone durch Ludwig den Bayern 321
- Der Kurverein von Rhens und der Frankfurter Reichstag 322

- Die Hausmacht- und Städtepolitik Ludwigs des Bayern 324
- Die Weiterentwicklung der Eidgenossenschaft 327

Der Höhepunkt luxemburgischer Hausmachtpolitik (1347 bis 1378). *Von Johannes Schildhauer* 328
- Die Anfänge Karls IV. 328
- Romzug und Kaiserkrönung 329
- Die Goldene Bulle von 1356 331
- Bestrebungen zur Erweiterung der Hausmacht 332
- Die Handels- und Wirtschaftspolitik Karls IV. 333
- Die Förderung von Kunst und Wissenschaft . 334
- Das Ringen um die Festigung der Landesherrschaft 336
- Die wichtigsten Territorien im 14. Jahrhundert 340
- Entstehen und Funktion der Städtebünde im 14. Jahrhundert 342
- Das Ringen der Städtehanse um die Vorrangstellung im nördlichen Europa 346
- Sozial-religiöse Bewegungen um die Mitte des 14. Jahrhunderts 350
- Die deutsche Mystik 351
- Die Entwicklung von Sprache und Literatur . 353
- Der Aufschwung in der Philosophie und in den Naturwissenschaften 356
- Die letzten Jahre Karls IV. und die Königswahl Wenzels 357

Erstarkende Fürstenherrschaft und päpstliches Schisma (1378 bis 1419). *Von Johannes Schildhauer* 359
- Das Schisma und seine Auswirkungen auf das Reich 359
- Häresien und Inquisition 361
- Wenzels Stellung zwischen Städten, Fürsten und Rittern 363
- Niederlage und Auflösung der Städtebünde . 365
- Hausmachtpolitik und Absetzung König Wenzels 365
- König Ruprechts Stellung innerhalb und außerhalb des Reiches 368
- Das Konzil zu Pisa 368
- Anfänge und politische Ziele König Sigmunds 369
- Das Konstanzer Konzil und Jan Hus . . . 371

5
Die Ausstrahlung der revolutionären Hussitenbewegung und das Anwachsen der Klassenkämpfe. Der Ausbau der fürstlichen Territorialstaaten (1419 bis zu den siebziger Jahren des 15. Jahrhunderts). *Von Siegfried Hoyer* 374

Die Auswirkungen der Hussitenbewegung auf die Klassenauseinandersetzungen. Reformbestrebungen in Kirche und Staat (von 1419 bis 1439) 374

- Die Hussitenkriege und das Wirken deutscher Hussiten 374
- Die Bedeutung der revolutionären Hussitenbewegung in Böhmen 379
- Die innenpolitischen Folgen der Konfrontation mit den „böhmischen Ketzern" 379
- Das Basler Konzil 382
- Gemäßigte und radikale Reformvorschläge von Klerus und Bürgertum 384
- Der Übergang der Krone von den Luxemburgern an die Habsburger 387
- Die Situation an den Grenzen des Reiches . . 389
- Die Hanse und ihre wachsenden äußeren Schwierigkeiten 391

Die Ohnmacht der Königsgewalt, der Ausbau der fürstlichen Territorien und erste Bauernbewegungen unter dem Zeichen des Bundschuhs (1439 bis 1470) 394
- Die Entwicklung der Landwirtschaft und die Lage der Bauern 394
- Bäuerlicher Klassenkampf unter dem Zeichen des Bundschuhs 397
- Der Bauer in Literatur und Kunst 400
- Neue Tendenzen in der städtischen Wirtschaft 401
- Innerstädtische Auseinandersetzungen und Widerstandsaktionen plebejisch-vorproletarischer Schichten 407
- Die Kultur des Bürgertums und das bürgerliche Bildungswesen 409
- Der Aufschwung der Wissenschaften und die Erfindung des Buchdrucks 414
- Häresien nach der Hussitenbewegung . . . 418
- Die Ohnmacht der Königsgewalt unter Friedrich III. 420
- Der Ausbau der Fürstenmacht in den Territorien 422
- Der Niedergang des deutschen Ordensstaates bis zum zweiten Thorner Frieden (1466) . . 427
- Das Heilige Römische Reich deutscher Nation am Vorabend einer neuen Epoche 429

Anhang

Abkürzungsverzeichnis 434
Anmerkungen 435
Personenregister 464
Abbildungsnachweis 472